U0928134

最 高 人 民 法 院 案 例 指 导 与 参 考 丛 书

最高人民法院
知识产权案例指导与参考

最高人民法院案例指导与参考丛书编选组 编

（上）

人民法院出版社

图书在版编目(CIP)数据

最高人民法院知识产权案例指导与参考/最高人民法院案例指导与参考丛书编选组编.—北京:人民法院出版社,2018.8
(最高人民法院案例指导与参考丛书)
ISBN 978-7-5109-1967-1

Ⅰ.①最… Ⅱ.①最… Ⅲ.①知识产权法-案例-中国 Ⅳ.①D923.405

中国版本图书馆CIP数据核字(2017)第304441号

最高人民法院知识产权案例指导与参考

最高人民法院案例指导与参考丛书编选组 **编**

责任编辑 兰丽专 **执行编辑** 吴朔桦
出版发行 人民法院出版社
地　　址 北京市东城区东交民巷27号(100745)
电　　话 (010)67550629(责任编辑) 67550558(发行部查询)
65223677(读者服务部)
客服QQ 2092078039
网　　址 http://www.courtbook.com.cn
E-mail courtpress@sohu.com
印　　刷 保定市中画美凯印刷有限公司
经　　销 新华书店

开　　本 787×1092毫米 1/16
字　　数 1300千字
印　　张 83.25
版　　次 2018年8月第1版 2018年8月第1次印刷
书　　号 ISBN 978-7-5109-1967-1
定　　价 299.00元(上下)

出版说明

案例指导制度是一项具有中国特色的司法制度。自建立以来，案例指导制度发展迅速，在统一裁判标准、提高审判质量、提升司法公信力方面发挥了重要作用。最高人民法院院长周强指出："及时将最高人民法院出台的指导案例汇聚成册，不断总结案例指导工作经验，是贯彻落实党的十八届四中全会关于加强和规范案例指导工作要求的具体措施，必将有力推动案例指导制度的发展完善。"[①] 基于此，我们编辑了《最高人民法院案例指导与参考丛书》，首期将截至2017年底最高人民法院出台的指导性案例分类汇编成册，并收录近六年来《最高人民法院公报》《中国审判指导丛书》中公布的具有重要参考价值的典型案例，为广大法官审理类似案件提供指导与参考，使公众从案例中直观领悟法律的原则和精神，更好地发挥司法的指导引领作用。

本套丛书具有以下特点：

第一，精选案例、指导实践。本套丛书收录了截至目前最高人民法院发布的全部指导性案例以及部分指导性案例理解与参照适用的权威论述，并对近六年来《最高人民法院公报》《民事审判指导与参考》《商事审判指导》《立案工作指导》《审判监督指

---

① 周强：《充分发挥案例指导作用 促进法律统一正确实施》，载《人民法院报》2015年1月4日第1版。

导》《知识产权审判指导》等《中国审判指导丛书》中刊发的典型案例进行了系统梳理，精选出社会广泛关注、法律规定比较原则、具有典型性、疑难复杂或者新类型的案例予以收录。这些案例经过了最高人民法院的层层筛选，案例中所蕴含的裁判思路、裁判标准和裁判方法将为广大法律工作者从“抽象到具体”的法律适用，提供从“具体到具体”的参照，对司法实践中的法律适用难点问题进行实例指导。

第二，精细编排，精准参照。本套丛书将最高人民法院公布的指导性案例以及分布在《最高人民法院公报》和最高人民法院各审判业务庭出版的审判参考类图书中的大量案例进行了精细分类编排，以案件类型为分卷标准，将陆续出版合同、侵权、物权、婚姻家庭、劳动、公司、保险、知识产权、执行、行政诉讼等案例指导与参考分册，各分册以案由、罪名对精选收录的案例进一步细化分类，每一案例均注明案例来源，方便读者进行同类案件查找比对。各分册还特别提炼了所收录案例的裁判要点，并在目录中进行醒目提示，使读者对案例的指导与参考要点一目了然，准确定位所需参照案例。在部分指导性案例后附录最高人民法院案例指导工作办公室撰写的理解与参照文章，有助于读者领会和把握案例的精神实质和指导与参考意义。

衷心希望本套丛书的出版能够为法律实务工作提供切实有效的办案指导与参考，同时也能够为法学理论研究提供权威、真实的案例素材。书中存在的不当之处，敬请广大读者批评指正。

编　者

二〇一八年八月

总　目　录

目录

（上　册）

知识产权合同纠纷

知识产权权属、侵权纠纷

一、著作权权属、侵权纠纷

（一）著作权权属纠纷

（下　册）

三、专利权权属、侵权纠纷

（一）侵害发明专利权纠纷

其 他

一、专利行政管理

二、商标行政管理

知识产权合同纠纷

一、商标使用许可合同纠纷

1. 上海帕弗洛文化用品有限公司诉上海艺想文化用品有限公司、毕加索国际企业股份有限公司商标使用许可合同纠纷案*

▶

商标独占使用许可合同权利存续期间，商标权利人不能对商标的使用权进行处分，若商标权利人在商标独占使用许可合同未解除的情形下，与非善意的第三人再次签订商标独占使用许可合同的，在先的商标独占许可使用权可以对抗商标权利人与非善意第三人之间的商标使用许可合同关系

【案例要旨】

在后商标使用许可合同相对人明知商标权人和在先商标使用许可合同相对人未解除在先商标独占使用许可合同，仍和商标权人签订许可合同，导致先后两个独占许可合同的许可期间存在重叠的，在后合同并非无效，但在后商标使用许可合同相对人不属于善意第三人，不能依据在后合同获得商标的许可使用权，在先取得的独占许可使用权可以对抗在后的商标使用许可合同关系。

原告：上海帕弗洛文化用品有限公司，住所地：上海市嘉定区华亭镇武双路。

法定代表人：邹素莲，该公司董事长。

被告：上海艺想文化用品有限公司，住所地：上海

---

* 摘自《最高人民法院公报》2014 年第 6 期。

市闵行区金都路。

法定代表人：王红新，该公司董事长。

被告：毕加索国际企业股份有限公司，住所地：台湾地区台北市信义区信义路。

法定代表人：游美月，该公司董事长。

原告上海帕弗洛文化用品有限公司（以下简称帕弗洛公司）因与被告上海艺想文化用品有限公司（以下简称艺想公司）、被告毕加索国际企业股份有限公司（以下简称毕加索公司）发生商标使用许可合同纠纷，向上海市第一中级人民法院提起诉讼。

原告帕弗洛公司诉称：第 2001022 号商标（以下称涉案商标）的商标权人毕加索公司于 2008 年 9 月授权其在中国大陆地区独家使用该商标，期限为 2008 年 9 月至 2013 年 12 月。2010 年 2 月，被告毕加索公司与帕弗洛公司约定商标使用许可期限在原基础上延展十年。2012 年 2 月，毕加索公司与被告艺想公司签订《商标使用许可合同书》，约定艺想公司 2012 年 1 月至 2017 年 8 月期间独占使用该商标，并授权艺想公司进行全国维权打假行动，致使帕弗洛公司产品遭到工商机关查处。毕加索公司与艺想公司擅自签订《商标使用许可合同书》，并向工商机关投诉帕弗洛公司侵权、向法院提起商标侵权诉讼，此行为系“恶意串通，损害第三人合法利益”及“违反法律、行政法规的强制性规定”，请求法院判令系争合同无效、两被告赔偿帕弗洛公司经济损失 100 万元。

被告艺想公司辩称：（1）原告帕弗洛公司没有获得被告毕加索公司关于涉案商标的独占许可使用权。帕弗洛公司在商标局备案的独占使用许可合同系伪造，因此商标局备案所记载的许可方式也不能证实帕弗洛公司享有涉案商标的独占许可使用权。授权证明书中没有关于授权性质的具体约定，故帕弗洛公司获得的仅是涉案商标独家使用权，而非法律规定的独占许可使用权；（2）根据商标局的公告，涉案商标权利人毕加索公司与帕弗洛公司之间的商标授权使用关系已于 2012 年 1 月 1 日提前终止。艺想公司于 2012 年 2 月 16 日获得涉案商标的独占许可实施权，没有侵犯帕弗洛公司的任何权利，艺想公司主观上也不存在与毕加索公司恶意串通的状态；

(3) 艺想公司在取得涉案商标的独占许可使用权后，帕弗洛公司仍在大量生产使用涉案注册商标的产品，艺想公司为此在全国范围内向工商行政管理部门提出投诉，并提起侵权诉讼，是维护其独占许可使用权的正当行为，该维权行为不是因主观恶意而造成的帕弗洛公司损失；(4) 毕加索公司与帕弗洛公司及案外人上海大者实业有限公司恶意串通，在本案诉讼期间将涉案商标转让给大者公司，侵犯了艺想公司在合同中约定的优先购买权、独占使用权。综上，请求法院驳回帕弗洛公司的全部诉讼请求。

被告毕加索公司书面答辩称：毕加索公司未对商标使用许可合同进行备案。毕加索公司在与被告艺想公司签约时，已将涉案商标授权情况告知艺想公司，包括原告帕弗洛公司仿冒毕加索公司负责人林达光签名以获取商标许可合同备案的情况，艺想公司对该商标前期授权尚未终止非常清楚，仅要求毕加索公司尽快撤销帕弗洛公司在商标局的商标备案合同，同时约定任何一方不得私自与帕弗洛公司和解。因此，其在授权给艺想公司使用涉案商标时，已经履行了相关告知义务，由此给帕弗洛公司带来的任何损失，均应由艺想公司承担。

上海市第一中级人民法院一审查明：

被告毕加索公司于2003年5月21日获核准注册涉案商标。2003年7月9日，毕加索公司出具《授权证明书》，证明2003年7月9日至2008年12月31日授权原告帕弗洛公司在中国大陆地区使用系争商标。2008年9月8日，毕加索公司再次出具《授权证明书》，授予帕弗洛公司中国大陆地区在书写工具类别上商业使用涉案商标，权利内容：中国大陆地区独家制造与销售，授权期限自2008年9月10日起至2013年12月31日止。2009年3月12日，商标局向毕加索公司发出商标使用合同备案通知书，告知毕加索公司于2008年6月30日报送的许可帕弗洛公司使用涉案商标的使用许可合同备案申请已被核准。2010年2月11日，毕加索公司与帕弗洛公司签订《授权契约书》，约定在原契约基础上延展十年，自2014年1月1日起至2023年12月31日止。

2012年1月1日，被告毕加索公司与原告帕弗洛公司签订商标使用许可合同备案提前终止协议，但约定双方关于该商标的其他约定不受影响。

2012 年 3 月 13 日，商标局发布 2012 年第 10 期商标公告，提前终止许可合同备案，提前终止日期为 2012 年 1 月 1 日。

2012 年 2 月 16 日，被告毕加索公司与被告艺想公司在上海签订《商标使用许可合同书》。该合同约定：第二条、独占使用；第五条、许可期限 2012 年 1 月 15 日至 2017 年 8 月 31 日；特别说明：甲方应在签订此合同一年内完成许可合同备案；除因商标局审查程序、期限冗长之外，若因甲方未积极撤销与帕弗洛公司在国家商标局之备案合同或者其他原因未在国家商标局办妥备案的，则乙方有权终止本合同。同日，毕加索公司出具授权书称艺想公司是中国大陆地区唯一独家授权。

上海市第一中级人民法院认为：

一、原告帕弗洛公司获得了涉案商标的独占许可使用权

三方协议书、商标注册证明、被告毕加索公司出具的授权证明书和毕加索公司与帕弗洛公司所签订的授权契约书等证据之间可以相互印证，反映出涉案商标由台湾地区帕弗洛公司从毕加索公司处获得授权后转授权给帕弗洛公司使用的事实。毕加索公司在书面答辩意见中也对上述事实予以确认，帕弗洛公司获得涉案商标使用权的合同关系真实有效。根据毕加索公司的书面答辩意见，确认其所出具的两份授权证明书系真实有效，而 2008 年 9 月 8 日其所出具的第二份授权证明书载明“权利内容：中国大陆独家制造与销售”，可以表明商标权利人授权帕弗洛公司使用涉案商标的授权方式符合我国商标法律规定的独占实施许可方式。因此，帕弗洛公司在 2008 年 9 月 10 日至 2013 年 12 月 31 日期间享有涉案，商标的独占许可使用权。

二、本案系争合同不属于“恶意串通，损害第三人合法利益”的无效合同

被告毕加索公司和被告艺想公司之间所签订的商标使用许可合同系双方当事人真实意思表示，该两份合同所指向的商标使用许可关系真实存在，艺想公司亦支付了部分商标使用费作为对价。因此，艺想公司签订系

争合同的目的在于获取涉案商标的独占许可使用权。艺想公司虽然曾经实施过不正当竞争行为，但其通过与商标权利人订立商标使用许可合同获取涉案商标独占许可使用权后，在其产品上使用涉案商标并不构成商标仿冒行为，也不必然构成对原告帕弗洛公司的不正当竞争。因此，艺想公司签订系争合同的目的并非出于损害帕弗洛公司的合法权益，也没有实施不正当竞争的主观恶意。艺想公司在与毕加索公司进行合同磋商时得知帕弗洛公司享有独占许可使用权的事实，但已经要求毕加索公司撤销其与帕弗洛公司的独占实施许可合同备案，故不能仅因艺想公司明知帕弗洛公司享有独占许可使用权的事实就认定其具有损害帕弗洛公司利益的主观恶意。毕加索公司作为商标权人，在涉案商标已经授权帕弗洛公司独占实施期间内，擅自与艺想公司签订新的独占实施许可合同，致使帕弗洛公司作为独占许可使用权人无法正常使用涉案商标，帕弗洛公司可以按照其与毕加索公司之间的相关合同约定维护其合法权益。“系争合同特别设置了针对帕弗洛公司不允许一方私自和解的条款”系艺想公司为保护自身合同利益而采取的措施，并不能证实其有损害帕弗洛公司合法利益的主观恶意。艺想公司在与毕加索公司签订了独占实施使用合同并支付了相应独占实施许可费用后，作为涉案商标的独占许可使用权人向工商行政部门提出投诉并非恶意损害帕弗洛公司合法利益的行为。毕加索公司、艺想公司投诉书内容相似亦不能证实两者具有合意损害帕弗洛公司利益的行为事实。

三、系争合同并未违反法律、行政法规的强制性规定

原告帕弗洛公司所主张的《最高人民法院关于〈中华人民共和国商标法〉解释》（以下简称《商标法解释》）第三条第（一）项的内容是对我国商标法所规定的三种商标使用许可方式的定义，不属于强制性法律规范。因此，系争合同的订立并未违反法律、行政法规的强制性规定，帕弗洛公司据此主张系争合同无效，亦缺乏事实和法律依据。

据此，上海市第一中级人民法院根据《中华人民共和国合同法》第五十二条第（二）项、第（五）项、《中华人民共和国民事诉讼法》第一百四十四条之规定，于2014年7月29日作出判决：

驳回原告帕弗洛公司的全部诉讼请求。本案一审案件受理费13800元，由帕弗洛公司负担。

帕弗洛公司、艺想公司均不服一审判决，向上海市高级人民法院提起上诉。

帕弗洛公司请求：撤销原判，发回重审或改判支持其原审诉讼请求。其主要上诉理由为：（1）原审查明事实错误。被上诉人毕加索公司在商标局的备案合同系伪造，原审法院认定该许可合同进行了备案、毕加索公司与帕弗洛公司于2012年1月1日签订提前终止备案协议，并无事实依据。（2）原审适用法律错误。原审法院认为毕加索公司与艺想公司签订的商标独占许可使用合同并非无效合同，属定性错误。①艺想公司明知帕弗洛公司与毕加索公司之间存在商标许可关系，其仍与毕加索公司签订独占许可合同，其目的是进一步混淆市场、仿冒帕弗洛公司产品。且合同订立后，艺想公司据此向工商行政管理部门投诉帕弗洛公司，主观恶意明显。②系争合同属于艺想公司与毕加索公司恶意串通损害帕弗洛公司利益的无效合同。1）从主观动机看，毕加索公司明知其与帕弗洛公司的商标许可关系并未到期，仍违背诚信原则与艺想公司签订商标许可合同，显属故意；艺想公司与帕弗洛公司生产销售同类产品，一直存在仿冒等不正当竞争行为，意图通过获得涉案商标许可使用授权进一步混淆市场。2）系争合同专门设置了限制合同双方与帕弗洛公司和解的条款，是将双方利益捆绑后共同对抗帕弗洛公司，可佐证双方存在恶意串通行为。3）未尽合理的通知、注意义务，毕加索公司和艺想公司均知悉帕弗洛公司享有涉案商标的许可使用权，即使毕加索公司要授权艺想公司使用涉案商标，应事先解除原授权使用关系，艺想公司也应调查此前的涉案商标许可使用关系是否已经解除。两被上诉人未尽到合理通知、注意义务，具有恶意。4）在商标局备案的商标许可合同并未生效，其“林达光”签名并非毕加索公司负责人林达光的真实签名，而艺想公司在另案中曾致函最高人民法院称帕弗洛公司存在假冒签名骗取备案的行为，表明艺想公司知悉备案合同系假合同，其在系争合同中仅要求毕加索公司撤销备案合同，表明艺想公司清楚知悉涉案商标的前期授权关系尚未终止。5）系争合同签订时，提前终止

备案尚未公告，合同双方难以知悉备案已被提前终止，因此艺想公司主观恶意明显。6）系争合同双方共同投诉、举报帕弗洛公司的商标侵权行为，表明双方事先有沟通、预谋。

上诉人艺想公司认同一审的判决结果，但认为一审认定的部分事实错误，请求发回重审或改判。其主要上诉理由为：（1）一审判决认定被上诉人帕弗洛公司对涉案商标享有独占许可使用权，属认定事实错误。（2）毕加索公司与帕弗洛公司存在直接利害关系，拒不到庭参加诉讼，法院不应采信其答辩意见。

上海市高级人民法院经二审，确认了一审查明的事实。

另查明：上诉人艺想公司在2015年7月24日法院召集其及上诉人帕弗洛公司谈话时表示，其在与被上诉人毕加索公司签订系争合同时，并不知晓帕弗洛公司与毕加索公司之间签订的合同内容，但其知悉帕弗洛公司与毕加索公司之间就涉案商标存在使用许可关系；其在与毕加索公司签订系争合同时，毕加索公司称已与帕弗洛公司解除商标使用许可合同，因此其才敢与毕加索公司签订系争合同。

上海市高级人民法院二审认为：

本案二审的争议焦点为：（1）商标局商标使用许可合同备案之效力以及备案合同和其后的备案提前终止协议是否存在伪造被上诉人毕加索公司负责人签名的问题。（2）上诉人帕弗洛公司关于其享有涉案商标独占使用许可授权的证据之效力问题。（3）台湾帕弗洛公司、毕加索公司与帕弗洛公司之间的商标使用许可关系的性质。（4）上诉人艺想公司与毕加索公司签订的独占使用许可合同是否因恶意串通损害第三人利益而无效。（5）艺想公司能否依据其与毕加索公司签订的系争合同获得涉案商标使用权。

一、商标局商标使用许可合同备案之效力以及备案合同和其后的备案提前终止协议是否存在伪造毕加索公司负责人签名问题

虽然备案合同及备案提前终止公告中的商标名称与涉案商标并不一致，但其商标注册号均与涉案商标相同。同时，商标局《商标使用许可合同备案通知书》载明的备案商标的注册号亦与涉案商标的注册号一致，因

此应认定上述备案及其后的备案提前终止公告均与涉案商标相关。备案之许可合同以及《提前终止许可合同备案公告》中的商标名称虽有所出入，但在商标注册号均相同的情况下，应以商标注册号为依据确定所指向的商标标识。商标局将商标使用许可合同备案及终止备案的情况予以公告，其目的在于使不特定的第三人获悉涉案商标使用许可之权利变动状况，从而维护商标使用许可交易的安全。虽然备案之合同与上诉人帕弗洛公司和被上诉人毕加索公司、台湾帕弗洛公司间签订的相关协议并非同一，但商标使用许可合同备案的实质是将商标使用许可关系予以公示，且原审法院并未将备案之合同文本作为确定帕弗洛公司和毕加索公司之间权利义务的依据，因此并不影响帕弗洛公司的合法权益。基于商标局对毕加索公司与帕弗洛公司之间的商标使用许可合同的备案及其后备案终止的公告具有公示效力，相关公众应知悉毕加索公司与帕弗洛公司之间就涉案商标存在独占使用许可关系，该备案于 2012 年 1 月 1 日终止。相关合同文本之签名即使系伪造，鉴于本案实际情况，也应认定不影响上述商标局备案和备案提前终止之公示的真实性及法律效力，因此不影响本案的判决结果。帕弗洛公司并未对此备案及此后该备案之终止提出异议，其已获得备案产生之相应利益，现又欲否定备案之效力，有悖诚信。如在他案中确需对相关签名是否伪造作出判断，则可在他案中另行解决。

二、上诉人帕弗洛公司关于其享有涉案商标独占使用许可授权的证据之效力问题

上诉人帕弗洛公司提供的证据并非孤证，而是可以构建起完整的证据链，证明涉案商标的使用许可授权过程及许可使用期间。原审法院并未直接采信被上诉人毕加索公司的答辩意见，而是综合在案证据对涉案商标使用许可授权的事实进行了认定，并无不妥。

三、我国台湾地区帕弗洛公司、被上诉人毕加索公司与上诉人帕弗洛公司之间的商标使用许可关系的性质

台湾地区帕弗洛公司与上诉人帕弗洛公司于 2003 年 7 月 9 日签订了

《授权契约书》并于2005年3月21日签订了《授权契约补充协议》，根据上述协议，帕弗洛公司可以在大陆使用涉案商标。2003年7月9日，被上诉人毕加索公司出具《授权证明书》授权帕弗洛公司于2003年7月9日至2008年12月31日间使用涉案商标；2008年9月8日，毕加索公司再次出具《授权证明书》，授权帕弗洛公司于2008年9月10日至2013年12月31日间独家使用涉案商标；2010年2月11日，毕加索公司与帕弗洛公司签订《授权契约书》，约定将使用涉案商标的关系在原契约基础上延展十年，即自2014年1月1日至2023年12月31日。上述合同均系当事人的真实意思表示，合法有效，且毕加索公司为涉案商标的商标权人，其合法授权他人使用涉案商标的行为具有法律效力。根据上述合同约定，帕弗洛公司享有2008年9月10日至2023年12月31日间在大陆独家使用涉案商标的权利。所谓“独”，即单一、唯一之义，上述合同中所谓独家使用，指涉案商标只能由被许可人帕弗洛公司使用，他人包括商标权人毕加索公司在内均不得使用，上诉人艺想公司所称的“独家”不同于“独占”之理由，难以成立。

四、上诉人艺想公司与被上诉人毕加索公司签订的独占使用许可合同是否因恶意串通损害第三人利益而无效

上诉人艺想公司与被上诉人毕加索公司于2012年2月签订的系争《商标使用许可合同书》，双方意思表示真实一致，合同已经成立并生效。关于艺想公司与毕加索公司是否存在恶意串通损害第三人利益并导致合同无效的问题。首先，艺想公司与上诉人帕弗洛公司生产销售类似书写工具产品，在同一市场展开竞争，且毕加索公司在向法院提交的书面答辩意见中称已将其与帕弗洛公司的商标使用许可情况告知艺想公司；其次，艺想公司与毕加索公司在商标局2012年3月13日公告终止备案之前的2012年2月16日即签订系争商标使用许可合同，虽然商标使用许可合同备案于2012年1月1日终止，但并无证据表明帕弗洛公司与毕加索公司的商标独占使用许可合同关系已经解除，不能仅依据备案之终止而推定商标使用许可合同之解除；再者，艺想公司亦表示其知悉帕弗洛公司与毕加索公司之

间的涉案商标使用许可关系。据此，可以认定艺想公司在与毕加索公司签订系争商标使用许可合同时，知晓帕弗洛公司与毕加索公司之间存在涉案商标独占使用许可关系，因而在重复授权情况下，艺想公司并不属于在后被授权之善意第三人。

然而，上诉人艺想公司不属于善意第三人，仅意味着其对被上诉人毕加索公司与上诉人帕弗洛公司之间的涉案商标独占使用许可关系是知情的，并不一定意味着其与毕加索公司间存在恶意串通并损害第三人利益之行为。从恶意串通的构成要件看，既需证明主观上存在加害故意，又需证明客观上存在串通行为。而本案中，艺想公司与毕加索公司签订使用许可合同的目的在于使用涉案商标，虽然艺想公司和毕加索公司在签订系争合同时，并未以毕加索公司和帕弗洛公司解除其双方在先的商标独占使用许可合同为合同生效前提之做法存在不妥，导致先后两个商标独占使用许可合同的许可期间存在重叠，但综合艺想公司在其系争合同中要求毕加索公司积极撤销与帕弗洛公司的备案合同等条款，本案中尚无充分证据证明艺想公司有加害帕弗洛公司的主观恶意，亦无证据证明艺想公司和毕加索公司间存在串通行为，因此，难以认定此种合同行为属恶意串通损害第三人利益之行为。艺想公司、毕加索公司的投诉、举报行为，系基于其自认为艺想公司已获得涉案商标的独占许可使用权，且相应行政机关并未作出帕弗洛公司违法的决定，难言属于双方恶意串通之行为。至于系争合同专门设置的限制合同双方与第三方和解的条款，符合艺想公司维护其合同利益的目的，系市场竞争中的常见手段，同样难以认定系恶意串通行为。鉴于艺想公司与帕弗洛公司系同业竞争者，其采用与涉案商标权利人毕加索公司签订独占使用许可合同、要求毕加索公司不得在同类产品上向第三方授权使用涉案商标的方式展开市场竞争，该竞争方式本身并不具有违法性。系争合同不符合认定合同无效的法定条件，涉案各方之间的纠纷，可以通过追究违约责任等方式予以解决。

五、上诉人艺想公司能否依据其与被上诉人毕加索公司签订的系争合同获得涉案商标使用权

虽然本案中上诉人艺想公司与被上诉人毕加索公司之间的商标使用许可合同已成立并生效，但合同已生效并不等于合同已被实际履行。首先，艺想公司、毕加索公司均知悉上诉人帕弗洛公司与毕加索公司就涉案商标存在的独占使用许可关系，艺想公司相对于帕弗洛公司与毕加索公司之间的商标独占使用许可合同关系而言，不属于善意第三人。其次，毕加索公司与帕弗洛公司之间就涉案商标存在独占使用许可合同关系，且该独占使用许可合同正常履行，虽然毕加索公司与帕弗洛公司之间的涉案商标使用许可合同备案于2012年1月1日终止，但在无证据表明帕弗洛公司与毕加索公司的商标独占使用许可合同已被解除的情况下，应认定该独占使用许可合同关系依然存续。由于艺想公司不属于善意第三人，因此，帕弗洛公司依据其与毕加索公司间的商标使用许可合同取得的涉案商标独占许可使用权，可以对抗艺想公司与毕加索公司之间的商标使用许可合同关系。鉴于毕加索公司实际上并未履行其与艺想公司签订的商标使用许可合同之义务，艺想公司也就不能据此系争合同获得涉案商标的使用权。由此，帕弗洛公司依据在先的独占使用许可合同已经形成的商标使用的状态，应认定未被在后的商标独占使用许可合同关系所打破，否则将有悖公平诚信原则、扰乱商标使用秩序并最终有损相关消费者利益。原审判决虽认定系争合同并非无效，但并未认定艺想公司享有涉案商标的独占许可使用权，并无不当。艺想公司与毕加索公司如就系争合同产生纠纷，可通过追究违约责任等方式另案解决。此外，艺想公司是否另案起诉毕加索公司与帕弗洛公司恶意串通损害国家税收利益及艺想公司利益，属另案审理范围，本案不予审查。

综上，上海市高级人民法院依照《中华人民共和国民事诉讼法》第一百七十条第一款第（一）项之规定，于2015年9月30日判决如下：

驳回上诉，维持原判。

本判决为终审判决。

二、企业名称（商号）使用合同纠纷

2. 天津中国青年旅行社诉天津国青国际旅行社擅自使用他人企业名称纠纷案*

（最高人民法院审判委员会讨论通过 2014 年 6 月 26 日发布）

▶ 对于企业长期、广泛对外使用，具有一定市场知名度、为相关公众所知悉，已实际具有商号作用的企业名称简称，可以视为企业名称予以保护

【关键词】

民事 不正当竞争 擅用他人企业名称

【裁判要点】

1. 对于企业长期、广泛对外使用，具有一定市场知名度、为相关公众所知悉，已实际具有商号作用的企业名称简称，可以视为企业名称予以保护。

2. 擅自将他人已实际具有商号作用的企业名称简称作为商业活动中互联网竞价排名关键词，使相关公众产生混淆误认的，属于不正当竞争行为。

相关法条

《中华人民共和国民法通则》第一百二十条

---

* 摘自 2014 年 6 月 26 日最高人民法院发布的第七批指导性案例（指导案例 29 号）。

《中华人民共和国反不正当竞争法》第五条

基本案情

原告天津中国青年旅行社（以下简称天津青旅）诉称：被告天津国青国际旅行社有限公司在其版权所有的网站页面、网站源代码以及搜索引擎中，非法使用原告企业名称全称及简称“天津青旅”，违反了《反不正当竞争法》的规定，请求判令被告立即停止不正当竞争行为、公开赔礼道歉、赔偿经济损失10万元，并承担诉讼费用。

被告天津国青国际旅行社有限公司（以下简称天津国青旅）辩称：“天津青旅”没有登记注册，并不由原告享有，原告主张的损失没有事实和法律依据，请求驳回原告诉讼请求。

法院经审理查明：天津中国青年旅行社于1986年11月1日成立，是从事国内及出入境旅游业务的国有企业，直属于共青团天津市委员会。共青团天津市委员会出具证明称，“天津青旅”是天津中国青年旅行社的企业简称。2007年，《今晚报》等媒体在报道天津中国青年旅行社承办的活动中已开始以“天津青旅”简称指代天津中国青年旅行社。天津青旅在报价单、旅游合同、与同行业经营者合作文件、发票等资料以及经营场所各门店招牌上等日常经营活动中，使用“天津青旅”作为企业的简称。天津国青国际旅行社有限公司于2010年7月6日成立，是从事国内旅游及入境旅游接待等业务的有限责任公司。

2010年底，天津青旅发现通过Google搜索引擎分别搜索“天津中国青年旅行社”或“天津青旅”，在搜索结果的第一名并标注赞助商链接的位置，分别显示“天津中国青年旅行社网上营业厅 www. lechuyou. com 天津国青网上在线营业厅，是您理想选择，出行提供优质、贴心、舒心的服务”或“天津青旅网上营业厅 www. lechuyou. com 天津国青网上在线营业厅，是您理想选择，出行提供优质、贴心、舒心的服务”，点击链接后进入网页是标称天津国青国际旅行社乐出游网的网站，网页顶端出现“天津国青国际旅行社——青年旅行社青旅/天津国旅”等字样，网页内容为天津国青旅游业务信息及报价，标称网站版权所有：乐出游网——天津国青，并标明了天津国青的联系电话和经营地址。同时，天津青旅通过百度搜索引擎搜索“天津青旅”，在搜索结果的第一名并标注推广链接的位置，显示“欢迎光临天津青旅重合同守信誉单位，汇集国内出境经典旅游线路，100%出团，天津青旅 400－611－5253 022. ctsgz. cn”，点击链接后进入网页仍然是上述标称天津国青乐出游网的网站。

裁判结果

天津市第二中级人民法院于2011年10月24日作出（2011）二中民三知初字第135号民事判决：一、被告天津国青国际旅行社有限公司立即停止侵害行为；二、被告于本判决生效之日起30日内，在其公司网站上发布致歉声明持续15天；三、被告赔偿原告天津中国青年旅行社经济损失3万元；四、驳回原告其他诉讼请求。宣判后，天津国青旅提出上诉。天津市高级人民法院于2012年3月20日作出（2012）津高民三终字第3号民事判决：一、维持天津市第二中级人民法院上述民事判决第二、三、四项；二、变更判决第一项“被告天津国青国际旅行社有限公司立即停止侵害行为”为“被告天津国青国际旅行社有限公司立即停止使用‘天津中国青年旅行社’‘天津青旅’字样及作为天津国青国际旅行社有限公司网站的搜索链接关键词”；三、驳回被告其他上诉请求。

裁判理由

法院生效裁判认为：根据《最高人民法院关于审理不正当竞争民事案件应用法律若干问题的解释》第六条第一款规定：“企业登记主管机关依法登记注册的企业名称，以及在中国境内进行商业使用的外国（地区）企业名称，应当认定为《中华人民共和国反不正当竞争法》第五条第（三）项规定的‘企业名称’。具有一定的市场知名度、为相关公众所知悉的企业名称中的字号，可以认定为《中华人民共和国反不正当竞争法》第五条第（三）项规定的‘企业名称’。”因此，对于企业长期、广泛对外使用，具有一定市场知名度、为相关公众所知悉，已实际具有商号作用的企业名称简称，也应当视为企业名称予以保护。“天津中国青年旅行社”是原告

1986年成立以来一直使用的企业名称，原告享有企业名称专用权。“天津青旅”作为其企业名称简称，于2007年就已被其在经营活动中广泛使用，相关宣传报道和客户也以“天津青旅”指代天津中国青年旅行社，经过多年在经营活动中使用和宣传，已享有一定市场知名度，为相关公众所知悉，已与天津中国青年旅行社之间建立起稳定的关联关系，具有可以识别经营主体的商业标识意义。所以，可以将“天津青旅”视为企业名称与“天津中国青年旅行社”共同加以保护。

《中华人民共和国反不正当竞争法》第五条第（三）项规定：“经营者不得采用擅自使用他人的企业名称，引人误认为是他人的商品等不正当手段从事市场交易，损害竞争对手。”因此，经营者擅自将他人的企业名称或简称作为互联网竞价排名关键词，使公众产生混淆误认，利用他人的知名度和商誉，达到宣传推广自己的目的，属于不正当竞争行为，应当予以禁止。天津国青旅作为从事旅游服务的经营者，未经天津青旅许可，通过在相关搜索引擎中设置与天津青旅企业名称有关的关键词并在网站源代码中使用等手段，使相关公众在搜索“天津中国青年旅行社”和“天津青旅”关键词时，直接显示天津国青旅的网站链接，从而进入天津国青旅的网站联系旅游业务，达到利用网络用户的初始混淆争夺潜在客户的效果，主观上具有使相关公众在网络搜索、查询中产生误认的故意，客观上擅自使用“天津中国青年旅行社”及“天津青旅”，利用了天津青旅的企业信誉，损害了天津青旅的合法权益，其行为属于不正当竞争行为，依法应予制止。天津国青旅作为与天津青旅同业的竞争者，在明知天津青旅企业名称及简称享有较高知名度的情况下，仍擅自使用，有借他人之名为自己谋取不当利益的意图，主观恶意明显。依照《中华人民共和国民法通则》第一百二十条规定，天津国青旅应当承担停止侵害、消除影响、赔偿损失的法律责任。至于天津国青旅在网站网页顶端显示的“青年旅行社青旅”字样，并非原告企业名称的保护范围，不构成对原告的不正当竞争行为。

理解与参照

《天津中国青年旅行社诉天津国青国际旅行社擅自使用他人企业名称纠纷案》的理解与参照*

2014年6月26日，最高人民法院发布了指导案例29号《天津中国青年旅行社诉天津国青国际旅行社擅自使用他人企业名称纠纷案》。为了正确理解和准确参照适用该指导案例，现对其推选经过、裁判要点等有关情况予以解释、论证和说明。

一、推选经过及指导意义

本案例由天津市第二中级人民法院一审，天津市高级人民法院于2012年3月二审结案，经天津高院审委会审查通过后报送。最高人民法院案例指导工作办公室初步审查后，送民事审判第三庭审查和征求意见。2013年9月24日，民三庭审查认为，该案例新颖之处在于擅自使用他人企业名称简称的行为与互联网搜索引擎服务结合。这种依靠网络用户的初始混淆抢夺潜在客户的行为构成不正当竞争。该案例具有一定典型意义，同意作为备选指导案例。2014年3月5日，研究室室务会经讨论认为，案例中的不正当竞争新手段和将具有商号作用的企业名称简称予以保护，有新颖性和典型性，同意将此案例作为指导案例报院领导审核后提请审委会讨论。6月17日，最高人民法院审判委员会经讨论一致同意将该案例确定为指导案例。6月26日，最高人民法院以法〔2014〕161号文件将该案例作为第七批指导案例予以公开发布。

* 指导案例29号：天津中国青年旅行社诉天津国青国际旅行社擅自使用他人企业名称纠纷案

该指导案例旨在明确具有商号作用的企业名称的简称，可以作为企业名称保护；擅自在商业活动中使用他人具有商号作用的企业名称的简称，属于不正当竞争。这明确和适当扩展了企业名称的保护范围，有利于更好地保护企业的名称权，依法制止利用他人的知名度和商誉的不正当竞争行为，从而维护诚实守信、公平竞争市场秩序。

二、裁判要点的理解与说明

指导案例29号裁判要点确认：（1）对于企业长期、广泛对外使用，具有一定市场知名度、为相关公众所知悉，已实际具有商号作用的企业名称简称，可以视为企业名称予以保护。（2）擅自将他人已实际具有商号作用的企业名称简称作为商业活动中互联网竞价排名关键词，使相关公众产生混淆误认的，属于不正当竞争行为。该裁判要点依据《中华人民共和国民法通则》（以下简称《民法通则》）第一百二十条第二款、《中华人民共和国反不正当竞争法》第五条和《最高人民法院关于审理不正当竞争民事案件应用法律若干问题的解释》（以下简称《不正当竞争解释》）第六条的规定，明确解决了法律和司法解释没有具体规定的企业名称简称的法律保护问题。下面结合有关法律和司法解释规定，围绕裁判要点中有关问题予以论证和说明。

（一）关于企业名称简称问题

企业名称又叫厂商名称，是指企业在营业活动中使用的特有标志，是企业人格权、企业商誉和企业正当竞争权的载体。它一般由企业的注册地或营业地、字号（或者商号）、行业或经营特征、组织形式等组成，字号是区别同类行业不同企业的关键要素。依照我国《民法通则》的规定，个体工商户、个人合伙企业和企业法人，都可以起字号，获得企业名称。

国外对于企业名称专用权的保护，主要体现在法律普遍禁止企业名称的混同，在一定范围里不得登记与其他企业相同或相似的名称、企业不得以不正当目的使用使人误认为是其他企业的名称。在英国，根据1985年《公司法》第26条的规定，一个申请注册的公司名称如果与公司名称索引中的公司名称相同，将不予被注册；如果相类似但还可以区分，则有可能被注册；如果已经注册的名称被发现模仿了其他先注册的公司名称，而且该先注册公司确认了此点，商业部长可以要求该公司在12个月内更改其名称，但过了12个月该公司没有更改其名称的，先注册公司可以按照普通法提起一个“passing off”的侵权诉讼，由法院判决让该公司改名或终止营业。[①] 在日本，在同一市、镇、村内，不得因经营同一营业，而登记他人已登记的商号（《日本商法典》第19条）；前述行为被推定为以不正当竞争目的使用，先登记商号者可以要求其停止使用该商号并可要求损害赔偿（《日本商法典》第20条）；任何人不得以不正当目的，使用使人误认为是他人营业的商号，任何因此受损之人都可以要求其停止使用并赔偿损失（《日本商法典》第21条）。违反以上规定还会导致行政责任。

我国《企业名称登记管理规定》第六条规定，企业只准用一个名称，在登记主管机关辖区内不得与已登记注册的同行业企业名称相同或者近似；第二十七条规定，擅自使用他人已经登记注册的企业名称或者有其他侵犯他人企业名称专用权行为的，登记主管机关有权责令侵权人停止侵权行为，赔偿被侵权人因该侵权行为所遭受的损失，没收非法所得并处以五千元以上、五万元以下罚款。根据《民法通则》和《企业名称登记管理规定》的前述规定，为了避免混淆和防止不正当竞争行为的发生，经登记注册的企业名称在同一登记主管辖区内具有专用权，可以排斥他人使用相同或者近似的企业名称。侵犯企业名称权的，要承担停止侵害、赔偿损失等民事责任。《不正当竞争解释》第六条第一款规定：“企业登记主管机关依法登记注册的企业名称，以及在中国境内进行商业使用的外国（地区）企业名称，应当认定为《中华人民共和国反不正当竞争法》第五条第（三）项规定的‘企业名称’。具有一定的市场知名度、为相关公众所知悉的企业名称中的字号，可以认定为《中华人民共和国反不正当竞争法》第五条第（三）项规定的‘企业名称’。”由此可见，我国法律规定了企业名称权，司法解释将企业名称扩展到公众知悉的字号。但是，对于企业名称的

① Denis Keenan and Sarah Riches, Business Law (Second Edition), (Pitman), P107 ~ 108.

简称如何进行保护，没有作出明确规定。本指导案例指出，对于企业长期、广泛对外使用，具有一定市场知名度、为相关公众所知悉，已实际具有商号作用的企业名称简称，也应当视为企业名称予以保护。这不仅符合防止混淆，制止不正当竞争的现实需要，而且符合保护企业名称权（名称的含义包括全称和简称）的立法精神，也与有关司法解释保护公众知悉字号的规定协调一致。需要注意的是，只有实际具有商号作用的企业名称简称，才能视为企业名称，而没有市场知名度、相关公众并不知悉，没有商号作用的企业名称简称，则不能视为企业名称进行保护。

本指导案例中，“天津中国青年旅行社”（以下简称天津青旅）是原告1986年成立以来一直使用的企业名称，原告享有企业名称专用权。“天津青旅”作为其企业名称的简称，于2007年就已在经营活动中被广泛使用，相关宣传报道和客户也以“天津青旅”指代天津中国青年旅行社，经过多年在经营活动中使用和宣传，已享有一定市场知名度，为相关公众所知悉，已与天津中国青年旅行社之间建立起稳定的关联关系，具有可以识别经营主体的商业标识作用。所以，可以将“天津青旅”视为企业名称与“天津中国青年旅行社”共同加以保护。至于被告天津国青国际旅行社（简称天津国青旅）在网站网页顶端显示的“青年旅行社青旅”字样，不是原告具有商号作用的企业名称简称，并非原告企业名称的保护范围。

（二）关于擅自使用他人企业名称问题

本案例是一起擅自使用他人企业名称的不正当竞争纠纷案件。与一般不正当竞争纠纷相比，新颖之处在于被告擅自使用他人企业名称的行为与互联网搜索引擎服务的结合。《中华人民共和国反不正当竞争法》第五条第（三）项规定，经营者不得采用擅自使用他人的企业名称，引人误认为是他人的商品等不正当手段，从事市场交易，损害竞争对手，扰乱市场秩序。因此，经营者有擅自将他人的企业名称或简称作为互联网竞价排名关键词的行为，使公众产生混淆误认的，应当认定为不正当竞争。下面，予以说明：

1. 关于竞价排名中擅自使用他人企业名称

搜索引擎是一种互联网检索定位服务，当网络用户在搜索框中输入关键词后，搜索引擎将包含该关键词的网页，按预设规则排列出来，得到搜索结果。网络用户检索关键词，会出现两类搜索结果。一类是普通搜索结果，其排列方式是按照相关性规则，根据搜索结果页面包含的关键词数量、相关性、页面点击量等因素排列，排名越靠前的网页，其与关键词的相关性越高。另一类是竞价排名的搜索结果，其排列方式与推广用户对关键词的出价高低直接相关。所谓竞价排名，是搜索引擎服务商提供的一种按效果付费的网络推广方式。推广用户选择一定的关键词，为每个关键词设定单价。对于同一关键词，设定单价越高的推广用户，其搜索结果的排名越靠前。搜索引擎服务商根据因特网用户点击投放的推广链接次数进行计费。根据竞价排名的规则，推广用户的网站内容与关键词是否有关、关联性大小、页面点击量高低等因素，不再影响竞价排名的搜索结果。搜索引擎服务商为达到商业推广的目的，往往将竞价排名搜索结果置于普通搜索结果之前或其他较明显的页面位置。这实际上是利用了网络用户对搜索结果自然排名的使用习惯——网络用户倾向于首先点击排名靠前的网页链接。因此，竞价排名是一种人工干预的商业推广模式，具有一定的广告推介性质。

本指导案例中，被告在百度和谷歌网站上均投放了竞价排名广告，其投放的推广信息为“天津中国青年旅行社网上营业厅 www.lechuyou.com 天津国青网上在线营业厅，是您理想选择，出行提供优质、贴心、舒心的服务”或“天津青旅网上营业厅 www.lechuyou.com 天津国青网上在线营业厅，是您理想选择，出行提供优质、贴心、舒心的服务”。被告的推广信息不仅包含原告的企业名称和简称，而且自称是“天津中国青年旅行社网上营业厅”及“天津青旅网上营业厅”。被告擅自将“天津中国青年旅行社”以及“天津青旅”设定为推广链接关键词，当网络用户想要检索与原告相关的信息时，在搜索框中无论输入全称“天津中国青年旅行社”，还是简称“天津青旅”，被告网站的推广信息就会先出现在搜索结果页面顶部的“推广链接”位置。

2. 关于商业使用中的混淆误认

根据前述《中华人民共和国反不正当竞争法》第五条和《不正当竞争解释》第六条规定，擅自使用他人企业名称或者公众知悉的企业名称中的字号，引人误认为是他人的商品或者服务的，构成不正当竞争。本指导案例指出，擅自在商业活动中使用他人企业名称简称，使相关公众产生混淆误认的，也属于不正当竞争。对于商业使用，《不正当竞争解释》第七条规定明确指出，在中国境内进行商业使用，包括将知名商品特有的名称、包装、装潢或者企业名称、姓名用于商品、商品包装以及商品交易文书上，或者用于广告宣传、展览以及其他商业活动中，应当认定为《中华人民共和国反不正当竞争法》第五条第（二）项、第（三）项规定的“使用”。对于误认，该司法解释第四条第一款规定，足以使相关公众对商品的来源产生误认，包括误认为与知名商品的经营者具有许可使用、关联企业关系等特定联系的，应当认定为反不正当竞争法第五条第（二）项规定的“造成和他人的知名商品相混淆，使购买者误认为是该知名商品”。

本指导案例中，原、被告均为提供旅游服务的企业，原告天津青旅成立于1986年，在其经营地域范围内享有较高的知名度和较好的商誉，被告天津国青旅成立于2010年，与原告无特定联系。被告作为从事旅游服务的经营者，未经原告许可，通过在相关搜索引擎中设置与天津青旅企业名称有关的关键词并在网站源代码中使用等手段，使相关公众在搜索“天津中国青年旅行社”或“天津青旅”关键词时，直接显示天津国青旅的网站链接，从而进入天津国青旅的网站联系旅游业务。虽然在被告推广链接指向的网站页面上，并未使用原告的企业名称或简称，但是搜索链接作为进入网站的重要指示标志及入口，对网站的产品、服务等内容起到重要的广告宣传、提示和推介作用。被告在网上擅自使用“天津中国青年旅行社网上营业厅”及“天津青旅网上营业厅”，足以使相关公众产生混淆误认。即使网络用户进入被告网站后发现并非是想要检索的原告网站，但被告也是旅游企业，会使网络用户产生既然进入就不妨浏览的想法，从而可能最终选择被告网站中介绍的旅游服务，客观上达到利用网络用户的初始混淆争夺潜在客户的效果。因此，被告在网络上擅自使用他人的“天津中国青年旅行社”及“天津青旅”，引人误认为与知名旅游服务的经营者具有许可使用、关联企业关系等特定联系，损害了天津青旅的合法权益，其行为属于不正当竞争行为。天津国青旅作为与天津青旅同业的竞争者，在明知天津青旅企业名称及简称享有较高知名度的情况下，仍擅自使用，有借他人之名谋取商业利益的意图，主观上有恶意。故依照《中华人民共和国民法通则》第一百二十条规定，天津国青旅应当承担停止侵害、消除影响、赔偿损失的民事责任。

三、需要说明问题

关于网络服务提供者民事责任问题。网络侵权的实施离不开网络，网络服务提供者是否承担侵权责任呢？根据《中华人民共和国侵权责任法》第三十六条规定，网络用户、网络服务提供者利用网络侵害他人民事权益的，应当承担侵权责任。网络用户利用网络服务实施侵权行为的，被侵权人有权通知网络服务提供者采取删除、屏蔽、断开链接等必要措施。网络服务提供者接到通知后未及时采取必要措施的，对损害的扩大部分与该网络用户承担连带责任。网络服务提供者知道网络用户利用其网络服务侵害他人民事权益，未采取必要措施的，与该网络用户承担连带责任。自2014年10月10日起施行的《最高人民法院关于审理利用信息网络侵害人身权益民事纠纷案件适用法律若干问题的规定》，对《中华人民共和国侵权责任法》第三十六条中的“通知”“及时”和“知道”的认定，进行了明确。[①] 自2013年1月1日起施行的《最高人民法院关于审理侵害信息网络传播权民事纠纷案件适用法律若干问题的规定》第六条规定，原告有初步证据证明网络服务提供者提供了相关作品等，但网络服务提供者能够证明仅提供网络服务，且无过错的，不构成侵权。

根据前述规定，过错是网络服务提供者侵权成立的要件，没有过错的，不承担侵权责任。判断网络服务提供者是否具有过错，要看其是否违

---

① 详见《最高人民法院关于审理利用信息网络侵害人身权益民事纠纷案件适用法律若干问题的规定》，载《人民法院报》2014年10月10日。

反了注意义务，违反了注意义务就具有过错。网络服务提供者注意义务包括采取预防侵权的合理措施、在知道网络用户侵权情况下及时删除侵权作品、对权利人的通知及时采取必要措施。[①] 这在理论上有“红旗原则”，即如果侵权的事实显而易见，就像是“红旗”一样飘扬，网络服务提供者就不能以不知道侵权的理由来推脱法律责任。“红旗原则”要求网络服务提供者尽到合理注意义务，不能对非常明显的侵权内容或链接不闻不问。否则，就可以认定其主观上有过错，不再享受“避风港原则”所谓“通知加删除”免责条款的庇护，而应当对用户或第三方的直接侵权承担共同侵权责任。由此可见，如果网络服务提供者不知道网络用户利用其网络侵权，或者接到被侵权人的通知后及时采取删除、屏蔽、断开链接等必要措施的，则不承担侵权责任。

本指导案例中，被告擅自使用他人的企业名称或者简称，争夺潜在客户的不正当行为，是在网络上实施的。网络服务提供者百度公司与谷歌公司在被告实施不正当竞争行为过程中，即百度与谷歌公司在“推广链接”中的行为是否构成帮助侵权，需要结合有关证据做出妥当判断。由于本案原告没有起诉网络服务提供者，根据不告不理原则，法院对此没有审理。如果被侵权人起诉网络服务提供者，并能够提供其侵权证据的，网络服务提供者与该网络用户要承担连带责任。由此也警示网络服务提供者，要依法提供网络服务，认真履行《互联网电子公告服务管理规定》所规定的事前提示和事后监督义务，在“推广链接”业务中认真审查网络用户的企业营业执照等相关文件材料，不能放任网络用户随意设置关键词，更不能把与网络用户无关的其他企业的名称、字号、商标等作为关键词，从而避免侵害他人民事权益。

（执笔人：吴光侠）

---

① 参见赵克：《网络服务提供者的责任承担》，载《人民司法·应用》2014 年第 19 期。

知识产权权属、侵权纠纷

一、著作权权属、侵权纠纷

（一）著作权权属纠纷

根据同一历史题材创作的作品中的题材主线、整体线索脉络，是社会共同财富，属于思想范畴，不能为个别人垄断，任何人都有权对此类题材加以利用并创作作品

3. 张晓燕诉雷献和、赵琪、山东爱书人音像图书有限公司著作权侵权纠纷案*

（最高人民法院审判委员会讨论通过 2017年3月6日发布）

【关键词】

民事 著作权侵权 影视作品 历史题材 实质相似

【裁判要点】

1. 根据同一历史题材创作的作品中的题材主线、整体线索脉络，是社会共同财富，属于思想范畴，不能为个别人垄断，任何人都有权对此类题材加以利用并创作作品。

2. 判断作品是否构成侵权，应当从被诉侵权作品作者是否接触过权利人作品、被诉侵权作品与权利人作品之间是否构成实质相似等方面进行。在判断是否构成实质相似时，应比较作者在作品表达中的取舍、选择、安排、设计等是否相同或相似，不应从思想、情感、创意、对象等方面进行比较。

* 摘自2017年3月6日最高人民法院发布的第十六批指导性案例（指导案例81号）。

3. 按照《著作权法》保护作品的规定，人民法院应保护作者具有独创性的表达，即思想或情感的表现形式。对创意、素材、公有领域信息、创作形式、必要场景，以及具有唯一性或有限性的表达形式，则不予保护。

相关法条

《中华人民共和国著作权法》第二条

《中华人民共和国著作权法实施条例》第二条

基本案情

原告张晓燕诉称：其于1999年12月开始改编创作《高原骑兵连》剧本，2000年8月根据该剧本筹拍20集电视连续剧《高原骑兵连》（以下将该剧本及其电视剧简称“张剧”），2000年12月该剧摄制完成，张晓燕系该剧著作权人。被告雷献和作为《高原骑兵连》的名誉制片人参与了该剧的摄制。被告雷献和作为第一编剧和制片人、被告赵琪作为第二编剧拍摄了电视剧《最后的骑兵》（以下将该电视剧及其剧本简称“雷剧”）。2009年7月1日，张晓燕从被告山东爱书人音像图书有限公司购得《最后的骑兵》DVD光盘，发现与“张剧”有很多雷同之处，主要人物关系、故事情节及其他方面相同或近似，“雷剧”对“张剧”剧本及电视剧构成侵权。故请求法院判令：三被告停止侵权，雷献和在《齐鲁晚报》上公开发表致歉声明并赔偿张晓燕剧本稿酬损失、剧本出版发行及改编费损失共计80万元。

被告雷献和辩称：“张剧”剧本根据张冠林的长篇小说《雪域河源》改编而成，“雷剧”最初由雷献和根据师永刚的长篇小说《天苍茫》改编，后由赵琪参照其小说《骑马挎枪走天涯》重写剧本定稿。2000年上半年，张晓燕找到雷献和，提出合拍反映骑兵生活的电视剧。雷献和向张晓燕介

绍了改编《天苍茫》的情况，建议合拍，张晓燕未同意。2000 年 8 月，雷献和与张晓燕签订了合作协议，约定拍摄制作由张晓燕负责，雷献和负责军事保障，不参与艺术创作，雷献和没有看到张晓燕的剧本。“雷剧”和“张剧”创作播出的时间不同，“雷剧”不可能影响“张剧”的发行播出。

法院经审理查明：“张剧”“雷剧”、《骑马挎枪走天涯》《天苍茫》，均系以 20 世纪 80 年代中期精简整编中骑兵部队撤（缩）编为主线展开的军旅、历史题材作品。短篇小说《骑马挎枪走天涯》发表于《解放军文艺》1996 年第 12 期总第 512 期；长篇小说《天苍茫》于 2001 年 4 月由解放军文艺出版社出版发行；“张剧”于 2004 年 5 月 17 日至 5 月 21 日由中央电视台第八套节目在上午时段以每天四集的速度播出；“雷剧”于 2004 年 5 月 19 日至 29 日由中央电视台第一套节目在晚上黄金时段以每天两集的速度播出。

《骑马挎枪走天涯》通过对骑兵连被撤销前后连长、指导员和一匹神骏的战马的描写，叙述了骑兵在历史上的辉煌、骑兵连被撤销、骑兵连官兵特别是骑兵连长对骑兵、战马的痴迷。《骑马挎枪走天涯》存在如下描述：神马（15 号军马）出身来历中透着的神秘、连长与军马的水乳交融、指导员孔越华的人物形象、连长作诗、父亲当过骑兵团长、骑兵在未来战争中发挥的重要作用、连长为保留骑兵连所做的努力、骑兵连最后被撤销、结尾处连长与神马的悲壮。“雷剧”中天马的来历也透着神秘，除了连长常问天的父亲曾为骑兵师长外，上述情节内容与《骑马挎枪走天涯》基本相似。

《天苍茫》是讲述中国军队最后一支骑兵连充满传奇与神秘历史的书，书中展示草原与骑兵的生活，如马与人的情感、最后一匹野马的基因价值，以及研究马语的老人，神秘的预言者，最后的野马在香港赛马场胜出的传奇故事。《天苍茫》中连长成天的父亲是原骑兵师的师长，司令员是山南骑兵连的第一任连长、成天父亲的老部下，成天从小暗恋司令员女儿兰静，指导员王青衣与兰静相爱，并促进成天与基因学者刘可可的爱情。最后连长为救被困沼泽的研究人员牺牲。雷剧中高波将前指导员跑得又快又稳性子好的“大喇嘛”牵来交给常问天作为临时坐骑。结尾连长为完成抓捕任务而牺牲。“雷剧”中有关指导员孔越华与连长常问天之间关系的描述与《天苍茫》中指导员王青衣与连长成天关系的情节内容有相似之处。

法院依法委托中国版权保护中心版权鉴定委员会对张剧与雷剧进行鉴定，结论如下：（1）主要人物设置及关系部分相似；（2）主要线索脉络即骑兵部队缩编（撤销）存在相似之处；（3）存在部分相同或者近似的情节，但除一处语言表达基本相同之外，这些情节的具体表达基本不同。语言表达基本相同的情节是指双方作品中男主人公表达“愿做牧马人”的话语的情节。“张剧”电视剧第四集秦冬季说：“草原为家，以马为伴，做个牧马人”“雷剧”第十八集常问天说：“以草原为家，以马为伴，你看过电影《牧马人》吗？做个自由的牧马人。”

裁判结果

山东省济南市中级人民法院于2011年7月13日作出（2010）济民三初字第84号民事判决：驳回张晓燕的全部诉讼请求。张晓燕不服，提起上诉。山东省高级人民法院于2012年6月14日作出（2011）鲁民三终字第194号民事判决：驳回上诉，维持原判。张晓燕不服，向最高人民法院申请再审。最高人民法院经审查，于2014年11月28日作出（2013）民申字第1049号民事裁定：驳回张晓燕的再审申请。

裁判理由

法院生效裁判认为：本案的争议焦点是“雷剧”的剧本及电视剧是否侵害“张剧”的剧本及电视剧的著作权。

判断作品是否构成侵权，应当从被诉侵权作品的作者是否“接触”过要求保护的权利人作品、被诉侵权作品与权利人的作品之间是否构成“实质相似”两个方面进行判断。本案各方当事人对雷献和接触“张剧”剧本及电视剧并无争议，本案的核心问题在于两部作品是否构成实质相似。

我国《著作权法》所保护的是作品中作者具有独创性的表达，即思想或情感的表现形式，不包括作品中所反映的思想或情感本身。这里指的思想，包括对物质存在、客观事实、人类情感、思维方法的认识，是被描述、被表现的对象，属于主观范畴。思想者借助物质媒介，将构思诉诸形式表现出来，将意象转化为形象、将抽象转化为具体、将主观转化为客观、将无形转化为有形，为他人感知的过程即为创作，创作形成的有独创性的表达属于受《著作权法》保护的作品。《著作权法》保护的表达不仅指文字、色彩、线条等符号的最终形式，当作品的内容被用于体现作者的思想、情感时，内容也属于受《著作权法》保护的表达，但创意、素材或公有领域的信息、创作形式、必要场景或表达唯一或有限则被排除在《著作权法》的保护范围之外。必要场景，指选择某一类主题进行创作时，不可避免而必须采取某些事件、角色、布局、场景，这种表现特定主题不可或缺的表达方式不受著作权法保护；表达唯一或有限，指一种思想只有唯一一种或有限的表达形式，这些表达视为思想，也不给予著作权保护。在判断“雷剧”与“张剧”是否构成实质相似时，应比较两部作品中对于思想和情感的表达，将两部作品表达中作者的取舍、选择、安排、设计是否相同或相似，而不是离开表达看思想、情感、创意、对象等其他方面。结合张晓燕的主张，从以下几个方面进行分析判断：

关于张晓燕提出“雷剧”与“张剧”题材主线相同的主张，因“雷剧”与《骑马挎枪走天涯》都通过紧扣“英雄末路、骑兵绝唱”这一主题和情境描述了“最后的骑兵”在撤编前后发生的故事，可以认定“雷剧”题材主线及整体线索脉络来自《骑马挎枪走天涯》。“张剧”“雷剧”以及《骑马挎枪走天涯》《天苍茫》4 部作品均系以 20 世纪 80 年代中期精简整编中骑兵部队撤（缩）编为主线展开的军旅历史题材作品，是社会的共同财富，不能为个别人所垄断，故 4 部作品的作者都有权以自己的方式对此类题材加以利用并创作作品。因此，即便“雷剧”与“张剧”题材主线存在一定的相似性，因题材主线不受著作权法保护，且“雷剧”的题材主线系来自最早发表的《骑马挎枪走天涯》，不能认定“雷剧”抄袭自“张剧”。

关于张晓燕提出“雷剧”与“张剧”人物设置与人物关系相同、相似的主张，鉴于前述 4 部作品均系以特定历史时期骑兵部队撤（缩）编为主线展开的军旅题材作品，除了《骑马挎枪走天涯》受短篇小说篇幅的限制，没有三角恋爱关系或军民关系外，其他3部作品中都包含三角恋爱关系、官兵上下关系、军民关系等人物设置和人物关系，这样的表现方式属于军旅题材作品不可避免地采取的必要场景，因表达方式有限，不受《著作权法》保护。

关于张晓燕提出“雷剧”与“张剧”语言表达及故事情节相同、相似的主张，从语言表达看，如“雷剧”中“做个自由的‘牧马人’”与“张剧”中“做个牧马人”语言表达基本相同，但该语言表达属于特定语境下的惯常用语，非独创性表达。从故事情节看，用于体现作者的思想与情感的故事情节属于表达的范畴，具有独创性的故事情节应受著作权法保护，但是，故事情节中仅部分元素相同、相似并不能当然得出故事情节相同、相似的结论。前述4部作品相同、相似的部分多属于公有领域素材或缺乏独创性的素材，有的仅为故事情节中的部分元素相同，但情节所展开的具体内容和表达的意义并不相同。二审法院认定“雷剧”与“张剧”6处相同、相似的故事情节，其中老部下关系、临时指定马匹等在《天苍茫》中也有相似的情节内容，其他部分虽在情节设计方面存在相同、相似之处，但有的仅为情节表达中部分元素的相同、相似，情节内容相同、相似的部分少且微不足道。

整体而言，“雷剧”与“张剧”具体情节展开不同、描写的侧重点不同、主人公性格不同、结尾不同，二者相同、相似的故事情节在“雷剧”中所占比例极低，且在整个故事情节中处于次要位置，不构成“雷剧”中的主要部分，不会导致读者和观众对两部作品产生相同、相似的欣赏体验，不能得出两部作品实质相似的结论。根据《最高人民法院关于审理著作权民事纠纷案件适用法律若干问题的解释》第十五条“由不同作者就同一题材创作的作品，作品的表达系独立完成并且有创作性的，应当认定作者各自享有独立著作权”的规定，“雷剧”与“张剧”属于由不同作者就同一题材创作的作品，两剧都有独创性，各自享有独立著作权。

（生效裁判审判人员：于晓白、骆电、李嵘）

4. 胡进庆、吴云初诉上海美术电影制片厂著作权权属纠纷案*

公民为完成法人交付的工作任务所创作的作品是职务作品

【裁判摘要】

公民为完成法人交付的工作任务所创作的作品是职务作品。但是，20世纪80年代中期，《中华人民共和国著作权法》（以下简称《著作权法》）尚未颁布，职工为了单位拍摄动画电影的需要，根据职责所在创作的角色造型美术作品，其创作成果的归属，根据创作当时的时代背景、历史条件和双方当事人的行为综合分析，应判定作品的性质为特殊职务作品，作者仅享有署名权，而著作权的其他权利由法人享有。所谓历史背景，包括经济体制、法律制度、社会现实和约定俗成的普遍认知；当事人的行为则可以从单位的规章制度、明令禁止、获得报酬、双方的言行等方面进行深入探究。

原告：胡进庆，男，住上海市静安区万春街。

原告：吴云初，男，住上海市静安区武定西路。

被告：上海美术电影制片厂。住所地：上海市静安区万航渡路。

---

* 摘自《最高人民法院公报》2013年第4期。

法定代表人：汪天云，上海电影（集团）有限公司副总裁。

原告胡进庆、吴云初因与被告上海美术电影制片厂（以下简称美影厂）发生著作权权属纠纷，向上海市黄浦区人民法院提起诉讼。

两原告诉称：（1）早在《葫芦兄弟》摄制组成立之前的1984年，原告胡进庆即开始创作“葫芦娃”造型美术作品并酝酿美影厂的第一部系列剪纸动画片。与现代动画电影不同，当时的剪纸动画片需要导演用墨笔画出融剧情、文字、角色造型、拍摄方式于一体的分镜头台本。1984年3月和1984年5月原告胡进庆分别绘制《葫芦兄弟》第三集和第一、二集的分镜头台本，并勾勒出包含“葫芦娃”发型、脸型、体型、服装、颈饰等特征的基本美术造型，确立用七色区分七兄弟的原则。原告吴云初强化其葫芦冠饰，将胡进庆创作的“葫芦娃”暗含葫芦形的菱形头饰、右边一片叶子改为头戴葫芦冠，左右各点缀一片叶子，并勾画出“葫芦娃”美术造型的正面完善稿、侧面稿和彩色稿，该美术造型经全厂征集评选于1985年年底被被告全部采用，并运用于影片之中，故两原告成为“葫芦娃”角色造型形象的原创作者。1986年3月至10月，原告胡进庆分别绘制《葫芦兄弟》第四集至第十三集分镜头台本，交由两个摄制组分别拍摄。（2）1988年1月至6月原告胡进庆绘制《葫芦兄弟》续集《葫芦小金刚》六集分镜头台本。“金刚葫芦娃”的造型与“葫芦娃”基本一致，仅改为身穿白衣、颈部佩戴金光闪闪的葫芦挂件。在上述两部影片的每集片尾均标明“造型设计：进庆、吴云初”，即表明被告承认两原告系“葫芦娃”角色造型的创作人员。（3）两原告从未利用被告的物质技术条件创作涉案影片的分镜头台本，原、被告双方就角色造型美术作品的著作权也无任何约定。被告所谓的组织影片主创人员深入生活与“葫芦娃”角色造型美术作品的创作无关。涉案影片的酬金和获奖奖励分配已收到，但其性质是劳务费，与涉案美术作品的著作权无关。虽然“葫芦娃”角色造型美术作品的最终定稿系被告决定，但其创作却是两原告主动而为，应属于职务作品，而非法人作品。（4）虽然“葫芦娃”角色造型美术作品诞生于《著作权法》施行之日前，但由于本案涉及的作品仍在保护期内，故《著作权法》可回溯适用本案争议。在美术电影中，人物角色表演的载体是由人创作的美术

作品所虚拟的形象造型，其角色造型美术作品先于电影而存在，根据《著作权法》的规定，可以独立于影片而由作者即两原告享有著作权，而且映射在影片中的“葫芦娃”形象的著作权也应归两原告所有，故请求法院确认《葫芦兄弟》及其续集《葫芦小金刚》系列剪纸动画电影中“葫芦娃”（即葫芦兄弟和金刚葫芦娃）角色形象造型原创美术作品的著作权归原告胡进庆、吴云初所有。

被告美影厂辩称：（1）系争角色造型是由两原告等人绘制草稿张贴于摄制组内，经组内人员集体讨论修改，并经美影厂创作办公室、艺术委员会反复讨论提出修改意见不断完善，最终由美影厂艺术委员会审定。原告胡进庆依据定稿的剧本、角色造型、背景设计，绘制分镜头台本，该项工作是导演的职责。被告并不否认两原告对系争角色造型所做贡献，但作品的创作系在被告领导下，体现法人的意志，并由法人承担责任，系法人作品。署名为两原告，是因为成立摄制组时确定的工作岗位是由两原告负责造型设计，并由两原告具体执笔。（2）涉案影片的摄制是在计划经济体制的背景下，被告根据国家下达的制片任务指标编制拍摄计划，报电影局审批后成立摄制组投入拍摄，所有的摄制人员均受被告指派，工作任务由被告分配，影片完成后由国家按计划统包统销。涉案影片的主创人员深入生活、投资拍摄、制作、出版发行等费用均由被告承担。当时《著作权法》尚未颁布，双方不可能签订合同约定著作权的归属。（3）根据被告的规定，导演每年需完成一部长片（约 20 分钟）或二部短片（约 10 分钟）的工作任务，其他创作人员参照导演的标准完成相应的工作。自《葫芦兄弟》影片开始，对创作人员首次实行酬金制，《葫芦兄弟》还获得国内外多个奖项，奖励已按比例发放给主创人员。（4）创作“葫芦娃”角色造型是为了拍摄影片，影片中的葫芦娃形象是连续的、动态的，截取任何一副画面而单独使用，缺乏法律依据。角色造型不可以脱离影片单独使用，即使可以单独使用，也应由被告享有著作权，这样更有利于动漫产业的发展。综上，被告请求驳回原告的诉讼请求。

上海市黄浦区人民法院一审查明：

一、两原告在被告处的履历情况

原告胡进庆曾用名墨犊、进庆。1953 年原告胡进庆进入被告美影厂工作，历任动画设计、动作设计、造型设计、导演、艺委会副主任等职。1964 年 8 月原告吴云初进入被告处工作，历任动作设计、造型设计、作监、导演等职，1988 年 3 月、1996 年 10 月原告胡进庆、吴云初分别晋升为一级导演和一级美术设计师。

二、涉案影片的创作背景

1985 年 11 月 9 日被告美影厂向文化部电影局上报 1986 年题材计划，在暂定节目项下共有各类影片四十本，其中包含剪纸片《七兄弟》（民间故事）八本。1986 年 3 月 3 日上海电影总公司向所属各单位、部门发文《一九八六年各项任务指标安排》，下达包括制片生产、拷贝洗印、发行放映、利润计划、劳动人事在内的各项指标任务，并明确改进奖金发放办法，自 1 月 1 日起停发岗位（职务）津贴，创作人员实行酬金制。1987 年 1 月 12 日上海电影总公司向上海市人民政府报告《上海电影总公司一九八六年工作概况》时称，在广播电影电视部和上海市委、市府、市委宣传部的领导下，我局今年的创作生产、拷贝洗印和发行收入等主要指标都超额完成了年度计划。今年美术片生产的主要突破是，根据广大观众特别是少年儿童的要求，在系列片创作方面做了尝试，包括剪纸片《葫芦兄弟》在内的五个系列影片，试映后获得不同程度的好评，也满足了社会对于国产系列美术片的要求。

证人沈如东（时任涉案影片的动作设计）、龚金福（时任涉案影片的动作设计和绘景）、沈寿林（时任涉案影片的动作设计）均证实：分镜头台本是拍摄的大纲或指引，拍摄时需以剪纸的形式首先制作出定稿的角色造型，由动作设计使角色造型活动起来，如遇特殊表情、特殊动作、侧面、背影，还需动作设计人员依据定稿的角色造型进行设计，然后交由绘制进行制作，再由绘景画出背景画面，最后由动作设计人员操纵活动的角色造型根据一秒钟镜头需要 24 幅画面的原则进行拍摄形成连续的画面。

1986年左右，导演等创作人员均需完成被告美影厂创作办公室每年下达的任务指标，导演每年需完成一部长片（约20分钟）或二部短片（约10分钟），主要由被告指派任务，其他创作人员跟随导演完成相应工作量，创作成果均归属于单位。被告还经常组织创作人员深入生活或组织与业务相关的培训等。自《葫芦兄弟》影片开始，被告取消每月5元的奖金，对创作人员实行酬金制。就涉案影片，证人沈如东、沈寿林证实除工资、福利外，在影片完成后，均取得了相应的酬金和获奖奖励分配。

三、“葫芦娃”造型设计及影片的创作

1984年被告美影厂文学组的杨玉良根据民间故事《七兄弟》，创作了《七兄弟》文学剧本大纲。1985年底被告成立《七兄弟》影片摄制组，指派胡进庆、周克勤、葛桂云担任导演，胡进庆、吴云初担任造型设计。两原告绘制了“葫芦娃”角色造型稿，葫芦七兄弟的造型一致，其共同特征是：四方的脸型、粗短的眉毛、明亮的大眼、敦实的身体、头顶葫芦冠、颈戴葫芦叶项圈、身穿坎肩短裤、腰围葫芦叶围裙，葫芦七兄弟的服饰颜色分别为赤、橙、黄、绿、青、蓝、紫。原告胡进庆先后绘制《葫芦兄弟》十三集分镜头台本。为加快影片拍摄进度，1986年1月至12月，被告成立单、双集摄制组。经比对，分镜头台本中的“葫芦娃”角色造型与影片中的“葫芦娃”外形基本一致，前者为黑白、笔法粗略、前后呈现细节上的诸多不一致。后者为彩色、画工精致、前后一致，配合情节、对话、配音、场景，呈现出正义善良、机智勇敢、团结协作等人物性格特征。1988年原告胡进庆先后绘制《葫芦小金刚》六集分镜头台本，“金刚葫芦娃”的造型与“葫芦娃”基本一致，仅改为身穿白衣、颈项佩戴金光闪闪的葫芦挂件，以示“金刚葫芦娃”由葫芦七兄弟合体而成。

四、涉案影片的署名

中华人民共和国广播电影电视部电影事业管理局（以下简称广电部电影局）编印的影片目录显示，《葫芦兄弟》《葫芦小金刚》每集的美术设计基本上均署名为吴云初、进庆、常保生。《葫芦兄弟》每集完成台本和

1996 年美影厂出品的葫芦兄弟系列 VCD 光盘的每集片尾工作人员名单均显示，单集的创作人员为编剧：姚忠礼、杨玉良、墨犊，导演：胡进庆、葛桂云，造型设计：吴云初、进庆，背景设计：常保生，动作设计：肖刚等 5 人，绘景：葛战等 3 人，绘制：岳慧敏等 4 人，共计 21 个工种 34 位工作人员及上海电影乐团、上海市少年宫合唱队等团体。双集的创作人员为导演：胡进庆、周克勤，动作设计：沈祖慰等 6 人，绘景：沈同春等 6 人，绘制：岳慧敏等 2 人，其余与单集创作人员基本相同，共涉及 21 个工种 36 位工作人员及两个团体。《葫芦小金刚》每集完成台本的片尾工作人员名单显示，编剧：姚忠礼、墨犊，造型设计：吴云初、进庆，总导演：胡进庆。

五、涉案影片的发行和播映

1987 年 3 月和 1988 年 3 月广电部电影局分别编印的 1986 年、1987 年影片目录显示：1986 年完成《葫芦兄弟》第一集至第九集，1987 年完成《葫芦兄弟》第十集至第十三集。1990 年 3 月、1991 年 3 月和 1992 年 3 月广电部电影管理局分别编印的 1989 年、1990 年、1991 年影片目录显示：1989 年完成《葫芦小金刚》第一集至第三集，1990 年完成《葫芦小金刚》第四集至第五集，1991 年完成《葫芦小金刚》第六集。涉案影片上映时先是以剪纸动画片的形式在电视台播出，后在电影院公映。1996 年被告美影厂将涉案两部影片制作成六盒 VCD 进行出版发行，该出版物的封套显示：上海美术电影制片厂出品，上海电影音像出版社出版发行，中国标准音像制品编码为 ISRC CN - E28 - 96 - 0062 - 0/V. J9。2008 年被告将《葫芦兄弟》十三集合成制作成一部电影进行公开放映。涉案影片的投资拍摄、拷贝洗印、出版发行，在电视台和电影院播映、音像市场发行等费用均由被告方出资。

六、涉案影片的奖励分配

1986 年 8 月 18 日广电部电影局向包括被告美影厂在内的下属各电影制片厂发函“关于颁发一九八五年优秀影片奖金事”时表示，现发去广电

部奖励各类优秀影片的奖金，奖金的分发仍按我局规定办理，即奖金全额发给获奖影片的摄制组，其中60%发给主要创作人员。为鼓励导演努力拍摄出更多的优秀影片，从今年开始分给导演的奖金应适当提高数额。1988年1月15日美影厂创作办公室向广电部电影局推荐包括剪纸片《葫芦兄弟》（第三、四集）在内的共四部影片评选1986年优秀影片。1988年5月20日被告向广电部电影局上报参加1986、1987年优秀影片颁奖大会名单，其中包括《葫芦兄弟》影片的代表：导演胡进庆和动作设计沈如东。同日，被告向广电部电影局发函表示，获评优秀美术片之一的《葫芦兄弟》是1986、1987年生产的系列剪纸片（共十三集），在上报评选时，我厂仅挑选其中第三、四集供评委审看，为鼓励今后的系列美术片创作，希望贵局在考虑《葫芦兄弟》一片的奖金时，能按系列长片的标准，给予适当优惠条件。1988年8月19日被告向《葫芦兄弟》影片的创作人员发放1986年优秀影片奖的奖金7000元。此外，《葫芦兄弟》还获得1987年儿童电影“童牛奖”。

本案一审的争议焦点是：（1）“葫芦娃”造型设计是否构成作品及由谁创作；（2）“葫芦娃”造型设计美术作品的性质；（3）“葫芦娃”角色造型能否作为可以单独使用的作品并由作者单独行使其著作权；（4）“葫芦娃”形象与“葫芦娃”角色造型美术作品的关系。

上海市黄浦区人民法院一审认为：

一、“葫芦娃”造型设计是否构成作品及由谁创作

无论是文言文形式的民间故事《七兄弟》，还是民间流传的十兄弟故事，直至涉案影片的《七兄弟》文学剧本大纲，均系文字作品，即便是《葫芦兄弟》的剧本及其中有关“葫芦娃”的描述，也是一种文字表达，“葫芦娃”造型设计的作者首次以线条勾勒出“葫芦娃”的基本造型，四方的脸型体现出善良和正直，粗短的眉毛、长长的睫毛、明亮的大眼、小嘴红唇透露出孩童的天真与慧黠，粗壮有力的手部与腿部线条暗含蕴藏的无穷力量与本领；上装的坎肩与下装的短裤相配显得精干利落；头顶的葫芦冠饰衬以两片嫩叶，颈部的黑色项圈上点缀两片葫芦嫩叶，腰部的葫芦

叶围裙清晰可见叶片的茎脉，既富有层次感又相互呼应，其巧妙地将葫芦与中国男童形象相融合，塑造出炯炯有神、孔武有力、天真可爱的“葫芦娃”角色造型，并以七色区分七兄弟，既表明兄弟的身份又以示区别，体现了作者的匠心独运与绘画技巧，其通过手工绘制而形成的视觉图像，结合线条、轮廓、服饰以及颜色的运用形成特定化、固定化的“葫芦娃”角色造型，已不再停留于抽象的概念或者思想，其所具有的审美意义、艺术性、独创性和可复制性，符合《著作权法》规定的作品的构成要件，应当受到《著作权法》的保护。至于“金刚葫芦娃”，因其与“葫芦娃”的基本造型并无二致，仅在衣服的颜色和颈部佩饰方面稍做改动，故不构成新的作品，可归结为一个“葫芦娃”角色造型。综上，法院认定“葫芦娃”角色造型构成美术作品。

关于“葫芦娃”角色造型由谁创作的问题，两原告既未提供定稿的“葫芦娃”角色造型美术作品，也从未就该作品进行版权登记。原告胡进庆提供的据以证明其作者身份的70页分镜头台本既不完整，也无作者署名和形成时间，每集片名系事后添加或有涂改，且分镜头台本并不等同于角色造型；原告胡进庆提供的“葫芦娃”造型美术作品三幅无形成时间和作者署名；原告吴云初提供的《葫芦兄弟》《葫芦小金刚》人物美术资料6页无形成时间和作者署名，明显形成于《葫芦兄弟》影片完成之后，系事后制作，且上述造型稿与影片中的“葫芦娃”形象仍有差异，而原告提供的证人均未到庭作证，故本院对上述证据均不予采信。因此，两原告提供的上述证据尚不足以证明其独立创作了“葫芦娃”角色造型美术作品。但是，涉案影片的影片目录、每集的完成台本和1996年美影厂出品的《葫芦兄弟》系列VCD光盘的每集片尾工作人员名单均显示，造型设计：吴云初、进庆，对该署名自影片创作完成至今双方均无异议，被告美影厂亦承认两原告对系争造型所作的贡献。根据《著作权法》有关如无相反证明，在作品上署名的公民、法人或者其他组织为作者的规定，法院据此认定，两原告共同创作了“葫芦娃”角色造型美术作品。

二、"葫芦娃"造型设计美术作品的性质

法律制度通常反映了一国的经济、文化、社会和时代特征，对系争权属的判定，同样不能脱离作品创作的时代背景和当时的法律制度。其一，从宏观的社会现实角度来看，被告美影厂提供的一系列证据显示，在涉案影片创作的当时，我国正处于计划经济时期，被告作为全民所有制单位，影片的创作需严格遵循行政审批程序，影片的发行放映需严格遵循国家的计划安排，如根据上级单位下达的年度指标任务上报年度创作题材规划，根据年初规划组织安排人员落实，创作成果归属于单位，单位再将最终创作成果交由相关单位统一出版发行，年底向上级单位、政府部门汇报各项指标任务的完成情况等。在作品创作的当时，两原告作为被告方的造型设计人员完成被告交付的工作任务，正是其职责所在，其创作的成果归属于单位是毋庸置疑的行业惯例，也是整个社会的一种约定俗成。其二，从当时的法律制度来看，1987 年 1 月 1 日起施行的《中华人民共和国民法通则》第九十四条仅原则性地规定，公民、法人享有著作权（版权），依法有署名、发表、出版、获得报酬等权利。对于电影作品著作权的归属及电影作品中哪些作品可以单独使用并由作者单独行使著作权均未作出规定。可供参照的 1985 年 1 月 1 日起生效，现已失效的《图书、期刊版权保护试行条例》也仅规定，用机关、团体和企业事业单位的名义或其他集体名义发表的作品，版权归单位或集体所有。本案当事人在系争作品创作的当时，也不可能预先按照于 1991 年 6 月 1 日起施行的我国《著作权法》的规定，就职务作品著作权的归属以合同的形式进行明确约定。因此，认定两原告对其创作的作品于创作的当时享有著作财产权缺乏法律依据。其三，从微观的规章制度来看，被告提供的三位证人证言均证实，在涉案影片创作的当时，导演等工作人员均需完成美影厂创作办公室每年下达的任务指标，其他创作人员跟随导演完成相应工作量。原、被告均认可被告就涉案影片成立了摄制组，并指派原告胡进庆担任导演，两原告任造型设计，此系完成被告交付的工作任务。可见，完成法人交付的工作指标任务，取得工资、奖金及相关的医疗、分房等福利待遇，创作成果则归属于

法人，符合当时社会人们的普遍认知，也是社会公众普遍认同的行为准则。其四，从取得的奖励来看，1986年3月被告上级公司下达的文件明确规定：自1月1日起创作人员实行酬金制。1986年8月18日广电部电影局发函明确表示：奖金全额发给获奖影片的摄制组，其中60%发给主要创作人员；为鼓励导演努力拍摄出更多的优秀影片，从今年开始分给导演的奖金应适当提高数额。其制度设计本身亦说明，在当时的历史条件下国家对影片主创人员创造性劳动的鼓励、尊重和其劳动价值的体现。上述文件结合两原告陈述、三位证人有关已领取酬金和奖励的证言及被告提供的财务凭证均表明，就系争作品的创作，两原告已取得远高于工资性奖金的酬金和奖励，自涉案影片最初播映的1986年起至2010年两原告起诉之日前的24年间，也没有证据表明两原告曾就此向被告提出过异议。而且，在系争作品创作完成的24年间两原告也从未就系争造型的著作权向被告提出异议。综上，根据系争作品创作当时的时代背景、历史条件和双方当事人的上述行为，可以认定“葫芦娃”角色造型美术作品的著作权由被告享有，两原告仅享有表明其作者身份的权利。

至于被告美影厂关于系争作品系法人作品的辩称意见，法院认为，虽然两原告系单位职工，造型设计属于其职责范围，系争作品是在单位主持下，为了完成单位的工作任务而进行的创作，责任亦由单位承担，但是，我们不能将法人意志简单地等同于单位指派工作任务、就创作提出原则性要求或提出修改完善意见等，否则，所有的职务作品均可被视为法人作品，作为自然人的创作者将丧失作者地位。系争美术作品的创作无须高度借助单位的物质技术条件，创作的过程也并不反映单位的意志，而是体现了作者独特的思想、感情、意志和人格。无论是“葫芦娃”角色造型的线条、轮廓、色彩还是服饰、颈饰、腰饰、葫芦冠等的选择都体现了作者个人的构思、选择和表达。虽然，被告美影厂主张摄制组其他成员和被告的部门负责人曾提出过修改意见，但这并不影响对“葫芦娃”角色造型作出实质性贡献的仍然是作者个人。而且，从片尾的署名来看，造型设计也已署名两原告个人。因此，“葫芦娃”角色造型美术作品并不是代表法人的意志创作，不应认定为法人作品，对被告的上述主张，法院不予采信。

三、“葫芦娃”角色造型能否作为可以单独使用的作品并由作者单独行使其著作权

我国《著作权法》第十五条第二款关于“电影作品和以类似摄制电影的方法创作的作品中的剧本、音乐等可以单独使用的作品的作者有权单独行使其著作权”的规定的适用前提有三个：一是身份系作者，其意义在于进一步保护电影作品中合作作者的单独的著作权，如果不是作品的作者，就不能成为适用本条款的合格主体，也就丧失了获得单独保护的前提条件。本案中，被告美影厂在影片的片尾将造型设计署名两原告，即是承认两原告系涉案影片角色造型美术作品的作者；二是著作财产权归属于该位作者，即只有在作者已获得著作财产权的前提下，编剧、词曲作者等才能够独立地行使著作权，反之，如著作财产权归属于法人或其他组织，则即使确系作品的作者也无权行使该作品的著作财产权，更谈不上独立行使其著作权，即只有根据我国《著作权法》第十一条和第十六条第一款的规定，著作财产权属于作者时，才能适用本条的规定。本案中，前已论述系争作品的著作权应属被告所有，两原告仅享有表明其作者身份的权利，故两原告也就丧失了适用本条的前提；三是作品可以单独使用。所谓单独使用，并非是指截取影片中的任何一幅截图进行使用。电影截图是电影整体表达的不可分割的组成部分，其本身并不具有独立于电影的表达，它仍然是在电影设定的背景和场景之下，表达着电影中的人物或故事内容，该等使用仍是对电影的使用，而不是一种对电影中其他作品的单独使用。本法条虽然仅列举剧本、音乐两类作品，但由于系争角色造型可以从电影中抽离出来，并独立地使用在其他的商品或服务标识之上，事实上，多年来原、被告分别起诉的众多著作权侵权案件，也从侧面印证了系争作品已被他人进行独立于影片的单独使用，故“葫芦娃”角色造型美术作品属于可以单独使用的作品。上述三个前提条件只有在同时满足的情况下，才能适用本条，由于两原告并不享有系争作品除署名权以外的著作权，故两原告不得援引该条款获得法律的保护。

四、"葫芦娃"形象与"葫芦娃"角色造型美术作品的关系

两原告在庭审中一再提及其所主张的著作权也包括映射在电影中的每一个"葫芦娃"形象。法院认为，就存在于影片中的每一个"葫芦娃"形象而言，由于两原告已同意被告美影厂将其作品拍摄成电影，且电影作品的整体著作权应由被告行使，双方当事人对此均无异议，故两原告关于影片中"葫芦娃"形象的著作权归其所有的主张，法院不予采信。

当系争的角色造型美术作品进入影片以后，经动作设计、背景设计、绘制、摄影、编剧、导演、配音等人员的创造性劳动，形成了"葫芦娃"具有个性特征的完整形象，该形象由包含姓名、身份、造型、声音、性格等个性特征、人物在特定环境下的经历和故事等情节以及人物对人的反应和对物的反应等组成，上述形象确认因素构成一个具有整体性的"葫芦娃"形象，当人们看到静态的"葫芦娃"形象时，它已不是单纯的一幅美术作品，而是包含个性特征、情节、反应等要素的生动形象。因此，法院认定被告美影厂对于"葫芦娃"形象的整体性作出了贡献。关于"葫芦娃"形象的知名度，结合被告提供的证据及陈述表明，"葫芦娃"形象之所以能够成为家喻户晓、深受观众喜爱的动画形象，其知名度的形成有赖于：一是被告于1986年作出的投资拍摄《葫芦兄弟》系列剪纸动画电影的决定；二是被告在1986年至1991年期间连续不断地推出《葫芦兄弟》《葫芦小金刚》共十九集系列剪纸动画电影；三是20多年来被告通过电视台播映、电影院放映、发行VCD等载体形式，公开、广泛、持续、全面地传播涉案影片及所涉的"葫芦娃"形象，使之成为具有机智、勇敢、正义、协作等精神品质的可爱中国男童的代表，在广大的少年儿童乃至成人社会中产生良好的公众效应，在社会公众中享有较高的知名度。两原告对于被告的上述投资、出版发行等行为均未表示异议。因此，从民法的公平原则角度出发，对于"葫芦娃"形象的整体性和知名度所作的贡献均应归功于被告，故两原告关于影片中"葫芦娃"形象的著作权归其所有的主张，法院不予支持。

综上，上海市黄浦区人民法院依照《中华人民共和国著作权法》第三

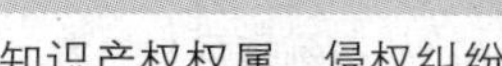

条第（四）项，第十一条第一、二、四款，第十五条，第十六条第二款第（二）项，第六十条，第六十一条，《中华人民共和国著作权法实施条例》第四条第（八）项、第（十一）项，第十一条第一款，《中华人民共和国民法通则》第四条的规定，于2011年8月4日判决如下：

原告胡进庆、吴云初要求确认《葫芦兄弟》及其续集《葫芦小金刚》系列剪纸动画电影中“葫芦娃”（即葫芦兄弟和金刚葫芦娃）角色形象造型原创美术作品的著作权归原告胡进庆、吴云初所有的诉讼请求，不予支持。

胡进庆、吴云初不服一审判决，向上海市第二中级人民法院提起上诉，请求撤销一审判决，依法改判。主要理由如下：（1）上诉人提供的前三集分镜头台本中的“葫芦娃”形象是葫芦兄弟和金刚葫芦娃角色形象的原创美术作品，由上诉人于1984年创作完成，原审法院对此事实认定有误；（2）上诉人对“葫芦娃”职务作品应享有完整的著作权，而非仅有署名权，原审法院适用法律错误。

被上诉人美影厂辩称：不同意上诉人的上诉请求，分镜头台本不能证明上诉人享有“葫芦娃”造型著作权，其形成于造型确定之后。被上诉人坚持在一审中所持观点，即《葫芦兄弟》影片和“葫芦娃”形象是在美影厂的集体领导下创作完成的，属于法人作品。

二审中，上诉人提交了《动画大王》杂志1986年第6期、1987年第2期、1987年第3期，以证明《葫芦兄弟》连环画在动画片公映之前已在被上诉人合办的杂志上连载，且署名为上诉人，故被上诉人是鼓励和认可“葫芦娃”造型的著作权归上诉人所有，上诉人也实际享有了“葫芦娃”造型美术作品带来的经济利益。被上诉人认可《葫芦兄弟》连环画在电影上映前已出版的事实，但认为该事实并不能证明上诉人享有“葫芦娃”造型的著作权。根据上诉人的申请，二审中通知证人严定宪（时任美影厂厂长）、蒋友毅（时任美影厂创作办公室主任）出庭作证。根据证人证言及相关证据查明，20世纪80年代中期起，被上诉人倡导创作系列动画电影。1984年杨玉良创作《七兄弟》文学剧本梗概，该素材被厂方认可。其后，胡进庆独立创作了《葫芦兄弟》的若干台本及造型初稿，后经吴云初补充修改“葫芦娃”造型，报美影厂创作办公室审核，通过后再报厂长审批。1985 年 11 月，《葫芦兄弟》（最初名为《七兄弟》）正式立项，成立摄制组，开始进行拍摄。其时，美影厂并无关于作品权利归属的规定，厂方与作者均缺乏著作权的概念，谈论权利的问题，是“很不光彩的事情”。《葫芦兄弟》动画片在拍摄时，蒋友毅曾明确要求创作人员不得在影片拍摄期间将连环画对外投稿，但制片完成之后是否投稿，则厂方不干涉。

上海市第二中级人民法院经二审，确认了一审查明的其他事实。

上海市第二中级人民法院二审认为：从动画电影的创作过程看，动画电影中的角色形象应有在先的静态造型，该造型如构成美术作品，应受到《著作权法》的保护。本案中，双方当事人均确认，系争造型即“葫芦娃”角色形象最初由胡进庆创作，经吴云初修改。被上诉人虽称该造型综合了集体的意见，代表了被上诉人的意志而最终形成，但根据现有证据，在《葫芦兄弟》动画片正式立项以前，胡进庆已独立创作了“葫芦娃”造型初稿，经吴云初补充修改，再报美影厂相关部门审核。最终形成的“葫芦娃”造型虽经美影厂其他创作人员的若干修改而成，但与原作相比并无实质性差别，不构成新的作品。故难以证明“葫芦娃”造型是由被上诉人主持，代表其意志而创作的。此外，虽然当时已有《七兄弟》的文学剧本梗概，但该剧本的内容与后来形成的《葫芦兄弟》有较大差异，且当时尚无角色形象造型，故也不能据此认为“葫芦娃”造型是基于《七兄弟》而产生的。综上，法院确认系争“葫芦娃”造型美术作品不属于《著作权法》第十一条第三款规定的情形，即不属于“法人作品”。

另一方面，上诉人提交了《葫芦兄弟》前三集的分镜头台本，作为“葫芦娃”造型美术作品原件的证据。该分镜头台本因形式要件欠缺，未被原审法院采信，对此二审法院不表异议。但证明作品的著作权归属并不必然与作品的载体相联系。换言之，即使上诉人未能提交其主张的造型作品的原件，也不意味着就应否认其权利。本案中，根据《葫芦兄弟》动画片的署名、证人证言，以及双方对创作过程的陈述等，足以确认上诉人创作了系争“葫芦娃”角色造型美术作品，且是为完成单位的工作任务所创作的。因此，系争作品属于《著作权法》第十六条规定的职务作品。本案的关键就在于该职务作品的著作权归属问题。

本案系争造型美术作品创作于《著作权法》施行之前，当时的法律法规和政策对职务作品著作权的归属并无规定，因涉案作品尚在著作权保护期内，故本案应适用《著作权法》的现行规定予以处理。《著作权法》第十六条区分了职务作品著作权归属的不同情况，法院认为，系争作品属于该条第二款第（二）项规定的“特殊职务作品”，即“法律、行政法规规定或者合同约定著作权由法人或者其他组织享有的职务作品”，理由如下：

首先，本案中，双方当事人的确没有就系争作品的著作权归属签订书面合同，但这是特定历史条件下的行为。正如原审判决所言，难以要求本案当事人在作品创作当时，就预先按照《著作权法》的规定，对职务作品著作权的归属作出明确约定。同时，因为当时的法律法规对此问题也无规范，故应深入探究当事人行为时所采取的具体形式，及其真实意思表示，在此基础上才能正确判断系争职务作品著作权的归属。

其次，就当时的法律环境来看，我国尚未建立著作权法律制度，社会公众也缺乏著作权保护的法律意识，双方当事人对此也予认可。因此，才有证人所述的，谈论权利问题是“很不光彩的事情”的情况发生。这说明，针对动画电影的整个创作而言，完成工作任务所创作的成果归属于单位，是符合当时人们的普遍认知的。另外，在《葫芦兄弟》动画片拍摄过程中，时任美影厂创作办公室主任的蒋友毅曾明确要求创作人员不得对外投稿，而作为创作人员的本案上诉人并未对此提出异议。现有证据也不能证明上诉人是在《葫芦兄弟》动画片拍摄期间即向《动画大王》投稿的。也就是说，上诉人以实际行为遵守了被上诉人的规定。这一事实表明，双方当事人均认可被上诉人可对包括上诉人在内的创作人员提出上述要求，即被上诉人有权对动画电影的角色形象造型进行支配。因此，从诚信的角度出发，上诉人不得在事后作出相反的意思表示，主张系争角色造型美术作品的著作权。

再次，从被上诉人的行为来看，被上诉人在动画电影拍摄完成后，对上诉人将《葫芦兄弟》连环画对外投稿并出版的行为未加干涉，并不表明其放弃了权利，而只是放弃行使权利，即放弃利用作品所带来的经济利益。因为在此过程中，被上诉人的著作权并未受到质疑，也未产生如本案这样的权属纠纷，故其行为不能看作是对权属问题的表态。同理，被上诉人其后在相关侵权诉讼中未以原告的身份主张权利，也仅能作如上理解，而非如上诉人所言是不具备权利人的资格。

最后，本案中，系争"葫芦娃"角色造型美术作品确由胡进庆、吴云初创作，体现的是二人的个人意志，故对上诉人作为作者的人格应予尊重。具体而言，对于系争作品这样的"特殊职务作品"，应根据《著作权法》第十六条第二款的规定，由上诉人享有署名权，著作权的其他权利由被上诉人享有。

综上，本案系争的"葫芦娃"角色造型美术作品属于特定历史条件下，上诉人创作的职务作品，由被上诉人享有除署名权以外的其他著作权。因此，一审法院认定事实清楚，适用法律正确，上诉人的上诉请求不能成立。据此，上海市第二中级人民法院依照《中华人民共和国民事诉讼法》第一百五十三条第一款第（一）项、第一百五十八条之规定，于2012年3月30日判决如下：

驳回上诉，维持原判。

本判决为终审判决。

5. 陆道龙诉陆逵等侵犯著作权纠纷案*

▶ 作品的构成条件为作品的独创性和可复制性，必须是作者独立完成的成果

【裁判摘要】

著作权法意义上的作品，是指文学、艺术和科学领域内具有独创性并能以某种有形形式复制的智力成果。独创性是界定著作权法意义上的作品的前提条件和实质要件，它直接影响作品著作权的法律保护和侵权责任承担。家谱主要是记载一个姓氏家族或某一分支的宗族氏系和历代祖先的名号谱籍，其关于素材或公有领域的信息，不具有独创性，不应当受著作权法保护。

原告：陆道龙，男，住江苏省射阳县。

被告：陆逵，男，住江苏省盐城市。

被告：陆坚，男，住江苏省盐城市。

被告：陆体才，男，住江苏省射阳县。

被告：陆为洲，男，住江苏省建湖县。

被告：陆应虎，男，住江苏省射阳县。

被告：陆连华，男，住江苏省射阳县。

被告：陆维浪，男，住江苏省南京市。

---

* 摘自《最高人民法院公报》2015 年第 7 期。

被告：陆海洋，男，住江苏省盐城市。

被告：陆琪，男，住江苏省建湖县。

被告：陆应铸，男，住江苏省盐城市。

被告：陆应祝，男，住江苏省苏州市。

原告陆道龙因与被告陆逵、陆坚、陆体才、陆为洲、陆应虎、陆连华、陆维浪、陆海洋、陆琪、陆应铸、陆应祝发生侵犯著作权纠纷，向江苏省盐城市中级人民法院提起诉讼。

原告陆道龙诉称：其是《中华陆氏历代年谱〈陆氏宗谱〉》的著作权人，依法享有该作品的著作权。上述作品由原告于1991年9月1日创作完成，并于1991年9月2日在江苏省首次发表。被告在未经原告许可的情况下，以盈利为目的，歪曲、篡改并大量剽窃了原告拥有著作权的上述作品的内容后，于2009年编辑成书并定名为《中华陆氏通鉴》公开出版发行，截至起诉之日大约售出1500多套，且至今在售。原告追加的被告陆体才、陆为洲、陆应虎、陆连华、陆维浪、陆海洋、陆琪、陆应铸、陆应祝，是侵权刊物第一次印刷版3、4、5册的主编和副主编，及第二次改版印刷《盐城陆秀夫世家谱》（上、下册）副主编。被告已经进行第三次印刷，虽未公开销售但已捐献给盐城市档案馆和陆公祠。故请求判令被告立即停止侵权，向其赔礼道歉，并连带赔偿经济损失76万元和合理费用10万元。

被告陆逵、陆坚答辩称：（1）《中华陆氏历代年谱〈陆氏宗谱〉》中的绝大部分内容均为陆氏先人所创作的历代陆氏宗谱，对这些家谱内容，原告陆道龙根本不享有著作权。《中华陆氏历代年谱〈陆氏宗谱〉》主要包括9册陆氏宗谱：唐元和十年重修盐渎堂《陆氏宗谱》1册；光绪甲申年重修《陆氏宗谱》6册；民国二十一年忠烈堂《陆氏宗谱》（续七）1册；1989年由原告及其父陆明续修的忠烈堂《陆氏宗谱》（续八）1册。原告出生于1965年，根本不可能参加上述历代陆氏宗谱的编修，不是这些历代陆氏宗谱的作者。（2）原告为谋取个人名利，将陆氏先人编修的历代陆氏宗谱，重新命名为《中华陆氏历代年谱〈陆氏宗谱〉》，署上自己的名字，窃为己有。2012年8月29日，原告以“盐城陆氏宗谱续修谱史办公室”的名义给国家版权局发证明函，公然谎证他是该文字作品的著作权人，骗

得登记证书。（3）《中华陆氏通鉴》之4、5册《盐城陆秀夫世家谱》的编修依据和内容来源。《盐城陆秀夫世家谱》主要依据一百年前清宣统元年（1909年）由元侯陆通的七十四世（陆秀夫二十世）裔孙、院道港附贡生陆家驹等人编修而成的世德堂盐城《陆氏宗谱》全面续修。所用忠烈堂堂号，也是依《陆忠烈公全书》、宣统元年《陆氏宗谱》和《盐城县志》等书谱文献中有关明万历四十七年（1619年）“奉旨依议，予谥忠烈”的记载，由编委会确定，以牢记并弘扬忠烈先祖与国共存亡的爱国精神，表尊祖敬宗之意。故不存在侵权行为，请求驳回原告的诉讼请求。

江苏省盐城市中级人民法院经审理查明：

1984年10月8日，陆明（原告陆道龙父亲）、原告陆道龙向射阳县档案馆捐赠了光绪甲申年重修《陆氏宗谱》6册，民国二十一年忠烈堂《陆氏宗谱》（续七）1册，1989年续修忠烈堂《陆氏宗谱》（续八）1册，唐元和十年重修盐渎堂《陆氏宗谱》1册，共9册，即原告所称的老谱。

1991年9月1日，原告陆道龙编纂了《中华陆氏历代年谱〈陆氏宗谱〉》12册，第1~6册为光绪甲申年重修《陆氏宗谱》，第7册为民国二十一年忠烈堂《陆氏宗谱》（续七），第8册为续修的忠烈堂《陆氏宗谱》（续八），第9册为唐元和十年重修盐渎堂《陆氏宗谱》，另3册为盐渎堂《陆氏宗谱》2册和《中华陆氏先祖轴》1册。2013年1月28日，陆道龙向国家版权局申请登记，将《中华陆氏历代年谱〈陆氏宗谱〉》进行了著作权登记。

被告陆逵等人自2006年年底启动编纂《中华陆氏通鉴》，《中华陆氏通鉴》共5册，第1册为《陆氏源流考》、第2册为《陆氏人物志》和《千古一相陆秀夫》、第3册为《陆氏大统谱》、第4、5册为《盐城陆秀夫世家谱》。2009年1月第一次印刷。《中华陆氏通鉴》编委会成员167人，陆逵为编委会主任，陆体才为《中华陆氏通鉴》第3、4、5册主编，其他被告为副主编。

庭审中，原告陆道龙认为，《中华陆氏历代年谱〈陆氏宗谱〉》中第1~7册、第9册是原告于1982~1984年间从老谱中整理出来的，第8册是原告自己创作。《中华陆氏历代年谱〈陆氏宗谱〉》第1~6册内容与老谱的光绪甲申年重修《陆氏宗谱》的6册内容无变化，第7册从17～33页增加了一代人内容，老谱中没有。原告认为被告侵权的部分由两部分组成，第一部分是被告在《中华陆氏通鉴》第3、4、5册中剽窃了其《中华陆氏历代年谱〈陆氏宗谱〉》第1册、第2册中如下内容：第1册第2页《宋丞相长子繇叙世谱原》、第5页《陆氏再续世谱原叙》、第7页《陆氏三续世谱原叙》、15页《奉天承运》、第21页《陆公秀夫遗照》、22页《繇公遗照》、23页计9幅陆氏历代遗照、第32页《景炎皇帝遗照》、第33页《奖谕文天祥诏》《编正孝经刊误跋》、第34页《劝陈文龙书》《丹阳馆记》、第35页《题鹤林寺诗》《咏高祖忠烈公诗》《咏曾祖存杞公诗》《咏祖还乡公诗》至卷末；第2册第12页《请陆丞相谥议》、第15页《圣旨赐谥忠烈》。第二部分是被告在《盐城陆秀夫世家谱》一书中窃用了原告第7册和第8册“忠烈堂”字样，即窃用了原告使用的“忠烈堂”堂号。

对涉案的《中华陆氏历代年谱〈陆氏宗谱〉》第1、2册与老谱光绪甲申年重修《陆氏宗谱》第1、2册的内容进行核对。经对比，《中华陆氏历代年谱〈陆氏宗谱〉》第1、2册与老谱光绪甲申年重修《陆氏宗谱》第1、2册内容一致，顺序一致。老谱光绪甲申年重修《陆氏宗谱》第1、2册中也有原告陆道龙诉称的被告侵权第一部分内容。不同之处为老谱是繁体字，《中华陆氏历代年谱〈陆氏宗谱〉》第1、2册是简化字。《中华陆氏历代年谱〈陆氏宗谱〉》第7册、第8册与老谱光绪甲申年重修《陆氏宗谱》第7册封面上使用的堂号均为“忠烈堂”。

盐城市中级人民法院经审理认为：

《中华人民共和国著作权法实施条例》规定，《中华人民共和国著作权法》所称作品，是指文学、艺术和科学领域内具有独创性并能以某种有形形式复制的智力成果。即作品的构成条件为作品的独创性和可复制性。作品必须是作者独立完成的成果。原告陆道龙提交了《著作权登记证书》，证明其享有《中华陆氏历代年谱〈陆氏宗谱〉》著作权。因中国版权保护中心对原告提交的申请文件只作形式审查，法院需对作品的来源、创作过程以及作品的独创性作实质审查。虽然作品的创作对人类文化成果可以继承和借鉴，创作过程中也可以对他人作品加以引用，但作品必须在内容的表达形式上具有独到之处。

1. 关于原告陆道龙对《中华陆氏历代年谱〈陆氏宗谱〉》涉案的第1、2册是否享有著作权。经审查，原告《中华陆氏历代年谱〈陆氏宗谱〉》涉案第1、2册没有自己的独立构思和创作风格，只是对他人作品的复制所形成的相同的文字。故原告《中华陆氏历代年谱〈陆氏宗谱〉》第1、2册不是著作权法意义上的作品，不受著作权法保护。

2. 关于原告陆道龙在《中华陆氏历代年谱〈陆氏宗谱〉》第7、8册封面上使用的“忠烈堂”堂号是否有独创性。堂号作为家族的徽号和别称，用在族谱上表明姓氏和族别，是对某一姓氏家族特色的高度概括。同一姓氏可以使用相同的一个或若干个堂号。本案中“忠烈堂”堂号是以封爵、谥号或褒奖为堂号的典型，是依据明朝万历年间皇帝追谥南宋左丞相陆秀夫为“忠烈公”的典故产生。民国二十一年忠烈堂《陆氏宗谱》（续七）老谱使用的堂号也为“忠烈堂”。故“忠烈堂”堂号并不是原告独创。

据此，江苏省盐城市中级人民法院依据《中华人民共和国著作权法》第三条、第十一条，《中华人民共和国著作权法实施条例》第二条、第三条之规定，于2013年9月23日作出判决：

驳回原告陆道龙的诉讼请求。

一审宣判后，原告陆道龙、被告陆逵等人均未在法定期限内提起上诉，判决已发生法律效力。

6. 韩寒与北京百度网讯科技有限公司侵害著作权纠纷案*

▶

网络用户未经许可将他人的作品上传至互联网，构成对他人作品信息网络传播权的侵害，而提供信息存储空间的网络服务提供者是否承担共同侵权责任要根据其是否存在过错进行判断

【推荐理由】

百度文库自2009年开设以来，围绕著作权问题一直纠纷不断。该案是作家维权联盟就百度文库中存在大量作家作品而与百度公司发生纠纷诉至法院的典型案件。该案的裁决既积极鼓励企业技术中立与发展，也对信息网络传播权的侵权构成要件进行了详细的阐述，做到明法析理。在双方当事人知名度较高、社会影响较大的情况下，此案对其他作家的后续维权工作具有参考借鉴意义。该案的审结预示在互联网盛行的时代，各方利益主体自觉维护和划定权利和义务边界是极其重要的，在充分享受网络技术成果时，亦要注重加强对知识产权新客体的保护。

* 摘自《知识产权审判与指导》2013年第1辑（总第21辑），人民法院出版社2014年版，第204～223页。

【裁判要点】

韩寒对《像少年啦飞驰》（以下简称《像》书）享有包括信息网络传播权在内的著作权。百度公司为网络用户上传、存储并分享《像》书文档的行为提供了帮助，对韩寒就《像》书享有的信息网络传播权造成损害。百度公司的帮助行为为《像》书侵权文档的广泛传播提供可行性和便利条件，其行为与韩寒所遭受的损害之间存在因果关系。现有证据无法认定百度公司明知百度文库中的《像》书文档侵权，但结合百度文库的客观现状、韩寒及《像》书的知名度、韩寒与百度公司就百度文库引发纠纷及百度公司对侵权行为的预见水平和实际控制能力等因素，对因显而易见应当知道的侵权文档，百度公司未予履行更高的注意义务，存在过错。据此，判决百度公司赔偿经济损失39800元及合理开支4000元。

北京市海淀区人民法院民事判决书

（2012）海民初字第5558号

原告韩寒，男，汉族，作家。

委托代理人王国华，北京市中闻律师事务所律师。

委托代理人王书宁，北京市中闻律师事务所律师。

被告北京百度网讯科技有限公司。

法定代表人梁志祥，经理。

委托代理人宋哲，男，北京百度网讯科技有限公司法律顾问。

委托代理人崔玲玲，女，北京百度网讯科技有限公司法务部职员。

原告韩寒诉被告北京百度网讯科技有限公司（以下简称百度公司）侵犯著作权纠纷一案，本院受理后，依法组成合议庭，于2012年7月10日、2012年7月24日公开开庭进行了审理。原告韩寒的委托代理人王国华、王书宁，被告百度公司的委托代理人宋哲、崔玲玲到庭参加了诉讼。本案现已审理终结。

原告韩寒诉称，我是当代著名青年作家，知名度较高。《像少年啦飞驰》（以下简称《像》书）是我原创的代表性作品。百度公司经营的百度文库是供网友上传、在线阅读、下载小说等各类文档的网络平台，该平台自2009年11月上线以来，至2011年5月，其中的文档已经增长至1907多万份，但百度公司对上传作品不作著作权审查。2011年，我发现多个网友将《像》书上传至百度文库，供用户免费在线浏览和下载。为此，我多次致函百度公司，要求立即停止侵权、采取措施防止侵权行为再次发生，但百度公司消极处理。故我诉至法院，请求判令百度公司：（1）立即停止侵权、采取有效措施制止侵犯我著作权的行为再次发生；（2）关闭百度文库（网址为wenku. baidu. com）；（3）持续7天在百度网站首页（网址为www. baidu. com）向我赔礼道歉；（4）赔偿我经济损失254000元（按照2000元/千字 x 版权页字数）并承担我为制止侵权支出的合理费用4038元（包括律师费3800元和公证费238元）。

被告百度公司辩称：（1）我公司合法经营百度文库，百度文库具有实质性非侵权用途，属于信息存储空间，其中的文档由网友贡献，并得到网民欢迎。（2）百度文库通过多种方式向网民公示了法律法规要求的保护权利人的措施和步骤，我公司尽到了充分提醒的义务。（3）我公司收到韩寒投诉后，及时删除了投诉链接和相关作品，完全履行了信息存储空间服务商的法定义务，并将投诉作品纳入文库的文档DNA识别反盗版系统（以下简称反盗版系统）正版资源库，在现有技术条件下尽了最大努力采取措施制止侵权。我公司不存在过错，不应承担侵权责任。

经审理查明如下事实：

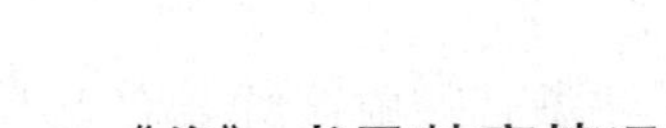

一、《像》书及韩寒情况

2008 年 10 月，万卷出版公司出版署名韩寒著《像》书第 1 版，2011 年 4 月第 11 次印刷，字数 127 千字，定价 24 元。

韩寒提交了辽宁万榕书业发展有限责任公司（以下简称万榕公司）于 2011 年 12 月 1 日出具的《关于韩寒的三部作品信息网络传播权的说明》，称韩寒系万榕公司的签约作家，该公司于 2005 年 8 月 1 日起一直为韩寒提供版权经纪服务；韩寒至今未将《像》书等作品的信息网络传播权的专有许可使用权授予他人；经该公司经纪服务出版的图书最低保底发行数为 50 万册，每部作品稿酬累计金额经折算相当于 2 万元/千字。但经本院多次释明，韩寒一直未能提供出版合同、稿酬、纳税证明等表明其《像》书的稿酬标准。百度公司对上述说明不予认可，但同时表示不清楚韩寒是否将《像》书的专有信息网络传播权授予他人。

诉讼中，韩寒提交了盖有京东商城图书音像采销部专用章的图书销售情况表，显示《像》书在京东网自 2010 年 11 月至 2011 年 11 月期间，累计销量为 1087 册。韩寒还提交了北京当当科文电子商务有限公司（以下简称当当公司）于 2011 年 12 月 30 日出具的显示《像》书自 2009 年 3 月上架后累计销量 1490 册的图书销售情况表。百度公司以京东商城图书音像采销部非独立机构为由不认可京东网图书销售情况表，以未注明哪个阶段的销量为由不认可当当公司出具的图书销售情况表。

百度百科中对韩寒的介绍：“韩寒，1982 年 9 月 23 日出生于中国上海金山。中国职业拉力赛及场地赛车手、作家、《独唱团》杂志主编，并涉足音乐创作。2010 年 4 月入选美国《时代周刊》‘全球最具影响力 100 人’。2011 年，韩寒以 600 万元年度版税收入荣登作家富豪榜第 7 位，引发广泛关注”；主要成就为：“荣登 2011 第六届中国作家富豪榜时代周刊全球最具影响力 100 人，当选《新世纪周刊》2009 年度人物，被评为中国 80 后十大杰出代表人物，当选 2009 年《亚洲周刊》风云人物”；小说作品有《三重门》《像少年啦飞驰》等；成长经历中提到韩寒“退学后陆续发表了散文集《零下一度》《通稿 2003》《就这么漂来漂去》和《杂的文》，小说《像少年啦飞驰》……”韩寒大事记“书籍”中提到“2002年出版小说《像少年啦飞驰》畅销100多万册，该书还出了同名漫画。”百度公司对百度百科介绍韩寒的内容未持异议。

上述事实，有韩寒提交的《像》书版权页、《关于韩寒的三部作品信息网络传播权的说明》、图书销售情况表、（2011）京长安内经证字第22067号公证书及本院开庭笔录予以证明。

二、百度文库情况

百度文库由百度公司经营。（2011）京方圆内经证字第16298号公证书（以下简称第16298号公证书）显示：2011年7月18日，百度文库首页左侧栏所列文档分类有幼儿小学教育、中学教育、高等教育、外语学习、资格考试、专业文献、应用文书、文学作品、生活娱乐等，网页中间为热门推荐，右侧注明“和万千网友分享文档资料，当前已有22735308份文档”“分享我的文档”。公告区列有“文库帮助”“产品投诉及意见反馈”。“文库帮助”中设有“文库介绍”，称“百度文库是百度为网友提供的信息存储空间，是供网友在线分享文档的开放平台。在这里，用户可以在线阅读和下载，涉及课件、习题、论文报告、专业资料、各类公文模板、法律文件、文学小说等多个领域的资料。平台上所累积的文档，均来自热心用户的积极上传。百度自身不编辑或修改用户上传的文档内容。用户通过上传文档，可以获得平台虚拟的积分奖励，用于下载自己需要的文档。下载文档需要登录，免费文档可以登录后下载，对于上传用户已标价的文档，下载时需要付出虚拟积分。当前平台支持主流的doc（docx）、ppt、txt等格式。”韩寒认可百度文库为信息存储空间。

本案第二次庭审中，百度公司表示，百度文库中的文学作品和生活娱乐栏目已于2011年9月删除，百度文库当前已有4000多万份文档。

百度公司还提交了（2011）京长安内经证字第20266号公证书（以下简称第20266号公证书），保全内容为百度文库与教育部教育管理信息中心合作举办全国中小学“教学中的互联网搜索”优秀教学案例评选活动等新闻网页，百度公司解释这可以证明百度文库具有实质性非侵权用途。韩寒认可公证内容的真实性，但认为与本案无关。

上述事实，有百度公司提交的第16298、20266号公证书及本院开庭笔录予以证明。

三、2011年3月韩寒等作家与百度公司协商情况

韩寒于2011年3月26日在其新浪博客中发表了《给李彦宏先生的一封信》，其中提到“……沈浩波一直很高兴，因为他说和百度的谈判终于有眉目了，百度答应派人来商量百度文库的事情，李承鹏、慕容雪村、路金波、彭浩翔，都是文化行业里数一数二的畅销书作家、导演和出版商。于是昨天开始谈判了，您派来几个高傲的中层，始终不承认百度文库有任何的侵权行为。你们不认为那包含了几乎全中国所有最新、最旧图书的279万份文档是侵权，而是网民自己上传给大家共享的。你这里只是一个平台。我觉得其实我们不用讨论平台不平台，侵权不侵权这个问题了，您其实什么都心知肚明……”

人民网于2011年3月29日发文《李彦宏首度回应百度文库纠纷 版权局支持双方合作共赢》，文章写到“自3.15以来，部分作家与出版业人士组成的维权团与百度纠纷一事在经历谈判破裂后本周末出现了转机，百度公司在26日发表声明称‘伤害了作家的感情’，承诺在三天内排查清理未获授权的文学作品。此前，双方在24日进行的谈判宣告破裂之后，维权事件引起舆论空前关注。韩寒连发两篇博文《为了食油，声讨百度》《给李彦宏先生的一封信》声讨百度。随后，百度发表了上述官方声明。……据记者了解，在今日举行的2011中国（深圳）IT领袖峰会上，出席峰会的百度董事长兼CEO李彦宏首次公开回应了百度文库问题，他说，百度希望加强相关管理，目前正在尝试共同探讨跟版权方和作家一种让各方‘共赢’的商业模式。”新华网于2011年3月29日转载《国际金融报》文章《李彦宏首度回应版权纠纷：百度文库“不好就关”》，该文提及百度公司副总裁朱光在接受媒体采访时表示，百度给作家们真诚道歉，能否履行约定，让作家们看百度行动……类似的报道还可见于网易、财经网等多家网站。

人民网于2011年3月30日转载《新京报》文章《百度兑现“三日内清空”承诺 文库非授权作品近消失》，提到“百度文库昨日宣布，文库对非授权文学类作品的清理工作已基本完成，此前‘三日内清空’的承诺兑现。自百度文库纠纷爆发以来，先后经历了作家‘3·15’发公开信、双方代表谈判、百度声明‘三日内清空’等阶段。昨天，是百度发出‘清理文库非授权文学类作品’声明的第三天。记者昨天下午登录百度文库，发现文库文学分类下的文档数减至不到150份，在文库纠纷前，这一数字为270多万份。百度副总裁朱光昨日接受本报记者采访时表示，3月26日开始，百度调集公司各部门的技术力量，加速对文库中可能侵犯他人著作权的文档进行清理。即日起，百度文库用户如果上传1000字以上的文档，将由百度员工人工审核内容，确定没有侵权内容后才予以放行。‘现在我们是人拉肩扛，全员上阵，但这种情况不可能持续。’朱光称。……朱光表示，文库文学分类是版权纠纷的‘重灾区’，因此百度现在集中精力先清理文学类的侵权作品。对于非文学类文档，也在采用人工审核的方式清理。他呼吁，如果在文库中发现侵权文档，可通过文库首页的投诉通道直接投诉。朱光昨日透露，人工审核方式将持续到4月中旬。‘4月11日之后，版权DNA比对系统将开始内测，五一之后正式运行。此后百度文库将依靠这一系统维护版权方的权益。’朱光称。据悉，版权DNA比对系统是百度正式上线前研发的技术，通过对文档内容分析后提取的特征点进行判别，如发现侵权文档，则阻止上传。朱光表示，版权方可将作品电子文档提供给百度供提取特征点使用，百度也会自行采购一些热销、常见的文学作品制作特征点，以避免在没有版权方配合的情况下发生侵权……”

本案第二次庭审中，百度公司表示，2011年3月与作家的协商谈判中涉及到韩寒，但未涉及《像》书；双方只谈了关闭文库、侵权赔偿和道歉事宜，谈判最终破裂了；此次谈判与本案无关。对此，韩寒当庭表示还需要核实情况，将于庭后三日内将核实情况提交法院。庭后，韩寒未提交书面核实意见，也未向法院作解释。

上述事实，有韩寒提交的（2011）京长安内经证字第22067号公证书，百度公司提交的（2012）京方圆内经证字第8281号公证书及本院开庭笔录在案佐证。

四、百度文库中使用《像》书及韩寒与百度公司协商情况

（2011）京方正内经证字第5755号公证书（以下简称第5755号公证书）显示：2011年7月1日，在百度文库搜索栏中输入“像少年啦飞驰”，可搜索到3100条结果，点击搜索结果第一项，在“幼儿/小学教育”栏目中以WORD文档形式出现《像》书，该书分206页显示，可在线浏览全文。网页右侧的“当前文档信息”中注明已有117人评价，浏览2489次、下载927次，贡献者为沐阳雪葭，贡献时间2011年4月20日。网页右侧栏显示有“相关推荐文档 像少年啦飞驰”。可免费下载该文档，下载框提示文件大小：377KB，所需财富值：0。诉讼中，双方确认该文档基本全部使用了《像》书，字数为100千字。该公证书还用于公证保全多部作品。

2011年7月20日，北京市中闻律师事务所（以下简称中闻所）王国华、王书宁律师向百度公司发出律师函，表示该所受作家维权联盟成员委托就百度公司经营的百度文库中上传并提供下载涉嫌侵犯著作权的作品，侵犯了作家维权联盟作家成员的著作权事宜，要求百度公司关闭百度文库、删除侵权作品、与该所协商赔偿等。该函注明附涉案作品目录、链接例举、《要求删除侵权网络内容的通知》、版权证明、授权委托书。涉案作品目录中包括韩寒的《像》书及该书文档链接，版权证明有《像》书版权页，授权委托书显示韩寒于2011年7月15日签署委托王国华、王书宁代为提起诉讼等内容。

2011年8月1日，中闻所王国华、王书宁律师代表包括韩寒在内的8位作者就百度文库侵权事宜再次向百度公司发函提出作者关心的问题，包括百度公司是否愿意协商解决纠纷、百度公司是否采取了积极措施纠正侵权行为以及如何避免此类行为再次发生。随函附韩寒身份证复印件。

2011年8月26日，王国华、王书宁再次作为韩寒代理人向百度公司发出邮件，其中包括《要求删除或断开链接侵权网络内容的通知》及第5755号公证书，该通知所列侵权内容包括《像》书，侵权链接即为第5755号公证书所显示的地址。

百度公司确认收到上述3封邮件，但表示，百度公司收到的2011年7月20日和2011年8月1日发出的邮件中不包括授权委托书及委托人身份证明，即使这样，百度公司仍及时删除了百度文库中的涉案作品，并提交了百度公司委托代理人于2011年7月22日申请保全的公证书，该公证书显示：在IE地址栏中输入第5755号公证书中所列《像》书链接地址，提示该文档已经被删除。百度公司同时提交了其法务部于2011年7月26日发给中闻所王国华律师的电子邮件，该邮件确认收到2011年7月20日邮寄的律师函，要求补充包括委托人身份证明文件、授权委托书、对律师函陈述内容真实性做出保证的保证书等。韩寒的代理人确认收到该电子邮件。

（2011）京长安内经证字第15035号公证书（以下简称第15035号公证书）显示，2011年8月25日，在百度文库搜索栏输入“韩寒最新作品”，搜索结果第一项为“韩寒最新作品——第六部”，点击进入后显示该文档处于“专业文献/行业资料”栏目，共分99页显示，可在线浏览全文。网页右侧的当前文档信息注明已有81人评价，浏览2618次、下载668次，贡献者为yangka918，贡献时间为2011年3月10日。网页右侧栏显示有“相关推荐文档 韩寒、韩寒现象、韩寒语录、韩寒入选……”可免费下载该文档，下载框提示txt文件大小：194.6KB，所需财富值：0。诉讼中，双方确认该文档基本全部使用了《像》书，字数为99千字。该公证书还用于公证保全多部作品。

诉讼中，百度公司提出其于2011年11月收到第15035号公证书后亦及时删除了文库中的上述文档，并提交了其通过公证处于2011年11月17日保全的显示第15035号公证书中涉案文档链接地址所对应网页内容已删除的公证书。百度公司同时表示该文档上传者使用“韩寒最新作品——第六部”为标题上传作品及公证保全者使用“韩寒最新作品”为关键词进行搜索的行为存在主观恶意，意图规避百度公司对涉案作品已经采取的必要措施。对于搜索使用的关键词，韩寒解释其能想到的就是网友正常的搜索方式。

上述事实，有韩寒提交的第5755、15035号公证书、律师函、快递单，

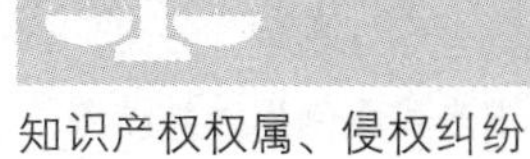

百度公司提交的电子邮件、（2011）京方圆内经证字第 16671、16672、23646 号公证书及本院证据交换笔录、开庭笔录等在案佐证。

五、韩寒主张百度公司侵权的情况

诉讼中，韩寒提出百度公司在百度文库推荐、编辑加工《像》书，向用户提供免费浏览、下载服务，并从中获利。推荐行为体现在文档页右侧显示的“相关推荐文档”栏；编辑行为体现为百度公司改变了涉案文档格式；获利行为体现为百度文库有很多合作伙伴，有合作就会有经济利益存在。百度公司解释，“相关推荐文档”是百度文库针对网民的搜索意图，根据文档关键词、题目和内容自动识别、匹配出与网民搜索需求类似的文档，这与百度公司主动推荐是不同的，百度公司在百度文库设有“热门推荐”栏目，其中的作品系百度公司的合作权利人提供，《像》书并不在“热门推荐”栏目中，也未在其他显著位置上；百度公司对文库中上传的作品不做编辑加工；百度文库中文档的浏览和下载均是免费的，合作伙伴自愿将相关文档放在百度文库中给网民共享，百度公司未从中获利；百度文库设置的财富值只是其吸引和鼓励网民分享文档的方式，下载文档所需的财富值由上传者自己设定，财富值归属于网民，对百度公司没有任何商业价值。

本案第一次庭审中，韩寒要求百度公司采取有效措施防止侵权行为再次发生，对于何为有效措施，韩寒表示其不了解，百度公司应该清楚。韩寒代理人还代表韩寒表达了要求百度公司关闭百度文库的主张，理由为关闭百度文库可以消除盗版工具，如不关闭，盗版情况将更加猖獗。同时，韩寒代理人代表韩寒表达了不愿意与百度公司协商解决本案纠纷的意愿。此次庭审后，韩寒本人发表博客文章表示不希望关闭百度文库以及愿意与百度公司协商解决百度文库纠纷。对于韩寒本人意见与其代理人在诉讼中所提诉讼请求及对调解意愿表达之矛盾，本院分别于 2012 年 7 月 20 日、7 月 24 日向韩寒代理人释明，要求韩寒本人就其诉讼请求、调解意愿向法院提交正式声明并提供韩寒本人的联系方式，后韩寒及其诉讼代理人未能就该情况给予说明，而韩寒代理人提供的韩寒本人联系电话无法接通。

上述事实，有本院谈话笔录、开庭笔录等在案佐证。

六、百度公司就百度文库预防侵权的措施

诉讼中，百度公司表示，百度文库预防侵权的措施主要有反盗版系统、百度文库网页中网民不得上传侵权作品的提示及百度文库设置的投诉举报通道。

1. 关于百度公司的反盗版系统。百度公司表示，从 2011 年 4 月中旬开始建设该系统，经过研发完善，一期于 2011 年 5 月正式上线，首先比对文档标题，如果标题相似度达到要求，再进行文档内容的比对；如果标题相似度未达到要求，系统会认为该文档不是侵权的。二期于 2012 年 1 月正式上线，可实现句子级别的比对，对 300 字以上的文档都会进行审查，长度差在 10%，句子重复 90% 以上，长度 1000 字节以上的文档都会被阻止上传或反查删除。百度公司同时解释其反盗版系统需要有用于比对的正版资源库，百度公司表示希望权利人能提供正版作品，但很少有权利人愿意提供，所以目前主要有两种方式获得：一是通过与文著协、中国作协、盛大文学等权利人进行合作，由权利人提供正版作品；二是将百度文库中被投诉的作品作为正版作品。目前正版资源库中已有 300 多万份正版作品。

百度公司同时提交了部分网页打印件，显示搜狐、新浪科技、腾讯科技等网站于 2012 年 2 月 6 日刊载的新闻，其中提及百度文库完成了反盗版技术的重大升级工作。至于反盗版系统“一期”“二期”这样的名称，仅是百度公司的内部称呼，并没有公开宣传过。韩寒表示对百度公司所使用的反盗版系统并不清楚。

为展示反盗版系统运行情况，百度公司还于 2011 年 11 月 10 日以公证保全方式将公证处电脑中题为《〈从百草园到三味书屋〉的节选》的 txt 文档上传到正版资源库，后通过注册为百度会员，登录百度文库上传文档界面试图上传《〈从百草园到三味书屋〉的节选》的 txt 文档，在页面中提示成功提交该文后，查询用户“我的文档”，显示“你目前还没有已上传并成功提交的文档”，未通过的原因为“可能侵犯他人版权”。上述公证中，用户“上传文档须知”提示“每次最多上传 10 份文档，每份文档不超过

20M”以及百度支持doc、docx、pdf、txt等格式的文档上传。

韩寒认可百度公司所作上述公证内容的真实性，但提出这些仅能证明百度公司采取了相应技术措施，不能证明这些技术措施是有效的，因为百度公司称其反盗版系统于2011年5月开始正式运行，而韩寒于2011年7、8月还可搜索到涉案侵权文档，百度公司不能因此免除法律上的责任。

百度公司解释关于2011年7月1日公证保全到百度文库中的《像》书，原因是韩寒未向百度公司提供过正版作品，正版资源库中不存在《像》书正版作品，所以反盗版系统无法对该文档起作用。百度公司接到韩寒投诉通知后即于2011年7月22日将韩寒提供的侵权链接所对应文档作为正版作品放入资源库中。对于2011年8月25日还能在百度文库中保全到《像》书，百度公司表示这实际体现了反盗版系统起作用的情况，因为相关文档的名称使用了“韩寒最新作品——第六部”，与《像》书名称完全不同，反盗版系统无法识别。对此，韩寒除了不认可百度公司的反盗版系统有效外，还不赞同百度公司将第一次公证保全的侵权文档作为正版作品纳入其反盗版系统正版资源库。

本案第二次庭审中，法院组织对百度公司反盗版系统当前的运行情况进行勘验。勘验文档由合议庭事先选取并修改好：原文文档为《浅谈民商事案件均衡结案的价值及建议》，修改文档有两篇，一是将原文文档修改标题并打乱正文内容生成为《民商事案件均衡结案》，二是将《民商事案件均衡结案》修改标题生成为《结案》。连接互联网进入百度文库，由百度公司技术人员操作将原文文档上传至百度文库的反盗版系统正版资源库，待生效后，使用注册用户账号、密码登录百度文库，点击“上传我的文档”，将《民商事案件均衡结案》进行上传，显示提交成功；点击“继续上传”，将《结案》进行上传，点击提交后，提示“上传失败——该文档与民商事案件均衡结案文档重复”；新建WORD文档，将《结案》修改题目为《均衡》，再次进行上传，显示上传成功；等待审核20分钟后，《民商事案件均衡结案》和《均衡》二文显示上传失败，仅上传人可在其“私有文档”中查看该二文。为检查文档是否实际上传，登录百度文库首页，在搜索栏中分别输入“民商事案件均衡结案”“均衡”，搜索结果显示无相关文档；登录反盗版系统后台，在搜索框中输入“浅谈民商事案件均衡结案的价值及建议”进行搜索，显示该文已于2012年7月24日添加成功。韩寒对上述庭审勘验过程及内容不持异议。

2. 关于百度公司设置的侵权投诉提示。第16298号公证书还对百度文库页面底端的“文库协议”内容进行保全。“文库协议”的“权利提示”要求“请勿在未经授权的情况下，上传任何可能涉及侵权的文档，除非您是该文档的合法权利人或该文档不侵犯任何第三方的合法权益。……百度文库的用户不能侵犯包括他人著作权在内的知识产权以及其他权利。一旦由于用户上传的文档发生权利纠纷或侵犯了任何第三方的合法权益，其责任由用户本人承担，因此给百度或任何第三方造成损失的，用户应负责全额赔偿。……如因百度文库用户上传的内容侵犯了第三方的合法权利，第三方向百度提出异议，百度文库有权删除相关的内容……”

百度网站首页底端“使用百度前必读”中列有“权利保护声明”，其中“权利通知”中称“……权利人发现网络用户利用网络服务侵害其合法权益……务必以书面的通讯方式向百度提交权利通知。”同时留有百度公司联系方式。百度网站首页“关于百度”所链接页面的“用户联系”设有“投诉中心”，其中有“投诉规则”，告知百度公司受理投诉的范围、投诉方式、了解投诉处理结果等内容，同时还展示有包括文库在内百度产品的投诉方式及步骤介绍。百度文库首页左侧栏设有公告区，其中“产品投诉及意见反馈”所显示内容以及百度文库搜索结果页面设置的“百度文库投诉吧”与此前“投诉中心”所设文库投诉方式及步骤介绍内容一致。“文库投诉帮助”中列举了发起投诉的方式：可使用文库首页及浏览每一篇文档页面时点击“文库投诉中心”进入发起投诉页面，或点击“文库投诉”模块中的“我要投诉”进行投诉，发起投诉后需要按类别、项目等要求填写投诉帖，完成提交投诉，等待处理结果。百度公司表示百度网站及百度文库通过多种方式向网民公示了保护权利人权利的措施和步骤，详细告知了文库投诉规则，为权利人提供方便、快捷的投诉、举报通道。韩寒认可上述公证书显示内容的真实性，但表示这不能证明百度公司没有过错，并认为百度公司的投诉机制并没有发挥实质性作用，只是形式。

上述事实，有百度公司提交的（2011）京方圆内经证字第16298、23960、23239、23240、23345、23600、23344号公证书、（2012）京方圆内经证字第8282号公证书、网页打印件以及本院开庭笔录等予以证明。

七、百度公司针对《像》书所采用的制止侵权的措施

百度公司表示，除了使用百度文库一般的预防侵权措施以及于2011年7月20日、2011年11月收到韩寒侵权通知及时删除涉案文档外，百度公司专门针对《像》书使用的制止侵权的措施有：

1. 将第5755号公证书所显示的《像》书文档作为正版作品纳入反盗版系统正版资源库。百度公司为此提交了其于2011年11月23日申请公证处保全制作的（2011）京方圆内经证字第23960号公证书（以下简称第23960号公证书）。该公证书显示，通过管理员身份登录百度公司的后台管理页面（网址为http：//mis. wenku. baidu. com：8080/mis），显示添加正版资源信息库，提示“上传文档”，在检索资源框中输入“像少年啦飞驰”进行搜索，书名显示“像少年啦飞驰”，添加时间为2011－07－22，状态为已生效。

2. 使用作者名加作品名称作为标题关键词进行文档屏蔽。百度公司委托代理人将在百度文库搜索栏中输入关键词“韩寒 像少年啦飞驰”进行搜索，无法找到对应文档的情况于2011年7月26日进行公证保全。

百度公司还对屏蔽“儒林外史”“老残游记”等关键词即无法搜索到“《儒林外史》的思想内容”“老残游记第二回之我见”等文档的情况进行公证保全，以证明如果将作品名称作为关键词进行屏蔽，将导致大量无关的合法文档被删除，影响网民自由分享与获取信息，故百度公司无法采取以作品名为关键词的屏蔽措施。诉讼中，百度公司强调，其也不能将作者名作为关键词进行文档屏蔽，为此当庭演示将“韩寒”作为关键词对百度文库进行搜索，结果中有“韩寒经典”等文档，百度公司解释如果使用作者名为关键词进行屏蔽，也将造成极大的误删。

上述事实，有百度公司提交的（2011）京方圆内经证字第16672、23343、23068、23069、23070、23960号公证书及本院开庭笔录、谈话笔

录等予以证明。

八、关于合理费用

为证明韩寒为本案支出的维权费用，韩寒提交了其于2011年7月5日与北京亚华智权咨询有限公司（以下简称亚华智权公司）订立的《委托协议书》，约定韩寒因著作权维权事宜，委托亚华智权公司聘请该公司认为合适的律师事务所进行代理，签署维权代理合同，代韩寒支付律师费及证据保全费。2011年7月14日，亚华智权公司与中闻所订立《民事委托代理合同》，约定亚华智权公司因韩寒维权案，聘请中闻所律师作为韩寒的委托代理人，委托作品包括《像》书在内的5部作品，亚华智权公司支付代理费19000元。2011年8月8日，亚华智权公司向中闻所支付该笔律师费。韩寒在本案中主张1/5数额的律师费，即3800元。百度公司认为，韩寒向亚华智权公司出具的《委托协议书》中未明确维权作品，故亚华智权公司无权授权中闻所代理涉案作品维权事宜。

2011年8月25日，北京市长安公证处向亚华智权公司出具金额为2140元的公证费发票。

2011年9月5日，亚华智权公司出具《说明》，表明本案中的公证费、购买产品费和律师费均由其代韩寒支付。

2011年11月25日，亚华智权公司出具《说明》，表示"作家维权联盟曾于2011年3月通过公开途径发表声明，要求百度公司立即删除百度文库中侵犯权利人著作权的作品，停止侵权并采取一切措施避免再次侵犯权利人的著作权。作家维权联盟成员包括：贾平凹、刘心武、韩寒、何马、慕容雪村等作家以及沈浩波、路金波等人。韩寒提交该《说明》以证明韩寒为作家维权联盟成员之一。"百度公司不认可该《说明》的证明效力，并认为与本案无关。

上述事实，有韩寒提交的《委托协议书》《民事委托代理合同》《说明》、律师费发票、公证费发票及本院开庭笔录等予以证明。

基于上述事实，本院认为：

一、韩寒是否享有《像》书之信息网络传播权

如无相反证据，在作品上署名的公民为作者。《像》书作者署名韩寒，在无相反证据且百度公司对韩寒为《像》书作者不持异议的情况下，本院确认韩寒为《像》书之作者。针对万榕公司出具的《像》书的专有信息网络传播权未授予他人的《说明》，百度公司虽不予认可，但未提交相反证据，故本院根据现有证据确认韩寒享有对该书包括信息网络传播权在内的著作权。

二、百度公司是否侵权并应承担侵权责任

本案中，双方均认可网络用户将《像》书文档上传至百度文库，使他人可以在选定的时间和地点获得该作品，网络用户的行为未经韩寒许可，故上传《像》书文档的网络用户直接侵犯了韩寒对《像》书享有的信息网络传播权。百度公司作为提供上传《像》书的信息存储空间的网络服务提供者，虽然没有直接实施上传行为，但其是否应对涉案文档的传播承担侵权责任是双方的分歧所在。对此，本院认为，著作权侵权为一般的民事侵权行为，民事责任的构成通常实行过错责任原则。《中华人民共和国侵权责任法》第六条规定了行为人因过错侵害他人民事权益，应当承担侵权责任。本案中，要认定百度公司侵权并应承担侵权责任，需要满足以下条件：百度公司所实施的涉案行为侵害了韩寒享有的信息网络传播权、百度公司的行为与损害后果之间存在因果关系以及百度公司主观上存在过错。

百度公司经营管理百度文库，为网络用户上传《像》书文档供其他用户在线浏览和下载提供信息存储空间服务。显然，百度公司为网络用户上传、存储并分享《像》书文档的行为提供了帮助，使该文档在上传后的数月内被用户共浏览5000余次、下载1500余次，对韩寒就《像》书享有的信息网络传播权造成损害。正是百度公司的帮助行为为《像》书侵权文档的广泛传播提供可行性和便利条件，因此，百度公司的行为与韩寒所遭受的损害之间存在因果关系。

百度公司是否存在主观过错是双方争议的焦点。《中华人民共和国侵

权责任法》第三十六条规定了“……网络用户利用网络服务实施侵权行为的，被侵权人有权通知网络服务提供者采取删除、屏蔽、断开链接等必要措施。网络服务提供者接到通知后未及时采取必要措施的，对损害的扩大部分与该网络用户承担连带责任。网络服务提供者知道网络用户利用其网络服务侵害他人民事权益，未采取必要措施的，与该网络用户承担连带责任。”可见，网络服务提供者存在主观过错的情形包括接到被侵权人通知后未及时采取必要措施、网络服务提供者知道网络用户利用其网络服务侵害他人权益而未采取必要措施等。

百度公司作为经营百度文库这个信息存储空间的网络服务提供者，一般不负有对网络用户上传的作品进行事先审查、监控的义务，如本案提及的人工审核清理侵权文档的行为属于百度公司在特殊时期自愿采用的措施，并非法律要求其作为信息存储空间服务提供者为制止侵权应惯常采用的措施。当然，这不意味着百度公司对百度文库中的侵权行为可以不加任何干预和限制。

本案中，韩寒两次公证保全了百度文库中存在的《像》书文档，百度公司在接到含有涉案侵权文档链接的通知后及时删除了相关文档，韩寒对此予以认可。本院认为，作为信息存储空间网络服务提供者，在不知道其存储空间中的作品侵权的情况下，一般应采用被侵权人通知，再由网络服务提供者及时删除侵权作品的方式来制止侵权，并可予免责。当然，上述情形中需要强调的适用条件，是网络服务提供者不存在主观过错，也就是不知道或没有合理的理由应当知道网络用户利用其网络服务侵害他人权益。具体到本案，本院认为，百度公司若明知或应知百度文库中的文档侵权，而未采取其预见水平和控制能力范围内制止侵权的必要措施，应认定百度公司存在主观过错。

首先，本院分析百度公司对百度文库中的涉案侵权文档是否明知。韩寒主张百度公司明知百度文库中的《像》书文档侵权，理由是百度公司对该文进行了编辑、推荐，并从中获得经济利益。本院认为，第一，编辑系对作品内容的修改，韩寒所称的“改变”仅指文档格式转化，并非对作品内容的改变。第二，通常意义上理解“推荐”，应为通过主动行为以引人注意的方式向他人介绍，希望他人接受，因此，所推荐的内容通常会处于突出、显著的位置从而最大程度地吸引他人注意力。本案中，韩寒提出其两次公证百度文库中的《像》书文档页面右侧出现了“相关推荐文档”栏目，继而主张百度公司对《像》书进行了推荐。百度公司对“相关推荐文档”栏目的解释为百度文库的搜索系统根据网民的搜索意图自动匹配出与网民搜索需求类似的文档，并非百度公司主动推荐，其主动推荐的栏目为百度文库首页的“热门推荐”，而《像》书未出现在该栏目中。本院注意到，韩寒提交的证据无法显示“相关推荐文档”栏目列举的“像少年啦飞驰、韩寒、韩寒现象”等标题所对应的文档是否真实存在或与题目相关，同时也没有其他证据证明《像》书被推荐至突出、显著的位置。第三，除非有证据证明百度文库存在专门利用《像》书获取经济利益的情形，韩寒所称的百度公司从合作伙伴处获得经济利益不能当然地推断百度公司知道百度文库中的《像》书文档侵权。故此，本院根据现有证据无法认定百度公司明知百度文库中的《像》书文档侵权。

其次，百度公司是否有合理的理由应当知道百度文库中的《像》书侵权。对此，本院需要结合百度文库的客观现状、韩寒及《像》书的知名度、韩寒与百度公司就百度文库引发纠纷及百度公司对侵权行为的预见水平和实际控制能力等因素综合考虑。

第一，百度文库群集了极大数量的各类文档，由于存在格式、大小、文字排版等方面的限制，其中某一文档本身能因作者、作品知名度或者文档所含标题与作品内容的完整性等原因而与其他文档存在明显的外观区别的可能性不大。某一侵权文档若是未被推荐至首页或其他显著位置，在众多文档中就并非显而易见。在这种情况下，百度公司是否没有合理的理由应当知道其百度文库中的某文档侵权，而只能消极被动地等待权利人通知后再采取屏蔽、删除等措施制止侵权，本院认为不能一概而论，需要具体分析。

第二，韩寒为当代有影响力的知名作家，《像》书为其小说代表作，销量甚大，百度公司对此不持异议。韩寒曾于2011年3月作为作家代表之一就百度文库侵权一事与百度公司协商谈判，百度公司积极回应并处理此次纠纷，此事件受到社会各方的广泛关注。百度公司理应知道韩寒不同意百度文库传播其作品，也应知道百度文库中存在侵犯韩寒著作权的文档，因此，百度公司对百度文库中侵犯韩寒著作权的文档应有比其他侵权文档更高的注意义务。

第三，本院结合韩寒两次公证保全的《像》书文档进行分析认为，百度公司应有合理的理由知道涉案文档侵权。

1. 关于第5755号公证书中的《像》书文档。该文档于2011年4月20日上传至百度文库，韩寒于2011年7月1日公证保全时，该文档仍在百度文库中。鉴于韩寒及《像》书的知名度以及此前曾与百度公司就百度文库侵权事宜协商谈判的广泛影响力，百度公司对百度文库中的涉案作品就负有较高的注意义务，应采取其预见水平和能力范围内的措施制止侵权。

既然百度公司提出在人工审核之后采用反盗版系统来制止侵权，故其应对该系统正常运行的需求进行必要的准备。百度公司提出只有将正版作品纳入正版资源库中才能使反盗版系统对侵权文档起作用。可见，是否有正版作品作为比对基础是百度公司反盗版系统得以有效运行的前提。百度公司表明其目前取得正版作品主要有两项来源，一是由百度公司的合作方提供，二是百度文库中被投诉的作品。但本院注意到，百度公司至少在2011年3月就已经明确认识到其正版资源库中正版作品的来源问题，百度公司副总裁朱光当时公开表示，“百度也会自行采购一些热销、常见的文学作品制作特征点，以避免在没有版权方配合的情况下发生侵权”。但本案中，百度公司强调希望权利人能主动向其提供正版作品用于反盗版系统，正因为韩寒未向其提供《像》书正版作品，才导致反盗版系统未对涉案文档起作用。本院认为，百度公司对其反盗版系统的正常运行所做之准备应主要由其发挥主动性实现，而不能依赖权利人主动提供。著作权人是否将自己的作品交给百度公司用于百度文库的经营活动，应完全出于自愿，即对于著作权人而言是一项自主决定如何行使著作权的权利，而非著作权人必须履行的义务。

第5755号公证书中的《像》书文档使用了原作标题，基本使用原作全文，按照百度公司陈述的一期反盗版系统功能，若有该文正版作品，就能通过标题比对进而进行正文内容比对，发现并删除百度文库中的该侵权文档。对于负有较高注意义务的《像》书侵权文档，百度公司消极等待权利人提供正版作品或通知，未能确保其反盗版系统正常运行之功能，也未能采取其他必要措施制止该侵权文档在百度文库传播，使其有合理理由应当知道的百度文库中的《像》书侵权文档未被删除或屏蔽，故本院认为百度公司存在主观过错。

2. 关于第 15035 号公证书中的《像》书文档。该文档上传时间为 2011 年 3 月 10 日，早于作家与百度公司就百度文库发生纠纷以及百度公司采用人工审核清理侵权文档的时间。百度公司副总裁朱光曾公开表示，自 2011 年“3 月 26 日开始，百度调集公司各部门的技术力量，加速对文库中可能侵犯他人著作权的文档进行清理。即日起，百度文库用户如果上传 1000 字以上的文档，将由百度员工人工审核内容，确定没有侵权内容后才予放行……百度现在集中精力先清理文学类的侵权作品。对于非文学类文档，也在采用人工审核的方式清理……人工审核方式将持续到 4 月中旬。”既然百度公司承诺自 2011 年 3 月 26 日起至 4 月中旬采用人工审核方式清理文库中的侵权作品，考虑到上文提及的关于韩寒的特殊因素，百度公司在人工审核时理应对韩寒的《像》书文档负有比一般文档更高的注意义务。2011 年 3 月 10 日上传的《像》书文档基本全文使用原作，字数达到 99 千字，因此，本院认为百度公司应有合理的理由知道该文档侵权，该文档未被删除，百度公司存在过错。

在作家与百度公司因文库侵权纠纷广受关注的时候，百度公司既然为了展现其制止侵权的决心和能力，并赢得公众的理解和支持，向包括维权作家在内的公众作出短时间内清理侵权文档的承诺并为此广泛宣传，就应当以诚实信用的负责任态度切实兑现承诺。因此，对于百度公司提出的《像》书侵权文档名称被冠以“韩寒最新作品——第六部”、公证保全者使用“韩寒最新作品”为关键词进行搜索，以及百度公司无法使用作者名或作品名进行标题关键词屏蔽等辩称，并非其否认存在过错的恰当理由。

作为依靠数以千万计的他人作品实现自身商业经营的百度公司，应当对维护他人著作权抱有善意，对因显而易见的因素并有合理理由而需负较高注意义务的侵权文档，百度公司未采取相应措施，则应认定其存在过错。因此，百度公司的行为满足侵权责任构成要件，应为此承担相应的法律责任。

三、关于百度公司所采取的制止侵权的措施

本案中，百度公司强调其为了制止百度文库中的侵权文档传播，采取了多项措施，包括在多个网页提示用户不得上传侵权作品、设置侵权投诉举报通道、人工审核清理侵权文档、启用反盗版系统以及专门针对本案纠纷的及时删除侵权文档、采取作者名加作品名为标题关键词进行文档屏蔽等措施。韩寒认可百度公司采取的上述措施，但认为这些措施并未发挥有效作用。

本院认为：百度文库拥有数千万份分享文档且文档数量时刻增加，不仅关系这些文档著作权人的切身利益，而且影响社会公众对文化资源的获取和使用。作为百度文库的经营者，百度公司要实现百度文库的持续健康发展，在最大程度创造自身商业利益的同时，不可回避其在文化资源传播、著作权人权利保护与社会公众利益维护中的社会责任。上述措施在一定程度上体现了百度公司为制止百度文库侵犯著作权问题所付出的努力。其中，侵权提示、投诉举报通道等单方声明完全靠网络用户自觉自愿地配合，是倡导式的，没有强制约束力。人工审核则无法持久。这些措施虽然能在一定程度上、一段时间内起到制止侵权的作用，但效果显然是有限的。

百度公司在诉讼中一再坚持其无法采用作者名、作品名为标题关键词进行文档屏蔽的措施，否则会造成相关合法文档被误删。本院认为，对于文字作品而言，含有作者名与作品名的标题无法唯一对应某一作品，采用这种方式有可能使相当多与该作者及该作品有关的他人作品亦同时被屏蔽，容易造成百度公司所称的误删情况，故本院不认为采用作者名加作品名为标题关键词进行文档屏蔽的方式是制止百度文库侵权的合理方式。

本案中，百度公司专门强调其采用反盗版系统来制止百度文库中侵权文档传播。百度公司表示，该系统目前可以实现句子级别侵权文档的识

别。就当庭演示情况看，反盗版系统确实能在相当程度上实现百度公司所宣称的功能，是目前百度文库制止侵权的比较有效的措施，但单凭技术措施来制止侵权会存在限制性因素。一是技术措施的发展完善并非一蹴而就，这个过程往往会持续一段不确定的时间，正如百度公司称反盗版系统于2011年5月上线，直至2012年1月才能达到目前的功能。二是技术措施功能的充分实现还需要相关辅助配合工作的实施，正如反盗版系统得以有效发挥作用的重要基础就是正版资源库中收录有相应的正版作品。现实中，侵权方式和类型是多样的且不断发生变化，制止侵权的技术措施需要针对层出不穷的侵权行为不断完善发展，因技术措施本身的缺陷而造成一些侵权行为无法及时被发现并被制止的情形是客观的，难以避免。本院结合相关因素认定百度公司采取相关措施却未能制止涉案文档侵权存在过错，并不意味着对采取了一定反盗版措施的百度公司课以法定义务及其能力范围以外的义务。若是有证据显示百度公司充分尊重权利人的合法权益而采取相应措施，即使该措施在某阶段存在不完善之处，也可认定百度公司尽到了注意义务，不存在过错，因而无须承担责任。

综合百度公司所采取的上述措施，本院认为，作为经营现有规模的百度文库的百度公司，一方面在多页面鼓励用户上传文档，并对所上传文档的格式、大小、数量等作相当宽松之要求；另一方面强调应适用法律规定的“接到通知后删除”的“避风港”规则，并将反盗版工作主要寄托于网民自觉性和尚不完善的技术措施，一定程度上造成百度文库“文学分类”等栏目一度成为侵权“重灾区”，未能实现在文库资源丰富程度与制止侵权方面基本同步，确实存在经营中尚待发展完善之处。对因显而易见的因素应当知道的侵权文档，百度公司除了履行针对一般侵权文档的注意义务外，还需充分发挥主动性履行更高的注意义务。相比百度公司采取的纠纷爆发时的应急措施及尚不完善的技术措施，这种更高的注意义务要求百度公司应更加注重百度文库经营管理规范化的问题，从而切实保护著作权人权利。

四、韩寒的诉讼请求能否得到支持

鉴于双方均认可百度公司已经删除百度文库中的《像》书，本院再行判令百度公司停止本案侵权行为并无必要。关于韩寒提出的要求百度公司采取有效措施制止侵犯韩寒著作权的行为再次发生的主张，至于何为有效措施，韩寒未给予说明并提交证据，且有效措施会随着认识的提高和技术的发展不断完善，具有不确定性，故本院对韩寒的此项请求不予支持。

关于韩寒授权的委托代理人代表韩寒当庭提出的关闭百度文库的主张，本院认为，百度文库属于百度公司商业经营模式之一，一定程度上具有文化传播等方面的进步意义，具有实质性非侵权用途。百度公司作为经营百度文库的信息存储空间服务提供者，在对百度文库的经营管理中，有自己法定的权利和义务，也会为自己的违法行为承担相应的法律责任，故要求关闭百度文库的主张并无法律依据，本院对此不予支持。需要指出的是，韩寒授权的代理人当庭陈述关闭百度文库的意见与韩寒本人庭后发表不希望百度文库关闭的意见矛盾，在本院多次释明后，韩寒仍不对此矛盾作出合理解释，而且在本院主动与其本人联系的情况下消极回避。韩寒作为权利人，有权通过司法程序对侵害其权利的行为寻求法律救济，也有义务按照诉讼程序配合法院查明事实并对自己的主张作出适当解释。韩寒以自行发表博客文章形式表达的意见即使是其真实意思，也需要向法院作明确陈述才能在诉讼中成为正式的法律意见。这是韩寒行使诉讼权利并履行诉讼义务的基本要求，而韩寒在诉讼中的此项态度既是对法律的不尊重，也是对法律赋予其自身民事权利的不尊重。

关于赔礼道歉，适用于著作人身权被侵犯而应承担责任的情形，本案中，在韩寒未主张其著作人身权被侵犯，且无证据显示韩寒的著作人身权实际被侵犯的情形下，本院对此项请求无法予以支持。关于赔偿损失，韩寒虽然提交了万榕公司出具韩寒稿酬 2 万元/千字的说明，但经本院多次释明，未提交包括出版合同、纳税证明等其他任何证据证明此稿酬标准的客观性及稿酬实际支付情况，百度公司对此稿酬标准亦不予认可。经双方共同确认，两次公证保全的百度文库中的《像》书字数分别为 100 千字和 99

千字，韩寒在本案中主张按2000元/千字×版权页字数的方式计算赔偿数额，没有事实依据。本院根据韩寒及《像》书知名度、畅销情况以及百度公司的侵权行为情节、过错程度、侵权影响等因素酌情考虑赔偿数额，韩寒所提赔偿数额请求过高，本院不予全部支持。韩寒因本案支出费用的合理部分，百度公司应一并予以赔偿。由于韩寒提出过高的赔偿请求产生的案件受理费，不应全部由百度公司负担。

综上，依据《中华人民共和国侵权责任法》第六条第一款、第三十六条、《中华人民共和国著作权法》第四十八条第（一）项、第四十九条、《信息网络传播权保护条例》第二十二条之规定，判决如下：

一、本判决生效之日起10日内，被告北京百度网讯科技有限公司赔偿原告韩寒经济损失39800元及合理开支4000元；

二、驳回原告韩寒的其他诉讼请求。

如被告北京百度网讯科技有限公司未按本判决所指定的期间履行给付金钱义务，则应依据《中华人民共和国民事诉讼法》第二百二十九条之规定，加倍支付延迟履行期间的债务利息。

案件受理费5170元（原告韩寒预交），由原告韩寒负担2000元，已交纳；由被告北京百度网讯科技有限公司负担3170元，于本判决生效之日起7日内交纳。

如不服本判决，可于判决书送达之日起15日内，向本院递交上诉状，并按对方当事人的人数提出副本，交纳上诉案件受理费，上诉于北京市第一中级人民法院。如在上诉期满后7日内不交纳上诉案件受理费的，按自动撤回上诉处理。

审 判 长 闫 肃

审 判 员 李 颖

代理审判员 曹丽萍

二〇一二年九月十七日

书 记 员 焦 阳

7. 北京我爱聊网络科技有限公司与央视国际网络有限公司侵害著作权及不正当竞争纠纷案*

▶ 非以展示文学艺术或科学美感为目标的体育竞赛节目不构成著作权法意义上的作品，未将广播组织权的保护范围扩展至网络环境时，不能超越立法时的权利边界对我国著作权法体系中的广播组织权作扩大性解释

北京市第一中级人民法院民事判决书

（2014）一中民终字第3199号

上诉人：北京我爱聊网络科技有限公司。住所地：北京市海淀区上地东路。

法定代表人：高郇，执行董事。

委托代理人：许超超，北京我爱聊网络科技有限公司法务，住北京市海淀区明光村小区。

被上诉人：央视国际网络有限公司。住所地：北京市海淀区西三环中路。

法定代表人：汪文斌，总经理。

委托代理人：朱晓宇，北京市百瑞律师事务所律师。

委托代理人：李萍，北京市百瑞律师事务所律师。

上诉人北京我爱聊网络科技有限公司（以下简称我

* 摘自《知识产权审判与指导》2014年第1辑（总第23辑），人民法院出版社2014年版，第203～215页。

爱聊公司）侵害著作权及不正当竞争纠纷一案，不服北京市海淀区人民法院（以下简称原审法院）于2013年12月18日作出的（2013）海民初字第21470号民事判决（以下简称原审判决），向本院提起上诉。本院于2014年3月10日受理后，依法组成合议庭进行了审理。本案现已审理终结。

央视国际网络有限公司（以下简称央视国际公司）原审诉称：中央电视台是国内最大且最具影响力的电视制作和播出机构。中央电视台的频道及电视节目均有极高的收视率和稳固的观众群体，具有极强的社会影响力和巨大的商业价值。我公司作为中央电视台的网络传播中心以及中央电视台官方网站（域名cctv.com和cntv.cn）即“中国网络电视台”的运营机构，经中央电视台授权，独占享有通过信息网络向公众转播中央电视台的全部频道及提供各频道播出的全部电视节目的权利。我公司发现，我爱聊公司未经许可，擅自通过其提供的名为“电视粉”的安卓系统手机客户端软件和信息网络，向用户实时转播中央电视台的“CCTV－1”等共计16个电视频道。同时，我爱聊公司在前述软件中设置了“2012伦敦奥运专区”专题页面，向用户实时转播中央电视台播出的大量伦敦奥运会比赛的电视节目，并在歌华高清交互数字电视平台投放的开机广告中，对前述未经许可的侵权行为进行了大幅画面持续的推广和宣传。我爱聊公司的行为严重侵犯了我公司依法享有的广播组织者权，亦是违反公平原则和诚实信用原则的不正当竞争行为，给我公司造成了巨大的经济损失。故请求法院判令我爱聊公司赔偿我公司经济损失及合理开支100万元。

我爱聊公司原审辩称：不同意央视国际公司的诉讼请求。第一，本案不属于侵害广播组织者权的范畴。央视国际公司不是广播组织者权的主体，广播组织权的主体是广播电台、电视台，故央视国际公司不享有广播组织权，广播组织权也不包含通过网络传播的内容。第二，我公司的行为不属于转播行为，我公司只是提供链接，不构成侵权。“电视粉”是一款社交软件，满足用户与他人交流、沟通或者发表评论等功能需求，至于通过何种渠道观看节目，并无限制或要求。我公司仅向用户提供视频内容的链接服务，播放内容由被链接方提供，我公司不对视频内容进行下载、存储，无法对内容进行传输、复制、编辑等。用户在观看时，知道该内容来源于互联网，因此本案中用户观看到的节目播放网站是央视网，我公司只是提供指向央视网的网络链接。我公司已经断开了相关内容的网络链接。故不应当承担赔偿责任。第三，即使认定我公司侵权，央视国际公司主张的数额也过高，央视国际公司不能证明其合理损失，且我公司未通过涉案作品获利，公司业务开展晚、影响小。

原审法院经审理查明如下事实：

国际奥委会是2012年在伦敦举办的第30届奥林匹克运动会（伦敦奥运会）广播权和展览权在全球范围内的独家所有者。

2009年3月25日，国际奥委会将伦敦奥运会的独家移动网和互联网的广播权和展览权授予中国中央电视台，包括但不限于网络传播权和互联网互动点播权（互联网和移动网广播和展览权）和央视国际公司获授权行使这些权利：（1）广播媒体：计算机网络展示（如互联网）和移动平台展示；（2）语言：任何语言和所有的语言（澳门的英文广播除外）；（3）地区：中国；（4）期限：2009年3月25日至2012年12月31日。cctv. com/cntv. cn有权对第三方未经授权介入伦敦奥运会的广播和展示的行为采取必要的行动，包括签发通知/警告信，向境内的执法部门提出指控，作为央视国际公司在境内向司法部门提出诉讼。上海市外事翻译工作者协会对相关文件进行了翻译，并出具了翻译件。

2009年4月20日，中央电视台出具《授权书》，将中央电视台所有电视频道及其所含之全部电视节目（包括但不限于现在及今后之春节联欢晚会等），通过信息网络（包括但不限于互联网络等新媒体传播平台）向公众传播、广播（包括但不限于实时转播或延时转播）提供之权利，授权央视国际公司在全世界范围内独占行使。央视国际公司作为上述权利的独占被授权许可人，可以以自己的名义对外主张、行使上述权利，可以许可或禁止他人行使或部分行使上述权利；可以针对侵权行为以其自己的名义或委托律师等第三方采取包括但不限于调查取证、提出索赔、谈判和解、提起诉讼、申请强制执行、获得赔偿等在内的各种法律措施；授权内容自2006年4月28日起生效，至中央电视台书面声明取消授权之日失效。

2012年7月30日，央视国际公司代理人在北京市长安公证处使用平板电脑，进行了如下操作：在页面的浏览器地址栏中输入www.dianshifen.com，进入的页面载明“电视粉是国内功能最全的社交电视应用，她能帮你快速找到想看的节目……”，页面右侧显示“看奥运，赢大奖”，页面底端显示该网页版权归我爱聊公司所有。点击页面中的“本地下载APK”，页面显示“电视粉——直播奥运，疯抢大奖”，下载安装涉案软件“电视粉”。打开进入应用程序，显示有“直播大厅”“奥运专区”等专题。点击进入“直播大厅”，显示有CCTV1综合频道和CCTV5体育频道的“2012年伦敦奥……”、CCTV2财经频道的“奥运进行时（5）”、CCTV22高清频道的“奥运特别节目”等，栏目前均有伦敦奥运会会徽，栏目下标明直播的时间段，点击进入CCTV1综合频道，显示正在直播的奥运体操赛事，屏幕右上角有“CCTV1综合”标识。点击“奥运专区”，进入的界面显示“2012年伦敦……”“北京祝福你……”“吴敏霞何姿夺……”等视频内容，其右侧有相应的评分，并可以对相关内容进行评论。回到“电视粉”首页点击“频道”，左侧为直播电视台的列表，显示有涉案中央电视台CCTV1等16个栏目正在播放的节目信息，中间位置为正在直播的节目信息，且右侧均有“直播”按键，点击进入CCTV1，播放界面显示有奥运会体操赛事，屏幕右上角有“CCTV1综合”标识，点击进入其他频道，均可观看正在直播的内容，直播界面或标有相应台标，或标有“CNTV”水印标识，在播放过程中全程并无跳转或显示来源网址等现象。北京市长安公证处对上述过程出具（2012）京长安内经证字第13943号公证书对上述过程进行了录像。

2012年8月3日，央视国际公司代理人在公证人员监督下，在一台“SONY”电视机上进行了如下操作：打开电视机，随后用遥控器点击“待机”，显示的页面中有电视粉的相关广告“用电视粉看奥运LONDON2012”“手机下载电视粉，竞猜、评论、看直播赢大奖”，左下方有涉案软件的二维码，页面下方标明我爱聊公司。北京市长安公证处对上述过程出具（2012）京长安内经证字第14345号公证书予以证明。

为证明我爱聊公司的侵权行为一直持续，央视国际公司提交（2013）

京长安内经证字第2128号公证书，显示2013年2月6日，下载安装电视粉软件后，仍然可以观看涉案的CCTV15及CCTV22的直播节目。

（2013）京中信内经证字第12216号公证书显示，2013年5月30日，下载安装涉案应用“电视粉”，在搜索栏中输入“奥运”，没有相关视频显示。在直播中点击“央视频道”项下的节目选项，可以进入“CNTV中国网络电视台”的相关网页。我爱聊公司认为，据此可以认为其仅向网络用户提供链接。央视国际公司对此不予认可，其认为该证据仅能证明我爱聊公司于取证当日停止侵权行为，不影响此前侵权行为的构成。

我爱聊公司为证明其网络流量小，向原审法院提交了其与北京世纪互联宽带数据中心有限公司签订的《北京世纪互联宽带数据中心托管服务协议订单》《北京世纪互联宽带数据中心托管服务协议》及补充协议，并提交（2013）京国信内民证字第04409号公证书，证明其在北京世纪互联宽带上产生的流量小。央视国际公司对该几份证据真实性没有异议，但对证明目的不予认可，认为不能排除我爱聊公司通过其他数据宽带托管服务方获取服务的可能。

央视国际公司提交北京长安公证处开具的公证服务费发票三张，共计5550元以及北京市百瑞律师事务所开具的25000元律师费发票一张。

原审庭审中，双方均认可，我爱聊公司已经停止涉案侵权行为，且北京同享威视科技有限公司名称变更为北京我爱聊网络科技有限公司。

原审庭审中，央视国际公司表示，奥组委的授权书是在国际上使用的，不是按照我国著作权法具体哪些权利进行授权的，是按照使用相关权利的方式进行授权。对中央电视台使用相关权利的描述可以解释为通过信息网络实时转播央视多个电视频道的权利，即著作权法中规定的广播组织权。授权书中的广播权和展览权是按照国际上的约定进行的，但是具体的播出方式是按照合同约定的。相关授权中的信息网络传播权系指广播权，后面提到的相关权利系指我国著作权法上的信息网络传播权。cctv. com和cntv. cn系央视国际公司经营。本案涉及了广播权、广播组织权，央视国际公司取证了我爱聊公司实时转播的行为，既适用《中华人民共和国著作权法》第四十五条，也适用该法第十条的规定。央视国际公司就奥运会的节目享有广播权，就相关频道享有广播组织权。我爱聊公司的深度链接行为，是不正当竞争行为。

我爱聊公司表示，本案中央视国际公司的权利不属于广播组织权，不是《中华人民共和国著作权法》中规定的情况，电视台、电台才享有广播组织权，相关主体要取得相关资质，因此，央视国际公司不是合法的权利主体。关于广播组织权的内容没有包含信息网络传播部分，如果扩大到这个领域就会侵犯一些著作权人的权利，因此央视国际公司不是广播组织权的权利人。

以上事实，有授权书、公证书、协议及补充协议、协议订单、公证费发票、律师费发票及原审法院庭审笔录等在案佐证。

原审法院认为：中央电视台系涉案 CCTV1 到 CCTV15、CCTV22 系列频道的运营方，亦为上述节目的广播组织权人，央视国际公司作为中央电视台的下属公司，经中央电视台授权获得相关权利，包括对外授权上述节目的通过网络传播、广播的独家权利。其有权禁止未经其许可将中央电视台播放的电视转播。伦敦奥运会电视节目包含奥运会开闭幕式、各类体育比赛节目。国际奥委会是奥运会电视节目的广播权和展览权在全球范围内的独家所有者，中央电视台经国际奥委会的授权，取得在中国地区的独家的在移动网和互联网上的广播权，即以无线方式公开广播或者传播作品的权利。经中央电视台的合法授权，央视国际公司享有通过信息网络向公众传播、广播（包括但不限于实时转播或延时转播）提供体育赛事之权利，即其有通过互联网这一媒介向公众公开传播该赛事的权利。故央视国际公司有权提起本案诉讼，系本案适格原告。央视国际公司基于授权获得的权利，虽然难以用信息网络传播权、广播组织权等权利来完全涵盖、对应，但不能因该授权是按照使用方式笼统授予的，而否认央视国际公司享有在著作权法上应受保护的权利和反不正当竞争法上应保护的竞争利益。除法律规定的情形外，他人未经许可不得擅自传播涉案的电视节目。

一般而言，链接行为仅指向用户提供链接地址，在用户点击链接后，应跳转至第三方来源网站，否则该行为将实质性替代来源网站进行播放。本案中，我爱聊公司系涉案手机客户端“电视粉”的运营者，其辩称设置链接将软件播放地址直接指向央视网相关内容，但并未提交相应的证据予以证明，该指向行为是否真实亦缺乏证据予以佐证。即便该链接行为指向央视网，但其向公众提供在线直播服务，未跳转至来源网站，且我爱聊公司还在链接过程中对于涉案链接进行排列、整理，对于播放的节目进行相应的编辑。故其对于涉案的侵权行为主观恶意程度较高，其对于侵权行为系明知，即在未取得央视国际公司授权的情况下，仍然进行链接，并进行编辑、整理，以自己提供的方式向公众进行传播。用户在观看电视台节目过程中无需跳转至央视网，势必会降低央视网的点击量。央视国际公司系参与市场活动的商事主体，该公司取得、使用和播放视频需要一定的支出，以便维护公司的日常经营活动和网站正常运营。央视国际公司对涉案频道享有相应的权利，并因此形成了稳定的市场秩序，央视国际公司的利益和案外其他被授权的企业的利益都需要予以保护，由此形成合理的市场预期，我爱聊公司未经授权进行传播的行为损害了上述市场正常秩序。我爱聊公司此举损害到央视国际公司享有的相应权利，一方面，我爱聊公司通过向公众提供整合央视网节目获取广告收益，另一方面，我爱聊公司通过向公众提供在线直播电视节目的行为获得了大量流量，获取经济利益，故我爱聊公司应当承担侵权责任。我爱聊公司辩称其仅提供网络链接服务，不对视频内容进行下载、存储，不构成侵权，原审法院对此不予采信。

我爱聊公司通过其应用“电视粉”向用户实时传播伦敦奥运会电视节目，于伦敦奥运会电视节目直播期间，通过其提供的“电视粉”安卓系统手机客户端软件，实时转播中央电视台直播的奥运会节目，这类体育赛事收视率也较高，我爱聊公司在未获得授权的情况下，直接在制作的 APP 软件中设置、编辑相应栏目直播伦敦奥运会，并且在广告中加以宣传，该公司对伦敦奥运会直播的行为主观上具有直接侵害权利人的故意，客观上降低了央视国际公司的流量，其亦应对此承担相应的侵权责任。

另外，央视国际公司经授权通过网络传播中央电视台的节目信号，而我爱聊公司则是通过手机客户端的形式接入互联网进行传播，由于二者进行的都是电视节目这一文化产品传播的活动，二者之间具有天然的竞争性特点，用户在通过其中一个途径去观看电视节目，势必将会降低另外一方的收视率或点击浏览量，进而损害到权利人因此而获得的收益，故原审法院确认央视国际公司与我爱聊公司之间具有竞争关系。我爱聊公司作为央视国际公司同业竞争者，在歌华有线机顶盒开机广告中利用伦敦奥运会专题节目对其公司进行宣传，并以此获取商业利益，而实际上我爱聊公司并未获得2012年伦敦奥运会相关节目的合法授权，其行为损害了央视国际公司的利益，属于反不正当竞争法理论中的“搭便车”行为，违反公认的商业道德和诚实信用原则，亦构成不正当竞争行为。

我爱聊公司的上述行为侵害了央视国际公司的相关权益，主观上具有恶意，客观上妨碍了央视国际公司行使权利并获取收益，应当承担相应的赔偿责任。我爱聊公司提交的网络流量的统计信息，不足以证明涉案应用软件的全部流量信息，而央视国际公司主张的赔偿数额过高，亦无充足的依据。鉴于央视国际公司、我爱聊公司双方均未就赔偿数额提供充分证据，原审法院将综合考虑我爱聊公司的主观过错、行为后果、持续时间等因素酌定赔偿数额。央视国际公司所主张的诉讼支出中的合理部分，我爱聊公司应一并予以负担。

双方均认可，我爱聊公司的侵权行为已经停止，原审法院对此不持异议。

综上，原审法院依照《中华人民共和国民事诉讼法》第六十四条第一款、《中华人民共和国著作权法》第四十五条、第四十八条第（一）项、第四十九条第二款、《中华人民共和国反不正当竞争法》第二条、第二十条之规定，判决如下：一、我爱聊公司于本判决生效之日起十日内赔偿央视国际公司经济损失及合理开支40万元；二、驳回央视国际公司其他诉讼请求。

我爱聊公司不服原审判决，在法定期限内向本院提起上诉称：(1) 上诉人与被上诉人并不是竞争关系。上诉人提供的是社交软件，主要应用在手机上，重在社交功能，旨在为网络用户提供看电视时对共同的话题进行讨论、评论、沟通等服务，与被上诉人提供视频内容，是完全不同的两个业务内容，不存在直接竞争关系。(2) 上诉人不存在主观恶意。上诉人只是提供链接，网络用户清楚地知道，播放内容页面属于央视网。涉案播放加载页面都有“内容采集自互联网，版权归原组织所有”字样，已经清楚地表明了涉案内容来源于互联网，播放页面有 CNTV 标志，所以，网络用户清楚地知道，播放内容页面属于央视网。所以，上诉人的行为与一般的不正当竞争行为相比，不存在原审法院认定的主观故意、主观恶意，情节较轻。（3）上诉人经营时间短、流量小。上诉人已经提交了证据，证明2012 年 7 月 24 日至 2013 年 7 月 24 日之间，上诉人网站的流量平均为490K，也说明了上诉人软件的使用程度、影响度等都非常小。（4）上诉人并未因链接行为取得收益。（5）上诉人的行为即使侵权，原审法院认定的赔偿数额也过高。综上，请求二审法院依法撤销原审判决，依法改判，驳回央视国际公司的全部诉讼请求。

针对上诉人我爱聊公司的上诉请求，被上诉人央视国际公司口头答辩称：原审判决认定事实清楚，适用法律正确，请求二审法院维持原审判决，驳回上诉人的上诉请求。

在本院二审审理过程中，双方当事人均明确表示对于原审判决查明的事实无异议，本院对此亦不持异议，予以确认。

上述事实，有央视国际公司、我爱聊公司在原审过程中提交的证据、本院开庭笔录等证据在案佐证。

本院认为：根据上诉人的上诉请求和被上诉人的答辩意见，本案的争议焦点在于上诉人我爱聊公司在互联网环境下通过其运营的“电视粉”客户端转播 CCTV1、CCTV5、CCTV22 等电视频道节目的行为是否侵害了被上诉人央视国际公司的广播权、广播组织权，以及是否构成不正当竞争。

一、关于广播权

《中华人民共和国著作权法》第十条第一款第十一项规定：“广播权，即以无线方式公开广播或者传播作品，以有线传播或者转播的方式向公众传播广播的作品，以及通过扩音器或者其他传送符号、声音、图像的类似工具向公众传播广播的作品的权利。”

本案适用《中华人民共和国著作权法》第十条第一款第十一项的前提

条件之一是，上诉人我爱聊公司在互联网环境下通过其运营的“电视粉”客户端转播 CCTV1、CCTV5 等电视频道的节目内容需符合《中华人民共和国著作权法》的相关规定，构成著作权法意义上的作品，并且被上诉人央视国际公司属于上述“作品”的著作权人或利害关系人。

本案中，被上诉人央视国际公司虽主张上诉人我爱聊公司在网络环境下通过其运营的“电视粉”客户端实时转播 CCTV1、CCTV5、CCTV22 等 16 个电视频道的行为侵犯了其广播权，但是，被上诉人央视国际公司并未向法院提交其作为涉案电视频道所播作品著作权人或者利害关系人的证据，而且，CCTV5 等涉案电视频道转播的体育竞赛节目非以展示文学艺术或科学美感为目标，亦不构成著作权法意义上的作品，因此，央视国际公司的上述主张，缺乏事实及法律依据，本院不予支持。

二、关于广播组织权

《中华人民共和国著作权法》第四十五条规定：“广播电台、电视台有权禁止未经其许可的下列行为：（一）将其播放的广播、电视转播；（二）将其播放的广播、电视录制在音像载体上以及复制音像载体。”

除上述条款规定了“转播权”之外，《中华人民共和国著作权法》《中华人民共和国著作权法实施条例》及相关的司法解释均未对“转播”行为的构成要件作进一步的说明或限定，因此，本院认为，欲正确理解我国著作权法体系中的“转播权”含义，需结合《中华人民共和国著作权法》的立法背景，以及我国参加的相关国际条约，进行综合判断。

《与贸易有关的知识产权协定》（以下简称 TRIPS 协定）第 14 条第 3 款规定，广播组织应享有权利禁止未经其许可将其广播以无线方式重播，将其广播固定，将已固定的内容复制，以及通过同样方式将其电视广播向公众传播。由此可见，TRIPS 协定对于广播组织权的保护并未扩展至网络环境下。而我国作为 TRIPS 协定的成员国，在修订《中华人民共和国著作权法》中的广播组织权的相关内容时，亦参照了 TRIPS 协定等国际条约的规定。同时，在《中华人民共和国著作权法》制定之时，我国互联网的发展尚属初期阶段，通过互联网转播电视节目的行为未被纳入《中华人民共和国著作权法》第四十五条的调整范围，上述条款调整的范围仅限于以无线方式、有线方式转播广播电台、电视台节目的行为，而未将广播组织权的保护范围扩展至互联网环境下。

另外，互联网环境下广播组织权的保护问题，涉及因素繁杂，影响亦深远广泛。广播电视组织作为社会公众获取信息的重要渠道之一，其承载着公众了解信息、学习文化的重要职能，尤其在信息时代背景下，资讯或文化知识的传播速率及传播成本，直接关系到经济、科技等诸多行业的发展，因此，在广播电视组织通过互联网有效提高信息传播速率并明显降低传播成本的信息时代，对于广播组织权保护范围的确定，不仅直接关系到权利人的经济利益，同时，也对社会公众获取信息或文化知识产生深远的影响，更为重要的是，这种因法律解释而导致保护范围的调整，势必影响到信息或文化知识的传播效率，而这无疑又对信息时代背景下的互联网行业发展以及文化传播模式的创新产生难以预期的影响。正是由于互联网环境下广播组织权的复杂性，本院认为，在《中华人民共和国著作权法》及我国参加的相关国际条约均未将广播组织权的保护范围扩展至网络环境时，不能仅仅因为新技术的产生或发展给权利人带来新的挑战，就超越立法时的权利边界对我国著作权法体系中的广播组织权作扩大性解释。

因此，本案中，通过互联网转播中央电视台相关频道的节目内容，即使与以无线方式、有线方式的转播在客观效果上并无实质差异，甚至，在一定程度上网络转播比传统的电视转播方式可能更加迅速、便捷，成本更低，当然，对于权利人的损害也可能更大，但是，鉴于我国现行《中华人民共和国著作权法》尚未将互联网环境下的转播行为纳入到《中华人民共和国著作权法》第四十五条的调整之列，因此，本案上诉人我爱聊公司在互联网环境下通过其运营的“电视粉”客户端转播中央电视台相关频道的行为，并不构成《中华人民共和国著作权法》第四十五条所规定的“转播”行为，央视国际公司的相关诉讼主张，缺乏法律依据，本院不予支持。

三、关于不正当竞争

上诉人我爱聊公司在互联网环境下通过其运营的“电视粉”客户端转播中央电视台相关频道节目的行为，尽管在现行著作权法体系中不构成侵犯权利人的广播权或广播组织者权，但是，这并不意味着上诉人我爱聊公司的上述行为具备合法性和正当性。

本案中，上诉人我爱聊公司在互联网环境下通过其运营的“电视粉”客户端可以实时转播中央电视台 CCTV1、CCTV5、CCTV22 等电视频道的节目内容，而被上诉人央视国际公司经中央电视台授权独家享有通过信息网络向公众传播、广播中央电视台所有电视频道及其所包含的电视节目的权利，因此，我爱聊公司与央视国际公司提供的服务内容、形式、对象相同，二者构成竞争关系。上诉人我爱聊公司主张其提供的“电视粉”客户端仅是社交软件，重在社交功能，旨在为网络用户提供看电视时对共同的话题进行讨论、评论、沟通等服务，与央视国际公司提供视频内容，是完全不同的两种业务内容，不存在直接竞争关系，对此本院认为，上诉人我爱聊公司运营的“电视粉”客户端存在社交功能并不影响其客观上能够并实际通过互联网转播了 CCTV1、CCTV5 等 16 个电视频道节目内容的实质，这使得目标群体无需登陆被上诉人央视国际公司网站或使用央视国际公司的客户端即可通过互联网收看中央电视台的相关电视频道内容，因此，我爱聊公司与央视国际公司构成直接的竞争关系，上诉人我爱聊公司的上述主张，缺乏事实依据，本院不予支持。

上诉人我爱聊公司与被上诉人央视国际公司作为同行业的竞争主体，均需依照《中华人民共和国反不正当竞争法》的规定，遵循自愿、平等、公平、诚实信用的原则，遵守公认的商业道德，共同维护正常的市场经济竞争秩序，相反，如果其行为违反了诚实信用原则和公认的商业道德，扰乱了正常的市场竞争秩序，则需承担我国反不正当竞争法体系下的法律后果。

《中华人民共和国反不正当竞争法》第二条第一款规定，经营者在市场交易中，应当遵循自愿、平等、公平、诚实信用的原则，遵守公认的商业道德。该款可以作为《中华人民共和国反不正当竞争法》的一般条款对不属于该法具体列举的市场竞争行为予以调整，以保障公平的市场竞争秩序。同时，本院认为，适用该原则条款认定涉案竞争行为是否构成不正当竞争应当同时具备以下条件：一是法律对该种竞争行为未作特别规定；二是其他经营者的合法权益确因该竞争行为而受到了实际损害；三是该种竞争行为因确属违反诚实信用原则和公认的商业道德而具有不正当性或可责性。

本案中，上诉人我爱聊公司在互联网环境下通过其运营的“电视粉”客户端实时转播 CCTV1、CCTV5 等 16 个电视频道节目的行为，并不属于《中华人民共和国反不正当竞争法》中所具体列举的市场竞争行为，故应适用《中华人民共和国反不正当竞争法》第二条第一款来判断其竞争行为是否构成不正当竞争。

电视节目的编排、制作、播放通常需要投入大量的人力、物力和财力，而购买体育赛事特别是伦敦奥运会等大型体育赛事的转播权，更需投入巨额资金，因此，如果不对电视台节目信号进行产权界定，并加以保护，而放任他人未经许可擅自以营利目的使用中央电视台的节目信号，其后果不但使“搭便车”者不劳而获，直接损害了被上诉人央视国际公司或中央电视台的经济利益，更为重要的是，这种搭便车行为致使权利人成本收益失衡后，势必大大削弱广播组织者的积极性，促使其减少对电视节目制作的投入，而这又无疑会给文化产品的市场供给带来负面影响，且有悖于鼓励创新、繁荣社会主义文化的立法初衷。在本案中，上诉人我爱聊公司未经被上诉人央视国际公司的授权，擅自在互联网环境下通过其运营的“电视粉”客户端转播 CCTV1、CCTV5、CCTV22 等电视频道的节目，并通过在歌华有线电视平台上投放开机广告用于宣传“电视粉”客户端，其行为客观上减少了被上诉人央视国际公司的网站访问量，使得目标群体无需登录央视国际公司的网站，或者无需使用央视国际公司的客户端即可实现通过互联网观看中央电视台相关频道节目的目的，这在一定程度上替代了央视国际公司的类似网络服务，因此，上诉人我爱聊公司的上述行为明显有违公平竞争的市场原则，恶化了正常的市场竞争秩序，违反了诚实信用

原则和公认的商业道德，具有不正当性，属于《中华人民共和国反不正当竞争法》第二条第一款规定的不正当竞争行为。

关于上诉人我爱聊公司主张其仅是提供链接服务，播放内容来源于央视网，并在涉案播放加载页面中标注有“内容采集自互联网，版权归原组织所有”的字样，播放页面亦有 CNTV 标志，不存在主观故意和主观恶意一节，本院认为，我爱聊公司未经授权擅自在互联网环境下实时转播 CCTV1、CCTV5、CCTV22 等电视频道的节目内容，并在伦敦奥运会期间，设置“伦敦奥运会专区”，将中央电视台能够播放伦敦奥运会节目的电视频道进行排列、整理，并在歌华有线电视平台上投放开机广告，宣称“用电视粉看奥运 LONDON2012”“手机下载电视粉，竞猜、评论、看直播赢大奖”，用以推广其“电视粉”客户端，其主观恶意明显。同时，播放加载页面中的版权声明及播放画面中的 CNTV 标志，仅能证明电视信号并非来源于我爱聊公司，并不能据此证明其擅自使用他人电视信号并进行营利性活动的行为具备正当性。因此，原审法院关于我爱聊公司具有主观恶意的认定，并无不当，本院予以确认。

关于我爱聊公司主张涉案客户端经营时间短、流量小，未因链接行为取得收益，即使其行为构成侵权，原审法院判决的赔偿数额也过高一节，本院认为，我爱聊公司提交的相关证据并不能反映涉案客户端的真实流量，即便我爱聊公司未因链接行为取得收益，亦不能据此证明其行为未给权利人造成损失，相反，因为我爱聊公司的涉案行为，实质上替代了央视国际公司的相关服务内容，分流了目标群体，减少了点击量，因此，原审法院在我爱聊公司、央视国际公司均未就赔偿数额提供充分证据的情况下，依据我爱聊公司的主观过错、行为后果、持续时间等因素酌情确定的赔偿数额并无不当，本院予以支持。上诉人我爱聊公司的上述主张缺之事实及法律依据，本院不予支持。

综上，原审判决结论正确，应予维持。上诉人我爱聊公司的上诉理由均不能成立，本院不予支持。依照《中华人民共和国民事诉讼法》第一百七十条第一款第（一）项之规定，本院判决如下：驳回上诉，维持原判。

一审案件受理费 13800 元，由央视国际网络有限公司负担 6000 元（已交纳），由北京我爱聊网络科技有限公司负担7800元（于本判决生效之日起7日内交纳）；二审案件受理费7300元，由北京我爱聊网络科技有限公司负担（已交纳）。

本判决为终审判决。

审　判　长　张晰昕
代理审判员　杨振中
代理审判员　陈文煊

二〇一四年五月二十六日

书　记　员　麦　芽

8. 中贸圣佳国际拍卖有限公司与杨季康、李国强侵害著作权及隐私权纠纷案*

▶ 书信作为写信人独立创作的表达个人感情及观点或叙述个人生活及工作事务方面的内容，是以文字、符号等形式表达出来的文学、艺术和科学领域内的智力成果，符合作品独创性要求，构成我国著作权法保护的作品

北京市高级人民法院民事判决书

（2014）高民终字第1152号

上诉人（原审被告）中贸圣佳国际拍卖有限公司，住所地北京市东城区××路×号楼。

法定代表人刘亭，董事长。

委托代理人杨亭，北京市通商律师事务所律师。

委托代理人陈敬，北京市通商律师事务所律师。

被上诉人（原审原告）杨季康（笔名杨绛），女，中国社会科学院外国文学研究所研究员（已退休）。

委托代理人王登山，北京大成律师事务所律师。

委托代理人申卫星，男，清华大学法学院教师，住北京市海淀区清华大学西门×楼×门×号。

原审被告李国强，男，香港各界文化促进会理事长，住香港特别行政区天后金龙台×号乘龙阁×楼。

* 摘自《知识产权审判与指导》2014年第2辑（总第24辑），人民法院出版社2015年版，第228～246页。

委托代理人王家本，北京天驰洪范律师事务所律师。

委托代理人焦铁烨，北京天驰洪范律师事务所律师。

上诉人中贸圣佳国际拍卖有限公司（以下简称中贸圣佳公司）因侵害著作权及隐私权纠纷一案，不服北京市第二中级人民法院（2013）二中民初字第10113号民事判决，向本院提起上诉。本院2014年3月11日受理本案后，依法组成合议庭，于2014年4月2日不公开开庭进行了审理。上诉人中贸圣佳公司的委托代理人杨亭、陈敬，被上诉人杨季康的委托代理人王登山、申卫星，原审被告李国强的委托代理人王家本、焦铁烨到庭参加了诉讼。本案现已审理终结。

杨季康向北京市第二中级人民法院提起诉讼称：杨季康及其配偶钱钟书、其女钱瑗与李国强系朋友关系，三人曾先后向李国强寄送私人书信共计百余封。上述信件本由李国强收存，李国强作为收信人应依法保守朋友的通信秘密，保护写信人的隐私权。但2013年5月间，中贸圣佳公司发布公告称其将于2013年6月21日举行“也是集——钱钟书书信手稿”公开拍卖活动，公开拍卖上述私人信件。中贸圣佳公司还计划于2013年6月18日至20日期间举行预展活动，于2013年6月1日举行相关研讨会，且其已于2013年5月20日举行了“也是集——钱钟书书信手稿”活动，将上述若干封私人信件公开展览、公之于众。虽然法院于本案诉前作出停止侵权裁定后，中贸圣佳公司停止了对涉案书信手稿的拍卖，但李国强作为收信人将涉案书信手稿交给第三方的行为以及中贸圣佳公司在司法裁定前为拍卖而举行的准备活动，已经构成对杨季康等著作权和隐私权的侵犯，给杨季康造成了严重伤害。杨季康作为钱钟书的继承人，并作为钱瑗的继承人之一，在钱瑗的另一位继承人即其配偶杨伟成出具说明同意杨季康起诉的情况下，有权对上述侵权行为提起诉讼。为使自身权益受到永久保护，杨季康请求法院判令中贸圣佳公司及李国强：（1）停止侵犯杨季康等隐私权和著作权的行为；（2）在新华网、人民网、《光明日报》《文汇报》《北京青年报》《扬子晚报》、中国日报网、《东方早报》《京华时报》、搜狐网、新民网、《羊城晚报》、中国作家网、《北京日报》、中国新闻网及中贸圣佳公司官方网站等媒体上向杨季康公开赔礼道歉；（3）赔偿因侵害著

作权给杨季康造成的经济损失人民币 50 万元，向杨季康支付精神损害抚慰金人民币 15 万元，支付杨季康为制止侵权所支出的合理费用人民币 5000 元。

中贸圣佳公司原审辩称：（1）杨季康据以证明其享有钱瑗涉案权益的证据仅为杨伟成出具的说明，在杨伟成无正当理由未出庭的情况下，其证言不能作为单独认定案件事实的依据。该说明不足以证明杨伟成系钱瑗涉案著作权的二继承人之一，不能排除两位继子女可依照法定继承或受遗赠而享有继承权，更不能证明杨季康可以就全部涉案权益提起诉讼。（2）中贸圣佳公司已履行我国相关法律、部门规章、行业规则等规定中的审查义务，委托人在委托拍卖时已就拍品权属等情况提供了保证。中贸圣佳公司还就涉案拍品是否属于文物监管范围主动向相关部门进行了申报，并已获得监管部门的核准。此外，根据业内拍卖活动惯例，中贸圣佳公司无法预见到涉案行为存在侵权可能性。（3）本案中相关拍品尚未进入拍卖阶段，亦未进行预展活动，相关拍前鉴定活动也并未侵犯杨季康的合法权益。中贸圣佳公司于获知本案争议后第一时间与委托人进行联系，并于获知委托人撤拍决定后第一时间停止了相关拍卖活动。综上，杨季康有关停止侵权、赔偿损失、赔礼道歉的主张没有事实和法律依据，请求法院判决驳回其全部诉讼请求。

李国强原审辩称：（1）李国强与杨季康及钱钟书、钱瑗因朋友关系有过书信往来，曾保存三人的信件。近年来李国强年事渐高，已无力保管大量书画图籍等收藏品，为避免藏品丢失毁损，逐步将藏品转让。2013 年春，案外人香港臻美画苑总经理叶常春女士带两位专家到李国强家参观藏品，提出收购其中的一部分（含钱钟书、杨季康及钱瑗书信），并对拟收购的部分藏品进行了拍照。2013 年 4 月 21 日，叶常春到李国强家，以现金方式向李国强支付转让款项港币 50 万元并取走收购的含钱钟书、杨季康及钱瑗书信在内的相关藏品。该转让行为系合法民事行为，李国强未将涉案信件向不特定的人公开，且完全出于“妥善处理以便存于后世”的善意，绝无以拍卖等行为牟取利益、侵犯他人合法权利的故意，更未直接或间接委托拍卖公司进行拍卖，杨季康所诉侵权行为与李国强没有法律意义上的关系。(2) 杨季康未举证证明涉案被拍卖信件的具体数量及被“公之于众”信件的具体内容，亦未举证证明李国强实施了哪些侵权行为。事实上，李国强于 2013 年 5 月 20 日接到杨季康来电后才获悉涉案拍卖活动，其对此深感意外和震惊。李国强于5 月 21 日回信给杨季康告知相关事实情况，但出于尊重行业惯例和为买家保守商业秘密考虑，未向杨季康透露藏品收购人的姓名。对于转让涉案信件给杨季康造成的不快感受，李国强深感歉疚，并多次以书面形式向杨季康致歉，但李国强的致歉行为与杨季康本案所诉无关。(3) 法律并未规定私人信件是否属于著作权法保护的作品。钱钟书、杨季康及钱瑗致李国强的信件内容，多为讨论出版细节、代购或赠阅图书及日常问候等事务性、礼节性内容，不具有文学性和艺术性，并非受著作权法保护的作品。即使构成作品，鉴于钱钟书、钱瑗均已去世，在其他权利人未出具书面放弃声明或委托的情况下，杨季康也无权对钱钟书、钱瑗作品的著作权单独提起诉讼。(4) 钱钟书、杨季康及钱瑗所写信件内容不涉及隐私，其通过信件传递信息本身也表明其认可这些信件内容不属于隐私，否则其会向李国强作出保密要求，但事实上钱钟书、杨季康及钱瑗并未对此尽到注意义务。即使信件内容涉及隐私，因隐私权是与自然人人格不可分离的人身权利，不能转移、转让和继承，杨季康也无权就钱钟书、钱瑗的隐私权提起诉讼。(5) 著作权与隐私权属于不同的法律关系，不应在同一案件中处理。(6) 杨季康并未提供任何相关证据证明其精神遭受损害且造成严重后果，故其关于赔偿精神损害抚慰金的主张无事实依据。综上，杨季康的诉讼请求没有事实和法律依据，请求法院依法驳回其全部诉讼请求。

北京市第二中级人民法院认定：

1. 关于杨季康主张权利的书信及权属关系方面的事实

钱钟书（已故）与杨季康系夫妻，二人育有一女钱瑗（已故）。钱瑗于 1974 年 5 月 4 日与第二任丈夫杨伟成结婚，婚内有继子继女各一人：继子杨宏建，1954 年 1 月 11 日出生；继女杨敏，1956 年 1 月 16 日出生。钱瑗于 1997 年 3 月 4 日病故。杨伟成于 2013 年 6 月 1 日出具书面说明表示“钱瑗的继子女与钱瑗不存在抚养关系，对钱瑗遗产不享有继承权”，并

"同意由钱瑗的母亲杨季康申请法院采取诉前禁令和起诉方式追究中贸圣佳拍卖国际有限公司、李国强及相关单位和人员的侵权行为（包括侵犯著作权和隐私权）"。经查，钱瑗继子杨宏建、继女杨敏在钱瑗与杨伟成结婚时均已成年。钱钟书于1998年12月19日病故，其唯一继承人为杨季康。

杨季康主张中贸圣佳公司作为拍卖人、李国强作为委托人，举办了"也是集——钱钟书书信手稿"公开拍卖活动及相关公开预展、公开研讨等活动，并通过刻制拍品电子版照片光盘及以互联网等方式公开传播杨季康、钱钟书、钱瑗私人书信的行为构成对权利人著作权和隐私权的侵害。杨季康主张涉案书信的具体范围以其提交的光盘中所包含的五个文件夹中书信手稿（电子版照片）内容为准。经原审法院当庭核对，该光盘内包含6个文件夹，杨季康主张权利的5个文件夹分别为：《钱钟书致李国强书信信封》（7页）、《钱钟书致李国强钢笔书信》（3封）、《钱钟书致李国强毛笔手稿》（65封）、《杨绛致李国强书信》（13封）、《钱瑗致李国强（燕莹夫人）书信》（6封）。

杨季康主张该光盘系中贸圣佳公司刻制并散发给不特定人的，但表示对于该光盘的具体来源情况不便透露。对此，中贸圣佳公司不予认可，并主张其虽将相关拍品拍摄成为数码照片，但仅刻制成3份光盘向3位鉴定专家提供，此外并未向任何人提供，且自身亦未留存，故对杨季康所提交光盘的真实性和来源合法性均不予认可。

2. 关于中贸圣佳公司的涉案被控侵权行为方面的事实

中贸圣佳公司成立于1995年，是综合性拍卖公司。2013年5月间，其网站首页刊登了2013春季拍卖会拍卖公告，公告显示其将于6月21日下午13：00在北京万豪酒店拍卖"也是集——钱钟书书信手稿"，预展时间为6月18日至6月20日，拍品主要包括钱钟书、杨绛、钱瑗书信及手稿等共计110件作品。同一时期中贸圣佳公司网站中还登载了新华网、人民网、《光明日报》、中国日报网、中国作家网、《东方早报》《京华时报》、搜狐网等多篇媒体报道，其中介绍了"也是集——钱钟书书信手稿"公开拍卖活动、相关专家参与的鉴定活动等以及拍品中部分书信手稿的细节内容，并介绍称钱钟书手稿如此大规模公之于世尚属首次。

2013年5月27日，杨季康委托律师向中贸圣佳公司寄发了律师函，要求其立即停止相关侵权行为。中贸圣佳公司表示其于5月29日了解到该律师函内容后，立即与委托人取得联系，委托人于5月31日作出了撤拍决定并表示涉案信件并未牵涉到任何个人隐私。

此后杨季康向原审法院提出诉前申请，请求责令中贸圣佳公司及李国强立即停止侵害著作权的行为。原审法院经审查依法于2013年6月3日裁定：中贸圣佳公司在拍卖、预展及宣传等活动中不得以公开发表、展览、复制、发行、信息网络传播等方式实施侵害钱钟书、杨季康、钱瑗写给李国强的涉案书信手稿著作权的行为。

2013年6月6日，杨季康的委托代理人王登山在北京市东方公证处，使用公证处计算机连接互联网，在浏览器地址栏中输入 http：//zmsj. artron. net/并回车，进入中贸圣佳公司网站，对相关网页内容进行了截屏并打印。北京市东方公证处对上述过程进行了公证，并出具了（2013）东方内民证字第4999号公证书。根据该公证书记载，中贸圣佳公司网站于2013年6月6日发布的《关于停止“也是集——钱钟书书信手稿”公开拍卖活动的决定》一文显示“现决定停止2013年6月21日‘也是集——钱钟书书信手稿’的公开拍卖”。此外，该网站中还刊登了多篇报道文章，包括《【搜狐】钱钟书66封书信下月将被拍卖》《【中国日报网】钱钟书手稿现身拍场》《【新民网】钱钟书手稿现身拍场》《【羊城晚报】钱钟书手稿现身拍场》《【中国作家网】钱钟书手稿大规模面世 从中可窥其对历史学人真实评判》《【北京日报】百余件钱钟书及家眷信札、手稿首次集中公开》《【东方早报】钱钟书百余信札6月上拍》《【京华时报】钱钟书信中首次评鲁迅》《【中国新闻网】钱钟书手稿大规模面世 尽显幽默诙谐语言特点》《【搜狐】钱钟书手稿 大规模面世（组图）》《【光明日报】钱钟书手稿大规模面世》《【北京青年报】挥洒臧否 字里行间见真情》《【华西都市报】钱钟书手稿书信集中曝光》《【成都商报】钱钟书手稿首次大规模曝光》《【中国新闻周刊】钱钟书手稿曝光 展现与杨绛幽默对话》《【新浪】钱钟书手稿首次大规模曝光》《【人民网】钱钟书手稿首次大规模曝光》《【扬子晚报】钱钟书手稿首次大规模曝光》《【雅昌艺术网】钱

钟书手稿首次大规模曝光》《【99 艺术新闻网】钱钟书手稿首次大规模曝光》《【艺术财经】钱钟书手稿首次大规模曝光》《【大众网】钱钟书手稿首次大规模曝光 书信诙谐如带刺玫瑰》《【新华网】钱钟书手稿首次大规模曝光》《中贸圣佳国际拍卖有限公司 2013 春季拍卖会》《钱钟书书信手札专场》等，其中介绍了涉案公开拍卖活动、鉴定活动以及拍品中部分书信手稿的细节内容，并有部分文章以附图形式展示了相关书信手稿全文，包含如下内容：（1）日前，110 件钱钟书、杨绛、钱瑗书信及手稿首次曝光，内容既有钱钟书、杨绛关于稿件出版的种种细节，又有钱钟书对于事件看法、对于他人评价的直抒胸臆的表达。（2）从书信内容可知，钱家与李国强相识于 1979 年，至钱瑗病逝、钱钟书病重，两家始终保持着密切联系。（3）信中，钱钟书曾几次提到关于现代文学的看法，其中也包括他对同时期文学家的评价。其中包括茅盾、鲁迅、沈从文等。这些褒贬，在著作中都不曾提及，但在书信中便可以直抒胸臆。（4）透露出钱钟书对历史和学人的一些真实态度。如当时《广角镜》刊登了秦德君回忆茅盾的文章，钱钟书看到后很感叹，于 1985 年的信中写道："历史从来出于胜利者手笔，后死即胜利之一种方式。三年前鲁迅纪念时出版之传记，即出敝所人撰著（应指社科院文学所刘再复、林非所著《鲁迅传》——编者 注），中间只字不道其原配夫人，国内外皆有私议而无声言者。" 1981 年的信中谈到《红楼梦》的英译本，曾写道："因思及 Hawkes 近以其新出译本第三册相赠，乃细读之，文笔远胜杨氏夫妇（杨宪益与戴乃迭——编者注），然而此老实话亦不能公开说，可笑可叹。" 在为《广角镜》杂志推荐采访对象时，在信中写道："先暂定五人：俞平伯、吕叔湘、朱光潜、杨荫浏（中国音乐史创始者）、夏承焘；皆海外闻名而报导不多者，且'江湖气'较少。"（5）钱钟书在信中也时常提到他对事物的一些见解和看法。例如，对一些做官者说诳，亦有妙讽："两事如鸡生蛋蛋生鸡，盖做官必说诳而说诳亦导致做官。常语称客观不实，主观不诚空谈谚语曰：'打电话'，即'官'之'话'不作准、不可信，足证说诳乃做官之职业罪过也。"（6）中贸圣佳公司执行董事殷华杰表示，看钱钟书的信非常享受，每封信都是一篇文章，也是一幅书法。（7）远在美国的"钱学"研究权威学者范旭仑已经收到了信札的影印件，他说自己兴奋得连续几晚都没有合眼，赶写出一份长达数千言的信件释文。(8)“‘潜德发幽光’‘闇然而日章’，悄悄地流布比较少惹是非。像从文先生那封信的牢骚，我是不发的，恐引起一些不愉快的注意而已。”——四川师范大学文学院教授龚明德分析称，这可能是指当时沈从文写给有关部门的信，抱怨住房问题。

2013年6月17日，杨季康的委托代理人王登山申请北京市东方公证处对名为“明德读书堂”的博客中相关内容（网址为：“http：//blog. tianya. cn/blogger. blog_ main. asp？blogid =206048”）进行了证据保全，该博客中包含《龚明德接受北方某媒体采访谈杨李书信风波》《杨绛的感谢信》《钱杨夫妇与李国强的第一封和最后一封信》《钱钟书西文书单又一页》《钱钟书西文书单一页》《新见钱钟书书信及相关文献》等文章。上述文章中记载了如下内容：龚明德、谢泳、贺宏亮老师到中贸圣佳公司对钱钟书书信及相关文献进行了“整理研究”“钱钟书所写的信件主要谈到了国内的改革开放初期的一些情势，大量托李国强购买外文书籍，并谈到了一些文坛精英层次的私房话”“其中一封信的末尾在缝隙中以很小的字体写着‘阅毕请毁之’……这封信里所说的内容实在当时的环境下不适宜公开谈论，内容其实也非常一般，并不构成隐私之类的个人看法”“宏亮按：在李国强先生委托中贸圣佳拍卖的拍品中，有一件沈从文手稿。据公司工作人员说，此作一直挂在钱钟书先生家里，后转赠李国强”等内容。

另查，中贸圣佳公司为举行2013年春季文物艺术品拍卖会，向北京市文物局进行了请示并向北京市文物局提交了拍品清册。根据清册记载，涉案拍品包含钱钟书毛笔信札60封、钱钟书钢笔信札5封、钱钟书名片书信1封、钱钟书亲笔书信封7封、钱钟书杨绛书贺信2封、杨绛信札12封、杨绛书友人地址笺1封、钱瑗致国强燕莹夫人信6封、钱钟书题《干校六记》3封、钱钟书题《也是集》1封、钱钟书签名《管锥篇》《围城》《将饮茶》各1封、钱钟书杨绛赠李国强卷轴1封、杨绛书法1封、杨绛《干校六记》校对1封、钱钟书《也是集》手稿1本。北京市文物局于2013年5月27日作出《关于中贸圣佳国际拍卖有限公司2013年春季文物艺术品拍卖会文物标的审核的批复》（以下简称批复），根据该批复，上述涉案

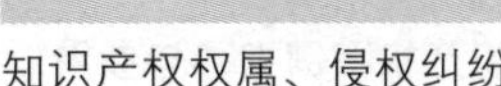

书信等拍品均不属于文物监管范围。经比对，上述清册中所列相关拍品与杨季康提交的光盘中所含文件名称及数量略有出入。

中贸圣佳公司为证明其履行了对拍品的审查义务以及涉案拍品属于合法拍卖标的，提交了其就涉案拍卖活动与委托人签署的委托拍卖合同复印件及委托人的护照签名页复印件，但未提交原件。中贸圣佳公司称委托人的护照签名页复印件是在涉案纠纷发生后通过电子邮件方式取得并打印的。上述证据材料显示委托人为 Frank L. Wang，合同签订日期为 2013 年 4 月 20 日，拍品的内容包括：钱钟书信札 61 封（毛笔）、钱钟书也是集书信手稿、钱钟书杨绛书信 1 册、钱钟书题字 7 件、杨绛书法条幅 1 件、钱钟书杨绛签名书 3 本、佚名山水画 1 幅（钱钟书题）。此外，中贸圣佳公司还提交了《中国文物艺术品拍卖企业自律公约》《文物艺术品拍卖规程》《中贸圣佳国际拍卖有限公司业务规则》等相关行业规范和业务规则。根据上述规定，拍卖公司可以对拍品进行鉴定，并应制作拍卖图录、发布拍卖公告、进行标的预展等活动；委托人应就拍卖标的所享有的所有权或处分权、不侵犯第三人合法权益、不违反法律法规的规定等予以保证。

中贸圣佳公司为证明涉案拍品不涉及个人隐私，提交了 2013 年 11 月 9 日凤凰网刊登的《李国强谈公开杨绛信笺：先生永远不再会信任我》报道一文，该文记载，李国强表示："真正有私密和敏感的信，我很多年前已经烧掉了，没有烧掉的，我以后死了，也会捐出去的，不会永远是我的。"李国强对该报道的真实性不予认可。

中贸圣佳公司为证明涉案书信均已在先公开发表，提交了 2008 年 11 月《香港各界文化促进会 7 周年纪念特刊》（以下简称《特刊》），该刊登载的《配合国内权威学术机构活动 纪念国学大师钱钟书逝世十周年》一文记载："本会理事长李国强将以其所藏大批钱钟书、杨绛及其女儿钱瑗珍贵手稿、信笺，配合内地学术机构的纪念活动"，并以附图形式刊发了钱钟书书信手稿 13 封、杨绛书信手稿 4 封。其中在钱瑗去世之际杨季康写给李国强的一封信中提到"近有不肖之徒，因钟书久病，无视著作权法，不择手段，攫获大量钱钟书书札墨宝等，擅出"传记"多种，向我们身上泼脏水。你手中的书稿信札等务请妥为保藏，勿落此辈人手。"

李国强对中贸圣佳公司的上述主张不予认可，并主张该《特刊》为内部刊物，不向社会公众公开发表。该《特刊》中相关文章作者并非李国强，文中提到的内地纪念活动也并未举行，李国强未将钱钟书等人书信手稿予以公开。该刊仅载有17封信件，与本次拍卖的拍品数量、内容均不一致，与中贸圣佳公司网站上公布的信件数量和内容也不一致。杨季康表示对该《特刊》及其中刊载相关书信一事并不知情。

3. 关于李国强涉案被控侵权行为方面的事实

李国强曾担任《广角镜》月刊总编辑。钱钟书与李国强于1979年相识后，钱钟书、杨季康及钱瑗与李国强通信频繁，三人曾先后致李国强私人书信百余封，该信件本由李国强保存。在获悉涉案书信将被公开拍卖后，杨季康于2013年5月27日委托律师向李国强寄发了律师函，要求其立即停止相关行为。李国强认可收到了律师函，但表示其已经通过多种方式表达其与此事无关。

李国强为证明其已将涉案书信手稿等文件转让给案外人叶常春，提交了证人郑敏强出具的证言，郑敏强本人亦出庭作证。郑敏强称：其在香港各界文化促进会任职，经常在李国强家中办公。2013年4月期间，郑敏强在李国强家中工作时遇到案外人叶常春等人正在对李国强收藏的书信手稿等文件资料进行拍照，事后李国强告知郑敏强其已将涉案书信手稿转让给了叶常春，并于2013年4月21日晚进行了转让交付。2013年4月24日，郑敏强帮李国强将叶常春交来的交易款港币50万元分批次存入李国强在香港汇丰银行有限公司开设的个人账户。后李国强表示因交易时匆忙未作登记，故需要叶常春提供交易信札文献资料数据底本，并希望向叶常春购回有关物品，因此叶常春在2013年6月10日通过电子邮件（chunmeiart2010@gmail. com）把有关书画的数码图片传到郑敏强电子邮箱中（mike_ mch@hotmail. com）再转发给李国强，由于邮件保存时间有限，有关数码图片的链接目前已无法下载并提供。2013年8月6日及14日，叶常春两次通过上述邮件方式发送文件给郑敏强要求其转交李国强，文件内容均系指导李国强如何在本案中进行答辩。郑敏强向原审法院提交了叶常春的名片、叶常春发给郑敏强的3封电子邮件打印件以及香港汇丰银行有限公司交易通

知书复印件3份。

李国强表示其将包含涉案书信手稿在内的多份藏品转让共收取港币50万元，但未对买受人进行保密或保藏方面的提示和说明。

另查，杨季康为本案诉讼支出公证费人民币5000元。

北京市第二中级人民法院认为：杨季康所提交的光盘中包含钱钟书、杨季康、钱瑗署名的书信手稿电子版照片，中贸圣佳公司网站上公开披露了钱钟书、杨季康及钱瑗写给李国强的部分书信内容及相关信息，上述书信均为写信人独立创作的表达个人感情及观点或叙述个人生活及工作事务方面的内容，是以文字、符号等形式表达出来的文学、艺术和科学领域内的智力成果，符合作品独创性要求，构成我国《著作权法》保护的作品。钱钟书、杨季康、钱瑗分别对各自创作的书信作品享有著作权，应受我国《著作权法》保护。钱瑗、钱钟书相继去世后，杨季康、杨伟成作为钱瑗的继承人，有权依法继承钱瑗著作权中的财产权，依法保护其著作权中的署名权、修改权和保护作品完整权，依法行使其著作权中的发表权。鉴于杨伟成书面表示同意杨季康单独在本案中主张相关权利，故杨季康依法有权主张涉案钱瑗的相关权利。同时杨季康有权依法继承钱钟书著作权中的财产权，依法保护其著作权中的署名权、修改权和保护作品完整权，依法行使其著作权中的发表权。

涉案钱钟书、杨季康、钱瑗相关书信均为写给李国强的私人书信，内容包含学术讨论、生活事务、观点见解等，均为与公共利益无关的个人信息、私人活动，属于隐私范畴，应受我国法律保护。钱钟书、杨季康、钱瑗各自有权保护自己的隐私权不受侵犯。死者同样有隐私，对死者隐私的披露必然给死者近亲属的精神带来刺激和伤痛，死者的近亲属具有与死者的隐私相关的人格利益，而该利益应当受到法律的保护。因此，杨季康作为钱钟书、钱瑗的近亲属和继承人有权就涉案隐私权问题提起本案诉讼。

鉴于中贸圣佳公司在法院作出裁定后已经取消公开拍卖活动，故其并未实施公开拍卖行为。关于刻制光盘并公开传播一节，杨季康虽然提交了一张光盘用以说明其在本案中主张权利的书信范围及中贸圣佳公司实施了复制传播行为，但其不能说明该光盘的来源，而中贸圣佳公司对此亦不予认可，故对杨季康上述主张及相应的诉讼请求不予支持。关于公开预展一节，鉴于杨季康并未就此提供证据予以证明，而中贸圣佳公司亦否认进行了预展活动，故对杨季康上述主张及相应的诉讼请求不予支持。关于公开研讨活动及以互联网方式公开传播书信手稿一节，根据现有证据及当事人自认，中贸圣佳公司作为涉案拍卖活动的主办者，已通过召开研讨会等方式将钱钟书、杨季康及钱瑗的书信手稿向相关专家、媒体记者等披露、展示或提供，且未对相关专家、媒体记者不得以公开发表、复制、传播书信手稿等方式侵害他人合法权益予以提示，反而在网站中大量转载，其行为系对相关书信著作权中的发表权、复制权、发行权、信息网络传播权及获得报酬的权利的侵害，依法应当承担停止侵权、赔偿损失的法律责任。

中贸圣佳公司虽辩称其已履行了审查义务、无法预见其行为存在侵权可能性，但其不能提交委托拍卖合同原件，且其所述该合同签署日期（2013 年 4 月 20 日）与李国强所述书信转让日期（2013 年 4 月 21 日）存在矛盾，在中贸圣佳公司及李国强均未对此作出合理解释并提供充分证据的情况下，对于双方所作陈述均不予认定。因此，中贸圣佳公司并未充分举证证明其与涉案拍品的委托拍卖人签署了真实有效的委托拍卖合同。其次，中贸圣佳公司并未对涉案拍品著作权作任何审查，亦未取得权利人授权，其应当预见到涉案行为存在侵权可能性，但其并未尽到拍卖人应尽的合理注意义务，仍然实施上述侵权行为，应承担相应的法律责任。对于中贸圣佳公司的上述抗辩主张，不予支持。无论涉案《特刊》是否已向不特定公众公开发表，其刊载书信的行为未经权利人许可，均属非法发表，据此不能阻却权利人就本案中涉案被控侵权行为主张发表权，故对中贸圣佳公司关于其行为未侵犯涉案书信作品发表权的抗辩主张亦不予支持。

杨季康主张涉案拍品的委托拍卖人是李国强，但对此未举证证明，而李国强和中贸圣佳公司对此均不予认可，故对杨季康该项主张不予支持。杨季康据此主张李国强侵害了其涉案书信作品的著作权，但并未提交任何直接证据证明李国强自行或授权他人对涉案书信作品进行了著作权意义上的使用，亦未提交充分证据证明李国强与中贸圣佳公司上述侵害著作权行为存在关联，故对其上述主张及相应诉讼请求亦不予支持。

关于中贸圣佳公司因侵害著作权赔偿杨季康经济损失的具体数额，鉴于杨季康并未提交因涉案侵权行为受到损失的证据，中贸圣佳公司也未提交其使用涉案作品所获利润的证据，其侵权所得亦不能确定，故对杨季康主张的经济损失及合理费用的数额，不予全额支持。将根据涉案书信作品的知名度和影响力、中贸圣佳公司的过错程度以及侵权行为的时间、规模、性质、情节等因素酌情确定赔偿数额。

中贸圣佳公司未经杨季康许可，擅自向鉴定专家、媒体记者等展示、提供并放任相关人员在互联网上传播钱钟书、钱瑗、杨季康三人的私人书信及相关隐私，还对相关信息进行了大范围集中转载和传播，构成对相关权利人隐私权的侵害，造成了不良影响，依法应承担停止侵权、赔礼道歉、支付精神损害抚慰金的法律责任。

结合现有证据及当事人自认，可以确认涉案书信本应由李国强保管。对于涉案书信的流转过程，李国强虽提交证人证言用以证明其已将书信等藏品转让给案外人叶常春，但证人自述所证事项均系李国强口头向其告知的，证人并未亲历转让交易过程，且其所述转让日期与中贸圣佳公司主张的委托拍卖合同签署日期矛盾。李国强并未就其主张提供充分证据，现有证据不能形成完整证据链条，故对其上述主张不予支持。李国强作为收信人，负有保护写信人通信秘密和隐私的义务，况且杨季康已于信中明确要求其将手中书稿信札等妥为保藏。基于此，李国强未经权利人同意擅自以转让或其他方式使得涉案书信手稿对外流转，且未对受让人及经手人等作出保密要求和提示，导致后续涉案侵权行为发生，亦构成对杨季康涉案隐私权的侵害，依法应与中贸圣佳公司承担连带责任。

关于中贸圣佳公司与李国强因侵害隐私权向杨季康支付精神损害抚慰金的具体数额，将根据中贸圣佳公司、李国强的过错程度、侵害的手段、场合、行为方式等具体情节、侵权行为所造成的后果、侵权人的获利情况以及侵权人承担责任的经济能力等因素酌情确定。

综上，北京市第二中级人民法院依据《中华人民共和国著作权法》第十条第一款第（一）项、第（五）项、第（六）项、第（十二）项、第十九条第一款、第二十一条第一款、第四十八条第（一）项、第四十九条第一款，《中华人民共和国著作权法实施条例》第十五条第一款、第十七条，《中华人民共和国侵权责任法》第二条、第六条、第八条、第十五条、第十八条、第二十二条，《最高人民法院关于确定民事侵权精神损害赔偿责任若干问题的解释》第十条第一款之规定，判决：一、中贸圣佳公司自判决生效之日起停止涉案侵害书信手稿著作权的行为；二、中贸圣佳公司、李国强自判决生效之日起停止涉案侵害隐私权的行为；三、中贸圣佳公司自判决生效之日起10日内赔偿杨季康经济损失人民币10万元；四、中贸圣佳公司、李国强自判决生效之日起10日内共同向杨季康支付精神损害抚慰金人民币10万元；五、中贸圣佳公司、李国强自判决生效之日起10日内就其涉案侵权行为在《北京青年报》上刊登向杨季康赔礼道歉的声明（声明内容须经法院核准，逾期不执行，法院将在一家全国发行的报纸上公布判决主要内容，相关费用由中贸圣佳公司、李国强负担）；六、中贸圣佳公司自判决生效之日起10日内就其涉案侵权行为在其官方网站（网址为http：//www. zmsj. cc/）首页上连续72小时刊登向杨季康赔礼道歉的声明（声明内容须经法院核准，逾期不执行，法院将在一家全国发行的报纸上公布判决主要内容，相关费用由中贸圣佳公司负担）；七、驳回杨季康的其他诉讼请求。

中贸圣佳公司不服原审判决，向本院提起上诉，请求撤销原审判决，依法改判驳回杨季康的全部诉讼请求。其主要上诉理由是：（1）现有证据不足以证明杨季康有权依法行使钱瑗的涉案权益，原审法院就此所作认定事实不清，证据不足。①原审法院未查明钱瑗与其继子女之间是否存在扶养关系，以及其继子女是否放弃行使涉案权益。②杨伟成出具的说明属于证人证言，在证人未出庭的情况下无法核实确认该说明的真实性以及是否是杨伟成的真实意思表示。（2）在案证据证明中贸圣佳公司已提前取消研讨活动，原审判决认定中贸圣佳公司通过公开研讨会等方式将涉案书信向媒体等披露、展示或提供，并认定中贸圣佳公司因此侵害杨季康等著作权、隐私权属于认定事实错误，中贸圣佳公司并未就涉案书信召开公开研讨会活动，也没有通过该活动向媒体记者等披露、展示或提供涉案书信手稿，更不可能自认实施了上述行为。（3）中贸圣佳公司不存在主观过错，不应当承担侵害著作权、隐私权的侵权责任。①中贸圣佳公司接受涉案作品拍卖委托时依法履行了拍卖人的审核义务。②涉案作品系常规拍卖标的，杨季康在本案发生前从未就书信拍品主张著作权或隐私权，中贸圣佳公司无法预见侵权的可能性。③拍卖委托人向中贸圣佳公司保证涉案书信不涉及个人隐私，中贸圣佳公司难以预见涉案书信拍卖将侵犯他人隐私权。④中贸圣佳公司与拍卖委托人签署了委托拍卖合同，并申请法院调查核实委托拍卖事实，原审法院未经调查即认定中贸圣佳公司未充分举证证明该合同的真实性，违反法定程序，认定事实错误。⑤就拍品进行鉴定属于拍卖人的法定权利及法定义务，中贸圣佳公司向鉴定专家提供拍品资料仅为鉴定目的使用，并非向不特定社会公众提供，原审法院据此认定中贸圣佳公司侵权，缺乏事实依据。（4）中贸圣佳公司早已主动终止被诉侵权行为，原审法院判令中贸圣佳公司停止侵权没有事实依据。（5）原审法院判令中贸圣佳公司赔偿经济损失 10 万元、支付精神抚慰金 10 万元均缺乏事实和法律依据。

杨季康和李国强服从原审判决。

本院经审理查明：原审法院查明的事实基本清楚，并有网页打印件、律师函、杨伟成出具的说明、（2013）东方内民证字第 4999 号公证书、（2013）京东方内民证字第 5373 号公证书、公证费发票、杨季康提交的包含书信手稿电子版照片文件的光盘、《中国文物艺术品拍卖企业自律公约》《文物艺术品拍卖规程》《中贸圣佳国际拍卖有限公司业务规则》、委托拍卖合同复印件、护照复印件、批复、（2013）京长安内经证字第 23330 号公证书、《特刊》、证人证言及双方当事人陈述等证据在案佐证，证据充分且采信得当，故本院对原审法院查明的事实予以确认。

本院另查：原审法院 2013 年 10 月 30 日庭审笔录第 5 页第 18 行记载，中贸圣佳公司认可“为拍品进行一些预备活动是必经程序，只是举行了一个小型宣传会和研讨会”。针对该记录内容，中贸圣佳公司委托代理人在笔录最后另附一页纸进行了修改，内容为：“第 5 页第 18 行‘只是举行了一个小型宣传会和研讨会’改为‘只是举行了一个小型研讨会’。”本院诉讼中，中贸圣佳公司提出上述笔录中的“研讨会”实际上是专家鉴定会，并不存在另外的研讨会，且除工作人员外仅有三位专家参加了鉴定会，其也只向三位鉴定专家提供了涉案书信，并口头对专家提出仅对拍品进行文学和价值的评估，但并未就此举证。杨季康对此不予认可。李国强表示对此事实不清楚。同时，中贸圣佳公司还提出，不排除包括专家在内的案外人对媒体公开涉案书信手稿。

中贸圣佳公司提交的委托拍卖合同复印件第十五条显示“本合同及与本合同编号相同的‘委托拍卖标的清单’为双方结算依据，一式四份，拍卖人执三份，委托人执一份”。同时，该复印件底部还显示“（白）保管部留存（蓝）财务部留存（黄）业务员留存（粉）客户留存”。中贸圣佳公司在本院诉讼中称，其不能提供委托拍卖合同原件是因为已在撤拍时将原件退还给委托人，但其未就此提供证据。

中贸圣佳公司主张委托人在向其发送的撤拍决定邮件中，保证涉案书信不涉及任何个人隐私。

上述事实，有原审庭审笔录、委托拍卖合同复印件及当事人陈述等在案佐证。

本院认为：《中华人民共和国侵权责任法》第十八条第一款规定，被侵权人死亡的，其近亲属有权请求侵权人承担侵权责任。

《最高人民法院关于确定民事侵权精神损害赔偿责任若干问题的解释》第三条规定，自然人死亡后，其近亲属因下列侵权行为遭受精神痛苦，向人民法院起诉请求赔偿精神损害的，人民法院应当依法予以受理：（一）以侮辱、诽谤、贬损、丑化或者违反社会公共利益、社会公德的其他方式，侵害死者姓名、肖像、名誉、荣誉；（二）非法披露、利用死者隐私，或者以违反社会公共利益、社会公德的其他方式侵害死者隐私；（三）非法利用、损害遗体、遗骨，或者以违反社会公共利益、社会公德的其他方式侵害遗体、遗骨。

根据上述规定，杨季康作为钱瑗的母亲，是钱瑗的近亲属，在钱瑗去世后，其有权就涉案侵权行为请求侵权人承担侵权责任。

此外，根据《中华人民共和国继承法》第十条的规定，继子女获得继承权的条件是与继父母形成扶养关系。扶养关系是建立在一定的亲属关系

之上的，而继子女和继父母之间是因姻亲关系（继父母和生父母的结婚）而产生的一种拟制关系，这种拟制关系并不像血亲关系那样直接产生法定扶养义务，特别是在继子女与被继承人形成继父母子女关系时继子女已经成年的情况下，双方之间是否形成扶养关系需要证据证明。

本案中，在钱瑗与杨伟成结婚时，杨伟成的子女均已成年，且在案证据不能证明钱瑗与其继子女之间形成扶养关系，故该继子女无权继承钱瑗的遗产，原审法院就此所作认定正确。鉴于钱瑗的继子女对钱瑗的遗产并不享有继承权，故其继子女是否声明放弃行使涉案权利与本案无关。

根据《中华人民共和国著作权法》第十九条、《中华人民共和国著作权法实施条例》第十五条第一款、第十七条的规定，著作权属于公民的，公民死亡后，其著作权中的财产权在著作权法规定的保护期内，依照继承法的规定转移。其著作权中的署名权、修改权和保护作品完整权由作者的继承人或者受遗赠人保护。作者生前未发表的作品，如果作者未明确表示不发表，作者死亡后50年内，其发表权可由继承人或者受遗赠人行使。

杨伟成和杨季康作为钱瑗的继承人，有权依法继承钱瑗著作权中的财产权，依法保护钱瑗著作权中的署名权、修改权、保护作品完整权，依法行使钱瑗著作权中的发表权。

综上，原审法院认为杨季康有权提起本案诉讼是正确的。中贸圣佳公司有关现有证据不足以证明杨季康有权依法行使钱瑗的涉案权益、原审法院就此所作认定事实不清、证据不足的上诉理由，缺乏事实和法律依据，本院对此不予支持。

根据《最高人民法院关于民事诉讼证据的若干规定》第七十四条的规定，当事人自认对己方不利的事实和认可的证据，人民法院应当予以确认，但当事人反悔并有相反证据足以推翻的除外。

本案中，中贸圣佳公司虽主张其并未就涉案作品举行研讨会，原审法院就此所作认定错误，但中贸圣佳公司在原审庭审的陈述及其委托代理人在笔录后所作的更正中均认可举行过研讨会。现中贸圣佳公司虽表示反悔，提出其认可的上述研讨会实为专家鉴定会，但并未提供相反证据推翻其上述自认，故本院对原审法院对此所作认定予以确认。中贸圣佳公司的相关上诉理由，依据不足，不能成立。

《中华人民共和国拍卖法》第四十二条规定，拍卖人接受委托的，应当与委托人签订书面委托拍卖合同。根据上述规定，中贸圣佳公司作为涉案作品的拍卖人，应当与委托人签订委托拍卖合同，并就此承担举证责任。

根据《最高人民法院关于民事诉讼证据的若干规定》第十条的规定，当事人向人民法院提供证据，应当提供原件或者原物。如需自己保存证据原件、原物或者提供原件、原物确有困难的，可以提供经人民法院核对无异的复制件或复制品。本案中，中贸圣佳公司仅提供了委托拍卖合同的复印件，并未提供合同原件，故不能据此认定中贸圣佳公司与拍卖人签订委托拍卖合同的事实。

此外，就中贸圣佳公司申请原审法院调查核实委托拍卖事实一节，根据《最高人民法院关于民事诉讼证据的若干规定》第十七条的规定，当事人及其代理人申请人民法院调查收集的证据包括国家有关部门保存并须人民法院依职权调取的档案材料；涉及国家秘密、商业秘密、个人隐私的材料；当事人及其诉讼代理人确因客观原因不能自行收集的其他材料。而中贸圣佳公司作为委托拍卖合同的签约一方，理应持有合同原件。而且，中贸圣佳公司提交的委托拍卖合同复印件虽不能作为认定中贸圣佳公司与拍卖人签订委托拍卖合同的证据，但该复印件内容应视为中贸圣佳公司自认的事实。该合同复印件显示合同一式四份，中贸圣佳公司执三份，据此应确认中贸圣佳公司自认其持有三份合同原件。作为委托拍卖合同原件的持有人当然具备提供原件的能力，其申请原审法院调查委托拍卖的事实不属于人民法院调查取证的范围，故原审法院未予准许并无不当。

《中华人民共和国拍卖法》第四十一条规定，委托人委托拍卖物品或者财产权利，应当提供身份证明和拍卖人要求提供的拍卖标的的所有权证明或者依法可以处分拍卖标的的证明及其他资料。

中贸圣佳公司在本案中虽提交了一份护照签名复印件，但其自认该复印件系涉案纠纷发生后取得的，据此难以认定中贸圣佳公司在接受委托时即查验了委托人的身份证明。另外，上述规定中的其他资料，应结合不同的拍卖标的确定。涉案拍卖标的是属于作品的私人书信，因此中贸圣佳公司除审查委托人的身份证明、拍卖标的的所有权证明、委托人依法可以处分拍卖标的的证明外，还应结合拍卖标的上所负载的著作权、隐私权要求委托人提供与著作权、隐私权相关的其他资料。而中贸圣佳公司并未举证证明其要求委托人提供了与著作权、隐私权相关的其他资料，也未举证证明就涉案拍卖标的的著作权归属等进行了审查，故其并未履行上述规定赋予拍卖人的法定义务。

综上，中贸圣佳公司作为拍卖人未能举证证明其履行了《中华人民共和国拍卖法》规定的与委托人签订委托拍卖合同、查验委托人提供的身份证明、要求委托人提供与著作权、隐私权相关的其他资料等法定义务，主观上存在过错，对因拍卖涉案标的侵害他人著作权、隐私权的行为应承担相应的侵权责任。

著作权、隐私权均属私权，他人使用杨季康等人书信的行为是否侵犯著作权、隐私权完全取决于权利人的意志，是否追究他人侵犯著作权、隐私权的侵权责任也完全由权利人自行决定。杨季康在本案发生前未就其他拍卖人拍卖相关书信的行为主张著作权或隐私权，并不构成中贸圣佳公司无法预见侵权可能性的合理理由。此外，中贸圣佳公司自述委托人是在撤拍时才表示涉案书信不涉及他人隐私，却并未举证证明其在接受委托时委托人即向其保证涉案书信不侵犯他人隐私。而且，即便委托人作出过不涉及个人隐私的保证，也不构成中贸圣佳公司难以预见侵犯他人隐私权的合理理由。中贸圣佳公司据此主张其不存在主观过错，依据不足，不能成立。

综上所述，原审法院有关中贸圣佳公司曾召开研讨会，以及中贸圣佳公司未履行审查义务，主观上存在过错的认定并无不当。在案证据虽不能证明中贸圣佳公司向媒体展示、提供过涉案书信，原审法院就此所作认定有误，但中贸圣佳公司认可其曾复制过含有涉案书信的光盘，并提供给鉴定专家，故中贸圣佳公司实施了复制、发行涉案书信的行为。而且，中贸圣佳公司并未与专家就不得对外公开、提供或通过信息网络传播涉案书信等事项进行约定，也未对专家就此作出明示，导致涉案书信在提供给专家后实际处于一种可能被公之于众的状态。同时，中贸圣佳公司在本院诉讼中表示不排除包括专家在内的案外人向媒体公开、提供涉案书信。因此，中贸圣佳公司的上述行为与涉案书信被未经权利人同意而发表，进而导致杨季康等隐私权遭受侵害之后果间存在因果关系。此外，中贸圣佳公司在其网站上大量转载媒体文章的行为还构成通过信息网络传播涉案书信。因此，原审法院有关中贸圣佳公司侵犯杨季康等人对涉案书信享有的复制权、发行权、信息网络传播权、获得报酬权以及杨季康等人隐私权的认定结论正确。

虽然中贸圣佳公司已经停止了涉案书信的拍卖，但其并未举证证明涉案侵权行为已经全部停止，故原审法院判令中贸圣佳公司停止涉案侵权行为并非缺乏事实依据。中贸圣佳公司的相关上诉理由，亦不成立。

《中华人民共和国著作权法》第四十九条规定："侵犯著作权或者与著作权有关的权利的，侵权人应当按照权利人的实际损失给予赔偿；实际损失难以计算的，可以按照侵权人的违法所得给予赔偿。赔偿数额还应当包括权利人为制止侵权行为所支付的合理开支。权利人的实际损失或者侵权人的违法所得不能确定的，由人民法院根据侵权行为的情节，判决给予 50 万元以下的赔偿。"

《最高人民法院关于确定民事侵权精神损害赔偿责任若干问题的解释》第十条规定："精神损害的赔偿数额根据以下因素确定：（一）侵权人的过错程度，法律另有规定的除外；（二）侵害的手段、场合、行为方式等具体情节；（三）侵权行为所造成的后果；（四）侵权人的获利情况；（五）侵权人承担责任的经济能力；（六）受诉法院所在地平均生活水平。"

就本案而言，在权利人的实际损失和侵权人的违法所得均无法确定的情况下，原审法院根据涉案书信的知名度和影响力、中贸圣佳公司的过错程度及侵权行为的时间、规模、性质、情节等因素酌定 10 万元的著作权侵权赔偿，并根据中贸圣佳公司、李国强的过错程度、侵害手段、场合、行为方式、侵权行为所造成的后果以及侵权人承担责任的经济能力等因素酌情确定 10 万元的精神损害抚慰金，尚属恰当。对中贸圣佳公司有关原审法院判决赔偿经济损失 10 万元、支付精神抚慰金 10 万元均缺乏事实和法律依据的上诉理由，本院不予支持。

综上，中贸圣佳公司的上诉理由均不成立，其上诉请求本院不予支持。原审判决认定事实基本清楚，适用法律正确，判决结果正确，依法应予维持。依据《中华人民共和国民事诉讼法》第一百七十条第一款第（一）项之规定，判决如下：

驳回上诉，维持原判。

一审案件受理费人民币10350元，由杨季康负担1350元（已交纳），由中贸圣佳国际拍卖有限公司负担6000元（于本判决生效之日起7日内交纳），由李国强负担3000元（于本判决生效之日起7日内交纳）；二审案件受理费人民币4300元，由中贸圣佳国际拍卖有限公司负担（已交纳）。

本判决为终审判决。

审　判　长　张雪松
代理审判员　谢甄珂
代理审判员　钟　鸣

二〇一四年四月十日

书　记　员　刘　妍

9. 余征、湖南经视文化传播有限公司、东阳欢娱影视文化有限公司、万达影视传媒有限公司、东阳星瑞影视文化传媒有限公司侵害著作权纠纷案*

▶ 小说虽然在故事内容上与电视剧剧本存在高度关联性、相似性，但却具有不同于剧本而存在的独创性。小说应为剧本的改编作品，小说作者依法享有著作权

北京市高级人民法院民事判决书

（2015）高民（知）终字第1039号

上诉人（原审被告）：余征（笔名：于正），编剧、制作人，住浙江省海宁市长安镇。

委托代理人：马晓刚，北京市浩天信和律师事务所律师。

委托代理人：韩颖，北京大成（上海）律师事务所律师。

上诉人（原审被告）：湖南经视文化传播有限公司。住所地：湖南省长沙市开福区金鹰影视文化城主楼。

法定代表人：何瑾，总经理。

委托代理人：李向农，上海普世律师事务所律师。

* 摘自《知识产权审判与指导》2015年第2辑（总第26辑），人民法院出版社2016年版，第199～261页。

委托代理人：邱鹏飞，上海普世律师事务所律师。

上诉人（原审被告）：东阳欢娱影视文化有限公司。住所地：浙江省东阳市浙江横店影视产业实验区。

法定代表人：马金萍，执行董事。

委托代理人：马晓刚，北京市浩天信和律师事务所律师。

委托代理人：陶鑫良，北京大成（上海）律师事务所律师。

上诉人（原审被告）：万达影视传媒有限公司。住所地：北京市朝阳区建国路。

法定代表人：丁本锡，执行董事。

委托代理人：于军，北京市道和律师事务所律师。

委托代理人：谢彤，北京市道和律师事务所律师。

上诉人（原审被告）：东阳星瑞影视文化传媒有限公司。住所地：浙江省金华市东阳市横店影视产业实验区。

法定代表人：詹娜，经理。

委托代理人：俞蓉，北京市浩天信和律师事务所律师。

委托代理人：朱玉子，北京市浩天信和律师事务所律师。

被上诉人（原审原告）：陈喆（笔名：琼瑶），作家、编剧，住台湾地区台北市大安区。

委托代理人：王军，北京市盈科律师事务所律师。

委托代理人：王立岩，北京盈科（上海）律师事务所律师。

上诉人余征、湖南经视文化传播有限公司（以下简称湖南经视公司）、东阳欢娱影视文化有限公司（以下简称东阳欢娱公司）、万达影视传媒有限公司（以下简称万达公司）、东阳星瑞影视文化传媒有限公司（以下简称东阳星瑞公司）因侵害著作权纠纷一案，不服北京市第三中级人民法院（2014）三中民初字第 7916 号民事判决，向本院提起上诉。本院于 2015 年 2 月 5 日受理本案后，依法组成合议庭，于 2015 年 4 月 8 日公开开庭进行了审理。上诉人余征和东阳欢娱公司共同的委托代理人马晓刚，上诉人余征的委托代理人韩颖，上诉人湖南经视公司的委托代理人李向农、邱鹏飞，上诉人东阳欢娱公司的委托代理人陶鑫良，上诉人万达公司的委托代理人于军、谢彤，上诉人东阳星瑞公司的委托代理人俞蓉、朱玉子和被上诉人陈喆的委托代理人王军、王立岩到庭参加了诉讼。本案现已审理终结。

陈喆向北京市第三中级人民法院起诉称：陈喆（笔名：琼瑶）于1992年至1993年间创作完成了电视剧剧本及同名小说《梅花烙》（统称涉案作品），并自始完整、独立享有涉案作品著作权（包括但不限于改编权、摄制权等）。涉案作品在中国大陆地区多次出版、发行，拥有广泛的读者群与社会认知度、影响力。2012年至2013年间，余征未经陈喆许可，擅自采用涉案作品核心独创情节进行改编，创作电视剧剧本《宫锁连城》，湖南经视公司、东阳欢娱公司、万达公司、东阳星瑞公司共同摄制了电视剧《宫锁连城》（又名《凤还巢之连城》），涉案作品全部核心人物关系与故事情节几乎被完整套用于该剧，严重侵害了陈喆依法享有的著作权。在发现侵权之前，陈喆正在根据其作品《梅花烙》潜心改编新的电视剧本《梅花烙传奇》，余征、湖南经视公司、东阳欢娱公司、万达公司、东阳星瑞公司的侵权行为给陈喆的剧本创作与后续的电视剧摄制造成了实质性妨碍，让陈喆的创作心血毁于一旦，给陈喆造成了极大的精神伤害。而余征、湖南经视公司、东阳欢娱公司、万达公司、东阳星瑞公司却从其侵害著作权行为中获得巨大收益，从该剧现有的电视频道及网络播出情况初步判断，该剧已获取了巨大的商业利益。陈喆通过网络公开发函谴责余征的侵权行为后，余征不但不思悔改，竟然妄称“只是巧合和误伤”，无视陈喆的版权权益。因此，陈喆提起诉讼，请求法院判令：（1）认定余征、湖南经视公司、东阳欢娱公司、万达公司、东阳星瑞公司侵害了涉案作品的改编权、摄制权；（2）余征、湖南经视公司、东阳欢娱公司、万达公司、东阳星瑞公司停止电视剧《宫锁连城》的一切电视播映、信息网络传播、音像制售活动；（3）余征在新浪网、搜狐网、乐视网、凤凰网显著位置发表经陈喆书面认可的公开道歉声明；（4）余征、湖南经视公司、东阳欢娱公司、万达公司、东阳星瑞公司连带赔偿陈喆人民币2000万元；（5）余征、湖南经视公司、东阳欢娱公司、万达公司、东阳星瑞公司承担陈喆为本案支出的合理费用共计人民币313000元。

余征及东阳欢娱公司在原审诉讼中共同辩称：第一，对于陈喆的著作权人身份存疑，电视剧《梅花烙》的编剧署名是林久愉，林久愉应为剧本《梅花烙》的作者及著作权人，陈喆在本案中的诉讼主体不适格。剧本《梅花烙》从未发表过，余征、东阳欢娱公司不存在与该剧本内容发生接触的可能，电视剧《梅花烙》的播出也不构成剧本《梅花烙》的发表。第二，陈喆主张的著作权客体混乱，所谓《梅花烙》“剧本”“小说”“电视剧”既无法证明各自的著作权归属，也不能证明余征、东阳欢娱公司曾有过接触，因此陈喆的指控没有事实和法律基础。陈喆提交的剧本《梅花烙》是在本案起诉后才进行的认证，有可能是在电视剧《宫锁连城》播映后比照该剧进行的修改，这样的比对相似度肯定非常高。因此，对剧本《梅花烙》内容的真实性存疑。第三，陈喆指控侵权的人物关系、所谓桥段及桥段组合属于特定场景、公有素材或有限表达，不受《著作权法》保护，不能因为陈喆写过言情戏的主题，此类表达就被陈喆垄断。陈喆在本案中主张的桥段不是作品的表达，是其根据自己的想象归纳出的思想。第四，陈喆指控的余征改编涉案作品的事实根本不存在，剧本《宫锁连城》是独立创作。余征有证据证明剧本《宫锁连城》是在自己大量创作素材的基础上独立创作出来的，是受法律保护的作品。陈喆主张的作品主题、思想不是《著作权法》保护的对象。综上，陈喆主张的人物关系、相关情节、情节整体均不受《著作权法》保护，剧本及电视剧《宫锁连城》的具体情节表达与涉案作品并不相似，情节顺序也不一致，即便有相似之处，也不属于《著作权法》的保护范畴，或者另有创作来源。因此，陈喆的所有诉讼请求均没有事实和法律基础，应予驳回。

湖南经视公司在原审诉讼中辩称：第一，陈喆作为剧本《梅花烙》的著作权人身份存疑，理由与余征、东阳欢娱公司的相关答辩意见相同。此外，编剧与影视剧制作方就剧本的著作权归属问题应有合同约定，但陈喆并未提供过这类证据证明剧本著作权归属问题。因此，陈喆作为本案诉讼主体不适格。剧本《梅花烙》的创作早于小说，小说并不具有独创性。陈喆提交的剧本《梅花烙》真实性存疑，理由与余征及东阳欢娱公司的相关答辩意见相同。第二，湖南经视公司并没有参与剧本《宫锁连城》的创作，没有侵害陈喆的改编权。第三，湖南经视公司作为电视剧《宫锁连城》的联合摄制方，已经尽到了合理注意义务，依法向相关行政主管部门办理了全部行政许可手续，且湖南经视公司是得到余征授权拍摄电视剧《宫锁连城》，陈喆认为湖南经视公司侵权缺乏依据。第四，陈喆主张的作品对比方式不科学，对于剧本及电视剧《宫锁连城》概括的桥段不准确，陈喆是按照自己的诉讼需要进行任意拼凑，无法还原两部作品的真实原貌。实际上，剧本及电视剧《宫锁连城》的台词设置等与涉案作品都不相同。第五，只有独创性的表达才能得到保护，明确其权利界限和保护范围，这是本案审理的基础。陈喆从未明确其著作权保护的边界，滥用权利，其列举的21个桥段概括不符合法律规定。第六，陈喆人为扩大了相似点的范围。此类题材有其惯用的方式。第七，陈喆总结的人物关系、桥段等都属于思想和事实层面，不应受到《著作权法》的保护。任何人都可以用自己的思想情感创作出自己的作品，任何作者都有权利选择自己感兴趣的主题和题材进行创作。且剧本及电视剧《宫锁连城》在人物关系、情节表达、故事线索等方面均比涉案作品更加复杂，对应在涉案作品及《宫锁连城》中的具体表达均不相似。第八，即使剧本《宫锁连城》的创作侵害了陈喆就涉案作品享有的改编权，湖南经视公司也没有侵害陈喆的摄制权，因为改编作品也是独立的新的作品，根据我国相关法律规定，湖南经视公司根据剧本《宫锁连城》进行电视剧摄制，没有侵权。拍摄一部好的电视剧，剧本只是一个因素，其中会有几百个桥段，即使使用其中的21个桥段，要求停止发行和赔偿损失也是不合理的，这将严重影响文化的发展。从理论上讲，陈喆应从改编侵权方获得赔偿，但是无过错方已经支付了相应的对价给改编侵权人，再从无过错方处要求赔偿，显然要求了过大的保护。因此，陈喆的所有诉讼请求均没有事实和法律基础，应予驳回。

万达公司在原审诉讼中辩称：第一，万达公司仅对电视剧《宫锁连城》进行了投资，不享有该剧的著作权，也没有参加该剧的报批宣传等，主观和客观上没有侵权故意和事实。这在投资协议中已经有了明确的约定。电视剧拍摄中对故事梗概的调整，万达公司无从得知，不应承担连带责任。第二，剧本及电视剧《宫锁连城》与涉案作品存在很多差异，虽然

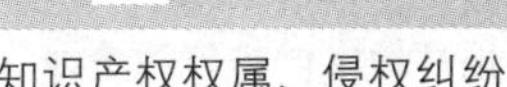

其中的“偷龙转凤”等桥段有巧合，但是人物塑造等明显区别于涉案作品。陈喆凄凉婉转的作品更符合20世纪90年代的风格，而电视剧《宫锁连城》是多线索作品，具有明显区别于涉案作品文字作品的独创性。第三，《宫锁连城》明显具有独创性的特点，不构成侵害涉案作品的著作权。相似之处应剔除思想再判断是否是惯常表达，之后再进行比对看是否构成相似。且这种相似影响到权利人的人身权、财产权的时候才涉及侵权，电视剧《宫锁连城》的情节创意来源于公有领域，《梅花烙》的作品只有12万字，电视剧《宫锁连城》中的人物关系属于清宫戏中的惯常使用，该部分情节在公有领域也有很多相仿。即使认定这些桥段构成相似，也只占到了电视剧《宫锁连城》的70多分钟。因此，万达公司认为电视剧《宫锁连城》具有明显的独创性，没有侵害陈喆的著作权。陈喆称侵害其改编权和摄制权，没有事实和法律依据，应予驳回。

东阳星瑞公司在原审诉讼中辩称：首先，同意余征、湖南经视公司、东阳欢娱公司、万达公司的答辩意见。其次，陈喆指称需要保护的是涉案作品的人物关系、故事情节、故事脉络。关于人物关系，《梅花烙》仅仅是爱人关系、主仆关系等，这些并不受《著作权法》保护。再次，陈喆主张的21个情节根本不是《著作权法》中的情节，只是高度概括的思想层面的东西。即使有些部分相似，也是不受著作权法保护的思想，且二者在整体上也不相似。《梅花烙》写情之后还写了缘，始终是爱情单线，而《宫锁连城》是多线。二者的表达方式也是不同，陈喆归纳的桥段都只是时间发展顺序，不具有独创性，在具体表达上与《宫锁连城》也不同。因此，陈喆的所有诉讼请求均没有事实和法律依据，应予驳回。

北京市第三中级人民法院查明：

一、关于涉案作品及电视剧《梅花烙》创作、发表的事实

剧本《梅花烙》于1992年10月创作完成，共计21集，未以纸质方式公开发表。依据该剧本拍摄的电视剧《梅花烙》内容与该剧本高度一致，由怡人传播有限公司（以下简称怡人公司）拍摄完成，共计21集，于1993年10月13日起在台湾地区首次电视播出，并于1994年4月13日起

在中国大陆地区（湖南电视一台）首次电视播出。电视剧《梅花烙》的片头字幕显示署名编剧为林久愉。林久愉于2014年6月20日出具经公证认证的《声明书》，声明其仅作为助手配合、辅助陈喆完成剧本。期间，林久愉负责全程记录陈喆的创作讲述，执行剧本的文字部分统稿整理工作。林久愉在其声明中称，剧本《梅花烙》系由陈喆独立原创形成，陈喆自始独立享有剧本的全部著作权及相关权益。

小说《梅花烙》系根据剧本《梅花烙》改编而来，于1993年6月30日创作完成，1993年9月15日起在台湾地区公开发行，同年起在中国大陆地区公开发表，主要情节与剧本《梅花烙》基本一致。小说《梅花烙》的作者是陈喆。

二、关于涉案作品相关内容的事实

（一）剧本《梅花烙》的剧情梗概

清朝乾隆年间，京城富察氏硕亲王府，福晋倩柔连生三女，王爷一直没有儿子。现倩柔再度怀胎，烧香拜佛盼得一男孩。回女翩翩是王爷寿辰接受的赠礼，深得王爷喜爱并被王爷纳为侧福晋。倩柔在府中的地位受到严重威胁。倩柔的姐姐婉柔于是向倩柔献计，一旦此胎再生女孩，则不惜偷龙转凤换成男孩。三个月后，倩柔临盆，生下女儿，偷龙转凤。送走女儿前，倩柔用梅花簪，在女儿肩头烙下梅花烙，以便未来相认。新生的女婴在生产当夜被婉柔遗弃杏花溪边。江湖艺人白胜龄夫妇以卖唱为生，这天在溪畔练唱，偶然听见婴儿啼哭，寻着哭声找到被遗弃的女婴，发现女婴肩头的梅花烙印，又对女婴的身世无迹可寻。白胜龄夫妇二人非常喜欢这个孩子，于是收为女儿，取名白吟霜。偷龙转凤所得男孩为王爷府长子，取名皓祯。侧福晋翩翩后生一子，取名皓祥。皓祯长大后文武双全，出类拔萃，又有捉白狐放白狐的经历，宅心仁厚，是王府的骄傲。倩柔一边为皓祯感到欣慰，一边又时常惦记生产当夜被自己遗弃的亲生女儿。

二十年后，皓祯来到一家叫龙源楼的酒楼，恰遇吟霜随白胜龄在龙源楼卖唱。贝子多隆见吟霜年轻貌美，便来调戏。皓祯路见不平出手相救，打退了多隆及其手下。此后，皓祯便常来听吟霜唱曲，渐渐萌生对吟霜的爱意。

皓祯的弟弟皓祥一直对自己的庶出身份深有怨怼，嫉妒并怨恨长兄皓祯。皓祥偶然从多隆处听说皓祯为救吟霜与多隆发生冲突，便告知王爷，以致王爷大怒，责骂皓祯的侍从小寇子带坏皓祯，并对小寇子严刑杖责，皓祯与小寇子主仆情深，情急之下以身相护，为小寇子抵挡杖刑。倩柔见皓祯挨打，心痛难当，央求王爷停手，得以解难。

皓祯与吟霜未能相见的日子里，白胜龄发现吟霜的心事，提醒吟霜与皓祯身份悬殊，劝吟霜熄灭萌生的情感，吟霜则否认了对皓祯的爱意。而多隆则又带一众手下来到龙源楼强抢吟霜。白胜龄见吟霜遭受欺辱，奋起反抗，反遭毒手，重伤当场。吟霜求医无门，白胜龄不治身亡，并于临终前提及当年拾得吟霜的经过。白胜龄死后，吟霜被赶出龙源楼，带着白胜龄的尸体寄身破庙。

皓祯再度路过龙源楼，获知吟霜遭遇强抢及白胜龄身亡的经过，携随从去天桥寻找卖身葬父的吟霜，并再度逼退多隆一干人，救起吟霜，代吟霜办理完毕白胜龄的丧葬。面对无依无靠的吟霜，皓祯听取小寇子献计，将吟霜安置于小寇子远亲三婶婆的院落，吟霜终得落脚。此后皓祯便时常来探望吟霜。府内舞女蕊儿被皓祥奸污，投湖自尽。皓祯烦闷中来找吟霜，闲聊中说起捉白狐放白狐的过往，吟霜便要下皓祯的白狐毛穗子。这天，吟霜外出为皓祯制作白狐绣屏作为礼物。皓祯来小院见吟霜，寻人不着，疑心再遇恶人，倍感焦虑。吟霜冒雨归来，皓祯情急之下训斥，后得知吟霜出门实为辛苦准备礼物，心下感动。二人当日互诉衷肠，私定终身。皓祯就在这一天发现了吟霜肩上的梅花烙。皓祯回府后，遇到倩柔，逼问下告知倩柔自己与吟霜之事，倩柔于是答应赴小院见吟霜。倩柔的会见，原本是试图用金钱收买吟霜远离皓祯，却被吟霜拒绝，并不惜以死明志，皓祯更是心痛。倩柔深受感动，同意日后接吟霜入府。倩柔与秦嬷嬷均隐约发觉吟霜正像年轻时的倩柔。

皇上赐婚，将兰馨公主许配皓祯。阖府欢跃，王爷及倩柔更觉荣光，皓祯得知后心系吟霜，闷闷不乐。婚后皓祯屡次托辞，多日不肯与兰馨圆房。为逼皓祯就范，倩柔同意以接吟霜入府作为条件，要求皓祯与公主圆房。于是，吟霜被接进王府做丫鬟，身份为小寇子三婶婆的干女儿，安排在倩柔身边服侍。一日，兰馨在府内撞见皓祯与吟霜共处一室，二人私情暴露，兰馨于是接受崔嬷嬷的建议，向福晋索要吟霜于自己房中伺候，借机欺凌吟霜。一日，兰馨对吟霜动用私刑，皓祯忍无可忍，便向全家正式宣布纳吟霜为妾，并意外发现吟霜已有身孕。皇上得知皓祯与兰馨相处不睦，特宣皓祯觐见。皓祯慷慨陈词，皇上深受感动，未加责罚，规劝皓祯善待兰馨。后吟霜被污不洁，争执间逃脱摔倒，皓祯救扶，吟霜衣袖不慎撕裂，梅花烙显现，恰被倩柔见到，认出吟霜就是自己多年前抛弃的亲生女儿，后倩柔再向吟霜打探生平过往，发誓保护女儿。兰馨经崔嬷嬷劝导，明白与吟霜和睦相处方能缓解与皓祯的关系，于是亲自为吟霜送补品，以期和解，不料被皓祯误以为下毒暗害。兰馨羞愤之下自行喝下补品，以证清白。府内传言吟霜为当年皓祯狩猎放生的白狐，如今化身为人找皓祯报恩，兰馨便请法师来王府作法捉妖，吟霜再被施虐，备受羞辱。倩柔率人救出吟霜，情急之下告知吟霜真实身份，但吟霜为保护皓祯，始终拒绝与倩柔相认。皇上得知皓祯为吟霜而与兰馨不睦以及兰馨精神濒临崩溃的状况，龙颜大怒，下令吟霜削发为尼。倩柔不忍看吟霜年华葬送，情急之下说破当年偷龙转凤的真相。王爷得知后，预备秘密护送皓祯与吟霜逃离；皓祥得知偷龙转凤的真相，心有不甘，为免宣扬，王爷将皓祥软禁。翩翩悲愤之下向兰馨告密，以致皇上降罪整个王府，并下令处死皓祯。吟霜赴法场见皓祯最后一面，相约午时钟响共赴黄泉。皓祯行刑时刻，公主带圣旨前来法场，赦免皓祯死罪，吟霜却已在午时钟响时悬梁自尽。皓祯对尘世再无眷恋，携吟霜尸体远走山野。

（二）小说《梅花烙》与剧本《梅花烙》的内容差异

小说《梅花烙》的故事梗概除不含白胜龄夫妇溪边拾婴、白胜龄劝慰吟霜放弃皓祯、小寇子因皓祥告状被王爷责罚、兰馨听取崔嬷嬷劝告向吟霜求和而遭误解的情节外，与剧本《梅花烙》基本一致，但剧本《梅花烙》中的福晋倩柔和姐姐婉柔，在小说《梅花烙》中分别名为雪如和雪

晴。小说《梅花烙》在皇上赐婚至吟霜入府的情节安排上，顺序如下：皓祯在龙源楼打退多隆及手下后，常来听吟霜唱曲，并对吟霜渐渐萌发感情。之后，皇上便指婚兰馨公主予皓祯，阖府欢跃，王爷及雪如更觉荣光，皓祯得知后心系吟霜，闷闷不乐。在皓祯与吟霜私定终身并发现吟霜肩上的梅花烙之后，三月十五日，皓祯奉命与兰馨完婚。婚后皓祯屡次托辞，多日不肯与兰馨圆房，并在情急之下，将自己与吟霜之事告诉了雪如。雪如于是去小院见吟霜，原本打算用钱收买吟霜并劝吟霜离开皓祯，但吟霜用情至深，不惜以死明志。小寇子更是献计，假称吟霜为自己三婶婆的干女儿接入府中做丫鬟。雪如深受吟霜感动，接受了小寇子的计策，吟霜于是被接进王府做丫鬟，安排在雪如身边服侍。在小说《梅花烙》中，偷龙转凤的真相公开后，是皓祥与翩翩共同进宫告密。

三、关于《宫锁连城》剧本及电视剧创作、发表过程的事实

余征系剧本《宫锁连城》（又名《凤还巢之连城》）《作品登记证书》载明的作者，系电视剧《宫锁连城》的署名编剧，剧本共计 20 集。作品登记证书载明的剧本创作完成时间为 2012 年 7 月 17 日，首次发表时间为 2014 年4 月 8 日，余征于2012 年6 月 5 日向湖南经视公司出具《授权声明书》。另外，余征及东阳欢娱公司称，余征创作《宫锁连城》剧本的时间是 2012 年 6 月前后完成故事梗概，7 月完成 3 集分场草稿和故事线草稿，其后开始分场大纲创作。2012 年 10 月开始具体的剧集创作，2012 年年底基本定稿。

电视剧《宫锁连城》根据剧本《宫锁连城》拍摄，电视剧《宫锁连城》片尾出品公司依次署名为：湖南经视公司、东阳欢娱公司、万达公司、东阳星瑞公司。电视剧《宫锁连城》完成片共分为两个版本，网络播出的未删减版本共计 44 集，电视播映版本共计 63 集，电视播映版本于 2014 年 4 月 8 日起在湖南卫视首播。

四、关于《宫锁连城》剧本及电视剧相关内容的事实

(一) 剧本《宫锁连城》的梗概

清朝乾隆年间，富察将军府的福晋纳兰映月已经生了三个女儿，将军膝下无子，而此时更恰逢将军宠幸侍女如眉，并将已有身孕的如眉纳为侧福晋。映月在府中的地位受到威胁。映月为了保住在府中的地位，和贴身服侍的郭嬷嬷一起策划了“偷龙转凤”的计划，生产当夜映月生下女婴，即用买来的男孩换走了自己的女儿，新生的女婴当夜被郭嬷嬷遗弃溪边。而女婴被遗弃之前，映月发现女婴肩头有一个朱砂记。迎芳阁的老鸨宋丽娘没有孩子，这一日带众姐妹在溪边排练歌舞，听闻婴儿啼哭，循声拾得将军府弃婴，十分喜爱，收为女儿，取名连城，丽娘并发现连城肩头的朱砂记。

映月偷换来的儿子取名富察恒泰，是富察家的长子，如眉继后也为将军生下儿子，取名富察明轩，是富察家的次子。恒泰在将军府长大，二十岁上，已是智勇双全，做了神机营的少将军。映月一边庆幸自己当年的选择，一边也对遗弃的亲生女儿心存惦念。

一日，恒泰正在巡街，与连城意外邂逅在闹市街道，连城称自己被哥嫂卖到妓院，恒泰欲帮连城出钱赎身，后得知自己被骗。大盗王胡子为害百姓，恒泰欲捉拿王胡子。这天却在街上再遇连城假扮新娘，恒泰便请连城假扮舞女，协助捕获王胡子。

吏部侍郎佟阿贵之子佟家麟这日来到迎芳阁，调戏连城未果，欲教训连城泄愤，却被恒泰遇见，恒泰在街市上助连城打败佟家麟及一干手下，家麟和恒泰、连城都结下了梁子。为防止佟家麟再来闹事，恒泰为连城安排护卫把守迎芳阁，而恒泰则常来听连城唱曲。两人并在交往中，情愫暗生。

恒泰被朝廷派去剿匪，匪徒溃退，恒泰擒住匪首江逸尘，得到皇上赏赐。皇上与皇后见恒泰年轻有为，商议将醒黛公主许配恒泰，醒黛用圆底玉碗存心刁难恒泰，被恒泰轻松化解，并识破醒黛身份，醒黛于是默默倾

心恒泰。

得到皇上的赏赐，富察家上下十分高兴。明轩对自己的庶出身份心存怨念，妒忌兄长恒泰。习武途中，明轩遇佟家麟耻笑，并从佟家麟处获知恒泰为保护青楼女子与家麟大打出手并派人守卫之事，于是欲陷害恒泰，将此事禀告了父亲富察将军。将军震怒之下，责骂郭孝教坏恒泰，下令鞭责郭孝，而恒泰与郭孝主仆情深，情急之下以身相护，为郭孝挡下鞭责，在映月央求下，将军方才罢手。

在恒泰出征剿匪的时间里，连城言语寡淡。丽娘发现女儿情愫，安排连城相亲却被连城搅局。丽娘于是告知连城与恒泰身份悬殊，劝连城放弃恒泰。

失去恒泰保护的连城再度陷入佟家麟的搅扰。一日，佟家麟率领一干手下再来迎芳阁，试图强抢连城。连城拒不相从，丽娘为保护连城被佟家麟一伙打成重伤，迎芳阁也在打斗中失火，而佟家麟则带人逃离了现场。丽娘伤情严重，虽经连城四处求医，最终仍不治身亡，孤单一人的连城则守着丽娘的尸体寄身破庙。

连城为母伸冤，只身一人来至顺天府状告佟家麟。哪知官官相护，连城被赶出顺天府，后被府尹污蔑讹诈投入大牢，于是认识了同在大牢的江逸尘。色心大发的佟家麟欲娶连城，江逸尘趁机施计，穿上嫁衣借助连城的身份逃脱，而连城则被带进了佟府。

恒泰得知连城境遇后，带人硬闯佟府，痛打佟家麟，将连城救出，并打点了丽娘的丧事。连城与恒泰消除误会，恒泰接受郭孝献计，将连城安置在郭孝远房亲戚闲置的宅院中，并为连城打点好生活所需。

另一边，佟家麟的妹妹佟毓秀自认武功高强，欲为哥哥出头，男扮女装挑衅恒泰比武，反败于恒泰。毓秀刁蛮无理，要嫁给恒泰，被恒泰拒绝，于是写信约恒泰夜半相见，不料，第二天毓秀发现身边人却是明轩。后毓秀意外发现怀上了明轩的骨肉，将军府与佟家万般无奈之下结成亲家。大婚在即，与明轩早有私情的丫鬟春喜成了明轩结亲最大的障碍，为了解决问题，明轩将她卖给了人贩。娶亲当日，从人贩手中逃出的春喜大闹将军府，恒泰奉将军之命处理此事，不料春喜竟然自尽。新人进，旧人亡，恒泰心中一阵难过，来找连城倾诉，于是被江逸尘发现恒泰与连城关系密切。

为促成醒黛公主与恒泰，皇上招恒泰进宫当差。岂料明轩想与恒泰争差事，佟毓秀便设计诬陷恒泰非礼，逼他让出这个差事，却被恒泰化解。

恒泰再来找连城，却未见连城在家，情急之下四处奔走寻找，寻人不着，再回小院等待。连城出门实为给恒泰赶制衣服。连城傍晚回到小院被恒泰训斥，倍感委屈，恒泰得知连城外出是为自己准备礼物的实情后，感动欢喜，两人当夜互诉衷肠，连城以身相许。次日，恒泰发现连城肩头的朱砂记。

江逸尘为了除掉恒泰，设计利用连城引诱恒泰进入布满火药的陷阱，又被恒泰化解，江逸尘遁逃。恒泰把进宫的差事让给了明轩，明轩却遭到醒黛公主率人恶整，不堪其扰，恒泰只得入宫当差。醒黛公主的刁难，被恒泰一一化解，后渐渐与醒黛公主熟络，为醒黛出主意，救出其因与戏子良工有私情而被打入冷宫的母亲慧妃。醒黛对恒泰更生情愫。

连城征得恒泰同意，到佟家染坊做工，再次遇到江逸尘。江逸尘被毒蛇咬伤，连城吮毒相救。江逸尘入染坊实为偷盗，阴差阳错，连城被误认为偷盗之人。江逸尘听闻佟家染坊要处置连城，折返回来搭救连城。恒泰得知连城身陷险境，也赶来营救，佟毓秀要求恒泰破案，作为放人的交换条件。恒泰率人一举剿灭一众匪徒，救走连城。江逸尘回来，发现老巢都已被官兵所灭，誓要恒泰血债血偿。

回到宫中的恒泰获知自己已被皇上指婚醒黛公主，将军府阖府欢庆，恒泰记挂连城，闷闷不乐，明轩则更嫉妒大哥，在旁煽风点火。恒泰与郭孝说起连城，被映月听到，于是恒泰便告知映月心仪连城之事，映月答应赴小院会见连城。映月和郭嬷嬷来到小院，实为劝说连城离开恒泰，连城不为所动。二人回程途中说起连城，均认为连城恰似年轻时的映月。

江逸尘得知恒泰要做额驸的消息，混迹刺杀，出手却将目标定为富察将军，打斗中，江逸尘露出手上的伤疤，使富察将军想起了以前的爱人杏雨，认出江逸尘是自己的义子。侥幸逃脱的江逸尘联合百乐再将连城掳走，向连城讲明自己与富察将军的仇恨系因其干娘杏雨被富察将军谋害。

恒泰得知连城有危险，从迎亲队伍中急急离去，与江逸尘决斗悬崖之上，削断了江逸尘的一只手臂，江逸尘坠入悬崖。恒泰救下连城，称病暂缓与醒黛的婚礼。

映月得知恒泰心系连城，有碍公主婚事，同意把连城接进将军府，并谎称是郭嬷嬷的远亲，安排连城在映月房里做丫鬟。恒泰与醒黛完婚。

毓秀、明轩设计接管账房，偷走将军府钱庄的1000两银票，嫁祸连城。恒泰为保护连城，谎称是自己拿了银票。后醒黛与连城联手，涉险查明真相，佟毓秀才向将军承认实情。

恒泰与醒黛大婚后，始终拒绝与醒黛圆房。醒黛四处求教方法想获得恒泰青睐，均不奏效。醒黛贴身李嬷嬷发觉恒泰与连城关系暧昧，道出对连城的怀疑，两人设计试探。另一边，连城百般努力调查杀死杏雨的凶手，后从将军处得知当年与杏雨联手设计骗取映月感情的真相，便怀疑映月杀死了杏雨。连城的试探被映月察觉，于是设计陷害连城，却意外令追踪连城而来的李嬷嬷堕入圈套。跟踪失败的李嬷嬷被醒黛公主训斥，后威胁与连城同屋的丫鬟小雪，诬陷嫁祸连城。恒泰将计就计，用小雪李代桃僵，以致醒黛误认为与恒泰有染的人是小雪。连城得知，埋怨恒泰，后目睹恒泰祭奠小雪，原谅了恒泰。

毓秀对明轩恨铁不成钢，在一次争吵中，明轩失手导致毓秀流产，伤愈重返的江逸尘救下了毓秀，并开始利用毓秀对富察一家进行复仇。毓秀重新回到将军府，江逸尘也借助毓秀混入将军府，伺机寻找复仇的机会。

醒黛怀疑自己搞错了对象。李嬷嬷利用不同荷包凭香味找到真正勾搭恒泰的女人。连城和恒泰的事情败露。醒黛公主知道后，气恼不堪，于是从映月处将连城要来服侍自己，并且对连城百般折磨，实施报复。

江逸尘和百乐谎称克扣粮饷搅乱军营，使得富察将军和恒泰被停职查办。为了进一步摧毁富察家，江逸尘唆使毓秀用毒花暗算醒黛，醒黛得知自己中毒，疑心是连城所为，连城被李嬷嬷推入水中，却被江逸尘所救。李嬷嬷暗中调查，发现了毓秀和江逸尘的合谋，被江逸尘杀死，又被佟家麟瞧见。毓秀于是将杀害李嬷嬷的罪名加到了连城头上。连城被关押起来。江逸尘火上浇油，放走醒黛回宫告状，醒黛和皇后商议，立刻处斩连城，以绝恒泰的念想。恒泰孤注一掷，设下圈套，终于破案。就在毓秀百口莫辩之时，江逸尘将佟家麟当做替死鬼丢了出来。恒泰赶赴法场，救下连城。

回到府中，恒泰宣布正式纳连城为妾。皇上为了解决恒泰和醒黛的问题，特召恒泰入宫叙话，却被恒泰说服，未予责罚。公主满怀怨恨回到将军府，百般搅扰恒泰与连城的婚礼。

佟家麟被投入大牢后，其父佟阿贵设计安排佟家麟越狱逃匿。江逸尘设计使得恒泰与连城将佟家麟带回法场，监斩的佟阿贵无奈下令处斩家麟，并将杀子之仇算在了恒泰和连城头上。

映月和郭嬷嬷疑心毓秀早就流产，并与试探。毓秀假装从楼梯上摔倒落胎嫁祸连城。恒泰粗鲁训诫，连城愤怒之下夺门而出，江逸尘适时出现，排解了连城的苦闷。佟阿贵为报杀子之仇，设计举荐富察将军府押运赈济银两再行劫掠。将军父子料到事情有诈，早有防范，不料百乐突然出现，用化金水将银子全部化去。恒泰发觉此事必与佟家有关，毓秀被恒泰软禁了起来。阖府上下一起寻找对策，恒泰为保护连城，故意冷落。

江逸尘又一次将连城从府中带了出来，指望连城能和自己远走高飞，但连城却执意要与恒泰同甘共苦，并答应在三天内调查出杏雨之死的真相。连城为了破解迷案，以郭嬷嬷为切入口，却发现了郭嬷嬷去李记绣花铺秘会李甲。在连城盘问下，李甲说出映月害死杏雨的真相，连城于是力劝李甲向将军和江逸尘吐露实情。与此同时，富察家的自救行动也在展开。佟阿贵中计说出陷害忠良、卖官鬻爵的真相，哪知恒泰却从内室请出皇上，将军府冤案得雪，佟家被查抄，而毓秀也被明轩休掉。无家可归的毓秀去找江逸尘，却得知自己只是一个被利用的棋子，愤怒的毓秀发誓要报复恒泰、连城以及江逸尘。

连城和江逸尘在江边等待李甲，来的却是恒泰带兵围剿江逸尘，江逸尘入水逃遁，连城被恒泰带回了将军府，映月向连城坦言自己杀害杏雨的真相，并警告连城就此收手。江逸尘后混入了军营假扮厨子，准备行刺富察将军，却被恒泰擒住。得知江逸尘被擒，连城偷了钥匙想要放跑江逸尘，却被恒泰捉了个正着。富察将军单独审讯江逸尘，并认江逸尘为义

子，阖府上下皆大不满，而醒黛针对连城的措施，也被江逸尘一一破坏。

府中频现事端，醒黛请法师做法，诬陷连城狐妖附体，对连城百般羞辱，连城后被江逸尘救下。

醒黛要除去连城，映月要除去江逸尘及连城，两人暗中连手欲对付连城和江逸尘。皇后为了帮助醒黛解决家事，将连城召进宫中学规矩。连城在宫中化解各种难题，结识了秦湘姑姑和皇上，并帮助皇上与慧妃重归于好，于是获准月底出宫。与此同时，军营之中，江逸尘和百乐私发银两引发军士骚动，恒泰突出奇谋，化解了军营危机。江逸尘则不断逼问将军害死杏雨的原因。映月和郭嬷嬷策划制造江逸尘对醒黛公主不恭敬的局面而令其触犯大罪，醒黛洞悉，决定将计就计。

寺庙中，连城与江逸尘被关在房间，江逸尘受药物控制逐渐丧失心性，醒黛和映月带着恒泰和将军闯了进来。正当连城百口莫辩的紧要关头，连城衣袖被撕破，映月看到连城肩上的朱砂记，认出连城就是自己的亲生女儿，于是救连城于危急。恒泰识破醒黛陷害连城，意欲休掉醒黛。回程路上，映月与连城谈心，了解连城的过往。回府后，映月更是与郭嬷嬷商议此事，发誓保护连城。

极度伤心的醒黛整日寻死。皇后派秦湘过来劝慰醒黛。秦湘劝说醒黛与连城修好，以缓解与恒泰的关系，醒黛于是准备点心送与连城意图求和，却遇映月怀疑下毒。醒黛羞愤之下吃掉点心以示清白。

将军为化解江逸尘的仇恨，立江逸尘为长子。江逸尘在军营中重伤了明轩，明轩央求恒泰为自己出头。江逸尘和恒泰领兵押运粮草，恒泰令江逸尘捉拿贼匪白毛归案，江逸尘说服白毛，完成了任务。秦湘的丈夫钟保在将军府偶遇郭嬷嬷，而钟保正是恒泰的亲生父亲。钟保以此得到大量钱财，秦湘于是怀疑自己的儿子就在将军府中。在连城的帮助下，秦湘取得了郭孝及府内其他男子的血来验证，均不是秦湘的儿子，却独缺恒泰的一滴血。失望的秦湘回去质问钟保，争执中，钟保头部受伤，秦湘惊慌逃离。江逸尘查得映月送钱给钟保，于是到钟保家调查，发现钟保死于瓦砾中。在连城说服之下，恒泰终于同意滴血认亲，然而顺天府派人前来捉拿秦湘，秦湘被打入大牢。映月怕秦湘说出真相而督促顺天府迅速结案，江逸尘则牢中会见秦湘，蛊惑其说出恒泰身世真相。为了保护恒泰，秦湘选择了自尽。

将军洞悉了江逸尘的复仇，向江逸尘讲述了关于杏雨的全部真相：年轻时的富察将军与杏雨是一对眷侣，但那时的富察将军还只是无功无名的富察翁哈岱。为了前途，两人故意设计让年轻俊朗的富察翁哈岱接近老将军的女儿映月，赢得映月的青睐，从而入赘将军府，达到荣华富贵的目的。

在恒泰的逼问下，映月讲出当年偷龙转凤的全部真相，偷听到真相的富察将军并未责怪映月，并告知映月，自己已经在栖霞峰埋下了炸药，将江逸尘和连城一并炸死，从此将军府归于平静。当映月说明连城就是自己与将军的亲生女儿，将军方寸大乱，恒泰则火速赶往营救连城，江逸尘消失在火海里。

连城醒来后无法接受自己的身世，明轩与如眉则偷听得知偷龙转凤的真相。明轩知道自己才是富察家唯一的儿子，心有不平，于是与如眉一同将偷龙转凤的事密告醒黛。将军得知后急火攻心中风瘫痪。

连城对富察家心灰意冷，欲要离开，恒泰答应连城一起离去，却被云儿撞见并告知醒黛。醒黛向恒泰分析一家形势以威胁恒泰，并告知已怀上了恒泰的骨肉，恒泰无奈只得放弃私奔。连城在湖畔等待恒泰，不料来的却是云儿，云儿谎称恒泰要连城自己上路，并趁势将连城推下了冰窟，生死未卜。看透世情的映月带着瘫痪的将军离开了将军府回奉天府老家安度晚年。醒黛掌管富察家大局，整顿阖府事宜，将明轩母子赶出了将军府。

三年后，公主与恒泰的女儿小格格已经长得十分可爱，恒泰则陷入对连城的思念，终日沉浸在摄心术营造的梦幻中。醒黛请皇后将接待蒙古使臣的差事交给了恒泰，岂料蒙古使臣竟然就是江逸尘。江逸尘以小格格为要挟，要求恒泰交出连城。恒泰索性将小格格交由江逸尘看管，反而让江逸尘无法下手。

一方面，江逸尘和恒泰在皇上面前操演阵法之时大打出手，被醒黛制止，并宣布了连城的死讯；另一方面，百乐混入军营，协助解决军营粮草短缺的燃眉之急，博得了郭孝的信任。得知连城的死讯，恒泰陷入悲伤，

更加迷恋摄心术，最终身心俱伤。太医孙合礼为恒泰医治，却不料孙合礼当年救下毓秀，并被毓秀控制、利用。

朝廷得知多隆贝勒在西北谋反，派恒泰去剿灭，而此时郭孝对百乐已经情根深种，不能自已。西北战场上，关键时刻恒泰鸣金收兵，准备和多隆和谈。在百乐的怂恿下，郭孝带兵奇袭，歼灭多隆部队，事后被恒泰处罚。百乐就此挑拨郭孝与恒泰，称恒泰与叛军勾结，众将士也都觉得郭孝做的对，郭孝的心开始动摇。百乐安排一名叛军高喊连城的名字，恒泰即令押解此人到行帐中审问。百乐再在郭孝耳边煽风，挑拨郭孝禀明皇上，称恒泰与叛军勾结，引发龙颜震怒，下旨捉拿恒泰，并命郭孝接管军营。

百乐和郭孝日久生情，准备向江逸尘摊牌，却被郭嬷嬷发现。郭孝深深忏悔自己的轻信，呈上血书为恒泰鸣冤，终因失血而死。郭嬷嬷悲痛至极悬梁自尽，恒泰沉冤得雪。

毓秀借助孙合礼令连城听命于她，将恒泰视为仇人，并安排连城到恒泰身边伺机报复。江逸尘与恒泰意外间共同发现并救下失忆的连城，恒泰将连城带回家，试图借助巫术唤醒连城的记忆。恒泰街头偶遇混迹市井的明轩，得知他和如眉生活不如意便接回府中。醒黛则质疑二人，设计赶走，未能成功。心寒的醒黛夜晚街头偶遇戏班老板步青云。

连城回府后，醒黛察觉其中有诈，设计试探连城，在恒泰带连城去筑梦所之际，买通法师骗连城带钱救恒泰，岂料连城识破醒黛计谋，上门求助并甘愿喝下毒酒，获得恒泰的信任。醒黛的提示及试探令恒泰无法接受，甚至出手打了醒黛。醒黛愤然离家回宫。连城被恒泰的真情打动，恨意渐渐动摇。

恒泰再开迎芳阁为酒楼，请步青云坐镇。明轩在发现步青云骑马撞人后，献计解决迎芳阁声誉危机，之后力劝恒泰置地，连城根据毓秀的安排给明轩提供帮助。明轩骗得将军府的当家印鉴，将府内财产占为己有，并将恒泰净身赶出将军府，原来明轩是受江逸尘指示回府陷害恒泰。后来，恒泰带着连城回到将军府，原来一切都是恒泰与醒黛设下的计谋，意在令明轩及幕后主使暴露狐狸尾巴。连城才发现自己也被算计其中，恒泰并不是表面看起来的简单的好人。

明轩因为之前的交易而找来一身麻烦，于江逸尘处求助未果，并在街上发现毓秀和连城在一起，偷听到毓秀的复仇计划被灭口。恒泰却收到装着明轩尸首的箱子，认为是江逸尘痛下毒手，找江逸尘理论。恒泰因为明轩的死而郁郁寡欢，连城失手打碎一只竹制鱼形奁，发现了恒泰写给自己的装载着过去回忆的信件，勾起了连城的大部分记忆。

醒黛得知连城中了小天狼花毒，于是在宫中寻得100粒缓解的丹药，最终选择与连城和平共处。毓秀和孙合礼正为无法控制连城伤脑筋之际，江逸尘来向孙合礼求助失忆症的救治方法，毓秀决定利用江逸尘继续自己的计划。如眉受江逸尘挑唆，找恒泰报杀子之仇。如眉回到了将军府装疯卖傻，拐走小格格，为救小格格，连城跳入水中后全部回忆起来。江逸尘带走落水的连城送到太医处医治，连城被换心香控制，再次将恒泰视为仇敌。

连城找到江逸尘帮忙，伙同江逸尘伪装成的玲珑混入将军府。小格格死亡，醒黛将仇恨归结于连城的回归，离家再遇步青云。恒泰因为女儿、兄弟、姨娘先后为自己枉死而心力交瘁病倒，连城和“玲珑”利用药物使恒泰的病情越来越严重。恒泰经常幻觉自己见到了女儿，醒黛在步青云的帮助下将装神弄鬼之事戳穿。

江逸尘后与连城计划用借刀杀人的法子，制造步青云与公主的不洁关系，除去公主。不料步青云是女扮男装，连城的阴谋没有得逞，恒泰身体日下，顺势驱赶醒黛及连城。毓秀做出连城的假脸，易容成连城的样子欲与江逸尘私奔，江逸尘识破毓秀伎俩，将计就计，将毓秀卖给船夫。

孙合礼的小徒弟在采摘灵芝的途中陷于沼泽丧命，给了毓秀算计恒泰的灵感，用连城引恒泰入沼泽。孙合礼良心未泯，关键时刻救下恒泰与连城，并以一个请求的许诺为恒泰医治。连城通过法师的作法恢复神智，联合江逸尘、恒泰、公主设计毓秀，关键时刻却是孙合礼控制连城，救出毓秀。毓秀与连城换脸，并借助连城身份接近恒泰伺机报仇。后连城遇险，被江逸尘所救。醒黛发现有异，多次试探毓秀，并劝说恒泰，但未能戳穿。而真正的连城前去警告恒泰，却被当做毓秀顶罪流放。流放路上，江逸尘再救连城。

另一边，慧妃去世，步青云趁机接近皇上，被封为贵人，恃宠而骄。皇上南巡，恒泰携醒黛及毓秀随行护驾，期间，醒黛再试毓秀，并设计令毓秀撞见其亲生父亲佟阿贵。情急间，毓秀亲手杀死佟阿贵。步青云的跋扈和挑唆令皇后遭受冷遇，被皇上遣返回京，而步青云则实为意图对皇上不利。皇后得知有人欲行刺皇上，即刻返程给皇上报信，步青云及其同伙谋害皇上的计划被搅乱，皇后则受重伤而死。毓秀发现步青云行刺意图后，被步青云强令服毒，控制毓秀。带着毓秀面容的连城设计逃离江逸尘，混入宫中假扮厨娘，化名素云陪伴恒泰。连城偷听得步青云欲在皇后葬礼之时谋害皇上的计划，试图通知恒泰，却被江逸尘阻止。毓秀因中毒只得听步青云摆布，在皇后棺椁中放置炸药刺杀皇上。后江逸尘替连城拆卸炸药，却被侍卫发现、追杀。最终，江逸尘为保护连城，吸引追兵，中箭掉入悬崖。

步青云的计划并未成功，皇上早有筹谋，并将刺客一网打尽。步青云自揭身份，在得知自己父亲当年背弃组织并与嫔妃产生私情的死亡真相后绝望自尽。

醒黛发现连城与毓秀之间的对话，疑心毓秀与连城互换面目，于是决心调查真相。当连城身陷牢狱，醒黛狱中会见连城，发现连城身上旧伤，认定二人互换身份的实情。恒泰觉查毓秀身份可疑，于是设计乱党逃逸的假象，毓秀身份败露。

孙合礼潜入大牢，用药迷倒并俘虏连城，用连城与毓秀交换，而毓秀则最终毒发身亡。孙合礼在毓秀死后为其与连城换回各自的脸，带着毓秀奔向沼泽殉情。

醒黛在经历如此周折后，看破红尘，每日佛堂诵经，意欲成全连城与恒泰，却不想连城最终选择离开。公主在恒泰劝说下走出佛堂，两人携手余生。

多年后，年迈的连城正给一群晚辈讲述自己年轻时的故事，却与年迈的恒泰不期而遇。

经查，电视剧《宫锁连城》剧情内容与剧本《宫锁连城》基本一致。

（二）陈喆主张的剧本与电视剧《宫锁连城》中涉嫌侵权内容的梗概

陈喆主张剧本与电视剧《宫锁连城》的侵权内容，集中有关恒泰与连城之间身世、感情的情节，该部分情节概括如下：

清朝乾隆年间，富察将军府的福晋纳兰映月已经生了三个女儿，将军膝下无子，而此时更恰逢将军宠幸侍女如眉，并将已有身孕的如眉纳为侧福晋。映月在府中的地位受到威胁。映月为了保住在府中的地位，和贴身服侍的郭嬷嬷一起策划了“偷龙转凤”的计划，生产当夜映月生下女婴，即用买来的男孩换走了自己的女儿，新生的女婴当夜被郭嬷嬷遗弃溪边。而女婴被遗弃之前，映月发现女婴肩头有一个朱砂记。迎芳阁的老鸨宋丽娘没有孩子，这一日带众姐妹在溪边排练歌舞，听闻婴儿啼哭，循声拾得将军府弃婴，十分喜爱，收为女儿，取名连城，丽娘并发现连城肩上的朱砂记。

偷龙转凤所得男孩为将军府长子，取名恒泰。长大后的恒泰智勇双全，投身军营，做了神机营的少将军，映月也因为这个儿子得到了尊崇和荣光。映月庆幸自己当年的选择，同时也对被抛弃的女儿心存惦念。另一边，连城则在青楼市井长大。如眉也为将军生下一个儿子，取名明轩。

一日，恒泰带人巡街，与连城意外邂逅在闹市街道，连城谎称自己被哥嫂卖到妓院，恒泰便欲出钱帮连城赎身。后得知自己上当。恒泰在街市再遇连城行骗解救被逼婚的新娘，后请连城假扮舞女，帮助捉拿大盗王胡子。

吏部侍郎佟阿贵之子佟家麟在迎芳阁调戏连城未果，欲教训连城，追至街市，却被恒泰遇见，恒泰于是出手相救，打败佟家麟及一干手下，家麟和恒泰与连城都结下了梁子。而恒泰此后则派人把守迎芳阁，并常来听连城唱歌，两人情愫暗生。

恒泰被朝廷派去剿匪，两人久未见面。明轩对自己的庶出身份一直心存怨念，妒忌恒泰。一日，明轩学武遭到佟家麟耻笑，并从佟家麟处听说恒泰保护连城与佟家麟大打出手并派人把守妓院之事，于是禀告给将军。

将军震怒之间责骂恒泰的随从郭孝带坏恒泰，动用家法施以鞭责，而恒泰与郭孝主仆情深，情急之下以身护仆，为郭孝挡下鞭责，映月央求之下，将军方才罢手。

不见恒泰的日子里，连城情绪低落。丽娘发现后，便为连城安排相亲却被连城搅局，丽娘于是提醒连城与恒泰身份悬殊，劝连城放弃恒泰。

失去恒泰保护的连城再度陷入佟家麟的搅扰。一日，佟家麟率领一干部下再来迎芳阁，强抢连城。连城拒不相从，再度与佟家麟发生争执。丽娘为保护连城身受重伤，迎芳阁也在打斗中失火，而佟家麟则带人逃离了现场。丽娘伤情严重，虽经连城四处求医，最终仍不治身亡。孤单一人的连城则守着丽娘的尸体寄身破庙。

连城被佟家麟施计带进了佟府。恒泰得知后，带人硬闯佟府，痛打佟家麟，并将连城救出。连城记恨恒泰爽约多日未见，后经说明情况，得知恒泰打点了宋丽娘的丧事，与恒泰消除误会。后恒泰听得郭孝献计，将连城安置在郭孝远房姑妈闲置的宅院中。连城便得到落脚之地。

恒泰前往小院来找连城，却未见人，情急之下四处奔走寻找，恒泰寻人不着，再回小院等待。连城傍晚回到小院被恒泰训斥，满腹委屈。后告知自己是去城里为恒泰赶制衣服。恒泰得知实情后，感动欢喜，两人当夜互诉衷肠，连城以身相许。次日，恒泰发现连城肩头的朱砂记。

宫中的醒黛公主到了婚配的年纪，恒泰被选定为额驸。恒泰获知自己已被皇上指婚醒黛公主，一心记挂连城，回到家中。将军府因皇上指婚一事阖府欢庆，只有恒泰一人闷闷不乐。明轩则更是嫉妒大哥，在旁煽风点火。无奈之下，恒泰告知映月心仪连城之事，映月答应赴小院会见连城。

映月和郭嬷嬷来到小院，实为收买、劝说连城离开恒泰，哪知连城竟不为所动。二人回程途中说起连城，均认为连城恰似年轻时的映月，而映月也对连城为人深深认可。

映月得知恒泰心系连城，有碍与醒黛的婚事，于是同意把连城接进将军府，谎称是郭嬷嬷的远亲，安排在映月房里做丫鬟，恒泰终于与醒黛完婚。连城在将军府有意躲避恒泰，仍被醒黛及李嬷嬷发觉两人似有微妙。

恒泰与醒黛大婚后，始终拒绝圆房。醒黛四处求教方法想获得恒泰青睐，均不奏效。李嬷嬷利用不同荷包凭香味找到真正与恒泰有染的女人，连城和恒泰的事情败露。醒黛知道后，气恼不堪，于是听从李嬷嬷献计，从映月处将连城要来服侍自己，并且对连城百般折磨。

李嬷嬷被杀，连城遭嫁祸，被捉拿到顺天府择日处斩。恒泰破案后，飞马赶赴法场，救下了连城。

回到府中，恒泰宣布正式纳连城为妾室。皇上为了解决恒泰和醒黛的问题，特召恒泰入宫，却反被恒泰说服，未予责罚，并劝恒泰回府与醒黛好好过日子。醒黛满怀怨恨回到富察府，百般搅扰恒泰与连城的婚礼。

府中频现事端，醒黛遂针对连城称家里出了妖孽，于是请法师做法，指认连城狐妖附体，对连城百般羞辱。后为陷害连城，醒黛联合映月将连城与江逸尘关在寺庙房间，正当连城百口莫辩的紧要关头，争执中连城衣袖被撕破，映月看到连城肩上的朱砂记，认出连城就是自己的亲生女儿。回程路上，映月与连城谈心，了解连城的成长过往。回府后，映月更是与郭嬷嬷合计认定女儿之事，决计保护连城。

皇后派秦湘姑姑陪伴公主。经秦湘劝解，醒黛终想通了夫妻共处之道，明白只有与连城修好才能挽回恒泰，于是准备点心送与连城意图求和，却遭遇映月怀疑下毒。醒黛羞愤之下自吃点心以示明清白。

后，恒泰从映月口中，得知偷龙转凤的全部真相。偷听到真相的富察将军并未责怪映月，并告知映月，自己已经在栖霞峰埋下了炸药，预备将江逸尘和连城一并炸死，从此富察府将归于平静。映月情急之下说明连城就是自己与将军的亲生女儿，富察将军方寸大乱，恒泰则火速赶往营救连城。屋外，明轩与如眉一直在偷听，得知偷龙转凤的真相，将偷龙转凤之事密告给醒黛。

五、关于陈喆主张的剧本及电视剧《宫锁连城》中相关内容与涉案作品的关系

陈喆为说明剧本《宫锁连城》、电视剧《宫锁连城》与涉案作品在人物设置、人物关系、具体情节及情节整体创编上的相似性，向原审法院提交了人物关系对比图（见本判决附图）、“《宫锁连城》电视剧及剧本与

《梅花烙》小说及剧本相似情节比对表”（见本判决附表）。经查，上述图表中的人物设置、人物关系及情节在剧本《宫锁连城》、电视剧《宫锁连城》与剧本《梅花烙》、小说《梅花烙》中均存在对应内容。

六、关于陈喆专家辅助人的原审庭审陈述

原审庭审中，陈喆委托的专家辅助人汪海林就剧本创作问题发表意见，其称剧本的核心创作价值体现于精彩的情节段落设计，而就具体情节基于特定的串联及编排将成为剧本的最终表达。对在先剧本的内容使用，仅通过观看其电视剧的内容即可实现。从人物设置与影视作品情节关联上来看，用于比较的两部作品男女主人公的关系及情节安排如果呈现出一定程度的相似性，则可以作为两部作品相似的判断基础，具体的人物设置、人物关系、具体情节及桥段以及由情节串联而成的剧情均可作为剧本的创作表达。而对于相关情节，如用于比较的两部作品在部分细微环节存在差异，则需要考虑发生差异的部分是否仍保持着同样的戏剧功能，如戏剧功能未发生实质变化，则不能简单排除前后作品的相似关系。

七、关于陈喆要求各方承担侵权责任的事实

陈喆主张余征、湖南经视公司、东阳欢娱公司、万达公司、东阳星瑞公司共同侵害了其就涉案作品享有的改编权及摄制权，应就侵权行为共同承担连带责任，其中关于经济损失赔偿的问题，陈喆主张以违法所得为请求赔偿的基础。

陈喆主张，余征担任编剧的单集稿酬约为每集20万元，电视剧《宫锁连城》在湖南卫视播出的版本长达63集，余征就剧本《宫锁连城》获得的稿酬可达1260万元；电视剧《宫锁连城》授权湖南卫视播映的版权许可费应不低于每集180万元，且该剧在湖南卫视、天津卫视、乐视网等多家电视及网络平台均有播出，湖南经视公司、东阳欢娱公司、万达公司、东阳星瑞公司通过该剧获得的播映权许可使用费用的现有收益已经可以高达上亿元。

就余征、湖南经视公司、东阳欢娱公司、万达公司、东阳星瑞公司各

自收益情况及各方就剧本《宫锁连城》、电视剧《宫锁连城》的合作关系、收益分配情况，陈喆于原审诉讼之初提出要求余征、湖南经视公司、东阳欢娱公司、万达公司、东阳星瑞公司提供余征就剧本《宫锁连城》的编剧合同、电视剧《宫锁连城》联合摄制合同及电视剧《宫锁连城》发行合同。

万达公司向陈喆提交了其与湖南经视公司签署的《联合投资摄制电视剧协议书》，但该协议书正本及复印件均存在大量条款遮蔽。在未遮蔽的部分，第6.2条约定，该剧剧本的内容由东阳欢娱公司、湖南经视公司、东阳星瑞公司三方共同审查，经三方书面确认通过后才能进行拍摄；第6.5条约定，由湖南经视公司全权负责完成剧本的立项、报批、审批环节的相关事宜，三方均有权了解本剧前期筹备、拍摄制作、送审、宣传、发行的计划安排以及实际进度。

原审诉讼中，陈喆申请余征、湖南经视公司、东阳欢娱公司、万达公司、东阳星瑞公司提交剧本《宫锁连城》编剧合同及电视剧《宫锁连城》发行合同以及关于电视播映权许可使用和信息网络传播权许可使用的合同等，余征、湖南经视公司、东阳欢娱公司、万达公司、东阳星瑞公司均未提交。

八、关于陈喆支出合理费用的事实

陈喆主张，因本案维权支付律师费人民币30万元、公证认证费人民币1000元、公证费人民币12000元，共计313000元。

北京市第三中级人民法院认为：

本案中，陈喆提交的剧本《梅花烙》内容并未超出电视剧《梅花烙》的剧情表达，且与电视剧《梅花烙》的影像视听内容形成基本一致的对应关系，结合小说《梅花烙》"创作后记"中关于剧本创作完成在先的原始记载，陈喆提交剧本《梅花烙》内容的真实性，应予认可。

电视剧《梅花烙》字幕虽有"编剧林久愉"的署名安排，但林久愉本人出具的《声明书》已明确表示其并不享有剧本《梅花烙》著作权的事实；电视剧《梅花烙》制片者怡人公司出具的《电视剧〈梅花烙〉制播情况及电视文学剧本著作权确认书》（以下简称《确认书》）也已明确表述剧本《梅花烙》的作者及著作权人均为陈喆，对此应予确认。

林久愉根据陈喆口述整理剧本《梅花烙》，是一种记录性质的执笔操作，并非《著作权法》意义上的整理行为或融入独创智慧的合作创作活动，故林久愉并不是剧本《梅花烙》作者。因此，应认定剧本《梅花烙》的作者及著作权人均为陈喆。

小说《梅花烙》虽然在故事内容上与剧本《梅花烙》存在高度关联性、相似性，但却具有不同于剧本《梅花烙》而存在的独创性，故小说《梅花烙》应为剧本《梅花烙》的改编作品，依法享有著作权。鉴于小说《梅花烙》的署名为陈喆，故认定小说《梅花烙》的作者及著作权人均为陈喆。

电视剧的公开播出即可推定为相应剧本的公开发表。本案中，电视剧《梅花烙》的公开播出即可达到剧本《梅花烙》内容公之于众的效果，受众可以通过观看电视剧的方式获知剧本《梅花烙》的全部内容。因此，电视剧《梅花烙》的公开播出可以推定为剧本《梅花烙》的公开发表。鉴于余征、湖南经视公司、东阳欢娱公司、万达公司、东阳星瑞公司均具有接触电视剧《梅花烙》的机会和可能，故可以推定其亦具有接触剧本《梅花烙》的机会和可能，从而满足了侵害著作权中的接触要件。

涉案人物对应不仅体现为人物身份设置的对应以及人物之间交互关系的对应，更与作品的特定情节、故事发展存在不可分割的联系，而这种内在联系在余征等提供的证据中是不存在的，可以认定为陈喆独创，并推定剧本《宫锁连城》在人物设置与人物关系设置上是以涉案作品为基础进行的改编及再创作。

陈喆主张剧本《宫锁连城》改编自涉案作品的情节6“弃女失神，养亲劝慰”、情节14“纳妾”、情节17“福晋询问弃女过往，誓要保护女儿”属于公知素材，涉案作品的相关情节安排不具有独创性，因而该三个情节为不受著作权法保护的内容；陈喆主张剧本《宫锁连城》情节2“女婴被拾，收为女儿”、情节3“少年展英姿”、情节4“英雄救美终相识，清歌伴少年”、情节11“皇上赐婚，多日不圆房”、情节12“弃女入府，安置福晋身边”、情节13“公主发现私情，折磨弃女”、情节15“面圣陈情”、情节16“福晋初见印痕”、情节20“凤还巢”等9个情节，与陈喆就相关情节的独创设置不构成实质相似；陈喆主张剧本《宫锁连城》情节1“偷龙转凤”、情节5“次子告状，亲信遭殃”、情节7“恶霸强抢，养亲身亡，弃女破庙容身”、情节8“少年相助，代女葬亲，弃女小院容身”、情节9“钟情馈赠，私定终身，初见印痕”、情节10“福晋小院会弃女，发觉弃女像福晋”、情节18“道士做法捉妖”、情节19“公主求和遭误解”、情节21“告密”等9个情节，涉案作品在情节表达上已经实现了独创的艺术加工，具备区别于其他作品相关表达的独创性。剧本《宫锁连城》就各情节的设置，与涉案作品的独创安排高度相似，仅在相关细节上与涉案作品设计存在差异（如：情节1中，将偷龙转凤的谋划安置在福晋与贴身嬷嬷之间；亲女肩上并未烫下烙痕，而是生来具有的朱砂记；情节5中，将军对郭孝施以鞭刑而非杖责；情节7中，设置迎芳阁失火的环节以致连城无处安身，而非被店家赶出；情节8中，恒泰救下连城的方式是从佟家麟府内救出而非天桥上；情节10中，恒泰告知映月倾心连城的时间是在得知指婚后及与醒黛成婚前；情节18中，连城并非狐妖，而是狐妖附体，并将情节安置在映月得知连城为其亲女前；情节19中，醒黛的慰问品是糕点，向醒黛进言之人为宫中派来的侍女，拦截之人是映月而非恒泰等)，而此类差异并不代表差异化元素的戏剧功能发生实质变更，以至于可造成与涉案作品的情节设置相似的欣赏体验。本案中，余征等亦未能充分举证证明涉案作品中的上述相关内容缺乏独创性或剧本《宫锁连城》就相关情节另有其他创作来源等合理理由。剧本《宫锁连城》与涉案作品在相关情节的设置上存在相似性关联。剧本《宫锁连城》就上述相关情节的设置，与剧本《梅花烙》（基于“偷龙转凤”“次子告状，亲信遭殃”“恶霸强抢，养亲身亡”“少年相救，代女葬亲，弃女小院容身”“钟情馈赠，私定终身，初见印痕”“福晋小院会弃女，发觉弃女像福晋”“道士做法捉妖”“公主求和遭误解”“告密”情节）及小说《梅花烙》（基于“偷龙转凤”“恶霸强抢，养亲身亡”“少年相救，代女葬亲，弃女小院容身”“钟情馈赠，私定终身，初见印痕”“福晋小院会弃女，发觉弃女像福晋”“道士做法捉妖”

“告密”情节）之间存在改编及再创作关系。

陈喆主张的相关情节为剧本《梅花烙》中的21个情节以及小说《梅花烙》中的17个情节。这些情节在剧本《梅花烙》中的分布顺序为：(1)“偷龙转凤”、(2)“女婴被拾，收为女儿”、(3)“少年展英姿”、(4)“英雄救美终相识，清歌伴少年”、(5)“次子告状，亲信遭殃”、(6)“弃女失神，养亲劝慰”、(7)“恶霸强抢，养亲身亡，弃女破庙容身”、(8)“少年相助，代女葬亲，弃女小院容身”、(9)“钟情馈赠，私定终身，初见印痕”、(10)“福晋小院会弃女，发觉弃女像福晋”、(11)“皇上赐婚，多日不圆房”、(12)“弃女入府，安置福晋身边”、(13)“公主发现私情，折磨弃女”、(14)“纳妾”、(15)“面圣陈情”、(16)“福晋初见印痕”、(17)“福晋询问弃女过往誓要保护女儿”、(18)“公主求和遭误解”、(19)“道士做法捉妖”、(20)“凤还巢”、(21)“告密”。

剧本《宫锁连城》相对于涉案作品在整体上的情节排布及推演过程基本一致，仅在部分情节的排布上存在顺序差异：恒泰与连城私定终身后，得知皇上指婚的消息，向映月坦陈与连城的感情，映月于是同意去小院会见连城，并希望劝说连城离开恒泰而遭连城拒绝；恒泰迎亲当日得知连城危险，赶去搭救连城而拖延与醒黛的婚期，以致映月基于恒泰与连城的感情，为保全王府而安排接连城以丫鬟身份入府。但此类顺序变化并不引起剧本《宫锁连城》涉案情节间内在逻辑及情节推演的根本变化，剧本《宫锁连城》在情节排布及推演上与涉案作品高度近似，并结合具体情节的相似性选择及设置，构成了剧本《宫锁连城》与涉案作品整体上的相似性，导致与涉案作品相似的欣赏体验。而在余征等提交的证据中，并不存在其他作品与剧本《梅花烙》、小说《梅花烙》、剧本《宫锁连城》相似的情节设置及排布推演足以否定涉案作品的独创性或证明剧本《宫锁连城》的创作另有其他来源。

此外，作品中出现的不寻常的细节设计同一性也应纳入作品相似性比对的考量。如：双方作品均提及福晋此前连生三女，但后续并未对该三女的命运做出安排和交代。

在著作权侵权案件中，受众对于前后两作品之间的相似性感知及欣赏体验，也是侵权认定的重要考量因素。以相关受众观赏体验的相似度调查为参考，占据绝对优势比例的参与调查者均认为电视剧《宫锁连城》情节抄袭自《梅花烙》，可以推定，受众在观赏感受上，已经产生了较高的及具有相对共识的相似体验。综上，可以认定，剧本《宫锁连城》涉案情节与涉案作品的整体情节具有创作来源关系，构成对涉案作品的改编。

陈喆作为涉案作品的作者、著作权人，依法享有的改编权受法律保护。余征接触了涉案作品的内容，并实质性使用了涉案作品的人物设置、人物关系、具有较强独创性的情节以及故事情节的串联整体进行改编，形成新作品《宫锁连城》剧本，上述行为超越了合理借鉴的边界，构成对涉案作品的改编，侵害了陈喆基于涉案作品享有的改编权，依法应当承担相应的侵权责任。

另据查明的事实，电视剧《宫锁连城》的制片者负责剧本《宫锁连城》的审查及确认，剧本的立项、报批等工作也由制片者完成。湖南经视公司、东阳欢娱公司、万达公司及东阳星瑞公司作为电视剧《宫锁连城》的制片者，深入介入了剧本《宫锁连城》的创作工作。小说《梅花烙》的广泛发行及市场影响力、知名度以及根据剧本《梅花烙》所拍摄电视剧《梅花烙》的广泛发行传播及较大的公众认知度的事实背景，使得湖南经视公司、东阳欢娱公司、万达公司、东阳星瑞公司已然知晓涉案作品的内容。湖南经视公司、东阳欢娱公司、万达公司及东阳星瑞公司在介入《宫锁连城》的剧本创作时，已完全了解剧本的全部内容，可明确判别该剧本内容存在使用涉案作品进行改编的事实以及依据该剧本拍摄电视剧将侵害陈喆相关著作权的结果。基于小说《梅花烙》的广泛发行及市场影响力、知名度以及根据剧本《梅花烙》所拍摄电视剧《梅花烙》的广泛发行传播及较大的公众认知度的事实背景，湖南经视公司、东阳欢娱公司、万达公司及东阳星瑞公司根据其职业经验和应达到的注意程度，作为剧本的拍摄单位，在不排除知晓涉案作品内容的情况下，未尽到注意义务。因此，余征、湖南经视公司、东阳欢娱公司、万达公司及东阳星瑞公司在剧本《宫锁连城》的创作过程中，存在着明知或应知剧本《宫锁连城》侵害他人著作权的共同过错。

湖南经视公司、东阳欢娱公司、万达公司及东阳星瑞公司对于余征侵害涉案作品改编权的行为提供帮助，因此，余征、湖南经视公司、东阳欢娱公司、万达公司及东阳星瑞公司共同侵害了涉案作品的改编权，依法应当承担连带责任。

陈喆系涉案作品的著作权人，依法享有摄制权，他人基于涉案作品的独创性内容进行影视剧摄制时，需获得陈喆的许可并支付报酬，否则将构成侵害涉案作品摄制权的行为。

电视剧《宫锁连城》的出品单位为湖南经视公司、东阳欢娱公司、万达公司、东阳星瑞公司。万达公司虽在诉讼中提交了《联合投资摄制电视剧协议书》，以证明其仅就该剧进行投资并享有投资收益而并未参与电视剧《宫锁连城》的相关制作工作，但该合同系相关方内部约定，不具有对抗善意第三人的效力。故认定万达公司与湖南经视公司、东阳欢娱公司、东阳星瑞公司同为电视剧《宫锁连城》的制片者，共同实施了摄制电视剧《宫锁连城》的行为，应就电视剧《宫锁连城》侵害涉案作品摄制权的行为承担连带责任。

余征除作为电视剧《宫锁连城》的编剧外，同时担任该剧制作人、出品人、艺术总监，尽管余征并不属于《著作权法》意义上的制片者，但在其明知或应知《宫锁连城》剧本侵害涉案作品著作权的情形下，仍向湖南经视公司、东阳欢娱公司、万达公司及东阳星瑞公司提供剧本《宫锁连城》的电视剧摄制权授权，并作为核心主创人员参与了该剧的摄制工作，为该剧的摄制活动提供了重要帮助，系共同侵权人，应就侵害陈喆摄制权的行为承担民事责任。

综上，余征、湖南经视公司、东阳欢娱公司、万达公司及东阳星瑞公司未经陈喆许可，擅自改编涉案作品创作剧本《宫锁连城》及对上述行为提供帮助，并以该剧本为基础拍摄、发行电视剧《宫锁连城》，侵害了陈喆依法对涉案作品享有的改编权及摄制权。必须指出，就剧本和小说进行利用的方式有多种，但拍摄成影视作品的方式则是其中最具市场影响和商业价值的利用方式，因此，未经许可改编剧本小说和摄制对于著作权人的利益影响巨大。

《宫锁连城》剧本及电视剧实质性整体改编了涉案作品，《宫锁连城》现有的人物设置、人物关系、重要情节及情节串联整体的创作表达很大程度上来源于涉案作品，是涉案作品的主要创作表达，据此可以认定涉案作品在《宫锁连城》剧本及电视剧中被使用的程度较高。在此情况下，如果余征、湖南经视公司、东阳欢娱公司、万达公司及东阳星瑞公司未经许可所实施的侵权发行行为得以继续，将实际上剥夺陈喆对于其作品权利的独占享有，并实质阻碍或减少陈喆作品再行改编或进入市场的机会，有违公平原则。

权利人合法有据的处分原则应当得到尊重，只有当权利人行使处分权将过度损害社会公共利益和关联方合法权益时，才能加以适度限制，以保障法律适用稳定性与裁判结果妥当性的平衡。截至原审庭审结束时，电视剧《宫锁连城》已经持续公开播映超过 8 个月，尽管余征、湖南经视公司、东阳欢娱公司、万达公司及东阳星瑞公司未按照原审法院要求提交编剧合同及发行合同，基于市场合理价格及商业交易惯例判断，余征应已取得了较高金额的编剧酬金，湖南经视公司、东阳欢娱公司、万达公司、东阳星瑞公司应已取得了较高的发行收益。在此情况下，基于本案中余征、湖南经视公司、东阳欢娱公司、万达公司及东阳星瑞公司的过错及侵权程度、损害后果、社会影响，判令停止复制、发行和传播电视剧《宫锁连城》，不会导致双方之间利益失衡，故应判令停止电视剧《宫锁连城》的复制、发行及传播。

余征、湖南经视公司、东阳欢娱公司、万达公司及东阳星瑞公司应就其侵害陈喆改编权、摄制权的行为承担停止侵害、消除影响、赔礼道歉、赔偿损失的民事责任。鉴于陈喆就赔礼道歉的诉讼请求仅针对余征提出，应视为陈喆自愿放弃对湖南经视公司、东阳欢娱公司、万达公司及东阳星瑞公司的该项民事权利主张。

陈喆在起诉状及原审庭审陈述中均表示，在发现余征、湖南经视公司、东阳欢娱公司、万达公司及东阳星瑞公司侵权情形之时，陈喆正在依据涉案作品进行电视剧《梅花烙传奇》的剧本改编，因余征、湖南经视公司、东阳欢娱公司、万达公司及东阳星瑞公司的侵权行为而不得不停止

《梅花烙传奇》的剧本创作；余征、湖南经视公司、东阳欢娱公司、万达公司及东阳星瑞公司的侵权行为，对剧本《梅花烙传奇》的创作造成了实质性妨碍与影响，但对于已实际造成的损失，陈喆未提供证据加以证明。

本案中，陈喆主张以侵权人的违法所得作为损害赔偿的计算依据。原审诉讼中，陈喆要求余征、湖南经视公司、东阳欢娱公司、万达公司及东阳星瑞公司提交电视剧《宫锁连城》编剧合同，以确定其编剧酬金；陈喆要求余征、湖南经视公司、东阳欢娱公司、万达公司及东阳星瑞公司提交电视剧《宫锁连城》发行合同，以确定其各自发行《宫锁连城》的获利情况。余征、湖南经视公司、东阳欢娱公司、万达公司及东阳星瑞公司在明显持有编剧合同及发行合同的情形下，以上述合同涉及商业秘密为由未提供，且并未就陈喆的上述主张提出其他抗辩证据或充分、合理的反驳理由。因此，推定陈喆在原审庭审中主张的余征编剧酬金标准及《宫锁连城》的发行价格具有可参考性。

自 2014 年 4 月 8 日起，电视剧《宫锁连城》已经在湖南卫视等多家电视台卫星频道完成首轮及二轮播出，在多家视频网站进行了信息网络传播权许可使用，公开可查的数据资料显示，该剧的电视收视率及网站点击率均较高，参考同期热播电视剧应有的市场发行价格，陈喆主张基于余征、湖南经视公司、东阳欢娱公司、万达公司及东阳星瑞公司的违法所得给予侵权损害赔偿的请求具有合理性，且确定侵权赔偿数额应当能够全面而充分地弥补陈喆因被侵权而受到的损失。

陈喆关于赔偿经济损失及诉讼合理支出的诉讼请求，缺乏充分的依据，将根据涉案作品的性质、类型、影响力、侵权使用情况、侵权作品的传播时间与传播范围、各侵权方应有的获利情况以及陈喆为本案支出的律师费、公证费等因素综合考虑，酌情确定余征、湖南经视公司、东阳欢娱公司、万达公司及东阳星瑞公司赔偿陈喆经济损失及诉讼合理支出的数额。

鉴于本案纠纷为侵权诉讼，属于给付之诉，而诉讼请求应指向是否应当承担民事责任以及承担何种具体内容的民事责任，对于侵权行为性质的认定则属于此类案件审理中应当查明和认定的内容，因此，关于陈喆要求认定余征、湖南经视公司、东阳欢娱公司、万达公司及东阳星瑞公司侵害其改编权和摄制权的诉讼请求，在判决中予以明确但不作为判决主文的内容。

综上，北京市第三中级人民法院依照《中华人民共和国著作权法》第十条第一款第（十三）项、第（十四）项、第十一条第四款、第十二条、第四十七条第（六）项、第四十九条第一款，《中华人民共和国侵权责任法》第九条第一款，《最高人民法院关于审理著作权民事纠纷案件适用法律若干问题的解释》第七条第一款、第九条，《最高人民法院关于民事诉讼证据的若干规定》第十七条第（二）项、第（三）项、第七十五条之规定，判决：一、湖南经视公司、东阳欢娱公司、万达公司、东阳星瑞公司于判决生效之日起立即停止电视剧《宫锁连城》的复制、发行和传播行为；二、余征于判决生效之日起10日内在新浪网、搜狐网、乐视网、凤凰网显著位置刊登致歉声明，向陈喆公开赔礼道歉，消除影响（致歉声明的内容须于判决生效后5日内送法院审核，逾期不履行，法院将在《法制日报》上刊登判决主要内容，所需费用由余征承担）；三、余征、湖南经视公司、东阳欢娱公司、万达公司、东阳星瑞公司于判决生效之日起10日内连带赔偿陈喆经济损失及诉讼合理开支共计人民币500万元；四、驳回陈喆的其他诉讼请求。

余征、湖南经视公司、东阳欢娱公司、万达公司、东阳星瑞公司均不服原审判决，向本院提起上诉，均请求撤销原审判决，驳回陈喆的全部诉讼请求。

余征主要的上诉理由为：（1）原审判决认定事实不清，证据不足。①原审判决对陈喆主张权利依据的认定存在严重事实不清。原审判决认定陈喆于1992年创作完成《梅花烙》剧本，但陈喆仅提交了一份2014年7月打印的所谓的《梅花烙》剧本，并未提交1992年创作完成的任何作品。原审法院既不调查也不核实相关事实，片面依据陈喆提交的不能排除是根据已播放电视剧内容逆向整理的文字打印稿进行比对，进而认定余征侵权，属于认定事实不清。②原审判决认定陈喆是《梅花烙》剧本唯一著作权人系事实不清、证据不足、程序有瑕疵，且和现行法律构成重大冲突。

即便按照原审判决所谓的“电视剧《梅花烙》的公开播出可以推定为剧本《梅花烙》的公开发表”，《梅花烙》剧本的著作权人也应为电视剧《梅花烙》署名的“编剧：林久愉”，陈喆无权提起本案诉讼。陈喆虽提交了林久愉的个人声明，但原审法院对此份证人证言未要求证人出庭接受质询便予以认定，程序明显存在瑕疵，且原审法院对于林久愉不享有著作权的解释也违反了《中华人民共和国著作权法》的相关规定。(2) 原审判决认定《宫锁连城》剧本、电视剧侵犯涉案作品的改编权、摄制权与事实和法律严重相悖。①原审判决对《梅花烙》和《宫锁连城》剧情梗概、情节安排顺序的归纳等多处与事实严重不符。②《宫锁连城》人物设置和人物关系与《梅花烙》存在实质性差异，根本不是以《梅花烙》为基础进行的改编及再创作。③原审判决虽在陈喆主张的21个情节中认定9个情节构成实质性相似，但该认定与事实根本不符，相关情节既在表达上不构成相似，余征提交的证据也充分证明了相关情节属于公知素材或适用场景原则或者属于有限表达等，不受《著作权法》保护。④《宫锁连城》和《梅花烙》在整体情节排布及推演中根本不存在实质性相似，不构成著作权法意义上的改编。⑤原审判决以受众调查作为侵权认定的重要考量因素明显不当。⑥即使陈喆主张的事项受到《著作权法》的保护，但《宫锁连城》剧本与涉案作品未构成实质性相似。⑦原审判决认可陈喆提交的“人物关系对比图”和“相似情节比对表”，并作为认定事实的证据。但上述图表既不是起诉状的内容，也不是本案证据，没有进行当庭质证。⑧《宫锁连城》剧本和《宫锁连城》电视剧是两个不同的作品，各自的著作权人也根本不同。但原审法院却将其混在一个案件中进行审理，且判令不同作品的不同权利人承担相同的连带责任，明显属于事实不清、适用法律有误。(3) 原审判决判令余征赔礼道歉、赔偿损失人民币500万元于法无据。①赔礼道歉只适用于侵害人身权的情况，而改编权和摄制权不涉及任何人身权利，原审判决判令余征赔礼道歉没有任何法律依据，且严重违反了现行法律的明确规定。②原审判决酌定余征与湖南经视公司、东阳欢娱公司、万达公司、东阳星瑞公司连带赔偿人民币500万元没有事实和法律依据，且和司法实践存在重大冲突。③原审判决停止电视剧《宫锁连城》的复制、发行和传播，于法于情于理不符。

湖南经视公司主要的上诉理由为：（1）原审判决认定事实错误，导致原审判决在多处“推理”判案时出现重大偏差。①原审判决在《梅花烙》剧本剧情梗概、情节安排顺序存在多处归纳不准确之处。②原审判决认定“被告万达公司向原告提交了其与被告湖南经视公司签署的《联合投资摄制电视剧协议书》”，但湖南经视公司从未与万达公司签署过任何协议。③原审判决认定“五被告均认为，林久愉在剧本《梅花烙》的创作过程中执行了相关整理工作”，但湖南经视公司始终表述的是林久愉系《梅花烙》剧本的原创作者，而非整理工作。（2）原审判决认定主要事实证据不足或认定证据错误或出现无证据的“事实”，导致原审判决结论所依据的事实不成立。①原审判决仅凭陈喆自述便认定剧本《梅花烙》于1992年10月创作完成，陈喆未提交《梅花烙》剧本的原始剧本、底稿或原始的故事大纲、分集梗概等原始创作过程的证据，也未提交电视剧《梅花烙》，更未经比对，原审判决认定“依据该剧本拍摄的电视剧《梅花烙》内容与该剧本高度一致”，再以推理方式认定《梅花烙》剧本内容的真实性。②原审判决仅凭林久愉的《声明书》及怡人公司的《确认书》，错误认定《梅花烙》剧本的著作权人是陈喆。林久愉和怡人公司出具的证据属于证人证言，应当出庭作证并经质证才能判断其效力。③原审判决无证据证明《梅花烙》小说具有不同于《梅花烙》剧本而存在的独创性以及《梅花烙》小说系根据《梅花烙》剧本改编而来。④陈喆提供的部分网络“调查数据”不应作为证据成为侵权认定的重要考量因素。⑤原审判决无证据认定湖南经视公司深入介入了《宫锁连城》剧本的创作工作。⑥原审判决无证据认定湖南经视公司等联合摄制方对余征侵害《梅花烙》剧本改编权的行为提供了帮助。⑦原审判决无证据认定《梅花烙》小说广泛发行及市场影响力、知名度以及电视剧《梅花烙》在大陆广泛发行传播及较大的公众认知度。⑧原审判决无证据证明《宫锁连城》电视剧已经在湖南卫视等多家卫视频道完成首轮及二轮播出。（3）原审判决法律适用错误。①根据电视剧《梅花烙》的署名，林久愉是《梅花烙》的编剧，《梅花烙》剧本的著作权人是林久愉。林久愉作为陈喆的学生与其关系良好，怡人公司的负责

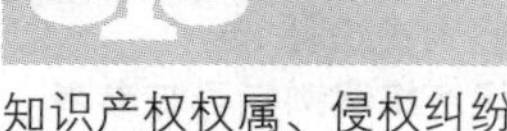

人是陈喆的儿媳妇，即使作为证人出庭作证，其与陈喆存在利害关系，也不能单独作为认定案件事实的依据。同案中，万达公司也声明其仅是“挂名”，而其他真正的版权方共同出示书证证明万达公司不是版权方。原审法院却仍然根据《中华人民共和国著作权法》第十一条有关署名的规定，认定万达公司系版权方，据此取得管辖权，并认定万达公司承担连带责任。即便万达公司进一步出示了《联合投资摄制电视剧协议书》的原始书证，原审法院却作出了不能对抗第三人的认定。原审判决对在电视剧中有关编剧或版权人署名的相同性质问题的认定上自相矛盾，未适用统一的认定标准。②小说《梅花烙》不具有独创性，不是剧本《梅花烙》的改编作品。③湖南经视公司等制片方未侵犯涉案作品的改编权。湖南经视公司等制片方购买剧本《宫锁连城》进行摄制，依法进行立项、备案并取得相关行政主管部门全部行政许可，包括《发行许可证》等，尽到了合理注意义务。湖南经视公司从未与《宫锁连城》剧本作者合意借鉴或侵犯第三方作品，更未参与剧本《宫锁连城》的创作，根本不存在为侵权“提供帮助”的行为。即使剧本《宫锁连城》侵犯改编权，也是在创作完成时侵权行为即实施完毕，与仅购买了有限时间摄制权的购买方无任何关联。即使剧本《宫锁连城》900 个以上情节中仅有 9 个情节与剧本《梅花烙》相似，据此要求制片方发现如此微小比例的侵权情节，也远超过制片方应负“合理注意义务”的程度。④湖南经视公司等制片方未侵犯涉案作品的摄制权。著作权法规定的摄制权是将原作品进行摄制，针对本案而言就是对剧本《梅花烙》进行摄制，而湖南经视公司并没有此摄制行为。湖南经视公司等是基于剧本《宫锁连城》进行摄制，无论剧本《宫锁连城》是否为改编作品，都依法享有著作权，从形式上看，余征是剧本《宫锁连城》的著作权人。湖南经视公司等的摄制已得到该剧本著作权人的授权，未侵犯著作权人权利。⑤两部作品的人物设置与人物关系不存在“改编及再创作关系”。原审判决在比对人物设置及人物关系时，强调认定人物关系应当基于“特定人物发生的故事情节”，但原审法院忽略了本案不是基于特定事实进行创作。在比对中，原审判决仅概括列举了几个所谓相似桥段，既没有区分相关桥段的公知来源，也没有剔除基于场景原则下的逻辑必然性，造成思想和表达的混同，更重要的是，忽视了对各个人物性格和形象的设置，不同性格人物在同一场景下也会有不同的人物表现，带给受众的观感体现也将完全不同。⑥原审判决认定两部作品构成实质性相似的9个情节仍属于思想，而且与《宫锁连城》的相应情节在具体表达上也不构成实质性相似，部分来源于公知素材，部分来源于传统戏剧桥段的有限表达，不受著作权法保护。⑦两部作品在整体上也不构成实质性相似。本案不应适用整体比较法，而应当适用部分比较的方式。原审判决运用的整体比较法，未区分思想和表达，仅凭抽象印象来判断会造成思想和表达的混淆，更无法判断对作品的相似感觉到底主要来源于作品的思想还是表达，原审判决也未剔除两部作品在运用共同公有领域素材所带来的情节编排或逻辑推演的必然性，且在对两部作品的概述中遗漏了诸多独创的或带来不同受众体验的情节，按照需要对两部作品进行了截取、拼凑、概括，人为造成两部作品整体相似的假象。原审判决在对两部作品21个具体情节比对中，却又适用了部分比较法，造成了同一案件中适用了不同的比较方法。⑧原审判决判令停止复制、发行和传播《宫锁连城》电视剧于法于情于理不符。如果剧本《宫锁连城》侵权，应结合湖南经视公司等系购买剧本《宫锁连城》、未参与剧本创作、所有摄制行为的程序和内容均得到并符合相关行政管理部门的许可、电视剧《宫锁连城》仅9个情节实质性相似、侵权程度、电视剧《宫锁连城》仅在一个卫视播映完毕而未有二轮及地面台播映、不可能取得较高发行收益的事实，同时结合《梅花烙》作品已经20年未改编、未进入市场、电视剧《宫锁连城》未来继续播映事实上未阻碍陈喆再改编，考虑到陈喆的诉讼请求均涉及著作财产权，其“损失”就是授予第三方改编权所得到的回报才是较为合理、公平的理解，通过判决赔偿方式达到实质取得改编权授权的目的，而不停播更有利于平衡双方利益，有利于公众享受更多的文化成果，否则既停播又判令超出实际损失的赔偿，实际上过大保护了陈喆的权益，显然导致双方利益失衡，也不利于原作品的进一步传播。⑨原审判决判令赔偿经济损失人民币500万元错误。原审判决不适当地适用《最高人民法院关于民事诉讼证据的若干规定》第十七条第（二）项、第（三）项、第七十五条之规定，认为湖南经视公司

未按陈喆要求提交发行合同等，据此根据《中华人民共和国著作权法》第四十九条第一款作出判决。湖南经视公司认为即便在无证据证明违法所得的情况下，按该法第四十九条第二款规定，原审法院仍应依法“酌情”判决，但原审法院却违反法律规定，判决超出50万元的上限。

东阳欢娱公司主要的上诉理由为：（1）原审判决认定事实有误。①原审判决对《宫锁连城》侵犯小说《梅花烙》著作权的事实认定错误。原审判决认定小说《梅花烙》具有不同于剧本《梅花烙》的独创性，小说《梅花烙》是剧本《梅花烙》的改编作品。改编作品的著作权人只能主张其在改编中演绎新创部分的著作权。但根据原审判决书及其附表，陈喆就小说《梅花烙》提出的17个情节侵权指控与剧本《梅花烙》21个情节侵权指控内容重合，与改编新创的内容及其相应著作权无关。②原审判决对剧本《梅花烙》及发表的事实认定有误。陈喆仅提供了一份2014年7月打印的《梅花烙》剧本文本，但未提交能直接证明剧本《梅花烙》在1992年就存在的任何证据，原审判决却认定剧本《梅花烙》通过电视剧《梅花烙》的播映而发表，进而认定2014年7月新打印的《梅花烙》剧本文本并未超出电视剧《梅花烙》的剧情表达，且与电视剧内容形成基本一致的对应关系，而确认其早在1992年就存在，同时以陈喆在小说《梅花烙》“创作后记”中关于剧本创作完成在先的原始记载作为佐证。陈喆在本案中主张的《梅花烙》剧本是文字作品，不能将视听作品《梅花烙》电视剧的播映视为文字作品《梅花烙》剧本的发表，不能从“并未超出电视剧《梅花烙》的剧情表达，且与电视剧《梅花烙》的影像视听内容形成基本一致的对应关系”来推定“先有该剧本后有该电视剧”，恰恰该情况更能证明“根据该电视剧录下来的该剧本，先有电视剧，才有该剧本”。陈喆在其小说后记中关于剧本创作完成在先的自我原始记载不足为证。③原审判决认定陈喆是《梅花烙》剧本的唯一编剧属于认定事实错误。林久愉在2014年6月19日出具的《声明书》等证明材料证明力弱，存在虚假可能，远不能推翻二十年前《梅花烙》电视剧片头署名“编剧：林久愉”的基本事实和关键证据，且原审法院对于这份唯一能证明《梅花烙》剧本权属的关键证人证言并未要求证人出庭作证便予认定，程序存在瑕疵。④原审判决认定9个情节构成实质性相似错误，部分情节属于公知素材，部分情节适用场景原则或者属于有限表达，因而不受著作权法保护。⑤原审判决关于《宫锁连城》与《梅花烙》进行整体比对中认定事实错误。⑥原审判决以受众“相似度调查”作为侵权认定的重要考量因素，属于认定事实不清。（2）原审判决适用法律不当。①原审判决针对陈喆主张的改编权、摄制权而判令余征赔礼道歉属于适用法律不当。赔礼道歉的民事责任只适用于侵害人身权的情况。改编权和摄制权都属于著作财产权，仅侵犯著作财产权不应承担赔礼道歉的责任。②原审判决仅依据林久愉的《声明书》等后发证据认定剧本《梅花烙》原始著作权归属陈喆属于适用法律不当。③原审判决没有就借鉴内容所占比例结合具体案件情况进行个案综合分析判断，适用法律不当。④原审判决判令余征、湖南经视公司、东阳欢娱公司、万达公司、东阳星瑞公司连带酌情赔偿陈喆人民币500万元不符合著作权法的规定。原审判决没有依法酌情确定赔偿陈喆经济损失及诉讼合理支出的数额，没有具体区分余征、湖南经视公司、东阳欢娱公司、万达公司、东阳星瑞公司的具体赔偿金额，仅笼统判决连带赔偿人民币500万元。原审判决实际上采用了酌情赔偿规则，但判赔金额人民币500万元远大于50万元上限，显属法律适用不当。⑤原审判决判令禁播电视剧《宫锁连城》于法于理于情不合。《著作权法》的目的是激励创作和促进传播。如果判决侵权但不予禁播，而是通过判决侵权的演绎作品著作权人以充分的经济赔偿以保障原著作权人的合法权益，使得双方的利益与社会公益得到最优化协调与平衡，进而使得原著作品进一步发扬光大，原侵权演绎作品也因此变更为不侵权演绎作品，相辅相成，相得益彰，这既有利于当事人之间的利益平衡，更有利于公众享受相关作品和优化社会文化环境。所以，退一步说，即使构成侵权，对于一部投资规模很大、文化消费价值较高、侵权比例很小的影视剧来说，从促进文化传播与社会整体效益角度而言，依法依理依情不应禁播。

万达公司主要的上诉理由为：（1）原审判决判令万达公司承担连带责任属于事实认定错误、责任界定不清，同时存在司法不公。①万达公司仅为电视剧《宫锁连城》的财务投资人，原审判决认为万达公司为制片者明

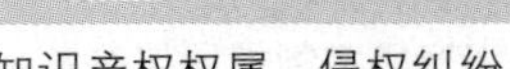

显与事实不符。由东阳欢娱公司、湖南经视公司、东阳星瑞公司三方共同签署的《联合投资摄制电视剧协议书》第3.1条明确约定三方按投资比例共有本剧成片以及剧本、音乐等一切资料的著作权。另外第6.2条明确约定,《宫锁连城》剧本的内容由东阳欢娱公司、湖南经视公司、东阳星瑞公司三方共同审查,经三方书面确认通过后才能进行拍摄。2013年1月23日,东阳欢娱公司与万达公司签署的《联合投资摄制电视剧协议书》约定:东阳欢娱公司引入万达公司作为电视连续剧《连城——凤还巢》的合作投资方,约定万达公司不实际参与电视剧的报批、拍摄、宣传及发行等工作。上述两份协议及原审庭审笔录非常清楚地表明:电视剧《宫锁连城》的著作权由湖南经视公司、东阳欢娱公司、东阳星瑞公司三方所有,万达公司仅挂名出品公司,不参与剧本《宫锁连城》的审查及确认,剧本的立项、报批等工作亦与万达公司无关,万达公司不是电视剧《宫锁连城》的制片者。因此,原审判决认定万达公司为电视剧《宫锁连城》的制片者明显与事实不符。②原审判决事实查明部分有关万达公司与湖南经视公司签署了《联合投资摄制电视剧协议书》的认定及内容均与事实严重不符。万达公司从未与湖南经视公司就电视剧《宫锁连城》签订过任何相关协议;万达公司在原审诉讼中从未向陈喆提交过相关或类似的协议文本;万达公司向原审法院提交的《联合投资摄制电视剧协议书》,是万达公司与东阳欢娱公司于2013年1月23日签署,该协议中亦不存在上述内容。③原审判决认定万达公司为侵害摄制权行为主体亦显属错误,且原审法院在同一案件中并未严格按照同一标准和尺度判断案件事实,存在严重的司法不公。④原审法院未依法对万达公司的财务投资人地位及侵权连带责任承担进行明确界定。如果二审法院依然认定构成侵权,应根据万达公司仅为电视剧《宫锁连城》的财务投资人,主观上无侵权故意,客观上也未实施任何侵权行为之事实,改判万达公司不承担侵权连带责任。万达公司除在电视剧中作为出品方之一署名外,不享有其他著作权。影视作品片尾的"出品单位"或"出品公司"类似署名,跟著作权法上的权利人并不完全对应,仅仅依靠署名不能准确反映影视作品的实际投资和实际著作权状态。如果要准确地掌握《宫锁连城》实际的著作权归属,必须通过审查投资拍摄协议或者相关合同，结合其他三方签署的《电视剧〈连城——凤还巢〉》联合投资摄制协议内容及原审庭审过程中的陈述，能够明确体现：万达公司仅是《宫锁连城》电视剧的投资方，除在该剧片尾挂名出品公司外，不享有该剧的著作权。万达公司按照约定未参与该剧的报批、制作、宣传及发行工作，已经履行对本剧的合理审查义务，主观上无侵权故意，客观上也未实施任何侵权行为，万达公司不应当承担侵权连带责任。(2)原审判决中存在其他事实错误、证据不足、程序失当、适用法律错误等问题。①原审判决关于余征、湖南经视公司、东阳欢娱公司、万达公司、东阳星瑞公司对剧本《梅花烙》是否存在接触可能，存在严重违反法律规定、违背常识的主观臆断和“推定”。②原审判决就“剧本《宫锁连城》在人物设置与人物关系设置上以《梅花烙》为基础”的认定错误严重背离事实，且违反剧本创作规律。③原审判决认为“两部作品在整体上的情节排布及推演过程高度近似”属于事实认定错误。④原审法院简单草率片面地援引相关受众言论认定两部作品之间有“较高的相似体验”，与事实严重不符。⑤原审诉讼中，双方的举证均局限于两部作品之间的相似程度比对，未对《梅花烙》的影响范围、《宫锁连城》剧本的创作及审查过程、电视剧《宫锁连城》的制作过程进行举证，原审法院也未依职权对上述事实进行证据调取，原审判决对于该部分的事实认定证据严重不足，也有违剧本与影视作品之间关系的常识。⑥原审判决程序严重失当。林久愉出具的《声明书》和怡人公司出具的《确认书》本质上属于证人证言，根据相关法律规定证人应当出庭作证，而原审法院并未依法传唤相关证人到庭作证，在此情况下原审判决直接将该部分证据作为定案依据，据此确定陈喆对剧本《梅花烙》拥有著作权，严重违反了《中华人民共和国民事诉讼法》及《最高人民法院关于民事诉讼证据的若干规定》的相关规定。⑦原审判决适用法律错误。《中华人民共和国著作权法》第四十九条之规定旨在确定著作权损害赔偿责任的范围，应当以加害人侵权行为所造成损害的财产损失范围为标准，按照利益的“弥补”和“填平”原则承担相应责任。陈喆的权利客体是文字作品，确定其实际损失应当以其稿酬水平为基础，陈喆明知其“实际损失”明显小于所谓的“侵权人违法所得”，故拒

绝向原审法院提供相应的证据。既然相关法律规定及法院认定陈喆应提供但未提供证据证明其“实际损失”，应判定其承担“举证不能”的责任。电视剧《宫锁连城》热播，受众广泛，其根本原因是余征创作的《宫》系列电视剧等大量作品制作精良，镜头和画面精致唯美，使得电视剧收视率一直居高不下。剧本《宫锁连城》尤其是与《梅花烙》相似的部分，对收视率的贡献是微乎其微的，原审法院认为“原告主张基于各被告违法所得给予侵权损害赔偿的请求具有合理性”，明显属于适用法律错误。

东阳星瑞公司主要的上诉理由为：（1）原审判决认定事实不清、证据不足，认定东阳星瑞公司和余征、东阳欢娱公司、湖南经视公司、万达公司构成侵害著作权与事实、法律严重相悖。①原审判决既未调查是否存在1992 年的《梅花烙》剧本，也未调查 1992 年《梅花烙》剧本的内容到底是什么，片面依据陈喆在原审诉讼中提交的2014 年7 月打印的所谓的《梅花烙》剧本进行比对，进而认定东阳星瑞公司与余征、湖南经视公司、万达公司、东阳欢娱公司构成共同侵权，属于事实不清、证据不足。②原审判决关于陈喆是涉案作品的唯一著作权人的认定与事实和现行法律严重相悖。③原审判决认定东阳星瑞公司和余征、湖南经视公司、万达公司、东阳欢娱公司共同侵犯涉案作品的改编权、摄制权，事实不清、证据不足，且多处自相矛盾，属于原审法院主观自我推定所得结论，并突破了陈喆的主张范围。（2）原审判决判令停止复制、发行、传播电视剧《宫锁连城》并判令东阳星瑞公司和余征、湖南经视公司、万达公司、东阳欢娱公司连带赔偿人民币 500 万元于法无据。

陈喆服从原审判决。

经审理查明：根据陈喆提交的电视剧剧本《梅花烙》及陈喆的《权利声明书》、电视剧《梅花烙》剧本摘录、小说《梅花烙》、小说《梅花烙》摘录、电视剧《宫锁连城》剧本及作品登记证书、电视剧《宫锁连城》完成片 DVD（乐视网，www. letv. com 网络下载视频）、电视剧《宫锁连城》完成片剪辑版、电视剧《宫锁连城》演员戴娇倩“我就是这么直接”媒体采访视频、（2014）京方圆内经证字第 20573 号公证书、（2014）京方圆内经证字第 20572 号公证书、（2014）京方圆内经证字第 20571 号公证书、林久愉的《声明书》、怡人公司出具的《确认书》、小说《梅花烙》首发出版方皇冠文化出版有限公司出具的《证明书》及“一〇三年度北院民公麟字第221531号”公证书、《写给广电总局的一封公开信》、律师委托代理合同书、律师费发票、律师费支出的代付款说明、台湾地区公证费用《声明书》及《公证费支出明细单》、公证费发票，余征、湖南经视公司、东阳欢娱公司、东阳星瑞公司提交的电视剧《梅花烙》VCD、封面、内容截图、电视剧《宫锁连城》、剧本《宫锁连城》、余征2012年5月30日完成的《宫锁连城》故事梗概、国家广播电影电视总局关于《宫锁连城》的电视剧拍摄制作备案公示表、国家广播电影电视总局备案的《宫锁连城》故事梗概、张庭新浪微博网页、《乾隆皇帝全传》节选、《九小姐与乾隆》节选、连环画《九公主与乾隆》、黄梅戏《公主与皇帝》、电视剧《还君明珠》、电视剧《绝色双娇》、电视剧《青天衙门Ⅱ之望子成龙》《西游记》节选、《西厢记》节选、《水浒传》节选、《红楼梦》节选、《清史十六讲》节选、《试论〈红楼梦〉中嬷嬷的形象及其审美价值》《试论小厮在〈红楼梦〉中的作用——以茗烟、兴儿为例》、电视剧《一剪梅》《清史稿》节选、《乾隆幼女和孝公主》《解说老北京》节选、《鲁迅新婚之夜与妻子同房未同床伤心流泪》《明清长篇世情小说妻妾斗争与“歇斯底里”特质》《红颜倾君》节选、电视剧《大清后宫》《游龙真太子》《换子成龙》《凤凰血》《爱在离别时》《爱情风暴美丽99》《赵氏孤儿案》《新施公案》《菩提树下》《情迷海上花》《璀璨人生》《错爱一生》《风中百合》《金玉良缘》《雍正王朝》《红楼梦》《京华烟云》《打金枝》《真假驸马》《宫锁连城》人物关系图、《梅花烙》人物关系图、《宫锁连城》主要故事脉络情节、《梅花烙》主要故事脉络情节、相关案例，湖南经视公司提交的《授权声明书》，万达公司提交的《联合投资摄制电视剧协议书》以及相关笔录和当事人陈述等证据，能够证明原审法院查明的事实，本院对此予以确认。

本院另查：

（一）双方新提供的证据

1. 湖南经视公司在二审庭审中提交了我国台湾地区“经济部智慧财产局”函及所附“经济部智慧财产局”著作权登记簿誊本的传真件，庭审后提交了该函及附件的公证认证件。其中，“经济部智慧财产局”著作权登记簿记载有：“著作名称：梅花三弄第一部——梅花烙，单位及数量：一册，收文日期：081/09/23，收文文号：19A－8120267－，著作类别：语文著作，核准文号：812－0267－，登记号码：5104，核准日期：081/10/05，著作人：陈喆”“壹、登记事项：一、著作财产权登记著作财产权人：怡人公司，登记原因：让与，发生时间：081/09/7，权利范围：全部。二、著作财产权让与登记让与人：陈喆，受让人：怡人公司，登记原因：让与，发生日期：081/09/7，权利让与之范围：全部”“贰、附载事项：本项登记悉依申请人之申报，不作实质审查，登记事项如发生司法争议时，应由当事人自负举证责任，并由司法机关依著作法及具体个案调查事实认定之，不应以本登记簿誊本认定为享有著作权之唯一证据。”登记簿记载的上述时间的年份均为 1992 年。

陈喆认为，该份证据是湖南经视公司在二审诉讼中当庭提交的证据，提交时间超出了本院指定的举证期限，且不属于新证据，不应予以采信。同时，陈喆明确，1992 年 9 月《梅花烙》剧本当时还处于创作过程，为了电视剧《梅花烙》的拍摄做了上述转让登记。陈喆主张的《梅花烙》剧本是 1992 年 10 月创作完成并作为电视剧《梅花烙》拍摄使用的剧本，即原审诉讼中提交的剧本，该剧本是根据拍摄使用的剧本进行计算机录入制作电子版本后打印出来的。陈喆创作的剧本在实际拍摄过程中不会发生实质变化。陈喆主张权利的剧本与上述登记证书记载的剧本可能存在阶段性微小调整但不会有太大的调整。

2. 陈喆在本院诉讼中新提交了两份证据，分别是（2015）京方圆内民证字第 00470 号公证书和（2015）京方圆内民证字第 00471 号公证书，上述两份证据对余征的网易博客和新浪博客的相关内容进行了公证。余征于 2006 年 11 月 7 日在其网易博客发表了一篇名为《美人如花隔云端（一）》

的博客，其中写道："楚楚可怜的陈德容真的算是少年时期的梦中情人，一部《梅花烙》翻来覆去看了几百遍，每一遍都惊叹不已，虽然美女如今还是活跃在银幕上，去年在横店还有过一面之缘，但是总是找不到当年的那种感觉了，吟霜，已经绝唱……"余征于2007年3月20日在其新浪博客发表了一篇名为《两个时代，一种美丽》的文章，其中写道："我曾经一度迷恋琼瑶剧，特别是《梅花烙》，觉得无论是故事还是造型还是演员都非常一流。"

陈喆用上述两份证据证明，余征在其博客中表明其十分喜爱陈喆原创作品《梅花烙》，并多次赏阅，主人公的形象及该作品的故事、情节早已深入其心，鉴于余征对陈喆的作品，特别是《梅花烙》的熟悉，对其作品人物、故事情节的烂熟于心，将陈喆作品的相关内容用于其日后编写的剧本，绝不可能构成"巧合"与"误伤"。余征、湖南经视公司、东阳欢娱公司、万达公司、东阳星瑞公司对陈喆提供的上述证据形式上的真实性予以认可，对证明目的不予认可。

（二）补充查明的事实

1. 涉案作品著作权权属的相关事实

电视剧《梅花烙》播放片头显示"怡人传播有限公司制作""原著琼瑶""编剧指导琼瑶""编剧林久愉"。

2014年6月20日，林久愉出具《声明书》，主要内容为："本人林久愉，系琼瑶老师的学生及创作助手，自1989年以来，已经配合琼瑶老师创作完成了多部电视剧剧本（详见本声明书附件《剧本辅助创作清单》）。在相关的剧本创作活动中，本人与琼瑶老师的工作方式为：由琼瑶老师进行具体的创意构思与原创讲述，本人作为助手为琼瑶老师的创作文字草稿进行整理，或直接对琼瑶老师的创作口述进行文字记录，在电视剧署名中，琼瑶老师和我也做了分工署名约定。本人现特此确认：无论本人在相关剧集中的署名方式如何，本人的职责均系配合、辅助琼瑶老师完成剧本，包括《梅花烙》在内的清单所列剧本均系由琼瑶老师独立原创完成，琼瑶老师自始享有此类剧本的全部著作权及相关权益。如本人依据世界任何国家或地区的法律及规定，可全部或部分享有此类权利，本人确认，此类权利自始即不可逆转地无偿转归琼瑶老师独立享有。琼瑶老师独立支配、处置与维护此类权利。”

2014 年 7 月 2 日，陈喆出具《声明书》，声明：其本人系剧本《梅花烙》的作者，自始完整拥有该剧本著作权及相关权利，创作该剧本的完成时间为 1992 年 10 月。《声明书》附有剧本《梅花烙》打印文本。

怡人公司于 2014 年 9 月 24 日出具《确认书》，主要内容为：“怡人公司系电视剧《梅花烙》（《〈梅花三弄〉之〈梅花烙〉》）的唯一制片方。该剧系本公司根据琼瑶原创剧本，于 1992 年 10 月至 1993 年 3 月期间独立摄制完成，于 1993 年 10 月在我国台湾地区电视台（台湾中视综合台）首播，于 1994 年 4 月在我国大陆电视台（湖南电视一台）首播。本公司在此证明：该剧原创故事及剧本均由琼瑶创作完成，琼瑶为剧本的作者，琼瑶的助手林久愉提供了创作辅助与文稿整理工作，根据琼瑶老师的要求并经林久愉同意，为了提携新人，在电视剧《梅花烙》剧集的署名中，将林久愉署名为‘编剧’，将琼瑶署名为‘编剧指导’。本公司确认：琼瑶自始完整享有该剧原创剧本的全部著作权及相关权益，并有权根据该剧本改编创作、发表小说《梅花烙》。如本公司依据世界任何国家或地区的法律及规定，可全部或部分享有此类权利，本公司确认，此类权利自始即不可逆转地无偿转归琼瑶独立享有，琼瑶有权独立支配及处理此类权利，包括著作权维权权利。”

原审诉讼中，陈喆提交了作家出版社于 1994 年 7 月出版的《梅花烙》小说（ISBN7－5063－0767－7/I·766），署名作者为（台湾）琼瑶。该书最后附有一篇《〈梅花二弄〉后记》，其中记载：“一九七一年，我写了一系列的中篇小说，背景是明朝，收集在我《白狐》一书中，早已出版。……去年，我和我的编剧林久愉，选中了我的三部中篇小说，决定制作一系列的电视剧，取名为《梅花三弄》。……《梅花烙》取自《白狐》一书中之《白狐》。……我和林久愉，开始重新整理，加入新的情节，新的人物，来丰富这三个故事。整整经过了一年的时间，才把三部剧本完成。因为每部戏剧多达二十集（二十小时），加入及改变的情节非常多，几乎只有原著的‘影子’，而成为了一部新作。”该后记写于1993年夏。

2. 受众调查的相关事实

陈喆在原审诉讼中提交了（2014）京方圆内经证字第20573号公证书，根据该公证书的记载，新浪娱乐关于“调查：琼瑶举报于正抄袭，你怎么看？——新浪娱乐——新浪网”的调查结果显示：“力挺琼瑶！《宫3》就是抄袭《梅花烙》”的投票票数为34775票，占89.9%，“无所谓，有剧看就行”的投票票数为2805票，占7.3%，“支持于正！没有抄袭，只是借鉴”的投票票数为1093票，占2.8%。新浪微博“PK你觉得于正抄袭了吗?”的调查结果显示：107632票认为抄袭了，3153票认为没抄袭。网易娱乐关于“你认为于正的《宫锁连城》抄袭《梅花烙》了吗?”的调查结果显示：“抄了”的投票票数为26961票，占88%；“没抄”的投票票数为491票，占1.6%，“难说，创作难免相互借鉴”的投票票数为3094票，占10.4%。益派调查网关于“琼瑶举报于正”的调查，共302人参与，有效样本人数300人，其中对于“琼瑶称于正抄袭，您支持谁?”的问题，268人回答支持琼瑶，占89.3%，32人回答支持于正，占10.7%。

3. 电视剧《宫锁连城》拍摄的相关事实

2013年1月8日，东阳欢娱公司（甲方）、湖南经视公司（乙方）、东阳星瑞公司（丙方）签署《电视剧〈连城－凤还巢〉联合投资摄制协议》，主要内容包括：（1）第二条本剧基本信息。2.1剧名：《连城——凤还巢》。2.2集数40集（暂定）。2.3制片人于正，导演李慧珠，主要演员陆毅（待定）。2.5本剧由甲方负责承制事宜，并派专人负责本剧发行。（2）第三条著作权归属及收益处理。3.1本剧成片以及包括但不限于与本剧相关的剧本、音乐（与音乐词曲作者另有约定的除外）、剧照、海报以及拍摄素材等一切资料的著作权（本剧主创人员的特定著作权人格权除外）在全世界范围内甲乙丙三方按照本剧投资比例共有，其时间及于所有的版权保护期限。3.2本剧的衍生产品的收益，包括但不限于该剧在全世界范围内有线、无线播映、音像制品、信息网络传播权、人物角色商品等或进行上述授权所产生的收益和衍生品开发和广告赞助、植入等招商收

入，由甲乙丙三方按照本剧投资比例分享。使用本剧或本剧剧本的形象、情节对本剧进行改编等权利，由甲乙丙三方共有，所获收益由甲乙丙三方按照本剧投资比例分享。3.3 经三方确认后，甲方可以其自身的名义就以上版权和衍生产品的开发使用、广告赞助招商等事宜与第三方进行合作，向第三方进行授权许可，乙丙两方应向甲方出具授权书，且所得收益甲乙丙三方按照本协议的约定投资比例进行分配。乙丙两方对上述合作事宜拥有知情权和监督权。所有就以上合作事宜经甲方签署的文件、合同，均需向乙丙两方提交加盖公章的复印件留存备案。（3）第四条署名。4.1 本剧以及一切相关宣传品中，甲乙丙三方享有本剧“出品方”及“联合摄制方”的署名权。甲乙丙三方商定，三方各自出一名代表出任该剧的出品人，排名顺序为：乙、甲、丙。合作各方一致同意乙方上级主管单位湖南广播电视台署名“荣誉出品单位”。4.2 本剧片尾拍摄单位的署名及署名顺序为：甲、乙、丙。三方其他人员的署名按广播电影电视总局的有关规定及双方书面确认后的决定处理。4.3 三方各自引进的其他合作方的署名，在不与本协议第四条之约定冲突的前提下，由各方自行与第三方确定。（4）第六条摄制、立项及送审。6.2 该剧剧本内容由甲乙丙三方共同审查，经三方书面确认通过后才能进行拍摄。6.3 全部成本（包括前期筹备、中期拍摄、后期制作、宣传等）由甲乙丙三方共同承担。6.4 三方共同制定拍摄计划及投资预算、选择主创人员以及宣传和发行方案等。若达不成一致意见，以多方意见为准。6.5 甲乙丙三方同意，由乙方全权负责剧本的立项、报批、审批环节的相关事宜。三方均有权了解本剧前期筹备、拍摄制作、送审、宣传、发行的计划安排以及实际进展。6.6 甲方负责该剧的剧本创作、摄制工作，负责在甲乙丙三方认可通过之预算范围内安全、即时、优质完成该剧剧本创作和拍摄、制作工作。6.7 本剧拍摄完成后，由乙方备齐材料向广电主管部门送审并取得本剧的发行许可证。乙方应向其他两方提供本剧发行许可证的复印件。

（三）原审法院查明有误的事实

1. 原审诉讼中，万达公司（乙方）向原审法院提交了其与东阳欢娱公司（甲方）签订的《联合投资摄制电视剧协议书》。原审法院认定万达公司向陈喆提交了其与湖南经视公司签署的《联合投资摄制电视剧协议书》有误，查明的相关协议内容系东阳欢娱公司、湖南经视公司与东阳星瑞公司签署的《电视剧〈连城－凤还巢〉联合投资摄制协议》的内容。本院对此予以纠正。

万达公司在原审庭审中提交了《联合投资摄制电视剧协议书》原件，其中甲方声明、投资比例及投资款支付进度、收益分配部分的相关条款被遮蔽，未被遮蔽部分的主要内容有：（1）甲方与湖南经视公司、东阳星瑞公司于2013年1月8日签署了《电视剧〈连城——凤还巢〉联合投资摄制协议》，约定甲方与湖南经视公司、东阳星瑞公司联合投资摄制电视剧《连城——凤还巢》。（2）甲方拟引进乙方作为电视剧的合作投资方，乙方同意投资。（3）乙方不实际参与电视剧的报批、拍摄、宣传及发行等工作。（4）甲方确保乙方在电视剧中作为出品方署名，除该署名权和优先收回投资和获取收益的权利外，乙方对电视剧不享有其他著作权。（5）合同签署时间为2013年1月23日。电视剧《连城——凤还巢》即电视剧《宫锁连城》。

2. 本院诉讼中，各方均认可，电视剧《宫锁连城》截至目前在中国大陆地区仅在湖南卫视完成电视播映，同时在多家视频网站进行了传播。原审法院认定自2014年4月8日起，电视剧《宫锁连城》已经在湖南卫视等多家电视台卫星频道完成首轮及二轮播出有误，本院对此予以纠正。

3. 剧本《梅花烙》《宫锁连城》的剧情梗概有误之处

（1）原审法院在剧本《梅花烙》的剧情梗概中认定，“现倩柔再度怀胎，烧香拜佛盼得一男孩。回女翩翩是王爷寿辰接受的赠礼，深得王爷喜爱并被王爷纳为侧福晋。倩柔在府中的地位受到严重威胁。倩柔的姐姐婉柔于是向倩柔献计，一旦此胎再生女孩，则不惜偷龙转凤换成男孩。”剧本《梅花烙》中并无倩柔烧香拜佛的情节，翩翩在婉柔向倩柔提议偷龙转凤时尚未被纳为侧福晋。

原审法院在剧本《梅花烙》的剧情梗概中认定，“新生的女婴在生产当夜被婉柔遗弃杏花溪边”，剧本《梅花烙》中的相应情节为：婉柔用竹

篮将新生的女婴遗弃在溪水中。

原审法院在剧本《梅花烙》的剧情梗概中认定，“江湖艺人白胜龄夫妇以卖唱为生，这天在溪畔练唱，偶然听见婴儿啼哭，寻着哭声找到被遗弃的女婴，发现女婴肩头的梅花烙印，又对女婴的身世无迹可寻。”剧本《梅花烙》中的相应情节为：白胜龄夫妇发现女婴肩头有伤口，伤口有水泡，似乎是烫伤。

原审法院在剧本《梅花烙》的剧情梗概中认定，“此后，皓祯便常来听吟霜唱曲，渐渐萌生对吟霜的爱意”，剧本《梅花烙》原文为“祯如痴如醉地静听着”，并未描述此时皓祯对吟霜是否萌生爱意。

（2）原审法院在剧本《宫锁连城》的剧情梗概中认定，“为防止佟家麟再来闹事，恒泰为连城安排护卫把守迎芳阁，而恒泰则常来听连城唱曲”。剧本《宫锁连城》中的相应情节为：恒泰为连城安排护卫把守迎芳阁，恒泰要求连城为其唱首歌，连城为恒泰歌唱一曲。连城为恒泰歌唱一曲之后即为两人在向日葵田间相见，未直接描写恒泰常来迎芳阁听连城唱曲。

（四）其他事实

陈喆在原审起诉书中列明其诉讼请求第三项为要求余征在新浪网、搜狐网、乐视网、凤凰网显著位置发表经其书面认可的公开道歉声明，在起诉书事实理由部分写明：“请求依据《中华人民共和国著作权法》第四十七条、第四十九条及相关规定，判令被告立即停止侵权、消除影响、向原告赔礼道歉并赔偿原告全部经济损失。”

根据原审庭审笔录，各方当事人对人物关系对比图和相似情节对比表均陈述了意见。

以上事实，有（2015）京方圆内民证字第00470号公证书、（2015）京方圆内民证字第00471号公证书、我国台湾地区“经济部智慧财产局”函及所附“经济部智慧财产局”著作权登记簿誊本、林久愉的《声明书》、怡人公司出具的《确认书》、电视剧《梅花烙》、剧本《梅花烙》、剧本《宫锁连城》《电视剧〈连城——凤还巢〉联合投资摄制协议》《联合投资摄制电视剧协议书》、起诉书及当事人陈述等证据在案佐证。

本院认为，《中华人民共和国民事诉讼法》第七十二条第一款规定，凡是知道案件情况的单位和个人，都有义务出庭作证。有关单位的负责人应当支持证人作证。《最高人民法院关于民事诉讼证据的若干规定》第六十九条规定，无正当理由未出庭作证的证人证言不能单独作为认定案件事实的依据。

根据上述规定，除非有正当理由，证人应当出庭作证。证人证言系指证人就亲身感知的事实所作的客观陈述。林久愉和怡人公司分别出具的《声明书》《确认书》中的部分内容涉及本案的案件事实，如林久愉关于协助陈喆创作剧本的陈述、怡人公司拍摄电视剧《梅花烙》及该剧播出的陈述。对于上述内容，由于林久愉和怡人公司并未到庭作证，因此不能作为单独认定案件相关事实的依据，需要结合其他在案证据予以佐证。但其中的以下内容："如本人/本公司依据世界任何国家或地区的法律及规定，可全部或部分享有此类权利，本人/本公司确认，此类权利自始即不可逆转地无偿转归琼瑶老师独立享有。琼瑶老师独立支配、处置与维护此类权利"，是对相关权利的处分，已经不属于对客观事实陈述的证人证言，故对该部分内容的认定不适用证人证言的相关认证规则，只要系处分者的真实意思即可。

另，鉴于各方当事人在原审庭审中已就陈喆提供的人物关系对比图和情节对比表陈述了意见，原审法院予以采纳并无不当。

综上，对余征、湖南经视公司、东阳欢娱公司、东阳星瑞公司的相关上诉理由，本院不予支持。

《中华人民共和国著作权法》第十一条规定："著作权属于作者，本法另有规定的除外。"创作作品的公民是作者。如无相反证明，在作品上署名的公民、法人或者其他组织为作者。

《最高人民法院关于审理著作权民事纠纷案件适用法律若干问题的解释》第七条规定，当事人提供的涉及著作权的底稿、原件、合法出版物、著作权登记证书、认证机构出具的证明、取得权利的合同等，可以作为证据。

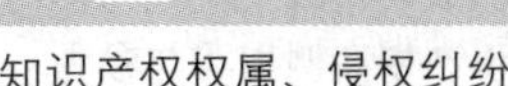

本案中，陈喆主张权利的是1992年10月创作完成的剧本《梅花烙》，但湖南经视公司在本院诉讼中提交的台湾地区“经济部智慧财产局”登记簿誊本显示，还存在一个1992年9月的《梅花烙》剧本，且该剧本著作权已转让给怡人公司。就上述两个不同时间的剧本，首先，根据怡人公司在《确认书》中所作的权利处分声明，可以认定1992年9月的《梅花烙》剧本著作权也归属于陈喆。其次，即便湖南经视公司等否认1992年9月剧本和陈喆主张权利的1992年10月剧本不同，并进而否认陈喆提交的1992年10月剧本的真实性，但考虑到电视剧《梅花烙》已于1993年10月在我国台湾地区上映，而按照正常逻辑，拍摄用剧本在电视剧拍摄完成时必然已成型，即陈喆据以主张权利的拍摄用1992年10月剧本至少在1993年10月既已存在。原审法院对陈喆提交的1992年10月剧本所作认定并无不妥。再次，根据林久愉在《声明书》中所作的权利处分意思表示，并结合小说《梅花烙》所附的《〈梅花三弄〉后记》，可以确认陈喆对1992年10月的剧本亦享有著作权，即不论两个剧本的内容是否相同或实质性相似，其著作权均归陈喆所有。综上，余征、湖南经视公司、东阳欢娱公司、万达公司、东阳星瑞公司据此否认1992年10月剧本存在，并进而否认陈喆对该剧本享有著作权的上诉理由，依据不足，不能成立。

陈喆在本案中还主张小说《梅花烙》的著作权。根据小说《梅花烙》的署名，陈喆为该小说的作者，在无相反证据的情况下，其对该作品享有著作权。小说《梅花烙》由剧本《梅花烙》改编而来，两者在内容上高度关联、相似，但由于从剧本到小说发生了文学艺术形式的变化，小说《梅花烙》是在剧本《梅花烙》基础上创作出来的具有独创性的新作品，其独创性即体现在文学艺术形式的转换之中。由于原作品的著作权人即为陈喆，改编作品的著作权人也是陈喆，因此，陈喆对于小说《梅花烙》亦可主张权利。

《中华人民共和国著作权法》第十条第一款第（十四）项规定，改编权即改变作品，创作出具有独创性的新作品的权利。根据上述规定，改编权所直接控制的行为是改编行为，即改变作品，创作出具有独创性的新作品的行为，新作品应当保留原作品的基本表达，否则仅仅根据原作品的思想创作出来的新作品不受改编权的控制。除法律另有规定外，未经许可利用他人的原作品实施改编行为，构成对原作品著作权人改编权的侵犯。判断被诉行为是否侵犯权利人的改编权，通常需要满足接触和实质性相似两个要件。

接触是指被诉侵权人有机会接触到、了解到或者感受到权利人享有著作权的作品。接触可以是一种推定。权利人的作品通过刊登、展览、广播、表演、放映等方式公开，也可以视为将作品公之于众进行了发表，被诉侵权人依据社会通常情况具有获知权利人作品的机会和可能，可以被推定为接触。

本案中，根据剧本《梅花烙》拍摄的电视剧《梅花烙》早已在中国大陆地区公开播放，电视剧《梅花烙》是对剧本《梅花烙》内容的视听化。比对陈喆提供的剧本《梅花烙》打印文本所载内容与电视剧《梅花烙》内容，两者高度一致，相关公众通过观看电视剧《梅花烙》即可获知剧本《梅花烙》的内容，尤其是结合陈喆在本院诉讼中提交的证据，余征微博中的表述清楚地表明其观看过电视剧《梅花烙》，由此更可以印证余征已经知悉电视剧《梅花烙》的内容。因此，电视剧《梅花烙》的公开播放可以视为剧本《梅花烙》的发表，并可据此推定余征、湖南经视公司、东阳欢娱公司、万达公司、东阳星瑞公司接触了剧本《梅花烙》。

著作权的客体是作品，但并非作品中的任何要素都受到《著作权法》的保护，思想与表达二分法是区分作品中受保护的要素和不受保护的要素的基本原则，其内涵是《著作权法》保护思想的表达而不保护思想本身。若被诉侵权作品与权利人的作品构成实质性相似，应当是表达构成实质性相似。表达不仅指文字、色彩、线条等符号的最终形式，当作品的内容被用于体现作者的思想、情感时，内容也属于受《著作权法》保护的表达，但创意、素材或公有领域的信息、创作形式、必要场景和唯一或有限表达则被排除在《著作权法》的保护范围之外。判断是否构成实质性相似时，需首先判断权利人主张的作品要素是否属于《著作权法》保护的表达。

剧本和小说均属于文学作品，文学作品中思想与表达界限的划分较为复杂。文学作品的表达既不能仅仅局限为对白台词、修辞造句，也不能将

文学作品中的主题、题材、普通人物关系认定为著作权法保护的表达。文学作品的表达，不仅表现为文字性的表达，也包括文字所表述的故事内容，但人物设置及其相互的关系以及由具体事件的发生、发展和先后顺序等构成的情节，只有具体到一定程度，即文学作品的情节选择、结构安排、情节推进设计反映出作者独特的选择、判断、取舍，才能成为著作权法保护的表达。确定文学作品保护的表达是不断抽象过滤的过程。

原审法院针对陈喆主张的剧本 21 个情节（小说主张 17 个情节），认定其中 3 个情节属于公知素材，即 3 个情节不构成著作权法保护的表达，而是属于公知素材被过滤；9 个情节不构成实质性相似，即 9 个情节属于《著作权法》保护的表达，但是剧本《宫锁连城》的表达与其不构成实质性相似；9 个情节构成实质性相似。由于余征、湖南经视公司、东阳欢娱公司、万达公司、东阳星瑞公司仅对认定为实质性相似的 9 个情节有异议，本院仅对该 9 个情节进行分析，具体包括情节 1 “偷龙转凤”，情节 5 “次子告状、亲信遭殃”，情节 7 “恶霸强抢、养亲身亡”，情节 8 “少年相助、代女葬亲、弃女小院容身”，情节 9 “钟情馈赠、私定终身、初见印痕”，情节 10 “福晋小院会弃女，发觉弃女像福晋”，情节 18 “道士做法捉妖”，情节 19 “公主求和遭误解”，情节 21 “告密”。余征、湖南经视公司、东阳欢娱公司、万达公司、东阳星瑞公司对上述 9 个情节的意见基本相同，本院以情节 1 “偷龙转凤” 为例，进行分析。

情节 1 “偷龙转凤”。原审法院认定该部分在剧本《梅花烙》中的情节安排为：清朝乾隆年间，硕亲王府福晋倩柔已为王爷生下三个女儿，王爷没有子嗣，恰逢王爷寿辰，回疆舞女翩翩被作为寿礼献予王爷。倩柔在府中地位遭受威胁，此胎如再生女孩，则可能地位不保。姐姐婉柔便出主意，如果再生女孩，则不惜偷龙转凤换成男孩。生产当夜，倩柔生下女婴，婉柔将换出的女婴遗弃溪边。遗弃女婴前，倩柔在女婴肩头烙下梅花烙，作为日后相认的证据。

原审法院认定剧本《宫锁连城》就该部分的情节安排为：清朝乾隆年间，富察将军府，福晋映月连生三女，将军膝下无子，并宠幸侍女如眉以致如眉怀孕，映月府中地位受威胁，生男生女将可能直接关系到映月的命运；于是映月与郭嬷嬷谋划，如再生女儿则不惜偷龙转凤换成男孩。生产当日，映月生下女婴，郭嬷嬷趁乱调包，将女婴遗弃溪边。女孩送走前，映月发现女婴肩头部位有一片朱砂记。

余征在本院诉讼中将情节1抽象为5个层级，并认为两者的相似度仅在第2个层级上，而第2个层级的内容属于公知素材和通用场景（具体图示见本判决附表）。

对某一情节，进行不断的抽象概括寻找思想和表达的分界线的方法无疑是正确的，如果该情节概括到了“偷龙转凤”这一标题时，显然已经属于思想；如果该情节概括到了“福晋无子，侧房施压，为保住地位偷龙转凤”，这仍然是文学作品中属于思想的部分；但对于原审判决所认定的包含时间、地点、人物、事件起因、经过、结果等细节的情节，则可以成为《著作权法》保护的表达，且不属于唯一或有限表达以及公知领域的素材。虽然与余征抽象概括的第4、5层级相比，原审判决中对于情节的认定未概括某些细节，如如眉挑衅映月、将军亲临佛堂施压等，但并未影响该情节属于表达的判断。

陈喆对于情节1中的设计足够具体，可以认定为《著作权法》保护的表达，具体是福晋连生三女无子，王爷纳侧福晋地位受到威胁后，计划偷龙转凤，生产当日又产一女，计划实施，弃女肩头带有印记，成为日后相认的凭据，该情节设计实现了男女主人公身份的调换，为男女主人公长大后的相识进行了铺垫，同时该情节也是整个故事情节发展脉络的起因，上述细节的设计已经体现了独创性的选择、安排。虽然与余征抽象概括的第4、5层级相比，原审判决中对于情节的认定未概括某些细节，如如眉挑衅映月、将军亲临佛堂施压等，但并未影响该情节属于表达的判断。剧本《宫锁连城》的相应情节与其构成实质性相似。

除情节1之外，其余8个情节也与情节1的情况相似，均构成具有独创性的具体的情节，属于《著作权法》保护的表达，剧本《宫锁连城》相应情节与其构成实质性相似。

对于人物关系和人物设置，应对人物与情节的相互结合互动形成的表达进行比对。如果事件次序和人物互动均来源于在先权利作品，则构成实

质性相似。以两部作品中的男女主人公为例，下列要素在两部作品中均存在：(1) 吟霜（连城）和皓祯（恒泰）身份调换；(2) 吟霜（连城）和皓祯（恒泰）在王府外的市井相遇；(3) 吟霜（连城）受到欺负后丧父（丧母）；(4) 皓祯（恒泰）施救吟霜（连城）并安排至王府外的小院；(5) 吟霜（连城）和皓祯（恒泰）陷入爱河、私定终身；(6) 皓祯（恒泰）被皇帝指婚，与公主结婚；(7) 吟霜（连城）后进入王府，遭到公主的欺负；(8) 福晋无意中发现吟霜（连城）的真实身份；(9) 偷龙转凤之秘密被揭开，龙凤知悉彼此真实身份。经比对，剧本《宫锁连城》中对于男女主人公的角色设置与情节互动、情节推进，包含了剧本《梅花烙》的上述要素，故二者构成实质性相似。

原审法院对于人物设置和人物关系的相关认定，均系结合人物与情节的互动及情节的推进来进行比对的，并进而在构成表达的层面对两部作品进行比对。虽然不可否认，剧本《宫锁连城》中的人物设置更为丰富，故事线索更为复杂，但由于其包含了剧本《梅花烙》的主要人物设置和人物关系，故原审法院认定剧本《宫锁连城》的人物设置和人物关系是在涉案作品的基础上进行改编及再创作，并无不当。

文学作品中，情节的前后衔接、逻辑顺序将全部情节紧密贯穿为完整的个性化表达，这种足够具体的人物设置、情节结构、内在逻辑关系的有机结合体可以成为《著作权法》保护的表达。如果被诉侵权作品中包含足够具体的表达，且这种紧密贯穿的情节设置在被诉侵权作品中达到一定数量、比例，可以认定为构成实质性相似；或者被诉侵权作品中包含的紧密贯穿的情节设置已经占到了权利作品足够的比例，即使其在被诉侵权作品中所占比例不大，也足以使受众感知到来源于特定作品时，可以认定为构成实质性相似。

此外，需要明确的是，即使作品中的部分具体情节属于公共领域或者有限、唯一的表达，但是并不代表上述具体情节与其他情节的有机联合整体不具有独创性，不构成著作权法保护的表达。部分情节不构成实质性相似，并不代表整体不构成实质性相似。

陈喆主张的剧本《梅花烙》的 21 个情节（小说《梅花烙》的 17 个情

节），前后串联构建起整个故事的情节推演，虽然小说和剧本在部分情节上有细微差别，但是并不影响剧本和小说两部作品在整体内容上的一致性，陈喆主张的上述情节在前后衔接、逻辑顺序上已经紧密贯穿为完整的个性化表达。剧本《宫锁连城》虽然在故事线索上更为复杂，但是陈喆主张的上述情节的前后衔接、逻辑顺序均可映射在剧本《宫锁连城》的情节推演中，即使存在部分情节的细微差别，但是并不影响剧本《宫锁连城》与涉案作品在情节内在逻辑推演上的一致性。陈喆主张的上述情节，如果以剧本《宫锁连城》中的所有情节来计算，所占比例不高，但是由于其基本包含了涉案作品故事内容架构，也就是说其包含的情节设置已经占到了涉案作品的足够充分的比例，以至于受众足以感知到来源于涉案作品，且上述情节是《梅花烙》的绝大部分内容。因此，剧本《宫锁连城》与涉案作品在整体上仍然构成实质性相似。

当然，诚如原审判决认为：作品中出现的不寻常的细节设计同一性也应纳入作品相似性比对的考量。如：双方作品均提及福晋此前连生三女，但后续并未对该三女的命运做出安排和交代。原审法院的观点并无不当，但是其举例略有不当，剧本《梅花烙》中对于福晋所生的三个女儿，虽然未交待其命运发展，但是在后续情节场景中仍有出现。

原审判决另认为：受众对于前后两作品之间的相似性感知及欣赏体验也是侵权认定的重要考量因素，并且结合陈喆提供的相应网络调查结果，推定受众在观赏感受上已经产生了较高的具有相对共识的相似体验。原审法院将受众的感知和体验作为考量因素的观点并无不当，但是由于在事实查明部分并未对陈喆提供的关于网络调查的相关证据所证明的事实予以认证，而直接在本院认为部分予以分析采纳，确系不当。本院补充查明的该部分事实，对于判定剧本《宫锁连城》与涉案作品是否整体上构成实质性相似，仅仅是一个参考因素，由于上述调查结果系部分网站对网络用户进行的简单调查，且大多数网络用户是对电视剧《梅花烙》和电视剧《宫锁连城》对比后的感知判断，与本案中主张的文字作品的改编并不完全相同，因此，本院仍然是将剧本、小说和剧本之间进行比对后得出最后的结论。

综上所述，剧本《宫锁连城》侵犯了陈喆对涉案作品享有的改编权。

《中华人民共和国著作权法》第十条第一款第（十三）项规定：“摄制权即以摄制电影或者以类似电影的方法将作品固定在载体上的权利。”第十二条规定：“改编、翻译、注释、整理已有作品而产生的作品，其著作权由改编、翻译、注释、整理人享有，但行使著作权时不得侵犯原作品的著作权。”

《中华人民共和国著作权法》将改编权和摄制权分别予以规定，根据《著作权法》的法理，改编和摄制均属于对原作品的演绎行为，且在实践中，特别是影视作品的制作，对于原作品的改编和摄制是紧密联系的行为。改编权控制的是改变作品创作出新作品的行为，如果改编人将未经许可改编的作品以摄制方式予以利用，则违反了《中华人民共和国著作权法》第十二条之规定；或者即使改编人经原作品著作权人许可进行改编，但对于改编作品的后续利用，比如摄制，未取得原作品著作权人的许可，依然违反了《中华人民共和国著作权法》第十二条之规定。基于我国《著作权法》对于著作财产权具体权能的架构，摄制未经许可改编的新作品，构成对原作品权利人摄制权的侵害。

电视剧《宫锁连城》系根据剧本《宫锁连城》拍摄而成。剧本《宫锁连城》基于上述分析，系未经许可对涉案作品进行改编而成，作为改编作品的剧本《宫锁连城》，未经陈喆许可即被摄制为电视剧，构成对涉案作品著作权人陈喆所享有的摄制权的侵害。

《中华人民共和国侵权责任法》第八条规定：“二人以上共同实施侵权行为，造成他人损害的，应当承担连带责任。”上述规定是最为典型的有意思联络的共同侵权行为，即共同加害行为。共同加害行为通常可以考虑以下构成要件：第一，加害人的多数性，即加害人必须2人或者2人以上；第二，加害人之间具有共同过错；第三，加害行为的关联性，即各加害人的加害行为指向同一对象，结合起来共同造成了损害后果的发生；第四，加害行为须造成了同一的损害后果。

余征、湖南经视公司、东阳欢娱公司、万达公司、东阳星瑞公司均符合接触涉案作品的要件，同时剧本《宫锁连城》与涉案作品构成实质性相似，侵害了陈喆对涉案作品享有的改编权。余征、湖南经视公司、东阳欢娱公司、万达公司、东阳星瑞公司是否应对此侵权行为承担连带责任，关键点在于其是否构成共同侵权。

余征作为剧本《宫锁连城》的作者、著作权人，直接实施了侵害改编权的行为，应承担相应的侵权责任。根据东阳欢娱公司、湖南经视公司、东阳星瑞公司在 2013 年 1 月 8 日签订的协议，其中约定《宫锁连城》剧本内容由上述三方共同审查，经三方书面确认通过后才能进行拍摄；湖南经视公司全权负责剧本的立项、报批、审批环节的相关事宜，三方均有权了解本剧前期筹备、拍摄制作、送审、宣传、发行的计划安排以及实际进展；东阳欢娱公司负责该剧的剧本创作、摄制工作，负责在三方认可通过之预算范围内安全、即时、优质完成该剧剧本创作和拍摄、制作工作。基于上述合同约定，可以看出尽管东阳欢娱公司、湖南经视公司、东阳星瑞公司对剧本的创作、报批、审批、拍摄有明确分工，但只有在三方审查同意剧本内容之后电视剧《宫锁连城》方可拍摄，因此，东阳欢娱公司、湖南经视公司、东阳星瑞公司实际上参与到剧本《宫锁连城》的创作之中，即余征、东阳欢娱公司、湖南经视公司、东阳星瑞公司对剧本《宫锁连城》的创作存在共同的意思联络，其相互之间的行为共同侵害了陈喆的改编权，构成了共同加害行为，应承担连带责任。原审法院认为东阳欢娱公司、湖南经视公司、东阳星瑞公司对于余征侵害涉案作品改编权的行为提供帮助构成《中华人民共和国侵权责任法》第九条规定的帮助侵权行为的认定有误，本院对此予以纠正。

同时，《中华人民共和国侵权责任法》第九条第一款规定："教唆、帮助他人实施侵权行为的，应当与行为人承担连带责任。"帮助共同侵权也属共同侵权的类型之一，帮助他人实施侵权是指行为人通过给予协助、配合或者提供便利条件等使他人易于实施侵权行为，通常来说帮助人对其帮助行为具有主观故意，即其可以预见到其帮助行为可能造成的损害后果。

东阳欢娱公司、湖南经视公司、东阳星瑞公司作为出品单位，根据三方合同约定，东阳欢娱公司具体负责拍摄制作，湖南经视公司和东阳星瑞公司对拍摄制作等情况有权了解和监督，因此，东阳欢娱公司、湖南经视

公司、东阳星瑞公司是电视剧《宫锁连城》的制片者，应承担相应的侵害摄制权的责任。余征作为编剧，拍摄电视剧《宫锁连城》得到其许可，且作为电视剧的制片人、出品人等身份，为电视剧《宫锁连城》的拍摄提供了实质性的帮助，与东阳欢娱公司、湖南经视公司、东阳星瑞公司构成共同侵权，应承担连带责任。

此外，根据《中华人民共和国著作权法》第十五条之规定："电影作品和以类似摄制电影方法创作的作品的著作权由制片者享有……"著作权法对制片者并未作出明确规定，根据影视行业惯例和通常的署名方式，一般将出品方认定为制片者，署名为出品方的单位可以提供相反证据来推翻署名的推定效力。

万达公司系电视剧《宫锁连城》署名的出品方，其提供了与东阳欢娱公司签订的协议作为推翻署名的相反证据，本院认为该协议不能成为推翻署名的相反证据。具体理由为：第一，万达公司在原审庭审中提供的该份协议的原件存在若干条款的遮挡，而不仅仅是遮挡个别数据，因此，证据在形式上存在瑕疵，不能完整地呈现协议内容。第二，即使不考虑证据形式上的瑕疵，协议中约定万达公司除署名权、优先收回投资和获取收益的权利外，对电视剧不享有其他著作权。署名的出品方提供拍摄协议来证明实际拍摄中著作权权利归属划分，是可以作为推翻署名的相反证据，但是根据万达公司提供的拍摄协议，除署名之外，其还享有获取收益的权利，万达公司对电视剧《宫锁连城》在获取报酬这一点上与其他出品方并无不同，该项权利是著作财产权的重要内容，也是基于此，万达公司提供的该份协议不能成为推翻署名的相反证据。综上，万达公司仍应被认定为电视剧《宫锁连城》的制片者，应对侵犯改编权、摄制权的行为承担连带责任。

《中华人民共和国著作权法》第四十七条第（六）项规定，未经著作权人许可，以展览、摄制电影和以类似摄制电影的方法使用作品，或者以改编、翻译、注释等方式使用作品的，应当根据情况，承担停止侵害、消除影响、赔礼道歉、赔偿损失等民事责任。

著作权，从权利性质划分上属于排他性的绝对权，当该种权利受到侵害时，停止侵害请求权是著作权自身具有的保护性请求权。因此，停止侵权责任是侵权人应当承担的民事责任。但是如果停止有关行为会造成当事人之间的重大利益失衡，或者有悖于社会公众利益，或者实际上无法执行，可以根据案件具体情况进行利益衡量，不判决停止行为，而采取更充分的赔偿或者经济补偿等替代性措施。权利人长期放任侵权、怠于维权，在其请求停止侵害时，倘若责令停止有关行为会在当事人之间造成较大的利益不平衡，可以审慎地考虑不再责令停止行为，但不影响依法给予合理的赔偿。

停止侵权责任仍然是著作权侵权中首要和基本的救济方式，侵权人不承担停止侵权责任是一种基于利益衡量之后的政策选择，是一种例外情形，应当严格予以把握。是否对权利人的停止侵害请求权加以限制，主要考量的是个人利益之间的利益平衡以及个人和社会公众利益之间的平衡。本案具体可以从以下方面进行判断：

第一，权利人和侵权人之间是否具有竞争关系。如果权利人和侵权人之间具有竞争关系，则不宜对停止侵害请求权进行限制，否则不判令承担停止侵权责任，意味着给侵权人赋予了强制许可，这种违背权利人意愿的方式有可能极大损害权利人通过投资获得收益并取得竞争优势。本案中，陈喆与余征、湖南经视公司、东阳欢娱公司、万达公司、东阳星瑞公司之间是具有竞争关系的。陈喆作为涉案作品的著作权人，虽然涉案作品于1992年创作完成，1993年被拍摄为电视剧并播映，但是陈喆仍然可以对涉案作品进行再次的改编、拍摄。小说或剧本的影视改编、摄制、发行活动，是实现小说或剧本市场价值、商业利益的重要方式。余征同样作为编剧，湖南经视公司等作为电视剧的制片者，与陈喆之间具有竞争关系，剧本《宫锁连城》与涉案作品构成实质性相似的情况下，基于该剧本拍摄的电视剧《宫锁连城》继续复制、发行、传播将意味着其取得了强制许可，这显然违背了陈喆本人的意愿，且损害了陈喆再次改编、拍摄涉案作品并投入市场的竞争优势。

第二，侵权人市场获利是否主要基于著作权的行使。如果侵权人的商业产品获得成功并非来源于产品中著作权发挥的功能，或者其发挥的功能

仅占产品市场成功的很小部分时，基于权利人利益和侵权人利益之间的平衡，可以对停止侵害请求权进行限制。本案中，电视剧《宫锁连城》的拍摄融合了导演、编剧、演员、摄影等若干人员的劳动，但对于余征担任编剧的电视剧，其获得较高收视率的核心因素在于余征创作的据以拍摄的剧本，也就是说剧本《宫锁连城》对于电视剧《宫锁连城》的市场成功起到了决定性作用，由此，余征、湖南经视公司、东阳欢娱公司、万达公司、东阳星瑞公司应当承担停止侵权的责任。

第三，权利人的主观意图和侵权人的实际状况。陈喆自获知电视剧《宫锁连城》之后即开始积极维权，并未怠于行使其权利。对于电视剧《宫锁连城》的制片者来说，停止复制、发行、播放电视剧的行为并非不可实现或者实现困难。

第四，社会公众利益。如果对停止侵害请求权进行限制已经损害了社会公众利益，则不宜判令侵权人承担停止侵权的责任。社会公众利益是一个不确定概念，但可以确定的是个别人或者个别公司的利益不属于社会公众利益。信息作为一种公共产品，赋予其专有权的目的在于激励创作，长远来看有利于社会发展。停止侵权责任将强化著作权的保护，更符合长远的社会公众利益。

综合上述因素，原审法院判令湖南经视公司、东阳欢娱公司、万达公司、东阳星瑞公司承担停止复制、发行、传播的责任并无不当。

关于赔礼道歉、消除影响的责任。本案中虽然陈喆主张的是改编权、摄制权，即著作财产权，但原审法院判令余征承担赔礼道歉、消除影响的责任并无不当。首先，通常而言，著作人身权受到侵害时适用赔礼道歉、消除影响的民事责任。赔礼道歉是消除影响的手段，消除影响是赔礼道歉的后果。但从《中华人民共和国著作权法》第四十七条规定的字面含义来看，在改编权、摄制权受到侵害时，并不排除赔礼道歉、消除影响责任和赔偿损失责任的并行适用。其次，尽管陈喆在本案中主张的是改编权、摄制权，但对于侵犯改编权的行为而言，在剧本《宫锁连城》与涉案作品构成实质性相似的情况下，实质上暗含了对于涉案作品著作人身权的侵害，比如署名权，同时结合权利人明确提出了要求赔礼道歉、消除影响的诉讼主张，判令余征承担上述责任并未违反同质救济的原则。

《中华人民共和国著作权法》第四十九条规定，侵犯著作权或者与著作权有关的权利的，侵权人应当按照权利人的实际损失给予赔偿；实际损失难以计算的，可以按照侵权人的违法所得给予赔偿。赔偿数额还应当包括权利人为制止侵权行为所支付的合理开支。权利人的实际损失或者侵权人的违法所得不能确定的，由人民法院根据侵权行为的情节，判决给予五十万元以下的赔偿。

根据上述规定，对于侵害著作权损害赔偿数额的确定，主要有权利人的实际损失、侵权人的违法所得、法定赔偿三种方法，且权利人的实际损失、侵权人的违法所得的适用优先于法定赔偿的适用。

余征、湖南经视公司、东阳欢娱公司、万达公司、东阳星瑞公司的行为侵害了陈喆的改编权、摄制权，应当承担赔偿损失的责任。关于赔偿数额问题，陈喆在原审诉讼中主张以侵权人的违法所得来计算损害赔偿。本院认为，本案不应适用侵权人的违法所得来计算损害赔偿，应适用酌定赔偿来确定赔偿数额。具体理由为：第一，双方均未提供充分证据证明违法所得，仅凭陈喆主张的余征编剧酬金标准及电视剧《宫锁连城》的发行价格来确定违法所得数额，依据不足。第二，原审法院既要根据侵权人的违法所得来确定赔偿数额，同时又结合各种因素对于赔偿数额进行酌定，其在适用赔偿数额的方法上存有矛盾之处。第三，酌定赔偿是加大知识产权保护力度的背景之下，法官在一定事实和证据的基础上，根据案件具体情况和自由心证，酌情裁量能够给予权利人充分赔偿的损失赔偿方法。陈喆提供的证据不能充分证明侵权人的违法所得，侵权人亦不提供证据证明其违法所得，在此情况下，原审法院将陈喆主张的计算标准作为参考因素是恰当的，也就是说本案中陈喆的初步举证可以证明侵权人的违法所得明显要高于50万元的法定赔偿。基于此，本院同时考虑到侵权人的主观过错、具体的侵权行为、侵权后果等因素，酌情确定赔偿数额。原审法院虽然在确定赔偿数额的方法上有一定的不当，但其确定的赔偿数额尚属合理，本院对此赔偿数额予以支持。

综上，原审法院虽然事实认定和法律适用部分有误，但处理结果正确，仍可维持。依据《中华人民共和国民事诉讼法》第一百七十条第一款第（一）项、《最高人民法院关于适用〈中华人民共和国民事诉讼法〉的解释》第三百三十四条之规定，判决如下：

驳回上诉，维持原判。

一审案件受理费人民币 143665 元，由陈喆负担 43365 元（已交纳），由余征、湖南经视文化传播有限公司、东阳欢娱影视文化有限公司、万达影视传媒有限公司、东阳星瑞影视文化传媒有限公司共同负担 10 万元（于本判决生效之日起 7 日内交纳）；二审案件受理费人民币 46800 元，由余征、湖南经视文化传播有限公司、东阳欢娱影视文化有限公司、万达影视传媒有限公司、东阳星瑞影视文化传媒有限公司共同负担（已交纳）。

本判决为终审判决。

审　判　长　谢甄珂
审　判　员　袁相军
代理审判员　钟　鸣

二〇一五年十二月十六日

本件与原本核对无异

法官助理　亓　蕾
书　记　员　刘　妍

附图：人物关系对比图

侧福晋翩翩
母子
富察皓祥
皇帝
夫妻
皇后
侧室
兄弟
非亲生
非亲生
贴身嬷嬷
硕亲王
富察皓祯
兰馨公主
崔嬷嬷
正室
生父
心腹
情敌
正室
非亲生
妾室
偷换
小寇子
阿克丹
姐妹
服侍
婉柔
（雪晴）
倩柔
（雪如）
白吟霜
香绮
生母
贴身嬷嬷
养亲
强抢
贴身嬷嬷
打死
苏嬷嬷
白胜龄
多隆
苏嬷嬷

佟毓秀
夫妻
倾慕
孙合礼
母子
妃嫔
侧福晋如眉
富察明轩
慧妃
皇帝
皇后
夫妻
侧室
兄弟
生母
生父
仇人
情侣
步青云
非亲生
杏雨
将军富察翁哈岱
富察恒泰
醒黛公主
李嬷嬷
正室
贴身嬷嬷
非亲生
情敌
心腹
正室
妾室
偷换
郭孝
生父
福晋纳兰映月
宋连城
生母
强抢
贴身嬷嬷
养亲
利用
郭嬷嬷
倾慕
江逸尘
打死
宋丽娘
佟家麟
倾慕
百乐

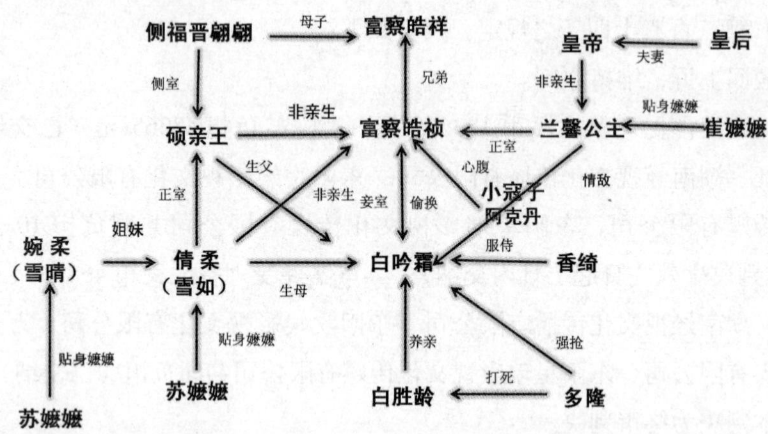

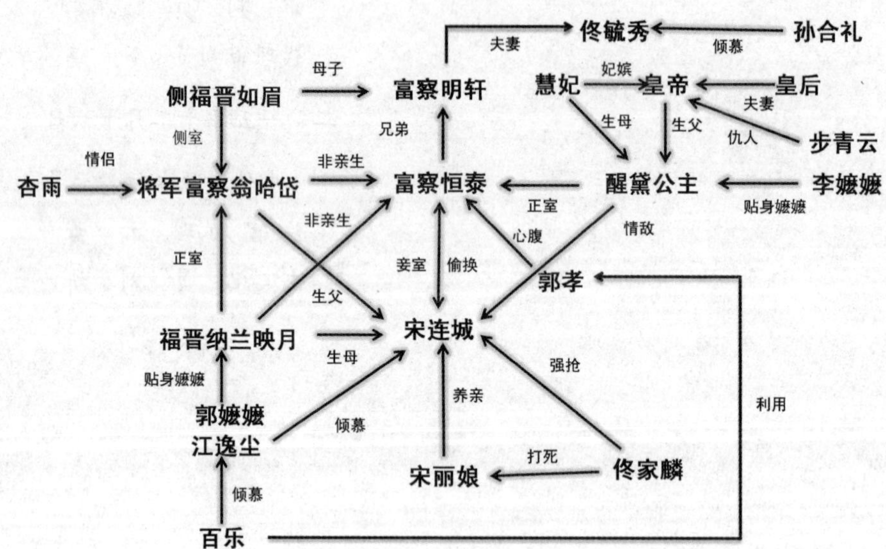

（二）侵害作品署名权纠纷

10. 董国华与黄争鸣、同济大学发明创造发明人署名权纠纷案*

专利法所称发明人或设计人，是指对发明创造的实质性特点作出创造性贡献的人

【裁判要点】

根据《中华人民共和国专利法实施细则》的规定，一项发明创造，其署名人应当是对该专利技术方案的实质性特点作出创造性贡献的人。其中，所谓实质性特点是指发明创造的设计要点或关键技术特征，体现着该发明创造与已有成果的技术差别；所谓创造性贡献是指创新性的智力劳动。据此而言，只有在发明创造的过程中，对创造出与已有成果的技术差别作出了创新性劳动的人，才是发明创造的发明人或设计人，并依法享有该项发明创造的署名权。

【案情简介】

原告：董国华，同济大学航空航天与力学学院（以下简称航力院）高级实验师

被告：黄争鸣，同济大学航力院特聘教授

* 摘自《知识产权审判与指导》2014年第2辑（总第24辑），人民法院出版社2015年版，第113~120页。

被告：同济大学

原告董国华于1986年进入同济大学工作，为该校航力院高级实验师，研究方向为复合材料工艺及机械设计。被告黄争鸣于2003年作为长江学者被同济大学引进，在航力院担任特聘教授，研究方向为复合材料力学及纳米纤维材料。在研究工作中，董国华与黄争鸣两人曾经有过合作。

2004年3月，某部队委托同济大学设计加工“风动阻尼器调节片”，同济大学负责该项目主要人员为袁某某、董国华、陈某某。其中董国华为主制定了“立式风动阻尼器复合材料调节片工艺实施方案”，制作步骤为：a. 上下模表面涂脱模剂。b. 待脱模剂完全干燥后按产品铺层铺设方案铺设增强材料。c. 预埋橡胶气压袋。d. 合模。e. 注射树脂。f. 充气（1公斤/平方米），挤出多余树脂，凝胶固化。g. 调节片加热处理。加热温度控制在80℃±5℃，保温2小时。h. 待产品自然冷却后脱模。i. 修飞边。j. 向气袋内充填聚酯硬发泡。2004年12月，该项目产品经部队验收合格。

2005年3月20日，黄争鸣向国家自然科学基金委员会申报名称为“关于大型风力机叶片的低成本制造技术研究”的研究项目，申请者为黄争鸣；课题组主要成员有董国华、袁某某等人。根据申请报告，该项目的叶片制备步骤包括芯袋选择、纤维制作、模腔设计等内容，同时提出了叶根连接方式，即“金属法兰（铝合金）和锥管加工成一个整体，锥管成喇叭状，靠法兰处的直径最小。为减重，法兰设计成图5（c）、锥管截面如图5（b）。叶根段的模腔呈‘倒锥管’，使得叶根壳体成型后与金属锥管紧密嵌套。”申请报告还载明，前期研究成果包括有某部队的风动阻尼器调节片研制项目。

2005年4月1日，黄争鸣将课题申请报告中的有关风力机叶片及其制备方法的技术方案向国家知识产权局提出专利申请。2007年7月6日，专利审查员发出第一次审查意见通知书，引用一份美国专利D1=US6264877B1作为对比文件，提出审查意见，认为D1已经公开了申请文书所记载的权利要求1的全部技术特征，且D1所公开的技术方案与该权利要求所要求保护的技术方案属于同一技术领域，并能产生相同的技术效果，因此权利要求1不具备《中华人民共和国专利法》（以下简称《专利

法》）第二十二条第二款规定的新颖性。故根据申请文本，本技术方案不能被授权。建议申请人将申请文书中具备授权前景的权利要求9的附加技术特征“连接件由端部法兰和喇叭状锥管构成，锥管靠法兰处的直径最小，叶片端部壳体为倒锥管，与连接件的喇叭状椎管之间构成紧密嵌套”与权利要求1合并撰写为新的产品独立权利要求。2007年11月8日，黄争鸣根据审查员的意见对申请文本作出了修改和陈述。

2008年4月30日，涉案专利“复合材料风力机叶片及其制备方法”（专利号：200510024818.8）授权公告，发明人为黄争鸣，专利权人为同济大学。权利要求书记载：（1）一种复合材料风力机叶片，由增强纤维布、树脂基、连接件、芯料组成，其特征在于：连接件由端部法兰和喇叭状椎管构成，椎管靠法兰处的直径最小，叶片端部壳体为倒椎管，与连接件的喇叭状椎管之间构成紧密嵌套；叶片壳体由浸润过树脂的增强纤维布经中温柔性芯与模腔挤压一次成型，芯料在叶壳成型后再填充进去。（2）根据权利要求1所述的复合材料风力机叶片，其特征在于：所述的中温柔性芯，由弹性密封袋内充注中温液体或中温气体构成，中温柔性芯内设置有加热装置。（3）根据权利要求2所述的复合材料风力机叶片，其特征在于：所述的加热装置为内部包裹有电阻丝的金属件，或者为进出口贯通、内部流导高温液体或气体的金属构件。（4）一种复合材料风力机叶片的制备方法，其特征在于：其叶片的制备方法是：纤维布包裹柔性芯袋和连接件并置于成型模的上下模腔之间，其中柔性芯袋内设置由加热装置，连接件置于叶根端，合拢上下模腔、抽真空、注入树脂，向柔性芯袋内充液体使芯袋与模腔形成密实挤压、或向柔性芯袋内充气体使芯袋与模腔形成密实挤压，启动加热装置、升温固化，固化后脱去模腔、释放柔性芯袋中的液体或者气体并退袋，再在空心叶壳内填充芯料、表面修饰，得到复合材料风力机叶片。

2010年12月28日，董国华与黄争鸣就涉案专利发明人署名权纠纷诉至法院。原告诉称：其从事复合材料工艺技术及风机叶片研究20余年，曾参与军工项目，其中调节片项目的关键技术是柔性芯模，系其在国内首创。2004年10月左右，被告黄争鸣提议原告共同研究复合材料风力发电机叶片，原告遂将军工项目中调节片的详细工艺技术和方法介绍给黄争鸣。2005年3月，黄争鸣提议申报国家自然科学基金，原告作为项目组第二成员撰写及修改了申报材料。后原告发现黄争鸣单方面将调节片生产工艺申请了系争专利。经沟通无果，故提起诉讼，请求判令：（1）确认原告是涉案专利的发明人；（2）确认被告黄争鸣不是涉案专利的发明人；（3）同济大学协助办理发明人署名变更手续。

被告辩称：其于2003年作为“长江学者”被引进到同济大学任职，专业特长是复合材料力学与复合材料加工。在工作期间，与董国华、袁某某等人有合作。涉案专利关键技术主要有两项：一是喇叭状锥管；二是中温柔性芯，系其本人通过理论研究、反复论证和大量演算的成果，与原告无关，请求法院驳回原告诉请。

诉讼过程中，双方当事人确认董国华为主制定的部队技术方案与黄争鸣为主申请的专利技术方案的相似性通过鉴定予以明确。经鉴定，结论为：（1）两个技术方案下列内容相同：采用在模具中铺设增强材料，并放置柔性芯袋的技术；采用上、下模合模后注入树脂的技术；采用在柔性芯袋中充入气体或液体对叶片加压的技术；采用加热固化的技术；采用在叶片型腔内填充芯料的技术。（2）两个技术方案下列内容不相同：①采用树脂注入方式的技术；②采用加热方式的技术；③采用芯料填充方式的技术。

【法院裁判】

上海市第一中级人民法院经审理后认为：根据《专利法》第十七条第一款的规定，发明人或者设计人有权在专利文件中写明自己是发明人或者设计人；根据《中华人民共和国专利法实施细则》（以下简称《专利法实施细则》）第十三条规定，专利法所称发明人或者设计人，是指对发明创造的实质性特点作出创造性贡献的人。因此，涉案专利作为一项发明创造，其署名人应当是对该专利技术方案的实质性特点作出创造性贡献的人。其中，所谓实质性特点是指发明创造的设计要点或关键技术特征，体现着该发明创造与已有成果的技术差别；所谓创造性贡献是指创新性的智

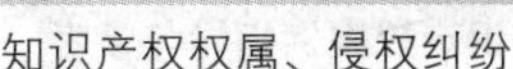

力劳动。据此而言，只有在发明创造的过程中，对创造出与已有成果的技术差别作出了创新性劳动的人，才是发明创造的发明人或设计人，并依法享有该项发明创造的署名权。

本案中，涉案专利的技术方案形成于黄争鸣、董国华等人申报国家自然科学基金研究项目期间，其中包含了董国华研发的部队技术方案的相关内容。为此，原告董国华主张其部队技术方案为涉案专利的创造性实质内容；被告黄争鸣认为涉案专利关键技术为喇叭状锥管和中温柔性芯，系其个人研发，与原告无关。

法院认为：涉案专利已经国家知识产权局实质审查，并予以授权，说明涉案专利技术方案与现有技术相比较，具有新颖性、创造性和实用性。根据第一次审查意见通知书，权利要求 1 不具有《专利法》规定的新颖性，只有权利要求 9 具有授权前景。因此，审查员建议申请人将权利要求 9 的附加技术特征与权利要求 1 合并撰写为新的产品独立权利要求。而权利要求 9 正是喇叭状锥管的连接方式。庭审中，原告董国华确认喇叭状锥管的连接方式在部队技术方案中没有描述，且不具有可行性。现涉案专利得以授权，正是由于增加了喇叭状锥管连接方式的技术特征。故对涉案专利实质性特点作出创造性贡献的人为黄争鸣。据此，判决驳回原告董国华的诉讼请求。

董国华不服，提起上诉。上海市高级人民法院经审理后认为：涉案专利的技术方案与现有技术方案相比，其实质性特点来源于涉案专利申请文本中的权利要求 9 记载的附加技术特征，即“连接件由端部法兰和喇叭状锥管构成，锥管靠法兰处的直径最小，叶片端部壳体为倒锥管，与连接件的喇叭状椎管之间构成紧密嵌套”，鉴于喇叭状椎管的连接方式在董国华实施的部队技术方案中没有描述，故董国华对于涉案发明专利的实质性特点并未作出创造性贡献，判决驳回上诉，维持原判。

【法官评述】

本案系由同济大学航力院两名高级技术专家因其中一人将形成于两人共同申报国家自然科学基金研究项目期间的技术方案申请专利并被授权而

引发的发明人署名权纠纷，其实质则涉及《中华人民共和国专利法实施细则》第十三条所规定的“对专利实质性特点作出创造性贡献”的司法判断问题，对于准确评价科研人员的技术贡献，保护科研人员的创新意识具有较强的现实意义。

一、涉案发明专利和部队项目技术特征的区别分析

本案中，涉案专利名称为“复合材料风力机叶片及其制备方法”，是属于一个总的发明构思之下的风力叶片产品发明及风力叶片产品制备方法发明结合而成的专利。根据其权利要求书的记载，涉案专利独立权利要求共有两项，即权利要求 1 和权利要求 4。另外的权利要求 2 从属于权利要求 1，权利要求 3 从属于权利要求 1 和 2。《中华人民共和国专利法实施细则》第二十一条规定：“发明或者实用新型的独立权利要求应当包括前序部分和特征部分。其中前序部分写明要求保护的发明或者实用新型技术方案的主题名称和发明或者实用新型主题与最接近的现有技术共有的必要技术特征；特征部分使用“其特征是……”或者类似的用语，写明发明或者实用新型区别于最接近的现有技术的技术特征。这些特征和前序部分写明的特征合在一起，限定发明或者实用新型要求保护的范围。”根据独立权利要求 1 的内容，可知涉案风力叶片产品发明区别于其最为接近的现有技术的技术特征涉及到该产品连接件和叶片壳体的技术特征；根据独立权利要求 4 的内容，可知涉案风力叶片产品制备方法发明区别于其最为接近的现有技术的技术特征涉及到该产品的制作方艺和步骤。

部队技术方案的内容则涉及到产品的制作方艺和步骤。因此，如果部队技术方案申请专利的话，则应当归类于方法专利，而非产品专利。

由于部队技术方案中并无产品本身的技术特征，故比对两者技术方案，则应当仅局限于生产工艺和步骤的比较。鉴定报告就此明确了两者技术的异同点，其中，不同点为：“（1）采用树脂注入方式的技术；（2）采用加热方式的技术；（3）采用芯料填充方式的技术”。由此可见，涉案发明专利和部队项目无论在产品本身还是产品生产方法上均存在着相当程度的技术差别，不能混为一谈。

二、“对专利实质性特点作出创造性贡献”的理解和把握

《中华人民共和国专利法实施细则》第十三条规定：专利法所称发明人或者设计人，是指对发明创造的实质性特点作出创造性贡献的人。在完成发明创造过程中，只负责组织工作的人、为物质技术条件的利用提供方便的人或者从事其他辅助工作的人，不是发明人或者设计人。本案中，原告董国华和被告黄争鸣争议的核心问题就在于谁对涉案发明专利的实质性特点作出了创造性贡献。对此，有学者指出，《专利法实施细则》第十三条中的“实质性特点”，对于发明或实用新型而言，应当与《专利法》第二十二条第三款规定的“与现有技术相比，该发明具有突出的实质性特点和显著的进步，该实用新型具有实质性特点和进步”中提到的“实质性特点”具有同样的含义，在一般情况下对应于《专利法实施细则》第二十一条第一款规定的独立权利要求特征部分记载的“区别于最接近的现有技术的技术特征。”“创造性贡献”中的“创造性”与《专利法》第二十二条规定的“创造性”虽是同一词汇，但各自评判的角度有所不同。作为授予发明和实用新型专利权条件的创造性，是指当有两个以上自然人对一项发明创造的完成作出贡献的情况下，评判其中哪些人对形成发明创造的“实质性特点”作出了贡献。①

从涉案专利的审查过程来看，申请文本和授权文本存在区别。换言之，申请文本所载明的技术方案并不能获得授权。主要原因在于，根据审查员的审查意见，由于对比文件美国专利 US6264877B1 已经公开了同类产品复合材料风力机叶片的相应技术特征，故涉案专利申请文本中的权利要求 1 不具有专利授权的新颖性要件，只有权利要求 9 记载的附加技术特征具有授权前景。正是由于权利要求 9 的附加技术特征并入申请文本中的权利要求 1，形成新的独立权利要求才使得涉案专利技术方案审查通过，最终获得授权。对此，一、二审法院均作了确认，即“涉案专利的技术方案与现有技术方案相比，其实质性特点来源于涉案专利申请文本中的权利要

① 尹新天：《中国专利法详解》，知识产权出版社 2011 年版，第 75 页。

求9记载的附加技术特征”。由于部队技术方案只是产品的生产工艺和步骤，并不包括产品本身的技术特征，无连接件的技术特征的描述，故可以认定对涉案发明专利的实质性特点作出贡献的人并非原告。此外，从国家自然科学基金项目的申请书来看，该项目提出了一种“叶根连接方式”来解决现有的技术难题，属于一种技术创新。该叶根连接方式的技术路线及工艺附图事实上也成为了涉案专利申请文本权利要求9的技术特征及专利的说明书附图。而根据双方当事人的庭审陈述，董国华对这种叶根连接方式并不赞同，在撰写申请书时对此亦持反对意见，故该节事实进一步印证连接件的技术特征并非来源于原告，即对涉案发明专利的实质性特点作出贡献的人并非原告。

三、专利行政授权与民事确权纠纷关联性的认识

本案中，原告坚持认为，柔性芯模一次成型工艺技术系其在国内首创，涉案发明专利技术方案中唯一具有创造性的内容即为中温柔性芯，而喇叭状锥管的连接方式不具有实用性，故就涉案发明专利而言，原告的技术贡献才是独创性的贡献，因此，该专利发明人应当确认为原告。事实上，原告这一观点实质是对涉案发明专利授权有效性的否定。应当承认的是，在专利申请审查过程中，由于审查员个人的业务能力和检索条件的客观限制，得以授权的技术方案并不一定真正符合《中华人民共和国专利法》第二十二条所规定“新颖性、创造性、实用性”的专利授权要件（每年相当数量的发明专利被专利复审委员会宣告无效也印证了这一事实）。这就意味着原告有关“喇叭状锥管的连接方式不具有实用性”的观点有可能是正确的。进而言之，即一、二审法院所认定的“涉案发明专利的实质性特点来源于涉案专利申请文本中的权利要求9记载的附加技术特征”的裁判观点可能是错误的。然而，由于原告否定的是授权专利，必须先行提起专利无效审查申请及可能的行政诉讼，而不能在民事诉讼中直接否定授权专利的效力。其中法理依据在于：专利授权是一种行政确认行为，属于行政行为的范畴。而行政行为具有效力先定特权。所谓效力先定特权是指行政机关的决定一旦作出以后，就假定符合法律的规定，对行政机关本身

和当事人以及其他国家机关具有拘束力量。利害关系人认为行政机关的决定违法，只能按照法定的途径提出申诉。在这个决定没有被有权限的机关变更、撤销或宣布无效以前，始终认为合法。即使在申诉过程当中，在受理申诉的机关没有作出裁决以前，行政决定继续有效。[①] 因此，在涉案专利被专利复审委会员宣告无效之前，人民法院理应确认该专利的有效性。也正是在此认识的基础上，一、二审法院尊重审查员的意见，确认涉案专利的实质性特点是审查员所认为的具有授权前景的申请文本中权利要求9记载的附加技术特征。原告主张涉案专利技术方案中唯一具有创造性的内容即为中温柔性芯的意见法院不予确认，也不予审查。

（执笔人：唐　震）

① 王名扬：《法国行政法》，北京大学出版社2007年版，第129页。

(三)侵害保护作品完整权纠纷

11. 中国科学院海洋研究所、郑守仪诉刘俊谦、莱州市万利达石业有限公司、烟台环境艺术管理办公室侵犯著作权纠纷案*

▶

演绎权是在原作基础上创作出派生作品的权利,这种派生作品使用了原作品的基本内容,但同时因加入后一创作者的创作成分而使原作品的内容发生了改动

【裁判摘要】

《中华人民共和国著作权法实施条例》第二条规定:“著作权法所称作品,是指文学、艺术和科学领域内具有独创性并能以某种有形形式复制的智力成果。”据此,著作权保护的对象是对思想及事实的独创性表达,具体认定作品时应当把握以下几点:(1)是否具有一定表现形式,不属于客观事实或者抽象的思想本身;(2)是否由创作者独立创作完成,体现了创作者的个性化选择、判断及技巧等因素;(3)是否属于智力劳动成果。

著作权人对其作品依法享有复制权和演绎权。复制权是再现原作的权利,这种对原作的再现没有增加任何“创作”的内容;演绎权是在原作基础上创作出派生作品的权利,这种派生作品使用了原作品的基本内容,但同时因加入后一创作者的创作成分而使原作品的内容发生了改动。演绎者对其派生作品依法享有著作权,但演绎者行使著作权时应取得原作者的许可,不得损害原作者的著作权。

---

* 摘自《最高人民法院公报》2014 年第 3 期。

原告：中国科学院海洋研究所。住所地：山东省青岛市南海路。

法定代表人：孙松，该所所长。

原告：郑守仪，女，住山东省青岛市市南区福山路，系中国科学院海洋研究所研究员，中国科学院院士。

被告：刘俊谦，男，住山东省青岛市市北区乐环路，系青岛科技大学艺术学院教师。

被告：莱州市万利达石业有限公司。住所地：山东省莱州市文峰路街道。

法定代表人：周义广，该公司总经理。

被告：烟台环境艺术管理办公室。住所地：山东省烟台市芝罘区环山路。

法定代表人：郭守江，该办公室主任。

原告中国科学院海洋研究所（以下简称海洋研究所）、郑守仪与被告刘俊谦、莱州市万利达石业有限公司（以下简称万利达公司）、烟台环境艺术管理办公室（以下简称烟台环境办）发生侵犯著作权纠纷，向山东省青岛市中级人民法院提起诉讼。

原告海洋研究所、郑守仪诉称：郑守仪系中科院院士，从事中国海域有孔虫分类和生态学研究逾半个世纪，凭借专业的科研手段和分类学专家的知识经验，雕琢了230多个有孔虫模型。2008年6月，郑守仪发现烟台滨海中路新落成的雕塑中有10个“有孔虫”雕塑，与刘俊谦之前从郑守仪处借走的有孔虫模型中的10个极为相似，同时几乎全部雕塑歪曲了有孔虫美学的天然性，特别是大部分有孔虫雕塑的所谓“学名”，乃是张冠李戴的错误引用，使有孔虫雕塑完全失去其科学意义。因刘俊谦与万利达公司未经许可，复制、歪曲、篡改他人作品谋取利益，烟台环境办购买未经合法授权的雕塑作品，上述行为构成侵权，特诉至法院请求判令三被告停止侵权，清除雕塑；消除影响，公开赔礼道歉；赔偿经济损失50万元。

被告刘俊谦辩称：（1）刘俊谦雕塑作品是基于自然界客观存在的生物经艺术加工创作完成，创作题材完全来源于公共领域。（2）刘俊谦独立创作完成涉案雕塑作品，依法享有著作权。另，原告郑守仪不是涉案雕塑作品的作者，不享有署名权。(3) 刘俊谦所创作的是用于城市景观美化的雕塑艺术作品，与原告所制作的科学标本模型分属不同的领域，不具可比性。(4) 刘俊谦不存在侵权问题，原告作为国家出资的科研单位和人员，也没有任何损失，其相关诉请不成立。

被告万利达公司辩称：该公司与刘俊谦是委托设计关系，由此产生的责任依法应由设计人刘俊谦承担，请求法院驳回原告对万利达公司的诉请。

被告烟台环境办辩称：其摆放涉案雕塑是美化城市环境的公益行为，如将雕塑拆除是对社会财富的浪费，请求法院审理本案时予以注意。

青岛市中级人民法院一审查明：

一、关于原告要求保护的有孔虫模型完成时间。海洋研究所系直属于中国科学院的海洋科学研究机构，郑守仪系海洋研究所研究员、中国科学院院士，其研究领域为有孔虫分类与生态学研究，编著的《中国动物志·粒网虫门·有孔虫纲·胶结有孔虫》于2001年由科学出版社出版。为充分展现有孔虫的真实面貌，普及科学知识，郑守仪用树脂制成有孔虫放大模型。本案中，郑守仪提交了13个有孔虫模型，主张模型完成时间在2000年至2006年。

2006年5月28日，海洋原生动物有孔虫科普基地在青岛西岭商务大酒店有限公司举行揭牌仪式。该科普基地是由海洋研究所与青岛西岭投资发展有限公司合作共建，展示了众多有孔虫模型。青岛西岭投资发展有限公司与科普基地所在单位青岛西岭商务大酒店有限公司共同证实科普基地所有的有孔虫模型均由原告海洋研究所、郑守仪提供，并于2006年5月落户科普基地，其中有与郑守仪提交的部分有孔虫模型相同的模型。

2005年9月22日，海洋研究所与中山市三乡镇人民政府签订《共建"海洋原生动物有孔虫雕塑园"协议书》，双方决定在中山市三乡镇小琅环公园内兴建世界上第一个有孔虫雕塑园。2006年12月《三乡侨刊》刊登了《韩泽生副市长考察三乡"有孔虫雕塑园"建设工程》和《世界首座有孔虫雕塑园开门迎客》的文章，文章中记载有"有孔虫雕塑园自2006年初动工兴建，目前第一批105件有孔虫雕塑模型大部分已安装好"的内容。2010 年 4 月 23 日，中山市三乡镇人民政府出具证明，证明内容为原告海洋研究所、郑守仪院士拥有知识产权的 10 个有孔虫雕塑于 2007 年 1 月落户于中山市三乡镇有孔虫雕塑园。郑守仪主张上述 10 个有孔虫雕塑是复制自郑守仪提交的相同名称的有孔虫模型。

二、关于被告刘俊谦创作被控雕塑过程。2007 年 6 月 25 日，刘俊谦在原告郑守仪实验室的《来访登记》上签名。同年，刘俊谦从郑守仪处借走数个有孔虫模型。2008 年 3 月，刘俊谦提出与郑守仪合作创作有孔虫雕塑，青岛科技大学艺术学院为此特出具推荐信，郑守仪未同意刘俊谦及青岛科技大学艺术学院的合作请求。

2008 年 4 月 8 日，万利达公司与刘俊谦签订《合作协议》，刘俊谦依约向万利达公司提供有孔虫动物照片及雕塑设计方案，获设计费 5 万元。

2008 年 6 月，烟台环境办与万利达公司签订《石雕认购合同》，万利达公司依约向烟台环境办提供有孔虫石雕，获雕塑制作费 144 万元。

关于被控雕塑的创作过程，经一审法院询问，被告刘俊谦做如下陈述：“2008 年我邀请过郑守仪，但郑守仪不愿合作，并复印了我太太写的信。我回来后通过对书籍的查阅发现很多有孔虫的资料，有孔虫属于前人发现的，既然郑守仪可以做我也可以做。2008 年开始进行有孔虫雕塑的创作，2007 年借郑守仪的模型，但是还了，创作之前看了大量参考书籍，参考资料来源于公开领域的书籍。雕塑的名称是根据书籍名称翻译的。”刘俊谦据此主张被控雕塑是由其本人独立创作并享有著作权。刘俊谦为证明其上述主张提交了三本外文资料和由郑守仪编著的《中国动物志》一书。

三、关于原告有孔虫模型作品与被告被控雕塑的对比。将郑守仪在本案中提交的有孔虫模型与被控雕塑整体上进行比对，两者尺寸不同，模型约手掌大小，被控雕塑为设置于室外的大型雕塑，将被控雕塑与郑守仪主张保护的模型逐一进行对比可以看出：

1 号雕塑：整体结构、线条及各个侧面均有明显差异；2 号雕塑：两者均是上宽下窄结构，主体部分相同，被控雕塑顶端部分为扇形花瓣状，与主体部分 90 度角排列，模型作品顶部无造型变化，与主体在同一平面；3 号雕塑：两者外形、正面图案、背面图案相似，区别在于被控雕塑正面中心部分为旋转式凸起，模型作品背面带状花纹内还紧密排列着许多小孔；4 号雕塑：两者形态相似，分割层数不同，被控雕塑边缘清晰，模型作品边缘圆钝；5 号雕塑：两者外形、正面图案、背面图案相似，区别在于被控雕塑正面中心部分旋转凸起，侧面较厚，而模型作品侧面相对较薄，背面扇形分割区内还有均匀、紧密排列的细线；6 号雕塑：两者的整体形态、细节部分均无明显差异；7 号雕塑：两者整体形态相似，但被控雕塑的下半部分所占比例较大，背面花朵图案呈螺旋突出；8 号雕塑：两者整体形态、正面、背面图案相似，区别在于被控雕塑背面中心部位成圆角凹陷，模型作品为尖角凹陷；9 号雕塑：两者整体形态相似，仅是宽高比例不同；10 号雕塑：两者整体形态相似，区别在于中心部分被控雕塑为凹凸双圆圈，模型作品为多孔圆。

此外，将 2、5、7 号被控雕塑与郑守仪有孔虫模型、《中国动物志》中相关有孔虫图片进行对比，可以看出：2 号雕塑与参考图片有明显差异；5 号雕塑的正面花纹与参考图片不同，与郑守仪模型相似，参考图片没有体现有孔虫的侧面形态；7 号雕塑的底部、两面中心花纹、侧面与参考图片不同，与郑守仪模型相似。

本案一审的争议焦点为：（1）原告制作的有孔虫模型是否属于著作权法保护的作品，作品类型及完成时间；（2）被控雕塑是否侵犯了原告的著作权；（3）如果构成侵权，侵犯了原告对作品享有的何种权利；（4）如果构成侵权，三被告应承担什么样的侵权责任。

青岛市中级人民法院一审认为：

一、本案有孔虫模型是否受《著作权法》保护及完成时间。我国《著作权法》所保护的作品是指文学、艺术和科学领域内具有独创性并能以某种有形形式复制的智力成果。本案的有孔虫模型系郑守仪在其专业领域研究过程中独立创作完成，体现了其对有孔虫特定生长阶段、色彩及表达方法的个性化选择及其观察能力、绘图能力和雕刻能力，是其智力劳动的成果，构成《著作权法》意义上的作品。依据常理，有孔虫模型于有孔虫雕塑园兴建之时和科普基地揭牌时已经创作完成，据此，海洋研究所、郑守仪有孔虫模型作品的创作完成时间最晚为 2006 年。

二、本案被告刘俊谦被控雕塑对原告郑守仪有孔虫模型是否构成著作权侵权。

首先，将被控雕塑与模型作品进行比对，除1号雕塑以外，其余9件雕塑与模型作品的整体结构、基本形态、表现手法均构成相似，仅是在局部进行了简单的改变，从整体上看，9件雕塑与模型作品不存在明显的视觉差异，构成实质性相似。

其次，刘俊谦于2007年6月25日在原告郑守仪实验室的来访登记上签字，并认可同年夏天将郑守仪的有孔虫模型借走，11月以后归还。应认定刘俊谦在其设计被控雕塑前即2007年接触过郑守仪模型作品。

最后，基于涉案作品所反映题材的专业性，刘俊谦对有孔虫的了解并未达到熟知的程度，不能仅仅依据有孔虫的平面图片就能推测有孔虫的形态从而设计出被控雕塑。因此，在被控雕塑与模型作品构成实质性相似、被告刘俊谦设计被控雕塑前确曾接触原告郑守仪模型作品的情况下，刘俊谦主张其依据公共出版物中的有孔虫图片创作了被控雕塑，该观点不能成立，一审法院不予支持。

综上，刘俊谦未经许可、根据郑守仪作品设计的9个被控雕塑侵犯了原告海洋研究所、郑守仪对其相关有孔虫模型作品所享有的著作权。

三、原告海洋研究所、郑守仪对有孔虫模型享有的何种权利受到侵犯。本案中，被控雕塑是在未经许可的情况下，对他人模型作品复制、修改的基础上设计制作而成，并与他人作品构成实质性相似，侵犯了海洋研究所对有孔虫模型作品所享有的复制权、修改权，侵犯了郑守仪的署名权。此外，被告刘俊谦将被控雕塑错误命名，使用了与郑守仪模型作品不一致的名称，割裂了郑守仪作品与其名称之间的对应关系，歪曲了郑守仪作品所反映的事物内容，违背了郑守仪创作的原意和思想感情，构成对海洋研究所享有的保护作品完整权的侵犯。

四、本案侵权责任认定问题。一审法院认为：（1）烟台环境办主观上没有过错，为获得侵权雕塑已支付相应对价，且侵权雕塑用于社会公益事业，如拆除将造成社会资源的较大浪费，故将烟台环境办应承担的停止侵权“拆除雕塑”的责任方式变更为消除影响和支付合理使用费。（2）刘俊谦因具有侵权主观故意应承担赔偿损失、公开赔礼道歉的民事责任，综合考虑刘俊谦侵权行为的性质、情节、主观过错、侵权获利及海洋研究所为制止侵权支付的合理费用，确定刘俊谦向海洋研究所赔偿损失6万元。（3）万利达公司、烟台环境办共同承担消除影响的民事责任。

综上，青岛市中级人民法院于2011年8月31日判决：

一、被告烟台环境办将9座侵权雕塑底座上的相关介绍移除，并在显著位置注明“根据中国科学院海洋研究所、郑守仪的有孔虫模型、对局部进行变形处理制作而成”，同时指明有孔虫的具体名称；

二、被告烟台环境办向原告海洋研究所支付作品使用费5万元；

三、被告刘俊谦在《烟台日报》或《烟台晚报》向原告海洋研究所、郑守仪公开赔礼道歉；

四、被告万利达公司、烟台环境办在《烟台日报》或《烟台晚报》向原告海洋研究所、郑守仪刊登声明消除影响；

五、被告刘俊谦赔偿原告海洋研究所经济损失及合理费用共计6万元；

六、驳回原告海洋研究所、郑守仪的其他诉讼请求。

刘俊谦不服一审判决，向山东省高级人民法院提起上诉，其上诉理由与一审辩称相同，主要为刘俊谦从公开出版物中取材，独立创作了被控雕塑。

被上诉人海洋研究所、郑守仪共同辩称：刘俊谦被控雕塑和郑守仪涉案模型作品十分相似，刘俊谦上诉理由无事实依据，依法应予驳回。

山东省高级人民法院经二审，确认了一审查明的事实。另查明：海洋研究所、郑守仪认可刘俊谦在一审中提交的三本外文出版物的真实性（为方便对比，以下将三本外文资料及《中国动物志》分别简称为参考书1、2、3、4）。

山东省高级人民法院二审认为：

一、关于有孔虫模型是否构成作品及完成时间问题。我国《著作权法》保护的对象是对思想及事实的表达，而不保护思想及事实本身。本案中，有孔虫模型是对有孔虫生命体特征的反映，其本身体现了制作者郑守仪的个性化选择和表达，属于《著作权法》保护的对象。因此，郑守仪根

据其多年对有孔虫的观察、分析和研究成果，独立制作出有孔虫放大模型，体现了郑守仪对有孔虫生命体的理解，是对客观事物进行艺术抽象和美学修饰的创作成果，符合《著作权法》对作品独创性及独创高度的保护要求，构成《著作权法》意义上的作品。刘俊谦虽不认可郑守仪模型作品完成时间，但未提交相反证据，一审法院认定有孔虫模型作品完成于2006年正确。

二、关于上诉人刘俊谦被控雕塑是否侵犯了被上诉人海洋研究所、郑守仪著作权问题。二审法院认为，本案侵权认定的关键在于被控雕塑与有孔虫模型之间是否构成实质性相似，以及刘俊谦关于独立创作雕塑的抗辩能否成立。具体比对如下：

2号雕塑：叶编织虫模型——诺凡笑口虫雕塑。两者相同点：主体造型结构相同，形似麦穗，房室数量一致。不同点：雕塑顶端有花瓣状结构造型，模型没有；雕塑侧视图结构有轻微旋转，模型没有。参考书：主体不同，为旋转扭曲结构，仅凭图片无法识别房室数量，顶端造型与雕塑存在差别，并非花瓣状结构。

3号雕塑：马来亚坑璧虫水平切面模型——普罗旺斯马刀虫雕塑。两者相同点：主体造型结构相同，形似贝壳，周边弧度曲线一致，剖面图案相同。不同点：雕塑整体较厚，模型仅中心凸起；雕塑剖面有立体旋转造型，模型作品没有。参考书：主体形状不同，没有剖面图。

4号雕塑：皱小三行虫模型——皱褶小三行虫雕塑。两者相同点：主体造型结构相同，形似松塔，塔顶、塔底造型一致。不同点：塔层数量不同，塔层分界雕塑比模型更清晰。参考书：没有塔顶，塔层数量与雕塑明显不同。

5号雕塑：纹树口虫水平切面模型——雅致货币虫雕塑。两者相同点：主体结构相同，形似鹦鹉贝，剖面图案相同，主体外缘有连续的弧线连接，侧视图为有弧度的不规则长方体。不同点：雕塑侧面的宽高比为1∶3，模型约为1∶5；雕塑剖面有立体旋转造型，模型作品没有；雕塑表面为经线分割，模型表面还有纬线分割。参考书：主体表面结构相同或相近似，侧视图为纺锤体，与雕塑明显不同，剖面图与雕塑不同，外缘或非连续的弧线，或腔体边界线纹路有区别。

6 号雕塑：布雷迪弗林特虫模型——布莱迪弗林特虫雕塑。两者相同点：主体结构相同，整体外观相同。不同点：中心腔体空间位置不同，雕塑仅一面可视，模型两面可视。参考书：主体形态与雕塑差别较大，明显没有雕塑饱满，侧视图为扁圆状，表面轮廓和图案不清晰。

7 号雕塑：中里假穹背虫模型——似恩格面包虫雕塑。两者相同点：主体结构相同，房室数量一致，整体外观细节相似，圆润饱满。不同点：雕塑与模型上下比例不同，雕塑上部所占比例小，雕塑后视图有立体旋转造型，模型作品没有。参考书：主体结构比例与雕塑不同，整体外观细节不明显；侧视图与雕塑明显不同。

8 号雕塑：日本轮转虫模型——细纹穹背虫雕塑。两者相同点：主体结构相同，整体外观细节相似。不同点：后视图中心夹角形状不同，模型尖角凹陷，雕塑尖角饱满。参考书：主体表面外观图案相近似；壳缘为锐形，侧视图为纺锤体，与雕塑壳缘为圆润弧形明显不同。

9 号雕塑：库鲁克杉斯基饰异型虫模型——马丽伦筛形幼体虫雕塑。两者相同点：主体结构相同，整体外观相似。不同点：雕塑与模型宽高整体比例略有不同。参考书：整体形态不同，与雕塑相比矮胖，整体外观细节不明显。

10 号雕塑：柳条企虫模型——雷氏企虫雕塑。两者相同点：主体结构相同，外形轮廓一致。不同点：表面和后视图中心图案不同，雕塑为凹凸双圆圈，模型为多孔圆。参考书：表面图案相似；侧视图为菱形，与雕塑明显不同。

此外，被控 9 个雕塑对造型的塑造手法和对图案线条的刻画更为细腻、立体和规则，对局部的细节处理更注重艺术表现，这些方面与模型作品不同。

通过以上对比，可以看出，上诉人刘俊谦的 9 个被控雕塑与被上诉人郑守仪主张保护的有孔虫模型的主体结构和造型选择基本相同，从整体上看，二者不存在实质性差异，可以认定被控雕塑整体脱胎于模型作品。即使考虑到刘俊谦所主张的参考书籍，仍不能改变刘俊谦主要参照郑守仪有

孔虫模型的基本结构设计被控雕塑的事实。从细节上看，雕塑作品对模型作品进行了局部修改和变形处理，有别于模型作品。根据已查明的事实，刘俊谦接触过郑守仪有孔虫模型作品，其在后设计的被控9个雕塑恰恰对应郑守仪的有孔虫模型作品，以常理判断，这不可能是偶然的巧合。刘俊谦虽辩称被控雕塑未使用郑守仪有孔虫模型，而是利用参考书独立创作的，但其所提交的相关有孔虫图片并不能全面反映雕塑的立体形态和造型细节，且大多与雕塑存在明显差别，仅个别雕塑在局部平面图案上（如10号作品）与图片较为接近。刘俊谦亦未提交证据证明其在创作雕塑时查阅过这些参考书，其抗辩理由不具说服力。故二审法院对刘俊谦独立创作的抗辩理由不予采纳。

三、关于上诉人刘俊谦侵犯了被上诉人海洋研究所何种著作权的问题。根据我国《著作权法》的规定，著作权人对其作品依法享有复制权和演绎权。其中，复制行为是指对原作的再现，这种再现不增加任何“创作”的内容；演绎行为则是指在原作基础上创作出派生作品，这种派生作品并未改变原作之创作思想的基本表达形式，同时又有后一创作者的创作成分于其中。演绎者对其派生作品行使著作权时，应取得原作者的许可，不得损害原作者的著作权。本案中，雕塑作品与模型作品相比，整体结构、基本形态构成实质性相似，但又有一定的创作成分于其中，具体表现如下：（1）被控雕塑作为大型石材雕刻，极具视觉冲击力，其天然石材使得雕刻效果更富有质感，其对点、线、面的处理比模型作品更为具体、细致，使得图案纹理的空间感更强。（2）被控雕塑对模型作品进行了局部变形或空间结构拉伸处理，经过处理的雕塑比模型作品更具空间张力，视觉效果更为饱满和盈润。特别是雕塑对模型作品剖面所作的立体旋转造型，充分展示出雕塑作品独有的立体美感，这是模型作品所不具备的。（3）被控雕塑在图案空间设计和比例分割上更规则，空间透视感更强。综上，被控雕塑根据艺术表现的需要，在模型作品基础上进行了艺术加工，增添了新的创作成分，但这种加工并没有脱离模型作品的“基本构成”，系由原作品派生而来，构成对模型作品的演绎作品。根据我国《著作权法》第十条第（十四）项关于改编作品的规定，刘俊谦未经海洋研究所、郑守仪许可，借助有孔虫模型制作被控雕塑并据此获利的行为侵犯了海洋研究所享有的著作权。一审法院认定刘俊谦侵犯了海洋研究所的复制权，适用法律欠妥，但认定刘俊谦承担6万元赔偿责任并无不当。

四、关于上诉人刘俊谦是否侵犯了作者署名权和保护作品完整权的问题。二审法院认为，刘俊谦未经郑守仪许可，使用有孔虫模型制作被控雕塑，未说明其创作来源，侵犯了被上诉人郑守仪对其模型作品所享有的署名权。同时，刘俊谦对被控雕塑错误命名，割裂了有孔虫模型与其名称之间的对应关系，侵害了海洋研究所对有孔虫模型享有的保护作品完整权。刘俊谦虽抗辩称有孔虫名称由前人命名，不受《著作权法》保护，但我国《著作权法》意义上的保护作品完整权是指作者保护其作品的内容、观点、形式等不受歪曲、篡改的权利，即作者有权保护其作品的完整性，保护其作品不被他人丑化，不被他人作违背其思想的删除、增添或其他损害性的变动，郑守仪对有孔虫名称本身虽不享有任何权利，但模型作品所对应的有孔虫名称已成为郑守仪作品的一个组成部分，应受《著作权法》关于作品完整权的保护。

综上，一审法院认定事实清楚，适用法律基本正确，应予维持。上诉人刘俊谦的上诉请求不能成立。据此，山东省高级人民法院依照《中华人民共和国民事诉讼法》第一百三十条、第一百五十三条第一款第（一）项之规定，于2012年7月26日判决：

驳回上诉，维持原判。

二审案件受理费1300元，由上诉人刘俊谦承担。

本判决为终审判决。

（四）侵害作品复制权纠纷

12. 洪福远、邓春香诉贵州五福坊食品有限公司、贵州今彩民族文化研发有限公司著作权侵权纠纷案*

（最高人民法院审判委员会讨论通过　2017年3月6日发布）

民间文学艺术衍生作品的表达系独立完成且有创作性的部分，符合著作权法保护的作品特征的，应当认定作者对其独创性部分享有著作权

【关键词】

民事　著作权侵权　民间文学艺术衍生作品

【裁判要点】

民间文学艺术衍生作品的表达系独立完成且有创作性的部分，符合著作权法保护的作品特征的，应当认定作者对其独创性部分享有著作权。

相关法条

《中华人民共和国著作权法》第三条

《中华人民共和国著作权法实施条例》第二条

* 摘自2017年3月6日最高人民法院发布的第十六批指导性案例（指导案例80号）。

基本案情

原告洪福远、邓春香诉称：原告洪福远创作完成的《和谐共生十二》作品，发表在2009年8月贵州人民出版社出版的《福远蜡染艺术》一书中。洪福远曾将该涉案作品的使用权（蜡染上使用除外）转让给原告邓春香，由邓春香维护著作财产权。被告贵州五福坊食品有限公司（以下简称五福坊公司）以促销为目的，擅自在其销售的商品上裁切性地使用了洪福远的上述画作。原告认为被告侵犯了洪福远的署名权和邓春香的著作财产权，请求法院判令：被告就侵犯著作财产权赔偿邓春香经济损失20万元；被告停止使用涉案图案，销毁涉案包装盒及产品册页；被告就侵犯洪福远著作人身权刊登声明赔礼道歉。

被告五福坊公司辩称：第一，原告起诉其拥有著作权的作品与贵州今彩民族文化研发有限公司（以下简称今彩公司）为五福坊公司设计的产品外包装上的部分图案，均借鉴了贵州黄平革家传统蜡染图案，被告使用今彩公司设计的产品外包装不构成侵权；第二，五福坊公司的产品外包装是委托本案第三人今彩公司设计的，五福坊公司在使用产品外包装时已尽到合理注意义务；第三，本案所涉作品在产品包装中位于右下角，整个作品面积只占产品外包装面积的二十分之一左右，对于产品销售的促进作用影响较小，原告起诉的赔偿数额20万元显然过高。原告的诉请没有事实和法律依据，故请求驳回原告的诉讼请求。

第三人今彩公司述称：其为五福坊公司进行广告设计、策划，2006年12月创作完成“四季如意”的手绘原稿，直到2011年10月五福坊公司开发针对旅游市场的礼品，才重新截取该图案的一部分使用，图中的鸟纹、如意纹、铜鼓纹均源于贵州黄平革家蜡染的“原形”，原告作品中的鸟纹图案也源于贵州传统蜡染，原告方主张的作品不具有独创性，本案不存在侵权的事实基础，故原告的诉请不应支持。

法院经审理查明：原告洪福远从事蜡染艺术设计创作多年，先后被文化部授予“中国十大民间艺术家”“非物质文化遗产保护工作先进个人”等荣誉称号。2009年8月其创作完成的《和谐共生十二》作品发表在贵州

人民出版社出版的《福远蜡染艺术》一书中，该作品借鉴了传统蜡染艺术的自然纹样和几何纹样的特征，色彩以靛蓝为主，描绘了一幅花、鸟共生的和谐图景。但该作品对鸟的外形进行了补充，对鸟的眼睛、嘴巴丰富了线条，使得鸟图形更加传神，对鸟的脖子、羽毛融入了作者个人的独创，使得鸟图形更为生动，对中间的铜鼓纹花也融合了作者自己的构思而有别于传统的蜡染艺术图案。2010 年 8 月 1 日，原告洪福远与原告邓春香签订《作品使用权转让合同》，合同约定洪福远将涉案作品的使用权（蜡染上使用除外）转让给邓春香，由邓春香维护受让权利范围内的著作财产权。

被告五福坊公司委托第三人今彩公司进行产品的品牌市场形象策划设计服务，包括进行产品包装及配套设计、产品手册以及促销宣传品的设计等。根据第三人今彩公司的设计服务，五福坊公司在其生产销售的产品贵州辣子鸡、贵州小米渣、贵州猪肉干的外包装礼盒的左上角、右下角使用了蜡染花鸟图案和如意图案边框。洪福远认为五福坊公司使用了其创作的《和谐共生十二》作品，一方面，侵犯了洪福远的署名权，割裂了作者与作品的联系；另一方面，侵犯了邓春香的著作财产权。经比对查明，五福坊公司生产销售的上述三种产品外包装礼盒和产品手册上使用的蜡染花鸟图案与洪福远创作的《和谐共生十二》作品，在鸟与花图形的结构造型、线条的取舍与排列上一致，只是图案的底色和线条的颜色存在差别。

裁判结果

贵州省贵阳市中级人民法院于 2015 年 9 月 18 日作出（2015）筑知民初字第 17 号民事判决：一、被告贵州五福坊食品有限公司于本判决生效之日起 10 日内赔偿原告邓春香经济损失 10 万元；二、被告贵州五福坊食品有限公司在本判决生效后，立即停止使用涉案《和谐共生十二》作品；三、被告贵州五福坊食品有限公司于本判决生效之日起 5 日内销毁涉案产品贵州辣子鸡、贵州小米渣、贵州猪肉干的包装盒及产品宣传册页；四、驳回原告洪福远和邓春香的其余诉讼请求。一审宣判后，各方当事人均未上诉，判决已发生法律效力。

裁判理由

法院生效裁判认为：本案的争议焦点一是本案所涉《和谐共生十二》作品是否受《著作权法》保护；二是案涉产品的包装图案是否侵犯原告的著作权；三是如何确定本案的责任主体；四是本案的侵权责任方式如何判定；五是本案的赔偿数额如何确定。

关于第一个争议焦点，本案所涉原告洪福远的《和谐共生十二》画作中两只鸟尾部重合，中间采用铜鼓纹花连接而展示对称的美感，而这些正是传统蜡染艺术的自然纹样和几何纹样的主题特征，根据本案现有证据，可以认定涉案作品显然借鉴了传统蜡染艺术的表达方式，创作灵感直接来源于黄平革家蜡染背扇图案。但涉案作品对鸟的外形进行了补充，对鸟的眼睛、嘴巴丰富了线条，对鸟的脖子、羽毛融入了作者个人的独创，使得鸟图形更为传神生动，对中间的铜鼓纹花也融合了作者的构思而有别于传统的蜡染艺术图案。根据《著作权法实施条例》第二条“著作权法所称作品，是指文学、艺术和科学领域内具有独创性并能以某种有形形式复制的智力成果”的规定，本案所涉原告洪福远创作的《和谐共生十二》画作属于传统蜡染艺术作品的衍生作品，是对传统蜡染艺术作品的传承与创新，符合著作权法保护的作品特征，在洪福远具有独创性的范围内受《著作权法》的保护。

关于第二个争议焦点，根据《著作权法实施条例》第四条第（八）项“美术作品，是指绘画、书法、雕塑等以线条、色彩或者其他方式构成的有审美意义的平面或者立体的造型艺术作品”的规定，绘画作品主要是以线条、色彩等方式构成的有审美意义的平面造型艺术作品。经过庭审比对，本案所涉产品贵州辣子鸡等包装礼盒和产品手册中使用的花鸟图案与涉案《和谐共生十二》画作，在鸟与花图形的结构造型、线条的取舍与排列上一致，只是图案的底色和线条的颜色存在差别，就比对的效果来看图案的底色和线条的颜色差别已然成为侵权的掩饰手段而已，并非独创性的智力劳动；第三人今彩公司主张其设计、使用在五福坊公司产品包装礼盒和产品手册中的作品创作于2006年，但其没有提交任何证据可以佐证，而洪福远的涉案作品于2009年发表在《福远蜡染艺术》一书中，且书中画作直接注明了作品创作日期为2003年，由此可以认定洪福远的涉案作品创作并发表在先。在五福坊公司生产、销售涉案产品之前，洪福远即发表了涉案《和谐共生十二》作品，五福坊公司有机会接触到原告的作品。据此，可以认定第三人今彩公司有抄袭洪福远涉案作品的故意，五福坊公司在生产、销售涉案产品包装礼盒和产品手册中部分使用原告的作品，侵犯了原告对涉案绘画美术作品的复制权。

关于第三个争议焦点，庭前准备过程中，经法院向洪福远释明是否追加今彩公司为被告参加诉讼，是否需要变更诉讼请求，原告以书面形式表示不同意追加今彩公司为被告，并认为五福坊公司与今彩公司属于另一法律关系，不宜与本案合并审理。事实上，五福坊公司与今彩公司签订了合同书，合同约定被告生产的所有产品的外包装、广告文案、宣传品等皆由今彩公司设计，合同也约定如今彩公司提交的设计内容有侵权行为，造成的后果由今彩公司全部承担。但五福坊公司作为产品包装的委托方，并未举证证明其已尽到了合理的注意义务，且也是侵权作品的最终使用者和实际受益者，根据《著作权法》第四十八条第二款第（一）项“有下列侵权行为的，应当根据情况，承担停止侵害、消除影响、赔礼道歉、赔偿损失等民事责任……（一）未经著作权人许可，复制、发行、表演、放映、广播、汇编、通过信息网络向公众传播其作品的，本法另有规定的除外”、《最高人民法院关于审理著作权民事纠纷案件适用法律若干问题的解释》（以下简称《著作权纠纷案件解释》）第十九条、第二十条第二款的规定，五福坊公司依法应承担本案侵权的民事责任。五福坊公司与第三人今彩公司之间属另一法律关系，不属于本案的审理范围，当事人可另行主张解决。

关于第四个争议焦点，根据《著作权法》第四十七条、第四十八条规定，侵犯著作权或与著作权有关的权利的，应当根据案件的实际情况，承担停止侵害、消除影响、赔礼道歉、赔偿损失等民事责任。本案中，第一，原告方的部分著作人身权和财产权受到侵害，客观上产生相应的经济损失，对于原告方的第一项赔偿损失的请求，依法应当获得相应的支持；

第二，无论侵权人有无过错，为防止损失的扩大，责令侵权人立即停止正在实施的侵犯他人著作权的行为，以保护权利人的合法权益，也是法律实施的目的，对于原告方第二项要求被告停止使用涉案图案，销毁涉案包装盒及产品册页的诉请，依法应予支持；第三，五福坊公司事实上并无主观故意，也没有重大过失，只是没有尽到合理的审查义务而基于法律的规定承担侵权责任，洪福远也未举证证明被告侵权行为造成其声誉的损害，故对于洪福远要求五福坊公司在《贵州都市报》综合版面刊登声明赔礼道歉的第三项诉请，不予支持。

关于第五个争议焦点，本案中，原告方并未主张为制止侵权行为所支出的合理费用，也没有举证证明为制止侵权行为所支出的任何费用。庭审中，原告方没有提交任何证据以证明其实际损失的多少，也没有提交任何证据以证明五福坊公司因侵权行为的违法所得。事实上，原告方的实际损失本身难以确定，被告方因侵权行为的违法所得也难以查清。根据《著作权纠纷案件解释》第二十五条第一款、第二款“权利人的实际损失或者侵权人的违法所得无法确定的，人民法院根据当事人的请求或者依职权适用著作权法第四十八条第二款（现为第四十九条第二款）的规定确定赔偿数额。人民法院在确定赔偿数额时，应当考虑作品类型、合理使用费、侵权行为性质、后果等情节综合确定”的规定，结合本案的客观实际，主要考量以下 5 个方面对侵犯著作权赔偿数额的影响：第一，洪福远的涉案《和谐共生十二》作品属于贵州传统蜡染艺术作品的衍生作品，著作权作品的创作是在传统蜡染艺术作品基础上的传承与创新，涉案作品中鸟图形的轮廓与对称的美感来源于传统艺术作品，作者构思的创新有一定的限度和相对局限的空间；第二，贵州蜡染有一定的区域特征和地理标志意义，以花、鸟、虫、鱼等为创作缘起的蜡染艺术作品在某种意义上属于贵州元素或贵州符号，五福坊公司作为贵州的本土企业，其使用贵州蜡染艺术作品符合民间文学艺术作品作为非物质文化遗产固有的民族性、区域性的基本特征要求；第三，根据洪福远与邓春香签订的《作品使用权转让合同》，洪福远已经将其创作的涉案《和谐共生十二》作品的使用权（蜡染上使用除外）转让给邓春香，即涉案作品的大部分著作财产权转让给了传统民间

艺术传承区域外的邓春香，由邓春香维护涉案作品著作财产权，基于本案著作人身权与财产权的权利主体在传统民间艺术传承区域范围内外客观分离的状况，传承区域范围内的企业侵权行为产生的后果与影响并不显著；第四，洪福远几十年来执着于民族蜡染艺术的探索与追求，在创作中将传统的民族蜡染与中国古典文化有机地揉和，从而使蜡染艺术升华到一定高度，对区域文化的发展起到一定的推动作用。尽管涉案作品的大部分著作财产权已经转让给了传统民间艺术传承区域外的邓春香，但洪福远的创作价值以及其在蜡染艺术业内的声誉应得到尊重；第五，五福坊公司涉案产品贵州辣子鸡、贵州小米渣、贵州猪肉干的生产经营规模、销售渠道等应予以参考，根据五福坊公司提交的五福坊公司与广州卓凡彩色印刷有限公司的采购合同，尽管上述证据不一定完全客观反映五福坊公司涉案产品的生产经营状况，但在原告方无任何相反证据的情形下，被告的证明主张在合理范围内应为法律所允许。综合考量上述因素，参照贵州省当前的经济发展水平和人们的生活水平，酌情确定由五福坊公司赔偿邓春香经济损失10万元。

（生效裁判审判人员：唐有临、刘永菊、袁波文）

13. 秦智渊诉清远市江山电子有限公司、上海亦隆小商品市场经营管理有限公司侵犯著作权纠纷案*

市场管理公司并不是"实际销售者"，也并不仅是提供经营场地的"房东"，而是一类特殊的综合性服务公司

【裁判摘要】

市场管理公司并不是"实际销售者"，也并不仅是提供经营场地的"房东"，而是一类特殊的综合性服务公司。在认定市场管理公司侵犯知识产权民事责任时，应坚持知识产权人利益保护与商品交易市场行业发展以及商户经营自由的有效平衡，结合个案进行综合裁量，准确裁判市场管理公司的责任承担。

原告：秦智渊，男，住上海市浦东新区商城路。

被告：清远市江山电子有限公司。住所地：广东省清远市清城区龙塘镇银盏开发区。

法定代表人：江灿林，该公司董事长。

被告：上海亦隆小商品市场经营管理有限公司。住所地：上海市黄浦区福佑路。

法定代表人：张晓聪，该公司总经理。

原告秦智渊因与被告清远市江山电子有限公司（以

---

* 摘自《最高人民法院公报》2014 年第 12 期。

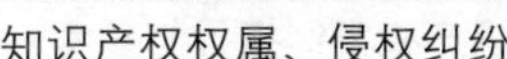

下简称江山公司)、被告上海亦隆小商品市场经营管理有限公司（以下简称亦隆公司）发生侵犯著作权纠纷，向上海市黄浦区人民法院提起诉讼。

原告秦智渊诉称：原告系著名职业摄影师，2005 年 9 月原告运用其独创的“蓝夜”拍摄手法拍摄完成了摄影作品“浦江两岸”。被告江山公司未经原告授权或许可，擅自在其生产的“江山”牌数码信息历上使用原告的摄影作品“浦江两岸”作为主要背景，被告亦隆公司未尽合理注意之义务，销售上述产品，两被告的行为侵犯了原告的著作权，并给原告造成巨大的经济损失。原告遂提起诉讼，请求法院判令：（1）两被告立即停止侵权行为，不得继续使用原告享有著作权的摄影作品“浦江两岸”；（2）两被告在《新闻晨报》（中缝除外）公开向原告赔礼道歉，并发表不再使用原告的摄影作品“浦江两岸”的声明以消除影响；（3）两被告连带赔偿原告经济损失人民币（以下币种均为人民币）20 万元、律师费 5000 元及其他合理费用 40 元，合计 205040 元。

被告江山公司辩称：《著作权法》保护摄影作品的对象是摄影作品本身而不是摄影技巧。涉案摄影作品是被告从市场上购得，于 2007 年使用在所生产的数码信息历上，该涉案产品仅仅是被告产品中的一种，而且使用的照片并非仅有原告的涉案摄影作品。涉案产品仅仅生产了 100 台，每台利润不超过 30 元，且尚未销售完毕。被告同意原告秦智渊第 1 项诉讼请求，但不同意其他的诉讼请求。

被告亦隆公司辩称：其是市场管理者，并非是具体的经营者、销售者，不存在销售和经营行为，不应当承担侵权的民事责任；也已经尽到了合理的注意义务，市场内有 10 万余种商品在进行销售，不可能具体到对每一个产品的著作权都进行审核，且对原告秦智渊作为摄影家的认知度并不了解。故请求驳回原告对于被告亦隆公司的所有诉讼请求。

上海市黄浦区人民法院一审查明：原告秦智渊系职业摄影师，于 2005 年 9 月 28 日采用“蓝夜”拍摄手法拍摄完成涉案摄影作品“浦江两岸”，该作品于 2009 年 5 月 4 日由上海市版权局予以登记（作登字：09 – 2009 – G – 028）。原告于 2009 年 5 月 12 日自被告亦隆公司管理的市场的商铺处，购得被告江山公司生产的数码信息历 1 台，价格 260 元，该产品上使用了上述摄影作品。另，上述摄影作品已于2008年12月22日由上海美术馆收购，并用于冲抵原告所欠该馆的费用，收购价格12800元。

本案一审的争议焦点是：市场管理公司是否应对市场内侵犯知识产权的行为承担责任。

上海市黄浦区人民法院一审认为，商品交易市场的市场管理公司本质上是以提供服务、获得场地租金为目的的经济组织。法院认为，并不能根据侵权行为发生在商品交易市场内就推定市场管理公司是销售者，实际销售侵权产品的应是租用市场内经营场地的商户。市场管理公司与商户之间并不是简单的租赁合同关系，而是一种包括提供场地、提供物业服务、信息服务、物流服务以及金融服务等的综合性服务关系。因此，市场管理公司并不是“实际销售者”，也并不仅仅是提供经营场地的“房东”，而是一类特殊的综合性服务公司。本案中法院认为被告亦隆公司属于市场经营管理者，其为场内经营的个体经营业户开具普通发票的行为亦属其履行市场管理职能，而非实际的销售行为。

认定被告亦隆公司是否应承担侵权责任的前提是分析其是否负有保护他人知识产权的注意义务。亦隆公司作为市场管理公司负有市场准入前的审查义务、日常管理中的巡查义务，以及明知侵权后的补救义务。本案中，亦隆公司向法院提供了其与实际销售者签订的商铺使用管理合同以及实际销售者的个体工商户营业执照，尽到了市场准入前的注意义务。权利人发现市场内存在的侵权行为后并没有向亦隆公司发出要求制止侵权行为的通知，原告秦智渊也没有提供其他证据证明亦隆公司对市场内的侵权行为是明知的，因此，亦隆公司并不负有明知侵权后的补救义务。因此，本案的关键是审查被告亦隆公司是否违反日常管理中的巡查义务，是否应当知道原告诉称的侵权行为。对此，法院结合涉案知识产权的知名度、涉案知识产权的使用方式以及侵权行为的持续时间、规模等因素进行综合考量。

第一，从涉案知识产权的知名度看，本案中受到侵犯的是原告拍摄的《浦江两岸》摄影作品，该摄影作品并非十分知名，社会公众对作品的来源也没有形成普遍的认知。由于对摄影作品运用的拍摄技巧缺乏专业知识，一般公众无法轻易地判断作品到底是销售者自己拍摄，还是销售者使用了他人的作品。因此，侵权行为并非十分明显。对于被告亦隆公司而言，其并非专业的摄影师，而且市场内有10万余种商品在进行销售，其没有能力对每一个产品都进行审核；即使其对涉案产品进行审核，由于作品缺乏知名度，其也没有能力判断涉案产品使用的作品是否侵权。

第二，从涉案知识产权的使用方式看，本案中受到侵犯的摄影作品是作为数码信息历的背景进行使用，而且信息历并不是仅仅使用了原告的摄影作品，还有其他摄影作品，让市场管理公司发现信息历中的某张背景图片涉嫌侵犯他人知识产权显然是对市场管理公司的过高要求。

第三，从侵权行为的持续时间、规模等情节看，如果侵权行为的持续时间特别长，侵权产品的销售规模十分庞大，市场管理公司在日常巡查中发现上述侵权行为的难度便会相对降低。如果市场管理公司在此种情况下仍然没有发现侵权行为，可以认定其违反注意义务。但本案中原告并没有对侵权行为的持续时间、销售规模等侵权情节进行举证证明。

综上，虽然市场管理公司基于开办市场的先行行为负有保护他人知识产权不受侵犯的注意义务，但本案中被告亦隆公司并没有违反该注意义务，无需承担相应的民事责任。

被告江山公司未经原告允许或授权，擅自将原告秦智渊的摄影作品作为背景使用于其生产的数码信息历产品，该行为侵犯了原告对其作品所享有的署名权、复制权，应承担停止侵害、赔礼道歉及赔偿损失的民事责任。被告亦隆公司系以提供场地、设施等相关服务吸纳商品经营者在场内集中进行现货商品交易，从事市场经营管理的企业法人，属于市场经营管理者，其为场内经营的个体经营业户开具普通发票的行为亦属其履行市场管理职能，而非实际的销售行为，故对原告主张被告亦隆公司共同承担侵权责任的诉讼请求不予支持。鉴于原告因侵权所遭受的实际损失和被告江山公司的违法所得均无法确定，且原告庭审中表明可由法院在法定赔偿数额内予以酌定，故法院当综合考虑作品类型、侵权行为的性质、后果等因素，酌情判定被告江山公司应承担的赔偿数额。该赔偿数额应当包括原告为制止侵权行为所支付的合理开支。

据此，上海市黄浦区人民法院依照《中华人民共和国著作权法》第四十六条第（七）项、第四十八条之规定，于2009年8月19日判决如下：

一、被告江山公司于本判决生效之日起立即停止对原告秦智渊摄影作品“浦江两岸”的侵权行为；

二、被告江山公司于本判决生效之日起30日内在《新闻晨报》（除中缝外）上公开向原告秦智渊赔礼道歉（刊登内容须经法院审核）；

三、被告江山公司于本判决书生效之日起10日内赔偿原告秦智渊经济损失，包括为制止侵权所支出的合理调查费用，共计人民币12000元；

四、对原告秦智渊其他诉讼请求不予支持。

案件受理费人民币4375.60元，由原告负担人民币1375.60元，被告负担人民币3000元。

一审判决后，双方当事人均未提起上诉。一审判决已经发生法律效力。

(五) 侵害作品信息网络传播权纠纷

14. 庄则栋、佐佐木敦子和上海隐志网络科技有限公司侵害信息网络传播权纠纷案*

通常，提供P2P技术的网络服务商不会直接实施通过网络传播作品的行为，而是在客观上为网络用户传播侵权作品提供技术支持，起到了帮助侵权的作用

【裁判要点】

通常，提供P2P技术的网络服务商不会直接实施通过网络传播作品的行为，而是在客观上为网络用户传播侵权作品提供技术支持，起到了帮助侵权的作用。如果该网络服务商对此在主观上存在过错，将因间接侵权行为而承担共同侵权责任。本案的裁判说明，网络服务商对于其网站上发生过侵权诉讼的网络用户未尽合理的注意义务即为主观过错的一种表现形态。

【案情】

上诉人（原审原告）庄则栋、佐佐木敦子。

被上诉人（原审被告）上海隐志网络科技有限公司（以下简称隐志公司）。

原审法院经审理查明：1998年7月至2008年7月，

---

* 摘自《知识产权审判与指导》2012年第1辑（总第19辑），人民法院出版社2012年版，第186~195页。

红旗出版社出版《邓小平批准我们结婚》一书，载明编著者为庄则栋、佐佐木敦子。

2010 年 3 月 26 日，庄则栋、佐佐木敦子委托代理人张瑜进行证据保全。公证处出具的公证书证实，隐志公司经营的 VeryCD 网站上显示有作者为庄则栋、佐佐木敦子的《邓小平批准我们结婚》一书的有声读物，该有声读物发布者的网络用户名是 nobodyvssomebody，资源下载链接地址是 ed2k：//|file|%5B%E5%B0%8F%E8%AF%B4%E8%BF%9E%E6%。

在二审审理期间，上诉人向法院提交了用以证明网络用户 nobodyvs-somebody 曾因在 VeryCD 网站上发布《黑道》一书的有声读物而引发相关侵权诉讼的判决书，用以证明网络用户 nobodyvssomebody 为 VeryCD 网的高级用户，已在 VeryCD 网上上传了 88 个资源，涉及众多知名作家和作品的公证书，用以证明 VeryCD 网经营主体变更过程的工商登记资料以及用以证明 VeryCD 网应用技术的证人证言。被上诉人则提交了用以证明 VeryCD 网的经营者没有修改网络用户 nobodyvssomebody 注册时间，没有纵容该用户侵权的网页截屏信息以及用以证明 VeryCD 网应用技术的证人证言。

二审法院经审理查明：VeryCD 网的创始人为黄一孟、戴云杰等人，VeryCD 网由上海维西网络科技有限公司（以下简称维西公司）负责经营，网站负责人为维西公司股东兼法定代表人黄一孟，戴云杰系维西公司另一股东。2009 年 11 月 2 日，维西公司将 VeryCD 网转让给由戴云杰担任股东兼法定代表人的隐志公司经营，并由隐志公司承继 VeryCD 网的所有权利。2009 年 12 月 22 日，维西公司注销工商登记。根据工业和信息化部电信管理局、上海市通信管理局备案的网站信息，VeryCD 网站负责人于 2011 年 1 月 17 日变更为戴云杰，但网站负责人邮件地址、手机号码等基本信息仍为黄一孟个人信息。VeryCD 网官方网站相关资讯显示黄一孟自 2003 年 9 月至今为 VeryCD 老板及站点管理员。

VeryCD 网是基于 P2P 技术的互联网资源分享平台，网上资源的简介及链接地址等内容由网络用户根据网站设置的引导程序输入，网站根据网络用户的建议或者第三方网站的数据统计，对网络用户上传的资源进行分类。当上传的资源可读性较强，点击率较高时，网站管理系统会自动将该

资源加精，推荐到精华区。网站版面的广告内容由相应广告客户生成，广告页面存储在网站的服务器上，并由网站定期改动模版。

网络用户 nobodyvssomebody 在 VeryCD 网上的注册时间为 2005 年 3 月 29 日，为 VeryCD 网的高级用户（金光盘级，仅次于最高的电驴级）。自 2005 年 10 月 17 日至今，nobodyvssomebody 在 VeryCD 网上发布的资源有 88 个，分为［综艺］和［资料］两类，其中精华资源 82 个，普通资源 6 个。在精华资源中，资源名称涉及［综艺］《开卷八分钟》07. 02. 20. 冷暖人生——春节特别节目——过年［RMVB］；［综艺］《解码陈文茜》(Slsy’s News) 2007. 01. 30. 台湾历史教科书去中国化；［资料］《红色警卫》邬吉成（著）张谣演播 七集 MP3［ISO］；［资料］《豪门惊梦》作者：梁凤仪 演播：陈阿喜 22 集［ISO］；［资料］《我的伯父周恩来》周秉德（著），作家铁竹伟执笔 35 集 WMA 格式［ISO］；［资料］《大法官》张宏森着（著）55 集 MP3［ISO］；［资料］［天使的愤怒］广播剧 16 集 MP3（内附 E 书）［ISO］等众多作品。

2005 年 11 月 27 日，网络用户 nobodyvssomebody 在 VeryCD 网站上发布《黑道》一书的广播剧内容而引发崔亚斌诉维西公司、黄一孟侵犯著作财产权纠纷一案，该案被告维西公司、黄一孟的共同委托代理人系时任维西公司职员的叶骥岗。

2006 年 1 月 13 日，网络用户 nobodyvssomebody 在 VeryCD 网站上发布《邓小平批准我们结婚》一书的有声读物，至庄则栋、佐佐木敦子公证保全侵权证据时止，该资源浏览的次数为 2315 次，收藏次数为 3 次。2010 年 8 月 18 日，庄则栋、佐佐木敦子向法院提起诉讼，状告隐志公司侵害其享有的前述作品的信息网络传播权，该案一审时隐志公司的委托代理人仍为叶骥岗（现任隐志公司职员）。

庄则栋、佐佐木敦子在一审时支出购书费 26. 90 元，公证费 6260 元，律师费 1 万元。

【审判】

原审法院认为：庄则栋、佐佐木敦子拥有《邓小平批准我们结婚》一书的著作权，依法受到法律保护。针对庄则栋、佐佐木敦子主张隐志公司将该书改编成有声读物并传播到互联网上，侵犯其作品信息网络传播权的诉求，经查，涉案有声读物由网络用户 nobodyvssomebody 发布，并不储存在隐志公司的服务器中，资源下载的链接地址也不在隐志公司网站上，隐志公司的网站提供的是链接服务，故庄则栋、佐佐木敦子主张隐志公司直接侵权缺乏依据。同时，鉴于用户提供的链接内容是海量的，不可能要求隐志公司逐一下载用户的资源进行一一审核。而且，有声读物不同于影视作品，制作成本较低，一般爱好者也可将其自行制作的有声读物的链接资源上传至网上供网络用户分享。从用户发布的信息来看，不能当然地推断出，隐志公司明知或应知涉案有声读物未经权利人授权而仍然提供链接，故隐志公司亦不构成帮助侵权。同时鉴于隐志公司收到起诉状后对涉案有声读物名称关键字进行屏蔽，故隐志公司已经履行了其作为网络服务商的责任。据此，驳回庄则栋、佐佐木敦子的诉讼请求。

庄则栋和佐佐木敦子不服原审判决，提起上诉，请求撤销原判，改判隐志公司停止侵权，赔偿经济损失 53 万元。主要理由是：VeryCD 网不仅提供涉案侵权作品的网络链接服务，而且制作了专门的版面，吸引用户浏览其网站和下载资料，是一种直接侵权行为；网络用户 nobodyvssomebody 曾涉嫌侵害他人著作权被起诉，隐志公司有意修改该用户创建时间加以保护，存在帮助侵权的事实。

被上诉人隐志公司答辩称：其只对网络用户上传的资源链接进行区域性划分，不存在制作专门版面的事实；网络用户的创建时间和相关版面的注册时间不同，没有修改过 nobodyvssomebody 的创建时间。涉案作品出版时间较早，知名度有限。隐志公司不可能明知或应知该作品的有声读物系侵权作品，且由于网络用户上传的资源是海量的，不可能逐一进行审查，其已经尽到了合理的注意义务，不应当承担侵权责任，请求维持原判。

二审法院认为：隐志公司经营的 VeryCD 网是基于 P2P 技术实现网络资源分享的网站。由于 P2P 技术的使用，网络用户能够实现点对点的数据交换，而不需要通过网络中心服务器进行中转。当 P2P 软件用户非法传播他人作品时，尽管提供 P2P 技术的网络服务商在客观上起到了帮助 P2P 软

件用户传播侵权作品的作用，但是，不能以此客观结果来简单地判定提供P2P技术的网络服务商需要承担侵犯他人著作权的责任。根据《信息网络传播权保护条例》第二十三条有关“提供搜索和链接的网络服务提供者明知或应知链接对象侵权的，应当承担共同侵权责任”的规定，只有当提供P2P技术的网络服务商存在主观过错时，才会因为间接侵权行为而承担共同侵权责任。而判断网络服务商是否存在主观过错时，需要综合网络服务商的经营行为来进行客观化的认定。鉴于VeryCD网的网络用户nobodyvssomebody曾经引发他人与VeryCD网的著作权侵权诉讼，而经营VeryCD网的维西公司和隐志公司实际经营者高度混同，故隐志公司对网络用户nobodyvssomebody曾经涉嫌侵犯他人著作权的情况应当是清楚了解的；且网络用户nobodyvssomebody在VeryCD网上发布的资源涉及诸多名家著作，即使一名普通的网络用户，也能够意识到该用户发布的资源存在着重大的侵权嫌疑，更何况隐志公司作为一家专业从事互联网资源分享的网络服务商，更应当有能力发现该用户存在重大的侵权嫌疑。此外，网络用户上传资源的受关注程度与网络服务商通过出售广告位谋取商业利润的大小密切相关，上传资源的点击率越高，广告主投放广告的积极性也就越高，网络服务商也因此可以获得较高利润。而权利和义务的对等性也就进一步加重了网络服务商对点击率较高的所谓精华资源的注意义务和审查职责。本案的发生一定程度上就是因为隐志公司疏于履行作为网络服务商的注意义务，漠视其高级用户nobodyvssomebody涉嫌侵权事实的结果。综上分析，二审法院认为，隐志公司对网络用户nobodyvssomebody在VeryCD网上发布《邓小平批准我们结婚》一书的有声读物，侵害庄则栋、佐佐木敦子享有的该作品的信息网络传播权具有主观过错，应当承担共同侵权责任。同时，鉴于上诉人庄则栋、佐佐木敦子诉请被上诉人隐志公司赔偿53万元，但未提供其因侵权行为遭受的损失或者隐志公司因侵权所获利润的证据，故综合考虑作品类型、侵权行为性质、持续时间、侵权后果、隐志公司的主观过错程度等情节予以确定。据此，依照《中华人民共和国民事诉讼法》第一百五十三条第一款第（三）项，《中华人民共和国著作权法》（2001年修正）第四十七条第（一）项、第四十八条，《信息网络传播权保护条例》第二十三条的规定撤销原审判决，判决隐志公司停止侵害庄则栋、佐佐木敦子享有的《邓小平批准我们结婚》一书的信息网络传播权；赔偿庄则栋、佐佐木敦子经济损失及合理开支人民币55000元。

【评析】

本案主要的法律问题在于提供P2P技术的网络服务商是否应当对发生过侵权诉讼的网络用户履行合理的注意义务。由于涉及到网络技术及相应的法律适用问题，需要遵循“技术问题技术分析，法律问题法律解决”的审理思路作出判断。

一、P2P软件技术的应用特征

P2P是英文Peer to Peer（“点”对“点”）的简称，是本世纪初问世的一种新型的网络信息传播技术。在传统网络环境下，网络运营商根据其提供网络服务内容的差异，一般可以分为ICP（网络内容提供商）和ISP（网络服务提供商，比如提供网络链接和搜索引擎服务）。[①] 这些传统手段提供的网络服务采用的是所谓“服务器端——客户端”（server—client）的架构模式：信息集中存储在一个主服务器上，网络用户必须登录到这个主服务器所支持的网页或其他系统上才能从中获得所需信息。这种集中化管理模式使服务器成为特定信息传统的中枢，服务器的经营和管理者也因此对特定信息的传递具有控制权。其特征在于：一旦主服务器关闭，则用户无法获得信息。

而P2P技术的出现，改变了上述传统的网络传播方式，即该技术使得信息传播摆脱了对网络中心服务器的依赖，网络用户能够相互之间进行数据交换，而不需要通过网络中心服务器进行中转。利用P2P技术可以建立对等联网的网络，使用P2P技术的网络用户能直接连接到其他用户的计算机，并可以对其他用户提供的共享文件进行下载。在P2P网络系统中，每

① 朱理、邰中林：《知识产权侵权责任若干问题——知识产权侵权责任调研课题成果论证会综述》，载《人民法院报》2008年9月25日。

个使用P2P技术的用户利用P2P软件都可以在本机的硬盘上设有一个“共享目录”（相当于一个文件服务器），如果其愿意与他人分享电影、音乐或软件等文件，就可以将这些文件拷贝至该“共享目录”中，只要这名用户打开计算机、保持联网状态并运行该P2P软件，其他任何同样使用该P2P软件的用户就可以通过输入关键词搜索到这名用户拷贝在“共享目录”内的文件，并可以将其感兴趣的文件下载到自己的计算机中。[①] 与传统网络信息技术相比，P2P技术一大明显特点在于：即使网络服务商的主服务器关闭，使用P2P技术的网络用户仍然可以从其他使用P2P技术的网络用户处获得所需要的信息，从而大大提高了网络用户相互之间传播和获取信息的能力，也使得网络服务商在提供信息方面的作用明显降低。

二、提供P2P技术的网络服务商承担侵权责任的要件

P2P软件网络系统作为一种新兴技术，具有多种实质性的用途。比如，共享应用软件，共享计算能力，用于搜索引擎，共享信息，数据分散存储以及在线交互功能等。因此，P2P软件并非单纯的恶意软件，更多的时候，它能够为网络用户传播交流资讯提供技术支撑，并促进互联网产业的发展。当然，P2P技术也可能被网络用户用于非法传播侵权作品，从而侵犯了著作权人享有的信息网络传播权。但是，需要指出的是，当使用P2P技术的网络用户非法传播侵权作品时，尽管提供P2P技术的网络服务商客观上起到了帮助该网络用户实施非法传播侵权作品的行为，但我们不能简单地据此认定该网络服务商需要承担著作权侵权责任。[②] 理由在于：提供P2P技术的网络服务商并未直接传播侵权作品或存储侵权作品供人下载，即没有直接实施侵犯著作权人享有的信息网络传播权的行为，故而不构成直接侵权。至于该网络服务商是否因间接侵权行为而承担共同侵权责任的

---

① 王迁：《知识产权法教程》，中国人民大学出版社2007年版，第165页。

② 祝建军、谭明华：《P2P服务提供者间接侵权责任的认定》，载《知识产权》2009年第1期。

问题，[①] 根据相关法律的规定，[②] 因间接侵权行为而承担共同侵权的构成要件为：（1）有直接侵权行为存在；（2）客观上参与、帮助了直接侵权行为；（3）主观上有过错。[③] 本案中，网络用户 nobodyvssomebody 非法传播《邓小平批准我们结婚》一书的有声读物，直接侵犯了庄则栋、佐佐木敦子对其著作享有的信息网络传播权，隐志公司为其提供了 P2P 技术的支持，因此，隐志公司的行为符合了上述前两个构成要件，关键在于是否符合第三个构成要件，即隐志公司是否存在主观过错。

三、网络服务商主观过错的判断标准

根据《信息网络传播权保护条例》第二十三条有关“提供搜索和链接的网络服务提供者明知或应知链接对象侵权的，应当承担共同侵权责任”的规定，判断提供 P2P 技术的网络服务商主观过错的标准分为明知和应知两类：[④]

---

① 直接侵权和间接侵权的分类源于英美法系国家的法律和判例。大陆法系国家的侵权法理论中，没有间接侵权的规定，与之对应的是共同侵权理论。根据《最高人民法院关于审理涉及计算机网络著作权纠纷案件适用法律若干问题的解释》第四条的规定：“网络服务提供者通过网络参与他人侵犯著作权行为，或者通过网络教唆、帮助他人实施侵犯著作权行为的，人民法院应当根据《中华人民共和国民法通则》（以下简称《民法通则》）第一百三十条的规定，追究其与其他行为人或者直接实施侵权行为人的共同责任”，该条规定中与直接侵权行为人相对应的是间接（帮助）侵权行为人，据此可见，在我国著作权法领域，间接侵权行为与共同侵权责任存在一定的融合。参见陆凤玉：《P2P 软件使用平台提供者侵权责任认定》，载《上海审判实践》（网络版）2011 年第 7 期。

② 民法通则第一百三十条规定：“二人以上共同侵权造成他人损害的，应承担连带责任”；《最高人民法院关于贯彻执行〈民法通则〉若干问题的意见》第一百四十八条规定：“教唆、帮助他人实施侵权行为的人，为共同侵权人，应当承担连带民事责任”；《最高人民法院关于审理涉及计算机网络著作权纠纷案件适用法律若干问题的解释》第四条规定：“网络服务提供者通过网络参与他人侵犯著作权行为，或者通过网络教唆、帮助他人实施侵犯著作权行为的，人民法院应当根据民法通则第一百三十条的规定，追究其与其他行为人或者直接实施侵权行为人的共同责任”；《信息网络传播权保护条例》第二十三条规定：“提供搜索和链接的网络服务提供者明知或应知链接对象侵权的，应当承担共同侵权责任。”

③ 陈绍平：《MP3 搜索引擎服务商的法律责任——对“百度案”和“雅虎案”二审判决的评析》，载《电子知识产权》2008 年第 8 期。

④ 祝建军、谭明华：《P2P 服务提供者间接侵权责任的认定》，载《知识产权》2009 年第 1 期。

1. 明知。所谓明知，是指 P2P 网络服务商明确知道 P2P 用户通过 P2P 软件实施侵犯他人著作权的行为，但仍不采取措施以消除侵权后果。司法实践中，网络服务商构成明知有两种证明标准：一是 P2P 网络服务商自认其知道 P2P 用户实施侵犯著作权的行为，但其未采取措施消除 P2P 用户的这种行为，此为自认的明知；二是根据“通知—删除”规则，如著作权人向 P2P 网络服务商发出确有证据的警告后，P2P 网络服务商仍未采取措施消除 P2P 用户的网络侵权行为，可以认定该 P2P 网络服务商构成明知的过错，此为推定的明知。

2. 应知。所谓应知，是指根据 P2P 网络服务商的预见能力和预见范围，如果其应当预见到 P2P 软件用户存在实施侵犯他人著作权的行为，但由于其未尽到“合理理性人”的谨慎和注意义务，导致损害后果发生或扩大的，就应当认定该 P2P 网络服务商存在过错。此种认定过错的标准，类似于美国判例法中的“红旗标准”和“鸵鸟政策”规则，即：当网络系统中存有侵权材料，或被链接的材料之侵权事实已经像一面鲜亮的红旗在网络服务商面前公然飘扬，以至于处于相同情况下的理性人能够发现时，如果网络服务商采取“鸵鸟政策”，像一头鸵鸟那样将头深深埋入沙子之中，装作看不见侵权事实，则同样能够认定网络服务商至少“应当知晓”侵权材料的存在。

本案中，隐志公司自始至终都否认其明知上传至其网站的涉案有声读物系侵权作品，且庄则栋、佐佐木敦子也未提供证据证明其向隐志公司发送了符合法律要求的警告，[①] 故现有证据无法证明隐志公司有明知其网络

---

① 《信息网络传播权保护条例》第十四条规定：“对提供信息存储空间或者提供搜索、链接服务的网络服务提供者，权利人认为其服务所涉及的作品、表演、录音录像制品，侵犯自己的信息网络传播权或者被删除、改变了自己的权利管理电子信息的，可以向该网络服务提供者提交书面通知，要求网络服务提供者删除该作品、表演、录音录像制品，或者断开与该作品、表演、录音录像制品的链接。通知书应当包含下列内容：（一）权利人的姓名（名称）、联系方式和地址；（二）要求删除或者断开链接的侵权作品、表演、录音录像制品的名称和网络地址；（三）构成侵权的初步证明材料。权利人应当对通知书的真实性负责”；《最高人民法院关于审理涉及计算机网络著作权纠纷案件适用法律若干问题的解释》第七条第一款规定：“著作权人发现侵权信息向网络服务提供者提出警告或者索要侵权行为人网络注册资料时，不能出示身份证明、著作权权属证明及侵权情况证明的，视为未提出警告或者未提出索要请求。”

用户 nobodyvssomebody 实施侵权行为的主观过错。

但是，我们认为，隐志公司应知其网络用户 nobodyvssomebody 实施了侵权行为。理由是：第一，涉案用户已经引发过侵权诉讼，在前次侵权案件中，VeryCD 网的原经营主体系该案的被告，该案的委托代理人在本案一审时中仍为委托代理人，同时，VeryCD 网的前后经营主体实际经营者高度混同，因此，可以推定隐志公司对其网络用户 nobodyvssomebody 曾经引发侵权诉讼的事实应当是清楚了解的；第二，如果 VeryCD 网的经营者关注网络用户侵权情况的话，在发生侵权诉讼之后，就应当有意识地去关注一下该网络用户上传资源的情况。而该用户上传的资源多达 88 个，涉及诸多名家著作，正常情况下，该用户是不可能获得这么多作者合法授权的，因此，一般的网络用户都能够意识到该用户存在重大侵权的嫌疑，更何况，隐志公司作为一家专业从事互联网资源共享的网络服务商，更有能力认识到该用户侵权的事实。第三，该用户系 VeryCD 网的高级用户，上传了 86 个精华资源，为隐志公司带来了相应的广告收益。而权利与义务的对等性加重了隐志公司的注意义务。换言之，相对于普通用户上传的资源，隐志公司更有责任要关注高级用户上传的精华资源的合法性。基于上述因素，我们认为，隐志公司应当知道链接对象侵权，对侵权行为的发生存在主观过错，应当承担共同侵权责任。

四、侵权损失法定赔偿的酌定因素

《中华人民共和国著作权法》第四十九条规定：“侵犯著作权或者与著作权有关的权利的，侵权人应当按照权利人的实际损失给予赔偿；实际损失难以计算的，可以按照侵权人的违法所得给予赔偿。赔偿数额还应当包括权利人为制止侵权行为所支付的合理开支。权利人的实际损失或者侵权人的违法所得不能确定的，由人民法院根据侵权行为的情节，判决给予五十万元以下的赔偿。”本案中，庄则栋、佐佐木敦子并未向法院提交其遭受实际损失和隐志公司违法所得的证据，并在审理中明确主张按法定赔偿的最高标准计赔其损失。我们在审理中，重点考虑作品类型、侵权行为性质、持续时间、侵权后果、隐志公司的主观过错程度等情节予以确定。鉴

于涉案作品为知名人士的著作，自1998年7月出版发行至今已经三次印刷，该作品的有声读物在2006年1月即上传至VeryCD网，因P2P技术的使用会被作为“侵权种子”反复传播，对涉案作品的正常销售产生直接影响，且隐志公司疏于履行自己的注意义务，对侵权行为的发生具有主观过错，故我们在参考了同类案件赔偿数额的情况下，[①] 酌情确定隐志公司赔偿损失5万元。同时，庄则栋、佐佐木敦子为制止隐志公司的侵权行为支出了调查、公证、律师费等合理费用，我们结合本案调查证据的难易程度以及二审时只针对一审诉讼请求进行处理等因素酌情确定隐志公司承担合理开支5000元。

（执笔人：宋学东、刘军华、唐震）

---

① 2010年上海市第一中级人民法院判决侵犯电影作品信息网络传播权的被告承担的平均赔偿额（包括合理费用）不足3万元。参见朱丹：《侵犯信息网络传播权赔偿额的确定》，载《人民司法·应用》2011年第11期。

15. 苹果公司与中文在线数字出版集团股份有限公司、苹果电子产品商贸（北京）有限公司、艾通思有限责任公司侵害信息网络传播权纠纷案*

▶人民法院应当根据网络服务提供者的过错，确定其是否承担教唆、帮助侵权责任

再审申请人（一审被告、二审上诉人）：苹果公司。住所地：美利坚合众国加利福尼亚州库本蒂诺市因非尼特环道1号。

法定代表人：诺琳·克拉尔，助理秘书长。

委托诉讼代理人：杨璞，上海市方达律师事务所律师。

委托诉讼代理人：王敏思，上海市方达律师事务所律师。

被申请人（一审原告、二审被上诉人）：中文在线数字出版集团股份有限公司。住所地：中华人民共和国北京市东城区安定门东大街28号2号楼9层905号。

法定代表人：童之磊，该公司总裁。

委托诉讼代理人：王荻，该公司职员。

委托诉讼代理人：徐耀明，湖南星河律师事务所律师。

一审被告：苹果电子产品商贸（北京）有限公司。

---

* 摘自《知识产权审判与指导》2016年第2辑（总第28辑），人民法院出版社2017年版，第213～218页。

住所地：中华人民共和国北京市东城区东长安街1号东方广场东方经贸城东一办公楼。

法定代表人：麦克·约瑟夫·博德，该公司董事长。

委托诉讼代理人：杨璞，上海市方达律师事务所律师。

委托诉讼代理人：王敏思，上海市方达律师事务所律师。

一审第三人：艾通思有限责任公司。住所地：卢森堡大公国L－2763圣兹特路31－33。

法定代表人：卡斯滕·迪克森，该公司总经理。

委托诉讼代理人：周整，上海市方达（北京）律师事务所律师。

再审申请人苹果公司因与被申请人中文在线数字出版集团股份有限公司（以下简称中文在线公司）、一审被告苹果电子产品商贸（北京）有限公司、一审第三人艾通思有限责任公司（以下简称艾通思公司）侵害信息网络传播权纠纷一案，不服北京市高级人民法院（2015）高民（知）终字第3535号民事判决，向本院申请再审。本院受理后依法组成合议庭进行了审查，现已审查终结。

苹果公司申请再审称：（1）原审法院认定其系在应知涉案应用程序在线商店（简称程序商店）侵权行为的情况下，未采取必要措施，缺乏证据证明。程序商店作为网络服务平台商并不从内容上挑选、编辑应用程序，无法控制应用程序的内容，难以判断某部作品是否经过授权，不能感知图书类应用程序是否存在侵权行为。原审法院过高估计了程序商店对平台内容的控制管理能力。（2）二审法院要求程序商店事先审核开发商权利证明的做法缺乏法律依据。该审查义务带来的负担远远大于程序商店能够获得的收益，与中文在线公司遭受的损失亦不匹配。（3）在先案例已经确定按销售额比例抽取的费用为“一般性广告费、服务费”，不属于直接获得的经济利益。有新的证据证明网络服务提供商从商品或服务销售额中抽取固定比例金额，属于行业惯例。因此，原审法院关于其从涉案侵权行为中直接获取经济利益的认定，是错误的。（4）其作为网络服务提供商已尽可能就赔偿问题进行举证，但原审法院不仅排除其所提供的获利情况证据，并且免除中文在线公司对赔偿数额的举证责任，无视涉案作品真实价值，仅依据相关稿酬标准酌定高额赔偿，违背了民事赔偿的填平原则，助长了恶意求偿行为。(5) 其作为 iTunes 程序的开发者提供程序免费下载，但 iTunes 软件本身不包含涉案内容。用户购买并下载涉案应用程序的行为是发生在程序商店，而非 iTunes 软件下载过程中。其在网站发布涉案应用程序开发指南，以及涉案程序商店运行界面上标注有苹果公司版权所有或保留所有权利等字样，至多可以理解其为相关标准的制定者，不能因此说明申请人就是程序商店的运营者。综上，原审判决存在《中华人民共和国民事诉讼法》第二百条规定的情形，应予再审纠正。

中文在线公司提交意见认为：(1) 涉案作品有明确的著作权归属，苹果应用商店应知涉案应用程序无权传播他人享有著作权作品情况下，不采取有效措施，致使侵权应用程序得以顺利上传至苹果应用商店，未尽到合理的注意义务。苹果公司通过应用商店获取的销售分成属于直接经济利益，应当承担较高注意义务。苹果公司作为涉案程序商店的经营者具有很强的控制力，且对应用程序进行筛选与分销，通过收费下载业务获取直接经济利益，应当负有较高注意义务，应当知悉涉案应用程序的侵权事实。(2) 本案侵权行为与苹果公司在其他案件中的被诉侵权行为没有关联，苹果公司应当就不同的侵权行为分别承担相应的赔偿责任。原审法院在不能查明权利人实际损失和侵权人违法所得情况下，结合涉案作品创作难度、市场价值、侵权字数、侵权范围，以及苹果公司具体行为方式和主观过错程度等因素，参照国家稿酬规定综合酌定赔偿数额，符合相关法律规定。(3) 苹果公司与应用程序开发商签订相关开发协议，承担程序商店运营中相关政策修订、应用程序审核、分销和撤销等重要职责，可以确认苹果公司就是涉案程序商店的实际经营者。综上，原审判决认定事实清楚，适用法律正确。苹果公司申请再审所述理由不能成立，依法应予驳回。

本院经审查认为，本案争议的焦点为：(1) 苹果公司应否负有较高注意义务，对第三方侵权行为是否属于“应知”的情形；(2) 原审法院确定的赔偿数额是否适当；(3) 原审法院认定苹果公司为涉案程序商店经营者是否正确。

1. 关于苹果公司应否负有较高的注意义务，对第三方侵权行为是否属

于“应知”情形的问题。

根据《最高人民法院关于审理信息网络传播权民事纠纷案件适用法律若干问题的规定》第七条、第八条、第九条、第十一条等相关规定，人民法院应当根据网络服务提供者的过错，确定其是否承担教唆、帮助侵权的责任。网络服务提供者的过错，包括对于网络用户侵害信息网络传播权行为“明知”或者“应知”的情形。人民法院可以根据侵权事实是否明显，网络服务提供者应当具备的管理信息能力，是否主动对作品进行选择、编辑、推荐等因素，综合认定网络服务提供者是否构成“应知”的情形。如果网络服务提供者从网络用户提供作品、表演、录音录像制品行为中直接获得经济利益的，应当认定其对网络用户侵害信息网络传播权行为负有较高的注意义务。网络服务提供者明知或应知网络用户利用网络服务侵害信息网络传播权，未采取删除、屏蔽、断开链接等必要措施，或者提供技术支持等帮助行为的，人民法院应当认定其构成帮助侵权行为。

根据原审法院查明的事实，涉案应用程序的开发商首先需要同意并签署《已注册的APPLE开发商协议》，由苹果公司根据协议约定提供操作系统及程序开发环境。开发商签署《已注册的APPLE开发商协议》并注册成功后，获得开发者账号，可以进一步开发苹果公司旗下的iOS系统、Mac系统等操作系统中的应用程序。为取得开发iOS系统下应用程序的资格，开发商还须使用上述账号签署《iOS开发商计划许可协议（包括附表1)》并支付99美元，方可获得开发并发布iOS应用程序的权限。为获得开发收费应用程序的资格，开发商还须使用上述账号同意并签署《iOS开发商计划许可协议（附录2)》。

苹果公司通过要求开发商签署系列协议，基本控制了应用程序开发的方向和标准。不仅许可开发商使用苹果公司的软件编写、测试可运行在iOS环境下的应用程序，为开发商提供相关作业系统、文档资料、软件(源代码和目标代码)、应用程序、示范代码、模拟器、工具、应用程序库存、API、数据等内容和服务，并且要求开发商将其开发的所有应用程序向苹果公司提交，由苹果公司进行选择分销。在确定是否分销时，苹果公司采取了极具控制力的协议条款。例如《iOS开发商计划许可协议》的正文记载："6.2 Apple 选择分销。阁下理解并同意，Apple 可独自酌情：a）确定阁下的应用程序不符合当时有效的全部或任何部分文档资料或计划要求；b）以任何理由拒绝分销阁下的应用程序，即使阁下的应用程序符合文档资料或计划的要求""8. 撤销。阁下理解并同意，Apple 可随时终止分销阁下的获许可应用程序、获许可应用信息，或撤销任何阁下的应用程序的数字证书。"由此，原审法院认定苹果公司对于涉案程序商店发布应用程序的问题，可以采取符合其自身政策需求的做法而不受开发商的限制，因而具有很强的控制能力和管理能力，具有充分的事实和法律依据。

《iOS 开发商计划许可协议（附录2）》记载，"获许可应用程序"一词包括阁下利用 In App Purchase API 在某一获许可应用程序中出售的其他任何获许可的功能、内容或服务，而"最终用户"既包括获许可应用程序的实际最终用户，亦包括可为最终用户购买获许可应用程序的授权机构客户。"3.4 Apple 关联公司有权收取以下佣金，作为其在本附录 2 项下为阁下提供代理/居间服务的对价：（a）就向本附录 2 附文 B 第 1 条（经 iTunes Connect 网站不时更新）所列国家地区的最终用户销售获许可应用程序，Apple 关联公司有权收取相当于每位最终用户应付价款 30% 的佣金。""如 Apple 关联公司向最终用户退还该等价款，阁下必须向 Apple 关联公司偿付和该获许可应用程序价款等额的款项或向 Apple 关联公司提供和该获许可应用程序价款等额的贷项。尽管向最终用户退还价款，App1e 关联公司仍将有权保留其就该获许可应用程序应得的佣金。"苹果公司在其官方网站上发布的《App Store 审核指南》亦记载：1.1 作为一个应用商城的应用开发者，你要受你和"APPLE"之间的该计划许可协议、用户界面规约和其他许可或者合同的条款的规约。11.11 通常你的应用越贵，我们就会审核得越彻底。11.12 提供订阅的 APP 应用程序必须使用 IAP，如同前述《开发者计划许可协议》中规定的一样，"APPLE"将和开发者按照 3 比 7 的比例分享此类商品的订阅收入。

根据原审法院查明的事实，涉案应用程序开发商为取得开发 iOS 系统下应用程序的资格、获得开发权限和使用开发工具，已向苹果公司支付 99 美元。苹果公司运营的 App Store 针对本案所涉"《五星大饭店》海岩作品

精选［简繁］”应用程序（售价人民币12元）、“［简繁］二月河之康熙雍正乾隆光绪”应用程序（售价人民币6元）以及“权与欲——官场小说大合集”应用程序（售价人民币12元），又另行收取30%固定比例的费用。因此，苹果公司以其他网络服务提供商亦从商品或服务销售额中抽取固定比例数额费用的做法，主张其针对涉案应用程序另行收取固定比例费用，性质上属于技术服务费，而非从涉案应用程序中直接获取的经济利益，缺乏事实和法律依据。原审法院基于苹果公司前述直接获取经济利益的情形，认定其应当对涉案侵害信息网络传播权行为负有较高注意义务，并无不当。

另外，苹果公司虽然在其《iOS开发商计划许可协议》《App Store审核指南》中记载有“不得开发任何可能用来进行或帮助侵权的应用程序，不得违反、盗用或侵犯任何第三方版权或合法权利”“Apple关联公司对应用程序内容无任何控制或权益”“使用受保护的第三方资料（商标、版权、商业秘密，其他的专利内容）时需要一个文件式的权利证明书，此证明书必须按要求提供”等内容，但在协议实际履行过程中，其未按前述约定要求涉案应用程序开发商提供相关的证明文件。因此，苹果公司系在可以明显感知涉案应用程序属于未经合法授权的情形下，没有采取合理措施，亦具主观过错，应当承担相应的法律责任。

2. 关于原审法院确定的赔偿数额是否适当的问题。根据《中华人民共和国著作权法》第四十九条的规定，侵犯著作权或者与著作权有关的权利的，侵权人应当按照权利人的实际损失给予赔偿；实际损失难以计算的，可以按照侵权人的违法所得给予赔偿；权利人的实际损失或者侵权人的违法所得不能确定的，由人民法院根据侵权行为的情节，判决给予五十万元以下的赔偿。中文在线公司虽然没有提交其遭受实际损失的相关证据，但原审法院根据涉案侵权行为所涉作品数量、相关作品创作难度、市场价值、侵权字数、传播使用方式、侵权范围以及苹果公司主观过错等因素，参照有关稿酬标准综合酌定侵权赔偿数额，符合法律规定。苹果公司关于本案应参考业界其他作品许可费用标准确定赔偿数额的意见，依法不予采信。

3. 关于苹果公司是否为涉案程序商店的运营者的问题。根据原审法院查明的事实，苹果公司与应用程序开发商签订相关开发协议并承担运营过程中程序审核、分销和撤销等重要职责。因此，原审法院认为虽不排除苹果公司委托艾通思公司运营或与之合作运营涉案应用商店的可能性，但判决由其作为涉案应用商店的经营者承担相应法律责任，不违反法律规定。

依照《中华人民共和国民事诉讼法》第二百零四条第一款，《最高人民法院关于适用〈中华人民共和国民事诉讼法〉的解释》第三百九十五条第二款之规定，裁定如下：

驳回苹果公司的再审申请。

审 判 长 夏君丽
代理审判员 曹 刚
代理审判员 董晓敏

二〇一六年九月二十二日

书 记 员 包 硕

（六）侵害其他著作财产权纠纷

16. 齐良芷、齐良末等诉江苏文艺出版社侵犯著作权纠纷案*

《中华人民共和国著作权法》规定作品的著作权属于公民的，公民死亡后，其著作财产权依照继承法的规定转移

【裁判摘要】

《中华人民共和国著作权法》规定作品的著作权属于公民的，公民死亡后，其著作财产权依照继承法的规定转移。结合《中华人民共和国著作权法实施条例》的规定：合作作品不可以分割使用的，其著作权由各合作作者共同享有，通过协商一致行使；不能协商一致，又无正当理由的，任何一方不得阻止他方行使除转让以外的其他权利，但是所得收益应当合理分配给所有合作作者。上述规定体现了著作权的立法宗旨，即通过赋予著作权人有限的权利以鼓励有益于社会主义精神文明、物质文明建设的作品得以产生和传播，但并非使著作权人对作品的传播和使用享有绝对的垄断权。

原告：齐良芷（齐白石五女），女，80岁，汉族。住北京市丰台区东铁匠营街道蒲安里。

原告：齐良末（齐白石七子），男，73岁，汉族。

* 摘自《最高人民法院公报》2012年第9期。

住北京市宣武区南横西街。

原告：齐秉颐（齐白石之孙），男，59 岁，汉族。住北京市西城区跨车胡同。

原告：齐金平（齐白石之孙），男，88 岁，汉族。住湖南省湘潭县茶恩寺镇荷月村。

原告：邓桐生（齐白石之曾外孙），男，73 岁，汉族。住湖南省湘潭县茶恩寺镇荷月村。

原告：尹寿山（齐白石之外孙），男，62 岁，汉族。住湖南省湘潭县白石铺乡尹家冲村。

原告：齐来欢（齐白石之曾孙），男，56 岁，汉族。住北京市丰台区刘家窑北里。

原告：齐展仪（齐白石之孙），男，72 岁，汉族。住北京市西城区跨车胡同。

原告：齐良憐（齐白石三女），女，85 岁，汉族。住台湾地区台北市国华路二段。

被告：江苏文艺出版社。住所地：南京市湖南路 47 号。

法定代表人：黄小初，该社社长。

原告齐良芷、齐良末、齐秉颐、齐金平、邓桐生、尹寿山、齐来欢、齐展仪、齐良憐因与被告江苏文艺出版社发生侵犯著作权纠纷，向江苏省南京市鼓楼区人民法院提起诉讼。

原告齐良芷等诉称：原告系著名画家齐白石的合法继承人，被告江苏文艺出版社在没有合法授权的情况下，以营利为目的，将齐白石的作品汇编成《煮画多年》一书进行出版发行。原告诉至法院，请求：（1）判令被告停止侵害，用书面形式或在新闻媒体上公开赔礼道歉；（2）被告赔偿原告经济损失 10 万元；（3）请求被告支付原告为制止侵权行为所支出的合理费用。

原告齐良芷等提交证据如下：吉司律发〔2007〕66 号文件和吉发改收管联字〔2007〕481 号文件以及律师代理费发票 22000 元、住宿费发票总计 1196 元、餐饮费发票 100 元、公证费发票总计 1102 元（原告仅主张

100元)，交通费发票总计5840元，购书费凭证14.30元。

被告江苏文艺出版社质证认为，对上述证据真实性无异议，但原告齐良芷等主张的律师费数额太高，不符合法律规定，对住宿费中在沧州发生的费用不予认可，公证费发票上并未写明是因本案所作公证，与本案没有关联性，交通费中原告从南京至天津选择的是动车，标准偏高。

被告江苏文艺出版社辩称：我社在《煮画多年》一书出版前曾与湖南湘潭齐白石纪念馆（以下简称齐白石纪念馆）签订过《图书出版合同》，并得到了齐白石后人齐金平与齐灵根的授权，且已支付了稿酬，故我社并未侵犯原告的著作权，请求驳回原告齐良芷等的诉讼请求。

被告江苏文艺出版社提交如下证据：（1）齐金平（齐白石长子齐良元之四子，原告之一）、齐灵根（齐白石三子齐良琨的九子）在2008年8月21日出具的《证明》：《煮画多年》一书出版前，纪念馆领导与我们通报其全书内容及出版目的，当时我们口头授权齐白石纪念馆同意出版，并由齐白石纪念馆委托江苏文艺出版社出版其书，出版费按国家规定支付，情况属实。（2）经湘潭市第二公证处公证的《授权委托书》，日期2009年7月1日，委托人齐金平与齐灵根，委托书记载：《煮画多年》一书出版前，齐白石纪念馆领导与我们通报其全书内容与出版目的，当时我们口头授权齐白石纪念馆同意出版，并由齐白石纪念馆委托江苏文艺出版社出版其书，出版费按国家规定支付。

原告齐良芷等质证认为对《证明》的真实性不予认可，且口头授权没有法律依据，对《授权委托书》的真实性、合法性、关联性不予认可，公证处对齐金平、齐灵根是否进行口头授权没有核实，并且齐金平和齐灵根只能代表他们个人，不能代表齐白石所有继承人。

南京市鼓楼区人民法院一审查明：齐白石，男，汉族，1864年1月1日生，湖南湘潭人，20世纪中国画艺术大师，1957年9月16日去世，其二位配偶亦去世。齐白石与二位配偶生有7个儿子和5个女儿，即长子齐良元、次子齐良黼、三子齐良琨、四子齐良迟、五子齐良已、六子齐良年、七子齐良末、长女齐菊如、次女齐阿梅、三女齐良怜、四女齐良欢、五女齐良芷。目前除齐白石三女齐良怜、五女齐良芷、七子齐良末健在外，其余子女均已去世，并留有子女。

另查明：齐白石纪念馆属事业法人，举办单位是湘潭市文化局。2007年5月21日，齐白石纪念馆（甲方）与被告江苏文艺出版社（乙方）签订一份《图书出版合同》。合同约定，甲方授权乙方在合同有效期内，在中国大陆，中国香港特别行政区、台湾地区，其他国家和地区以图书形式出版发行《齐白石艺术随笔》汉字文本的专有使用权以及网络、电子图书的使用权；甲方保证拥有授予乙方的权利，甲方全权负责著作权，因上述权利的行使侵犯他人著作权的，或因上述作品含有侵犯他人名誉权、肖像权、姓名权等人身权内容的，甲方承担全部责任并赔偿因此给乙方造成的一切损失，乙方可以终止合同；乙方采用下列方式及标准在约定时间内向甲方支付报酬：基本稿酬加印数稿酬50元每千字，乙方在上述作品出版后2个月内向甲方支付报酬，上述作品首次出版后30日内，乙方向甲方赠送样书各10册，并以70%折扣售予甲方图书100册；合同自签订之日起生效，有效期为5年（以版权页为准）。2007年10月，被告正式出版上述随笔，书名为《煮画多年》，书号：ISBN 978－7－5399－2598－1，定价19元。齐白石纪念馆同时向被告购买600本图书，应付书款7410元（按六五折计），扣除稿酬5150元，实际支付购书款2260元。2007年12月，原告在网上购得一本《煮画多年》，支出14.30元。审理中，原被告确认《煮画多年》所选文章之前均已公开发表过，该书字数为103000字，印数为7000册。

2009年10月15日，齐白石纪念馆出具一份《情况说明》：《煮画多年》一书版权页标明字数为15万字，被告江苏文艺出版社根据实际字数统计为10.3万字，稿费为5150元；为纪念齐白石逝世50周年，湖南省湘潭市于2007年9月16日至18日举办了第2届中国（湘潭）齐白石国际文化艺术节，需购买600册《煮画多年》赠送与会嘉宾，购书款总计7410元（按六五折计算），因稿费不够抵书款，纪念馆又补寄2260元给被告。原告齐良芷等对此认为，齐白石纪念馆并非齐白石的继承人，其无权接收稿酬，即使被告行为不构成侵权，其仍应将稿酬支付给原告方。

南京市鼓楼区人民法院一审认为：《中华人民共和国著作权法》规定，

作品的著作权属于公民的，公民死亡后，其著作财产权依照《中华人民共和国继承法》的规定转移。齐白石去世后，其作品的著作财产权在没有遗嘱继承等情况下，发生法定继承。即公民死亡后，其财产按照法定继承的顺序由第一顺序继承人继承。在法定继承中，被继承人的子女先于被继承人死亡时，由已死亡的晚辈直系血亲代位继承。如果被继承人的子女在继承开始后遗产分割前死亡的，则其应该继承的遗产份额转由其合法继承人转继承。继承是从被继承人死亡时开始。对于继承开始之后去世的子女，该子女所应当继承的份额应当按照继承法的规定，由该子女的继承人继承。原告齐良芷等均是齐白石的著作财产权的相应继承人，有权对侵犯齐白石著作财产权的行为提出主张，原告的主体适格。

根据《著作权法》规定，在作者生前及其死亡后50年的保护期限内，作者的发表权、复制权、发行权、获得报酬权等权利受法律保护。在此期间内，未经作者或作者继承人的许可，任何人不得使用作者的作品。齐白石于1957年9月16日去世，根据法律规定其作品著作权保护期截止时间应计算至2007年12月31日，被告江苏文艺出版社出版《煮画多年》的时间为2007年10月，仍在该保护期内，故被告的出版行为应依法得到许可。

被告江苏文艺出版社在出版前与齐白石纪念馆签订了出版合同，审理中又提交了齐金平和齐灵根共同出具的《证明》和《授权委托书》，证明其出版行为已获得许可，原告齐良芷等对《证明》和《授权委托书》不予认可，但并未提交相反证据，法院对《证明》和《授权委托书》予以采信。两份证据证明齐白石纪念馆委托被告出版《煮画多年》，并取得了齐金平和齐灵根的许可，虽然此二人不能代表所有齐白石继承人，但因齐白石的继承人人数众多，难以确定，且分散于各地，齐白石作品的出版如需取得全体继承人的同意，几无可能，如此将会导致齐白石的所有作品在保护期内难以出版。事实上，在本案中原告起诉也未能获得全体继承人的授权。著作权法以保护著作权为宗旨，通过赋予著作权人有限的权利以鼓励有益于社会主义精神文明、物质文明建设的作品得以产生和传播，从而促进社会主义文化和科学事业的发展与繁荣，但并非使著作权人对作品的传播和使用享有绝对的垄断权。《中华人民共和国著作权法实施条例》第九条规定也体现了这一原则，该条规定合作作品不可以分割使用的，其著作权由各合作作者共同享有，通过协商一致行使；不能协商一致，又无正当理由的，任何一方不得阻止他方行使除转让以外的其他权利，但是所得收益应当合理分配给所有合作作者。齐白石作为享誉世界的艺术大师，其作品如果由于未取得所有继承人同意而无法在保护期内出版，则不仅不符合原告方自身的利益，也不符合著作权法促进文化传承和发展的精神。本案中，被告出版《煮画多年》一书是为了配合齐白石去世50周年的纪念活动，其出版行为具有一定的公益性质，并在出版前与齐白石纪念馆签订了书面合同，得到了齐白石部分继承人的许可，被告的出版行为并不会妨碍齐白石继承人对作品的正常使用也不会损害其合法利益。综合这些因素，法院认为被告取得齐金平、齐灵根的许可即应视为已获得了合法授权，其出版《煮画多年》不构成侵权。

根据法律规定，被告江苏文艺出版社出版《煮画多年》应当支付相应的报酬。齐白石纪念馆并非权利人，无权收取稿酬，更无权将稿酬与其购书费用进行充抵，被告给付稿酬的相对方应当是齐白石继承人。原告齐良芷等的诉讼请求虽然是要求被告赔偿侵权损失，但在法院释明后表示如果被告不构成侵权，其仍要求被告支付报酬，故被告应将约定的稿酬支付给原告。关于原告要求被告停止侵权、赔礼道歉并支付合理费用的请求，须以侵权事实的成立为前提，因被告的出版行为不构成侵权，故该请求法院不予支持。

据此，南京市鼓楼区人民法院依据《中华人民共和国著作权法》第二条第一款、第十条第二款之规定，于2011年3月15日判决：

一、被告江苏文艺出版社于本判决生效之日起10日内一次性给付原告齐良芷等稿酬人民币5150元；

二、驳回原告齐良芷等的其他诉讼请求。

原告齐良芷等不服一审判决，向南京市中级人民法院提起上诉。在二审中，原告于2011年9月撤回上诉，南京市中级人民法院作出民事裁定准许原告撤回上诉。

17. 上海美术电影制片厂诉珠海天行者文化传播有限公司等侵犯著作财产权纠纷案*

人民法院在确定特定历史时期所创作的动画影片角色形象著作财产权归属时，需要在法律适用过程中运用利益衡量方法，综合考虑历史、现状、公平等各项因素，实现个人权利与集体利益的平衡

【裁判摘要】

动画影片中的角色形象可以作为美术作品受到《中华人民共和国著作权法》的保护；并且只有对该角色形象付出独创性贡献的公民才能成为作者。在《中华人民共和国著作权法》制定实施之前的计划经济年代，不具备保护作者权利的观念基础和制度环境。因此，人民法院在确定这一特定历史时期所创作的动画影片角色形象著作财产权归属时，需要在法律适用过程中运用利益衡量方法，综合考虑历史、现状、公平等各项因素，实现个人权利与集体利益的平衡。

原告：上海美术电影制片厂。住所地：上海市静安区万航渡路。

法定代表人：汪天云，该厂负责人。

被告：珠海天行者文化传播有限公司。住所地：珠海市吉大水湾路。

* 摘自《最高人民法院公报》2014 年第 9 期。

法定代表人：汤泽波，该公司董事长。

被告：珠海悟空服饰有限公司。住所地：珠海市香洲紫荆路。

法定代表人：吴鸿鸣。

被告：珠海市千致鞋业有限公司。住所地：珠海市金湾区联港工业区双林片。

法定代表人：黄金水。

被告：上海扬派贸易有限公司。住所地：上海市闵行区沪闵路。

法定代表人：孙林涛，该公司执行董事。

被告：上海九履贸易发展有限公司。住所地：上海市闵行区江川路。

法定代表人：陈景皓，该公司董事长。

原告上海美术电影制片厂（以下简称美影厂）因与被告珠海天行者文化传播有限公司（以下简称天行者公司）、珠海悟空服饰有限公司（以下简称悟空公司）、珠海市千致鞋业有限公司（以下简称千致公司）、上海扬派贸易有限公司（以下简称扬派公司）、上海九履贸易发展有限公司（以下简称九履公司）侵犯著作财产权纠纷，向上海市第一中级人民法院提起诉讼。

原告美影厂诉称：原告系动画影片《大闹天宫》的制作人，依法享有《大闹天宫》孙悟空人物形象美术作品的著作权。原告于2001年6月授权被告天行者公司《大闹天宫》影片在美国的独家放映权。2008年间，原告发现天行者公司在其域名为 www. wukongland. com 的网站上擅自使用孙悟空人物形象及改编自该形象的众多变形形象。被告悟空公司系由天行者公司投资设立，该公司主办了域名为 www. wukongkids. com 的网站，并在全国范围设立了销售代理商，在网站上和各地代理网点推销千致公司生产的侵权产品，销售规模巨大。被告天行者公司、悟空公司、千致公司还通过媒体和各自的网站在各种展销会、宣传会等大型活动中宣传、扩散侵犯原告著作权的行为，被告扬派公司、九履公司共同实施了销售侵权产品的行为，构成共同侵权。现诉至法院，请求判令：（1）各被告立即停止侵权行为；（2）各被告共同赔偿原告经济损失及合理费用515.6万余元；（3）各被告在《新民晚报》上刊登声明向原告公开赔礼道歉。

被告天行者公司辩称：孙悟空人物形象美术作品系由张光宇创作，著作权归属于张光宇，原告美影厂没有诉讼主体资格。被告设计的“悟空”卡通人物形象与原告主张权利的《大闹天宫》中的“孙悟空”人物形象不同，被告依法拥有“悟空”卡通人物形象的专利权、商标权和版权，被告没有侵犯原告享有的著作权，请求法院驳回原告诉请。

被告悟空公司、千致公司未到庭，亦未提交书面答辩意见。

被告扬派公司、九履公司共同辩称：孙悟空人物形象美术作品的著作权归属于张光宇，原告美影厂不具有诉讼主体资格。扬派公司将商场店铺出租给九履公司从事经营活动，九履公司销售的悟空公司童鞋产品具有合法来源，两被告与其他三名被告没有共同故意，也不存在过失，依法不承担赔偿责任。

上海市第一中级人民法院一审查明：1945 年，张光宇（1900 年～1965 年，现代中国装饰艺术的奠基者之一，杰出的漫画家）创作了一部彩色神话连续漫画《西游漫记》，该作品共 60 幅漫画，每幅均附文字说明，采用旧《西游记》的体裁，其故事结构及神话中的主要人物借用旧《西游记》原班人马。作品中有唐僧师徒四人的人物形象，其中孙悟空的形象主要特征为头戴紧箍咒，颈围淡绿围巾，身着鹅黄上衣，腰束虎皮短裙，下穿大红裤子，足蹬一双黑靴。脸部图形为椭圆形，面部正中为心形红印，向上为弧形黑色眉毛，眼眶周围为一圈金黄色。

1960 年至 1964 年，原告美影厂根据西游记中的精彩段落“大闹天宫”创作完成了动画影片《大闹天宫》。期间，美影厂导演万籁鸣邀请张光宇、张正宇兄弟参与美术设计。《大闹天宫》孙悟空人物形象由美影厂职员严定宪于 1961 年定稿。《大闹天宫》（上集）和（下集）分别于 1961 年和 1964 年公开上映。影片中的孙悟空人物形象主要特征为：头戴紧箍咒，颈围翠绿围巾，身着鹅黄上衣，腰束虎皮短裙，下穿大红裤子，足蹬一双黑靴。脸部呈桃形，上半部为两条弧形轮廓线，下半部为一条弧形轮廓线，面部正中为心形红印，向上为半月形绿色眉毛，眼睛周围为一圈金黄色，眼睛纵向的中轴线与鼻尖构成一个倒三角。

1982 年上海市电影局编印的影片目录（1950 年～1970 年）记载：动

画片《大闹天宫》（上集）美术设计：张光宇；动画设计严定宪、段濬、浦家祥、陆青、林文肖、葛桂云；动画片《大闹天宫》（下集）动画设计或木偶设计严定宪、浦家祥、林文肖、段浚、陆青、张世民、阎善春。除张光宇外，其他署名人员均为原告美影厂职员。

原告美影厂在诉讼中提供的严定宪、浦家祥、林文肖、陆青署名的证明，证明动画影片《大闹天宫》美术设计为张光宇、张正宇；动画设计为严定宪、林文肖、浦家祥、陆青、葛桂云。该作品除署名权外其他一切权利归美影厂拥有。

上海电影音像出版社出版发行的孙悟空系列《孙悟空大闹天宫》上、下集 VCD 和原告美影厂倾情奉献 2004 年经典回顾之《大闹天宫》四十周年收藏礼盒 DVD 各一套显示：在该 VCD 和 DVD 的外包装盒和光碟上标注的出品人均为美影厂。经当庭播放，VCD 影片显示美术设计为张光宇；DVD 影片显示美术设计为张光宇、张正宇。

2001 年 6 月 18 日，原告美影厂与广州市天行者文化传播有限公司（以下简称广州天行者公司）签订电影放映权授让合同，约定美影厂将动画片《大闹天宫》在美国的独家电影放映权授让给广州天行者公司，授权期限五年，自 2001 年 8 月 1 日起至 2006 年 7 月 31 日止。

2008 年 4 月 14 日，汤泽波（系天行者公司董事长）以珠海天空文化传播有限公司为著作权人，将其设计完成的 WuKong 系列卡通形象在广东省版权保护联合会自愿登记，作登字：19 – 2008 – F – 0428。其中包括有孙悟空右手指向右边，左手持金箍棒斜置于身后的人物形象（以下称备案登记的孙悟空形象）。

珠海天空文化传播有限公司于 2009 年 1 月 13 日申请注册了第 7162768 号“WUK + 简化的孙悟空头像剪影 + NG”的图文组合商标（以下称第 7162768 号图文组合商标），国际分类为 25 类，涉及服装、婴儿纺织品尿布、鞋、帽子等商品。

2010 年 2 月 23 日，原告委托代理人在公证人员的现场监督下，通过百度查找“悟空服饰”，进入地址为 www. wukongkids. com 的网站，网站主页有“粗体化的第 7162768 号图文组合商标 + 悟空服饰”标识、系列童鞋

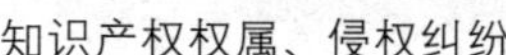

及《大闹天宫》动画影片中的孙悟空人物形象截图。进入首页，标题栏显示“悟空公司”，页面上设有关于我们、企业新闻、产品展示、招商加盟等栏目。点击“关于我们”公司背景一栏，页面显示有：“千致公司创立于2001年，2004年自建现代厂房、宿舍和两条先进的运动鞋生产线，建筑面积13700余平方米。主要生产童鞋、男女各类运动鞋、休闲鞋，产品出口日本、欧洲、美国等发达国家和地区，累计出口鞋类1000万双以上。2008年夏，通过天行者国际传播机构授权经营‘悟空童鞋’品牌。”通过百度查找“天行者国际传播机构”，进入地址为www. wukongland. com的网站，网站主页有第7162768号图文组合商标标识及孙悟空卡通形象。标题栏显示“珠海天空文化传播有限公司/珠海天行者国际传播机构/汤泽明/wukong/天行者/悟空官方网站”等内容，页面上设有新闻中心、关于我们、品牌授权、产品展示、下载专区、分享惊喜等栏目。从首页进入“关于我们”项下的公司历程一栏，页面显示辉煌印记、历程，其中历程项下记载：2001年天行者创始人汤泽民先生买断经典动画《大闹天宫》海外发行权与改编权，并注册“WuKong”。2006年3月至2008年4月，“悟空”获“中国动漫产业十大影响力品牌”“亚洲青年动漫大赛最佳形象入围奖”“2007年中国创意产业年度大奖十大潜力品牌”等各类奖项。页面右下角标有备案登记的孙悟空形象。上海市东方公证处对上述公证过程出具了（2010）沪东证经字第1442号公证书。

2010年10月13日，原告美影厂委托代理人在公证人员监督下进入工业和信息化部ICP/IP地址/域名信息备案管理系统“公共查询”一栏，经查询，网站首页地址www. wukongland. com，主办单位为天行者公司，网站名称为天行者公司，审核时间为2009年10月23日；网站首页地址www. wukongkids. com，主办单位为千致公司，网站名称为悟空服饰，审核时间为2009年8月9日。进入www. wukongland. com网站，主页显示内容同（2010）沪东证经字第1442号公证书所反映内容。上海市东方公证处对上述公证过程出具了（2010）沪东证经字第9110号公证书。

被告扬派公司在上海市沪闵路7388号百联南方购物中心内设立YOUNG PARK商场，并将其中编号为A13－1号的商铺提供给被告九履公司用于经营活动，经营期限自2009年6月25日至2010年7月31日。

2009年5月24日，被告悟空公司授权被告九履公司销售其生产的“悟空童鞋”，授权时间为2009年5月24日至2019年5月23日止。九履公司提供的商标注册受理通知书载明，珠海天空文化传播有限公司申请注册的第7162768号图文组合商标已被国家工商行政管理总局商标局受理。该通知书上盖有悟空公司公章。广东省珠海市质量计量监督检测所检测报告显示，悟空童鞋生产单位为被告千致公司。

2010年2月25日，原告美影厂委托代理人在公证人员的现场监督下，在上海市沪闵路7388号百联南方购物中心四楼购得被告九履公司出售的悟空童鞋一双，价格为128元。上海市东方公证处对上述公证过程出具了（2010）沪东证经字第1493号公证书。经庭审查验，该童鞋包装盒正面左上角标明“悟空形象由天行者国际传播机构授权”，正面中部靠左标有“悟空童鞋”字样及粗体化的第7162768号图文组合商标标识，正面右部标有备案登记的悟空形象。包装盒底部左侧面标明“悟空公司，地址：珠海市香洲紫荆路63号科汇大厦301，网址www. wukongkids. com”；右侧面标有鞋盒正面所示悟空形象，下有网址：http：//www. wukongland. com。打开包装盒，盒内有童鞋一双，鞋舌上附有悟空头像，鞋内侧底部有粗体化的第7162768号图文组合商标标识，其中一只鞋上挂有悟空形象的塑料卡通物一个、附有悟空形象的图片一张（上述悟空形象与包装盒正面所示悟空形象相同）、质量三包标签的正面标明“悟空形象由天行者国际传播机构授权；悟空公司，地址：珠海市香洲紫荆路63号科汇大厦301，电话：0756－2512038 传真：0756－2512028；网址www. wukongkids. com”等内容。

诉讼中，原告美影厂明确其请求保护的美术作品为孙悟空人物形象，并提供《大闹天宫》影片截图加以说明。

经庭审比对，原告美影厂指控五名被告所使用的悟空人物形象与美影厂主张保护的孙悟空人物形象主要特征相同，构成实质性相似。

本案一审的争议焦点在于：（1）原告美影厂是否具有本案主体资格；（2）五名被告实施的行为是否侵犯了美影厂的著作权；（3）如果构成侵

权，五名被告应当承担何种民事责任。

上海市第一中级人民法院一审认为：

一、原告关于美影厂是否具有本案主体资格

本案系侵犯著作财产权纠纷案件，原告美影厂是否具有诉讼主体资格，关键在于美影厂是否享有动画影片《大闹天宫》孙悟空人物形象美术作品的著作权。根据《中华人民共和国著作权法》第十一条的规定，创作作品的公民是作者。如无相反证明，在作品上署名的公民、法人或者其他组织为作者。本案美影厂主张保护的是动画影片《大闹天宫》孙悟空人物形象的著作权，该人物形象系动画造型，属于美术作品的范畴。根据美影厂提供的相关证据，该美术作品设计者为张光宇或张光宇和张正宇。根据双方当事人的陈述，美影厂在制作《大闹天宫》动画影片时，基于张光宇在创作孙悟空人物形象方面的造诣，邀请张光宇参与影片人物形象的设计，而张正宇则于后期参加了人物形象的设计。鉴于张光宇在创作孙悟空人物形象方面的已有基础，且该动画影片创作周期较长，张光宇、张正宇兄弟先后参与创作的事实，故法院确认该美术作品创作人为张光宇。同时，鉴于孙悟空人物形象的最终定稿由美影厂职工严定宪完成，最终定稿的孙悟空动画人物形象与张光宇在《西游漫记》中创作的孙悟空漫画人物形象在人物造型、服饰装扮等方面基本要素相同，反映出创作思路的承继性，且张光宇、严定宪进行孙悟空动画人物形象的设计均系为完成美影厂《大闹天宫》动画影片的制作任务，而严定宪已明确表示该作品的著作财产权归属于美影厂，故《大闹天宫》动画影片中孙悟空人物形象的著作财产权应当由张光宇和美影厂共同享有。据此，美影厂具有本案诉讼主体资格，有权提起著作权侵权诉讼。

二、关于五名被告是否侵权的问题

第一，张光宇和原告美影厂创作完成动画影片《大闹天宫》孙悟空人物形象的时间是在1960年至1961年间，远远早于天行者公司法定代表人汤泽波设计完成WuKong系列卡通形象的时间；第二，被告天行者公司在其网站上公开宣称："2001 年天行者创始人汤泽民先生买断经典动画《大闹天宫》海外发行权与改编权，并注册'WuKong'"。庭审中，天行者公司对上述内容出现在其网站上未作出合理解释；第三，经庭审比对，天行者公司和被告千致公司网站上出现的孙悟空人物形象以及被告九履公司销售的悟空童鞋包装盒及挂件上的孙悟空人物形象与美影厂主张保护的《大闹天宫》中的孙悟空人物形象在人物体貌、服饰特点等主要特征方面基本相同；第四，天行者公司辩称孙悟空系历史小说《西游记》中的人物，其设计灵感来源于公有领域，但除提供张光宇所作《西游漫记》一书之外，未提供其他证据来证明孙悟空在历史上曾经存在过的人物形象，亦未提供任何创作底稿、原件。据此，法院认为，上述被告所使用的孙悟空人物形象抄袭了张光宇和美影厂享有著作权的孙悟空人物形象。至于具体的侵权形态，法院认为，著作权人所享有的权利是专有控制某一行为的权利。本案中，美影厂所指控的被告实施商标注册、版权登记、专利申请等行为并不属于著作权人所专有控制的行为，美影厂指控被告因上述行为而侵犯其著作权缺乏法律依据。但是，著作权人享有信息网络传播、复制、发行行为的专有控制权，被告在网站上使用孙悟空人物形象属于侵犯信息网络传播权的行为，在制造、销售的童鞋及包装盒上使用孙悟空人物形象，属于侵犯复制和发行权的行为。至于侵权行为实施人和责任承担人，法院认为，天行者公司主办的 www. wukongland. com 网站和千致公司主办的 www. wukongkids. com 网站上均有孙悟空人物形象，且前者网站主页标题栏显示有"珠海天空文化传播有限公司/珠海天行者国际传播机构/汤泽明/wukong/天行者/悟空官方网站"等内容，天行者公司在庭审中对此表示无法解释；后者网站主页上有"悟空服饰"字样及粗体化的第 7162768 号图文组合商标标识，其中粗体化的第 7162768 号图文组合商标标识与珠海天空文化传播有限公司申请注册的第 7162768 号图文组合商标构成近似。进入后者网站首页，标题栏显示有"珠海悟空服饰有限公司"，在有关招商加盟条件中，载明："经珠海天空文化传播有限公司授权，千致公司为'wukong 系列卡通形象版权'及 wukong 商标在国内童鞋产品中唯一合法的使用者。"而九履公司销售悟空童鞋来源于悟空公司的授权，涉案悟空童

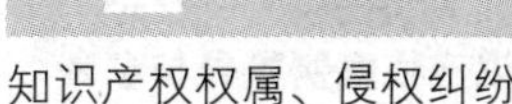

鞋包装盒正面左上角标有“悟空形象由天行者国际传播机构授权”，相关商标则由珠海天空文化传播有限公司申请注册，包装盒底部标有千致公司和天行者公司的网站地址，塑料卡通物和图片上的悟空形象与汤泽波设计的悟空人物形象基本一致。鉴于天行者公司、悟空公司、千致公司在网络传播孙悟空人物形象以及授权生产、销售悟空童鞋方面互有关联，彼此协作，故法院认为，天行者公司、悟空公司、千致公司共同侵害了张光宇和美影厂享有的孙悟空人物形象的信息网络传播权、复制权和发行权。而九履公司系悟空童鞋的销售者，销售附有孙悟空人物形象的悟空童鞋，属于侵害发行权的行为。扬派公司系商铺出租方，未实施著作权人专有权利控制的行为，故美影厂有关扬派公司侵犯著作权的主张不能成立。

三、关于侵权责任承担方式的问题

根据《中华人民共和国著作权法》第四十八条的规定，未经著作权人许可，复制、发行、通过信息网络向公众传播其作品的，应当承担停止侵害、消除影响、赔礼道歉、赔偿损失等民事责任。原告美影厂关于被告天行者公司、悟空公司、千致公司、九履公司停止侵权行为的诉请具有事实和法律依据，应予支持。另根据《中华人民共和国著作权法》第五十三条的规定，复制品的发行者不能证明其发行的复制品有合法来源的，应当承担法律责任。鉴于九履公司已向法院提交了证明悟空童鞋合法来源的证据，故依法不承担赔偿责任。关于赔偿数额的问题，美影厂主张根据三被告的违法所得予以赔偿，具体计算方式为：每双童鞋零售价以 128 元计算，零售价为出厂价 3 倍，故每双童鞋利润约 85.4 元；三被告在全国至少有 6 家总代理店，平均每家代理店销售童鞋数量为 5 万双/年，平均每家代理店缴纳品牌代理费 2.5 万元/年，故三被告营业利润达 2575 万元，以 20% 的保守标准，诉请被告赔偿损失 515 万元。法院认为，本案系侵害著作权纠纷，美影厂不能将涉案童鞋销售利润直接作为复制、发行美术作品所获得的利润，故美影厂的该项主张缺乏事实依据，不予采信。鉴于美影厂未提供证据证明其遭受的实际损失和被告获取的违法所得，故综合作品类型、作品知名度、市场价值以及侵权人的主观过错、侵权方式、持续时间、涉及范围、损害后果等因素酌情确定。另鉴于美影厂主张被告赔偿调查取证、公证等合理费用6774.62元，却仅提交了公证费及童鞋购买发票凭证，故法院对上述有证据证实的合理开支5328元予以支持。此外，鉴于赔礼道歉民事责任一般仅适用于自然人因人格权遭受侵害所请求的救济，故对美影厂要求各被告赔礼道歉的诉请不予支持。

据此，上海市第一中级人民法院依照《中华人民共和国著作权法》第三条第（四）项、第十条第一款第（五）项、第（六）项、第（十二）项、第十一条第一款、第二款、第四款、第四十八条第一款第（一）项、第四十九条、第五十三条，最高人民法院《关于审理著作权民事纠纷案件适用法律若干问题的解释》第七条、第二十五条第一款、第二款和第二十六条之规定，于2012年3月23日判决如下：

一、被告珠海天行者文化传播有限公司、被告珠海悟空服饰有限公司、被告珠海市千致鞋业有限公司、被告上海九履贸易发展有限公司应于本判决生效之日起立即停止对原告上海美术电影制片厂享有的动画影片《大闹天宫》中的孙悟空人物形象美术作品著作财产权的侵害；

二、被告珠海天行者文化传播有限公司、被告珠海悟空服饰有限公司、被告珠海市千致鞋业有限公司应于本判决生效之日起10日内连带赔偿原告上海美术电影制片厂经济损失及合理开支人民币50万元；

三、驳回原告上海美术电影制片厂的其余诉讼请求。

本案案件受理费人民币47850元，由原告上海美术电影制片厂负担人民币21606元，被告珠海天行者文化传播有限公司、被告珠海悟空服饰有限公司、被告珠海市千致鞋业有限公司共同负担人民币26244元。

一审判决后，天行者公司不服，向上海市高级人民法院提起上诉。理由是：天行者公司依法拥有悟空卡通形象的专利、商标和版权，没有侵犯被上诉人美影厂的信息网络传播权、复制权和发行权；同时，即便存在侵权，原判判决的赔偿数额也过高。因此，原判认定事实不清，适用法律错误，请求撤销原判，依法改判，本案所有诉讼费用由被上诉人承担。

被上诉人美影厂答辩认为，其系影片《大闹天宫》及其中孙悟空形象的著作权人。上诉人天行者公司所谓的版权、商标、专利，仅处于受理阶

段或宣传阶段，未实际注册，且其中有些动画形象与本案无关。天行者公司的行为侵犯了美影厂的合法权益，其上诉主张缺乏事实和法律依据，应予驳回。

一审被告扬派公司、一审被告九履公司答辩认为，其认可原判结果，对上诉人天行者公司的诉请和被上诉人美影厂的答辩意见不发表意见。

一审被告悟空公司和千致公司未向法院提交答辩意见。

二审中，各方当事人均未提交新的证据。

上海市高级人民法院经二审，确认了一审查明的事实。

另查明，名称为“玩具”、专利号为 ZL03325153.3 的外观设计专利于 2003 年 6 月 3 日申请，2004 年 5 月 5 日授权公告，权利人为汤泽波。

上诉人天行者公司在一审期间提供的商标注册证、商标档案及商标注册申请受理通知书中，仅申请号为第 5585913 号“WuKong”图文组合商标及申请号为第 7162768 号图文组合商标涉及本案所涉的商标国际分类第 25 类鞋类商品，其中第 5585913 号商标系于 2006 年 9 月 4 日提出申请，第 7162768 号商标于 2009 年 1 月 13 日提出申请。

二审庭审中，上诉人天行者公司表示对一审判决认定的合理费用不持异议。

上海市高级人民法院二审认为：被上诉人美影厂和张光宇共同享有《大闹天宫》动画影片中孙悟空人物形象美术作品的著作财产权。本案中，被控侵权的孙悟空人物形象与《大闹天宫》动画影片中孙悟空人物形象美术作品在主要特征方面构成实质性相似。在诸使用人均未能证明其使用被控侵权形象具有合法依据的情况下，其未经权利人许可，擅自在互联网络、童鞋产品及其包装上使用美影厂涉案作品的行为，已构成了对该作品著作财产权的侵害，应各自承担其相应的民事侵权责任。

本案中，上诉人天行者公司、一审被告千致公司在其网站上使用了被控侵权的孙悟空人物形象，构成对被上诉人美影厂涉案作品之信息网络传播权的侵害。而一审被告九履公司经悟空公司授权，销售带有上述孙悟空人物形象的童鞋，同样侵害了美影厂对涉案作品的复制权和发行权。鉴于天行者公司网站主页标题栏显示“珠海天空文化传播有限公司/珠海天行者国际传播机构/汤泽明/wukong/天行者/悟空官方网站”等内容；而千致公司在其网站上设立了悟空公司专栏，并注明其公司经天空公司授权使用“wukong系列卡通形象”及相关商标；而同时九履公司销售的侵权童鞋的包装盒上亦注明“悟空形象经天行者国际传播机构授权”，包装盒底部另标注有千致公司和天行者公司的网站信息。因此，原判认定天行者公司、千致公司和悟空公司在上述侵权行为中具有意思联络，应承担共同侵权的民事责任，具有事实和法律依据。而九履公司作为侵权产品的销售商，在能够提供产品合法来源的情况下，可以依法不承担赔偿责任，但仍需就其侵害美影厂涉案作品发行权的行为承担停止侵害的民事责任。扬派公司作为商铺的出租方，在本案中并未实施侵害美影厂涉案作品著作财产权的行为，因此不应承担侵权的民事责任。

上诉人天行者公司认为，其依法拥有悟空卡通形象的专利、商标和著作权，没有侵犯被上诉人美影厂的信息网络传播权、复制权和发行权。法院认为，首先，根据天行者公司在本案中提供的证据，其外观设计专利权、商标权以及美术作品著作权登记的时间，均远远晚于美影厂完成涉案作品的时间。根据“保护在先权利”的解决知识产权权利冲突的基本原则，天行者公司不能以在后获得的权利来对抗美影厂在先获得的权利。其次，即便以被控侵权孙悟空人物形象与天行者公司提供的外观设计专利、美术作品及美影厂涉案作品进行比对，被控侵权孙悟空人物形象与美影厂涉案作品的相似度也远远高于该形象与天行者公司的外观设计专利和美术作品之间的相似度。例如，根据天行者公司提供的商标申请档案，申请号为第5585913号“WuKong”图文组合商标中含有天行者公司外观设计专利中的孙悟空形象头部图片，而申请号为第7162768号的图文组合商标中只有简化的孙悟空头像剪影，上述商标所包含的图形均与被控侵权孙悟空人物形象并不相似，因此上述申请档案亦无法支持天行者公司具有合法使用被控侵权形象的抗辩理由。综上，天行者公司上述理由，缺乏事实和法律依据，不予支持。

上诉人天行者公司另认为原判判赔金额过高。对此，法院认为，根据著作权法及相关司法解释的规定，著作权权利人的实际损失或者侵权人的违法所得不能确定的，由人民法院根据侵权行为的情节，判决给予50万元以下的赔偿。赔偿数额还应当包括权利人为制止侵权行为所支付的合理开支。本案中，被上诉人美影厂的涉案孙悟空人物形象美术作品知名度极高，市场价值巨大，在无证据证明美影厂因侵权所受到的实际损失，也无证据证实侵权人的实际获利的情况下，一审法院根据本案作品的类型、知名度、市场价值、侵权行为的性质、情节和后果、权利人为制止侵权而支出的合理费用等因素，酌情确定本案赔偿金额和合理费用共计50万元，并无不妥。因此，对上诉人的上述理由，不予支持。

综上，上诉人天行者公司的上诉请求及理由，缺乏事实及法律依据，应予驳回。据此，上海市高级人民法院依照《中华人民共和国民事诉讼法》第八十四条、第一百三十条、第一百五十三条第一款第（一）项、第一百五十七条之规定，于2012年12月8日判决如下：

驳回上诉，维持原判。

二审案件受理费人民币8800元，由上诉人珠海天行者文化传播有限公司负担。

（七）侵害计算机软件著作权纠纷

▶ Eng格式文件不属于计算机软件的保护范围，理由是：JD-Paint软件所输出的Eng文件包含两部分：文件格式和文件中的数据

18. 北京精雕科技有限公司诉上海奈凯电子科技有限公司侵害计算机软件著作权纠纷案*

（最高人民法院审判委员会讨论通过 2015年4月15日发布）

【关键词】

民事 侵害计算机软件著作权 捆绑销售 技术保护措施 权利滥用

【裁判要点】

计算机软件著作权人为实现软件与机器的捆绑销售，将软件运行的输出数据设定为特定文件格式，以限制其他竞争者的机器读取以该特定文件格式保存的数据，从而将其在软件上的竞争优势扩展到机器，不属于著作权法所规定的著作权人为保护其软件著作权而采取的技术措施。他人研发软件读取其设定的特定文件格式的，不构成侵害计算机软件著作权。

* 摘自2015年4月15日最高人民法院发布的第十批指导性案例（指导案例48号）。

相关法条

《中华人民共和国著作权法》第四十八条第一款第（六）项

《计算机软件保护条例》第二条、第三条第一款第（一）项、第二十四条第一款第（三）项

基本案情

原告北京精雕科技有限公司（以下简称精雕公司）诉称：原告自主开发了精雕 CNC 雕刻系统，该系统由精雕雕刻 CAD/CAM 软件（JDPaint 软件）、精雕数控系统、机械本体三大部分组成。该系统的使用通过两台计算机完成，一台是加工编程计算机，另一台是数控控制计算机。两台计算机运行两个不同的程序需要相互交换数据，即通过数据文件进行。具体是：JDPaint 软件通过加工编程计算机运行生成 Eng 格式的数据文件，再由运行于数控控制计算机上的控制软件接收该数据文件，将其变成加工指令。原告对上述 JDPaint 软件享有著作权，该软件不公开对外销售，只配备在原告自主生产的数控雕刻机上使用。2006 年初，原告发现被告上海奈凯电子科技有限公司（以下简称奈凯公司）在其网站上大力宣传其开发的 NC－1000 雕铣机数控系统全面支持精雕各种版本的 Eng 文件。被告上述数控系统中的 Ncstudio 软件能够读取 JDPaint 软件输出的 Eng 格式数据文件，而原告对 Eng 格式采取了加密措施。被告非法破译 Eng 格式的加密措施，开发、销售能够读取 Eng 格式数据文件的数控系统，属于故意避开或者破坏原告为保护软件著作权而采取的技术措施的行为，构成对原告软件著作权的侵犯。被告的行为使得其他数控雕刻机能够非法接收 Eng 文件，导致原告精雕雕刻机销量减少，造成经济损失。故请求法院判令被告立即停止支持精雕 JDPaint 各种版本输出 Eng 格式的数控系统的开发、销售及其他侵权行为，公开赔礼道歉，并赔偿损失 485000 元。

奈凯公司辩称：其开发的 Ncstudio 软件能够读取 JDPaint 软件输出的 Eng 格式数据文件，但 Eng 数据文件及该文件所使用的 Eng 格式不属于计算机软件著作权的保护范围，故被告的行为不构成侵权。请求法院驳回原

告的诉讼请求。

法院经审理查明：原告精雕公司分别于2001年、2004年取得国家版权局向其颁发的软著登字第0011393号、软著登字第025028号《计算机软件著作权登记证书》，登记其为精雕雕刻软件JDPaintV4.0、JDPaintV5.0（两软件以下简称JDPaint）的原始取得人。奈凯公司分别于2004年、2005年取得国家版权局向其颁发的软著登字第023060号、软著登字第041930号《计算机软件著作权登记证书》，登记其为软件奈凯数控系统V5.0、维宏数控运动控制系统V3.0（两软件以下简称Ncstudio）的原始取得人。

奈凯公司在其公司网站上宣称：2005年12月，奈凯公司推出NC－1000雕铣机控制系统，该数控系统全面支持精雕各种版本Eng文件，该功能是针对用户对精雕JDPaintV5.19这一排版软件的酷爱而研发的。

精雕公司的JDPaint软件输出的Eng文件是数据文件，采用Eng格式。奈凯公司的Ncstudio软件能够读取JDPaint软件输出的Eng文件，即Ncstudio软件与JDPaint软件所输出的Eng文件兼容。

裁判结果

上海市第一中级人民法院于2006年9月20日作出（2006）沪一中民五（知）初字第134号民事判决：驳回原告精雕公司的诉讼请求。宣判后，精雕公司提出上诉。上海市高级人民法院于2006年12月13日作出（2006）沪高民三（知）终字第110号民事判决：驳回上诉，维持原判。

裁判理由

法院生效裁判认为：本案应解决的争议焦点是：（1）原告精雕公司的JDPaint软件输出的、采取加密措施的Eng格式数据文件，是否属于计算机软件著作权的保护范围；（2）奈凯公司研发能够读取JDPaint软件输出的Eng格式文件的软件的行为，是否构成《中华人民共和国著作权法》第四十八条第一款第（六）项、《计算机软件保护条例》第二十四条第一款第（三）项规定的“故意避开或者破坏著作权人为保护其软件著作权而采取的技术措施”的行为。

关于第一点，《计算机软件保护条例》第二条规定："本条例所称计算机软件（以下简称软件），是指计算机程序及其有关文档。"第三条规定："本条例下列用语的含义：（一）计算机程序，是指为了得到某种结果而可以由计算机等具有信息处理能力的装置执行的代码化指令序列，或者可以被自动转换成代码化指令序列的符号化指令序列或者符号化语句序列。同一计算机程序的源程序和目标程序为同一作品。（二）文档，是指用来描述程序的内容、组成、设计、功能规格、开发情况、测试结果及使用方法的文字资料和图表等，如程序设计说明书、流程图、用户手册等……"第四条规定："受本条例保护的软件必须由开发者独立开发，并已固定在某种有形物体上。"根据上述规定，计算机软件著作权的保护范围是软件程序和文档。

本案中，Eng 文件是 JDPaint 软件在加工编程计算机上运行所生成的数据文件，其所使用的输出格式即 Eng 格式是计算机 JDPaint 软件的目标程序经计算机执行产生的结果。该格式数据文件本身不是代码化指令序列、符号化指令序列、符号化语句序列，也无法通过计算机运行和执行，对 Eng 格式文件的破解行为本身也不会直接造成对 JDPaint 软件的非法复制。此外，该文件所记录的数据并非原告精雕公司的 JDPaint 软件所固有，而是软件使用者输入雕刻加工信息而生成的，这些数据不属于 JDPaint 软件的著作权人精雕公司所有。因此，Eng 格式数据文件中包含的数据和文件格式均不属于 JDPaint 软件的程序组成部分，不属于计算机软件著作权的保护范围。

关于第二点，根据《中华人民共和国著作权法》第四十八条第一款第（六）项、《计算机软件保护条例》第二十四条第一款第（三）项的规定，故意避开或者破坏著作权人为保护其软件著作权而采取的技术措施的行为，是侵犯软件著作权的行为。上述规定体现了对恶意规避技术措施的限制，是对计算机软件著作权的保护。但是，上述限制"恶意规避技术措施"的规定不能被滥用。上述规定主要限制的是针对受保护的软件著作权实施的恶意技术规避行为。著作权人为输出的数据设定特定文件格式，并对该文件格式采取加密措施，限制其他品牌的机器读取以该文件格式保存的数据，从而保证捆绑自己计算机软件的机器拥有市场竞争优势的行为，不属于上述规定所指的著作权人为保护其软件著作权而采取技术措施的行为。他人研发能够读取著作权人设定的特定文件格式的软件的行为，不构成对软件著作权的侵犯。

根据本案事实，JDPaint 输出的 Eng 格式文件是在精雕公司的“精雕 CNC 雕刻系统”中两个计算机程序间完成数据交换的文件。从设计目的而言，精雕公司采用 Eng 格式而没有采用通用格式完成数据交换，并不在于对 JDPaint 软件进行加密保护，而是希望只有“精雕 CNC 雕刻系统”能接收此种格式，只有与“精雕 CNC 雕刻系统”相捆绑的雕刻机床才可以使用该软件。精雕公司对 JDPaint 输出文件采用 Eng 格式，旨在限定 JDPaint 软件只能在“精雕 CNC 雕刻系统”中使用，其根本目的和真实意图在于建立和巩固 JDPaint 软件与其雕刻机床之间的捆绑关系。这种行为不属于为保护软件著作权而采取的技术保护措施。如果将对软件著作权的保护扩展到与软件捆绑在一起的产品上，必然超出我国著作权法对计算机软件著作权的保护范围。精雕公司在本案中采取的技术措施，不是为保护 JDPaint 软件著作权而采取的技术措施，而是为获取著作权利益之外利益而采取的技术措施。因此，精雕公司采取的技术措施不属于《中华人民共和国著作权法》《计算机软件保护条例》所规定著作权人为保护其软件著作权而采取的技术措施，奈凯公司开发能够读取 JDPaint 软件输出的 Eng 格式文件的软件的行为，并不属于故意避开和破坏著作权人为保护软件著作权而采取的技术措施的行为。

理解与参照

《北京精雕科技有限公司诉上海奈凯电子科技有限公司侵害计算机软件著作权纠纷案》的理解与参照*

2015年4月15日，最高人民法院发布了指导案例48号《北京精雕科技有限公司诉上海奈凯电子科技有限公司侵害计算机软件著作权纠纷案》。为了深入理解和准确参照适用该指导性案例，现对该指导性案例的推选经过、裁判要点等有关情况予以解释、论证和说明。

一、推选经过及其指导意义

《最高人民法院关于案例指导工作的规定》（以下简称《规定》）第九条规定，对于本规定施行前，最高人民法院已经发布的对全国法院审判、执行工作具有指导意义的案例，应当清理、编纂后作为指导性案例公布。《最高人民法院公报》（以下简称《公报》）发布的各类典型案例，在案例指导制度确立以前，对于审判和执行工作，事实上发挥了一定参考作用。2013年4月23日，最高人民法院召开了案例清理工作会议，下发了《最高人民法院案例清理工作会议纪要》（以下简称《会议纪要》），决定对《公报》刊发的对全国法院审判、执行工作具有指导意义的案例进行清理、

* 摘自《司法文件选解读》2017年第5辑（总第53辑），人民法院出版社2017年版，第24~31页。

编纂，以作为指导性案例发布。清理范围原则上以2005年1月后刊发的案例为主。该案例来源案件系上海市高级人民法院二审案件，2006年12月13日经上海市高级人民法院二审生效。2007年第12期《公报》刊登了本案例，鉴于其具有较为重要的指导价值，将其列入了这次《公报》案例清理、编纂的范围。

按照《会议纪要》的要求，最高人民法院民三庭经过初审，同意推荐该案例。民三庭经审查认为，本案例涉及计算机软件保护条例中对恶意规避技术措施问题的认定，其确立的裁判规则有利于明确计算机软件著作权保护中的恶意技术规避边界，依法保护软件著作权人合法权益和竞争秩序，本案例具有指导意义。2013年7月9日，案例清理工作领导小组办公室经征求《公报》编辑部意见，将该案例列为第二阶段案例清理范围，并再次送民三庭。民三庭经过复审，经主管院领导审核同意该案例进入下一阶段清理程序，并编写了指导性案例文本。2014年4月22日，案例清理工作领导小组办公室经过修改，将该案例提交研究室室务会讨论。2014年12月11日，研究室室务会同意推荐该案例，经院领导审核后提交最高人民法院审判委员会审议。2015年3月31日，最高人民法院审判委员会经过讨论同意该案例作为指导性案例。4月15日，最高人民法院以法〔2015〕85号文件将该案例列在第十批指导案例予以发布。

该案例旨在明确计算机软件著作权人为保护其软件著作权而采取的技术措施的边界。该案例通过进一步明确软件著作权保护的范围，有利于防止权利滥用，鼓励合法有序的市场竞争，促进技术创新。

二、关于本案例的背景情况

进入数字时代以后，由于通过信息技术可以低成本复制、传播数字化作品，权利人难以通过传统手段有效控制对数字化作品的复制、传播，逐渐开始广泛采用技术性手段防止未经许可的复制、传播行为，这些技术性手段被称为“技术保护措施”。然而，“道高一尺，魔高一丈”，在技术保护手段不断发展的同时，各种规避、破坏技术保护措施的技术手段也随之产生，由此引发了将“技术保护措施”作为保护对象、禁止破坏或规避

“技术保护措施”的法律需求。《世界知识产权组织版权条约》《世界知识产权组织表演和录音制品条约》都规定缔约方应制止破坏或规避技术保护措施的行为，我国《著作权法》与《信息网络传播权保护条例》对此也作了相关规定，明确了破解或规避技术保护措施的行为属于侵犯著作权的行为。但是，实践中，权利人出于各种目的采用各种技术措施，其中很多措施并不属于著作权法意义上的“技术保护措施”。如果给予这些技术措施著作权法保护，会错误地扩大著作权法保护范围。因此，需要从著作权法保护“技术保护措施”的立法目的出发，准确区分受《著作权法》保护的“技术保护措施”与不受著作权法保护的普通技术措施。只有准确界定技术措施的法律性质，才能准确认定破解、规避技术措施行为的法律性质。

本案二审判决，明确了区分《著作权法》意义上“技术保护措施”与普通技术措施的本质标准，即技术措施的设计目的是否在于保护著作权，技术措施能否达到防止针对作品、表演和录影录像制品实施的受著作权所控制行为的效果？明确这一标准，有助于法官从本质上把握著作权法保护技术措施的立法精神，防止超出著作权保护范围保护技术措施，特别是防止超出著作权保护的那些限制竞争、损害竞争的技术措施。

三、裁判要点的理解和说明

指导案例48号确认的裁判要点是：计算机软件著作权人为实现软件与机器的捆绑销售，将软件运行的输出数据设定为特定文件格式，以限制其他竞争者的机器读取以该特定文件格式保存的数据，从而将其在软件上的竞争优势扩展到机器，不属于《著作权法》所规定的著作权人为保护其软件著作权而采取的技术措施。他人研发软件读取其设定的特定文件格式的，不构成侵害计算机软件著作权。围绕与该裁判要点相关的两个问题，论证和说明如下：

（一）著作权法意义上的技术措施应当是为保护著作权目的而采取并能有效阻止实施侵权行为的技术措施

《著作权法》意义上的技术保护措施，应当满足两个条件：第一，为保护著作权目的而设计；第二，能够有效阻止侵犯著作权行为的实施。

首先，技术措施的设计目的应当在于保护著作权。由技术角度而言，数字技术领域内的技术措施，与其他技术领域的技术措施一样，是为实现某种目的而采用的技术手段。这些技术措施有很多种，比如，为管理互联网接入、网站登录、内容浏览而采取的用户名、密码；为收费服务采取的会员注册、口令、密码；为邮箱安全设置的邮箱密码；为控制软件安装、运行而采用的“序列号”；为保护系统安全而采用的防火墙、安全扫描、签名认证等等措施。从法律角度而言，这些技术措施，因设计目的、实施效果不同，而可能涉及不同法律领域，产生不同法律问题，受不同法律规范。比如，涉及邮箱、即时通讯信息安全措施的受通讯与隐私保护法律规范；涉及有偿服务等消费控制措施的受财产保护法律规范；涉及网络系统信息安全措施的受网络信息安全法律规范等等。破坏这些技术措施由此可能承担不同的法律责任。这些技术措施中，只有为保护著作权不受侵犯而采取的技术措施，才是受著作权法规范和保护的技术措施，只有破解、规避这样的技术措施才会产生侵犯著作权的后果，才应该承担侵犯著作权的法律责任。

技术措施设计目的是否在于保护著作权，可以从以下两点判断：其一，技术措施所针对的客体是否为著作权法所保护的客体，即作品以及与作品相关的表演、录音录像制品和广播信号等等。相反，如果技术措施针对的客体不属于著作权法保护的客体，那么在这种技术措施所针对的客体上并不存在著作权，破解、避开这些技术措施当然也就不会侵犯著作权。本案当中，原告设置特殊文件格式所针对的只是 JDpaint 软件的输出数据，不是软件作品，而这些输出数据尚不能构成美术作品或其他作品，也不是著作权法保护的其他法定客体，在这些输出数据上不存在著作权。因此针对这些输出数据的技术措施不是能保护著作权的技术措施。其二，技术措施所针对的行为应该是依据著作权法受权利人专有权利控制的利用作品的行为，亦即非经权利人许可不得实施的复制、发行、出租、放映、转播等行为。如果技术措施针对的行为本身不受著作权控制，那么针对这些行为实施的技术措施，也显然不受著作权控制，破解这些技术措施自然不构成

侵犯著作权。如本案情形，技术措施针对的不是计算机软件本身的复制、发行等受著作权控制的行为，而是读取运行软件后输出数据的行为，因此技术措施的设计目的不在于保护著作权。

其次，技术措施应该能够有效阻止侵犯著作权行为的实施。技术保护措施，不仅应该设计目的在于保护著作权，而且应该具有阻止非经权利人许可的复制、发行、出租、放映、转播等行为的技术效果。《信息网络传播权条例》第二十六条规定："技术措施，是指用于防止、限制未经权利人许可浏览、欣赏作品、表演、录音录像制品的或者通过信息网络向公众提供作品、表演、录音录像制品的有效技术、装置或者部件"，这条规定对于"技术措施"的定义，不仅强调了技术措施针对特定行为所设计，而且强调了是"有效"的技术、装置或者部件。如果技术措施的"门槛"很低，很容易被普通人员避开或破解，那么这样的技术措施如一道不够高的院墙不足以阻止路人看到院内的情况，无法起到阻止侵权行为的作用，也不能构成著作权法意义上的措施。当然，这里的"有效"是相对的，是指通常情况下不容易被避开或破解，而不是说在任何情况下绝对地不被避开或破解。

（二）通过对计算机软件输出数据设定特殊文件格式来实现的"技术型搭售"不受法律保护

类似本案通过对计算机软件输出数据设定特殊文件格式以限制其他竞争者的机器读取数据的行为，本质上是一种"技术型搭售"行为。

首先，要清楚认识类似本案技术措施的"技术型搭售"行为本质。本案原告将运行JDpaint软件输出数据的文件格式设置为特别的文件格式，以保证只有在原告生产的雕刻数控系统中被读取。表面上看，是通过这一措施限制其软件许可使用的范围，实质上，是为了实现原告软件与雕刻机的搭售（即捆绑销售）。如何判断搭售，如果销售商将一个产品系统作为一个整体销售，而拒绝单独销售该系统中可以独立使用、销售的部分产品，就构成搭售。换言之，购买者无从单独获得某一部分产品，而只能接受一个整体系统。本案中，虽然原告宣称其软件不销售，但是用户想获得其软件就由于其技术捆绑措施而被迫必须购买其生产的雕刻机，这在本质上即构成搭售。只是与通常通过商事交易安排实现的搭售不同，采用类似本案技术措施实现的搭售，是一种以技术手段实现搭售效果的“技术型搭售”。

其次，要在法律上正确评价“技术型搭售”行为。本案中，被告抗辩称原告通过技术手段实施搭售的行为是一种垄断行为，被告破解其技术措施属于制止垄断行为的正当行为，这就涉及如何在法律上评价本案所涉的“技术型搭售”行为。尽管搭售行为是各国反垄断法中对纵向限制竞争行为的规制重点，然而，搭售行为的经济效果具有复杂性，搭售行为并不一定限制竞争，有的时候为了促销、计价方便、测度市场需求等原因实施的搭售、打包销售反而可能具有降低交易费用、提升市场效率的效果。因此，搭售行为在反垄断法上也不当然具有违法性，需要在个案中进行审查。而就“技术型搭售”来说，这种类型的搭售不同于普通的合同型搭售，还存在两方面的特殊性，使其限制竞争效果的性质更为不确定：其一，带有“搭售”特点的技术创新，往往是为了适应市场的需要，实现产品多种功能的集合，其实不能算是不同产品之间的“搭售”。例如，过去的计算机系统没有软驱、光驱、USB 接口、随机软件包等，而现在这些东西已是计算机不可缺少的部分。其二，正如本案情形，产品之间的技术捆绑，往往可以通过技术进行破解。因此，相对合同型搭售而言，“技术型搭售”是一种不稳定的捆绑。基于这两点，基本可以认为“技术型搭售”不会构成垄断行为。因此，在法律上缺乏禁止“技术型搭售”的理由，亦即在法律上应该许可这类行为。但是，也应该看到一些“技术型搭售”行为明显具有限制竞争的效果，虽然没有构成垄断行为而应该被禁止，但是这类行为不应受法律保护，应当允许被技术手段破解，否则就会巩固、扩大了这类行为限制竞争的效果。例如本案，尽管市场上有比原告生产的雕刻机更好的雕刻机，但若想使用原告的 JDpaint 软件，用户就只能购买原告的雕刻机。显然，这种搭售限制了雕刻软件、雕刻机购买用户的购买选择权，也限制了雕刻机产品之间的竞争。保护这种为搭售而采取的技术措施，效果就是保护搭售，不仅保护了原告在软件上的经济利益，还保护了原告在雕刻机上的经济利益，既超出《著作权法》保护范围，又因此限制

了竞争、降低了市场效率。因此，从某种意义上来说，“技术型搭售”行为是受法律许可但不受法律保护的行为。

（执笔人：丁文联、石磊）

19. 石鸿林诉泰州华仁电子资讯有限公司侵害计算机软件著作权纠纷案*

(最高人民法院审判委员会讨论通过 2015年4月15日发布)

▶ 对软件在设计缺陷方面基本相同的情形无正当理由拒绝提供其软件源程序或者目标程序以供直接比对的，构成侵权

【关键词】

民事 侵害计算机软件著作权 举证责任 侵权对比 缺陷性特征

【裁判要点】

在被告拒绝提供被控侵权软件的源程序或者目标程序，且由于技术上的限制，无法从被控侵权产品中直接读出目标程序的情形下，如果原、被告软件在设计缺陷方面基本相同，而被告又无正当理由拒绝提供其软件源程序或者目标程序以供直接比对，则考虑到原告的客观举证难度，可以判定原、被告计算机软件构成实质性相同，由被告承担侵权责任。

相关法条

《计算机软件保护条例》第三条第一款

---

* 摘自2015年4月23日最高人民法院发布的第十批指导性案例（指导案例49号）。

基本案情

原告石鸿林诉称：被告泰州华仁电子资讯有限公司（以下简称华仁公司）未经许可，长期大量复制、发行、销售与石鸿林计算机软件“S型线切割机床单片机控制器系统软件V1.0”相同的软件，严重损害其合法权益。故诉请判令华仁公司停止侵权，公开赔礼道歉，并赔偿原告经济损失10万元、为制止侵权行为所支付的证据保全公证费、诉讼代理费9200元以及鉴定费用。

被告华仁公司辩称：其公司HR-Z型线切割机床控制器所采用的系统软件系其独立开发完成，与石鸿林S型线切割机床单片机控制系统应无相同可能，且其公司产品与石鸿林生产的S型线切割机床单片机控制器的硬件及键盘布局也完全不同，请求驳回石鸿林的诉讼请求。

法院经审理查明：2000年8月1日，石鸿林开发完成S型线切割机床单片机控制器系统软件。

2005年4月18日获得国家版权局软著登字第035260号计算机软件著作权登记证书，证书载明软件名称为S型线切割机床单片机控制器系统软件V1.0（以下简称S系列软件），著作权人为石鸿林，权利取得方式为原始取得。2005年12月20日，泰州市海陵区公证处出具（2005）泰海证民内字第1146号公证书一份，对石鸿林以660元价格向华仁公司购买HR-Z线切割机床数控控制器（以下简称HR-Z型控制器）一台和取得销售发票（No：00550751）的购买过程，制作了保全公证工作记录、拍摄了所购控制器及其使用说明书、外包装的照片8张，并对该控制器进行了封存。

一审中，法院委托江苏省科技咨询中心对下列事项进行比对鉴定：（1）石鸿林本案中提供的软件源程序与其在国家版权局版权登记备案的软件源程序的同一性；（2）公证保全的华仁公司HR-Z型控制器系统软件与石鸿林获得版权登记的软件源程序代码相似性或者相同性。后江苏省科技咨询中心出具鉴定工作报告，因被告的软件主要固化在美国ATMEL公司的AT89F51和菲利普公司的P89C58两块芯片上，而代号为“AT89F51”的芯片是一块带自加密的微控制器，必须首先破解它的加密系统，才能读取固化其中的软件代码。而根据现有技术条件，无法解决芯片解密程序问题，因而根据现有鉴定材料难以作出客观、科学的鉴定结论。

二审中，法院根据原告石鸿林的申请，就以下事项组织技术鉴定：原告软件与被控侵权软件是否具有相同的软件缺陷及运行特征。经鉴定，中国版权保护中心版权鉴定委员会出具鉴定报告，结论为：通过运行原、被告软件，发现二者存在如下相同的缺陷情况：（1）二控制器连续加工程序段超过2048条后，均出现无法正常执行的情况；（2）在加工完整的一段程序后只让自动报警两声以下即按任意键关闭报警时，在下一次加工过程中加工回复线之前自动暂停后，二控制器均有偶然出现蜂鸣器响声2声的现象。

二审法院另查明：原、被告软件的使用说明书基本相同。两者对控制器功能的描述及技术指标基本相同；两者对使用操作的说明基本相同；两者在段落编排方式和多数语句的使用上基本相同。经二审法院多次释明，华仁公司始终拒绝提供被控侵权软件的源程序以供比对。

裁判结果

江苏省泰州市中级人民法院于2006年12月8日作出（2006）泰民三初字第2号民事判决：驳回原告石鸿林的诉讼请求。石鸿林提起上诉，江苏省高级人民法院于2007年12月17日作出（2007）苏民三终字第0018号民事判决：一、撤销江苏省泰州市中级人民法院（2006）泰民三初字第2号民事判决；二、华仁公司立即停止生产、销售侵犯石鸿林S型线切割机床单片机控制器系统软件V1.0著作权的产品；三、华仁公司于本判决生效之日起10日内赔偿石鸿林经济损失79200元；四、驳回石鸿林的其他诉讼请求。

裁判理由

法院生效裁判认为：根据现有证据，应当认定华仁公司侵犯了石鸿林S系列软件著作权。

一、本案的证明标准应根据当事人客观存在的举证难度合理确定

根据法律规定，当事人对自己提出的诉讼请求所依据的事实有责任提供证据加以证明。本案中，石鸿林主张华仁公司侵犯其 S 系列软件著作权，其须举证证明双方计算机软件之间构成相同或实质性相同。一般而言，石鸿林就此须举证证明两计算机软件的源程序或目标程序之间构成相同或实质性相同。但本案中，由于存在客观上的困难，石鸿林实际上无法提供被控侵权的 HR－Z 软件的源程序或目标程序，并进而直接证明两者的源程序或目标程序构成相同或实质性相同。（1）石鸿林无法直接获得被控侵权的计算机软件源程序或目标程序。由于被控侵权的 HR－Z 软件的源程序及目标程序处于华仁公司的实际掌握之中，因此在华仁公司拒绝提供的情况下，石鸿林实际无法提供 HR－Z 软件的源程序或目标程序以供直接对比。（2）现有技术手段无法从被控侵权的 HR－Z 型控制器中获得 HR－Z 软件源程序或目标程序。根据一审鉴定情况，HR－Z 软件的目标程序系加载于 HR－Z 型控制器中的内置芯片上，由于该芯片属于加密芯片，无法从芯片中读出 HR－Z 软件的目标程序，并进而反向编译出源程序。因此，依靠现有技术手段无法从 HR－Z 型控制器中获得 HR－Z 软件源程序或目标程序。

综上，本案在华仁公司无正当理由拒绝提供软件源程序以供直接比对，石鸿林确因客观困难无法直接举证证明其诉讼主张的情形下，应从公平和诚实信用原则出发，合理把握证明标准的尺度，对石鸿林提供的现有证据能否形成高度盖然性优势进行综合判断。

二、石鸿林提供的现有证据能够证明被控侵权的 HR－Z 软件与石鸿林的 S 系列软件构成实质相同，华仁公司应就此承担提供相反证据的义务

本案中的现有证据能够证明以下事实：

1. 二审鉴定结论显示：通过运行安装 HX－Z 软件的 HX－Z 型控制器

和安装 HR－Z 软件的 HR－Z 型控制器，发现二者存在前述相同的系统软件缺陷情况。

2. 二审鉴定结论显示：通过运行安装 HX－Z 软件的 HX－Z 型控制器和安装 HR－Z 软件的 HR－Z 型控制器，发现二者在加电运行时存在相同的特征性情况。

3. HX－Z 和 HR－Z 型控制器的使用说明书基本相同。

4. HX－Z 和 HR－Z 型控制器的整体外观和布局基本相同，主要包括面板、键盘的总体布局基本相同等。

据此，鉴于 HX－Z 和 HR－Z 软件存在共同的系统软件缺陷，根据计算机软件设计的一般性原理，在独立完成设计的情况下，不同软件之间出现相同的软件缺陷几率极小，而如果软件之间存在共同的软件缺陷，则软件之间的源程序相同的概率较大。同时，结合两者在加电运行时存在相同的特征性情况、HX－Z 和 HR－Z 型控制器的使用说明书基本相同、HX－Z 和 HR－Z 型控制器的整体外观和布局基本相同等相关事实，法院认为石鸿林提供的现有证据能够形成高度盖然性优势，足以使法院相信 HX－Z 和 HR－Z 软件构成实质相同。同时，由于 HX－Z 软件是石鸿林对其 S 系列软件的改版，且 HX－Z 软件与 S 系列软件实质相同。因此，被控侵权的 HR－Z 软件与石鸿林的 S 系列软件亦构成实质相同，即华仁公司侵犯了石鸿林享有的 S 系列软件著作权。

三、华仁公司未能提供相反证据证明其诉讼主张，应当承担举证不能的不利后果

本案中，在石鸿林提供了上述证据证明其诉讼主张的情形下，华仁公司并未能提供相反证据予以反证，依法应当承担举证不能的不利后果。经本院反复释明，华仁公司最终仍未提供被控侵权的 HR－Z 软件源程序以供比对。华仁公司虽提供了 DX－Z 线切割控制器微处理器固件程序系统 V3.0 的计算机软件著作权登记证书，但其既未证明该软件与被控侵权的 HR－Z 软件属于同一软件，又未证明被控侵权的 HR－Z 软件的完成时间早于石鸿林的 S 系列软件，或系其独立开发完成。尽管华仁公司还称，其

二审中提供的2004年5月19日商业销售发票，可以证明其于2004年就开发完成了被控侵权软件。对此法院认为，该份发票上虽注明货物名称为HR－Z线切割控制器，但并不能当然推断出该控制器所使用的软件即为被控侵权的HR－Z软件，华仁公司也未就此进一步提供其他证据予以证实。同时结合该份发票并非正规的增值税发票、也未注明购货单位名称等一系列瑕疵，法院认为，华仁公司2004年就开发完成了被控侵权软件的诉讼主张缺乏事实依据，不予采纳。

综上，根据现有证据，同时在华仁公司持有被控侵权的HR－Z软件源程序且无正当理由拒不提供的情形下，应当认定被控侵权的HR－Z软件与石鸿林的S系列软件构成实质相同，华仁公司侵犯了石鸿林S系列软件著作权。

理解与参照

《石鸿林诉泰州华仁电子资讯有限公司侵害计算机软件著作权纠纷案》的理解与参照*

2015年4月15日，最高人民法院发布了指导案例49号《石鸿林诉泰州华仁电子资讯有限公司侵害计算机软件著作权纠纷案》。为了深入理解和准确参照适用该指导性案例，现对该指导性案例的推选经过、裁判要点等有关情况予以解释、论证和说明。

---

* 摘自《司法文件选解读》2017年第5辑（总第53辑），人民法院出版社2017年版，第32～40页。

一、推选经过及其指导意义

2010年11月26日，最高人民法院发布了《最高人民法院关于案例指导工作的规定》（以下简称《规定》）。该《规定》第九条规定，对于本规定施行前，最高人民法院已经发布的对全国法院审判、执行工作具有指导意义的案例，应当清理、编纂后作为指导性案例公布。《最高人民法院公报》（以下简称《公报》）自1985年5月创刊开始即向社会发布各类典型案例，这些案例在案例指导制度确立以前，对于审判和执行工作，事实上发挥了一定的指导或参考作用。2013年4月23日，最高人民法院召开了案例清理工作会议，下发了《最高人民法院案例清理工作会议纪要》（以下简称《会议纪要》），会议决定对《公报》刊发的对全国法院审判、执行工作具有指导意义的案例进行清理、编纂。清理范围原则上以2005年1月后刊发的案例为主。该案例来源案件系江苏省高级人民法院二审案件，2007年12月17日经江苏省高级人民法院二审生效。2009年第3期《公报》刊登了本案例，鉴于其具有较为重要的指导价值，将其列入了这次《公报》案例清理、编纂的范围。

按照《会议纪要》的要求，最高人民法院民三庭经过初审认为，本案例涉及计算机软件侵权案件中判断侵权行为的认定方式问题，明确了举证责任分配和转移的规则，裁判要点明确，说理充分，本案例具有一定的指导价值。2013年7月9日，案例清理工作领导小组办公室经征求《公报》编辑部意见，将该案例列为第二阶段案例清理范围，并再次送民三庭。民三庭经过复审，经主管院领导审核同意该案例进入下一阶段清理程序，并编写了指导性案例文本。2014年4月22日，案例清理工作领导小组办公室经过修改，将该案例提交研究室室务会讨论。2014年12月11日，研究室室务会同意推荐该案例，报院领导审核后提交最高人民法院审判委员会审议。2015年3月31日，最高人民法院审判委员会经过讨论同意该案例作为指导性案例。4月15日，最高人民法院以法〔2015〕85号文件将该案例列在第十批指导案例予以发布。

该案例旨在明确计算机软件著作权侵权案件中的举证责任分配、转移问题。该案例合理界定了当事人双方的举证责任和转移，有利于明确侵权对比标准，保护著作人权的合法权益。

二、关于本案例的背景情况

计算机软件具有开发成本高和易复制的双重特性。通常情况下，开发软件需要投入大量的资金和人力，有业内人士将其称为“智慧劳动密集型”产业，即需要大量专业人士共同参与才能完成软件的研发工作。与此相对，软件的复制却相对简单，并不需要专门技术。计算机软件的易复制性决定了其可以被广泛传播和有效利用，同时也正因为软件复制几乎“零成本”，使得侵权行为极易发生。计算机软件侵权纠纷案件往往涉及较为复杂的技术事实认定，权利人举证和法院调查取证均存在较大障碍，在侵权判定规则适用方面往往存在较大难度和争议。

该案例明确了计算机软件侵权案件中侵权行为的一种认定方式以及相应的举证责任转移判定。计算机软件侵权判定一直是审判实践中的难点之一，我国法律及司法解释对此也未作出明确具体的规定，审判实践中做法亦不尽一致。本案二审法院在综合考虑有关计算机软件、证据规则等相关法律法规的基础上，结合软件设计的自身规律确定了如下裁判规则：通过对比是否存在相同或者相似的计算机软件设计缺陷，并结合具体案情，判定由被告承担侵权责任。这一裁判要点解决了软件侵权纠纷中一直存在的权利人“举证难”问题，对审判类似案件具有指导意义，不仅符合我国民事诉讼中有关证据制度设立的立法本意，也切合加强知识产权司法保护的整体司法政策导向。同时，也较好地兼顾计算机软件产业发展的客观实际，有利于进一步促进在软件产业形成公平竞争的整体氛围。

三、裁判要点的理解和说明

指导案例49号确认的裁判要点是：在被告拒绝提供被控侵权软件的源程序或者目标程序，且由于技术上的限制，无法从被控侵权产品中直接读出目标程序的情形下，如果原、被告软件在设计缺陷方面基本相同，而被告又无正当理由拒绝提供其软件源程序或者目标程序以供直接比对，则考虑到原告的客观举证难度，可以判定原、被告计算机软件构成实质性相同，由被告承担侵权责任。[①] 现围绕与该裁判要点相关的问题逐一论证和说明如下：

本案例裁判要点确认的裁判规则，是在总结以往常用的软件侵权判定方式的基础上提出的，重点考虑了如何确保裁判尺度符合计算机软件设计的固有特点和客观规律、如何充分运用现有证据制度合理降低权利人举证难度等相关问题。

（一）几种常用的软件对比方法

计算机软件侵权纠纷案件审理中，“实质性相同+接触+排除合理解释”是普遍适用的侵权判断规则。其中，软件的相同性对比通常有以下几种对比方法：（1）软件源程序的对比。这是进行“实质性相同”判断的最直接、最有说服力的对比方法。但实践中，被告能够主动提交源程序以供对比的情形少之又少，直接进行源程序对比只能是个最佳但又很难得以实际实施的对比方法。（2）软件目标程序的对比。在同样的编译环境下，一个源程序只能转换为唯一对应的目标程序，相同的目标程序一般源于相同的源程序。当然在理论上也存在相同的目标程序来源于不同源程序的可能性，但这种可能性是微乎其微的。由于诉讼中直接获取被告源程序的可能性极少，或者即便获取源程序，但如果双方源程序各自采用不同的编写语言（如分别采取C语言和汇编语言），同样无法直接进行源程序对比，而

---

① 裁判要点涉及两个计算机软件概念：一个是源程序，一个是目标程序。源程序，是指未经编译的，按照一定的程序设计语言规范书写的，人类可读的文本文件，通常由高级语言编写。目标程序为源程序经编译后形成的，可直接被计算机运行的机器码集合。计算机并不能直接接受和执行用高级语言编写的源程序，源程序在输入计算机时，要通过“翻译程序”翻译成机器语言形式的目标程序，计算机才能识别和执行。根据《计算机软件保护条例》第三条第一款的规定，同一计算机程序的源程序和目标程序为同一作品。从这种意义上来讲，二者是等价的。

被告的目标程序一般可以直接从证据保全的被告计算机或者其他硬件中读出，因此将双方目标程序进行对比是软件侵权对比的一种重要方法。如果原、被告的目标程序实质性相同，被告又无正当理由拒绝源程序或者双方源程序因编写语言不同无法对比的，可以结合案件其他证据认定原、被告软件构成“实质性相同”。(3) 软件存储介质内容、安装过程、安装目录、运行状况的对比。一般包括对比存储原告、被告软件的光盘内容，如目录、文件数量、名称及文件大小；对比原、被告软件安装过程的屏幕显示内容，如提示信息、安装流程、界面整体设计风格等；对比原、被告软件安装后的目录以及其中的文件，如文件夹及文件的名称、文件的大小、文件建立（修改）的时间、文件的属性信息等；对比原、被告软件安装后的运行状况，如界面整体设计风格、菜单功能、运行提示、帮助信息等。一般而言，上述项目的近似度越高，软件实质性相同的可能性也越大。但通常情况下，上述项目雷同只是一种表面现象，如果被告坚持要求进行软件程序对比并提出合理理由的，则并不能仅凭此即认定软件构成实质性相同，仍需进一步对比软件的源程序或目标程序。

（二）关于软件设计缺陷对比的原理

软件设计缺陷又可以称为软件的特征性缺陷。所谓特征性缺陷，是指一套软件本身所特有的、不具备普遍意义的缺陷。这种缺陷的形成通常是由于设计人员在软件设计时的疏漏产生，表现形式是软件运行时会在某一特定条件下出现不属于原有设计范围的特别状态。这种缺陷的产生带有很强的偶然性，不同软件之间产生相同特征性缺陷的几率仅存在于理论范畴，实践中几乎不可能发生。引入这一对比方式的主要原因在于解决原告的举证困难。司法实践中，被告往往不会主动提供软件源程序或者目标程序，且有时会由于被告设置加密等原因，也无法从被告计算机或者硬件中读出被告软件的目标程序。在这一情况下，可以考虑在原、被告软件之间进行缺陷性特征的对比。如果存在相同的缺陷性特征，而被告无正当理由拒绝提供源程序或目标程序的，则应充分考虑到此类案件原告举证的客观困难，合理推定原、被告软件实质性相同，由被告承担败诉责任。

（三）举证妨碍与事实推定规则的适用

由于知识产权具有“无形性”特点，权利人对于侵权行为的举证难度较大，这也是一直困扰知识产权案件审理的一个瓶颈问题。因此，举证妨碍和事实推定规则的适用在知识产权诉讼中显得尤为重要。所谓司法上的事实推定，是指法院在自由心证范围内根据证据或者经验法则所构成的前提事实即间接事实对审判上的待证事实所作出的假定和推论。[①] 对于知识产权诉讼而言，在一方当事人距离证据较近或者持有相关证据，且无合理理由拒不提供等情形下，加重该方当事人负担，积极适用推定规则，应当是解决降低权利人举证难度，制止妨碍举证行为的一剂良药。对此，《最高人民法院关于民事诉讼证据的若干规定》第七十五条作了专门规定“有证据证明一方当事人持有证据无正当理由拒不提供，如果对方当事人主张该证据的内容不利于证据持有人，可以推定该主张成立”。当然，推定在很大程度上属于法官自由裁量的范围，司法裁量的自由使得推定具有更大的不确定性。因此，对推定的适用必须以合理为限，不得以事实推定代替调查取证，防止和避免对事实推定的任意适用。同时，推定规则虽然在一定程度上缓解权利人的取证压力，但被告对其被增加的举证义务并不都是明知或应知的。因此，法官应当充分行使释明权，给予被告反驳或者提供反证的机会，实现双方当事人之间合理的利益平衡。本案二审法院根据各方当事人的举证能力和举证状况，合理运用举证妨碍规则，较为准确地作出司法推定，具有较强的借鉴意义。

（四）本案具体衡量因素的分析

1. 本案的证明标准应根据当事人客观存在的举证难度合理确定

根据法律规定，当事人对自己提出的诉讼请求所依据的事实有责任提

① 毕玉谦：《民事证明责任研究》，法律出版社2007年版，第462页。

供证据加以证明。本案中，石鸿林主张华仁公司侵犯其S系列软件著作权，其须举证证明双方计算机软件之间构成相同或实质性相同。一般而言，石鸿林就此须举证证明两计算机软件的源程序或目标程序之间构成相同或实质性相同。但本案中，由于存在客观上的困难，石鸿林实际上无法提供被控侵权的HR－Z软件的源程序或目标程序，并进而直接证明两者的源程序或目标程序构成相同或实质性相同。(1) 石鸿林无法直接获得被控侵权的计算机软件源程序或目标程序。由于被控侵权的HR－Z软件的源程序及目标程序处于华仁公司的实际掌握之中，因此，在华仁公司拒绝提供的情况下，石鸿林实际无法提供HR－Z软件的源程序或目标程序以供直接对比。(2) 现有技术手段无法从被控侵权的HR－Z型控制器中获得HR－Z软件源程序或目标程序。根据一审鉴定情况，HR－Z软件的目标程序系加载于HR－Z型控制器中的内置芯片上，由于该芯片属于加密芯片，因此无法从芯片中读出HR－Z软件的目标程序，并进而反向编译出源程序。因此，依靠现有技术手段无法从HR－Z型控制器中获得HR－Z软件源程序或目标程序。

2. 石鸿林提供的现有证据能够形成盖然性优势，证明被控侵权的HR－Z软件与石鸿林的S系列软件构成实质相同，华仁公司应就此承担提供相反证据的义务

本案中的现有证据能够证明以下事实：

(1) 二审鉴定结论显示：通过运行安装HX－Z软件的HX－Z型控制器和安装HR－Z软件的HR－Z型控制器，发现二者存在如下相同的系统软件缺陷情况：二控制器连续加工程序段超过2048条后，均出现无法正常执行的情况；在加工完整的一段程序后只让自动报警两声以下即按任意键关闭报警时，在下一次加工过程中加工回复线之前自动暂停后，二控制器均有偶然出现蜂鸣器响声2声的现象。(2) 二审鉴定结论显示：通过运行安装HX－Z软件的HX－Z型控制器和安装HR－Z软件的HR－Z型控制器，发现二者在加电运行时存在相同的特征性情况。(3) HX－Z和HR－Z型控制器的使用说明书基本相同。两者对控制器功能的描述及技术指标

基本相同；两者对使用操作的说明基本相同；两者在段落编排方式和多数语句的使用上基本相同。（4）HX－Z 和 HR－Z 型控制器的整体外观和布局基本相同，主要包括面板、键盘的总体布局基本相同等。

据此，鉴于 HX－Z 和 HR－Z 软件存在共同的系统软件缺陷，根据计算机软件设计的一般性原理，在独立完成设计的情况下，不同软件之间出现相同的软件缺陷几率极小，而如果软件之间存在共同的软件缺陷，则软件之间的源程序相同的概率较大。同时结合两者在加电运行时存在相同的特征性情况、HX－Z 和 HR－Z 型控制器的使用说明书基本相同、HX－Z 和 HR－Z 型控制器的整体外观和布局基本相同等相关事实，二审法院认为：石鸿林提供的现有证据能够形成高度盖然性优势，足以使法院相信 HX－Z 和 HR－Z 软件构成实质相同。同时，由于 HX－Z 软件是石鸿林对其 S 系列软件的改版，且 HX－Z 软件与 S 系列软件实质相同。因此，被控侵权的 HR－Z 软件与石鸿林的 S 系列软件亦构成实质相同，即华仁公司侵犯了石鸿林享有的 S 系列软件著作权。

3. 华仁公司未能提供相反证据证明其诉讼主张，应当承担举证不能的不利后果

本案中，在石鸿林提供了上述证据证明其诉讼主张的情形下，华仁公司并未能提供相反证据予以反证，依法应当承担举证不能的不利后果。经二审法院反复释明，华仁公司最终仍未提供被控侵权的 HR－Z 软件源程序以供比对。华仁公司虽提供了 DX－Z 线切割控制器微处理器固件程序系统 V3.0 的计算机软件著作权登记证书，但其既未证明该软件与被控侵权的 HR－Z 软件属于同一软件，也未证明被控侵权的 HR－Z 软件的完成时间早于石鸿林的 S 系列软件，或系其独立开发完成。尽管华仁公司还称，其于二审中提供的 2004 年 5 月 19 日商业销售发票，可以证明其于 2004 年就开发完成了被控侵权软件。对此二审法院认为，该份发票上虽注明货物名称为 HR－Z 线切割控制器，但并不能当然推断出该控制器所使用的软件即为被控侵权的 HR－Z 软件，华仁公司也未就此进一步提供其他证据予以证实。同时结合该份发票并非正规的增值税发票、也未注明购货单位名称等

一系列瑕疵，因此二审法院认为，华仁公司关于其于2004年就开发完成了被控侵权软件的诉讼主张缺乏事实依据，不予采纳。

综上，根据现有证据，同时在华仁公司持有被控侵权的HR－Z软件源程序且无正当理由拒不提供的情形下，二审法院最终认定被控侵权的HR－Z软件与石鸿林的S系列软件构成实质相同，华仁公司侵犯了石鸿林S系列软件著作权，并据此作出二审判决。

（执笔人：顾韬、李嵘、石磊）

20. 江苏省无锡市滨湖区人民检察院诉鞠文明、徐路路、华轶侵犯著作权案*

▶ 行为人通过非法手段获取他人享有著作权的计算机软件中的目标程序并与特定硬件产品相结合，用于生产同类侵权产品，在某些程序、代码方面虽有不同，但只要实现硬件产品功能的目标程序或功能性代码与他人享有著作权的计算机软件“实质相同”，即属于非法复制发行计算机软件的行为，应以侵犯著作权罪定罪处罚

【裁判摘要】

行为人通过非法手段获取他人享有著作权的计算机软件中的目标程序并与特定硬件产品相结合，用于生产同类侵权产品，在某些程序、代码方面虽有不同，但只要实现硬件产品功能的目标程序或功能性代码与他人享有著作权的计算机软件“实质相同”，即属于非法复制发行计算机软件的行为，应以侵犯著作权罪定罪处罚。

如果涉案侵权产品的价值主要在于实现其产品功能的软件程序，即软件著作权价值为其主要价值构成，应以产品整体销售价格作为非法经营数额的认定依据。

公诉机关：江苏省无锡市滨湖区人民检察院。

被告人：鞠文明，男，原无锡市信捷科技电子有限公司员工，住无锡市新区长欣公寓。2010 年 10 月 21 日因本案被刑事拘留，同年 11 月 26 日被取保候审，2011

* 摘自《最高人民法院公报》2012 年第 1 期。

年6月7日被执行逮捕。

被告人：徐路路，男，原无锡市信捷科技电子有限公司员工，住无锡市滨湖区雪浪街道石塘村。2010年10月21日因本案被刑事拘留，同年11月26日被取保候审，2011年6月7日被执行逮捕。

被告人：华轶，男，原无锡市信捷科技电子有限公司员工，住无锡市新区叙康里。2010年10月21日因本案被取保候审。

江苏省无锡市滨湖区人民检察院以被告人鞠文明、徐路路、华轶犯侵犯著作权罪，向江苏省无锡市滨湖区人民法院提起公诉。

起诉书指控：被告人鞠文明在无锡市信捷科技电子有限公司（以下简称信捷公司）工作期间，未经公司许可擅自下载了该公司的OP系列人机监控软件V3.0等软件。后于2008年8月与被告人徐路路、华轶合谋后，共同出资成立无锡市云川工控技术有限公司（以下简称云川工控公司），用其非法获取的上述OP系列人机监控软件生产与信捷公司同类的文本显示器以牟利。2008年12月至2010年10月间，鞠文明、徐路路、华轶先后生产并向多家单位和个人销售了TD100型、TD307型等型号文本显示器共计2045台，销售金额计人民币448465元。2010年10月21日，三被告人被抓获。2010年11月下旬，鞠文明、徐路路在被公安机关取保候审后，伙同孙兴圣又以无锡市云川电气技术有限公司（以下简称云川电气公司）的名义生产、销售上述文本显示器计114台，销售金额计人民币25 200元。三被告人结伙以营利为目的，未经著作权人许可，复制、发行他人计算机软件，情节特别严重，其行为触犯了《中华人民共和国刑法》第二百一十七条之规定，应当以侵犯著作权罪追究其刑事责任。鞠文明在共同犯罪中起主要作用，系主犯，徐路路、华轶在共同犯罪中起次要作用，系从犯，应当从轻或者减轻处罚。

被告人华轶对起诉书指控的事实不持异议。

被告人鞠文明、徐路路辩称：（1）上海市知识产权司法鉴定中心（以下简称鉴定中心）出具的司法鉴定意见书只是比较了文本显示器计算机芯片上的部分功能区而不是全部功能区，事实上其开发的下位机驱动程序与信捷公司的下位机驱动程序相似度约为1%，不构成实质相同。（2）其生产销售的文本显示器下位机软件与信捷公司生产的文本显示器下位机软件并不相同，该软件系借鉴了信捷公司文本显示器下位机软件的基础上自行开发而成，不构成对信捷公司软件的复制发表，不构成侵犯著作权罪。

被告人鞠文明的辩护人辩称：（1）鉴定中心出具的二份司法鉴定意见书违反法定鉴定程序，司法鉴定书对鉴定样本的形式和取得方式未作出相应说明，在程序上不符合规范；且鉴定未就整个软件作全面的比对，仅仅抽取其中的部分内容进行比对，依据此种鉴定方法作出的鉴定结论，不能作为定案的依据。故起诉书指控的事实不能成立，被告人鞠文明无罪。（2）本案非法经营数额的认定应当扣除文本显示器的自身成本。

被告人徐路路的辩护人辩称：司法鉴定书“实质相同”的结论即使成立，也不构成侵犯著作权犯罪，因为这里的“实质相同”不是刑法意义上的复制。徐路路是在对同类产品包括信捷公司的产品吸收借鉴的基础上对文本显示器的硬件进行的改进制作，其行为充其量属于修改或剽窃，不构成对计算机软件著作权的侵权犯罪。

江苏省无锡市滨湖区人民法院一审查明：被告人鞠文明于2007年在信捷公司担任研发部硬件工程师期间，未经信捷公司许可，擅自下载、保存了包括由耐拓公司享有著作权并许可信捷公司使用的OP系列人机监控软件V3.0在内的部分软件。2008年8月，鞠文明提议并与被告人徐路路、华轶合谋，共同出资成立云川工控公司，用其非法获取的上述OP系列人机监控软件V3.0生产与信捷公司同类的文本显示器以牟利，由鞠文明担任公司法定代表人并负责生产和销售，徐路路负责硬件支持，华轶负责软件技术支持。随后，华轶利用被告人鞠文明非法获取的OP系列人机监控软件V3.0，提取并整合了其中使用于信捷公司开发的OP320-A型文本显示器上的目标程序（即下位机.BIN文件），提供给鞠文明、徐路路用于生产TD100型、TD307型文本显示器。2008年12月至2010年10月间，鞠文明、徐路路购买了相应的CPU、电路板、外壳等元器件在本市新区长欣公寓59号201室组装，并将华轶整合提取的上述目标程序烧写至上述文本显示器的CPU芯片内，生产TD100型、TD307型等型号文本显示器2045台，向多家单位和个人销售，销售金额计人民币448465元。2010年9月，

原信捷公司员工孙兴圣（另案处理）加入云川工控公司，参与销售上述文本显示器。2010 年 10 月 21 日，鞠文明、徐路路、华轶被公安机关抓获。

被告人鞠文明、徐路路在取保候审期间，于 2010 年 10 月至 2011 年 3 月间，伙同孙兴圣继续在本市新区长欣公寓 59 号 201 室用上述方法生产上述文本显示器计 114 台并向多家单位销售，销售金额计人民币 25200 元。

上述事实，有证人李新（耐拓公司以及信捷公司的法定代表人）的报案笔录，计算机软件著作权登记证书以及软件授权使用协议，无锡市公安局滨湖分局（以下简称滨湖公安局）出具的扣押物品清单以及 TD100 型、TD307 型文本显示器、WORK 字样 DVD 光盘、电脑主机以及华轶所持有的笔记本电脑的照片，云川工控公司、云川电气公司与相关客户签订的供需合同、付款凭证以及信用卡收款明细，证人王丽丽、王文清、许星光等人的证言，被告人鞠文明、徐路路、华轶的供述，鉴定中心于 2010 年 12 月 16 日出具的上知司鉴字〔2010〕第 1101 号司法鉴定意见书，滨湖公安局出具的鉴定结论通知书等证据证实，足以认定。

本案一审的争议焦点是：被告人鞠文明、徐路路、华轶的下位机驱动程序是否是对 OP 系列人机监控软件 V3. 0 软件中下位机程序的复制。

江苏省无锡市滨湖区人民法院一审认为：被告人鞠文明、徐路路、华轶以营利为目的，未经著作权人许可，复制发行其计算机软件，情节特别严重，其行为已构成侵犯著作权罪。无锡市滨湖区人民检察院指控鞠文明、徐路路、华轶犯侵犯著作权罪的事实清楚，证据确实、充分，指控的罪名成立。鞠文明、徐路路、华轶侵犯著作权的犯罪行为发生在 2011 年 4 月 30 日以前，依照《中华人民共和国刑法》第十二条第一款之规定，应当适用 2011 年 4 月 30 日以前的《中华人民共和国刑法》。

对于被告人鞠文明、徐路路及其辩护人针对鉴定中心出具的司法鉴定意见书所提出的异议，法院评判如下：计算机软件是指计算机程序及有关文档。我国《计算机软件保护条例》第三条规定，计算机程序是指为了得到某种结果而可以由计算机等具有信息处理能力的装置执行的代码化指令序列，或者可被自动转换成代码化指令序列的符号化指令序列或者符号化语句序列。计算机程序包括源程序和目标程序。源程序是指用高级语言或汇编语言编写的程序，目标程序是指源程序经编译或解释加工以后，可以由计算机直接执行的程序。源程序与目标程序虽然表现形式不同，但实现的功能可以相同，两者可以通过一定的形式转换。而实现同一功能可转换的源程序和目标程序应当视为同一作品。现控方证据能够证实，鞠文明所谓自主开发的下位机驱动程序，实际上是在无锡耐拓软件有限公司享有著作权并许可信捷公司使用的 OP 系列人机监控软件 V3.0 下位机程序基础上进行少量改动而完成的，尽管二者在局部的功能和表现形式上有所不同，但二者的目标程序、源程序实质相同，可以确认该下位机驱动程序是对 OP 系列人机监控软件 V3.0 软件中下位机程序的复制。故二被告人及其辩护人对鉴定结论的实质要件所提出的异议，不能成立。另外，鉴定中心系根据委托人滨湖公安局提供的鉴材和样本进行的比对鉴定，而滨湖公安局提供的鉴材又系在鞠文明处查获的涉案文本显示器，其比对样本又为受害人信捷公司含有 OP 系列人机监控软件 V3.0 下位机程序的同类产品，且鞠文明、徐路路、华轶又都在鉴定结论通知书上签字，未对鉴定结论提出异议，故辩护人对司法鉴定书的形式要件所提出的异议，法院亦不予支持。

被告人鞠文明、徐路路及其辩护人关于其下位机驱动程序系其自主开发的软件，故在其生产的文本显示器上使用该程序不构成复制他人著作权、不应认定为犯罪的意见，与司法鉴定部门所作出的鉴定结论和经法庭调查确认的事实不符，法院不予支持。

关于被告人鞠文明的辩护人提出的本案非法经营额的认定应当扣除文本显示器自身成本的意见，因本案被侵权的计算机软件的载体就是文本显示器，三被告人正是通过在这一载体上复制享有著作权的计算机软件以牟取不当利益，故本案非法经营数额应为三被告人生产、销售的文本显示器的实际销售金额，对上述辩护意见法院不予采纳。

被告人鞠文明在共同犯罪中起主要作用系主犯；被告人徐路路、华轶在共同犯罪中起次要作用，系从犯，可减轻处罚。鞠文明、徐路路于 2010 年 11 月 26 日因本案被取保候审，在取保候审期间不思悔改，仍继续从事侵权文本显示器的生产、销售，主观恶性较深，社会危害性较大。华轶虽未主动归案，但在公安机关侦查阶段如实供述了自己的罪行，依照《中华人民共和国刑法》第六十七条第三款的规定，可以从轻处罚。其在庭审中又自愿认罪，悔罪态度较好，可酌情予以从轻处罚。根据华轶的犯罪情节和悔罪表现，对其适用缓刑不致再危害社会，可对其宣告缓刑。

据此，江苏省无锡市滨湖区人民法院依照2011年4月30日以前的《中华人民共和国刑法》第二百一十七条第（一）项，第二十五条第一款、第二十六条第一、四款，第二十七条，第五十二条，第五十三条，第六十四条，第七十二条，第七十三条第二款、第三款和《中华人民共和国刑法》第十二条第一款、第六十七条第三款以及《最高人民法院、最高人民检察院关于办理侵犯知识产权刑事案件具体应用法律若干问题的解释》第五条第二款、《最高人民法院、最高人民检察院关于办理侵犯知识产权刑事案件具体应用法律若干问题的解释（二）》第四条之规定，于2011年6月7日判决如下：

一、被告人鞠文明犯侵犯著作权罪，判处有期徒刑三年，并处罚金人民币12万元。

二、被告人徐路路犯侵犯著作权罪，判处有期徒刑一年六个月，并处罚金人民币8万元。

三、被告人华轶犯侵犯著作权罪，判处有期徒刑一年六个月，缓刑二年，并处罚金人民币5万元。

四、被告人鞠文明、徐路路、华轶的违法所得予以追缴没收；查获并扣押在案的侵权文本显示器成品、原材料以及电脑主机、笔记本电脑等与犯罪有关物品，予以没收。

鞠文明、徐路路不服一审判决，向江苏省无锡市中级人民法院提出上诉，鞠文明称一审认定鞠文明等人侵犯了信捷公司的下位机程序著作权没有事实依据，所依据的上知司鉴字〔2010〕第1101号鉴定书在程序、内容、比对方法等方面存在错误，本案非法经营数额中应当扣除TD100型文本显示器的销售额以及硬件成本，请求二审改判其无罪或发回原审法院重审。徐路路称鉴定结论“实质相同”并非刑法意义上的“复制”，其行为仅应承担民事责任，请求二审改判其无罪或发回原审法院重审。

江苏省无锡市中级人民法院经二审，确认了一审查明的事实。

江苏省无锡市中级人民法院二审认为：关于上诉人鞠文明提出的“一审认定鞠文明等人侵犯了信捷公司的下位机程序著作权没有事实依据，所依据的上知司鉴字〔2010〕第1101号鉴定书在程序、内容、比对方法等方面存在错误”以及上诉人徐路路及其辩护人提出“鉴定方法存在重大错误，涉案文本显示器目标程序与著作权登记证书载明的软件不相同”的上诉理由和辩护意见，经查：（1）根据鞠文明、原审被告人华轶所作的供述，其销售的文本显示器在出厂时没有上位机程序，仅有下位机程序。上位机程序一般由客户从网上下载，结合鉴定报告内容、文本显示器的功能特点以及上、下位程序的作用，可以认定作为检材提交鉴定的文本显示器无上位机程序，不存在鞠文明及其辩护人提出鉴定机构比对了上位机程序导致结论错误的情形，其提出CPU存储空间的问题亦与源代码比对问题之间无直接关联。同时，鞠文明及其辩护人所称的鉴定样材、检材的存储器构成及比对结果仅有其陈述及所谓的分析，无其他相关证据证实，不能推翻鉴定报告所作结论。（2）耐拓公司作为OP系列人机监控软件V3.0的著作权人、信捷公司作为该软件的独占许可实施人，依照《计算机软件保护条例》第八条第一款第（三）项的规定，有权行使修改权对该软件进行增补、删节，或者改变指令、语句顺序等等，其中当然包括对软件的更新。耐拓公司、信捷公司对修改后的软件同样享有著作权，其提供的目标程序作为比对样本正确。耐拓公司的著作权登记证书可证明其对OP系列人机监控软件V3.0系列享有著作权，不等同于其仅就登记内容享有著作权，而且无证据证明甚至怀疑信捷公司提供的程序系按照鞠文明生产、销售文本显示器中的程序修改后提交鉴定。事实上，本案现有证据足以认定鞠文明利用不正当手段复制信捷公司文本显示器的软件程序。故对于其样材收集程序不合法的辩解和辩护意见法院不予采纳。（3）上知司鉴字〔2010〕第1101号鉴定书在委托鉴定事项、鉴定材料、分析说明等方面对此次鉴定过程均有详细的说明，其后附件亦有检材文本显示器照片和样材目标程序。委托鉴定事项明确为“无锡市公安局滨湖分局提供的文本显示器与无锡市信捷科技电子有限公司OP320－A文本显示器的目标程序是否相同或实质相同”，而文本显示器中的下位机驱动程序就是目标程序，所谓“上位机程序”为应用程序，并非此次鉴定比对的对象，不存在上诉人鞠文明及其辩护人所主张的将下位机程序与上位机程序混合比对的情况。鉴定方法系通过鉴定机关将作为检材样材的两个目标程序分别反编译为汇编代码，提取其中以实现对机械设备进行监控信息处理功能的代码进行比较、分析，鉴定方法正确。综上，对于鞠文明及其辩护人、上诉人徐路路关于上知司鉴字〔2010〕第1101号鉴定书鉴定结论错误、鉴定程序违法，该鉴定书不能作为证据使用的辩解和辩护意见不予采纳，对其重新鉴定申请亦不予支持。

关于上诉人鞠文明及其辩护人提出“本案非法经营数额中应当扣除TD100型文本显示器的销售额以及硬件成本”的上诉理由和辩护意见，经查：关于TD100型文本显示器的销售额的问题：（1）TD100型、TD307型文本显示器的下位机程序均系由华轶通过整合、修改OP320－A文本显示器目标程序的手段获取，上诉人鞠文明、徐路路与原审被告人华轶对此亦予以认可，该行为均已侵犯了涉案计算机软件著作权。（2）根据鞠文明、徐路路及原审被告人华轶的供述，TD307型系在TD100型基础上修改而成，TD100型文本显示器下位机程序与信捷公司文本显示器下位机程序的相似度高于TD307型文本显示器下位机程序，故TD100型文本显示器的销售额亦应计入非法经营数额。关于硬件成本问题：（1）《最高人民法院、最高人民检察院关于办理侵犯知识产权刑事案件具体应用法律若干问题的解释》第十二条明确了“非法经营数额”是指行为人在实施侵犯知识产权行为过程中，制造、储存、运输、销售侵权产品的价值。已销售的侵权产品的价值，按照实际销售的价格计算；（2）涉案文本显示器的价值主要在于实现其产品功能的软件程序，而非硬件部分，涉案软件著作权价值为其主要价值构成，以产品整体销售价格作为非法经营数额的认定依据，具有合理性。所以，鞠文明及其辩护人所提出的该上诉理由和辩护意见缺乏事实和法律依据，法院不予采纳。

关于上诉人徐路路及其辩护人提出“鉴定结论‘实质相同’并非刑法意义上的‘复制’，其行为仅应承担民事责任”的上诉理由和辩护意见，经查：（1）本案鉴定结论确认涉案文本显示器的目标程序与信捷公司

OP320－A 文本显示器目标程序实质相同，系复制了实现产品功能、用途的最重要的源代码，两者虽然有一定的不同之处，但该行为仍为《著作权法》意义上的复制行为，且具有社会危害性；（2）即便将实质相同理解为部分复制，《计算机软件保护条例》第二十四条亦明确规定复制或者部分复制著作权人软件，触犯刑律，依照刑法关于侵犯著作权罪的规定，依法追究刑事责任。故法院对于徐路路及其辩护人所提出的该上诉理由及辩护意见不予采纳。

综上，原审判决认定上诉人鞠文明、徐路路、原审被告人华轶犯侵犯著作权罪的事实清楚，证据确凿充分，适用法律正确，量刑适当，诉讼程序合法，应当予以维持。

据此，无锡市中级人民法院依照《中华人民共和国刑事诉讼法》第一百八十九条第（一）项之规定，于 2011 年 7 月 5 日裁定：

驳回上诉，维持原判。

本裁定为终审裁定。

21. 苏州美恩超导有限公司与华锐风电科技（集团）股份有限公司等侵害计算机软件著作权纠纷案*

软件买卖合同中，公司有权使用其购买的硬件以及内置的软件，或将软件进行指定安装一次，在合同没有其他授权的情况下，无权对软件进行复制和修改，无权进行著作权意义上的使用

最高人民法院民事裁定书

（2013）民提字第54号

再审申请人（一审原告、二审上诉人）：苏州美恩超导有限公司。住所地：江苏省苏州市高新区鹿山路369号22#厂房。

法定代表人：丹尼尔·帕特里克·麦嘉恩（DANIEL PATRICK MCGAHN），该公司执行董事。

委托代理人：谢冠斌，北京市立方律师事务所律师。

委托代理人：蔡鹏，北京市立方律师事务所律师。

被申请人（一审被告、二审被上诉人）：华锐风电科技（集团）股份有限公司。住所地：北京市海淀区中关村大街59号文化大厦19层。

法定代表人：韩俊良，该公司董事长。

---

* 摘自《知识产权审判与指导》2013年第2辑（总第22辑），人民法院出版社2014年版，第230～238页。

委托代理人：史玉生，北京市金杜律师事务所律师。

委托代理人：祁娟，北京市金杜律师事务所律师。

被申请人（一审被告、二审被上诉人）：大连国通电气有限公司。住所地：辽宁省大连市大连经济技术开发区淮河东路157号。

法定代表人：韩俊良，该公司董事长。

委托代理人：张杰，海南天皓律师事务所律师。

再审申请人苏州美恩超导有限公司（以下简称美恩超导公司）因与被申请人华锐风电科技（集团）股份有限公司（以下简称华锐风电公司）、大连国通电气有限公司（以下简称大连国通公司）侵害计算机软件著作权纠纷一案，不服海南省高级人民法院（2012）琼立一终字第14号民事裁定，向本院申请再审。本院于2012年12月20日作出（2012）民申字第630号民事裁定，提审本案。本院依法组成合议庭，并于2013年5月29日公开开庭审理了本案，再审申请人美恩超导公司的委托代理人谢冠斌、蔡鹏，被申请人华锐风电公司的委托代理人史玉生、祁娟，被申请人大连国通公司的委托代理人张杰到庭参加诉讼，本案现已审理终结。

海南省第一中级人民法院（以下简称一审法院）2005年1月12日受理了美恩超导公司起诉华能海南发电股份有限公司（以下简称华能海南公司）、大连国通公司侵害计算机软件著作权纠纷一案。美恩超导公司向一审法院起诉称：华能海南公司与大连国通公司使用不正当手段非法获取了美恩超导公司享有专有使用权的软件代码并进行非法修改，并将修改后的软件在风机上复制、安装及使用的行为侵害了其计算机软件著作权。请求法院依法判令华能海南公司与大连国通公司停止侵权、赔偿经济损失1247565元及制止侵权的合理费用27000元。在审理中，一审法院应美恩超导公司的申请追加华锐风电公司作为被告参加诉讼，并裁定准许其撤回对华能海南公司的起诉。在提交答辩状期间，华锐风电公司以双方之间存在仲裁协议为由提出管辖异议。华锐风电公司异议称：美恩超导公司与华锐风电公司签订《机电产品外部采购合同》（以下简称《采购合同》），其中约定因执行本合同所发生的或者与执行本合同有关的一切争议如双方不能协商一致，应将争议提交仲裁解决，法院不享有管辖权。

针对华锐风电公司的管辖权异议，美恩超导公司辩称：双方之间的争议系因计算机软件的修改权、复制权被侵犯而引起，并非因执行《采购合同》而发生，本案不应受仲裁条款的约束。且本案共同被告大连国通公司不是《采购合同》的当事人，不受仲裁条款的管辖，应驳回华锐风电公司的管辖权异议申请。

大连国通公司称：大连国通公司与华锐风电公司没有任何的法律关系，在文昌风力发电厂的发电机组均是由华锐风电公司进行采购安装的，大连国通公司与本案没有直接利害关系。华锐风电公司选择大连国通公司作为本案被告是为了规避其与华锐风电公司之间的仲裁条款，立案后申请追加华锐风电公司为被告也是为了这个意图。现华能海南公司已退出本案诉讼，即使本案属于法院管辖，也不属于海南省的法院管辖。

一审法院查明：2008 年 5 月 27 日，美恩超导公司与华锐风电公司签订了《采购合同》，约定由美恩超导公司为华锐风电公司定制关于 SL1500 风力发电机组电控核心部件（型号为 PM1000/PM3000）及其软件（软件为符合 SL1500 风机技术规范的变桨变频器，偏航变频器、PM1000/PM3000 变频器和 PLC 的软件程序）。其中，合同第 16 条约定：“由卖方（美恩超导公司）自付费用修理有缺陷的合同设备或消除合同设备缺陷或不符合合同之处。如果卖方不能派遣人员到工作现场，买方（华锐风电公司）有权自行修理或消除缺陷或不符合合同之处，由此产生的一切费用均由卖方承担。”第 19 条约定：“因执行本合同所发生的或者与执行本合同有关的一切争议将由双方通过友好协商解决。如果不能协商一致，则应对争议进行正式仲裁，并提交北京仲裁委员会并按其仲裁规则通过仲裁加以解决。”此后，美恩超导公司依约向华锐风电公司提供了风力发电机组电控核心部件和软件。华锐风电公司将购得的风力发电机组电控核心部件和软件向案外人华能海南公司供货并安装在华能海南公司位于文昌的风力发电厂一期项目中，美恩超导公司认为华锐风电公司和大连国通公司擅自修改了美恩超导公司母公司享有著作权的风力发电机组电控软件，并未经授权在华能海南公司的风力发电机组中复制、安装、使用，侵犯了其著作权进而提起诉讼。

一审法院认为：美恩超导公司主张华锐风电公司和大连国通公司擅自修改了其母公司享有著作权的风力发电机组电控软件，并未经授权在华能海南公司风力发电机组中复制、安装、使用，侵犯了其著作权。而美恩超导公司所主张的侵权软件系华锐风电公司向其采购的风力发电机组产品所附软件。依据双方签订的《采购合同》第16条“由卖方（美恩超导公司）自付费用修理有缺陷的合同设备或消除合同设备缺陷或不符合合同之处。如果卖方不能派遣人员到工作现场，买方（华锐风电公司）有权自行修理或消除缺陷或不符合合同之处，由此产生的一切费用均由卖方承担”的约定，华锐风电公司作为买方对其向美恩超导公司购买的产品及软件享有一定的修理或消除缺陷的权利。如果本案中华锐风电公司存在修改、复制、安装美恩超导公司享有著作权软件的行为，要判断华锐风电公司的行为是否构成侵权，首先必须依据《采购合同》第16条判断华锐风电公司对产品及软件所享有的修理或消除缺陷的权利范围，才能进一步判断华锐风电公司的修改、复制、安装行为是否构成侵权。因此，美恩超导公司对华锐风电公司的侵权主张与《采购合同》存在必然的联系，为执行合同有关的争议。依据《采购合同》第19条“因执行本合同所发生的或者与执行本合同有关的一切争议将由双方通过友好协商解决。如果不能协商一致，则应对争议进行正式仲裁，并提交北京仲裁委员会并按照其仲裁规则通过仲裁加以解决”的约定，美恩超导公司与华锐风电公司之间存在仲裁条款，该仲裁条款未违反法律法规的禁止性规定，应为有效仲裁条款。该仲裁条款明确约定了美恩超导公司与华锐风电公司在执行《采购合同》中的争议以及与执行合同有关的一切争议应提交仲裁，而美恩超导公司在本案中对华锐风电公司的起诉属于与执行合同有关的争议，依双方的仲裁条款，美恩超导公司应向北京仲裁委员会申请仲裁。据此，华锐风电公司的管辖权异议有理，应予采纳。关于对另一被告大连国通公司的起诉，起因是美恩超导公司认为华锐风电公司将采购来的机电产品安装在案外人的发电机组设备中时，使用了大连国通公司生产的变频器，该变频器软件涉嫌侵犯其著作权，并主张华锐风电公司和大连国通公司系关联公司，为共同侵权人。因大连国通公司所生产的变频器为华锐风电公司所定制的产品，其安装行为亦经华锐风电公司的同意，因此大连国通公司的生产、安装行为也与履行《采购合同》有密切联系。由于大连国通公司的行为为附属行为，并非主行为，该附属行为与主行为构成了一个整体行为，两行为之间存在不可分割的联系，不能割裂开来单独审查和判断。而美恩超导公司主张华锐风电公司和大连国通公司共同侵权，该起诉也为不可分割之诉，美恩超导公司在本案中对大连国通公司的侵权主张也应一并交由仲裁裁决，法院不宜单独审理并作出处理。如果仲裁庭就大连国通公司的侵权问题不予一并处理，美恩超导公司可在仲裁裁决后，以大连国通公司为被告向人民法院另行起诉。一审法院依照《中华人民共和国仲裁法》第二条、第五条、第二十六条，《最高人民法院关于适用〈中华人民共和国仲裁法〉若干问题的解释》第二条之规定，裁定驳回美恩超导公司的起诉。

美恩超导公司不服一审裁定，向海南省高级人民法院（以下简称二审法院）提起上诉。

二审法院认为：(1) 本案美恩超导公司对华锐风电公司提起的侵犯计算机软件著作权主张为与执行《采购合同》有关的争议，该争议应当依据双方签订的《采购合同》第 19 条的约定交由仲裁解决。理由是：①根据审理查明的情况，本案被诉侵权软件涉及到美恩超导公司（卖方）依据其与华锐风电公司（买方）签订的《采购合同》的约定向华锐风电公司提供的软件。美恩超导公司主张华锐风电公司擅自修改了上述软件，并未经授权在风力发电机组中复制、安装并使用修改后的软件，侵犯了美恩超导公司（或者其母公司）的著作权。华锐风电公司则主张本案涉及到按照《采购合同》的约定，华锐风电公司是否有权对美恩超导公司提供的产品（包括硬件与软件）进行必要的修理、修改、变更以及美恩超导公司提供的产品本身是否存在缺陷，华锐风电公司的修理、修改、变更以消除产品存在缺陷的行为是否违反了《采购合同》的约定，等等。显然，根据美恩超导公司和华锐风电公司的上述各自主张，本案美恩超导公司与华锐风电公司之间的纠纷不仅包括美恩超导公司认为华锐风电公司侵犯了美恩超导公司（或者其母公司）的计算机软件著作权，还包括华锐风电公司认为华锐风电公司是根据《采购合同》的约定，在合同约定的范围内行使自己的权利等。基于任何一个纠纷解决机关都不可能仅对纠纷一方当事人的主张进行审查认定，而对纠纷另一方当事人的主张置之不理的简单原理，美恩超导公司的侵权主张和华锐风电的抗辩主张（基于《采购合同》原因未侵权或者不成立侵权）均是本案纠纷的审查范围。因此，本案纠纷的审查认定显然不可能与《采购合同》无关。②基于上述理由，华锐风电公司主张本案系《采购合同》履行过程中产生的纠纷，本案被诉的侵权行为直接作用于美恩超导公司依据《采购合同》约定向华锐风电公司提供的软件之上，本案纠纷为因执行《采购合同》发生的或者与执行《采购合同》有关的争议。美恩超导公司虽一方面否认本案其与华锐风电公司之间的纠纷为因执行《采购合同》发生的或者与执行《采购合同》有关的争议，但另一方面又主张华锐风电公司基于《采购合同》而与美恩超导公司（或者其母公司）享有著作权的计算机软件具有了接触关系。由于华锐风电公司和美恩超导公司的上述各自主张，再加上美恩超导公司未能提供足以使本院确信其本次对华锐风电公司的起诉为与《采购合同》的执行无关的争议的具体、充分的事实，因此，就本案目前的情况来看，应当认定本案美恩超导公司与华锐风电公司之间的纠纷为与《采购合同》的执行有关的争议。据此，根据美恩超导公司与华锐风电公司签订的《采购合同》第 19 条的约定，本案美恩超导公司对华锐风电公司提起的侵犯计算机软件著作权主张应当交由北京仲裁委员会仲裁解决。(2) 关于美恩超导公司对大连国通公司提起的侵权主张应否一并交由仲裁解决。本案不属于必要的共同诉讼，美恩超导公司可以单独以华锐风电公司或者大连国通公司为被告分别起诉。由于美恩超导公司与华锐风电公司之间存在合法有效的仲裁条款，其纠纷实际上只能交由仲裁解决。由于美恩超导公司与大连国通公司之间并不存在任何形式的仲裁协议，因此美恩超导公司对大连国通公司提起的侵权主张实际上不能交由仲裁解决。但美恩超导公司却以共同侵权为由，以华锐风电公司和大连国通公司为共同被告的方式向法院提起诉讼。在此情况下，将本案统一交由仲裁解决或者统一交由人民法院解决，都将损害大连国通公司或者华锐风电公司一方的管辖利益。作为原告方的美恩超导公司，拥有诸多的程序启动选择权，本可以避免这一情况的发生，但却故意

或者任由这一情况发生，因此应当承担相关不利的法律后果。鉴于本案诉讼中，大连国通公司积极主张其与美恩超导公司之间的纠纷应当与美恩超导公司与华锐风电公司之间的纠纷一并交由仲裁解决，因此可以视为是大连国通公司同意将其与美恩超导公司之间的纠纷交由仲裁解决的意思表示。在此情况下，美恩超导公司可以将其与华锐风电公司之间的纠纷和其与大连国通公司之间的纠纷一并先交由仲裁解决。若仲裁委员会对其与大连国通公司之间的纠纷以不存在仲裁协议为由不予受理，美恩超导公司可再行向有管辖权的人民法院就其与大连国通公司之间的纠纷提起诉讼。二审法院依照2007年修正的《中华人民共和国民事诉讼法》第一百五十四条、第一百五十八条之规定，裁定维持海南省第一中级人民法院作出的(2011)海南一中民初字第62号民事裁定。

美恩超导公司申请再审称：(1)本案与《采购合同》约定的仲裁条款无关。根据美恩超导公司和华锐风电公司签订的《采购合同》，仲裁条款的效力所及的范围仅限于合同当事人因执行本合同的任何条款而发生的争议。本案美恩超导公司起诉所主张的事由是：华锐风电公司与大连国通公司使用不正当手段，复制、安装了经过非法修改的PLC电控软件及其生产的侵权变频器设备，侵害了美恩超导公司的软件著作权。显然，《采购合同》中没有对使用不正当手段非法获取软件代码的事项进行过任何约定，本案争议根本不是仲裁条款约定的管辖范围。(2)美恩超导公司在本案中将华锐风电公司和大连国通公司列为共同被告，不仅基于法律赋予的诉讼权利，也是基于本案的事实，即两被告共同实施了侵权行为，应当承担共同侵权责任。大连国通公司作为共同侵权人，没有与美恩超导公司达成过任何仲裁协议。本案被告之一的大连国通公司，既不是《采购合同》的一方当事人，也未与美恩超导公司达成过任何仲裁协议，本案纠纷不可能提交仲裁解决。原审裁定存在超出当事人诉讼请求范围，将没有仲裁协议的大连国通公司归于仲裁管辖等法律错误。请求撤销原裁定，驳回华锐风电公司的管辖异议。

华锐风电公司辩称：本案争议属于华锐风电公司和美恩超导公司签订的有关《采购合同》中约定的“因执行本合同所发生的或者与执行本合同

有关的一切争议”，应通过仲裁方式加以解决。双方在合同履行中，因软件存在一些问题，华锐风电公司与美恩超导公司多次协商未果，根据双方合同中约定的内容，在美恩超导公司不予修理的情况下华锐风电公司有权自行修理，涉案产品系华锐风电公司对合同产品的修理。因此本案属于因执行合同产生的争议，应受仲裁条款的约束。本案应当交由仲裁解决。

大连国通公司辩称：大连国通公司生产的变频器是应华锐风电公司要求所定制的产品，安装也由华锐风电公司完成，大连国通公司只负责变频器的研发、生产和服务，不与 PLC 软件发生任何关系，不存在对美恩超导公司变频器软件的复制、修改行为。本案争议皆是因履行美恩超导公司与华锐风电公司的《采购合同》而引起，应属于买卖合同纠纷，与大连国通公司无关。本案无论由法院审理还是交由仲裁裁决，大连国通公司均没有异议，但大连国通公司希望尽快解决本案纠纷。

本院于 2012 年 12 月 20 日作出（2012）民申字第 630 号民事裁定，提审本案。

本院经审理查明，二审法院查明的事实属实。

本院认为，本案的争议焦点是：（1）美恩超导公司对华锐风电公司提起的侵害计算机软件著作权主张是否为执行双方《采购合同》有关的争议，该争议应否依据双方签订的《采购合同》第 19 条的约定交由仲裁解决。（2）美恩超导公司对大连国通公司提起的侵权主张应否一并交由仲裁解决。

（一）关于美恩超导公司对华锐风电公司提起的侵害计算机软件著作权主张是否为执行《采购合同》有关的争议，该争议应否依据双方签订的《采购合同》第 19 条的约定交由仲裁解决

美恩超导公司和华锐风电公司 2008 年 5 月 27 日签订的《采购合同》约定的是由美恩超导公司向华锐风电公司提供 SL1500 风力发电机组电控核心部件（型号为 PM1000/PM3000）及其软件（软件为符合 SL1500 风机技术规范的变浆变频器，偏航变频器、PM1000/PM3000 变频器和 PLC 的软件程序）。无论是双方约定的合同名称还是合同条款的实质内容，均只

涉及对合同标的名称、质量、数量、交付时间和方式、价款及支付方式、修理、重作和更换以及争议解决的约定，属于典型的买卖合同。合同即便涉及技术资料的部分，也是从属于买卖合同的内容。美恩超导公司出售风电机组硬件及其 PLC 和 PM 软件给华锐风电公司，转移的是物的所有权。合同未将 PLC 或 PM 软件的任何著作权内容包括复制等权利授予给华锐风电公司。按照通常的理解，华锐风电公司有权使用其购买的硬件以及内置的软件，或将软件进行指定安装一次，在合同没有其他授权的情况下，无权对软件进行复制和修改，无权进行著作权意义上的使用。至于华锐风电公司辩称的所谓修改条款，应属基于买卖合同的修理或重换义务，并不属于著作权意义上的修改。

本案是美恩超导公司以华锐风电公司、大连国通公司擅自修改其拥有专有使用权的 PLC、PM 软件，并未经授权在风机上复制、安装及使用的行为侵害了其计算机软件著作权为由，向法院提起的诉讼。美恩超导公司对其侵犯计算机软件著作权的主张提供了初步证据。由于美恩超导公司主张的复制与修改软件的行为，并未包含在美恩超导公司与华锐风电公司签订的《采购合同》内容中，因此，美恩超导公司对华锐风电公司提起的侵害计算机软件著作权主张并非为执行双方合同有关的争议，不应受到该合同第 19 条有关仲裁条款的约束。

（二）关于美恩超导公司对大连国通公司提起的侵权主张应否一并交由仲裁解决

美恩超导公司诉称华锐风电公司、大连国通公司侵犯其计算机软件著作权并提供了初步证据，主张大连国通公司擅自修改了其享有著作权的 PM 软件，生产制作了涉案变频器，该变频器通过特定接口与华锐风电公司擅自复制修改的 PLC 软件建立联系，大连国通公司与华锐风电公司共同实施了复制、修改其 PLC 和 PM 软件的行为。根据美恩超导公司的上述主张及诉讼请求可以认定，美恩超导公司以华锐风电公司和大连国通公司为共同被告提起的诉讼系必要的共同诉讼。作为共同被告之一的大连国通公司并非为《采购合同》的当事人，该仲裁条款对其不具有约束力。

据此，美恩超导公司与华锐风电公司所签订《采购合同》的仲裁条款均不能约束本案共同侵权纠纷的当事人。人民法院对该案纠纷应予受理，原审法院认定本案应交由仲裁解决，适用法律错误，本院予以纠正。

综上，依照《中华人民共和国民事诉讼法》第一百七十条第一款第（二）项、第一百七十一条、第二百零七条第一款的规定，裁定如下：

一、撤销海南省高级人民法院海南（2012）琼立一终字第 14 号民事裁定；

二、撤销海南省第一中级人民法院（2011）海南一中民初字第 62 号民事裁定；

三、本案由海南省第一中级人民法院审理。

本裁定为终审裁定。

审 判 长　夏君丽
代理审判员　马秀荣
代理审判员　董晓敏

二〇一四年一月二十六日

书 记 员　曹佳音

二、商标权权属、侵权纠纷

侵害商标权纠纷

▶

反不正当竞争法并未限制经营者之间必须具有直接的竞争关系，也没有要求其从事相同行业

22. 兰建军、杭州小拇指汽车维修科技股份有限公司诉天津市小拇指汽车维修服务有限公司等侵害商标权及不正当竞争纠纷案*

（最高人民法院审判委员会讨论通过 2014年6月26日发布）

【关键词】

民事 侵害商标权 不正当竞争 竞争关系

【裁判要点】

1. 经营者是否具有超越法定经营范围而违反行政许可法律法规的行为，不影响其依法行使制止商标侵权和不正当竞争的民事权利。

2. 《反不正当竞争法》并未限制经营者之间必须具有直接的竞争关系，也没有要求其从事相同行业。经营者之间具有间接竞争关系，行为人违背《反不正当竞争法》的规定，损害其他经营者合法权益的，也应当认定为不正当竞争行为。

---

* 摘自2014年6月26日最高人民法院发布的第七批指导性案例（指导案例30号）。

相关法条

《中华人民共和国反不正当竞争法》第二条

基本案情

原告兰建军、杭州小拇指汽车维修科技股份有限公司（以下简称杭州小拇指公司）诉称：其依法享有“小拇指”注册商标专用权，而天津市小拇指汽车维修服务有限公司（以下简称天津小拇指公司）、天津市华商汽车进口配件公司（以下简称天津华商公司）在从事汽车维修及通过网站进行招商加盟过程中，多处使用了“小拇指”标识，且存在单独或突出使用“小拇指”的情形，侵害了其注册商标专用权；同时，天津小拇指公司擅自使用杭州小拇指公司在先的企业名称，构成对杭州小拇指公司的不正当竞争。故诉请判令天津小拇指公司立即停止使用“小拇指”字号进行经营，天津小拇指公司及天津华商公司停止商标侵权及不正当竞争行为、公开赔礼道歉、连带赔偿经济损失 63 万元及合理开支 24379.4 元，并承担案件诉讼费用。

被告天津小拇指公司、天津华商公司辩称：（1）杭州小拇指公司的经营范围并不含许可经营项目及汽车维修类，也未取得机动车维修的许可，且不具备“两店一年”的特许经营条件，属于超越经营范围的非法经营，故其权利不应得到保护。（2）天津小拇指公司、天津华商公司使用“小拇指”标识有合法来源，不构成商标侵权。（3）杭州小拇指公司并不从事汽车维修行业，双方不构成商业竞争关系，且不能证明其为知名企业，其主张企业名称权缺乏法律依据，天津小拇指公司、天津华商公司亦不构成不正当竞争，故请求驳回原告诉讼请求。

法院经审理查明：杭州小拇指公司成立于 2004 年 10 月 22 日，法定代表人为兰建军。其经营范围为：“许可经营项目：无；一般经营项目：服务；汽车玻璃修补的技术开发，汽车油漆快速修复的技术开发；批发、零售；汽车配件；含下属分支机构经营范围；其他无需报经审批的一切合法

项目（上述经营范围不含国家法律法规规定禁止、限制和许可经营的项目。）凡以上涉及许可证制度的凭证经营。”其下属分支机构为杭州小拇指公司萧山分公司，该分公司成立于2005年11月8日，经营范围为“汽车涂漆、玻璃安装”。该分公司于2008年8月1日取得的《道路运输经营许可证》载明的经营范围为“维修（二类机动车维修：小型车辆维修）”。

2011年1月14日，杭州小拇指公司取得第6573882号“小拇指”文字注册商标，核定服务项目（第35类）：连锁店的经营管理（工商管理辅助）；特许经营的商业管理；商业管理咨询；广告（截止）。该商标现在有效期内。2011年4月14日，兰建军将其拥有的第6573881号“小拇指”文字注册商标以独占使用许可的方式，许可给杭州小拇指公司使用。

杭州小拇指公司多次获中国连锁经营协会颁发的中国特许经营连锁120强证书，2009年杭州小拇指公司“小拇指汽车维修服务”被浙江省质量技术监督局认定为浙江服务名牌。

天津小拇指公司成立于2008年10月16日，法定代表人田俊山。其经营范围为“小型客车整车修理、总成修理、整车维护、小修、维修救援、专项修理。（许可经营项目的经营期限以许可证为准）”。该公司于2010年7月28日取得的《天津市机动车维修经营许可证》载明类别为“二类（汽车维修）”，经营项目为：“小型客车整车修理、总成修理、整车维护、小修、维修救援、专项维修。”有效期自2010年7月28日至2012年7月27日。

天津华商公司成立于1992年11月23日，法定代表人与天津小拇指公司系同一人，即田俊山。其经营范围为：“汽车配件、玻璃、润滑脂、轮胎、汽车装具；车身清洁维护、电气系统维修、涂漆；代办快件、托运、信息咨询；普通货物（以上经营范围涉及行业许可证的凭许可证件在有效期内经营，国家有专项专营规定的按规定办理）。”天津华商公司取得的《天津市机动车维修经营许可证》的经营项目为：“小型客车整车修理、总成修理、整车维护、小修、维修救援、专项修理”，类别为“二类（汽车维修）”，现在有效期内。

天津小拇指公司、天津华商公司在从事汽车维修及通过网站进行招商加盟过程中，多处使用了“小拇指”标识，且存在单独或突出使用“小拇指”的情形。

2008 年 6 月 30 日，天津华商公司与杭州小拇指公司签订了《特许连锁经营合同》，许可天津华商公司在天津经营“小拇指”品牌汽车维修连锁中心，合同期限为 2008 年 6 月 30 日至 2011 年 6 月 29 日。该合同第三条第（4）项约定：“乙方（天津华商公司）设立加盟店，应以甲方（杭州小拇指公司）书面批准的名称开展经营活动。商号的限制使用（以下选择使用）：（√）未经甲方书面同意，乙方不得在任何场合和时间，以任何形式使用或对‘小拇指’或‘小拇指微修’等相关标志进行企业名称登记注册；未经甲方书面同意，不得将‘小拇指’或‘小拇指微修’名称加上任何前缀、后缀进行修改或补充；乙方不得注册含有‘小拇指’或‘小拇指微修’或与其相关或相近似字样的域名等，该限制包含对乙方的分支机构的限制。”2010 年 12 月 16 日，天津华商公司与杭州小拇指公司因履行《特许连锁经营合同》发生纠纷，经杭州市仲裁委员会仲裁裁决解除合同。

另查明：杭州小拇指公司于 2008 年 4 月 8 日取得商务部商业特许经营备案。天津华商公司曾向商务部行政主管部门反映杭州小拇指公司违规从事特许经营活动应予撤销备案的问题。对此，浙江省商务厅《关于上报杭州小拇指汽车维修科技股份有限公司特许经营有关情况的函》记载：（1）杭州小拇指公司特许经营备案时已具备“两店一年”条件，符合《商业特许经营管理条例》第七条的规定，可以予以备案；（2）杭州小拇指公司主要负责“小拇指”品牌管理，不直接从事机动车维修业务，并且拥有自己的商标、专利、经营模式等经营资源，可以开展特许经营业务；（3）经向浙江省道路运输管理局有关负责人了解，杭州小拇指公司下属直营店拥有《道路运输经营许可证》，经营范围包含“三类机动车维修”或“二类机动车维修”，具备从事机动车维修的资质；（4）杭州小拇指公司授权许可，以及机动车维修经营不在特许经营许可范围内。

裁判结果

天津市第二中级人民法院于 2012 年 9 月 17 日作出（2012）二中民三

知初字第47号民事判决：一、判决生效之日起天津市小拇指汽车维修服务有限公司立即停止侵害第6573881号和第6573882号“小拇指”文字注册商标的行为，即天津市小拇指汽车维修服务有限公司立即在其网站（www. tjxiaomuzhi. net）、宣传材料、优惠体验券及其经营场所（含分支机构）停止使用“小拇指 TIAN JIN XIAO MU ZHI”标识，并停止单独使用“小拇指”字样；二、判决生效之日起天津市华商汽车进口配件公司立即停止侵害第6573881号和第6573882号“小拇指”文字注册商标的行为，即天津市华商汽车进口配件公司立即停止在其网站（www. tjxiaomuzhi. com）使用“小拇指 TIAN JIN XIAO MU ZHI”标识；三、判决生效之日起10日内，天津市小拇指汽车维修服务有限公司、天津市华商汽车进口配件公司连带赔偿兰建军、杭州小拇指汽车维修科技股份有限公司经济损失及维权费用人民币5万元；四、驳回兰建军、杭州小拇指汽车维修科技股份有限公司的其他诉讼请求。宣判后，兰建军、杭州小拇指公司及天津小拇指公司、天津华商公司均提出上诉。天津市高级人民法院于2013年2月19日作出（2012）津高民三终字第0046号民事判决：一、维持天津市第二中级人民法院（2012）二中民三知初字47号民事判决第一、二、三项及逾期履行责任部分；二、撤销天津市第二中级人民法院（2012）二中民三知初字第47号民判决第四项；三、自本判决生效之日起，天津市小拇指汽车维修服务有限公司立即停止在其企业名称中使用“小拇指”字号；四、自本判决生效之日起10日内，天津市小拇指汽车维修服务有限公司赔偿杭州小拇指汽车维修科技股份有限公司经济损失人民币3万元；五、驳回兰建军、杭州小拇指汽车维修科技股份有限公司的其他上诉请求；六、驳回天津市小拇指汽车维修服务有限公司、天津市华商汽车进口配件公司的上诉请求。

裁判理由

法院生效裁判认为：本案的主要争议焦点为被告天津小拇指公司、天津华商公司的被诉侵权行为是否侵害了原告兰建军、杭州小拇指公司的注册商标专用权，以及是否构成对杭州小拇指公司的不正当竞争。

一、关于被告是否侵害了兰建军、杭州小拇指公司的注册商标专用权

天津小拇指公司、天津华商公司在从事汽车维修及通过网站进行招商加盟过程中，多处使用了“小拇指 TIAN JIN XIAO MU ZHI”标识，且存在单独或突出使用“小拇指”的情形，相关公众施以一般注意力，足以对服务的来源产生混淆，或误认天津小拇指公司与杭州小拇指公司之间存在特定联系。“小拇指 TIAN JIN XIAO MU ZHI”标识主体及最易识别部分“小拇指”字样与涉案注册商标相同，同时考虑天津小拇指公司在经营场所、网站及宣传材料中对“小拇指”的商标性使用行为，应当认定该标识与涉案的“小拇指”文字注册商标构成近似。据此，因天津小拇指公司、天津华商公司在与兰建军、杭州小拇指公司享有权利的第6573881号“小拇指”文字注册商标核定的相同服务项目上，未经许可而使用“小拇指 TIAN JIN XIAO MU ZHI”及单独使用“小拇指”字样，足以导致相关公众的混淆和误认，属于《中华人民共和国商标法》第五十二条第（一）项规定的侵权行为。天津小拇指公司、天津华商公司通过其网站进行招商加盟的商业行为，根据《最高人民法院关于审理商标民事纠纷案件适用法律若干问题的解释》第十二条之规定，可以认定在与兰建军、杭州小拇指公司享有权利的第6573882号“小拇指”文字注册商标核定服务项目相类似的服务中使用了近似商标，且未经权利人许可，亦构成《中华人民共和国商标法》第五十二条第（一）项规定的侵权行为。

二、被告是否构成对杭州小拇指公司的不正当竞争

该争议焦点涉及两个关键问题：一是经营者是否存在超越法定经营范围的违反行政许可法律法规行为及其民事权益能否得到法律保护；二是如何认定反不正当竞争法调整的竞争关系。

（一）关于经营者是否存在超越法定经营范围行为及其民事权益能否得到法律保护

天津小拇指公司、天津华商公司认为其行为不构成不正当竞争的一个

主要理由在于：杭州小拇指公司未依法取得机动车维修的相关许可，超越法定经营范围从事特许经营且不符合法定条件，属于非法经营行为，杭州小拇指公司主张的民事权益不应得到法律保护。故本案中要明确天津小拇指公司、天津华商公司所指称杭州小拇指公司超越法定经营范围而违反行政许可法律法规的行为是否成立，以及相应民事权益能否受到法律保护的问题。

首先，对于超越法定经营范围违反有关行政许可法律法规的行为，应当依法由相应的行政主管部门进行认定，主张对方有违法经营行为的一方，应自行承担相应的举证责任。本案中，对于杭州小拇指公司是否存在非法从事机动车维修及特许经营业务的行为，从现有证据和事实看，难以得出肯定性的结论。经营汽车维修属于依法许可经营的项目，但杭州小拇指公司并未从事汽车维修业务，其实际从事的是授权他人在车辆清洁、保养和维修等服务中使用其商标，或以商业特许经营的方式许可其直营店、加盟商在经营活动中使用其“小拇指”品牌、专利技术等，这并不以其自身取得经营机动车维修业务的行政许可为前提条件。此外，杭州小拇指公司已取得商务部商业特许经营备案，杭州小拇指公司特许经营备案时已具备“两店一年”条件，其主要负责“小拇指”品牌管理，不直接从事机动车维修业务，并且拥有自己的商标、专利、经营模式等经营资源，可以开展特许经营业务。故本案依据现有证据，并不能认定杭州小拇指公司存在违反行政许可法律法规从事机动车维修或特许经营业务的行为。

其次，即使有关行为超越法定经营范围而违反行政许可法律法规，也应由行政主管部门依法查处，不必然影响有关民事权益受到侵害的主体提起民事诉讼的资格，亦不能以此作为被诉侵权者对其行为不构成侵权的抗辩。本案中，即使杭州小拇指公司超越法定经营范围而违反行政许可法律法规，这属于行政责任范畴，该行为并不影响其依法行使制止商标侵权和不正当竞争行为的民事权利，也不影响人民法院依法保护其民事权益。被诉侵权者以经营者超越法定经营范围而违反行政许可法律法规为由主张其行为不构成侵权的，人民法院不予支持。

（二）关于如何认定反不正当竞争法调整的竞争关系

经营者之间是否存在竞争关系是认定构成不正当竞争的关键。《中华人民共和国反不正当竞争法》第二条规定："经营者在市场交易中，应当遵循自愿、平等、公平、诚实信用的原则，遵守公认的商业道德。本法所称的不正当竞争，是指经营者违反本法规定，损害其他经营者的合法权益，扰乱社会经济秩序的行为。本法所称的经营者，是指从事商品经营或者营利性服务（以下所称商品包括服务）的法人、其他经济组织和个人。"由此可见，《中华人民共和国反不正当竞争法》并未限制经营者之间必须具有直接的或具体的竞争关系，也没有要求经营者从事相同行业。《中华人民共和国反不正当竞争法》所规制的不正当竞争行为，是指损害其他经营者合法权益、扰乱经济秩序的行为，从直接损害对象看，受损害的是其他经营者的市场利益。因此，经营者之间具有间接竞争关系，行为人违背反不正当竞争法的规定，损害其他经营者合法权益的，也应当认定为不正当竞争行为。

本案中，被诉存在不正当竞争的天津小拇指公司与天津华商公司均从事汽车维修行业。根据已查明的事实，杭州小拇指公司本身不具备从事机动车维修的资质，也并未实际从事汽车维修业务，但从其所从事的汽车玻璃修补、汽车油漆快速修复等技术开发活动，以及经授权许可使用的注册商标核定服务项目所包含的车辆保养和维修等可以认定，杭州小拇指公司通过将其拥有的企业标识、注册商标、专利、专有技术等经营资源许可其直营店或加盟店使用，使其成为"小拇指"品牌的运营商，以商业特许经营的方式从事与汽车维修相关的经营活动。因此，杭州小拇指公司是汽车维修市场的相关经营者，其与天津小拇指公司及天津华商公司之间存在间接竞争关系。

《中华人民共和国反不正当竞争法》第五条第（三）项规定，禁止经营者擅自使用他人企业名称，引人误认为是他人的商品，以损害竞争对手。在认定原被告双方存在间接竞争关系的基础上，确定天津小拇指公司登记注册"小拇指"字号是否构成擅自使用他人企业名称的不正当竞争行

为，应当综合考虑以下因素：

1. 杭州小拇指公司的企业字号是否具有一定的市场知名度。根据本案现有证据，杭州小拇指公司自2004年10月成立时起即以企业名称中的“小拇指”作为字号使用，并以商业特许经营的方式从事汽车维修行业，且专门针对汽车小擦小碰的微创伤修复，创立了“小拇指”汽车微修体系，截至2011年，杭州小拇指公司在全国已有加盟店400余个。虽然“小拇指”本身为既有词汇，但通过其直营店和加盟店在汽车维修领域的持续使用及宣传，“小拇指”汽车维修已在相关市场起到识别经营主体及与其他服务相区别的作用。2008年10月天津小拇指公司成立时，杭州小拇指公司的“小拇指”字号及相关服务在相关公众中已具有一定的市场知名度。

2. 天津小拇指公司登记使用“小拇指”字号是否具有主观上的恶意。市场竞争中的经营者，应当遵循诚实信用原则，遵守公认的商业道德，尊重他人的市场劳动成果，登记企业名称时，理应负有对同行业在先字号予以避让的义务。本案中，天津华商公司作为被特许人，曾于2008年6月30日与作为“小拇指”品牌特许人的杭州小拇指公司签订《特许连锁经营合同》，法定代表人田俊山代表该公司在合同上签字，其知晓合同的相关内容。天津小拇指公司虽主张其与天津华商公司之间没有关联，是两个相互独立的法人，但两公司的法定代表人均为田俊山，且天津华商公司的网站内所显示的宣传信息及相关联系信息均直接指向天津小拇指公司，并且天津华商公司将其登记的经营地点作为天津小拇指公司天津总店的经营地点。故应认定，作为汽车维修相关市场的经营者，天津小拇指公司成立时，对杭州小拇指公司及其经营资源、发展趋势等应当知晓，但天津小拇指公司仍将“小拇指”作为企业名称中识别不同市场主体核心标识的企业字号，且不能提供使用“小拇指”作为字号的合理依据，其主观上明显具有“搭便车”及攀附他人商誉的意图。

3. 天津小拇指公司使用“小拇指”字号是否足以造成市场混淆。根据已查明事实，天津小拇指公司在其开办的网站及其他宣传材料中，均以特殊字体突出注明“汽车小划小碰怎么办？找天津小拇指”“天津小拇指专业特长”的字样，其“优惠体验券”中亦载明“汽车小划小痕，找天津小拇指”，其服务对象与杭州小拇指公司运营的“小拇指”汽车微修体系的消费群体多有重合。且自2010年起，杭州小拇指公司在天津地区的加盟店也陆续成立，两者的服务区域也已出现重合。故天津小拇指公司以“小拇指”为字号登记使用，必然会使相关公众误认两者存在某种渊源或联系，加之天津小拇指公司存在单独或突出使用“小拇指”汽车维修、“天津小拇指”等字样进行宣传的行为，足以使相关公众对市场主体和服务来源产生混淆和误认，容易造成竞争秩序的混乱。

综合以上分析，天津小拇指公司登记使用该企业名称本身违反了诚实信用原则，具有不正当性，且无论是否突出使用均难以避免产生市场混淆，已构成不正当竞争，应对此承担停止使用“小拇指”字号及赔偿相应经济损失的民事责任。

理解与参照

《兰建军、杭州小拇指汽车维修科技股份有限公司诉天津市小拇指汽车维修服务有限公司等侵害商标权及不正当竞争纠纷案》的理解与参照*

——反不正当竞争法中的竞争不限于直接的竞争关系

最高人民法院案例指导工作办公室

2014年6月26日，最高人民法院发布了指导案例30号《兰建军、杭

* 摘自江必新主编：《最高人民法院司法解释与指导性案例理解与适用（第四卷）》，人民法院出版社2016年版，第626～631页。

州小拇指汽车维修科技股份有限公司诉天津市小拇指汽车维修服务有限公司等侵害商标权及不正当竞争纠纷案》。为了正确理解和准确参照适用该指导案例，现对该指导案例的推选经过、裁判要点等有关情况予以解释、论证和说明。

一、推选过程及指导意义

2013年9月，天津高院审判委员会审查同意后向最高人民法院案例指导工作办公室推荐该案例作为备选指导性案例。最高人民法院案例指导工作办公室经集体讨论，并征求了民三庭的意见。9月29日，民三庭审查认为：本案例的典型意义在于明确了经营者是否存在非法经营行为与其民事权益能否得到保护的关系，以及不正当竞争纠纷中竞争关系的认定，具有指导价值。2014年3月18日，研究室室务会讨论通过本案例，同意报主管院领导审核后提交审委会审议。6月17日，最高人民法院审委会讨论通过了本案例。6月26日，最高人民法院以法〔2014〕161号文件将该案例列在第七批指导案例予以发布。

该指导案例旨在明确经营者是否具有超越法定经营范围的违反行政许可法律法规的行为，不影响其依法行使制止商标侵权和不正当竞争的民事权利，以及经营者之间具有间接竞争关系，行为人违背《反不正当竞争法》的规定，损害其他经营者合法权益的，也应当认定为不正当竞争行为。该指导案例的发布，对同类案件的审理具有较强的借鉴意义，对于依法保护知识产权权利人的合法权利，消除司法实践中的困惑和疑问，统一认识和裁判标准，正确把握反不正当竞争法所调整的竞争关系具有较强的指导意义。

二、裁判要点的理解与说明

该指导案例的裁判要点确认：(1) 经营者是否具有超越法定经营范围而违反行政许可法律法规的行为，不影响其依法行使制止商标侵权和不正当竞争的民事权利。(2) 反不正当竞争法并未限制经营者之间必须具有直接的竞争关系，也没有要求其从事相同行业。经营者之间具有间接竞争关

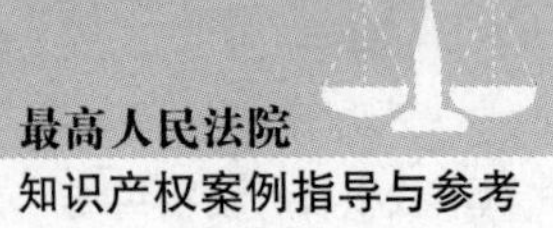

系，行为人违背反不正当竞争法的规定，损害其他经营者合法权益的，也应当认定为不正当竞争行为。现围绕与该裁判要点相关的问题逐一论证和说明如下：

本案涉及两个层面的争议，一是原告杭州小拇指公司是否具有超越法定经营范围而违反行政许可法律法规的行为，以及是否影响其行使制止商标侵权和不正当竞争的民事权利；二是被告天津小拇指公司、天津华商公司的被诉行为是否侵害了原告兰建军、杭州小拇指公司的注册商标专用权，以及是否构成对杭州小拇指公司的不正当竞争。第二个层面的争议中，关于被告的被诉行为是否侵害了原告的注册商标专用权比较明确。本案生效判决认为，原告兰建军、杭州小拇指公司是第6573881号、第6573882号“小拇指”文字注册商标的权利人，天津小拇指公司、天津华商公司在从事汽车维修及通过网站进行招商加盟过程中，多处使用了“小拇指 TIAN JIN XIAO MU ZHI”标识，且存在单独或突出使用“小拇指”的情形，相关公众施以一般注意力，足以对服务的来源产生混淆，属于《中华人民共和国商标法》（以下简称商标法）第五十二条第（一）项规定的商标侵权行为。需要说明的是，根据2013年8月30日修改后的商标法，这种情形下认定商标侵权行为的依据为新商标法第五十七条第（二）项，即未经商标注册人的许可，在同一种商品上使用与其注册商标近似的商标，或者在类似商品上使用与其注册商标相同或者近似的商标，容易导致混淆的，属侵犯注册商标专用权的行为。关于被告的被诉行为是否构成不正当竞争行为，是本案争议的焦点问题之一，其关键点在于如何认定反不正当竞争法所调整的竞争关系。因此，围绕本指导案例的裁判要点，本文需要重点说明的是以下两个问题。

（一）经营者是否存在超越经营范围的违反行政许可法律法规等的行为与其民事权益能否得到保护的关系

本案例中，天津小拇指公司、天津华商公司认为其行为不构成商标侵权及不正当竞争的一个主要理由在于：杭州小拇指公司未依法取得机动车维修的相关许可，超越法定经营范围从事特许经营且不符合法定条件，属

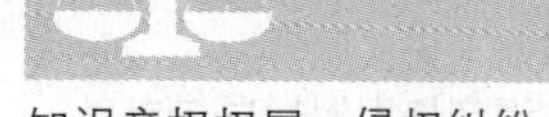

于非法经营行为，故杭州小拇指公司主张的民事权益不应得到保护。故本案例中要明确天津小拇指公司、天津华商公司所指称杭州小拇指公司的非法经营行为是否成立，及其相应民事权益能否受到保护的问题。

首先，对于超越经营范围、违反有关行政许可法律法规等的非法经营行为，应当依法由相应的行政主管部门进行认定，主张对方有非法经营行为的一方，应自行承担相应的举证责任。本案例中，对于杭州小拇指公司是否存在非法从事机动车维修及特许经营业务的行为，从现有证据和事实看，难以得出肯定性的结论。经营汽车维修属于依法许可经营的项目，但杭州小拇指公司并未从事汽车维修业务，其实际从事的是许可他人在车辆清洁、保养和维修等服务使用其商标，或以商业特许经营的方式许可其直营店、加盟商在经营活动中使用其“小拇指”品牌、专利技术等，并不以其自身取得经营机动车维修业务的行政许可为前提条件。此外，杭州小拇指公司已取得商务部商业特许经营备案，在天津华商公司表示其已向商务部等行政主管部门反映杭州小拇指公司违法经营问题情况下，二审法院经向有关行政机关了解调查处理情况，进一步印证了杭州小拇指公司特许经营备案时已具备“两店一年”条件，及其主要负责“小拇指”品牌管理，不直接从事机动车维修业务，并且拥有自己的商标、专利、经营模式等经营资源，可以开展特许经营业务的结论。故本案依据现有证据，并不能认定杭州小拇指公司存在超越经营范围从事机动车维修或特许经营业务的行为。

其次，退一步讲，假设有关行为构成违反行政许可法律、法规的超越经营范围行为，一般应由行政主管部门依法查处，而不必然影响有关民事权益受到侵害的主体提起民事诉讼的资格，亦不能以此作为不侵权的抗辩。本案例中，即便杭州小拇指公司可能因其经营范围中有关项目的记载构成违反行政法规和规章，这属于行政责任范畴，该行为并不影响其依法制止商标侵权和不正当竞争行为的民事权利，也不影响人民法院依法保护其民事权益。本案例最初概括的裁判要点为“经营者是否存在非法经营行为不影响其民事权益得到法律保护”。在讨论过程中，有的认为这种限定过于宽泛，有的非法经营行为可能影响当事人民事权益是否能受到法律保护，且本案争议的事实围绕着当事人是否有超越经营范围的非法经营行为。故在修改裁判要点时对此予以明确，强调当事人是否具有超越经营范围而违反有关行政许可法律法规等的非法经营行为，不影响其依法行使制止商标侵权和不正当竞争的民事权利。这样表述更为严谨，也符合本案例有关事实。

（二）如何认定反不正当竞争法所调整的竞争关系

我国《反不正当竞争法》所调整的是具有竞争关系的平等市场主体之间的法律关系，因此，是否存在竞争关系是认定构成不正当竞争的首要条件。如何理解反不正当竞争法所调整的“竞争关系”，一直是司法实践中一个颇具争议的问题。传统上，不正当竞争行为的认定通常以市场经营者从事相同或类似商品的经营，存在直接竞争关系为前提。但随着实践的发展，现代反不正当竞争法理念对竞争关系有了更为广泛的认识。一、二审法院对此的不同认识，即是对不正当竞争行为认定结果发生改变的根本原因。

《反不正当竞争法》所规制的不正当竞争行为，是指损害其他经营者合法权益、扰乱经济秩序的行为，从直接损害对象看，受损害的是其他经营者的市场利益。据此，《反不正当竞争法》所调整的竞争关系的主体应为市场经营者之间，而市场主体之间竞争关系的存在，并非仅以从事相同行业为限。也就是说，认定不正当竞争行为并不以经营者之间存在直接的竞争关系或处于同一行业为条件。从《反不正当竞争法》第二条的规定看，也并未要求经营者之间具有直接的竞争关系。

《反不正当竞争法》以保护市场经营者、消费者和社会公众的利益为目标。如果以直接的竞争关系为前提认定不正当竞争行为，可能导致不正当竞争行为侵害其他市场经营者的合法利益而法律不能提供保护。因此，“竞争关系”不能狭隘地去理解。《反不正当竞争法》不仅应当将违反禁止性竞争性条款的直接竞争关系纳入调整的范围，而且还应当将违反诚实信用原则的恶意争夺交易机会、阻碍市场竞争或侵害消费者或社会公众利益的间接竞争关系也纳入调整范围。

本案例中，被诉存在不正当竞争行为的天津小拇指公司与天津华商公司均从事汽车维修行业，故首先应确定的问题是，杭州小拇指公司是否为汽车维修相关市场的经营者。本案天津小拇指公司与天津华商公司均从事汽车维修行业，而杭州小拇指公司的经营范围不包含汽车维修类，其本身不具备从事机动车维修的资质，也并未实际从事汽车维修业务，但从其所从事的汽车玻璃修补、汽车油漆快速修复等技术开发活动，以及经授权许可使用的注册商标核定服务项目所包含的车辆保养和维修等可以认定，杭州小拇指公司通过将其拥有的企业标识、注册商标、专利、专有技术等经营资源许可其直营店或加盟店使用，使其成为“小拇指”品牌的运营商，以商业特许经营的方式从事与汽车维修相关的经营活动。因此，二审生效裁判认定，杭州小拇指公司是汽车维修市场的相关经营者，其与天津小拇指公司及天津华商公司之间存在竞争关系，这种竞争关系具有一定的间接性。生效判决在此前提下，对于津小拇指公司注册使用“小拇指”字号是否构成擅自使用杭州小拇指公司企业名称的不正当竞争，以及天津小拇指公司、天津华商公司在各自网站的有关宣传是否构成虚假宣传的不正当竞争，依法进行了详尽分析，并最终认定天津小拇指公司对杭州小拇指公司构成擅自使用他人企业名称的不正当竞争。

审判实践中，对竞争关系的把握应当相对宽泛，特别对间接竞争关系或潜在竞争关系的理解不能过于狭窄。因此，对竞争关系的认定，不应仅以二者属于同一行业或服务类别为限，如果经营者之间在市场竞争中存在一定联系，或一方的不当行为损害了另一方的正当经营的合法权益，一般则应肯定二者之间存在竞争关系，这也符合反不正当竞争法制止不公平竞争以保护经营者、消费者和公众合法权益的宗旨所在。本案例原审法院以杭州小拇指公司无证据证明其为合法的汽车维修行业的经营者为由，认定其与天津小拇指公司、天津华商公司在汽车维修行业并不存在具体的竞争关系，进而驳回其有关不正当竞争的诉讼请求，对“竞争关系”的条件把握，显然过于严格，故二审法院对此予以纠正。

三、需要说明问题

需要说明的是，本案例第二个裁判要点主要集中于《反不正当竞争法》范畴内的竞争关系如何认定，以及经营者之间具有间接竞争关系，行为人违背反不正当竞争法的规定，损害其他经营者合法权益的，也应当认定为不正当竞争行为。本案例中，在认定原被告双方存在间接竞争关系的基础上，还要再确定天津小拇指公司注册使用“小拇指”字号是否构成擅自使用他人企业名称的不正当竞争行为。根据《反不正当竞争法》第五条第（三）项规定，禁止经营者擅自使用他人企业名称，引人误认为是他人的商品，以损害竞争对手。在认定天津小拇指公司是否构成不正当竞争行为，应当考虑以下几个要素：一是杭州小拇指公司的企业字号是否具有一定的市场知名度；二是天津小拇指公司登记使用“小拇指”字号是否具有主观上的恶意；三是天津小拇指公司使用“小拇指”字号是否足以造成市场混淆。综合以上分析，天津小拇指公司登记使用该企业名称本身违反了诚实信用原则，具有不正当性，且无论是否突出使用均难以避免产生市场混淆，构成不正当竞争，故应对此承担停止使用“小拇指”字号及赔偿相应经济损失的民事责任。

（执笔人：石　磊）

23. 山东鲁锦实业有限公司诉鄄城县鲁锦工艺品有限责任公司、济宁礼之邦家纺有限公司侵害商标权及不正当竞争纠纷案*

判断具有地域性特点的商品通用名称，应当注意从以下方面综合分析：该名称在某一地区或领域约定俗成，长期普遍使用并为相关公众认可；该名称所指代的商品生产工艺经某一地区或领域群众长期共同劳动实践而形成；该名称所指代的商品生产原料在某一地区或领域普遍生产

（最高人民法院审判委员会讨论通过　2015年4月15日发布）

【关键词】

民事　商标侵权　不正当竞争　商品通用名称

【裁判要点】

判断具有地域性特点的商品通用名称，应当注意从以下方面综合分析：（1）该名称在某一地区或领域约定俗成，长期普遍使用并为相关公众认可；（2）该名称所指代的商品生产工艺经某一地区或领域群众长期共同劳动实践而形成；（3）该名称所指代的商品生产原料在某一地区或领域普遍生产。

* 摘自2015年4月15日最高人民法院发布的第10批指导性案例（指导案例46号）。

相关法条

《中华人民共和国商标法》第五十九条

基本案情

原告山东鲁锦实业有限公司（以下简称鲁锦公司）诉称：被告鄄城县鲁锦工艺品有限责任公司（以下简称鄄城鲁锦公司）、济宁礼之邦家纺有限公司（以下简称礼之邦公司）大量生产、销售标有“鲁锦”字样的鲁锦产品，侵犯其“鲁锦”注册商标专用权。鄄城鲁锦公司企业名称中含有原告的“鲁锦”注册商标字样，误导消费者，构成不正当竞争。“鲁锦”不是通用名称。请求判令二被告承担侵犯商标专用权和不正当竞争的法律责任。

被告鄄城鲁锦公司辩称：原告鲁锦公司注册成立前及鲁锦商标注册完成前，“鲁锦”已成为通用名称。按照有关规定，其属于“正当使用”，不构成商标侵权，也不构成不正当竞争。

被告礼之邦公司一审未作答辩，二审上诉称：“鲁锦”是鲁西南一带民间纯棉手工纺织品的通用名称，不知道“鲁锦”是鲁锦公司的注册商标，接到诉状后已停止相关使用行为，故不应承担赔偿责任。

法院经审理查明：鲁锦公司的前身嘉祥县瑞锦民间工艺品厂于1999年12月21日取得注册号为第1345914号的“鲁锦”文字商标，有效期为1999年12月21日至2009年12月20日，核定使用商品为第25类服装、鞋、帽类。鲁锦公司又于2001年11月14日取得注册号为第1665032号的“Lj + LUJIN”的组合商标，有效期为2001年11月14日至2011年11月13日，核定使用商品为第24类的“纺织物、棉织品、内衣用织物、纱布、纺织品、毛巾布、无纺布、浴巾、床单、纺织品家具罩等”。嘉祥县瑞锦民间工艺品厂于2001年2月9日更名为嘉祥县鲁锦实业有限公司，后于2007年6月11日更名为山东鲁锦实业有限公司。

鲁锦公司在获得“鲁锦”注册商标专用权后，在多家媒体多次宣传其产品及注册商标，并于2006年3月被“中华老字号”工作委员会接纳为

会员单位。鲁锦公司经过多年努力及长期大量的广告宣传和市场推广，其“鲁锦”牌系列产品，特别是“鲁锦”牌服装在国内享有一定的知名度。2006 年 11 月 16 日，“鲁锦”注册商标被审定为山东省著名商标。

2007 年 3 月，鲁锦公司从礼之邦鲁锦专卖店购买到由鄄城鲁锦公司生产的同鲁锦公司注册商标所核定使用的商品相同或类似的商品，该商品上的标签（吊牌）、包装盒、包装袋及店堂门面上均带有“鲁锦”字样。在该店门面上“鲁锦”已被突出放大使用，其出具的发票上加盖的印章为礼之邦公司公章。

鄄城鲁锦公司于 2003 年 3 月 3 日成立，在产品上使用的商标是“精一坊文字 + 图形”组合商标，该商标已申请注册，但尚未核准。2007 年 9 月，鄄城鲁锦公司申请撤销鲁锦公司已注册的第 1345914 号“鲁锦”商标，国家工商总局商标评审委员会已受理但未作出裁定。

一审法院根据鲁锦公司的申请，依法对鄄城鲁锦公司、礼之邦公司进行了证据保全，发现二被告处存有大量同“鲁锦”注册商标核准使用的商品同类或者类似的商品，该商品上的标签（吊牌）、包装盒、包装袋、商品标价签以及被告店堂门面上均带有原告注册商标“鲁锦”字样。被控侵权商品的标签（吊牌）、包装盒、包装袋上已将“鲁锦”文字放大，作为商品的名称或者商品装潢醒目突出使用，且包装袋上未标识生产商及其地址。

另查明：鲁西南民间织锦是一种山东民间纯棉手工纺织品，因其纹彩绚丽、灿烂似锦而得名，在鲁西南地区已有上千年的历史，是历史悠久的齐鲁文化的一部分。从 20 世纪 80 年代中期开始，鲁西南织锦开始被开发利用。1986 年 1 月 8 日，在济南举行了“鲁西南织锦与现代生活展览汇报会”。1986 年 8 月 20 日，在北京民族文化宫举办了“鲁锦与现代生活展”。1986 年前后，《人民日报》《经济参考》《农民日报》等报刊发表“鲁锦”的专题报道，中央电视台、山东电视台也拍摄了多部“鲁锦”的专题片。自此，“鲁锦”作为山东民间手工棉纺织品的通称被广泛使用。此后，鲁锦的研究、开发和生产逐渐普及并不断发展壮大。1987 年 11 月 15 日，为促进鲁锦文化与现代生活的进一步结合，加拿大国际发展署（CIDA）与中华全国妇女联合会共同在鄄城县杨屯村举行了双边合作项目——鄄城杨屯妇女鲁锦纺织联社培训班。

山东省及济宁、菏泽等地方史志资料在谈及历史、地方特产或传统工艺时，对“鲁锦”也多有记载，均认为“鲁锦”是流行在鲁西南地区广大农村的一种以棉纱为主要原料的传统纺织产品，是山东的主要民间美术品种之一。相关工具书及出版物也对“鲁锦”多有介绍，均认为“鲁锦”是山东民间手工织花棉布，以棉花为主要原料，手工织线、染色、织造，俗称“土布”或“手织布”，因此布色彩斑斓，似锦似绣，故称为“鲁锦”。

1995 年 12 月 25 日，山东省文物局作出《关于建设“中国鲁锦博物馆”的批复》，同意菏泽地区文化局在鄄城县成立“中国鲁锦博物馆”。2006 年 12 月 23 日，山东省人民政府公布第一批省级非物质文化遗产，其中山东省文化厅、鄄城县、嘉祥县申报的“鲁锦民间手工技艺”被评定为非物质文化遗产。2008 年 6 月 7 日，国务院国发〔2008〕19 号文件确定由山东省鄄城县、嘉祥县申报的“鲁锦织造技艺”被列入第二批国家级非物质文化遗产名录。

裁判结果

山东省济宁市中级人民法院于 2008 年 8 月 25 日作出（2007）济民五初字第 6 号民事判决：一、鄄城鲁锦公司于判决生效之日立即停止在其生产、销售的第 25 类服装类系列商品上使用“鲁锦”作为其商品名称或者商品装潢，并于判决生效之日起 30 日内，消除其现存被控侵权产品上标明的“鲁锦”字样；礼之邦公司立即停止销售鄄城鲁锦公司生产的被控侵权商品。二、鄄城鲁锦公司于判决生效之日起 15 日内赔偿鲁锦公司经济损失 25 万元；礼之邦公司赔偿鲁锦公司经济损失 1 万元。三、鄄城鲁锦公司于判决生效之日起 30 日内变更企业名称，变更后的企业名称中不得包含“鲁锦”文字；礼之邦公司于判决生效之日立即消除店堂门面上的“鲁锦”字样。宣判后，鄄城鲁锦公司与礼之邦公司提出上诉。山东省高级人民法院于 2009 年 8 月 5 日作出（2009）鲁民三终字第 34 号民事判决：撤销山东省济宁市中级人民法院（2007）济民五初字第 6 号民事判决；驳回鲁锦公司的诉讼请求。

裁判理由

法院生效裁判认为：根据本案事实可以认定，在 1999 年鲁锦公司将“鲁锦”注册为商标之前，已是山东民间手工棉纺织品的通用名称，“鲁锦”织造技艺为非物质文化遗产。鄄城鲁锦公司、济宁礼之邦公司的行为不构成商标侵权，也非不正当竞争。

首先，“鲁锦”已成为具有地域性特点的棉纺织品的通用名称。商品通用名称是指行业规范或社会公众约定俗成的对某一商品的通常称谓。该通用名称可以是行业规范规定的称谓，也可以是公众约定俗成的简称。鲁锦指鲁西南民间纯棉手工织锦，其纹彩绚丽灿烂似锦，在鲁西南地区已有上千年的历史。“鲁锦”作为具有山东特色的手工纺织品的通用名称，为国家主流媒体、各类专业报纸以及山东省新闻媒体所公认，山东省、济宁、菏泽、嘉祥、鄄城的省市县三级史志资料均将“鲁锦”记载为传统鲁西南民间织锦的“新名”，有关工艺美术和艺术的工具书中也确认“鲁锦”就是产自山东的一种民间纯棉手工纺织品。“鲁锦”织造工艺历史悠久，在提到“鲁锦”时，人们想到的就是传统悠久的山东民间手工棉纺织品及其织造工艺。“鲁锦织造技艺”被确定为国家级非物质文化遗产。“鲁锦”代表的纯棉手工纺织生产工艺并非由某一自然人或企业法人发明而成，而是由山东地区特别是鲁西南地区人民群众长期劳动实践而形成。“鲁锦”代表的纯棉手工纺织品的生产原料亦非某一自然人或企业法人特定种植，而是山东不特定地区广泛种植的棉花。自 20 世纪 80 年代中期后，经过媒体的大量宣传，“鲁锦”已成为以棉花为主要原料、手工织线、染色、织造的山东地区民间手工纺织品的通称，且已在山东地区纺织行业领域内通用，并被相关社会公众所接受。综上，可以认定“鲁锦”是山东地区特别是鲁西南地区民间纯棉手工纺织品的通用名称。

关于鲁锦公司主张“鲁锦”这一名称不具有广泛性，在我国其他地方也出产老粗布，但不叫“鲁锦”。对此法院认为，对于具有地域性特点的商品通用名称，判断其广泛性应以特定产区及相关公众为标准，而不应以全国为标准。我国其他省份的手工棉纺织品不叫“鲁锦”，并不影响“鲁锦”专指山东地区特有的民间手工棉纺织品这一事实。关于鲁锦公司主张“鲁锦”不具有科学性，棉织品应称为“棉”而不应称为“锦”。对此法院认为，名称的确定与其是否符合科学没有必然关系，对于已为相关公众接受、指代明确、约定俗成的名称，即使有不科学之处，也不影响其成为通用名称。关于鲁锦公司还主张“鲁锦”不具有普遍性，山东省内有些经营者、消费者将这种民间手工棉纺织品称为“粗布”或“老土布”。对此法院认为，“鲁锦”这一称谓是20世纪80年代中期确定的新名称，经过多年宣传与使用，现已为相关公众所知悉和接受。“粗布”“老土布”等旧有名称的存在，不影响“鲁锦”通用名称的认定。

其次，注册商标中含有的本商品的通用名称，注册商标专用权人无权禁止他人正当使用。《中华人民共和国商标法实施条例》第四十九条规定：“注册商标中含有的本商品的通用名称、图形、型号，或者直接表示商品的质量、主要原料、功能、用途、重量、数量及其他特点，或者含有地名，注册商标专用权人无权禁止他人正当使用。”商标的作用主要为识别性，即消费者能够依不同的商标而区别相应的商品及服务的提供者。保护商标权的目的，就是防止对商品及服务的来源产生混淆。由于鲁锦公司“鲁锦”文字商标和“Lj + LUJIN”组合商标，与作为山东民间手工棉纺织品通用名称的“鲁锦”一致，其应具备的显著性区别特征因此趋于弱化。“鲁锦”虽不是鲁锦服装的通用名称，但却是山东民间手工棉纺织品的通用名称。商标注册人对商标中通用名称部分不享有专用权，不影响他人将“鲁锦”作为通用名称正当使用。鲁西南地区有不少以鲁锦为面料生产床上用品、工艺品、服饰的厂家，这些厂家均可以正当使用“鲁锦”名称，在其产品上叙述性标明其面料采用鲁锦。

本案中，鄄城鲁锦公司在其生产的涉案产品的包装盒、包装袋上使用“鲁锦”两字，虽然在商品上使用了鲁锦公司商标中含有的商品通用名称，但仅是为了表明其产品采用鲁锦面料，其生产技艺具备鲁锦特点，并不具有侵犯鲁锦公司“鲁锦”注册商标专用权的主观恶意，也并非作为商业标识使用，属于正当使用，故不应认定为侵犯“鲁锦”注册商标专用权的行

为。基于同样的理由，鄄城鲁锦公司在其企业名称中使用“鲁锦”字样，也系正当使用，不构成不正当竞争。礼之邦公司作为鲁锦制品的专卖店，同样有权使用“鲁锦”字样，亦不构成对“鲁锦”注册商标专用权的侵犯。

此外，鲁锦公司的“鲁锦”文字商标和“Lj + LUJIN”的组合商标已经国家商标局核准注册并核定使用于第25类、第24类商品上，该注册商标专用权应依法受法律保护。虽然鄄城鲁锦公司对此商标提出撤销申请，但在国家商标局商标评审委员会未撤销前，仍应依法保护上述有效注册商标。鉴于“鲁锦”是注册商标，为规范市场秩序，保护公平竞争，鄄城鲁锦公司在今后使用“鲁锦”字样以标明其产品面料性质的同时，应合理避让鲁锦公司的注册商标专用权，应在其产品包装上突出使用自己的“精一坊”商标，以显著区别产品来源，方便消费者识别。

理解与参照

《山东鲁锦实业有限公司诉鄄城县鲁锦工艺品有限责任公司、济宁礼之邦家纺有限公司侵害商标权及不正当竞争纠纷案》的理解与参照*

2015年4月15日，最高人民法院发布了指导案例46号《山东鲁锦实业有限公司诉鄄城县鲁锦工艺品有限责任公司、济宁礼之邦家纺有限公司侵害商标权及不正当竞争纠纷案》。为了正确理解和准确参照适用该指导

* 摘自最高人民法院研究室编：《司法文件选解读》2017年第4辑（总第52辑），人民法院出版社2017年版，第51～56页。

性案例，现对其推选经过、裁判要点等有关情况予以解释、论证和说明。

一、推选经过及指导意义

本案由山东省济宁市中级人民法院一审，山东省高级人民法院于2009年8月5日二审结案，判决已发生法律效力。本案例刊载于《最高人民法院公报》2010年第1期，根据《关于案例指导工作的规定》第九条的规定，经清理程序推荐为指导性案例。2014年最高人民法院案例指导工作办公室初步审查后，认为该案例可以作为备选指导案例，并送民三庭审查和征求公报编辑部意见。经民三庭复审和研究室室务会讨论认为，案例有指导价值，同意将此案例作为指导案例报院领导审核后提请审委会讨论。2015年3月24日，最高人民法院审判委员会经讨论同意将该案例确定为指导案例。4月15日，最高人民法院以法〔2015〕85号文件将该案例作为第10批指导案例予以公开发布。

该指导案例旨在明确具有地域性特点的商品通用名称的判断标准，划清了注册商标专用权与商品通用名称合理正当使用的界限，有利于规范市场秩序，促进公平正当竞争。

二、裁判要点的理解与说明

指导案例46号裁判要点确认：判断具有地域性特点的商品通用名称，应当注意从以下方面综合分析：（1）该名称在某一地区或领域约定俗成，长期普遍使用并为相关公众认可；（2）该名称所指代的商品生产工艺经某一地区或领域群众长期共同劳动实践而形成；（3）该名称所指代的商品生产原料在某一地区或领域普遍生产。下面结合有关法律和司法解释规定，围绕裁判要点中有关问题予以论证和说明。

（一）关于具有地域性特点的商品通用名称的认定

商品的通用名称是指行业规范或社会公众约定俗成的对某一商品的通常称谓。商品或服务的通用名称可以是行业规范规定的称谓，也可以是公众约定俗成的简称。认定具有地域性特点的商品的通用名称，一般从以下

方面来进行综合分析判断：(1) 该名称在某一地区或领域约定俗成，长期普遍使用并为相关公众认可；(2) 该名称所指代的商品生产工艺经某一地区或领域群众长期共同劳动实践而形成；(3) 该名称所指代的商品生产原料在某一地区或领域普遍生产。

本指导案例中，原告山东鲁锦实业有限公司（以下简称山东鲁锦公司）与被告鄄城县鲁锦工艺品有限责任公司（以下简称鄄城鲁锦公司）、济宁礼之邦家纺有限公司（以下简称礼之邦家纺公司）的主要争议焦点在于，“鲁锦”是否属于商品通用名称，是否侵犯原告的商标专用权。根据庭审查明的事实，可以认定鲁锦是具有地域性特点的商品通用名称。首先，鲁锦在鲁西南约定俗成，被公众使用和认可。鲁锦指鲁西南民间织锦，是山东民间纯棉手工纺织品，因其纹彩绚丽、灿烂似锦而得名，在鲁西南地区已有上千年的历史。鲁锦指代这种具有山东特色的手工纺织品，不仅被国家级主流媒体、各类专业报纸、山东省的新闻媒体所公认，而且在山东省及济宁、菏泽、嘉祥、鄄城的省市县三级史志资料中也均将鲁锦作为传统鲁西南民间织锦的“新名”。在有关美术、艺术的工具书中，也认为鲁锦就是一种产自山东的民间纯棉手工纺织品。由此可见，“鲁锦”这一名称不是由某一自然人或企业法人单独占有使用，而是适用于山东地区特别是山东鲁西南地区的民间纯棉手工纺织品。其次，“鲁锦”织造工艺历史悠久。在提到“鲁锦”两字时，人们想到的是一种具有鲜明地方特色、传统悠久的山东民间手工棉纺织品的织造工艺。用这种工艺织造出的纺织品，具有手工织造、纯棉质地、色彩绚丽、图案古雅、绿色环保、舒适耐用等特点。经山东省嘉祥县、鄄城县共同申报，“鲁锦织造技艺”于2006年被公布为第一批山东省非物质文化遗产，2008年“鲁锦织造技艺”被公布为国家级非物质文化遗产。因此，该名称下的纯棉手工纺织品的生产工艺并非由某一自然人或企业法人发明而成，而是由山东地区特别是山东鲁西南地区的人们长期劳动实践而成。最后，该名称下的纯棉手工纺织品的生产原料亦非某一自然人或企业法人特定种植，而是山东地区不特定的广泛种植的棉花。因此，可以认定“鲁锦”是山东传统民间手工纺织品的通用名称。

需要注意的是，对于具有地域性特点的商品通用名称，其广泛性的判断应以其特定产区及相关公众为标准，而不应以全国为标准。虽然在我国其他省份的手工棉纺织品不叫“鲁锦”，但不影响“鲁锦”指代山东地区民间手工棉纺织品这一事实。关于其规范性的判断与是否科学没有必然关系，对于相关公众已接受的、约定俗成的名称，只要相关公众了解这一名称所指代的具体对象，名称的区别作用、符号作用、指代作用已体现出来，即使有不科学之处，也不影响其成为通用名称。因此，山东鲁锦公司认为棉织品应称为“棉”，而不应称为“锦”，“鲁锦”这一名称不具有科学性和广泛性，不能作为通用名称的主张，不能成立。

（二）关于商品通用名称的正当使用

商标的作用主要体现为识别性，使消费者能够依不同的商标而对应到相应的商品及服务的提供者，对商标权的保护的目的就是防止对商品及服务的来源产生混淆。《商标法》赋予商标权人积极使用商标的权利，还赋予其排除他人妨害其商标权的权利，但是商标专用权并非漫无边际，不能禁止他人正当使用商品的通用名称。《商标法》第五十九条第一款规定：“注册商标中含有的本商品的通用名称、图形、型号，或者直接表示商品的质量、主要原料、功能、用途、重量、数量及其他特点，或者含有的地名，注册商标专用权人无权禁止他人正当使用。”这说明注册商标中含有的本商品的通用名称，注册商标人无权禁止他人正当使用。

本指导案例中，“鲁锦”已被认定为山东民间手工棉纺织品的通用名称，是国家级非物质文化遗产。这说明鲁锦作为商品的通用名称，是一种无形的公共资源，应为鲁锦的生产、经营者共同享有。在山东鲁西南地区，有不少以鲁锦为面料生产床上用品、工艺品、服饰的厂家，这些厂家为了突出鲁锦的“手工、绿色、环保、舒适”特点，有权在其产品上叙述性标明其面料是鲁锦。鄄城鲁锦公司在其生产的涉嫌侵权产品的包装盒、包装袋上使用“鲁锦”两字，仅是为了表明其产品是鲁锦面料的，其生产技艺是符合鲁锦的生产特点的，不具有侵犯山东鲁锦公司“鲁锦”商标专用权的主观恶意，也并非作为商业标识使用，不会造成相关消费者对商品来源的误认和混淆，属于正当使用，不构成对“鲁锦”商标专用权的侵犯。礼之邦家纺公司作为鲁锦制品的专卖店，也有权使用“鲁锦”两字，同样不构成对山东鲁锦公司“鲁锦”商标专用权的侵犯。

此外，鉴于山东鲁锦公司1999年获“鲁锦”文字商标注册，核定使用商品为第25类服装、鞋、帽类等，2001年获“L j + LUJIN”组合商标注册，核定使用商品为第24类纺织物、棉织品等，商标可注册性的判断并非民事侵权案件可解决的问题，所以法院尊重其仍是有效商标的客观事实。因山东鲁锦公司商标所使用的文字与消费者所知晓的山东民间手工棉纺织品的通用名称“鲁锦”一致，将“鲁锦”商标使用在用鲁锦面料制成的服装上，其商标所应具备的显著性区别特征趋于弱化，相应地其作为商标被保护的特性也弱化。但由于“鲁锦”是有效的注册商标，其商标权应得到依法保护。为了规范市场竞争秩序，保护公平竞争，遵循诚实信用、公平合理的市场竞争准则，鄄城鲁锦公司在今后的市场经营中有权在标明其产品是鲁锦面料的同时，应合理避让他人对“鲁锦”商标的专用权利。故鄄城鲁锦公司在其产品的包装中应突出使用自己的商标“精一坊”，以标明其鲁锦产品来源，便于消费者识别不同鲁锦产品的生产厂家。

基于同样的理由，鄄城鲁锦公司企业名称“鄄城县鲁锦工艺品有限责任公司”的使用也是正当的，此使用行为不会构成不正当竞争行为，山东鲁锦公司无权要求鄄城鲁锦公司去掉其企业名称中的“鲁锦”两字。

（执笔人：吴光侠、于玉）

24. 成都同德福合川桃片有限公司诉重庆市合川区同德福桃片有限公司、余晓华侵害商标权及不正当竞争纠纷案*

（最高人民法院审判委员会讨论通过　2016年5月20日发布）

与“老字号”无历史渊源的个人或企业将“老字号”或与其近似的字号注册为商标后，以“老字号”的历史进行宣传的，应认定为虚假宣传，构成不正当竞争

【关键词】

民事　侵害商标权　不正当竞争　老字号　虚假宣传

【裁判要点】

1. 与“老字号”无历史渊源的个人或企业将“老字号”或与其近似的字号注册为商标后，以“老字号”的历史进行宣传的，应认定为虚假宣传，构成不正当竞争。

2. 与“老字号”具有历史渊源的个人或企业在未违反诚实信用原则的前提下，将“老字号”注册为个体工商户字号或企业名称，未引人误认且未突出使用该字号的，不构成不正当竞争或侵犯注册商标专用权。

* 摘自2016年5月20日最高人民法院发布的第12批指导性案例（指导案例58号）。

相关法条

《中华人民共和国商标法》第57条第（七）项

《中华人民共和国反不正当竞争法》第2条、第9条

基本案情

原告（反诉被告）成都同德福合川桃片食品有限公司（以下简称成都同德福公司）诉称，成都同德福公司为“同德福TONGDEFU及图”商标权人，余晓华先后成立的个体工商户和重庆市合川区同德福桃片有限公司（以下简称重庆同德福公司），在其字号及生产的桃片外包装上突出使用了“同德福”，侵害了原告享有的“同德福TONGDEFU及图”注册商标专用权并构成不正当竞争。请求法院判令重庆同德福公司、余晓华停止使用并注销含有“同德福”字号的企业名称；停止侵犯原告商标专用权的行为，登报赔礼道歉、消除影响，赔偿原告经济、商誉损失50万元及合理开支5066.4元。

被告（反诉原告）重庆同德福公司、余晓华共同答辩并反诉称，重庆同德福公司的前身为始创于1898年的同德福斋铺，虽然同德福斋铺因公私合营而停止生产，但未中断独特技艺的代代相传。“同德福”第四代传人余晓华继承祖业先后注册了个体工商户和公司，规范使用其企业名称及字号，重庆同德福公司、余晓华的注册行为是善意的，不构成侵权。成都同德福公司与老字号“同德福”并没有直接的历史渊源，但其将“同德福”商标与老字号“同德福”进行关联的宣传，属于虚假宣传。而且，成都同德福公司擅自使用“同德福”知名商品名称，构成不正当竞争。请求法院判令成都同德福公司停止虚假宣传，在全国性报纸上登报消除影响；停止对“同德福”知名商品特有名称的侵权行为。

法院经审理查明：开业于1898年的同德福斋铺，在1916年至1956年期间，先后由余鸿春、余复光、余永祚三代人经营。在20世纪20年代至50年代期间，“同德福”商号享有较高知名度。1956年，由于公私合营，同德福斋铺停止经营。1998年，合川市桃片厂温江分厂获准注册了第

1215206 号“同德福 TONGDEFU 及图”商标，核定使用范围为第 30 类，即糕点、桃片（糕点）、可可产品、人造咖啡。2000 年 11 月 7 日，前述商标的注册人名义经核准变更为成都同德福公司。成都同德福公司的多种产品外包装使用了“老字号”“百年老牌”字样，“‘同德福牌’桃片简介：‘同德福牌’桃片创制于清乾隆年间（或 1840 年），有着悠久的历史文化”等字样。成都同德福公司网站中“公司简介”页面将《合川文史资料选辑（第二辑）》中关于同德福斋铺的历史用于其“同德福”牌合川桃片的宣传。

2002 年 1 月 4 日，余永祚之子余晓华注册个体工商户，字号名称为合川市老字号同德福桃片厂，经营范围为桃片、小食品自产自销。2007 年，其字号名称变更为重庆市合川区同德福桃片厂，后注销。2011 年 5 月 6 日，重庆同德福公司成立，法定代表人为余晓华，经营范围为糕点（烘烤类糕点、熟粉类糕点）生产，该公司是第 6626473 号“余复光 1898”图文商标、第 7587928 号“余晓华”图文商标的注册商标专用权人。重庆同德福公司的多种产品外包装使用了“老字号【同德福】商号，始创于清光绪 23 年（1898 年）历史悠久”等介绍同德福斋铺历史及获奖情况的内容，部分产品在该段文字后注明“以上文字内容摘自《合川县志》”“【同德福】颂：同德福，在合川，驰名远，开百年，做桃片，四代传，品质高，价亦廉，讲诚信，无欺言，买卖公，热情谈”“合川桃片”“重庆市合川区同德福桃片有限公司”等字样。

裁判结果

重庆市第一中级人民法院于 2013 年 7 月 3 日作出（2013）渝一中法民初字第 00273 号民事判决：一、成都同德福公司立即停止涉案的虚假宣传行为。二、成都同德福公司就其虚假宣传行为于本判决生效之日起连续 5 日在其网站刊登声明消除影响。三、驳回成都同德福公司的全部诉讼请求。四、驳回重庆同德福公司、余晓华的其他反诉请求。一审宣判后，成都同德福公司不服，提起上诉。重庆市高级人民法院于 2013 年 12 月 17 日作出（2013）渝高法民终字 00292 号民事判决：驳回上诉，维持原判。

裁判理由

法院生效裁判认为：个体工商户余晓华及重庆同德福公司与成都同德福公司经营范围相似，存在竞争关系；其字号中包含“同德福”三个字与成都同德福公司的“同德福 TONGDEFU 及图”注册商标的文字部分相同，与该商标构成近似。其登记字号的行为是否构成不正当竞争关键在于该行为是否违反诚实信用原则。成都同德福公司的证据不足以证明“同德福 TONGDEFU 及图”商标已经具有相当知名度，即便他人将“同德福”登记为字号并规范使用，不会引起相关公众误认，因而不能说明余晓华将个体工商户字号注册为“同德福”具有“搭便车”的恶意。而且，在 20 世纪 20 年代至 50 年代期间，“同德福”商号享有较高商誉。同德福斋铺先后由余鸿春、余复光、余永祚三代人经营，尤其是在余复光经营期间，同德福斋铺生产的桃片获得了较多荣誉。余晓华系余复光之孙、余永祚之子，基于同德福斋铺的商号曾经获得的知名度及其与同德福斋铺经营者之间的直系亲属关系，将个体工商户字号登记为“同德福”具有合理性。余晓华登记个体工商户字号的行为是善意的，并未违反诚实信用原则，不构成不正当竞争。基于经营的延续性，其变更个体工商户字号的行为以及重庆同德福公司登记公司名称的行为亦不构成不正当竞争。

从重庆同德福公司产品的外包装来看，重庆同德福公司使用的是企业全称，标注于外包装正面底部，“同德福”三字位于企业全称之中，与整体保持一致，没有以简称等形式单独突出使用，也没有为突出显示而采取任何变化，且整体文字大小、字形、颜色与其他部分相比不突出。因此，重庆同德福公司在产品外包装上标注企业名称的行为系规范使用，不构成突出使用字号，也不构成侵犯商标权。就重庆同德福公司标注“同德福颂”的行为而言，“同德福颂”四字相对于其具体内容（三十六字打油诗）字体略大，但视觉上形成一个整体。其具体内容系根据史料记载的同德福斋铺曾经在商品外包装上使用过的一段类似文字改编，意在表明“同德福”商号的历史和经营理念，并非为突出“同德福”三个字。且重庆同德福公司的产品外包装使用了多项商业标识，其中“合川桃片”集体商标特别突出，其自有商标也比较明显，并同时标注了“合川桃片”地理标志及重庆市非物质文化遗产，相对于这些标识来看，“同德福颂”及其具体内容仅属于普通描述性文字，明显不具有商业标识的形式，也不够突出醒目，客观上不容易使消费者对商品来源产生误认，亦不具备替代商标的功能。因此，重庆同德福公司标注“同德福颂”的行为不属于侵犯商标权意义上的“突出使用”，不构成侵犯商标权。

成都同德福公司的网站上登载的部分“同德福牌”桃片的历史及荣誉，与史料记载的同德福斋铺的历史及荣誉一致，且在其网站上标注了史料来源，但并未举证证明其与同德福斋铺存在何种联系。此外，成都同德福公司还在其产品外包装标明其为“百年老牌”“老字号”“始创于清朝乾隆年间”等字样，而其“同德福 TONGDEFU 及图”商标核准注册的时间是1998 年，就其采取前述标注行为的依据，成都同德福公司亦未举证证明。成都同德福公司的前述行为与事实不符，容易使消费者对于其品牌的起源、历史及其与同德福斋铺的关系产生误解，进而取得竞争上的优势，构成虚假宣传，应承担相应的停止侵权、消除影响的民事责任。

理解与参照

《成都同德福合川桃片有限公司诉重庆市合川区同德福桃片有限公司、余晓华侵害商标权及不正当竞争纠纷案》的理解与参照*

2016年5月30日，最高人民法院发布了指导案例58号《成都同德福合川桃片有限公司诉重庆市合川区同德福桃片有限公司、余晓华侵害商标权及不正当竞争纠纷案》。为了正确理解和准确参照适用该指导案例，现对该指导案例的推选经过、裁判要点等有关情况予以解释、论证和说明。

一、推选过程及指导意义

2013年7月3日，本案由重庆市第一中级人民法院作出一审判决，12月17日，重庆市高级人民法院作出二审判决维持原判。2015年2月，重庆市高级人民法院审判委员会经讨论，将该案例列为重庆法院参考性案例11号，并同意向最高人民法院推荐为备选指导性案例。4月18日，最高人民法院案例指导工作办公室经初步审查，认为本案例符合指导性案例的有关要求，并送民三庭审查和征求意见。民三庭回复同意推荐该案例。2016年4月14日，研究室室务会经讨论同意提交审委会予以审议。5月10日，最高人民法院审判委员会经讨论同意该案例作为指导性案例。5月30日，最高人民法院以法〔2016〕172号文件将该案例列在第12批指导案例予以发布。

该指导案例旨在明确与老字号无历史渊源的个人或企业将老字号或与

* 摘自最高人民法院研究室编：《司法文件选解读》2017年第6辑（总第54辑），人民法院出版社2017年版，第37～47页。

其近似的字号注册为商标后，以老字号的历史进行宣传的，应认定为虚假宣传，构成不正当竞争；与老字号具有历史渊源的个人或企业在未违反诚实信用原则的前提下，将老字号注册为个体工商户字号或企业名称，未引人误认且未突出使用该字号的，不构成不正当竞争或侵犯注册商标专用权。目前，我国没有对老字号进行保护的专门法律，本案例确立的裁判规则明确了老字号与注册商标权利冲突情形下的不正当竞争情形的认定，及老字号与注册商标平行使用的规则，可以为人民法院审理类似案件提供指导。

二、关于本案例的背景情况

老字号法律保护问题的复杂性，既来自权利主体对老字号现代商业价值的认识和竞争，又来自于长时间的历史传承和变迁。由于其法律定位与权利行使边界的模糊，造成这一问题的纷繁复杂。主要表现在以下几个方面：

（一）老字号所具有的商业价值与其模糊的法律定位之间的冲突

现代商业竞争不仅仅是产品与服务本身的竞争，还包括企业文化的竞争。老字号承载着优秀的民族文化和独特的技艺价值，使其成为经营者争夺的对象。但在相当长的一段时期内，老字号仅是公众对于具有悠久历史及优良传统的产品、服务或品牌的习惯称谓。直至2006年，商务部下发《关于实施“振兴老字号工程”的通知》及附件，才对中华老字号进行定义，并规定了认定条件。此后，商务部在全国范围开展了中华老字号的认定，各地区亦开展了本地区老字号的认定。从法律渊源来看，前述关于中华老字号定义和认定的规范层级较低，不足以使老字号上升为一项法定权利的保护对象。从定义本身来看，该通知将中华老字号定义为“历史悠久，拥有世代传承的产品、技艺或服务，具有鲜明的中华民族传统文化背景和深厚的文化底蕴，取得社会广泛认同，形成良好信誉的品牌”。此定义亦未将老字号归入现有法律框架内的某一项权利。因此，无论是中华老

字号，还是地方老字号，更多是一种荣誉而非一种权利依据。当经营者欲针对老字号寻求法律保护时，需在现有法律框架下寻找权利依据，如企业名称权、商标权、知名商品的特有名称等权利。

（二）老字号复杂的历史与明晰权利主体之间的矛盾

老字号的铸就需经历相当长的时间，无论中华老字号还是地方老字号的认定都对创立年限有一定的要求，中华老字号的认定条件之一即为“品牌创立于1956年（含）以前”。老字号的悠久历史决定了其发展必然经历了诸多社会变迁，此中政治制度、法律制度、政策因素的变化必然对老字号的发展产生影响，使得与老字号相关的权利情况错综复杂。尤其是创立于1956年以前的老字号，普遍经历公私合营的特殊时期，经营主体发生改变。在政策重新允许私有经济存在之后，老字号公私合营前所有者的后代又主张权利的情形屡次出现。然而，我国目前的民事权利体系是于20世纪七八十年代开始逐步建立并完善，因此，多数与老字号相关的商标、企业名称等是在此之后登记注册，这使得与老字号相关的权利情况进一步复杂化。

（三）本案例的裁判要点对与老字号相关的权利冲突案件的裁判具有指导价值

近年来，振兴老字号工程效果明显，很多老字号逐步复苏，但与此同时，与老字号有关的权利冲突案件越来越多。由于法律定位模糊，加之老字号自身历史发展的复杂性和特殊性，对此类案件的处理一直是司法实践中颇为棘手的问题。本案涉及对“同德福”这一老字号相关权利的争议，在目前我国没有对老字号进行专门保护的情况下，该指导案例在现有法律框架下，采用考虑历史因素的方式、基于诚实信用原则，考量当事人权利形成及行使的主观善恶，并以此解决权利冲突问题，为如何充分考虑老字号发展历史，平衡各方权利人利益，确立与老字号相关权利冲突的解决规则提供了有益思路，对于人民法院审理此类案件具有指导意义。

作为重庆老字号权利争议的典型案件，在当地一直备受关注，从起诉到判决的整个过程，重庆媒体进行了跟踪报道，法院的裁判结果得到了社会各界的高度认同。大家认为，在历史积淀已成为商业竞争重要内容的当今社会，本案判决有助于厘清与老字号相关的权利之间的关系，也为相关权利人正确行使权利提供行为规范和司法指引，对依法保护老字号权利人的合法权利、促进老字号的健康发展具有重要意义。

三、裁判要点的理解与说明

该指导案例的裁判要点确认：(1) 与老字号无历史渊源的个人或企业将老字号或与其近似的字号注册为商标后，以老字号的历史进行宣传的，应认定为虚假宣传，构成不正当竞争。(2) 与老字号具有历史渊源的个人或企业在未违反诚实信用原则的前提下，将老字号注册为个体工商户字号或企业名称，未引人误认且未突出使用该字号的，不构成不正当竞争或侵犯注册商标专用权。

本案例中，各方当事人争议的老字号为“同德福”。根据历史文献记载，同德福斋铺开业于1898年，1916年至1956年期间，由余鸿春、余复光、余永祚三代人经营。20世纪20年代至50年代，“同德福”享有较高知名度。1956年，由于公私合营，同德福斋铺停止经营。成都同德福公司主张其于1998年注册了“同德福TONGDEFU及图”商标，对“同德福”享有注册商标专用权；余晓华、重庆同德福公司则认为其分别于2002年、2011年将“同德福”注册为个体工商户字号、企业名称，其享有企业名称权，同时认为“同德福”是其知名商品的特有名称。对重庆同德福公司、余晓华关于知名商品特有名称的主张，本案一审法院认为重庆同德福公司、余晓华提交的荣誉证书、媒体报道主要是关于企业和余晓华个人的，而不能证明涉案商品的市场知名度。且重庆同德福公司不同时期的产品外包装均突出标注“合川桃片”，按照普通消费者的一般消费习惯，“合川桃片”被理解为该商品的名称，本案证据不足以证明“同德福”被实际用于指称其商品。故重庆同德福公司、余晓华关于“同德福”是知名商品的特有名称的主张不能成立。对此，各方当事人均未提起上诉。因此，本案的主要争议集中在双方的商标权与企业名称权的冲突上，双方各自行使己方

权利是否侵犯对方的权利或构成不正当竞争。结合本指导案例的裁判要点，本文针对前述问题说明如下：

（一）与老字号无历史渊源的个人或企业将老字号或与其近似的字号注册为商标后，以老字号的历史进行宣传是否构成不正当竞争

这一争议焦点虽不涉及双方权利本身的冲突，但涉及权利冲突其中一方的竞争行为是否正当。本案例中，老字号“同德福”于1956年因公私合营而停止经营，但这并不意味着，自此以后，老字号“同德福”的历史可由其他经营者任意使用。同时，虽直至成都同德福公司注册“同德福TONGDEFU及图”商标，长达40余年的时间没有任何经营者将“同德福”作为商业标识使用，但成都同德福公司并不因其注册商标的行为而当然与老字号“同德福”产生联系。成都同德福公司在宣传中使用老字号“同德福”历史的行为是否正当，取决于其宣传是否真实且不引人误解，否则即构成反不正当竞争法第九条第一款所规定的虚假宣传。成都同德福公司的网站上登载的“同德福牌”桃片的部分历史及荣誉，与史料记载的同德福斋铺的历史及荣誉一致，且在其网站上标注了史料来源，但并未举证证明其与老字号“同德福”存在何种主体上的联系。此外，成都同德福公司还在其产品外包装标明其为“百年老牌”“老字号”“始创于清朝乾隆年间”等字样，而其“同德福TONGDEFU及图”商标核准注册的时间是1998年，就其采取前述标注行为的依据，成都同德福公司亦未举证证明。成都同德福公司的上述行为均没有事实依据，容易使消费者对其品牌的起源、历史及其与老字号“同德福”的渊源关系产生误解，进而取得竞争优势，故应认定为反不正当竞争法第九条第一款规定的虚假宣传，构成不正当竞争。

（二）与老字号具有历史渊源的个人或企业将已被他人注册为商标的老字号注册为个体工商户字号或企业名称并使用，是否构成不正当竞争或侵犯注册商标专用权

本案例双方分别以商标权、企业名称权为权利基础对老字号“同德福”主张权利，由此产生权利冲突。保护在先权利是解决权利冲突的基本原则之一，因此，不管是不正当竞争行为，还是商标侵权行为的判断，都需先明确何者为在先权利。尽管余晓华系老字号“同德福”原经营者的直系亲属，与其存在历史渊源，但由于老字号“同德福”已于1956年停止经营，故其早于1898年即已存在的事实及其与余晓华的关系不足以否定成都同德福公司的注册商标权取得在先的事实。换言之，相较于余晓华、重庆同德福公司享有的企业名称权，成都同德福公司享有的注册商标专用权为在先权利毋庸置疑。此外，余晓华、重庆同德福公司个体工商户字号或企业名称中包含的“同德福”与“同德福 TONGDEFU 及图”注册商标构成近似也比较明确。因此，判断余晓华、重庆同德福公司的行为是否构成不正当竞争的关键在于其是否违反反不正当竞争法第二条所规定的诚实信用原则；判断其行为是否构成商标侵权的关键则在于是否造成相关公众混淆误认。

1. 余晓华、重庆同德福公司登记和使用个体工商户字号或企业字号的行为是否构成不正当竞争。如前所述，余晓华与老字号“同德福”原经营者的直系亲属关系这一事实不能否定成都同德福公司的在先权利，但是，在评判余晓华等是否违反诚实信用原则时，老字号“同德福”的历史及余晓华与老字号的渊源则应被作为重要因素加以考量。根据史料记载，20世纪20年代至50年代，老字号“同德福”享有较高商誉。余晓华基于老字号“同德福”曾经获得的知名度和老字号“同德福”原经营者直系后代的身份，将其个体工商户及企业的字号登记为“同德福”符合常理，具有合理性。而成都同德福公司没有证据证明在余晓华注册个体工商户时其商标已具有相当的知名度，故即便余晓华将“同德福”登记为个体工商户字号，也不能说明其行为具有“搭便车”的故意。因而余晓华注册个体工商

户字号的行为，并不违反诚实信用原则，不构成不正当竞争。基于经营的延续性，余晓华注销个体工商户后成立重庆同德福公司时，将“同德福”登记作为企业字号的行为亦是善意、合理的，不违反诚实信用原则，故余晓华、重庆同德福公司的注册行为均不构成不正当竞争。进而余晓华规范使用其个体工商户字号的行为以及重庆同德福公司规范使用其企业名称的行为，并不违反诚实信用原则，亦不会造成相关公众误认，不构成不正当竞争。

本案例中，重庆同德福公司除规范使用其企业名称外，还在其产品外包装的“同德福颂”、介绍同德福斋铺历史及获奖情况的部分使用了“同德福”字样。前述使用方式表明了同德福斋铺的历史、经营理念、获得的荣誉等情况，尤其是在部分介绍同德福斋铺历史及获奖情况的文字后特别标注“以上部分内容摘自《合川县志》”字样。从主观上看，重庆同德福公司以前述方式使用“同德福”字样是为了表明老字号“同德福”具有较高知名度以及公司与该老字号之间存在历史渊源，其并没有搭“同德福TONGDEFU及图”商标便车的故意；从客观上看，前述使用方式将重庆同德福公司与老字号“同德福”联系起来。因此，重庆同德福公司的前述两种使用行为亦不违反诚实信用原则，不构成不正当竞争。综上，成都同德福公司指控重庆同德福公司、余晓华使用其字号的行为构成不正当竞争的主张不能成立。

2. 余晓华、重庆同德福公司使用其字号的行为是否构成商标侵权。依据《最高人民法院关于审理商标民事纠纷案件适用法律若干问题的解释》第一条第（一）项之规定，“将与他人注册商标相同或者相近似的文字作为企业的字号在相同或类似商品上突出使用，容易使相关公众产生误认的，属于商标法第五十二条第（五）项规定的给他人注册商标专用权造成其他损害的行为”。重庆同德福公司的产品外包装上是使用的企业全称，没有突出其“同德福”字号，亦未整体突出其企业名称，不会导致相关公众误认，不构成商标侵权。至于“同德福颂”的标注行为。“同德福颂”与其左侧的具体内容形成一个整体。从历史资料来看，在20世纪三四十年代同德福斋铺在其商品外包装上曾使用了与“同德福颂”相似的一段文字。重庆同德福公司依据该段文字进行改编形成目前载于产品外包装上的"同德福颂"，其目的并非突出"同德福"三字，而在于通过"同德福颂"表明"同德福"商号的历史和经营理念，客观上不容易使消费者误认其商品来自于成都同德福公司。因此，重庆同德福公司在商品外包装上标注"同德福颂"的行为亦不构成商标侵权。值得注意的是，《商标法》已于2013年8月30日修改，本案例裁判所依据的司法解释所涉及的《商标法》第五十二条第五项对应修改后《商标法》第五十七条第七项。此外，修改后的《商标法》第五十八条规定，将他人注册商标、未注册的驰名商标作为企业名称中的字号使用，误导公众，构成不正当竞争行为的，依照反不正当竞争法处理。有观点认为，基于此条规定，在发生本案例类似情形时，无需再考量是否突出使用的问题，均由反不正当竞争法调整。但主流观点认为，当发生将他人商标作为字号使用的情形时，仍然要对其使用行为是否是突出使用进行区分，对于突出使用行为仍应当按照本案例所依据的司法解释进行处理。

四、其他相关问题的说明

需要说明的是，老字号本身并非权利依据，对其的保护需在现有法律框架下寻求权利依据。因此，在涉及老字号的案件时，首先需厘清各方当事人对老字号主张权利的依据，锁定权利冲突。既然是在现有法律框架下对老字号进行保护，即需尊重现有的法律秩序及法律原则。在解决与老字号相关的权利冲突时，仍应坚持保护"在先权益"的原则。此处"在先权益"的认定，不仅仅考察时间维度，还需考察老字号是否形成权益以及该权益是否持续存在。

本案例中，尽管余晓华祖辈经营老字号"同德福"的时间远远早于成都同德福公司商标的注册时间，且在历史上的确具有相当知名度，但是自公私合营其并入其他企业后，并未有任何人或组织再继续使用"同德福"。因此，在其并入其他企业，且"同德福"未继续使用之后，余晓华祖辈所享有的权益就已经灭失，不能成为"在先权益"。由于老字号是历史积淀的结果，在明确了何为"在先权益"后，为平衡各方权利人的利益，涉及

老字号的案件不可避免地要考虑历史因素。但考虑历史因素必须在合理的范围之内，即在已经形成的法律秩序范围之内，必须尊重老字号原有权利移转、新权利的产生、法律制度变化等。本案例中余晓华等主观为善意、不违反诚实信用原则的结论是在“同德福”作为商业标识长达40余年无人使用的情形下作出。若公私合营后，“同德福”作为商业标识经过权利移转并一直处于使用的状态，那么余晓华等的行为是否还能认定为善意则需重新考量。总之，在考虑历史因素时，须在现有法律框架之下具体问题具体分析，不能一概而论。

（执笔人：刘娟娟、贾科、石磊）

25. 王碎永诉深圳歌力思服饰股份有限公司、杭州银泰世纪百货有限公司侵害商标权纠纷案*

（最高人民法院审判委员会讨论通过　2017年3月6日发布）

当事人违反诚实信用原则，损害他人合法权益，扰乱市场正当竞争秩序，恶意取得、行使商标权并主张他人侵权的，人民法院应当以构成权利滥用为由，判决对其诉讼请求不予支持

【关键词】

民事　侵害商标权　诚实信用　权利滥用

【裁判要点】

当事人违反诚实信用原则，损害他人合法权益，扰乱市场正当竞争秩序，恶意取得、行使商标权并主张他人侵权的，人民法院应当以构成权利滥用为由，判决对其诉讼请求不予支持。

相关法条

《中华人民共和国民事诉讼法》第十三条

《中华人民共和国商标法》第五十二条

* 摘自2017年3月6日最高人民法院发布的第16批指导性案例（指导案例82号）。

基本案情

深圳歌力思服装实业有限公司成立于1999年6月8日。2008年12月18日，该公司通过受让方式取得第1348583号“歌力思”商标，该商标核定使用于第25类的服装等商品之上，核准注册于1999年12月。2009年11月19日，该商标经核准续展注册，有效期自2009年12月28日至2019年12月27日。深圳歌力思服装实业有限公司还是第4225104号“ELLASSAY”的商标注册人。该商标核定使用商品为第18类的（动物）皮；钱包；旅行包；文件夹（皮革制）；皮制带子；裘皮；伞；手杖；手提包；购物袋。注册有效期限自2008年4月14日至2018年4月13日。2011年11月4日，深圳歌力思服装实业有限公司更名为深圳歌力思服饰股份有限公司（以下简称歌力思公司，即本案一审被告人）。2012年3月1日，上述“歌力思”商标的注册人相应变更为歌力思公司。

一审原告人王碎永于2011年6月申请注册了第7925873号“歌力思”商标，该商标核定使用商品为第18类的钱包、手提包等。王碎永还曾于2004年7月7日申请注册第4157840号“歌力思及图”商标。后因北京市高级人民法院于2014年4月2日作出的二审判决认定，该商标损害了歌力思公司的关联企业歌力思投资管理有限公司的在先字号权，因此不应予以核准注册。

自2011年9月起，王碎永先后在杭州、南京、上海、福州等地的“ELLASSAY”专柜，通过公证程序购买了带有“品牌中文名：歌力思，品牌英文名：ELLASSAY”字样吊牌的皮包。2012年3月7日，王碎永以歌力思公司及杭州银泰世纪百货有限公司（以下简称杭州银泰公司）生产、销售上述皮包的行为构成对王碎永拥有的“歌力思”商标、“歌力思及图”商标权的侵害为由，提起诉讼。

裁判结果

杭州市中级人民法院于2013年2月1日作出（2012）浙杭知初字第362号民事判决，认为歌力思公司及杭州银泰公司生产、销售被诉侵权商品的行为侵害了王碎永的注册商标专用权，判决歌力思公司、杭州银泰公司承担停止侵权行为、赔偿王碎永经济损失及合理费用共计10万元及消除影响。歌力思公司不服，提起上诉。浙江省高级人民法院于2013年6月7日作出（2013）浙知终字第222号民事判决，驳回上诉、维持原判。歌力思公司及王碎永均不服，向最高人民法院申请再审。最高人民法院裁定提审本案，并于2014年8月14日作出（2014）民提字第24号判决，撤销一审、二审判决，驳回王碎永的全部诉讼请求。

裁判理由

法院生效裁判认为：诚实信用原则是一切市场活动参与者所应遵循的基本准则。一方面，它鼓励和支持人们通过诚实劳动积累社会财富和创造社会价值，并保护在此基础上形成的财产性权益，以及基于合法、正当的目的支配该财产性权益的自由和权利；另一方面，它又要求人们在市场活动中讲究信用、诚实不欺，在不损害他人合法利益、社会公共利益和市场秩序的前提下追求自己的利益。民事诉讼活动同样应当遵循诚实信用原则。一方面，它保障当事人有权在法律规定的范围内行使和处分自己的民事权利和诉讼权利；另一方面，它又要求当事人在不损害他人和社会公共利益的前提下，善意、审慎地行使自己的权利。任何违背法律目的和精神，以损害他人正当权益为目的，恶意取得并行使权利、扰乱市场正当竞争秩序的行为均属于权利滥用，其相关权利主张不应得到法律的保护和支持。

第4157840号“歌力思及图”商标迄今为止尚未被核准注册，王碎永无权据此对他人提起侵害商标权之诉。对于歌力思公司、杭州银泰公司的行为是否侵害王碎永的第7925873号“歌力思”商标权的问题，首先，歌力思公司拥有合法的在先权利基础。歌力思公司及其关联企业最早将“歌力思”作为企业字号使用的时间为1996年，最早在服装等商品上取得“歌力思”注册商标专用权的时间为1999年。经长期使用和广泛宣传，作为企业字号和注册商标的“歌力思”已经具有了较高的市场知名度，歌力思公司对前述商业标识享有合法的在先权利。其次，歌力思公司在本案中

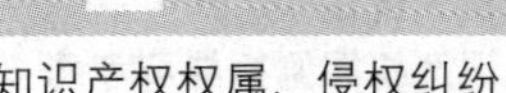

的使用行为系基于合法的权利基础，使用方式和行为性质均具有正当性。从销售场所来看，歌力思公司对被诉侵权商品的展示和销售行为均完成于杭州银泰公司的歌力思专柜，专柜通过标注歌力思公司的“ELLASSAY”商标等方式，明确表明了被诉侵权商品的提供者。在歌力思公司的字号、商标等商业标识已经具有较高的市场知名度，而王碎永未能举证证明其“歌力思”商标同样具有知名度的情况下，歌力思公司在其专柜中销售被诉侵权商品的行为，不会使普通消费者误认该商品来自于王碎永。从歌力思公司的具体使用方式来看，被诉侵权商品的外包装、商品内的显著部位均明确标注了“ELLASSAY”商标，而仅在商品吊牌之上使用了“品牌中文名：歌力思”的字样。由于“歌力思”本身就是歌力思公司的企业字号，且与其“ELLASSAY”商标具有互为指代关系，故歌力思公司在被诉侵权商品的吊牌上使用“歌力思”文字来指代商品生产者的做法并无明显不妥，不具有攀附王碎永“歌力思”商标知名度的主观意图，亦不会为普通消费者正确识别被诉侵权商品的来源制造障碍。在此基础上，杭州银泰公司销售被诉侵权商品的行为亦不为法律所禁止。最后，王碎永取得和行使“歌力思”商标权的行为难谓正当。“歌力思”商标由中文文字“歌力思”构成，与歌力思公司在先使用的企业字号及在先注册的“歌力思”商标的文字构成完全相同。“歌力思”本身为无固有含义的臆造词，具有较强的固有显著性，依常理判断，在完全没有接触或知悉的情况下，因巧合而出现雷同注册的可能性较低。作为地域接近、经营范围关联程度较高的商品经营者，王碎永对“歌力思”字号及商标完全不了解的可能性较低。在上述情形之下，王碎永仍在手提包、钱包等商品上申请注册“歌力思”商标，其行为难谓正当。王碎永以非善意取得的商标权对歌力思公司的正当使用行为提起的侵权之诉，构成权利滥用。

（生效裁判审判人员：王艳芳、朱理、佟姝）

26. 郭明升、郭明锋、孙淑标假冒注册商标案*

▶ 认定假冒注册商标犯罪数额时，被告人辩称网络销售记录存在刷单行为但无证据的，不予采纳

（最高人民法院审判委员会讨论通过 2017 年 3 月 6 日发布）

【关键词】

刑事 假冒注册商标罪 非法经营数额 网络销售 刷信誉

【裁判要点】

假冒注册商标犯罪的非法经营数额、违法所得数额，应当综合被告人供述、证人证言、被害人陈述、网络销售电子数据、被告人银行账户往来记录、送货单、快递公司电脑系统记录、被告人等所作记账等证据认定。被告人辩解称网络销售记录存在刷信誉的不真实交易，但无证据证实的，对其辩解不予采纳。

相关法条

《中华人民共和国刑法》第二百一十三条

---

* 摘自 2017 年 3 月 6 日最高人民法院发布的第十六批指导性案例（指导案例 87 号）。

基本案情

公诉机关指控：2013 年 11 月底至 2014 年 6 月期间，被告人郭明升为谋取非法利益，伙同被告人孙淑标、郭明锋在未经三星（中国）投资有限公司授权许可的情况下，从他人处批发假冒三星手机裸机及配件进行组装，利用其在淘宝网上开设的“三星数码专柜”网店进行“正品行货”宣传，并以明显低于市场价格公开对外销售，共计销售假冒的三星手机 20000 余部，销售金额 2000 余万元，非法获利 200 余万元，应当以假冒注册商标罪追究其刑事责任。被告人郭明升在共同犯罪中起主要作用，系主犯。被告人郭明锋、孙淑标在共同犯罪中起辅助作用，系从犯，应当从轻处罚。

被告人郭明升、孙淑标、郭明锋及其辩护人对其未经“SΛMSUNG”商标注册人授权许可，组装假冒的三星手机，并通过淘宝网店进行销售的犯罪事实无异议，但对非法经营额、非法获利提出异议，辩解称其淘宝网店存在请人刷信誉的行为，真实交易量只有 1 万多部。

法院经审理查明：“SΛMSUNG”是三星电子株式会社在中国注册的商标，该商标有效期至 2021 年 7 月 27 日；三星（中国）投资有限公司是三星电子株式会社在中国投资设立，并经三星电子株式会社特别授权负责三星电子株式会社名下商标、专利、著作权等知识产权管理和法律事务的公司。2013 年 11 月，被告人郭明升通过网络中介购买店主为“汪亮”、账号为 play2011－1985 的淘宝店铺，并改名为“三星数码专柜”，在未经三星（中国）投资公司授权许可的情况下，从深圳市华强北远望数码城、深圳福田区通天地手机市场批发假冒的三星 I8552 手机裸机及配件进行组装，并通过“三星数码专柜”在淘宝网上以“正品行货”进行宣传、销售。被告人郭明锋负责该网店的客服工作及客服人员的管理，被告人孙淑标负责假冒的三星 I8552 手机裸机及配件的进货、包装及联系快递公司发货。至 2014 年 6 月，该网店共计组装、销售假冒三星 I8552 手机 2 万余部，非法经营额 2000 余万元，非法获利 200 余万元。

裁判结果

江苏省宿迁市中级人民法院于2015年9月8日作出（2015）宿中知刑初字第0004号刑事判决，以被告人郭明升犯假冒注册商标罪，判处有期徒刑五年，并处罚金人民币160万元；被告人孙淑标犯假冒注册商标罪，判处有期徒刑三年，缓刑五年，并处罚金人民币20万元。被告人郭明锋犯假冒注册商标罪，判处有期徒刑三年，缓刑四年，并处罚金人民币20万元。宣判后，三被告人均没有提出上诉，该判决已经生效。

裁判理由

法院生效裁判认为，被告人郭明升、郭明锋、孙淑标在未经“SΛMSUNG”商标注册人授权许可的情况下，购进假冒“SΛMSUNG”注册商标的手机机头及配件，组装假冒“SΛMSUNG”注册商标的手机，并通过网店对外以“正品行货”销售，属于未经注册商标所有人许可在同一种商品上使用与其相同的商标的行为，非法经营数额达2000余万元，非法获利200余万元，属情节特别严重，其行为构成假冒注册商标罪。被告人郭明升、郭明锋、孙淑标虽然辩解称其网店售销记录存在刷信誉的情况，对公诉机关指控的非法经营数额、非法获利提出异议，但三被告人在公安机关的多次供述，以及公安机关查获的送货单、支付宝向被告人郭明锋银行账户付款记录、郭明锋银行账户对外付款记录、“三星数码专柜”淘宝记录、快递公司电脑系统记录、公安机关现场扣押的笔记等证据之间能够互相印证，综合公诉机关提供的证据，可以认定公诉机关关于三被告人共计销售假冒的三星I8552手机2万余部，销售金额2000余万元，非法获利200余万元的指控能够成立，三被告人关于销售记录存在刷信誉行为的辩解无证据予以证实，不予采信。被告人郭明升、郭明锋、孙淑标，系共同犯罪，被告人郭明升起主要作用，是主犯；被告人郭明锋、孙淑标在共同犯罪中起辅助作用，是从犯，依法可以从轻处罚。故依法作出上述判决。

（生效裁判审判人员：程黎明、朱庚、白金）

27. 衣念（上海）时装贸易有限公司诉浙江淘宝网络有限公司、杜国发侵害商标权纠纷*

▶ 网络交易平台经营者对于网络用户的侵权行为一般不具有预见和避免的能力，故不当然对此承担侵权赔偿责任

【裁判摘要】

网络交易平台经营者对于网络商户的侵权行为一般不具有预见和避免的能力，故不当然为此承担侵权赔偿责任，但如果网络交易平台经营者知道网络商户利用其所提供的网络服务实施侵权行为，而仍然为侵权行为人提供网络服务或者没有采取必要的措施，则应当与网络商户承担共同侵权责任。网络交易平台经营者是否知道侵权行为的存在，可以结合权利人是否发出侵权警告、侵权现象的明显程度等因素综合判定。网络交易平台经营者是否采取了必要的避免侵权行为发生的措施，应当根据网络交易平台经营者对侵权警告的反应、避免侵权行为发生的能力、侵权行为发生的几率大小等因素综合判定。

原告：衣念（上海）时装贸易有限公司。住所地：上海市闵行区虹梅南路。

法定代表人：金广来，该公司董事长。

* 摘自《最高人民法院公报》2012 年第 1 期。

被告：杜国发，男，32岁，汉族。住上海市浦东新区杨高南路。

被告：浙江淘宝网络有限公司。住所地：浙江省杭州市余杭区五常街道丰岭路。

法定代表人：马云，该公司董事长。

原告衣念（上海）时装贸易有限公司（以下简称衣念公司）因与被告杜国发、浙江淘宝网络有限公司（以下简称淘宝公司）发生侵害商标权纠纷，向上海市浦东新区人民法院提起诉讼。

原告衣念公司诉称：依兰德有限公司（E. LAND LTD）是第1545520号注册商标和第1326011号注册商标的权利人，依兰德有限公司将上述商标的独占许可使用权授予原告。原告生产的TEENIE WEENIE等品牌服装拥有很高的知名度，曾获得2009年度上海名牌称号。被告杜国发在淘宝网销售的服装中使用了TEENIE WEENIE等商标，侵犯了原告享有的注册商标专用权。根据杜国发在淘宝网上的成交记录，其在2009年12月1日至2010年2月1日两个月时间内就成交仿冒产品20余件，成交价格共计人民币3077元（以下币种相同）。原告正品的价格是仿冒产品的5至10倍，杜国发给原告造成直接损失15000元至3万元，侵权仿冒品给正品造成的品质减损影响则无法估测。被告淘宝公司是淘宝网的运营商。自2009年9月开始，原告就淘宝网上存在的大量侵权商品向淘宝公司提出警告，并要求其采取事先审查、屏蔽关键词等有效措施控制侵权行为的蔓延，但淘宝公司未采取合理措施。自2009年9月开始，原告针对杜国发的侵权行为，曾7次发函给淘宝公司，要求其删除杜国发发布的侵权商品信息。淘宝公司对原告举报的侵权信息予以删除，但未采取其他制止侵权行为的措施。淘宝公司不顾原告的警告和权利要求，在知道杜国发以销售侵权商品为业的情况下，依然向杜国发提供网络服务，故意为侵犯他人注册商标专用权的行为提供便利条件，继续纵容、帮助杜国发实施侵权行为。故原告请求法院判令：杜国发、淘宝公司共同赔偿原告经济损失3万元；杜国发、淘宝公司共同赔偿原告支出的合理费用，包括公证费4800元、户籍信息查询费用100元、律师费5万元，共计54900元；杜国发、淘宝公司在搜狐、

新浪或其他同级别门户网站、新闻晨报及淘宝网上刊登说明告示并向原告致歉，说明淘宝网曾销售过侵犯原告商标专用权的产品。

被告杜国发辩称：其所销售的商品是从其他网站上订购的，其不知这些服装是侵权商品。原告衣念公司只举证证明其中的一件服装是假货，原告主张的经济损失及合理费用过高，没有依据。故请求驳回原告的诉讼请求。

被告淘宝公司辩称：（1）原告衣念公司滥用权利。早在2006年8月，原告就开始针对淘宝网上出售的商品向淘宝公司提出投诉。在历经4年的投诉过程中，淘宝公司一直积极删除原告所指认的涉嫌侵权的信息，并始终按淘宝网当时适用的知识产权投诉规则，对涉嫌侵权人予以处理。原告投诉量巨大，仅以2009年9月29日至11月3日这段期间为例，原告投诉涉嫌侵权的商品信息累计达105643条。根据淘宝公司的统计，原告投诉的数十万条商品信息中，约有20%的投诉是错误投诉。原告的轻率投诉引起了相关淘宝网用户的大量异议，并对淘宝公司的商誉造成损害。本案所涉及的投诉仅是原告数十万投诉信息中的个案。原告认定侵权的理由不充分，仅以低价、未经授权销售为由认定侵权。原告除要淘宝公司删除涉嫌侵权的信息外，还要求淘宝公司采取事先审查、屏蔽关键词，以及永久删除用户账号等措施。（2）淘宝公司采取了合理审慎的措施，保护原告的合法权益。淘宝网为防止用户侵犯他人知识产权采取了合理的保护措施，包括对卖家用户的真实身份采取了合理的审查措施，组建团队及时删除权利人投诉的涉嫌侵权的信息，制定并不断完善知识产权保护规则。（3）淘宝公司未侵犯原告的注册商标专用权。原告针对被告杜国发的7次投诉中有4次不涉及原告主张的第1545520号注册商标和第1326011号注册商标。原告向淘宝公司主张杜国发侵权的7次投诉均未附任何证据，没有任何证据的投诉是不适格的投诉，淘宝公司可以不予接受。但考虑到如果不予删除链接，可能导致原告的权益受到损害，为了平衡原告和被投诉人之间的合法利益，淘宝公司暂时采取了只删除信息，但不予处罚的措施。淘宝公司善意的删除行为，并不能就此推定淘宝公司明知杜国发及其他被投诉人存在屡次重复侵权而怠于采取任何措施。在本案中，原告也只是公证购买了杜国发销售的一件商品并鉴定为假货，不能由此认定其他7次投诉的商品为仿冒品，也不能由此认定杜国发销售的其余商品为仿冒品。综上，淘宝公司并不构成侵权，请求驳回原告的诉讼请求。

上海市浦东新区人民法院一审查明：案外人依兰德有限公司（E. LAND LTD）是一家韩国公司。依兰德有限公司是第1545520号注册商标和第1326011号注册商标的权利人。第1545520号注册商标核定使用的商品为第25类的服装，第1326011号注册商标核定使用的商品为第25类的茄克（服装）、短裤、工作服、汗衫、衬衫、内衣、围巾、短统袜、帽子、运动鞋。2009年1月1日，依兰德有限公司向原告衣念公司出具《商标维护授权委托书》，声明：委托衣念公司全权代表我公司在中国大陆独占使用第1545520号、第1326011号等注册商标及商标权维护行动，包括侵权人的信息调查、证据采集、产品真伪鉴定、侵权投诉以及诉讼、请求侵权人赔偿损失。2009年9月，上海服装鞋帽商业行业协会出具《证明》，称：根据上海服装鞋帽商业协会定点商场休闲女装类销售统计资料，衣念公司生产的TEENIE WEENIE牌休闲女装，2006年至2008年销售额所占市场份额在行业同类产品中名列前三位，在全国同类产品中排名前五位。衣念公司生产的TEENIE WEENIE、E. LAND休闲女装被上海市名牌推荐委员会推荐为2009年度上海名牌。

被告淘宝公司是淘宝网（网址：www. taobao. com）的经营管理者，淘宝公司为用户提供网络交易平台服务。淘宝网交易平台分为商城（即B2C）和非商城（即C2C），没有工商营业执照的个人也可以申请在淘宝网开设网络店铺（非商城），被告杜国发即属于非商城的卖家。非商城的卖家和买家通过淘宝网实现交易时，淘宝网不收取费用。淘宝网对个人卖家实行实名认证，卖家先在淘宝网注册一个账户，注册时需输入真实姓名、身份证号码、联系方式等信息。淘宝公司通过公安部身份证号码查询系统等途径核实卖家填写的身份信息的真实性，淘宝网用户只有通过实名认证后才能开设网络店铺。卖家可在该店铺发布待售的商品信息，包括价格、尺码、颜色、商品图片等信息。根据淘宝公司提供的数据，2009 年上半年，淘宝网实现交易额 809 亿元，会员数 1.45 亿。

被告淘宝公司制定并发布了《淘宝网服务协议》《商品发布管理规则》《淘宝网用户行为管理规则》等规则，这些规则多次提到禁止用户发布侵犯他人知识产权的商品信息，并制定了相关处罚措施。2009 年 9 月 15 日生效的《淘宝网用户行为管理规则（非商城）》规定：淘宝网用户在商品名、商品介绍等信息或载体中侵犯他人知识产权属于违规行为；侵犯他人知识产权的违规行为包括所有违反《禁止及限制交易物品管理规则》内有关条款或《中华人民共和国商标法》《中华人民共和国著作权法》《中华人民共和国专利法》等法律法规的行为。此外，该规则还规定了相应的处罚措施：淘宝网用户有商标侵权、专利侵权等违规行为，将受到限制发布商品 14 天、下架所有商品信息、公示处罚（警告）14 天的处罚，同时记 6 分。淘宝网用户违规行为记分是为了记录用户在淘宝网违规行为的一种方式。违规行为记分按每一自然年为周期（1 月 1 日至 12 月 31 日）。违规记分扣满 12 分，淘宝公司将对账户做冻结处理，用户只有通过考核后，淘宝公司才会解除冻结。用户在学习期后才可以参加考核，学习期按记分周期内的冻结次数乘以 3 计算，例：首次冻结 1 ×3 =3 天，第二次冻结 2 ×3 =6 天。账户冻结后该用户可以登录淘宝网，但限制发布商品信息，下架用户的所有商品信息。对于情节特别严重的违规行为，淘宝公司有权对用户作永久封号处理。2010 年 6 月 10 日，淘宝公司发布了同时适用商城和非商城的《淘宝网用户行为管理规则（修订版）》，对淘宝网用户的违规行为进行了细化，并调整了处罚措施。其中对侵犯他人知识产权的违规行为规定了三级处罚措施，一级为有确切证据证明卖家出售假冒商品且情节特别严重的，扣 48 分；二级为有确切证据证明卖家出售假冒商品的，扣 12 分；三级为所发布或使用的商品、图片、店铺名等店铺内容侵犯商标权、著作权、专利权，或者存在误导消费者情况的，扣 4 分。当扣分达到或超过 12 分但未到 24 分时，会员将被同时处以店铺屏蔽、限制发布商品、限制发送站内信、限制社区所有功能及公示警告 7 天；当扣分达到或超过 24

分但未到48分时，会员将被同时处以店铺屏蔽、限制发布商品、限制发送站内信、限制社区所有功能及公示警告14天；当扣分达到或超过36分但未到48分时，会员将被处下架所有商品，且同时并处限制发布商品、限制发送站内信、限制社区所有功能、关闭店铺及公示警告21天；当扣分达到或超过48分时，会员将被处永久封号。

淘宝网公布了知识产权侵权投诉途径，权利人可通过电话、信函、电子邮件等途径向被告淘宝公司进行投诉。本案审理过程中，淘宝公司以商标侵权为例解释了其对知识产权侵权投诉的处理流程。（1）权利人投诉。权利人投诉应该提供以下资料：①权利证明以及身份证明；②侵权链接；③判断侵权成立的初步证明或者充足的理由；④对某个卖家重复投诉的，还要标注重复投诉的具体时间、重复投诉的次数。其中，判断侵权成立的初步证明可以是网页上明显的侵权的信息、公证购买证据、卖家在聊天中的自认。判断侵权的理由必须是法定的侵权成立的理由，而不能以价格、未经授权销售等为理由。权利人通过款式等判断被投诉产品非其生产，只要做单方陈述即可作为判断侵权的证明。（2）侵权成立后的处理。权利人提供完整的投诉资料后，淘宝公司会对相关资料进行下列形式审查，包括：①商标权是否存在，并有效存续；②权利人的主体资格是否有效存续；③权利人提供的判断侵犯商标权的理由及（或）证据是否初步成立；④权利人判断侵犯商标权的理由与其提供的链接结果（即指认侵权的对象）间是否存在对应关系。通过上述四步骤形式审查后，采取以下措施：①删除涉嫌侵权的链接；②如果权利人为进一步通过司法程序主张权利提出需要涉嫌侵权人的信息，淘宝公司可以提供涉嫌侵权会员的姓名、联系方式和身份证号码；③对被投诉的卖家进行处罚。

原告衣念公司认为淘宝网有大量卖家发布侵权商品信息。衣念公司利用淘宝网提供的搜索功能，通过关键字搜索涉嫌侵权的商品，再对搜索结果进行人工筛查，并通过电子邮件将侵权商品信息的网址发送给被告淘宝公司，同时衣念公司向淘宝公司发送书面通知函及相关的商标权属证明材料，要求淘宝公司删除侵权商品信息并提供卖家真实信息。淘宝公司收到衣念公司的投诉后，对衣念公司提交的商标权属证明进行核实，对衣念公司投诉的商品信息逐条进行人工审核，删除其中淘宝公司认为构成侵权的商品信息，并告知衣念公司发布侵权商品信息的卖家的身份信息。因衣念公司认定的淘宝网上的侵权商品信息非常多，衣念公司几乎在每个工作日都向淘宝公司投诉，每天投诉的商品信息少则数千条，多则达数万条。根据统计，自2009年9月29日至2009年11月18日，衣念公司向淘宝公司投诉的侵权商品信息有131261条，淘宝公司经审核后删除了其中的117861条。2010年2月23日至2010年4月12日，衣念公司向淘宝公司投诉的商品信息有153277条，淘宝公司经审核后删除了其中的124742条。淘宝公司删除的商品信息数量约占衣念公司投诉总量的85%。衣念公司的投诉涉及TEENIE WEENIE、E. land等14个商标。淘宝公司根据衣念公司的投诉删除商品信息后，有的卖家会向淘宝公司提出异议，并提供其销售的商品具有合法来源的初步证据。淘宝公司会将卖家的异议转交给衣念公司。衣念公司有时会撤回投诉，撤回投诉的原因，有的确实属于因错误投诉而撤回投诉，有时则是由于其暂时无法判断是否侵权而撤回投诉。上述投诉中，包含了衣念公司于2009年9月29日至2009年11月11日期间针对被告杜国发的7次投诉，其中有3次涉及TEENIE WEENIE商标，4次涉及依兰德有限公司的另一个注册商标SCAT。淘宝公司接到衣念公司投诉后即删除了杜国发发布的商品信息，杜国发并未就此向衣念公司及淘宝公司提出异议，淘宝公司也未对杜国发采取处罚措施。直至2010年9月，淘宝公司才对杜国发进行扣分等处罚。

原告衣念公司的委托代理人于2009年11月19日向上海市长宁公证处（以下简称长宁公证处）申请证据保全公证。2009年11月20日，长宁公证处出具了（2009）沪长证字第6449号公证书，该公证书载明以下主要内容：打开IE浏览器，在地址栏输入http：//shop35344840. taobao. com，进入名为“传说中de傀傀”的店铺。该网店首页显示：卖家信用为606，买家信用为109，宝贝数量为1037，创店时间为2008年2月7日。首页的“最新公告”称：本店所出售的部分是专柜正品，部分是仿原单货，质量可以绝对放心……页面左侧的类目栏，有“PORTS（宝资）”“LEE”“TEENIE WEENIE”“E－LAND”等栏目。选择一件名为“品牌原单TW小熊（PNR2）后绣花小熊连帽磨毛卫衣”的服装，该服装的介绍页面显示该服装售价75元，库存72件，30天售出0件，并附有该服装的照片。从照片中，可看出服装绣有一个卡通小熊的图案，服装吊牌印有Teenie Weenie文字及心型图案。衣念公司的代理人支付了80元（其中5元为快递费）购买了一件上述服装。收到该服装的快递包裹后，衣念公司的代理人于2009年12月28日再次向长宁公证处申请证据保全公证，长宁公证处对衣念公司代理人拆开快递包裹和重新封存包裹的全过程进行拍照记录。2010年1月6日，长宁公证处出具了（2010）沪长证字第391号公证书。庭审中，被告杜国发确认，“传说中de傀傀”的店铺由其经营。

审理中，原审法院对长宁公证处封存的物品进行拆封、勘验。公证物为一件黑色运动衫，服装吊牌印有Teenie Weenie文字及心型图案。服装前后面各绣有一个姿态不同的卡通小熊。

另查明：原告衣念公司为保全证据，对淘宝公司回复的电子邮件内容进行了公证。2010年6月30日，上海市松江公证处对此出具了（2010）沪松证经字第817号公证书，该次公证费为2800元。衣念公司称为办理（2010）沪长证字第391号公证，支出公证费1000元，但衣念公司未出示本次公证费的发票。此外，衣念公司还支出了查档费100元、律师费5万元、（2009）沪长证字第6449号公证费1000元。

本案一审的争议焦点是：（1）被告杜国发的销售行为是否侵害了原告衣念公司的注册商标专用权；（2）被告淘宝公司是否知道网络用户利用其网络服务实施侵权行为以及是否采取了合理、必要的措施以避免侵权行为的发生；（3）淘宝公司是否构成侵权。

上海市浦东新区人民法院一审认为：原告衣念公司经依兰德有限公司许可，享有第1545520号注册商标和第1326011号注册商标独占许可使用权。原告享有的注册商标专用权受法律保护，他人不得销售侵犯注册商标专用权的商品。本案中，第1545520号商标核定使用商品为服装，被告杜

国发销售的商品与该商标核定使用的商品相同。经比对，杜国发销售的涉案商品上熊头图案与第1545520号商标图案在脸型、五官、头戴饰品及形态上都极为相似，以相关公众一般注意力为标准，两者在视觉上基本无差别，构成相同商标。第1326011号商标核定使用的商品为茄克（服装）、短裤、工作服、汗衫、衬衫、内衣、围巾、短统袜、帽子、运动鞋。杜国发销售的涉案商品与该商标核定使用的商品不同，但两者在功能、生产部门、销售渠道等方面基本相同，按照相关公众的一般认知，两者应为类似商品。杜国发销售的涉案商品吊牌上有与第1326011号商标相同的Teenie Weenie文字和心型图案，不同之处在于该吊牌的心型图案中多了两行英文："Fly To Dreams!"和"CHARACTER STUDIO"。因Teenie Weenie文字和心型图案构成了涉案服装吊牌图案的主要内容，足以导致消费者对商品来源产生误认，故构成近似商标。综上，杜国发销售的涉案商品应认定为侵犯第1545520号和第1326011号注册商标专用权的商品。杜国发辩称，其销售的产品有合法来源，且不知销售的商品侵犯了他人的注册商标专用权。《中华人民共和国商标法》第五十六条第三款规定，销售不知道是侵犯注册商标专用权的商品，能证明该商品是自己合法取得的并说明提供者的，不承担赔偿责任。杜国发不能举证证明其销售的商品有合法来源，且在衣念公司多次投诉，被告淘宝公司多次删除其发布商品信息后，杜国发应当知道其销售的商品侵犯他人注册商标专用权，故其抗辩意见不能成立，应当依法承担侵权责任。

网络用户利用网络实施侵权行为的，被侵权人有权通知网络服务提供者采取删除、屏蔽、断开链接等必要措施。在2009年9月29日至2009年11月11日期间，原告衣念公司发现被告杜国发通过淘宝网销售侵权商品后，先后7次向淘宝公司发送侵权通知函，被告淘宝公司审核后先后7次删除了杜国发发布的商品信息。淘宝公司认为，其已经采取了必要的措施。法院认为，网络服务提供者接到通知后及时删除侵权信息是其免于承担赔偿责任的条件之一，但并非是充分条件。网络服务提供者删除信息后，如果网络用户仍然利用其提供的网络服务继续实施侵权行为，网络服务提供者则应当进一步采取必要的措施以制止继续侵权。哪些措施属于必要的措施，应当根据网络服务的类型、技术可行性、成本、侵权情节等因素确定。具体到网络交易平台服务提供商，这些措施可以是对网络用户进行公开警告、降低信用评级、限制发布商品信息直至关闭该网络用户的账户等。淘宝公司作为国内最大的网络交易平台服务提供商，完全有能力对网络用户的违规行为进行管理。淘宝公司也实际制定并发布了一系列的网络用户行为规则，也曾对一些网络用户违规行为进行处罚。淘宝公司若能够严格根据其制定的规则对违规行为进行处理，虽不能完全杜绝网络用户的侵权行为，但可增加网络用户侵权的难度，从而达到减少侵权的目的。就本案而言，淘宝公司接到衣念公司的投诉通知后，对投诉的内容进行了审核并删除了杜国发发布的商品信息。根据淘宝网当时有效的用户行为管理规则，其在接到衣念公司的投诉并经核实后还应对杜国发采取限制发布商品信息、扣分、直至冻结账户等处罚措施，但淘宝公司除了删除商品信息外没有采取其他任何处罚措施。在 7 次有效投诉的情况下，淘宝公司应当知道杜国发利用其网络交易平台销售侵权商品，但淘宝公司对此未采取必要措施以制止侵权，杜国发仍可不受限制地发布侵权商品信息。淘宝公司有条件、有能力针对特定侵权人杜国发采取措施，淘宝公司在知道杜国发多次发布侵权商品信息的情况下，未严格执行其管理规则，依然为杜国发提供网络服务，此是对杜国发继续实施侵权行为的放任、纵容。其故意为杜国发销售侵权商品提供便利条件，构成帮助侵权，具有主观过错，应承担连带赔偿责任。

关于赔偿数额，因原、被告均未举证证明被告杜国发因侵权所得利益或者原告衣念公司因被侵权所受损失，经综合考虑涉案商标具有较高知名度、杜国发网店经营规模较小、获利不多等因素，酌情确定经济损失赔偿额为 3000 元。原告主张律师费、公证费、查档费等开支，法院根据开支的真实性、关联性、必要性和合理性，酌情支持合理费用 7000 元。因被告侵犯原告的商标专用权，并不涉及人格利益，故原告要求被告赔礼道歉的诉讼请求，不予支持。

综上所述，上海市浦东新区人民法院依照《中华人民共和国民法通则》第一百三十条、《中华人民共和国商标法》第五十二条第（二）项、第（五）项、第五十六条、《最高人民法院关于贯彻执行〈中华人民共和国民法通则〉若干问题的意见（试行）》第一百四十八条第一款、《最高人民法院关于审理商标民事纠纷案件适用法律若干问题的解释》第十六条第一款、第二款、第十七条、《中华人民共和国商标法实施条例》第五十条第（二）项的规定，于2011年1月17日判决如下：

一、被告杜国发、淘宝公司于判决生效之日起10日内共同赔偿原告衣念公司经济损失人民币3000元；

二、被告杜国发、淘宝公司于判决生效之日起10日内共同赔偿原告衣念公司合理费用人民币7000元；

三、驳回原告衣念公司其余诉讼请求。

本案受理费人民币1922元（已由原告预交），由原告衣念公司负担922元，由被告杜国发、淘宝公司负担1000元。

淘宝公司不服一审判决，向上海市第一中级人民法院提起上诉，请求二审法院依法改判驳回衣念公司对于淘宝公司的全部诉讼请求。淘宝公司的主要上诉理由是：

1. 因被上诉人衣念公司涉案7次投诉未提供判断侵权的证明，不属于有效投诉，上诉人淘宝公司无法知道被上诉人存在多次投诉，无法对被投诉信息是否构成侵权予以审核，故无法对被投诉卖家采取进一步的处理措施。(1) 被上诉人涉案的7次投诉中，4次涉及依兰德有限公司的另一个注册商标“SCAT”，与本案被上诉人起诉主张的第1545520号和第1326011号注册商标无关联。其余的3次投诉均没有提交判断侵权的证明，不是有效的投诉。而一次有效的投诉，应当包括判断侵权成立的初步证明或者理由，否则上诉人即使收到投诉，看到的仍然是商品信息本身，在商品信息本身没有卖家自认侵权的情况下，上诉人收到投诉后并不知道发生了侵权。此外，7次投诉必须是针对同一件商品不同时间发布的信息才是7次有效的投诉，但是原审法院对这一节事实以及该7次投诉的商品信息是否构成侵权均未予查清，故原审法院认定7次投诉是有效投诉错误。（2）被上诉人在向上诉人投诉时不提交判断侵权的证明，上诉人对于被投诉信息无法审核是否构成侵权，故上诉人只能尽谨慎义务暂时对相关的被投诉商品信息予以删除。由于无法审核被投诉信息是否构成侵权，上诉人未能对被投诉的卖家予以处罚。原审法院认定上诉人对被上诉人投诉的信息进行了人工审核并删除认为构成侵权的商品信息，属认定事实错误。（3）被上诉人通过关键字搜索时，使用的关键字是“TW”“小熊”等文字，其搜索结果的相关性、准确度差，被上诉人在商品侵权通知函中所附的涉嫌侵权信息中存在维尼小熊个性照片台历定制的不相关的链接信息，且被上诉人每日投诉量非常大，导致上诉人无法在每天数万条投诉信息中判断是否发生了多次投诉。（4）被上诉人7次投诉未按淘宝网规定的要求对重复投诉的具体时间、次数进行标注。

2. 上诉人淘宝公司不知道原审被告杜国发存在侵权行为，对于杜国发的侵权行为不具有过错。原审法院以上诉人删除了投诉信息认定上诉人知道杜国发多次发布侵权商品信息没有法律依据，认定上诉人放纵杜国发继续实施侵权行为，故意为杜国发销售侵权商品提供便利条件更是没有事实和法律依据。

被上诉人衣念公司答辩称：上诉人淘宝公司明知原审被告杜国发存在侵权行为，仍未采取任何措施以防止再次侵权行为的发生，其为侵权行为提供了网络服务帮助。

1. 被上诉人衣念公司的投诉函均具明了判断侵权成立的初步证明和理由。其在函中指出相关链接商品并非其公司生产或者委托生产，且进一步指明了其公司产品是直营模式销售，未曾授权他人经销或者代理；其公司与委托加工工厂定量生产，对超额产品约定了销毁等处理方式；其公司直营店目前销售价均在吊牌价格的50%以上，他人买入其公司产品再以低于50%折扣销售，不符合交易常识等多项理由。

2. 上诉人淘宝公司针对被上诉人衣念公司投诉函的回函中表明经其查看相关信息，暂无法判断侵权成立，从未向被上诉人提出过被上诉人的投

诉函存在未提供判断侵权的证明或理由等不符合要求之情况。况且，被上诉人自2006年以来，针对淘宝网上的侵权商品信息频繁投诉，上诉人从未向被上诉人表明被上诉人的投诉是无效投诉。上诉人根据被上诉人提供的判断标准方法及单方面陈述可以认定相关链接侵权，且上诉人已作删除，并提供侵权卖家信息附在上诉人邮件中。而原审被告杜国发的注册信息亦在上述邮件中，上诉人并没有将杜国发的信息列在“无法判断链接清单”中，而且在长达2个月的期间内，杜国发对于上诉人删除被投诉信息未提出异议。

3. 根据上诉人淘宝公司的规定，权利人投诉应提供：判断侵权成立的初步证明是网页上明显的侵权信息、公证购买证明、卖家在聊天中自认。这种要求将使权利人不堪重负，亦与法律精神相悖。

4. 淘宝网作为国内最大的网上购物平台，完全有能力管理网络用户的违规行为，然上诉人淘宝公司对于被上诉人衣念公司的多次投诉仅作删除商品信息处理，未进一步采取适当措施，如果其能严格按照其制定的规则对侵权用户进行处罚，可以制止卖家的违规行为。

原审被告杜国发称：其从事厂家代理，并不知道发布信息的商品侵权。其同意上诉人的意见。

二审审理中，被上诉人衣念公司提供了三份证据：

1. 原审法院出具的2010年3月12日开庭的（2010）浦民三（知）初字第69号案传票一份、原审被告杜国发出具的承诺书一份，证明上诉人淘宝公司知道杜国发出具承诺函，其明知杜国发实施商标侵权行为；

2. 第5199073号注册商标“SCAT”的商标档案一份，证明被上诉人衣念公司对该商标享有商标权；

3. 第1326011号注册商标“Teenie weenie”的商标档案一份，证明被上诉人衣念公司在原审时未提供原件的该商标档案的真实性。

上诉人淘宝公司认为：证据1的真实性没有异议，但与本案没有关联性，也不能证明上诉人知道原审被告杜国发存在侵权行为；证据2不是被上诉人淘宝公司在本案中主张权利的注册商标，与本案没有关联性，不应作为本案审理对象；证据3的真实性予以认可。上海市第一中级人民法院认为：本案被上诉人指控其于2009年9月29日至11月11日多次向上诉人投诉后，又于11月19日发现杜国发在淘宝网上实施侵权行为，上诉人对此应承担侵权责任，证据1发生于上述期间之后，对于本案的侵权判定没有直接关联性，不予采纳；证据2并不属于新的证据，不组织质证；证据3因上诉人无异议，且是对原审法院认定证据的补强，予以采纳。

上海市第一中级人民法院经二审，确认了一审查明的事实。

另查明：被上诉人衣念公司自2006年起，就淘宝网上存在销售侵犯其注册商标使用权的行为向上诉人淘宝公司投诉。2009年9月29日至11月11日期间，被上诉人向上诉人发出的7次包括原审被告杜国发店铺的《商标侵权通知函》包括如下内容："我公司衣念（上海）时装贸易有限公司拥有TEENIE WEENIE、E·LAND、SCOFIELD、PRICH、SCAT、TERESIA、ROEM等商标在中国范围内的独占使用权。〔使用权限包括但不限于将商标标注于商品之上进行销售、在店铺装潢上使用、自行生产或委托他人生产贴有注册商标的商品、将商标用于商品包装及广告；同时，衣念（上海）时装贸易有限公司有权在授权范围内进行商标权的维护，包括但不限于商标侵权调查及投诉，标有注册商标的服装真伪鉴定、商标侵权诉讼、商标侵权索赔等。〕我公司所有品牌目前在中国市场均采用的是'与百货公司签署《联营合同》'以及'购物中心专卖店'的模式进行销售。未曾授权他人经销或者代理我公司的品牌。我公司在与加工工厂之间的《委托加工合同》已经明确了委托加工的数量，并且约定因生产流程导致的超额产品的处理方式。截至目前为止，我公司所有品牌的服装的市场零售价没有低于吊牌价格的50%。从市场交易的常识来看，不会有经营者大量购买我公司品牌的服装，然后以低于买入价格再转手卖出；我公司全部品牌的加工成本在吊牌标价的20%~30%；所以淘宝网上价格很低且数量很大的商品侵权可能性极大；淘宝网应该对此给予足够的重视；凡是我公司生产的或者委托加工生产的服装，服装吊牌或者洗标上都有统一编码。所以。淘宝网应该要求销售我公司品牌服装的注册用户明确标注该统一编码，否则不可以在产品名称或者描述中使用我公司的注册商标或者含有我公司注册商标的词语……”被上诉人在上述通知函中随附具体链接清单，并指称该些链接指向的带有其公司注册商标的商品非其生产或者委托生产，亦未经其授权销售。同时被上诉人要求上诉人采取以下措施；立即删除所附链接信息并提供卖家身份信息；对于上诉人已经处理的侵权卖家取消其再次发布所涉商品信息，并对卖家主张继续发布的，淘宝网应对其合法性进行审查；淘宝网应对重复侵权的注册用户永久删除账号。

对于被上诉人衣念公司的上述通知函，上诉人淘宝公司依次进行了回函。上诉人的回函包括如下内容：“1. 我方发送至贵方邮箱的邮件（附件名称为无法判断链接）的内容，对于贵方指证的相关产品信息内容，根据贵方截至目前提供的资料，同时经我方查看相关的产品信息时，暂无法判断侵权成立。具体包括但不限于以下几种情况：如尚未得到贵方提供的在相应商品类别的商标注册证；商品信息为定金页面、不存在具体款式的产品信息；根据贵方提供的侵权判断依据，由于贵方提供的商标证仅在中国境内享有独占使用权，贵方指证部分产品称‘韩国直送’等，故有可能存在虽不是贵方生产但并不侵犯贵方商标权等。故我们暂无法对该类产品信息进行处理，烦请贵方进一步核实，提供进一步证明资料，如贵方能确认相关指证链接为假冒产品，烦请在侵权方式中明确填写，我们收到资料后会核实处理。2. 对于除了无法判断链接外，其余链接我们已给予删除处理，……”上述“无法判断链接”中，并没有杜国发的发布商品信息的链接。同时，上诉人通过发送邮件方式向被上诉人提供了卖家注册的身份信息，其中有杜国发的身份信息。

上诉人淘宝公司在删除原审被告杜国发网店名为“传说中 de 傀傀”的被投诉信息时，亦通知杜国发其发布的相关信息被删除及原因。杜国发接到通知后未向上诉人作出任何回应。

本案二审的争议焦点仍然是：上诉人淘宝公司是否知道原审被告杜国发在淘宝网上实施商标侵权行为以及是否采取了合理、必要的措施，其在本案中是否应当承担侵权责任。

上海市第一中级人民法院二审认为：被上诉人衣念公司经注册商标专用权人的授权许可，依法享有第1545520号、第1326011号注册商标独占使用权，有权针对侵犯商标专用权的行为提起诉讼。根据《中华人民共和国商标法》第五十二条规定，销售侵犯注册商标专用权的商品的行为，属侵犯注册商标专用权。原审法院关于原审被告杜国发销售侵犯第1545520号、第1326011号注册商标专用权的商品构成商标侵权的认定及理由正当，应予维持。

上诉人淘宝公司作为淘宝网的经营者，其在本案中为原审被告杜国发销售侵权商品提供网络交易平台，其未直接实施销售侵权商品的行为，而属于网络服务提供者。网络服务提供者对于网络用户的侵权行为一般不具有预见和避免的能力，因此，并不因为网络用户的侵权行为而当然需承担侵权赔偿责任。但是如果网络服务提供者明知或者应当知道网络用户利用其所提供的网络服务实施侵权行为，而仍然为侵权行为人提供网络服务或者没有采取适当的避免侵权行为发生的措施的，则应当与网络用户承担共同侵权责任。

具体到本案，法院认为：首先，在案证据证明被上诉人衣念公司从2006年起就淘宝网上的商标侵权向上诉人淘宝公司投诉，而且投诉量巨大，然而至2009年11月，淘宝网上仍然存在大量被投诉侵权的商品信息，况且在上诉人删除的被投诉商品信息中，遭到卖家反通知的比率很小，由此可见，上诉人对于在淘宝网上大量存在商标侵权商品之现象是知道的，而且也知道对于被上诉人这样长期大量的投诉所采取的仅作删除链接的处理方式见效并不明显。其次，被上诉人的投诉函明确了其认为侵权的商品信息链接及相关的理由，虽然被上诉人没有就每一个投诉侵权的链接说明侵权的理由或提供判断侵权的证明，但是被上诉人已经向上诉人提供了相关的权利证明、投诉侵权的链接地址，并说明了侵权判断的诸多理由，而且被上诉人向上诉人持续投诉多年，其所投诉的理由亦不外乎被上诉人在投诉函中所列明的几种情况，因此上诉人实际也知晓一般情况下的被上诉人投诉的侵权理由类型。上诉人关于被上诉人未提供判断侵权成立的证明，其无法判断侵权成立的上诉理由不能成立；上诉人在处理被上诉人的投诉链接时，必然要查看相关链接的商品信息，从而对于相关商品信息是否侵权有初步了解和判断。因此，通过查看相关链接信息，作为经常处理商标侵权投诉的上诉人也应知道淘宝网上的卖家实施侵犯被上诉人商标权的行为。再次，在案的公证书表明被上诉人购买被控侵权商品时原审被告杜国发在其网店内公告："本店所出售的部分是专柜正品，部分是仿原单货，质量可以绝对放心……"，从该公告内容即可明显看出杜国发销售侵权商品，上诉人在处理相关被投诉链接信息时对此当然是知道的，由此亦能证明上诉人知道杜国发实施商标侵权行为。最后，判断侵权不仅从投诉人提供的证据考查，还应结合卖家是否反通知来进行判断，通常情况下，经过合法授权的商品信息被删除，被投诉人不可能会漠然处之，其肯定会作出积极回应，及时提出反通知，除非确实是侵权商品信息。故本案上诉人在多次删除杜国发的商品信息并通知杜国发被删除原因后，杜国发并没有回应或提出申辩，据此完全知道杜国发实施了销售侵权商品行为。

综合上述因素，法院认为：上诉人淘宝公司知道原审被告杜国发利用其网络服务实施商标侵权行为，但仅是被动地根据权利人通知采取没有任何成效的删除链接之措施，未采取必要的能够防止侵权行为发生的措施，从而放任、纵容侵权行为的发生，其主观上具有过错，客观上帮助了杜国发实施侵权行为，构成共同侵权，应当与杜国发承担连带责任。

上诉人淘宝公司提出被上诉人衣念公司涉案的 7 次投诉，4 次投诉与被上诉人在本案中主张的商标权利无关，其余 3 次未提供判断侵权的证明，7 次投诉未针对同一商品不同时间发布，不是有效投诉。法院认为，商标权利人向网络服务提供者发出的通知内容应当能够向后者传达侵权事实可能存在以及被侵权人具有权利主张的信息。对于发布侵权商品信息的卖家，无论是一次发布行为还是多次发布行为，多次投诉针对的是同一商品还是不同商品，是同一权利人的同一商标还是不同商标，均能够足以使网络服务提供者知道侵权事实可能存在，并足以使其对被投诉卖家是否侵权有理性的认识。因此，本案被上诉人的 7 次投诉足以向上诉人表明原审被告杜国发存在侵权行为的信息，上诉人的前述上诉理由不能成立，不予采信。

上诉人淘宝公司提出被上诉人衣念公司投诉量大、投诉准确率差，且未作重复投诉标注，导致其无法发现重复投诉的情况。法院认为，在案证据证明自2009年9月29日至2009年11月18日，被上诉人投诉的侵权商品信息有131261条，上诉人删除了其中的117861条。2010年2月23日至2010年4月12日，被上诉人投诉的商品信息有153277条，上诉人删除了其中的124742条。被上诉人如此大量的投诉以及上诉人如此大量的删除更加证明了上诉人仅采取删除措施并未使淘宝网上侵权现象有所改善。同时，被上诉人大量的投诉以及投诉准确率会影响到上诉人审查被投诉信息所耗费的人力和时间，但与上诉人是否能够发现重复投诉并无多大关联。因此，上诉人的该项上诉理由亦不能成立，不予采信。

综上所述，一审认定事实基本清楚，适用法律正确。上诉人淘宝公司的相关上诉理由不能成立，其上诉请求不予支持。上海市第一中级人民法院依照《中华人民共和国民事诉讼法》第一百五十三条第一款第（一）项之规定，于2011年4月25日判决如下：

驳回上诉，维持原判。

二审案件受理费人民币800元，由上诉人淘宝公司负担。

本判决为终审判决。

28. 尚杜·拉菲特罗兹施德民用公司诉深圳市金鸿德贸易有限公司等侵犯商标专用权、不正当竞争纠纷案*

▶

对于知名商品的特有名称、包装、装潢的保护，应以该商品在中国境内为相关公众所知悉为必要，其知名度通常系由在中国境内生产、销售或者从事其他经营活动而产生，但该商品在国外已知名的事实可以作为认定其国内知名度的参考因素

【裁判摘要】

《中华人民共和国反不正当竞争法》所指的知名商品，是在中国境内具有一定的市场知名度，为相关公众所知悉的商品。认定知名商品，应当考虑该商品的销售时间、销售区域、销售额和销售对象，进行任何宣传的持续时间、程度和地域范围，以及其作为知名商品受保护的情况等因素进行综合判断。对于知名商品的特有名称、包装、装潢的保护，应以该商品在中国境内为相关公众所知悉为必要，其知名度通常系由在中国境内生产、销售或者从事其他经营活动而产生，但该商品在国外已知名的事实可以作为认定其国内知名度的参考因素。

原告：尚杜·拉菲特罗兹施德民用公司（SOCIETE CIVILE DE CHATEAU LAFITE ROTHSCHILD）。住所地：法国巴黎保玛路。

法定代表人：克里斯托弗萨林，该公司总经理。

* 摘自《最高人民法院公报》2012 年第 1 期。

被告：深圳市金鸿德贸易有限公司。住所地：广东省深圳市罗湖区笋岗东路。

法定代表人：彭小玲，该公司董事长。

被告：湖南生物医药集团健康产业发展有限公司。住所地：湖南省长沙国家生物产业基地。

法定代表人：周金文，该公司董事长。

原告尚杜·拉菲特罗兹施德民用公司因与被告深圳市金鸿德贸易有限公司（以下简称金鸿德公司）、被告湖南生物医药集团健康产业发展有限公司（以下简称生物医药公司）发生侵犯商标专用权纠纷，向湖南省长沙市中级人民法院提起诉讼。

原告尚杜·拉菲特罗兹施德民用公司诉称：原告向中国商标局分别申请了“LAFITE”和“CHATEAU LAFITE ROTHSCHILD”商标，并均获准注册。原告在第33类“以原产地取名的酒”等商品上申请图形商标注册，初次申请国和注册国是法国，原告根据《商标国际注册马德里协定》，以上述注册为基础向世界知识产权组织国际局提交了国际注册申请，指定中国予以领土延伸保护并得到中国商标局的批准。

被告金鸿德公司实际使用的“LAFITE FAMILY”商标、使用“lafite-family. com”域名，侵犯了原告尚杜·拉菲特罗兹施德民用公司在先注册并知名的“LAFITE”注册商标专用权；被告实际使用的图形商标，侵犯了原告在先注册并知名的图形注册商标专用权。原告的“LAFITE”注册商标，其音译的中文“拉菲”名称经过原告的长期使用和广泛宣传已在相关公众中具有了非常高的知名度，且“拉菲”“LAFITE ”与原告之间已具有特定的、唯一对应的法律关系，被告使用的“拉菲世族”商标的主要识别部分仍是“拉菲”，容易造成相关公众的混淆误认。因此，被告使用“拉菲世族”侵犯了原告“拉菲”知名商品特有的名称，构成不正当竞争。被告为达到误导相关公众的目的，在其商品宣传册、网站中虚构事实以及编造拉菲酒庄的历史背景，其行为构成了对原告的不正当竞争。为维护原告的合法权益，遂诉至法院，请求判令：（1）两被告立即停止使用“LAFITE FAMILY”、图形商标及“拉菲世族”商标；（2）两被告立即停

止不正当竞争；（3）金鸿德公司立即将“lafitefamily. com”域名予以注销；（4）两被告连带赔偿原告经济损失 50 万元；（5）两被告在全国发行的报纸、期刊上刊登声明，为原告消除影响。

被告金鸿德公司辩称：被控侵权商品上使用的图形商标与原告尚杜·拉菲特罗兹施德民用公司的“LAFITE”及图形注册商标存在重大区别，不会导致消费者产生混淆，被告行为不构成商标侵权；原告“LAFITE”和图形商标不属于驰名商标或知名商标，其亦未在中国对“拉”“菲”“世”“族”或其组合进行商标注册，金鸿德公司使用“拉菲世族”文字不构成侵权；原告称金鸿德公司的虚假宣传行为和注册“lafitefamily. com”域名的行为构成不正当竞争行为的证据不足；原告未能举证其商品在市场上广泛流通，也未能证明具体经济损失，要求赔偿50 万元没有事实和法律依据。

被告生物医药公司辩称：其不是被控侵权商品的销售者，而是消费者。

湖南省长沙市中级人民法院一审查明：原告尚杜·拉菲特罗兹施德民用公司于 1963 年 4 月 23 日在法国注册成立，系第 1122916 号“LAFITE”与第 G764270 号图形注册商标的注册人。第 1122916 号“LAFITE”注册商标于 1997 年 10 月 28 日经我国国家工商行政管理局商标局核准注册，核定使用的商品为第 33 类“含酒精饮料（啤酒除外）”。该商标于 2007 年 10 月 28 日得到续展，有效期至 2017 年 10 月 27 日。第 G764270 号图形注册商标的基础注册国为法国，基础注册的日期为 1991 年 4 月 17 日，该注册商标主要由“LAFITE”“五箭头图形”组成，以字母“R”和“LAFITE”居中，五支箭头呈放射状排列，“DOMAINES”“BARONES DE ROTHSCIIILD”环绕四周，形成一个封闭的圆，核定使用的商品为第33 类“以原产地取名的酒”，有效期自 2001 年 7 月 23 日至 2011 年 7 月 23 日。2008 年 1 月 1 日，原告与美夏国际贸易（上海）有限公司签订《商标使用许可合同》，授权美夏国际贸易（上海）有限公司在中国大陆（不包括台湾地区、香港特别行政区和澳门特别行政区）非独占许可使用上述两注册商标，许可使用的期限自 2008 年 1 月 1 日至 2010 年 12 月 31 日。

百度百科对“拉菲”的历史、评级、纪录、品质和产量作了详细介绍，称拉菲葡萄酒是拉菲庄园出产的享誉世界的法国波尔多葡萄酒之一；百度百科对“lafite”的概述中称“拉菲”是世界上最出名的葡萄酒，是目前世界上最贵一瓶葡萄酒的纪录保持者；维基百科也对“拉菲酒庄”进行了详细介绍，称该庄出产的葡萄酒是享誉世界的法国波尔多葡萄酒之一。

2004 年以来，人民网、经营网、新浪网、搜狐网、凤凰网、中国经济网、中国葡萄酒信息网、华尔街日报官方网、东方网、南方网、杭州网等多家网站对拉菲或“LAFITE”商品进行了报道，其中包括：2004 年 5 月 24 日、5 月 25 日，中国经营报旗下的经营网、食品商务网刊登文章《拉菲等巨头将合力打造顶级精品酒庄》；2005 年 7 月 4 日，东方网刊登文章《投资葡萄酒胜过股市》，介绍了投资拉菲酒庄葡萄酒的相关情况；2007 年 9 月 30 日，人民网刊登文章《2005 年的连锁反应拉菲价格狂飙》；2008 年 8 月 28 日，人民网刊登文章《中国富豪只认拉菲，而且一定要喝 1982 年的》；2008 年 10 月 24 日，中国经营报旗下的经营网刊登文章《总统级品酒家——托马斯·杰斐逊》，介绍了美国第三任总统托马斯·杰斐逊（Thomas Jefferson）收藏拉菲红酒的历史故事；2009 年 11 月 18 日，人民网刊登《味觉之外的传奇法国美酒及五大名酒庄》，对拉菲酒庄及其葡萄酒作了详细的介绍；2010 年 11 月 3 日，搜狐网刊登文章《港红酒拍卖创天价纪录 1 瓶 150 万港币贵黄金 6 倍》，报道了在苏富比拍卖行举行的拉菲红酒拍卖会上，三瓶 1869 年的拉菲红酒各以 150 万港币的破世界纪录天价购下。另查，在百度中使用“LAFITE 葡萄酒”进行检索，显示找到相关网页约 471000 篇；用“拉菲葡萄酒”进行检索，显示找到相关网页约 230 万篇；在百度新闻中用“拉菲 LAFITE”进行检索，结果显示找到相关新闻约有 1600 篇。

相关出版物对拉菲或“LAFITE”商品所做宣传报道包括：1985 年第 4 期《酿酒科技》中的“酒之最”一文，称最贵的葡萄酒为 1806 年的“LAFITE”；1996 年第 9 期《国际市场》中的“魅力永存的法国红葡萄酒”一文，介绍了“Lafite”是一家具有数百年历史的老牌酒厂；2002 年第 6 期《中外葡萄与葡萄酒》中的“法国波尔多的葡萄与葡萄酒——酒庄的分类与等级”一文，称大多数有声望的酒庄像“Lafite”的质量构成了评价的一种指标；2008 年第 6 期《艺术家》中的文章“美夏佳酿”、2008 年第 6 期《天下美食》中的文章“拉菲——卓越，精美，优雅”、2008 年第 8 期《天下美食》中的文章“用时间绽放出光芒的拉菲传奇”，均对拉菲“LAFITE”葡萄酒进行了介绍；2009 年第 2 期及 2010 年第 10 期的《天下美食》还对“拉菲 LAFITE”商品进行了展示，并可以看到其瓶装上对图形注册商标的使用。

2010 年 1 月 28 日，法国波尔多葡萄酒行业协会出具一份声明，称：“LAFITE”这个词的首次使用可以追溯到 1234 年，CHATEAU LAFITE ROTHSCHILD（罗斯柴尔德拉菲庄园，又译为“罗斯柴尔德拉斐庄园”）在 1868 年成为罗斯柴尔德家族的产业，从那时起 LAFITE 葡萄酒一直被认为是最好的葡萄酒之一。

原告尚杜·拉菲特罗兹施德民用公司在其官方网站 http://www.lafite.com/chi 及其宣传手册中对其图形注册商标及商品进行了介绍与展示，同时还介绍了“LAFITE”的历史渊源。其历史渊源包括以下主要情节：（1）史料上对拉菲最早的纪录可以追溯至公元 1234 年，位于波亚克村北部的维尔得耶修道院正是今天的拉菲古堡所在。加斯科尼方言中“la hite”意为“小山丘”，“拉菲”因而得名。17 世纪西格尔家族的到来，使得拉菲发展成为伟大的葡萄种植园；（2）美国总统托马斯·杰弗逊于 1787 年 5 月来到波尔多小住，在他自己拟订的梅多克地区葡萄酒分级表中，排行前四名的酒庄（其中就包括拉菲）恰是 1855 年分级制度中的前四家，他本人从此也成为波尔多顶级酒庄的忠实拥护者；（3）1868 年 8 月 8 日是罗斯柴尔德家族值得纪念的一天，这一天，詹姆斯·罗斯柴尔德男爵在公开拍卖会上购得此堡。1868 年对拉菲来说都是值得纪念的一年：迎来新主人，葡萄酒进入发展繁荣时期。

“拉菲”这一中文名称的使用情况为：2006 年 5 月 31 日，国家质量监督检验检疫总局签发《进出口食品标签审核证书》，核准原告尚杜·拉菲特罗兹施德民用公司使用“拉菲传奇波尔多红葡萄酒”“拉菲传奇波尔多白葡萄酒”“拉菲传奇梅多克红葡萄酒”“拉菲传奇波亚克红葡萄酒”“拉菲传奇波尔多红葡萄酒”“拉菲传说红葡萄酒”等分别作为其系列商品的名称；2008 年 1 月 28 日，上海商检认证服务有限公司出具由原告的注册商标被许可人美夏国际贸易（上海）有限公司委托所做的《进口食品标签咨询报告》，认为标注品名为“拉菲珍藏波尔多红葡萄酒”“拉菲珍藏波亚克红葡萄酒”“拉菲珍藏梅多克红葡萄酒”“拉菲珍藏波尔多白葡萄酒”的进口商品的标签版式和标注内容符合《预包装食品标签通则》及有关规定；2009 年 1 月 21 日，美夏国际贸易（上海）有限公司与上海爱晚亭实业有限公司签订《商品经销协议》，在其附件中，与“LAFITE”对应的中文名称为“拉菲”；2009 年 10 月 16 日，美夏国际贸易（上海）有限公司与温州市逸轩副食品有限公司签订《商品经销协议》，在其附件中也使用了“拉菲”这一中文名称。

2010 年 3 月 18 日，北京市集佳知识产权代理有限公司到北京市方正公证处申请证据保全。北京市方正公证处的公证员何军及公证处工作人员吴刚对域名为 http：//www. lafitefamily. com 的网站的相关内容进行了证据保全。该网站的网页里标注有“Lafite – Family”“Lafite Family”“拉菲世族”及图形标识，在其“品牌故事”的网页里，对其历史渊源的介绍包括以下主要情节：（1）拉菲酒庄是一名姓拉菲（lafite）的贵族创园于 1354 年，在 14 世纪已相当有名气了。到了 1675 年，她由当时世界的酒业一号人物希刚公爵购得；（2）直至 1868 年詹姆士·罗斯柴尔德爵士在公开拍卖会上以天价 440 万法郎中标购得。该家族拥有拉菲酒庄一直至今，而且一直能把拉菲酒庄的质量和世界顶级葡萄酒的声誉维持至今；（3）美国的第三任总统汤马士·杰斐逊不单是总统，他还是 18 世纪最出名的酒评家。1985 年伦敦佳士得拍卖会上，一瓶 1787 年由 Thomas Jefferson 签名的拉菲以 16 万美元的高价由 Forbes 杂志老板 Malcolm Forbes 投得，创下并保持了世界上最贵一瓶葡萄酒的纪录；（4）1984 年的秋天，年轻的马丁·罗斯柴尔德经过波尔多波亚克的另一片葡萄庄园的时候与他未来的妻子一见钟情。这个叫安妮的姑娘是庄园主亨利先生的女儿。马丁和亨利先生一样热爱葡萄酒，他们决定酿出最好的葡萄酒，并让所有喜欢他的人都能得到。数年后，足以感动绝大部分葡萄酒爱好者的佳酿“拉菲世族”系列诞生了。被告金鸿德公司在其制作的商品宣传手册中，在“关于我们”一页里

面对其商品历史渊源的介绍也包括了上述第（1）、（2）、（4）方面的内容，同时在其宣传手册中也使用了“Lafite – Family”“Lafite Family”“拉菲世族”及图形标识。

2010年6月9日，原告尚杜·拉菲特罗兹施德民用公司向长沙市公证处申请证据保全。长沙市公证处公证员祖千里和公证人员高慕里与原告的委托代理人倪赶重及随同人员罗智来到长沙市万家丽路北段439号浏阳河畔1栋2楼的湖南生物医药集团药品供应有限公司202室，倪赶重及随同人员罗智以普通消费者名义购买了外包装标明为“运营商：深圳市金鸿德贸易有限公司”“LAFITE – FAMILY”“拉菲世族子爵2007干红葡萄酒”一箱（12瓶/箱）。销售商出具了所盖印章为“湖南生物医药集团健康产业发展有限公司财务专用章”的收据1份，并取得“刘蓁”和“曾露”名片各一张，宣传手册1份、赠品1份（包括打火机1个、红酒盖1个、开酒器1个）。之后，由倪赶重对所购买的商品及赠品、宣传手册进行数码拍照，共拍摄照片17张。以上过程由公证员祖千里和公证人员高慕里现场监督。原告的委托代理人倪赶重随后将上述照片冲洗成一式三份，公证处留存1份，公证员将上述所购商品进行了封存。长沙市公证处于2010年8月10出具（2010）长证民字第5832号《公证书》，对上述过程进行了公证。其中，由被告生物医药公司出具的收据中载明子爵2007的单价为188元一瓶，金额总计为2256元。

庭审中，原审法院对公证封存的物证进行拆封。该物证为原告尚杜·拉菲特罗兹施德民用公司从被告生物医药公司处购得的被控侵权商品一箱（12瓶/箱）。该被控侵权商品纸质包装箱四周均标注有“LAFITE FAMILY”文字及图形标识。从被控侵权商品本身来看，其主视面标注有图形标识及“LAFITE FAMILY”文字；其后视面的上端突出标注有汉字“拉菲世族”，下端标注有图形标识及运营商：深圳市金鸿德贸易有限公司、网址http：//www.lafitefamily.com。

另查明：被告金鸿德公司系2008年7月8日在我国成立的一家有限责任公司，经营范围为：国内商业、物资供销业（不含专营、专控、专卖商品）；兴办实业（具体项目另行申报）；信息咨询（不含证券咨询、人才中介服务和其他限制项目）；预包装食品（酒类）批发（凭有效的食品流通许可证有效期经营）；货物及技术出口（法律、行政法规禁止的项目除外；法律、行政法规限制的项目须取得许可后方可经营）。金鸿德公司先后于2009年9月28日、10月29日向国家工商行政管理总局商标局申请注册“拉菲世族”及图形商标，国家工商行政管理总局商标局先后于2009年10月26日、11月11日签发注册申请受理通知书。

被告生物医药公司系2009年2月13日在我国成立的一家有限责任公司，经营范围为：定型包装食品、保健品、酒类（食品卫生许可证有效期至2013年2月9日止）、制药机械销售；投资管理；自营和代理各类商品和技术的进出口，但国家限定公司经营或进出口的商品和技术除外。2010年3月30日、2010年4月9日、6月29日，生物医药公司先后从被告金鸿德公司处购得拉菲世族系列商品，合计金额为50680元，其中有部分商品由生物医药公司内部使用。金鸿德公司提供了其作为法国拉菲世族酒庄有限公司中国独家总代理商的授权证书、“拉菲世族”及图形商标的注册申请受理通知书、拉菲世族系列商品的卫生证书给生物医药公司。

本案一审的争议焦点是：（1）被告金鸿德公司使用“拉菲世族”文字和虚假宣传行为是否构成对原告尚杜·拉菲特罗兹施德民用公司的不正当竞争；（2）被告使用的“LAFITE FAMILY”、图形标识及“lafitefamily. com”域名是否侵犯原告的注册商标专用权。

湖南省长沙市中级人民法院一审认为：

1. 互联网及相关专业刊物中提到的著名的“LAFITE”葡萄酒，与作为“LAFITE”商标注册人的原告尚杜·拉菲特罗兹施德民用公司能形成对应关系。因此，经过长期使用和广泛宣传，原告商品即“LAFITE”葡萄酒在我国已具有了一定的市场知名度并为相关公众所知悉，依法认定为反不正当竞争法规定的“知名商品”。而“拉菲”与原告的“LAFITE”葡萄酒商品之间已经形成事实上唯一对应的法律关系，具有区别商品来源的显著特征，与其他经营者的同类商品相区别，“拉菲”为原告“LAFITE”葡萄酒商品特有的名称。被告金鸿德公司未经原告许可在相同商品上使用该名称，并在公司网站及宣传资料中使用该名称进行宣传，使相关公众误认为

该商品来源于原告，因此，金鸿德公司的行为构成对原告的不正当竞争。原告作为“LAFITE”品牌的持有人，其葡萄酒商品的知名度及其品牌历史，有诸多证据和公开信息可以证明。金鸿德公司作为中国法人，该公司及其商品显然与其宣传中所描述的“拉菲”“Thomas Jefferson”“罗斯柴尔德”和“拉菲庄园”无关，也没有证据证明其品牌具有悠久历史及证明其商品与“最贵的拉菲葡萄酒”存在任何联系，金鸿德公司使用与原告的品牌历史相同或相似的要素，虚构品牌历史，意图使他人对其出品的葡萄酒商品产生与原告商品相关的误解，系虚假宣传行为，该行为足见金鸿德公司在其商品、网站及宣传手册上使用“Lafite Family”“拉菲世族”、图形系列标识具有攀附原告商品的市场优势、搭原告品牌及商品知名度的便车之主观故意，构成对原告的不正当竞争。

2. 被控侵权商品与原告尚杜·拉菲特罗兹施德民用公司两注册商标核定使用的商品相同，其上使用的“LAFITE FAMILY”标识，由“LAFITE”和“FAMILY”两部分组成，完全包含了原告的第1122916号注册商标“LAFITE”，仅有字母大小写的区别，属于同一词汇，构成近似。被告金鸿德公司将“Lafite”与“family”这一个有其固定含义即“家庭、家族”的英文单词连用，在隔离状态下比对时，其“Lafite Family”表达方式不仅不会产生识别性，倒更容易使相关公众误认为该标识的商品来源系原告或原告家族的系列商品，尤其在原告“LAFITE”商品在相关公众中有很高的知名度的情况下，这种误认会更加强烈，足以造成相关公众对商品来源的混淆。被控侵权商品上使用的图形标识与原告的第G764270号图形注册商标，二者在隔离比对的状态下比较，都是以字母或单词为圆心、五支箭头呈放射状排列构成圆周的结构，二者在整体结构上构成相似；另外，根据一般消费者的认知习惯，对于由文字和图形构成的组合商标，一般会用文字的方式进行呼叫，本案中，原告第G764270号图形注册商标包括“LAFITE”文字，且由于原告本身也持有单独的“LAFITE”注册商标，在实际的宣传和使用中均称呼原告的商品为“LAFITE”，故原告的图形注册商标会呼叫为“LAFITE”，而被控侵权商品的图形标识中最为显著的文字为“lafite family”，其呼叫为“lafite family”，两者的呼叫相似，更容易造成相关公众的混淆。金鸿德公司未经商标注册人许可，在同一种商品上使用了与原告注册商标近似的标识，并将该标识用于公司网站及宣传资料中，其行为足以导致相关公众误以为金鸿德公司标注有“LAFITE FAMILY”及图形标识的葡萄酒商品的来源与原告存在特定的关系，从而侵犯了原告的两注册商标专用权。

被告金鸿德公司在互联网站中使用“lafitefamily. com”的域名，该域名主体“lafitefamily”完全包含了原告尚杜·拉菲特罗兹施德民用公司的“LAFITE”注册商标的字母，其在该网站使用“Lafite”和“Family”组合、“拉菲世族”及图形标识为葡萄酒商品的销售进行包装和宣传，容易使相关公众误认为被告提供的商品来源于原告，或者误认为被告提供的侵权商品系经原告授权、许可等，客观上削弱了原告商标与原告之间唯一的特定联系，构成对原告“LAFITE”注册商标专用权的侵犯。

被告生物医药公司作为侵权产品的销售者，亦构成对原告尚杜·拉菲特罗兹施德民用公司注册商标专用权的侵犯和不正当竞争，两被告均应对侵犯注册商标专用权及不正当竞争行为依法应承担停止侵权、赔偿损失及消除影响等民事责任。对于赔偿损失数额的确定，原审法院认为，在被告金鸿德公司的上述侵权行为中，其在葡萄酒商品、网站及宣传资料上使用原告知名商品近似的名称“拉菲世族”的不正当竞争行为及使用“LAFITE FAMILY”、图形标识的商标侵权行为，主要发生在同一侵权载体即葡萄酒商品及其宣传上，侵权的核心内容均为混淆商品来源，因此侵权产生的损失混同，无法区分，故就该两种行为可依商标侵权确定；就“lafitefamily. com”域名发生的商标侵权行为而言，该域名构成商标侵权的条件之一为“通过该域名进行相关商品交易的电子商务”，而 Http：//www. lafitefamily. com 网站对金鸿德公司品牌历史渊源的虚假宣传，正是为其葡萄酒商品交易即进行电子商务而作的包装和宣传，故该商标侵权行为与不正当竞争行为结果混同，从其效果而言，“lafitefamily. com”域名的使用是其虚假宣传的载体，虚假宣传构成的不正当竞争行为更为直接，故就两种行为而言，依虚假宣传的不正当竞争行为确定赔偿，不再分别赔偿。对于上述赔偿数额的确定，还应考虑原告商标和知名商品特有的名称之知

名度、侵权的情节、主观故意及原告维权所支出的必要费用等情况综合确定。基于金鸿德公司承认生物医药公司从该公司处购得被控侵权商品的事实，属于能够提供合法来源，且也没有证据证明生物医药公司知假卖假，符合商标法规定的免责条件。同时，根据《最高人民法院关于审理不正当竞争民事案件应用法律若干问题的解释》第十七条第一款关于上述不正当竞争行为的损害赔偿额可参照商标侵权的赔偿方法确定的相关规定，原审法院依法确认被告生物医药公司对其商标侵权行为和不正当竞争行为具有法定的免赔事由，不予承担赔偿责任。

据此，湖南省长沙市中级人民法院依据《中华人民共和国民法通则》第一百三十四条第一款第（一）项、第（七）项、第（九）项及第二款，《中华人民共和国反不正当竞争法》第二条、第五条第（二）项、第九条第一款、第二十条，《中华人民共和国商标法》第五十二条第（一）项、第（二）项、第五十六条，《最高人民法院关于审理不正当竞争民事案件应用法律若干问题的解释》第一条第一款、第二条第一款、第四条第一款、第十七条第一款，《最高人民法院关于审理商标民事纠纷案件适用法律若干问题的解释》第一条第（三）项、第九条、第十条、第十六条第一、二款、第二十一条第一款，《最高人民法院关于审理涉及计算机网络域名民事纠纷案件适用法律若干问题的解释》第八条及《中华人民共和国民事诉讼法》第一百三十条之规定，于2011年2月28日判决：

一、被告金鸿德公司立即停止在其生产和销售的葡萄酒商品上、Http：//www.lafitefamily.com网站及宣传资料中使用侵犯原告尚杜·拉菲特罗兹施德民用公司第1122916号“LAFITE”与第G764270号图形注册商标专用权的“LAFITE FAMILY”及图形标识；

二、被告金鸿德公司立即停止在其生产和销售的葡萄酒商品上、Http：//www.lafitefamily.com网站及宣传资料中使用与原告尚杜·拉菲特罗兹施德民用公司知名商品特有的名称“拉菲”构成不正当竞争的“拉菲世族”文字；

三、被告金鸿德公司就上述第一、二项的侵权行为赔偿原告尚杜·拉菲特罗兹施德民用公司经济损失人民币25万元；

四、被告金鸿德公司立即停止在 Http：//www. lafitefamily. com 网站及宣传资料中通过虚假宣传对原告尚杜·拉菲特罗兹施德民用公司实施的不正当竞争行为；并于本判决生效之日起十日内注销侵犯原告第 1122916 号“LAFITE”注册商标专用权的“lafitefamily. com”域名；

五、被告金鸿德公司就上述第四项的侵权行为赔偿原告尚杜·拉菲特罗兹施德民用公司经济损失人民币 5 万元；

六、被告生物医药公司立即停止销售被告金鸿德公司的使用有“拉菲世族”、“LAFITE FAMILY”、图形标识的葡萄酒商品及立即停止使用被告金鸿德公司的包含前述标识与虚假宣传内容的宣传资料；

七、被告金鸿德公司在本判决生效之日起 10 日内在《中国工商报》上刊登声明，为原告尚杜·拉菲特罗兹施德民用公司消除影响，该声明内容由原审法院先行审核；逾期不履行的，由原审法院在该报上发布判决内容，相关费用由被告金鸿德公司负担；

八、以上第三、五项确定的赔偿义务共计人民币 30 万元，由被告金鸿德公司在本判决生效之日起 10 日内支付给原告尚杜·拉菲特罗兹施德民用公司；

九、驳回原告尚杜·拉菲特罗兹施德民用公司的其他诉讼请求。

如未按本判决指定的期间履行上述给付金钱义务，被告金鸿德公司应当依照《中华人民共和国民事诉讼法》第二百二十九条之规定，加倍支付迟延履行期间的债务利息。本案案件受理费 9300 元，由原告尚杜·拉菲特罗兹施德民用公司负担 1000 元，被告金鸿德公司负担 8300 元。

金鸿德公司不服上述判决，向湖南省高级人民法院提出上诉，主要理由是：被上诉人尚杜·拉菲特罗兹施德民用公司注册商标与上诉人的二商标在设计使用元素、直观外形等方面有重大区别，因此不应认定上诉人的商标侵犯了被上诉人注册商标专用权；被上诉人至今未在国内取得对“拉”“菲”“世”“族”或其组合的注册商标权，没有取得“拉菲”名称的专用权，被上诉人的“LAFITE”与图形注册商标亦不属于驰名或知名商标，被上诉人诉上诉人不正当竞争证据不足。请求二审法院依法撤销一审判决，驳回被上诉人的诉讼请求。

被上诉人尚杜·拉菲特罗兹施德民用公司辩称：被上诉人的“LAFITE”与图形注册商标经过长期使用和广泛宣传，已经在相关公众中具有了非常高的知名度。被控侵权商标与被上诉人注册商标构成混淆性近似，且上诉人金鸿德公司注册并使用的“lafitefamily. com”域名与被上诉人的“LAFITE”注册商标构成混淆性近似，侵犯了被上诉人注册商标专用权。被上诉人的“LAFITE”注册商标音译为中文“拉菲”，“拉菲”在中国境内经过长期使用和广泛宣传已构成了被上诉人知名商品特有名称，被控侵权产品上使用“拉菲世族”与被上诉人“拉菲”知名商品特有名称构成混淆性近似，上诉人还在其产品宣传手册、网站中虚构拉菲酒庄的相关事实，其行为构成不正当竞争。

原审被告生物医药公司提交诉讼意见称：其是涉案葡萄酒的使用者，不是销售者，服从一审判决。

湖南省高级人民法院经二审，确认了一审查明的事实，并另查明：被上诉人尚杜·拉菲特罗兹施德民用公司在中国内地销售葡萄酒商品正面使用的是外文瓶贴，该外文瓶贴中标注有“LAFITE”、图形注册商标，背面使用的是中文瓶贴，该中文瓶贴在顶端中部用较大字体突出标注“拉菲”二字，在中下部标注“由罗斯柴尔（拉菲）堡灌装”字样。

本案二审的争议焦点是：（1）上诉人金鸿德公司是否侵犯了被上诉人尚杜·拉菲特罗兹施德民用公司所有的涉案注册商标专用权；（2）金鸿德公司的行为是否构成对尚杜·拉菲特罗兹施德民用公司的不正当竞争；（3）原审法院认定的赔偿金额是否恰当。

湖南省高级人民法院二审认为：

1. 被上诉人尚杜·拉菲特罗兹施德民用公司系第1122916号“LAFITE”与第G764270号图形注册商标专用权人，其享有的注册商标专用权依法受我国法律保护。根据我国商标法规定，未经商标注册人的许可，在同一种商品或者类似商品上使用与其注册商标相同或者近似的商标，或者销售侵犯注册商标专用权的商品的，均属侵犯注册商标权的行为。本案中，被控侵权商品为葡萄酒，与被上诉人第1122916号“LAFITE”注册商标、第G764270号图形注册商标核定使用的商品同属于

《商标注册用商品和服务国际分类表》第33类，系相同商品。将被控侵权商品上使用的“LAFITE FAMILY”标识及图形标识与被上诉人的注册商标在隔离的状态下进行比对，其中，“LAFITE FAMILY”标识完整包含了上诉人金鸿德公司的第1122916号注册商标“LAFITE”文字，图形标识的构图则与上诉人第G764270号注册商标图形的构图整体结构相似，易使相关公众对商品的来源产生误认或者认为其来源与被上诉人注册商标的商品有特定的联系。因此，上诉人金鸿德公司未经商标权人许可，在其葡萄酒商品上使用“LAFITE FAMILY”、图形标识的行为侵犯了被上诉人的注册商标专用权，应承担相应的民事责任。其关于“LAFITE FAMILY”、图形标识与注册商标不相同或不相似，其行为不构成商标侵权的上诉理由不能成立，不予支持。

根据《最高人民法院关于审理商标民事纠纷案件适用法律若干问题的解释》第一条第（三）项规定，将与他人注册商标相同或者相近似的文字注册为域名，并且通过该域名进行相关商品交易的电子商务，容易使相关公众产生误认的行为属于《中华人民共和国商标法》第五十二条第（五）项规定的给他人注册商标专用权造成其他损害的行为。本案中，上诉人金鸿德公司使用的域名“lafitefamily. com”完整包含了被上诉人尚杜·拉菲特罗兹施德民用公司第1122916号注册商标“LAFITE”文字，上诉人并在该网站中结合“Lafitefamily”、图形等标识对其葡萄酒商品进行宣传、推广，容易使相关公众误认为上诉人提供的商品来源于被上诉人，上诉人的这一行为属于给他人注册商标专用权造成其他损害的行为，侵犯了被上诉人尚杜·拉菲特罗兹施德民用公司第1122916号“LAFITE”注册商标专用权。金鸿德公司关于其使用的域名没有侵犯被上诉人注册商标专用权的上诉理由，无事实和法律依据，应予驳回。

2. 争议焦点2主要涉及“LAFITE”葡萄酒是否为知名商品，“拉菲”是否为“LAFITE”葡萄酒知名商品的特有名称，以及上诉人金鸿德公司使用“拉菲世族”名称等行为是否构成对被上诉人尚杜·拉菲特罗兹施德民用公司的不正当竞争等问题。关于“LAFITE”葡萄酒是否为知名商品，我国反不正当竞争法所指的知名商品，是指在中国境内具有一定的市场知名

度，为相关公众所知悉的商品。认定知名商品，应当考虑该商品的销售时间、销售区域、销售额和销售对象，进行任何宣传的持续时间、程度和地域范围，作为知名商品受保护的情况等因素进行综合判断，亦可适当考虑国外已知名等因素。根据查明的事实，被上诉人尚杜·拉菲特罗兹施德民用公司生产的“LAFITE”葡萄酒具有较长的品牌历史，在法国被认为是最好的葡萄酒之一。在“LAFITE”葡萄酒进入中国市场前，我国内地相关媒体和主流中文网站就对其进行了较为广泛的宣传报道。“LAFITE”葡萄酒自2006年开始进入中国市场后，尚杜·拉菲特罗兹施德民用公司通过在其公司网站进行产品品牌介绍和举行高端品酒会等形式对其“LAFITE”葡萄酒产品进行宣传推广，国内相关媒体和网站也持续对“LAFITE”葡萄酒产品进行了宣传报道。由这些事实可以看出，尚杜·拉菲特罗兹施德民用公司生产的“LAFITE”葡萄酒在我国葡萄酒市场已具有较高的知名度，应认定为我国反不正当竞争法所指的知名商品。

关于“拉菲”是否为“LAFITE”葡萄酒的特有名称。根据《最高人民法院关于审理商标民事纠纷案件适用法律若干问题的解释》第二条第一款的规定，具有识别商品来源的显著特征的商品的名称应当认定为商品特有的名称。本案中，“拉菲”为“LAFITE”文字的直接音译，被上诉人尚杜·拉菲特罗兹施德民用公司不仅在其产品上实际使用中文“拉菲”作为其“LAFITE”葡萄酒商品的名称，在其自己的宣传资料及网站中亦将“LAFITE”葡萄酒称呼为“拉菲”葡萄酒，而国内相关媒体及百度百科、维基百科等中文网站在对“LAFITE”葡萄酒进行报道时，也一致称其为“拉菲”，没有证据显示“LAFITE”葡萄酒除“拉菲”外，还使用了其他中文名称，因此，“拉菲”事实上系“LAFITE”葡萄酒知名商品唯一对应的中文名称，具有区别商品来源的显著性，应认定其为“LAFITE”葡萄酒知名商品的特有名称。上诉人金鸿德公司在其葡萄酒商品上突出使用“拉菲世族”文字，该文字不仅完整包含了“拉菲”二字，且“拉菲”二字构成该组文字的主要识别和呼叫部分，二者构成近似。金鸿德公司未经许可，在相同商品上擅自使用与他人知名商品近似的商品名称，造成和他人知名商品相混淆，使购买者误认为是该知名商品，其行为构成对被上诉人的不正当竞争，应承担相应的责任。金鸿德公司关于其使用“拉菲世族”文字不构成侵权的上诉理由不能成立，不予支持。

关于上诉人金鸿德公司对其产品所作宣传是否虚假，是否构成不正当竞争。根据金鸿德公司提交的《企业法人营业执照》，金鸿德公司系2008年7月8日成立的有限责任公司，系中国法人，其显然与“LAFITE”品牌“历史悠久”“前美国总统托马斯·杰弗逊系其品牌拥护者”“1868年詹姆士·罗斯柴尔德家族在公开拍卖会上购得拉菲古堡”等要素没有关联，但在金鸿德公司的官方网站及产品宣传资料中对被控侵权葡萄酒商品所作宣传和介绍却包含了以上要素，上诉人的行为系对商品的质量、制作成分、性能用途、生产者、产地等作引人误解的虚假宣传，其关于未实施虚假宣传的不正当竞争行为的上诉理由无事实和法律依据，应予驳回。

3. 在本案诉讼中，双方当事人均未能证明侵权人因侵权所获得的利益及被侵权人所受到的损失，因此，原审法院按照法定赔偿的方式确定本案的赔偿金额是正确的，在具体的赔偿数额方面，原审法院综合涉案侵权行为损失混同、商标和知名商品特有的名称之知名度、侵权的情节、主观故意及维权所支出的必要费用等情况酌定上诉人金鸿德公司赔偿被上诉人尚杜·拉菲特罗兹施德民用公司30万元并无不妥。上诉人虽然主张赔偿数额过高，但未提交证据予以证明，因此，其关于原审判决确定的赔偿金额过高的上诉理由亦不能成立，不予支持。

综上所述，本案中，上诉人金鸿德公司的行为侵犯了被上诉人尚杜·拉菲特罗兹施德民用公司的注册商标专用权，亦构成对尚杜·拉菲特罗兹施德民用公司的不正当竞争，依法应当承担相应的民事责任，其上诉请求无事实和法律依据，依法应予驳回。原审判决认定事实清楚，适用法律正确，程序合法，应予维持。据此，湖南省高级人民法院根据《中华人民共和国民事诉讼法》第一百五十三条第一款第（一）项之规定，于2011年8月17日判决：

驳回上诉，维持原判。

本案二审案件受理费9300元，由上诉人金鸿德公司负担。

本判决为终审判决。

29. 株式会社尼康诉浙江尼康电动车业有限公司等侵犯注册商标专用权及不正当竞争纠纷案*

被控侵权人在不相同或者不相类似的商品上使用驰名商标，足以使相关公众认为被诉商标与驰名商标具有相当程度的联系，减弱驰名商标的显著性，应对驰名商标给予跨类保护

【裁判摘要】

一、被控侵权人在不相同或者不相类似的商品上使用驰名商标，足以使相关公众认为被诉商标与驰名商标具有相当程度的联系，减弱驰名商标的显著性，应对驰名商标给予跨类保护；认定部分商标驰名已足以保护注册商标人的合法权益，无需再对其余商标是否驰名作出认定；认定驰名商标应以被诉侵犯商标权或者不正当竞争行为发生时，其商标是否驰名为判断标准。

二、人民法院在审理注册商标专用权和企业名称权冲突案件时，如企业字号足以使相关公众对产品或服务的提供者产生混淆或者误认，应判决侵权人停止使用该字号。

原告：株式会社尼康。住所地：日本国东京都千代田区丸之内。

法定代表人：寺东一郎，该社代表取缔役副社长。

---

* 摘自《最高人民法院公报》2012 年第 8 期。

被告：西安太华电动自行车批发市场有限公司。住所地：陕西省西安市新城区太华路。

法定代表人：章再新，该公司执行董事兼总经理。

被告：朱国平，男，48 岁。住浙江省金华市金东区东孝街道叶明村。

被告：浙江尼康电动车业有限公司。住所地：浙江省金华市金东新区工业园赤松路。

法定代表人：李铭，该公司执行董事兼总经理。

原告株式会社尼康因与被告西安太华电动自行车批发市场有限公司（以下简称太华市场）、朱国平、浙江尼康电动车业有限公司（以下简称浙江尼康）发生侵犯注册商标专用权及不正当竞争纠纷，向陕西省西安市中级人民法院提起诉讼。

原告株式会社尼康诉称：1979 年 8 月 15 日原告获得“Nikon”注册商标，1986 年 2 月 15 日原告获得“尼康”注册商标，2004 年 9 月 7 日原告又在数码相机上获得“Nikon”注册商标。1985 年原告在北京设立办事处，1992 年起原告又分别在上海等地设立多家以“尼康”命名的公司。原告投入大量资金用于在中国大陆的品牌推广与产品宣传上，“尼康”照相机在中国市场上享有极高的占有率。“尼康”“Nikon”2009 年 4 月被国家工商行政管理总局（以下简称国家工商总局）认定为驰名商标。被告太华市场、朱国平销售的尼康电动车系由被告浙江尼康生产，该产品使用了“尼康”“NICOM”商标。浙江尼康在店招、宣传海报上突出使用了“尼康”“NICOM”。原告认为，被告擅自在经营活动中商业性使用与“尼康”“Nikon”商标相同或者近似标识，生产销售与“尼康”“Nikon”商标相同或者近似标识的产品，其行为足以使相关公众对被告商品和服务的来源产生混淆，引起他人误认为被告与原告存在某种联系，构成了对原告“尼康”“Nikon”商标权的侵害。此外，浙江尼康使用“尼康”作为企业字号，足以使相关公众认为被告及其商品和服务与原告存在特定的联系，构成不正当竞争。请求判令：太华市场、朱国平停止销售侵犯原告“尼康”“Nikon”注册商标专用权的电动车产品；浙江尼康停止侵犯原告“尼康”“Nikon”注册商标专用权的行为；浙江尼康停止在企业名称中使用“尼

康”文字的不正当竞争行为；浙江尼康赔偿原告损失人民币200万元。

原告株式会社尼康提供了以下七组证据：

第一组：第243268号“尼康”、第97095号“Nikon”、第3427916号“Nikon”商标注册证及续展证明。用以证明其获得“尼康”“Nikon”商标专用权。

第二组：(1)“尼康”“Nikon”在不同种类上的商标注册证、商标许可使用合同。用以证明原告株式会社尼康在中国大陆、香港、台湾地区40余个商品类别上注册了“尼康”“Nikon”商标及株式会社尼康在中国使用“尼康”“Nikon”商标的持续时间。(2)株式会社尼康中国子公司的工商档案资料、公证书。用以证明株式会社尼康使用“尼康”“Nikon”商标的商品在中国的销售区域、销售额及利润；株式会社尼康在历年中国市场最受用户关注数码相机品牌排名。(3)广告合同、刊载平面广告的报刊、展会、赛事资料、户外广告照片、广告录像。用以证明株式会社尼康“尼康”“Nikon”商标及相关产品的广告宣传，“尼康”“Nikon”商标在中国具有极高知名度。(4)商标争议及商标异议裁定书、中国各地查处假冒产品的行政文件。用以证明株式会社尼康的“尼康”“Nikon”商标在中国具有极高的知名度，并受到驰名商标的保护记录。(5)荣誉证书、奖牌和奖杯。用以证明株式会社尼康以及使用“尼康”“Nikon”商标的商品在中国获得了各种奖项，在同行业以及消费群体中享有极高的声誉。该组证据证明“尼康”“Nikon”(第9类)商标已在中国驰名。

第三组：(1)原告株式会社尼康在日本及世界各国注册“Nikon”商标的证明文件、年度报告。(2)株式会社尼康使用“尼康”“Nikon”商标的商品在世界范围内的销售区域、销售额及利润。(3)株式会社尼康“尼康”“Nikon”商标及相关产品的媒体报道等。该组证据用以证明“尼康”“Nikon”商标(第9类)已在世界范围内为驰名商标。

第四组：(1)原告株式会社尼康《现在事项全部证明书》。(2)株式会社尼康在中国子公司的营业执照副本、外商投资企业批准证书。该组证据用以证明株式会社尼康享有的企业名称权。

第五组：(1)被告浙江尼康的工商登记资料。用以证明浙江尼康成立时间。(2)公证书、尼康报、尼康电动车广告等资料。用以证明浙江尼康在公司网站、对外宣传、店堂装饰、产品上使用“尼康”“NICOM”文字，侵犯了“尼康”“Nikon”商标权。(3)被告太华市场的工商登记资料。用以证明太华市场成立时间。(4)售后服务凭证。用以证明太华市场与金尼康电动自行车行共同销售使用“尼康”“NICOM”文字的电动自行车，侵犯了原告株式会社尼康的“尼康”“Nikon”商标权。(5)个体工商户设立登记申请书及房屋租赁合同。用以证明西安市新城区金尼康电动自行车行的业主是被告朱国平，朱国平从事电动自行车批零销售；朱国平销售使用“尼康”“NICOM”商标标识的电动自行车侵犯了株式会社尼康的“尼康”“Nikon”商标权。(6)公证书。用以证明浙江尼康在其公司网站上擅自使用“尼康”“NICOM”“浙江尼康电动车业有限公司”等文字，构成对株式会社尼康的不正当竞争。(7)浙江尼康的工商档案资料。用以证明2006年浙江尼康由“金华市五星电动车辆有限公司”变更为现名。浙江尼康将“尼康”作为其企业字号使用，构成对株式会社尼康的不正当竞争。(8)网页公证书。用以证明浙江尼康生产的尼康电动车因质量问题遭到消费者投诉；消费者误认为尼康电动车为株式会社尼康的产品或与其存在某种特定联系。(9)商标争议裁定书。用以证明国家工商总局商标评审委员会(以下简称商标评审委员会)依法撤销第1977805号“尼康及图”争议商标；浙江尼康具有侵犯株式会社尼康的“尼康”商标权和不正当竞争的主观恶意。

第六组:(1)被告浙江尼康的年检报告。(2)聘用律师协议及律师费发票。(3)电动自行车售后服务凭证、公证费发票。(4)差旅费发票。(5)查档费发票。(6)翻译费发票。用以证明浙江尼康的侵权获利及原告株式会社尼康为制止侵权行为支付的合理费用。

第七组:(1)原告株式会社尼康在北京设立常驻代表机构等证据。用以证明株式会社尼康1985年12月18日在中国设立了代表处。(2)北京市高级人民法院(2010)高行终字第1136号行政判决书。用以证明株式会社尼康的第97095号“Nikon”商标和第243268号“尼康”商标在照相机等商品上为驰名商标；被告浙江尼康第1977805号“尼康及图”商标被依

法撤销。

被告太华市场辩称：尼康电动车进入其公司开办的市场时已经取得相关许可证明，属于合法商品；太华市场经营范围是市场建设开发和房屋租赁，并非电动自行车的销售，原告株式会社尼康提供的售后凭证是误导太华市场的行为，行政专用章不能作为销售证据；太华公司没有侵权行为，不存在停止侵权；请求驳回原告的诉讼请求。

被告太华市场提交了以下证据：

1. 场地租赁合同。用以证明其与被告朱国平不是合作关系，而是租赁关系。

2. “证明”及“说明”。用以证明其与被告朱国平已解除了租赁关系。

3. 个体工商户营业执照及被告浙江尼康企业法人营业执照、生产许可证、荣誉证书。用以证明被告太华市场是合法经营，尽到了审查注意义务。

被告朱国平未予答辩，也未提交证据。

被告浙江尼康辩称：浙江尼康使用的商标是合法取得，原告株式会社尼康的“尼康”“Nikon”并非驰名商标；浙江尼康拥有合法商号，不构成不正当竞争；浙江尼康在商标使用过程中，既不存在误导和混淆，也不存在搭便车的行为，请求驳回原告的诉讼请求。

被告浙江尼康提供了相关荣誉证书。用以证明浙江尼康有良好的产品质量和商誉，不可能产生对原告株式会社尼康商誉的侵害。

西安市中级人民法院一审查明：

一、关于原告株式会社尼康在中国注册商标的事实

1979 年 8 月 15 日，日本光学工业株式会社经国家工商总局商标局（以下简称商标局）核准，获得“Nikon”注册商标专用权，核定使用商品为《类似商品和服务区分表》第 9 类的“摄影机、电影摄影机等”。商标注册证第 97095 号。1988 年 8 月 4 日，经商标局核准，上述商标注册人变更为株式会社尼康。后株式会社尼康经商标局核准，将第 97095 号商标续展注册有效期至 2019 年 8 月 14 日。

1986年2月15日，日本光学工业株式会社经商标局核准，获得“尼康”注册商标专用权，核定使用商品为《类似商品和服务区分表》第9类的“照相机等”。商标注册证第243268号。1988年8月4日，经商标局核准，上述商标注册人变更为株式会社尼康。之后，株式会社尼康经商标局核准，将第243268号商标续展注册有效期至2016年2月14日。

2004年9月7日，原告株式会社尼康经商标局核准，获得“Nikon”注册商标专用权，核定使用商品为《类似商品和服务区分表》第9类的“照相机（摄影）、数码相机等”。商标注册证第3427916号，注册有效期限至2014年9月6日。

二、关于原告株式会社尼康在中国设立公司的事实

1985年12月18日，原告株式会社尼康（原名为日本光学工业株式会社）经国家工商总局核准，注册成立了株式会社尼康驻北京代表处，业务范围为有关光学仪器等业务的联络和技术交流。1996年3月起株式会社尼康先后在中国注册成立了广东尼康照相机有限公司、南京尼康江南光学仪器有限公司、杭州尼康照相机有限公司、尼康光学仪器（中国）有限公司、东莞尼康电子测仪有限公司、上海尼康精机有限公司、尼康仪器（上海）有限公司、尼康映像仪器销售（中国）有限公司、尼康国际贸易（深圳）有限公司。1995年9月11日至2008年12月15日期间，株式会社尼康与南京江南光电（集团）股份有限公司等中国公司签订了商标许可使用合同，许可其中国公司使用“尼康”“Nikon”注册商标及企业字号“尼康”。

三、关于原告株式会社尼康在中国宣传其产品的事实

1995年6月起至2008年10月，原告株式会社尼康先后在上海、北京、西安等地对其产品做了霓虹灯户外广告宣传，并在中国中央电视台及北京等20余个省市级电视台投放电视广告；在新浪、搜狐、百度等知名网站投放网络广告。1980年至2009年间，株式会社尼康在《摄影与摄像》《大众摄影》《照相机》《中华商标》《北京青年报》《新民晚报》《羊城晚

报》等中国期刊、报纸上刊登平面广告，宣传其产品。株式会社尼康通过在中国设立产品展示厅参加多种大型展会、举办各种促销活动，宣传“尼康”“Nikon”产品；在中国赞助各种大型国际体育赛事，推介“尼康”“Nikon”品牌。株式会社尼康以举办演唱会的形式推广尼康产品和尼康品牌形象，启用了形象代言人。株式会社尼康产品销售范围覆盖中国各地。2003～2008年株式会社尼康生产的“尼康”相机在历年中国市场最受用户关注数码相机品牌中排名始终排在前五位，在中国市场单反数码相机品牌关注度排行榜中排名列前三位，长焦数码相机排名位列第一；2004年以来株式会社尼康在中国获得了读者最信赖数码相机品牌奖等多种奖项，在同行业以及消费群体中均享有极高的声誉。

四、关于被告浙江尼康、太华市场、朱国平注册登记的事实

2000年3月28日，金华市五星电梯有限公司注册成立；2001年5月28日，将企业名称变更为金华市五星电动车辆有限公司；2004年7月30日，又将企业名称变更为浙江金华市五星电动车辆有限公司；2006年6月27日，再次将企业名称变更为浙江尼康；经营范围为电动自行车、电瓶助动车制造、销售。2008年5月，尼康电动自行车被金华市工商行政管理局认定为金华市知名商品；2008年10月，被告浙江尼康“尼康小旋风电动自行车”获得29届中国浙江国际自行车电动车展览会创新产品奖；2008年11月，浙江尼康被金华市工商行政管理局认定为金华市著名商标。

被告太华市场成立于2006年9月18日，经营范围为市场建设开发、市场房屋及设施租赁、市场物业管理。西安市新城区金尼康电动自行车行的业主是被告朱国平，朱国平主要从事电动自行车批零销售。2007年4月16日，太华市场与朱国平签订了场地租赁合同，由朱国平租用太华市场A区26号场地用于经营浙江尼康品牌自行车。2009年5月24日，朱国平与太华市场解除了租赁关系。

五、关于本案的其他事实

被告浙江尼康在其网站的页面、店堂装饰图稿等处分别使用了“尼

康”“NICOM”文字；其中网站的“产品介绍”栏目介绍了浙江尼康生产的包括“尼康天王二代”“尼康金牛”“尼康小鹰号”“尼康世纪公主”等以“尼康”命名的产品。产品图像显示浙江尼康生产的电动自行车和电动三轮车车体上使用了“尼康”“NICOM”文字。浙江尼康在其公司门口、大楼外部、公司车辆的车身、广告资料、尼康报使用了“尼康车业”“尼康电动自行车”“尼康”字样。

2009 年 4 月 15 日，上海华诚律师事务所前往位于陕西省西安市太华路被告太华市场内的尼康电动车销售柜台索要了被告浙江尼康产品介绍，并分别以单价 2100 元、2550 元购买了尼康 TDP40Z 电动车两辆，取得了加盖“西安市新城区金尼康电动自行车行”和“西安太华电动自行车批发市场有限公司行政专用章”印鉴的《电动自行车售后服务凭证》。太华市场门头广告牌载明：中国尼康电动车诚招各地经销商，落款为驻西安办事处，其中“尼康”“NICOM”用显著字体突出表明。

庭审中，因被告浙江尼康对第 97095 号“Nikon”、第 3427916 号“Nikon”、第 243268 号“尼康”注册商标为驰名商标不予认可，原告株式会社尼康申请法院认定第 97095 号“Nikon”、第 3427916 号“Nikon”和第 243268 号“尼康”商标为驰名商标。

六、关于与被告浙江尼康“尼康及图”注册商标的相关事实

金华市五星电动车辆有限公司于 2001 年 8 月 27 日向商标局提出申请注册“尼康及图”商标，2002 年 12 月 7 日获得“尼康及图”注册商标专用权，核定使用商品为《类似商品和服务区分表》第 12 类的“电动车辆、电动摩托车等”。商标注册证第 1977805 号，注册有效期限至 2012 年 12 月 6 日。2006 年 11 月 29 日，经商标局核准，金华市五星电动车辆有限公司将上述商标注册人变更为浙江尼康。

2007 年 12 月 5 日，原告株式会社尼康对第 1977805 号商标提出撤销申请。2009 年 5 月 18 日，商标评审委员会裁定依法撤销第 1977805 号“尼康及图”商标。浙江尼康不服商标争议裁定，向北京市第一中级人民法院提起行政诉讼。2009 年 12 月 29 日，北京市第一中级人民法院判决维持商

标评审委员会的裁定。浙江尼康提起上诉，2010 年 12 月 14 日，北京市高级人民法院作出判决，驳回上诉，维持一审判决。

本案争议的焦点问题是：（1）关于本案诉争商标应否认定为驰名商标的问题；（2）被告的被诉侵权行为是否侵犯了原告株式会社尼康享有的注册商标专用权；（3）浙江尼康在企业名称中使用“尼康”字号是否构成不正当竞争行为；（4）民事责任的承担。

西安市中级人民法院一审认为：

一、关于本案诉争商标应否认定为驰名商标的问题

“Nikon”“尼康”注册商标在照相机上使用的时间历史悠久，在消费者中产生了较高的知名度，相关公众对“Nikon”“尼康”品牌照相机的知晓程度是众所周知的事实，即“Nikon”“尼康”注册商标已经达到驰名状态。《最高人民法院关于审理商标民事纠纷案件适用法律若干问题的解释》第十一条第一款规定：商标法第五十二条第（一）项规定的类似商品，是指在功能、用途、生产部门、销售渠道、消费对象等方面相同，或者相关公众一般认为其存在特定联系、容易造成混淆的商品。电动车和照相机在功能、用途、生产部门、销售渠道、消费对象等方面存在着明显的差异，二者并不属于类似商品。

《中华人民共和国商标法》第十三条第二款规定：就不相同或者不相类似商品申请注册的商标是复制、摹仿或者翻译他人已经在中国注册的驰名商标，误导公众，致使该驰名商标注册人的利益可能受到损害的，不予注册并禁止使用。《最高人民法院关于审理涉及驰名商标保护的民事纠纷案件应用法律若干问题的解释》第九条第二款规定：足以使相关公众认为被诉商标与驰名商标具有相当程度的联系，而减弱驰名商标的显著性、贬损驰名商标的市场声誉，或者不正当利用驰名商标的市场声誉的，属于商标法第十三条第二款规定的“误导公众，致使该驰名商标注册人的利益可能受到损害”。本案中，被告浙江尼康企业名称自 2000 年 3 月起连续 6 年沿用“五星”字号，至 2006 年 6 月开始使用“尼康”字号，并以“NICOM”和“尼康”命名产品，主观上具有明显搭便车的故意，客观上

借用了原告株式会社尼康的声誉，可能使消费者对市场主体及其商品来源产生联系，致株式会社尼康的利益可能受到损害。

《最高人民法院关于审理涉及驰名商标保护的民事纠纷案件应用法律若干问题的解释》第七条第一款规定：被诉侵犯商标权或者不正当竞争行为发生前，曾被人民法院或者国务院工商行政管理部门认定驰名的商标，被告对该商标驰名的事实不持异议的，人民法院应当予以认定。被告提出异议的，原告仍应当对该商标驰名的事实负举证责任。本案中，原告株式会社尼康拥有的第97095号“Nikon”和第243268号“尼康”注册商标曾被国家工商总局认定为驰名商标，因被告浙江尼康对此事实不予认可，株式会社尼康当庭提出申请，请求依法认定第97095号“Nikon”商标、第243268号“尼康”商标、第3427916号“Nikon”商标为驰名商标。根据《最高人民法院关于审理涉及驰名商标保护的民事纠纷案件应用法律若干问题的解释》第二条规定：“在下列民事纠纷案件中，当事人以商标驰名作为事实根据，人民法院根据案件具体情况，认为确有必要的，对所涉商标是否驰名作出认定：（一）以违反商标法第十三条的规定为由，提起的侵犯商标权诉讼；（二）以企业名称与其驰名商标相同或者近似为由，提起的侵犯商标权或者不正当竞争诉讼……”本案因浙江尼康将“尼康”作为企业字号并使用在其生产的电动自行车上，株式会社尼康请求认定“Nikon”“尼康”为驰名商标，符合上述法律规定，故应对争讼之商标是否驰名进行审查认定。

根据《最高人民法院关于审理涉及驰名商标保护的民事纠纷案件应用法律若干问题的解释》第四条“人民法院认定商标是否驰名，应当以证明其驰名的事实为依据，综合考虑商标法第十四条规定的各项因素，但是根据案件具体情况无需考虑该条规定的全部因素即足以认定商标驰名的情形除外”之规定，因本案争讼之第97095号“Nikon”、第243268号“尼康”注册商标已在消费者中产生了较高的知名度，相关公众对“Nikon”“尼康”品牌照相机的知晓程度广泛，“Nikon”“尼康”注册商标已经达到驰名状态，符合上述法律规定的认定驰名商标的标准，故应依法认定第97095号“Nikon”和第243268号“尼康”注册商标在照相机产品上已构

成驰名商标。至于第3427916号“Nikon”注册商标因认定上述两个商标为驰名商标后已经足以保护株式会社尼康的合法权益，因而无需再对该商标是否驰名进行认定。被告浙江尼康认为原告株式会社尼康在2001年度并非驰名商标，因认定驰名商标应以被诉侵犯商标权或者不正当竞争行为发生时，其商标是否驰名为判断标准，故浙江尼康的辩称理由，事实依据不足。

二、关于被告是否构成侵犯原告株式会社尼康“尼康”“Nikon”注册商标专用权的问题

根据法律规定，是否侵犯注册商标专用权，应依据普通消费者的一般注意力及上述法律规定进行综合判断，对诉争商标进行整体比对和主要部分比对。在侵犯商标专用权纠纷案件中，认定被控侵权商标与主张权利的注册商标是否近似，应当视所涉商标或其构成要素的显著程度、市场知名度等具体情况，在考虑和对比文字的字形、读音和含义，图形的构图和颜色，或者各构成要素的组合结构等基础上，对其整体或者主要部分是否具有市场混淆的可能性进行综合分析判断。其整体或主要部分具有市场混淆可能性的，可以认定构成近似；否则，不应认定构成近似。判断侵犯商标专用权中的近似不限于商标整体的近似，还包括主要部分的近似。认定商标近似时，应考虑请求被保护的商标的显著性和知名度。本案中，原告株式会社尼康经商标局核准注册的“Nikon”“尼康”注册商标分别由英文字母及汉字构成，经过株式会社尼康的使用、广告宣传及其产品市场占有率，该注册商标因其注册时间长、市场信誉好，使用频率高，具有较高的市场知名度和显著性，进而具有较强的识别力，在市场上消费者只要看到“Nikon”“尼康”标识就会与株式会社尼康的相关产品形成固定的联系。而被告浙江尼康在其网站的页面、店堂装饰图稿等处分别使用了“尼康”“NICOM”文字；且其产品名称也是以“尼康”命名；浙江尼康生产的电动自行车和电动三轮车车体上使用了“尼康”“NICOM”文字；浙江尼康在其经营公司门口、大楼外部、公司车辆的车身、广告资料、尼康报上使用了“尼康车业”“尼康电动自行车”“尼康”字样。由此事实证明，浙

江尼康使用的“尼康”文字与株式会社尼康注册商标“尼康”相同，使用的“NICOM”英文字母与株式会社尼康注册商标“Nikon”英文字母的组合虽不完全相同，但其读音及各构成要素的字母组合结构相近似，该使用行为足以使相关公众对其产品的来源产生误认。根据《最高人民法院关于审理商标民事纠纷案件适用法律若干问题的解释》第一条第一款第（二）项“复制、摹仿、翻译他人注册的驰名商标或其主要部分在不相同或者不相类似商品上作为商标使用，误导公众，致使该驰名商标注册人的利益可能受到损害的，属于商标法第五十二条第（五）项规定的给他人注册商标专用权造成其他损害的行为”之规定，应认定浙江尼康的行为侵犯了株式会社尼康的注册商标专用权。浙江尼康辩称其使用的商标是合法取得，不存在误导和混淆公众的可能性，因浙江尼康拥有的第1977805号“尼康”商标已被依法撤销，其主张事实依据不足。

此外，上海华诚律师事务所在被告太华市场内的尼康电动车销售柜台取得被告浙江尼康产品介绍后，购买了尼康电动车两辆，取得了加盖“西安市新城区金尼康电动自行车行”和“西安太华电动自行车批发市场有限公司行政专用章”印鉴的《电动自行车售后服务凭证》。太华市场门头广告牌载明：中国尼康电动车诚招各地经销商，其中“尼康”“NICOM”用显著字体突出表明。由此事实证明，太华市场、朱国平共同销售了浙江尼康生产的电动自行车。根据《中华人民共和国商标法》第五十二条第（二）项的规定，销售侵犯注册商标专用权的商品的，属侵犯注册商标专用权的行为。太华市场、朱国平的销售行为构成对原告株式会社尼康注册商标专用权的侵害。太华市场辩称，尼康电动车进入其公司开办的市场时已经取得相关许可证明，属于合法的商品，因取得相关许可证明与合法商品并不存在直接的因果关系，其辩称理由不能成立。至于太华市场辩称株式会社尼康提供的售后凭证是误导太华市场的行为，因太华市场对株式会社尼康是否有误导行为，并未提供证据证明，其主张不予采信。

三、关于被告浙江尼康在企业名称中使用“尼康”文字是否构成不正当竞争行为的问题

本案中，原告株式会社尼康不仅享有“尼康”注册商标权，同时享有企业名称权，株式会社尼康的“尼康”无论作为注册商标，还是企业字号，都先于被告浙江尼康；加之，2006 年 6 月 27 日浙江尼康将其企业字号变更为“尼康”时，株式会社尼康在消费者中已经具有一定的市场知名度、为相关公众所知悉，浙江尼康使用“尼康”作为企业字号具有明显的攀附株式会社尼康商业声誉的主观意图，其在经营中使用“尼康”作为企业字号，足以误导相关公众将浙江尼康及其产品与株式会社尼康发生混淆、误认或建立联系，因此，浙江尼康构成对株式会社尼康的不正当竞争。

四、关于本案民事责任的承担问题

首先，本案应否停止侵权。原告株式会社尼康请求被告太华市场、朱国平停止销售侵犯其“尼康”“Nikon”注册商标专用权的电动车产品；被告浙江尼康停止侵犯其“尼康”“Nikon”注册商标专用权的行为，事实和法律依据充分，依法予以支持。

其次，被告浙江尼康应否停止使用“尼康”企业字号。浙江尼康自 2000 年 3 月 28 日以“五星”作为企业字号注册成立后，其产品和企业多次获奖，在消费者中“五星”企业字号具有一定的影响度。在此情形下，浙江尼康于 2006 年 6 月不正当地将原告株式会社尼康具有较高知名度的在先注册商标和企业字号“尼康”注册登记为其企业名称中的字号，其注册使用“尼康”的行为本身即是违法。根据本案的具体案情，浙江尼康将“尼康”作为企业字号使用，足以误导相关公众将浙江尼康及其产品与株式会社尼康发生混淆、误认或建立联系，株式会社尼康请求浙江尼康停止在企业名称中使用“尼康”文字的不正当竞争行为，应予支持。

最后，本案损害赔偿额的确定。原告株式会社尼康请求被告浙江尼康赔偿其损失人民币 200 万元是根据浙江尼康 2005 年到 2007 年的利润计算

的，因侵权赔偿额应当自株式会社尼康起诉之日2009年4月29日起向前推算两年计算，而株式会社尼康请求浙江尼康赔偿损失自2005年到2007年计算显然不当。考虑到浙江尼康的主观过错程度、经营规模、侵权行为的性质、范围、期间、后果、商标的声誉等因素，综合确定包括株式会社尼康为制止侵权行为的合理开支在内的赔偿额为人民币20万元。

综上，西安市中级人民法院依照《中华人民共和国民法通则》第一百一十八条、《中华人民共和国商标法》第三条、第五十二条第一款第（二）项、第（五）项、第五十六条、《最高人民法院关于审理商标民事纠纷案件适用法律若干问题的解释》第一条第一款第（二）项、第十六条、第十七条、第十八条、第二十一条，《中华人民共和国反不正当竞争法》第五条第一款第（三）项、《最高人民法院关于审理注册商标、企业名称与在先权利冲突的民事纠纷案件若干问题的规定》第四条、《中华人民共和国民事诉讼法》第六十四条之规定，于2010年12月28日判决：

一、本判决生效后被告太华市场、朱国平立即停止销售侵犯原告株式会社尼康“尼康”“Nikon”注册商标专用权的电动车产品；

二、本判决生效后被告浙江尼康立即停止侵犯原告株式会社尼康“尼康”“Nikon”注册商标专用权的行为；

三、本判决生效后被告浙江尼康立即停止使用“尼康”作为其企业名称中的字号；

四、本判决生效后10日内被告浙江尼康赔偿原告株式会社尼康（含为制止侵权行为所支出的合理开支）损失人民币20万元；

五、驳回原告株式会社尼康其余诉讼请求。

一审宣判后，当事人在法定期间内均未提起上诉，一审判决已经发生法律效力。

30. 苏州鼎盛食品公司不服苏州市工商局商标侵权行政处罚案*

判断商品上的标识是否属于商标性使用时，必须根据该标识的具体使用方式，看其是否具有识别商品或服务来源之功能

【裁判摘要】

判断商品上的标识是否属于商标性使用时，必须根据该标识的具体使用方式，看其是否具有识别商品或服务来源之功能；侵犯注册商标专用权意义上商标近似应当是混淆性近似，是否造成市场混淆是判断商标近似的重要因素之一。其中，是否造成市场混淆，通常情况下，不仅包括现实的混淆，也包括混淆的可能性；工商行政机关依法对行政相对人的商标侵权行为实施行政处罚时，应遵循过罚相当原则，综合考虑处罚相对人的主观过错程度、违法行为的情节、性质、后果及危害程度等因素行使自由裁量权。工商行政机关如果未考虑上述应当考虑的因素，违背过罚相当原则，导致行政处罚结果显失公正的，人民法院有权依法判决变更。

原告：苏州鼎盛食品有限公司。住所地：江苏省苏州市吴中区石湖西路。

被告：江苏省苏州工商行政管理局。住所地：江苏

* 摘自《最高人民法院公报》2013 年第 10 期。

省苏州市沧浪区胥江路。

第三人：东华纺织集团有限公司。住所地：江苏省常州市武进高新技术产业开发区古方中路。

原告苏州鼎盛食品有限公司（以下简称鼎盛公司）因不服被告江苏省苏州工商行政管理局（以下简称苏州工商局）工商行政处罚，向苏州市中级人民法院提起诉讼。

原告鼎盛公司诉称：（1）被告苏州工商局作出的行政处罚决定书认定事实错误。鼎盛公司在产品包装上使用“乐活 LOHAS”并未作为商标使用，而是作为商品的名称以及对该词汇本意的使用。（2）行政处罚决定书认定鼎盛公司在产品包装上使用“乐活 LOHAS”构成侵权不符合我国商标法的规定。“乐活 LOHAS”是社会通用词汇，鼎盛公司合理使用他人注册商标的行为不会产生误导公众的后果，不应属于商标法规定的侵权行为。故请求法院依法撤销苏工商案字（2010）第 00053 号行政处罚决定书并由苏州工商局承担本案的诉讼费用。

被告苏州工商局辩称：其对原告鼎盛公司的处罚认定事实清楚、正确；其认定鼎盛公司的行为属于商标侵权行为符合法律规定。故请求法院驳回鼎盛公司的诉讼请求。

第三人东华公司述称：涉案行政处罚决定书所述事实清楚，证据确凿，适用法律正确，处罚得当，请求法院驳回原告鼎盛公司的诉讼请求。

苏州市中级人民法院一审查明：原告鼎盛公司系一家专业从事生产、加工（焙）烘烤制品并销售公司自产产品等的外商独资企业。其分别于 2003 年 1 月、2006 年 9 月、2008 年 10 月及 2010 年 2 月注册取得第 3003766 号、第 4155628 号“艾维尔 I Will”文字及图商标、第 5063450 号“爱维尔”文字商标以及第 6289718 号“爱维尔 I will”文字及图商标，核定使用商品均为第 30 类“蛋糕、面包、月饼等”。

2009 年 6 月 23 日，原告鼎盛公司与浙江健利包装有限公司签订订购合同，约定由浙江健利包装有限公司为鼎盛公司制作涉案标有标识（以下称为“I will 爱维尔”与“乐活 LOHAS”连用标识）的礼盒、手拎袋、单粒包等包装产品。2009 年 8 月，鼎盛公司开始生产月饼，并将其当年度所

生产的月饼划分为“秋爽”“美满”“星月”“和谐”以及涉案的“乐活”等总计23个类别，同时制作相应的广告宣传目录册。2009年9月初，鼎盛公司将上述月饼投放市场，主要通过鼎盛公司在苏州大市范围内的63家爱维尔直营店、加盟店销售、直接向公司订货及临时聘请外来人员以销售礼品券的方式进行销售。鼎盛公司在涉案“乐活”款月饼的手拎袋、内衬及月饼单粒包装盒外侧左下角显著位置均标注“I will 爱维尔”与“乐活LOHAS”连用标识，手拎袋两侧同时标注有生产商鼎盛公司名称、电话、厂址等信息。

第三人东华公司经国家商标局核准于2009年7月14日取得第5345911号（以下简称“乐活LOHAS”）注册商标，核定使用商品为第30类“糕点；方便米饭；麦片；冰淇淋”，目前尚未在产品上使用该商标。2009年9月8日，被告苏州工商局接到举报称原告鼎盛公司生产销售的“乐活LOHAS”等月饼有商标侵权嫌疑，故展开相应调查。查明鼎盛公司在当年生产销售的23款月饼中有一款月饼使用“乐活LOHAS”商标，根据当事人的销售记录，截至2009年9月20日止，“乐活LOHAS”月饼已销售10200盒，标价119元/盒，计货值为1213800元。苏州工商局于2010年3月4日及2010年4月12日两次就该行政处罚一案举行听证。2010年6月11日，苏州工商局作出苏工商案字（2010）第00053号行政处罚决定，认定鼎盛公司的行为属于《中华人民共和国商标法》第五十二条第（一）项所规定的侵犯注册商标专用权的行为，依据《中华人民共和国商标法》第五十三条以及《商标法实施条例》第五十二条的规定，对鼎盛公司作出了责令停止侵权行为并罚款人民币50万元的行政处罚决定。该具体行政行为作出后，鼎盛公司不服并于2010年6月29日向苏州市人民政府申请行政复议。苏州市人民政府经审理后认为苏州工商局的处罚决定认定事实清楚，证据确凿，程序合法，内容适当，于2010年8月27日作出〔2010〕苏行复第148号行政复议决定书，决定维持苏州工商局作出的苏工商案字（2010）第00053号工商处罚决定。鼎盛公司对此仍不服，遂向法院提起行政诉讼。

另查明：关于乐活一词的起源及释义，乐活系由美国社会学家保罗·

雷在1998年提出，其英文释义为“lifestyles of health and sustainability”。2008年8月，教育部发布的《中国语言生活状况报告（2006）》中将“乐活族”作为汉语新词语收录其中。

苏州市中级人民法院一审认为，原告鼎盛公司对涉案标识的使用构成商标意义上的使用，与“乐活 LOHAS”注册商标相比，两者构成近似。本案是否构成商标侵权的争议主要在于应否考虑混淆，但若他人使用标志的行为使这种联系受到削弱或影响，从而对商标权人使用注册商标产生实质性妨碍的，则无需考虑是否混淆。本案中，爱维尔品牌在特定区域范围内具有相对较强的知名度，鼎盛公司在该区域大量使用涉案标识会使相关公众在“乐活 LOHAS”与“I Will 爱维尔”之间建立起某种关联，从而客观导致东华公司与其注册的“乐活 LOHAS”商标的联系被割裂。故鼎盛公司使用“乐活 LOHAS”的行为构成对东华公司注册商标专用权的侵害。

至于原告鼎盛公司诉讼中提及的被告苏州工商局多次听证违反《中华人民共和国行政处罚法》相关规定的问题。苏州工商局在涉案行政处罚过程中根据认定事实和实体判断出现变更的实际情况而再次组织听证的行为并不违反相关法律的禁止性规定，故鼎盛公司据此主张行政处罚程序瑕疵并无法律依据。

综上，被告苏州工商局作出的苏工商案字（2010）第00053号行政处罚决定认定事实基本清楚，适用法律正确，原告鼎盛公司要求撤销该处罚决定的诉讼请求缺乏事实和法律依据，不予支持。

据此，苏州市中级人民法院依照《最高人民法院关于执行〈中华人民共和国行政诉讼法〉若干问题的解释》第五十六条第（四）项之规定，于2011年7月20日作出判决：

驳回原告鼎盛公司的诉讼请求。

鼎盛公司不服一审判决，向江苏省高级人民法院提起上诉。主要理由是：一审判决认定事实部分错误。鼎盛公司在月饼系列商品上使用“乐活 LOHAS”是将其作为商品款式名称使用。一审法院认为鼎盛公司使用“乐活 LOHAS”系商标意义上的使用缺乏法律和事实依据。对于相关公众是否误认的问题，一审法院排除是否导致相关公众混淆这一重要事实，于法无

据，依法不能成立。“乐活 LOHAS”注册商标来源于社会流行词语，其显著性较弱，他人有合理使用的权利。故一审判决认定事实有误，适用法律错误，请求二审法院依法改判，撤销苏工商案字（2010）第 00053 号行政处罚决定。

被上诉人苏州工商局答辩称：一审判决认定事实清楚、正确，鼎盛公司的上诉请求错误，应予驳回。

被上诉人东华公司庭审口头述称：一审判决认定事实清楚、证据确凿、适用法律正确、程序合法，请求二审法院依法驳回上诉，维持原判。

江苏省高级人民法院经二审，确认了一审查明的事实。

本案二审的争议焦点为：被上诉人苏州工商局作出的苏工商案字（2010）第 00053 号行政处罚决定是否合法。

二审庭审中，各方当事人围绕本案争议焦点，分别发表以下主要辩论意见。

上诉人鼎盛公司认为：（1）鼎盛公司早在东华公司取得商标专用权前即开始设计和印刷含有“乐活 LOHAS”的包装物，并且作为中秋 23 个系列商品中一款商品的款式名称使用，同时还是根据该词的本义使用，并非商标意义上的使用。（2）商标权人至今没有在任何商品上使用“乐活 LOHAS”注册商标，没有任何社会公众表明其基于涉嫌侵权标记的使用混淆了商品的来源。（3）“乐活 LOHAS”注册商标来源于社会流行词语，其显著性较弱，他人有合理使用的权利。（4）《中华人民共和国行政处罚法》没有规定可以再次听证，被上诉人苏州工商局对同一案件多次听证，违反相关规定。

被上诉人苏州工商局认为：（1）“乐活 LOHAS”不是商品名称，上诉人鼎盛公司将“乐活 LOHAS”与“I will 爱维尔”连用，该标识客观上起到了表示商品来源的作用，具有商标标识的功能，属于商标使用行为。（2）鼎盛公司使用标识的显著部分是“乐活 LOHAS”，与涉案注册商标相比，整体组合相似构成近似商标。（3）鼎盛公司使用“乐活 LOHAS”不属于合理使用，其使用方式会导致消费者的误认。（4）给予当事人再次听证的权利，符合《中华人民共和国行政处罚法》的规定。

被上诉人东华公司的辩论意见同其陈述意见。

江苏省高级人民法院二审认为：上诉人鼎盛公司对“I will 爱维尔”与“乐活 LOHAS”连用标识的使用系商标性使用，该标识与东华公司“乐活 LOHAS”注册商标构成近似，其行为侵害了东华公司注册商标专用权。被上诉人苏州工商局认定鼎盛公司的行为侵犯注册商标专用权，并作出责令停止侵权行为的行政处罚正确，但其作出罚款50万元的行政处罚显失公正。具体理由是：

（一）上诉人鼎盛公司使用“I will 爱维尔”与“乐活 LOHAS”连用的标识系商标性使用

商标是商品生产经营者或服务提供者为使自己的商品或服务区别于他人而使用的一种标识，其应当具有显著性和区别的功能。在判断商品上的标识是否属于商标性使用时，必须根据该标识的具体使用方式，看其是否具有识别商品或服务来源之功能。

本案中，上诉人鼎盛公司在2009年中秋月饼的推销活动中，将其生产销售的月饼划分为“秋爽”“美满”“星月”“和谐”以及涉案“乐活”等总计23个款式，虽然鼎盛公司认为“乐活 LOHAS”只是作为其月饼款式中一款的商品名称使用，但根据其在月饼包装上的标注情况，“I will 爱维尔”与“乐活 LOHAS”连用的标识使用方式属于商标性使用。首先，鼎盛公司并未在其月饼包装上规范且以显著方式突出使用自己的“爱维尔”系列注册商标；其次，在“I will 爱维尔”与“乐活 LOHAS”连用标识中，“乐活 LOHAS”与“I will 爱维尔”连用，融为一体，鼎盛公司并未突出其自有商标“I will 爱维尔”，相反却突出了“乐活 LOHAS”，标识性效果明显。因此，从涉案“I will 爱维尔”与“乐活 LOHAS”连用标识的实际使用情况来看，无法看出“乐活 LOHAS”的使用方式属于其注册商标或“I will 爱维尔”商标项下的一种款式名称，“乐活 LOHAS”与“I will 爱维尔”连用后作为一个整体标识，起到区别商品来源的功能，属于商标性使用。

（二）上诉人鼎盛公司使用的“I will 爱维尔”与“乐活 LOHAS”连用的标识与东华公司的“乐活 LOHAS”注册商标构成近似，其行为侵害了

被上诉人东华公司注册商标专用权

《中华人民共和国商标法》第五十二条第（一）项规定，未经商标注册人的许可，在同一种商品或者类似商品上使用与其注册商标相同或近似的商标，属于侵犯注册商标专用权的行为。本案中，上诉人鼎盛公司使用诉争标识的商品月饼与被上诉人东华公司注册商标核定使用的糕点等商品属于类似商品，且两商标并不相同，对此各方当事人并无争议，因此，判断鼎盛公司的行为是否构成商标侵权的关键在于，鼎盛公司使用的诉争标识与东华公司“乐活 LOHAS”注册商标是否构成近似。

虽然《中华人民共和国商标法》对商标近似的判断未作具体规定，但在司法实践中，一般认为商标近似是指被控侵权的商标与注册商标相比较，其文字的字形、读音、含义或者图形的构图及颜色，或者其各要素组合后的整体结构相似，或者其立体形状、颜色组合近似，易使相关公众对商品的来源产生误认或者认为其来源与注册商标的商品有特定的联系。亦即，侵犯注册商标专用权意义上的商标近似应当是混淆性近似，是否造成市场混淆是判断商标近似的重要因素之一。其中，是否造成市场混淆，通常情况下，不仅包括现实的混淆，也包括混淆的可能性。具体判断商标是否近似时，应掌握的原则：一是以相关公众的一般注意力为标准；二是既要对商标进行整体比对，又要对商标的主要部分进行比对，且比对应当在比对对象隔离的状态下分别进行；三是应当考虑请求保护注册商标的显著性和知名度。本案中，上诉人鼎盛公司使用的诉争标识与被上诉人东华公司的“乐活 LOHAS”注册商标相比，应当认定构成近似商标。理由是：

首先，从整体对比来看，上诉人鼎盛公司使用的“I will 爱维尔”与“乐活 LOHAS”连用标识中，“乐活 LOHAS”在整体结构中较为突出，占主要部分，且该部分的中英文字的字形、读音及含义与东华公司“乐活 LOHAS”注册商标完全相同，其构成要素非常接近，易使相关公众对商品的来源产生误认。

其次，从“乐活 LOHAS”注册商标的显著性和知名度考虑，两商标易造成市场相关公众的混淆和误认：

其一，“乐活族”一词虽然被《中国语言生活状况报告（2006）》所收录，但作为2006年度才出现的新词语，只能说明该词语在2006年这一时段因一定使用频率及流行度而被收录，并不代表该词语在当时已经达到通用词汇的程度，更不能以该词汇在本案进入诉讼阶段后的流行度来反推在2009年“乐活LOHAS”商标被核准注册时，已经成为社会通用词汇。目前，“乐活LOHAS”作为注册商标并未被撤销，也说明“乐活”一词虽具有一定含义，但该词汇在核准注册时因尚未达到通用词汇的程度，具有一定的显著性。因此，应认定鼎盛公司使用的诉争标识起到的是商标标识性作用，而非是对商品进行的一种描述，一般消费者看到“I will 爱维尔”与“乐活LOHAS”连用的标识时，并不会将其理解为“我愿意健康生活”这一含义。上诉人鼎盛公司认为“乐活LOHAS”作为社会通用词汇，其是根据该词的本义使用，属于合理使用的主张不能成立。

其二，“乐活LOHAS”商标于2009年7月核准注册。虽然在被上诉人苏州工商局2009年9月查处、2010年6月作出行政处罚决定时，“乐活LOHAS”注册商标因尚未实际使用而不存在市场知名度，且在本案二审诉讼期间该注册商标仍未使用，但由于“乐活LOHAS”商标刚被核准注册，上诉人鼎盛公司的使用行为即被工商行政机关查处，因此，本案对是否造成两者混淆的侵权判断应当以行政机关查处的时间为判断基准。在没有证据证明被上诉人东华公司注册“乐活LOHAS”商标的行为存在恶意抢注的主观故意时，需要为尚未使用注册商标的商标权人预留一定的保护空间，此时关于混淆的判断，应当更多地考虑混淆的可能性，而非是否产生了实际混淆。司法实践中，近似商标侵权判定以实际混淆作为判断标准的，通常需要有被控侵权商标经长期善意使用，两个商标已形成善意共存状态等特殊历史因素存在，而本案中不存在上述特殊历史因素。虽然鼎盛公司在涉案商标核准注册之前即已使用“乐活LOHAS”字样进行相应包装设计和委托生产，但由于该使用时间很短暂，不足1个月，并未形成两商标因长期使用而善意共存的状况。如果一味以涉案注册商标未实际使用，不会造成实际混淆作为侵权判断标准，则有可能对商标注册制度造成不应有的冲击，不利于注册商标专用权的保护。

（三）被上诉人苏州工商局作出的行政处罚显失公正

行政处罚显失公正一般是指行政处罚虽然在形式上不违法，但处罚结果明显不公正，损害了公民、法人或者其他组织的合法权益。《中华人民共和国行政处罚法》第四条第二款规定，实施行政处罚必须以事实为依据，与违法行为的事实、性质、情节以及社会危害程度相当。因此，行政主体在实施行政处罚时，应当遵循该条规定的“过罚相当原则”。如果行政机关作出的行政处罚明显违背“过罚相当原则”，使行政处罚结果与违法程度不相适应，则应当认定属于行政处罚显失公正。

《中华人民共和国商标法》第五十三条规定，工商行政管理部门在处理侵犯注册商标专用权纠纷时，认定侵权行为成立的，责令立即停止侵权行为，并可处以罚款。对该条款的正确理解应当是工商行政机关对商标侵权行为作出行政处罚时，在责令立即停止侵权行为的同时，可以对是否并处罚款作出选择。因此，工商行政机关在行使该自由裁量权时，应当根据《中华人民共和国行政处罚法》第四条第二款确立的“过罚相当原则”，综合考虑处罚相对人的主观过错程度、违法行为的情节、性质、后果及危害程度等因素，决定是否对相对人并处罚款。本案中，上诉人鼎盛公司使用的诉争标识与被上诉人东华公司的“乐活 LOHAS”注册商标构成近似商标，其行为构成商标侵权，苏州工商局作为查处侵犯注册商标专用权行为的行政机关，有权依据《中华人民共和国商标法》对其违法行为予以查处并作出处罚，但其在责令鼎盛公司停止侵权行为的同时并处 50 万元罚款，并未考虑以下应当考虑的因素：

第一，在“乐活 LOHAS”注册商标核准之前，上诉人鼎盛公司就进行了相应的包装设计并委托生产，鼎盛公司不存在攀附被上诉人东华公司注册商标声誉的主观恶意。

第二，“乐活 LOHAS”商标于 2009 年 7 月核准注册，被上诉人苏州工商局对上诉人鼎盛公司的侵权行为于 2009 年 9 月查处、2010 年 6 月作出行政处罚决定。因鼎盛公司的侵权时间非常短暂，且涉案注册商标尚未实际使用，故鼎盛公司的侵权行为对商标权人东华公司并未造成实际损害后果。

第三，从“I will 爱维尔”与“乐活 LOHAS”连用的标识使用情况来看，上诉人鼎盛公司仅是在2009年中秋月饼的促销活动中使用该标识，且作为该年度中秋23款系列月饼中的一款，鼎盛公司并未对使用该标识的月饼进行专门、广泛、大量的宣传，其对商品的销售模式也仅限于其专卖店销售或直接推销。加之“乐活 LOHAS”注册商标因未使用不存在市场知名度，尚未造成市场中相关公众实际的混淆和误认，故其侵权行为和情节显著轻微。

基于以上因素，被上诉人苏州工商局在对上诉人鼎盛公司进行行政处罚时，责令其停止侵权行为即足以达到保护注册商标专用权以及保障消费者和相关公众利益的行政执法目的，但苏州工商局未考虑鼎盛公司上述主观上无过错，侵权性质、行为和情节显著轻微，尚未造成实际危害后果等因素，同时对鼎盛公司并处50万元罚款，使行政处罚的结果与违法行为的社会危害程度之间明显不适当，其行政处罚缺乏妥当性和必要性，应当认定属于显失公正的行政处罚。

关于上诉人鼎盛公司认为被上诉人苏州工商局多次听证违反《中华人民共和国行政处罚法》的相关规定，属于程序违法的问题。二审法院认为，《中华人民共和国行政处罚法》规定听证程序，但对听证的次数没有作出明确规定，因此，苏州工商局多次听证并未违反相关法律的禁止性规定，鼎盛公司认为苏州工商局存在程序违法的理由于法无据，不予支持。

综上，江苏省高级人民法院认为，工商行政机关依法对行政相对人的商标侵权行为实施行政处罚时，应遵循过罚相当原则行使自由裁量权；也就是说，在保证行政管理目标实现的同时，兼顾保护行政相对人的合法权益，行政处罚以达到行政执法目的和目标为限，并尽可能使相对人的权益遭受最小的损害。工商行政机关如果未考虑应当考虑的因素，违背过罚相当原则，导致行政处罚结果显失公正的，人民法院有权依法判决变更。本案中，被上诉人苏州工商局的行政处罚显失公正，应当予以变更。一审判决认定事实清楚，审判程序合法，但适用法律错误，应予改判。据此，江苏省高级人民法院依照《中华人民共和国商标法》第五十二条第（一）项、第五十三条，《中华人民共和国行政处罚法》第四条第二款，《中华人

民共和国行政诉讼法》第五十四条第（四）项、第六十一条第（二）项的规定，于2012年7月31日作出判决：

一、撤销江苏省苏州市中级人民法院（2011）苏中知行初字第0001号行政判决；

二、变更2010年6月11日江苏省苏州工商行政管理局作出的苏工商案字（2010）第00053号行政处罚决定“1. 责令停止侵权行为，2. 罚款人民币50万元”为“责令停止侵权行为”。

本判决为终审判决。

31. 维多利亚的秘密商店品牌管理有限公司诉上海锦天服饰有限公司侵害商标权及不正当竞争纠纷案*

▶ 合法取得销售商品权利的经营者，可以在商品销售中对商标权人的商品商标进行指示性使用，但应当限于指示商品来源，如超出了指示商品来源所必需的范围，则会对相关的服务商标专用权构成侵害

【裁判摘要】

国外某品牌拥有者在国内就该品牌注册了商标，但又在国外将该品牌商品授权他人处分，国内经销商通过正规渠道从该被授权人处进口该品牌正牌商品并在国内转售的，根据商标权利用尽原则，该进口并转售的正牌商品不会造成相关公众对所售商品来源的混淆、误认，不构成商标侵权。

原告：维多利亚的秘密商店品牌管理有限公司（VICTORIA'S SECRET STORES BRAND MANAGEMENT, INC.）。住所地：美利坚合众国俄亥俄州雷诺兹伯格有限大街4号（FOUR LIMITED PARKWAY, REYNOLDSBURG, OHIO43068, UNITED STATES OF AMERICA）。

法定代表人：约瑟夫·奎格利（Joseph Quigley），该公司知识产权副总裁。

被告：上海锦天服饰有限公司。住所地：中华人民共和国上海市黄浦区打浦路。

* 摘自《最高人民法院公报》2013 年第 12 期。

法定代表人：腾胜，该公司总经理。

原告维多利亚的秘密商店品牌管理有限公司（以下简称维多利亚的秘密公司）因与被告上海锦天服饰有限公司（以下简称锦天公司）发生侵害商标权及不正当竞争纠纷，向上海市第二中级人民法院提起诉讼。

原告维多利亚的秘密公司诉称：原告是一家成立于1977年的美国公司，英文商号为“VICTORIA'S SECRET”，对应的中文翻译为“维多利亚的秘密”，原告对上述商号享有企业名称权。原告在中国注册了多个“维多利亚的秘密”“VICTORIA'S SECRET”商标，在本案中原告要求保护“维多利亚的秘密”（第35类和第25类）、“VICTORIA'S SECRET”（第25类）和“VICTORIA'S SECRET PINK”（第35类）共四个注册商标（以下简称涉案注册商标）。原告将上述商标使用在内衣、化妆品等商品及商店招牌、橱窗设计、广告宣传上，通过长期使用与广泛宣传，原告的涉案注册商标已经具有极高的知名度并达到驰名程度。原告发现，被告锦天公司未经授权对外宣称其为原告的总经销商，在中国以直营或特许加盟形式开展经营活动，并在上述经营活动中使用原告的“维多利亚的秘密”“VICTORIA'S SECRET”商标和企业名称对外销售商品。原告认为，被告的行为侵害了原告的注册商标专用权，并构成擅自使用他人企业名称和虚假宣传的不正当竞争，故诉至法院，请求判令：（1）被告停止商标侵权及不正当竞争行为；（2）被告赔偿原告经济损失人民币500万元，其中包括合理费用人民币233323元。

被告锦天公司辩称：（1）被告销售的商品来源于原告维多利亚的秘密公司的母公司案外人有限品牌有限公司（Limited Brands，Inc）（以下简称LBI公司），即被告销售的是正牌商品。其整个购买经过是：2007年，经案外人American Fashion Brands，LLC（以下简称AFB公司）介绍，LBI公司与被告达成出售LBI公司价值约510万美元“VICTORIA'S SECRET”品牌内衣商品的交易，并于2007年当年实际履行完毕。在该笔交易履行过程中，被告委托案外人宁波亿泰控股集团股份有限公司（以下简称宁波亿泰公司）于2007年10月和11月，先后开具信用证付款给LBI公司200万美元和约310万美元，后LBI公司于2007年11月和12月委托运输将相应商品由美国加州运至中国宁波港。因此，原告的注册商标专用权利已经用尽，被告有权再行出售上述商品并进行必要宣传，并不构成商标侵权；(2) 由于原告在中国境内没有经营零售业务，被告作为 LBI 公司“VICTORIA'S SECRET”品牌的经销商，事实上也确实是中国大陆境内唯一的经销商，被告自称总经销商并无不可，故被告不存在虚假宣传的不正当竞争行为。综上，请求驳回原告的诉讼请求。

上海市第二中级人民法院一审查明：原告维多利亚的秘密公司是一家注册于美国的公司，原告是案外人 Intimate Brands Holding，LLC 的全资子公司，Intimate Brands Holding，LLC 是案外人 Intimate Brands，Inc 的全资子公司，Intimate Brands，Inc. 是 LBI 公司的全资子公司。另，LBI 公司旗下还有一家全资子公司维多利亚的秘密商店有限公司（Victoria's Secret Stores LLC）（以下简称 VSSLLC 公司）。原告负责 LBI 公司旗下包括涉案注册商标在内的所有“VICTORIA'S SECRET”（维多利亚的秘密）品牌商标的注册、使用、管理和保护，是上述商标的所有权人，LBI 公司和其他全资子公司经原告许可使用包括涉案注册商标在内的“VICTORIA'S SECRET”（维多利亚的秘密）商标。

原告维多利亚的秘密公司是涉案系争四个注册商标的专用权人，该四个注册商标是：（1）“维多利亚的秘密”，商标注册证号为第 4481217 号，核定服务项目类别为第 35 类：邮购订单形式的广告；直接邮件广告；商业橱窗布置；数据通讯网络上的在线广告；商业信息；为广告或销售组织时装展览；推销（替他人）；艺术家演出的商业管理。注册有效期自 2008 年 9 月 14 日至 2018 年 9 月 13 日；（2）“维多利亚的秘密”，商标注册证号为第 4481218 号，核定使用商品类别为第 25 类：服装；女内衣等。注册有效期自 2008 年 12 月 21 日至 2018 年 12 月 20 日；（3）“VICTORIA'S SECRET PINK”，商标注册号为第 6699957 号，核定服务项目类别为第 35 类：广告；商业信息；推销（替他人）等。注册有效期自 2010 年 11 月 7 日至 2020 年 11 月 6 日；（4）“VICTORIA'S SECRET”，商标注册证号为第 1505378 号，核定使用商品类别为第 25 类：服装，服装带（衣服），短统袜，长统袜，围巾，手套（服装）。续展有效期自 2011 年 1 月 14 日至

2021年1月13日。

被告锦天公司成立于2007年，公司类型是一人有限责任公司，经营范围是针纺织品、服装、床上用品、鞋帽、围巾、纺织原料、日用品百货销售、服装加工。

2011年3月至2012年10月间，被告锦天公司向在上海市、天津市、湖南省、四川省、河北省、山东省、山西省、辽宁省、浙江省、广东省等地商场内的部分"维多利亚的秘密"品牌专柜销售了内衣商品，上述内衣商品的内标签上印有"VICTORIA'S SECRET"文字，上述店铺的店招、内部装潢、衣架、包装袋及内衣商品吊牌上印有"VICTORIA'S SECRET""维多利亚秘密""VS""PINK""中国总经销：上海锦天服饰有限公司，地址：上海市延安西路2299号世贸商场6F51号，电话：021－62365289/62365883，传真：021－62365883"等字样。上述店铺赠送的宣传册上印有"VICTORIA'S SECRET""维多利亚秘密""VS""维多利亚的秘密中国区特许总经销 上海锦天服饰有限公司 地址：上海延安西路2299号世贸商城6F50室 电话：86－021－62365289 传真：86－021－62365883 邮箱：TENGSHENGVS2008@126.com"等内容。

2011年12月至2012年5月24日，原告维多利亚的秘密公司发现火爆服装招商网（www.3188.tv）、中国时尚品牌网（http://brand.chinasspp.com）和中国品牌服装网（http:m.china－ef.com）等网站网页上载有"上海锦天服饰有限公司是美国顶级内衣品牌维多利亚秘密和美国最畅销休闲品牌OLD NAVY唯一指定总经销商……"，"联系方式：所属公司：上海锦天服饰有限公司 手机：13651847356 滕经理 电话：021－62365289/62365883 传真：021－62365883 地址：上海市延安西路2299号世贸商城6F53号"等内容，上述网站还载有维多利亚服装产品的图片等，上述图片下方配有"招商厂家：上海锦天服饰有限公司"等文字内容。

被告锦天公司曾与案外人余艳琼、崔亚峰、威海佳沃贸易有限公司签订过《"维多利亚秘密"品牌终端销售合同》，该合同的主要内容包括："甲方（被告）授权乙方（案外人）为……地区终端销售商。负责维多利亚秘密品牌内衣系列产品在该地区以专柜的方式进行销售和推广……"

“甲方以产品全国统一零售价的3.5折向乙方供货”“B类店（即专柜或店中店）不少于四个维多利亚秘密形象展柜，维多利亚秘密系列产品款式不得低于50个，要求店铺内显著位置张贴维多利亚秘密主体形象画。可以与其他同类型品牌共同经营”“乙方在签订协议书生效之日起，全年进货额达……万元，甲方保证足额供货”“甲方义务：授权乙方终端销售维多利亚秘密品牌体系的货品”“乙方义务：乙方签订终端销售合同后，必须在合同签订之日起……日内向甲方支付信誉保证金……”

2013年2月14日，原告维多利亚的秘密公司、VSSLLC公司和LBI公司共同发表声明称：（1）该三家公司从未通过AFB公司向锦天公司或宁波亿泰公司出售或提供“维多利亚的秘密”商标的任何产品，也从未授权AFB公司作为中间人。（2）该三家公司不知道AFB公司是否与锦天公司或宁波亿泰公司有任何合同或销售关系。（3）该三家公司从未与锦天公司或宁波亿泰公司签订过任何协议，也没有同锦天公司或宁波亿泰公司建立过任何合同关系。（4）VSSLLC公司与AFB公司签订了一份《库存出售协议》，该协议从2007年1月1日起生效，授权AFB公司在包括中国在内的多个地区出售某些标记为缺货的库存。根据上述协议，AFB公司仅可向有实体店铺的零售商或获得了VSSLLC公司书面同意的批发商出售产品。此外，上述批发商仅可将所购买的产品出售给也已经事先获得了VSSLLC公司书面同意且拥有实体店铺的零售商。除了上述方式，批发商不得以其他任何方式出售这些产品。同时，该协议还指明VSSLLC公司从未发出任何授权，也未指定AFB公司或其子公司、顾客或AFB产品的购买者作为代理人代表自己。AFB公司也承诺，在上述购买者签署“非代理人声明”之前，不得向上述购买者出售任何产品。

另查明：（1）2007年9月10日，LBI公司品牌保护总监Dean Brocious出具的确认函称：“LBI公司很高兴确认AFB公司被选中来协助销售维多利亚秘密商店当前质量第一的多余库存，并且通过该公司向上海锦天服饰有限公司提供商品在中国销售，大部分衣物标有世界著名的维多利亚的秘密商标和INTIMISSIMI品牌。AFB公司经LBI公司批准（非目录或因特网）向传统的零售商提供商品，在被批准的国家内销售（除美国、加拿

大）。LBI公司将在有库存以及AFB公司是否遵守合同的基础上向AFB公司继续提供额外的库存，AFB公司的买家们必须遵守相同的条件和规则……”；（2）2007年8月22日，AFB公司首席执行官Mohamed A. Barry出具授权书称：“……AFB公司已由Limited Brands授权，将这些商品供应常规的零售商（非产品目录或互联网销售）。AFB公司已经选定上海锦天时尚有限公司，地址为中国上海市打浦桥路1号，邮编：200023，在中国独家处理进口和分销该商品事务”；（3）2007年9月1日，被告委托案外人宁波亿泰公司代理进口美国“维多利亚秘密”品牌内衣服饰，数量：810000件（文胸，内裤，睡衣），价格条款：FOB OHIO，USA，总金额；USD6000000；（4）2007年9月，案外人宁波亿泰公司通过中国工商银行宁波分行和中国建设银行宁波支行住房城市建设支行开出了两份信用证，一笔金额约为310万美元和另一笔金额为200万美元，信用证号分别为LC83028010002528和LC333010701666，受益人为LBI公司，上述信用证已于2007年10月和11月承兑完毕；（5）2007年9月，宁波亿泰公司从LBI公司处进口价值约510万美元的内衣商品并获得相关财务凭证，其中LBI公司出具的商业发票上有落款为“Mr. John Talamo/VP Limited Brands, Inc.”的签名，还盖有印有原告公司名称的钢印。LBI公司出具的装箱单以及海运提单背面有“Limited Brands, Inc Dean Brocious”的签名。

在庭审中，原告维多利亚的秘密公司明确其在中国境内没有实体经营活动，所有销售行为均是通过邮购和网购的方式进行。

本案一审的主要争议焦点是：（1）被告锦天公司的行为是否构成侵害原告维多利亚的秘密公司的注册商标专用权；（2）被告的行为是否构成不正当竞争；（3）本案的赔偿问题。

上海市第二中级人民法院一审认为：

1. 被告锦天公司的行为是否构成侵害原告维多利亚的秘密公司的注册商标专用权

根据原、被告提交的证据材料，法院认定如下事实：（1）被告锦天公司销售的被控侵权商品系来源于原告维多利亚的秘密公司的母公司LBI公司。（2）被告不存在以特许加盟形式授权他人销售维多利亚的秘密品牌内衣商品的行为，被告与案外人之间的品牌终端销售合同并没有关于商标等知识产权经营资源授权的约定，也没有约定加盟费等特许经营费用，因此，被告与上述零售商之间仍属于购销关系。

据此，法院认为：被告锦天公司从原告维多利亚的秘密公司的母公司LBI公司处购进维多利亚的秘密品牌正牌内衣商品后，以批发销售的方式向多家零售商销售商品的行为确实有违其与LBI公司“转售只能（非目录或因特网）传统零售”的约定，但被告销售的商品是从LBI公司处购买并通过正规渠道进口的正牌商品，而非假冒商品，被告在销售商品的过程中在商品吊牌、衣架、包装袋、宣传册上使用原告涉案注册商标的行为属于销售行为的一部分，不会造成相关公众对商品来源的混淆、误认。因此，在本案中，被告向零售商销售被控侵权商品的行为不构成侵害原告的注册商标专用权。

2. 被告锦天公司的行为是否构成不正当竞争

法院认为，原告维多利亚的秘密公司在中国境内并没有实体经营活动，且其提交的证据也不足以证明其主体的字号已经具有一定的知名度，为相关公众的知悉，因此，原告的企业字号尚不属于我国反不正当竞争法保护的企业名称，且被告锦天公司销售的商品也非假冒商品，因此，被告的行为不构成擅自使用他人企业名称的不正当竞争行为。但是，根据《中华人民共和国反不正当竞争法》第九条的规定，经营者不得利用广告或者其他方法，对商品的质量、制作成分、性能、用途、生产者、有效期限、产地等作引人误解的虚假宣传。在本案中，被告没有证据证明自己确实是“美国顶级内衣品牌维多利亚秘密唯一指定总经销商”，事实上，被告仅是从原告母公司LBI公司处购进了库存产品在国内销售，被告的这种宣称会使相关公众误以为被告与原告存在授权许可关系，从而获取不正当的竞争优势，也会对原告今后在中国境内的商业活动产生影响，致使原告的利益受到损害。因此，被告存在虚构事实以引人误解的主观恶意，实施了虚假宣传的客观行为，构成不正当竞争，应当承担停止侵权、赔偿损失的民事责任。

3. 本案的赔偿问题

法院认为：被告锦天公司在本案中实施的是虚假宣传的不正当竞争行为，故法院对原告的赔偿数额计算方式不予采信。鉴于本案中没有证据证明原告因被告侵权所受到的实际损失以及被告的侵权获利，法院依据《中华人民共和国反不正当竞争法》及其司法解释的有关规定，根据原、被告提交的证据材料，综合考虑本案中被告的侵权行为方式、侵权持续时间、侵权损害后果、侵权获利状况等因素，酌情确定赔偿数额。另外，法院也将根据原告提交的代理费、查档打印费、公证费、差旅费发票等支付凭证，以及案件的复杂程度等因素酌情确定合理费用的数额。

据此，上海市第二中级人民法院依照《中华人民共和国商标法》第五十二条第（二）项，《中华人民共和国反不正当竞争法》第五条第（三）项、第九条、第二十条，《最高人民法院关于审理不正当竞争民事案件应用法律若干问题的解释》第六条第一款、第十七条第一款，《最高人民法院关于审理涉及驰名商标保护的民事纠纷案件应用法律若干问题的解释》第三条第一款第（一）项之规定，于2013年4月23日判决：

一、被告锦天公司立即停止对原告维多利亚的秘密公司虚假宣传的不正当竞争行为；

二、被告锦天公司应于本判决生效之日起10日内，赔偿原告维多利亚的秘密公司经济损失人民币6万元；

三、被告锦天公司应于本判决生效之日起10日内，赔偿原告维多利亚的秘密公司合理费用人民币2万元；

四、驳回原告维多利亚的秘密公司的其余诉讼请求。

一审宣判后，双方当事人在法定期间内均未上诉，该判决已经发生法律效力。

32. 张绍恒与沧州田霸农机有限公司、朱占峰侵害商标权纠纷案*

▶ 在商标权共有的情况下，商标权的许可使用应遵循当事人意思自治原则，由共有人协商一致行使；不能协商一致，又无正当理由的，任何一方共有人不得阻止其他共有人以普通许可的方式许可他人使用该商标

【案例要旨】

在商标权共有的情况下，商标权的许可使用应遵循当事人意思自治原则，由共有人协商一致行使；不能协商一致，又无正当理由的，任何一方共有人不得阻止其他共有人以普通许可的方式许可他人使用该商标。

最高人民法院民事裁定书

(2015) 民申字第3640号

再审申请人（一审原告、二审上诉人）：张绍恒，男，汉族，1947年5月16日出生，住河北省河间市。

委托代理人：李成道，河北衡泰律师事务所律师。

委托代理人：陈伟，河北衡泰律师事务所律师。

被申请人（一审被告、二审被上诉人）：沧州田霸

* 摘自《最高人民法院公报》2017年第4期。

农机有限公司。住所地：河北省河间市。

法定代表人：朱占仓，该公司董事长。

被申请人（一审被告、二审被上诉人）：朱占峰，男，汉族，1963年6月3日出生，住河北省河间市。

再审申请人张绍恒因与被申请人沧州田霸农机有限公司（以下简称田霸公司）、朱占峰侵害商标权纠纷一案，不服河北省高级人民法院作出的（2015）冀民三终字第79号民事判决，向本院申请再审。本院依法组成合议庭对本案进行了审查，现已审查终结。

张绍恒申请再审称：（1）二审法院认定基本事实缺乏证据证明。①张绍恒与朱占峰于2009年4月共同成立沧州科丰农机有限公司（以下简称科丰公司），由于双方产生矛盾，公司无法继续经营，双方对科丰公司进行清算。在科丰公司清算纠纷中，经河北省河间市人民法院主持调解，张绍恒和朱占峰达成了调解协议，法院出具了（2011）河民清字第1452号民事调解书。调解书中明确约定"田霸"商标归张绍恒和朱占峰共同所有。在科丰公司清算之后，张绍恒才得知朱占峰在科丰公司清算之前，在张绍恒毫不知情的情况下，利用其担任科丰公司法定代表人的职务便利，擅自将"田霸"商标转让给了朱占峰成立的田霸公司。为此张绍恒就朱占峰擅自转让商标行为向法院提起诉讼，要求确认转让行为无效。该案经沧州市中级人民法院、河北省高级人民法院和最高人民法院裁判，认定朱占峰擅自转让"田霸"商标无效。由于朱占峰未经商标权共有人的同意，擅自将"田霸"商标转让给田霸公司使用至今，侵害了张绍恒的合法权益。基于此，张绍恒提起本案诉讼，要求朱占峰和田霸公司停止侵权行为，并赔偿损失，该请求应得到支持。②一审、二审法院根据调解书第三条认定张绍恒不得向朱占峰主张"协议约定之外的任何权利"，故对张绍恒的诉讼请求不予支持，实属主观臆断。（2）二审法院适用法律错误。作为商标权共有人，朱占峰无权单独许可田霸公司使用"田霸"商标。如果商标权共有人可以随意许可他人使用其注册商标，容易造成被许可的商标的滥用，最终导致商标商誉价值损失殆尽，不利于保护其他商标权共有人的利益。因此，限制商标权共有人随意许可他人使用其商标，从长远看符合商标权共有人的共同利益。所以无论是张绍恒还是朱占峰都无权单独许可他人使用“田霸”商标。退一步讲，即使商标权共有人有权单独许可他人使用其注册商标，也必须要经商标权人的许可，签订许可使用合同，并办理备案。本案中，张绍恒有理由相信田霸公司使用“田霸”商标的行为没有得到任何商标权人的许可，属于侵权行为，应当承担侵权责任。综上，张绍恒请求本院依法撤销一二审判决，再审本案，改判支持其一审诉讼请求。

被申请人朱占峰和田霸公司提交意见称：（1）河北省河间市人民法院民事调解书明确载明朱占峰支付给张绍恒的1800万元，包括科丰公司成立以来的所有经营收益，以及新成立的田霸公司至协议签订之日的全部经营收益。该调解书对科丰公司的财产和田霸公司的财产均做了分割，实际上把田霸公司也作为朱占峰与张绍恒经营的公司来处理。（2）调解书第三条约定“张绍恒对朱占峰的任何经营行为均表示谅解，并放弃本协议约定之外的任何权利，张绍恒承诺不再以任何方式追究朱占峰的任何责任或以任何方式再向其提出任何主张”。既然张绍恒在调解书中已经承诺不再以任何方式追究朱占峰的任何责任，张绍恒再主张朱占峰和田霸公司商标侵权并赔偿损失，不能成立。（3）田霸公司使用“田霸”商标不属于侵权行为。朱占峰作为“田霸”商标的共有人，有权使用该商标，朱占峰所有的田霸公司当然也有权使用“田霸”商标。事实上，张绍恒设立的河北圣牛农业机械有限公司也使用“田霸”商标。综上，请求本院驳回张绍恒的再审申请。

本院认为，张绍恒在二审开庭时已经明确其诉讼主张为，在张绍恒与朱占峰达成调解协议之后，田霸公司未经许可使用“田霸”商标构成侵权。因此，本案争议焦点问题为：（1）田霸公司的上述商标使用行为是否已经朱占峰的许可；（2）田霸公司的上述商标使用行为是否侵害张绍恒的注册商标专用权。

（一）关于张绍恒主张田霸公司使用“田霸”商标未经许可并备案的问题。

本院认为，法院生效裁判已经确认，朱占峰擅自将“田霸”商标转让至田霸公司名下的行为无效，“田霸”商标由张绍恒和朱占峰共同所有。

田霸公司由朱占峰设立，朱占峰曾任田霸公司法定代表人；朱占峰作为“田霸”商标的共有人在诉讼过程中也已经申明其许可田霸公司使用“田霸”商标，朱占峰和田霸公司之间是否签订许可合同及备案并不能改变这一事实。而且，商标许可合同是否备案并不影响商标许可行为的效力，只是不能对抗善意第三人。因此，可以认定，田霸公司使用“田霸”商标，经过了商标权共有人朱占峰的许可，张绍恒此项再审申请主张不能成立，本院不予支持。

（二）田霸公司的上述商标使用行为是否侵害张绍恒的注册商标专用权。

如前所述，田霸公司使用“田霸”商标已经商标权共有人朱占峰的许可，因此，本案关键问题在于作为“田霸”商标共有人之一的朱占峰是否有权以普通许可的方式单独许可田霸公司使用该商标。

对于商标权共有，2001 年修正的《中华人民共和国商标法》第五条规定，两个以上的自然人、法人或者其他组织可以共同向商标局申请注册同一商标，共同享有和行使该商标专用权。除此之外，商标法对于商标权共有人权利行使的一般规则没有作出具体规定。本院认为，商标权作为一种私权，在商标权共有的情况下，其权利行使的规则应遵循意思自治原则，由共有人协商一致行使；不能协商一致，又无正当理由的，任何一方共有人不得阻止其他共有人以普通许可的方式许可他人使用该商标。理由在于：

首先，商标只有用于生产经营活动中，与商品或者服务结合起来，才能起到区分商品或者服务来源的作用，体现商标的真正价值。如果因为商标权共有人难以协商一致导致注册商标无法使用，不仅难以体现出注册商标的价值，有悖于商标法的立法本意，也难以保障共有人的共同利益。其次，商标权共有人单独以普通许可方式许可他人使用该商标，一般不会影响其他共有人利益，其他共有人可以自己使用或者以普通许可方式许可他人使用该商标，该种许可方式原则上应当允许。商标权共有人如果单独以排他许可或者独占许可的方式许可他人使用该商标，则对其他共有人的利益影响较大，原则上应禁止。再次，根据商标法的规定，许可人应当监督被许可人使用其注册商标的商品质量，被许可人应当保证使用该注册商标的商品质量。因此，从保证商品质量和商标商誉的角度，商标权共有人单独进行普通许可，对其他共有人的利益一般也不会产生重大影响。退一步而言，即便商标权共有人单独进行普通许可造成了该商标商誉的降低，损害到了其他共有人的利益，这也是商标权共有制度自身带来的风险。在商标权共有人对权利行使规则没有作出约定的情况下，共有人应对该风险有所预期。最后，要求商标权共有人全部同意才可进行普通许可，无疑会增加商标许可使用的成本，甚至导致一些有价值的商标因共有人不能达成一致而无法使用。综上，商标权共有人在没有对权利行使规则作出约定的情况下，一般可以单独以普通许可的方式许可他人使用该商标。

按照上述规则，本案中“田霸”商标共有人朱占峰有权单独以普通许可方式许可田霸公司使用该商标，田霸公司使用该商标的行为不构成侵权。除此之外，结合本案的具体事实，同样可以得出上述结论。理由在于：首先，田霸公司与商标权共有人张绍恒和朱占峰之间均有密切的联系，在双方达成的调解协议中，明确将朱占峰设立的田霸公司至调解协议之前的经营收益纳入调解范围分配给张绍恒，并约定田霸公司归朱占峰所有，张绍恒不再持有任何股份，田霸公司之后的所有经营收益，均归朱占峰。也就是说，双方共同设立的科丰公司解散后，科丰公司的“田霸”商标归属双方共有，而调解协议也将田霸公司纳入到调解范围中，约定田霸公司归朱占峰所有。可以认为，张绍恒在签订调解协议时，应当预期到在科丰公司解散的情况下，田霸公司在以后的经营活动中可能会继续使用“田霸”商标，但在调解协议中却并未作出禁止的约定。其次，本案现有证据仅显示朱占峰许可田霸公司使用“田霸”商标，并无证据证明朱占峰许可其他人使用该商标。本案中并不存在朱占峰随意滥发许可的情况，也没有证据证明田霸公司的使用行为造成了该商标商誉的降低，从而损害到张绍恒的利益。最后，根据二审法院查明的事实，张绍恒作为法定代表人的河北圣牛农业机械有限公司也在使用“田霸”商标。张绍恒在申请再审时提交了该公司的宣传页，证明该公司使用的是“德圣牛”商标。本院认为，即使可以确认该证据的真实性，但鉴于该宣传页上没有时间，不能排

除河北圣牛农业机械有限公司曾经使用或者同时使用“田霸”商标的可能。因此，张绍恒提交的该份证据不能推翻二审法院的上述认定。综上，二审法院认定田霸公司在调解协议之后使用“田霸”商标的行为不构成侵权正确，张绍恒相关申请再审理由不能成立。

关于张绍恒主张一审、二审法院根据调解书第三条认定张绍恒不得向朱占峰主张“协议约定之外的任何权利”的问题，该理由是一审法院认定朱占峰和田霸公司不侵权的主要理由，二审法院对该理由已经进行纠正，本院对张绍恒的该主张不再评述。

综上，张绍恒的再审申请不符合《中华人民共和国民事诉讼法》第二百条规定的情形。依照《中华人民共和国民事诉讼法》第二百零四条第一款的规定，裁定如下：

驳回张绍恒的再审申请。

审 判 长 周 翔
审 判 员 郎贵梅
代理审判员 罗 霞

二〇一六年三月三十一日

书 记 员 张 博

33. 鳄鱼恤有限公司与青岛瑞田服饰有限公司侵犯商标专用权纠纷案*

▶ 商标具有地域性特点，即在一国注册的商标在该国范围内受法律保护

山东省高级人民法院民事判决书

（2012）鲁民三终字第81号

上诉人（原审原告）：鳄鱼恤有限公司。住所地：香港九龙长沙湾道680号丽新商业中心11楼。

法定代表人：林建名，董事会主席兼行政总裁。

委托代理人：于福利，北京市国汇律师事务所律师。

委托代理人：符寒石，北京市国汇律师事务所律师。

上诉人（原审被告）：青岛瑞田服饰有限公司。住所地：青岛市城阳区夏庄街道王家曹村社区王沙路东侧200米。

法定代表人：郑文植，总经理。

委托代理人：牟长辉，山东亚和太律师事务所律师。

委托代理人：慕香英，山东亚和太律师事务所

* 摘自《知识产权审判与指导》2012年第2辑（总第20辑），人民法院出版社2013年版，第215～225页。

律师。

鳄鱼恤有限公司（以下简称鳄鱼恤公司）与青岛瑞田服饰有限公司（以下简称瑞田公司）侵犯商标专用权纠纷一案，山东省青岛市中级人民法院于2012年1月9日作出（2011）青知民初字第546号民事判决，已经发生法律效力。鳄鱼恤公司和瑞田公司均不服该判决，向本院提起上诉。本院依法组成合议庭，公开开庭审理了本案。上诉人鳄鱼恤公司的委托代理人于福利，上诉人瑞田公司的委托代理人牟长辉、慕香英到庭参加了诉讼。本案现已审理终结。

原审原告鳄鱼恤公司诉称：鳄鱼恤公司为著名香港企业，上世纪80年代初，即开始进入大陆开展业务，及时申请并成功注册了25类“CROCODILE”商标。时至今日，鳄鱼恤公司依然是该商标在中国大陆的唯一合法拥有者。为了有效打击商标侵权，鳄鱼恤公司于2008年向国家海关总署申请了“CROCODILE”商标的海关备案。通过海关备案，鳄鱼恤公司查获了大批假冒伪劣产品，其中就包括2011年1月24日被青岛海关下属的黄岛海关查获的瑞田公司准备出口的侵权产品。经鳄鱼恤公司查证确认，该批货物为1760件棉质机织男式防寒上衣，涉及金额10万余元人民币。全部侵权产品均标注鳄鱼恤公司享有注册商标专用权的“CROCODILE”商标，其行为已构成侵犯鳄鱼恤公司注册商标专用权。鉴于瑞田公司的侵权行为已经给鳄鱼恤公司造成了巨大的损失，鳄鱼恤公司请求法院判令：（1）瑞田公司立即停止侵犯鳄鱼恤公司商标权的行为；（2）瑞田公司向鳄鱼恤公司赔偿侵权损失50万元；（3）瑞田公司承担本案诉讼费用。

原审法院审理查明：鳄鱼恤公司为在我国香港特别行政区注册的公司，该公司于1996年3月30日分别在中国国家工商行政管理总局商标局注册了第246898号、第246872号“CROCODILE”商标，核定使用商品分别为第25类：衬衫；裤子；汗衫及其它衣服和第25类：鞋。2006年6月2日，上述两商标均续展至2016年3月29日。

2010年11月11日，瑞田公司与韩国ESPOIR CO. LTD公司签订订单，产品名称为“棉质机织男式防寒上衣”，数量为1760件，加工费单价为5.5美元，合计9680美元，商标为“CROCODILE”。

2011年2月25日，中华人民共和国黄岛海关（以下简称黄岛海关）

作出黄关知扣字〔2011〕003号《扣留侵权嫌疑货物通知书》和《采取知识产权海关保护措施通知书》，内容为：根据鳄鱼恤公司于2011年1月27日提出的申请，黄岛海关于2011年2月25日将瑞田公司申报出口的棉质机织男式防寒上衣1760件予以扣留。2011年3月28日，黄岛海关作出黄关知通〔2011〕03号《知识产权状况调查结果通知书》，内容为：对于瑞田公司于2011年1月11日申报出口的棉质机织男式防寒上衣1760件，黄岛海关已完成对货物侵权状况的调查。经调查，不能认定上述货物是否侵犯了鳄鱼恤公司在海关总署备案的CROCODILE商标权。2011年5月13日，黄岛海关作出黄关知通〔2011〕001号《放行货物通知书》，决定对予以扣留的侵权嫌疑货物棉质机织男式防寒上衣1760件予以放行。黄岛海关查扣的被控侵权产品照片显示，瑞田公司申报出口的棉质机织男式防寒上衣吊牌上印有图样，在领标处印有“CROCODILE”字样。鳄鱼恤公司对其向海关申请扣留的瑞田公司申报出口的1760件棉质机织男式防寒上衣，系瑞田公司根据2010年11月11日与韩国ESPOIR CO. LTD公司订单生产的事实并无异议。

YAMATO INTERNATIONAL株式会社（以下简称YAMATO公司）系于1947年6月6日在日本注册成立的公司，其于1961年5月1日在日本国专利厅注册了商标，商标注册号为第0571612号，存续期限届满日为2021年5月1日，“指定商品、指定服务及商品、服务类别”包括第25类服装、外衣等。2011年1月12日，YAMATO公司出具授权确认书，同意由ESPOIR CO. LTD进行商标为“CROCODILE”产品的生产与出口。2011年10月20日，YAMATO公司出具情况说明书，阐明如下事宜：（1）我司于2011年1月12日授权韩国ESPOIR CO. LTD公司生产和出口我司在日本国享有注册商标权的“CROCODILE”（鳄鱼图形及文字）商标的相关产品（成衣）；（2）韩国ESPOIR CO. LTD公司按照我司的授权，委托中国的青岛瑞田服饰有限公司（“青岛公司”）贴牌加工定制“CROCODILE”（鳄鱼图形及文字）商标的相关产品（成衣）；（3）我司为第2项中贴牌加工定制的“CROCODILE”（鳄鱼图形及文字）商标的相关产品（成衣），通过韩国的ESPOIR CO. LTD公司向青岛公司提供所需的全部制衣原料及辅料（包括附件商标标识主标、吊牌和水洗标）；（4）青岛公司按照我司的贴牌加工定制要求，将加工完成的所有成衣向中国海关报关出口后，通过韩国 ESPOIR CO. LTD 公司交付给我司，最终由我司在日本销售。

YAMATO 公司于 1991 年 1 月 31 日、1992 年 1 月 31 日、1997 年 6 月 20 日分别在日本国专利厅注册了第 2298786 号“CROCODILE”商标、第 2372008 号鳄鱼图形商标、第 4013354 号“CROCO \ DILE”商标，上述商标经续展后均在有效期内。

原审法院认为：鳄鱼恤公司在我国注册了第 246898、246872 号“CROCODILE”字母商标，其依法享有的注册商标专用权受我国法律的保护。本案中，鳄鱼恤公司认为被控侵权产品侵犯了第 246898、246872 号两个商标权，但原审法院认为，《中华人民共和国商标法》第五十二条第（一）项规定，未经商标注册人的许可，在同一种商品或者类似商品上使用与其注册商标相同或者近似商标的，属于侵犯注册商标专用权的行为，本案中，鳄鱼恤公司享有的第 246898 号“CROCODILE”商标核定使用商品为第 25 类：衬衫；裤子；汗衫及其它衣服，第 246872 号“CROCODILE”商标核定使用商品为第 25 类：鞋。而本案被控侵权产品为棉质机织男式防寒上衣，因此，被控侵权产品与第 246898 号商标的核定使用商品系类似商品，而与第 246872 号商标的核定使用商品“鞋”并非同一种商品或类似商品，在鳄鱼恤公司并未提供证据证明第 246872 号商标系驰名商标，拥有跨类保护权利的情况下，原审法院仅就瑞田公司行为是否侵犯了鳄鱼恤公司第 246898 号注册商标专用权进行审查。

原审法院认为：本案中，判断瑞田公司行为是否侵犯了鳄鱼恤公司的注册商标专用权，应当依据被控侵权产品上所体现出的商业标识的使用情况作出判断，故该院将以鳄鱼恤公司申请法院调取的黄岛海关查扣的被控侵权产品照片作为判断瑞田公司行为是否侵犯了鳄鱼恤公司的注册商标专用权的依据。该照片中显示涉及商业标识使用的有两处，即在被控侵权产品吊牌上印有图样，在领标处印有“CROCODILE”字样，原审法院分别作出如下分析：

第一，瑞田公司在被控侵权产品吊牌上使用标识的行为是否构成对鳄鱼恤公司第 246898 号注册商标专用权的侵犯。

《最高人民法院关于审理商标民事纠纷案件适用法律若干问题的解释》

（以下简称《商标民事纠纷解释》）第九条第二款规定：“商标法第五十二条第（一）项规定的商标近似，是指被控侵权的商标与原告的注册商标相比较，其文字的字形、读音、含义或者图形的构图及颜色，或者其各要素组合后的整体结构相似，或者其立体形状、颜色组合近似，易使相关公众对商品的来源产生误认或者认为其来源与原告注册商标的商品有特定的联系。”最高人民法院的上述司法解释表明：在判断被控侵权的商标是否与注册商标构成近似时，不能仅依据字形、读音或含义等要素单独进行判断，只有这种近似使相关公众对商品的来源产生误认或者认为其来源与注册商标的商品具有特定联系时才能构成商标法意义上的近似。《商标民事纠纷解释》第八条规定：“商标法所称相关公众，是指与商标所标识的某类商品或者服务有关的消费者和与前述商品或者服务的营销有密切关系的其他经营者”。原审法院认为，《中华人民共和国商标法》规范的是我国领域内商标的使用行为，即在我国注册的商标只能在我国领域内得到保护，因此，相关公众应当界定为我国境内的相关公众。如果被控侵权商标与当事人所要求保护的注册商标构成近似、但国内相关公众不会对被控侵权商标产生误认时，人民法院不能认定被控侵权商标构成对注册商标的侵犯。如果商标权利人认为被控侵权行为对国外某个国家的相关公众造成误导，依据注册商标的地域性原则，有关权利人应当向所在国的司法机关寻求司法救济。

本案中，瑞田公司在其出口的男式防寒上衣吊牌上使用了标识，该标识系由手写体的字母“Crocodile”和鳄鱼图形组成，将该标识与鳄鱼恤公司的“CROCODILE”商标相比，两个标识视觉上存在一定差异，不能认定为相同；然而，这两个标识从字母组合、读音、含义等要素进行比较均相近似，其是否构成商标法意义上的近似还应判断该行为是否对相关公众产生误导，原审法院从瑞田公司使用标识的行为在主观上是否具有误导相关公众的故意以及客观上是否造成使相关公众误认的后果进行以下分析：

首先，从查明的事实可以看出，被控侵权产品的贸易流程为：（1）瑞田公司依据2010年11月11日与韩国ESPOIR CO. LTD公司签订的订单生产名称为“棉质机织男式防寒上衣”的产品1760件；（2）该批货物于

2011 年 1 月 11 日向黄岛海关申报出口；（3）2011 年 1 月 12 日，YAMATO 公司出具授权确认书，同意由韩国 ESPOIR CO. LTD 公司进行商标为“CROCODILE”产品的生产与出口。从上述交易过程来看，瑞田公司系根据韩国 ESPOIR CO. LTD 公司的订单，生产的带有标识的产品并出口，而系 YAMATO 公司的注册商标，YAMATO 公司对韩国 ESPOIR CO. LTD 公司生产和出口带有该商标的产品亦予以准许，故原审法院认为，瑞田公司使用标识的行为在主观上并不具有误导相关公众的故意。关于鳄鱼恤公司提出的 YAMATO 公司出具授权确认书的时间晚于瑞田公司与韩国 ESPOIR CO. LTD 公司签订订单及进口原料的时间的问题，原审法院认为，即使如鳄鱼恤公司所称，YAMATO 公司对韩国 ESPOIR CO. LTD 公司使用商标的授权为事后的追认，该事实影响的仅是瑞田公司在签订订单时对 ESPOIR CO. LTD 公司是否有权使用商标进行了全面审查，而并不能认定瑞田公司在签订订单时主观上具有误导相关公众，使相关公众误认为带有标识的产品与鳄鱼恤公司有特定联系的故意。

其次，本案中鳄鱼恤公司没有证据证明瑞田公司将带有标识的“棉质机织男式防寒上衣”在我国境内销售的事实，故应认定带有该标识商品未进入我国商业流通领域，在国内相关公众不能接触到被控侵权商品的情况下，相关公众不会对标识与鳄鱼恤公司的“CROCODILE”字母商标产生误认，因此，瑞田公司行为并未造成国内相关公众误认的后果。

综合上述分析，原审法院认为无法认定瑞田公司在被控侵权产品上使用的标识与鳄鱼恤公司的“CROCODILE”字母商标构成商标法意义上的近似。因此，瑞田公司在其申报出口的“棉质机织男式防寒上衣”吊牌上使用标识的行为不构成对鳄鱼恤公司第 246898 号注册商标专用权的侵犯。

第二，瑞田公司在被控侵权产品领标上使用“CROCODILE”标识的行为是否构成对鳄鱼恤公司第 246898 号注册商标专用权的侵犯。

《中华人民共和国商标法》第五十二条第（一）项规定，未经商标注册人的许可，在同一种商品或者类似商品上使用与其注册商标相同或者近似的商标的，属于侵犯注册商标专用权的行为。《商标民事纠纷解释》第九条第二款进一步规定“商标法第五十二条第（一）项规定的商标相同，是指被控侵权的商标与原告的注册商标相比较，二者在视觉上基本无差别”。本案中，经比对，瑞田公司在被控侵权产品领标上使用的“CROCODILE”标识与鳄鱼恤公司的第 246898 号注册商标均为印刷体的大写“CROCODILE”字母，二者在视觉上基本无差别，构成《商标民事纠纷解释》第九条规定的“相同”。瑞田公司在被控侵权产品上使用与鳄鱼恤公司注册商标相同的商标，构成对鳄鱼恤公司注册商标专用权的侵犯。

关于瑞田公司提出的其在被控侵权产品领标上使用的“CROCODILE”标识系 YAMATO 公司的注册商标的抗辩，原审法院认为，YAMATO 公司是在日本注册的“CROCODILE”商标，而非在中国国家商标局注册，由于商标保护的地域性原则，无论瑞田公司在使用“CROCODILE”商标时是否取得了 YAMATO 公司的授权，其在中国境内生产带有与中国注册商标相同标识的产品的行为都构成侵权，即均构成对中国注册商标专用权人权利的侵犯，故对瑞田公司的该项抗辩不予支持。

关于瑞田公司提出的“CROCODILE 是自然界中动物的名称，非鳄鱼恤公司独创，也不能为鳄鱼恤公司独占的抗辩”，原审法院认为，“CROCODILE”是鳄鱼恤公司的注册商标，其受我国商标法及相关法律的保护，其显著性的高低，仅能影响其禁止他人使用范围的大小，并不影响其本身受法律保护的事实状态。瑞田公司有权使用的是商标，该商标为手写体的字母“Crocodile”和鳄鱼图形的组合，瑞田公司应当在其产品上规范使用商标，而瑞田公司在其产品领标处使用的既非，也非该商标的字母部分，即手写体的字母“Crocodile”，在瑞田公司未能提供证据证明其对“CROCODILE”标识的使用系为表示商品通用名称、质量、功能、用途等特点而进行的合理使用的情况下，该院对瑞田公司的该项抗辩不予支持。

关于瑞田公司提出的被控侵权产品并不进入国内流通领域的抗辩，原审法院认为，从《中华人民共和国商标法》及《商标民事纠纷解释》规定来看，我国法律关于使用与中国注册商标相同商标构成侵权的判定，并不

要求以相关公众的混淆为要件。也就是说，在同一种商品或者类似商品上使用与他人注册商标相同的商标，无论是否进入国内的流通领域，是否造成相关公众的误认，该种行为都是被我国法律所禁止的，故该院对瑞田公司的该项抗辩不予支持。

综合上述分析，原审法院认为，瑞田公司在其向海关申报出口的“棉质机织男式防寒上衣”领标上使用“CROCODILE”标识的行为，构成对鳄鱼恤公司第246898号注册商标专用权的侵犯，应当承担停止侵权的民事责任。

关于瑞田公司是否应当承担赔偿损失的民事责任的问题，原审法院认为，赔偿损失民事责任的承担应当以损失的实际发生为前提，由于商标本身所具有的彰显商品来源的作用，使得在商标侵权案件中，这种损失主要体现为由于相关公众对于侵权产品来源的误认，而导致商标权人销售数额的下降、市场份额的减少、商标声誉的减损等。在本案中，鳄鱼恤公司并无证据证明瑞田公司生产的该批侵权产品已进入中国国内市场，故无法认定在中国境内鳄鱼恤公司实际损失的发生，鳄鱼恤公司可另行寻求救济。因此，对于鳄鱼恤公司要求瑞田公司赔偿损失的诉讼请求不予支持。但是，由于瑞田公司侵权行为的发生，使得鳄鱼恤公司在寻求司法救济的过程中必然会产生相关的合理费用，该费用的产生是基于鳄鱼恤公司制止侵权行为的需要，故原审法院认为应当由瑞田公司承担。本案中，鳄鱼恤公司并未提交证据证明其为制止侵权行为而支付合理费用的实际数额，因此，瑞田公司仅应承担鳄鱼恤公司为本案支出的诉讼费用。由于鳄鱼恤公司所主张的50万元赔偿数额系在法律规定的酌定范围内，并无不当，故瑞田公司应当承担本案全部案件受理费人民币8800元。

综上，依照《中华人民共和国商标法》第五十二条第（一）项、第五十六条、《最高人民法院关于审理商标民事纠纷案件适用法律若干问题的解释》第八条、第九条的规定，原审法院判决：一、青岛瑞田服饰有限公司于本判决生效之日起立即停止侵犯鳄鱼恤有限公司享有的第246898号“CROCODILE”注册商标专用权的行为；二、驳回鳄鱼恤有限公司的其他诉讼请求。案件受理费人民币8800元，由青岛瑞田服饰有限公司承担。如青岛瑞田服饰有限公司未按本判决指定的期间履行给付金钱义务，应当依照《中华人民共和国民事诉讼法》第二百二十九条的规定，加倍支付迟延履行期间的债务利息。

上诉人鳄鱼恤公司不服原审判决，向本院提起上诉，请求撤销原审判决，依法改判瑞田公司赔偿鳄鱼恤公司因侵权造成的损失30万元，并由瑞田公司承担本案诉讼费用。其主要理由：（1）原审判决认定部分事实有错误和遗漏。首先，本案瑞田公司涉诉商标与鳄鱼恤公司的注册商标实为同一商标，鳄鱼恤公司是“CROCODILE”商标在中国的唯一合法拥有者，依据商标地域性原则，鳄鱼恤公司“CROCODILE”注册商标受中国法律保护。涉诉商标与鳄鱼恤公司“CROCODILE”注册商标实为相同商标，两者英文读音相同，含义均为鳄鱼的意思，原审法院认定两商标不同错误。其次，涉案商标的商标权人是鳄鱼国际机构私人有限公司，该公司将其在韩国注册的该商标，独家许可给了韩国亨籍公司使用，瑞田公司未获得任何使用商标的合法授权，原审法院对该事实未予认定存在错误。（2）原审判决适用法律错误，对本案审理涉及的诸多法律只字未提。对定牌加工行为的侵权认定，《中华人民共和国商标法》第五十二条规定属于侵犯注册商标专用权的行为规定的很清楚，不以商标相同和误导公众作为判断侵权与否的依据，只要是未经商标注册人许可，在同一种商品或类似商品上使用与注册商标相同或近似的商标的即构成侵权。（3）原审判决对于损失赔偿适用法律错误。《中华人民共和国商标法》第五十六条有明确规定，并未规定以损失的实际发生为赔偿前提，上诉人鳄鱼恤公司提出50万元的赔偿合情合理。

被上诉人瑞田公司针对上诉人鳄鱼恤公司的上诉答辩称：瑞田公司在本案中的生产行为属于涉外定牌加工行为。瑞田公司使用涉案商标具有合法授权，没有侵权的主观故意和过错，没有给鳄鱼恤公司造成影响和损失，不构成对鳄鱼恤公司商标专用权的侵犯。请求二审法院驳回鳄鱼恤公司的诉讼请求。

上诉人瑞田公司不服原审判决，向本院上诉称：本案被诉侵权行为属于涉外定牌加工，产品不在中国境内销售，不符合我国商标侵权的构成要件，不构成商标侵权，原审判决认定瑞田公司侵权适用法律不当。请求撤销原审判决第一项，依法改判驳回鳄鱼恤公司的全部诉讼请求，本案一、

二审诉讼费由鳄鱼恤公司负担。

被上诉人鳄鱼恤公司针对上诉人瑞田公司的上诉答辩称：瑞田公司主张其行为是定牌加工行为，不构成商标法意义上的使用，其观点不成立。瑞田公司因自己的行为是定牌加工而不受中国法律的制约，理由不成立。瑞田公司提出其生产的产品没有流通与事实不符，本案瑞田公司进口的材料可以生产的数量远大于订单出口的数量，会有大量尾货进入中国市场销售。即使瑞田公司没有在国内销售，其行为亦应受中国法律的制约。本案应适用中国法律，瑞田公司主张应适用进口国法律的观点不成立。

本院二审查明的事实与原审法院查明的一致。

本院认为：本案双方诉争的焦点问题是瑞田公司在其申报出口的涉案被控侵权产品（出口韩国的1760件棉质机织男式防寒上衣）吊牌上使用标识、在领标上使用“CROCODILE”标识的行为，是否侵犯了鳄鱼恤公司“CROCODILE”注册商标专用权；瑞田公司应否承担赔偿责任。双方当事人对上述焦点问题无异议，无补充。

对上述焦点问题，本院认为：商标具有地域性特点，即在一国注册的商标在该国范围内受法律保护。本案鳄鱼恤公司享有的“CROCODILE”注册商标，依法在中华人民共和国领域内受法律保护。

商标的基本功能为识别功能，即将商标权人的商品或服务与其他人的商品或服务区别开来。消费者借助商标选购自己喜爱的商品或服务，经营者则借助商标推销自己的商品，而这一切均依赖于商标识别功能的正常发挥。侵害商标权行为的表现形式多种多样，其本质特征都是对商标识别功能的破坏，造成相关公众对商品或服务的来源产生误认或者认为其来源与注册商标的商品有特定的联系。因此，商标法保护商标就是保护商标的识别功能。而商标的识别功能只有在商标法意义上的“商标使用行为”中才得以体现。因此，本案判断瑞田公司被控侵权行为是否属于商标法意义上的使用行为成为解决本案焦点问题的关键。

商标法的商标使用，应当是为了实现商标功能的使用。商标最主要的功能是识别，只有商品进入流通领域，商标的识别功能才得以发挥；商品不进入流通领域，商标只不过是一种装饰，无所谓识别问题。因此商标法上的商标使用，应当是与商品流通相联系的使用行为。《中华人民共和国商标法实施条例》第三条规定，商标的使用，包括将商标用于商品、商品包装或者容器以及商品交易文书上，或广告宣传、展览以及其他商业活动中。由此从法律规定看，商标法意义上的商标使用行为也强调将商标贴附于商品进行销售或者进行其他交易，是与商品流通相联系的使用行为。

本案中，瑞田公司所使用的被控侵权吊牌、领标均系国外委托加工方韩国 ESPOIR CO. LTD 公司提供，所加工产品全部销往国外而不在中国境内销售，属于对外“贴牌加工”行为。由于瑞田公司所加工产品全部出口，并不在中国市场上流通销售，因此，在中国境内，上述吊牌、领标不具有识别商品来源的功能。加工方按照委托方的要求，将商标贴附于加工之产品上，就其性质而言，属于加工行为，不是商标法意义上的商标使用行为。换言之，瑞田公司在法律地位上相当于韩国公司设在中国境内的工厂，其按照韩国公司的指令进行生产，不负责产品销售，且不得擅自处分加工产品，所有加工产品及辅料必须交付至韩国公司。因此，瑞田公司虽为中国公司，但其所加工的产品并不直接进入中国境内的流通领域，产品所附吊牌、领标在中国境内不发挥商标的识别功能。

另外，本院认为：瑞田公司对外加工产品，尽到了必要的审查注意义务。根据已查明的事实，日本 YAMATO 公司于 1961 年 5 月 1 日在日本注册了 商标，于 1990 年 6 月 11 日在日本注册了“CROCODILE”商标，现二商标均在有效期内。2011 年 1 月 12 日，日本 YAMATO 公司出具《授权确认书》，同意韩国 ESPOIR CO. LTD 公司进行商标为“CROCODILE”产品的生产与出口。2011 年 10 月 20 日，日本 YAMATO 公司出具《情况说明》，对上述《授权确认书》作出进一步阐明，确认本案由韩国 ESPOIR CO. LTD 公司按照其贴牌加工定制要求，委托瑞田公司加工的所有成衣出口至日本销售。综上，可以认定本案瑞田公司接受国外公司委托加工并出口产品，对国外公司提供的吊牌和领标标识的合法来源进行了必要的审查，其主观上没有侵害鳄鱼恤公司注册商标权的故意或过错，尽到了合理的注意义务。

综上，瑞田公司对外贴牌使用被控侵权吊牌、领标，不是与商品流通相联系的商标使用行为，不属于我国商标法意义上的商标使用。且瑞田公司对国外公司交付的被控侵权吊牌、领标有境外商标权人的合法授权，亦尽到了合理注意义务。根据商标权的地域性特点，本案中鳄鱼恤公司对其“CROCODILE”注册商标享有的商标权仅限于中国境内，因此其无权排斥瑞田公司在对外贴牌加工中使用“ ”“CROCODILE”商标的行为。鳄鱼恤公司关于瑞田公司侵犯其注册商标权的主张缺乏法律依据，不能成立。在此基础上，关于瑞田公司所使用的吊牌和领标标识与鳄鱼恤公司“CROCODILE”注册商标是否相同或相似，是否足以造成相关公众混淆，并非本案所关注的重点。原审法院认定瑞田公司使用“ ”吊牌对鳄鱼恤公司不构成商标侵权结论正确；认定瑞田公司使用“CROCODILE”领标对鳄鱼恤公司构成商标侵权并判令瑞田公司赔偿鳄鱼恤公司合理支出不当，适用法律错误，本院依法予以纠正。

综上，瑞田公司的上诉理由成立，本院予以支持。原审判决认定事实清楚，但适用法律错误，本院予以纠正。依照《中华人民共和国商标法实施条例》第三条、《中华人民共和国民事诉讼法》第一百五十三条第一款第（二）项之规定，判决如下：

一、撤销山东省青岛市中级人民法院（2011）青知民初字第546号民事判决；

二、驳回鳄鱼恤有限公司的全部诉讼请求。

本案一审案件受理费8800元，二审案件受理费6800元，均由上诉人鳄鱼恤有限公司负担。

本判决为终审判决。

审　判　长　刘晓梅
代理审判员　丛　卫
代理审判员　张　亮

二〇一二年六月二十七日

书　记　员　石　青

34. 上海熊猫线缆股份有限公司诉上海能猫电线电缆有限公司等侵害商标权及不正当竞争纠纷案*

将与他人注册商标相近似的文字作为企业字号，在相同商品上突出使用，容易使相关公众产生误认的，构成侵害商标权，同时也违反诚实信用原则构成不正当竞争

【裁判要点】①

将与他人注册商标相近似的文字作为企业字号，在相同商品上突出使用，容易使相关公众产生误认的，构成侵害商标权，同时也违反诚实信用原则构成不正当竞争。

【案情简介】

原告：上海熊猫线缆股份有限公司。

被告：上海能猫电线电缆有限公司（以下简称能猫公司）。

被告：夏小敏。

被告：上海兴明建材市场经营管理有限公司（以下简称兴明市场）。

第三人：陈春祥。

上海市杨浦区人民法院一审经审理查明：

---

* 摘自《知识产权审判与指导》2013 年第 1 辑（总第 21 辑），人民法院出版社 2014 年版，第 136～142 页。

① 一审：上海市杨浦区人民法院（2012）杨民三（知）初字第 115 号民事判决。二审：上海市第二中级人民法院（2013）沪二中民五（知）终字第 47 号民事判决。

一、原告享有“熊猫”注册商标专用权、原告商标使用情况以及市场知名度等相关事实

原告的前身上海塑胶线厂1962年即取得“熊猫”商标，1994年经国家商标局核准注册第692537号“熊猫”商标，商标标识上部为汉字“熊猫”，中部为一圆形，圆形内有熊猫图案，下部为英文“PANDA”；核定使用商品为第9类，包括电线、电缆，注册有效期限自1994年6月7日至2004年6月6日止，后经核准续展期限至2014年6月6日；国家商标局2008年核准该商标变更注册人为原告。多年来，“熊猫”商标数次被上海工商局、上海市名牌产品推荐委员会认定为“上海市著名商标”“上海名牌产品”；2009年，国家商务部认定“中华老字号”；2010年，国家商标局认定“驰名商标”。原告生产的电线线卷系透明塑料膜包裹，塑料膜内置一张矩形标签，标签左上角标注第692537号“熊猫”商标，商标右侧标明“熊猫电线”字样，字体较大；标签中部左侧标明型号、结构、截面、电压、标准、工厂代码、长度等内容；标签下部标明“上海熊猫线缆股份有限公司”字样；标签右侧的电线线卷上粘贴有“上海质监中心防伪专用标贴”。

二、被告能猫公司、夏小敏企业注册等相关事实

被告能猫公司于2005年10月在上海市金山区注册成立，法定代表人夏小敏，注册资本50万元，经营范围电线电缆等。被告能猫公司经国家商标局核准注册了第5991377号“名猫”商标，商标标识的具体组成为：上方为圆形标识，圆内系熊猫头部的卡通形象及拼音MINGMAO，圆外下方为汉字“名猫”，核定使用商品为第9类，包括电线、电缆等，注册有效期限自2010年1月7日至2020年1月6日止。被告夏小敏于2008年10月注册成立个体工商户“台州市路桥区能猫电线厂”（以下简称能猫电线厂），经营范围为电线等。被告夏小敏经营的能猫电线厂负责电线生产，被告能猫公司负责电线销售。

三、被告能猫公司、夏小敏被控商标侵权及不正当竞争的相关事实

2011年11月3日，上海市东方公证处出具（2011）沪东证经字第11040号公证书，就购买涉嫌侵权商品过程进行证据保全公证：原告委托代理人在公证人员陪同下，在被告上海兴明建材市场经营管理有限公司（以下简称“兴明市场”）市场C区3027号店铺购得电线两卷，取得收据和名片各一张，名片记载“业务主办陈春祥，上海能猫牌（厂家直销）”等；电线线卷系透明塑料膜包裹，塑料膜外粘贴“上海质监中心防伪专用标贴”，塑料膜内置一张矩形标签，标签左上角有一圆形标识，圆内系熊猫头部的卡通形象及拼音MINGMAO，圆外右上角标注；圆形标识右侧标明“能猫电线电缆”字样，字体较大，“能猫电线电缆”右下侧标明“有限公司”，字体较小；标签中部左侧标明型号、规格：截面、电压、标准、证书编号2009010105361053、长度等内容，右侧粘贴“中国质量检验协会防伪标贴”；标签下部标明“上海能猫电线电缆有限公司”字样。在中国质量认证中心官方网站中查询强制性产品认证，证书编号2009010105361053的申请人、制造商为被告能猫公司，生产厂为被告夏小敏个体经营的能猫电线厂。庭审中，分别刮开上述“上海质监中心防伪专用标贴”和“中国质量检验协会防伪标贴”，并拨打防伪热线电话，前者反馈信息为“被告能猫公司生产的电线产品”，后者反馈信息为“错误验证码”。

四、第三人在被告兴明市场内销售涉嫌侵权商品的相关事实

2011年5月，被告兴明市场将C区3027号营业房租赁给第三人；同年11月，原告代理人与公证人员在第三人处购得涉嫌侵权的能猫电线2卷；2012年3月，被告兴明市场收到本案应诉材料后，即与第三人解除租赁合同关系。

原告诉称：原告的第692537号“熊猫”商标具有很高的社会知名度。被告能猫公司、夏小敏将“能猫”文字登记为企业字号，并在电线线卷上突出使用“能猫电线电缆”字样，具有攀附原告商誉的目的，足以造成相

关公众混淆，不仅侵害了原告的商标权，同时构成不正当竞争。被告兴明市场销售由被告能猫公司、夏小敏生产销售的侵权产品，亦构成侵权。故请求法院判令：（1）被告能猫公司、夏小敏立即停止不正当竞争行为，停止将“能猫”文字作为企业字号使用；（2）被告能猫公司、夏小敏立即停止侵害商标权行为，停止将含有“能猫”文字的企业名称突出使用于电线电缆商品；（3）被告兴明市场停止销售上述侵权产品；（4）被告能猫公司、夏小敏赔偿原告经济损失 15 万元，制止侵权行为支付的合理开支 23370 元；（5）被告能猫公司在《新闻晨报》、被告夏小敏在《台州日报》上刊登声明、消除影响。

被告能猫公司、夏小敏共同辩称：不同意原告的诉讼请求。理由是：（1）两被告以“能猫”作为企业字号，系经独立思考并结合企业自身特点选取，本意为“有能力的猫”；（2）两被告在企业注册登记时，原告的注册商标并非驰名商标，两被告并无恶意；（3）两被告的“能猫”企业字号与原告的“熊猫”商标在读音、结构等方面均存在重大差异，不会而且事实上也从未导致相关公众混淆；（4）两被告在电线线卷标签上使用的是自有“名猫”商标，从未突出使用“能猫电线电缆”字样，原告公证购买的电线线卷上使用的标签系第三人私自更换。

被告兴明市场辩称：其并非涉案侵权商品的实际销售者，同意今后在市场管理中尽到注意义务。

第三人未应诉答辩。

【法院裁判】

上海市杨浦区人民法院经审理认为：原告的委托代理人在被告兴明市场中第三人商铺内购买能猫电线线卷的全过程均在公证人员的陪同和监督之下，公证程序合法有效。本案相关事实足以认定原告公证购买的能猫电线线卷系被告能猫公司、夏小敏生产销售。关于第三人在温岭法院关联案件中自认其将“名猫电线”标签更换为“能猫电线电缆”标签一节，由于在温岭法院关联案件中被告能猫公司提交的所有证据材料均未超出本案的证据范围，故对第三人的自认不予采信。法院认为，原告的“熊猫”商标具有较高的市场知名度，该商标虽由文字和图形组合而成，但“熊猫”文字最易使相关公众将其与使用该商标的商品联系起来，最具有商品来源的识别性，从而构成该商标的主要部分。被告能猫公司、夏小敏在其生产销售的电线商品上突出使用“能猫电线电缆”字样，而“能猫”与原告“熊猫”商标的主要部分“熊猫”字形近似，容易使相关公众产生混淆，因此，被告能猫公司、夏小敏构成对原告商标权的侵害。同时，根据反不正当竞争法第二条第一款规定，经营者在市场交易中，应当遵循自愿、平等、公平、诚实信用的原则，遵守公认的商业道德。原告的“熊猫”商标在被告能猫公司、被告夏小敏的能猫电线厂登记注册之前，已经多年使用并在市场上尤其是电线电缆领域获得较高的知名度。被告能猫公司、夏小敏作为电线电缆行业的生产销售者，应当知道“熊猫”商标的知名度，仍然以与原告“熊猫”商标近似的“能猫”作为企业字号，明显具有攀附原告商誉的主观目的，容易使相关公众产生混淆，因此，被告能猫公司、夏小敏亦构成不正当竞争。故依照《中华人民共和国商标法》第五十二条第（五）项、《中华人民共和国反不正当竞争法》第二条第一款、《最高人民法院关于审理商标民事纠纷案件适用法律若干问题的解释》第一条第（一）项、《最高人民法院关于审理注册商标、企业名称与在先权利冲突的民事纠纷案件若干问题的规定》等规定，判决：一、被告能猫公司、夏小敏停止对原告的不正当竞争行为，分别停止在上海能猫电线电缆有限公司、台州市路桥区能猫电线厂的企业字号中使用“能猫”文字；二、被告能猫公司、夏小敏立即停止对原告享有的“熊猫”注册商标专用权的侵害；三、被告能猫公司、夏小敏应于判决生效之日起10日内共同赔偿原告经济损失10万元以及相关合理维权费用；四、被告能猫公司应于判决生效之日起30日内在《新闻晨报》上、被告夏小敏应于判决生效之日起30日内在《台州日报》上刊登声明（声明内容须经法院核准），消除因商标侵权及不正当竞争行为对原告造成的影响；五、驳回原告其他诉讼请求。

一审判决后，被告能猫公司、夏小敏不服，提起上诉。二审法院判决驳回上诉，维持原判。

【法官评述】

本案是一起因企业字号与他人在先注册商标发生权利冲突引起的商标

侵权及不正当竞争纠纷，核心问题有二：一是将与他人注册商标相近似的文字作为企业字号，如何判定其是否构成商标侵权及不正当竞争；二是企业字号侵害在先注册商标权利时，如何把握“停止使用”与“规范使用”两种责任承担方式的界限。

一、将与他人注册商标相近似的文字作为企业字号，如何判定其是否构成商标侵权及不正当竞争

《最高人民法院关于审理商标民事纠纷案件适用法律若干问题的解释》第一条第（一）项规定，将与他人注册商标相同或者相近似的文字作为企业的字号在相同或者类似商品上突出使用，容易使相关公众产生误认的，属于侵害他人商标权的行为。《中华人民共和国反不正当竞争法》第二条第一款规定，经营者在市场交易中，应当遵循自愿、平等、公平、诚实信用的原则，遵守公认的商业道德。本案中，在适用上述法律及司法解释时，法院综合考虑以下五个方面因素来判定是否构成商标侵权及不正当竞争：

第一，注册商标系在先权利。原告享有的第 692537 号“熊猫”商标，系承继于其前身上海塑胶线厂，该厂于 1994 年获准注册该商标。经多年经营，“熊猫”商标先后被认定为“上海市著名商标”“上海名牌产品”“中华老字号”以及“中国驰名商标”，取得了相当高的市场知名度和美誉度。而被告能猫公司注册成立于 2005 年，被告夏小敏经营的能猫电线厂注册成立于 2008 年。因此，相比之下，两被告获准注册企业字号远远晚于原告取得注册商标的时间。

第二，将与他人在先注册商标相近似的文字作为企业字号。原告的“熊猫”商标虽由文字和图形组合而成，但是“熊猫”文字最易使相关公众将其与使用该商标的商品联系起来，最具有商品来源的识别性，从而构成该商标的主要部分。被告能猫公司、夏小敏分别将“能猫”注册为企业字号，尽管在读音上“能猫”与“熊猫”明显不同，但在字形上“能猫”与“熊猫”相近似，极易使相关公众将“能猫”看作“熊猫”，因此两被告的企业字号构成与原告的商标近似。

第三，注册企业字号的主观意图。原告的“熊猫”商标在被告能猫公

司、夏小敏的企业字号注册之前，已经多年使用并在市场上尤其是电线电缆领域获得较高的知名度。被告能猫公司、夏小敏作为电线电缆行业的生产销售者，应当知道“熊猫”商标的知名度，仍然以与原告“熊猫”商标近似的“能猫”作为企业字号，明显具有攀附原告商誉的主观目的。两被告辩称“能猫”作为企业字号系经其独立思考并结合企业自身特点选取，本意为“有能力的猫”，此解释显然难以成立。因为“能猫”并非现有词汇，即便勉强解释为“有能力的猫”，仍然与其指代的“电线线缆”商品并没有起到暗示、描述、联想等作用，因此，很难说“能猫”与“企业自身特点”有关系。

第四，在相同商品上突出使用企业字号。被告能猫公司、夏小敏生产销售的电线线卷，其矩形标签上“能猫电线电缆”字体较大，“有限公司”则字体较小，且其自有的第5991377号“名猫”商标更是缩小使用在标签左上角。两被告对整个标签的设计，目的正是使“能猫电线线缆”处于最显著的位置，消费者一看到该标签首先就注意到“能猫电线线缆”，因此，构成对企业字号的突出使用。

第五，混淆可能性。被告能猫公司、夏小敏在其生产销售的电线商品上突出使用“能猫电线电缆”字样，“能猫”与原告的“熊猫”商标字形近似，况且原告商标在先长期使用且具有相当知名度，因此，极易使相关公众产生混淆，误认为两被告生产销售的电线系来源于原告。两被告关于原告没有提交任何实际发生消费者混淆的证据的辩称，难以成立，因为无论是我国商标法及相关司法解释还是我国加入的《与贸易有关的知识产权协议》（TRIPs）都已经明确，判定商标侵权是以相关公众的一般注意力为标准的混淆可能性，并不要求原告提供实际混淆的证据。

二、企业字号与在先注册商标发生权利冲突时，如何把握“停止使用”与“规范使用”的界限

《最高人民法院关于审理注册商标、企业名称与在先权利冲突的民事纠纷案件若干问题的规定》第四条规定，被诉企业名称侵犯注册商标专用权或者构成不正当竞争的，人民法院可以根据原告的诉讼请求和案件具体情况，确定被告承担停止使用、规范使用等民事责任。“停止使用”意味

着实质上对企业字号予以否定，而“规范使用”则意味着可继续使用但应予以规范、避免产生混淆。两种不同的责任承担方式直接涉及被告企业字号的“存废去留”问题。本案判决被告“停止使用”系基于以下三个方面因素的考量：

第一，是否存在因历史原因而造成的权利冲突。“张小泉案”“金华火腿案”等经典案例都揭示了这样的原理：对于一些具有复杂历史因素而形成的权利冲突，不能脱离历史而简单裁判，应当充分考虑和尊重历史，同时根据诚实信用以及保护在先权利的法律原则，公平合理地解决冲突。换句话说，如果造成权利冲突具有一定历史原因，那么，判决“规范使用”的可能性就相对较大。本案中，被告注册“能猫”企业字号的时间远远晚于原告的商标，而且原告经长期持续使用商标早已获得相当高的知名度，不存在同一历史时期被告长期持续使用“能猫”字号的情况，因此本案并不存在因历史原因而造成权利冲突的情形。

第二，是否具有主观恶意。如果权利冲突是基于主观上的恶意注册行为造成的，那么判决“停止使用”的可能性就相对较大，反之，若缺乏主观恶意，则应更倾向于判决“规范使用”。本案中，两被告对于选取“能猫”作为企业字号的解释并不合乎常理，其在明知原告“熊猫”商标知名度的情况下，仍将“能猫”注册为企业字号明显具有攀附原告商标商誉的之目的，因此本案中两被告具有一定的主观恶意。

第三，“规范使用”是否足以避免相关公众产生混淆。司法裁判作为一种纠纷解决手段，其主要目的是纠正失范的社会关系，而非对社会关系进行过多地干预。因此，如果判决“规范使用”足以达到避免相关公众产生混淆的效果，那么一般无须判决“停止使用”，防止司法过度干预。本案中，被告的企业名称是“上海能猫电线电缆有限公司”，若仅判决被告“规范使用”企业名称，即不再突出使用“能猫电线电缆”字样，仍然可能造成相关公众的混淆。

（董文涛）

35. 三一重工股份有限公司与马鞍山市永合重工科技有限公司侵害商标权及不正当竞争纠纷案*

▶

买方通过买卖关系购得货物即取得其使用权，买方合法使用货物所产生的收益，不构成不当得利

【推荐理由】

三一重工股份有限公司是国内知名企业，其所拥有的第1550869号“三一”文字注册商标被相关公众广为知晓。马鞍山市永合重工科技有限公司（原名马鞍山市三一重工机械制造有限公司）在其机床类产品上突出使用三一商标，并在其企业名称中冠以三一文字。法院根据《中华人民共和国商标法》第十四条的规定，依法认定三一重工股份有限公司拥有的第1550869号“三一”文字注册商标为驰名商标，判定马鞍山市永合重工科技有限公司的行为构成商标侵权及不正当竞争。本案通过驰名商标的司法认定，有力地保护了商标权人的合法权益，对于维护正常的经济秩序，促进知名企业的品牌建设具有积极的意义。

---

* 摘自陶凯元主编：《知识产权审判与指导》2013年第1辑（总第21辑），人民法院出版社2014年版，第224～238页。

【裁判要点】

三一重工股份有限公司依法享有第1550869号"三一"文字注册商标权，该商标由三一重工股份有限公司在企业名称、产品、对外宣传、企业设施及股票名称中持续使用，已为相关公众广为知晓，符合《中华人民共和国商标法》第十四条关于驰名商标的认定条件，依法应认定为中国驰名商标。同时，三一文字是三一重工股份有限公司企业名称中最为显著和核心的部分，构成被上诉人的企业字号，具有较高的知名度，应认定为《中华人民共和国反不正当竞争法》第五条第一款（三）项规定的"企业名称"，依法受法律保护。马鞍山市永合重工科技有限公司（原名马鞍山市三一重工机械制造有限公司）未经许可，在与涉案第1550869号"三一"商标核准使用的商品范围不相同亦不相似的机床类产品上突出使用三一商标，并在其企业名称中冠以三一文字，其行为构成商标侵权及不正当竞争，依法应当承担相应的民事责任。

【案例索引】

一审：湖南省长沙市中级人民法院（2011）长中民五初字第0351号民事判决

二审：湖南省高级人民法院（2012）湘高法民三终字第61号民事判决

湖南省高级人民法院民事判决书

(2012)湘高法民三终字第61号

上诉人(原审被告)马鞍山市永合重工科技有限公司(原名马鞍山市三一重工机械制造有限公司)。住所地安徽省马鞍山市当涂县新市镇工业集中区。

法定代表人费宏海,该公司董事长。

委托代理人章宏业,当涂县博望镇法律服务所法律工作者。

委托代理人汪合生,安徽华冶律师事务所律师。

被上诉人(原审原告)三一重工股份有限公司。住所地长沙经济技术开发区。

法定代表人梁稳根,该公司董事长。

委托代理人(特别授权)任玉龙,湖南华夏方圆律师事务所律师。

委托代理人(特别授权)田达良,长沙市集佳知识产权咨询有限公司商标代理人。

上诉人马鞍山市永合重工科技有限公司(以下简称永合公司)因与被上诉人三一重工股份有限公司(以下简称三一重工公司)侵犯商标专用权及不正当竞争纠纷一案,不服湖南省长沙市中级人民法院(2011)长中民五初字第0351号民事判决,向本院提起上诉。本院受理后,依法组成合议庭,于2012年10月10日公开开庭进行了审理。上诉人永合公司的委托代理人汪合生、章宏业,被上诉人三一重工公司的委托代理人任玉龙、田达良到庭参加了诉讼。本案现已审理终结。

原审法院认定:原告成立于1994年11月22日,其企业名称历经数次变更,成立时名称为湖南三一重工业集团有限公司,1995年1月25日变更为三一重工业集团有限公司,2000年12月8日变更为三一重工股份有限公司。原告注册资本为人民币5062470758元,经营范围包括建筑工程机

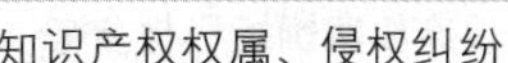

械、起重机械等。原告前身三一重工业集团有限公司系第1550869号“三一”的商标注册人，该商标注册有效期限为2001年4月7日至2011年4月6日，核定使用商品为第7类，包括压路机、挖掘机、挖掘机（机器）、刷墙机、升降设备、搅拌机、压滤机、铁路建筑机器、混凝土搅拌机（机器）、推土机。2009年8月7日原告受让取得第1550869号“三一”注册商标。原告同时系第6131503号“三一”商标注册人，该商标注册有效期限为2010年6月21日至2020年6月20日，核定使用商品为第7类，包括地质勘探、采矿选矿用机器设备、采煤机、机床等商品。原告在其产品、厂房、办公楼、服务车辆、企业标语中广泛使用“三一”商标。

2005年至2010年，原告生产的产品销售范围覆盖全国多个省份和地区，包括安徽合肥、黄山、铜陵、池州、蚌埠、宿州、马鞍山、亳州、管的、桐城、贵州贵阳、江苏南京、徐州、上海、广东广州、中山、云南昆明、文山洲、深圳、山西运城、重庆合川、河北张家口、北京、河南洛阳、湖北黄石、新疆乌鲁木齐、浙江台州、海南三亚等。2005年9月20日，为满足三峡三期工程施工需要，中国葛洲坝水利水电工程集团有限公司向原告购置其生产的HBT120A－1410D型砼拖泵两台，合同总价为3976200元。

据利安达信隆会计师事务所出具的利安达审字〔2007〕第1036号、〔2008〕第1088号、〔2011〕第1255号审计报告记载，2006年，原告资产总计5917054066.14元，主营业务收入4574461245.34元，主营业务利润1625823636.46元，利润总额682515826.40元。2007年，原告资产总计11179126568.19元，营业收入9144950843.99元，营业利润2063261989.52元，利润总额2083088367.06元。2010年，原告资产总计31340766119.02元，营业收入33954939086.19元，营业利润6896883960.75元，利润总额6938245636.19元。

2005～2010年，国内多家报纸媒体对原告进行了专门报道，包括2005年5月11日中国证券报：《三一重工复牌猜想》、2006年3月21日创业周刊：《“疾慢如仇”的三一文化》、2008年9月5日证券时报：《三一重工成功浇注广州新电视塔》、2008年9月证券时报：《三一重工常德新制造基地即将上马》、2008年11月18日21世纪经济报道：《估值放大13倍：三一重工“注资悬念”》、2009年工程机械周刊:《“千亿纪念券”的价值》、2009年7月28日证券时报:《三一重工掘进机问鼎新记录》、2010年6月10日证券日报:《三一重工市值管理探秘:依托价值提升市值》、2011年4月3日香港大公报以三一重工援日泵车为主题的报道:《援日泵车智能遥控 凸显中国制造骄傲》等。中央电视台、中央电视台经济频道、凤凰卫视、湖南卫视等多家电视媒体对原告进行了电视报道。2011年,包括湖南卫视、湖南经济电视台、香港凤凰卫视、CCTV NEWS等在内的多家电视媒体均以原告援日泵车为主题进行了新闻报道。在互联网上,据湖南省长沙市长沙公证处于2011年4月29日出具的(2011)湘长证民字第2350号公证书记载,2011年4月14日在百度搜索“三一重工”词条,共找到1590千万个结果,前十个页面显示的内容均指向原告,内容涵盖了三一重工股票行情(股票代码600031)、企业介绍、招聘信息、产品信息、网站信息、最新信息等各个方面。“三一重工”和“三一重工股份有限公司”在百度百科中被这样释义:“三一是全球工程机械制造商50强、全球最大的混凝土机械制造商、中国企业500强、工程机械行业综合效益和竞争力最强企业、福布斯‘中国顶尖企业’、中国最具成长力自主品牌、中国最具竞争力品牌、中国工程机械行业标志性品牌、亚洲品牌500强。”

2000年至2011年,原告在多家杂志上投放广告对其产品及“三一”品牌进行宣传,包括2000~2010年在全国建筑科学核心期刊《混凝土》的部分期刊;2004~2011年在《工程机械与维修》的部分专刊,其中2004年6月投放有三一重工特刊;2004~2011年中文核心期刊《铁道建筑》的部分期刊;2005~2011年《建筑机械》的部分期刊;2005~2011年《筑路机械与施工机械化》的部分期刊、2006年《今日工程机械》的部分期刊;2006年《建筑机械》的部分期刊;2009年第6期《建设机械技术与管理》;2009年2月号第64期《国际工程机械》国际中文版;2009~2010年《交通世界》的部分期刊;2010年《工程机械周刊》《建设机械技术与管理》《企业管理》《今日工程机械》《International Construction》;2011年《施工企业管理》。

2004~2010年间,原告与《铁道建筑》《工程机械与维修》《建筑机械》《施工企业管理》《国际建设》《交通世界》《建筑》《国际工程机械》

《今日工程机械》《筑路机械与施工机械化》《工程机械周刊》等杂志的出版发行商签订广告合同，进行产品及形象广告宣传，共计投入广告费用5432704元。2011年5月18日，神州电视有限公司出具证明函，证明原告自2003~2011年，连续9年在凤凰卫视以全年栏目赞助形式投放企业的品牌形象广告片，签约特约赞助的栏目有《时事直通车》之《国际专列》及《香港聚焦》《港澳聚焦》《时事开讲》栏目，播出的15秒广告片内容均为"科技是品质的源泉，责任是品质的保证，品质改变世界，三一重工"，重点宣传"三一重工"及其企业文化风貌。2003年至2011年广告合约已支付的实收款总额为222745987元。据凤凰卫视有限公司于2003年1月1日出具的委托书载明，神州电视有限公司全权代理凤凰卫视中文台、资讯台、欧洲台、美洲台、凤凰周刊及凤凰网的广告销售业务，神州电视股份有限公司及所属各分公司在对外开展业务时可以凤凰卫视的名义进行工作。

经过多年发展，原告在进行科学技术创新并取得多项技术成果的同时还积极参与慈善事业和重大救灾事件，履行社会责任。因此，原告获得了相关部门及市场的肯定，获得多项荣誉，受到了党和国家领导人的多次视察和赞誉，原告及其产品获得的荣誉包括2002年8月荣获中国民营科技促进会颁发的"中国民营科技企业创新奖"、2003年9月荣获中国工业经济联合会、中国机械工业联合会、中国工业报社联合颁发的"2002中国机械工业企业核心竞争力100强"称号、2004年2月荣获湖南省质量技术监督局、湖南省工商业联合会颁发的"全省民营企业百家质量信得过单位"称号、2004年10月获得中国企业联合会、中国企业家协会颁发的"2004年度全国企业文化优秀奖"、并于同年获得《东方企业家》、中欧国际工商学院颁发的"2004民营上市公司100强"称号；2005年获得"二等国家科学技术进步奖"；2005、2007年获得中国科学技术部、商务部、国家质量监督检验检疫总局、国家环境保护总局颁发的"国家重点新产品"证书；2005、2009年获得湖南省商务厅、湖南省出口品牌评选委员会授予的"湖南省出口名牌证书"，明确授予原告使用的"三一（SANY）"为湖南省出口名牌，有效期限至2012年1月14日；2006年，原告在品牌中国总评榜组委会举办的"爱国者品牌"中国总评榜中，成为"中国品牌百企榜上榜企业”；2006 年 9 月至 2009 年 9 月获得“中国名牌产品”称号；2006 年 8 月获得“中国工程机械行业用户满意最具影响力第一品牌”称号；2007 年蒙代尔杂志中文版、世界品牌实验室授予原告“亚洲品牌 500 强”称号；2007 年获得“2007 民营企业上市公司百强公司”称号；2007 年获得科学技术部火炬高技术产业开发中心颁发的“国家火炬计划项目”证书；2008 年，原告被世界品牌实验室及其独立的评测委员会评测为“2008 年中国 500 强最具价值品牌”，品牌价值评估为 43.86 亿元人民币。

据国家工商行政管理总局商标局于 2005 年 12 月 30 日出具商标驰字〔2005〕第 114 号关于认定第 1550868 号注册商标为驰名商标的批复载明，认定原告使用在商标注册用商品和服务国际分类第 7 类挖掘机、液压泵商品上的第 1550868 号注册商标为驰名商标。

2007 年 3 月 1 日，当涂县工商行政管理局同意预先核准被告企业名称为“马鞍山市三一重工机械制造有限公司”，同年 3 月 14 日，被告正式成立，公司注册资本共计 300 万元，由费宏海、吴德玉、胡起武三位投资人各出资 100 万元，公司地址为安徽省马鞍山市当涂县新市镇工业集中区，经营范围包括锻压机床、刀模具、工矿机械配件生产、销售。经国家工商行政管理总局商标局核准注册，被告系第 6041218 号“永合”文字及图商标注册人，商标注册有效期限自 2009 年 11 月 28 日至 2019 年 11 月 27 日，核定使用商品为第 7 类，包括机床；刀具（机器零件）；地质勘探、采矿选矿用机器设备；铸模（机器部件）；冲床（工业用机器）；弯曲机；剪板机；折弯机；液压机；打包机。被告提供的商标铭牌上分别标有“三一机床”、、产品名称、型号、厂家名称等信息。据安徽省马鞍山市为民公证处出具的（2010）皖马为公证字第 2871 号公证书记载，被告在其厂房外墙上使用“三一重工”文字及，并在其户外广告牌上使用“三一机床”文字及。据湖南省长沙市公证处出具的（2010）长证民字第 6155 号公证书记载，在 http://www.ahsanyi.com/网站上，网站首页左上角显示有“三一重工”文字及，网页中央有“三一机床”文字和，以及被告企业名称，同时有版权归被告所有的信息。点击进入后，网页左上角有“三一重工”文字及，并列有“首页、关于三一、产品展示、新闻中心、在线订购、销售网络”等栏目，新闻中心栏目中有关于被告受邀参加“2007 中欧企业洽谈会”活动及被告在慕尼黑 2007BAUMA 展会取得直接订单近 100 万美元、意向订单 300 余万美元的新闻介绍。在产品展示栏目，有折弯机系列、剪板机系列、卷板机系列、冲床、刃模具系列产品展示。其中，型号为 WF67Y－160T/4000 液压板料折弯机、WF67K－160T/5000 液压板料数控折弯机、QC12Y－6X2500 液压摆式剪板机、QC12K－6X3200 数控液压摆式剪板机、QC11Y－6X3200 液压闸式剪板机的产品左上方均显示有“三一机床”文字及▲。在销售网络和联系我们的栏目中，有被告以“三一重工驻外办事处”名义设立于唐山、武汉、长沙、青岛、西安、成都、苏州、安徽安庆、广东顺联、河南安阳、山东东营、河北石家庄办事处的联系人、电话、传真、手机信息的详细介绍，其中湖南长沙办负责人为费昭德，手机号码为 15974206007。据湖南省长沙市公证处出具的（2010）长证民字第 6156 号公证书记载，2010 年 8 月 3 日原告委托代理人董小军来到位于长沙市中意路 718 号大全联机电城三栋 3068 号的三一机床，该店门面招牌显示“三一机床”文字、▲及产品图样，该店待售的型号为 WF67Y－100T/3200 的机器上有“三一机床”字样及▲。该店负责人为费昭德，据其使用的个人名片显示，该店系被告湖南办事处，名片上标有“三一机床”文字及▲，同时有被告企业名称及 HTTP: WWW. AHSANYI. COM 等信息。董小军从该办事处索取的产品介绍的第一页上方标有“三一机床”文字及▲，该页面中央有产品图形及 http://www. ahsanyi. com 显示，右下角标有被告企业名称。该产品介绍的内页中，载有被告的公司简介，并在宣传图片中使用“三一机床”“三一重工”文字及▲。

据安徽省马鞍山市为民公证处出具的（2010）皖马为公证字第 4003 号公证书记载，2010 年 11 月 29 日，在国家工商行政管理总局商标局网站查询“三一”商标，出现包括“三一”“三一 SANY”“三一 111”“三一电工”“111”“三一机械”“111”“三一精工”等商标在内的 39 个查询结果，其中“三一”商标被包括三一集团有限公司、三一重工股份有限公司在内的多家企业在不同商品类别上注册。庭审过程中，本院组织双方当事人进行上网查询，在地址为 http://sbj. saic. gov. cn/的国家商标局网站，查询“三一”，国际分类号第 7 类，结果显示：1299403 号，2009 年 7 月 27

日，0749群组，商标已无效；168005号，2003年2月28日，0738群组，商标已无效；200193号，2003年10月14日，0742群组，商标已无效；221790号，1995年8月18日，0703群组，商标已注销；221798号，1995年8月18日，0721群组，商标已注销；293211号，1997年7月19日，0749群组，商标已无效；3336309号，0713群组，商标异议复审中；541524号，0706群组，2001年1月29日，商标已无效。此庭审上网查询结果，双方当事人均无异议。

2011年5月3日，原告与长沙市集佳知识产权咨询有限公司签订委托代理合同，约定由长沙市集佳知识产权咨询有限公司代理原告处理与本案被告侵犯商标权及不正当竞争纠纷一案的相关事宜，代理费为2万元（发票号码：20093411）；2010年8月16日、2011年4月14日，长沙市公证处出具公证业务费分别为3000元（NO.0877010150）、2000元（NO.094731306X）的湖南非税收入一般缴款书；2010年8月11日，马鞍山市为民公证处出具保全费为1500元的安徽省政府非税收入专用收据（号码：36206619），共计26500元。

原审法院认为：本案中，原告的第1550869号"三一"注册商标核定使用的商品为第7类"压路机、挖掘机、挖掘机（机器）、刷墙机、升降设备、搅拌机、压滤机、铁路建筑机器"等商品。第6131503号"三一"注册商标被核定使用的商品为第7类，包括地质勘探、采矿选矿用机器设备、采煤机、钻机、旋挖钻机、机床等商品。被告主要生产折弯机、剪板机等产品，与第1550869号"三一"商标核定使用的商品在功能、用途、消费对象等方面均不相同，属于不相同且不类似商品，且原被告双方当事人在庭审中对第1550869号"三一"商标核定使用的商品与被控侵权商品不构成相同或类似的事实均予以确认。第6131503号注册商标被核定使用的商品包含机床商品，与被控侵权商品构成相同商品。尽管第6131503号注册商标核定使用的商品与被控侵权商品相同，但原告主张被告在第6131503号商标被核准注册前亦实施了侵犯第1550869号注册商标专用权的行为，该诉讼请求涉及驰名商标的跨类保护。

《最高人民法院关于审理涉及驰名商标保护的民事纠纷案件应用法律若干问题的解释》第二条第（二）项规定，以企业名称与其驰名商标相同

或者近似为由，提起的侵犯商标权或者不正当竞争诉讼中，当事人以商标驰名作为事实根据，人民法院根据案件具体情况，认为确有必要的，对所涉商标是否驰名作出认定。被告企业名称为“马鞍山市三一重工机械制造有限公司”，原告以第 1550869 号“三一”商标系驰名商标为由，指控被告在其企业名称中使用“三一”的行为构成不正当竞争，符合上述司法解释的规定。因此，对涉案第 1550869 号“三一”商标是否驰名作出认定，是判断部分商标侵权行为及不正当竞争行为是否成立之前提。

因第 1550868 号图形商标与第 1550869 号“三一”商标为两个独立商标，在驰名商标的司法认定中，应遵循个案认定、按需认定的原则，故第 1550868 号驰名商标的效力不能当然延及于涉案第 1550869 号“三一”商标，但仍应考虑第 1550868 号商标的呼叫方式即为“三一”及原告对商标的使用习惯等因素。结合本案证据来看，原告前身三一重工业集团有限公司于 2001 年取得第 1550869 号“三一”注册商标专用权，原告与三一重工业集团有限公司属于变更承继关系，在此变更承继的过程中，第 1550869 号“三一”商标尚处于有效期内且连续使用，依法应受到法律保护。企业名称和商标均是市场主体用以标识商品来源的商标标识，市场主体可以根据自己的市场策略使用相同或不同的标识标注企业名称或商标。长久以来，原告以“三一”标识为核心，使用并注册相同的企业名称及商标，并在其产品、对外宣传、企业设施中形成了“三一”商标与“重工”文字结合使用的习惯，由于第 1550869 号“三一”商标为文字商标，“三一”与“重工”同时使用，不仅实现了商标的来源识别功能，同时向相关公众传递了产品所属行业信息，亦不影响“三一”文字商标的显著性，属于商标法意义上的商标使用行为；原告公司股票“三一重工”（股票代码：600031）上市后，股票名称“三一重工”的使用更进一步加强了公众对“三一”的认知；原告自成立以来经营状况良好，产品销售范围广，原告及其品牌获得了广泛的认可，经过原告长时间的持续使用和大力宣传，标注“三一重工”的产品获得较好的市场认可，获得“中国品牌百企榜上榜企业”“中国工程机械行业用户满意最具影响力第一品牌”“亚洲品牌 500 强”“2007 民营企业上市公司百强公司”“2008 年中国 500 强最具价值品牌”等称号，其品牌价值被评估为43.86亿元人民币，“三一”商标已为相关公众所广为知晓。故应认定，原告第1550869号“三一”商标系中国驰名商标。

原告系第1550869号“三一”中国驰名商标的商标注册人，其作为第1550869号“三一”商标的商标注册人及现持有人，享有“三一”品牌的商誉，不受原告因经营方式、企业形式变化导致的商标持有人暂时变化的影响。被告自述三位出资人曾经在重工领域工作，更应对该领域内具有良好商誉和知名度的企业有一定程度的了解和认识。被告在企业名称中冠以“三一”文字，并同时使用“三一”和“重工”文字，使其企业名称完整地使用了原告的“三一”驰名商标及“三一重工”股票名称，并在经营活动中以各种方式使用“三一”文字，被告虽在其商品和对外宣传中标注了生产厂家、生产地址、电话号码等信息，仍然有可能使相关公众对被告是否与原告具有特定联系等产生误认，这种误认的可能性具有攀附原告知名度的主观故意。

本案中，原告所诉之商标侵权行为主要体现为被告在产品和对外宣传中包括网站中突出使用“三一机床”文字，同时在厂房及对外宣传包括网站上突出使用“三一重工”文字。结合本案证据来看，被告系第6041218号▲商标注册人，从被告使用“三一机床”“三一重工”文字的实际情况来看，被告采用截取第6041218号商标的▲部分与“三一机床”“三一重工”文字组合使用的方式在商品和对外宣传中的醒目位置进行独立标注，对一般公众的注意力来说，被告的此种使用方式，使“三一机床”“三一重工”实际上起到了识别商品来源的作用，属于商标化使用行为，被告关于其未使用原告商标，使用“三一机床”“三一重工”是简化使用企业名称，而不是作为商标使用的辩护理由，不能成立。“三一机床”“三一重工”中，“机床”“重工”系产品名称、行业描述，不具有识别商品来源的商标功能，“三一机床”“三一重工”其显著性主要体现在“三一”文字上，故无论上述两被控侵权标识、还是第1550869号及第6131503号文字商标“三一”，对相关公众的一般注意力来说，其显著性部分均为“三一”，被控侵权标识“三一”与原告第1550869号“三一”、第6131503号“三一”商标构成商标法意义上的相同。

在原告持有第1550869号“三一”驰名商标、第6131503号“三一”注册商标的情况下，被告突出使用“三一”文字的行为，可能会在商品来源上对相关公众产生误导，使相关公众认为被告的商品与原告存在某种程度的关联，攀附原告商标的知名度和美誉，损害了原告与“三一”商标来源上的对应关系，损害了原告作为第1550869号“三一”驰名商标权利人的合法权益，其行为构成对第1550869号“三一”驰名商标权的侵犯。结合前述关于被控侵权标识与原告注册商标的相似性分析，自原告于2010年6月21日取得第6131503号“三一”商标专用权后，被告使用“三一”文字的行为，亦构成对原告第6131503号“三一”商标专用权的侵犯。原告第1550869号“三一”商标系中国驰名商标，被告使用“三一”的文字行为构成对原告驰名商标的侵犯，故被告使用“三一”文字的行为不构成对原告第6131503号商标的在先权利。

关于被告在企业名称中使用“三一”“三一重工”文字的行为是否构成不正当竞争。原审法院认为，市场主体参与市场经济活动，除存在直接的竞争关系外，还可能存在攀附、搭便车等非诚信行为，故受到他人不正当竞争行为影响的竞争者，均可能存在竞争关系，不以直接竞争关系为限。本案中，“三一”一直是被告企业名称中最为核心的部分，同时也与原告的注册商标相同或含义相同。参考《企业名称登记管理实施办法》第九条对企业名称构成的规定，认定原告字号为“三一”足以保护其企业名称权。原告自1994年成立以来，企业名称虽数次变更，但始终以“三一”作为企业字号持续使用；2001年，原告第1550869号“三一”商标被核准注册，且广泛使用于产品、对外宣传和企业设施中；2003年原告以股票名称“三一重工”在上海证券交易所挂牌上市，股票代码600031。经过原告的使用和宣传，原告“三一”商标及以“三一”为字号的企业名称具有了较高的知名度，被告在企业名称中冠以“三一”文字，属于故意攀附原告的知名度及市场影响力。被告对其企业名称的使用方式，有可能使相关公众对原告与被告的关系产生误认或一定程度的联想，最终产生混淆，而这种混淆的可能对原告的商标和字号的功能产生实际损害，被告在企业名称中使用与原告第1550869号驰名商标相同的“三一”文字，属于将他人驰名商标作为企业字号使用的不正当竞争行为，并同时属于以使用他人具有知名度且为相关公众所知悉的企业名称中的字号的方式实施对原告企业名称权的不正当竞争行为，违反诚实信用原则，对原告构成不正当竞争。

本案所涉之侵权行为虽然有商标侵权及不正当竞争行为之分，但从本案的实际情况来看，被告实施各种侵权行为相互交叉、重叠，其客观表现形式主要集中在“三一”文字的使用上，被告的答辩意见亦认为其各种“三一”的使用行为系其对企业字号的简化使用，故无论从被告的主观意图及侵权行为的客观表现形式上看，侵权载体重合，可以就赔偿数额一并判决，无须再区分商标侵权和不正当竞争的赔偿数额。本案中，根据原告举证情况不足以认定被告因侵权所得利益或原告因侵权所受损失，故应根据《中华人民共和国商标法》第五十六条第二款之规定在50万元以下确定赔偿金额。本案中，原告主张的合理开支包括律师代理费2万元、公证费6500元，均有发票予以证实，可以列为原告维权的合理开支。但原告主张的50万元赔偿数额过高，应当依据被告的侵权情节酌情确定赔偿数额，对原告主张的赔偿数额予以部分支持。被告实施的侵犯原告注册商标专用权及攀附原告知名度的不正当竞争行为，应依法承担停止侵权，赔偿损失的法律责任。依据《中华人民共和国商标法》第五十二条第（一）项、第（五）项、第五十六条，《中华人民共和国反不正当竞争法》第二条、第五条第（三）项、第二十条，《最高人民法院关于审理不正当竞争民事案件应用法律若干问题的解释》第六条、第十七条，《最高人民法院关于审理商标民事纠纷案件适用法律若干问题的解释》第一条第（二）项、第九条、第二十一条，《最高人民法院关于审理涉及驰名商标保护的民事纠纷案件应用法律若干问题的解释》第二条第（一）项、第（二）项之规定，判决如下：一、被告马鞍山市三一重工机械制造有限公司立即停止侵犯原告三一重工股份有限公司第1550869号“三一”与第6131503号“三一”注册商标专用权的行为；二、被告马鞍山市三一重工机械制造有限公司立即停止在企业名称中使用“三一”文字的不正当竞争行为；三、被告马鞍山市三一重工机械制造有限公司赔偿原告三一重工股份有限公司经济损失人民币40万元（包含原告的合理开支）；四、驳回原告三一重工股份有限公司的其他诉讼请求。如果未按本判决指定的期间履行给付金钱义务，应当依照《中华人民共和国民事诉讼法》第二百二十九条之规定，加倍支付

迟延履行期间的债务利息。本案案件受理费9900元，由被告马鞍山市三一重工机械制造有限公司负担。

上诉人永合公司不服上述判决，向本院提起上诉称：(1) 原审法院认定被上诉人从未使用的第1550869号商标为驰名商标，属于认定事实错误；(2) 被上诉人取得涉案商标专用权的时间要晚于上诉人的成立时间，被上诉人从未在其商品上使用过1550869号三一文字商标，上诉人与被上诉人经营的产品不相同也不相似，上诉人在商品上标识三一重工是简化使用企业名称，不是作为商标使用，因此上诉人的行为不构成商标侵权；(3) 上诉人经营的商品与被上诉人经营的商品完全不同，不存在竞争关系，不可能引起相关公众的误认，上诉人的商品标识完整表达了上诉人的信息，不会引起误认，不构成不正当竞争；(4) 上诉人与被上诉人的字号不完全相同，上诉人的企业名称经工商管理机关依法登记，上诉人在商品中使用字号符合规定，上诉人不是有意攀附，本案也没有任何损害结果发生；(5) 原审法院判定由上诉人赔偿40万元缺乏事实依据，赔偿数额明显过高。请求依法撤销原判决，改判驳回被上诉人的诉讼请求，由被上诉人承担上诉费用。

被上诉人三一重工公司未向本院提交书面答辩状。

二审期间，经本院当庭询问，双方当事人对原审法院认定的事实没有异议。

为支持其上诉主张，上诉人永合公司在本院指定的举证期限内，向本院提交了以下证据：

一、企业名称变更通知书等，证明上诉人的企业名称已变更为马鞍山市永合重工科技有限公司。

二、博望新区宣传资料。证明上诉人企业的经营发展所依赖的是地域产业的优势，不是攀附被上诉人。

三、《人民司法》案例，证明本案与参考案例相似。

以上证据均经当庭质证，被上诉人三一重工公司对证据一没有异议，但认为证据二、三与本案没有关联。

本院经对上述证据进行审查后认为：上诉人提交的证据一真实、合法，与本案有关联，应予采信并作为本案的定案依据。上诉人提交的证据

二、三不能证明本案事实，与本案没有关联，依法应不予采信。

被上诉人三一重工公司二审期间未向本院提交新的证据。

根据原审卷宗材料及双方当事人对本案事实的承认，本院经审理查明，原审法院认定的事实清楚，本院依法予以确认。

另查明，2012年8月6日，马鞍山市工商行政管理局以（马）登记名预核变字（2012）第346号企业名称变更核准通知书，核准上诉人名称由马鞍山市三一重工机械制造有限公司变更为马鞍山市永合重工科技有限公司。

本院认为，本案二审期间双方当事人之间的争议焦点主要在于：（1）上诉人永合公司的行为是否侵犯了被上诉人三一重工公司的注册商标专用权；（2）上诉人永合公司的行为是否构成对被上诉人三一重工公司的不正当竞争；（3）原审法院所确定的赔偿金额是否恰当等。

关于上诉人永合公司的行为是否侵犯了被上诉人三一重工公司的注册商标专用权问题。本院认为，被上诉人三一重工公司依法享有涉案第1550869号、第6131503号“三一”注册商标专用权，其合法权利应受法律保护。上诉人虽然主张，原审法院认定涉案第1550869号“三一”注册商标为驰名商标系认定事实错误。但根据查明的事实，涉案第1550869号“三一”注册商标专用权由被上诉人前身三一重工业集团有限公司于2001年取得，被上诉人三一重工公司与三一重工业集团有限公司属于变更承继关系，在此变更承继的过程中，第1550869号“三一”注册商标由被上诉人三一重工公司在企业名称、产品、对外宣传、企业设施及股票名称中持续使用，被上诉人提供的证据足以证明该商标已为相关公众广为知晓，符合《中华人民共和国商标法》第十四条关于驰名商标的认定条件。且本案由于被诉侵权商品与涉案第1550869号“三一”注册商标核准使用的商品不相同亦不相似，被上诉人三一重工公司主张对涉案第1550869号“三一”注册商标给予驰名商标的跨类保护，亦主张上诉人在其企业名称中使用涉案第1550869号“三一”驰名商标的行为构成不正当竞争，因此，本案有必要对涉案第1550869号“三一”注册商标是否驰名作出司法认定。原审法院根据本案的事实及证据，依法认定第1550869号“三一”注册商标为中国驰名商标符合法律规定，并无不当。上诉人关于原审法院认定涉

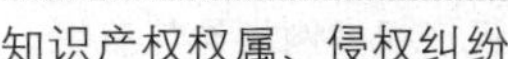

案第 1550869 号“三一”注册商标为驰名商标系认定事实错误的上诉主张不能成立。

根据《中华人民共和国商标法》第五十二条和《最高人民法院关于审理商标民事纠纷案件适用法律若干问题的解释》第一条第一款（二）项之规定，复制、摹仿、翻译他人注册的驰名商标或其主要部分在不相同或者不相类似商品上作为商标使用，误导公众，致使该驰名商标注册人的利益可能受到损害的，属于侵犯他人注册商标权的行为。本案中，被诉侵权商品为上诉人生产的机床类商品，与涉案第 1550869 号“三一”注册商标核准使用的起重机、挖掘机等商品不相同亦不相似，上诉人在其机床产品和对外宣传的醒目位置突出标注“三一机床”“三一重工”标识，对一般公众而言，该标识实际上起到了识别商品来源的作用，属于商标化使用行为。以上诉人在被诉侵权商品上使用的“三一机床”“三一重工”标识与涉案第 1550869 号“三一”驰名商标比对，“三一机床”“三一重工”标识完整包含了涉案第 1550869 号“三一”驰名商标，二者构成商标法意义上的相同，易对相关公众产生误导，使相关公众误认为上诉人的商品来源于被上诉人处，损害了被上诉人作为第 1550869 号“三一”驰名商标注册人的合法权益，侵犯了被上诉人三一重工公司的注册商标专用权。同时，根据《中华人民共和国商标法》第五十二条的规定，未经商标注册人的许可，在同一种商品或者类似商品上使用与他人注册商标相同或者近似的商标的行为属于商标侵权行为。经查，被上诉人三一重工公司持有的第 6131503 号“三一”注册商标核准使用的商品范围包括机床类商品，上诉人未经被上诉人的许可，在其机床产品和对外宣传的醒目位置突出标注完整包含涉案第 6131503 号“三一”注册商标的“三一机床”“三一重工”标识，属于在同一种商品上使用与他人注册商标相同的商标的行为，侵害了被上诉人第 6131503 号“三一”注册商标专用权。上诉人关于其行为不构成商标侵权的上诉主张无事实及法律依据，依法应予驳回。

关于上诉人的行为是否构成不正当竞争的问题。根据《中华人民共和国反不正当竞争法》第五条第一款（三）项之规定，经营者不得擅自使用他人的企业名称或者姓名，引人误认为是他人的商品的不正当手段从事市场交易，损害竞争对手。本案中，被上诉人于 1994 年 11 月 22 日成立，虽然其企业名称数次变更，但“三一”一直是其企业名称中最为显著和核心的部分，构成被上诉人的企业字号，该字号经被上诉人的持续使用及广泛宣传，具有较高的知名度，根据《最高人民法院关于审理不正当竞争民事案件应用法律若干问题的解释》第六条的规定，被上诉人的“三一”字号可以认定为反不正当竞争法第五条第一款（三）项规定的“企业名称”，依法受法律保护。上诉人未经被上诉人许可，在企业名称中冠以“三一”文字，该文字与被上诉人的企业名称相同，与被上诉人所持有的1550869号“三一”驰名商标亦相同，虽然二者分属经营不同商品的企业，但上诉人的行为明显故意攀附被上诉人的知名度及市场影响力，有可能使相关公众产生误认和混淆，对被上诉人的企业名称和商标功能产生实际损害，属于擅自使用他人的企业名称损害竞争对手的不正当竞争行为，并同时属于违反诚实信用原则，将他人驰名商标作为企业字号使用的不正当竞争行为。上诉人关于其行为不构成不正当竞争的上诉主张无事实及法律依据，依法应予驳回。

关于原审法院确定的赔偿数额是否恰当的问题。根据《中华人民共和国商标法》及《中华人民共和国反不正当竞争法》的规定，实施商标侵权行为及不正当竞争行为，给他人造成损害的，依法应承担相应的赔偿责任。由于本案诉讼中，双方当事人均未能证明侵权人因侵权所获得的利益及被侵权人所受到的损失，因此，原审法院按照法定赔偿的方式确定本案的赔偿金额是正确的。在具体的赔偿数额方面，原审法院综合商标侵权行为与不正当竞争行为所造成的损失交叉重合、涉案商标和企业名称之知名度、侵权情节、侵权人的主观故意及权利人为维权所支出的合理费用等因素，在法定赔偿金额的范围内确定由上诉人永合公司赔偿被上诉人三一重工公司40万元并无不妥。上诉人关于原审法院确定的赔偿数额过高的上诉主张亦应予驳回。

综上所述，上诉人永合公司的行为侵犯了被上诉人三一重工公司的注册商标专用权，亦构成对被上诉人三一重工公司的不正当竞争，依法应承担相应的民事责任，其上诉请求无事实及法律依据，依法应予驳回。原审判决认定事实清楚，适用法律准确，程序合法，依法应予维持。根据《中华人民共和国民事诉讼法》第一百五十三条第一款（一）项之规定，判决

如下：

驳回上诉，维持原判。

本案二审案件受理费9900元，由上诉人马鞍山市永合重工科技有限公司承担。

本判决为终审判决。

审　判　长　曾志红
审　判　员　邓国红
审　判　员　钱丽兰

二〇一二年十二月六日

书　记　员　王慧芳

36. 浙江梅泰克诺新型建筑板材有限公司与上海快联物流技术有限公司商标侵权纠纷案*

▶

在行政调查终结后作出的撤案决定对当事人的权利义务产生实际影响，属于行政诉讼受案范围

【裁判要点】

撤案实质上是《工商行政管理机关行政处罚程序规定》第五十四条规定的销案，是行政处罚程序中行政调查终结后，工商行政管理机关作出的一种具体行政行为。商标侵权纠纷中的商标注册人和利害关系人对工商行政管理机关的撤案行为不服，可以向人民法院提起诉讼。商标独占许可是商标注册人许可他人使用注册商标的一种方式，独占许可权人在约定的期间、地域上，独占享有注册商标的专用权，与工商行政管理机关因处理商标侵权纠纷而作出的撤案决定具有法律上利害关系，在相应的行政诉讼中具有原告资格。

【案情简介】

2010年11月16日，上海市奉贤区人民法院（以下简称奉贤法院）收到浙江梅泰克诺新型建筑板材有限公司（以下简称梅泰克诺公司）的起诉状。该公司诉称：

* 摘自《知识产权审判与指导》2013年第2辑（总第22辑），人民法院出版社2014年版，第121~126页。

"BREMET"商标系意大利梅泰克诺股份有限公司在中国合法注册的商标，商标注册的有效期限自2008年3月14日至2018年3月13日止。意大利梅泰克诺股份有限公司许可起诉人在中国境内独占使用该商标，并赋予起诉人依法维护商标专用权的权利。2009年，起诉人发现上海快联物流技术有限公司（以下简称快联公司）使用伪造的起诉人印章制作"制造商授权书"，假冒"BREMET"商标大量生产、组装、销售滑升门，造成起诉人重大损失。起诉人为此于2009年4月15日就此事向上海市公安局奉贤分局提出了控告。该局经调查，认为快联公司涉嫌侵犯"BREMET"商标的专用权，遂于2009年11月6日将该案移送上海市工商行政管理局奉贤分局（以下简称工商奉贤分局）。2009年11月17日工商奉贤分局就快联公司涉嫌侵犯"BREMET"商标专用权一事立案调查。2010年1月起诉人亦就快联公司涉嫌侵犯其商标专用权一事向工商奉贤分局进行了投诉，并提供相关材料。2010年9月13日，工商奉贤分局通知起诉人，认为"本案当事人上海快联物流技术有限公司生产、销售的自动滑升门商品与投诉人主张权利的第4673164号商标核定使用商品金属门板在功能、用途、生产部门、销售渠道、消费对象等方面有明显区别，不构成类似商品。没有充分证据证明上海快联物流技术有限公司的行为构成侵权，故决定撤案"。起诉人认为，工商奉贤分局有关"不构成类似商品"的认定缺乏事实和法律依据，且在通知中没有告知起诉人不服撤案决定的救济途径和起诉期限，故诉至奉贤法院，请求撤销工商奉贤分局作出的撤案决定，并判决工商奉贤分局对快联公司侵犯"BREMET"注册商标专用权的行为重新作出处理。

【法院裁判】

原审法院经审查后认为：工商奉贤分局作出的撤案决定，与起诉人没有利害关系，遂依照《中华人民共和国行政诉讼法》第四十一条、第四十二条的规定，裁定对浙江梅泰克诺新型建筑板材有限公司的起诉不予受理。

梅泰克诺公司不服，以《中华人民共和国商标法》[①] 第五十三条赋予当事人对工商行政管理部门处理决定提起诉讼的权利及奉贤工商分局的撤案决定与起诉人具有法律上的利害关系为由提起上诉，请求撤销原审裁定，指令原审法院立案受理。

二审法院经审查后认为：根据《最高人民法院关于执行〈中华人民共和国行政诉讼法〉若干问题的解释》第十二条之规定，与具体行政行为有法律上利害关系的公民、法人或者其他组织对该行为不服的，可以依法提起行政诉讼。本案中，起诉人梅泰克诺公司系"BREMET"注册商标在中国境内的独占许可使用人，其就快联公司涉嫌商标侵权的行为向工商奉贤分局具名投诉，工商奉贤分局对该投诉的处理结果与起诉人梅泰克诺公司所享有的商标权益具有法律上的利害关系。因此，起诉人梅泰诺克公司对工商奉贤分局的撤案行为依法提起行政诉讼，符合法律规定的受理条件。故裁定撤销原审不予受理裁定；指令奉贤法院依法立案受理本案。

【法官评析】

本案二审审理过程中，二审法院通知起诉人梅泰克诺公司与被起诉人工商奉贤分局来院谈话，并听取了原审法院的意见，各方的争议焦点主要集中于两个方面：一是撤案行为是否属于人民法院的受案范围；二是梅泰克诺公司与工商行政管理机关的撤案行为是否具有法律上利害关系。对此，需要结合相关审判依据予以评析。

一、撤案行为是否属于可诉的具体行政行为

根据《中华人民共和国行政诉讼法》第二条的规定，公民、法人或者其他组织提起行政诉讼的首要条件，必须是其认为行政主体作出了侵犯其合法权益的"具体行政行为"。因此，准确地识别具体行政行为，是确定行政诉讼受案范围的前提条件。本案中，起诉人主张工商奉贤分局作出的撤案决定是拒绝履行法定职责的行为，是《中华人民共和国行政诉讼法》第十一条第一款第（五）项例举的行为，属于人民法院受案范围；而奉贤

---

① 本文中的《商标法》均指2001年修正的《商标法》。

工商分局认为该撤案决定是纯粹的程序行为，不影响起诉人的权利和义务，故不属于行政诉讼的受案范围。我们认为，撤案行为属于法律、法规规定可以提起诉讼的具体行政行为。理由是：（1）《中华人民共和国行政诉讼法》第十一条第一款第（五）项规定的是行政机关拒绝履行法定职责行为的可诉性，即“申请行政机关履行保护人身权、财产权的法定职责，行政机关拒绝履行或者不予答复的”是可诉的具体行政行为。本案中，起诉人向工商奉贤分局投诉后，工商奉贤分局并未拒绝履行，也未不予答复，而是在调查结束后作出了撤案决定，并通知了起诉人，因而，不属于《中华人民共和国行政诉讼法》第十一条第一款第（五）项例举的行为；（2）2007 年 8 月国家工商行政管理总局颁发的《工商行政管理机关行政处罚程序规定》第五十四条规定：“工商行政管理机关负责人经对案件调查终结报告、核审意见或者听证报告，当事人的陈述、申辩意见，拟作出的行政处罚决定进行审查，根据不同情况分别作出给予行政处罚、销案、不予行政处罚、移送其他机关等处理决定。”上述规定表明，销案（亦即本案的撤案）是工商行政管理机关在案件调查终结后作出的处理决定，在性质上与给予行政处罚、不予行政处罚等行政行为性质相同；同时，从本案撤案决定的内容来看，撤案决定明确“没有充分证据证明上海快联物流技术有限公司的行为构成侵权，故决定撤案”，该内容产生的行政法律效果实质上等同于不予行政处罚。因此，该撤案行为并非纯粹的程序行为，且对起诉人的权利和义务具有直接影响；（3）《中华人民共和国行政诉讼法》第十一条第二款规定：“除前款规定外，人民法院受理法律、法规规定可以提起诉讼的其他行政案件。”根据《中华人民共和国商标法》第五十三条、第五十四条的规定，[①] 工商行政管理部门负有查处侵犯注册商标专用权行为的法定职责；商标注册人或者利害关系人等商标侵权纠纷的当事人对工商行政管理部门的处理决定不服的，可以依法向人民法院起诉。而销案系处理决定的一种表现形式，故本案的撤案行为属于法律、法规规定可以提起诉讼的具体行政行为。

二、商标独占许可权人与撤案行为是否具有法律上利害关系

原审法院认为起诉人与工商奉贤分局作出的撤案决定没有利害关系，其实质涉及到起诉人是否具有行政诉讼原告资格的问题。在行政诉讼中，如何认定原告资格所依据的法律规范主要体现在《中华人民共和国行政诉讼法》第二条、第二十四条第一款、第四十一条以及《最高人民法院关于执行〈中华人民共和国行政诉讼法〉若干问题的解释》第十二条中。[②] 根据上述法律规范，行政诉讼原告资格的确定主要有三个条件:[③]（1）起诉人有自己的主张。因为公民、法人或者其他组织的“认为”，在诉讼行为上就体现为“主张”，没有“主张”或者“认为”的当事人不能成为行政

---

① 《中华人民共和国商标法》第五十三条规定：“有本法第五十二条所列侵犯注册商标专用权行为之一，引起纠纷的，由当事人协商解决；不愿协商或者协商不成的，商标注册人或者利害关系人可以向人民法院起诉，也可以请求工商行政管理部门处理。工商行政管理部门处理时，认定侵权行为成立的，责令立即停止侵权行为，没收、销毁侵权商品和专门用于制造侵权商品、伪造注册商标标识的工具，并可处以罚款。当事人对处理决定不服的，可以自收到处理通知之日起十五日内依照《中华人民共和国行政诉讼法》向人民法院起诉；侵权人期满不起诉又不履行的，工商行政管理部门可以申请人民法院强制执行。进行处理的工商行政管理部门根据当事人的请求，可以就侵犯商标专用权的赔偿数额进行调解；调解不成的，当事人可以依照《中华人民共和国民事诉讼法》向人民法院起诉。”第五十四条规定：“对侵犯注册商标专用权的行为，工商行政管理部门有权依法查处；涉嫌犯罪的，应当及时移送司法机关依法处理。”

② 《中华人民共和国行政诉讼法》第二条规定：“公民、法人或者其他组织认为行政机关和行政机关工作人员的具体行政行为侵犯其合法权益，有权依照本法向人民法院提起诉讼。”第二十四条第一款规定：“依照本法提起诉讼的公民、法人或者其他组织是原告。”第四十一条规定：“提起诉讼应当符合下列条件：（一）原告是认为具体行政行为侵犯其合法权益的公民、法人或者其他组织；（二）有明确的被告；（三）有具体的诉讼请求和事实根据；（四）属于人民法院受案范围和受诉人民法院管辖。”《最高人民法院关于执行〈中华人民共和国行政诉讼法〉若干问题的解释》第十二条规定：“与具体行政行为有法律上利害关系的公民、法人或者其他组织对该行为不服的，可以依法提起行政诉讼。”

③ 参见江必新：《中国行政诉讼制度的完善——行政诉讼法修改问题实务研究》，法律出版社2005年版，第103页以下。

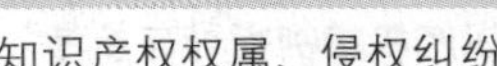

诉讼的原告。而且，起诉人只有主张自己的权利受到侵害时，其原告资格才有可能获得承认。若主张他人的合法权益或者公共利益受到侵犯，则在现行行政诉讼框架下，不具有原告资格。(2) 起诉人主张的权益受法律保护。根据行政诉讼法的相关规定，这种权益包括：①人身权和财产权。其中，财产权不仅包括有形的财产，还包括无形的财产，如著作权、专利权、商标权等。②其他法律法规规定可以保护的权益。如受教育权、自治组织的自治权等。[①] (3) 起诉人主张的权益与被诉具体行政行为之间具有内在联系。一般而言，这种内在联系表现为两者存在法律上的利害关系，而何谓法律上利害关系，则不能作孤立的理解，应当与“可诉行政主体的行为”的规定相联系，即如果可诉的具体行政行为，对行政相对人的合法权益产生实际影响（包括积极影响和消极影响、有利影响和不利影响），行政相对人的原告资格即已具备。[②] 本案中，起诉人系涉案商标的独占许可权人，[③] 在约定期间和地域内独占享有商标注册人所有的商标专用权，并具有通过法律途径维护商标专用权的权利。毫无疑问，起诉人的上述权利受到商标法和行政诉讼法的保护。现起诉人主张快联公司侵犯其商标专用权，要求工商奉贤分局对快联公司侵犯其商标专用权的行为作出处理，是维护自身享有的商标权的意思表示。而奉贤工商分局认为“没有充分证据证明快联公司的行为构成侵权”，并决定撤案。前文已述，撤案行为属于可诉的具体行政行为，而该可诉的具体行政行为与起诉人主张的商标权益具有法律上利害关系应当是显而易见的，故起诉人具有本案的原告资格。

三、起诉人是否超过了起诉期限

基于上述分析，我们认为梅泰克诺公司对工商奉贤分局的撤案决定可

---

① 参见江必新、梁凤云：《行政诉讼法理论与实务》（上卷），北京大学出版社 2009 年版，第 126～127 页。

② 江必新、梁凤云：《行政诉讼法理论与实务》（上卷），北京大学出版社 2009 年版，第 339～440 页。

③ 所谓商标的独占许可使用，是指商标注册人在约定的期间、地域和以约定的方式，将该注册商标仅许可一个被许可人使用，商标注册人依约定不得使用该注册商标。

以依法提起行政诉讼，原审法院不予受理裁定不当，应予纠正。然而，作为二审法院，指定原审法院立案受理本案还必须考虑案件起诉期限的问题。因为如果起诉人无正当理由超过起诉期限提起诉讼，即使其诉求属于人民法院受案范围，人民法院仍然应当裁定不予受理。本案中，起诉人梅泰克诺公司于2010年9月13日收到工商奉贤分局的通知，于2010年11月16日向奉贤法院提起诉讼，时隔两月有余，那么，其起诉期限是否符合法律规定呢?

《中华人民共和国行政诉讼法》第三十九条规定："公民、法人或者其他组织直接向人民法院提起诉讼的，应当在知道作出具体行政行为之日起三个月内提出。法律另有规定的除外。"而根据《中华人民共和国商标法》第五十三条之规定，商标注册人或者利害关系人可以请求工商行政管理部门处理因侵犯注册商标专用权行为引起的纠纷；当事人对处理决定不服的，可以自收到处理通知之日起十五日内依照行政诉讼法向人民法院起诉。由于在工商机关处理商标侵权纠纷所引发的行政诉讼起诉期限方面，商标法与行政行政法是特别规定与一般规定的关系，故根据《中华人民共和国立法法》第八十三条的规定，[①]《中华人民共和国商标法》应当优先适用。因此，本案起诉人在收到工商奉贤分局撤案决定通知两月后再提起诉讼，已经超过了商标法规定的起诉期限。

然而，《最高人民法院关于执行〈中华人民共和国行政诉讼法〉若干问题的解释》第四十一条又规定："行政机关作出具体行政行为时，未告知公民、法人或者其他组织诉权或者起诉期限的，起诉期限从公民、法人或者其他组织知道或者应当知道诉权或者起诉期限之日起计算，但从知道或者应当知道具体行政行为内容之日起最长不得超过2年。"需要指出的是，该项规定主要针对行政机关未告知当事人诉权或者起诉期限的特殊情形，该情形在行政诉讼法和商标法中均未予以规定，属于对上述两法有关起诉期限内容的补充和完善，而非针对同一事项的所谓特别规定与一般规

---

① 《立法法》第八十三条规定："同一机关制定的法律、行政法规、地方性法规、自治条例和单行条例、规章，特别规定与一般规定不一致的，适用特别规定；新的规定与旧的规定不一致的，适用新的规定。"

定的关系。因此，当该类特殊情形出现时，该规定就应当予以适用。本案中，被起诉人工商奉贤分局将撤案决定告知梅泰克诺公司时，未告知其诉权及起诉期限，故根据《最高人民法院关于执行〈中华人民共和国行政诉讼法〉若干问题的解释》第四十一条的规定，起诉人梅泰克诺公司于2010年11月14日向原审法院起诉并未超过法定期限，原审法院应当依法受理。

（刘军华、唐震、李欣）

37. 陕西盛唐在线网络信息有限公司与深圳市腾讯计算机系统有限公司等侵害商标权纠纷案*

▶ 商标的实质在于指示商品的来源，使用不具有指示服务来源的标识并不必然构成侵害商标权；已为公众约定俗成、普遍使用的表示某类商品的名称，可以认定为通用名称

【裁判要点】

商标的实质在于指示商品的来源，使用不具有指示服务来源的标识并不必然构成侵害商标权；已为公众约定俗成、普遍使用的表示某类商品的名称，可以认定为通用名称；商标最本质的功能为识别功能，而识别性的产生又以商标的使用为基础；对于在一定地域内的相关公众中约定俗成、普遍使用的扑克游戏名称，如果当事人不是将其作为区分商品或者服务来源的商标使用，可以认定为正当使用。

【案情简介】

原告：陕西盛唐在线网络信息有限公司（以下简称盛唐公司）。

被告：深圳市腾讯计算机系统有限公司（以下简称腾讯公司）。

被告：深圳市腾讯计算机系统有限公司西安分公司（以下简称腾讯西安公司）。

---

* 摘自《知识产权审判与指导》2013年第2辑（总第22辑），人民法院出版社2014年版，第127～135页。

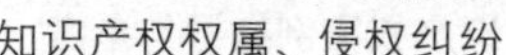

原告盛唐公司诉称：盛唐公司是陕西省一家专门从事网络游戏服务的专业软件及服务企业，成立于2004年。2008年前盛唐公司自主研发了“三代”网络棋牌游戏，推出即在市场上引发了广泛的关注和赢得了良好的声誉。2010年6月21日盛唐公司取得“三代”商标注册证书，核定服务项目为提供娱乐场所、娱乐、游戏、（在计算机网络上）提供在线游戏等。2011年10月“三代”商标被认定为西安市著名商标，2011年12月被认定为陕西省著名商标。2012年4月起，腾讯公司、腾讯西安公司未经盛唐公司许可，擅自在其网站提供标识为“3代”和“三代”的网络棋牌游戏。盛唐公司认为，腾讯公司、腾讯西安公司的行为构成对其商标权的损害，故诉至法院，请求判令腾讯公司、腾讯西安公司立即停止使用“三代”商标的侵权行为；在《光明日报》《南方周末》《华商报》等主要媒体上以及腾讯网（www. qq. com）网络游戏大厅和腾讯大秦网（http：//xian. qq. com/）的显著位置上刊载声明以消除影响和赔礼道歉。

被告腾讯公司、腾讯西安公司辩称：“三代”是源于陕西民间流行的扑克牌游戏，代表和结合斗地主、挖坑、跑的快三款游戏的特点和优点，为一种扑克牌玩法的通用名称而被社会大众广泛使用。众多互联网在线游戏都将此种扑克牌玩法作为与斗地主并列的一种游戏类通用名称，即三代牌类游戏。被告是将“三代”作为与“斗地主”等休闲消遣类游戏同类目录下的一种牌类游戏通用名称，而非将“三代”作为腾讯游戏的商标标示。广大互联网用户也普遍明知“三代”为公众知悉的游戏玩法的通用名称，在腾讯游戏的平台上玩三代游戏，一定会知悉提供该服务的为腾讯游戏平台，而不会误认为该服务提供者为盛唐公司。腾讯公司、腾讯西安公司对诉争标的使用不是将其作为区分商品或服务来源的商标使用，而是属于正当使用，请求驳回盛唐公司的诉讼请求。

西安市中级人民法院一审查明：2010年6月21日，盛唐公司经国家工商行政管理总局商标局（以下简称商标局）核准，获得“三代”注册商标专用权，核定服务项目为《类似商品和服务区分表》第41类的“节目制作、在线电子书籍和杂志的出版、提供娱乐场所、娱乐、俱乐部服务（娱乐或教育）、游戏、（在计算机网络上）提供在线游戏”。商标注册证第5872445号，注册有效期限自2010年6月21日至2020年6月20日。

2011年10月，西安市工商行政管理局认定盛唐公司用于电子书籍和杂志的出版、提供在线游戏服务项目上的“三代”商标为西安市著名商标，有效期三年。2011年12月26日，陕西省工商行政管理局认定盛唐公司用于节目制作、在线电子书籍和杂志的出版、提供娱乐场所、娱乐、俱乐部服务（娱乐或教育）、游戏、（在计算机网络上）提供在线游戏上的“三代”商标为陕西省著名商标，有效期3年。

2011年4月28日，盛唐公司向陕西省西安市公证处申请对网址为http：//www. qq. com/的相关网页进行证据保全，公证网页显示：三代游戏是陕西省民间流行的一款扑克牌游戏，代表和结合了斗地主、挖坑、跑的快三款游戏的特点和优点，更富游戏性和娱乐性。2011年4月29日，陕西省西安市公证处作出了（2011）西证民字第3290号公证书。2012年4月20日，盛唐公司再次向陕西省西安市公证处申请对网址为http：//www. qq. com/的相关网页进行证据保全，公证网页显示内容与2011年4月28日证据保全内容相同。2012年5月3日，陕西省西安市公证处作出了（2012）西证民字第3308号公证书。2013年5月6日，盛唐公司第三次向陕西省西安市公证处申请对网址为http：//www. qq. com/的相关网页进行证据保全，公证网页显示内容为部分牌类游戏图案和名称，其中三代游戏图形显示“3代”，文字标明“三代”（牌类），集斗地主、挖坑、跑的快之优点，三代更精彩，发布时间为2009年3月1日；三代是基于QQ游戏大厅下的一款休闲游戏，三代游戏是陕西省民间流行的一款扑克牌游戏，代表和结合了斗地主、挖坑、跑的快三款游戏的特点和优点，更富游戏性和娱乐性。2013年5月15日，陕西省西安市公证处作出了（2013）西证民字第6392号公证书。

2012年9月12日，腾讯公司向北京市方圆公证处申请对相关网页进行证据保全，公证网页显示盛唐公司在其网站介绍，三代游戏是流行于陕西民间的一种扑克游戏。游戏玩法简单，易学易懂，属斗智类娱乐游戏。在陕西，一代指的是红桃4，第二代是挖坑，该游戏被当地民众亲切地称为三代。被称为三代还有另外一个含义，即三代代表了斗地主，代表了挖坑，代表了跑的快。三代游戏源自渭南本土，不仅贴近当地的群众生活，也有广泛深厚的群众基础。2012年9月25日，北京市方圆公证处作出

(2012) 京方圆内经证字第33421号、第33422号公证书。

庭审期间，盛唐公司称腾讯公司、腾讯西安公司在相同服务上即在线游戏和提供在线游戏上使用了相同的注册商标，侵害了“三代”注册商标权；腾讯公司、腾讯西安公司的使用行为至少在陕西境内易使相关公众产生混淆。腾讯公司称其是将三代作为与斗地主等同一目录下的游戏名称使用，并非作为游戏平台的商标标识，用户不可能认为与盛唐公司产生联系，三代作为扑克游戏名称是通用名称。

【法院审判】

西安市中级人民法院审理认为：网络商标是以一定的数字信息为基础，通过显示屏使人获得相应的视觉效果，并能与该特定的商品或服务联系起来。网络商标是传统商标使用在网络领域的延伸，其改变的只是形式和手段，但在法律原理适用及规范上理应遵循相同的规律。盛唐公司经商标局核准，获得“三代”注册商标专用权，其合法的权益应受法律保护。腾讯公司、腾讯西安公司是否构成对盛唐公司注册商标专用权的侵害应从以下方面分析：首先，争讼之注册商标是否属于通用名称。判定通用名称时，不仅国家或者行业标准以及专业工具书已经收录或记载的名称可以认定为通用名称，而且已为公众约定成俗、普遍使用的表示某类商品的名称，也可以认定为通用名称。如果以商品的通用名称作为商品的商标，那么商标的识别功能就不可能发挥作用，因此商品通用名称不能由某一企业作为商标注册而专用，否则可能损害公众的利益。本案中，三代游戏是陕西民间流行的一款扑克牌游戏，代表和结合了斗地主、挖坑、跑的快三款游戏的特点和优点，更富游戏性和娱乐性。在陕西，一代指的是红桃4，第二代是挖坑，第三代是三代。三代游戏的另外一个含义是代表了斗地主，代表了挖坑，代表了跑的快。三代游戏源自渭南本土，不仅贴近当地的群众生活，也有广泛深厚的群众基础。由此可以证明，三代游戏作为特定扑克牌游戏名称存在并被公众使用，其与斗地主、挖坑均属于牌类游戏的通用名称，已为相关公众普遍知悉和接受。其次，腾讯公司、腾讯西安公司使用“三代”是否构成商标性使用。三代是QQ游戏大厅下的一款休闲游戏，腾讯公司是将三代作为扑克游戏名称在其网站与其他扑克牌游戏并列作为游戏种类的名称进行使用，被控侵权商标核定使用的商品时间较短，识别功能显著性较低，加之，盛唐公司也未能提供相关公众误认为被控侵权商标来源于盛唐公司及被控侵权商标所标识的商品来源与盛唐公司之间存在特定联系的证据。因此，腾讯公司、腾讯西安公司使用讼争之游戏名称不易引起相关公众的误认、混淆，不构成商标性使用。最后，腾讯公司使用“三代”文字是否属于正当使用。判断被控侵权人是否构成正当使用，不仅应根据被控侵权人的主观意图，而且还要判定在客观上其使用是否构成商标意义上的使用，不能因为权利人具有注册商标专用权，而无视其权利的实际和本质，否则就不符合商标法的立法精神和违背了公平正义原则。如前所述，腾讯公司使用“三代”是作为 QQ 游戏大厅下的一款休闲游戏名称，且是与其他扑克牌游戏并列作为游戏种类的名称进行使用，即腾讯公司仅仅是将其作为一般的游戏名称进行使用，并非作为商标使用，该种使用行为属于善意、正常使用。简言之，对于在一定地域内的相关公众中约定俗成的扑克游戏名称，如果当事人不是将其作为区分商品或者服务来源的商标使用，只是将其用作反映该类游戏内容、特点等的游戏名称，可以认定为正当使用。

综上，依照《中华人民共和国商标法实施条例》① （以下简称《商标法实施条例》）第四十九条“注册商标中含有的本商品的通用名称、图形、型号，或者直接表示商品的质量、主要原料、功能、用途、重量、数量及其他特点，或者含有地名，注册商标专用权人无权禁止他人正当使用”之规定，判决：驳回原告陕西盛唐在线网络信息有限公司的诉讼请求。

一审宣判后，当事人均未上诉，本案判决已发生法律效力。

【法官评析】

商标权即注册人享有的商标专用权，包括了积极权能和消极权能。②积极权能指的是商标使用权，包括了自行使用、许可他人使用以及其他不违背商标权人意志的使用；商标的消极权能，即排他权，排斥他人做相同

① 指2002年8月3日颁布的《中华人民共和国商标法实施条例》，下同。

② 《商标与不正当竞争法原理和判例》，法律出版社2009年版，第32页。

或者近似性使用。商标权的积极使用限于注册商标核准的范围。注册商标的使用范围经过了商标局的核准，因此商标积极权能的界限清晰，同时积极权能更关乎商标权人的使用，在侵权认定中作用不大。商标侵权实质指的是他人未经许可进入到商标权的排他范围之内。从逻辑上来讲，判断侵权的前提是确定商标权的排他范围，也即商标权的保护范围。只有确定了商标权的保护范围，才能判定被控侵权人是否构成侵权行为。下面笔者将结合与本案相关的法律问题予以评析。

一、商标意义上通用名称的属性

商标法中的通用名称是指国家标准、行业标准规定的或者约定俗成的商品的名称，包括全称、简称、缩写、俗称。《最高人民法院关于审理商标授权确权行政案件若干问题的意见》第 7 条规定："……相关公众普遍认为某一名称能够指代一类商品的，应当认定该名称为约定俗成的通用名称。被专业工具书、辞典列为商品名称的，可以作为认定约定俗成的通用名称的参考……"由此可以解读出，通用名称是指在一定范围内普遍使用的名称，其本身不具有识别特定商品来源和商品提供者的功能。[①] 通用名称包括法定的或者约定俗成的两种情况。法定的通用名称是指法律规定或者国家标准、行业标准等规范性文件确定的通用名称。约定俗成的通用名称是指相关公众普遍认可和使用的通用名称。无论是约定还是法定，其认定的标准在于普通消费者，即相关公众。消费者是产品或者服务的购买者，商标必然接受消费者的认知和识别，因此，判断商标显著性必须站在消费者的立场上。[②] 虽然在相关公众这一标准认定上并不存在分歧，但是对于相关公众范围的划定仍然留有争议。争议最大的问题在于判断时以多大地域范围的消费者作为标准。对此，我国现行规范性文件中并未给予明确的量化标准。最高人民法院在（2010）民提字第 113 号判决书中对该问题的阐述为："相关公众一般是指全国范围内的相关公众，但如果被指称的行业或者商品由于历史传统、风土人情或者自然条件、法律限制等原因

---

① 参见最高人民法院（2010）民提字第 113 号判决书。

② 张今、刘晗：《商标使用相关问题探究》，载《中华商标》2013 年第 9 期。

而被局限在特定地域市场或者其他相关市场内，则以该相关市场的公众作为判断标准。”商品的通用名称一般被认定为缺乏固有显著性，只有通过使用获得第二含义，才能取得商标注册。已经获得注册商标的通用名称，说明商标局已经认可其通过使用获得显著性，在未被撤销之前，应尊重这一行政授权的效力。但是，对于固有显著性较弱的商标，《中华人民共和国商标法实施条例》第四十九条规定仍然对其保护范围进行了限制。

需要指出的是，商标权的保护范围与商标的显著性息息相关，显著性越强，商标权保护范围越大；显著性越弱，商标权保护范围越小。显著性是指商标的固有显著性。根据显著性强弱，商标可以依次划为臆造商标、任意商标、暗示商标和描述商标。[①] 由于显著性的不同，各类商标的保护范围产生了差异。商标的显著性与其是否属于通用名称有一定的关联性。显著性最弱的商标为描述性商标，该类商标仅有本商品通用的名称、图形、型号或者是直接表示商品的质量、主要原料、功能等特点。同时商标法也对显著性弱的商标作出限制，一是必须通过长期使用来获得显著性，二是不能禁止他人的正当使用，实际上是为商标划定了排他权的界限。

二、不具有指示服务来源的通用名称不构成商标性使用

商标最本质的功能为识别功能，而识别性的产生又以商标的使用作为基础。其具体逻辑为：商标的三要素标识、产品、出处及商誉通过商标性使用实现了互动，商标性使用使消费者将商标与固定的商品、服务联系起来，附着于商标背后的商誉也逐渐得到消费者的认同，最终形成的这种互动性，引导消费者识别和购买，为权利人带来商业利益。[②] 因此，商标性使用的核心在于发挥商标的识别功能，并不是所有将商标与产品进行物理性结合的使用方式都归属为商标性使用。《中华人民共和国商标法实施条例》中对于商标使用行为仅作列举，并未触及商标使用的本质。2013 年修正的《中华人民共和国商标法》已经明确将商标使用定义为“用于识别商

---

① 何颖、季连帅、韩立丽：《商标显著性研究》，中国政法大学出版社 2013 年版，第 137 页。

② 张今、刘晗：《商标使用相关问题探究》，载《中华商标》2013 年第 9 期。

品来源的行为”，实际上是回归了商标性使用行为的应有之义。商标性使用应具备的条件为：商标必须在商业活动中使用；使用是为了标示商品或服务的来源；通过使用能够使相关公众区分不同商品或服务的提供者。判断被控侵权人的使用方式和目的及使用行为是否会使相关公众对产品或服务的来源产生误认、混淆，一般包括两种情形：一种是相关公众误认为被控侵权商标所标识的商品或服务来源于商标专用权人；另一种是误认为被控侵权商标所标识的商品来源与商标专用权人之间存在特定的联系。《最高人民法院关于审理商标民事纠纷案件适用法律若干问题的解释》第八条规定：“商标法所称相关公众，是指与商标所标识的某类商品或者服务有关的消费者和与前述商品或者服务的营销有密切关系的其他经营者。”被控侵权人使用他人含有通用名称的商标，若不具有识别功能，则不构成商标性使用。

三、商标注册人无权禁止他人正当使用通用名称

从显著性角度，涉案商标为通用名称，法律针对这类通过获得第二含义取得的商标权作出限制，其他主体可以在原有含义上使用该通用名称进行市场活动，商标权人对此无权干涉。商标法以这种制度设计实现了商标权与公众利益的平衡，防止商标权垄断公众资源，成为阻碍竞争的工具。[①]如前所述，《中华人民共和国商标法实施条例》虽然规定了其他经营者正当使用这类商标不构成侵权，但是对于“正当”的内涵并未给出明确的界定，而是否正当恰恰是判定侵权与否的关键。《与贸易有关的知识产权协议》第17条规定：成员可规定商标权的有限例外，诸如对说明性词汇的合理使用之类，只要这种例外顾及了商标所有人及第三方的合法利益。美国1946年《兰哈姆法》在第1115节（b）（4）中，全面吸收了普通法上法定正当使用（Classic Fair Use）制度。根据该条款，任意第三人善意、合理地使用他人的名称（Name）、短语（Term）或图案（Device）来描述自己的产品或服务，只要该使用是一种描述性而非商标意义上的使用，就

---

① 张今：《论商标上的权利限制》，载《法商研究》1999年第3期。

不构成商标侵权。[①] 由此，美国法院对正当使用总结出了三个构成要素：[②]（1）非商标性使用（non - trademark use）。非商标性使用指被控侵权人不是将原告的描述性商标作为商标使用，即其使用该标识是为了描述其商品的特征而非指示其商品的来源。从这一点上也可以看出商标法中的正当使用与著作权法中的正当使用的区别，它并不像后者那样赋予了一种普遍性的权利来使用他人的描述性商标，而限于在该标识的原始描述性含义上使用。如果使用他人商标是用来指示商标权人或其商品，对于重新包装的商品使用原有商标，或者在比较广告中使用他人商标，则不属于正当使用原则调整的范畴 。（2）公平、善意地使用（used fairly and in good faith）。正当使用要保护的是竞争者正当地描述其产品的权利，这种权利不因某描述性标识被他人注册为商标而受到损害。而这个概念本身就要求对他人描述性商标的使用必须是出于对自己产品描述的必要，而且这种使用必须是合理且善意的，即不得不正当地利用他人商标所代表的商誉。公平善意是一种主观上的要求，一般只能从使用者的使用状态等情况来推断。如果使用者仅利用了描述性商标的第一含义，用于表示该类商品的通用名称、主要原料、性能或品质等，就应当认定其主观上存在善意。因为这种使用的目的并非为了借助商标权人的商誉，制造混淆，误导消费者，而是经营之不可避免。反之，如果使用人原本没有使用某描述性词汇，在他人将其注册为商标之后转而采用该标识，或者是使用了他人商标中与描述意义无关的那些特点，诸如字型、风格、颜色等，则可推定其有恶意。此外，善意要求使用者不得采取突出的方式进行使用。突出使用，将商标设计与周围设计作明显区分，以此来吸引消费者的注意力。正当使用必须停留在商标第一含义范围内，不能因此产生识别功能，然而突出性使用已经超越了这个界限，具有了商标性使用的特点。所以，突出性使用可以反映出使用人企图制造混淆，误导消费者的主观恶意，不能认定为正当使用。（3）仅仅为了描述自己的商品或服务（only to describe its goods or services）。即使用他

① 参见《兰哈姆法》第1115节（b）（4）。

② 李明德：《美国知识产权法》，法律出版社2003年版，第317页。系参考美国《兰哈姆法》第33条规定解读。

人商标不是作为商标使用，而仅仅是用来描述自己商品的特点。本案腾讯QQ游戏大厅的“三代”扑克并未对“三代”商标进行突出性使用，属于善意、正常使用的范畴。

综上，取得注册商标专用权并不意味着权利人有权禁止他人对其商标的一切使用行为，商标能禁止的只是有可能导致混淆的使用。商标注册人选择其作为自己的商标并不能赋予其对该标识的垄断性权利，而只是在该商标成为其产品来源标志的范围内，才有权受到保护。最高人民法院（2008）民三他字12号函中明确指出：“对于一定区域内的相关公众中约定俗成的扑克游戏名称，如果当事人不是将其作为区分商品或者服务来源的商标使用，只是将其用作反映该游戏内容、特点的游戏名称，可以认为为正当使用。”

（姚建军）

38. 江西宝岛眼镜有限公司与晶华宝岛（北京）眼镜有限公司侵害商标权及不正当竞争纠纷案*

▶

在相同或类似服务上，突出使用与他人注册商标主要识别部分相同或者近似的标志，属于侵犯注册商标专用权的行为

最高人民法院民事裁定书

（2013）民申字第1953号

再审申请人（一审被告、二审上诉人）：江西宝岛眼镜有限公司。住所地：江西省南昌市洪城路。

法定代表人：张明朝，该公司经理。

委托代理人：施明行，福建名仕律师事务所律师。

被申请人（一审原告、二审被上诉人）：晶华宝岛（北京）眼镜有限公司。住所地：北京市朝阳区关东店南街。

法定代表人：王国胜，该公司董事长。

委托代理人：左玉国，北京市联德律师事务所律师。

委托代理人：田龙，北京市联德律师事务所律师。

一审被告、二审上诉人：江西宝岛眼镜有限公司北京朝阳分公司。住所地：北京市朝阳区农光南里。

---

* 摘自《知识产权审判与指导》2013年第2辑（总第22辑），人民法院出版社2014年版，第239～242页。

法定代表人：谢忠宇，该公司经理。

再审申请人江西宝岛眼镜有限公司（以下简称江西宝岛公司）与被申请人晶华宝岛（北京）眼镜有限公司（以下简称晶华宝岛公司）及一审被告、二审上诉人江西宝岛眼镜有限公司北京朝阳分公司（以下简称江西宝岛朝阳分公司）侵害商标权及不正当竞争纠纷一案，不服北京市高级人民法院（2013）高民终字第772号民事判决，向本院申请再审。本院依法组成合议庭对本案进行了审查，现已审查终结。

江西宝岛公司申请再审称：（1）原一、二审法院认定江西宝岛公司侵犯晶华宝岛公司的商标权并判决承担侵权责任缺乏事实与法律依据。“宝岛”二字不具有显著性，江西宝岛公司使用自己合法拥有的企业名称，不具有侵犯商标权的主观意图。原一、二审法院适用《中华人民共和国商标法》第五十二条第（一）项判决构成商标侵权适用法律错误，判决停止侵权、消除影响以及10万元的损失赔偿缺乏依据。（2）原一、二审法院认定江西宝岛公司构成不正当竞争行为并停止使用含有“宝岛”字样的企业名称缺乏事实与法律依据。江西宝岛公司企业名称于2008年12月经核准登记，此时晶华宝岛公司的“宝岛”商标并未被认定为驰名商标，“江西宝岛”与“宝岛”等商标容易区分，故江西宝岛公司使用企业名称不构成不正当竞争。即使法院认为有混淆的可能性，只需判决江西宝岛公司规范使用企业名称即可，直接判决停止使用含有“宝岛”字样的企业名称缺乏法律依据。综上，请求撤销原一、二审判决，驳回晶华宝岛公司的诉讼请求。

晶华宝岛公司提交意见认为：晶华宝岛公司享有涉案“宝岛”系列商标的独占许可使用权，“宝岛”虽然是固有词汇，但使用在眼镜行业具有固有的显著性，而且经过长期使用具有较高的知名度。江西宝岛公司突出使用“宝岛眼镜”标识进行连锁加盟，并在其分公司的眼镜行经营中使用“宝岛眼镜（连锁）”标识，极易引起相关公众的混淆并已实际造成相关公众的混淆，构成商标侵权。江西宝岛公司及其朝阳分公司恶意登记使用以“宝岛”为字号的企业名称，误导公众，制造混淆，违背了诚实信用原则和公认的商业道德，其利用“宝岛”商标的商誉牟取非法利益，构成不正当竞争。“宝岛”商标知名度高，江西宝岛公司侵权性质严重，原一、二审判决其赔偿经济损失10万元具有事实和法律依据。综上，原一、二审判决认定事实清楚，适用法律正确，应予维持。请求驳回江西宝岛公司的再审申请。

江西宝岛朝阳分公司未向本院提交书面意见。

本院经审查认为：本案争议焦点为江西宝岛公司及其朝阳分公司在经营活动中使用“宝岛眼镜（连锁）”“宝岛眼镜连锁加盟”等标识是否侵犯晶华宝岛公司“宝岛”系列商标权；在企业名称中使用“宝岛”字样是否构成不正当竞争。

晶华宝岛公司享有第1394775号“宝岛”商标、第772859号“寶島及图”商标、第3110047号“寶島及图”商标的独占许可使用权，上述商标核定的服务项目均包括“眼镜行”。“宝岛”系列商标经过晶华宝岛公司及其关联公司的长期使用，在眼镜行服务享有较高的知名度。江西宝岛公司及江西宝岛朝阳分公司在提供相同服务时，使用“宝岛眼镜（连锁）”标识，江西宝岛公司在户外广告牌上使用“宝岛眼镜连锁加盟”标识，其中主要起识别作用的部分均为“宝岛”，与晶华宝岛公司享有权利的商标相同或者近似，容易引起相关公众对服务来源的混淆。“宝岛”虽然是固有词汇，但其与“眼镜”“眼镜行”的商品及服务之间并无关联，使用在该商品和服务上具有商标所需的显著性和识别性。江西宝岛公司称“宝岛”商标不具有显著性、消费者已经习惯与地域相结合来区分不同商家的主张没有事实和法律依据。江西宝岛公司与案外人福州宝岛眼镜有限公司之间没有与使用“宝岛”标识相关的联系，江西宝岛公司不能以此来主张其有权使用“宝岛”相关标识。

江西宝岛公司成立于2008年12月15日，江西宝岛朝阳分公司成立于2012年1月10日，均晚于晶华宝岛公司“宝岛”系列商标的注册和使用时间，且在江西宝岛公司成立之时，晶华宝岛公司上述商标已经获得了较高的知名度，在全国范围内设立了众多的直营、联营店，企业规模、销售额等在眼镜行业均名列前茅。江西宝岛公司作为同行业经营者，理应知晓上述注册商标，在此情形下，其将“宝岛”作为企业名称中的字号加以登记和使用，主观上具有利用上述商标知名度的故意。即使其规范使用企业名称全称，亦不可避免易造成相关公众的混淆误认，原一、二审法院认定

其违反诚实信用原则和公认的商业道德，构成不正当竞争是正确的，在此基础上判令其停止使用含有“宝岛”字样的企业名称具有充分的法律依据。江西宝岛朝阳分公司在企业名称中使用“宝岛”字样相应亦缺乏正当理由。江西宝岛公司主张依据其与朝阳分公司负责人之间关于特许经营纠纷一案达成的调解书，江西宝岛朝阳分公司有权使用该企业名称，但未向本院提交该调解书，且即使该调解书真实存在，也仅是该案双方当事人之间达成的调解协议，对案外人不具有约束力，更不能以此对抗他人的合法商标权利。

原一、二审法院在认定江西宝岛公司、江西宝岛朝阳分公司构成商标侵权和不正当竞争的基础上，判决其应承担相应停止侵权、消除影响、停止使用企业名称及赔偿10万元经济损失的民事责任亦属恰当。江西宝岛公司虽称其获利远远未到10万元，但未提交相关经营及获利情况的证明，其关于判决赔偿10万元缺乏依据的再审主张不予支持。

综上，江西宝岛公司的再审申请不符合《中华人民共和国民事诉讼法》第二百条的规定，依据《中华人民共和国民事诉讼法》第二百零四条第一款之规定，裁定如下：

驳回江西宝岛眼镜有限公司的再审申请。

审 判 长 夏君丽
审 判 员 钱小红
代理审判员 董晓敏

二〇一四年三月十日

书 记 员 曹佳音

39. 拉法基股份有限公司与南京美世达建材有限公司等侵害商标权及不正当竞争纠纷案*

▶ 未经许可，在生产经营中标注“经某某授权”等字样，攀附他人品牌知名度，造成消费者混淆和误认的，构成不正当竞争

最高人民法院民事裁定书

（2013）民申字第1641号

再审申请人（一审原告、二审被上诉人）：拉法基股份有限公司。住所地：法国巴黎75116比利斯·福利思路。

法定代表人：肖纳·马瑞格特（SHONA MERIGEAULT），该公司知识产权保护部主管。

委托代理人：黄晖，北京市万慧达律师事务所律师。

委托代理人：张涵，北京市万慧达律师事务所律师。

被申请人（一审被告、二审上诉人）：南京美世达建材有限公司。住所地：中华人民共和国江苏省南京市雨花台区凤台南路。

法定代表人：余共章，该公司经理。

---

* 摘自《知识产权审判与指导》2013年第2辑（总第22辑），人民法院出版社2014年版，第247～248页。

一审原告、二审被上诉人：上海拉法基石膏建材有限公司。住所地：中华人民共和国上海市闵行区陈行镇塘口。

法定代表人：盖文博（GAVIN HOWARD BURTON），该公司首席执行官。

再审申请人拉法基股份有限公司（以下简称拉法基公司）因与被申请人南京美世达建材有限公司（以下简称美世达公司）及一审原告、二审被上诉人上海拉法基石膏建材有限公司（以下简称上海拉法基公司）侵害商标权及不正当竞争纠纷一案，不服中华人民共和国江苏省高级人民法院（2012）苏知民终字第269号民事判决，向本院申请再审。本院依法组成合议庭对本案进行了审查，现已审查终结。

拉法基公司申请再审称：（1）美世达公司在类似商品上使用“拉法基”注册商标的行为，构成商标侵权，应承担侵权责任。赵强胜申请注册并许可美世达公司使用的“拉法基”商标并未产生任何法律效力，不能对抗在先注册商标。二审法院已经认定美世达公司在相同或者类似的商品上使用了与拉法基公司注册商标相同或者近似的标识，并且认为其不能继续使用，但却驳回拉法基公司的诉讼请求，自相矛盾。因为停止使用本身就是拉法基公司的诉讼请求之一。即使按照二审法院的逻辑，在商标局公告赵强胜的商标证无效后，美世达公司的使用行为也应该是侵权的，二审法院直接驳回拉法基公司诉讼请求，显然错误。而且，根据《中华人民共和国商标法》的规定，主观过错并非构成侵权的必要条件，它只是影响赔偿责任的承担。二审法院在商标法有明确规定的情形下，直接适用上位法即《中华人民共和国侵权责任法》的相关规定，以美世达公司主观上无过错为由判断其不承担商标侵权责任，适用法律错误。从赵强胜与美世达公司签订的《合作协议》看，美世达公司对赵强胜申请的商标并未取得合法注册是明知的，其主观上存在过错甚至具有恶意，理应赔偿拉法基公司损失。（2）美世达公司将“拉法基”文字使用在侵权商品及小样包装盒、公司网站及经销商名牌、户外广告上的行为，侵害了拉法基公司的企业名称权，构成不正当竞争。综上，二审判决在认定事实和适用法律上均存在错误，请求撤销二审判决，维持一审判决。

美世达公司未向本院提交书面答辩意见。

上海拉法基公司未向本院提交书面意见。

本院经审查认为，拉法基公司的再审申请符合《中华人民共和国民事诉讼法》第二百条第（六）项的规定，依据《中华人民共和国民事诉讼法》第二百零四条及第二百零六条之规定，裁定如下：

一、指令江苏省高级人民法院再审本案。

二、再审期间，中止原判决的执行。

审　判　长　夏君丽
审　判　员　殷少平
代理审判员　董晓敏

二〇一四年三月一日

书　记　员　曹佳音

40. 普拉达有限公司与陕西东方源投资发展有限公司、华商报社侵害商标权纠纷案*

▶ 被控侵权人在商业广告中使用他人的注册商标，但其与权利人主张的商品并非同一种商品，且该种使用行为不具有识别功能，不会使消费者对商品的来源产生混淆和误认，故这种攀附商标声誉的行为不能作为侵害商标权的行为加以规制

【裁判要点】

被控侵权人在商业广告中使用他人的注册商标，但其与权利人主张的商品并非同一种商品，且该种使用行为不具有识别功能，不会使消费者对商品的来源产生混淆和误认，故这种攀附商标声誉的行为不能作为侵害商标权的行为加以规制；被控侵权人为获取市场竞争优势及交易机会，未经许可在其商业广告中使用他人的注册商标，非法攀附和利用了商标及字号的声誉，损害了商标权人的合法权益，扰乱了正常的竞争秩序，构成不正当竞争行为。

【案情简介】

原告：普拉达有限公司。

被告：陕西东方源投资发展有限公司。

被告：华商报社。

原告普拉达有限公司（以下简称普拉达公司）诉称，普拉达公司自1990年起在中国取得了“PRADA”

* 摘自《知识产权审判与指导》2014年第1辑（总第23辑），人民法院出版社2014年版，第151~160页。

注册商标后，产品也在中国境内开始销售。长期以来，普拉达公司对“PRADA”商标进行了广告宣传，加强了对“PRADA”商标的保护。“PRADA”商标及字号在中国具有极高的市场知名度和良好的声誉。2012年9月普拉达公司发现陕西东方源投资发展有限公司（以下简称东方源公司）未经授权，擅自将“PRADA”文字和图案商标、企业字号使用在《华商报》刊登的有关介绍东方国际中心房产项目和推销店铺招租的广告中。普拉达公司认为，东方源公司的行为，侵犯了“PRADA”商标以及字号的专用权利。因“PRADA”商标及字号在奢侈品行业具有极高的知名度，东方源公司非法地攀附和利用了普拉达公司商标及字号的声誉，属于不正当竞争行为。华商报社作为广告发布者，应对东方源公司的侵权违法行为承担连带责任。故诉至法院，请求判令东方源公司、华商报社：停止侵犯普拉达公司“PRADA”文字及图案商标专用权行为；停止擅自使用普拉达公司“PRADA”字号及其他不正当竞争行为；于《华商报》刊登更正声明，以消除其侵权及不正当竞争行为导致的不良影响；赔偿普拉达公司损失人民币50万元；赔偿普拉达公司为本案支出的律师费及其他费用计人民币56780元。

被告东方源公司辩称：普拉达公司既未提交商标注册证及商标注册证明的原件，也未提交其所属国和中国签订的外国企业可以在中国申请商标注册的双边协议或者授予中国国家认可的具有商标代理资格组织的《商标注册代理委托书》。因此，普拉达公司在中国没有依法取得“PRADA”注册商标。东方源公司将“PRADA”商标在《华商报》上介绍东方国际中心商业房产项目商铺招商广告宣传，属于合理使用行为，且该商业房产项目未开业经营，不存在使用商标的商品，未给普拉达公司造成实际损失，东方源公司不存在违法使用“PRADA”商标进行商业房产项目广告宣传的侵权行为。东方源公司在宣传广告中未使用普拉达公司的企业名称，只使用过其字号。故东方源公司不构成不正当竞争行为，请求驳回普拉达公司的诉讼请求。

被告华商报社辩称：华商报社作为广告发布者，提供的仅是传播平台，普拉达公司依法享有注册商标专用权应以核定使用的商品为限；华商报社发布广告不是为社会公众提供商品，未与普拉达公司产生市场竞争关

系，不可能直接侵犯普拉达公司的注册商标权，也不构成不正当竞争行为。东方源公司广告中只是使用了标注有“PRADA”的一个女式包的图样，对“PRADA”商标及公司的介绍，并不直接在相同或相类似的商品以及服务项目中使用“PRADA”，从而意图达到误导公众的效果，该使用行为不构成侵害注册商标权。华商报社认真核对了广告主本身情况及广告内容，尽到了审核义务。因此不应承担侵权责任，请求依法驳回普拉达公司的诉讼请求。

一审法院经审理查明：1994 年 7 月 29 日普拉达公司成立。1999 年 4 月 14 日普雷菲尔股份公司经国家工商行政管理总局商标局（以下简称商标局）核准，获得“PRADA”注册商标专用权，核定使用商品为“手提包、钱包、行李箱、公文包、运动用手提包、旅行袋等”，商标注册证号第 1263052 号，注册有效期限自 1999 年 4 月 14 日起至 2009 年 4 月 13 日止。2001 年 6 月 7 日普雷菲尔股份公司经商标局核准，将第 1263052 号商标注册人变更为普拉达公司。2009 年 6 月 8 日商标局核准续展注册证明上述第 1263052 号商标，续展注册有效期自 2009 年 4 月 14 日至 2019 年 4 月 13 日。2011 年 12 月 12 日商标局注册证明普拉达公司在 18 类商品上使用的“PRADA MILANO”商标已在商标局注册，注册号 G572096，核定使用商品为“包、手提包、旅行袋、钱包、小钱包、书包、文件包、男用手提包等”，注册有效期限自 2011 年 6 月 25 日起至 2021 年 6 月 25 日止。普拉达公司在《世界时装之苑》《时尚芭莎》《商业周刊》《中国纺织报》等报刊进行了广告宣传。

2012 年 8 月 29 日《华商报》刊登了投资商东方源公司为推介东方国际中心房产项目和推销店铺的招租广告，广告中的“PRADA”女款手提包使用了“PRADA MILANO”文字和图案商标，广告语为全球顶级奢侈品牌进驻，引领国际奢侈生活潮流；广告中突出使用了“PRADA”普拉达；普拉达“PRADA”，意大利时尚品牌，创始于 1913 年，产品主要有皮革尼龙制品、高级时装、鞋、配件、眼镜、化妆品等，深受欧洲王公贵族们青睐，很多欧洲皇室成员都是它的忠实顾客，著名的倒三角标志已成为时尚与品味的代名词。东方源公司在广告中宣称“国际潮牌街、餐饮大食代”。

东方源公司以其通过与西安久龄商业地产管理有限公司 2010 年 8 月

10日签订东方国际项目商铺代理招商服务合同，西安久龄商业地产管理有限公司与宁波特蚁服饰有限公司于2012年8月5日签订合作协议，已经免费取得涉案商标使用权，不构成侵权行为为由，申请追加西安久龄商业地产管理有限公司、宁波特蚁服饰有限公司为共同被告。普拉达公司则以东方源公司申请追加的被告并非必要的共同诉讼人，也不影响本案事实认定及民事责任承担为由，不同意追加被告。普拉达公司称其从未授权宁波特蚁服饰有限公司销售普拉达商品。东方源公司称其销售商品和使用商标是经合法授权，但未能提供普拉达公司授权宁波特蚁服饰有限公司使用其注册商标的证据。华商报社发布广告时审查了西安久龄商业地产管理有限公司、宁波特蚁服饰有限公司的企业法人营业执照、相关合同书、商标使用授权委托书、工作联系单等与广告发布有关的证明文件。

庭审中，普拉达公司称东方源公司在相同类别上使用其注册商标和企业字号进行广告宣传、华商报社刊登广告，侵犯了其注册商标专用权；"其他不正当竞争行为"包括对普拉达公司字号、注册商标、企业名称以及其商标的声誉和企业的声誉所进行的不正当竞争；普拉达公司在中国境内所有的商品销售均通过其直营店铺进行销售，不存在经销商或代理商。即便是品牌折扣商店，也是由其直营。普拉达公司的商业模式是高端奢侈品牌普遍采用的商业模式。这种直营的商业模式可以有效避免中间商和代理商降低品牌服务的档次、选择与品牌形象不符的经营场所或从事其他有损品牌形象的行为。普拉达公司在店铺选址方面具有严格的标准，以防止降低品牌的商业形象、减损商标声誉。

【法院裁判】

西安市中级人民法院经审理认为，普拉达公司在中国依法取得的"PRADA""PRADA MILANO"注册商标权，应受法律保护。东方源公司以其通过与他人签订协议，免费取得商标使用权，不构成侵权为由，申请追加共同被告。因普拉达公司不同意追加，同时他人并非本案必要的共同诉讼人，按照不告不理的原则，对此申请，不予采纳。东方源公司虽在商业广告中使用的女款手提包中有"PRADA MILANO"及其"PRADA"注册商标，但刊登广告的目的是为了推介其投资开办的东方国际中心房产项目和推销店铺，引进商户进驻东方国际中心；东方源公司并未在其经营的房产项目和推销的店铺商品上使用“PRADA MILANO”及其“PRADA”注册商标，其与普拉达公司在本案中主张的商品并非同一种商品；东方源公司只是向消费者描述了自己投资开办了东方国际中心房产项目和推销店铺，将引进“PRADA”等全球奢侈品牌进驻，并未表明自己是普拉达商品的提供者，广告中涉及的图案及商标对东方源公司的东方国际中心房产项目和推销店铺没有商标性标识作用，不能起到识别东方源公司投资的东方国际中心房产项目和推销店铺来源于普拉达公司的作用。即东方源公司在商业广告中使用“PRADA MILANO”及其“PRADA”注册商标，并非商标意义上的使用，不会使消费者对商品的来源产生混淆和误认，更不会对普拉达公司的商标识别功能受到损害，且该商业房产项目尚未开业经营，不存在使用商标的商品。故东方源公司在广告中使用“PRADA MILANO”及其“PRADA”注册商标，不构成侵害商标权的行为。华商报社发布广告当然也不构成侵害商标权的行为。

关于东方源公司、华商报社之行为是否构成不正当竞争的问题。本案中，普拉达公司先后在《世界时装之苑》《时尚芭莎》等报刊进行了广告宣传，通过长期的品牌维护，其商品已成为时尚文化品味的象征，为公众所认知、接受以及利用。“PRADA”商标及字号在中国享有极高的知名度，相关公众易将其与奢侈的服饰、手提包等商品相联系。东方源公司为获取有利的市场竞争地位，在其广告内容中载明：PRADA，意大利时尚品牌全球鼎级奢侈品牌进驻，引领国际奢侈生活潮流。该行为属于故意利用普拉达公司的商誉，借用“PRADA”的知名度，推介东方国际中心房产项目和推销店铺，以此吸引相关公众的视线，提升其店铺的品味和形象，将自己的店铺与时尚、高端商品密切联系，提高自己的商品交易机会，不正当地获取了比其他竞争者更为有利的地位和利益；东方源公司在广告中宣称其商业中心为“国际潮牌街、餐饮大食代”，暗示该商业中心亦聚集众多档次不同餐饮商铺。东方源公司的广告无法避免给消费者造成普拉达公司的商铺与中低端餐饮品牌混同在一起经营的印象，有可能损害普拉达公司的品牌形象和商标声誉。因此，东方源公司的行为，本质上属于利用他人享有极高知名度的注册商标和企业字号，为自己获取市场竞争优势以及更多的市场交易机会，违反了诚实信用和公平竞争的原则，损害了商标权人的合法权益，破坏了正常的市场竞争秩序。华商报社是受东方源公司的委托发布广告，作为广告发布者，其在发布广告时已经审查了西安久龄商业地产管理有限公司、宁波特蚁服饰有限公司的企业法人营业执照、合同书、商标使用授权委托书、工作联系单等与广告发布有关的证明文件，提供了广告主的真实姓名，尽到了合理的注意义务，主观上没有侵权的故意或者过错，华商报社发布广告的行为不应归类于市场竞争，其行为不构成不正当竞争。

综上，依照《中华人民共和国民法通则》第一百一十八条、《中华人民共和国商标法》第五十一条、第五十二条第一款第（一）项、《中华人民共和国反不正当竞争法》第二条、第二十条、《中华人民共和国广告法》第三十八条、《中华人民共和国民事诉讼法》第六十五条之规定，判决：

东方源公司立即停止擅自使用普拉达公司争讼之注册商标及企业字号的不正当竞争行为；东方源公司赔偿普拉达公司（含为制止侵权行为所支出的合理开支）损失人民币 3 万元；驳回普拉达公司其余诉讼请求。

宣判后，当事人均未上诉，本案已发生法律效力。

【法官评述】

司法实践中，因广告攀附他人商标声誉引起的纠纷不断出现。其中比较典型的是在相关房地产楼盘销售项目或购物中心商铺招租项目的广告背景中出现奢侈品牌的商标和商品形象，开发商借此吸引潜在消费者的注意，并意图将其楼盘或商铺项目与高贵、奢华相联系。此类广告行为能否作为商标侵权行为加以禁止？能否以《中华人民共和国反不正当竞争法》加以规制？本案的审理，厘清了侵害商标权与不正当竞争的界定标准，下面笔者将从以下三个方面进行评析：

一、商标的基本功能

商标是指提供商品或服务的经营者，为将自己提供的商品或服务与他人提供的商品或服务相区别而使用的标志。商标的保护范围是指一项商标取得注册商标以后，依法对该项商标进行保护的标准和依据。《中华人民

共和国商标法》第五十六条规定："注册商标的专用权，以核准注册的商标和核定使用的商品为限。"由此说明，商标注册人只能对其核定使用的商品或服务享有专用权，不能对与其使用的商品或服务"类似"的商品或服务享有专用权。即法律保护注册商标专用权是以"核定使用的商品或服务"为范围，但注册商标专用权的保护范围应扩大到与核准注册的商标相近似和与核定使用的商品或服务相类似的范围。本案中，"PRADA""PRADA MILANO"注册商标专用权的范围为手提包、钱包等核定使用的商品，注册商标专用权的保护范围为与注册商标相同或相类似及与核定使用的商品相同或相类似的商品。

商标的基本功能在于识别不同商品的来源。2013年修订的《中华人民共和国商标法》第八条规定："任何能够将自然人、法人或者其他组织的商品与他人的商品区别开的标志，包括文字、图形、字母、数字、三维标志、颜色组合和声音等，以及上述要素的组合，均可以作为商标申请注册。"第四十八条规定："本法所称商标的使用，是指将商标用于商品、商品包装或者容器以及商品交易文书上，或者将商标用于广告宣传、展览以及其他商业活动中，用于识别商品来源的行为。"即新《中华人民共和国商标法》在商标的使用属性中增加了"用于识别商品来源的行为"。由此说明，商标的基本功能在于使相关公众通过商标识别不同商品或服务的来源，这种识别功能是为消费者识别被标识的商品来源提供保障，使人能够与他人提供的商品区别开来。因而，商标受保护的基础最终体现在具有识别功能。

二、对商标声誉的攀附行为不宜认定为侵害商标权行为

众所周知，任何权利的行使都不是绝对的，商标权的行使也不例外。商标权的边界是由其功能设定和界定的，商标的功能是确定侵权行为标准的基础。构成侵害商标权的基本行为是在商业标识意义上使用相同或者近似商标的行为，被控侵权标识的使用必须是在商标意义上的使用，或者说必须是将该标识作为区分商品来源的商标使用。倘若所使用的与他人注册商标相同或者近似的文字、图形等标识不具有区分商品来源的作用，这种使用就不是商标意义上的使用，因而就不会构成对他人注册商标权的侵

害。侵害商标权行为有不同的表现形式，其本质特征就是对商标识别功能的破坏，造成相关公众对商品来源产生误认。在认定是否构成侵害商标权行为时，必须考虑商标主要是发挥与他人商品或者服务区别开来的标识功能。不损害商标识别功能的使用行为，通常不构成侵害商标权行为。

对商标声誉的攀附行为是指广告主在未支付对价的情况下利用被攀附商标的声誉进行广告宣传的行为。对商标声誉的攀附行为在表面形式上与侵害商标权行为具有一致性，均是未经许可使用其他经营者的商标，但实质上二者存在本质差别，对商标声誉的攀附行为是对商标声誉的不当利用，而不是将商标作为区别性标志的功能，因此对商标声誉的攀附行为不宜认定为侵害商标权行为。如前所述，商标最基本的功能是区别商品或服务的来源。普通的商标无法在消费者心理上建立起固定的印迹，消费者只能在接触商品、服务后才能感知到存在于商品或服务之上的普通商标。而少数商标通过商品、服务的长期使用和信誉的维护，可以在消费者心中建立起固定的印迹，这就是商标的声誉。商标的声誉包括商标的知名度和社会公众对商标的综合评价两个不可分割的部分。当商标具有了特定的声誉之后，其不再仅仅具有区别商品或服务来源的功能，还同时具有了价值评判功能。本案中，PRADA 商标不仅让消费者联想起高档奢侈品牌的提供者，同时还让消费者联想到潮流时尚以及高贵、奢华的地位。一般侵害商标权行为侵权者对商标的使用，是使用商标的来源标识和区别功能。在以侵害商标权为目的的商标使用情况下，侵权者将商标使用到侵权者自身产品的广告或其他交易文件中，目的是告诉潜在消费者（或者让潜在消费者混淆或误认），侵权者的产品由商标权利人提供或两者之间具有关联关系。[①] 对商标声誉进行攀附的广告在使用商标时，其使用商标的目的不是为了告诉潜在消费者商品或服务的来源（或者让消费者误认为广告主的产品是由商标权利人提供，或误认为广告主的产品与商标权利人的产品具有关联关系），而是利用这个符号自身独立的声誉，吸引消费者的注意，并

① 如果广告主在广告背景中使用其他商标，意图是让潜在消费者混淆或误认广告主商品或服务的来源，则该等行为可被认定为侵害商标权行为。尽管商标并未使用于商品之上，而是使用于广告中，但该等行为也属于商标法意义上的商标使用行为。

提高自身的形象。换言之，对商标声誉进行攀附的广告，广告主使用的是商标的声誉，而侵害商标权行为在使用商标时使用的是商标的标识来源和区别功能。因此，对商标声誉进行攀附的广告行为不适宜认定为侵害商标权的行为。本案中，东方源公司虽在商业广告中使用的女款手提包中有“PRADA MILANO”及其文字表述中有“PRADA”注册商标，但广告的目的是为了引进商户进驻东方国际中心；东方源公司并未在其经营的房产项目和推销的店铺商品上使用上述注册商标，其与普拉达公司在本案中主张的商品并非同一种商品；东方源公司只是向消费者描述了自己投资开办了东方国际中心房产项目和推销店铺，将引进“PRADA”等奢侈品牌进驻，并未表明自己是普拉达商品的提供者，不能起到识别东方源公司投资的东方国际中心房产项目和推销店铺来源于普拉达公司的作用。故东方源公司在《华商报》商业广告中使用争讼之注册商标，不构成侵害商标权的行为。

三、对商标声誉攀附行为应适用反不正当竞争法规制

《中华人民共和国反不正当竞争法》规定：“不正当竞争是指经营者违反本法规定，损害其他经营者的合法权益，扰乱社会经济秩序的行为。”由此规定可以解读出：所谓不正当竞争行为，一般是指经营者采用不正当手段争夺其他经营者的交易机会、损害其他经营者利益的行为。认定不正当竞争行为应具备的条件是：不正当竞争行为是一种市场竞争行为；违反了市场竞争原则；对市场竞争产生了损害。[①] 通常按照《中华人民共和国商标法》不能认定构成侵害商标权的情形下，原则上该行为不具有违法性，不再按照《中华人民共和国反不正当竞争法》的规定予以规制，但若被控侵权人未经商标权人的许可，利用他人享有极高知名度的注册商标和字号，以竞争为目的，为自己获取市场竞争优势以及更多的市场交易机会，违反诚实信用和公平竞争的原则，则可以适用《中华人民共和国反不正当竞争法》进行规制。在现代商业推销活动中，商标不仅是一种区别标志，而且还具有声誉。对商标声誉进行攀附的行为往往出现在攀附者的广

① 《商标与不正当竞争法原理和判例》，法律出版社2009年版，第685页。

告宣传活动中，目的不是识别商标所代表的商品或商品提供者，而在于提高自身的形象，吸引消费者的注意，推销自己的商品以谋取不正当利益，这种行为在理论上的不法性和可责性是明显的，事实上在其他国家和地区有专门立法加以禁止。例如欧盟理事会《关于误导广告和比较广告的指令》（第84/450/EEC号）第3条（甲）第1款第（7）项规定：不得对竞争者的商标、商号或者其他标识性标志或者竞争产品的声誉作不公平的利用。[①] 我国目前尚没有针对商标声誉攀附广告的专门立法，司法实践中对此行为均选择适用《中华人民共和国反不正当竞争法》加以禁止，但对于原告（商标权人）与被告（广告主）之间是否具有竞争关系、被告是否损害了原告利益及竞争秩序等问题均有不同的理解。因此有必要对此类问题进一步梳理：首先，原告与被告的竞争关系。典型的不正当竞争行为，例如仿冒行为、虚假广告行为，均是发生在具有直接竞争关系的经营者之间。然而，在攀附商标声誉行为的案件中，原告与被告之间往往不存在直接的竞争关系。本案中，普拉达公司的经营范围与东方源公司的经营范围明显不同，也不存在直接的竞争关系。对此情形，应对竞争关系进行扩大解释，不同经营范围的经营者之间也存在潜在的竞争关系或广义上的竞争关系；不正当竞争既可以发生在同业竞争者之间，也可以发生在不同业的竞争者之间。事实上，商标声誉在本质上就是一种竞争资源。商标声誉不仅给商标权人在同行业竞争中带来优势地位，这种竞争资源还可以被商标权人利用于其商标注册产品之外的其他行业，或者被各种不同行业的竞争者加以利用。当竞争者（例如广告主）利用商标声誉这种竞争资源时，其自身就获得了相较于其他没有利用该资源的竞争者的优势地位，在一定程度上减少了商标权人自身在其他不同行业（如广告主产品或服务所在行业）利用其商标声誉资源的交易机会（至少广告主未经许可擅自使用商标权人的商标声誉，减少了商标权人通过合法方式许可广告主使用其商标声誉的交易机会，例如双方联合举办活动或者由商标权人对广告主进行赞助）。为此，对于攀附商标声誉行为，认定被告（广告主）通过不正当手段争夺原告（商标权利人）交易机会，双方之间存在潜在或广义上的竞争

① 安青虎：《国外广告法规选译》，中国工商出版社2003年版，第117页。

行为在理论上是成立的。其次，因被控侵权行为所带来的损害。对商标声誉的攀附行为本质上就是在未支付对价的情况下利用商标权人依靠持续经营、维护以及广告投入所获得的声誉。因此，商标声誉攀附行为对商标权人的损害是显而易见的。具体到本案中，普拉达公司经过多年的经营、商标和商誉的维护、持续的广告投入方才获得了商标的声誉，东方源公司未经普拉达公司许可，擅自在广告中使用普拉达公司的商品和商标，借以吸引消费者的注意，并以此提高自身商铺的档次和形象，其在没有支付对价的情况下为自己增加了竞争优势，实际上也减少了普拉达公司通过合法的商业活动方式，赞助被告公司或与被告公司联合举办活动的商业交易机会。当然，普拉达公司等知名奢侈品牌公司出于对自身品牌形象保护的角度考虑，在实际经营过程中可能不会选择与被告公司发生交易、联合举办活动或进行赞助，但这也进一步说明禁止此类商标声誉攀附行为的必要性。因为此类商标声誉攀附行为若不予以禁止，势必导致更多的经营者在广告中肆意使用其他经营者的商标、攀附他人的商标声誉。此外，商标声誉攀附行为同时也破坏了竞争秩序，并给其他竞争者利益带来损害。本案中，东方源公司通过对原告商标声誉的攀附，获得了不公平的竞争优势地位，对于其他诚实信用经营的购物中心而言，显然是不公平的，也导致这些公平竞争的同业竞争者可能丧失交易机会。

（执笔人：姚建军）

41. 九方泰禾国际重工（青岛）股份有限公司、九方泰禾国际重工（北京）有限公司与迪尔公司侵害商标权及不正当竞争纠纷案*

▶ 未经注册商标专用权人的许可，在同一种商品或者类似商品上使用与其注册商标相同或者近似的商标的，属于侵害注册商标专用权的行为

北京市高级人民法院民事判决书

（2014）高民终字第382号

上诉人（原审被告）九方泰禾国际重工（青岛）股份有限公司。住所地中华人民共和国山东省青岛市经济技术开发区燕山路588号。

法定代表人张玉纲，总经理。

上诉人（原审被告）九方泰禾国际重工（北京）有限公司。住所地中华人民共和国北京市东城区东长安街1号东方广场东方经贸城中一办公楼十五层1室。

法定代表人张玉纲，董事长。

以上两上诉人共同的委托代理人曲亮，山东诚功（黄岛）律师事务所律师。

以上两上诉人共同的委托代理人王运鲜，山东诚功（黄岛）律师事务所律师。

---

* 摘自《知识产权审判与指导》2014年第2辑（总第24辑），人民法院出版社2015年版，第247～266页。

被上诉人（原审原告）迪尔公司，住所地美利坚合众国伊利诺伊州莫林市约翰迪尔广场1号。

法定代表人托马斯·格里斯沃德，助理秘书。

委托代理人徐静，北京市金杜律师事务所律师。

委托代理人张海若，北京市金杜律师事务所律师。

上诉人九方泰禾国际重工（青岛）股份有限公司（以下简称九方泰禾青岛公司）、九方泰禾国际重工（北京）有限公司（以下简称九方泰禾北京公司）因侵害商标权及不正当竞争纠纷一案，不服中华人民共和国北京市第二中级人民法院（以下简称北京市第二中级人民法院）（2013）二中民初字第10668号民事判决，向本院提起上诉。本院2014年1月9日受理本案后，依法组成合议庭，并于2014年2月25日公开开庭进行了审理。上诉人九方泰禾青岛公司、九方泰禾北京公司共同的委托代理人曲亮、王运鲜，被上诉人迪尔公司的委托代理人徐静、张海若到庭参加了诉讼。本案现已审理终结。

迪尔公司提起原审诉讼称：迪尔公司是农业机械、柴油发动机及建筑工程机械制造公司，连续多年跻身世界500强和美国200强。迪尔公司于1976年进入中国，并于1997年成立第一家企业，开始在中国生产农机商品。时至今日，迪尔公司已经在中国拥有8家独资公司和超过220家经销商。2009年3月21日，经中华人民共和国国家工商行政管理总局商标局（以下简称商标局）核准，迪尔公司在第7类农业机械、联合收割机、中耕机、收割机、割草机等商品和第12类翻斗卡车、拖拉机商品上获准注册第4496717号和第4496718号颜色组合商标（见附图1）。上述注册商标的颜色特征以及在核准商品上的具体使用方式“绿色车身，黄色车轮”已经明确记载于注册商标申请文件中，应当受到中华人民共和国法律的保护。

迪尔公司在其收割机商品上一直使用第4496717号颜色组合商标，该商标已成为迪尔公司商品的重要识别标识，为消费者和业界专家所熟悉和认可，具有很强的显著性和很高的知名度。同时，迪尔公司在其生产的收割机和拖拉机上所使用的“绿色车身、黄色车轮和黄色条带”装潢，经过迪尔公司的长期使用，也具有了区别商品来源的显著特征，属于知名商品的特有装潢。

2011年以来，迪尔公司发现九方泰禾青岛公司、九方泰禾北京公司生产、销售以及在网址为“www. jotec. cn”的网站上宣传其商品时，在收割机上使用了与迪尔公司第4496717号注册商标相同的标识以及与迪尔公司知名商品特有装潢相同的装潢，构成了对迪尔公司注册商标专用权的侵害，同时也构成不正当竞争。在法院能够认定九方泰禾青岛公司、九方泰禾北京公司的行为侵害了迪尔公司第4496717号注册商标专用权的情况下，迪尔公司将不再就九方泰禾青岛公司、九方泰禾北京公司的行为主张适用《中华人民共和国反不正当竞争法》。综上，迪尔公司请求法院判令九方泰禾青岛公司、九方泰禾北京公司：（1）停止侵害第4496717号注册商标专用权的行为，即停止在收割机上使用绿色车身、黄色车轮的颜色组合；停止不正当竞争行为，即停止在收割机上使用绿色车身、黄色车轮和黄色条带的颜色组合，并停止相应的销售和宣传活动；（2）赔偿迪尔公司经济损失人民币40万元以及迪尔公司为制止侵权而支付的合理费用人民币10万元，其中包括翻译费人民币380元、调查费人民币17401元、公证费人民币17718元及律师费人民币64501元。

九方泰禾青岛公司、九方泰禾北京公司共同答辩称：第一，迪尔公司的涉案注册商标是图形商标，而非颜色组合商标。迪尔公司并没有向商标局提交色谱编号，且中华人民共和国国家工商行政管理总局商标评审委员会（以下简称商标评审委员会）所出具的相关文件中业已明确迪尔公司涉案注册商标是图形商标，而非其主张的颜色组合商标，而且商标权的保护范围也不能依据商标申请文件来确定。第二，九方泰禾青岛公司、九方泰禾北京公司使用绿黄颜色组合的行为不是商标法意义上的使用行为。九方泰禾青岛公司、九方泰禾北京公司只是将绿黄颜色组合作为商品外观使用。作为农业机械，绿色车身代表着夏季绿色的原野，黄色车轮代表着秋季的收获，这是一个普遍的设计理念。九方泰禾青岛公司、九方泰禾北京公司在被控侵权商品上的显著位置标明了自己的第8475901号“迪马”文字商标和第8495193号图形商标，没有侵犯迪尔公司的涉案注册商标专用权。被控侵权商品的外观与迪尔公司的涉案注册商标相比也有显著区别（见附图2）。第三，相关公众不会对被控侵权商品与迪尔公司商品或迪尔公司的涉案注册商标产生混淆。迪尔公司主张黄色条带为其特有装潢，装

潢应该是商品的整体外观，而不是某一个局部标识，且迪尔公司商品的装潢是一个普遍的设计理念，并无特殊含义，其他公司也在使用类似装潢，该装潢并不具有显著性，并且考虑到本案商品价值巨大，买方注意程度较高，九方泰禾青岛公司、九方泰禾北京公司在其商品上的显著位置使用自有商标等因素，不可能造成相关公众的混淆。如果说有可能导致混淆的话，也只是初始关注混淆或者售前混淆，但目前司法实践中对此大多持否定态度。第四，迪尔公司不是适格主体。根据迪尔公司提交的证据显示，具体进行销售工作的是案外人约翰迪尔（中国）投资有限公司（以下简称迪尔中国公司），迪尔公司与迪尔中国公司是不同的法律主体，迪尔公司提交的证据也不能证明迪尔公司涉案注册商标的知名度，现有证据只能说明迪尔中国公司可能享有迪尔公司涉案商品的装潢权。第五，九方泰禾北京公司不是本案适格被告。九方泰禾北京公司是第 8475901 号“迪马”文字商标和第 8495193 号图形商标的权利人，其仅将上述商标许可给九方泰禾青岛公司使用，并未生产或销售涉案商品，没有构成侵权。综上所述，迪尔公司的指控不能成立，请求法院依法驳回迪尔公司的诉讼请求。

原审诉讼中，迪尔公司提交了以下四类证据材料：

（一）关于迪尔公司权属方面的证据材料：

1. 第 4496717 号、第 4496718 号商标注册证。用以证明迪尔公司对其颜色组合商标在第 7 类农业机械、联合收割机、中耕机、收割机、割草机等商品和第 12 类翻斗卡车、拖拉机商品上享有注册商标专用权；

2. 第 4496717 号商标的注册申请书。用以证明迪尔公司在申请注册涉案商标时即明确其为颜色组合商标，并在注册申请书中载明具体的使用方式是：“绿色用于车身、黄色用于车轮”；

（二）关于迪尔公司涉案注册商标的显著性以及迪尔公司的商品装潢属于知名商品特有装潢的证据材料：

3. 第 4496717 号商标驳回通知书、商标驳回复审申请书、驳回复审决定书。用以证明迪尔公司涉案注册商标在申请注册过程中，曾被商标局以缺乏显著特征为由驳回注册申请，后来经过驳回复审程序才取得了商标注册。在驳回复审程序中，迪尔公司提交了大量证明迪尔公司第 4496717 号商标具有显著性的证据，这些证据得到商标评审委员会的最终认可，从而获准注册；

4. 宣传册《约翰迪尔在中国》和224家经销商名录列表。用以证明迪尔公司历史悠久以及迪尔公司的涉案注册商标在中国境内经过长期、持续的宣传和使用，已经具有了较高的显著性和知名度；

5. 销售发票、广告费发票、财务报表及审计报告。用以证明迪尔公司的商品销量大，经销范围广，迪尔中国公司于2007年至2011年间在中国的经营情况和销售业绩良好，迪尔公司涉案注册商标在中国境内经过长期、持续的宣传和使用，已经具有了较高的显著性和知名度；

6. 2005年至2012年7月之间，关于获奖情况、接受领导会见及视察情况、举办或参加展览会、媒体见面会、庆典活动、公益活动等情况的照片，以及《农机质量与监督》《农机科技推广》《中国农机化导报》《农机市场》等杂志、期刊的相关报道。用以证明迪尔公司涉案注册商标具有较高显著性和知名度，迪尔公司的收割机和拖拉机属于知名商品；

7. 《农业机械》《农机质量与监督》等杂志的报道。用以证明迪尔公司商品装潢的特有性；

8. 迪尔中国公司的营业执照。用以证明迪尔中国公司是迪尔公司的独资子公司；

9. 商标使用许可协议。用以证明经迪尔公司授权其子公司有权使用迪尔公司涉案注册商标从事商业性经营行为；

（三）关于九方泰禾青岛公司、九方泰禾北京公司实施侵权行为方面的证据材料：

10. 2011年《农业机械》杂志的相关内容。用以证明九方泰禾青岛公司在该杂志上刊登了广告，并参加了2011年郑州全国农业机械展会；

11.（2011）京长安内经证字第18899号公证书、（2012）京长安内经证字第18957、14445号公证书、（2013）京长安内经证字第4934、19496号公证书。用以证明自2011年以来，九方泰禾青岛公司在生产被控侵权商品后，在多个全国性展会上进行销售，并在网址为“www. jotec. cn”的网站上进行宣传推广。九方泰禾北京公司是上述网站的实际经营者，也是“迪马”文字注册商标的权利人，且许可九方泰禾青岛公司在被控侵权商品上使用“迪马”文字注册商标。九方泰禾北京公司的上述行为属于共同

侵权行为，应与九方泰禾青岛公司一并承担停止侵权、赔偿损失的法律责任。

12.（2013）京长安内经证字第 19496 号公证书。用以证明直至诉讼过程中，九方泰禾青岛公司、九方泰禾北京公司的侵权行为仍在持续；

（四）关于迪尔公司索赔依据方面的证据材料：

13.（2013）京长安内经证字第 7860、7862 号公证书。用以证明九方泰禾青岛公司、九方泰禾北京公司的获利情况；

14. 律师费、翻译费、公证费等发票。用以证明迪尔公司为诉讼支出的合理费用。

九方泰禾青岛公司、九方泰禾北京公司对迪尔公司提交的证据材料发表如下质证意见：对证据材料 1～3、5、7、8、10、11、13、14 的真实性均予以认可，但对于证据 11 中的（2012）京长安内经证字第 18957 号公证书和（2013）京长安内经证字第 4934 号公证书，以公证人员未对相机的清洁性进行检查为由提出异议；对证据材料 4、6 中的宣传册、经销商名录、照片、杂志等媒体的内容以系迪尔公司单方面所提交，无法核实真实情况为由，对真实性不予认可；对证据 9 中的商标使用许可协议以域外证据未经公证认证为由对其真实性亦不予认可；对上述证据的证明事项均不予认可，对证据 12 以系庭后提交为由不予质证。

九方泰禾青岛公司、九方泰禾北京公司为证明其抗辩主张，提交了如下证据材料：

15. 第 8475901 号、第 8495193 号商标注册证以及商标许可使用合同。用以证明九方泰禾青岛公司经上述商标权利人九方泰禾北京公司的许可，在其商品上标注了上述注册商标，因此不会与迪尔公司的商品构成混淆。

16. 2013 年《中国农机商情》杂志的相关内容。用以证明案外人的同类商品上也使用了绿色车身、黄色车轮的颜色组合，迪尔公司涉案注册商标并不具有显著性。

迪尔公司对九方泰禾青岛公司、九方泰禾北京公司提交的证据材料发表如下质证意见：对证据 15、16 的真实性均予以认可，但认为即使九方泰禾青岛公司、九方泰禾北京公司在被控侵权商品上同时使用了自己的注册商标，仍然无法避免相关公众对商品来源产生误认，迪尔公司涉案注册商标具有很强的显著性，案外人的使用行为也同样构成侵权，故对上述证据的证明事项均不予认可。

根据双方当事人上述举证、质证意见，北京市第二中级人民法院对双方提交的证据材料认证如下：鉴于迪尔公司对证据15、16，九方泰禾青岛公司、九方泰禾北京公司对证据1~3、5、7、8、10、11、13、14的真实性不持异议，法院对上述证据的真实性予以确认，虽然九方泰禾青岛公司、九方泰禾北京公司认为（2012）京长安内经证字第18957号公证书和（2013）京长安内经证字第4934号公证书存在瑕疵，但经与北京市长安公证处核实，该公证处在公证过程中已对相机的清洁度进行了检查，九方泰禾青岛公司、九方泰禾北京公司对此也并未提交相关反证予以证明，故上述公证书并无瑕疵。九方泰禾青岛公司、九方泰禾北京公司对证据4、6中的宣传册、经销商名录、照片、杂志等媒体内容的真实性不予认可，但并未提交相关反证予以证明，故对上述证据的真实性亦予以确认。证据9的商标使用许可协议中加盖有迪尔中国公司的印章，可以证明该份证据形成于中国，九方泰禾青岛公司、九方泰禾北京公司亦无相关反证予以反驳，故该份证据不需经过公证认证即可提交，对其真实性予以确认。九方泰禾青岛公司、九方泰禾北京公司对证据12以系庭后提交为由不予质证。本案原审公开开庭审理时间是2013年9月26日，证据12的形成时间是9月24日，公证取证地点是黑龙江省哈尔滨市，由于时间较为紧迫，迪尔公司就此延迟提交的原因已向法院说明情况，得到法院许可，九方泰禾青岛公司、九方泰禾北京公司亦无相关反证予以反驳，故对其真实性予以确认。鉴于上述证据材料所记载的内容均与本案有关，法院对其关联性也予以确认。迪尔公司所提交的证据3~9中包括全国224家经销商的名单，自2009年2月至2012年12月的销售发票609张，2007~2011年德勤会计师事务所出具的财务报表以及2009年10月至2012年12月的宣传费用票据600余张等，且迪尔公司所提交的224家经销商名单与其所提交的销售发票可以相互印证。虽然九方泰禾青岛公司、九方泰禾北京公司认为，迪尔中国公司的行为与本案无关，但迪尔中国公司营业执照上表明其是由迪尔公司独家投资成立，且其与迪尔公司签订了商标使用许可协议。迪尔中国公司2007年至2011年在中国的经营情况和销售业绩良好，迪尔公司商品

的销售范围广、销售数量大，迪尔公司涉案注册商标在中国境内经过长期使用，已经具有了较高的显著性和知名度。综合考虑以上情况，可以认定上述证据所记载的内容能够支持迪尔公司所主张的事实，故对该组证据的证明事项予以采信，九方泰禾青岛公司、九方泰禾北京公司所提交的证据16不足以支持其证明事项，对其不予采信。鉴于九方泰禾青岛公司、九方泰禾北京公司对迪尔公司其他证据的证明力持有异议，迪尔公司对证据15的证明力亦持异议，故对迪尔公司涉案第4496717号注册商标是否为颜色组合商标以及迪尔公司是否享有涉案注册商标专用权，九方泰禾青岛公司、九方泰禾北京公司的被控侵权行为是否侵害了迪尔公司的注册商标专用权以及是否应当承担相应的法律责任，九方泰禾青岛公司、九方泰禾北京公司的被控侵权行为是否构成不正当竞争以及是否应当承担相应的法律责任等问题，法院将结合双方当事人提交的证据和陈述综合判定。

北京市第二中级人民法院查明：2005年2月3日，迪尔公司向商标局提交了第4496717号商标的注册申请，指定使用商品为第7类的农业机械、联合收割机、中耕机、收割机、割草机等，并在商标说明项中记载：迪尔公司在此以图样所示的颜色组合（绿色与黄色）申请注册商标，其中，绿色用于车身，黄色用于车轮。

2007年6月12日，商标局依据《中华人民共和国商标法》第十一条第一款第（三）项、第二十八条的规定，作出商标驳回通知书，驳回了第4496717号商标的注册申请，理由为该商标仅有指定使用商品本身或者包装物常用的颜色，缺乏显著特征，不得作为商标注册。迪尔公司对上述驳回决定不服，向商标评审委员会申请复审。其主要理由为：第4496717号商标作为颜色组合商标，使用在农业机械商品上具有显著性和可识别性，经过迪尔公司多年的持续使用，该商标已经成为迪尔公司商品区别于市场上其他品牌商品的识别标志，为世界各国消费者和业界专家所熟悉和认可。进入中国市场后，迪尔公司的商品也取得了相当高的销售业绩和市场份额，该颜色组合商标基于长期使用，已经在指定商品上获得了极高的显著性，相关消费者已经将该商标与迪尔公司的商品之间建立起必然联系，符合注册商标的显著性要求，应当作为商标获准注册，并且该颜色组合商标在国外多个国家和地区也取得了多项商标注册，其显著性已得到广泛认可。在商标驳回复审程序中，迪尔公司提交了多份证据对其主张予以支持。2008 年 10 月 20 日，商标评审委员会作出商评字［2008］第 19765 号《关于第 4496717 号图形商标驳回复审决定书》，决定该申请商标予以初步审定，由商标评审委员会移交商标局办理相关事宜。

2009 年 3 月 21 日，经商标局核准，迪尔公司对第 4496717 号商标取得了注册商标专用权。同日，迪尔公司对第 4496718 号商标也取得了注册商标专用权，核定使用商品为第 12 类的翻斗卡车、拖拉机，有效期为 2009 年 3 月 21 日至 2019 年 3 月 20 日。

1997 年，迪尔公司在中国成立子公司，开始在中国市场生产收割机、拖拉机等商品，上述商品的销售区域包括东北、山东、河南等全国大部分地区，迪尔公司及其子公司生产的收割机、拖拉机均统一采用“绿色车身，黄色车轮”的颜色组合，并在车身上装饰有黄黑条带，迪尔公司及其子公司利用广告宣传、举办或参加展览会、媒体见面会、庆典活动、公益活动等多种方式，对使用其涉案注册商标的商品进行了持续宣传，宣传持续时间较长，宣传地域覆盖较广，宣传影响较大。

迪尔公司于 2000 年 2 月独资投资成立迪尔中国公司。该公司旗下拥有控股子公司约翰·迪尔（佳木斯）农业机械有限公司（以下简称迪尔佳木斯公司）。迪尔公司通过与迪尔中国公司和迪尔佳木斯公司签订许可协议，将第 4496717 号、第 4496718 号注册商标许可给后两者使用。上述协议于 2013 年 5 月 16 日生效，许可期限自被许可人成立之日起至协议有效期满之日止。

2011 年 7 月 21 日，经商标局核准，九方泰禾北京公司对第 8475901 号“迪马”文字商标取得注册商标专用权，核定使用商品为第 7 类的农业机械、犁、收割机、中耕机、播种机（机器）、插秧机等，注册商标的有效期为 2011 年 7 月 21 日至 2021 年 7 月 20 日。2011 年 7 月 28 日，经商标局核准，九方泰禾北京公司对第 8495193 号商标（见下图）取得注册商标专用权，核定使用商品为第 7 类农业机械；犁；收割机；中耕机；播种机（机器）；插秧机等，注册商标的有效期为 2011 年 7 月 28 日至 2021 年 7 月 27 日。九方泰禾北京公司通过与九方泰禾青岛公司签订普通许可使用协议，许可其使用上述商标，期限自 2011 年 2 月 20 日起至 2015 年 12 月

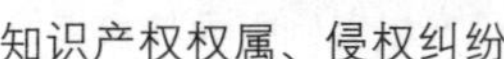

31日。

第8495193号商标

2011年10月，九方泰禾青岛公司在2011年第10A期（总第688期）《农业机械》杂志上发布广告，该广告页面的左上角显示第8495193号商标标志和“JOTEC”字样，以及“欢迎到郑州全国农业机械展览会九方泰禾展位参观，展位号：A61、A62”的广告标语，中间部位显示“迪马——可靠承载丰收”字样，并展示一台收割机，该收割机具有绿色车身，黄色车轮，其上标有“迪马”文字商标和第8495193号图形商标，车身中部装饰有黄黑条带，该广告页面的左下方标有“九方泰禾国际重工（青岛）股份有限公司，地址：青岛经济技术开发区燕山路588号，邮编：266500，销售电话：0532－86106079，网址：www. jotec. cn”等字样，右下方标有“绿色·科技·美好未来”字样。

2011年10月27日，迪尔中国公司申请北京市长安公证处对九方泰禾青岛公司在“2011中国国际农业机械展览会”上展示被控侵权商品的情况进行了公证，该公证处于2011年11月16日出具了（2011）京长安内经证字第18899号公证书。根据公证书记载，2011年10月28日，北京市长安公证处公证人员会同迪尔中国公司委托代理人史敬久，前往位于中华人民共和国河南省郑州市郑东新区商务内环路中央公园一号的郑州国际会展中心，在该中心举办的“2011中国国际农业机械展览会”现场，在公证处人员的现场监督下，迪尔中国公司委托代理人史敬久对该展会标有“九方泰禾国际重工青岛股份有限公司”横幅的室外展台的外部环境及该展台内停放的收割机拍摄了照片，并从该展台内领取了宣传彩页。宣传彩页的正中显示有一台收割机，彩页左下方标有第8495193号图形商标和“九方泰禾”字样，右下方显示“九方泰禾国际重工（青岛）股份有限公司，地址：青岛经济技术开发区燕山路588号，邮编：266500，销售电话：0532－86106079，网址：www. jotec. cn”等字样。公证书所附照片显示该展台内标有第 8495193 号商标，以及“迪马——可靠承载丰收”“绿色·科技·美好未来”，“JOTEC”等字样，该展台内还展示有多台收割机，其外观均为绿色车身，黄色车轮，其上标有“迪马”文字商标和第 8495193 号商标，车身中部装饰有黄黑条带。

2012 年 8 月 7 日，迪尔中国公司申请北京市长安公证处对从网址为“www. jotec. cn”的网站中下载打印相关网页的过程进行公证，该公证处于 2012 年 8 月 8 日出具了（2012）京长安内经证字第 14445 号公证书。根据该公证书记载，长安公证处公证人员会同迪尔中国公司的委托代理人付娟，使用该公证处的计算机访问网址为“www. jotec. cn”的网站，可见其网页左上方显示有第 8495193 号商标，以及“九方泰禾”“JOTEC”等字样，右上方显示“绿色·科技·美好未来”等字样，并对收割机商品进行了展示，该商品具有绿色车身，黄色车轮，其上标有“迪马”文字商标和第 8495193 号商标，车身中部装饰有黄黑条带。该公证书同时记载，经访问工业信息化部 ICP/IP 地址/域名信息备案管理系统，在搜索栏键入“jotec. cn”，显示出一个查询结果，记载该网站的主办单位为九方泰禾北京公司，网站备案许可证号为京 ICP 备 10213622 号 - 1，网站名称是九方泰禾北京公司，网站首页网址为“www. jotec. com. cn”，网站域名包括“jotec. cn”“jotec. com. cn”等，审核时间是 2011 年 4 月 8 日。

2012 年 9 月 26 日，迪尔中国公司申请北京市长安公证处对九方泰禾青岛公司在“2012 中国国际农业机械展览会”上展示被控侵权商品的情况进行了公证，该公证处于 2012 年 10 月 23 日出具了（2012）京长安内经证字第 18957 号公证书。根据公证书记载，2012 年 9 月 27 日，北京市长安公证处公证人员会同迪尔中国公司委托代理人李卉，前往位于中华人民共和国辽宁省沈阳市苏家屯区的沈阳国际展览中心，在该中心举办的“2012 中国国际农业机械展览会”现场，在公证处人员的现场监督下，迪尔中国公司委托代理人李卉对该展会“W1”馆内的“九方泰禾”展区（根据现场标识所示）内停放的收割机拍摄了照片，并从该展区领取了宣传材料。公证书所附照片显示，该展会的展位图及企业名录中写有“九方泰禾国际重工（青岛）股份有限公司”的名称，展台内标有“迪马”文字商标和第 8495193 号商标，以及“迪马——可靠承载丰收”，“绿色·科技·美好

未来”“九方泰禾”“JOTEC”等字样，该展台内展示有多台外观为绿色车身，黄色车轮，其上标有“迪马”文字商标和第8495193号商标，车身中部装饰有黄黑条带的收割机。

2013年3月21日，北京市长安公证处应北京市金杜律师事务所的申请前往九方泰禾青岛公司进行公证，并于2012年10月23日出具了（2012）京长安内经证字第4934号公证书。根据公证书记载，2013年3月21日，北京市长安公证处公证员会同北京市金杜律师事务所委托代理人马海瑞，前往位于中华人民共和国山东省青岛经济技术开发区燕山路588号的九方泰禾青岛公司，该公司门口标牌显示“九方泰禾国际重工（青岛）股份有限公司”和“JOTEC INTERNATIONAL HEAVY INDUSTRY（QINGDAO）CO.，LTD”字样，该公司一名孙姓工作人员带领公证人员和马海瑞参观了商品设备展示区域，并进行相关介绍，公证人员和马海瑞现场取得商品宣传册两份、名片两张，并对公司门口标牌、公司内部展示的机器设备及相关商品进行了拍照。其中一份宣传册的封面上部印有“迪马·飞龙·玉米机”字样，中间展示了外观为绿色车身，黄色车轮，其上标有“迪马”文字商标和第8495193号商标，车身中部装饰有黄黑条带的收割机，该宣传册的内页左上方印有“迪马·飞龙（升级版）”字样，以及3台与前述外观形象相一致的收割机，宣传册最后一页左上方印有“绿色·科技·美好未来”字样，中间印有“迪马·飞龙”字样，左下方显示“九方泰禾国际重工（青岛）股份有限公司”字样，并标有地址、邮编、电话和网址等信息。另外一份宣传册的封面左上方印有“迪马”文字商标，中间展示了与前述外观形象相一致的收割机，右边印有“绿色·科技·美好未来”字样，左下方印有第8495193号商标和“九方泰禾”字样，右下方显示“九方泰禾国际重工（青岛）股份有限公司”字样，并标有地址、邮编、电话和网址等信息。公证书所附名片的左上方印有第8495193号商标和“JOTEC”字样，其下印有“孙景峰 副总经理”字样，右方显示“九方泰禾国际重工（青岛）股份有限公司”字样，以及地址、邮编、电话等信息，名片背面印有“迪马——可靠承载丰收”“JOTEC”“九方泰禾”“http：//www. jotec. cn/”字样和第8495193号商标。公证书所附照片显示，九方泰禾青岛公司内部墙上标有第8495193号商标和“JOTEC”“九方泰禾”字样，场地内停放了多台与前述外观形象相一致的收割机。

2013 年 9 月 2 日，迪尔中国公司申请北京市长安公证处对九方泰禾青岛公司联合案外人山东润源实业有限公司参加“第六届中国黑龙江·北大荒国际农业机械展览会”的情况进行公证，长安公证处于 2013 年 9 月 24 日出具了（2013）京长安内经证字第 19496 号公证书。根据公证书记载，2013 年 9 月 5 日，北京市长安公证处公证人员会同迪尔中国公司委托代理人付娟，前往位于中华人民共和国黑龙江省哈尔滨市南岗区红旗大街的哈尔滨国际会展体育中心，在该中心举办的“第六届中国黑龙江·北大荒国际农业机械展览会”现场，迪尔中国公司的委托代理人付娟在公证人员的现场监督下，对标有“山东润源实业有限公司”和“九方泰禾国际重工（青岛）股份有限公司”横幅的室外展台的外部环境及该展台内停放的两台农业机械拍摄了照片，并从该展区领取了宣传材料。其中一份宣传材料的中间部位印有三台农业机械，该农业机械具有绿色车身，黄色车轮，其中驾驶室的颜色为白色，其上标有“中国·润源”等字样，车身中部装饰有黄黑条带，该宣传材料的下方标有“山东润源实业有限公司”字样，并印有地址、邮编、电话和网址等信息。另外 1 份宣传材料的右侧展示 1 台农业机械，该农业机械具有绿色车身，黄色车轮，其中驾驶室的颜色为白色，其上标有“山东润源实业有限公司制造”等字样，车身中部装饰有黄黑条带。公证书所附照片显示，该展台展示有两台农业机械，该农业机械具有绿色车身，黄色车轮，其中驾驶室的颜色为白色，其上标有“中国·润源”等字样，车身上装饰有黄黑条带。该展台内还放置有九方泰禾青岛公司的展板，展板上方印有“迪马——可靠承载丰收”字样，下方标有第 8495193 号商标和“九方泰禾”“九方泰禾国际重工（青岛）股份有限公司”等字样，还印有地址、邮编等信息，展板中间展示了外观为绿色车身，黄色车轮，其上标有“迪马”文字商标和第 8495193 号商标，车身中部装饰有黄黑条带的收割机。

另查，迪尔公司因本案支出翻译费人民币 380 元、调查费人民币 17401 元、公证费人民币 17718 元、律师费人民币 302988.3 元，本案中，迪尔公司对于律师费仅主张人民币 64501 元，以上各项支出共计主张人民币 10 万元。

北京市第二中级人民法院认为：双方当事人争议的焦点问题是：涉案第4496717号注册商标是否为颜色组合商标以及迪尔公司是否享有涉案注册商标专用权；九方泰禾青岛公司、九方泰禾北京公司的被控侵权行为是否侵害了迪尔公司的注册商标专用权以及是否应当承担相应的法律责任；九方泰禾青岛公司、九方泰禾北京公司的被控侵权行为是否构成不正当竞争以及是否应当承担相应的法律责任。

第一，关于第4496717号注册商标是否为颜色组合商标以及迪尔公司是否享有涉案注册商标专用权的问题

根据商标法的相关规定，任何能够将自然人、法人或者其他组织的商品与他人的商品区别开的可视性标志，包括文字、图形、字母、数字、三维标志和颜色组合，以及上述要素的组合，均可以作为商标申请注册。申请注册的商标，应当有显著特征，便于识别，并不得与他人在先取得的合法权利相冲突。另据《中华人民共和国商标法实施条例》（以下简称《商标法实施条例》）第十三条的规定，以颜色组合申请注册商标的，应当在申请书中予以声明，并提交文字说明。

颜色组合商标是由两种或两种以上颜色排列组合而成的，可以区分不同商品或服务的标识。颜色组合商标的使用一般应与商品相结合，其使用中的具体形态可随商品本身的形状不同而改变。本案中，迪尔公司在申请注册第4496717号商标时，已在申请书中明确声明该商标为颜色组合商标，并在所提交的文字说明中明确了颜色使用的具体位置和方式是：绿色用于车身，黄色用于车轮。

商标的核心属性在于指示商品或服务来源并使之区别于其他经营者之商品或服务，即商标的显著性。迪尔公司在商标注册申请和商标驳回复审程序阶段，提交了多份证据材料，用以证明其涉案注册商标在国内外的实际使用时间、使用方式，以及使用该商标的商品的生产、销售和宣传情况，进而证明迪尔公司涉案注册商标的显著性。迪尔公司在其商品上大量使用“绿色车身、黄色车轮”的颜色组合，已使消费者在该颜色组合与迪尔公司的商品之间建立起了固定联系，通过迪尔公司长期、持续的宣传和使用，该商标获得了显著性，并最终取得了商标局的核准注册。

在审查颜色组合商标时，商标注册审查部门应严格依据申请人提出的

请求进行，虽然商标评审委员会在其出具的驳回复审决定书中将迪尔公司涉案注册商标称为图形商标，但迪尔公司在商标注册申请和商标驳回复审程序阶段，均明确表示第 4496717 号注册商标为颜色组合商标，并对其显著性提交了宣传册、农机类杂志、用户答复函等证据材料予以证明。商标注册审查部门审查的基础应以申请人请求和申明的范围为准，该部门最终发布的授权决定是严格依据法律规定，并根据申请人提出的声明所做出的，商标授权范围也应与申请人提出的保护范围保持一致。综合上述情况，可以认定，第 4496717 号商标属于我国商标法规定的颜色组合商标，迪尔公司是否提交该商标所用颜色的色谱编号并不影响对该商标的审查和注册。九方泰禾青岛公司、九方泰禾北京公司关于迪尔公司的涉案注册商标为图形商标、而非颜色组合商标的主张，依据不足，不予采纳。迪尔公司作为第 4496717 号颜色组合商标的注册商标专用权人，其所享有的注册商标专用权应当受到我国法律保护。

第二，关于九方泰禾青岛公司、九方泰禾北京公司的被控侵权行为是否侵害了迪尔公司的注册商标专用权以及是否应当承担相应的法律责任的问题

根据《中华人民共和国商标法》的有关规定，未经注册商标专用权人的许可，在同一种商品或者类似商品上使用与其注册商标相同或者近似的商标的，属于侵害注册商标专用权的行为。在判断颜色组合商标与被控侵权商标是否构成相同或近似时，应以消费者的一般注意力为标准，重点从颜色组合的使用位置、排列组合方式、颜色色差、整体视觉效果等方面进行观察，如果使用在相同或类似商品上时，易使相关公众对商品或服务的来源产生混淆误认，则应判定属于商标相同或近似。

九方泰禾青岛公司生产、销售了外观为绿色车身，黄色车轮，车身中部装饰有黄黑条带的收割机，并且在九方泰禾北京公司主办的网址为“www. jotec. cn”的网站上对上述商品进行了宣传。迪尔公司的第 4496717 号颜色组合商标核定使用商品包括农业机械、联合收割机和收割机等，本案被控侵权商品为收割机，两者属于相同商品。九方泰禾青岛公司在其生产、销售的收割机上使用了绿色车身，黄色车轮的颜色组合，与迪尔公司的第 4496717 号颜色组合商标进行比较，绿色和黄色的使用位置相同，排

列组合方式一致，颜色基本无差异，在整体形象及表现风格上均十分接近，虽然被控侵权商品上同时标有黄黑条带，但通过整体观察，绿色车身和黄色车轮的外观处于显著位置，对整体视觉效果起到主要作用，而黄黑条带所占比例很小，对整体视觉效果基本无影响，综上，被控侵权标识与迪尔公司的第4496717号颜色组合商标相比较，二者在视觉上无实质性差别，构成相同商标。九方泰禾青岛公司使用与迪尔公司涉案注册商标相同的商标标识，容易导致相关公众对二者的商品来源产生混淆误认。虽然被控侵权商品上同时标有"迪马"文字商标和第8495193号图形商标，但与迪尔公司的涉案注册商标相比较，其所占比例偏小，显著程度较低，因此，九方泰禾青岛公司、九方泰禾北京公司关于相关公众不会对被控侵权商品与迪尔公司涉案注册商标产生混淆的主张依据不足，不予采纳。综上，九方泰禾青岛公司在相同类别上使用与迪尔公司相同商标的行为侵害了迪尔公司涉案注册商标专用权，应当承担相应的法律责任。

九方泰禾北京公司是"迪马"文字商标和第8495193号图形商标的注册商标专用权人以及网址为"www. jotec. cn"的网站ICP备案主体和主办单位。九方泰禾青岛公司在其宣传材料及员工名片中均将网址为"www. jotec. cn"的网站作为其自己网站进行对外宣传，且该网站中的相关信息也指向九方泰禾青岛公司。九方泰禾北京公司许可九方泰禾青岛公司在涉案侵权商品上使用上述商标，且在该网站上对涉案侵权商品进行商业性宣传，可见，九方泰禾北京公司参与了涉案侵权商品的生产、销售和宣传等经营活动，其应当与九方泰禾青岛公司共同承担停止侵权、赔偿损失的法律责任。

综上，九方泰禾青岛公司、九方泰禾北京公司生产、销售涉案侵权商品以及在网址为"www. jotec. cn"的网站上对涉案侵权商品进行宣传的行为，构成对迪尔公司涉案注册商标专用权的侵害，应当承担停止侵权、赔偿损失的法律责任。迪尔公司请求法院判令九方泰禾青岛公司、九方泰禾北京公司承担停止侵权、赔偿损失的法律责任，理由正当，应予支持。关于具体赔偿损失的数额问题，将根据本案的具体情况，综合考虑侵权行为的性质、持续时间、涉案侵权商品的销售情况和宣传情况、九方泰禾青岛公司和九方泰禾北京公司的经营规模、迪尔公司涉案注册商标的知名程度等因素，对迪尔公司提出的经济损失赔偿请求酌情予以支持。同时，将考虑迪尔公司因本案支出相关费用的合理程度，酌情确定九方泰禾青岛公司和九方泰禾北京公司赔偿迪尔公司为本案支出合理费用的具体数额。

第三，九方泰禾青岛公司、九方泰禾北京公司的被控侵权行为是否构成不正当竞争以及是否应当承担相应的法律责任的问题

鉴于迪尔公司明确表示如果依据其涉案注册商标专用权能够制止被控侵权行为，将不再同时主张九方泰禾青岛公司、九方泰禾北京公司擅自使用迪尔公司知名商品特有装潢的行为构成不正当竞争，故在已经认定被控侵权行为侵害了迪尔公司涉案注册商标专用权的情况下，对于迪尔公司关于被控侵权行为构成不正当竞争的主张，不再予以处理。

综上，北京市第一中级人民法院依据《中华人民共和国民法通则》第一百三十条、第一百三十四条第（一）项、第（七）项，《中华人民共和国商标法》第五十二条第（一）项、第五十六条之规定，判决：一、九方泰禾青岛公司和九方泰禾北京公司于判决生效之日起，停止涉案侵害迪尔公司第4496717号颜色组合商标注册商标专用权的行为；二、九方泰禾青岛公司和九方泰禾北京公司于判决生效之日起10日内，赔偿迪尔公司经济损失人民币40万元及因诉讼支出的合理费用人民币5万元；三、驳回迪尔公司的其他诉讼请求。

九方泰禾青岛公司、九方泰禾北京公司均不服原审判决，向本院提起上诉，请求撤销原审判决，驳回迪尔公司的原审诉讼请求。

九方泰禾青岛公司的主要上诉理由是：（1）原审判决关于迪尔公司的第4496717号商标为颜色组合商标的认定是错误的。第一，该商标的注册证上表明其为指定颜色的长方形图形商标，关于该商标的驳回复审决定书也将其称为图形商标。第二，商标申请注册的审查范围以商标申请文件为限，这指的是审查对象而不是授权范围问题，授权范围应当由商标局确定，而不能由商标申请人决定。第三，在商标局、商标评审委员会已经确定第4496717号商标为图形商标的情况下，原审法院认定其为颜色组合商标超越了其职权范围。第四，即使认定该商标为颜色组合商标也不能确定其保护范围。《商标审查及审理标准》要求商标申请人提供颜色组合商标的色谱编号用来确定色彩范围，进而确定保护范围，迪尔公司申请第

4496717号商标时并未提交色谱编号。而且对于是否应当标明色谱编号也是商标局的职权范围，原审判决关于迪尔公司是否提交色谱编号不影响商标的审查的认定也超越了法定职权。(2) 原审判决关于九方泰禾青岛公司构成侵权的理由不能成立。第一，九方泰禾青岛公司在被控侵权商品上使用“绿色车身、黄色车轮”的行为，并非商标使用行为，而是作为一种装饰使用。第二，九方泰禾青岛公司的这种行为是否构成侵权应当依据《商标法实施条例》第五十条第（一）项的规定进行审查，而不是原审判决依据的《中华人民共和国商标法》第五十二条第（一）项。第三，被控侵权商品价值巨大，相关公众为专业人士，注意程度较高，不会仅因颜色相同而产生混淆误认。(3) 原审判决以九方泰禾青岛公司的经营规模、销售情况确定赔偿数额是错误的。第4496717号商标于2009年3月21日获准注册，迪尔公司在2013年5月16日许可给迪尔中国公司和迪尔佳木斯公司使用。即在2013年5月16日之前，迪尔公司并未使用其商标，也没有许可他人使用，即使在此之前迪尔中国公司使用“绿色车身、黄色车轮”也是作为装饰使用，不是商标的使用。九方泰禾青岛公司在被控侵权商品上使用“绿色车身、黄色车轮”这一标示始于2011年，此时迪尔公司并未使用其商标，故不应当以九方泰禾青岛公司的获利或者迪尔公司的损失确定赔偿数额。(4)（2012）京长安内经证字第18957号公证书、（2013）京长安内经证字第4934号公证书，在取证过程中对相机的清洁性未进行审查，存在明显瑕疵。（2013）京长安内经证字第19496号公证书系原审庭审后提交，不应当作为本案证据使用。

九方泰禾北京公司的主要上诉理由是：原审判决认定九方泰禾北京公司的两个行为构成共同侵权：一是许可九方泰禾青岛公司使用其注册商标；二是在经营的网站上宣传推广被控侵权产品。这两种行为均非《中华人民共和国民法通则》规定的应当承担共同侵权责任的条件，原审判决判令九方泰禾北京公司承担侵权责任缺乏依据。

迪尔公司服从原审判决。

本院经审理查明，原审法院查明事实属实，且有各方当事人在原审诉讼中提交的证据及当事人陈述等在案佐证，本院对此予以确认。

本院认为：《中华人民共和国商标法》第八条规定，任何能够将自然人、法人或者其他组织的商品与他人的商品区别开来的可视性标志，包括文字、图形、字母、数字、三维标志和颜色组合和声音等，以及以上要素的组合，均可以作为商标申请注册。《商标法实施条例》第十三条第四款规定，以颜色组合申请注册商标的，应当在申请书中予以声明，并提交文字说明。

本案在案证据显示，迪尔公司在申请注册第4496717号商标的申请书中声明了其商标为颜色组合商标，并附有文字说明："绿色用于车身、黄色用于车轮"，因此符合颜色组合商标的申请条件。由于第4496717号商标的申请日为2005年2月3日，商标局、商标评审委员会《商标审查及审理标准》的颁布时间是2005年12月，因此不能以在后颁布的审查标准中关于提交色谱编号的要求来约束在先申请的第4496717号商标。商标局驳回第4496717号商标申请的理由是其缺乏显著特征，并未对该商标是图形商标还是颜色组合商标作出认定。迪尔公司向商标评审委员会申请复审的理由中仍强调第4496717号商标为颜色组合商标，并提交了该商标申请书中所限定的该商标实际使用的证据用以证明其经过使用获得显著特征可以作为商标注册。最终商标评审委员会准予第4496717号商标初步审定。虽然商标评审委员会在驳回复审决定书的标题上将第4496717号商标称为"图形商标"，但是正如九方泰禾青岛公司上诉所称，商标申请文件限定了商标注册审查机关的审查范围，因此，在迪尔公司将其第4496717号商标限定为颜色组合商标的情况下，仅以商标评审委员会的驳回复审决定书标题就认定该商标为图形商标依据不足。在第4496717号商标的注册证上仅显示了商标图样，并注明"指定颜色"，并未说明该商标是图形商标还是颜色组合商标。商标注册申请的审查，是对该商标注册申请是否侵害公共利益、公共秩序和他人在先权益的审查，在符合《中华人民共和国商标法》规定的注册条件的情况下，商标的注册就是对商标申请人就其商标标志在指定使用商品上提出的权利主张的确认。因此，商标注册审查机关对商标申请的审查，以商标申请文件为准，不能超出商标申请人申请的范围准许其申请商标注册。第4496717号商标申请时，声明了其系颜色组合商标，商标的使用范围为"绿色用于车身、黄色用于车轮"；在准予其注册为商标时，注册商标专用权范围也就只能小于或者等于商标申请文件所限定的范围，因此第4496717号商标获准注册也就意味着该商标是作为颜色组合商标获得的注册，并且其专用权范围限于“绿色用于车身、黄色用于车轮”。虽然第4496717号商标注册证上载明的商标标志是上绿下黄的两个色块组成的长方形，公众仅从该商标注册证上无法确定迪尔公司对该商标所拥有的权利范围仅限于“绿色用于车身、黄色用于车轮”的颜色组合使用方式，但是这对公众并无不利。因为对于传统商标而言，商标注册人应当在商品或者其包装容器上使用商标注册证上载明的商标标志，以表明其为商品的提供者；但是对包括颜色组合商标在内的非传统商标而言，其使用方式比较特殊，可能覆盖了整个商品或者商品包装，《商标法实施条例》也只有在对颜色组合商标和三维标志立体商标这种非传统商标的申请要求申请人必须声明并附能够确定其使用方式的文字或者图样。证据显示，迪尔公司从事农业机械行业有上百年的历史，其长期在农业机械商品上使用“绿色车身、黄色车轮”的形象，公众在农业机械商品上看到“绿色车身、黄色车轮”形象就能将其与迪尔公司联系在一起，也正因为迪尔公司向商标评审委员会提供了大量的上述使用证据，商标评审委员会才准予第4496717号商标初步审定，并最终获准注册。所以第4496717号商标的权利范围与公众的认知并不产生冲突。综上，对于颜色组合商标而言，由于其商标本身的特殊性和商标注册证对商标标志标注的实际情况，不能以商标注册证上标注的商标图样，机械的认定商标注册人只能以商标注册证上标注的形式使用其商标，九方泰禾青岛公司关于迪尔公司第4496717号商标并非颜色组合商标的上诉理由，缺乏依据，本院不予支持。

《中华人民共和国商标法》第五十二条第（一）项规定，未经商标注册人的许可，在同一种商品或者类似商品上使用与其注册商标相同或者近似的商标的行为，属于侵犯注册商标专用权的行为。

迪尔公司取得第4496717号商标专用权的基础在于该颜色组合商标的特殊使用方式以及经过这种使用所取得的显著特征，九方泰禾青岛公司在被控侵权商品上同样使用“绿色车身、黄色车轮”也就会被相关公众误认为同样是商标的使用，甚至是对第4496717号商标的使用。虽然被控侵权商品单价价值较大，相关公众对其选择会比较慎重，但是由于九方泰禾青岛公司在被控侵权商品上使用了与第4496717号商标几乎完全一致的“绿色车身、黄色车轮”标志，即使其上还有九方泰禾公司的名称、地址和“迪马”商标等标志，仍会导致相关公众误认为被控侵权商品的提供者与迪尔公司有经营上、组织上或者法律上的特定联系，从而导致混淆误认。九方泰禾青岛公司关于其行为不构成侵权、原审判决适用法律错误等上诉理由缺乏依据，本院不予支持。

《中华人民共和国商标法》第五十六条规定，侵犯商标专用权的赔偿数额，为侵权人在侵权期间因侵权所获得的利益，或者被侵权人在被侵权期间因被侵权所受到的损失，包括被侵权人为制止侵权行为所支付的合理开支。前款所称侵权人因侵权所得利益，或者被侵权人因被侵权所受损失难以确定的，由人民法院根据侵权行为的情节判决给予50万元以下的赔偿。《最高人民法院关于审理商标民事纠纷案件适用法律若干问题的解释》第十六条规定，侵权人因侵权所获得的利益或者被侵权人因被侵权所受到的损失均难以确定的，人民法院可以根据当事人的请求或者依职权适用商标法第五十六条第二款的规定确定赔偿数额。人民法院在确定赔偿数额时，应当考虑侵权行为的性质、期间、后果，商标的声誉，商标使用许可费的数额，商标使用许可的种类、时间、范围及制止侵权行为的合理开支等因素综合确定。

基于颜色组合商标的特殊使用方式，迪尔公司在本案中提交的证据能够证明，其在提起本案诉讼前一直在农业机械类商品上以销售、宣传、参加展览会等方式使用第4496717号商标，虽然迪尔公司许可迪尔中国公司和迪尔佳木斯公司使用商标的许可合同签订于2013年，后者作为迪尔公司在中国的子公司，其在2013年之前也同样使用第4496717号商标且不违反迪尔公司的意志，由此也可以证明迪尔公司一直持续使用第4496717号商标。原审判决根据九方泰禾青岛公司的经营规模、销售情况等因素确定侵权损害赔偿数额有法律依据，九方泰禾青岛公司的相应上诉理由缺乏依据，本院不予支持。

九方泰禾青岛公司虽然提出（2012）京长安内经证字第18957号公证书、（2013）京长安内经证字第4934号公证书在取证过程中对相机的清洁度未进行审查，但原审法院已经就此向公证机关进行了核实，并已确认公证时已对相机清洁度进行检查，九方泰禾青岛公司的此项上诉理由不能成

立。(2013)京长安内经证字第19496号公证书虽然在原审庭审后提交，但原审法院已经明确说明了采信该公证书的具体理由，且九方泰禾青岛公司也没有提供相应反证，故其该项上诉理由亦不成立。

《中华人民共和国侵权责任法》第八条规定，二人以上共同实施侵权行为，造成他人损害的，应当承担连带责任。

九方泰禾北京公司是网站www.jotex.cn的经营者和“迪马”商标、第8495193号商标的注册人，其在上述网站上展示了被控侵权商品并将“迪马”商标、第8495193号商标许可给九方泰禾青岛公司使用在被控侵权商品上；九方泰禾青岛公司在被控侵权商品的宣传过程中，包括其员工名片上，均将www.jotex.cn作为其网站向社会公示，据此可以认定，九方泰禾青岛公司和九方泰禾北京公司共同从事了被控侵权商品的生产、销售和宣传。原审判决认定九方泰禾北京公司与九方泰禾青岛公司共同承担本案侵权责任并无不当，九方泰禾北京公司所提上诉理由不能成立，本院不予支持。

综上，原审判决认定事实清楚，适用法律正确，审理程序合法，应予维持。九方泰禾青岛公司、九方泰禾北京公司所提上诉请求及其理由均不能成立，本院对此不予支持。依照《中华人民共和国民事诉讼法》第一百七十条第一款第（一）项之规定，判决如下：

驳回上诉，维持原判。

一审案件受理费人民币8800元，由迪尔公司负担800元（已交纳），由九方泰禾国际重工（青岛）股份有限公司和九方泰禾国际重工（北京）有限公司负担8000元（于本判决生效之日起7日内交纳）；二审案件受理费人民币8050元，由九方泰禾国际重工（青岛）股份有限公司和九方泰禾国际重工（北京）有限公司共同负担（均已交纳）。

本判决为终审判决。

审　判　长　谢甄珂

代理审判员　钟　鸣

代理审判员　刘　辉

二〇一四年四月二日

书　记　员　王颖慧

附图 1：

第 4496717 号商标

迪尔公司在商品上使用商标的情况

附图 2：

被控侵权商品

42. 滚石国际音乐股份有限公司与武汉滚石娱乐有限公司侵害商标权纠纷案*

▶ 公司在登记时使用与在先成立的同行业的知名公司相似的名称，随后在宣传中又引用该知名公司宣传材料，该公司的行为具有明显攀附知名公司的意图且有误导消费者的故意，因此，应当认定该公司的行为构成不正当竞争

湖北省高级人民法院民事判决书

（2013）鄂民三终字第396号

上诉人（原审原告）：滚石国际音乐股份有限公司。住所地：台湾地区台北市大安区光复南路二九〇巷一号五楼。

法定代表人：段钟沂，该公司董事长。

委托代理人：黄辉明，湖南泓锐律师事务所律师。

上诉人（原审被告）：武汉滚石娱乐有限公司。住所地：湖北省武汉市江岸区球场街特1号。

法定代表人：张士琼，该公司总经理。

委托代理人：姜冬，湖北忠三律师事务所律师。

委托代理人：王磊，湖北忠三律师事务所律师。

上诉人滚石国际音乐股份有限公司（以下简称滚石国际公司）与上诉人武汉滚石娱乐有限公司（以下简称武汉滚石公司）侵害商标权纠纷一案，双方均不服湖北

---

* 摘自《知识产权审判与指导》2014年第2辑（总第24辑），人民法院出版社2015年版，第267～279页。

省武汉市中级人民法院（2010）武知初字第00490号民事判决，向本院提起上诉。本院受理后，依法组成合议庭，于2013年12月23日公开开庭审理了本案。上诉人滚石国际公司的委托代理人黄辉明，上诉人武汉滚石公司的委托代理人姜冬、王磊到庭参加了诉讼。本案现已审理终结。

滚石国际公司一审诉称："滚石"作为其商标的显著标识，已经为公众所熟知，武汉滚石公司将已经为公众所熟知的标识"滚石"进行变形后，突出在营业场所作为商标使用，以达到使消费者误以为武汉滚石公司和滚石国际公司之间有关联关系，有傍名牌、搭便车之目的，侵犯了商标权，特别是武汉滚石公司在经营过程中组织淫秽表演、侵犯第三方权利等违法行为，被公安部门查处、被第三人诉讼并被多家媒体报道，严重损害了滚石国际公司的声誉。请求法院判令：（1）认定"滚石"商标为驰名商标；（2）武汉滚石公司在其营业场所、网站突出使用变形后的"滚石"构成侵害商标权并应停止使用；（3）赔偿经济损失50万元（以下除特别标明外，均为人民币）；（4）本案诉讼费用由武汉滚石公司承担。

一审法院查明：滚石国际公司于1997年7月，由台湾滚石唱片股份有限公司与滚石有声出版社有限公司合并成立而来。台湾滚石唱片股份有限公司系由1986年成立的滚石国际股份有限公司变更企业名称而来。在该企业名称变更过程中，滚石国际股份有限公司申请合并滚石有声出版社有限公司。1995年，关联企业新的滚石国际股份有限公司成立。1997年11月，该新成立的公司被滚石国际公司吸收合并。目前，滚石国际公司系我国台湾地区公司法人，注册资本新台币18640万元，经营范围包括词、曲之著作业务、各种唱片、录音带之发行、出版及买卖业务等。滚石国际公司在本案主张权利的商标之一第746428号"滚石"商标，原注册人为滚石有声出版社有限公司，在大陆核准注册时间为1995年5月21日，核定使用商品为第9类，包括盒式录像带、激光唱盘、唱片、录音带、录音唱片、录音装置等。2000年5月28日，上述商标转让至滚石国际公司名下。2005年10月28日，该商标转让至新格文化事业股份有限公司（以下简称新格公司）名下。滚石国际公司主张权利的另一商标即第776724号"滚石"商标，原注册人为滚石有声出版社有限公司，在大陆核准注册时间为1995年

2月28日，核定使用的服务为第41类，包括公共娱乐场、电视娱乐、提供娱乐设施、演出服务、音乐厅等。2000年9月28日，该第776724号商标转让至滚石国际公司名下。2005年10月28日，该商标又转让至新格公司名下。2005年8月10日，新格公司在台湾地区变更企业名称名为滚石音乐版权管理股份有限公司（以下简称滚石音乐版权公司）。2005年8月28日，滚石音乐版权公司作为许可人与作为被许可人的滚石国际公司签订《商标使用许可合同》，授权被许可人在中国大陆地区使用上述第746428号和第776724号商标，其中第746428号商标的许可使用方式为独占许可，第776724号商标的许可使用方式为普通许可，许可期限均自许可方取得商标权利之日起至商标权利消失之日止。另合同约定，对于在中国大陆地区，任何第三人侵犯许可人上述商标权的侵权行为，特别授权被许可人以自己的名义包括但不限于投诉、起诉、举报等所有方式追究第三人的民事责任、行政责任、刑事责任。2008年10月28日，滚石音乐版权公司出具《证明》，声明滚石国际公司对上述第746428号商标具有无限期独占使用权。

武汉滚石公司成立于2000年3月22日，公司注册资本2000万，经营范围包括歌舞表演、卡拉OK、音乐厅、酒吧等。2000年10月12日，武汉市旅游事业管理局发文，同意武汉滚石公司所属的武汉滚石音乐台为武汉地区旅游定点接待单位，并颁发牌匾。2001年5月，湖北省统计学会授予滚石音乐台湖北市场行业十佳牌匾。2001年6月，武汉市商品质量计量管理协会授予滚石音乐台武汉市场质量信誉保证企业牌匾。2005年10月，武汉市工业经济信息中心授予武汉滚石公司武汉市场驰名企业证书。2005年12月，湖北省省委宣传部、省妇联、团省委、省文化厅、省广播电视局、省文联授予武昌滚石音乐台凯迪杯第三届湖北省青少年才艺大赛企业文化之星奖。2006年3月，中国质量万里行市场调查中心湖北中心授予武汉滚石公司湖北市场行业双十佳企业牌匾。2009年9月，武汉市文化局授予武汉滚石公司庆祝新中国成立60周年“祖国颂”武汉市演艺场所优秀节目汇演组织奖。2009年10月，武汉滚石公司成为中国音像著作权集体管理协会、中国音乐著作权协会卡拉OK经营行业著作权许可使用单位。2010年5月，湖北省企业发展促进会授予武汉滚石公司湖北省优秀民营企业牌匾。

滚石国际公司在其授权出版的专辑均标注了其企业名称，在其授权出版的专辑及原商标权人在其授权出版的专辑上使用了其主张权利的商标；滚石国际公司与多家网络服务运营商建立有版权合作关系；多家电视媒体、报刊对滚石国际公司的活动进行了宣传、报道；滚石国际公司在其演唱会等中也使用了“滚石唱片”标识，如曹格 2006 年 4 月 ~6 月校园巡回歌友会、“纵贯线 SUPER BAND”等均使用了“滚石唱片”标识。

武汉滚石公司在其开办的滚石音乐台外墙上镶嵌有“滚石”字样，门票、玩具手柄上亦印有“滚石”字样，其经营场所内电子屏幕上显示有“滚石”字样。上述被控侵权标识与滚石国际公司在本案主张权利的第 746428 号和第 776724 号商标中的文字部分相比，读音、字形、含义完全相同，仅“石”字在艺术处理形式上呈向内翻转 180 度。

一审法院认为：滚石国际公司作为第 746428 号商标独占使用许可的被许可人及第 776724 号商标普通使用许可的被许可人，有权以自己的名义提起诉讼。

（一）驰名商标司法认定要遵循被动认定、按需认定的原则。按需认定即依商标权人商标核定使用的商品或服务不足以覆盖被控侵权商品或服务，需要进行跨类保护时，始考虑认定驰名商标。本案滚石国际公司主张认定驰名的第 746428 号商标为商品商标，其核定使用的商品为第 9 类，武汉滚石公司从事的为服务行业，其核定经营和实际经营范围为歌舞表演、卡拉 OK、音乐厅等。商品与服务虽不相同，但在商标法上，两者可能构成类似。在类似的判断上，商品分类表并非唯一依据，而仅具有参考价值。本案中，武汉滚石公司提供的歌舞表演服务、卡拉 OK、音乐厅，其演艺的主要内容为歌曲，滚石国际公司第 746428 号商标核定使用的商品为歌曲的物质载体，两者为内容与形式的关系，构成商标法意义上的类似。而滚石国际公司主张侵权的娱乐手柄等为从事演艺活动中的配套设施，并非独立生产经营的商品。在此情况下，滚石国际公司第 746428 号商标无进行跨类保护之必要，当然也就无需认定商标驰名。另外，滚石国际公司在本案主张权利的另一商标即第 776724 号商标，该商标核定使用的服务与武汉滚石公司从事的服务属相同服务，对武汉滚石公司的同一被控侵权行为，滚石国际公司的权利如若被侵犯，该商标权同样可以予以制止，并获得相应救济。故不在本案中认定第 746428 号商标为驰名商标。

（二）商标侵权构成需要满足以下几个方面的要件：（1）被控侵权标识是否属商标使用行为；（2）未经许可使用的商标与主张权利的商标是否构成相同或近似；（3）商标使用的商品与主张权利商标核定使用的商品是否属相同或类似商品；（4）被控商标的使用是否会导致消费者的混淆、误认。武汉滚石公司在经营过程中使用的被控侵权标识“滚石”与其字号并非完全相同，“石”字反写也不符合惯常的简写方法，该被控侵权标识实际上也起到了标示服务来源的功能，系商标法意义上的商标使用行为。本案滚石国际公司主张权利的两个商标均为箭标图形与“滚石”文字的组合标识，具有较高知名度，其文字部分“滚石”二字与权利人的字号相同，该文字部分经由权利人名称、字号的使用及商标权人在经营过程中对商标的使用，其与该商标箭标图形部分，均为公众所熟知，同为该商标的主要部分。被控侵权标识与第 746428 号和第 776724 号商标中“滚石”文字部分相比，读音、字形、含义完全相同，仅“石”字在艺术处理形式上呈向内翻转 180 度。该被控侵权标识与滚石国际公司主张权利的两个商标的要部近似，容易引起消费者的混淆、误认，构成商标法意义上的近似标识。滚石国际公司主张权利的第 776724 号商标核定使用的服务为第 41 类，与武汉滚石公司核准经营和实际经营的服务活动属相同类别，在具体范围上亦多有重叠，系相同服务。滚石国际公司证据显示的其使用的商标“ ”与其主张权利的两个商标并非完全相同，前者文字部分在滚石后标有“唱片”二字，另外，在箭标与“滚石唱片”组合下印有文字“ROCK RECORDS&TAPES”。上述实际使用的标识虽然与第 746428 号、第 776724 号商标不尽相同，但实际使用的标识并未实质上改变该两商标的组成部分，两者的主体部分相同，不影响认定其系两注册商标的实际使用行为。武汉滚石公司在经营过程中使用的被控侵权标识，并非其字号的规范使用，也不符合服务行业字号简写的惯常方式，不能彰显其特定的服务提供者身份，无法将其与涉案两商标的所有人及其利害权利人区分开来。故武汉滚石公司经营过程中不规范使用被控侵权标识“滚石”，侵犯了第746428号、第776724号商标的专用权。

（三）武汉滚石公司使用被控侵权标识的行为侵犯了滚石国际公司第746428号、第776724号注册商标专用权，应当承担停止侵权和赔偿经济损失的民事责任。对本案损害赔偿额的确定，滚石国际公司提交的武汉滚石公司营业过程中用于广告宣传的经营规模的数据无法作为精确计算损害赔偿的依据，其也未向法院举证证明因武汉滚石公司的侵权行为给其造成的经济损失，武汉滚石公司亦未向法院举证证明其侵权获利，一审法院对损害赔偿额酌定为25万元。考虑滚石国际公司为我国台湾地区的主体，授权手续及在台湾地区形成的证据需要办理公证认证手续，另外，滚石国际公司为制止侵权支出的公证费及差旅费、版权查询费等均为必要的合理支出，最后考虑到本案的难易程度、标的额、工作量等因素，律师代理费6万元亦符合相关规定。据此，对滚石国际公司支出的12391元，及律师代理费6万元，一审法院依法予以支持。

综上，依照《中华人民共和国民法通则》第一百三十四条第一款，《中华人民共和国商标法》第五十二条第（一）项、第五十六条第一款、第二款，《最高人民法院关于审理商标民事纠纷案件适用法律若干问题的解释》第四条第二款、第九条第二款、第十条、第十一条第三款、第十二条、第十六条第一款、第二款、第十七条、第二十一条、第二十二条第一款，《最高人民法院关于审理涉及驰名商标保护的民事纠纷案件应用法律若干问题的解释》第三条第一款，《中华人民共和国民事诉讼法》第一百四十二条的规定，经一审审判委员会讨论决定，判决：一、武汉滚石公司自本判决生效之日起立即停止侵害滚石国际公司主张权利的第746428号“滚石”、第776724号“滚石”注册商标专用权的行为，剔除其经营场所外墙、场内电子屏幕、门票、玩具手柄上使用的被控侵权标识“滚石”；二、武汉滚石公司自本判决生效之日起10日内一次性赔偿滚石国际公司经济损失25万元；三、武汉滚石公司自本判决生效之日10日内一次性支付滚石国际公司为制止侵权支付的合理费用共计72391元；四、驳回滚石国际公

司其他诉讼请求。本案案件受理费8800元，由武汉滚石公司负担。

上诉人滚石国际公司不服一审判决，上诉请求：撤销一审判决第四项，依法予以改判。事实和理由：（1）一审判决对于武汉滚石公司在玩具手柄上使用近似商标适用同类保护，驳回滚石国际公司请求驰名商标跨类保护，系法律适用错误。玩具手柄不是一审认定的“配套设施”，其与滚石国际公司注册的第9类商标不属于同类保护的范畴。武汉滚石公司使用近似商标的玩具手柄属于第28类，武汉滚石公司提供的服务属于第41类演艺服务，玩具手柄不属于必须和演出现场设施同时使用的配套设施。玩具手柄也不属于一审认定的“相同服务”，其与滚石国际公司注册的第41类商标不属于同类保护的范畴。且一审认定滚石国际公司注册的第9类第746428号商标核定的唱片等商品与玩具手柄为内容与形式的关系，属于逻辑混淆。（2）关于赔偿金额的问题。一审判决除合理费用外的赔偿仅为25万元，对于赔偿金额至关重要的证据一审不予采信，判赔金额偏低。武汉滚石公司因侵权非法获利远远不止25万元，而是近6亿元。滚石国际公司为制止武汉滚石公司侵权共支付了取证费、律师费等共计7万多元，滚石国际公司起诉武汉滚石公司赔偿50万元，相对于武汉滚石公司的获利真的是太少了。

武汉滚石公司答辩称：第一，滚石国际公司不是诉争商标的权利人。第二，武汉滚石公司所用标识和诉争商标具有明显区别；滚石唱片的商标没有经国家登记认可，且对此商标的权利状态也是不得而知。本案中滚石国际公司的注册商标属于可撤销商标，已向有关国家机关申请撤销。一审认定对滚石唱片的使用即是对注册商标的使用系认定事实和适用法律错误。第三，武汉滚石公司使用的商标和注册商标明显不同，公众很容易区分开来，一审认定两者主体部分相似没有事实和法律依据，纯属主观臆断。两者类别也不相同，也不构成类似，因此一审认定混淆事实，应予以纠正。第四，武汉滚石公司现已取得“星光滚石”的商标，于2013年正式颁发。第五，一审认定赔偿25万元系认定事实和适用法律错误，武汉滚石公司只实施了一个行为，滚石国际公司既诉商标权又诉不正当竞争，一审判赔两次，不公平；且滚石国际公司没有任何损失。对于制止侵权的费用，滚石国际公司没有单独提出诉求，一审在判赔支付25万后又判该费用违反法律规定。请求二审法院驳回滚石国际公司的上诉请求。

上诉人武汉滚石公司不服一审判决，上诉请求：(1) 撤销一审判决第一、二、三项；(2) 驳回滚石国际公司有关“判令武汉滚石公司在营业场所、网站突出使用变形后的‘滚石’构成商标侵权”的诉讼请求；(3) 驳回滚石国际公司有关“判令武汉滚石公司赔偿经济损失50万元”的诉讼请求；(4) 判令滚石国际公司承担本案全部诉讼费用。事实和理由：(1) 通过对滚石国际公司实际使用的滚石唱片标识与其主张权利的第746428、776724号注册商标的对比，可以很直观地看出二者之间存在巨大差异，滚石国际公司实际使用的滚石唱片标识与第746428、776724号注册商标并非同一商标；滚石国际公司在其经营过程中一直以来实际使用的标识至今未在国家商标局登记注册，而滚石国际公司在本案中主张权利的第746428、776724号注册商标，至今未在任何专辑及其它经营活动中使用，该商标不仅不应认定为较为知名的商标，且还属于可撤销的商标；一审判决在认定了滚石国际公司事实上已在实际使用过程中改变了其注册商标的情况下，又以“主体部分相同”为由认定滚石国际公司对滚石唱片标识即是对746428、776724号注册商标的实际使用，明显违背了商标法的禁止性规定，属认定事实及适用法律错误。(2) 对比被控侵权标识与第746428、776724号商标，“滚石”二字仅占商标不足五分之一的小部分，老式黑胶唱片图形为商标的主要组成部分。而被控侵权标识“滚石”主要部分为“滚石”两个汉字，占据整个图案，且其中的“石”字作了反印处理。两者仅小部分内容，即“滚石”二字读音相同，且“滚石”二字字形并不相同，一般公众很容易将两者区分开来。对于武汉滚石公司提供的演艺服务与第746428号商标核定使用的商品不构成近似。因为第746428号商标核定使用商品为第9类商品，而武汉滚石公司主要提供的是演艺服务，归属为第41类，二者不仅有着本质的不同，且在商品、服务的功能、用途、销售渠道、消费对象

上也有着很大的区别，二者不构成相同或相类似。被控侵权标识“滚石”的使用，不会造成了相关公众混淆、误认武汉滚石公司提供的演艺服务与第746428、776724号商标滚石核定使用的商品或服务。（3）被控侵权标识“滚石”的使用，并未造成滚石国际公司丧失或减少其出售唱片的机会，其商誉也并未受到影响，一审在滚石国际公司没有任何实际损害事实的情况下判令武汉滚石公司一次性支付25万元赔偿，没有任何事实及法律依据。且一审在判令武汉滚石公司向滚石国际公司一次性支付25万元损失赔偿后，又判令武汉滚石公司向滚石国际公司另行一次性支付制止侵权合理费用72391元，不仅超出了滚石国际公司的一审诉讼请求，有违“不告不理”的民事诉讼原则，且违反了商标法有关损失赔偿数额范围的规定。另外，一审法院在武汉滚石公司与滚石国际公司侵害商标权及商号不正当竞争案件中，两次共计判令武汉滚石公司支付近60万元赔偿，有失公平。武汉滚石公司在这两起诉讼中的行为，即起名“滚石”字号的行为及将“滚石”字号用于经营的行为，其实是一个行为，即使构成侵权或不正当竞争，也仅造成一个损害后果，依法仅应承担一次损失赔偿责任。

滚石国际公司答辩称：第一，滚石国际公司实际使用的标示（图形+滚石唱片+英文ROCK RECORDS & TAPES）是属于注册商标（图形+滚石）和其他权利的组合使用，不违反法律禁止性规定，且一直在使用。第二，武汉滚石公司使用的“滚石”商标与滚石国际公司第746428号、776724号注册商标文字部分“滚石”的字形、读音、含义完全相同，构成近似，造成混淆。类别上，除玩具手柄外，构成相同或近似。第三，因为武汉滚石公司的负面报道，滚石国际公司知名商号的良好声誉受到损害，这本身就是一种很大的损失，并不是没有损失。第四，滚石国际公司提出了赔偿损失的诉讼请求，包括为制止侵权所支付的合理费用且滚石国际公司单独向法庭提交了制止侵权所支付的费用。第五，武汉滚石公司实施了两个行为，即在本案侵害商标权案件中，武汉滚石公司使用变形后的“滚石”作为其识别性标识；另其搭便车注册“滚石”，在经营场所使用“滚石”如“滚石音乐台”，在网站上用“滚石”的字号进行宣传等不正当竞争行为，两者行为的方式完全不同。第六，滚石国际公司请求的是法定赔偿，参照武汉滚石公司的获利，且武汉滚石公司主观上的恶意，赔偿数额不是过高而是过低了。

本案二审举证期限内，滚石国际公司提交二份证据：证据一、北京市第一中级人民法院（2013）一中知行初字第493号行政判决书，其中认定第514008号商标为驰名商标；证据二、《法律服务合同书》及湖南通程律师事务所出具的《证明》，证明滚石国际公司与其代理人的委托关系。武汉滚石公司提交二份证据：证据一、第10287603号“星光滚石”的商标注册证，核定类别是第41类，时间是2013年3月7日到2023年3月6日；证据二、第10287616号“星光滚石”的商标注册证，核定类别是第35类，时间是2013年3月7日到2023年3月6日。证明武汉滚石公司经过注册也可以对“滚石”两个字进行使用，“滚石”系驰名商标没有依据。

对于滚石国际公司提交的证据，武汉滚石公司质证认为，对证据一、证据二的关联性、合法性和证明目的均有异议。证据一所涉及的商标为“箭射靶心”商标，与本案商标并不相同；另作为一审判决书未生效，并不具有法律效力。证据二《法律服务合同书》的签订时间与提交法庭的授权委托书的签订时间相矛盾，授权委托书载明其代理权限包括一审、二审、执行等程序中的相关事项，其所主张的律师费也相应覆盖所有方面；然而在《法律服务合同书》第五条第1、2、3款表明，其所收律师费仅为一审前期费用，启动二审后还要追加30万元律师费，前后矛盾。律师费也远高于湖南省物价局、湖南省司法厅关于律师服务收费标准方面的规定。对于武汉滚石公司提交的证据，滚石国际公司质证认为，真实性无异议，但不能证明其证明目的，且将会向国家工商行政管理局商标局申请撤销“星光滚石”商标。

本院经审查认为，滚石国际公司提交的证据一系一审判决书，并未提交生效证明，且与本案不具有关联性，其证明目的不予采信；证据二虽存在与授权委托书载明的时间、服务内容及金额等方面的不一致，但并不能否认委托代理关系的存在。武汉滚石公司提交的两份证据系国家工商行政管理局商标局核准的商标注册证，滚石国际公司对其真实性无异议，故对其真实性予以采信，但其证明目的需结合查明的其他事实予以评判。

二审经审理查明，一审查明的事实属实，本院依法予以确认。

根据双方的上诉请求、理由及答辩意见，归纳本案争议焦点为：（1）滚石国际公司是否是本案适格主体；（2）滚石国际公司主张驰名的商标是否符合驰名商标认定的要求；（3）武汉滚石公司的被控侵权行为是否侵害了滚石国际公司的商标权；（4）本案是否存在“一事两罚”的问题；（5）武汉滚石公司的民事责任承担问题。对此，本院评判如下：

（一）关于争议焦点一，滚石国际公司是否是本案适格主体的问题。

本院认为：本案一审法院查明的事实表明，涉案第746428号商标注册变更及权利演变情况为：1993年9月3日滚石有声出版社有限公司向商标局申请注册，1995年5月21日滚石有声出版社有限公司被核准注册了第746428号商标。2000年5月28日第746428号商标经商标局核准由滚石有声出版社有限公司转让给本案当事人滚石国际公司，2005年10月28日第746428号商标经核准由滚石国际公司移转至新格公司名下；2005年8月10日新格公司被批准更名为滚石音乐版权公司。2005年8月28日滚石音乐版权公司与滚石国际公司签署商标许可合同，许可滚石国际公司对第746428号商标享有独占使用权；2008年10月28日滚石音乐版权公司出具书面证明，证明滚石国际公司对第746428号注册商标享有无期限独占使用权。而就第776724号注册商标而言，查明其商标注册变更及权利演变情况为：1993年9月30日滚石有声出版社有限公司向商标局申请注册，1995年1月28日滚石有声出版社有限公司被核准注册了第776724号商标。2000年9月28日第776724号商标经商标局核准由滚石有声出版社有限公司转让给滚石国际公司，2005年10月28日第776724号商标经商标局核准由滚石国际公司移转至新格公司名下；2005年8月10日新格公司被批准更名为滚石音乐版权公司。2005年8月28日滚石音乐版权公司与滚石国际公司签署商标许可合同，许可滚石国际公司使用第776724号商标及其他商标，并有权以自己的名义起诉。据此证实，滚石国际公司经授权已取得第746428号和第776724号注册商标专用权。

其次，经查，滚石国际公司一审提交的证据1~11《台北市政府函》中表明，新格公司于2005年8月10日经批准更名为滚石音乐版权公司。2004年11月，滚石国际公司申请将第746428号和第776724号商标转让给新格公司，申请时新格公司尚未更名。2005 年 10 月 28 日，国家工商行政管理局核准上述两注册商标由滚石国际公司转让给新格公司，此时新格公司已于两个多月前，即 2005 年 8 月 10 日更名为滚石音乐版权公司。所以，商标注册证核准商标转让给新格公司的证明并不像武汉滚石公司所分析得出滚石音乐版权公司在新格公司之前就存在的结论，因为新格公司更名为滚石音乐版权公司是在两争议商标申请变更至核准变更完毕这一时间段之内。至于武汉滚石公司提出的滚石音乐版权公司和滚石国际公司签订商标使用许可合同之时即 2005 年 8 月 28 日，滚石音乐版权公司还未取得涉案两注册商标的问题。根据该商标使用许可合同，约定的许可期限是“自滚石音乐版权公司取得商标权利之日起算”，2005 年 10 月 28 日，两争议商标转让给新格公司，新格公司也经台湾市商业管理处批准更名为滚石音乐版权公司，故滚石音乐版权公司最终取得了两争议商标，许可合同中约定的许可期限条件已成立。该商标使用许可合同特别授权条款注明：对于任何第三人侵犯甲方（即滚石音乐版权公司）商标权利的侵权行为，特别授权乙方（即滚石国际公司）以自己的名义包括但不限于投诉、起诉、举报等所有方式追究第三人的民事责任、行政责任、刑事责任。因此滚石国际公司作为本案适格主体，有权以自己的名义提起诉讼。

（二）关于争议焦点二，滚石国际公司主张驰名的商标是否符合驰名商标认定的要求。

本院认为：玩具手柄是武汉滚石公司在其营业场所内发放给现场观众的玩具，其目的在于供观看演出时使用，主要作用在于烘托演出气氛。武汉滚石公司未单独就玩具手柄进行标价出售，在此情况下，一审认定玩具手柄作为从事演艺活动中的配套设施并无不当。至于滚石国际公司提交的北京市第一中级人民法院认定 514008 号商标为驰名商标的判决，该案中涉嫌侵权商标属于第 25 类服装、婴儿全套衣等商品，与本案核准的第 746428 号第 9 类各种唱片、录音带之发行、出版等，分属不同类别，与本案不具有关联性。因此，滚石国际公司要求在本案中对第 746428 号商标进行跨类保护并要求认定 746428 号商标为驰名商标的请求，不应得到支持。

（三）关于争议焦点三，武汉滚石公司的被控侵权行为是否侵害了滚石国际公司的商标权。

本院认为：首先，关于滚石国际公司对“”标识的使用是否可以认定是对“”的使用问题。“”和“”两个标识，其区别在于：第一，两个标识的颜色不同；第二，“”比“”多汉字“唱片”和英文“ROCK RECORDS&TAPES”。对于颜色问题，滚石国际公司于1993年申请注册涉案商标，当时适用的是1993年修订的《中华人民共和国商标法》。对比2001年修订的《中华人民共和国商标法》第八条关于“任何能够将自然人、法人或者其他组织的商品与他人的商品区别开的标志，包括文字、图形、字母、数字、三维标志、颜色组合和声音等，以及上述要素的组合，均可以作为商标申请注册”的规定可知，颜色在1993年滚石国际公司申请注册涉案商标时还不是商标的构成要素之一。对于“唱片”两汉字，作为相关产品的通用名称，本身并不具有表明商品来源的作用；对于英文“ROCK RECORDS&TAPES”，作为“滚石唱片”的英文翻译，字体较小，且在整个标识所占比例很小，因此两个标识的主体部分并未改变。综上，滚石国际公司实际使用的标识“”并未实质改变注册商标“”的主体识别特征部分，滚石国际公司对“”标识的使用即可认为是对第746428号、第776724号商标“”的使用。

其次，关于滚石国际公司的注册商标“”与武汉滚石公司使用的商标“”是否构成近似，是否容易引起相关公众混淆的问题。第746428号、第776724号商标“”在其实际使用过程中，其图形部分和文字部分均已为公众熟知，图形和文字均构成“”的主要部分，公众提到商标“”一般会用“滚石”二字来称谓它。被控侵权标识“”与第746428 、第776724号商标“”中“滚石”文字部分相比，读音、字形、含义完全相同，仅“石”字在艺术处理形式上呈向内翻转180度，消费者仍能进行识别，公众亦一般用“滚石”二字来称谓“”标识，且武汉滚石公司与滚石国际公司的经营范围同属娱乐服务行业。因此，根据《最高人民法院关于审理商标民事纠纷案件适用法律若干问题的解释》第九条第二款、第十条和商标法第五十二条第（一）项的规定，被控侵权标识“滚石”与滚石国际公司主张权利的两个商标“滚石”的主要部分构成近似，容易引起消费者的混淆、误认，属于商标法意义上的近似标识。据此，武汉滚石公司在其营业场所外墙、场内电子屏幕、门票、玩具手柄上使用被控侵权标识“滚石”的行为，侵害了滚石国际公司的注册商标专用权。

（四）关于争议焦点四，本案是否存在“一事两罚”的问题。

本院认为：基于在不正当竞争案中查明的事实，且已认定武汉滚石公司上传滚石国际公司演唱会视频的行为、登记“滚石”字号作为其企业名称的行为以及经营过程中使用“滚石娱乐”“滚石介绍”“滚石音乐台”“滚石国际”等标识的行为构成不正当竞争，这些行为与前述认定的武汉滚石公司对“滚石”标识的使用行为并不完全相同。因此，武汉滚石公司抗辩称其仅实施了一个行为的理由不能成立，本案并不存在“一事两罚”的情形。

（五）关于争议焦点五，武汉滚石公司的民事责任承担问题。

本院认为：《最高人民法院关于审理商标民事纠纷案件适用法律若干问题的解释》第十八条规定：“侵犯注册商标专用权的诉讼时效为二年，自商标注册人或者利害权利人知道或者应当知道侵权行为之日起计算。商标注册人或者利害关系人超过二年起诉的，如果侵权行为在起诉时仍在持续，在该注册商标专用权有效期限内，人民法院应当判决被告停止侵权行为，侵权损害数额应当自权利人向人民法院起诉之日起向前推算二年计算”。本案中，滚石国际公司起诉武汉滚石公司的侵害注册商标专用权行为已经持续超过二年，损害赔偿应当自滚石国际公司向人民法院起诉之日起向前推算二年计算，滚石国际公司提出按十年计算本案的非法获利数额，于法无据。一审法院参考商标法第五十六条第二款的规定，综合考虑滚石国际公司的知名度，武汉滚石公司侵权持续时间、主观恶意、经营规模等因素，酌定武汉滚石公司赔偿经济损失 25 万元，并无不当。

另在本案中，滚石国际公司向一审法院提交了维权合理支出的相关证

据，证明其支付了公证费、认证费、差旅费、版权查询费等共计 12391 元以及律师费 6 万元。对于维权的合理支出，滚石国际公司请求了明确的数额，并提供律师费发票及其他相关票据等证据，证明其为本案已实际支出了该费用。滚石国际公司的第三项诉讼请求是“武汉滚石公司赔偿滚石国际公司损失 50 万元”，一审判决武汉滚石公司一次性赔偿经济损失 25 万元及为制止侵权支付的合理费用 72391 元，共计 322391 元，并未超出滚石国际公司第三项诉讼请求。一审将为制止侵权行为所支付的合理费用单列出来并未违反“不告不理”的诉讼原则，武汉滚石公司认为一审超过诉讼请求的说法并不能成立。武汉滚石公司认为 6 万元律师费偏高，一审基于本案的难易程度、标的额、工作量等因素，予以全额支持，并无不当。

综上所述，一审判决认定事实清楚，适用法律正确，实体处理得当，依法予以维持。经本院审判委员会讨论决定，依照《中华人民共和国民事诉讼法》第一百七十条第一款第（一）项之规定，判决如下：

驳回上诉，维持原判。

本案二审案件受理费人民币 7468 元，由上诉人滚石国际音乐股份有限公司负担人民币 4400 元，上诉人武汉滚石娱乐有限公司负担人民币 3068 元。

本判决为终审判决。

审　判　长　刘建新

代理审判员　陈　辉

代理审判员　张　浩

二〇一四年五月十九日

书　记　员　汪月琴

43. 苏州静冈刀具有限公司诉太仓天华刀具有限公司侵犯商标专用权纠纷案*

未经许可擅自将他人所有的注册商标完全嵌入在自己未经注册的产品标识中，并使用在同类商品上，易使相关公众误认为涉案产品的来源与注册商标的商品具有特定的关联，应当被认定为商标近似侵权

【裁判摘要】

未经许可擅自将他人所有的注册商标完全嵌入在自己未经注册的产品标识中，并使用在同类商品上，易使相关公众误认为涉案产品的来源与注册商标的商品具有特定的关联，应当被认定为商标近似侵权。

原告：苏州静冈刀具有限公司。住所地：江苏省太仓市经济开发区兴业南路。

法定代表人：萩田俊一，该公司董事长。

被告：太仓天华刀具有限公司。住所地：江苏省太仓市沙溪镇岳王兴业街。

法定代表人：陈天华。

原告苏州静冈刀具有限公司（以下简称静冈公司）因与被告太仓天华刀具有限公司（以下简称天华公司）发生侵犯商标专用权纠纷，向江苏省太仓市人民法院提起诉讼。

原告静冈公司诉称：原告核准注册了“静冈刀具”图形及文字商标，核准使用商品为第7类，即刀片、刀

* 摘自《最高人民法院公报》2014年第10期。

座、刀具等，商标注册的有效期限为2010年11月14日至2020年11月13日。被告天华公司法定代表人陈天华曾在原告公司担任业务员一职，后离职。2012年，原告在市场调查中发现，被告在生产和销售其公司产品过程中，未经原告许可擅自使用原告商标及与原告近似的商标，严重侵犯了原告商标专用权。请求法院判令：（1）被告立即停止侵犯原告商标权的行为，销毁所有侵权产品、标识、相关包装盒、宣传资料等；（2）被告赔偿原告经济损失16万元（含为制止侵权支付的合理费用）；（3）被告在《中国造纸》和《财富纸业》杂志刊登声明以消除影响；（4）诉讼费用由被告承担。

被告天华公司辩称：被告没有侵犯原告静冈公司商标权，不愿赔偿、赔礼道歉。理由是：天华公司成立在先，原告注册商标在后。被告现在使用的商标是案外人设计的，被告没有侵权的故意。被告的营业利润很低，只有11%至12%，因此不认可原告要求的赔偿数额。此外，太仓工商局已以侵犯商标权为由对被告处罚了15万元，被告已经停产，没有资金。涉案刮刀夹具也已作为废品处理了。

太仓市人民法院一审查明：原告静冈公司于2003年4月14日成立，经营范围为生产、销售公司自产的各种刀具及关联产品。产品使用的商标为注册商标，在本行业内和造纸行业内具有一定的知名度。2010年11月14日，静冈公司经中华人民共和国国家工商行政管理总局商标局核准注册了字母D加圆圈带十字线及箭头图案的商标（注册证号为第7601794号），核定使用商品为第7类“造纸机（纸业机器）；刀片（机器部件）；刀座（机器部件）；刀具（机器零件）”。注册有效期限自2010年11月14日至2020年11月13日止。被告天华公司成立于2010年6月12日，经营范围为生产加工、销售刀具、五金配件；销售金属制品、橡胶制品。

2012年，被告天华公司销售给浙江永泰纸业集团股份有限公司刮刀夹具改造14套和刮刀体1套，总价格为258000元，并在销售该产品时使用了TH及天华刀具汉字组合图形并在其中完整嵌入原告静冈公司注册商标的标识及铝制铭牌，且在木质包装箱上使用了该标识。天华公司提供的报价单、宣传册、公司网站（www. tctianhua. com）上，也使用了该标识，天华公司法定代表人陈天华给客户的名片上，更直接印有原告的注册商标。

此外，天华公司销售给杭州春胜纸业有限公司气动刮刀夹具1套，配送刮刀片1把，总价格为15000元，并在销售该产品时使用了带有争议标识的铝制铭牌。

2012年5月，苏州市太仓工商行政管理局对被告天华公司上述涉嫌侵犯原告静冈公司商标权的行为展开调查，并于7月26日出具太工商案〔2012〕00600号行政处罚决定书，认定天华公司侵犯了静冈公司的商标权，责令其立即停止侵权行为，没收带侵权商标的宣传册30本、铭牌181只、字模板2块，并处罚款15万元。在案件调查过程中，天华公司积极配合调查，主动关闭网站，停止使用相关带侵权商标的铭牌、宣传册、字模板。后天华公司诉至一审法院要求撤销太工商案〔2012〕00600号行政处罚决定书。一审法院以（2012）太知行初字第0001号行政判决书驳回了天华公司的诉讼请求。宣判后天华公司提起上诉，苏州市中级人民法院以（2013）苏中知行终字第0001号行政判决书驳回上诉，维持原判。

另查明：原告静冈公司为本案诉讼已支出律师费1万元。

太仓市人民法院认为，原告静冈公司系注册证号为第7601794号注册商标的权利人，现处有效期内，其商标专用权依法受法律保护。根据《中华人民共和国商标法》（2001年）第五十二条第（一）项规定，未经商标注册人的许可，在同一种商品或者类似商品上使用与其注册商标相同或者近似的商标的，属侵犯注册商标专用权行为。同时，根据《最高人民法院关于审理商标民事纠纷案件适用法律若干问题的解释》第九条第二款规定，商标近似是指被控侵权的商标与原告的注册商标相比较，其文字的字形、读音、含义或者图形的构图及颜色，或者其各要素组合后的整体结构相似，或者其立体形状、颜色组合近似，易使相关公众对商品的来源产生误认或者认为其来源与原告注册商标的商品有特定的联系。本案中，原告注册商标经过特殊设计而成，并不是简单的字母组合，在视觉效果上具有显著性，且根据现有证据，原告涉案商标在本行业内和造纸行业内具有较高知名度。被告在其使用的标识中完整嵌入了与静冈公司注册商标相同的图形，且天华公司法定代表人的名片、宣传册、网站等亦使用了原告商标及嵌入原告商标的标识，易使相关公众认为天华公司的涉案产品来源与静冈公司使用涉案注册商标的商品具有特定的联系，明显具有攀附的故意，

故应当认定天华公司使用争议标识与原告注册商标构成近似。被告并未提供证据证实其在先合法使用争议标识，且其未经许可，属在同一种商品或类似商品使用与原告注册商标近似的商标，侵犯了原告注册商标专用权，依法应承担停止侵害、消除影响、赔偿损失的法律责任。

关于原告静冈公司要求被告天华公司销毁所有侵权产品、标识、相关包装盒、宣传资料等。一审法院认为，苏州市太仓工商行政管理局已没收带侵权商标的宣传册、铭牌、字模板等，且在案件调查过程中，天华公司主动关闭网站，停止使用相关侵权商标的铭牌、宣传册、字模板，同时现有证据尚难予以证明被告处存有侵权产品、标识、相关包装盒、宣传资料等。根据《最高人民法院关于审理商标民事纠纷案件适用法律若干问题的解释》第二十一条第二款规定，工商行政管理部门对同一侵犯注册商标专用权行为已给予行政处罚的，人民法院不再予以民事制裁，本案中天华公司已受到工商行政管理部门的处罚，依法不再予以民事制裁。因此，对静冈公司要求天华公司销毁所有侵权产品、标识、相关包装盒、宣传资料等相关侵权物品的诉讼请求已无需支持。

关于被告天华公司应承担的赔偿数额，因原告静冈公司未能举证证明其因侵权行为所遭受的具体损失，亦未能提供被告侵权获利的直接证据，故综合考虑涉案注册商标的知名度、侵权行为的性质和规模、侵权物品的价值、静冈公司为制止侵权行为所支出的合理费用等因素酌情确定。

关于原告静冈公司诉请被告天华公司在《中国造纸》和《财富纸业》上刊登声明以消除影响，由于天华公司在法定代表人名片、宣传册、网站等使用静冈公司商标及嵌入静冈公司商标会误导相关消费者，故静冈公司要求其就涉案侵权行为消除影响的诉请予以支持，具体方式将结合侵权行为的性质、规模及影响等因素酌情确定。

综上，太仓市人民法院依照《中华人民共和国民法通则》第一百一十八条，《中华人民共和国商标法》（2001 年）第五十二条第（一）项、第五十六条第二款，最高人民法院《关于审理商标民事纠纷案件适用法律若干问题的解释》第九条第二款、第十条、第十六条、第十七条、第二十一条之规定，于 2013 年 7 月 5 日作出判决：

一、被告太仓天华刀具有限公司立即停止侵犯原告苏州静冈刀具有限公司第7601794号注册商标专用权的行为；

二、被告太仓天华刀具有限公司于本判决生效之日起10日内赔偿原告苏州静冈刀具有限公司经济损失及为制止侵权行为所支付的合理费用合计人民币5万元；

三、被告太仓天华刀具有限公司于本判决生效之日起30日内就其侵权行为在《中国造纸》和《财富纸业》杂志上各刊登声明一次以消除影响（内容须经法院审核）；

四、驳回原告苏州静冈刀具有限公司的其他诉讼请求。

一审宣判后，双方当事人在法定期间均未上诉，一审判决已发生法律效力。

44. 东阳市上蒋火腿厂与浙江雪舫工贸有限公司侵害商标权纠纷案*

在同一商品上标注被许可商标和自有商标的行为，使得同一商品出现两个商业来源，极易导致相关消费者认为两个商标所指向的商业来源具有同一性，从而损害被许可商标的识别功能

【裁判要点】

1. 当事人可以自行约定解除合同的条件，但在行使单方解除权时，尤其在涉及重大权利义务关系的场合，应当遵循公平和诚实信用原则，不得滥用解除权。

2. 在同一商品上标注被许可商标和自有商标的行为，使得同一商品出现两个商业来源，极易导致相关消费者认为两个商标所指向的商业来源具有同一性，从而损害被许可商标的识别功能；并且，由于在先混用行为的存在，当许可使用关系终止以后，两个分属于不同所有人的商标独立使用于同类商品时，消费者仍然会认为该两种商品系出于同一商业来源，进而产生市场混淆，故该行为构成商标侵权。

* 摘自《知识产权审判与指导》2015 年第 2 辑（总第 26 辑），人民法院出版社 2016 年版，第 159 ~ 165 页。

【案例索引】

一审：浙江省金华市中级人民法院（2012）浙金知民初字第61号（2013年7月2日）

二审：浙江省高级人民法院（2013）浙知终字第301号（2014年4月30日）

申请再审：最高人民法院（2014）民申字第1233号（2014年12月3日）

【案情】

原告（二审上诉人）：东阳市上蒋火腿厂（以下简称上蒋火腿厂）

被告（二审被上诉人）：浙江雪舫工贸有限公司（以下简称雪舫工贸）

金华市中级人民法院经审理查明：上蒋火腿厂系第300388号"雪舫蒋"商标注册人，于2007年时将该商标独占许可于雪舫工贸使用。双方在《许可合同》中约定：商标许可使用期限自2007年1月25日起至2028年9月30日止，2007年商标许可使用费为4万元，2008年至2028年每年许可使用费为18万元，雪舫工贸应在提前一年的10月1日前支付下两年度许可费，逾期支付达1个月或累计达3个月的，上蒋火腿厂可单方解除合同。此后，雪舫工贸分别于2007年、2009年支付许可费各36万元。2011年11月2日，上蒋火腿厂向雪舫工贸邮寄《解除合同的告函》，要求雪舫工贸自2012年1月1日起不得在任何场合、以任何形式继续使用"雪舫蒋"商标及与该商标相同相类似名字的企业名称。雪舫工贸于次日收到该通知。同日，雪舫工贸汇入许可费36万元。另查明，在2011年9月至2012年3月期间，上蒋火腿厂多次在各地"雪舫蒋"店铺购买火腿，所购火腿包装及宣传册上均同时标注有"雪舫蒋"和"吴宁府"商标。2007年10月25日，"雪舫蒋"商标被江西省吉安市中级人民法院认定为驰名商标。

上蒋火腿厂诉称：双方在签订《许可合同》后，雪舫工贸逾期支付许可费，在上蒋火腿厂已按约单方解除合同的情况下，雪舫工贸仍使用"雪舫蒋"商标并将之作为企业名称的行为，侵害其商标权。此外，雪舫工贸

擅自在火腿包装上将其自己注册的“吴宁府”商标与“雪舫蒋”商标混淆使用，贬损了“雪舫蒋”商标的价值。故请求法院判令雪舫工贸：（1）停止对“雪舫蒋”商标的侵权行为，并且销毁所有侵权产品、包装及商标标识；（2）不得再行将“雪舫蒋”及类似、近似之字眼作为企业名称、字号予以使用；（3）赔偿损失及合理费用合计501万元。

雪舫工贸答辩称：（1）上蒋火腿厂故意设置履行障碍，合同解除条件并未成就。（2）雪舫工贸在收到合同解除通知之前已按原办法付款，上蒋火腿厂亦未退款。（3）雪舫工贸为“雪舫蒋”商标的增值付出了巨大心血，迟延三天付款未损及合同目的，单方解除合同对雪舫工贸显失公平。

【审判】

金华市中级人民法院经审理认为：雪舫工贸逾期支付许可费达一个月以上，且在同款产品上同时标注“吴宁府”和“雪舫蒋”商标，侵害了“雪舫蒋”商标的形象，故上蒋火腿厂有权单方解除合同。雪舫工贸在合同解除后继续使用“雪舫蒋”商标构成侵权。故依照《中华人民共和国民法通则》第一百一十八条，《中华人民共和国商标法》（2001年修正，下同）第五十二条第（一）项、第五十六条第一款和第二款，《最高人民法院关于审理商标民事纠纷案件适用法律若干问题的解释》第一条第（一）项、第十六条第一款和第二款、第十七条，《最高人民法院关于民事诉讼证据的若干规定》第二条之规定，判决：（1）雪舫工贸立即停止侵犯上蒋火腿厂第300388号注册商标“雪舫蒋”商标专用权的行为；（2）雪舫工贸于判决生效之日起10日内赔偿上蒋火腿厂经济损失18万元（含雪舫工贸为制止侵权而支出的合理费用）；（3）驳回上蒋火腿厂的其他诉讼请求。

一审宣判后，上蒋火腿厂和雪舫工贸不服，向浙江省高级人民法院提起上诉。上蒋火腿厂上诉称：一审法院未认定雪舫工贸使用“雪舫”字号侵害其商标权存在错误，且判赔数额明显过低，请求二审法院撤销原判，改判支持其一审诉请。

雪舫工贸上诉称：《许可合同》不应解除，其同时使用“吴宁府”和“雪舫蒋”商标亦不构成侵权，请求二审法院撤销原判，改判驳回雪舫工贸的诉讼请求。

浙江省高级人民法院对原审法院查明的事实予以认定，另查明：在雪舫工贸使用“雪舫蒋”商标期间，“雪舫蒋”商标取得了“中国名牌”等多项荣誉。2009 年 7 月至 2013 年 7 月，雪舫工贸经核准注册“吴宁府”系列商标。

浙江省高级人民法院经审理认为：雪舫工贸为培育“雪舫蒋”商标付出了巨大的精力和财力，其虽逾期支付许可费，但主要系缴费账号不明所致，且违约情节轻微，未影响合同目的的实现，根据公平和诚实信用原则，上蒋火腿厂在未明确账号并通知催告、也未开具前期发票的情况下，无权单方解除许可合同。雪舫工贸在火腿产品上同时使用“吴宁府”与“雪舫蒋”商标，极易导致相关消费者认为两个商标所指向的商业来源具有同一性，从而影响“雪舫蒋”商标识别功能的正常发挥；并且，由于在先混用行为的存在，当许可使用关系终止以后，两个分属于不同所有人的商标独立使用于同类商品时，消费者仍然会认为该两种商品系出于同一商业来源，进而产生市场混淆，故该行为构成商标侵权。故依照《中华人民共和国民事诉讼法》第一百七十条第一款第（二）项，《中华人民共和国商标法》第五十二条第（五）项，《中华人民共和国合同法》第六十条第二款、第九十六条第一款，《最高人民法院关于审理商标民事纠纷案件适用法律若干问题的解释》第十六条第一款、第二款，《最高人民法院关于适用〈中华人民共和国合同法〉若干问题的解释（二）》第二十四条之规定，判决：一、撤销原判；二、雪舫工贸立即停止在火腿产品上同时使用第 300388 号“雪舫蒋”注册商标和涉案“吴宁府”系列商标的行为；三、雪舫工贸于本判决生效之日起 10 日内赔偿上蒋火腿厂经济损失 15 万元（含上蒋火腿厂为制止侵权而支出的合理费用）；四、驳回上蒋火腿厂的其他诉讼请求。

二审宣判后，上蒋火腿厂不服，向最高人民法院申请再审，该院经审查，裁定：驳回上蒋火腿厂的再审申请。

【评析】

本案是一起疑难复杂的商标侵权纠纷，既涉及合同解除问题，又涉及侵权判定问题。二审法院在此案中对合同解除权行使过程中应当遵循的公

平和诚实信用原则进行了解读，并且从《中华人民共和国商标法》第五十二条所规定的“其他损害”这一条文表述的开放性入手，以保障商标许可使用制度下的商标功能为出发点，认定擅自在同一商品上标注被许可商标和自有商标的行为构成侵权，对于规范商标许可使用关系以及厘清侵权界限，具有可资参考的价值。本案也因此入选 2014 年中国法院 10 个创新性知识产权案件。

一、行使解除权应遵循公平和诚信原则

本案的第一个争议焦点是上蒋火腿厂是否有权单方解除《许可合同》，该问题涉及合同解除权行使过程中的公平与诚实信用原则。

当事人基于防备违约等原因，往往会在缔结合同时约定一方解除合同的条件，一般而言，当该条件成就时，解除权人即可单方解除合同。但是，当事人行使单方解除权的行为，应当受到合同法基本原则的制约，不得滥用解除权。合同法第一章即开宗明义，明确了几项基本原则，包括法律地位平等原则、合同自由原则、公平原则、诚实信用原则等。这些基本原则是法官解释和补充合同法的准则，在案件审理过程中，如果合同法的具体规范不明、无具体规范可资适用或者适用具体规范违背立法目的时，基本原则即可发挥作用。

在本案中，雪舫工贸确实逾期支付许可使用费，并且逾期支付时间超过一个月，从形式上看，已经达到了《许可合同》约定的单方解除权的行使条件。一审法院也正是据此认定上蒋火腿厂享有合同解除权。但是，二审法院认为，案件中的其他重要事实亦不应忽略：第一，雪舫工贸在许可使用期间为培育“雪舫蒋”商标付出了巨大的精力和财力，使得该商标的商业价值得到大幅提升。第二，结合相关证据及事实推断，雪舫工贸违约并非故意，而是由于缴费账号不明等原因所致，实际上，其在得知上蒋火腿厂有解约意图后立即支付款项，履约态度十分积极；相反，上蒋火腿厂一方在合同解除条件成就之前，已着手通过公证方式保全证据，准备诉讼事宜，显示出无意继续与对方合作的主观状态，待雪舫工贸未于期限届满日付款，便立即发出合同解除通知，未给予雪舫工贸任何协商解决的机会。第三，涉案合同是一个履行时间长达 20 余年的长期合同，对当事人的

利益影响重大，雪舫工贸一直将“雪舫蒋”火腿作为其主营产品开展生产经营，一旦猝不及防地被解除合同，将对其公司及品牌的发展带来严重的不利影响。

结合上述几项重要事实来看，解除合同有违公平原则和诚实信用原则。首先，《中华人民共和国合同法》第五条规定：“当事人应当遵循公平原则确定各方的权利和义务。”公平原则一方面强调的是一方给付与他方的对待给付之间应当具有等值性，另一方面，还意味着一方的违约行为与其所应承担的违约责任之间应当相适应。例如，根据《中华人民共和国合同法》第一百一十四条的规定，在违约金与实际损失不符的情况下，法院有权依据当事人的请求对合同中约定的违约金进行变更。在本案中，雪舫工贸的违约行为虽然达到解除条件，但违约情节显著轻微，未影响合同目的的实现，而解除合同却会使其遭受巨大损失，因此其违约行为与解除合同的违约后果之间明显不相符，认定合同解除对其有失公允。

其次，《中华人民共和国合同法》第六条规定：“当事人行使权利、履行义务应当遵循诚实信用原则。”诚实信用原则是被法律化了的市场道德，在合同履行过程中，当事人之间应当相互配合、积极协助、适时提醒，使合同能够顺利履行，而不是时刻寻找对方过错以达到解除合同的目的。合同法不但确立了诚实信用的基本原则地位，而且还在立法中进一步将其具体化，例如《中华人民共和国合同法》第六十条第二款关于附随义务的规定：“当事人应当遵循诚实信用原则，根据合同的性质、目的和交易习惯履行通知、协助、保密等义务。”根据上述条款可知，附随义务并不是一个内容确定的概念，法院需要在个案中根据相关合同的性质、目的和交易习惯予以认定。虽然在一般情况下，逾期付款达到约定解除条件时，解除权人行使解除权无需以其曾催告对方履行为前提，但在本案缴费账户不明、合同解除对双方权利义务影响重大的前提下，根据诚实信用原则，上蒋火腿厂应当负有明确账户和通知催告的附随义务，其在未履行上述附随义务的情况下，无权径行解除合同。

二、正确理解许可使用关系下的商标功能

本案的第二个争议焦点是雪舫工贸在火腿产品上同时标注被许可商标

“雪舫蒋”与其自己注册的商标“吴宁府”是否构成侵权，该问题涉及商标许可使用情况下，应当如何正确理解商标的功能。

商标最初的制度设计中并没有许可使用这种形式，后来随着生产方式的发展和现实社会的需要，才突破了原有的限制，允许他人经许可使用某一商标。许可使用制度的引入，直接带来了使用形式的解放，也为特许经营等商业模式的创新提供了条件。在商标许可使用关系中，使用人以支付相应的许可使用费为对价，取得在商品上使用他人商标的权利，借助该商标中蕴含的商誉来增强商品对消费者的吸引力，许可人即商标所有人则需为产品质量承担责任，同时，根据权利义务对等原则，商标许可过程中被许可商标上积累的商誉应当归属于许可人。

商标最基本最重要的功能在于识别商品来源，即相关消费者能够通过商标将商标所有人的商品与其他商品区分开来。在许可使用关系中，虽然商标所有人与商品的实际生产经营者发生了分离，但是，由于被许可人在商品上标注的是被许可商标，因此该商标所指向的商业来源应当是商标所有人（即使消费者不一定知道该商标所有人的具体名称），而非被许可人，只有这样，被许可商标上积累的商誉才能够顺利地归属于商标所有人。如果被许可人未与许可人协商一致就在标注被许可商标的商品上同时使用自有商标，不仅违背双方在签订商标许可使用合同时的本意，而且从客观后果来看，由于消费者并不知晓两个商标及其所有人之间的关系，很可能认为两个商标所指向的商业来源具有同一性，从而影响到被许可商标识别功能的正常发挥。并且，许可使用关系终止以后，上述不良后果会进一步凸显，因为由于在先混用行为的存在，当两个分属于不同所有人的商标独立使用于同类商品时，消费者仍然会认为该两种商品系出于同一商业来源，进而产生市场混淆。

在本案的审理过程中，对于雪舫工贸未经上蒋火腿厂同意，同时在火腿产品上标注“雪舫蒋”和“吴宁府”商标是否构成侵权的问题，曾经出现过两种意见。一种意见认为，雪舫工贸既是“雪舫蒋”商标的被许可使用人，又是“吴宁府”商标的所有人，自然有权使用上述两个商标，并且，商标法及相关司法解释也未对同时使用被许可商标及自有商标的行为作出禁止性规定，因此不能认定该行为构成侵权。另一种意见认为，我国法律虽未明确将上述行为列为商标侵权行为，但《中华人民共和国商标法》第五十二条第（五）项规定的“给他人的注册商标专用权造成其他损害的”行为，是一项开放性的规定，法院需要对被诉行为的性质和后果进行实质性衡量，根据具体情况认定是否属于商标侵权行为。在确定侵权行为的标准时，是否损害商标功能是划定侵权与合法界限的重要基础。对商标的侵害足以达到损害其功能的程度的，不论是否具有市场混淆的后果，均可以认定构成商标侵权行为。雪舫工贸同时使用“雪舫蒋”和“吴宁府”商标的行为，已经对“雪舫蒋”商标的识别功能造成了损害，虽然在许可使用关系存续期间，尚不会产生传统意义上的商品来源的混淆，但在许可使用关系结束后，两个商标分别独立使用时，市场混淆的情况就必然会出现。最终，二审法院采纳了第二种意见。

另外需要注意的是，本案的处理结果并不意味着被许可人无法在许可使用关系中积累任何商誉。一方面，如果被许可人能够与许可人协商一致，在使用被许可商标的同时使用自有商标，那么就可以达到双方品牌共同发展的结果，当然此时双方应当对许可使用期限届满后的商誉分配作出明确约定，以避免后续纠纷；另一方面，根据商标法的规定，被许可人作为实际生产者本身就应当在商品上标注企业名称，这既是其义务，也是其权利，是被许可人积累自身商誉的一种途径。但是，在未经许可人同意的情况下，基于被许可商标上积累的商誉应当归属许可人的规则，被许可人同时使用被许可商标与自有商标的行为就不应被允许，因为该行为使得自有商标通过与被许可商标结合使用的方式，不当获取了后者所积累的商誉，并且还会带来后续的市场混淆等严重问题。

（何　琼）

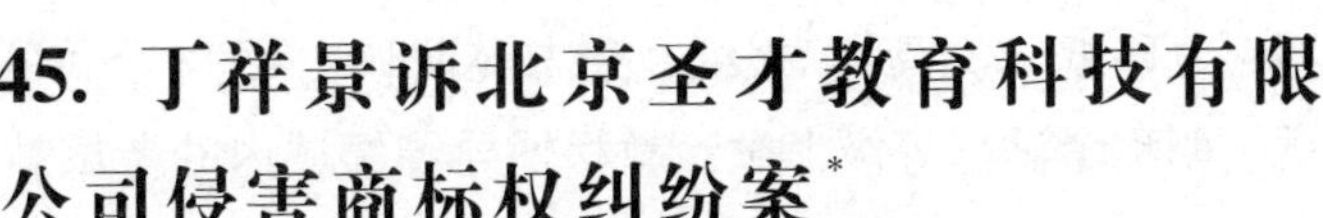

45. 丁祥景诉北京圣才教育科技有限公司侵害商标权纠纷案*

▶ 对于在先使用并具有一定影响的未注册商标，在注册商标权利稳定的情况下，其因使用而形成的商誉以及在特定消费者中建立的信赖利益，仍应予保护，可以作为不侵犯他人注册商标专用权的抗辩

【裁判要点】

对于在先使用并具有一定影响的未注册商标，其因使用而形成的商誉以及在特定消费者中建立的信赖利益，可以作为不侵犯他人注册商标专用权的抗辩，但应当准确把握“有一定影响”的判断标准，并应从使用的形态、主体、项目、地域等方面对继续使用的范围加以限制。

【案例索引】

一审：杭州市滨江区人民法院（2014）杭滨知初字第4号（2014年3月17日）

【案情】

原告：丁祥景

被告：北京圣才教育科技有限公司（以下简称圣才公司）

杭州市滨江区人民法院审理查明：丁祥景经受让获

---

* 摘自《知识产权审判与指导》2015年第2辑（总第26辑），人民法院出版社2016年版，第166～172页。

得第9720276号“圣才”注册商标专用权，商标申请日为2011年7月14日，权利有效期2012年9月21日至2022年9月20日，核定使用的商品为第16类：书籍；印刷出版物；期刊；卫生纸；图画；绘画材料；建筑模型；复印纸（文具）；报纸；杂志（期刊）。圣才公司的主营业务为资格考试、职称考试、等级考试、教材辅导等领域内的考试教育培训和考试图书的编辑出版。2010年6月28日，其前身金圣才文化发展（北京）有限公司（以下简称金圣才公司）获准注册第6348843号“圣才”商标，核定使用范围第41类：教育；培训；安排和组织培训班；文化出版；图书出版；电子桌面排版；俱乐部服务；翻译；在线电子书籍和杂志的出版；经营彩票。2004年8月至2010年3月间，金圣才公司编辑出版了100多种类的考试辅导教材图书，扉页载明主编金圣才。2010年9月至2011年7月间，圣才公司编辑出版了涉及英语、经济、证券、管理、心理、工程、医学类等20多个类别的考试辅导教材图书，封面左上角均标注“圣才R学习网”文字，“圣才教育+shengcai education Sc”图，主编“圣才学习网”，书脊上有“圣才R”，并通过圣才学习网、圣才教育网、圣才图书网、圣才考研网、圣才教育淘宝旗舰店及各地新华书店销售。丁祥景以圣才公司侵犯其注册商标专用权为由，于2014年1月6日诉至法院，请求判令圣才公司停止侵犯其注册商标专用权的行为，并赔偿损失及合理费用10万元。

【审判】

杭州市滨江区人民法院经审理认为：在丁祥景享有涉案注册商标专用权之前，圣才公司已在其主编的考试辅导教材上使用“圣才”商标。本案争议的焦点为，圣才公司对涉案商标“圣才”是否享有合法的在先使用的权利。依据圣才公司提供的证据，其前身金圣才公司自2004年8月始即主编发行了一系列的考试辅导教材图书，书籍上标注主编金圣才，即使用了“金圣才”的字号；在2010年9月后发行一系列的考试辅导教材图书，封面左上角及书脊上标注“圣才”系作为商标使用，其发行的图书种类多、涉及多个领域的考试辅导，并通过新华书店以及“圣才学习网”“圣才教育网”等网络渠道等提供销售或下载，其发行的图书在相关的读者群领域内具有一定的影响，相关读者群会将此类图书与圣才公司联系在一起。此外，由于圣才公司的企业名称中含有“圣才”，其最初在发行的图书上使用“圣才”商标在丁祥景注册之前，不存在侵权的故意，应当属于正当使用；又由于圣才公司在培训教辅书籍上使用该商标具有一定的影响力，故其可以在原权利行使范围内继续使用，但不得作扩大使用，即在今后出版印刷的相关图书中不得突出使用涉案商标。而丁祥景注册涉案商标后未实际使用，圣才公司的行为没有使相关公众对来源产生混淆。综上，判决驳回丁祥景的全部诉讼请求。

一审宣判后，原、被告双方均未上诉，该判决已生效。

【评析】

《最高人民法院关于充分发挥知识产权审判职能作用推动社会主义文化大发展大繁荣和促进经济自主协调发展若干问题的意见》（法发〔2011〕18 号）中规定了在先使用商标的抗辩问题，即“注册商标权人的注册商标属于复制、摹仿或者翻译他人未在中国注册的驰名商标、抢注被代理人或者被代表人的商标或者以不正当手段抢注他人已经使用并有一定影响的商标，被诉侵权的在先商标使用人以此为由提出抗辩的，应当予以支持”。2014 年实施的新《中华人民共和国商标法》新增第五十九条第三款，将上述司法政策的部分内容上升为法律规定，即“商标注册人申请商标注册前，他人已经在同一种商品或者类似商品上先于商标注册人使用与注册商标相同或者近似并有一定影响的商标的，注册商标专用权人无权禁止该使用人在原使用范围内继续使用该商标，但可以要求其附加适当区别标识”。其目的在于加强对商标权的适当限制，兼顾其他人的正当权益，防止商标权人不恰当地垄断商标资源。本案争议虽然发生在新商标法施行之前，但充分借鉴了新商标法第五十九条第三款的制度宗旨，所涉及的法律问题即为未注册商标在先使用抗辩成立的要件及限制条件。

一、未注册商标在先使用抗辩成立的要件

我国采取商标注册制度，由申请在先者取得注册商标专用权，有权排斥他人在相同或类似商品上使用与注册商标相同或近似的商标，以防止相关公众的混淆误认。未注册商标得以对抗注册商标专用权而继续使用，首

先应在时间上先于注册商标的申请日使用，同时应当在申请日前已经具有一定影响，而后者是准确界定先用抗辩成立的核心要件。

第一，对于“有一定影响”的审查标准。“有一定影响”是对商标知名度的认定，可以参考认定驰名商标的各项因素：相关公众对商标的知晓情况、商标使用的持续时间、商标的任何宣传工作的时间、程度、地理范围以及其他使商标产生一定影响的因素。同时，与驰名商标在全国范围内驰名不同，有一定影响的判断还需要考虑到商标使用及宣传的地理范围。通常而言，有一定影响的商标是指已经使用了一定时间，因一定的销售量、广告宣传等而在一定范围的相关公众中具有知名度，被视为区分商品来源的商业标识。

应予区分的是，先用抗辩与新《中华人民共和国商标法》第三十二条阻却商标注册的规定不同。新《中华人民共和国商标法》第三十二条规定：“申请商标注册不得损害他人现有的在先权利，也不得以不正当手段抢先注册他人已经使用并有一定影响的商标。”该规定系以“不正当手段”为要件，判断其商标的影响力是否及于在后的商标注册人，商标注册人是否知晓该商标，是否具有侵占他人商标声誉的意图；而先用抗辩并不考虑商标注册人的主观意图，而是关注在先使用的商标本身是否产生了法律应予保护的权益。相应地，从证据审查的角度，对于阻却商标注册情形的判断，商标本身的显著性、商标注册人与在先使用人所处地理位置远近、双方所处的行业、商标注册人注册后的不正当行为等事实，均可以佐证在先使用的商标已具有一定影响；而对于先用抗辩的判断会更关注在先使用商标本身的知名度，即商标使用状况、广告宣传情况以及相关公众认同状态等才是审查和判断的重点。

本案中，被告提供了其与前身金圣才公司编辑出版的书籍、图书出版购销合同及票据、宣传推广合同书、各地展会照片、媒体宣传报道、获奖情况等证据。从其提供的图书实物、出版日期及网站内容来看，可以证明被告确实在原告注册商标申请日前对“圣才”商标进行了商业使用，且通过多种渠道，特别是通过其教育培训网站发行相关图书，获得了一定消费群体的认同，具备了在先使用和具有一定影响的要件。

第二，对于“有一定影响”的审查标准不宜过高。理由如下：首先，建立未注册商标先用抗辩的出发点在于利益平衡，商标的价值源于使用，商标权亦为一种私权，通过商标注册行为即能获得垄断性商标专用权的商标注册制度存在天然的缺陷。本案中，相对于尚未将注册商标投入使用的原告，被告在其提供网络教育培训的同时，在配套销售的图书上使用“圣才”商标，该商标所承载的商业声誉应给予保护。其次，商标的功能在于识别，在先商标的使用人如能在一定范围内建立起消费者认同，即消费者将在先商标与商标使用人提供的商品或者服务联系在一起，则在一定范围内在先商标与在后商标共存的事实也不会造成相关消费者的混淆。本案中，被告注册并使用在网络教育培训服务上的“圣才”商标更具知名度，通过其网站购买图书的消费者会将此类图书与被告联系在一起，不会造成混淆或误认。再次，商标在先使用抗辩仅是对注册商标专用权人在权利行使上的限制，而不能作为阻却商标注册或宣告注册商标无效的事由，因此从效力的位阶上，对其商誉的要求也不应过高。最后，商标在先使用抗辩并不是一种真正意义上的权利，不具有注册商标专用权的排他效力，且其权利范围被限定在原使用范围内，即其在先使用的影响越大，有权继续使用的范围就越大，反之亦然。对于影响较小的在先商标使用人而言，其抗辩目的在于免于承担侵权责任，并不会不合理地妨碍在后注册商标的商业发展。综上考虑，对于“有一定影响”要件的判断标准不宜过高。

二、未注册商标继续使用的限制条件

在先商标的使用虽然不被认定为侵权，但其继续使用并非没有限制。因为在商标注册制度下，法律对于注册商标实行强保护，对于未注册商标的保护只能局限于注册商标申请日前已形成的商誉保护。我国在1993年商标法修改时引入服务商标注册制度，当时的《中华人民共和国商标法实施细则》规定对于连续使用至1993年7月1日的服务商标，与他人在相同或者类似的服务上已经注册的服务商标相同或者近似的，可以继续使用。同时在《关于服务商标继续使用问题的通知》中对服务商标继续使用范围做出了规定：不得扩大该服务商标的使用地域、不得增加该服务商标使用的服务项目、不得改变该服务商标的图形、文字、色彩、结构、书写方式等内容，但以同他人注册的服务商标相区别为目的而进行的改变除外，不得将该服务商标转让或者许可他人使用。对于未注册商标的继续使用，亦可以参考该通知，从使用的形态、主体、项目、地域四个方面对原使用范围进行界定。

其一，对于商标的形态，依据新《中华人民共和国商标法》第四十九条的规定，注册商标专用权人尚不能自行改变商标。举重以明轻，对于在先的未注册商标，使用人当然也不得改变商标的形态，除非是为了附加区别性标识，而与在后的注册商标相区分。

其二，对于商标的使用主体，《最高人民法院关于审理侵犯专利权纠纷案件应用法律若干问题的解释》第十五条第四款的规定，“先用权人在专利申请日后将其已经实施或作好实施必要准备的技术或设计转让或者许可他人实施，被诉侵权人主张该实施行为属于在原有范围内继续实施的，人民法院不予支持，但该技术或设计与原有企业一并转让或者承继的除外。”参照专利法上先用权抗辩的规定及前述通知内容，应认为先用商标不得转让或者许可他人使用，只能连同企业一并转让，而不能单独转让或使用许可。因为商标在先使用权制度是对在先使用商标和注册商标既存状态的一种维护，如果允许在先使用权人授权或者单独转让其使用权则会破坏此种既存状态，也会改变先使用权人和商标注册人之间的竞争关系，如将该商标转让给商标权人竞争对手的做法。

其三，对于商标的使用项目，在先商标的知名度限于原有的商品或服务，继续使用的范围也仅能及于原有的商品或服务，不能扩张到类似的商品或服务。本案判决系在新商标法施行之前，法院将原使用范围限于原商品范围，仅限于已出版印刷的图书。在新商标法施行之后，原有的商品应该认定为已经使用未注册商标的商品类别，具体到本案，则应当是在原有类别的商品即考试教辅书籍上继续使用，并不限于已经出版的书籍，否则等于变相剥夺了被告继续使用未注册商标的权利。

其四，对于使用的地域范围，是否要对在先商标的使用进行地域范围的限制争议很大，尤其是是否允许在先商标的自然扩张。作为市场经营主体，其投入金钱、劳动、时间等成本在一特定商标上，不仅是为了占领和稳固已有市场，更为开拓潜在市场（包括关联市场和跨地域市场），这符合理性经济人利益最大化的趋势。从这一角度而言，允许在先商标进行自

然扩张具有一定说服力。但是，自然扩张区域是个虚拟的概念，对其界定非常困难，存在极大的不确定性和缺乏可预期性，会使侵权与否的界限变得非常模糊。同时考虑到在商标注册制度下，未注册商标使用人应具有一定的避让和容忍义务。故应当将在先使用的地域范围局限于原有范围。需要注意的是，该地域范围并不等同于专利先用权抗辩中的原有范围，即原有的生产规模，而是考量商标认知度的地理范围，即原有知名度所辐射的地域范围，对使用该商标的商品或服务的经营规模通常不加以限制。

此外，本案还涉及的一个问题是，电子商务对于物理意义上地域范围的突破。本案中，被告主要的销售渠道是网站，日益发达的网络和物流使得地域界限变得不分明，接触被告网站并购买其图书的消费者很可能是全国范围的，但这并不意味着其未注册商标可以在全国范围内不受限制地继续使用。考虑到在商标注册制度下，对未注册商标的有限保护是建立在其既有商誉的基础上，也就是消费者对其商标所标识商品的认知和信赖基础上，故界定相关消费者的范围是限制使用范围的核心。在传统的经销模式下，销售网络在地理上的覆盖范围，直接反映了接受商品或者服务的消费者的范围；而在电子商务模式下，网站或者网络店铺也可以看作是一个销售网点，相关消费者的范围就是接触该网站或网络店铺的人群，故继续使用的范围应限定为在原有的网站或网络店铺中销售使用该商标的商品。

（执笔人：张棉、叶伟、王磊）

46. 宁波广天赛克思液压有限公司与邵文军侵害商标权纠纷案*

▶ 域名所有人注册域名之后，商标注册人才对该域名具有标识性部分申请注册商标并取得商标权的，其商标专用权不能延及该域名

最高人民法院民事判决书

（2014）民提字第168号

再审申请人（一审被告、二审被上诉人）：宁波广天赛克思液压有限公司。住所地：浙江省宁波市江北区华业街195号。

法定代表人：吴赛珍，该公司董事长。

委托代理人：吴宗建，浙江正甬律师事务所律师。

被申请人（一审原告、二审上诉人）：邵文军，女，汉族，××××年××月××日出生，住浙江省宁波市××区。

委托代理人：徐国强，上海市南星律师事务所律师。

再审申请人宁波广天赛克思液压有限公司（以下简称广天赛克思公司）因与被申请人邵文军侵害商标权纠纷一案，不服浙江省高级人民法院（2012）浙知终字第306号民事判决，向本院申请再审。本院于2014年5月

* 摘自《知识产权审判与指导》2016年第1辑（总第27辑），人民法院出版社2017年版，第172～189页。

27 日作出（2013）民申字第 557 号民事裁定，提审本案。提审后，本院依法组成合议庭，对本案进行了公开开庭审理。广天赛克思公司的委托代理人吴宗建律师，邵文军的委托代理人徐国强律师到庭参加诉讼。本案现已审理终结。

2011 年 2 月 9 日，邵文军向浙江省宁波市中级人民法院（以下简称一审法院）起诉称：邵文军于 2009 年 3 月 21 日从国家工商行政管理局商标局（简称商标局）取得第 5154071 号《商标注册证》，获得“赛克思 SAIKESI”（简称涉案商标）的商标专用权，核定使用商品为第 7 类：泵膜片；机器、发动机和引擎的液压控制器；液压滤油器；泵（机器）；加热装置用泵；液压泵；液压元件（不包括车辆液压系统）；泵（机器、发动机或马达部件）。在邵文军申请注册涉案商标过程中，广天赛克思公司曾提出商标异议，被商标局驳回。广天赛克思公司使用与邵文军商标相同的文字作为企业字号，并在与邵文军涉案商标核定使用商品相同的商标上突出使用，构成侵害商标权。广天赛克思公司的侵权行为如下：（1）在其公司所在地设置印有“赛克思液压”字样的巨幅广告牌，悬挂印有“赛克思液压”字样的旗帜；（2）在其产品宣传册的封面以大号字体标注“赛克思液压”字样，内页中印有“赛克思”中文和拼音字样；（3）使用含有“saikesi”拼音的网络域名并在公司网站上使用有“赛克思”中文字样和拼音的标识进行宣传，且在产品铭牌上使用“saikesi”字样。为此，邵文军请求判令：（1）广天赛克思公司立即停止侵害邵文军享有的“赛克思 SAIKESI”注册商标专用权的行为，具体包括停止在广告牌、宣传旗帜、产品宣传册、公司网站中使用含有“赛克思”中文字样和拼音的标识，停止使用含有“赛克思”中文和拼音字样的网络域名，停止在其产品上使用含有“赛克思”中文和“saikesi”拼音的标识；（2）广天赛克思公司赔偿邵文军损失 50 万元。

广天赛克思公司辩称：（1）广天赛克思公司未侵害邵文军的注册商标专用权，未使用邵文军的“赛克思 SAIKESI”中文加拼音商标。广天赛克思公司系正当使用自己的企业字号，且使用在先，广天赛克思公司使用

"赛克思"三个字最早从宁波赛克思液压泵厂（以下简称赛克思厂）开始，一直沿用至今。广天赛克思公司所在地的广告牌在公司厂房奠基时就已经竖立，将其注册商标"SKS"和"赛克思液压"共同使用，与邵文军的注册商标不构成近似，是邵文军恶意抢注了涉案商标。广天赛克思公司在涉案商标注册之前就注册域名，故不存在侵权行为。(2) 邵文军要求广天赛克思公司向其赔偿50万元损失没有事实和法律依据，邵文军的商标已经连续3年未曾实际使用，邵文军也未将该商标使用在任何产品上。(3) 邵文军已知晓广天赛克思公司的上述使用行为，其诉讼请求已经超过诉讼时效。请求驳回邵文军的诉讼请求。

一审法院审理查明：

邵文军原系宁波市工商行政管理局江北分局工作人员，于2003年辞去公职。2006年2月10日，邵文军向商标局申请注册涉案商标，初审号为第5154071号，拟使用在第7类商品"泵膜片；机器、发动机和引擎的液压控制器；液压滤油器；泵（机器）；加热装置用泵；液压泵；液压元件（不包括车辆液压系统）；泵（机器、发动机或马达部件）"上。在初审公告期间，广天赛克思公司就邵文军申请注册的涉案商标提起了异议申请，其理由是："赛克思"商标系广天赛克思公司独创，该公司在先使用且已经具有一定知名度，邵文军的行为属恶意抢注，且涉案商标与广天赛克思公司的"SKS"商标及申请中的"赛克思SKS"商标构成近似。2011年6月12日，商标局作出（2011）商标异字第18774号《"赛克思SAIKESI"商标异议裁定书》，裁定："异议人所提异议理由不成立，第5154071号'赛克思SAIKESI'商标予以核准注册。"商标局向邵文军颁发了第5154071号涉案商标注册证，注册有效期限自2009年3月21日至2019年3月20日。

赛克思厂于1997年6月11日成立，企业类型为个人独资企业，负责人为吴赛珍，住所地为宁波市鄞州区中河街道周东桥，该厂至今仍存在，其经营范围为：液压泵、液压泵配件、五金冲件、塑料件、机械配件、汽车配件、金属制品的制造和加工。2005年4月22日，高志明、吴赛珍、

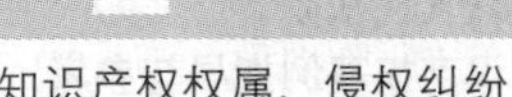

宁波建工集团股份有限公司、赛克思厂投资成立了宁波建工赛克思液压有限公司（简称建工赛克思公司）。2006年6月15日，建工赛克思公司更名为广天赛克思公司，企业类型为有限责任公司，注册资本3000万元。其后，注册资本增至8500万元，法定代表人为吴赛珍，住所地为宁波市江北区华业街195号，经营范围为：液压和气动机械及元件的开发、制造、加工；液压和气动机械及元件的批发、零售和维修服务；自营和代理各类货物和技术的进出口，但国家限定或禁止进出口的货物和技术除外；热处理加工（限分支机构经营）。

2000年1月31日，赛克思厂注册了域名“saikesi. com”，到期时间为2013年1月30日。2007年6月16日，广天赛克思公司委托铭万信息技术有限公司、北京铭万智达科技有限公司注册了域名“赛克思 . cn”，注册年限为10年。2000年7月21日，商标局向赛克思厂颁发了第1423908号“SKS”商标注册证，系在椭圆形中排列字母“SKS”，该商标核准使用的商品为第7类“液压泵、液压阀”，注册有效期限至2010年7月20日。2009年9月14日，该商标转让给广天赛克思公司；2010年6月2日，该商标经续展，注册有效期至2020年7月20日。2006年4月24日，赛克思厂向商标局申请注册“SKS赛克思”商标，拟使用商品为第7类，该申请被驳回。宁波美达柯式印刷有限公司一直以来为赛克思厂、广天赛克思公司印刷产品宣传册，在其2004~2005年印刷的小开本产品宣传册封面的左上角处印有广天赛克思公司的注册商标“SKS”，系在红色椭圆形中排列字母“SKS”，旁边标有“SAIKESI”字样，在宣传册封面的右侧纵向印刷“赛克思液压”字样，宣传册内页标有“厂名：赛克思厂”“厂址：中国浙江省宁波市潘火周东桥”。在其印刷的3种大开本样式的产品宣传册的封面下端，均为左边的“SKS”商标加上“赛克思液压”字样组成，其中两本宣传册在“赛克思液压”字样之下还标有“SKS HYDRAULIC”字样。在一本较厚的大开本产品宣传册的封面左上方有“赛克思液压泵配件”的字样，在该本产品宣传册的第4页上端印有“赛克思牌产品”，该页的左上角处，在“SKS”商标旁边标有“SAIKESI”字样。在较薄的两本产品宣传册内页的左上角，其上方为“SKS”商标，下方为“赛克思液压”字样或“SAIKESI”字样。在3种大开本产品宣传册的产品图片上，均显示液压泵产品的铭牌上刻有“SAIKESI”标识。在广天赛克思公司的住所地，大门上刻有“SKS”商标和“赛克思液压”字样，其中“SKS”商标系在红色为底色的椭圆形内排列金色的字母“SKS”，右边为金色的“赛克思液压”字样，下面为“SKS HYDRAULIC”和“华业街195号”字样。在广天赛克思公司厂房上方的广告牌上，左边为“SKS”商标，右边为“赛克思液压”字样。在广天赛克思公司大门上方悬挂的旗帜上印有“SKS”商标和“赛克思液压”字样，在大门右侧的销售部玻璃上也印有“SKS”商标和“赛克思液压”字样。

2011年12月21日，邵文军来到浙江省宁波市天一公证处，在公证员任伟元和公证员助理许静的监督下，邵文军使用该处计算机，打开Internet Explorer浏览器，删除浏览的历史记录，在地址栏中输入网址“cn. saikesi. com”，页面打开后，左上角为“SKS”商标和“赛克思液压”字样；点击页面上的“公司信息”，新页面打开后，显示有“赛克思企业视频”字样以及关于广天赛克思公司和赛克思厂的简介；点击页面上的“销售网络”，新页面打开后，有一张产品图片，系液压泵产品，在产品铭牌上刻有“SAIKESI”字样，网页上有“About Saikesi”“关于赛克思”，“赛克思液压售后服务维修中心”“赛克思液压各地代理商”等字样或信息；点击页面上的“联系我们”，新页面打开后，有一张产品图片，系液压泵产品，在产品铭牌上刻有“SAIKESI”字样，联系的网址为“http：//www. saikesi. com”，地图上标识的目标地址为“赛克思”。上述过程经截屏、打印并制作了光盘，由浙江省宁波市天一公证处出具（2011）浙甬天证民字第7906号公证书。

2012年2月16日，邵文军来到浙江省宁波市天一公证处，在公证员任伟元和公证员助理杜兵的监督下，邵文军使用该处计算机，打开Internet Explorer浏览器，删除浏览的历史记录，在地址栏中输入网址“cn. saikesi. com”，页面打开后，左上角为“SKS”商标和“赛克思液压”

字样，页面中间有一张液压泵产品图片，在产品铭牌上刻有“SAIKESI”字样；点击“产品展示”下链接“液压泵、马达元件”，页面打开后左上角为“SKS”商标和“赛克思液压”字样，页面中间有一张液压泵产品图片，在产品铭牌上刻有“SAIKESI”字样；点击“SAlV0（SA10VS0）18/028/045/071/100/140”上方的图片链接，页面打开后显示有“赛克思液压 版权所有”“SAIKESI All Rights Reserved”等字样；点击“SA2V（SPVB）005、006、010、015、020、029”上方的图片链接，页面打开后左上角为“SKS”商标和“赛克思液压”字样，页面中间有一张液压泵产品图片，在产品铭牌上刻有“SAIKESI”字样。上述过程经截屏、打印并制作了光盘，由浙江省宁波市天一公证处出具（2012）浙甬天证民字第479号公证书。

2006年，广天赛克思公司在其对外发放的开幕典礼的邀请书中自称“赛克思”，并在邀请书的左上角组合使用“SKS”商标和“赛克思液压”字样。2006年1月1日，中国液压气动密封件工业协会向广天赛克思公司颁发了会员证；2006年8月上海液压气动密封行业协会向广天赛克思公司颁发了会员单位证书；2006年12月的国际工程机械协会国际中文版杂志记载广天赛克思公司为该协会理事单位；2002年，浙江日报报业集团等单位向赛克思厂颁发了浙江省机械行业优质产品证书；2007年8月8日，宁波市科技局向广天赛克思公司颁发高新技术企业认定证书；同年，中国国际保护消费者权益促进会向广天赛克思公司颁发了浙江省行业质量信用单位证书；同年12月，科学技术部火炬高技术产业开发中心向广天赛克思公司颁发了国家火炬计划项目证书；2008年2月，浙江省科技厅颁发给广天赛克思公司高新技术企业认定证书。此外，广天赛克思公司在技术创新方面被有关部门颁发多项荣誉证书，并获得各级政府的资金扶持。广天赛克思公司提交的资产负债表及审计报告显示，2006年年初，广天赛克思公司的资产总计34277736.37元，年末资产总计59627072.99元；2007年，年末资产总计111254019.79元；2008年，年末资产总计161388046.66元；2009年，年末资产总计215172192.92元；2010年，年末资产总计

288165999.27元。

邵文军与浙江铭远泵业有限公司（以下简称铭远公司）于2011年12月23日订立了《商标使用许可合同》，约定：邵文军将涉案商标许可给铭远公司使用，许可期限自2012年1月1日起至2014年12月31日止；许可使用费为50万元，于2012年2月29日前一次性付清。该合同尚未实际履行。邵文军为本案诉讼支付了公证费1800元，并与上海市南星律师事务所的徐国强、刘斌律师签订《聘请律师合同》，约定律师费为3万元。

一审法院审理认为：本案主要涉及商标专用权和企业名称权的权利冲突纠纷，审理该类纠纷应遵循诚实信用、维护公平竞争和保护在先权利等原则。本案中，邵文军享有的涉案商标专用权和广天赛克思公司享有的企业名称权均是经法定程序确认的权利，分别受商标法律、法规和企业名称登记管理法律、法规保护。商标是区别不同商品和服务来源的标志，由文字、图形或者其组合构成；企业名称是区别不同市场主体的标志，由行政区划、字号、行业或者经营特点、组织形式构成，其中字号是区别不同企业的主要标志，也起着区别不同商品和服务来源的重要作用。本案争议的焦点是广天赛克思公司的行为是否侵害了邵文军的商标权，广天赛克思公司关于其是在先使用企业字号，享有在先权利的抗辩理由能否成立。

一、广天赛克思公司使用域名“saikesi.com”的行为是否侵害了邵文军的注册商标专用权

广天赛克思公司认为，“saikesi.com”由赛克思厂早在2000年1月31日注册，并已在国际顶级域名数据库中记录，该域名系赛克思厂的字号“赛克思”的拼音，赛克思厂注册该域名具有正当的理由，在广天赛克思公司成立后，也一直沿用该域名作为官方网站介绍其公司经营状况。一审法院认为“saikesi.com”域名注册的时间早于邵文军申请注册商标的时间，广天赛克思公司与赛克思厂具有一脉相承的历史渊源，二者具有相同的法定代表人或负责人，广天赛克思公司使用该域名具有正当理由，广天赛克思公司及赛克思厂就该域名的注册、使用并无恶意。广天赛克思公司一直

以来使用域名“saikesi. com”作为其网站进行对外宣传，已经使相关公众将该域名与广天赛克思公司对应起来，故“saikesi”与涉案商标比对，即使二者在音、形、义等因素上构成近似，也不会造成相关公众的混淆和误认，广天赛克思公司使用在先合法注册的域名，可认为其享有在先权利，并不构成《中华人民共和国商标法》意义上的侵权行为。据此，邵文军主张广天赛克思公司使用域名“saikesi. com”的行为侵害了其注册商标专用权，浙江省宁波市中级人民法院不予支持，广天赛克思公司的该项抗辩理由成立。

二、广天赛克思公司在对外广告宣传中使用中文“赛克思”拼音“SAIKESI”“saikesi”字样以及在液压泵商品铭牌上使用“SAIKESI”标识的行为是否侵害了邵文军的注册商标专用权

邵文军认为，广天赛克思公司的行为侵害了其就涉案商标享有的专用权。广天赛克思公司则辩称，其使用“赛克思”中文及拼音字样是使用其企业字号的行为，且其使用在先，享有在先权利，其将自有的“SKS”注册商标与“赛克思液压”字样组合使用的方式，与邵文军的注册商标不构成近似，广天赛克思公司未侵害邵文军的商标权。一审法院认为，早在1997 年，赛克思厂就已成立，生产、经营液压泵等产品，并基于其企业字号在对外广告宣传中使用“赛克思液压”“赛克思”及“SAIKESI”等字样，在广天赛克思公司成立后，也一直沿用至今，广天赛克思公司和赛克思厂对外一并宣传，并自称“新厂”和“老厂”的关系，从其渊源来考量，广天赛克思公司的行为具有正当性和历史因素，遵循了诚实信用原则。广天赛克思公司在长期的使用过程中，已经使“赛克思液压”“赛克思”“SAIKESI”“saikesi”和广天赛克思公司以及广天赛克思公司生产、经营的产品紧密联系；由于广天赛克思公司具有较大的生产规模和在技术创新领域取得的突出成绩及获得的行业广泛认可，更进一步扩大了企业字号及其商标“SKS”的知名度，使其在行业内具有一定的影响力，为相关公众所知悉，“赛克思”“SAIKESI”“saikesi”，客观上已具有一定的知名

度。因此，广天赛克思公司长期的在先使用行为，使其无论从具有一定知名度的企业字号还是具有一定知名度的未注册商标的角度来看，都具有合法在先权利。虽然邵文军享有注册商标专用权，但并不能绝对否定在先产生的其他知识产权。由于邵文军的商标自核准注册已满3年，尚未实际投入使用，也不具有知名度，广天赛克思公司在对外广告宣传中使用中文“赛克思”和拼音“SAIKESI”“saikesi”字样的行为以及在液压泵商品铭牌上使用“SAIKESI”标识的行为客观上不会使相关公众对广天赛克思公司商品的来源产生混淆和误认，主观上广天赛克思公司也不具有攀附邵文军商标声誉的恶意。故广天赛克思公司在对外广告宣传中使用中文“赛克思”和拼音“SAIKESI”“saikesi”字样的行为以及在液压泵商品铭牌上使用“SAIKESI”标识的行为并未侵害邵文军的注册商标专用权。

综上，考虑到历史因素和现实的使用情况，从诚实信用原则和保护公民、法人的合法民事权益出发，为维护公平竞争，应依法保护在先权利人享有继续使用相关诉争标识的合法民事权益，邵文军要求广天赛克思公司停止侵权并赔偿损失的诉讼请求，一审法院不予支持，对广天赛克思公司的辩称该院予以采纳。依照《中华人民共和国民法通则》第四条、第五条，《中华人民共和国民事诉讼法》（2007年修正）第六十四条第一款，《最高人民法院关于民事诉讼证据的若干规定》第二条之规定，浙江省宁波市中级人民法院于2012年9月10日判决：驳回邵文军的诉讼请求。案件受理费8800元，由邵文军负担。

邵文军不服一审判决，向浙江省高级人民法院（以下简称二审法院）提起上诉称：（1）邵文军享有涉案商标的专用权，广天赛克思公司使用与该注册商标完全相同的文字作为企业字号，并在该注册商标核定使用的商品上突出使用，且与广天赛克思公司自身拥有的“SKS”注册商标捆绑使用，同时违法使用“R”注册标记，使相关公众对商品来源产生误认，明显产生混淆，依法构成侵权。（2）一审法院认定广天赛克思公司就“赛克思”及“SAIKESI”企业字号享有在先使用权，故不构成对邵文军涉案注册商标专用权的侵害，理由不能成立。首先，广天赛克思公司的企业字号

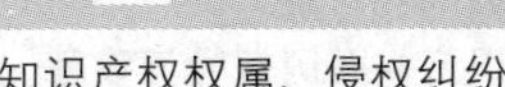

为“广天赛克思”“赛克思”及拼音“SAIKESI”等均非其字号，亦非企业简称；其次，广天赛克思公司与案外人赛克思厂系相互独立的企业，并非新厂与老厂的关系，即使赛克思厂具有“赛克思”字号，广天赛克思公司的字号也不能用“赛克思”予以替代；再者，因我国实行的系商标注册原则，除驰名商标外，只有注册商标才享有专用权，广天赛克思公司也未提供证据证明“赛克思”及“SAIKESI”“saikesi”等标识的知名度，故一审法院认定前述标识为具有一定知名度的企业字号或未注册商标以及广天赛克思公司对此享有合法在先权利，显属错误。(3) 商标局虽于2006年2月受理邵文军的涉案注册商标申请，但因广天赛克思公司在公告期内向商标局提出异议，邵文军于2011年6月才实际取得涉案注册商标专用权，一审法院认定涉案注册商标自核准注册已满三年尚未实际投入使用，与事实不符，况且注册商标一旦获得注册，不论其是否实际使用，均应受法律保护。(4) 一审法院认定广天赛克思公司主观上不具有攀附涉案注册商标声誉的恶意，但行为人的主观故意并非认定商标侵权的要件，何况广天赛克思公司早在2009年1月5日就涉案商标向商标局提出过异议并遭驳回，其实施涉案被诉行为的恶意明显。(5) 邵文军在2011年6月实际取得商标专用权后，半年内即对涉案商标进行了授权许可，正是广天赛克思公司的侵权行为导致邵文军无法正常行使注册商标专用权，并因此遭受经济损失。综上，请求二审法院撤销一审判决，依法判令广天赛克思公司停止侵害邵文军涉案注册商标专用权的行为，并赔偿邵文军50万元及合理支出71800元（律师费、公证费），承担本案全部诉讼费用。二审中，邵文军放弃对广天赛克思公司的包含“赛克思”中文和拼音字样的网络域名主张权利。另经二审法院释明，邵文军变更其请求赔偿总额为50万元（含维权的合理支出）。

广天赛克思公司辩称：(1) 广天赛克思公司具有当然的在先使用权。广天赛克思公司的前身是赛克思厂，该厂的全部业务以及“SKS”商标、字号等完全由广天赛克思公司承继，广天赛克思公司的企业名称中也包含有“赛克思液压”，而产品的介绍亦沿用了赛克思厂宣传时的一贯风格，且并未单独使用"赛克思"字样，现时的"SKS"商标与"赛克思液压"结合的使用方式早于邵文军涉案注册商标的申请日期，并不违反企业名称登记管理的相关规定。（2）广天赛克思公司在业界的宝贵声誉和知名度是前身赛克思厂和现公司经多年自身努力所取得，并未假借邵文军涉案商标的声誉，而邵文军原系宁波市工商行政管理系统中从事商标工作的公务人员，其利用工作之便注册涉案商标，该商标未实际使用，也未作任何宣传，广天赛克思公司并无利用涉案商标谋取利益的必要。综上，请求二审法院依法保护在先权利人的合法权益，驳回上诉，维持原判。

浙江省高级人民法院另查明：邵文军为本案诉讼实际支付了一定的律师代理费和公证费，其涉案注册商标至今未实际使用。二审法院查明的其他事实与一审法院认定的事实一致。

浙江省高级人民法院审理认为：根据邵文军的上诉请求和理由以及广天赛克思公司的答辩意见，本案二审的争议焦点为：广天赛克思公司的被诉行为是否侵害了邵文军第5154071号注册商标专用权及其可能承担的责任。二审法院分析认定如下：

首先，邵文军原系宁波市工商行政管理局江北分局的工作人员，其于2006年将与位于宁波市江北区的广天赛克思公司的字号相同的"赛克思"及对应的拼音"SAIKESI"申请注册商标，并获得商标局核准。该注册商标虽经商标异议程序，但至今仍维持有效，邵文军就涉案注册商标享有商标专用权，仍可依法行使诉权以使其权利不受侵害，二审法院依法予以保护。

其次，综合邵文军的主张和一审判决罗列的广天赛克思公司的被诉侵权形态，二审法院归纳广天赛克思公司的涉案被诉侵权行为主要包括：（1）在厂房的大幅招牌、旗帜、门面等处使用"赛克思液压"字样；（2）在各种产品宣传册、网站上使用"赛克思液压""SAIKESI""saikesi"等字样，有少量"赛克思牌产品""赛克思产品""赛克思""赛克思厂""赛克思企业"等表述；（3）在产品铭牌上使用"SAIKESI"字样等。《企业名称登记管理规定》第二十条规定："企业的印章、银行账户、牌匾、

信笺所使用的名称应当与登记注册的企业名称相同。从事商业、公共饮食、服务等行业的企业名称牌匾可适当简化，但应当报登记主管机关备案。”本案中，广天赛克思公司作为生产型企业，并未规范使用其企业全称，在较大范围内醒目使用“赛克思”字样，相对独立于背景版式设计，虽然有与其自有的“SKS”注册商标共同使用的情形，但仍均属对字号的突出使用。另外，广天赛克思公司对“SAIKESI”“saikesi”的使用方式亦起到标示商品来源的功用，其单独或与“SKS”注册商标共同使用的形态，均可认为系商标意义上的使用。

再者，依据《中华人民共和国商标法》第五十二条第（一）项规定，未经商标注册人的许可，在同一种商品或者类似商品上使用与其注册商标相同或者近似的商标，属侵犯注册商标专用权的行为；《最高人民法院关于审理商标民事纠纷案件适用法律若干问题的解释》第一条第（一）项规定，将与他人注册商标相同或者相近似的文字作为企业的字号在相同或者类似商品上突出使用，容易使相关公众产生误认的，亦属于侵害注册商标专用权的行为。本案中，广天赛克思公司系在液压泵等产品上使用被诉侵权标识，与邵文军的涉案商标核定使用的商品相同；“赛克思”“SAIKESI”均为邵文军涉案注册商标的重要组成部分，广天赛克思公司突出使用与邵文军涉案注册商标相近似的“赛克思”字号及“SAIKESI”“saikesi”等标识，易使相关公众产生误认，已构成对邵文军涉案注册商标专用权的侵害。

最后，诚然，相对于邵文军涉案注册商标的申请，广天赛克思公司对“赛克思”“SAIKESI”“saikesi”等标识的使用属在先使用，其有权继续规范使用其企业名称，但由于我国实行的是商标注册制度，在商标专用权的获得上采用注册原则和申请在先原则，商标一旦获准注册，不论该商标实际使用的情况如何，注册商标专用权均应受法律保护，注册商标权人对注册商标依法享有积极的使用权和消极的禁止权。广天赛克思公司提供的现有证据不足以证明“赛克思”“SAIKESI”“saikesi”等标识在邵文军申请涉案商标注册时已经驰名或已具有一定的影响，广天赛克思公司的相关荣誉也均系2006年之后陆续获得，都在邵文军申请商标注册之后，故在未注册商标层面对“赛克思”“SAIKESI”“saikesi”等标识也难以予以保护。广天赛克思公司有关在先使用、邵文军系恶意抢注、有违诚信等抗辩主张，尚不足以在民事侵权诉讼中对抗邵文军的涉案权利诉求，广天赛克思公司在本案审理中对邵文军涉案注册商标提出的效力质疑亦不属本案的审查范围之列。

综前所述，广天赛克思公司的被诉商标侵权行为侵害了邵文军涉案注册商标专用权，应承担相应的民事责任。本案中邵文军的涉案注册商标至今未实际使用，广天赛克思公司的被诉侵权行为未给邵文军造成直接现实的经济损失，邵文军也未能提交因广天赛克思公司突出使用“赛克思”字号及其拼音“SAIKESI”“saikesi”等字样而给其造成实际损失和其他损害的证据，广天赛克思公司在本案中亦不存在侵权的主观故意。据此，赔偿额应仅限于邵文军为制止侵权行为所支付的合理律师代理费及其他合理开支，一审法院酌情确定赔偿额为2万元。

综上，二审法院认为，邵文军提出的部分上诉理由成立，对其相应的上诉请求应予支持。一审法院适用法律不当，依法应予纠正。依照《中华人民共和国民事诉讼法》第一百七十条第一款第（二）项，《中华人民共和国商标法》第五十二条第（一）项、第（五）项及第五十六条第一款，《最高人民法院关于审理商标民事纠纷案件适用法律若干问题的解释》第一条第（一）项、第十七条之规定，判决：一、撤销一审判决；二、广天赛克思公司立即停止侵害邵文军所享有的涉案商标的注册商标专用权的行为，即立即停止突出使用“赛克思”“SAIKESI”“saikesi”等字样；三、广天赛克思公司赔偿邵文军为制止侵权行为所支付的合理律师代理费及其他合理开支2万元，于判决送达之日起10日内履行完毕；四、驳回邵文军的其他诉讼请求。一、二审案件受理费各8800元，均由邵文军各负担4220元，广天赛克思公司各负担4580元。

广天赛克思公司向本院申请再审称：（1）二审法院认定的基本事实缺乏证据证明，其不存在突出使用涉案商标的事实。广天赛克思公司的创始

人即法定代表人吴赛珍早在上世纪90年代就开办了赛克思厂，后因经营需要，与他人合办现在的公司，该公司从新建厂房开始，在公司的大门墙中镶嵌的就是“赛克思液压”这5个字。广天赛克思公司的公司名称从成立以后，一直对外简称赛克思液压公司，故在设立网站时使用的域名就是赛克思的汉语拼音，这也不存在突出使用平时广告中使用的“SKS”加“赛克思液压”5个字，邵文军当时还在工商局商标管理科工作，其商标还没有注册。二审法院认为广天赛克思公司没有规范使用企业名称全称是错误的。广天赛克思公司在广告中从来没有单独使用过涉案商标，广告及宣传中均是使用“SKS”商标加上“赛克思液压”字样的标识，在广告杂志中的使用不属于商标意义上的使用。邵文军申请的商标注册后3年多从没有使用过，一审、二审法院均查明，邵文军原系宁波市工商行政管理局从事商标管理的工作人员，利用职务之便，在广天赛克思公司以“赛克思”3个字的第一个拼音注册了“SKS”商标的情况下，注册了“赛克思”商标。广天赛克思公司不可能也不存在利用涉案商标从事商标法意义上的侵权行为，二审法院改判系适用法律错误。广天赛克思公司提交的证据足以证明，该公司从成立到今天的发展均是通过自主经营才在我国最高端领域取得了一定荣誉和声誉，有相当一部分是在涉案商标注册前就取得的。二审法院认为其产品不具有一定影响系认定事实错误。（2）二审法院适用法律错误。依据《中华人民共和国商标法》第四十四条、《中华人民共和国商标法实施条例》第三十九第二款的规定，商标注而不用，不应受到法律保护。广天赛克思公司从未将涉案商标在商品中突出使用，故不应适用《中华人民共和国商标法》第五十二条第（一）项和《最高人民法院关于审理商标民事纠纷案件适用法律若干问题的解释》第一条第（一）项的规定。请求依法撤销二审判决，改判维持一审判决，驳回邵文军的诉讼请求。

邵文军提交意见认为：广天赛克思公司称其不存在突出使用涉案商标的行为与事实不符。广天赛克思公司使用与涉案商标完全相同的文字作为企业字号；在与该涉案商标核定使用的商品相同的商品上突出使用，甚至与广天赛克思公司自身拥有的“SKS”注册商标捆绑使用，并违法使用注册商标专用的“R”注册标记，明显产生混淆，使相关公众对商品来源产生误认，构成侵权。广天赛克思公司称其对“赛克思”及“SAIKESI”企业字号具有在先使用权，故不构成对涉案商标的侵害，理由不能成立。“赛克思”汉字及拼音“SAIKESI”并非其字号，亦并非其企业简称。案外人赛克思厂系个人独资企业，而广天赛克思公司系国有企业与私人合资的有限责任公司，是两个独立的企业法人。即便赛克思厂享有赛克思字号，也不代表广天赛克思公司的字号“广天赛克思”就能够以“赛克思”来代替。此外，“赛克思”是具有一定知名度的企业字号，也没有充分的事实依据。截至2011年，浙江省已认定知名商号企业1003家，广天赛克思公司和赛克思厂都不在其中。广天赛克思公司陈述“广告中从来没有单独使用过涉案商标”与事实不符。广天赛克思公司的侵权行为体现在其产品上、企业字号以及广告宣传上。在广告上使用也属于商标意义上的使用。广天赛克思公司称涉案商标注册三年多没有使用与事实不符。涉案商标申请受理日期是2006年2月，初步审定公告日期是2008年12月20日，由于在公告期内广天赛克思公司向商标局提出异议，故邵文军实际取得注册商标专用权的日期是2011年6月。邵文军在宁波市江北区工商行政管理局工作，2003年辞职，2006年申请涉案商标，而当时广天赛克思公司才注册登记，不存在恶意抢注的问题。请求法院依法驳回广天赛克思公司的再审申请。

本院经审理查明：一审、二审法院查明的事实属实，本院予以确认。另查明：

邵文军在本院庭审中提交如下证据：（1）邵文军邀请中国政法大学四位学者出具的《专家法律意见书》复印件，用以证明广天赛克思公司的行为侵害邵文军的注册商标专用权；（2）商标局于2014年2月20日出具的《商标使用许可合同备案通知书》，显示邵文军的涉案商标许可上海启庞机电有限公司使用，使用期限自2013年8月15日至2015年8月15日；（3）上海启庞机电有限公司使用涉案商标的照片；（4）宁波市海曙盛涛汽车配

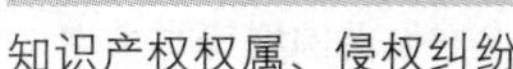

件供应站使用涉案商标的照片及发票，开票日期为2014年10月27日，证据2—4均用以证明涉案商标的使用情况；（5）广天赛克思公司于2014年1月在代理商年会上使用涉案商标的照片，用以证明广天赛克思公司的侵权行为仍在继续进行；（6）宁波市工商行政管理局江北分局于2003年8月18日印发的《关于同意邵文军同志辞职的批复》，用以证明邵文军注册涉案商标并非利用职务便利。广天赛克思公司当庭发表如下质证意见：证据1即《专家法律意见书》为复印件，不能证明其真实性，且专家意见不能作为证据使用；证据2~4均系邵文军在本案一审、二审结束后为本案的再审复查去做的证据，不能证明本案涉案商标的使用情况；证据5广天赛克思公司是将赛克思与“SKS”组合使用，该证据反而能证明广天赛克思公司使用商标的行为不侵害邵文军的注册商标专用权；证据6证明邵文军的确是2003年8月18日从工商局辞职，但此后在宁波唯一的商标事务所工作，该事务所系隶属于工商局的事业单位，不能证明邵文军注册涉案商标未利用其职务便利。

本案对邵文军提交的上述证据认证如下：证据1即《专家法律意见书》复印件，对该证据的真实性不予确认，且专家意见不能作为本案认定事实和适用法律的依据，本院不予采信；证据2~4均形成于本案二审判决之后，不能证明邵文军提起本案诉讼前已经使用涉案商标；证据5可以证明广天赛克思公司以“SKS” + “赛克思液压” + “SKS HYDRAULIC”组合的形式使用其注册商标及企业名称中文、拼音简称，不能证明广天赛克思公司使用邵文军的涉案商标；证据6可以证明邵文军的辞职时间为2003年8月18日，该证据与邵文军的证明目的之间不具有关联性。

又查明：邵文军在一审庭审中确认，涉案商标至一审庭审时未实际生产过相关产品。

2009年11月24日，域名“saikesi. com”已由赛克思厂变更注册至广天赛克思公司名下。

本院认为，本案双方当事人再审期间的争议焦点为广天赛克思公司的被诉行为是否侵害邵文军涉案商标的商标专用权。

《中华人民共和国商标法》第五十二条规定，未经商标注册人的许可，在同一种商品或者类似商品上使用与其注册商标相同或者近似的商标的，或者销售侵犯注册商标专用权商品的，属于侵犯注册商标专用权的行为。本案中，邵文军主张广天赛克思公司的侵权行为包括：在广天赛克思公司所在地设置印有“赛克思液压”字样的巨幅广告牌及悬挂印有上述字样的旗帜；在其产品宣传册的封面以大号字体标注“赛克思液压”字样，内页印有“赛克思”中文及拼音；在其网站上使用“赛克思”中文和拼音标识进行宣传；在生产的产品铭牌上印有“saikesi”标识。广天赛克思公司提出的抗辩理由为其享有在先企业字号及域名，且该公司将其注册商标“SKS”与“赛克思液压”组合使用，不会导致相关公众的混淆和误认。

一、关于广天赛克思公司是否享有合法的在先权利

从一审、二审法院查明的事实看，首先，赛克思厂系1997年6月11日成立的个人独资企业，负责人为吴赛珍，其经营范围为液压泵及其配件等。该厂申请的“SKS”商标于2000年7月21日被商标局核准注册，核定使用的商品为第7类“液压泵、液压阀”。2005年4月22日，高志明、吴赛珍、宁波建工集团股份有限公司和赛克思厂投资成立了建工赛克思公司。建工赛克思公司于2006年6月15日更名为广天赛克思公司，法定代表人为吴赛珍，经营范围为液压和气动机械及元件的开发、制造、加工、批发、零售和维修服务。赛克思厂于2009年9月14日将其“SKS”商标转让给广天赛克思公司。邵文军于2006年2月10日申请注册涉案商标。由上述事实可知，赛克思厂使用“赛克思”作为企业字号的时间早于邵文军申请注册涉案商标近九年；广天赛克思公司的前身建工赛克思公司成立并将“赛克思”作为其企业字号主要部分的时间亦早于邵文军申请注册涉案商标一年多。广天赛克思公司与赛克思厂虽然属于不同的主体，但从两家企业的经营范围、投资结构及法定代表人看，二者存在一定的渊源关系，且“赛克思”字号从赛克思厂一直延续沿用到广天赛克思公司，广天赛克思公司只是在“赛克思”前加了“广天”二字，以跟其前身建工赛克

思公司区别。赛克思厂与广天赛克思公司两家企业还一并使用其字号（或字号主要部分）“赛克思”、字号的拼音“SAIKESI”及企业名称简称“赛克思液压”对外进行广告宣传，经营同样的产品，取得了一定的知名度。赛克思厂字号的知名度已经辐射到广天赛克思公司。因此，可以认定广天赛克思公司享有合法的在先字号权。其次，域名是互联网上识别和定位计算机的层次结构式的字符标识，与该计算机的互联网协议 IP 地址相对应。域名属于当事人的一种民事权益，受法律的保护。域名是全球性的，商标则有严格的地域性。因此，域名所有人注册域名之后，商标注册人才对该域名具有标识性部分申请注册商标并取得商标权的，其商标专用权不能延及该域名。赛克思厂于 2000 年 1 月 31 日将其字号的拼音注册为域名“saikesi. com”，该域名已在国际顶级域名数据库中记录。广天赛克思公司成立后便一直使用赛克思厂的域名“saikesi. com”作为其官方网站进行对外宣传，具有了一定的知名度。其后，赛克思厂的域名“saikesi. com”变更注册至广天赛克思公司名下。尽管邵文军的涉案商标中也含有“赛克思”及其拼音“SAIKESI”，但赛克思厂注册并使用其域名“saikesi. com”的时间早于邵文军申请注册涉案商标六年，邵文军的涉案商标不能阻却赛克思厂的域名权，故可以认定赛克思厂享有在先的域名权。如前所述，广天赛克思公司与赛克思厂存在一脉相承的历史渊源关系，且赛克思厂的在先域名已变更注册至广天赛克思公司名下，因此，可以认定广天赛克思公司享有合法的在先域名权。

二、关于广天赛克思公司注册商标、字号、企业名称简称的使用状况及知名度情况

首先，宁波美达柯式印刷有限公司一直以来为赛克思厂、广天赛克思公司印刷产品宣传册。在 2004—2005 年赛克思厂印刷的宣传册封面及其他宣传册、广天赛克思公司住所地的大门、悬挂的旗帜、销售部玻璃、厂房上方的广告牌、大门右侧及其公司网站上，分别或同时标注“SKS”“赛克思液压”“SKS HYDRAULIC”“赛克思厂”“厂址：中国浙江省宁波市潘火

周东桥”“赛克思液压泵配件”“赛克思牌产品”及“华业街195号”等字样。从上述事实看，赛克思厂、广天赛克思公司的主要使用状况是将其以企业字号拼音首字母注册的商标“SKS”、字号（或字号主要部分）的拼音“SAIKESI”、企业名称中文简称“赛克思液压”“赛克思厂”及企业名称英文简称“SKS HYDRAULIC”甚至公司地址组合在一起使用，相关公众完全能够区分。其次，赛克思厂自设立起就生产和销售液压泵等产品，赛克思厂、赛克思厂的负责人与其他企业合资成立新的公司广天赛克思公司后，其企业规模不断壮大。目前，广天赛克思公司注册资本已达8500万元。该公司资产总额从2006年年初的3428千万元逐年递增至2010年年末的2.882亿元。广天赛克思公司还获得有关部门颁发的多项荣誉证书：2007年8月8日被宁波市科技局认定为高新技术企业，2008年2月被浙江省科技厅认定为高新技术企业，2007年12月科技部火炬高技术产业开发中心向广天赛克思公司颁发了国家火炬计划项目证书等。经过多年的生产、销售以及宣传，“赛克思”“SAIKESI”和“saikesi”字样已经与广天赛克思公司以及相关产品联系起来，赛克思厂在字号与注册商标上的知名度也均已辐射至广天赛克思公司。因此，可以认定广天赛克思公司在行业内已经具有较高的影响力和知名度。

三、关于广天赛克思公司被诉行为是否具有正当性的问题

首先，广天赛克思公司对由其字号“赛克思”拼音首字母组成的“SKS”商标享有在先的注册商标专用权，同时该公司还享有合法的在先字号权和域名权。广天赛克思公司在邵文军申请注册涉案商标前，先于邵文军对其合法拥有的商标、企业字号中文、拼音以及企业名称简称的中文、拼音的使用不具有恶意；在邵文军申请注册涉案商标后，从邵文军2006年申请注册涉案商标“赛克思 SAIKESI”起，至本案二审法院于2013年2月20日作出二审判决时止，邵文军未提交证明其使用涉案商标使用的证据，其涉案商标因未使用而不具有知名度，故广天赛克思公司的被诉行为亦不具有攀附邵文军涉案商标知名度的主观恶意。其次，从广天赛克思公司的

具体使用方式看，“赛克思”本身就是其企业字号的主要部分，“赛克思”与其拼音“SAIKESI”具有互相指代关系。广天赛克思公司将“SKS”“赛克思液压”“SKS HYDRAULIC”“赛克思厂”组合在一起，经过长期使用，已具有较高的知名度，相关公众已经能将上述标识与广天赛克思公司经营范围内的产品联系起来。因此，广天赛克思公司的使用行为不会导致相关公众的混淆和误认，其被诉行为具有正当性。即便邵文军对涉案商标享有商标专用权，但其商标专用权的排斥力因其商标不具知名度而应受到一定的限制，其亦无权禁止广天赛克思公司在原有的范围内继续使用。

四、邵文军注册涉案商标是否具有正当性的问题

本院认为，利用职务上的便利或业务上的优势，恶意注册商标，损害他人在先权利，为自己谋取不正当利益的行为，属于违反诚实信用的行为，不应受法律的保护。本案中，邵文军原系宁波市工商行政管理局江北分局的工作人员，于 2003 年辞去公职。因赛克思厂的企业字号“赛克思”、注册商标“SKS”及域名“saikesi. com”在 2003 年邵文军辞职之前均已注册使用，作为与赛克思厂、广天赛克思公司同处一地的工商部门工作人员，邵文军在辞职时应当知悉赛克思厂、广天赛克思公司商标的实际注册情况、字号（或字号主要部分）及企业名称简称的实际使用状况等相关信息资料，其于辞职后在与广天赛克思公司经营范围同类的商品上，注册与广天赛克思公司企业字号主要部分中文及拼音相同的商标，直至本案二审结束仍未使用，却针对在先权利人提起侵权之诉，其行为有违诚实信用，不具有正当性，不应受法律保护。因此，邵文军以非善意取得的商标权对广天赛克思公司的正当使用行为提起侵权之诉，属于对其注册商标专用权的滥用，其诉讼请求不应得到支持。

综上，二审法院适用法律错误，本院予以纠正；一审法院认定事实清楚，适用法律正确，本院予以维持。广天赛克思公司的再审理由成立，本院予以支持。依照《中华人民共和国民事诉讼法》第十三条、第一百七十条第一款第（二）项、第二百零七条之规定，判决如下：

一、撤销浙江省高级人民法院（2012）浙知终字第306号民事判决；

二、维持浙江省宁波市中级人民法院第（2012）浙甬知初字第41号民事判决。

本案一审、二审受理费各8800元，共计17600元，均由邵文军负担。

本判决为终审判决。

审 判 长　于晓白
审 判 员　骆　电
代理审判员　李　嵘

二〇一五年十月三十日

书 记 员　王　晨

47. 杭州奥普卫厨科技有限公司与浙江现代新能源有限公司、浙江凌普电器有限公司、杨艳侵害商标权纠纷案*

判断商标是否近似，应综合考量其文字的字形、读音、含义或者图形的构图及颜色或者各要素组合后的整体结构。随着新技术出现，在不同类别的商品上拥有相近似注册商标的，未规范使用，跨入对方注册商标的领地，构成侵犯注册商标专用权

最高人民法院民事判决书

（2016）最高法民再216号

再审申请人（一审被告、二审上诉人）：杭州奥普卫厨科技有限公司。住所地：浙江省杭州经济技术开发区21号大街210号。

法定代表人：方杰，该公司董事长。

委托代理人：孙君慈，北京市天昱律师事务所律师。

被申请人（一审原告、二审上诉人）：浙江现代新能源有限公司。住所地：浙江省海盐百步工业区南A区。

法定代表人：盛林君，该公司董事长。

被申请人（一审原告、二审上诉人）：浙江凌普电

* 摘自《知识产权审判与指导》2016年第2辑（总第28辑），人民法院出版社2017年版，第185~202页。

器有限公司。住所地：浙江省嘉兴市南湖区凤桥镇工业功能区莲花路北侧。

法定代表人：林珠，该公司董事长。

一审被告、二审上诉人：杨艳，女，汉族，×年×月×日出生，系苏州工业园区娄葑镇福鑫卫厨经营部业主，住江苏省张家港市×镇×里×幢×室。

再审申请人杭州奥普卫厨科技有限公司（以下简称奥普卫厨公司）因与被申请人浙江现代新能源有限公司（以下简称新能源公司）、浙江凌普电器有限公司（以下简称凌普公司）及一审被告、二审上诉人杨艳侵害商标权纠纷一案，不服江苏省高级人民法院（2011）苏知民终字第0143号民事判决（以下简称二审判决）向本院申请再审。本院于2015年12月26日作出（2015）民申字第428号民事裁定，决定提审本案。提审后，本院依法组成合议庭对本案进行了审理。现已审理终结。

新能源公司、凌普公司向江苏省苏州市中级人民法院（以下简称一审法院）共同提起诉讼称：新能源公司系注册号为1737521、核定使用在第6类的"金属建筑材料、家具用金属附件"等商品之上的"[商标图样]"（以下简称涉案商标）的权利人，涉案商标核定使用于2002年3月28日。凌普公司为被许可使用人。涉案商标由新能源公司和凌普公司使用于其生产销售的金属集成吊顶等产品上。经新能源公司的大力宣传，"奥普集成吊顶"已成为广大消费者知晓的知名产品，与新能源公司和凌普公司形成了固定的联系和指向。新能源公司和凌普公司于2009年在杨艳的经营场所中发现标有"AUPU奥普"商标的金属吊顶，产品上标注的生产者为奥普卫厨公司。另外，杨艳在经营场所的装潢和广告宣传中还大量使用了"奥普1+N浴顶"和"AUPU奥普"等文字宣传。奥普卫厨公司和杨艳未经新能源公司许可，擅自在第6类金属建筑材料上使用与新能源公司涉案商标相近似的"AUPU奥普"，违反了《中华人民共和国商标法》第五十二条第一款第（一）项的规定，侵害了新能源公司的注册商标专用权，损害了新能源公司和凌普公司的合法权益。请求法院判令杨艳和奥普卫厨公司：（1）立即停止在金属吊顶等产品上使用"AUPU奥普"商标；（2）立即停止在经营场所、网站或其他相关媒体上进行有关"奥普浴顶"的广告宣传；（3）连带赔偿新能源公司和凌普公司经济损失人民币500万元（包括合理费用）；（4）在全国范围的报纸、电视、网站等相关媒体上发表声明消除影响。

一审法院查明：

新能源公司成立于2004年5月，经营范围为生产销售太阳能热水器、玻璃制品、小家电及集成天花板，注册资本1008万元人民币。2002年，国家工商行政管理总局商标局（以下简称商标局）核准注册涉案商标，商标注册号为1737521，核定使用商品为第6类，包括金属毛巾架、金属固定毛巾分配器，金属建筑材料，家具用金属附件，金属锁（非电），五金家具，窗用金属附件，钉子，保险柜和金属箱，注册有效期自2002年3月28日至2012年3月27日。后新能源公司受让成为该商标专用权人。2009年11月17日，商标局备案号为200917245的商标使用许可合同备案通知书载明：新能源公司许可现代（中国）投资有限公司使用第1737521号商标，许可期限为2009年11月1日至2012年3月27日。2009年12月12日，现代（中国）投资有限公司与凌普公司签订商标使用许可合同，约定现代（中国）投资有限公司许可凌普公司使用第1737521号商标，许可期限自2009年12月1日至2012年3月27日，该合同经商标局备案。诉讼中，新能源公司提交了实际使用涉案注册商标的产品实物。

1995年2月21日，杭州奥普斯照明器材有限公司经核准注册“奥普”商标，注册号为730979，核定使用商品为第11类：照明器材；取暖器；排气扇；照明；取暖；排风一体机。1998年6月28日，杭州奥普斯照明器材有限公司经核准注册“奥普”商标，注册号为1187759，核定使用商品为第11类：热气沐浴装置；浴用加热器；沐浴单间等。杭州奥普斯照明器材有限公司后更名为杭州奥普电器有限公司。2001年6月，“奥普”注册商标被评为杭州市著名商标。2002年3月，使用在“浴霸、通风扇”上的“ 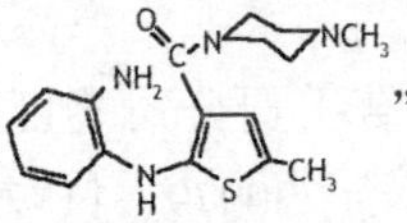 ”商标被评为浙江省著名商标。2004年1月，杭州奥普电器有限公司的奥普企业商号被认定为浙江省知名商号。2002年7月7日，杭州奥普斯照明器材有限公司经核准注册“AUPU”商标，注册号为1803772，核定使用商品为第11类：冰箱；厨房炉灶；排气风扇；取暖器；

浴室装置等。2005 年 1 月，杭州奥普电器有限公司使用在 11 类浴霸、通风扇上的“奥普”商标被认定为浙江省著名商标。2005 年 9 月 8 日，湖北省武汉市中级人民法院（2005）武知初字第 25 号民事判决书认定杭州奥普电器有限公司注册并使用在第 11 类商品上的“奥普”商标为驰名商标。

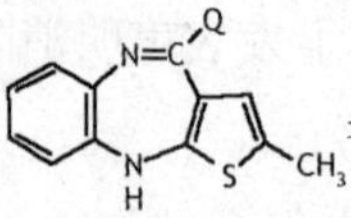

2004 年 3 月 21 日，杭州奥普电器有限公司经核准注册“奥普”商标，注册号为 3338892，核定使用商品为第 6 类：未加工或半加工普通金属；铁路金属材料；金属绳索等。2006 年 12 月 21 日，杭州奥普电器有限公司经核准注册取得“AUPU”商标，注册号为 4217092，核定使用商品为第 6 类：非电气金属缆绳；非电气金属电缆接头；金属标志牌；铜焊金属焊条；金属风标；树木金属保护器；普通金属艺术品等。2009 年 4 月 14 日，杭州奥普电器有限公司经核准注册“1 + N”商标，注册号为 5244151，核定使用商品为第 6 类：铝；金属隔板（建筑）；建筑用金属板；建筑用金属盖板；金属片和金属板；金属建筑物等。2009 年 5 月 25 日，杭州奥普电器有限公司与奥普卫厨公司签订商标使用许可合同，约定杭州奥普电器有限公司将 5244151 号商标许可奥普卫厨公司使用，许可方式为普通许可，许可期限至一审开庭日尚未届满。2009 年 8 月 21 日，杭州奥普电器有限公司经核准注册“1 + N 浴顶及图”商标，注册号为 5244152，核定使用商品同 5244151 号注册商标。

奥普卫厨公司成立于 2004 年 9 月 9 日，经营范围为研发、生产：家用、工业新型通风置换产品，照明电器，其他卫厨，家用电器；销售：本公司生产的产品；从事上述商品的零售、批发业务和售后服务。注册资本 2061 万美元。奥普卫厨公司和杭州奥普电器有限公司均系奥普集团控股有限公司下属的子公司。

2008 年 4 月 29 日，杭州奥普电器有限公司与奥普卫厨公司签订商标使用许可合同，约定杭州奥普电器有限公司将注册号为 730979、1187759、1803772、3338892、4217092 的商标许可奥普卫厨公司使用，许可方式为普通许可，许可期限至一审开庭日尚未届满。2009 年 9 月 30 日，杭州奥普电器有限公司与奥普卫厨公司签订商标使用许可合同，约定杭州奥普电器有限公司将5244152号商标许可奥普卫厨公司使用，许可方式为普通许可，许可期限至一审开庭日尚未届满。

杨艳系苏州工业园区娄葑镇福鑫卫厨经营部业主，该经营部成立于2007年12月4日，经营类型为个体经营，专营“奥普电器1+N浴顶”，工商登记经营范围为卫厨、电器、扣板辅材的零售。

2009年11月6日，杭州奥普电器有限公司向国家工商行政管理总局商标评审委员会提出注册商标争议裁定申请书，要求注销商标号为1737521的涉案注册商标，商标评审委员会于2009年11月16日受理了该申请。

2009年11月18日，经新能源公司申请，浙江省海盐县公证处公证人员周雁虹、袁奇峰随同新能源公司的委托代理人俞召军来到坐落于江苏省苏州市华东装饰城综合区9号的“奥普1+N浴顶”商店，俞召军向该店购买了相同型号规格的“浴顶”14箱，并取得编号为0057860的收据一张。公证人员对购买过程进行了现场监督，拍摄了照片20张，并将照片制成了光盘2份，分别进行封存，其中1份交由申请人保存。2009年11月21日，浙江省海盐县公证处就上述证据保全过程出具了（2009）盐证内字第3514号公证书。

庭审中，奥普卫厨公司确认（2009）盐证内字第3514号公证书中涉嫌侵权产品为其向杨艳提供。公证购买的“浴顶”外包装箱注明为AF002钛空银，普通扣板（300×300），浴顶通用组件，产品型号为TKB－01，外包装下方标明杭州奥普卫厨科技有限公司以及相应的地址和电话，打开外包装的扣板上显著位置标注了“AUPU奥普®”。经一审法院当庭拆封公证实物查验，金属扣板的整体覆膜印有“AUPU奥普®”商标，在“AUPU奥普®”商标上方又加贴条线半透明膜，透过覆膜仍可以较为清晰地看到“AUPU奥普”，金属扣板侧面则压印有“AUPU”标志，侧面覆膜上“AUPU奥普®”商标也未有任何覆盖。

另查明，2010年6月28日，嘉兴市工商行政管理局在处理凌普公司不规范使用注册商标案件中作出嘉工商2010贡字01号责令改正通知书，该通知书中明确：杭州奥普电器有限公司在第11类商品上已注册拥有了“奥普”商标。在第6类“金属毛巾架；金属固定毛巾器；金属建筑材料”

等商品上，新能源公司注册了涉案注册商标。通过与新能源公司签订《商标使用许可合同》，凌普公司有权在第6类商品上使用涉案注册商标，但凌普公司实际使用中在产品的内外包装、各种广告以及经销场所的店牌、招牌上却将涉案注册商标自行改变为“奥普”文字，在引导消费者指向凌普公司的金属建筑材料的同时，更多地指向在市场上具有较高知名度的奥普电器产品，使消费者产生误认、混淆，凌普公司的行为构成不正当竞争，故责令凌普公司规范使用涉案注册商标，立即停止在产品的内外包装、各种广告以及经销场所的店牌、招牌上笼统地使用“奥普集成吊顶”名称的行为。

再查明，中国建筑装饰装修材料协会在《关于“集成吊顶”产品相关问题的解释》中明确：“集成吊顶”是一种用于建筑装饰装修方面的装修材料的集成，是基于其自身的材质、结构和安装特点而具有集成其他符合其标准的功能模块的吊顶产品。集成吊顶强调的是该产品具有集成符合其规格和标准的其他功能性模块的集成能力，其本身仍然是一种顶部装修材料，金属天花板、金属吊顶是金属建筑装饰材料的一种。在集成吊顶产品的实际销售中，是否需要在吊顶产品上加装电器模块、加装哪些电器模块、加装何种品牌的电器模块、加装哪个企业生产的电器模块完全取决于消费者的选择。

一审法院认为：根据《最高人民法院关于审理商标民事纠纷案件适用法律若干问题的解释》（以下简称《商标民事案件司法解释》）第四条第二款的规定，普通使用许可合同的被许可人经商标注册人明确授权，可以提起诉讼。本案中，新能源公司作为注册商标权人，有权提起侵权诉讼。凌普公司作为涉案商标的被许可使用人，与新能源公司一起提起诉讼，应视为得到授权，其与新能源公司一并作为原告提起诉讼符合法律规定。关于第一项争议焦点，一审法院认为，根据《中华人民共和国商标法》第三条规定，经商标局核准注册的商标为注册商标，商标注册人享有商标专用权，受法律保护。奥普卫厨公司以申请撤销注册商标为由，提出中止审理缺乏法律依据，一审法院不予支持。关于第二项争议焦点，一审法院认为，被控侵权金属扣板的保护覆膜通体印制有“AUPU奥普”，该标识虽由奥普卫厨公司在产品包装中另行加贴半透明塑料条覆盖，但依然可辨别，且产品上还有未覆盖的“AUPU 奥普”标识清晰可见。奥普卫厨公司在被控侵权产品上标注“AUPU 奥普®”的行为，应当视为商标使用。关于第三项争议焦点，一审法院认为，涉案商标核定使用商品类别包含了金属建筑材料，而被控侵权产品系金属扣板，应归属于金属建筑材料。对于奥普卫厨公司抗辩认为在集成吊顶产品中的金属扣板附属于电器产品销售的主张，一审法院认为，集成吊顶是一种包含电器和金属建筑材料的组合体，其所集成的商品各有其商品类别归属，应当分别归于其所属类别，故对奥普卫厨公司该项抗辩，不予支持。关于奥普卫厨公司提出的涉案金属扣板属于注册商标分类中第 6 类中金属半制品的观点，没有依据，不能成立。被控侵权商品属金属建筑材料，属新能源公司涉案注册商标的核定使用商品范围内。根据《商标民事案件司法解释》第九条、第十条的规定，奥普卫厨公司在金属扣板产品上显著标注了“AUPU 奥普”标识，与涉案商标相比，其中的汉字“奥普”完全相同，英文字母“AUPU”与涉案注册商标中的“aopu”仅一个字母之差，从商标呼叫功能判断，均为“奥普”，相同；从字形来看，“AUPU 奥普”与“”两者应属于近似，以一般消费者的注意力往往容易造成混淆和误认，故杨艳和奥普卫厨公司在金属扣板商品上使用“AUPU 奥普®”商标标识的行为构成对新能源公司涉案注册商标专用权的侵犯。关于第四项争议焦点，一审法院认为，根据《中华人民共和国商标法》第五十六条第三款的规定，销售者要免除承担赔偿经济损失的责任，就必须证明其已提供了合法来源，即通过合法的进货渠道、以正常的买卖关系、合理的价格，从他人处购买的被控侵权商品，且主观上不知道其销售的是侵权商品。本案中，杨艳主张系经销商，却未能提交其经销商品的采购和发货凭证。但考虑到杨艳本身系奥普卫厨公司专营经销商，被控侵权产品系在经销场所取证获得，同时被控侵权产品的来源又得到了生产商奥普卫厨公司的确认，而奥普卫厨公司作为规模化企业，其对自身产品来源的陈述具有较高的证明力，一审法院对杨艳系经销商并有合法来源的抗辩予以采信。杨艳依法应当承担停止销售侵权商品但免除赔偿损失的民事责任。

关于奥普卫厨公司的赔偿责任，奥普卫厨公司及其关联公司杭州奥普电器有限公司在其经营中通过对其电器类奥普注册商标的长期营销宣传已产生较高的知名度。本案中，新能源公司对其涉案注册商标是否享有较高知名度，举证不足。考虑以上因素，以消费者的一般注意力判断并进行合理的逻辑推论，将涉案奥普卫厨公司生产、杨艳销售的被控金属扣板误认为来源于新能源公司和凌普公司的可能性较小。因此，对新能源公司主张以奥普卫厨公司在金属扣板产品中所获得的所有利润作为侵权所得赔偿的观点，不予支持。同时，从现有证据来看，奥普卫厨公司在拓展进入金属扣板商品领域时，理应知道注册商标类别第6类中的金属扣板产品与电器不属于同类商品，且有证据推定奥普卫厨公司知晓在金属材料商品类别中已经存在新能源公司的涉案商标，奥普卫厨公司利用自身在电器中的“奥普”“AUPU”品牌知名度，强行将该商标使用至金属扣板产品中的行为，侵犯他人的注册商标专用权，其行为足以致使新能源公司所拥有的注册商标失去基本的标识功能，割断涉案商标与新能源公司产品的联系，压制了其经营空间，将新能源公司寄予该注册商标谋求市场声誉，拓展企业发展空间，提升企业品牌信誉的期望受到抑制。就此而言，新能源公司因涉案侵权行为受到损失是确定的。奥普卫厨公司对涉案商标的所有权人构成实质性损害，其赔偿责任应当以消除这一损害并结合注册商标权利人为制止涉案侵权的合理支出费用为标准，依法酌定。对于新能源公司主张的赔偿过高部分，因与侵权行为之间缺乏因果关系且缺乏合理性，对此不予支持。对于新能源公司提出的要求奥普卫厨公司在全国性媒体上刊登声明消除影响的诉讼请求，有利于消除侵权影响，恢复注册商标合法权利，一审法院予以支持。据此，依照《中华人民共和国商标法》第三条第一款、第五十二条第（一）项、第五十六条第三款、商标民事案件司法解释第九条第二款和第十条，《中华人民共和国民事诉讼法》第六十四条之规定，一审法院判决：一、杨艳和奥普卫厨公司立即停止侵犯涉案商标专用权的行为；二、奥普卫厨公司赔偿新能源公司和凌普公司损失人民币10万元；三、奥普卫厨公司就本案所涉侵权事项在《中国消费者报》刊登启事一次，消除影响；四、驳回新能源公司和凌普公司的其他诉讼请求。案件受理费47040元，由新能源公司承担38240元，奥普卫厨公司承担880元。

新能源公司、凌普公司、奥普卫厨公司、杨艳均不服一审判决，在法定期限内向江苏省高级人民法院提起上诉。

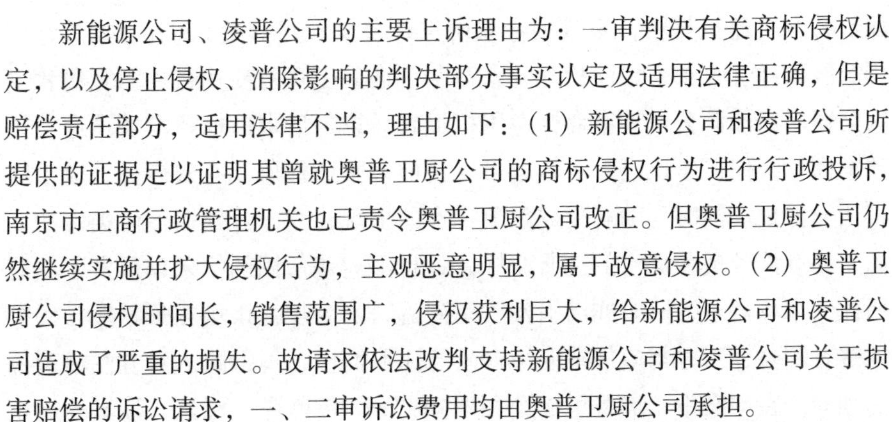

新能源公司、凌普公司的主要上诉理由为：一审判决有关商标侵权认定，以及停止侵权、消除影响的判决部分事实认定及适用法律正确，但是赔偿责任部分，适用法律不当，理由如下：(1) 新能源公司和凌普公司所提供的证据足以证明其曾就奥普卫厨公司的商标侵权行为进行行政投诉，南京市工商行政管理机关也已责令奥普卫厨公司改正。但奥普卫厨公司仍然继续实施并扩大侵权行为，主观恶意明显，属于故意侵权。(2) 奥普卫厨公司侵权时间长，销售范围广，侵权获利巨大，给新能源公司和凌普公司造成了严重的损失。故请求依法改判支持新能源公司和凌普公司关于损害赔偿的诉讼请求，一、二审诉讼费用均由奥普卫厨公司承担。

奥普卫厨公司、杨艳的主要上诉理由为：(1) 被控侵权商标的使用不会造成相关公众的混淆误认，系合理、合法使用，因此奥普卫厨公司和杨艳的行为并不构成商标侵权。(2) 判决奥普卫厨公司和杨艳承担损害赔偿和消除影响的法律责任没有事实基础，奥普卫厨公司和杨艳并未侵害新能源公司和凌普公司的商标权，也未造成损害或影响其商誉。请求依法撤销一审判决，并判决依法驳回新能源公司和凌普公司的所有诉讼请求，或者将本案发回重审。

江苏省高级人民法院二审查明：

涉案商标仍处于有效期内；奥普卫厨公司、杨艳确认其在金属扣板上使用的“AUPU 奥普”标识与涉案注册商标近似；新能源公司为本案支付律师代理费人民币 20 万元。另查，凌普公司在二审法院审理过程中撤回上诉并放弃在本案中提出的全部诉讼请求，二审法院予以准许。

江苏省高级人民法院二审认为：

一、奥普卫厨公司在其生产和销售的金属吊顶扣板使用“AUPU 奥普”标识的行为、杨艳销售使用“AUPU 奥普”标识的金属吊顶扣板的行为构成对新能源公司涉案商标专用权的侵犯，其应当承担相应的民事责任。奥普卫厨公司、杨艳对其在金属扣板上使用了被控侵权标识以及被控侵权标识与涉案商标近似没有异议，但认为该行为并不构成侵权，理由是其在金属吊顶扣板上使用“AUPU 奥普”标识系合法使用，不会造成相关公众的混淆误认。二审法院认为，奥普卫厨公司、杨艳的该上诉理由不能成立，理由是：新能源公司对涉案商标在第 6 类“金属毛巾架、金属固定毛巾分配器，金属建筑材料，家具用金属附件，金属锁（非电），五金家具，窗用金属附件，钉子，保险柜和金属箱”等商品上享有专用权。尽管奥普卫厨公司对新能源公司涉案商标专用权提出异议，请求商标评审委员会撤销涉案商标，但该争议已近5年未果。目前涉案商标属于有效商标，应当获得法律保护。同时，随着集成吊顶技术的出现，双方分别在不同类别的商品上拥有涉及奥普文字的注册商标，各自不规范使用的结果，引发了相对恶性的市场竞争，同时亦已引发了系列诉讼。为规范市场竞争秩序，保护消费者利益，双方都应规范使用自己的注册商标，不得跨入对方注册商标的领地。在本案中，奥普卫厨公司明知“AUPU奥普”标识与涉案商标近似，仍然在其生产和销售的金属扣板上予以使用，构成对涉案商标专用权的侵犯。与涉案商标相比，奥普卫厨公司的电器类“奥普”注册商标具有较高的知名度，消费者将奥普卫厨公司生产、杨艳销售的被控金属扣板误认为来源于新能源公司的可能性较小，但将新能源公司生产销售的金属扣板误认为来源于奥普卫厨公司或认为二者之间存在某种关联的可能性较大。这必然会降低乃至于消灭涉案注册商标在消费者心目中的影响，妨碍新能源公司合法行使涉案商标专用权，对其合法利益造成损害。因此，奥普卫厨公司和杨艳关于其在金属扣板上使用“AUPU奥普”标识不会造成相关公众的混淆误认，其不应当承担侵权责任的主张没有依据。

二、一审判决确定的赔偿额过低。如前所述，奥普卫厨公司的被控侵权行为必然会给新能源公司造成损失，但由于奥普卫厨公司并不存在“搭便车”或“攀附”新能源公司涉案商标商誉的事实，以奥普卫厨公司生产销售的金属扣板利润作为侵权赔偿的基础，并不合理；而新能源公司亦未举证证明其因侵权所遭受的具体损失数额。因此，本案只能适用法定赔偿，由人民法院依据奥普卫厨公司侵权行为的具体情形予以酌定。由于奥普卫厨公司的电器类“奥普”商标的知名度较高，新能源公司合法行使其涉案商标专用权因此而受到的压制必然较大，其因被控侵权行为遭受的损失必然也较大。该因素在酌定奥普卫厨公司承担的赔偿额时应予考虑，一审法院在酌定赔偿数额时对此未予考虑；再参考新能源公司为本案支出的维权成本，二审法院认为，一审法院确定的赔偿数额较低，应予纠正。

综上，新能源公司的上诉理由有一定合理性，一审判决确定赔偿数额

应予适当调高。奥普卫厨公司和杨艳的上诉理由不能成立，其上诉请求应予驳回。同时，鉴于准许凌普公司撤回上诉并放弃一审全部诉讼请求，二审法院据此对一审判决应予维持的部分做出相应的调整。依照《中华人民共和国商标法》第五十六条，《中华人民共和国民事诉讼法》第一百七十条第一款第（二）项的规定，判决：一、维持一审判决第一、三项；二、变更一审判决第二项为：奥普卫厨公司赔偿新能源公司损失人民币 30 万元；三、变更一审判决第四项为：驳回新能源公司的其他诉讼请求；四、驳回奥普卫厨公司和杨艳的上诉。二审案件受理费人民币 47040 元，由奥普卫厨公司承担。

奥普卫厨公司向本院申请再审称：（1）一审、二审判决认定侵权的基本事实缺乏证据证明。首先，奥普卫厨公司被许可使用的第 1803772 号“AUPU”商标核定使用商品包括“浴室装置”，第 3338907 号“奥普”商标核定使用商品包括“浴室装置”。因此，奥普卫厨公司将注册商标“AUPU 奥普”标识同时使用在“浴顶装置”上的行为是合法的。其次，双方注册商标核定使用的商品既不相同也不类似。奥普卫厨公司生产、销售的第 11 类“卫生设备”群内的“浴顶装置”商品与涉案商标核定使用的第 6 类金属建筑材料、可移动金属建筑物群内的商品比较，二者既不相同也不类似。奥普卫厨公司生产、销售的“浴顶扣板”与涉案商标核定使用的商品“金属建筑材料”比较，两者商品既不相同也不类似。第三，双方注册商标标识构成近似，但相互的使用行为并不构成侵权。奥普卫厨公司同时使用“AUPU 奥普”注册商标在“浴室装置”之“浴顶装置”商品上，其使用行为并没有超越注册商标核定使用的商标和商品范围。据此，一审、二审判决认定奥普卫厨公司侵犯涉案商标专用权是错误的。（2）二审法院判令奥普卫厨公司赔偿新能源公司 30 万元损失并刊登启事消除影响是错误的。新能源公司请求赔偿的经济损失与奥普卫厨公司的行为之间不存在法律上的因果关系，奥普卫厨公司被许可使用的“奥普”商标为驰名商标，其使用行为并无主观过错，不应承担相应的赔偿责任。（3）新能源公司对涉案商标的使用亦会造成相关公众对商品来源的误认。“奥普”商号经杭州奥普电器有限公司和奥普卫厨公司的宣传和使用，已经成为区分商品来源的标识，并在相关公众和消费者之中形成了极高的知名度和认同感。涉案商标与奥普卫厨公司的第730979号和第1187759号“奥普”商标构成类似商品上的近似商标，凌普电器公司的行为使相关公众认为涉案商标核定使用的商品与杭州奥普电器有限公司或者奥普卫厨公司存在相当程度的联系，损害了“奥普”驰名商标的显著性。有必要对新能源公司使用涉案商标的行为进行限制，以消除对“奥普”驰名商标的淡化。（4）一审、二审判决侵害了杭州奥普电器有限公司的合法权益。首先，杭州奥普电器有限公司是第730979号和第1187759号“奥普”、第1803772号“AUPU”以及第3338907号“奥普”商标的注册人。其次，一审、二审判决部分剥夺了再审申请人奥普卫厨公司在其销售的“浴顶装置”商品继续使用“AUPU”商标和“奥普”商标标识的权利，不当限制了杭州奥普电器有限公司驰名商标“奥普”的保护范围。最后，一审、二审判决给当事人从事市场公平竞争造成了消极影响和经济损失。综上，奥普卫厨公司请求本院撤销一审、二审判决，提审本案并依法驳回新能源公司的诉讼请求，并判决禁止新能源公司使用其所有的注册商标中的“奥普”文字。2016年5月31日，奥普卫厨公司向本院书面申请放弃再审请求事项的第三项，即“判决禁止新能源公司使用其涉案商标中的‘奥普’文字”，并补充意见认为，被诉侵权标识与涉案商标核定使用商品不同，标识区别明显，二者均可以合法使用。

被申请人新能源公司陈述意见称：（1）奥普卫厨公司在涉案商品之外取得注册或授权的商标，无论该商标与其在涉案商品上使用的商标是否相同或近似，只要核定使用商品项目不包括涉案商品，该注册商标即不能成为其在涉案商品上合法使用的依据。（2）奥普卫厨公司在“浴霸”或其他商品上取得授权的注册商标的知名度不能成为其在本案中侵权行为的抗辩依据。即使奥普卫厨公司在“浴霸”或其他商品上的注册商标具有极高的知名度，也不能对抗在其他商品上已经取得注册的商标，亦不能构成“合理使用”的情形。（3）奥普卫厨公司对涉案商标合法性的争议不属于本案审理的范围，应当通过其他法律程序予以解决。只要涉案商标仍是有效注册商标，就应当受到法律保护。（4）本案被诉侵权商品为“金属扣板”，并非成套的集成吊顶或奥普卫厨公司所称的“浴顶”或“浴顶装置”，奥普卫厨公司所称“集成吊顶”“浴顶”或其结构特征、国家标准等因素均

不是本案应当考虑的内容。(5) 本案一审、二审判决认定事实清楚、审理程序和适用法律得当，不符合民事诉讼法规定的应当再审的情形。奥普卫厨公司生产、销售的被诉侵权“浴顶”产品所使用的商标，与涉案商标构成使用在类似商品上的近似商标。被诉侵权商品并不在奥普卫厨公司注册商标的保护范围之内，奥普卫厨公司应就其擅自使用侵权标识的行为承担相应的法律责任。综上，新能源公司请求本院依法驳回奥普卫厨公司的再审申请。

被申请人凌普公司、杨艳未向本院提交书面答辩意见。

本院经审理查明：

原审法院查明的事实基本属实，本院予以确认。

在本院再审审查及提审过程中，奥普卫厨公司补充提交了17组证据材料，其具体内容及新能源公司的质证意见为：

第一组：奥普公司所有的第1803772、3338907、8028178、6820615、6820616、8028178号等商标注册信息、变更信息及续展信息共6页。新能源公司认可其真实性、合法性，但不认可其关联性，主要理由为上述商标核定使用的商品与本案被诉侵权商品“金属扣板”的商品范围不同。

第二组：新能源公司所有的第1737521号商标注册、续展、转让、许可使用信息共68页。新能源公司认可该组证据的真实性、合法性和关联性。

第三组：《类似商品和服务区分表》《国家计委、财政部关于商标业务收费标准的通知》等共74页。新能源公司认可该组证据的真实性、合法性及关联性。

第四组：杭州奥普电器有限公司、奥普卫厨公司企业登记注册、变更等信息复印件共85页。新能源公司认可该组证据的真实性、合法性及关联性。

第五组：奥普卫厨公司及其关联企业质量体系认证证书、获奖证书等复印件共15页。新能源公司对该组证据的真实性、合法性及关联性均不予认可，并认为该组证据中的通风、取暖等商品与本案被诉侵权商品无关。

第六组：中国行业信息发布中心统计调查信息证明等复印件共24页。新能源公司对该组证据的真实性、合法性及关联性均不予认可，认为上述证据与本案不存在关联性。

第七组：第628339号、第851581号发明专利证书复印件共2页。新能源公司认可该组证据的真实性、合法性，但不认可关联性，认为奥普卫厨公司的产品是否获得专利授权与本案争议无关。

第八组：奥普卫厨公司“浴顶”产品宣传资料复印件共137页。新能源公司认可该组证据的真实性、合法性，但认为证明目的不明确。

第九组：其他品牌吊顶产品复印件共17页。新能源公司对该组证据的真实性、合法性及关联性均不认可，并认为案外人的产品宣传情况与本案无关。

第十组：新能源公司实际使用涉案第1737521号商标宣传材料复印件共61页。新能源公司认可该组证据的真实性、合法性，但不认可关联性，并认为本案的争议焦点在于奥普卫厨公司的行为是否构成侵权，与新能源公司的使用和宣传行为无关。

第十一组：部分法院裁判文书复印件等材料共63页。新能源公司认可该组证据的真实性、合法性，但不认可其证明效力，并认为上述案件的争议情况与本案纠纷并无关联性。

第十二组：奥普浴顶销售服务商授权合同复印件共13页。新能源公司对该组证据的真实性、合法性及关联性均不予认可，认为该合同中的当事人非本案当事人，与本案纠纷无关。

第十三组：奥普卫厨公司2010年以前部分广告合同及广告费发票复印件共645页。新能源公司认为该组证据的产生时间在本案终审判决作出之前，不应作为再审程序中的新证据。此外，该组证据同样是为了证明“奥普”商标在浴霸商品上的较高知名度，新能源公司对此并无异议，该组证据仅是进一步佐证了已经被原审法院认定的事实。

第十四组：北京零点市场调查有限公司的调查报告、奥普卫厨公司2006年、2008年及2009年年报部分材料共131页，为证明“奥普”商标具有的市场声誉及消费者的混淆可能性。新能源公司对该组证据的真实性、合法性及关联性均不予认可，认为该合同中的当事人非本案当事人，与本案纠纷无关。此外，根据调查报告的内容，恰好证明了反向混淆的成立。

第十五组：商评字（2015）第48255号裁定书、商评驰字（2015）22号通报、（2015）商标异字第9493号决定书，用以证明奥普卫厨公司的“奥普”系列商标具有较高的知名度，以及新能源公司另有核定使用在“金属天花板”商品上的“AOPU 奥普”商标的事实。新能源公司对该组证据的真实性、合法性和关联性均予以认可。

第十六组：海盐县公证处（2009）盐证内字第4175号公证书，用以证明新能源公司在2006年5月使用“奥普”商标时，尚未取得注册商标专用权。新能源公司对上述证据的真实性、合法性及关联性均认可，认为可以证明新能源公司对涉案商标持续使用的事实。

第十七组：《家用和类似用途多功能吊顶装置》《金属及金属复合材料吊顶板》等国家标准，用以证明金属吊顶板的定义。新能源公司对该组证据的真实性、合法性予以认可，但不认可其关联性，且认为该证据足以证明被诉侵权商品与“金属建筑材料”构成类似商品。

新能源公司在再审审查过程中提交了一份证据，内容为视频截图及网页打印件共13页。该视频的主要内容为中央电视台财经频道《经济半小时》栏目于2015年3月27日播出的关于中国行业企业信息发布中心贩卖虚假行业排名的报道，为证明奥普卫厨公司提供的由该信息中心发布的企业排名信息的来源不合法。

对于双方当事人补充提交的上述证据，本院认证意见如下：对于奥普卫厨公司提交的第一组、第二组、第四组证据，主要涉及奥普卫厨公司及其关联公司企业登记注册的相关情况、奥普卫厨公司“奥普”系列商标的注册情况，新能源公司对上述证据的真实性并无异议，且上述事实在原审判决中亦有涉及，本院对此予以采信。奥普卫厨公司提交的第三组、第十七组证据系国家有关部门的文件资料，本院对其真实性予以确认，在本案中具有参考作用。奥普卫厨公司提交的第五组至第九组证据，主要涉及奥普卫厨公司获得发明专利权、奥普卫厨公司的产品宣传资料、其他品牌的产品宣传资料等内容，上述证据与本案争议焦点问题缺乏必要的关联性，新能源公司亦对此提出异议，本院对此不再予以采信。第十组、第十六组证据涉及新能源公司对涉案商标的使用情况，第十二组至第十四组、第十六组涉及奥普卫厨公司的实际经营情况，上述证据与本案的争议焦点亦缺乏必要的关联性，本院不再予以采信。第十一组、第十五组证据为部分法院裁判文书及商标行政审查程序的相关文书，新能源公司对其真实性未予否认，在本案中具有参考作用。对于新能源公司补充提交的视频截图等相关证据，系作为奥普卫厨公司提交的第六组证据的反驳证据使用，因上述证据与本案均不具有关联性，故本院对此均不予采信。

本院另查明，涉案商标由瑞安市奇彩贸易有限公司于 2001 年 3 月 27 日申请注册，于 2002 年 3 月 28 日获准注册，经续展后的专用权期限至 2022 年 3 月 27 日，核定使用商品为第 6 类“金属建筑材料；金属毛巾架；金属固定毛巾分配器；家具用金属固件；金属锁（非电）；五金器具；窗用金属附件；钉子；保险柜；金属箱”。2004 年 12 月 28 日，该商标经核准转让至涂秀平，2009 年 8 月 7 日经核准转让至新能源公司，2013 年 6 月 13 日经核准转让于云南奥普伟业金属材料有限公司与新能源公司共有，2015 年 5 月 28 日经核准转让于新能源公司。2009 年 10 月 14 日，迅捷传媒有限公司以连续三年停止使用为由，对第 1737521 号商标提出撤销注册申请。商标评审委员会经审查，于 2014 年 12 月 10 日作出商评字（2014）第 0000097616 号撤销复审决定书，决定维持复审商标在“金属建筑材料”一项商品上的注册，撤销复审商标在其余商品上的注册。杭州奥普电器有限公司 2009 年 11 月 6 日以第 1737521 号商标违反《中华人民共和国商标法》第九条、第十条第一款第（八）项、第十三条、第四十一条第一和第二款规定为由，请求商标评审委员会对该商标予以撤销。商标评审委员会于 2015 年 7 月 14 日作出商评字（2015）第 0000048255 号《关于第 1737521 号“奥普 aopu”商标无效宣告请求裁定书》，对争议商标的注册予以维持。目前该裁定仍在北京知识产权法院的司法审查程序当中，尚未有判决结论。2015 年 6 月 30 日，商标评审委员会认定杭州奥普电器有限公司使用在第 11 类热气淋浴装置、浴用加热器商品上的“奥普”注册商标为驰名商标。

再查明，北京市第二中级人民法院于 2011 年 12 月 20 日作出的（2011）二中民初字第 18727 号判决中有如下认定：杭州奥普电器有限公司在第 11 类照明、取暖和排风一体机、浴用加热器等商品上注册的“奥普”商标为驰名商标。凌普公司在第 6 类金属扣板商品以及商品包装箱上

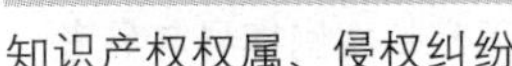

使用“奥普集成吊顶”“奥普 AOPU”、的行为，与其注册商标标识有较大变化，改变了商标的显著特征。虽然被控侵权商品金属扣板属于第6类，杭州奥普电器有限公司的商标核定使用在第11类商品上，但杭州奥普电器有限公司的“奥普”商标具有较强的显著性和较高的知名度，凌普公司在第6类金属扣板上使用与之相同、相近似的标识，仍然会吸引相关公众的注意力，使他们误认为该商品来自于杭州奥普电器有限公司或者与其具有相当程度的联系，从而削弱了“奥普”商标的显著性，误导了公众，侵犯了杭州奥普电器有限公司的注册商标专用权。据此，北京市第二中级人民法院判决凌普公司等立即停止侵权行为、消除影响并赔偿杭州奥普电器有限公司经济损失15万元。

本院认为，本案的争议焦点问题是：二审判决认定奥普卫厨公司、杨艳的行为构成侵害新能源公司的注册商标专用权，并判决奥普卫厨公司承担赔偿经济损失和消除影响的民事责任是否正确。

根据已经查明的事实可知，涉案商标为新能源公司在本案中主张权利的基础，经商标撤销复审程序，目前仅保留“金属建筑材料”一项核定使用商品。新能源公司认为，由奥普卫厨公司生产、杨艳销售的金属扣板商品上标注有“AUPU 奥普®”及“AUPU”标识，该行为构成对新能源公司涉案商标权的侵害。对此本院认为，《中华人民共和国商标法》第五十二条规定，未经商标权人的许可，在同一种或者类似商品上使用与注册商标相同或者近似商标的，构成侵害商标权的行为。对于在被诉侵权产品之上使用“AUPU 奥普®”及“AUPU”标识，是否构成对涉案商标权的侵害，本院评述如下：

首先，关于新能源公司在本案中主张权利的基础。基于知识产权保护激励创新的目的和比例原则，知识产权的保护范围和强度要与特定知识产权的创新和贡献程度相适应。只有使保护范围、强度与创新贡献相适应、相匹配，才能真正激励创新、鼓励创造，才符合比例原则的要求。对于商标权的保护强度，应当与其应有的显著性和知名度相适应。具体到本案而言，涉案商标由中文文字和拼音两部分组成，其中的中文文字“奥普”为臆造词，具有较强的固有显著性，且与杭州奥普电器有限公司、奥普卫厨公司的商号完全一致。根据原审法院查明的事实，“奥普”文字商标早在

1995年即已由奥普卫厨公司的关联企业核准注册在第11类商品之上。2001年6月，“奥普”商标已经被评为杭州市著名商标。此后，“奥普”商号被认定为浙江省知名商号，“奥普”系列商标先后被评为浙江省著名商标，并被司法裁判认定为驰名商标。因此，至涉案商标申请日之前，经杭州奥普电器有限公司、奥普卫厨公司及其关联企业的使用，“奥普”系列商标已经在与涉案商标核定使用的“金属建筑材料”商品关联程度很高的浴霸等电器商品上具有了较高的知名度。而与此相比，新能源公司在受让涉案商标后，主要通过许可凌普公司使用的方式对涉案商标进行使用。但本案证据显示，凌普公司在对涉案商标进行使用的过程中，多次因不规范使用或突出使用“奥普”文字等行为，受到工商行政管理部门的处罚或被司法机关认定为不正当竞争行为，而其商誉攀附的对象，正是在市场中已经具有较高知名度的奥普电器产品。作为对凌普公司的使用行为负有监督职责，且与凌普公司作为共同原告提起本案诉讼的新能源公司，对凌普公司的上述行为应当是清楚的。因此，新能源公司在本案中并未提交证据证明，其已经通过正当的使用行为，使涉案商标产生了足以受到法律保护的显著性和知名度。由此可见，涉案商标中的“奥普”文字的显著性和知名度，实际上来源于奥普卫厨公司及其关联企业的使用行为。涉案商标虽然在“金属建筑材料”上享有注册商标专用权，但对该权利的保护范围和保护强度，应当与新能源公司对该商标的显著性和知名度所作出的贡献相符。

其次，关于被诉侵权标识的使用方式是否会导致市场混淆的后果。根据原审法院查明的事实，从杭州奥普电器有限公司享有在先权利的情况来看，除在第11类“浴室装置”等商品上拥有的“奥普”及“AUPU”注册商标之外，杭州奥普电器有限公司在第6类“建筑用金属板、金属隔板（建筑）”上还拥有“1+N”“1+N浴顶”注册商标，在第11类“浴室装置”等商品上拥有“1+N”“1+N浴顶”“浴顶”等注册商标。上述商标的核准注册日期均早于本案被诉侵权行为发生的时间。从被诉侵权产品的销售场所来看，新能源公司公证购买被诉侵权产品的行为发生在奥普卫厨公司经销商的门店之中。在该门店的招牌上，以突出的方式使用了“奥普”及“1+N浴顶”字样。从被诉侵权产品对标识的使用情况来看，在

被诉侵权产品的外包装上，除标注有“产品名称：普通扣板”之外，还清晰地标明了生产商奥普卫厨公司企业名称的全称、“1+N浴顶”“浴顶”的商标图样。在拆开外包装后，可看到扣板侧面同时标注有“AUPU奥普®”“1+N浴顶”以及奥普卫厨公司企业名称的全称。由此可见，被诉侵权产品的销售地点为奥普卫厨公司的正规销售门店，该门店之上突出标注了奥普卫厨公司的字号及注册商标。被诉侵权产品的外包装和产品本身均清晰标注了奥普卫厨公司企业名称的全称及杭州奥普电器有限公司在第6类商品上拥有的“1+N浴顶”等其他注册商标，据此，一般消费者凭借奥普卫厨公司在销售场所和被诉侵权商品上标注的上述信息，已足以实现对商品来源的清晰区分，不会导致误认被诉侵权产品来源于新能源公司的结果，亦不会产生攀附新能源公司对涉案商标享有的商业信誉的损害后果。需要指出的是，商标法所要保护的，是商标所具有的识别和区分商品及服务来源的功能，而并非仅以注册行为所固化的商标标识本身。因此，商标标识本身的近似不是认定侵权行为是否成立的决定性因素，如果使用行为并未损害涉案商标的识别和区分功能，亦未因此而导致市场混淆的后果，该种使用行为即不在商标法所禁止的范围之中。据此，奥普卫厨公司使用被诉侵权标识的行为不构成对涉案商标权的侵害，在此基础上，杨艳销售被诉侵权产品的行为亦不构成侵权行为。一审、二审法院对此认定有误，本院予以纠正。

综上所述，综合考虑涉案商标的显著性和知名度、被诉侵权标识的使用引发市场混淆的可能性、被诉侵权标识在产品之上的实际使用情况等因素，奥普卫厨公司在被诉侵权产品之上使用“AUPU奥普©”及“AUPU”标识的行为不构成对涉案商标权利的侵害。在此基础上，杨艳销售带有被诉侵权标识产品的行为，亦不构成侵权行为。二审判决认定事实和适用法律均有错误，本院予以纠正。鉴于凌普公司在二审期间已经放弃其对本案的全部诉讼请求，二审法院亦已准许，故本院不再对其所提诉讼请求的部分予以审查和处理。依据《中华人民共和国商标法》第五十二条、第五十六条，《中华人民共和国民事诉讼法》第十三条、第一百七十条第一款第（二）项、第二百零七条之规定，本院判决如下：

一、撤销江苏省高级人民法院（2011）苏知民终字第0143号民事判决；

二、撤销江苏省苏州市中级人民法院（2010）苏中知民初字第0312号民事判决；

三、驳回浙江现代新能源有限公司的全部诉讼请求。

本案一审案件受理费47040元，二审案件受理费47040元，均由浙江现代新能源有限公司负担。

本判决为终审判决。

审 判 长 周 翔
审 判 员 秦元明
代理审判员 佟 姝

二〇一六年六月二十五日

书 记 员 张 博

最 高 人 民 法 院 案 例 指 导 与 参 考 丛 书

最高人民法院
知识产权案例指导与参考

最高人民法院案例指导与参考丛书编选组 编

（下）

人民法院出版社

总　目　录

目录

（上　册）

知识产权合同纠纷

知识产权权属、侵权纠纷

一、著作权权属、侵权纠纷

（一）著作权权属纠纷

（下　册）

其　他

一、专利行政管理

三、专利权权属、侵权纠纷

（一）侵害发明专利权纠纷

48. 深圳市斯瑞曼精细化工有限公司诉深圳市坑梓自来水有限公司、深圳市康泰蓝水处理设备有限公司侵害发明专利权纠纷案*

（最高人民法院审判委员会讨论通过 2013年11月8日发布）

▶ 在发明专利申请公布后至专利权授予前，对制造、销售、进口专利产品后续的使用、许诺销售、销售不视为侵害专利权

【关键词】

民事　知识产权　侵害发明专利权　临时保护期　后续行为

【裁判要点】

在发明专利申请公布后至专利权授予前的临时保护期内制造、销售、进口的被诉专利侵权产品不为专利法禁止的情况下，其后续的使用、许诺销售、销售，即使未经专利权人许可，也不视为侵害专利权，但专利权人可以依法要求临时保护期内实施其发明的单位或者个人支付适当的费用。

* 摘自2013年11月8日最高人民法院发布第5批指导案例（指导案例20号）。

相关法条

《中华人民共和国专利法》第十一条、第十三条、第六十九条

基本案情

深圳市斯瑞曼精细化工有限公司（以下简称斯瑞曼公司）于2006年1月19日向国家知识产权局申请发明专利，该专利于2006年7月19日公开，2009年1月21日授权公告，授权的发明名称为“制备高纯度二氧化氯的设备”，专利权人为斯瑞曼公司。该专利最近一次年费缴纳时间为2008年11月28日。2008年10月20日，深圳市坑梓自来水有限公司（以下简称坑梓自来水公司）与深圳市康泰蓝水处理设备有限公司（以下简称康泰蓝公司）签订《购销合同》一份，坑梓自来水公司向康泰蓝公司购买康泰蓝二氧化氯发生器一套，价款26万元。康泰蓝公司已于2008年12月30日就上述产品销售款要求税务机关代开统一发票。在上述《购销合同》中，约定坑梓自来水公司分期向康泰蓝公司支付设备款项，康泰蓝公司为坑梓自来水公司提供安装、调试、维修、保养等技术支持及售后服务。

2009年3月16日，斯瑞曼公司向广东省深圳市中级人民法院诉称：其拥有名称为“制备高纯度二氧化氯的设备”的发明专利（以下简称涉案发明专利），康泰蓝公司生产、销售和坑梓自来水公司使用的二氧化氯生产设备落入涉案发明专利保护范围。请求判令二被告停止侵权并赔偿经济损失30万元、承担诉讼费等费用。在本案中，斯瑞曼公司没有提出支付发明专利临时保护期使用费的诉讼请求，在一审法院已作释明的情况下，斯瑞曼公司仍坚持原诉讼请求。

裁判结果

广东省深圳市中级人民法院于2010年1月6日作出（2009）深中法民三初字第94号民事判决：康泰蓝公司停止侵权，康泰蓝公司和坑梓自来水公司连带赔偿斯瑞曼公司经济损失8万元。康泰蓝公司、坑梓自来水公司

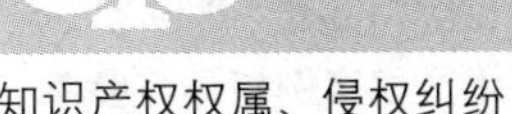

均提起上诉，广东省高级人民法院于2010年11月15日作出（2010）粤高法民三终字第444号民事判决：驳回上诉，维持原判。坑梓自来水公司不服二审判决，向最高人民法院申请再审。最高人民法院于2011年12月20日作出（2011）民提字第259号民事判决：撤销原一、二审判决，驳回斯瑞曼公司的诉讼请求。

裁判理由

最高人民法院认为：斯瑞曼公司在本案中没有提出支付发明专利临时保护期使用费的诉讼请求，因此本案的主要争议焦点在于，坑梓自来水公司在涉案发明专利授权后使用其在涉案发明专利临时保护期内向康泰蓝公司购买的被诉专利侵权产品是否侵犯涉案发明专利权，康泰蓝公司在涉案发明专利授权后为坑梓自来水公司使用被诉专利侵权产品提供售后服务是否侵犯涉案发明专利权。

对于侵犯专利权行为的认定，应当全面综合考虑专利法的相关规定。根据本案被诉侵权行为时间，本案应当适用2000年修改的《中华人民共和国专利法》。《中华人民共和国专利法》第十一条第一款规定："发明和实用新型专利权被授予后，除本法另有规定的以外，任何单位或者个人未经专利权人许可，都不得实施其专利，即不得为生产经营目的制造、使用、许诺销售、销售、进口其专利产品，或者使用其专利方法以及使用、许诺销售、销售、进口依照该专利方法直接获得的产品。"第十三条规定："发明专利申请公布后，申请人可以要求实施其发明的单位或者个人支付适当的费用。"第六十二条规定："侵犯专利权的诉讼时效为二年，自专利权人或者利害关系人得知或者应当得知侵权行为之日起计算。发明专利申请公布后至专利权授予前使用该发明未支付适当使用费的，专利权人要求支付使用费的诉讼时效为二年，自专利权人得知或者应当得知他人使用其发明之日起计算，但是，专利权人于专利权授予之日前即已得知或者应当得知的，自专利权授予之日起计算。"综合考虑上述规定，专利法虽然规定了申请人可以要求在发明专利申请公布后至专利权授予之前（即专利临时保护期内）实施其发明的单位或者个人支付适当的费用，即享有请求给付发明专利临时保护期使用费的权利，但对于专利临时保护期内实施其发明的行为并不享有请求停止实施的权利。因此，在发明专利临时保护期内实施相关发明的，不属于专利法禁止的行为。在专利临时保护期内制造、销售、进口被诉专利侵权产品不为专利法禁止的情况下，其后续的使用、许诺销售、销售该产品的行为，即使未经专利权人许可，也应当得到允许。也就是说，专利权人无权禁止他人对专利临时保护期内制造、销售、进口的被诉专利侵权产品的后续使用、许诺销售、销售。当然，这并不否定专利权人根据《中华人民共和国专利法》第十三条规定行使要求实施其发明者支付适当费用的权利。对于在专利临时保护期内制造、销售、进口的被诉专利侵权产品，在销售者、使用者提供了合法来源的情况下，销售者、使用者不应承担支付适当费用的责任。

认定在发明专利授权后针对发明专利临时保护期内实施发明得到的产品的后续使用、许诺销售、销售等实施行为不构成侵权，符合专利法的立法宗旨。一方面，专利制度的设计初衷是“以公开换保护”，且是在授权之后才能请求予以保护。对于发明专利申请来说，在公开日之前实施相关发明，不构成侵权，在公开日后也应当允许此前实施发明得到的产品的后续实施行为；在公开日到授权日之间，为发明专利申请提供的是临时保护，在此期间实施相关发明，不为专利法所禁止，同样也应当允许实施发明得到的产品在此期间之后的后续实施行为，但申请人在获得专利权后有权要求在临时保护期内实施其发明者支付适当费用。由于专利法没有禁止发明专利授权前的实施行为，则专利授权前制造出来的产品的后续实施也不构成侵权。否则就违背了专利法的立法初衷，为尚未公开或者授权的技术方案提供了保护。另一方面，专利法规定了先用权，虽然仅规定了先用权人在原有范围内继续制造相同产品、使用相同方法不视为侵权，没有规定制造的相同产品或者使用相同方法制造的产品的后续实施行为是否构成侵权，但是不能因为专利法没有明确规定就认定上述后续实施行为构成侵权，否则，专利法规定的先用权没有任何意义。

本案中，康泰蓝公司销售被诉专利侵权产品是在涉案发明专利临时保护期内，该行为不为专利法所禁止。在此情况下，后续的坑梓自来水公司

使用所购买的被诉专利侵权产品的行为也应当得到允许。因此，坑梓自来水公司后续的使用行为不侵犯涉案发明专利权。同理，康泰蓝公司在涉案发明专利授权后为坑梓自来水公司使用被诉专利侵权产品提供售后服务也不侵犯涉案发明专利权。

理解与参照

《深圳市斯瑞曼精细化工有限公司诉深圳市坑梓自来水有限公司、深圳市康泰蓝水处理设备有限公司侵害发明专利权纠纷案》的理解与参照

——专利临时保护期内实施发明所得产品的后续使用不侵害专利权*

最高人民法院案例指导工作办公室**

2013年11月8日，最高人民法院发布了指导案例20号《深圳市斯瑞曼精细化工有限公司诉深圳市坑梓自来水有限公司、深圳市康泰蓝水处理设备有限公司侵害发明专利权纠纷案》。为了深入理解和准确参照适用该指导性案例，现对该指导性案例的推选经过、裁判要点等有关情况予以解释、论证和说明。

---

* 摘自江必新主编：《最高人民法院司法解释与指导性案例理解与适用》（第二卷），人民法院出版社2014年版，第479~484页。

** 执笔人：郎贵梅、吴光侠。

一、推选经过及其指导意义

该案例系最高人民法院提审案件。2011年12月20日，经最高人民法院再审生效。最高人民法院民三庭于2013年7月17日将该案作为指导性案例予以推荐。案例指导工作办公室经研究讨论和修改完善，按照程序报院领导同意提请最高人民法院审判委员会讨论。10月28日，最高人民法院审判委员会对该案例进行了讨论，同意将其确定为指导性案例。11月8日，最高人民法院以法〔2013〕241号文件将该案例作为第五批指导性案例予以发布。

该案判决确立的裁判规则具有重要的指导意义。该案例明确解决了一个在专利侵权审判实践中争议较大的问题，即专利临时保护期内制造的被诉专利侵权产品的销售、使用等后续行为是否构成侵害专利权。我国专利法对此没有明确具体的规定。最高人民法院在综合考虑专利法相关规定的基础上使用体系解释的方法在该案判决中解释出如下裁判规则：专利临时保护期内制造、销售、进口的被诉专利侵权产品的后续使用、许诺销售、销售，不构成侵犯害专利权。以上裁判规则的得出，考虑了如下因素：专利临时保护期内制造专利产品的行为本身属于合法，专利法更注重控制专利侵权源头，即制造；专利法的立法初衷是为已经公开或者授权的技术方案提供保护；专利法规定的五种未经许可不得实施的行为并不是相互独立的，专利法对于任何一种实施行为的侵权认定和责任确定均考虑了其源头的性质。根据本案裁判规则还可以延伸出如下规则：实用新型和外观设计专利授权前制造的专利产品的销售、使用等后续行为，也不构成侵犯害专利权。该指导案例裁判要点旨在明确专利权人无权禁止他人对专利临时保护期内制造、销售、进口的被诉专利侵权产品的后续使用、许诺销售、销售。这一裁判要点解决了司法实践中的争议，对审判类似案件具有指导意义，不仅符合专利法“以公开换保护”的立法精神，而且有利于推动发明创造的应用，促进科学技术进步和经济社会发展。

二、裁判要点的理解和说明

指导案例20号的裁判要点是：在发明专利申请公布后至专利权授予前的临时保护期内制造、销售、进口被诉专利侵权产品不为专利法禁止的情况下，其后续的使用、许诺销售、销售，即使未经专利权人许可，也不视为侵害专利权，但专利权人可以依法要求临时保护期内实施其发明的单位或者个人支付适当的费用。

发明专利临时保护期是指发明专利申请公开日至授权日这段期间。根据《专利法》，专利可分为外观设计、实用新型和发明专利三种类型。发明专利申请与其他两种专利申请的审查制度不同。实用新型和外观设计专利申请仅需要经过初步审查，不需要进行实质审查，在授权的同时公开专利文件。对于发明专利申请，我国实行的是世界各国普遍采用的“早期公开、延迟审查”制度，即国务院专利行政部门收到发明专利申请后，经初步审查认为符合专利法要求的，自申请日起满18个月，即行公布；发明专利申请自申请日起三年内，国务院专利行政部门可以根据申请人随时提出的请求，对其申请进行实质审查；经实质审查没有发现驳回理由的，由国务院专利行政部门作出授予发明专利权的决定，发给发明专利证书，同时予以公告和登记，发明专利权自公告之日起生效。由于实质审查周期较长，如果等到实质审查结束才公布发明专利申请的内容，对同一课题进行重复研究、重复投资和重复申请的可能性就会增大，不能很好地发挥专利制度促进信息公开、及时传播技术信息的作用。况且公布发明专利申请后，让尽量多的人和想看到的人看到，任何人都可以提出异议和意见，有助于实质审查，保证授权发明专利的质量。此外，规定自申请日起满18个月即行公布发明专利申请，给申请人充分的时间来考虑是否和何时提出实质审查请求，有一部分申请人将根据实际情况和需要放弃实质审查请求，放弃后还可以采取商业秘密途径保护其发明；专利审查机构则减轻了审批工作量，使审查员能够集中精力审查提出实质审查请求的发明专利申请。在延迟审查制度下，发明专利申请已经公开但还没有授权，如果允许他人任意实施该发明，对申请人显然是不公平的。为了解决该矛盾，设立了发明专利临时保护制度。根据我国《专利法》第十三条的规定，发明专利申请公布后，申请人可以要求实施其发明的单位或者个人支付适当的费用。但是，在发明专利授权后，针对发明专利临时保护期内实施发明得到的产品的后续使用、许诺销售、销售等实施行为，是否构成侵犯专利权，我国专利法及其相关司法解释均没有明确规定。

上述问题正是该指导案例涉及的争议焦点。根据该案被诉侵权行为时间，该案应当适用2000年修改的《专利法》。对该问题有两种截然相反的观点：一种观点主张是认定构成侵害发明专利权。主要理由是：(1)《专利法》第十一条规定的五种禁止实施的行为相互独立，分别构成单一类型的侵权行为。在专利授权后的任何一种实施行为，只有当这种行为属于《专利法》第六十三条各项不视为侵害专利权的情形，以及《专利法》第四十八条至第五十条关于专利实施的强制许可的情形（仍需向专利权人支付使用费）时，才不构成侵害专利权。(2) 假设专利法没有临时保护期的规定，则本案中在专利授权之后的使用行为应当构成侵犯专利权。如果认定本案被诉侵权使用行为不构成侵犯专利权，则专利法增加了临时保护期的规定，反而免除了原本的使用侵权责任，对专利权人来说还不如没有这样的临时保护期。(3) 认定不构成侵犯发明专利权，可能导致鼓励他人在发明专利申请公布后至授权前大肆实施该发明专利申请，抢占申请人的市场，专利权人的合法权益无疑会遭受极大损害，《专利法》第十一条第一款对专利权人的保护也成空谈。

另一种观点主张该行为认定不构成侵害发明专利权。本指导案例采纳了第二种观点，以上裁判要点的得出主要考虑了如下因素：专利临时保护期内制造专利产品的行为本身属于合法，《专利法》更注重控制专利侵权源头，即制造；《专利法》的立法初衷是为已经公开或者授权的技术方案提供保护；《专利法》规定的五种未经许可不得实施的行为并不是相互独立的，《专利法》对于任何一种实施行为的侵权认定和责任确定均考虑了其源头的性质。具体主要理由如下：

（一）符合专利法立法目的和精神

综合考虑《专利法》有关规定，《专利法》规定的五种禁止实施的行为是否构成侵权的认定并不是相互独立的，《专利法》对于五种实施行为的侵权认定和责任确定，均注重控制其源头制造行为。

对于侵害专利权行为的认定，应当全面综合考虑《专利法》第十一条、第十三条、第六十二条、第六十三条等相关规定。《专利法》第十一条第一款规定："发明和实用新型专利权被授予后，除本法另有规定的以外，任何单位或者个人未经专利权人许可，都不得实施其专利，即不得为生产经营目的制造、使用、许诺销售、销售、进口其专利产品，或者使用其专利方法以及使用、许诺销售、销售、进口依照该专利方法直接获得的产品。"第十三条规定："发明专利申请公布后，申请人可以要求实施其发明的单位或者个人支付适当的费用。"第六十二条规定："侵犯专利权的诉讼时效为二年，自专利权人或者利害关系人得知或者应当得知侵权行为之日起计算。发明专利申请公布后至专利权授予前使用该发明未支付适当使用费的，专利权人要求支付使用费的诉讼时效为二年，自专利权人得知或者应当得知他人使用其发明之日起计算，但是，专利权人于专利权授予之日前即已得知或者应当得知的，自专利权授予之日起计算。"综合考虑上述规定，专利法虽然规定了申请人可以要求在发明专利申请公布后至专利权授予之前（即专利临时保护期内）实施其发明的单位或者个人支付适当的费用，即享有请求给付发明专利临时保护期使用费的权利，但对于专利临时保护期内实施其发明的行为并不享有请求停止实施的权利，而且提起发明专利临时保护期使用费纠纷诉讼应当在专利授权之后。因此，在发明专利临时保护期内实施相关发明的，不属于专利法禁止的行为。在专利临时保护期内制造、销售、进口被诉专利侵权产品不为专利法禁止的情况下，其后续的使用、许诺销售、销售该产品的行为，即使未经专利权人许可，也应当得到允许。也就是说，专利权人无权禁止他人对专利临时保护期内制造、销售、进口的被诉专利侵权产品的后续使用、许诺销售、销售。当然，这并不否定专利权人根据专利法第十三条规定行使要求实施其发明者支付适当费用的权利。

《专利法》第十一条第一款规定的未经专利权人许可不得实施的行为有五种，即制造、使用、许诺销售、销售、进口，这五种行为在专利法中的地位并不相同。根据《专利法》第六十三条第二款规定，为生产经营目的使用或者销售不知道是未经专利权人许可而制造并售出的专利产品或者依照专利方法直接获得的产品，能证明其产品合法来源的，不承担赔偿责任。可见，专利法对于未经许可的制造与其他实施行为在构成侵权的情况下应承担何种侵权责任显然是区别对待的，制造者要承担更为重大的责任，因为制造行为是所有专利侵权行为的源头。从《专利法》第六十三条第一款第（一）项关于权利用尽抗辩和第（二）项关于先用权抗辩等规定，也可以体现专利法更注重控制专利侵权源头的精神。对于发明专利临时保护期内的实施行为，因未被专利法禁止，故针对该实施行为得到的产品的后续实施行为也应当得到允许，这与专利法更注重控制专利侵权源头的精神是一致的。

认定在发明专利授权后针对发明专利临时保护期内实施发明所得产品的后续使用、许诺销售、销售等实施行为不构成侵权，符合专利法的立法宗旨。一方面，专利制度的设计初衷是“以公开换保护”，且是在授权之后才能请求予以保护。对于发明专利申请来说，在公开日之前实施相关发明，不构成侵权，在公开日后也应当允许此前实施发明所得产品的后续实施行为；在公开日到授权日之间，为发明专利申请提供的是临时保护，在此期间实施相关发明，不为专利法所禁止，同样也应当允许针对在此期间实施发明所得产品而产生的后续实施行为，但申请人在获得专利权后有权要求在临时保护期内实施其发明者支付适当费用。对于实用新型和外观设计专利来说，公开日即授权日，在公开日即授权日之前制造落入专利保护范围的产品未构成侵权，该产品的后续销售等专利实施行为也不构成侵权，否则就是违背了专利法的立法初衷，为尚未公开或者授权的技术方案提供了专利权保护。另一方面，专利法不可能对所有不构成侵犯专利权的实施行为均作出明确具体的规定，是否构成侵犯专利权，还是需要综合考虑专利法的相关规定作出判断。专利法第六十三条第一款第（二）项规定

了先用权，虽然该条仅规定了先用权人在原有范围内继续制造相同产品、使用相同方法不视为侵权，没有规定制造的相同产品或者使用相同方法制造的产品的后续销售、使用等是否构成侵权，但不能因为专利法没有明确规定就认定上述后续实施行为构成侵权，否则，专利法规定的先用权没有任何意义。

（二）设置发明专利临时保护期更有利于专利权人

认定在发明专利授权后针对发明专利临时保护期内实施发明所得产品的后续实施行为不构成侵权，并不能得出为发明专利提供临时保护反而不利于专利权人的结论。假设专利法没有规定发明专利临时保护期，一方面，专利权人无权请求临时保护期内实施其发明的单位和个人支付适当的费用；另一方面，由于专利法没有禁止专利授权前的制造行为，则专利授权前制造出来的产品的后续销售、使用等也是合法的，并不构成侵权。显然，还是设置专利临时保护期更有利于专利权人。

（三）他人并不会因此而具有抢占专利权人市场的优势

认定在发明专利授权后针对发明专利临时保护期内实施发明所得产品的后续实施行为不构成侵权，并不会导致鼓励他人在发明专利申请公开后至授权前大肆实施该发明专利申请，抢占申请人的市场。除了先用权人的实施外，在专利临时保护期内实施发明专利申请的，可能要面临专利权人在专利授权后提起的发明专利临时保护期使用费纠纷之诉，而且在专利授权后未经许可不能继续制造专利产品，为实施发明专利申请而投入的设备、厂房等也将变为沉没成本。在上述约束条件下，实施人并不具有抢占市场的优势，甚至不具备占有市场的能力，即专利授权后，除了销售和使用在授权日前制造的专利产品外，实施人不得继续制造专利产品，必须退出市场。即便是先用权人，也不能扩大制造、使用的范围，这势必会影响其形成竞争优势。况且，发明专利申请一旦公布，理性的竞争者为了避免今后可能面对的纠纷，一般不会为了抢占市场而故意制造落入专利权保护范围的产品，通常的做法是通过开发和实施绕道发明以绕开已经公开的专利申请。

（四）有利于专利权人与社会公众利益的平衡

专利法是专利权人及其利害关系人请求保护专利权的法律依据，但专利法的立法目的不仅限于保护专利权、鼓励发明创造，还包括推动发明创造的应用、促进科学技术进步和经济社会发展。专利法的具体制度设计总是需要考虑专利权人利益与社会公众利益这两方面之间的平衡。专利权人在提起侵犯发明专利权纠纷诉讼后，如果经审理发现被诉侵权产品是在专利临时保护期内制造的，只能请求给付适当费用，而不能请求停止侵权和赔偿损失。这样既避免了重复诉讼，也平衡了专利权人与社会公众的利益。反之，如果将临时保护期内制造的专利产品的后续销售、使用等行为认定为侵权行为，则专利权人在请求后续销售者、使用者承担了停止侵权责任后，还有权要求专利临时保护期内的实施者给付适当的费用，显然是有失公平的。

49. 威海嘉易烤生活家电有限公司诉永康市金仕德工贸有限公司、浙江天猫网络有限公司侵害发明专利权纠纷案*

▶ 网络用户利用网络服务侵权，网络服务提供者自行设定的投诉规则不得影响权利人依法维护自身合法权利

（最高人民法院审判委员会讨论通过 2017年3月6日发布）

【关键词】

民事 侵害发明专利权 有效通知 必要措施 网络服务提供者 连带责任

【裁判要点】

1. 网络用户利用网络服务实施侵权行为，被侵权人依据《中华人民共和国侵权责任法》向网络服务提供者所发出的要求其采取必要措施的通知，包含被侵权人身份情况、权属凭证、侵权人网络地址、侵权事实初步证据等内容的，即属有效通知。网络服务提供者自行设定的投诉规则，不得影响权利人依法维护其自身合法权利。

2. 《中华人民共和国侵权责任法》第三十六条第二款所规定的网络服务提供者接到通知后所应采取的必要措施包括但并不限于删除、屏蔽、断开链接。"必要措施"应遵循审慎、合理的原则，根据所侵害权利的性质、侵权的具体情形和技术条件等来加以综合确定。

---

* 摘自2017年3月6日最高人民法院发布第十六批指导性案例（指导案例83号）。

相关法条

《中华人民共和国侵权责任法》第三十六条

基本案情

原告威海嘉易烤生活家电有限公司（以下简称嘉易烤公司）诉称：永康市金仕德工贸有限公司（以下简称金仕德公司）未经其许可，在天猫商城等网络平台上宣传并销售侵害其ZL200980000002.8号专利权的产品，构成专利侵权；浙江天猫网络有限公司（以下简称天猫公司）在嘉易烤公司投诉金仕德公司侵权行为的情况下，未采取有效措施，应与金仕德公司共同承担侵权责任。请求判令：（1）金仕德公司立即停止销售被诉侵权产品；（2）金仕德公司立即销毁库存的被诉侵权产品；（3）天猫公司撤销金仕德公司在天猫平台上所有的侵权产品链接；（4）金仕德公司、天猫公司连带赔偿嘉易烤公司50万元；（5）本案诉讼费用由金仕德公司、天猫公司承担。

金仕德公司答辩称：其只是卖家，并不是生产厂家，嘉易烤公司索赔数额过高。

天猫公司答辩称：（1）其作为交易平台，并不是生产销售侵权产品的主要经营方或者销售方；（2）涉案产品是否侵权不能确定；（3）涉案产品是否使用在先也不能确定；（4）在不能证明其为侵权方的情况下，由其连带赔偿50万元缺乏事实和法律依据，且其公司业已删除了涉案产品的链接，嘉易烤公司关于撤销金仕德公司在天猫平台上所有侵权产品链接的诉讼请求亦不能成立。

法院经审理查明：2009年1月16日，嘉易烤公司及其法定代表人李琎熙共同向国家知识产权局申请了名称为“红外线加热烹调装置”的发明专利，并于2014年11月5日获得授权，专利号为ZL200980000002.8。该发明专利的权利要求书记载：“1. 一种红外线加热烹调装置，其特征在于，该红外线加热烹调装置包括：托架，在其上部中央设有轴孔，且在其一侧设有控制电源的开关；受红外线照射就会被加热的旋转盘，作为在其上面

可以盛食物的圆盘形容器，在其下部中央设有可拆装的插入到上述轴孔中的突起；支架，在上述托架的一侧纵向设置；红外线照射部，其设在上述支架的上端，被施加电源就会朝上述旋转盘照射红外线；上述托架上还设有能够从内侧拉出的接油盘；在上述旋转盘的突起上设有轴向的排油孔。”2015 年 1 月 26 日，涉案发明专利的专利权人变更为嘉易烤公司。涉案专利年费缴纳至 2016 年 1 月 15 日。

2015 年 1 月 29 日，嘉易烤公司的委托代理机构北京商专律师事务所向北京市海诚公证处申请证据保全公证，其委托代理人王永先、时寅在公证处监督下，操作计算机登入天猫网（网址为 http：//www. tmall. com），在一家名为“益心康旗舰店”的网上店铺购买了售价为 388 元的 3D 烧烤炉，并拷贝了该网店经营者的营业执照信息。同年 2 月 4 日，时寅在公证处监督下接收了寄件人名称为“益心康旗舰店”的快递包裹一个，内有韩文包装的 3D 烧烤炉及赠品、手写收据联和中文使用说明书、保修卡。公证员对整个证据保全过程进行了公证并制作了（2015）京海诚内民证字第 01494 号公证书。同年 2 月 10 日，嘉易烤公司委托案外人张一军向淘宝网知识产权保护平台上传了包含专利侵权分析报告和技术特征比对表在内的投诉材料，但淘宝网最终没有审核通过。同年 5 月 5 日，天猫公司向浙江省杭州市钱塘公证处申请证据保全公证，由其代理人刁曼丽在公证处的监督下操作电脑，在天猫网益心康旗舰店搜索“益心康 3D 烧烤炉韩式家用不粘电烤炉无烟烤肉机电烤盘铁板烧烤肉锅”，显示没有搜索到符合条件的商品。公证员对整个证据保全过程进行了公证并制作了（2015）浙杭钱证内字第 10879 号公证书。

一审庭审中，嘉易烤公司主张将涉案专利权利要求 1 作为本案要求保护的范围。经比对，嘉易烤公司认为除了开关位置的不同，被控侵权产品的技术特征完全落入了涉案专利权利要求 1 记载的保护范围，而开关位置的变化是业内普通技术人员不需要创造性劳动就可解决的，属于等同特征。两原审被告对比对结果不持异议。

另查明，嘉易烤公司为本案支出公证费 4000 元，代理服务费 81000 元。

裁判结果

浙江省金华市中级人民法院于 2015 年 8 月 12 日作出（2015）浙金知民初字第 148 号民事判决：一、金仕德公司立即停止销售侵犯专利号为 ZL200980000002.8 的发明专利权的产品的行为；二、金仕德公司于判决生效之日起 10 日内赔偿嘉易烤公司经济损失 15 万元（含嘉易烤公司为制止侵权而支出的合理费用）；三、天猫公司对上述第二项中金仕德公司赔偿金额的 5 万元承担连带赔偿责任；四、驳回嘉易烤公司的其他诉讼请求。一审宣判后，天猫公司不服，提起上诉。浙江省高级人民法院于 2015 年 11 月 17 日作出（2015）浙知终字第 186 号民事判决：驳回上诉，维持原判。

裁判理由

法院生效裁判认为：各方当事人对于金仕德公司销售的被诉侵权产品落入嘉易烤公司涉案专利权利要求 1 的保护范围，均不持异议，原审判决认定金仕德公司涉案行为构成专利侵权正确。关于天猫公司在本案中是否构成共同侵权，《中华人民共和国侵权责任法》第三十六条第二款规定，网络用户利用网络服务实施侵权行为的，被侵权人有权通知网络服务提供者采取删除、屏蔽、断开链接等必要措施。网络服务提供者接到通知后未及时采取必要措施的，对损害的扩大部分与该网络用户承担连带责任。上述规定系针对权利人发现网络用户利用网络服务提供者的服务实施侵权行为后“通知”网络服务提供者采取必要措施，以防止侵权后果不当扩大的情形，同时还明确界定了此种情形下网络服务提供者所应承担的义务范围及责任构成。本案中，天猫公司涉案被诉侵权行为是否构成侵权应结合对天猫公司的主体性质、嘉易烤公司“通知”的有效性以及天猫公司在接到嘉易烤公司的“通知”后是否应当采取措施及所采取的措施的必要性和及时性等加以综合考量。

首先，天猫公司依法持有增值电信业务经营许可证，系信息发布平台的服务提供商，其在本案中为金仕德公司经营的“益心康旗舰店”销售涉案被诉侵权产品提供网络技术服务，符合《中华人民共和国侵权责任法》第三十六条第二款所规定网络服务提供者的主体条件。

其次，天猫公司在二审庭审中确认嘉易烤公司已于2015年2月10日委托案外人张一军向淘宝网知识产权保护平台上传了包含被投诉商品链接及专利侵权分析报告、技术特征比对表在内的投诉材料，且根据上述投诉材料可以确定被投诉主体及被投诉商品。

《中华人民共和国侵权责任法》第三十六条第二款所涉及的“通知”是认定网络服务提供者是否存在过错及应否就危害结果的不当扩大承担连带责任的条件。“通知”是指被侵权人就他人利用网络服务商的服务实施侵权行为的事实向网络服务提供者所发出的要求其采取必要技术措施，以防止侵权行为进一步扩大的行为。“通知”既可以是口头的，也可以是书面的。通常，“通知”内容应当包括权利人身份情况、权属凭证、证明侵权事实的初步证据以及指向明确的被诉侵权人网络地址等材料。符合上述条件的，即应视为有效通知。嘉易烤公司涉案投诉通知符合侵权责任法规定的“通知”的基本要件，属有效通知。

再次，经查，天猫公司对嘉易烤公司投诉材料作出审核不通过的处理，其在回复中表明审核不通过原因是：烦请在实用新型、发明的侵权分析对比表表二中详细填写被投诉商品落入贵方提供的专利权利要求的技术点，建议采用图文结合的方式一一指出。（需注意，对比的对象为卖家发布的商品信息上的图片、文字），并提供购买订单编号或双方会员名。

二审法院认为：发明或实用新型专利侵权的判断往往并非仅依赖表面或书面材料就可以作出，因此专利权人的投诉材料通常只需包括权利人身份、专利名称及专利号、被投诉商品及被投诉主体内容，以便投诉接受方转达被投诉主体。在本案中，嘉易烤公司的投诉材料已完全包含上述要素。至于侵权分析比对，天猫公司一方面认为其对卖家所售商品是否侵犯发明专利判断能力有限，另一方面却又要求投诉方“详细填写被投诉商品落入贵方提供的专利权利要求的技术点，建议采用图文结合的方式一一指出”，该院认为：考虑到互联网领域投诉数量巨大、投诉情况复杂的因素，天猫公司的上述要求基于其自身利益考量虽也具有一定的合理性，而且也有利于天猫公司对于被投诉行为的性质作出初步判断并采取相应的措施。但就权利人而言，天猫公司的前述要求并非权利人投诉通知有效的必要条件。况且，嘉易烤公司在本案的投诉材料中提供了多达5页的以图文并茂的方式表现的技术特征对比表，天猫公司仍以教条的、格式化的回复将技术特征对比作为审核不通过的原因之一，处置失当。至于天猫公司审核不通过并提出提供购买订单编号或双方会员名的要求，该院认为，本案中投诉方是否提供购买订单编号或双方会员名并不影响投诉行为的合法有效。而且，天猫公司所确定的投诉规制并不对权利人维权产生法律约束力，权利人只需在法律规定的框架内行使维权行为即可，投诉方完全可以根据自己的利益考量决定是否接受天猫公司所确定的投诉规制。更何况投诉方可能无需购买商品而通过其他证据加以证明，也可以根据他人的购买行为发现可能的侵权行为，甚至投诉方即使存在直接购买行为，但也可以基于某种经济利益或商业秘密的考量而拒绝提供。

最后，《中华人民共和国侵权责任法》第三十六条第二款所规定的网络服务提供者接到通知后所应采取必要措施包括但并不限于删除、屏蔽、断开链接。“必要措施”应根据所侵害权利的性质、侵权的具体情形和技术条件等来加以综合确定。

本案中，在确定嘉易烤公司的投诉行为合法有效之后，需要判断天猫公司在接受投诉材料之后的处理是否审慎、合理。该院认为，本案系侵害发明专利权纠纷。天猫公司作为电子商务网络服务平台的提供者，基于其公司对于发明专利侵权判断的主观能力、侵权投诉胜诉概率以及利益平衡等因素的考量，并不必然要求天猫公司在接受投诉后对被投诉商品立即采取删除和屏蔽措施，对被诉商品采取的必要措施应当秉承审慎、合理原则，以免损害被投诉人的合法权益。但是将有效的投诉通知材料转达被投诉人并通知被投诉人申辩当属天猫公司应当采取的必要措施之一。否则权利人投诉行为将失去任何意义，权利人的维权行为也将难以实现。网络服务平台提供者应该保证有效投诉信息传递的顺畅，而不应成为投诉信息的黑洞。被投诉人对于其或生产、或销售的商品是否侵权，以及是否应主动自行停止被投诉行为，自会作出相应的判断及应对。而天猫公司未履行上

述基本义务的结果导致被投诉人未收到任何警示从而造成损害后果的扩大。至于天猫公司在嘉易烤公司起诉后即对被诉商品采取删除和屏蔽措施，当属审慎、合理。综上，天猫公司在接到嘉易烤公司的通知后未及时采取必要措施，对损害的扩大部分应与金仕德公司承担连带责任。天猫公司就此提出的上诉理由不能成立。关于天猫公司所应承担责任的份额，一审法院综合考虑侵权持续的时间及天猫公司应当知道侵权事实的时间，确定天猫公司对金仕德公司赔偿数额的 5 万元承担连带赔偿责任，并无不当。

（生效裁判审判人员：周平、陈宇、刘静）

50. 礼来公司诉常州华生制药有限公司侵害发明专利权纠纷案*

▶ 药品制备方法专利侵权纠纷中，无相反证据情形下，应推定被诉侵权药品在药监部门的备案工艺为其实际制备工艺

（最高人民法院审判委员会讨论通过 2017年3月6日发布）

【关键词】

民事 侵害发明专利权 药品制备方法发明专利保护范围 技术调查官 被诉侵权药品制备工艺查明

【裁判要点】

1. 药品制备方法专利侵权纠纷中，在无其他相反证据情形下，应当推定被诉侵权药品在药监部门的备案工艺为其实际制备工艺；有证据证明被诉侵权药品备案工艺不真实的，应当充分审查被诉侵权药品的技术来源、生产规程、批生产记录、备案文件等证据，依法确定被诉侵权药品的实际制备工艺。

2. 对于被诉侵权药品制备工艺等复杂的技术事实，可以综合运用技术调查官、专家辅助人、司法鉴定以及科技专家咨询等多种途径进行查明。

* 摘自2017年3月6日最高人民法院发布第十六批指导性案例（指导案例84号）。

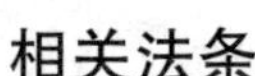

相关法条

《中华人民共和国专利法》（2008 年修正）第五十九条第一款、第六十一条、第六十八条第一款（本案适用的是 2000 年修正的《中华人民共和国专利法》第五十六条第一款、第五十七条第二款、第六十二条第一款）

《中华人民共和国民事诉讼法》第七十八条、第七十九条

基本案情

2013 年 7 月 25 日，礼来公司（又称伊莱利利公司）向江苏省高级人民法院（以下简称江苏高院）诉称，礼来公司拥有涉案 91103346.7 号方法发明专利权，涉案专利方法制备的药物奥氮平为新产品。常州华生制药有限公司（以下简称华生公司）使用落入涉案专利权保护范围的制备方法生产药物奥氮平并面向市场销售，侵害了礼来公司的涉案方法发明专利权。为此，礼来公司提起本案诉讼，请求法院判令：（1）华生公司赔偿礼来公司经济损失人民币 15106 万元、礼来公司为制止侵权所支付的调查取证费和其他合理开支人民币 28800 元；（2）华生公司在其网站及《医药经济报》刊登声明，消除因其侵权行为给礼来公司造成的不良影响；（3）华生公司承担礼来公司因本案发生的律师费人民币 150 万元；（4）华生公司承担本案的全部诉讼费用。

江苏高院一审查明：

涉案专利为英国利利工业公司 1991 年 4 月 24 日申请的名称为“制备一种噻吩并苯二氮杂化合物的方法”的第 91103346.7 号中国发明专利申请，授权公告日为 1995 年 2 月 19 日。2011 年 4 月 24 日涉案专利权期满终止。1998 年 3 月 17 日，涉案专利的专利权人变更为英国伊莱利利有限公司；2002 年 2 月 28 日专利权人变更为伊莱利利公司。

涉案专利授权公告的权利要求为：

1. 一种制备 2 - 甲基 - 10 - （4 - 甲基 - 1 - 哌嗪基） - 4H - 噻吩并

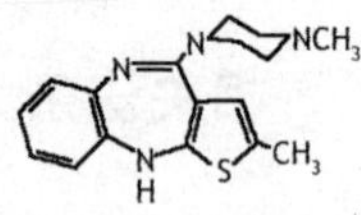

[2，3，-b] [1，5] 苯并二氮杂，或其酸加成盐的方法，

所述方法包括：

（a）使N-甲基哌嗪与下式化合物反应，

式中Q是一个可以脱落的基团，或

（b）使下式的化合物进行闭环反应

2001年7月，中国医学科学院药物研究所（以下简称医科院药物所）和华生公司向国家药品监督管理局（以下简称国家药监局）申请奥氮平及其片剂的新药证书。2003年5月9日，医科院药物所和华生公司获得国家药监局颁发的奥氮平原料药和奥氮平片《新药证书》，华生公司获得奥氮平和奥氮平片《药品注册批件》。新药申请资料中《原料药生产工艺的研究资料及文献资料》记载了制备工艺，即加入4-氨基-2-甲基-10-苄基-噻吩并苯并二氮杂，盐酸盐，甲基哌嗪及二甲基甲酰胺搅拌，得粗品，收率94.5%；加入2-甲基-10-苄基-（4-甲基-1-哌嗪基）-4H-噻吩并苯并二氮杂、冰醋酸、盐酸搅拌，然后用氢氧化钠中和后得粗品，收率73.2%；再经过两次精制，总收率为39.1%。从反应式分析，该过程就是以式四化合物与甲基哌嗪反应生成式五化合物，再对式五化合物脱苄基，得式一化合物。2003年8月，华生公司向青岛市第七人民医院推销其生产的“华生-奥氮平”5mg-新型抗精神病药，其产品宣传资料记载，奥氮平片主要成份为奥氮平，其化学名称为2-甲基-10-（4-甲基-1-哌嗪）-4H-噻吩并苯并二氮杂。

在另案审理中，根据江苏高院的委托，2011年8月25日，上海市科技咨询服务中心出具（2010）鉴字第19号《技术鉴定报告书》。该鉴定报告称，按华生公司备案的“原料药生产工艺的研究资料及文献资料”中记载的工艺进行实验操作，不能获得原料药奥氮平。鉴定结论为：华生公司备案资料中记载的生产原料药奥氮平的关键反应步骤缺乏真实性，该备案的生产工艺不可行。

经质证，伊莱利利公司认可该鉴定报告，华生公司对该鉴定报告亦不持异议，但是其坚持认为采取两步法是可以生产出奥氮平的，只是因为有些内容涉及商业秘密没有写入备案资料中，故专家依据备案资料生产不出来。

华生公司认为其未侵害涉案专利权，理由是：2003 年至今，华生公司一直使用 2008 年补充报批的奥氮平备案生产工艺，该备案文件已于 2010 年 9 月 8 日获国家药监局批准，具备可行性。在礼来公司未提供任何证据证明华生公司的生产工艺的情况下，应以华生公司 2008 年奥氮平备案工艺作为认定侵权与否的比对工艺。

华生公司提交的 2010 年 9 月 8 日国家药监局《药品补充申请批件》中“申请内容”栏为：“（1）改变影响药品质量的生产工艺；（2）修改药品注册标准。”“审批结论”栏为：“经审查，同意本品变更生产工艺并修订质量标准。变更后的生产工艺在不改变原合成路线的基础上，仅对其制备工艺中所用溶剂和试剂进行调整。质量标准所附执行，有效期 24 个月。”

上述 2010 年《药品补充申请批件》所附《奥氮平药品补充申请注册资料》中 5.1 原料药生产工艺的研究资料及文献资料章节中 5.1.1 说明内容为：“根据我公司奥氮平原料药的实际生产情况，在不改变原来申报生产工艺路线的基础上，对奥氮平的制备工艺过程做了部分调整变更，对工艺进行优化，使奥氮平各中间体的质量得到进一步的提高和保证，其制备过程中的相关杂质得到有效控制。……由于工艺路线没有变更，并且最后一步的结晶溶剂亦没有变更，故化合物的结构及晶型不会改变。”

最高人民法院二审审理过程中，为准确查明本案所涉技术事实，根据《中华人民共和国民事诉讼法》第七十九条、《最高人民法院关于适用〈中华人民共和国民事诉讼法〉的解释》（以下简称《民事诉讼法解释》）第一百二十二条之规定，对礼来公司的专家辅助人出庭申请予以准许；根据《民事诉讼法解释》第一百一十七条之规定，对华生公司的证人出庭申请予以准许；根据《中华人民共和国民事诉讼法》第七十八条、《民事诉讼法解释》第二百二十七条之规定，通知出具（2014）司鉴定第02号《技术鉴定报告》的江苏省科技咨询中心工作人员出庭；根据《最高人民法院关于知识产权法院技术调查官参与诉讼活动若干问题的暂行规定》第二条、第十条之规定，首次指派技术调查官出庭，就相关技术问题与各方当事人分别询问了专家辅助人、证人及鉴定人。

最高人民法院二审另查明：

1999年10月28日，华生公司与医科院药物所签订《技术合同书》，约定医科院药物所将其研制开发的抗精神分裂药奥氮平及其制剂转让给华生公司，医科院药物所负责完成临床前报批资料并在北京申报临床；验收标准和方法按照新药审批标准，采用领取临床批件和新药证书方式验收；在其他条款中双方对新药证书和生产的报批作出了约定。

医科院药物所1999年10月填报的（京99）药申临字第82号《新药临床研究申请表》中，“制备工艺”栏绘制的反应路线如下：

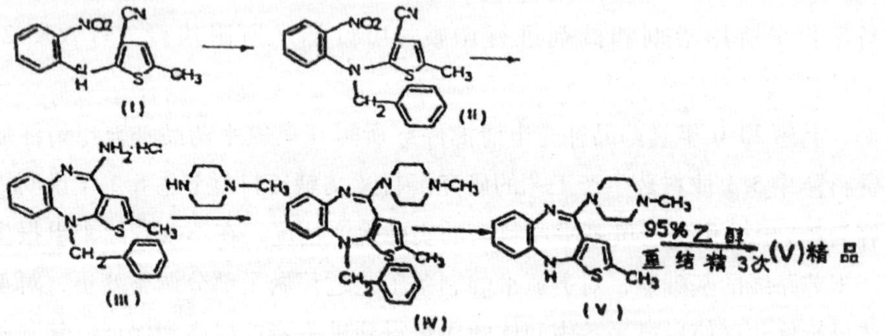

1999年11月9日，北京市卫生局针对医科院药物所的新药临床研究申请作出《新药研制现场考核报告表》，“现场考核结论”栏记载：“该所具备研制此原料的条件，原始记录、实验资料基本完整，内容真实。”

2001年6月，医科院药物所和华生公司共同向国家药监局提交《新药证书、生产申请表》[（2001）京申产字第019号]。针对该申请，江苏省

药监局2001年10月22日作出《新药研制现场考核报告表》，“现场考核结论”栏记载：“经现场考核，样品制备及检验原始记录基本完整，检验仪器条件基本具备，研制单位暂无原料药生产车间，现申请本品的新药证书。”

根据华生公司申请，江苏药监局2009年5月21日发函委托江苏省常州市食品药品监督管理局药品安全监管处对华生公司奥氮平生产现场进行检查和产品抽样，江苏药监局针对该检查和抽样出具了《药品注册生产现场检查报告》（受理号CXHB0800159），其中“检查结果”栏记载：“按照药品注册现场检查的有关要求，2009年7月7日对该品种的生产现场进行了第一次检查，该公司的机构和人员、生产和检验设施能满足该品种的生产要求，原辅材料等可溯源，主要原料均按规定量投料，生产过程按申报的工艺进行。2009年8月25日，按药品注册现场核查的有关要求，检查了70309001、70309002、70309003三批产品的批生产记录、检验记录、原料领用使用、库存情况记录等，已按抽样要求进行了抽样。”“综合评定结论”栏记载：“根据综合评定，现场检查结论为：通过”。

国家药监局2010年9月8日颁发给华生公司的《药品补充申请批件》所附《奥氮平药品补充申请注册资料》中，5.1“原料药生产工艺的研究资料及文献资料”之5.1.2“工艺路线”中绘制的反应路线如下：

5.1.2 工艺路线

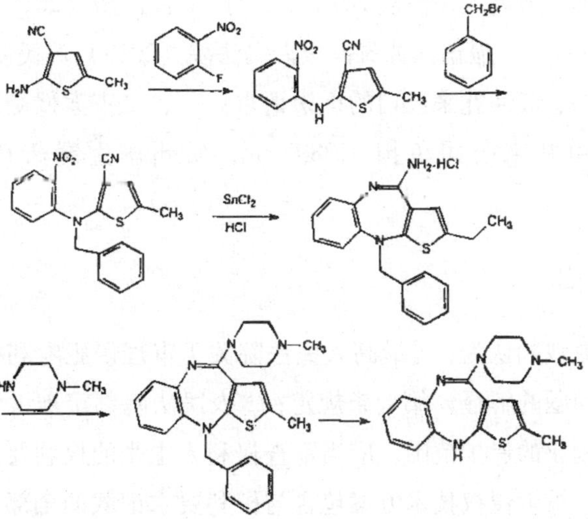

2015 年 3 月 5 日，江苏省科技咨询中心受上海市方达（北京）律师事务所委托出具（2014）司鉴字第 02 号《技术鉴定报告》，其“鉴定结论”部分记载：“1. 华生公司 2008 年向国家药监局备案的奥氮平制备工艺是可行的。2. 对比华生公司 2008 年向国家药监局备案的奥氮平制备工艺与礼来公司第 91103346. 7 号方法专利，两者起始原料均为仲胺化物，但制备工艺路径不同，具体表现在：（1）反应中产生的关键中间体不同；（2）反应步骤不同：华生公司的是四步法，礼来公司是二步法；（3）反应条件不同：取代反应中，华生公司采用二甲基甲酰胺为溶媒，礼来公司采用二甲基亚砜和甲苯的混合溶剂为溶媒。”

二审庭审中，礼来公司明确其在本案中要求保护涉案专利权利要求 1 中的方法（a）。

裁判结果

江苏省高级人民法院于 2014 年 10 月 14 日作出（2013）苏民初字第 0002 号民事判决：一、常州华生制药有限公司赔偿礼来公司经济损失及为制止侵权支出的合理费用人民币计 350 万元；二、驳回礼来公司的其他诉讼请求。案件受理费人民币 809744 元，由礼来公司负担 161950 元，常州华生制药有限公司负担 647794 元。礼来公司、常州华生制药有限公司均不服，提起上诉。最高人民法院 2016 年 5 月 31 日作出（2015）民三终字第 1 号民事判决：一、撤销江苏省高级人民法院（2013）苏民初字第 0002 号民事判决；二、驳回礼来公司的诉讼请求。一、二审案件受理费各人民币 809744 元，由礼来公司负担 323897 元，常州华生制药有限公司负担 1295591 元。

裁判理由

法院生效裁判认为：《最高人民法院关于审理侵犯专利权纠纷案件应用法律若干问题的解释》第七条规定：“人民法院判定被诉侵权技术方案是否落入专利权的保护范围，应当审查权利人主张的权利要求所记载的全部技术特征。被诉侵权技术方案包含与权利要求记载的全部技术特征相同

或者等同的技术特征的，人民法院应当认定其落入专利权的保护范围；被诉侵权技术方案的技术特征与权利要求记载的全部技术特征相比，缺少权利要求记载的一个以上的技术特征，或者有一个以上技术特征不相同也不等同的，人民法院应当认定其没有落入专利权的保护范围。”本案中，华生公司被诉生产销售的药品与涉案专利方法制备的产品相同，均为奥氮平，判定华生公司奥氮平制备工艺是否落入涉案专利权保护范围，涉及以下三个问题：

一、关于涉案专利权的保护范围

《中华人民共和国专利法》第五十六条第一款规定：“发明或者实用新型专利权的保护范围以其权利要求的内容为准，说明书及附图可以用于解释权利要求。”本案中，礼来公司要求保护涉案专利权利要求 1 中的方法（a），该权利要求采取开放式的撰写方式，其中仅限定了参加取代反应的三环还原物及 N－甲基哌嗪以及发生取代的基团，其保护范围涵盖了所有采用所述三环还原物与 N－甲基哌嗪在 Q 基团处发生取代反应而生成奥氮平的制备方法，无论采用何种反应起始物、溶剂、反应条件，均在其保护范围之内。基于此，判定华生公司奥氮平制备工艺是否落入涉案专利权保护范围，关键在于两个技术方案反应路线的比对，而具体的反应起始物、溶剂、反应条件等均不纳入侵权比对范围，否则会不当限缩涉案专利权的保护范围，损害礼来公司的合法权益。

二、关于华生公司实际使用的奥氮平制备工艺

《中华人民共和国专利法》第五十七条第二款规定：“专利侵权纠纷涉及新产品制造方法的发明专利的，制造同样产品的单位或者个人应当提供其产品制造方法不同于专利方法的证明。”本案中，双方当事人对奥氮平为专利法中所称的新产品不持异议，华生公司应就其奥氮平制备工艺不同于涉案专利方法承担举证责任。具体而言，华生公司应当提供证据证明其实际使用的奥氮平制备工艺反应路线未落入涉案专利权保护范围，否则，将因其举证不能而承担推定礼来公司侵权指控成立的法律后果。

本案中，华生公司主张其自2003年至今一直使用2008年向国家药监局补充备案工艺生产奥氮平，并提交了其2003年和2008年奥氮平批生产记录（一审补充证据6）、2003年、2007年和2013年生产规程（一审补充证据7）、《药品补充申请批件》（一审补充证据12）等证据证明其实际使用的奥氮平制备工艺。如前所述，本案的侵权判定关键在于两个技术方案反应路线的比对，华生公司2008年补充备案工艺的反应路线可见于其向国家药监局提交的《奥氮平药品补充申请注册资料》，其中5.1“原料药生产工艺的研究资料及文献资料”之5.1.2“工艺路线”图显示该反应路线为：先将“仲胺化物”中的仲氨基用苄基保护起来，制得“苄基化物”（苄基化），再进行闭环反应，生成“苄基取代的噻吩并苯并二氮杂”三环化合物（还原化物）。“还原化物”中的氨基被N－甲基哌嗪取代，生成“缩合物”，然后脱去苄基，制得奥氮平。本院认为，现有在案证据能够形成完整证据链，证明华生公司2003年至涉案专利权到期日期间一直使用其2008年补充备案工艺的反应路线生产奥氮平，主要理由如下：

首先，华生公司2008年向国家药监局提出奥氮平药品补充申请注册，在其提交的《奥氮平药品补充申请注册资料》中，明确记载了其奥氮平制备工艺的反应路线。针对该补充申请，江苏省药监部门于2009年7月7日和8月25日对华生公司进行了生产现场检查和产品抽样，并出具了《药品注册生产现场检查报告》（受理号CXHB0800159），该报告显示华生公司的“生产过程按申报的工艺进行”，三批样品“已按抽样要求进行了抽样”，现场检查结论为“通过”。也就是说，华生公司2008年补充备案工艺经过药监部门的现场检查，具备可行性。基于此，2010年9月8日，国家药监局向华生公司颁发了《药品补充申请批件》，同意华生公司奥氮平“变更生产工艺并修订质量标准”。对于华生公司2008年补充备案工艺的可行性，礼来公司专家辅助人在二审庭审中予以认可，江苏省科技咨询中心出具的（2014）司鉴字第02号《技术鉴定报告》在其鉴定结论部分也认为“华生公司2008年向国家药监局备案的奥氮平制备工艺是可行的”。因此，在无其他相反证据的情形下，应当推定华生公司2008年补充备案工艺即为其取得《药品补充申请批件》后实际使用的奥氮平制备工艺。

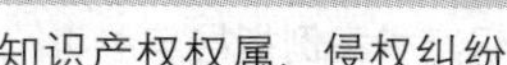

其次，一般而言，适用于大规模工业化生产的药品制备工艺步骤繁琐，操作复杂，其形成不可能是一蹴而就的。从研发阶段到实际生产阶段，其长期的技术积累过程通常是在保持基本反应路线稳定的情况下，针对实际生产中发现的缺陷不断优化调整反应条件和操作细节。华生公司的奥氮平制备工艺受让于医科院药物所，双方于1999年10月28日签订了《技术转让合同》。按照合同约定，医科院药物所负责完成临床前报批资料并在北京申报临床。在医科院药物所1999年10月填报的（京99）药申临字第82号《新药临床研究申请表》中，“制备工艺”栏绘制的反应路线显示，其采用了与华生公司2008年补充备案工艺相同的反应路线。针对该新药临床研究申请，北京市卫生局1999年11月9日作出《新药研制现场考核报告表》，确认“原始记录、实验资料基本完整，内容真实。”在此基础上，医科院药物所和华生公司按照《技术转让合同》的约定，共同向国家药监局提交新药证书、生产申请表［（2001）京申产字第019号］。针对该申请，江苏省药监局2001年10月22日作出《新药研制现场考核报告表》，确认“样品制备及检验原始记录基本完整”。通过包括前述考核在内的一系列审查后，2003年5月9日，医科院药物所和华生公司获得国家药监局颁发的奥氮平原料药和奥氮平片《新药证书》。由此可见，华生公司自1999年即拥有了与其2008年补充备案工艺反应路线相同的奥氮平制备工艺，并以此申报新药注册，取得新药证书。因此，华生公司在2008补充备案工艺之前使用反应路线完全不同的其他制备工艺生产奥氮平的可能性不大。

最后，国家药监局2010年9月8日向华生公司颁发的《药品补充申请批件》“审批结论”栏记载：“变更后的生产工艺在不改变原合成路线的基础上，仅对其制备工艺中所用溶剂和试剂进行调整”，即国家药监局确认华生公司2008年补充备案工艺与其之前的制备工艺反应路线相同。华生公司在一审中提交了其2003、2007和2013年的生产规程，2003、2008年的奥氮平批生产记录，华生公司主张上述证据涉及其商业秘密，一审法院组织双方当事人进行了不公开质证，确认其真实性和关联性。本院经审查，华生公司2003、2008年的奥氮平批生产记录是分别依据2003、2007年的生产规程进行实际生产所作的记录，上述生产规程和批生产记录均表明华生公司奥氮平制备工艺的基本反应路线与其2008年补充备案工艺的反应路线相同，只是在保持该基本反应路线不变的基础上对反应条件、溶剂等生产细节进行调整，不断优化，这样的技术积累过程是符合实际生产规律的。

综上，本院认为：华生公司2008年补充备案工艺真实可行，2003年至涉案专利权到期日期间华生公司一直使用2008年补充备案工艺的反应路线生产奥氮平。

三、关于礼来公司的侵权指控是否成立

对比华生公司奥氮平制备工艺的反应路线和涉案方法专利，二者的区别在于反应步骤不同，关键中间体不同。具体而言，华生公司奥氮平制备工艺使用的三环还原物的胺基是被苄基保护的，由此在取代反应之前必然存在苄基化反应步骤以生成苄基化的三环还原物，相应的在取代反应后也必然存在脱苄基反应步骤以获得奥氮平。而涉案专利的反应路线中并未对三环还原物中的胺基进行苄基保护，从而不存在相应的苄基化反应步骤和脱除苄基的反应步骤。

《最高人民法院关于审理专利纠纷案件适用法律问题的若干规定》第十七条第二款规定："等同特征，是指与所记载的技术特征以基本相同的手段，实现基本相同的功能，达到基本相同的效果，并且本领域普通技术人员在被诉侵权行为发生时无需经过创造性劳动就能够联想到的特征。"本案中，就华生公司奥氮平制备工艺的反应路线和涉案方法专利的区别而言，首先，苄基保护的三环还原物中间体与未加苄基保护的三环还原物中间体为不同的化合物，两者在化学反应特性上存在差异，即在未加苄基保护的三环还原物中间体上，可脱落的Q基团和胺基均可与N－甲基哌嗪发生反应，而苄基保护的三环还原物中间体由于其中的胺基被苄基保护，无法与N－甲基哌嗪发生不期望的取代反应，取代反应只能发生在Q基团处；相应地，涉案专利的方法中不存在取代反应前后的加苄基和脱苄基反应步骤。因此，两个技术方案在反应中间物和反应步骤上的差异较大。其

次，由于增加了加苄基和脱苄基步骤，华生公司的奥氮平制备工艺在终产物收率方面会有所减损，而涉案专利由于不存在加苄基保护步骤和脱苄基步骤，收率不会因此而下降。故两个技术方案的技术效果如收率高低等方面存在较大差异。最后，尽管对所述三环还原物中的胺基进行苄基保护以减少副反应是化学合成领域的公知常识，但是这种改变是实质性的，加苄基保护的三环还原物中间体的反应特性发生了改变，增加反应步骤也使收率下降。而且加苄基保护为公知常识仅说明华生公司的奥氮平制备工艺相对于涉案专利方法改进有限，但并不意味着两者所采用的技术手段是基本相同的。

综上，华生公司的奥氮平制备工艺在三环还原物中间体是否为苄基化中间体以及由此增加的苄基化反应步骤和脱苄基步骤方面，与涉案专利方法是不同的，相应的技术特征也不属于基本相同的技术手段，达到的技术效果存在较大差异，未构成等同特征。因此，华生公司奥氮平制备工艺未落入涉案专利权保护范围。

综上所述，华生公司奥氮平制备工艺未落入礼来公司所有的涉案专利权的保护范围，一审判决认定事实和适用法律存在错误，依法予以纠正。

（生效裁判审判人员：周翔、吴蓉、宋淑华）

51. 哈尔滨工业大学星河实业有限公司与江苏润德管业有限公司侵犯发明专利权纠纷案*

包含应用领域、用途等的主题名称在确定专利权的保护范围时应当予以考虑

【裁判摘要】

专利侵权案件中，如果涉案专利的权利要求书包含有两项或者两项以上独立权利要求，写在最前面的独立权利要求通常被称为第一独立权利要求，其他独立权利要求通常被称为并列独立权利要求。并列独立权利要求引用在前的独立权利要求时，该并列独立权利要求仍然属于独立权利要求，不属于从属权利要求。在前独立权利要求对该并列独立权利要求保护范围的限定作用应当根据其对该并列独立权利要求的技术方案或保护主题是否有实质性影响来确定。

最高人民法院
民事裁定书

（2013）民申字第790号

再审申请人（一审原告、二审被上诉人）：哈尔滨

* 摘自《最高人民法院公报》2014年第7期。

工业大学星河实业有限公司。住所地：黑龙江省哈尔滨市南岗区西大直街92号逸夫楼511室。

法定代表人：李波，该公司董事长。

委托代理人：张苏沛，南京知识律师事务所律师。

被申请人（一审被告、二审上诉人）：江苏润德管业有限公司。住所地：江苏省高邮市城南经济新区。

法定代表人：黄德春，该公司总经理。

委托代理人：宋新月，北京市金杜律师事务所律师。

委托代理人：靳强，北京市金杜律师事务所律师。

再审申请人哈尔滨工业大学星河实业有限公司（以下简称星河公司）因与被申请人江苏润德管业有限公司（以下简称润德公司）侵犯发明专利权纠纷一案，不服江苏省高级人民法院（2012）苏知民终字第0021号民事判决，向本院申请再审。本院依法组成合议庭于2013年10月11日上午公开询问了双方当事人，星河公司的委托代理人张苏沛，润德公司的委托代理人宋新月、靳强到庭参加了诉讼。本案现已审查终结。

星河公司申请再审称：二审判决在涉案专利独立权利要求2和6的保护范围的认定上适用法律错误。其主要理由是：（1）最高人民法院《关于审理侵犯专利纠纷案件应用法律若干问题的解释》（法释〔2009〕第21号）和《中华人民共和国专利法实施细则》（以下简称专利法实施细则）对主题名称与技术特征用不同的法律名词予以明确区分，并强调专利权的保护范围由技术特征限定。因此，二审判决认定“主题名称作为权利要求的必要内容，对其保护范围有限定作用”没有法律依据。（2）润德公司针对涉案专利提出无效宣告请求时，针对权利要求1、2和6，分别提出了完全不同的对比文件，专利复审委员会在评价权利要求2和6的创造性时，并未考虑润德公司针对权利要求1提出的对比文件，在评价权利要求6的创造性时，也没有考虑润德公司针对权利要求2提出的对比文件，因此可以推定专利复审委员会认为主题名称不属于技术特征，不是解决技术问题的必要技术手段。（3）根据涉案专利说明书和附图，权利要求2步骤a中的钢材和塑料复合有一步复合和两步复合两种方式，星河公司在专利申请过程中对涉案专利文本进行修改时，放弃了两步复合方式，仅保留了一步复合方式，根据禁止反悔原则，二审法院在侵权判断时不应当将两步复合方式纳入涉案专利保护范围。（4）方法权利要求的主题名称引用了在先的产品权利要求就应当把其产品的全部技术特征囊括其中，二审法院在认定权利要求2的保护范围时，机械地认为“权利要求书中出现引用在先权利要求的情况是为了避免权利要求之间相同内容的不必要重复”，属于事实认定不清和法律适用错误。（5）独立权利要求间的引用关系仅仅是专利申请文件撰写过程中文字表述上的形式差异，在确定保护范围时不属于必须考虑的对象。（6）权利要求1和权利要求2之间不是从属关系，以权利要求1的技术特征来限定权利要求2的保护范围，明显违背了“以权利要求所记载的全部技术特征确定保护范围”的法律规定。综上所述，二审法院对涉案专利权利要求2的保护范围的理解是错误的。同理，涉案专利权利要求6的保护范围也不受权利要求1和2的限定。故请求撤销二审判决，依法维持一审判决。

润德公司答辩称：二审判决认定事实清楚，适用法律准确，判决结果正确。主题名称是权利要求的必要组成部分，属于必要技术特征，对专利权保护范围起到开宗明义的重要作用，对专利权保护范围具有限定作用。故请求维持二审判决，驳回再审申请。

本院审查查明：涉案专利说明书和附图1记载了权利要求2所记载方法的一步复合方式：通过牵引机7牵引来自放卷装置1的钢带9，使钢带9在导辊2的导引下进入挤出复合的关键部件复合机头4，复合机头4与挤出机3呈直角连接，其内部腔型具有与复合异型带材10相对应的形状，在钢带9通过复合机头4的同时，塑料挤出机3向复合机头4内挤入熔融塑料。在复合机头4内熔融塑料将钢带9周边包裹，在牵引机7的牵引力作用下，从复合机头4牵出，形成未定型的复合异型带材10。说明书和附图2还记载了两步复合方式，即第一步制成带有开口肋的塑料异型带材，第二步将钢带嵌入并封口，该技术方案未记载在权利要求书中。

另查明：涉案专利说明书同时记载：为了防止管材铺设时加强肋之间的塑料被尖锐的石片刺破，在两个加强肋之间塑料形状不应是简单的平

面，而应具有中间凸起的形状。

法院认为：本案焦点问题是：（1）主题名称是否对专利权保护范围具有限定作用；（2）并列独立权利要求引用在前的独立权利要求时，在前独立权利要求对其保护范围的限定作用应当如何确定。

1. 关于主题名称是否对专利权保护范围具有限定作用的问题

《中华人民共和国专利法》第五十九条第一款规定："发明或者实用新型专利权的保护范围以其权利要求的内容为准，说明书及附图可以用于解释权利要求的内容。"《中华人民共和国专利法实施细则》第二十一条规定，发明或者实用新型的独立权利要求应当包括前序部分和特征部分，前序部分写明要求保护的发明或者实用新型技术方案的主题名称和发明或者实用新型主题与最接近的现有技术共有的必要技术特征，特征部分写明发明或者实用新型区别于最接近的现有技术的技术特征，这些特征和前序部分写明的特征合在一起，限定发明或者实用新型要求保护的范围。因此，通常情况下，在确定权利要求的保护范围时，权利要求中记载的主题名称应当予以考虑，而实际的限定作用应当取决于该主题名称对权利要求所要保护的主题本身产生了何种影响。本案中，确定权利要求 2 和 6 的保护范围时，均应当考虑其主题名称对其所要求保护的主题本身实际上所起的限定作用。

2. 关于并列独立权利要求引用在前的独立权利要求时，在前独立权利要求对其保护范围的限定作用应当如何确定的问题

《中华人民共和国专利法》第三十一条第一款规定："一件发明或者实用新型专利申请应当限于一项发明或者实用新型。属于一个总的发明构思的两项以上的发明或者实用新型，可以作为一件申请提出。"《中华人民共和国专利法实施细则》第二十条规定："权利要求书应当有独立权利要求，也可以有从属权利要求。独立权利要求应当从整体上反映发明或者实用新型的技术方案，记载解决技术问题的必要技术特征。从属权利要求应当用附加的技术特征，对引用的权利要求作进一步的限定。"《中华人民共和国专利法实施细则》第三十四条规定："依照专利法第三十一条第一款规定，可以作为一件专利申请提出的属于一个总的发明构思的两项以上的发明或

者实用新型，应当在技术上相互关联，包含一个或者多个相同或者相应的特定技术特征，其中特定技术特征是指每一项发明或者实用新型作为整体，对现有技术作出贡献的技术特征。”《专利审查指南》第二部分第六章2.2.1（2）中规定了属于一个总的发明构思的两项以上发明的权利要求可以允许有六种撰写方式，包括：产品或方法的同类独立权利要求；产品和制造该产品的方法的独立权利要求；产品和该产品的用途独立权利要求；产品、专门用于制造该产品的方法和为实施该方法而专门设计的设备的独立权利要求；方法和为实施该方法而专门设计的设备的独立权利要求。

据此，一件专利申请的权利要求书中，应当至少有一项独立权利要求。当有两项或者两项以上独立权利要求时，写在最前面的权利要求为第一独立权利要求，其他独立权利要求为并列独立权利要求。独立权利要求应当反映整体的技术方案，并按照各自的内容确定专利权的保护范围。独立权利要求可以不存在引用关系，也可以存在引用关系。当并列独立权利要求引用在前的独立权利要求时，该并列独立权利要求仍然属于独立权利要求，而不属于从属权利要求。虽然在确定并列独立权利要求的保护范围时，被引用的独立权利要求的特征均应当予以考虑，但其对该并列独立权利要求并不必然具有限定作用，其实际的限定作用应当根据其对该并列独立权利要求的技术方案或保护主题是否有实质性影响来确定。

本案中，一、二审法院认定润德公司的被诉侵权产品与涉案专利权利要求1相比对，缺少“钢带上有若干矩形或圆形的通孔或钢带两侧轧制有纹路”和“两个加强肋之间塑料形状具有中间凸起”两个技术特征，双方当事人对此没有异议。涉案专利独立权利要求2记载了一种制造权利要求1所述的钢带增强塑料排水管道的方法，其步骤a记载：将挤出机与复合机头成直角布置，钢带从机头一端引入复合机头，并在机头内与塑料复合，经冷却、定型、牵引后成型为钢带增强塑料复合异型带材钢带。涉案专利独立权利要求6记载了一种实施权利要求2所述方法的制造钢带增强塑料排水管的装置，包括了将钢带与塑料复合形成具有钢带加强肋的异型带材的复合装置。从涉案专利权利要求书以及说明书记载的一步复合方式来看，普通钢带在权利要求6记载的复合装置中，经过权利要求2记载的步骤 a，形成了复合异型带材，即钢带上有矩形或圆形的通孔或纹路，塑料熔融后在两个加强肋之间生成了中间凸起。虽然权利要求书和说明书对形成通孔或纹路以及凸起的装置部件未作具体的结构描述，但根据涉案专利权利要求 1 记载的产品技术特征，可以推定权利要求 6 记载的复合装置必然具备生成上述区别技术特征的部件。可见，权利要求 1 记载的技术特征对于权利要求 2 和 6 产生了实质性的影响，具有限定作用。被诉侵权产品没有通孔或纹路和凸起，星河公司亦未举证证明被诉侵权的装置具备生成上述特征的部件，因此，可以推定被诉侵权的装置不同于权利要求 6 所记载的装置，也未使用被诉侵权的方法。

鉴于涉案专利权利要求 2 步骤 a 的两步复合方式仅在说明书和附图中描述过但未记载在权利要求书中，专利权人未主张将其纳入专利权保护范围，二审法院亦未将其纳入涉案专利权保护范围，对此，本院不再予以审查。

综上，二审判决认定事实清楚，适用法律正确。星河公司的再审申请理由不成立，本院不予支持。星河公司的再审申请不符合《中华人民共和国民事诉讼法》第二百条的规定的情形。依照《中华人民共和国民事诉讼法》第二百零四条第一款之规定，裁定如下：

驳回哈尔滨工业大学星河实业有限公司的再审申请。

审　判　长　王永昌
代理审判员　秦元明
代理审判员　吴　蓉

二〇一三年十二月三十日

书　记　员　周睿隽

52. 陈顺弟与浙江乐雪儿家居用品有限公司、何建华及第三人温士丹侵害发明专利权纠纷案*

▶ 审查方法专利的步骤顺序是否在步骤互换中限制等同原则的适用的关键是其是否必须以特定的顺序实施以及互换是否会带来技术功能或者技术效果上的实质性差异

【裁判摘要】

一、审查方法专利的步骤顺序对专利权的保护范围是否起到限定作用，从而导致在步骤互换中限制等同原则的适用，关键是判断这些步骤是否必须以特定的顺序实施以及这种互换是否会带来技术功能或者技术效果上的实质性差异。

二、《最高人民法院关于审理侵犯专利权纠纷案件应用法律若干问题的解释》第五条规定的适用以被诉侵权行为发生日为准。

三、被诉侵权人委托案外人按照其提供的样品进行加工制造的，视为被诉侵权人的实施行为。

---

* 摘自《最高人民法院公报》2015 年第 10 期。

最高人民法院
民 事 判 决 书

（2013）民提字第225号

再审申请人（一审被告、二审上诉人）：浙江乐雪儿家居用品有限公司。住所地：浙江省台州市椒江区洪家街道后街村。

法定代表人：周雯平，该公司执行董事。

委托代理人：杨颖，辽宁同泽律师事务所律师。

被申请人（一审原告、二审被上诉人）：陈顺弟。

委托代理人：董世博，浙江凯旺律师事务所律师。

一审被告、二审上诉人：何建华。

一审第三人：温士丹。

再审申请人浙江乐雪儿家居用品有限公司（以下简称乐雪儿公司）因与被申请人陈顺弟、一审被告、二审上诉人何建华、第三人温士丹侵害发明专利权纠纷一案，不服辽宁省高级人民法院（2011）辽民三终字第27号民事判决，向本院申请再审。本院于2013年9月29日作出（2013）民申字第720号民事裁定，提审本案。本院依法组成合议庭，于2013年11月29日公开开庭审理了本案。乐雪儿公司的委托代理人杨颖、陈顺弟的委托代理人董世博到庭参加诉讼。经本院合法传唤，何建华、温士丹未到庭参加诉讼，本案现已审理终结。

2010年9月17日，陈顺弟以乐雪儿公司生产、销售，何建华销售和许诺销售的布塑热水袋侵犯了其“布塑热水袋的加工方法”发明专利权为由，向辽宁省沈阳市中级人民法院（以下简称一审法院）提起诉讼，请求判令：（1）何建华立即停止销售侵权产品，乐雪儿公司立即停止制造、销售侵权产品，并销毁侵权产品及模具；（2）何建华赔偿陈顺弟经济损失50万元，乐雪儿公司赔偿陈顺弟经济损失100万元（含陈顺弟为制止侵权行为而支出的合理费用)；(3) 由乐雪儿公司和何建华承担本案诉讼费用。

一审法院经审理查明：陈顺弟于2006年2月24日向国家知识产权局申请了一项名称为“布塑热水袋的加工方法”发明专利，2010年2月17日获得专利权，专利号为200610049700.5，该专利权至今有效。该专利权利要求为：(1) 布塑热水袋的加工方法，布塑热水袋由袋体、袋口和袋塞所组成，所述的袋体有内层、外层和保温层，在袋体的边缘有粘合边，所述的袋塞是螺纹塞座和螺纹塞盖，螺纹塞座的外壁有复合层，螺纹塞盖有密封垫片，袋塞中的螺纹塞座是聚丙烯材料，复合层是聚氯乙烯材料，密封垫片是硅胶材料所制成，其特征在于：第一步：首先取内层、保温层以及外层材料；第二步：将内层、保温层、外层依次层叠，成为组合层；第三步：将两层组合层对应重叠，采用高频热合机按照热水袋的形状对两层组合层边缘进行高频热粘合；第四步：对高频热粘合的热水袋进行分只裁剪；第五步：取聚丙烯材料注塑螺纹塞座，再把螺纹塞座作为嵌件放入模具，另外取聚氯乙烯材料在螺纹塞座外二次注塑复合层；第六步：将有复合层的螺纹塞座安入袋口内，与内层接触，采用高频热合机对热水袋口部与螺纹塞座复合层进行热粘合；第七步：对热水袋袋体进行修边；第八步：取塑料材料注制螺纹塞盖；第九步：取硅胶材料注制密封垫片；第十步：将密封垫片和螺纹塞盖互相装配后旋入螺纹塞座中；第十一步：充气试压检验，向热水袋充入压缩空气进行耐压试验；第十二步：包装。(为表述方便，以下对上述步骤用对应的阿拉伯数字表示。)

2010年9月7日，陈顺弟的委托代理人张勇在辽宁省诚信公证处公证人员的监督下，在位于沈阳市大东区东顺城街17号的沈阳小商品大世界四楼，以普通消费者身份购买了“乐雪儿”牌时尚热水袋40个，其中大号热水袋1个，中号热水袋39个，并取得了加盖“沈阳市大东区任国良杂品批发部普通发票专用章”及“沈阳市大东区任国良杂品批发部、沈阳小商品大世界市场××44床”印章的《辽宁省沈阳市小额剪贴发票》一张、带有“沈阳小商品大世界四楼××07、××44床任国良”字样的该店销售人员名片一张。发票上记载大号热水袋销售单价为15元，中号热水袋销售单价为5元。公证人员对公证取得的热水袋进行了拍照，并将大号热水袋

1个、中号热水袋2个予以封存。上述公证取得的热水袋外包装袋标明了“乐雪儿”商标、台州市乐雪儿塑胶电器有限公司等信息。

2009年11月17日至2010年11月3日期间，陈顺弟的委托代理人分别在浙江省台州市、山东省烟台市、潍坊市、湖北省武汉市等地，对购买乐雪儿公司生产的布塑热水袋的行为进行了公证。2010年9月29日，陈顺弟在公证人员的监督下，对其登录网址为www. tzlxe. cn网站的过程进行了公证。该网站首页显著位置显示“浙江乐雪儿家居用品有限公司”，在“最新供应”项下显示有“供应布塑热水袋”并附实物照片。在该网站的“公司介绍”中显示“年营业额：人民币2000万元/年~3000万元/年”。

2010年9月28日，一审法院依陈顺弟申请，在乐雪儿公司对被诉侵权产品库存数量、加工方法、销售账册进行证据保全。乐雪儿公司向一审法院出示了其库房中的21箱布塑热水袋产品，但拒绝一审法院对其加工方法和销售账册进行证据保全。一审庭审中，乐雪儿公司确认保全样品均由其生产、销售，且全部样品均按照其提交法庭的“热水袋生产工艺说明”制造。乐雪儿公司自述被诉侵权方法第1~4步、第11步与涉案专利权利要求1的第1~4步、第12步相同，被诉侵权方法第6、7、8、10步分别与涉案专利权利要求1的第7、6、11、10步相同，被诉侵权方法不包括涉案专利权利要求1的第5、8、9步。乐雪儿公司就其销售账册拒绝举证。

另查明，何建华是地址在沈阳小商品大世界市场4044号摊位的沈阳市大东区任国良杂品批发部的经营者。第三人温士丹是地址在沈阳小商品大世界市场××07号摊位的沈阳市大东区永利来杂品批发部的经营者。任国良系××44和××07号两个摊位的业务员。乐雪儿公司前身为台州市乐雪儿塑胶电器有限公司，该公司于2010年3月23日变更企业名称为乐雪儿公司。

一审法院认为：（1）关于乐雪儿公司是否侵犯了陈顺弟的涉案专利权问题。乐雪儿公司主张涉案专利权利要求中的保温层是功能性描述，被诉侵权方法中在内层和外层之间夹放的是半片空心薄棉，不具备保温层的技术特征。一审法院认为：涉案专利权利要求并未对保温层的材质、大小进行限定，故对乐雪儿公司的上述抗辩不予支持。乐雪儿公司自认被诉侵权方法前4步及最后一步与涉案专利权利要求1中的前4步及最后一步相同，一审法院对此予以确认。乐雪儿公司主张被诉侵权方法第6、7、8、10步分别与涉案专利权利要求1的第7、6、11、10步的内容相同，但顺序不同，因而未落入涉案专利权保护范围。一审法院认为，对于上述四个步骤，按照被诉侵权方法的顺序与按照涉案专利权利要求的顺序进行加工，其技术特征及技术效果并无实质区别，故对乐雪儿公司的上述抗辩不予支持。乐雪儿公司主张被诉侵权方法不包括涉案专利权利要求1的第5、8、9步。经审查，涉案专利权利要求1的第5、8、9步分别是螺纹塞座、螺纹塞盖及密封垫片的加工方法。被诉侵权产品的上述三个部件与依照涉案专利方法直接获得的产品对应部件结构及材质相同。乐雪儿公司虽主张与上述三个部件相对应的产品组件系从外部购买，但对于购买的细节，乐雪儿公司自述是由其提供样品，由供货方按照样品的材质、结构生产，按照订货数量供货，至于样品来源及供货方的生产工艺方法乐雪儿公司拒绝说明和举证。一审法院认为，乐雪儿公司提交的购销合同签订时间晚于被诉侵权产品出厂时间，且乐雪儿公司未能证明其真实性及履行情况，对上述三个部件的加工方法亦未进行说明及举证，故对其关于被诉侵权方法缺少涉案专利权利要求1第5、8、9步的抗辩主张不予支持。乐雪儿公司主张被诉侵权方法来源于ZL200520015446.8号实用新型专利说明书中公布的具体实施方式，因此，属于现有技术，但未能举证证明被诉侵权方法与该实用新型专利的相应技术特征相同或者无实质性差异，故对其现有技术抗辩的主张不予支持。综上，被诉侵权方法所具备的技术特征完全覆盖了涉案专利权利要求的全部必要技术特征。乐雪儿公司明知陈顺弟拥有涉案专利权，仍使用涉案专利方法进行生产，并销售依照涉案专利方法直接获得的产品，侵犯了涉案专利权，应承担停止侵权、赔偿损失的法律责任。（2）关于何建华是否侵犯了涉案专利权问题。何建华是××44号摊位的经营者，应对其业务员任国良购进和销售被诉侵权产品的行为承担法律责任。因何建华未能举证证明被诉侵权产品的合法来源，故不能免除赔偿责任。陈顺弟主张何建华实施了许诺销售被诉侵权产品的行为，因未提供证据证明，一审法院不予支持。（3）关于赔偿数额问题。鉴于陈顺弟未举证证明

其实际损失或者侵权人侵权获利的具体数额，故一审法院综合考虑涉案专利权的类别、侵权人侵权的性质、情节、范围、时间以及陈顺弟为调查、制止侵权行为所支付的实际费用的合理性等因素，依法酌情确定本案的赔偿数额。

综上，一审法院于2010年12月17日作出（2010）沈中民四初字第389号民事判决，判令：一、何建华于判决生效之日起立即停止销售涉案侵权产品；二、何建华于判决生效后10日内赔偿陈顺弟经济损失及合理费用1万元；三、乐雪儿公司于判决生效之日起立即停止侵权行为；四、乐雪儿公司于判决生效后10日内赔偿陈顺弟经济损失及合理费用30万元；五、驳回陈顺弟其他诉讼请求。

乐雪儿公司、何建华均不服一审判决，向辽宁省高级人民法院（以下简称二审法院）提出上诉。

二审法院经审理查明：一审法院除认定乐雪儿公司自述被诉侵权方法第1、2步与涉案专利权利要求的第1、2步相同不正确以外，认定的其他事实属实，二审法院予以确认。另查明，2010年4月28日，乐雪儿公司与案外人任金岩签订了《购销合同》，约定乐雪儿公司向任金岩采购热水袋盖子（含垫片）2万套、热水袋螺纹座2万套，交货时必须配套交，2010年5月10日之前交3000套（大小各1500套），2010年8月30日之前结清。该合同已实际履行完毕。又查明，2010年9月7日，陈顺弟的委托代理人张勇在沈阳市小商品大世界四楼购买“乐雪儿”牌热水袋的摊位为××07号。在二审法院审理期间，陈顺弟申请放弃对何建华的诉讼请求。

二审法院认为：一审法院要求乐雪儿公司对螺纹塞座、螺纹塞盖、垫片三个部件的加工方法承担举证责任不妥。乐雪儿公司自认被诉侵权产品中的螺纹塞座系由聚丙烯材料注塑而成，其复合层（聚氯乙烯材料）通过注塑成型在螺纹塞座的表面；螺纹塞盖、垫片分别为塑料材料、硅胶材料注制而成。因此，上述三个部件的加工方法与涉案专利权利要求1第5、8、9步相同。即使上述部件是由乐雪儿公司提供样品委托其他加工方进行加工，其亦应对该加工行为承担法律责任。因此，二审法院对乐雪儿公司提出的被诉侵权方法缺少涉案专利权利要求1第5、8、9步的上诉主张，不予支持。被诉侵权方法的第6、7步和第8、10步虽然分别与涉案专利权利要求1第6、7步和第10、11步步骤顺序不同，但其技术特征和技术效果无实质区别。涉案专利权利要求未对保温层的材质、大小进行限定，被诉侵权方法中的空心棉起到一定的保温作用，相当于涉案专利权利要求1中的保温层。因此，对乐雪儿公司提出的被诉侵权方法与涉案专利权利要求1的第6、7步及第10、11步的顺序相反，缺少涉案专利权利要求1记载的保温层的上诉主张，二审法院不予支持。乐雪儿公司提供的证明被诉侵权方法为现有技术的证明文件仅公布了被诉侵权方法的部分技术特征，而被诉侵权方法与涉案专利构成等同。因此，乐雪儿公司的现有技术抗辩不能成立。综上，被诉侵权方法所具备的技术特征完全覆盖了涉案专利的全部必要技术特征，乐雪儿公司的行为侵犯了涉案专利权。陈顺弟请求乐雪儿公司赔偿的数额中包括专利临时保护期使用费和侵权赔偿。陈顺弟并未提供证据证明其损失的数额或乐雪儿公司因侵权所获得的利益，一审法院根据涉案专利的类别、乐雪儿公司侵权的性质、情节、范围、时间及陈顺弟为调查、制止侵权行为所支付的实际费用的合理性等因素，确定乐雪儿公司赔偿陈顺弟经济损失及合理费用30万元，并无不当。综上，二审法院判决：一、维持一审判决第三、四、五项；二、撤销一审判决第一、二项。一审案件受理费18300元，由陈顺弟承担14500元，由乐雪儿公司承担3800元；二审案件受理费5850元，由乐雪儿公司承担5800元，陈顺弟承担50元。

乐雪儿公司不服二审判决，向本院申请再审称：（1）被诉侵权方法没有落入涉案专利权利要求1的保护范围，不构成侵权。①被诉侵权方法不包括涉案专利权利要求1的第5、8、9步，即加工螺纹塞座、螺纹塞盖和密封垫片的步骤。乐雪儿公司生产的热水袋中的上述三个部件均是合法外购取得，外购部件的加工方法是注塑。乐雪儿公司没有义务知晓样品的加工方法，一审、二审法院认定乐雪儿公司对上述三个部件的加工方法承担举证责任，并进一步推定乐雪儿公司采用了与涉案专利相同的方法，是错误的。②被诉侵权方法与涉案专利权利要求1的第6、7步和第10、11步

的步骤顺序相反，这种步骤顺序的改变产生了不同的技术效果。第6、7步的改变可以节省后一加工工序中被加工产品所占用的空间，提高加工效率，并使产品能够直接进入检测工序。第10、11步的改变使得在充气前无需将塞盖安装好后再取下来进行充气检测，节省了时间，并保证了检测质量。由于涉案专利请求保护的是产品的加工方法，而方法权利要求的步骤本身和步骤之间的顺序均应对专利权的保护范围起到限定作用，且在涉案专利说明书中记载了将第10、11步互换的步骤顺序，根据捐献原则，该说明书中记载的另一步骤顺序不应当纳入涉案专利权的保护范围，故被诉侵权方法在步骤上的改变没有落入涉案专利权的保护范围。③被诉侵权方法中的空心棉软垫与涉案专利中记载的保温层不属于相同或等同的技术特征，一审法院扩大解释了该功能性限定技术特征的保护范围。从涉案专利说明书中关于保温层的描述和附图中公开的内容来看，该保温层位于外层和内层之间，其四个边缘与外层、内层完全连接，将外层和内层完全覆盖并隔离开，以达到提高保温性能，慢慢散热降温，延长使用以及克服灌入热水开始过烫现象。被诉侵权产品的外层和内层之间设有的薄空心棉软垫的用途是用于增加手持热水袋的舒适感，仅设置在外层和内层的中间部分，上下边缘与外层、内层相隔有一定的距离，未如涉案专利一样完全覆盖并将外层和内层隔开，因而，不可能具有涉案专利保温层所产生的技术效果。（2）乐雪儿公司被许可使用的专利中所包含的产品和工艺方法构成现有技术，乐雪儿公司使用该方法生产销售被诉侵权产品不构成侵权。ZL200520015446.8号实用新型专利的申请日为2005年10月10日，早于涉案专利申请日。该现有技术公开的产品与涉案专利权利要求所记载的产品相同，并明示公开了涉案专利权利要求1的第3、5、6步。由于布塑PVC热水袋是热水袋的常规品种，其他未明示公开的第1、2、4、7—12步均属于公知常识和惯用手段，特别是第11步中的充气检测，是热水袋产品的行业标准。（3）陈顺弟在一审时没有主张临时保护期使用费的赔偿，原二审判决认定30万元的赔偿数额中包括该费用，超出了陈顺弟的诉讼请求。此外，涉案专利授权日是2010年2月17日，陈顺弟提起本案诉讼的时间是2010年9月，而2～9月的大部分时间是热水袋的销售淡季，在销售量很小的情况下，一审法院判决乐雪儿公司赔偿30万元过高。综上，乐雪儿公司请求本院撤销一审、二审判决，改判驳回陈顺弟的诉讼请求或将本案发回重审。

陈顺弟辩称：（1）方法发明的步骤顺序是否对权利要求有限定作用，应当结合说明书和附图的记载来判定。如果说明书和附图明确记载不按照步骤顺序亦可达到发明所声称的技术效果，或者结合本领域技术人员的公知常识能够推导出即使不按照顺序或者某几步不按照顺序也能达到发明所声称的技术效果，则方法发明的步骤顺序不构成对权利要求的限制。涉案专利说明书记载的第10、11步的顺序可以调换的内容表明，该两个步骤可以不按照严格的顺序进行操作，涉案专利权利要求中步骤顺序的标号仅是为了叙述简洁和清晰的需要。捐献原则仅适用于只在说明书中描述而未记载在权利要求中的技术方案。本案中，权利要求1并未排除说明书中记载的技术方案，故捐献原则不适用于本案。涉案专利权利要求1的第6、7步和第10、11步的步骤顺序并未对权利要求1构成限定；且依据等同原则，将涉案专利的第6、7步互换和第10、11步互换后的技术特征与互换前没有实质区别，构成等同侵权。（2）乐雪儿公司提交的购销合同签订时间晚于被诉侵权产品出厂时间，且乐雪儿公司未能证明其真实性及履行情况。对涉案专利权利要求1第5、8、9步所涉及的三个部件的加工方法乐雪儿公司未进行说明及举证。此外，即使这些零部件来自第三方，但乐雪儿公司利用该零部件进行了进一步的制造，并将制造获得的侵权产品进行了使用和销售，也构成侵权。（3）被诉侵权产品的空心棉软垫具备涉案专利所描述的保温效果，与涉案专利的保温层为等同的技术特征。（4）乐雪儿公司用于主张现有技术抗辩的实用新型专利公开的是一种产品，而涉案专利是一种方法发明，因此，除非该实用新型专利说明书中明确记载了产品的具体制造步骤，或者本领域技术人员能够毫无疑义地推导出具体制造步骤，否则从一个产品的结构是推导不出该产品的制造工艺的。乐雪儿公司在分析该实用新型专利产品的制造步骤中采用了大量没有其他证据佐证的个人推导及猜测。（5）陈顺弟在一审诉讼中提出了临时保护期使用费的赔偿，二审判决对于该项赔偿内容的认定没有超出陈顺弟的诉讼请求，赔偿

数额也是合理的。综上，陈顺弟请求本院驳回乐雪儿公司的再审请求。

本院经审理查明：原一审、二审判决认定的事实基本属实。另查明，涉案专利说明书第2页记载："本热水袋的袋体由3层材料所构成，因为有了保温层，使袋中热量缓慢下降，开始时避免过热，保温时间长，提高了使用效果。"在该页具体实施方式部分记载："而内层4与外层3之间安装保温层5，如人造保温棉等各种有关材料，提高热水袋保温性能，慢慢散热降温，延长使用时间，又克服灌入热水开始过烫现象。"第3页记载："第十步：将密封垫片10和螺纹塞盖9互相装配后旋入螺纹塞座8中；但也可以试压后旋入塞盖。第十一步：充气试压检验，向热水袋中充入压缩空气进行耐压试验；耐压试验的压力一般为0.5kg/cm，或者略大于该压力。"

乐雪儿公司承认被诉侵权产品中的螺纹塞座、螺纹塞盖、垫片的材质与涉案专利相应部件的材质相同，也是注塑成型；其中螺纹塞座虽是二次成型，但与涉案专利的加工方式不同，涉案专利是在两台机器上进行的二次注塑，但现在绝大多数是在同一台机器上完成的。乐雪儿公司提交的专利号为ZL200520015446.8的"一种新型热水袋"的实用新型专利说明书载明，该专利的授权公告日为2006年12月27日。

本院认为：本案争议问题是，乐雪儿公司的现有技术抗辩是否成立；被诉侵权产品的加工方法是否落入涉案专利权的保护范围；原二审判决对于临时保护期使用费的赔偿认定是否超出了陈顺弟的诉讼请求；原一审、二审判决对于赔偿数额的认定是否显失公平。

一、关于乐雪儿公司的现有技术抗辩是否成立问题

《中华人民共和国专利法》第六十二条规定："在专利侵权纠纷中，被控侵权人有证据证明其实施的技术或者设计属于现有技术或者现有设计的，不构成侵犯专利权。"《中华人民共和国专利法》第二十二条第五款规定："本法所称现有技术，是指申请日以前在国内外为公众所知的技术。"乐雪儿公司用于主张现有技术抗辩的ZL200520015446.8号实用新型专利的申请日虽早于涉案专利申请日，但授权公告日晚于涉案专利申请日，故不

构成现有技术，但依法构成抵触申请。由于抵触申请能够破坏对比专利技术方案的新颖性，故在被诉侵权人以实施抵触申请中的技术方案主张其不构成专利侵权时，应该被允许，并可以参照现有技术抗辩的审查判断标准予以评判。ZL200520015446.8号实用新型专利是“一种新型热水袋”产品专利，从其权利要求书、说明书及附图来看，该专利仅公开了一种热水袋产品，并未公开这种热水袋产品的具体生产步骤。虽然热水袋加工过程中有一些步骤是常规步骤，但依照该专利公开的产品仅能确定大概的加工流程，并不能准确确定具体完整的加工步骤；且该专利也未公开塞座的材料组成和塞盖处有密封垫片等技术特征。乐雪儿公司虽主张未公开的技术特征是本领域的公知常识和惯用手段，但并未举证证明。因此，ZL200520015446.8号实用新型专利并未完全公开被诉侵权产品的加工方法，乐雪儿公司以此来主张现有技术抗辩不能成立，本院不予支持。

二、关于被诉侵权产品的加工方法是否落入涉案专利权的保护范围问题

乐雪儿公司与陈顺弟对于被诉侵权方法和涉案专利方法的争议主要集中在权利要求1第5、8、9步，第6、7步，第10、11步和保温层技术特征问题。

1. 关于第5、8、9步争议问题。乐雪儿公司主张被诉侵权产品的螺纹塞座、螺纹塞盖及垫片均是其提供样品委托案外人加工订购取得，乐雪儿公司没有义务对外购部件的加工方法承担举证责任，被诉侵权方法缺少涉案专利权利要求1的第5、8、9步。本院认为，乐雪儿公司认可外购部件的材质、结构与依照涉案专利权利要求1第5、8、9步的加工方法所直接获得的部件的材质、结构相同，并认可外购部件的加工工艺是注塑，且螺纹塞座也是二次注塑成型。由此，能够判定上述部件的加工方法与涉案专利权利要求1第5、8、9步的加工方法相同。虽然乐雪儿公司主张螺纹塞座绝大多数是在同一台机器上完成的，与涉案专利的加工方式不同，但涉案专利权利要求1的第5步并未限定二次注塑的加工方式，二次注塑是否在同一台机器上完成不构成对该步骤的限定条件，故乐雪儿公司的上述主

张不能成立。据此，本争议的关键转为乐雪儿公司是否实施了第5、8、9步，即被诉侵权方法是否缺少第5、8、9步问题。本院认为，按照乐雪儿公司的陈述，上述部件虽不是其自行加工，但系其提供样品在案外人处定作的，也即这些部件是案外人按照乐雪儿公司的要求进行加工制作的，故乐雪儿公司对由此产生的法律后果应当承担相应的法律责任。因此，乐雪儿公司主张被诉侵权方法缺少第5、8、9步，没有事实和法律依据，本院不予支持。

2. 关于步骤互换是否构成等同侵权问题。方法发明专利的权利要求是包括有时间过程的活动，如制造方法、使用方法、通讯方法、处理方法等权利要求。涉及产品制造方法的发明专利通常是通过方法步骤的组合以及一定的步骤顺序来实现的。方法专利的步骤顺序是否对专利权的保护范围起到限定作用，从而导致在步骤互换中限制等同原则的适用，关键要看这些步骤是否必须以特定的顺序实施以及这种互换是否会带来技术功能或者技术效果上的实质性差异。具体到本案中，涉案专利权利要求1的第6步是对热水袋口部与螺纹塞座复合层进行热粘合的步骤；第7步是对热水袋袋体进行修边的步骤。被诉侵权方法采取的步骤是先对热水袋袋体进行修边，而后对热水袋口部与螺纹塞座复合层进行热粘合。乐雪儿公司主张按此步骤加工可以节省后续步骤中被加工产品所占用的空间，利于快速加工和提高加工精度，并能够使产品直接进入检测工序。本院认为，从被诉侵权方法此前的加工步骤来看，其已在第4步中对高频热粘合后的热水袋进行了裁剪，此时修边的主要目的是为了使热水袋好看，接近成品，其减少空间的作用非常有限，而且多余边角料的存在不会干扰塞座的粘合，对塞座粘合不会产生实质性影响，因而，这两个步骤的实施不具有先后顺序的唯一对应性，先修边还是先进行热粘合对于整个技术方案的实现没有实质性影响，且这两个步骤的互换在技术功能和技术效果上也没有产生实质性的差异，故被诉侵权方法调换后的步骤与涉案专利权利要求1的第6、7步属于相等同的技术特征。

涉案专利权利要求1的第10步是将密封垫片和螺纹塞盖互相装配后旋入螺纹塞座中；第11步是充气试压检验。被诉侵权方法采用的是先充气试压检验，后将密封垫片和螺纹塞盖互相装配后旋入螺纹塞座的步骤。乐雪儿公司主张这种步骤互换所带来的效果是，不需要将螺纹塞座安装好后再取下来进行充气检测，因而，可以节省时间，保证检测质量。本院认为，对热水袋进行充气试压检验，需要通过热水袋的口部进行。按照涉案专利权利要求1的第10、11步的步骤进行操作，在进行充气试压检验前，必须要从螺纹塞座中旋下螺纹塞盖后方能进行，与被诉侵权方法所采取的先试压检验后再装配螺纹塞盖的步骤相比，这种操作步骤实质上是增加了充气试压检验的操作环节，导致操作时间延长，效率降低。故将第10、11步的步骤调换后，确实产生了如乐雪儿公司主张的减少操作环节、节约时间、提高效率的技术效果，因此，这种步骤互换所产生的技术效果上的差异是实质性的，调换后的步骤与涉案专利权利要求1的第10、11步不构成等同技术特征。

陈顺弟主张，涉案专利说明书已经记载了步骤10、11的顺序可以调换，权利要求1并未排除说明书中记载的这一技术方案，因此，调换步骤的技术方案应当纳入涉案专利权的保护范围，对本案不应适用捐献原则。本院认为：准确确定专利权的保护范围不仅是为专利权人提供有效法律保护的需要，也是尊重权利要求的公示和划界作用，维护社会公众信赖利益的需要。在权利要求解释中确立捐献原则，就是对专利的保护功能和公示功能进行利益衡量的产物。该规则的含义是，对于在专利说明书中记载而未反映在权利要求中的技术方案，不能包括在权利要求的保护范围之内。对于在说明书中披露而未写入权利要求的技术方案，如果不适用捐献原则，虽然对专利权人的保护是较为充分的，但这一方面会给专利申请人规避对较宽范围的权利要求的审查提供便利，另一方面，会降低权利要求的划界作用，使专利权保护范围的确定成为一件过于灵活和不确定的事情，增加了公众预测专利权保护范围的难度，不利于专利公示作用的发挥以及公众利益的维护。因此，《最高人民法院关于审理侵犯专利权纠纷案件应用法律若干问题的解释》在第五条中规定："对于仅在说明书或者附图中描述而在权利要求中未记载的技术方案，权利人在侵犯专利权纠纷案件中将其纳入专利权保护范围的，人民法院不予支持。"该司法解释从2010年

1月1日起施行，本案被诉侵权行为发生在2010年9月，故该解释的上述规定能够适用于本案。按照上述条文的规定，如果本领域技术人员通过阅读说明书可以理解披露但未要求保护的技术方案是被专利权人作为权利要求中技术特征的另一种选择而被特定化，则这种技术方案就视为捐献给社会。本案中的情形正是如此。涉案专利说明书在第3页中明确记载了第10、11步的步骤可以调换，而这一调换后的步骤并未体现在权利要求中，因此，调换后的步骤不能纳入涉案专利权的保护范围，乐雪儿公司关于第10、11步的步骤调换方案应适用捐献原则的主张依法有据，本院予以支持。

3. 关于“空心棉软垫”与“保温层”是否构成等同问题。根据涉案专利权利要求1的记载，保温层属于功能性限定的技术特征。《最高人民法院关于审理侵犯专利权纠纷案件应用法律若干问题的解释》第四条规定：“对于权利要求中以功能或者效果表述的技术特征，人民法院应当结合说明书和附图描述的该功能或者效果的具体实施方式及其等同的实施方式，确定该技术特征的内容。”依照涉案专利方法所生产的热水袋共计有三层，即内层、外层和保温层。根据涉案专利说明书中关于保温层的描述及附图中公开的内容来看，该保温层由人造保温棉等各种有关材料制作，位于内层和外层之间，将内层、外层完全覆盖并隔离开，可以达到如下技术效果：提高保温性能，慢慢散热降温，延长使用时间；克服灌入热水开始过烫现象。被诉侵权产品中的空心棉软垫，在宽度上与内层、外层同宽，并与内层、外层左右两侧边缘相连接；在长度上相当于内层、外层的一半。乐雪儿公司主张半块空心棉软垫的设置是为了增强手持热水袋的手感，不具有涉案专利保温层的功能和效果。本院认为，保温的主要原理是物理隔离减弱热对流和热传导。涉案专利设置保温层的目的就是通过控制内外层之间空气的热对流，阻断内外层之间因物理接触而产生的热传导来实现保温和防烫的效果。被诉侵权产品所设置的半块空心棉软垫在材质上与涉案专利保温层相同，在结构上也设置于内层和外层之间，在大小上虽然没有完全覆盖内层和外层，但其设置方式实质上起到了减弱热对流和热传导的作用，也能够实现保温和防烫的技术效果。虽然半块空心棉的保温和防烫效果与整块空心棉的效果会稍有差异，但本领域技术人员基于对保温原理的认识，能够判断二者的差异是非实质性的，因此，“空心棉软垫”与“保温层”构成等同。此外，乐雪儿公司用于主张现有技术抗辩的ZL200520015446.8号实用新型专利的区别技术特征之一就是在内层和外层之间设置有保温层。乐雪儿公司一方面主张现有技术抗辩，另一方面又主张空心棉软垫不是保温层，这在逻辑上也是自相矛盾的。且从上述实用新型专利说明书的记载来看，该实用新型专利由三层组成，内层采用塑料制成，外层采用涤纶布制成，所以手感好，保温时间长，提高了使用效果。由此可见，热水袋产品的手感与其外层材质的使用是密切相关的，乐雪儿公司关于半块空心棉软垫的设置仅是用来增强手感的主张，缺乏事实依据，本院不予支持。

综上，被诉侵权产品的加工方法与涉案专利方法既不相同也不等同，没有落入涉案专利权的保护范围。

三、关于原一审、二审判决对于本案侵权赔偿的认定问题

乐雪儿公司主张二审判决对于临时保护期使用费的赔偿认定超出了陈顺弟的诉讼请求。对此，本院认为，《中华人民共和国专利法》第十三条规定：“发明专利申请公布后，申请人可以要求实施其发明的单位或者个人支付适当的费用。”因此，临时保护期使用费是在发明专利申请公布后至专利权被授予前，实施该发明的单位或者个人应支付给专利权人的一种适当的经济补偿，其与未经专利权人许可实施其专利的侵权损害赔偿性质不同，故专利权人不能基于侵权损害赔偿的诉因来主张临时保护期使用费，而只能单独就此项费用提出主张。陈顺弟提起本案诉讼的案由是侵害发明专利权纠纷，在一审审理中陈顺弟主张侵权损害赔偿数额中包括临时保护期使用费，对此，一审法院已在开庭审理中告知其不能在本案中主张该项费用，可另行起诉予以主张。由此可见，原一审判决所认定的赔偿数额中并不包括临时保护期使用费。二审法院在二审审理中认定一审法院判决的赔偿数额中包括临时保护期使用费，确有不妥，本院予以纠正。鉴于乐雪儿公司生产被诉侵权产品的方法没有侵犯涉案专利权，无需承担侵权

责任，故对其提出的原一审、二审判决对于赔偿数额的认定显失公平的申请再审理由，本院不再予以评述。

综上，乐雪儿公司生产被诉侵权产品的方法没有侵犯涉案专利权，原一审、二审判决适用法律不当，判决结果错误，应予纠正。乐雪儿公司申请再审的主要理由成立，本院予以支持。依照《中华人民共和国专利法》第十一条第一款、第五十九条第一款，《中华人民共和国民事诉讼法》第二百零七条第一款、第一百七十条第一款第（二）项的规定，判决如下：

一、撤销辽宁省高级人民法院（2011）辽民三终字第27号民事判决和沈阳市中级人民法院（2010）沈中民四初字第389号民事判决；

二、驳回陈顺弟的诉讼请求。

本案一审案件受理费18300元、二审案件受理费5850元，由陈顺弟负担。

本判决为终审判决。

审　判　长　王永昌
审　判　员　李　剑
代理审判员　宋淑华

二〇一三年十二月二十五日

书　记　员　周睿隽

53. 广东美的制冷设备有限公司与珠海格力电器股份有限公司、珠海市泰锋电业有限公司侵犯发明专利权纠纷案*

▶ 商标权人没有实际使用其注册商标的，无权请求侵权人赔偿经济损失

广东省高级人民法院民事判决书

（2011）粤高法民三终字第326号

上诉人（原审被告）：广东美的制冷设备有限公司。住所地：广东省佛山市顺德区美的工业城。

法定代表人：方洪波，该公司董事长。

委托代理人：陈卫，广东粤高律师事务所律师。

委托代理人：霍军亚，男，蒙古族。

被上诉人（原审原告）：珠海格力电器股份有限公司。

法定代表人：朱江洪，该公司董事长。

委托代理人：邵长富，广东非凡律师事务所律师。

委托代理人：梁博，男，汉族。

原审被告：珠海市泰锋电业有限公司。

---

* 摘自《知识产权审判与指导》2012年第1辑（总第19辑），人民法院出版社2012年版，第199～218页。

法定代表人：蔡海鸿。

委托代理人：唐公立，男，汉族。

上诉人广东美的制冷设备有限公司（以下简称美的公司）因与被上诉人珠海格力电器股份有限公司（以下简称格力公司）、原审被告珠海市泰锋电业有限公司（以下简称泰锋公司）侵犯发明专利权纠纷一案，不服广东省珠海市中级人民法院（2009）珠中法民三初字第5号民事判决，向本院提起上诉。本院受理后，依法组成合议庭，于2011年8月3日公开开庭进行了审理，上诉人美的公司的委托代理人陈卫、霍军亚，被上诉人格力公司的委托代理人邵长富、梁博到庭参加诉讼，原审被告泰锋公司经合法传唤，未到庭参加诉讼。本案现已审理终结。

原审法院经审理查明：格力公司于2007年4月28日向国家知识产权局申请名称为“按照自定义曲线运行的空调器及其控制方法”的发明专利，申请号为200710097263.9。2007年9月12日，该专利申请公开。2008年5月9日，国家知识产权局专利局发出《第一次审查意见通知书》。格力公司根据该《通知书》对权利要求书、说明书的发明名称、技术方案部分和摘要做了适应性修改。2008年9月3日，该专利获得授权，专利号为ZL200710097263.9，名称更改为“控制空调器按照自定义曲线运行的方法”。格力公司向国家知识产权局按期缴纳了专利年费。本案诉讼过程中，美的公司向国家知识产权局专利复审委请求宣告涉案专利无效。2009年9月22日，国家知识产权局专利复审委作出第13911号《无效宣告请求审查决定书》，维持200710097263.9号发明专利权有效。

200710097263.9号发明专利的权利要求书载明：（1）一种控制空调器按照自定义曲线运行的方法，所述空调器包括主机和遥控器，其特征在于，所述方法包括如下步骤：通过所述遥控器上的键盘设置自定义曲线；当设置完成后，所述遥控器将已设置好的自定义曲线数据存储在所述遥控器自带的记忆芯片中；通过所述遥控器的红外信号发射单元将所述自定义曲线数据按编码格式发送给所述空调器主机的红外信号接收单元；所述空调器主机的红外信号接收单元将自定义曲线数据保存在所述空调器主机的MCU控制芯片自带的RAM中，之后由MCU控制芯片根据RAM中的自定义曲线数据在相应的时间段设置预定的运行参数，并通过所述运行参数来控制所述空调器主机做相应的运转；其特征在于，所述自定义曲线为自定义睡眠曲线，所述遥控器为具有时间间隔定时功能的遥控器，设置所述自定义睡眠曲线的步骤进一步包括：用户进入自定义设置状态；设定第一设定温度，所述遥控器在第一时间间隔内保持所述第一设定温度；如果用户不需要改变设定温度，则直接确定，所述遥控器在第二时间间隔内保持所述第一设定温度；若用户需要改变设定温度，则将设定温度调节至所需的第二设定温度，所述遥控器在所述的第二时间间隔内保持所述第二设定温度；如此，直至完成整个睡眠时段的温度设定，从而完成所述自定义睡眠曲线的设定。（2）一种控制空调器按照自定义曲线运行的方法，所述空调器包括主机和遥控器，所述方法包括如下步骤：通过所述遥控器上的键盘设置自定义曲线；当设置完成后，所述遥控器将已设置好的自定义曲线数据存储在所述遥控器自带的记忆芯片中；通过所述遥控器的红外信号发射单元将所述自定义曲线数据按编码格式发送给所述空调器主机的红外信号接收单元；所述空调器主机的红外信号接收单元将自定义曲线数据保存在所述空调器主机的 MCU 控制芯片自带的 RAM 中，之后由 MCU 控制芯片根据 RAM 中的自定义曲线数据在相应的时间段设置预定的运行参数，并通过所述运行参数来控制所述空调器主机做相应的运转；其特征在于，所述自定义曲线为自定义睡眠曲线，所述遥控器为具有时间间隔定时功能的遥控器，设置所述自定义睡眠曲线的步骤进一步包括：用户进入自定义设置状态；遥控器显示上次设定的睡眠曲线第一个 1 小时的时间间隔内所对应的温度，如果用户不需要改变温度，则直接确认，则遥控器在该时间间隔内保持该温度；若用户需要改变温度，将该温度调节至所需的第一设定温度，则遥控器在该时间间隔内保持第一设定温度；接着，遥控器自动增加 1 小时，并显示上次设定的睡眠曲线第二个 1 小时的时间间隔内所对应的温度，如果用户不需要改变温度，则直接确认，则遥控器在第二个 1 小时的时间间隔内保持该温度；若用户需要改变温度，将该温度调节至所需的第二设定温度，则遥控器在所述的第二个 1 小时的时间间隔内保持第二设定温度；重复上述温度设定的步骤，直至完成整个睡眠时段的温度设

定，从而完成所述自定义睡眠曲线的设定。(3) 根据权利要求1所述的方法，其特征在于，所述的时间间隔为所述遥控器内部预先设定的恒定时间间隔。(4) 根据权利要求1或2所述的方法，其特征在于，调节设定温度的步骤通过操作所述遥控器上的“+”键和“-”键实现。(5) 根据权利要求1或2所述的方法，其特征在于，在设定所述自定义曲线的过程中，如果在设定的时间内没有按任何按键、或者按下遥控器上的开关键或模式键，则退出自定义睡眠曲线设定状态。(6) 根据权利要求1或2所述的方法，其特征在于，在设定所述睡眠曲线的过程中，按下遥控器上的睡眠键，则退出自定义睡眠曲线设定状态，改变睡眠模式。(7) 根据权利要求1或2所述的方法，其特征在于，在自定义睡眠模式下，直接按“设置”键，所述遥控器的主芯片从所述记忆芯片中调取所述自定义睡眠曲线的数据，并传送给所述遥控器的显示单元，所述显示单元显示所述自定义睡眠曲线，从而查询用户所定义的睡眠曲线。

2008年6月3日，格力公司委托相关人员到泰锋公司处以4390元的价格购买了KFR-26G/DY-V2（E2）冷暖型“美的分体式空调器”一台。泰锋公司销售人员现场开具了《泰锋电器销售单》、《泰锋电器物流送货单》以及《广东省商品销售统一发票》。广东省珠海市公证处公证人员对上述购买行为进行保全证据公证并对上述空调器组件进行了封签。2008年9月12日，格力公司又委托相关人员到位于北京市朝外大街19号华普大厦三层的国美电器朝外店以4098元的价格购买了型号为KFR-26G/DY-V2（E2）的“美的”牌空调一台。北京市方圆公证处公证人员对购买过程进行保全证据公证。格力公司还从公开场合获取美的公司对外发布的相关空调产品的宣传资料。该宣传资料内容含有对包括KFR-26G/DY-V2（E2）在内的梦静星（V2型）、好梦星（E2型、E3型）等20种型号空调产品的宣传介绍。

原审庭审中，美的公司对广东省珠海市公证处封签的KFR-26G/DY-V2（E2）型空调器产品实物进行了拆封。双方对公证处封存情况无异议。该空调器所附的梦静星系列空调器使用安装说明书（共33页，版本号：GV 2-01$_{080226}$）使用部分第10~11页对“舒睡模式3（用户可自行设定的舒睡模式）”的功能说明为：在舒睡模式 3 运行状态下，用户可自行设定舒睡时间、舒睡时间中每小时的温度以及换气间隔时间。该模式下换气功能默认开启。按压“换气”按键，关闭换气功能，再次按压则开启。舒睡模式 3 整个设定过程中，若用户 5 秒内不能确认调整结果，遥控器将自动确认所有当前调整的结果，并发射出相应信息。舒睡模式 3 设置完成后遥控器将保存当前设置并发射信息；再次启动舒睡模式 3 时遥控器将按上次设置发射信息，用户也可以根据需要做再次调整。舒睡模式 3 运行过程中，直接按“调整”按键不可设置温度，只可查看空调器当前运行的设定温度。舒睡时间的设定：选定舒睡模式 3 后，长按强劲按键 3 秒进入舒睡时间设定状态。按压调整按键设定舒睡时间，调整的范围为 7 ~ 10 小时。调整完毕后，点按强劲按键确认。舒睡时间中每一小时的温度设定：舒睡时间设定完毕后进入舒睡的每小时的温度设置状态。首先进入第一小时温度的设置，按压调整按键可调整温度，温度调整范围为 17℃ ~ 30℃。将温度调整到你所需要的温度后点按强劲按键确认即可进入第二小时温度的设定。依此设定每小时的温度，直到舒睡时间的上限。换气间隔时间的设定：舒睡时间每一小时的温度设定完毕后进入换气间隔时间的设定。按压调整按键进行调整，换气间隔时间调整范围为 0 ~ 3 小时，最小调整单位为 1 小时。换气间隔时间设定为 0 小时，表示换气功能常开。换气间隔时间设置在 1 ~ 3 小时范围内，每次换气的时间固定为 30 分钟。选定你所需要的换气时间间隔后点按强劲按键确认。此外，该说明书目录部分载明：本说明书适用于以下型号的分体挂壁式空调器：KFR - 23GW/DY - V2（E2）、KFR - 26GW/DY - V2（E2）、KFR - 32GW/DY - V2（E2）、KFR - 35GW/DY - V2（E2）。

格力公司主张美的公司生产、泰锋公司以及国美电器朝外店销售的上述梦静星系列空调产品在“舒睡模式 3”运行方式下的技术特征完全覆盖了其涉案发明专利独立权利要求 2 记载的必要技术特征，并提交了其委托北京国威知识产权司法鉴定中心出具的《司法鉴定（咨询）意见书》，证明其行为侵犯了格力公司的专利权。美的公司认为该《司法鉴定（咨询）意见书》是格力公司自行委托鉴定机构作出的，不认可该鉴定结论并在第一次庭审过程中当庭申请重新鉴定。原审法院准许其重新鉴定申请后，美的公司撤回重新鉴定的请求。同时格力公司也提交委托鉴定申请书，原审法院予以准许。在征求双方当事人意见的基础上，原审法院依法委托工业和信息化部软件与集成电路促进中心知识产权司法鉴定所进行司法鉴定，委托鉴定事项为：美的公司生产的空调器产品［产品型号为：KFR－26GW/DY－V2（E2）］在“舒睡模式3”运行方式下的相应技术方案与“控制空调器按照自定义曲线运行的方法”发明专利权利要求2、4、5、6、7所记载的全部技术特征是否相同或等同。鉴定费10万元由格力公司预交。

2010年11月29日，鉴定机构出具工信促司鉴中心［2010］知鉴字第005号《司法鉴定意见书》，认为涉案专利权利要求2全部技术特征如下：1A. 空调器包括主机和遥控器；2A. 通过遥控器上的键盘设置自定义曲线；3A. 当设置完成后，遥控器将已设置好的自定义曲线数据存储在遥控器自带的记忆芯片中；4A. 通过遥控器的红外信号发射单元将用户设定的时间和温度数据按红外信号编码格式发送给空调器主机的红外信号接收单元；5A. 空调器主机的红外信号接收单元将自定义曲线数据保存在空调器主机的MCU控制芯片自带的RAM中，之后由MCU控制芯片根据RAM中的自定义曲线数据在相应的时间段设置预定的运行参数，并通过运行参数来控制空调器主机做相应的运转；6A. 自定义曲线为自定义睡眠曲线；7A－1. 遥控器为具有时间间隔定时功能的遥控器，设置自定义睡眠曲线的步骤进一步包括：用户进入自定义设置状态；遥控器上显示上次设定的睡眠曲线第一个1小时的时间间隔内所对应的温度，如果用户不需要改变温度，则直接确认，则遥控器在该时间间隔内保持该温度；若用户需要改变温度，将该温度调节至所需的第一设定温度，则遥控器在该时间间隔内保持第一设定温度；7A－2. 遥控器自动增加1小时，并显示上次设定的睡眠曲线第二个1小时的时间间隔内所对应的温度，如果用户不需要改变温度，则直接确认，则遥控器在第二个1小时的时间间隔内保持该温度；若用户需要改变温度，将该温度调节至所需的第二设定温度，则遥控器在所述的第二个1小时的时间间隔内保持第二设定温度；7A－3. 重复上述温度设定的步骤，直到完成整个睡眠时段的温度设定，从而完成所述自定义睡眠曲线的设定。美的公司空调器“舒睡模式3”技术方案包含以下技术特征：1B. 美的空调器包括：空调器室内机、空调器室外机、独立换气装置以及遥控器；2B. 在制热或制冷的模式下，使用遥控器进入“舒睡模式3”的设置状态，通过遥控器自行设定舒睡时间和舒睡时间中每小时的温度参数；3B. 遥控器将设置完的舒睡时间和舒睡时间中每小时的温度参数存储在遥控器的“NEC 78F9468”控制芯片的存储器中（RAM 随机存取存储器）；4B. 遥控器和空调室内机之间通过红外设备通信；5B. 空调器室内机将接收到的舒睡时间和舒睡时间中每小时的温度参数存储在其内部的“NEC PD78F9189”控制芯片的存储器中，并通过该参数控制空调器运行；6B. 通过遥控器中的“舒睡模式3”可以自定义设定舒睡时间、舒睡时间中每小时的温度；7B－1. “舒睡模式3”设定步骤如下：按压遥控器上的“舒睡”按键，连续按压该舒睡键直至 LCD 屏幕中的左下角出现“＋3”标识（即显示舒睡模式3），随后按压“强劲”按钮约3秒钟，进入舒睡时间设定状态，闪烁显示舒睡时间，按压调整键（↑↓）可调整的舒睡时间间隔为“7～10”小时，即可以设定7～10个小时的舒睡时间段；再次按压“强劲”按钮，进入第1小时的温度设定，闪烁显示温度默认值或上次设定的温度值，如果用户不需要改变温度，则直接按压“强劲”按钮确认，如果用户需要改变温度，可通过按压调整键（↑↓）设定温度（范围在17度～30度）；7B－2. 按压“强劲”按钮一下，进入第2小时的温度设定，此时显示的温度为默认值或上次设定的温度，如果用户不需要改变温度，则直接按压“强劲”按钮确认，如果用户需要改变温度，可通过按压调整键（↑↓）设定温度；7B－3. 依照步骤7B－2的方式可设定第3小时温度，并可将舒睡时间的剩余时间的温度全部设置完，再按压“强劲”按钮一下，完成舒睡模式3的设定，随后进入换气间隔时间设定。鉴定机构将美的空调器“舒睡模式3”技术方案和涉案 ZL200710097263.9号发明专利独立权利要求2记载的技术特征逐一比对分析，认定技术特征1B与1A相同；2B与2A相同；3B与3A等同；4B与4A相同；5B与5A相同；6B与6A相同；7B－1与7A－1相同；7B－2与7A－2相同；7B－3与7A－3

相同，即型号为KFR－26GW/DY－V2（E2）的美的空调器产品在“舒睡模式3”运行方式下的相应技术方案包含了涉案发明专利权利要求2中的所有技术特征。同时鉴定机构还认定该型号美的空调器产品“舒睡模式3”的技术方案具有权利要求4、5、6、7的技术特征。鉴定机构最终出具的鉴定咨询意见为：美的公司空调器产品［产品型号为：KFR－26GW/DY－V2（E2）］在“舒睡模式3”运行方式下的技术方案中的技术特征包含有涉案ZL200710097263.9号专利权利要求2、4、5、6、7中记载的全部技术特征。

经质证，格力公司对该《司法鉴定意见书》的真实性、合法性无异议，同时发表以下质证意见：涉案专利权利要求2中的技术特征3A与美的空调器产品技术特征3B应为相同而非等同。因为根据涉案专利说明书第7页第11行、第9页11行、第11页5行中的相同描述，并不能得出专利中的技术特征“记忆芯片”可以理解为非易失性存储器这样的结论，因为说明书这部分内容并没有限定该记忆芯片是非易失性存储器还是易失性存储器，鉴定结论将其限定为非易失性存储器似有不妥。

美的公司对该《司法鉴定意见书》的真实性、合法性无异议，同时发表以下质证意见：（1）鉴定过程不全面。①美的空调的运行模式有好多种，鉴定过程仅仅采用“舒睡模式3”，过于片面，无法对美的空调与专利进行全面对比；②对美的空调的“舒睡模式3”所进行的鉴定过程也不完整，主要体现为：1）“舒睡模式3”能够确定时间段，但鉴定过程没有针对不同时间进行鉴定，无法体现不同时间长度在设置和运行上的区别；2）“舒睡模式3”在是否掉电或复位所进行的设置过程并不相同，但鉴定过程仅在不掉电的情形下进行，并没有在掉电或复位的情形下进行鉴定，无法体现不同情形下的区别；3）“舒睡模式3”的设定过程其实还包括换气间隔，也就是说美的空调是通过设置时间、温度和唤气间隔三个参数关系构成三维曲线，而鉴定过程仅针对时间和温度进行。（2）技术方案对比不正确。涉案专利权利要求2中记载的全部技术特征3A与美的空调的技术方案的技术特征对比，1A与1B不相同；3A与3B不相同；6A与6B不同；7A－1与7B－1不同；7A－2与7B－2不同；7A－3与7B－3不同。综上，美的公司认为鉴定机构作出的鉴定结论完全错误，同时要求鉴定人出庭接受质询。

泰锋公司在指定的期限内未对《司法鉴定意见书》提出异议。

针对格力公司和美的公司对《司法鉴定意见书》提出的意见和异议，原审法院考虑到鉴定机构相关鉴定人员均在北京，为方便诉讼，要求鉴定机构书面答复双方当事人对《司法鉴定意见书》提出的质询。鉴定机构作出了书面答复，仍维持原《司法鉴定意见书》确定的内容。

格力公司以其公司 2009 年半年度报告摘要相关数据为依据，证明美的公司给格力公司造成了超过 1000 万元的损失，并提供了因美的公司侵权造成其销量下滑的相关计算依据。此外，格力公司诉前自行委托珠海中拓正泰资产评估土地估价有限公司对涉案发明专利价值进行评估，评估机构出具的《资产评估报告书》认定在评估基准日（2008 年 9 月 30 日），涉案发明专利的评估价值为 3064 万元。格力公司主张目前仅有格力公司和美的公司两家企业实施涉案发明专利技术，因此，本案专利许可使用费为评估价值的 1/2，用以作为本案诉讼提供价值参考依据。美的公司对格力公司自行委托评估机构作出的上述评估价值及格力公司制作的销量下滑的计算依据均不予认可。诉讼过程中，根据格力公司申请，原审法院依法责令美的公司提供格力公司诉称的 20 款涉嫌侵犯发明专利权的空调器产品的具体销售数量、销售金额、利润等数据。在原审法院指定的期限内，美的公司仅提供了型号为 KFR－26GW/DY－V2（E2）分体机的相关数据（生产销售起止时间：2008 年 4 月 8 日至 2010 年 9 月 18 日；数量：11735 台；利润：477000 元）。

格力公司为制止侵权行为，支付购买美的公司空调器产品费用 8488 元、公证打印费 3566 元、委托鉴定费用 6 万元、委托评估费用 19 万元、律师费 8 万元、差旅费 19849.70 元，合计 190903.70 元，格力公司实际请求的金额为 190703.70 元。

2008 年 12 月 1 日格力公司起诉请求：（1）判令美的公司立即停止侵权行为，停止为生产经营目的使用格力公司的专利方法以及使用、许诺销售、销售依照该专利方法直接获得的产品包括型号为 KFR－26GW/DY－

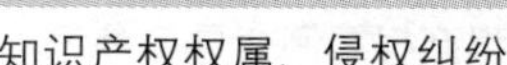

V2（E2）等20款侵权产品；（2）判令美的公司赔偿格力公司的经济损失人民币300万元；（3）判令美的公司赔偿格力公司因调查、制止侵权行为所支付的费用人民币190703.70元；（4）判令泰锋公司停止销售依照格力公司的专利方法直接获得的产品包括型号为KFR－26GW/DY－V2（E2）等20款侵权产品，以及判令泰锋公司对美的公司的第二、三项赔偿责任承担连带责任。

原审法院认为，本案是侵犯发明专利权纠纷，格力公司系涉案200710097263.9号发明专利权人，该专利权目前处于合法有效状态，应受法律保护。综合各方当事人的诉辩意见，本案争议焦点为：（1）被控侵权技术方案是否落入涉案专利权利保护范围，即美的公司、泰锋公司是否侵犯200710097263.9号发明专利权；（2）如侵权成立，如何确定侵权责任承担方式。

一、美的公司、泰锋公司是否侵犯格力公司200710097263.9号发明专利权。根据《最高人民法院关于审理侵犯专利权纠纷案件应用法律若干问题的解释》第十九条第一款的规定，被诉侵犯专利权行为发生在2009年10月1日以前的，人民法院适用修改前的专利法；发生在2009年10月1日以后的，人民法院适用修改后的专利法。由于美的公司生产销售KFR－26GW/DY－V2（E2）空调器起止时间为2008年4月8日至2010年9月18日，据此认定本案被诉侵权行为发生在2009年10月1日以前且持续到2009年10月1日以后，本案应适用2008年修改后的《中华人民共和国专利法》。修改后的《中华人民共和国专利法》第五十九条第一款规定："发明或者实用新型专利权的保护范围以其权利要求的内容为准，说明书及附图可以用于解释权利要求的内容。"涉案发明专利包含两项独立权利要求和五项从属权利要求。格力公司在庭审中明确主张以独立权利要求2确定其专利权保护范围。《最高人民法院关于审理侵犯专利权纠纷案件应用法律问题的解释》第七条第一款规定："人民法院判定被诉侵权技术方案是否落入专利权的保护范围，应当审查权利人主张的权利要求所记载的全部技术特征。"故本案需要对美的公司相关型号空调器产品中的被控侵权技术方案和涉案专利权利要求2所记载的全部技术特征进行比对。

根据涉案发明专利权利要求书记载的内容，涉案发明专利是一种控制空调器按照自定义曲线运行的方法。根据《中华人民共和国民事诉讼法》第六十四条第一款关于“当事人对自己提出的主张，有责任提供证据”的规定，格力公司负有证明被控侵权技术方案落入其涉案发明专利权利要求保护范围的举证责任。格力公司为完成其举证责任，提交了北京国威知识产权司法鉴定中心出具的《司法鉴定（咨询）意见书》，证明美的公司相关型号的空调器产品中的“舒睡模式3”运行方式包含与涉案专利权利要求2记载的全部技术特征相同的技术特征，但该《司法鉴定（咨询）意见书》属于单方证据，且美的公司不认可该鉴定结论并要求重新进行司法鉴定（后又书面要求撤回），故原审法院对该《司法鉴定（咨询）意见书》不予采纳。为更加稳妥地处理纠纷和科学地判定技术权益，准确查明案件事实，根据格力公司申请，原审法院依法委托工业和信息化部软件与集成电路促进中心知识产权司法鉴定所进行司法鉴定。该所在鉴定过程中依照《司法鉴定程序通则》的规定，挑选了生产和科研领域具有相关行业司法鉴定能力的专家和技术人员参与鉴定，鉴定程序合法，鉴定结论是在科学实验数据基础上分析后作出，客观、真实，依法可作为本案证据使用。根据鉴定结论，美的公司型号为KFR－26GW/DY－V2（E2）空调器在“舒睡模式3”运行方式下的技术方案中的技术特征包含有涉案发明专利权利要求2中记载的全部技术特征。根据《最高人民法院关于审理侵犯专利纠纷案件应用法律问题的解释》第七条第二款的规定，结合该款空调器的使用安装说明书相关说明，原审法院认定美的公司生产的型号为KFR－23GW/DY－V2（E2）、KFR－26GW/DY－V2（E2）、KFR－32GW/DY－V2（E2）、KFR－35GW/DY－V2（E2）的空调器产品在“舒睡模式3”运行方式下的技术方案落入涉案发明专利权的保护范围。

根据修改后的《中华人民共和国专利法》第十一条第一款之规定，“发明和实用新型专利权被授予后，除本法另有规定的以外，任何单位或者个人未经专利权人许可，都不得实施其专利，即不得为生产经营目的制造、使用、许诺销售、销售、进口其专利产品，或者使用其专利方法以及使用、许诺销售、销售、进口依照该专利方法直接获得的产品。”本案中，

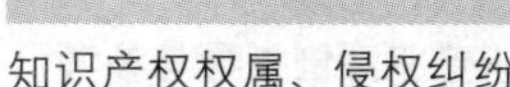

美的公司为生产经营目的，未经格力公司许可，在其生产的型号为 KFR－23GW/DY－V2（E2）、KFR－26GW/DY－V2（E2）、KFR－32GW/DY－V2（E2）、KFR－35GW/DY－V2（E2）空调器产品中擅自使用涉案发明专利方法；泰锋公司擅自销售型号为 KFR－26G/DY－V2（E2）美的空调器产品，均侵犯了格力公司涉案发明专利权。美的公司虽提出现有技术抗辩，因未提供证据证明其实施的技术属于现有技术，对其该项抗辩不予采纳。

格力公司还诉称美的公司生产的其余 16 款不同型号好梦星空调器产品也使用了被控侵权技术方案，并提供了相关产品宣传资料。对此，原审法院认为，即使该产品宣传资料为美的公司印制、使用，但该产品宣传资料并未直接体现与涉案发明专利相同的技术方案或技术特征，所配文字说明中“自行设定 DIY 舒睡模式”等内容亦无法全面展现 16 款不同型号产品所用技术方案具备的必要技术特征。在无产品实物或产品使用说明书进行对比的情况下，仅凭产品宣传资料，既无法确认被控侵权技术方案的必要技术特征，也无法将其与涉案发明专利权利要求记载的全部技术特征进行对比。故格力公司针对美的公司生产的 16 款不同型号好梦星空调器产品提出的相应侵权指控，因事实依据不足，不予支持。此外，格力公司主张泰锋公司销售了除型号为 KFR－26G/DY－V2（E2）之外的其他 19 款美的空调器产品，因未提供证据予以证实，对其相关诉讼请求不予支持。

二、关于侵权责任的承担方式。美的公司和泰锋公司侵犯格力公司涉案发明专利权，依法应承担停止侵权及赔偿损失的民事责任。修改后的《中华人民共和国专利法》第七十条规定，“为生产经营目的使用、许诺销售或者销售不知道是未经专利权人许可而制造并售出的专利侵权产品，能证明该产品合法来源的，不承担赔偿责任。”本案中，泰锋公司辩称其销售涉案空调器产品过程中，不知道美的公司存在侵犯专利权的情况，而且销售的涉案空调器有合法的进货渠道，不应承担赔偿责任。泰锋公司的抗辩有法律依据，予以采纳。

关于美的公司应承担的具体赔偿数额。由于美的公司生产销售 KFR－26GW/DY－V2（E2）空调器起止时间为 2008 年 4 月 8 日至 2010 年 9 月

18日，根据《最高人民法院关于审理侵犯专利权纠纷案件应用法律若干问题的解释》第十九条第二款的规定，“被诉侵犯专利权行为发生在2009年10月1日以前且持续到2009年10月1日以后，依据修改前和修改后的专利法的规定侵权人均应承担赔偿责任的，人民法院适用修改后的专利法确定赔偿数额。”本案应适用2008年修改后的《中华人民共和国专利法》确定具体赔偿数额。修改后的《中华人民共和国专利法》第六十五条规定，“侵犯专利权的赔偿数额按照权利人因被侵权所受到的实际损失确定；实际损失难以确定的，可以按照侵权人因侵权所获得的利益确定。权利人的损失或者侵权人获得的利益难以确定的，参照该专利许可使用费的倍数合理确定。赔偿数额还应当包括权利人为制止侵权行为所支付的合理开支。权利人的损失、侵权人获得的利益和专利许可使用费均难以确定的，人民法院可以根据专利权的类型、侵权行为的性质和情节等因素，确定给予一万元以上一百万元以下的赔偿。”

本案中，格力公司请求判令两被告连带赔偿其经济损失人民币300万元。格力公司提出计算赔偿数额的主要依据包括《资产评估报告书》以及格力公司制作的销量下滑的计算依据。由于格力公司提交的《资产评估报告书》属自行委托进行的评估咨询，美的公司对该评估报告不予认可，故不予采纳。即使可以接受该证据，由于格力公司未能提交直接有效的证据证明涉案发明专利许可使用费的真实性和合理性，也无法参照上述评估价值计算本案赔偿数额。至于格力公司根据其制作的销量下滑的计算依据主张因被侵权所受到的损失超过1000万元，由于有关数据内容系格力公司自行核算的结果，在没有其他证据佐证的情况下，不能据此确定本案赔偿数额。因此，格力公司请求的人民币300万元赔偿数额的事实依据和计算依据不足，不予采纳。因本案无法查明格力公司因被侵权所受到的损失，故应按美的公司获利确定赔偿数额。庭审中，格力公司亦主张按照侵权人获得的利益确定赔偿数额。

本案查明的事实表明美的公司在其生产的型号为KFR－23GW/DY－V2（E2）、KFR－26GW/DY－V2（E2）、KFR－32GW/DY－V2（E2）、KFR－35GW/DY－V2（E2）空调器产品中擅自使用涉案发明专利方法，侵犯了格力公司涉案发明专利权。但美的公司仅提供了型号为 KFR－26GW/DY－V2（E2）空调器产品的相关数据，难以认定美的公司因侵权所获得的利益。

美的公司生产销售型号为 KFR－26GW/DY－V2（E2）空调器产品的利润为 477000 元。由于美的公司在原审法院释明相关法律后果的情况下，仍拒不提供其生产销售其他型号空调器的相关数据。根据《最高人民法院关于民事诉讼证据的若干规定》第七十五条的规定，“有证据证明一方当事人持有证据无正当理由拒不提供，如果对方当事人主张该证据的内容不利于证据持有人，可以推定该主张成立。”据此，推定美的公司生产销售型号为 KFR－23GW/DY－V2（E2）、KFR－32GW/DY－V2（E2）、KFR－35GW/DY－V2（E2）三款空调器产品的利润均不少于 477000 元。因此，即使以美的公司提供的生产销售利润相关型号空调器产品的利润为依据，美的公司获得的利益也明显超过修改后的《中华人民共和国专利法》规定的 100 万元法定赔偿最高限额。基于此，本案如果仅以格力公司未提供有效证据为由，就认定格力公司无法证明其经济损失或者被告获得的利益即适用法定赔偿，显然与最高人民法院在权利人因被侵权所受到的损失或者被控侵权人因侵权所获得的利益均难以确定的情况下，再适用法定赔偿的司法解释精神相违背。因此，应当综合全案的证据情况，在法定赔偿限额 100 万元以上合理确定赔偿额。原审法院确定美的赔偿数额，主要考虑下列因素：（1）涉案专利系发明专利，需要投入较大的研发成本，且该专利已实际进入专利实施转化环节，具有较高市场价值；（2）美的公司明知格力公司享有涉案发明专利权的情况下，仍在其生产的有关型号空调器产品中擅自使用专利方法，主观过错程度明显，且其生产销售时间长达 2 年零 5 个月，应当在赔偿额上也有所体现；（3）在本案诉讼过程中，美的公司能提供而拒不提供其生产销售有关空调器产品的相关数据；（4）美的公司生产销售型号为 KFR－26GW/DY－V2（E2）空调器产品的利润为 477000 元；此外，根据修改后的《中华人民共和国专利法》第六十五条规定，赔偿数额还应当包括权利人为制止侵权行为所支付的合理开支。格力公司实际请求为制止侵权行为支付的合理开支为 190703.70 元。根据案件具体情况，在有票据证明的合理开支数额的基础上，考虑其他确实可能发生的支出因素，在格力公司主张的合理开支赔偿数额内，可综合确定合理开支赔偿额。根据上述因素，综合确定美的公司赔偿格力公司经济损失 200 万元（含格力公司为制止侵权行为需支出的合理费用在内）。

综上，原审法院依照《中华人民共和国民法通则》第一百一十八条，《中华人民共和国专利法》（2009 年 10 月 1 日起施行）第十一条第一款、第五十九条第一款、第六十五条、第七十条，《最高人民法院关于审理侵犯专利权纠纷案件应用法律若干问题的解释》第一条第一款、第七条、第十九条，《最高人民法院关于民事诉讼证据的若干规定》第七十五条之规定，判决：一、美的公司立即停止使用格力公司享有专利权的“控制空调器按照自定义曲线运行的方法”（专利号为 ZL200710097263.9），停止销售、许诺销售型号为 KFR－23GW/DY－V2（E2）、KFR－26GW/DY－V2（E2）、KFR－32GW/DY－V2（E2）、KFR－35GW/DY－V2（E2）的空调器产品；二、美的公司于判决生效之日起十日内赔偿格力公司经济损失（包括为制止本案侵权行为所支付的合理开支）人民币 200 万元；如果未按判决指定的期间履行给付金钱义务，应当按照《中华人民共和国民事诉讼法》第二百二十九条之规定，加倍支付迟延履行期间的债务利息。三、泰锋公司立即停止销售美的公司生产的型号为 KFR－26GW/DY－V2（E2）空调器产品；四、驳回格力公司的其他诉讼请求。案件受理费 32328 元，鉴定费 10 万元，均由美的公司负担。

美的公司不服上述原审判决，向本院提起上诉，请求撤销原审判决第一、二项，改判驳回格力公司的全部诉讼请求，并由格力公司承担案件诉讼费、鉴定费。理由为：（1）首先，根据《中华人民共和国专利法》第十一条的规定，涉及方法专利的侵权行为只有两种情况：一是使用专利方法，二是使用、许诺销售、销售、进口依据该专利方法直接获得的产品。涉案专利是空调器的使用方法，而非空调器的生产方法，无法直接获得产品，因此该专利权的保护不能延及产品。美的公司没有使用涉案专利的方法，也没有使用、许诺销售、销售、进口依照该专利方法直接获得的产品。其次，原审仅认定 4 款美的公司的产品在舒睡模式 3 运行方式下的技

术方案落入涉案专利权的保护范围，但判决第一项没有提及认定美的公司生产行为是否侵权。难道美的公司使用涉案方法、销售及许诺销售空调器侵权需停止，而生产行为不侵权无需停止？对此我方无法理解。最后，只有空调器的用户才会使用到涉案专利，美的公司不是使用者。（2）舒睡模式3运行下的被诉侵权产品，缺少“记忆芯片”这一必要技术特征，没有落入涉案专利权的保护范围。首先，涉案专利说明书明确记载，“遥控器主芯片12，接收用户输入的温度和时间数据，生成自定义曲线数据，并将自定义曲线数据分别传送到记忆芯片13、显示单位14和发射单元15；记忆芯片13存储所述自定义曲线数据……”涉案专利说明书的附图2也显示，键盘不与记忆芯片直接联系，而是通过遥控器主芯片与记忆芯片产生联系。因此，涉案专利权利要求2中的“自定义曲线数据存储在记忆芯片中”这一技术特征，必须借助于“遥控器主芯片”的传送才能完成，换言之，“遥控器主芯片”是权利要求2的必要技术特征的组成部分。其次，美的公司被诉侵权产品的“遥控器控制芯片”即为“遥控器主芯片”，具有“遥控器主芯片”的技术特征，而没有“记忆芯片”的技术特征。美的公司被诉侵权产品的遥控器中仅有一个主芯片，没有单独的记忆芯片。遥控器主芯片作为具有数据处理功能的芯片，要实现数据的传送，必然自带能暂存数据的易失性存储器RAM，而涉案专利的记忆芯片是非易失性存储器。通过涉案专利权利要求2“遥控器显示上次设定的睡眠曲线第一个小时时间间隔内所对应的温度”这一技术特征，可以确定记忆芯片是非易失性存储器，否则不能显示“上次”的信息，《工业化信息化部软件与集成电路促进中心知识产权司法鉴定所司法鉴定书》对此也予以明确。由此可见两者的区别，美的公司的被诉侵权产品数据存储在遥控器主芯片自带的易失性存储器RAM中，而涉案专利存储在非易失性存储器记忆芯片中，两者不是等同，而是缺少“记忆芯片”之必要技术特征。另外，美的公司被诉侵权产品至少在“选择睡眠时间由短到长”“遥控器复位”“遥控器掉电”这三种情况下，不显示上一次所设定的温度，与专利权利要求2的技术特征不同，也进一步说明被诉产品控制芯片的RAM是易失性的。（3）原审判决认定除KFR－26G/DY－V2（E2）外的三款空调器构成侵权的证据不足。这三款产品即使使用与 KFR－26G/DY－V2（E2）相同的说明书，但其功能、配置并不一定相同。（4）原审判决举证责任分配错误，以及推定其他三款空调产品的利润均不少于 477000 元错误，导致赔偿数额确定错误。不同产品的生产销售时间、销量及利润均不同。美的公司之所以没有提供相关数据，是因为没有相关数据。格力公司自行评估损失的证据没有使用，而费用却要美的公司承担，明显不合理。

被上诉人格力公司二审答辩称，原审判决认定事实清楚，适用法律正确，审判程序合法，应依法予以维持。针对上诉理由，我方认为：（1）使用涉案专利方法的是美的公司，而非用户。美的公司在具体实施按照舒睡模式 3 方式控制空调器运行时，使用了专利方法，从而使其生产的空调器具备了舒睡模式 3 的功能。（2）“记忆芯片”就是存储器，而存储器是上位概念，包括易失性存储器和非易失性存储器。因此被诉侵权产品具有“记忆芯片”这一技术特征。（3）侵权判定原则是覆盖原则，只要包含了全部技术特征就构成侵权，因此，美的公司被诉侵权产品在选择睡眠时间由短到长、遥控器复位、遥控器掉电三种情况下不显示上一次所设定的温度，并不影响其在显示上一次所设定的温度时构成侵权。（4）美的公司没有直接否认除 KFR－26G/DY－V2（E2）外的三款空调器使用了涉案专利方法，在没有提交反证的情况下，应支持我方诉讼请求，而且这三款产品与 KFR－26G/DY－V2（E2）也仅是功率的不同。原审推定该三款产品的利润分别不少于 477000 元已属轻判。

原审被告泰锋公司二审未到庭，亦未进行答辩。

本院经审理查明，原审法院查明基本事实属实，本院予以确认。

另查明，工业和信息化部软件与集成电路促进中心知识产权司法鉴定所《关于对工信促司鉴中心［2010］知鉴字第 005 号司法鉴定意见书的质证意见的答复》，关于对专利技术特征 3A 和被诉侵权技术方案的技术特征 3B 应为相同而非等同的质疑，答复为“鉴定组一致认为该术语（记忆芯片）并非是电子工程或计算机专业领域中规范的专业术语，不能从字面上直接认定记忆芯片是暂时还是永久地保存程序或数据，对此鉴定组进一步根据专利说明书中的描述来理解其含义，根据说明书第 7 页第 11 行、第 9

页第11行、第11页第5行：‘记忆芯片选用的AT24C02A，也可选用功能类似的其他型号的记忆芯片’……因此该记忆芯片所存储的数据是非易失的。同时，专利说明书中未出现可以采用易失存储器的描述。”

本院认为，本案系侵害发明专利权纠纷。根据美的公司的上诉请求和理由以及格力公司的答辩内容，本案二审争议焦点为：（1）美的公司是否是被诉侵权方法的使用者；（2）被诉侵权产品“舒睡模式3”是否包含与涉案专利权利要求2的全部技术特征相同或等同的技术特征；（3）KFR－23GW/DY－V2（E2）、KFR－32GW/DY－V2（E2）、KFR－35GW/DY－V2（E2）产品是否亦构成侵权；（4）原审判赔标准和数额是否合法有据。

一、关于美的公司是否是被诉侵权方法的使用者的问题。依照《中华人民共和国专利法》第十一条第一款的规定，“发明和实用新型专利权被授予后，除本法另有规定的以外，任何单位或者个人未经专利权人许可，都不得实施其专利，即不得为生产经营目的制造、使用、许诺销售、销售、进口其专利产品，或者使用其专利方法以及使用、许诺销售、销售、进口依照该专利方法直接获得的产品”，就方法专利而言，未经许可的侵权行为包括使用专利方法，以及使用、许诺销售、销售、进口依照该专利方法直接获得的产品两类。美的公司主张，用户是被诉侵权产品“舒睡模式3”的使用者，美的公司实施的是制造行为，而非使用行为，因而未实施侵权行为。本院认为，制造具有“舒睡模式3”功能的空调器的行为，包含了使用被诉侵权方法的行为。“舒睡模式3”是一种控制空调器按照自定义曲线运行的方法，美的公司制造的空调器要实现这一功能，就要通过相应的设置、调配步骤，使空调器具备实现按照自定义曲线运行的条件，从而无可避免地使用到控制空调器按照自定义曲线运行的方法，因此美的公司是使用者。原审判令美的公司停止使用格力公司的方法专利，包含了对制造具备“舒睡模式3”功能的空调器的行为的禁止。美的公司认为自己不是“舒睡模式3”的使用者的主张和理由不成立，本院不予支持。

二、关于被诉侵权产品“舒睡模式3”是否包含与涉案专利权利要求2的全部技术特征相同或等同的技术特征的问题。《最高人民法院关于审理侵犯专利权纠纷案件应用法律若干问题的解释》第七条规定：“人民法院判定被诉侵权技术方案是否落入专利权的保护范围，应当审查权利人主张的权利要求所记载的全部技术特征。被诉侵权技术方案包含与权利要求记载的全部技术特征相同或者等同的技术特征的，人民法院应当认定其落入专利权的保护范围；被诉侵权技术方案的技术特征与权利要求记载的全部技术特征相比，缺少权利要求记载的一个以上的技术特征，或者有一个以上技术特征不相同也不等同的，人民法院应当认定其没有落入专利权的保护范围”。本案格力公司以专利权利要求 2 为其主张，应当以权利要求 2 所记载的全部技术特征来确定权利保护范围，并审查被诉侵权空调器“舒睡模式 3”的技术方案是否包含了权利要求 2 的全部技术特征相同或等同的技术特征。原审法院委托具有合法资质的工业和信息化部软件与集成电路促进中心知识产权司法鉴定所进行司法鉴定。司法鉴定所出具的《司法鉴定意见书》认为，“舒睡模式 3”技术方案除了 3B 的技术特征与涉案专利 3A 等同外，其余技术特征均相同。就技术特征比对，二审双方当事人争议的焦点集中在，被诉侵权的“舒睡模式 3”技术方案缺少专利的技术特征 3A，还是被诉侵权的“舒睡模式 3”的技术特征 3B 与专利的技术特征 3A 相同，亦或是等同。

发明专利权的保护范围以其权利要求的内容为准，未记载在权利要求中的技术特征，不能用来限定权利的保护范围；说明书及附图可以用于解释权利要求的内容，但不能限定权利的保护范围。涉案专利的技术特征 3A 为“当设置完成后，遥控器将已设置好的自定义曲线数据存储在遥控器自带的记忆芯片中”，其中未提及遥控器主芯片，更未限定记忆芯片与遥控器主芯片的相互关系，包括物理位置关系。涉案专利说明书关于具体实施方式的描述以及附图 2 虽然记载了遥控器主芯片接收和生成数据并传送到记忆芯片，但说明书具体实施方式和附图所记载的内容，应作为专利技术方案的实施例，而不能将“遥控器主芯片接收和生成数据并传送到记忆芯片”作为技术特征，纳入权利要求 2 的技术方案中。由于权利要求 2 未记载遥控器主芯片及其与记忆芯片的关系，那么记忆芯片即可以单独存在于遥控器主芯片外，也可以存在于遥控器主芯片内，无论其物理关系如何，从专利侵权的覆盖原则来讲，只需审查被诉侵权技术方案是否包含了“当

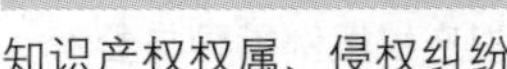

设置完成后，遥控器将已设置好的自定义曲线数据存储在遥控器自带的记忆芯片中”的技术特征。

《最高人民法院关于审理侵犯专利权纠纷案件应用法律若干问题的解释》第三条第一款规定：“人民法院对于权利要求，可以运用说明书及附图、权利要求书中的相关权利要求、专利审查档案进行解释。说明书对权利要求用语有特别界定的，从其特别界定”。从相关权利要求来解释，涉案专利权利要求2记载，“遥控器上显示上次设定的睡眠曲线第一个小时的时间间隔内所对应的温度……”，由此可知，在进入自定义设置状态时，遥控器首先显示的是上一次设定的信息，而不是空白的信息，而要实现这一状态，用以存储曲线数据的记忆芯片通常是非易失性的。同时《司法鉴定意见书》《关于对工信促司鉴中心［2010］知鉴字第005号司法鉴定意见书的质证意见的答复》也认为，记忆芯片并非是电子工程或计算机专业领域中规范的专业术语，鉴定组根据专利说明书第7页第11行、第9页第11行、第11页第5行的描述，认为专利中的记忆芯片可以理解为非易失性存储器（掉电后数据不丢失）。因此，涉案专利是将参数存储在非易失性的记忆芯片中，而被诉侵权“舒睡模式3”是将参数存储在易失性的控制芯片的RAM中，两者不相同。

《最高人民法院关于审理专利纠纷案件适用法律问题的若干规定》第十七条第二款规定：“等同特征是指与所记载的技术特征以基本相同的手段，实现基本相同的功能，达到基本相同的效果，并且本领域的普通技术人员无需经过创造性劳动就能够联想到的特征。”判断技术特征是否等同，应当从手段、功能和效果三个方面，以本领域普通技术人员的认知标准进行审查。涉案专利的记忆芯片和被诉侵权技术方案中控制芯片的RAM，均为存储设备，用以储存睡眠曲线参数。控制芯片的RAM虽然是易失性的，在遥控器掉电时数据不会被保存，但通常情况下，空调遥控器在使用中一般不会取下电池，也就是说在实际使用中，控制芯片的RAM与记忆芯片的效果基本相同。而且对与同领域的普通技术人员来讲，以控制芯片的RAM代替记忆芯片，无需经过创造性劳动就能够联想到。原审法院委托司法鉴定后，司法鉴定所也挑选了生产和科研领域具有相关行业司法鉴定能力的专家和技术人员进行鉴定，其作出的《司法鉴定意见书》也认为3A和3B技术特征构成等同。综上，本院认为，涉案专利权利要求2中“当设置完成后，遥控器将已设置好的自定义曲线数据存储在遥控器自带的记忆芯片中”的技术特征，与被诉侵权“舒睡模式3”技术方案中的“遥控器将设置完的舒睡时间和舒睡时间中每小时的温度参数存储在遥控器的NEC78F9468控制芯片的存储器RAM中”技术特征，构成等同，涉案专利权利要求2与被诉侵权“舒睡模式3”的其他技术特征相同，因此，被诉侵权技术方案包含了涉案专利权利要求2的全部技术特征相同或者等同的技术特征，落入专利权利要求2的保护范围，构成侵权。美的公司关于缺少“记忆芯片”的技术特征而不构成侵权的主张不成立，本院不予支持。

三、关于KFR－23GW/DY－V2（E2）、KFR－32GW/DY－V2（E2）、KFR－35GW/DY－V2（E2）产品是否亦构成侵权的问题。经公证购买美的KFR－26GW/DY－V2（E2）型空调器所附安装说明书明确记载了梦静星系列空调器“舒睡模式3”的功能，并载明“本说明书适用于以下型号的分体挂壁式空调器：KFR－23GW/DY－V2（E2）、KFR－26GW/DY－V2（E2）、KFR－32GW/DY－V2（E2）、KFR－35GW/DY－V2（E2）”，由此推知上述三款空调器亦具有与KFR－26GW/DY－V2（E2）相同的“舒睡模式3”。美的公司主张使用同一说明书的产品，其功能、配置并不一定相同。本院认为，从说明书和空调器型号来看，KFR－23GW/DY－V2（E2）、KFR－26GW/DY－V2（E2）、KFR－32GW/DY－V2（E2）、KFR－35GW/DY－V2（E2）空调器之间仅是功率上的差别，而且这四款空调器属于同一系列，仅功率不同而功能相同，也符合产业的惯例。根据谁主张谁举证的举证责任规则，美的公司应对另外三款空调器的功能存在差别，提供相应的证据予以证明，但美的公司未能举证。综上，在没有相反证据的情况下，通过现有证据可以推知KFR－23GW/DY－V2（E2）、KFR－32GW/DY－V2（E2）、KFR－35GW/DY－V2（E2）三款空调器也具有与KFR－26GW/DY－V2（E2）相同的“舒睡模式3”，同样落入涉案专利权的保护范围，构成侵权。

四、关于原审判赔标准和数额是否合法有据的问题。《中华人民共和

国专利法》第六十五条规定："侵犯专利权的赔偿数额按照权利人因被侵权所受到的实际损失确定；实际损失难以确定的，可以按照侵权人因侵权所获得的利益确定。权利人的损失或者侵权人获得的利益难以确定的，参照该专利许可使用费的倍数合理确定。赔偿数额还应当包括权利人为制止侵权行为所支付的合理开支。权利人的损失、侵权人获得的利益和专利许可使用费均难以确定的，人民法院可以根据专利权的类型、侵权行为的性质和情节等因素，确定给予一万元以上一百万元以下的赔偿。"本案，格力公司提交了《资产评估书》和销量下滑的数据，而这两份证据均为格力公司单方委托评估或单方制作的，无法确定相关评估标准和数据的真实性、准确性以及合理性，故不能据此确定格力公司的实际损失，亦不能据此确定专利许可使用费。

关于美的公司的侵权获利数额，可以依据四款侵权空调的销售数量、售价和利润等情况计算得出，而上述情况应当由美的公司掌握，在美的公司没有对外披露的情况下，格力公司很难查知，故美的公司负有证据披露的义务，据此原审法院责令美的公司提交相关证据。但美的公司没有提交除 KFR－26GW/DY－V2（E2）外的三款空调器的相关数据，且没有正当理由，没有完整地履行证据披露义务，因此，依据《最高人民法院关于民事诉讼证据的若干规定》第七十五条的规定，美的公司应承担相应的举证妨碍的法律后果。原审法院在美的公司持有证据而无正当理由拒不提供的情况下，参照 KFR－26GW/DY－V2（E2）的利润，推定另外三款空调器的利润均不少于 477000 元，合法有据。然而，美的公司的侵权获利具体数额仍无法最终确定。鉴于本案格力公司的实际损失、美的公司的侵权获利以及专利许可使用费的具体数额均不能确定，故不能支持格力公司提出的赔偿数额。

对于难以证明侵权受损或侵权获利的具体数额，但有证据证明前述数额明显超过法定赔偿最高限额的，应当综合全案的证据情况，在法定最高限额以上合理确定赔偿额。除法律另有规定外，在适用法定赔偿时，合理的维权成本应另行计赔。如此，侵权赔偿才能尽量弥补被侵权人的损失，体现侵权赔偿的填平原则。本案推定除 KFR－26GW/DY－V2（E2）外的三款空调器的利润均不少于477000元，有证据证明侵权损失或侵权获利明显超过法定赔偿100万元的最高限额，应当综合全案证据，在法定最高限额以上合理确定赔偿数额，并包括合理的维权费用。原审法院判令美的公司赔偿格力公司包括为制止侵权的合理开支在内的经济损失200万元，已综合考虑到了涉案专利的类型、市场价值、侵权主观过错程度、侵权情节、参考利润、维权成本等因素，于法有据且合理适当，本院予以维持。

综上所述，原审判决认定事实清楚，适用法律正确，依法应予维持。美的公司的上诉理由和上诉请求均不成立，本院予以驳回。依照《中华人民共和国民事诉讼法》第一百五十三条第一款第（一）项之规定，判决如下：

驳回上诉，维持原判。

二审案件受理费人民币22800元，由广东美的制冷设备有限公司负担。

本判决为终审判决。

审　判　长　潘奇志
代理审判员　肖少杨
代理审判员　郑　颖

二〇一一年十月二十七日

书　记　员　关燕玲

54. 张晶廷与衡水子牙河建筑工程有限公司等侵害发明专利权纠纷案*

▶

专利权人对纳入标准的专利进行了专利信息披露，他人未征得专利权人同意，在实施标准时实施专利的行为是否构成对专利权的侵害

最高人民法院民事判决书

（2012）民提字第125号

再审申请人（一审原告、二审被上诉人）：张晶廷，男，汉族，1951年11月29日生，石家庄晶达建筑体系有限公司董事长。

委托代理人：安斌，河北江源方舟律师事务所律师。

被申请人（一审被告、二审上诉人）：衡水子牙河建筑工程有限公司。

法定代表人：刘万发，该公司总经理。

委托代理人：郭志，北京市东卫律师事务所律师。

委托代理人：单休禹，北京市东卫律师事务所律师。

一审被告、二审被上诉人：衡水华泽工程勘测设计咨询有限公司。

法定代表人：霍宝良，该公司总经理。

---

* 摘自《知识产权审判与指导》2013年第2辑（总第22辑），人民法院出版社2014年版，第189~209页。

委托代理人：刘帅，该公司职工。

再审申请人张晶廷因与被申请人衡水子牙河建筑工程有限公司（以下简称子牙河公司）以及一审被告、二审被上诉人衡水华泽工程勘测设计咨询有限公司（以下简称华泽公司）侵害发明专利权纠纷一案，不服河北省高级人民法院于2011年3月21日作出的（2011）冀民三终字第15号民事判决，向本院申请再审。本院于2012年6月28日作出（2012）民申字第490号民事裁定，提审本案。本院依法组成合议庭，分别于2012年9月13日、2013年4月9日公开开庭审理了本案。张晶廷及其委托代理人安斌，子牙河公司的法定代表人刘万发及其委托代理人郭志、单体禹，华泽公司的委托代理人刘帅到庭参加了第一次开庭审理，张晶廷的委托代理人安斌，子牙河公司的委托代理人郭志，华泽公司的委托代理人刘帅参加了第二次开庭审理。本案现已审理终结。

张晶廷于2009年6月起诉至河北省石家庄市中级人民法院称，其与石家庄晶达建筑体系有限公司（以下简称晶达公司）历时10多年，耗资2000多万元，研究成功了国家级重点科技成果“CL建筑体系”，该建筑体系被建设部发展促进中心评定为“全国建筑行业科技成果推广项目”“国家康居示范工程选用部品与产品”；获中国技术市场协会颁发的“金桥奖”。国家有关部、委多次召开专门会议进行推广，河北、山西、山东、天津、内蒙古等多个省、市、自治区专门颁发了或批准适用《CL结构体系技术规程》。全国利用CL结构体系建造的住宅和在建的住宅已达几百万平方米。该建筑体系的主要发明专利是“预制复合承重墙结构的节点构造施工方法”。子牙河公司在承建的衡水市武邑县县城“和谐嘉园”小区5#、6#、7#、8#楼工程中，没有取得涉案专利权人的合法授权，采用的材料和施工方法侵害了涉案专利权。请求法院判令：子牙河公司停止侵权行为；赔偿张晶廷经济损失114.464万元。

子牙河公司辩称，（1）涉案专利的技术方案是建筑行业普遍使用且是河北省建设厅推广的现有技术。子牙河公司的被诉侵权施工行为不构成侵权。（2）子牙河公司是按照华泽公司设计的工程图纸建造的，子牙河公司不知道该设计图纸墙体构造技术是张晶廷已申请的专利。根据《中华人民

共和国建筑法》第五十八条、第五十九条的规定，子牙河公司必须按工程设计图纸施工，否则必须承担法律责任，子牙河公司不具有侵权的主观过错。(3) 华泽公司应当作为必要的共同诉讼主体参加本案诉讼，申请追加华泽公司为本案被告。

华泽公司在一审法院依法追加其作为本案被告参加诉讼后辩称，(1) 其遵照河北省人民政府办公厅下达的有关积极宣传贯彻政府提倡的大力推广应用CL建筑体系，促进节能省地型建筑发展的工作精神，在2007年4月已得到了CL建筑体系专利权人张晶廷的授权许可，允许其应用CL建筑体系专利技术进行建筑项目的施工图设计。在本案纠纷发生后，也得到了张晶廷不予追究设计单位侵权责任的承诺。(2) 华泽公司在对用户的服务过程中，本着对社会和用户负责的精神，积极宣传政府提出的各项节能政策，认真介绍CL建筑体系的优缺点，建议用户到正在使用CL建筑体系的建设现场进行参观了解。因该工艺施工难度较大、工程造价相对较高，一般用户都比较慎重。子牙河公司曾在涉案工程设计前到山东泰安、安平、武强等CL建筑体系施工现场进行认真观摩。最后子牙河公司认为该工艺比较好，并且能承受其造价并完成其施工，才委托华泽公司进行设计。(3) 华泽公司设计所依照的《CL结构设计规程》DB13 (J) 43-2006前言部分明确表明："该规程的某些内容可能涉及专利，经专利人同意，本规程的发布机构不承担识别与保护专利的责任。"因此，华泽公司并无侵权行为，不承担责任。

一审法院审理查明：张晶廷于2006年1月17日向国家知识产权局申请发明专利，名称为"预制复合承重墙结构的节点构造施工方法"，2008年9月3日被授予专利权，专利号为ZL20061001××××.7。授权公告的权利要求为：(1) 一种预制复合承重墙结构的节点构造施工方法，其特征在于：承重墙采用预制的保温夹心网骨架，将这种由承重墙主受力钢筋形成的保温钢筋网骨架，延伸至梁、柱的外侧，使梁、柱形成带保温层的复合受力构件；以高压石膏板作为浇铸混凝土的一侧永久模板，整体直接喷注或浇注形成柱、梁、墙板一体的三维结构，节点构造包括：在预制的夹心网骨架的搭接部位设置柱筋(8)和矩形框架箍筋(9)，夹心网骨架的平网（5）搭接部位位置连接锚筋（7）、柱筋、箍筋、连接锚筋与预制夹心网骨架的钢筋连接形成整体受力结构。（2）根据权利要求1所述的预制复合承重墙结构的节点构造施工方法，其特征在于预制的夹心网骨架的搭接部位，连接锚筋（7）绑扎在夹心网骨架平网上。（3）根据权利要求2所述的预制复合承重墙结构的节点构造施工方法，其特征在于预制夹心网骨架在平网延伸端预留连接锚筋（13）或锚固网片（11）。（4）根据权利要求1所述的预制复合承重墙结构的节点构造施工方法，其特征在于预制的夹心网骨架是双层或三层钢丝平网（5）中间夹聚苯乙烯泡沫板（3）保温层，由立体交叉的钢丝衍条（4）将钢丝平网连接成为桁架预制而成。（5）根据权利要求1所述的预制复合承重墙结构的节点构造施工方法，其特征在于，在预制的夹心网骨架的搭接部位设置加强网片（10）与夹心网骨架绑扎。（6）根据权利要求1所述的预制复合承重墙结构的节点构造施工方法，其特征在于，在预制的夹心网骨架的墙角搭接部位设置加强角网（6）与夹心网骨架绑扎。（7）根据权利要求1所述的预制复合承重墙结构的节点构造施工方法，其特征在于，在预制的夹心网骨架的洞口部位设置U形锚筋（14）与夹心网骨架绑扎。（8）根据权利要求1所述的预制复合承重墙结构的节点构造施工方法，其特征在于，机车施工后楼盖混凝土浇注预留柱筋、锚筋，现场吊装预制夹心网骨架，就位后将夹心网骨架与箍筋、连接锚筋、加强网片或加强角网绑扎或焊接成为整体结构，安装墙、柱、梁模板，现场浇注梁、柱、网板承重墙，养护，施工下一楼盖板。（9）根据权利要求8所述的预制复合承重墙结构的节点构造施工方法，其特征在于所述夹心网骨架承重一侧浇注混凝土厚度为8－18厘米，协同承重一侧预制混凝土厚度为3－5厘米。涉案专利说明书记载：图1为双层夹心网骨架剪力墙结构图，图2为三层夹心网骨架剪力墙结构图，适用于多层结构所有剪力墙；图3为外墙保温转角节点构造图，主要用于对热桥敏感地区多层外墙大角等扭转力比较强的位置；图4为内墙保温转角节点构造图，主要用于楼（电）梯间等非外墙的连接，也可用于对热桥不敏感地区多层外墙大角位置；图5为外墙与室内侧扶壁柱节点构造图；图6为外墙与分户墙、楼梯间内墙节点构造图；图7为室内剪力墙相交连接的节点

构造图；图8为内墙、外墙墙中柱节点构造图，主要用于室内分户墙、楼梯间墙或对热桥不敏感地区外墙墙中柱或梁下柱位置；图9为剪力墙拐角节点构造图，主要用于剪力墙阳角位置阴角构造与此近似；图10为小高层外墙与室内复合墙节点构造图；图11为小高层外墙与室内侧扶壁柱节点构造图；图12为多层外墙圈梁（横向边缘构件）节点构造图；图13为室内圈梁节点构造图，主要用于室内或对热桥不敏感地区剪力墙圈梁（横向边缘构件)；图14为外墙梁板节点构造图；图15为剪力墙端柱节点构造图；图16为剪力墙洞口节点构造图。

2008年6月14日，河北省建设厅批准的《CL结构构造图集》现为河北省工程建设标准设计，批准文号冀建质〔2008〕388号，统一编号：DBJT02-54-2008，图集号：J08G208，实施日期：2008年8月1日。该图集中包括张晶廷的专利技术，其编制说明记载，“CL结构体系系石家庄晶达建筑体系有限公司研发的一种完全自主知识产权的复合剪力墙结构体系，具有抗震性能好、保温层耐久性长、建筑工厂化、施工效率快、综合造价低等特点。为了贯彻执行国家和我省的墙体改革和节能政策，促进该技术的推广应用，编制本图集”。该图集的内容包括：CLQBI型复合剪力墙边缘构件构造详图……（第6-11页)、CLQBI型CL网架板节点详图……（第12页)、CLQBII型CL网架板节点详图……（第19页)、CLQBIII、CLQBIV型CL网架板节点详图……（第23页)。

张晶廷系CL建筑体系的发明人、主研人以及晶达公司董事长。张晶廷于2008年10月将“预制复合承重墙结构的节点构造施工方法”许可晶达公司使用。

2009年6月19日，河北省石家庄市太行公证处公证员前往衡水市武邑县县城“和谐嘉园”小区内的建设工地，对被诉正在使用“预制复合承重墙结构的节点构造施工发明专利”的在建楼房、场地以及放置在场地内的被诉侵权产品、正在使用该产品在建的施工楼层及其他相关场景进行现场拍照，制作了（2009）冀石太正经字第654号、第655号《公证书》。第654号公证书图片1、3、25中的技术特征与涉案专利说明书附图1双层夹心网骨架剪力墙结构图，以及附图5外墙与室内侧扶壁柱节点构造图、附图6外墙与分户墙、楼梯间内墙节点构造图的技术特征相同。公证书图片2、4、6、11、21、22中的技术特征与涉案专利附图5外墙与室内侧扶壁柱节点构造图、附图6外墙与分户墙、楼梯间内墙节点构造图、附图7室内剪力墙相交连接的节点构造图的技术特征相同。公证书图片5、13、14、16中的技术特征与涉案专利说明书附图1双层夹心网骨架剪力墙结构图的技术特征相同。公证书图片7、20中的技术特征与涉案专利说明书附图3外墙保温转角节点构造图的技术特征相同。公证书图片8中的技术特征与涉案专利说明书附图1双层夹心网骨架剪力墙结构图、附图16剪力墙洞口节点构造图的技术特征相同。公证书图片9、23中的技术特征与涉案专利说明书附图4内墙保温转角节点构造图的技术特征相同。公证书图片15中的技术特征与涉案专利说明书附图1双层夹心网骨架剪力墙结构图、附图2三层夹心网骨架剪力墙结构图的技术特征相同。

2008年7月25日，子牙河公司（发包人）与华泽公司（设计人）就“武邑县和谐嘉园5#6#7#8#住宅楼”签订《建设工程设计合同》。合同约定：“设计人应按国家技术规范、标准、规程及发包人提出的设计要求，进行工程设计……（第六条6.2.1）”“设计人为本合同项目所采用的国家或地方标准图，由发包人自费向有关出版部门购买（第八条8.2）”。

华泽公司的建筑施工图设计所依据的是《CL结构设计规程》DB13（J）43－2006。该规程前言部分记载：“本规程的某些内容可能涉及专利，经专利人同意，本规程的发布机构不承担识别与保护专利的责任。”

2010年4月22日，张晶廷出具书面承诺称，在本案中仅限于同意华泽公司有权使用涉案专利，不要求华泽公司承担任何专利侵权责任。

一审法院认为：河北省建设厅公开发布的《CL结构设计规程》DB13（J）43－2006及J08G208《CL结构构造图集》系地方标准。本标准属公开有偿使用的技术，任何单位和个人未经权利人允许不得使用。子牙河公司施工现场公证取证的照片证明，子牙河公司承建的武邑县和谐嘉园5#6#7#8#住宅楼未经专利权人允许，采用了涉案专利技术，构成侵权行为。

子牙河公司在工程立项前是经过详细考察的，子牙河公司与华泽公司签订《建设工程设计合同》中约定，华泽公司按照子牙河公司提出的设计要求进行工程设计；且《CL 结构设计规程》DB13（J）43－2006 中的前言部分已明确表明该规程的某些内容可能涉及专利，经得到专利权人授权，方许可使用。但子牙河公司未得到张晶廷的许可，应当承担侵权责任。

子牙河公司的售楼宣传页上套印的图片是张晶廷的专利产品。《CL 结构设计规程》DB13（J）43－2006 是公开文献，子牙河公司作为建筑单位，其侵害涉案专利权是明知的。子牙河公司在看到“CL 建筑体系”良好的经济和社会效益后，不是通过正当合法的手段向专利权人取得相关专利方法的使用权和专利产品，而是通过仿冒和私自使用等方法侵害张晶廷的专利权，应当承担侵权责任。

虽然张晶廷提交的计算赔偿的证据不被子牙河公司认可，但该公司认可建造的武邑县和谐嘉园 5#6#7#8#住宅楼总建筑面积 32704 平方米，CL 网架板用量 16352 平方米。因张晶廷的损失、子牙河公司所获得的利益和专利许可使用费均难以确定，根据涉案专利的类型、子牙河公司侵权行为的性质以及情节，并参考张晶廷专利的推广情况、知名度等因素，酌定赔偿张晶廷经济损失 80 万元。本案中张晶廷承诺不追究华泽公司的专利侵权责任，视为放弃自己的权利。

综上，张晶廷要求子牙河公司立即停止侵权行为、赔偿经济损失的诉讼请求，予以支持。但张晶廷所主张的赔偿经济损失证据不充分，不予全额支持，酌情确定赔偿数额。因子牙河公司的工程至今未完工，一直处于侵权状态，故一审法院依据《中华人民共和国民事诉讼法》（2007 年修正）第一百一十九条，《最高人民法院关于适用〈中华人民共和国民事诉讼法〉若干问题的意见》第 58 条，《中华人民共和国专利法》第十一条第一款、第六十五条第二款，《最高人民法院关于审理侵犯专利权纠纷案件应用法律若干问题的解释》第十九条第二款的规定，于 2010 年 12 月 10 日作出（2009）石民五初字第 00163 号判决：一、子牙河公司自判决生效之日起，立即停止侵害张晶廷发明专利权（发明名称：ZL20061001×××××）的行为；二、子牙河公司自判决生效之日起 10 日内，赔偿张晶廷经济损失 80 万元；三、驳回张晶廷其他诉讼请求。一审案件受理费 15102

元，由张晶廷负担3302元，子牙河公司负担11800元。

子牙河公司不服一审判决，向河北省高级人民法院提起上诉。其主要理由为：（1）涉案专利技术是早已为公众所知的现有技术，子牙河公司使用该技术方案，依法不构成侵权。（2）子牙河公司使用的墙体构造技术是依法受让而来，子牙河公司不知道该技术已被授予专利，故不构成侵权，不需承担侵权责任。（3）根据《中华人民共和国建筑法》的规定，子牙河公司必须按照工程设计图纸施工，也是不得已的必须使用，无论按照法定义务，还是建筑行业标准，使用涉案技术不产生违法侵权行为。（4）张晶廷请求的赔偿数额，没有证据和法律依据，依法应予驳回。请求二审法院撤销一审判决，驳回张晶廷的诉讼请求。

张晶廷答辩称：子牙河公司诉称涉案专利技术属于公开的技术没有事实依据。子牙河公司并未否认使用了涉案专利技术。一审判决认定侵权以及确定的赔偿数额合法有据。请求二审法院驳回上诉，维持原判。

华泽公司答辩称：华泽公司于2007年4月已得到张晶廷的授权许可，允许使用其涉案专利进行建筑项目的施工图设计，在本案中也得到张晶廷不予追究设计单位侵权责任的承诺，其在本案中，不应承担任何责任。

二审法院另查明：河北省建设厅批准的《CL结构构造图集》，晶达公司为参编单位，张晶廷为参编人员之一。张晶廷对该图集为河北省工程建设地方标准没有异议。张晶廷在一审中主张的CL网架板损失数额为82.74万元，涉案专利许可使用费损失数额为33.9万元。

二审法院认为：本案中，子牙河公司虽以现有技术进行抗辩，但仅提交一份涉案专利申请日前发布实施的《CL结构工程施工质量验收标准》，其并非是一项完整的技术方案。“CL建筑体系”自1992年开始研发，先后取得多项专利，子牙河公司未能说明上述验收标准中涉及涉案专利的实质内容，且涉案专利是否符合专利法规定的授予条件，也不是本案审理的范围。子牙河公司关于涉案专利是公众所知的现有技术，以此主张不构成侵权的上诉理由，不予支持。关于子牙河公司按照工程设计图纸施工，是否构成侵权的问题。《最高人民法院关于朝阳兴诺公司按照建设部颁发的行业标准〈复合载体夯扩桩设计规程〉设计、施工而实施标准中专利的行

为是否构成侵犯专利权问题的函》［（2008）民三他字第4号］中明确答复："鉴于目前我国标准制定机关尚未建立有关标准中专利信息的公开披露及使用制度的实际情况，专利权人参与了标准的制定或者经其同意，将专利纳入国家、行业或者地方标准的，视为专利权人许可他人在实施标准的同时实施该专利，他人的有关实施行为不属于《中华人民共和国专利法》第十一条所规定的侵害专利权的行为。专利权人可以要求实施人支付一定的使用费，但支付的数额应明显低于正常的许可使用费；专利权人承诺放弃专利使用费的，依其承诺处理。"本案中，涉案专利被纳入河北省地方标准，专利权人张晶廷参与了该标准的制定，故应视为专利权人张晶廷许可他人在实施标准的同时实施该专利，子牙河公司的有关实施行为不属于《中华人民共和国专利法》第十一条所规定的侵害专利权的行为。一审法院认定子牙河公司按照已纳入专利权人参与制定的河北省地方标准的涉案专利进行施工，构成对张晶廷专利权的侵害，并判决子牙河公司赔偿张晶廷损失，适用法律不当，应予纠正。根据最高人民法院上述答复精神，在本案中，子牙河公司依法应支付张晶廷一定数额的专利使用费。因张晶廷涉案专利的正常许可使用费难以确定，二审法院根据最高人民法院上述答复精神，酌情确定子牙河公司应支付给张晶廷专利使用费10万元。综上，二审法院依照《中华人民共和国民事诉讼法》（2007年修正）第一百五十三条第一款第（二）项之规定，于2011年3月21日作出（2011）冀民三终第15号民事判决，判决：一、撤销河北省石家庄市中级人民法院（2009）石民五初字第00163号民事判决；二、子牙河公司自判决生效之日起10日内，给付张晶廷专利使用费10万元；三、驳回张晶廷的其他诉讼请求。一审案件受理费15102元，由张晶廷负担1万元，子牙河公司负担5102元；二审案件受理费15102元，由张晶廷负担1万元，子牙河公司负担5102元。

张晶廷不服二审判决，向本院申请再审称，（1）二审判决认定事实不清，适用法律不当。本案不应当适用《最高人民法院关于朝阳兴诺公司按照建设部颁发的行业标准〈复合载体夯扩桩设计规程〉设计、施工而实施标准中专利的行为是否构成侵犯专利权问题的函》［（2008）民三他字第4

号]。本案中，河北省建设厅发布的“CL结构设计规程”前言载明：本规程所涉及的专利技术为石家庄晶达建筑体系有限公司所有，使用授权许可，应与之联系。专利权人张晶廷参与了行业的设计规程、图集和验收规程等公开发行标准的制定，并不应视为其许可他人实施标准的同时实施该专利。同时，这些设计规程、图集也清楚地表明这些标准涉及专利，须取得相关授权。(2) 二审判决损害了专利权人的合法权益，不利于知识产权的保护。专利权人历时十多年时间，耗资两千多万元研究成功了包括涉案专利在内的国家级重点科技成果“CL建筑体系”。该建筑体系被建设部科技发展促进中心评定为“全国建筑行业科技成果推广项目”等，国家有关部委多次召开专门会议进行推广。全国利用CL结构体系建造的住宅和在建的住宅已经达到几百万平方米。子牙河公司在工程立项前是经过详细考察的，也知道CL结构体系的优越性，并明确知道他人所享有的专利权。但是，子牙河公司在看到CL建筑体系良好的经济效益和社会效益后，不是通过正当合法的手段向专利权人取得相关专利的使用权和专利产品，而是通过仿冒和私自使用等方法非法使用涉案专利。子牙河公司利用涉案专利提高知名度和房屋售价，建造了几万平方米的房屋，取得非法效益的同时，造成专利权人各项经济损失共计110余万元。二审法院判令支付10万元，严重损害了张晶廷的合法权益，变相鼓励他人恶意侵害专利权。综上，请求本院撤销二审判决，依法改判。

子牙河公司辩称，(1) 涉案专利权人已经在政府推广行为中利用专利技术获取了极大的竞争优势，又想获取正常的专利许可使用费，这是不公平的。二审法院适用（2008）民三他字第4号复函，并无不当。(2) 子牙河公司在本案中严格遵守国家的法律规定，按图施工，在施工过程中没有任何侵权的故意和过失，缺乏构成侵权的主观要件。张晶廷和华泽公司有恶意串通，引诱子牙河公司侵权的故意。如果华泽公司及时向子牙河公司披露相关专利信息，子牙河公司肯定会选择其他设计以及施工方案，从而在保证质量的基础上有效降低成本。华泽公司没有尽到合理的提示和披露义务，应当在本案中承担大部分侵权责任，(3) 子牙河公司使用的预制复合承重墙结构的构造施工方法为公知技术，不构成对涉案专利权利要求1

所保护的技术方案的侵害。子牙河公司使用的CL网架板技术亦为公知技术，不构成对涉案专利权利要求4所保护的技术方案的侵害。此外，张晶廷诉请的经济损失是CL网架板的利润损失，其要求的CL网架板包括钢筋焊接网、保温板、斜插钢筋等要素，而由上述要素构成的技术方案是河北省工程建设标准DB13/T（J）26－2000《CL结构体系技术规程》和河北省工程建设标准DB13（J）43－2003《CL结构设计规程》公开的CL网架板的技术方案。因此，张晶廷在本案中诉请保护的产品与涉案专利技术无关。(4）张晶廷虽然为涉案专利的专利权人，但其已将涉案专利许可给晶达公司使用，一、二审法院未能查明该专利许可使用性质的情况下，以张晶廷作为原告，诉讼主体不适格。(5）被诉的所有楼房的一楼均没有侵害其专利权，而且，CL网架板的用量以及销售价、利润等均存在扩大计算的情况。张晶廷在本案中所提出的损失的计算标准过高，适用比例过高。综上，二审法院认定不侵权正确，判决确定的赔偿数额尚能接受。请求驳回张晶廷的再审申请。

华泽公司辩称，涉案工程是子牙河公司进行现场观摩后自行决定的设计方案，华泽公司履行了告知义务。华泽公司获得了专利权人的许可，经营合法合规，不存在侵权行为。

子牙河公司在本案提审后，向本院提交了如下证据。

证据1：河北省建设厅于2000年12月12日发布并实施的河北省工程建设标准《CL结构体系技术规程》，DB13/T（J）26－2000（以下简称2000年规程)。证明涉案专利为公知技术。

证据2：河北省建设厅于2004年2月6日发布，2004年3月1日实施的河北省工程建设标准《CL结构设计规程》，DB13（J）43－2003（以下简称2003年规程)。证明涉案专利为公知技术。

证据3：河北省建设厅于2006年3月7日发布，2006年4月1日实施的河北省工程建设标准《CL结构设计规程》，DB13（J）43－2006（以下简称2006年规程)。证明涉案专利的保护范围不包括网架板技术，网架板技术在专利申请日之前的规程中已公开。

证据4：武邑和谐家园5#6#7#8#住宅楼的建筑施工图。设计人为华泽公司，设计依据的主要规范为民用建筑设计通则、住宅建筑规范、屋面工程技术规范、建筑地面设计规范、建筑设计防火规范、居住建筑节能设计规范、建筑内部装修设计防火规范、CL 结构设计规范 DB13（J）43－2006。证明其施工行为是按图施工，根据《中华人民共和国建筑法》第五十八条的规定，无法改变设计单位设计的图纸。

证据 5：二审审理期间的庭审笔录。证明张晶廷承认网架板技术不包括在涉案专利的技术方案中。

张晶廷对子牙河公司所提交证据的真实性无异议。关于证据 1－3，张晶廷认为均是河北省建设厅为了实施张晶廷的专利技术而编制的 CL 结构体系设计规程和 CL 结构体系施工验收规程。涉及的专利为“预制复合承重墙结构的节点构造施工方法”“一种房屋建筑三维结构体系的施工方法”“一种房屋建筑三维结构体系及使用方法”。上述专利组成了 CL 建筑体系专有技术，专利权人均为张晶廷。涉案专利的发明核心是两面整体浇注混凝土，形成带保温层的复合受力构件，而 2000 年规程中的节点图是一面预制的保护层，完全不同于涉案专利。2000 年规程中的网板夹心墙体直接进入梁、柱的混凝土截面内，也与涉案专利完全不同。2003 年规程则是在 2000 年规程上作的改进。采用涉案专利的 2006 年规程是完全不同于 2000 年和 2003 年规程整体浇注复合受力构件的节点做法。涉案专利曾因案外人提起专利无效请求，经过国家知识产权局专利复审委员会的审查后，认定具备新颖性、创造性，现涉案专利权仍属于有效状态。子牙河公司提出涉案专利为公知技术无事实依据。关于证据 4，张晶廷认为该建筑施工设计图依据的就是纳入了涉案专利的 2006 年规程，足以证明被诉侵权施工方法落入涉案专利的保护范围。关于证据 5，张晶廷认为并不能由此证明被诉侵权施工方法使用的网架板不是涉案专利保护的技术方案。2006 年规程中的网架板的技术方案不同于以往的专利技术和建筑规程，是对在先网架板技术的连接方式的改进，该连接部位的节点构造和施工方法就是涉案专利要求保护的权利范围。

张晶廷向本院提交的证据有：

证据 1：张晶廷与威海丰荟集团有限公司于 2010 年 11 月 30 日签订的

《建设“节能省地”型住宅（CL 建筑体系）部品生产基地专利技术转让合同》。证明 CL 建筑体系系列专利费与安装技术服务费合计 443 万元。

证据 2：张晶廷与威海丰荟集团有限公司、荣成市丰荟住宅产业化开发有限公司于 2011 年 8 月 8 日签订的《合同主体变更协议》。证明 CL 建筑体系专利技术实施许可合同的甲方威海丰荟集团有限公司被荣成市丰荟住宅产业化开发有限公司取代，合同继续履行。

证据 3：荣成市丰荟住宅产业化开发有限公司出具给张晶廷的发票，金额为 443 万元。

证据 4：晶达公司与泰安市华新建材有限责任公司于 2012 年 4 月 17 日签订的《“CL 建筑体系”技术转让（专利实施许可）合同》。证明专利权分期使用费总额为 500 万元。

证据 5：泰安市华新建材有限责任公司出具给晶达公司的技术转让费发票，金额为 400 万元。

证据 6：张晶廷与山东胜宏国际石油开发投资有限公司于 2011 年 3 月 25 日签订的《技术转让（专利实施许可）合同》。证明专利实施许可费分期使用费总额为 398 万元。

证据 7：张晶廷、山东胜宏国际石油开发投资有限公司、山东光正节能科技有限公司于 2011 年 6 月 9 日签订的合同主体变更协议。证明 CL 建筑体系专利技术实施许可合同的甲方山东胜宏国际石油开发投资有限公司被山东光正节能科技有限公司取代，合同继续履行。

证据 8：山东光正节能科技有限公司于 2011 年 11 月 15 日出具给张晶廷的技术转让费发票，金额为 398 万元。

上述证据 4、证据 6 的合同涉及许可实施的专利名称为“预制复合承重墙结构的节点构造施工方法”“一种房屋建筑三维结构体系的施工方法”“一种房屋建筑三维结构体系及使用方法”。专利号分别为 200610012332. 7、99110073. 5 以及 95100283. X。专利权人为张晶廷。证据 1、证据 4、证据 6 的合同约定，专利实施许可期限“截止到上述专利中最长一个专利的期限届满日”。

子牙河公司对张晶廷提交的证据的真实性不予认可，认为上述专利实施许可合同均没有履行备案登记手续，并且提供的发票中，付款单位不是许可合同的当事人。

本院对以上证据的认证意见为：子牙河公司提交的2000年规程和2003年规程早于涉案专利的申请日，属于在申请日前国内外出版物上公开发表过，在国内公开使用过或者以其他方式为公众所知的已有技术，可以作为本案现有技术抗辩的技术方案。张晶廷提交的证据1~8涉及三件专利技术转让合同，是有关计算本案赔偿数额的证据。专利权实施许可合同的生效和履行不以合同进行备案为前提，且发票的付款方与张晶廷提交的主体变更协议相对应，子牙河公司对上述证据的质证意见本院不予采纳。上述合同均签订在本案纠纷发生之后，标的是CL建筑体系系列专利，并非单独的一件涉案专利，且履行期间截止到2026年。本院对上述证据将结合张晶廷在一审中提交的CL网架板委托生产协议记载的技术转让费、CL结构体系相关产品购销合同记载的专利技术使用费、技术服务费等证据，在确定赔偿数额时酌情予以考虑。

本院再审查明，一、二审法院审理查明的事实基本属实。

本院另查明：

1. 关于2000年规程

河北省建设厅发布、实施的河北省工程建设标准DB13/T（J）26-2000《CL结构体系技术规程》，由石家庄开发区晶达建筑体系发展公司、北方设计研究院主编。该规程前言部分记载，“该规程是以国家现行的有关规范、标准与大量的实验研究成果为主要依据编制，体现了墙改与节能方面的政策，对设计、施工作出了规定。希望各有关单位在本规程的实施过程中注意积累资料，及时向编制单位提出意见或建议，以便今后修订时参考。”

该规程第21页“7施工与验收部分”记载有CL网架的材料要求以及结构形式。CL复合墙板的施工部分，记载有CL结构体系的施工工艺流程。第31页附录B，记载有CL结构体系主要节点示意图。其中，标注为图C1-C10的分别是CL复合墙板与基础连接做法、CL复合墙板与边缘构件（暗柱）连接做法（外墙内保温）（仅用于抗震等级四级）、CL复合墙

板转角做法（用于外墙内保温）、CL 复合墙板与边缘构件（暗梁）连接做法（用于外墙外保温）、CL 复合墙板、CL 复合墙板转角做法、CL 复合墙板与边缘构件（暗柱）连接做法（外墙外保温）、CL 复合墙板转角做法（用于外墙外保温）、CL 复合墙板与边缘构件（暗梁）连接做法（用于外墙内保温）、CL 复合墙板与边缘构件（暗柱）连接做法（用于外墙内保温）。

2. 关于 2003 年规程

河北省建设厅发布、实施的河北省工程建设标准 DB13（J）43－2003《CL 结构设计规程》，由河北北方绿野建筑设计有限公司、北方设计研究院、石家庄开发区晶达建筑体系发展公司共同修订。该规程前言部分记载，该规程是对 2000 年规程进行的必要的补充和调整。主要内容是对 CL 结构的材料、设计理论、设计构造措施等分别作出了较为系统的规定。应识别出的专利为，“一种轻质承重偏夹心网板”“一种房屋建筑三维结构体系的施工方法”“一种房屋建筑三位结构体系及施工方法”。标明所涉及的专利技术为石家庄开发区晶达建筑体系发展公司所有，使用授权许可，应与之联系。还记载该公司具体地址和联系电话。该规程第 2 页“主要术语”中记载，CL 墙板由两层冷拔光面钢丝焊接网用斜插钢丝（腹丝）焊接成空间骨架，中间夹以聚苯乙烯板形成 CL 网架板，内外两侧浇筑混凝土后构成 CL 墙板。该规程第 26 页“构造措施”记载有 CL 墙板、连梁、小墙肢构造要求。图 6.2.1 为 CL 墙板构造。

3. 关于 2006 年规程

河北省建设厅发布、实施的河北省工程建设标准 DB13（J）43－2006《CL 结构设计规程》是华泽公司建筑设计施工图所依据规程。该规程前言部分记载：“本规程是在作了大量实验工作和在青岛、邯郸、石家庄、邢台等地完成了近 100 万平方米住宅设计与施工的基础上，根据国家新的建筑节能要求，对 CL 结构设计规程 DB13（J）43－2003 进行了必要的补充和调整，其主要内容是对 CL 结构的材料、设计理论、设计构造措施等分别作了系统的规定。”同时还记载：“本规程所涉及的专利技术为石家庄晶达建筑体系有限公司（地址：石家庄市广安大街 18 号美东国际 D 座 1305，电话0311－860××××4）所有，使用授权许可，应与之联系。应识别出的专利为：一种轻质承重偏夹心网板、一种房屋建筑三维结构体系的施工方法、一种房屋建筑三维结构体系及施工方法。编制单位：河北北方绿野建筑设计有限公司、北方设计研究院、石家庄晶达建筑体系有限公司。”

4. 关于CL建筑体系的情况

河北省人民政府办公厅于2009年2月2日转发《关于推广应用CL建筑体系促进节能省地型建筑发展实施意见的通知》［办字（2009）23号］记载：“CL建筑体系是集建筑结构与保温隔热功能为一体的复合钢筋混凝土剪力墙结构体系，具有抗震性能好，节能效果完全满足现有标准要求，且保温与建筑同寿命，扩大使用面积，实现建筑工厂化生产，节约耕地等特点，建设部鉴定为综合技术达国际先进水平，列为全国建设行业科技成果推广项目。目前，我省及外省已建成CL体系住宅600多万平方米，取得了良好的示范带动作用。”衡水市人民政府办公室于2009年5月1日转发《关于大力推广应用CL建筑体系的实施意见的通知》，要求“自2009年4月1日起，我市新建居住建筑和公用建筑，要积极采用CL建筑体系，积极鼓励引导建设单位和开发商，采用CL建筑体系，2009年完成2－3个住宅小区20万平方米的CL建筑体系推广应用示范工程的立项工作。同时及时总结经验和做法，以点带面，促进CL建筑体系在我市建筑中的应用，到2011年，我市新建建筑应用CL建筑体系的比重达到50%。因此，要把推广应用工作落到实处”。同时，在人员培训中明确，“由市建设局负责组织设计、施工、监理等相关单位岗位操作人员的技术培训，通过参观、学习、熟悉CL建筑体系相关的技术文件，使推广应用工作达到安全、优质、文明、高效。”该通知还要求，“各级财政部门设立节能专项资金，对采用CL建筑体系的示范工程予以支持和奖励，各部门要对项目实施单位实行全程服务，减少办事环节，简化审批程序，减交城市配套费等措施，为推广应用CL建筑体系创造宽松的环境。”

本案再审庭审中，双方对和谐嘉园5#－8#住宅楼总建筑面积为32704平方米，所有楼房的一楼均没有使用涉案专利无异议，确认侵权的总建筑面积为25000平方米。

本院再审认为，本案当事人的争议焦点为子牙河公司的被诉侵权施工行为是否侵害涉案专利权以及民事责任的承担。具体涉及以下问题：(1) 张晶廷是否为本案的适格原告。(2) 子牙河公司关于现有技术抗辩的理由能否成立；被诉侵权的 CL 网架板技术是否为公知技术。(3) 子牙河公司实施被诉侵权施工方法时的主观状态、华泽公司是否应当承担责任。(4) 二审判决适用法律是否存在错误。(5) 张晶廷的诉讼请求是否应当支持。

(一) 关于张晶廷是否为本案的适格原告

子牙河公司在本院再审审理中提出，张晶廷虽然为涉案专利的专利权人，但其已将涉案专利许可给晶达公司使用，张晶廷作为原告诉讼主体不适格。其理由为，如果张晶廷与晶达公司签订的是专利独占实施许可合同，则张晶廷无权实施涉案专利，不再享有专利实施权以及实施利益，晶达公司将成为本案的原告。一、二审判决仅将张晶廷作为原告，诉讼主体不适格。本院认为，对于 2009 年 10 月 1 日以前的被诉侵害专利权行为，适用修订前的专利法。根据 2000 年修订的《中华人民共和国专利法》第五十七条的规定，未经专利权人许可，实施其专利，即侵犯其专利权，引起纠纷的，由当事人协商解决；不愿协商或者协商不成的，专利权人或者利害关系人可以向人民法院起诉，也可以请求管理专利工作的部门处理。专利侵权诉讼的原告范围是专利权人或者利害关系人。《最高人民法院关于诉前停止侵犯专利权行为适用法律问题的若干规定》第一条规定了利害关系人的范围，即包括专利实施许可合同中的被许可人、专利财产权利的合法继承人等。专利实施许可合同的被许可人中，独占实施许可合同的被许可人可以单独向法院提出申请；排他实施许可合同的被许可人在专利权人不申请的情况下，可以提出申请。本案中，张晶廷为涉案专利的发明人、专利权人，与他人签订专利实施许可合同，并不影响其享有单独提起志对他人侵害专利权的诉权。子牙河公司未证明张晶廷与晶达公司签订了独占实施许可合同。退一步讲，即便晶达公司为涉案专利独占实施合同的被许可人，也仅在于晶达公司可以作为利害关系人提起侵害专利权之诉。本案亦不存在晶达公司不参加诉讼，争议的权利义务以及当事人之间的权利义务关系难以确定，晶达公司与张晶廷对涉案专利存在财产共有的法律关系等情形。因此，晶达公司并非为本案的必要原告，张晶廷作为涉案专利的专利权人提起本案诉讼，一、二审法院依据其起诉审理本案，并无不当。

（二）关于现有技术抗辩

子牙河公司在本案中主张现有技术抗辩，辩称其所使用的预制复合承重墙结构的节点构造施工方法以及网架板技术方案已经公开。如果认定侵权行为成立，也应当扣除网架板的利润。其理由为，2000 年规程作为涉案专利申请日之前的国内的公开出版物，公开了与涉案专利权利要求 1 相同的技术方案，其中有 CL 复合墙板节点构造施工方法的描述。2000 年规程第 31 页图 C. 7 和图 C. 8 与涉案专利权利要求 1 及说明书附图 3 的技术方案都是采用预制的网架板，延伸至梁、柱的外侧，整体直接喷注或浇注形成柱、梁、墙板一体的三维结构，在预制的网架板的搭接部位设置柱筋、矩形框架箍筋、连接锚筋等连接形成的整体受力结构。子牙河公司还辩称：其使用的 CL 网架板技术是现有公知技术的理由为，2000 年规程在公开了 CL 网架板的结构形式和 CL 复合墙板的示意图，对 CL 复合墙板的定义为，由两层钢丝网用斜插钢筋（腹丝）连接的空间骨架，中间夹以聚苯乙烯板形成 CL 网架，内外两侧浇筑混凝土后构成 CL 复合墙板。2003 年规程中也定义了 CL 墙板，并公开了 CL 墙板构造的示意图。被诉侵权施工方法中使用到的部件名称无论是夹心网骨架还是 CL 网架板，都是将钢丝平网中间夹以聚苯乙烯板的保温层后，用钢丝桁条或者腹丝、斜插钢筋连接而成的。因此，网架板的技术方案与现有技术的相应技术特征无实质性差异。本院认为，现有技术抗辩作为被诉侵权人对抗专利权人侵权指控的不侵权抗辩，是 2008 年专利法修改新增加的一项制度，但专利权的保护范围不得包括现有技术是专利制度的基本内容。子牙河公司以现有技术抗辩，需要审查的是其施工使用的被诉侵权方法是否为涉案专利申请日之前的现有技术。如果子牙河公司举证证明被诉侵权施工方法与一项现有技术方案中的相应技术特征相同或者无实质性差异的，则应当认定子牙河公司实施的施工方法不侵害涉案专利权。

经审查，本案的被诉侵权方法已由公证员对施工楼层、场地及其他相关场景进行了现场拍照。公证书（655 号）照片 9 ~ 12 中，网架板是预制的，公证书（654 号）照片 5、13、14、16、19 中，夹心网骨架是双层的钢丝平网，中间是保温层，桁架是立体交叉的钢丝桁条连接的。公证书（654 号）照片 12、13、16、19、26 中，外墙等部位是在板两侧浇筑混凝土形成复合墙体。进行外墙等部位的施工时，保温板的外侧存在混凝土层，且与墙板以及柱、梁一体成型。公证书（654 号）照片 14、16、18、19 以及公证书（655 号）照片 2、3、5、7、8、12 中，均有网架板在梁柱界面网架板钢筋处延伸，不同于主墙体部位的特征。公证书（654 号）照片 1 – 11 以及 21 – 24 和 17 中，标识在梁柱等夹心网骨架连接部位有附加连接锚筋。公证书（654 号）照片 1、2、6、17、21、24 中，现场吊装预制夹心网骨架，就位后将夹心网骨架与箍筋、连接锚筋以及加强网片捆扎成整体结构。公证书（654 号）照片 9、11、12、15、17、24 是安装墙柱以及梁模板的现场，公证书（654 号）照片 12、13、16、19 是浇筑梁柱网板混凝土后，拆除模板，施工下一楼盖板。此外，墙身的受力以及保温骨架分别标注在建筑施工设计图纸的标准层平面图 MKZ1、MKZ3、MKZ2 的墙身大样中。该设计图纸中还标识出，所有外墙的翼柱、暗柱以及连梁均处于保温层内侧，且保温层外侧为混凝土。综上，被诉侵权方法使用的技术特征为：a. 承重墙采用预制的保温夹心网骨架；b. 保温夹心网骨架是由承重墙主受力钢筋形成的；c. 保温钢筋网骨架延伸至梁、柱的外侧，使梁、柱形成带保温层的复合受力构件；d. 浇铸混凝土的一侧存在模板与梁、墙板一体的三维结构；e. 预制的夹心网骨架的搭接部位有柱筋和矩形框架箍筋；f. 夹心网骨架的平网搭接部位有连接锚筋、箍筋、柱筋与夹心网骨架的钢筋连接，形成整体受力结构。本院再审庭审中，子牙河公司认可被诉侵权施工方法使用的是整体直接喷注或浇注。

本院再审庭审中，张晶廷认为 2000 年规程对应的专利是其名称为“一种房屋建筑三维结构体系及施工方法”的发明专利，是单面浇筑的技术。对此，子牙河公司未提出异议。该专利技术方案是由预制的墙板、楼板直接喷注或浇注混凝土的柱、梁、墙壁和楼板等，使之形成连成一体的三维整体结构，其特征是预制的墙板、楼板采用轻质承重夹心网板即网状钢筋砼组成，采用加强钢筋网状连接，构成这种结构的轻质承重夹心网板为偏夹心网板，网板一侧为保温层，另一侧为承重层，构成自承重墙板。自承重墙与内墙连接采用 T 形或十字网状钢筋砼暗梁连接，与楼板连接亦然。

2000 年规程的施工方案是将预制的各种板运至施工现场后，根据设计进行拼装，在安装好墙板、楼板、楼梯、阳台等预制板的基础上，校正固定绑扎加强钢筋网，同时进行砼施工、喷注该楼层的十字梁、柱、T 形梁、柱墙面和地面、顶面。剪力墙结构形式的墙板单面用模板喷注砼，另一面喷（抹）纤维砼，喷注从楼层底部开始，待墙板喷注到楼底面时，开始浇楼板上面砼，上面砼达到 70% 强度，再喷底面砼。

被诉侵权施工方法是将预制的保温夹心网骨架延伸至梁柱的外侧，形成的保温钢筋网骨架。该夹心网骨架是在墙的二层或三层立体交叉桁架受力，使得梁柱部位与梁柱受力钢筋结合为一体，形成带保温层的复合受力构件。墙体内主要受力钢筋与支撑带保温的钢网架与房屋的梁柱楼板整体施工。在公证保全的照片中可以清楚看出网架板并非 2000 年规程中的两层网板的结构。子牙河公司以涉案专利说明书附图 3 公开的技术方案与 2000 年规程中 CL 结构体系主要节点示意图中披露的技术方案为依据，主张其使用的预制复合承重墙结构的构造施工方法属于现有技术，但其忽视了其他技术特征对涉案专利技术方案的限定。2000 年规程第 31 页的图 C. 7 和图 C. 8 并未完整披露被诉侵权施工方法。在专利权无效宣告程序中，无效请求人可以将几项现有技术组合起来请求宣告专利权不具备创造性，但在专利侵权案件中，被诉侵权人不能以几项现有技术方案进行组合来进行现有技术抗辩。子牙河公司关于其使用的预制复合承重墙结构的构造施工方法是现有技术，不构成对涉案专利中权利要求 1 所保护的技术方案的侵害的主张，不予支持。

子牙河公司辩称其使用的 CL 网架板技术为现有技术，不落入涉案专利权利要求 4 的保护范围。涉案专利权利要求 4 为，根据权利要求 1 所述

的预制复合承重墙结构的节点构造施工方法，其特征在于预制的夹心网骨架是双层或三层钢丝平网（5）中间夹聚苯乙烯泡沫板（3）保温层，由立体交叉的钢丝桁条（4）将钢丝平网连接成为桁架预制而成。涉案专利权利要求4引用了权利要求1，属于整体浇注。尽管包括钢筋焊接网、保温板、斜插钢筋等要素的CL网架板的技术方案已经在2000年规程和2003年规程中公开，但具体的施工方法方式并不相同。被诉侵权施工方法是整体浇注，使用的网架板有三层钢筋网架，其是将钢丝平网连接成为桁架预制而成。这与2000年规程中将剪力墙结构形式的墙板单面用模板喷注砼，另外一面喷（抹）纤维砼的方法明显不同。子牙河公司所主张的CL网架板技术仅涉及被诉侵权施工方法的一个技术特征，并未构成被诉侵权施工方法的整体技术方案。子牙河公司关于其使用的网架板是现有技术，张晶廷在本案中诉请保护的网架板产品与涉案专利技术方案无关的主张，本院不予支持。

（三）子牙河公司实施被诉侵权施工方法时的主观状态以及华泽公司是否应当承担侵权责任

本案再审庭审中，华泽公司的答辩与其在一、二审中的辩称一致，认为，因CL建筑体系工艺施工难度较大，工程造价相对较高，其建议用户到正在使用CL建筑体系的建设工地现场参观学习了解。在进行涉案工程设计前，子牙河公司曾进行认真观摩，最后认为该工艺做法比较好，并且能够承受其造价并完成其施工，于是委托华泽公司采用该工艺进行设计。子牙河公司对华泽公司所称进行过观摩的事实认可，但认为华泽公司没有向其明确提及过建筑施工设计图纸中包含有涉案专利技术，没有提示其应当在获得专利权人的许可后按图施工，存在过错。本院再审庭审中，各方当事人对和谐嘉园小区其他几幢小高层并没有使用涉案专利方法，并无异议。本院认为，2006年规程为推荐性标准，子牙河公司作为建筑施工领域的经营者，有不选择该规程的权利。子牙河公司在对CL建筑体系工地施工现场进行市场观摩调查后，向华泽公司提出设计要求，且根据其与华泽公司签订的《建设工程设计合同》，华泽公司设计采用的标准是由子牙河公司自费向有关出版部门购买的。而且，华泽公司的设计施工图依据的2006年规程在前言部分明确记载了需要识别的专利技术以及专利权人的联系方式。此外，子牙河公司在和谐嘉园的售楼宣传材料中，载有CL复合剪力墙建筑结构户型的优点，并配合有与CL建筑体系网架板一致的图片。子牙河公司辩解其使用的是现有技术，但不论是2000年规程还是2003年规程，均记载有该技术规程包含有专利权的情形。子牙河公司关于被诉侵权施工方法中不存在张晶廷的专利权的辩解，本院难以支持。

《中华人民共和国专利法》第十一条规定，发明和实用新型专利权被授予之后，除了该法另有规定的以外，任何单位或者个人未经专利权人许可，都不得实施其专利。该条款规定了五种具体的实施方式：制造、许诺销售、销售、使用和进口。这是实施专利行为的穷尽性的规定。设计单位设计实现专利技术的图纸的行为并不属于《中华人民共和国专利法》第十一条规定的侵权行为。本案亦无证据证明华泽公司对子牙河公司存在诱导以及帮助等侵权行为。因此，本案中，华泽公司设计建筑施工图的行为，并不构成侵权。

本院再审审理中，子牙河公司最终拒绝张晶廷提出支付专利实施许可费的调解方案。因子牙河公司知道或应当知道华泽公司设计的施工方法中包含有涉案专利技术，在张晶廷进行了专利披露、子牙河公司能够识别专利并能够与张晶廷进行联系的情况下，未经张晶廷许可，使用涉案专利技术，且在发生纠纷后，在本案中拒绝向专利权人支付专利许可费。子牙河公司的行为，构成侵权。

（四）二审判决适用法律是否错误

张晶廷申请再审主张，二审法院适用（2008）民三他字第4号复函，存在错误。本院认为：上述复函是对个案的答复，不应作为裁判案件的直接依据予以援引。本案2006年规程为推荐性标准，张晶廷履行了专利披露义务，在被诉侵权施工方法所依据的2006年规程前言部分，明确记载有识别的专利技术和专利权人的联系方式。该规程的实施者不能从中推断出，2006年规程不包含专利技术或者专利权人向公众开放了免费的专利使用许可的意图。实施该标准，应当取得专利权人的许可，根据公平合理无歧视的原则，支付许可费。在未经专利权人许可使用，拒绝支付许可费的情况下，原则上，专利侵权救济不应当受到限制。本案不存在专利权人隐瞒专利的行为导致标准的实施者产生该技术为无需付费的公知技术的信赖。张晶廷的再审申请理由成立，本院予以支持。二审法院简单适用上述复函，进而认定本案不构成侵权，适用法律存在错误，应予纠正。

（五）张晶廷的诉讼请求是否应当支持

如前所述，子牙河公司的被诉侵权施工方法落入涉案专利权的保护范围，子牙河公司关于现有技术的抗辩不能成立，张晶廷关于请求判令子牙河公司停止侵权行为的诉讼请求，应当予以支持。张晶廷主张 CL 网架板的销售价为 155 元。CL 网架板的生产成本为 104. 4 元，故 CL 网架板的利润为每平方米 50. 6 元。由于上述主张无其他证据佐证，故本院结合张晶廷在一审中提交的 2007 年与泰安华新建材有限责任公司 CL 网架板委托生产协议记载的 CL 网架板技术转让费、推广费为每平方米 11 元，2008 年与河北辛建建设集团有限公司就 CL 结构体系相关产品购销合同中约定的 CL 结构体系专利使用费、技术服务费每平方米 15 元，张晶廷在本院申请再审阶段认可网架板的许可费每平方米 11 元，以及本院再审审理中，张晶廷提交的三份技术转让合同。同时，考虑涉案专利在被诉侵权施工方法中对产品利润的影响，具体侵权行为所涉面积等因素，根据 2008 年修正的《中华人民共和国专利法》第六十五条第二款的规定，酌定子牙河公司赔偿张晶廷经济损失 40 万元。

关于子牙河公司是否应当承担停止侵权的民事责任的问题。一审审理期间，被诉侵权的工程尚未完工，子牙河公司的被诉施工行为处于侵权状态，一审判决子牙河公司立即停止侵害涉案专利权的行为，并无不当。因被诉侵权的工程现已完工并交付使用，本院判决子牙河公司停止侵害涉案专利权的施工行为已无必要，故对张晶廷提出子牙河公司应承担停止侵权的民事责任，作出相应调整。

综上所述，本院认为：二审判决认定子牙河公司不构成对张晶廷专利权的侵害，适用法律错误，应予纠正。依据《中华人民共和国民事诉讼法》（2012 年修正）第二百零七条第一款、第一百七十条第一款第（二）项，《中华人民共和国专利法》（2000 年修正）第十一条第一款、第五十七条，《中华人民共和国专利法》（2008 年修正）第六十五条第二款，《最高人民法院关于审理侵犯专利权纠纷案件应用法律若干问题的解释》第七条、第十九条的规定，判决如下：

一、撤销河北省高级人民法院（2011）冀民三终字第 15 号民事判决；

二、撤销河北省石家庄市中级人民法院（2009）石民五初字第 163 号民事判决第一项；

三、维持河北省石家庄市中级人民法院（2009）石民五初字第 163 号民事判决第三项；

四、变更河北省石家庄市中级人民法院（2009）石民五初字第 163 号民事判决第二项“被告衡水子牙河建筑工程有限公司自判决生效之日起 10 日内，赔偿原告张晶廷经济损失 80 万元”为“衡水子牙河建筑工程有限公司自本判决生效之日起 10 日内，赔偿张晶廷经济损失 40 万元”。

如果未按本判决指定的期间履行给付金钱义务，应当依照《中华人民共和国民事诉讼法》第二百五十三条之规定，加倍支付迟延履行期间的债务利息。

一审案件受理费 15102 元，由张晶廷负担 9816 元，子牙河公司负担 5286 元；二审案件受理费 15102 元，由张晶廷负担 9816 元，子牙河公司负担 5286 元。

本判决为终审判决。

审　判　长　金克胜
代理审判员　罗　霞
代理审判员　杜微科

二〇一四年一月二日

书　记　员　张　博

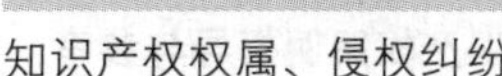

55. 艾肯IP有限公司与济南易邦实业有限公司、北京康安世纪科贸有限公司侵害发明权纠纷案*

▶

被诉侵权技术方案包含与专利权利要求记载的全部技术特征相同或者等同的技术特征的，应当认定其落入专利权保护范围

最高人民法院民事判决书

（2013）民提字第112号

再审申请人（一审原告、二审被上诉人）：艾肯IP有限公司（Icon IP，Inc）。住所地：美利坚合众国犹他州。

法定代表人：埃弗里特·史密斯，该公司秘书。

委托代理人：孙长龙，北京市集佳律师事务所律师。

委托代理人：孔繁文，北京市集佳律师事务所律师。

被申请人（一审被告、二审上诉人）：济南易邦实业有限公司。住所地：中华人民共和国山东省济南市市中区段店南路。

法定代表人：郎旭宝，该公司总经理。

---

* 摘自《知识产权审判与指导》2014年第1辑（总第23辑），人民法院出版社2014年版，第176～190页。

委托代理人：曲志波，山东泰泉律师事务所律师。

一审被告：北京康安世纪科贸有限公司。住所地：中华人民共和国北京市丰台区东管头前街。

法定代表人：司光旭，该公司经理。

再审申请人艾肯IP有限公司（以下简称艾肯公司）因与被申请人济南易邦实业有限公司（以下简称济南易邦公司）及一审被告北京康安世纪科贸有限公司（以下简称北京康安公司）侵害发明专利权纠纷一案，不服北京市高级人民法院（2011）高民终字第4312号民事判决，向本院申请再审。本院于2013年5月2日作出（2013）民申字第370号民事裁定，提审本案。本院依法组成合议庭，于2013年9月17日公开开庭审理了本案。艾肯公司委托代理人孙长龙、孔繁文，济南易邦公司法定代表人郎旭宝及其委托代理人曲志波到庭参加诉讼，北京康安公司经本院传票传唤未到庭，本院依法缺席审理。本案现已审理终结。

北京市第二中级人民法院（以下简称一审法院）于2011年1月19日受理本案。一审法院经审理查明：艾肯公司于2002年6月11日向中华人民共和国国家知识产权局申请了名称为“具有无框架踏板基座的踏车的装置”的发明专利，2005年12月21日获得授权，专利号为ZL02808814. X（以下简称本专利），该专利权现合法有效。

本专利共有21项权利要求，其中权利要求15为独立权利要求，权利要求16~19为权利要求15的从属权利要求，权利要求15~19为：

“15. 一种踏车，包括：第一和第二前支撑部件，位于第一和第二前支撑部件之间的前滚轮；

每个独立于每个前支撑部件的第一和第二后支撑部件，位于第一和第二后支撑部件之间的后滚轮；

以及弧形底板，具有第一端、第二端以及所述第一端和所述第二端之间的中间部分，所述弧形底板形成向上的弧形，所述第一端连接到所述前支撑部件且所述第二端连接到所述后支撑部件；

其中所述弧形底板独立于所述前支撑部件和后支撑部件而保持弧形，

以及围绕所述前滚轮和所述后滚轮拉动的循环皮带。

16. 根据权利要求 15 的踏车，其中，在沿水平轴放置时，所述弧形底板的所述第一端和所述第二端位于所述弧形底板的所述中间部分之下。

17. 根据权利要求 15 的踏车，其中，当在所述弧形底板上施加压力时，所述弧形底板发生偏移。

18. 根据权利要求 15 的踏车，还包含从所述前支撑部件向上延伸的扶手。

19. 根据权利要求 15 的踏车，其中，所述底板的第一端枢轴连接到所述前支撑部件，使所述踏板基座能够在工作位置与储藏位置之间取向，其中在工作位置中，使用者可以踏在所述踏板基座上，而在储藏位置中，所述踏板基座移动到竖立位置。”

一审审理期间，艾肯公司明确以上述权利要求 15 ~ 19 作为其主张权利的依据。

2008 年 5 月 31 日，艾肯公司的委托代理人从中国国际展览中心济南易邦公司展位的工作人员处取得济南易邦公司总经理郎旭宝的名片一张、彩色宣传册一份、《新款电动跑步机介绍》五份，并对展位上展览的部分跑步机进行拍照。北京市国信公证处对该过程进行了公证并出具了（2008）京国信内民证字第 03324 号公证书。

2008 年 8 月 28 日，艾肯公司的委托代理人从位于北京市丰台区的满天星健身商城购买了标有“YIBANG”字样的跑步机一台，取得了相关产品介绍和发票等资料。北京市国信公证处对该过程进行了公证，对所购“太级 007”跑步机进行了封存，并出具了（2008）京国信内民证字第 04806 号公证书。

2010 年 12 月 24 日，艾肯公司的委托代理人从位于北京市丰台区东铁营桥横一条 8 号楼底商的“按摩椅跑步机批发”商铺购买了型号为“T067S”的易邦牌跑步机一台，并取得北京康安公司的收据和发票各一张以及“易邦电动跑步机”的宣传材料三份。北京市国信公证处公证人员对该过程进行了公证，对上述物品进行拍照且加贴公证处封签，并出具了

(2010) 京国信内经证字第 5087 号公证书。

2010 年 12 月 30 日，在北京市方正公证处公证人员的监督下，艾肯公司的委托代理人在该公证处将计算机接入互联网，进入网址为 http://www.bjka2008.cn 的网站，该网站页面内容显示网站经营者为被告康安世纪公司，该网站上存在多款不同品牌的电动跑步机产品的产品介绍，其中包括涉案型号为 T007 的跑步机产品。公证人员对记录有上述过程页面截图的 word 文档刻录为光盘留存并将内容进行打印附于北京市方正公证处出具的（2011）京方正内经证字第 00188 号公证书中。

一审期间，在一审法院的组织下，双方当事人将（2010）京国信内经证字第 5087 号公证书公证封存的 T067S 型跑步机以及（2008）京国信内民证字第 04806 号公证书公证封存的太极 007 跑步机与本专利权利要求书记载的技术方案进行了对比。经比对：上述两款跑步机产品的底座部分都具有左右两个前支撑部件，在二前支撑部件之间的位置有前滚轮。具有两个后支撑部件，在二后支撑部件之间的位置有后滚轮；前后支撑部件之间有上弧形跑板，弧形跑板前端连接到二前支撑部件、后端连接到二后支撑部件。在左前支撑部件与左后支撑部件之间以及右前支撑部件与右后支撑部件之间各有一条纵向细长钢制部件，通过螺钉与前后支撑部件紧固连接，该部件呈上弧形。循环皮带包裹于前、后滚轮之上。跑步机处于工作状态时，底板为水平放置，此时弧形跑板呈中间高两端低的上弧形，当使用该跑步机时，弧形跑板上受压发生弹性形变。该跑步机还具有自前支撑部件向上延伸的扶手，通过弧形跑板前端与前支撑部件相连部分的枢轴，跑步机底座可以在水平放置的工作位置与垂直放置的储藏位置之间变化。在 T067S 型跑步机中，细长钢制部件贴合于弧形跑板底面，弧度与跑板弧度基本一致但存在细微缝隙。在太极 007 型跑步机中，细长钢制部件镶嵌于弧形跑板底面两条纵向凹槽内，弧度与跑板弧度基本一致。

艾肯公司认为 T067S 型和太极 007 型跑步机具备本专利权利要求 15 ~ 19 的全部技术特征。济南易邦公司一方面不认可太极 007 型跑步机是济南易邦公司产品，另一方面还进一步指出，权利要求 15 中“独立”的含义

应为“唯一”，上述纵向细长钢制部件作为框架的一种，构成了后支撑部件之间除底板之外的其他连接。上述两款跑步机弧形跑板底面的纵向细长钢制部件使前、后支撑部件之间不再相互独立，因此两款跑步机缺少权利要求15中关于“每个独立于每个前支撑部件的第一和第二后支撑部件”和“其中所述弧形底板独立于所述前支撑部件和后支撑部件而保持弧形”两个必要技术特征，未落入本专利权的保护范围。北京康安公司认为，T067S型跑步机前、后支撑部件之间有顶持于弧形跑板底面的纵向细长钢制部件相连，与本专利权不相同；太极007型跑步机与其无关。

一审法院认为：本专利权合法有效，受《中华人民共和国专利法》的保护。未经专利权人许可，任何单位和个人都不得实施其专利，即不得为生产经营目的制造、使用、许诺销售、销售、进口其专利产品。

本案中，与本专利进行比对的被诉侵权产品为（2010）京国信内经证字第5087号公证书公证封存的易邦牌T067S型跑步机和（2008）京国信内民证字第04806号公证书公证封存的产品上标明的型号为“太极007”的跑步机，其中太极007型跑步机即为济南易邦公司制造的T007型跑步机产品。经比对，T067S型和T007型跑步机具备的前后支撑部件、前后滚轮、弧形跑板、循环皮带、扶手等部件与本专利权利要求15~19记载的相关部件一一对应，且其技术特征也与权利要求15~19记载的全部技术特征相同。此外，根据本专利权利要求书及说明书的记载，并不能得出权利要求15中所述前、后支撑部件之间的“独立”排除弧形底板之外其他连接的结论，弧形底板独立于所述前支撑部件和后支撑部件而保持弧形也并非将弧形底板限制为在前、后支撑部件之间的唯一连接。综上，一审法院认定涉案T067S型及T007型跑步机产品落入了本专利权利要求15~19的保护范围。济南易邦公司制造、销售、许诺销售T007、T067S两种型号跑步机的行为，构成了对本专利权的侵害，应承担停止侵权、赔偿损失的法律责任。

虽然北京康安公司销售T067S型跑步机、许诺销售T007型跑步机产品的行为构成了对本专利权的侵害，但由于其提供了相关产品的合法来源，故其可以依法免除承担赔偿损失的责任，但应当承担停止销售侵权产品的法律责任。

综上，一审法院依据《中华人民共和国民法通则》第一百三十四条第一款第（一）项、第（七）项，《中华人民共和国专利法》第十一条第一款、第五十九条第一款、第六十五条、第七十条之规定，于2011年9月20日作出（2011）二中民初字第2919号民事判决，判决：一、济南易邦公司于判决生效之日起，立即停止制造、销售和许诺销售侵犯本专利权的T007、T067S型跑步机产品；二、北京康安公司于判决生效之日起，立即停止销售和许诺销售侵犯本专利权的T007、T067S型跑步机产品；三、济南易邦公司于判决生效之日起10日内，赔偿艾肯公司经济损失及合理诉讼支出53万元（人民币，下同）；四、驳回艾肯公司的其他诉讼请求。案件受理费14700元，由艾肯公司负担4000元，由济南易邦公司负担1万元，由北京康安公司负担700元。

济南易邦公司不服一审判决，向北京市高级人民法院（以下简称二审法院）提起上诉，请求撤销一审判决，确认其生产、销售被诉侵权产品不构成侵权。

二审法院确认一审法院查明的事实属实，另查明：2011年10月28日，中华人民共和国国家知识产权局专利复审委员会（以下简称专利复审委员会）就济南易邦公司针对本专利所提出的无效宣告请求作出第17459号无效宣告请求审查决定书（以下简称第17459号决定），维持本专利权有效。在该决定中，涉及本专利权利要求15是否符合《中华人民共和国专利法》第二十六条第四款的规定时，合议组指出，根据本专利说明书的记载，本专利权利要求15中所述的两个“独立于”实质上限定了所要求保护的技术方案中踏板基座的后支撑部件相对于前支撑部件是可以移动的、弧形底板的变形不受前后支撑部件的约束。为了实现踏板基座的后支撑部件相对于前支撑部件可以移动，必然要排除踏板基座中使用框架，必然要求采用本专利所述的前支撑部件和后支撑部件仅通过底板连接的结构方式，即要求保护的踏车采用“无框架踏板基座”。因此，本专利权利要

求15使用两个“独立于”的表述限定了踏车采用“无框架踏板基座”、底板是前支撑部件和后支撑部件之间唯一的连接件，实质上与说明书记载的技术方案一致，权利要求15能够得到说明书的支持，符合《中华人民共和国专利法》第二十六条第四款的规定。

二审法院认为：本案的核心问题在于被诉侵权产品是否落入本专利权利要求15的保护范围。在专利无效程序中，专利权人通过意见陈述的方式，对权利要求的保护范围作了部分放弃，在侵犯专利权诉讼中，专利权人主张等同侵权时，应当禁止其将已放弃的内容重新纳入专利权保护范围。

本案中，权利要求15记载的特征“每个独立于每个前支撑部件的第一和第二后支撑部件”以及“所述弧形底板独立于所述前支撑部件和后支撑部件而保持弧形”必然要排除踏板基座中使用框架，必然要求采用本专利所述的前支撑部件和后支撑部件仅通过底板连接的结构方式。专利复审委员会正是基于上述事实认定在第17459号决定中维持本专利权有效。因此，专利权人艾肯公司不得在侵权案件中对上述事实作出相反的解释。

被诉侵权产品前、后支撑部件之间有纵向细长钢制部件紧固相连，导致前支撑部件与后支撑部件不相互独立，踏板基座的后支撑部件相对于前支撑部件的移动显然受到该细长钢制部件的限制，无法完成本专利权利要求15中后支撑部件相对于前支撑部件是可以移动的、弧形底板的变形不受前后支撑部件的约束，缺少权利要求15中关于“每个独立于每个前支撑部件的第一和第二后支撑部件”和“其中所述弧形底板独立于所述前支撑部件和后支撑部件而保持弧形”两个必要技术特征。因此，被诉侵权产品未落入本专利权利要求15的保护范围。济南易邦公司关于被诉侵权产品未落入本专利权利要求15的保护范围的上诉理由成立，二审法院予以支持。据此，济南易邦公司制造、销售、许诺销售被诉侵权产品的行为以及北京康安公司销售、许诺销售被诉侵权产品的行为均不构成对艾肯公司涉案发明专利权的侵犯，一审判决对此认定错误，应予撤销。

综上，二审法院依照《中华人民共和国专利法》（2001年施行）第十一条第二款、《中华人民共和国民事诉讼法》（2007 年修正）第一百五十三条第一款第（三）项之规定，于 2012 年 7 月 19 日作出（2011）高民终字第 4312 号民事判决，判决如下：一、撤销北京市第二中级人民法院（2011）二中民初字第 2919 号民事判决；二、驳回艾肯公司的诉讼请求。一审案件受理费 14700 元，由艾肯公司负担；二审案件受理费 9100 元，由艾肯公司负担。

再审申请人艾肯公司不服二审判决，向本院申请再审，请求撤销二审判决，维持一审判决。其主要理由如下：（1）二审判决关于本专利权利要求 15 保护范围的认定存在错误。①本专利独立权利要求 15 的技术主题为“踏车”，并不是本专利独立权利要求 1、8 及其相应的从属权利要求保护的“具有无框架踏板基座的踏车”，其中没有限定底板是前后支撑部件之间的唯一连接件，在前后连接部件之间可以设置挠度调节机构等其他部件。②关于本专利权利要求 15 中的“弧形底板”。根据本专利说明书的记载，本专利权利要求 15 中的“弧形底板”可以采用分离或固定连接的多层材料，具体材料包括“木材、层压材料、……弹簧钢材等”，通过“改变底板的材料”可以“改变弧形底板的挠性”（参见说明书第 10 ~ 12 页）。③关于本专利权利要求 15 中两个“独立于”的技术特征。“独立于”是指前、后支撑部件之间除了底板外不应有框架性连接件，但可以包括“挠性调节机构”等非框架性的连接件。“框架性”连接件是指由前、后支撑部件和左右两侧的侧向部件组成的刚性框形部件，用于安装底板，能承担附着在其上的底板，其给予所承担的各部件一个稳定的支持，必然使得前、后支撑部件不能发生相对移动。“非框架性”连接件与“框架性”连接件作用不同，并不会限制前、后支撑部件发生相对移动。基于本专利说明书的记载可以明确，踏车可以包括并不限制前、后支撑部件发生相对移动的挠度调节机构，该挠性调节机构即是一种“非框架性”连接件。本专利权利要求 15 采用开放式的撰写方式，表示其保护范围不排除挠性调节机构这一特征。④本专利权利要求 15 中的两个“独立于”与“无框架”“唯一连接”具有不同含义，二审判决认为具有相同含义与事实不符。（2）二审判

决关于被诉侵权产品特征的认定存在错误。二审判决认定："被诉侵权产品前、后支撑部件之间有纵向细长钢制部件紧固相连，导致前支撑部件和后支撑部件不相互独立，踏板基座的后支撑部件相对于前支撑部件的移动显然受到该细长钢制部件的限制，无法完成本专利权利要求15中后支撑部件相对于前支撑部件是可以移动的、弧形底板的变形不受前后支撑部件的约束。"二审判决的上述认定存在错误。被诉侵权产品中的细长钢制部件是安装在弹性跑板的底部、与跑板具有相同弧形形状的弹簧钢板，其作用是增加跑板的弹性，并未限制前、后支撑部件发生相对移动，即后支撑部件和弧形底板的"独立性"不会受到影响，因此不是框架性的连接件。该细长钢制部件位于被诉侵权产品木质弹性跑板的下面，与木质弹性跑板具有相同弧形形状，可以视为弧形底板的一层。该细长钢制部件为两个，平行设置于弹性跑板下方，相当于将一整块弹簧钢板层去除中间部分而只保留两边部分，仍然属于弧形底板中的一层。从本领域技术人员来看，框架一般是为了保证框架内的物体免于发生形变而设计。从解决的问题、达到的效果来说，被诉侵权产品中的细长钢制部件应当视为挠性调节机构，而非框架性的连接件。（3）二审判决认定被诉侵权产品没有落入本专利权利要求15保护范围的结论存在错误。被诉侵权产品中的细长钢制部件与其上的木质弹性跑板共同构成本专利权利要求15中的弧形底板，被诉侵权产品包含本专利权利要求15记载的全部技术特征，构成相同侵权。在将被诉侵权产品中的细长钢制部件视为一种挠性调节机构的情况下，被诉侵权产品也包含本专利权利要求15记载的全部技术特征，构成相同侵权。

被申请人济南易邦公司答辩称：（1）艾肯公司曾因不服第17459号决定向北京市第一中级人民法院提起行政诉讼，该院于2012年12月作出（2012）一中知行初字第2484号行政判决（以下简称第2484号行政判决），该判决支持了第17459号决定中关于"必然要求采用本专利所述的前支撑部件和后支撑部件仅通过底板连接的结构方式"的认定。二审判决对本专利权利要求15保护范围的确定符合该认定。（2）本专利对"框架"有明确的限定，即框架通常包括前支撑部件、后支撑部件，以及连接前支撑部件和后支撑部件的侧向的细长部件。本领域普通技术人员通常认为，两根纵杆和两根横杆分别首尾连接在一起就构成框架，而且横杆还可以借助其他构件而隐形。本专利对“独立”一词有明确限定，本专利权利要求15中的两个“独立于”与“无框架”和“唯一连接”是相同的含义，也是本专利对现有技术做出的技术贡献。本专利排除了对有框架的踏车的保护。被诉侵权产品具有框架，未落入本专利权利要求15的保护范围。（3）本专利中的挠度调节机构是底板以外的其他部件，其设置不能改变底板是前后支撑部件之间唯一连接件的性质。艾肯公司关于被诉侵权产品的侧向细长钢制部件应当被视为挠性调节机构的主张是错误的。（4）根据本专利说明书的记载，底板可以是多层板，但多层板之间必须是使用特殊加工方法形成一个单一的整体构件，而且必须与前后支撑部件保持独立性。被诉侵权产品中的细长钢制部件与底板是独立的两个构件，细长钢制部件对底板施加反作用外力，艾肯公司关于细长钢制部件应当被视为底板的一层的主张是错误的。（5）被诉侵权产品在前后支撑部件之间增设了侧向细长钢制部件，消除了前后支撑部件之间的独立性，而且侧向细长钢制部件立足于前后支撑部件对底板施加反作用外力，使底板失去了独立性。侧向细长钢制部件的设置减少了整个底板的挠度，而非如艾肯公司所述增加了底板的弹性。因此，被诉侵权产品缺少本专利权利要求15中的“每个独立于每个前支撑部件的第一和第二后支撑部件”和“其中所述弧形底板独立于所述前支撑部件和后支撑部件而保持弧形”两个必要技术特征，未落入本专利权利要求15的保护范围。

本院经审理查明，一、二审法院查明的事实基本属实，另查明：

（一）本专利说明书记载的相关内容

1. 本专利说明书中记载的有关框架的内容。说明书背景技术第1页第3段记载：“典型的踏板基座需要将底板固定在一个框架上。这样的框架通常包括前支撑部件、后支撑部件，以及连接前支撑部件和后支撑部件的侧向的细长部件。这样的踏板基座通常沉重且笨拙。”说明书第3页第2段记载："本发明构思了一种具有无框架踏板基座的轻便踏车的装置。该底板设置在前后支撑部件之间，且不使用框架。因此，使用者踏在踏车底板上的力能够使踏板基座的后部移动。这种动力提供了改进的减振面。踏车避免了对沉重昂贵的框架部件的需要。优选的踏车具有弧形底板。"说明书具体实施方式部分第4页第1段记载："作为一个优点，支撑部件102、104的独立性使得后支撑部件当使用者在踏车上步行时能够变形。如同下面所详细叙述的，这能够显著地增加踏车的挠性，因为底板的挠性不会被细长框架的刚性所限制。此实施例还提供一种廉价、轻便的方法，用于制造、操作和储存踏车。"

2. 本专利说明书中记载的有关底板的内容。说明书第10页第4段记载："尽管本发明的底板上可以采用单层材料，但在一实施例中，本发明的弧形底板也包含多层材料。形成这种弧形底板的方法可包含操作者在曲面压力机内施加多层材料。压力机构造成提供合适的弧面，从而在形成弧形底板时，使弧形底板保持压力机所赋予的弧面。可使用合适的连接剂166，例如使用粘合剂、粘固粉或化合物，将多层材料粘合在一起。此时可加压、加热和/或超声振动或紫外辐射（或此两者），从而将各层材料密封在一起直到连接剂强韧到足以保持弧形底板的形状为止。"说明书第11页第28至30行记载："有若干种材料和方法都适于形成弧形底板108，它们包括但不限于：木材、层压材料、建材泡沫塑料、玻璃、塑料、注模塑料、中密度纤维板、玻璃纤维、吹塑、弹簧钢材等等。"

（二）第17459号无效决定及后续行政判决的认定

第17459号无效决定认定，根据本专利说明书的记载，权利要求15中所述的两个"独立于"结合"弧形底板，具有第一端、第二端以及所述第一端和所述第二端之间的中间部分，所述弧形底板形成向上的弧形，所述第一端连接到所述前支撑部件且所述第二端连接到所述后支撑部件"表达的含义是部件之间相互没有约束，通过两个包含"独立于"的技术特征实质上限定了所要求保护的技术方案中踏板基座的后支撑部件相对于前支撑部件是可以移动的、弧形底板的变形不受前后支撑部件的约束。本领域技术人员能够知晓，为了实现踏板基座的后支撑部件相对于前支撑部件可以移动，必然要求排除在踏板基座中使用框架，必然要求采用本专利所述的前支撑部件和后支撑部件仅通过底板连接的结构方式，即要求保护的踏车采用“无框架踏板基座”。

艾肯公司不服第17459号决定向北京市第一中级人民法院提起行政诉讼，该院于2012年12月作出了第2484号行政判决，艾肯公司未提起上诉，该判决已经发生法律效力。第2484号行政判决认定，权利要求15中限定了前、后支撑部件是分别独立的部件，前、后支撑部件以及踏板底板之间已排除使用共有框架的形式进行连接的连接方式。本领域技术人员通过本专利说明书的教导，仅会想到该说明书中出现的仅通过踏板底板连接前、后支撑部件的空间结构形式，不会联想到还会存在其他连接形式。在此基础上，第2484号行政判决认定，第17459号决定中关于“必然要求采用本专利所述的前支撑部件和后支撑部件仅通过底板连接的结构方式”的认定正确。

（三）被诉侵权产品中细长钢制部件的结构和功能

被诉侵权产品T067S型和T007型跑步机在左前支撑部件与左后支撑部件之间以及右前支撑部件与右后支撑部件之间都各有一条纵向细长钢制部件，其通过螺钉与前后支撑部件紧固连接。在T067S型跑步机中，该部件呈上弧形，贴合于弧形跑板底面，弧度与跑板弧度基本一致但存在细微缝隙。在T007型跑步机中，该部件也呈上弧形，弧度与跑板弧度基本一致，镶嵌于弧形跑板底面两条纵向凹槽内。上述两款跑步机处于工作状态时，底板为水平放置，此时弧形跑板呈中间高两端低的上弧形，当使用该跑步机时，弧形跑板因受压而发生弹性形变，跑板的弧度大小会因其上所承载的压力而发生变化，在承载不同的压力时，跑步机的后支撑部件相对于前支撑部件会发生前后移动。在跑板本身的弧度发生变化的过程中，跑板底部的细长钢制部件的弧度也会随跑板一起发生变化。

本院认为：本案为涉外知识产权侵权之诉，根据《中华人民共和国涉外民事关系法律适用法》第五十条的规定，本案应适用中华人民共和国法律。根据本案两款被诉侵权产品所涉实施行为的时间，本案应当分别适用2000年修改和2008年修改的《中华人民共和国专利法》。本案争议焦点在于被诉侵权产品是否落入本专利权利要求15的保护范围，包括本专利权利要求15中的两个“独立于”含义的确定，被诉侵权产品中底板两侧的细长钢制部件是否属于本专利说明书中所述的“框架”。

（一）本专利权利要求15中的两个“独立于”含义的确定

本案中，艾肯公司与济南易邦公司在认定被诉侵权产品是否落入本专利权利要求15的保护范围时的主要争议之一在于：被诉侵权产品是否包含权利要求15记载的技术特征“每个独立于每个前支撑部件的第一和第二后支撑部件”以及“所述弧形底板独立于所述前支撑部件和后支撑部件而保持弧形”。艾肯公司认为，本专利独立权利要求15的技术主题为“踏车”，其中没有限定底板是前后支撑部件之间的唯一连接件。济南易邦公司则认为，本专利权利要求15的两个“独立于”与“无框架”“唯一连接”是相同的含义。上述争议实质上源于双方当事人对权利要求15中的上述两个“独立于”的不同理解。因此，认定被诉侵权产品是否侵犯本专利权的前提，在于能否正确理解上述两个“独立于”在本专利中的含义。

《专利法》规定，发明专利的保护范围以其权利要求的内容为准，说明书和附图可以用于解释权利要求的内容。若已经生效的法院判决已经对权利要求中的某个或某些技术特征的含义作出解释或认定，在没有新的证据足以推翻上述认定的情况下，则应采纳已生效判决中的相应认定。

如前所述，第17459号决定已经认定，权利要求15的技术特征“每个独立于每个前支撑部件的第一和第二后支撑部件”以及“所述弧形底板独立于所述前支撑部件和后支撑部件而保持弧形”中的“独立于”，实质上是限定了后支撑部件相对于前支撑部件是可以移动的、弧形底板的变形不受前后支撑部件的约束。为了实现踏板基座的后支撑部件相对于前支撑部件可以移动，必然要排除踏板基座中使用框架，必然要求采用本专利所述的前支撑部件和后支撑部件仅通过底板连接的结构方式。针对该决定作出的第2484号行政判决支持了上述认定，对于目前已经生效的第2484号行政判决认定的上述事实，艾肯公司并未提供充分的证据推翻上述认定。

本院认为：结合已经生效的第2484号行政判决可以认定，权利要求15中的上述两个特征实质上限定了所要求保护的技术方案中踏板基座的前支撑部件和后支撑部件仅通过底板连接，而不使用限制后支撑部件移动的框架进行连接。因此，对“框架”含义的理解直接影响权利要求15所排除的技术方案，并进而影响权利要求15实际的保护范围。对于所述“框架”含义的进一步理解需要结合本专利说明书和附图中所记载的内容来进行。依据本专利说明书记载的有关“框架”的内容可知，本专利中所述的“框架”包括前支撑部件、后支撑部件及连接前支撑部件和后支撑部件的限制踏板基座向后部移动的侧向细长部件。“连接前支撑部件和后支撑部件”和“限制踏板基座向后部移动”都属于“框架”中侧向细长部件本身应具备的技术特征。本专利说明书也明确记载“底板的挠性不会被细长框架的刚性所限制”。只有既满足上述连接方式，同时又能实现上述功能的侧向细长部件才属于本专利所描述的“框架”中的侧向细长部件。仅连接前支撑部件和后支撑部件，但不限制踏板基座向后部移动的侧向细长部件，以及虽然限制踏板基座向后部移动，但所连接的部件并非前支撑部件和后支撑部件的侧向细长部件都不应属于本专利所描述的“框架”中的侧向细长部件。因此，判断被诉侵权产品中的细长钢制部件是否属于本专利中所述的框架中的侧向细长部件，应从上述两个方面来进行判断。只有同时满足上述两个条件的细长钢制部件，才属于权利要求15明确排除的“框架”中的侧向细长部件。具备同时满足上述两个条件的细长钢制部件与前后支撑部件组成的“框架”，才可能属于权利要求15明确排除保护的技术方案。因此，判断被诉侵权产品是否属于权利要求15所明确排除保护的技术方案，需要确定被诉侵权产品中是否存在同时满足上述两个条件的细长钢制部件。

（二）被诉侵权产品中底板两侧的细长钢制部件的作用

首先，被诉侵权产品 T067S 型和 T007 型跑步机中的细长钢制部件是安装在弹性跑板的底部、与跑板具有相同弧形形状的弹簧钢板。在使用被诉侵权产品的过程中，细长钢制部件并未限制前、后支撑部件发生相对移动，即后支撑部件和弧形底板的“独立性”并未受到细长钢制部件的影响。因此，被诉侵权产品中的细长钢制部件所起的作用与本专利中所述的“框架”中的侧向细长部件的作用存在明显区别。基于前述对本专利中“框架”含义的解释可以确定，被诉侵权产品中的细长钢制部件并不属于本专利中所述“框架”中的侧向细长部件。其次，在使用被诉侵权产品的过程中，跑板主要起支撑使用者身体重量的作用，跑板的弧度会随使用者体重的不同和运动过程而发生相应变化。细长钢制部件在使用的过程中会和跑板一样发生弧度变化。在跑板因受压发生弹性形变的过程中，该细长钢制部件同样也会发生类似的形变。在去除压力回复原状的过程中，因该细长钢制部件位于跑板下面，其可以顶持于弧形跑板底面而对弧形底板有一定的支撑和促进底板恢复的作用。由此可见，细长钢制部件所起的作用与底板的作用基本相同，两者在使用过程中的形变方式也基本相似。因此，应将其视为底板的一部分。再次，本专利说明书已经明确记载弧形底板可以是多层材料，其中所使用的材料包括木材、弹簧钢材等，根据对于较重或较轻的压力的反应改变底板的材料可以有选择地改变底板的挠性。在说明书中已经明确公开底板可以选择多层不同材料的基础上，基于细长钢制部件与底板相同的作用和形变方式，将被诉侵权产品中的细长钢制部件视为底板的一部分与本专利说明书中的相关记载也并无矛盾之处，与底板的一般构造也是相符的。综上，本院认为：被诉侵权产品中的细长钢制部件与其上的木质弹性跑板共同构成本专利权利要求 15 中的弧形底板，其实质上属于底板的一部分，并不属于本专利中所述的框架中的侧向细长部件。艾肯公司关于细长钢制部件属于弧形底板中的一层的申请再审理由成立，本院予以支持。二审判决关于“被诉侵权产品前、后支撑部件之间有纵向细长钢制部件紧固相连，导致前支撑部件与后支撑部件不相互独立，踏板基座的后支撑部件相对于前支撑部件的移动显然受到该细长钢制部件的限制，无法完成本专利权利要求15中后支撑部件相对于前支撑部件是可以移动的、弧形底板的变形不受前后支撑部件的约束”的认定，存在错误，应当予以纠正。

（三）被诉侵权产品是否落入本专利权利要求15的保护范围

判定被诉侵权技术方案是否落入专利权保护范围，应当以专利权人所主张权利要求中记载的全部技术特征与被诉侵权技术方案所对应的技术特征逐一进行比较。被诉侵权技术方案包含与专利权利要求记载的全部技术特征相同或者等同的技术特征的，应当认定其落入专利权保护范围。

在确定被诉侵权产品是否落入本专利权利要求15的保护范围时，双方争议主要在于被诉侵权产品是否包含权利要求15记载的两个特征，即“每个独立于每个前支撑部件的第一和第二后支撑部件”以及“所述弧形底板独立于所述前支撑部件和后支撑部件而保持弧形”。对于被诉侵权产品包含权利要求15所记载的其他技术特征的事实，双方并无争议。如前所述，权利要求15的上述两个特征所表达的含义是踏板基座的前支撑部件和后支撑部件仅通过底板连接，而不使用限制后支撑部件移动的框架进行连接，这样后支撑部件相对于前支撑部件可以移动、弧形底板的变形不受前后支撑部件的约束。基于前述对被诉侵权产品中细长钢制部件作用的分析可知，被诉侵权产品中并不存在限制前后支撑部件发生相对移动的框架性连接件，其中的细长钢制部件实际上属于底板的一部分，因此，其前后支撑件之间实质上是仅通过底板连接。在使用时，后支撑部件会相对于前支撑部件发生移动，即细长钢制部件并未限制前后支撑部件的相对移动。因此，被诉侵权产品具备本专利权利要求15的上述两个技术特征。二审判决中关于被诉侵权产品缺少权利要求15中关于“每个独立于每个前支撑部件的第一和第二后支撑部件”和“其中所述弧形底板独立于所述前支撑部件和后支撑部件而保持弧形”两个必要技术特征的结论，存在错误，应予以纠正。

综上，一审判决虽然对本专利权利要求15中的两个“独立于”的解释与生效的第2484号行政判决中认定不一致，但其关于侵权认定的结论正确。二审判决认定事实和适用法律均有错误，应予纠正。依照《中华人民共和国专利法》(2000年修改)第十一条第一款、第五十六条第一款、第六十三条第二款，《中华人民共和国专利法》(2008年修改)第十一条第一款、第五十九条第一款、第六十五条、第七十条，《中华人民共和国民事诉讼法》第二百零七条第一款、第一百七十条第一款第（二）项之规定，判决如下：

一、撤销北京市高级人民法院（2011）高民终字第4312号民事判决；

二、维持北京市第二中级人民法院（2011）二中民初字第2919号民事判决。

一审案件受理费14700元，由艾肯IP有限公司负担4000元，由济南易邦实业有限公司负担1万元，北京康安世纪科贸有限公司负担700元。二审案件受理费9100元，由济南易邦实业有限公司负担。

本判决为终审判决。

审 判 长 周 翔

代理审判员 罗 霞

代理审判员 郎贵梅

二〇一四年九月十六日

书 记 员 张 博

56. 南京恒兴达机电设备制造有限公司与无锡市海联舰船附件有限公司侵害发明专利权纠纷案*

▶ 被控侵权产品包含与涉案发明专利权利要求记载的全部技术特征相同或等同的技术特征，制造、销售被控侵权产品的行为构成侵权

江苏省高级人民法院民事判决书

（2013）苏知民终字第0184号

上诉人（原审被告）：南京恒兴达机电设备制造有限公司。住所地：江苏省南京市秦淮区光卡路。

法定代表人：卜用暹，该公司总经理。

委托代理人：陈小军，该公司员工。

委托代理人：董建林，南京纵横知识产权代理有限公司法务，住江苏省南京市建邺区黄山路。

被上诉人（原审原告）：无锡市海联舰船附件有限公司。住所地：江苏省无锡市锡山区东北塘街道梓旺村。

法定代表人：戴枫，该公司董事长。

委托代理人：王其兵，该公司员工。

委托代理人：朱显国，江苏德擎律师事务所律师。

---

* 摘自《知识产权审判与指导》2014年第1辑（总第23辑），人民法院出版社2014年版，第216～235页。

上诉人南京恒兴达机电设备制造有限公司（以下简称恒兴达公司）因与被上诉人无锡市海联舰船附件有限公司（以下简称海联公司）侵害发明专利权纠纷一案，不服江苏省南京市中级人民法院（2013）宁知民初字第10号民事判决，向本院提起上诉。本院于2013年10月18日受理后，依法组成合议庭，于同年11月4日、12月10日公开开庭审理了本案。上诉人恒兴达公司的委托代理人董建林、陈小军，被上诉人海联公司的委托代理人朱显国、王其兵到庭参加诉讼，本案现已审理终结。

海联公司一审诉称：其是发明专利“舰船气调保鲜用自动控制系统”（专利号为200810023996.2，以下简称涉案专利）的独占实施被许可人，根据专利权人授权及法律规定，享有独立的诉权。恒兴达公司未经专利权人及独占实施被许可人的许可，擅自利用涉案专利技术生产、销售专利产品，于2012年1月向广州中船黄埔造船集团有限公司交付一型号为HQT200型的气调保鲜装置（以下简称被控侵权产品），用于14000KW海洋救助船（HPS2313－2314）的果蔬贮藏保鲜，其行为构成对海联公司独占实施专利权的侵犯。恒兴达公司的行为直接导致海联公司产品销量下滑，价格下降，经济利益受到损失。海联公司为维护自身合法权益诉至法院，请求依法判令恒兴达公司：（1）立即停止制造、销售专利产品的侵权行为；（2）赔偿海联公司经济损失人民币100万元；（3）承担本案诉讼费及制止侵权支出的合理费用。

恒兴达公司一审辩称：（1）其未侵害海联公司的专利权；（2）海联公司主张的经济损失无事实和法律依据；（3）海联公司滥用诉权，请求驳回其诉请。

一审法院查明：2008年4月24日，戴三南向国家知识产权局申请了名称为“舰船气调保鲜用自动控制系统”的发明专利，国家知识产权局于2011年1月12日予以授权公告，专利号为ZL200810023996.2。该专利权目前处于有效状态。其权利要求为：舰船气调保鲜用自动控制系统，其特征在于包括第一可编程逻辑控制器（15）、第二可编程逻辑控制器（16）、第三可编程逻辑控制器（17）、触摸屏（7）、通讯接口（14）、受控设备

(8)、温控器（9)、开关电源（10)、第一检测元件（12)、第二检测元件(13)、第三检测元件（18)、传感器变送盒（11）和外部电源（1)，触摸屏（7）借助通讯接口（14）和电缆与第一可编程逻辑控制器（15)、第二可编程逻辑控制器（16）和第三可编程逻辑控制器（17）相连；其中的第一可编程逻辑控制器（15）和第二可编程逻辑控制器（16）的一侧输出端借助导线分别与受控设备（8）相接，受控设备（8）通过第二断路器(3)、第一断路器（2）和导线与外部电源（1）相连接，第一可编程逻辑控制器（15）通过第三断路器（4)、第一断路器（2）与外部电源（1）相接，温控器（9）通过第四断路器（5)、第一断路器（2）与外部电源(1）相连，开关电源（10）通过第五断路器（6)、第一断路器（2）与外部电源（1）相接，传感器变送盒（11）通过导线分别与开关电源（10）和第一检测元件（12）相连，第二检测元件（13）和传感器变送盒（11）均通过导线与第三可编程序逻辑控制器（17）的输入端相连，第三检测元件（18）通过导线与第一可编程逻辑控制器（15）的输入端相连接。

根据说明书中关于发明内容的记载，本发明要解决的问题是提供一种舰船气调保鲜用自动控制系统。……工作时，首先通过5个断路器（2、3、4、5、6）将外部电源（1）引入系统中，使各电气设备具备工作电源。然后通过触摸屏（7）设定运行参数，该运行参数包括氧、二氧化碳、巡回检测时间和湿度等设定值。当以上准备工作完成后，用户仅需通过触摸屏（7）上自动运行界面的“运行”按键即可完成所有工艺设备的监控与操作。与传统分散式控制系统相比，不仅自动化程度高，而且容易操作、工作效率高。又由于电控部分集中，出现故障时，会连锁停机，使得设备和操作人员无安全隐患。

2011年1月15日，戴三南与海联公司签订了专利实施许可合同，合同约定戴三南将涉案发明专利权许可海联公司以独占方式实施，实施期限：自2011年1月15日至2018年4月23日；许可实施使用费总额为：1元。此后涉案专利权人由戴三南变更为无锡德林船舶设备有限公司。2012年12月6日，专利实施许可合同许可人亦相应予以变更。该专利实施许可

合同经中华人民共和国知识产权局备案（备案号：2011320000089）。2012年12月20日，无锡德林船舶设备有限公司授权海联公司以独占实施被许可人身份独立对实施侵权行为的单位或个人进行维权。无锡德林船舶设备有限公司与海联舰船公司为关联公司。

2013年2月6日，根据海联公司申请，一审法院派员前往交通运输部东海救助局上海基地（外高桥码头）东海救101舰，对安装于该舰的气调保鲜装置现场查验（以下简称第一次现场勘验）并拍摄照片26张。该装置铭牌显示“气调保鲜装置”“型号H-200”“电压380V”“频率50Hz”“重量350KG”“产品编号1201”“出厂日期2011年12月”“南京恒兴达机电设备制造有限公司”等信息。

经庭审比对，被控气调保鲜装置，由可编程逻辑控制器、触摸屏、通讯接口、受控设备、温控器、开关电源、检测元件、传感器变送盒和外部电源等部件组成。海联公司认为，从现有26张照片显示，被控侵权设备的技术特征、硬件及硬件之间的连接关系，与涉案专利权利要求记载的技术特征相同；恒兴达公司认为，现有照片反映出被控设备有可编程逻辑控制器为6个，断路器16个，多个受控设备，而涉案专利权利要求中记载的可编程逻辑控制器为3个，断路器为5个，仅指明一个受控设备，以上多出的部件，说明被控设备与海联公司涉案专利权利要求记载的技术特征无法一一对应。现有照片无法反映涉案专利权利要求记载的连接关系。

2013年6月5日，双方赴东海救助局上海基地（外高桥码头）东海救101舰，就安装在该舰的气调保鲜装置进行现场比对（以下简称第二次现场勘验）。双方针对涉案专利相关的9个连接关系发表比对意见。海联公司认为，被控气调保鲜装置的连接与涉案专利记载的特征相同、连接关系一致。恒兴达公司认为，连接1与涉案专利不同，被控设备有6个可编程逻辑控制器，而涉案专利权利要求记载的可编程逻辑控制器为3个，其连接方式不同；连接2，被控设备第一、二、三、四可编程逻辑控制器的两侧与受控设备相连接，受控设备包括继电器、接触器、阀门、指示器；连接3，该设备的外部电源为变压器输出电源，通过QF9（断路器）连接；

连接4、5，被控设备虽显示与海联公司陈述相一致，但该线路被更改过；连接6，开关电源通过 QF16、QF9（断路器）与外部相连接而未通过 QF1（第一断路器）连接；连接7、8，被控设备与涉案专利不同的是传感器变送盒通过导线与第一可编程控制器的输出电源相连，不是与开关电源相连；关于连接9，海联公司认为：第三检测元件含多个部件（包括 FR2 热继电器、冷库门外部行程开关、按钮、压差开关等）相应的连接关系没有实质改变；恒兴达公司认为：海联公司所称第三检测元件，对应该被控设备为第七检测元件（包括空压机水流开关、急停按钮开关、求救开关等）。另，通过现场梳排，双方确认通过被控设备变压器连接的外部电源相同。一审法院对该次现场比对进行全程录像并刻录光盘一式3份交双方当事人各1份。

庭审中，恒兴达公司确认被控侵权产品是其公司生产，并称其生产的气调保鲜装置售价从几十万元到100万元不等，根据产品库容大小决定。海联公司称其用于3000吨船舶的气调保鲜设备出厂价为218万元，由于前期投入大，利润接近50%。

一审法院还就该“气调保鲜装置”交付使用情况先后询问当值轮机长项文佐、李治国，两轮机长答复：自101救助舰交付使用至今，该装置工作正常，未出现修理或更换零部件的情况。

海联公司成立于1996年8月29日，注册资本3854.8万元人民币，经营范围：许可经营项目：无。一般经营项目：舰船附件制造加工，装潢材料批发零售；经营本企业自产产品及技术的出口业务和本企业所需的机械设备、零配件、原辅材料及技术的进口业务，但国家限定公司经营或禁止进出口的商品及技术除外。

恒兴达公司成立于2000年10月25日，注册资本100万元，经营范围：许可经营项目：无。一般经营项目：机电设备制造、安装。

一审法院认为：海联公司依合同取得涉案专利的独占实施权等相关权利，其作为本案适格主体提起本案诉讼并无不当，其依法享有的权利应受法律保护。

恒兴达公司认为其生产的气调保鲜装置与涉案专利相比多出三个可编程逻辑控制器、11 个断路器、多个受控设备，故其连接方式与涉案专利不同。对此一审法院认为，可编程逻辑控制器（简称 PLC），是一种数字运算操作的电子系统，专为在工业环境中应用而设计的。它采用一类可编程的存储器，用于其内部存储程序、执行逻辑运算、顺序控制、定时计数与算术操作等面向用户的指令，并通过数字或模拟式输入/输出控制各种类型的机械或生产过程。一般讲，可编程逻辑控制器分为箱体式和模组式两种，无论哪种结构类型的可编程逻辑控制器，都属总线式开放型结构，其输入/输出能力可按用户需要进行扩展与组合。被控设备的可编程逻辑控制器使用了多个模块。涉案专利权利要求记载的第一、第二、第三可编程逻辑控制器并未限定模块数量，结合说明书对所述技术方案所作说明及附图，依可编程逻辑控制器的概念、功能等，用户根据需求添加功能而多出的模块可归属于相应的可编程逻辑控制器。故被控设备显示有 6 个可编程逻辑控制器的模块，其二、三、四模块型号相同（录像及照片显示），根据模块功能和作用（其内存的扩充能力得依各厂牌与型号有所不同）对应于涉案专利第二可编程逻辑控制器，其第五、六模块型号相同（录像及照片显示），对应于涉案专利第三可编程逻辑控制器。

涉案专利权利要求使用了受控设备、检测元件等上位概念，其并未限制受控设备及检测元件的数量，双方现场比对均认为受控设备及第三检测元件可以有多个部件，如受控设备含：中间继电器、接触器、阀门、指示灯等，第三检测元件含：FR2 热继电器、冷库门外部行程开关、急停按钮、压差开关等，在受控设备及检测元件有多个部件的情况下，这些部件的连接必然是对应的多个。

恒兴达公司还认为被控设备的外部电源为变压器输出电源。对此一审法院认为，变压器作为电器设备中的一个部件，通常用作升降电压、安全隔离等，它同样需要外部电源供电才能工作。且被控气调保鲜装置，通过现场梳排显示，其变压器亦由外部电源供电。开关电源的作用是把输入电源整流为低压直流电源供给相关的检测元件和变送盒等。双方对开关电源的这一作用均表示认同。结合说明书记载发明内容及附图，被控气调保鲜装置开关电源必然通过第一断路器与外部电源连接，传感器变送盒通过导线当然与开关电源和第一检测元件相连，且现场录像亦可印证传感器变送盒通过导线与开关电源相连。

涉案专利为舰船气调保鲜用自动控制系统，被控侵权产品为气调保鲜装置，该装置除完成所需控制功能外，还根据客户需求增加其他附加功能，由此多出断路器等其他部件，就涉案专利整个系统而言，上述多出的部件并不影响专利权保护范围的确定，被控气调保鲜装置自动控制系统相应的具体技术特征落入涉案专利权保护范围。恒兴达公司还认为被控气调保鲜装置连接 4、5 的线路被改动过，并提交 14000KM 海洋救助气调保鲜装置电气部分完工图纸加以证明。由于恒兴达公司提交的图纸未被法院采信，根据现场断、通电路操作演示证明被控设备的连接与涉案专利权利要求记载特征一致。故被告的上述抗辩理由缺乏事实和法律依据，不予采纳。

综上，被控侵权产品的技术特征落入涉案专利权的保护范围。恒兴达公司未经专利权人许可，为生产经营目的制造、销售的产品其技术特征落入涉案专利权保护范围，其相关生产、销售行为侵犯了海联公司的涉案独占实施专利权，应承担相应的法律责任。海联公司要求恒兴达公司立即停止生产、销售被控侵权产品的诉讼请求，予以支持。海联公司主张 100 万元的赔偿数额及制止侵权的相关费用，但未提供证据证明其因侵权所受的损失或恒兴达公司因侵权所获利益。虽实施涉案专利约定的使用费为 1 元，但由于专利权人无锡德林船舶设备有限公司与海联公司为关联公司，双方约定的专利许可使用费仅具象征意义，故不能作为赔偿依据。一审法院根据涉案专利权的类别、实用性与经济价值，双方对各自产品销售价格所作陈述、正常的利润率、侵权的性质和情节等因素依法酌情确定赔偿数额。

据此，依照《中华人民共和国专利法》第十一条第一款、第五十九条第一款、第六十五条之规定，一审法院判决：一、恒兴达公司立即停止生产、销售侵犯涉案发明专利权的产品；二、恒兴达公司在判决生效之日起

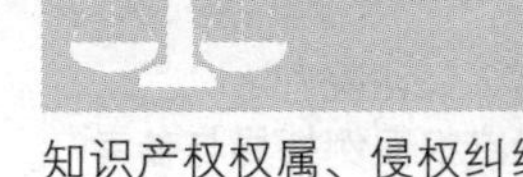

15 日内赔偿海联公司经济损失及为制止侵权所支付的合理费用共计 50 万元；三、驳回海联公司的其他诉讼请求。一审案件受理费 13800 元，由恒兴达公司承担 1 万元，海联公司承担 3800 元。如未按一审判决指定的期间履行给付金钱义务，应当依照《中华人民共和国民事诉讼法》第二百五十三条之规定，加倍支付迟延履行期间的债务利息。

恒兴达公司不服一审判决，向本院提起上诉，请求撤销一审判决，驳回海联公司的诉讼请求；本案一、二审诉讼费用由海联公司承担。主要理由为：（1）被控侵权产品的组成部件的数量、种类及其之间的连接关系与涉案专利不同。①涉案专利具有第一、第二、第三共 3 个可编程逻辑控制器，而被控侵权产品则具有 6 个可编程逻辑控制器。一审判决认为被控侵权产品的第 2 至 4、第 5 至 6 可编程逻辑控制器分别对应于涉案专利的第二、第三可编程逻辑控制器没有事实依据。②被控侵权产品的受控设备、检测元件、继电器的数量与涉案专利权利要求不相同。②涉案专利的权利要求限定了控制系统各部件及其连接关系，排除了增加其他功能部件、增加部件数量的可能。被控侵权产品较之涉案专利具有多出的部件连接，因此两者的连接关系是不同的。（2）一审判决酌定 50 万元的赔偿额没有事实依据。①海联公司在一审庭审中陈述其没有生产涉案专利产品，因此其也没有损失存在。②涉案专利许可备案合同上记载的许可使用费为 1 元，因此海联公司没有理由主张高额赔偿费用。③海联公司没有其他证据证明其损失和合理费用的数额，同时被控侵权产品的利润很低，赔偿 50 万元显然没有计算依据。

海联公司当庭答辩意见为：一审认定事实清楚、适用法律正确，请求二审法院驳回上诉，维持原判。

本案二审争议焦点为：（1）被控侵权产品是否落入了涉案专利的保护范围；（2）如构成侵权，一审判决的赔偿数额是否适当。

恒兴达公司二审中提交如下证据：

1. 名称分别为“14000KW 海洋救助船 气调保鲜装置 控制箱电气原理图”“14000KW 海洋救助船 气调保鲜装置 供电箱电气原理图”和

"14000KW 海洋救助船 气调保鲜装置 加热器电气原理图"的三张图纸（以下分别简称为控制箱电气原理图、供电箱电气原理图、加热器电气原理图），上述图纸上有署名为"杨建军"的手写证明并加盖了"上海船舶研究设计院 海洋工程部"的公章，证明的内容为上述3份图纸是恒兴达公司为广州中船黄埔造船有限公司14000KW 海洋救助船（HPS2313－2314）气调保鲜装置提供的控制箱/供电箱/加热器电气原理图。上述证据用以证明被控侵权产品是依据上述图纸制造、安装的，被控侵权产品的组成元件的数量和连接关系与涉案专利的技术特征并不相同。

恒兴达公司在一审中提交过在技术内容上与上述证据完全相同的图纸作为证据，两者差异在于：一审时提交的图纸上并没有杨建军的证人证言及"上海船舶研究设计院 海洋工程部"的公章，一审法院以"被告提交的该完工图签名栏仅有1人签字，不符合标准图纸的规范要求，且无单位印章，不能证明该图纸为被告公司的存档文件"理由没有采信该证据。

2. 盖有"上海船舶研究设计院 人力资源部"公章的杨建军的工作证复印件，证明杨建军为上海船舶研究设计院员工。

海联公司对上述证据的质证意见为：关于证据1，虽然图纸的内容与恒兴达公司在一审中提交的图纸一样，但一审的图纸的标题栏中有批准人的签名，而该证据中没有批准人签名，故不认可其真实性。关于证据2，认可其真实性，但与本案没有关联性。

本院认证意见：

结合双方当事人在一审中提交的相关证据，确认证据1、证据2的真实性、合法性和关联性，具体将在裁判理由部分加以阐述。

除恒兴达公司认为海联公司在一审庭审中陈述的其生产的专利产品的价格和利润没有事实依据外，双方当事人对一审查明其他事实均无异议，本院对此予以确认。

本院另查明：

1. 涉案专利权利要求1的技术方案由两类技术特征组成（参见本判决附图1：涉案专利说明书附图）：其一是部件特征，包含①第一可编程逻辑

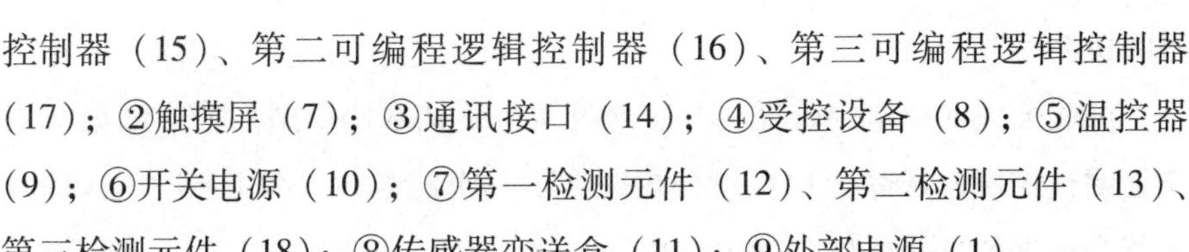

控制器（15）、第二可编程逻辑控制器（16）、第三可编程逻辑控制器（17）；②触摸屏（7）；③通讯接口（14）；④受控设备（8）；⑤温控器（9）；⑥开关电源（10）；⑦第一检测元件（12）、第二检测元件（13）、第三检测元件（18）；⑧传感器变送盒（11）；⑨外部电源（1）。

其二是部件之间的连接特征：包含①触摸屏（7）借助通讯接口（14）和电缆与第一可编程逻辑控制器（15）、第二可编程逻辑控制器（16）和第三可编程逻辑控制器（17）相连；②其中的第一可编程逻辑控制器（15）和第二可编程逻辑控制器（16）的一侧输出端借助导线分别与受控设备（8）相接；③受控设备（8）通过第二断路器（3）、第一断路器（2）和导线与外部电源（1）相连接；④第一可编程逻辑控制器（15）通过第三断路器（4）、第一断路器（2）与外部电源（1）相接；⑤温控器（9）通过第四断路器（5）、第一断路器（2）与外部电源（1）相连；⑥开关电源（10）通过第五断路器（6）、第一断路器（2）与外部电源（1）相接；⑦传感器变送盒（11）通过导线分别与开关电源（10）和第一检测元件（12）相连；⑧第二检测元件（13）和传感器变送盒（11）均通过导线与第三可编程序逻辑控制器（17）的输入端相连；⑨第三检测元件（18）通过导线与第一可编程逻辑控制器（15）的输入端相连接。

2. 恒兴达公司与第三人广州中船黄埔造船有限公司签订的《设备订货技术协议书》的第一页中载明如下内容，船名：14000KW 海洋救助船；船号：HPS2313～2314；项目：气调保鲜装置；卖方（制造商）：南京恒兴达机电设备制造有限公司；买方：上海船舶研究设计院、广州中船黄埔造船有限公司、交通运输部救助打捞局。杨建军代表上海船舶研究设计院在该协议上签字。该协议第 3 款“图纸资料”的第 a 项记载“制造厂需保证向买方提供与工作图（根据退审意见修改后的图纸）相一致的设备，若生产过程中需有任何的改动，应及时联系买方并征得同意，并书面作出修改标记及说明寄给买方”，该款第 n 项“图纸的内容如下”列表中，记载有“电气原理图”。该协议第 4 款“发货、质保及服务”的第 e 项记载“……设备商应提前提供调试、试验详细工作程序和计划，以便船厂协助服务工程师按期完成”。

海联公司在一审中曾提交上述《设备订货技术协议书》作为证据，用于证明被控侵权产品为恒兴达公司生产。一审法院以“该证据为复印件，不符合证据的形式要件”而未予采信。

3. 恒兴达公司提交的三份图纸与一审法院对被控侵权产品进行的第二次现场勘验的结果相比较，存在两点不一致：（1）根据加热器电气原理图和控制箱电气原理图，温控器电源直接来源于变压器 T1 的输出端 L13、L23；而根据现场勘验所做的试验（见现场勘验第四段录像 8∶05～8∶41 的视频内容），当断开断路器 QF10 时，温控器失电，当合上断路器 QF10 时，温控器又得电，即试验表明温控器至少通过一个断路器 QF10 与外部电源连接，这与图纸记载的温控器与外部电源直接连接不一致。（2）根据控制箱电气原理图和供电箱电气原理图，第一可编程逻辑控制器和开关电源的电源输入端口是通过断路器 QF16、QF9 与变压器 T1 的输出端 L13、L23 相连；而根据现场勘验所做的试验（见现场勘验第四段录像 10∶01～12∶08 的视频内容），当断开断路器 QF16 时，所有的可编程逻辑控制器指示灯未熄灭，并伴随有连续的嘀嘀的报警声，即试验表明被控侵权产品的第一可编程逻辑控制器并未与断路器 QF16 相连，这与图纸记载内容不一致。

恒兴达公司根据以上两点不同之处，认为被控侵权产品的线路被改动过，但并未提交被控侵权产品被改动过的证据。此外，一审法院就被控侵权产品交付使用情况先后询问东海救 101 舰轮机长项文佐、李治国，两轮机长答复：自 101 救助舰交付使用至今，该装置工作正常，未出现修理或更换零部件的情况。

4. 恒兴达公司二审中确认，根据其提交的图纸，被控侵权产品与涉案专利相比存在如下六处不同（见本判决书附图 2）：（1）涉案专利的权利要求中限定了 3 个可编程逻辑控制器，而被控侵权产品上具有 6 个可编程逻辑控制器，在数量、功能、作用上与涉案专利中的可编程逻辑控制器不相同；（2）涉案专利中的触摸屏借助通讯接口和电缆与三个可编程逻辑控

制器相连，而被控侵权产品的触摸屏借助通讯接口只与第一可编程逻辑控制器相连；（3）涉案专利包含“其中的两个可编程逻辑控制器的一侧输出端借助导线分别与受控设备相连”的技术特征，而被控侵权产品的加热器与温控器相连，并未与可编程逻辑控制器相连；（4）涉案专利包含“传感器变送盒通过导线分别与开关电源和第一检测元件相连”的技术特征，而被控侵权产品的传感器变送盒不通过导线与开关电源相连，其是由可编程逻辑控制器供电的；（5）被控侵权产品中没有类似于涉案专利的断路器2功能的断路器；（6）涉案专利包含“温控器通过断路器5、断路器2与外部电源相连”的技术特征，而被控侵权产品的温控器是与外部电源直接相连。

本院认为：

一、恒兴达公司提交的三份图纸与被控侵权产品之间具有高度一致性，图纸上记载的技术信息可以与被控侵权产品的勘验结果相互结合，共同确定被控侵权产品的技术特征

（一）从证据链的角度看，恒兴达公司提交的三份图纸、杨建军在图纸上的证言、杨建军的工作证复印件和海联公司提交的《设备订货技术协议书》之间形成了完整的证据链，应当确认恒兴达公司提交的三份图纸的真实性、合法性和关联性，理由如下：第一，杨建军的工作证复印件和《设备订货技术协议书》分别是恒兴达公司和海联公司提交的证据，但都共同证明了杨建军为上海船舶研究设计院员工。第二，海联公司提交的《设备订货技术协议书》证明了杨建军代表上海船舶研究设计院签订了上述协议书，在该协议书的相关条款中明确记载了恒兴达公司作为卖方应向买方（上海船舶研究设计院、广州中船黄埔造船有限公司、交通运输部救助打捞局）提供与被控侵权产品一致的电气原理图，而恒兴达公司在二审中提交的三份电气原理图上，杨建军出具手写的证言证明该三份图纸是恒兴达公司提供的被控侵权产品的电气原理图，即双方当事人各自提交的证据都证明上海船舶研究设计院拥有随被控侵权产品设备一起交付的相应的电气原理图的事实。第三，杨建军及其所属单位上海船舶研究设计院与本案双方当事人均无直接利害关系，杨建军所作证言具有较高可信度，故可认定恒兴达公司二审中提交的附有杨建军手写证明的三份图纸即为被控侵权产品相应的电气原理图。

（二）从两次现场勘验的结果来看，恒兴达公司提交的图纸与被控侵权产品之间存在高度一致性。

第一，关于元器件类型、数量，被控侵权产品与恒兴达公司提交的图纸完全一致，这可从两次现场勘验的照片、录像和恒兴达公司提交的图纸中直接观察并作出判断，不再赘述。

第二，关于元器件之间的连接关系，第一次现场勘验时所拍摄的照片和恒兴达公司提交的图纸具有如下的对应关系：（1）在拍摄时间为“2013/02/06 14：26”的照片中，与断路器 QF2 的两个上接线端子所连接的两条电缆标签分别为 L11、L21；在供电箱电气原理图中，与断路器 QF2 的两个上接线端子所连接的两条电缆分别标注为 L11、L21，照片与图纸完全对应。（2）在上述照片中，与断路器 QF3 的其中一个上接线端子连接的电缆标签为 L11，与另两个上接线端子连接的电缆上的标注因标签朝向照片反面，故在照片上无法看到，与断路器 QF3 的三个下接线端子连接的电缆标签分别为 u1，v1，w1；在上述图纸中，与断路器 QF3 的上接线端子连接的电缆分别标注为 L11、L21、L31，与断路器 QF3 的下接线端子连接的电缆分别标注为 u1，v1，w1，照片与图纸基本上对应，且不存在不一致之处。（3）在上述照片中，与断路器 QF5 ~ QF8 的上接线端子连接的电缆标签均分别为 L13、L23；在上述图纸中，与断路器 QF5 ~ QF8 的上接线端子连接的电缆均分别标注为 L13、L23，照片与图纸完全对应。（4）在拍摄时间为“2013/02/06 14：14”的照片中，与断路器 QF9 的上接线端子连接的电缆标签分别为 L13、L23；在上述图纸中，与断路器 QF9 的上接线端子连接的电缆分别标注为 L13、L23，照片与图纸完全对应。（5）在上述照片中，与断路器 QF10 其中一个上接线端子连接的电缆标签为 L13、另一个只显示一半，但是可以推知是 L23；在上述图纸中，与断路器 QF10 的两个上接线端子连接的电缆分别标注为 L13、L23，照片与图纸一致。（6）在拍摄时间为“2013/02/06 14∶16”的照片中，与接触器KM2、KM3、KM4、KM5上接线端子相连的电缆标签分别为12、14、16、18；在控制箱电气原理图中，与接触器KM2、KM3、KM4、KM5上接线端子相连的电缆标签亦分别为12、14、16、18，照片与图纸一致。由此可见，第一次勘验照片上能看清楚的线缆标号均与图纸相一致。第二次现场勘验第三段录像2∶12~6∶30的视频内容清楚地显示被控侵权产品的触摸屏通过通信电缆与第一可编程逻辑控制器的通讯接口相连接，被控侵权产品可编程逻辑控制器之间通过带状总线串联在一起，这与恒兴达公司提交的图纸上反映的触摸屏与第一可编程逻辑控制器的连接方式完全相同。

第三，图纸与对被控侵权产品的勘验结果虽存在本院另查明部分所提及的两处不一致之处，但并不必然导致两者之间为互斥关系，非此即彼。法院认为，由于被控侵权产品为大型船用气调保鲜自动控制设备，并非售出后用户直接可以使用的设备，而需要由卖方恒兴达公司负责现场安装并调试完毕后，才完成交付。而现场安装人员完全有可能根据实际情况，作出线路连接的合理调整，即图纸与勘验结果存在的两处不一致具有合理的解释空间。例如，关于第一处不一致，在加热器电气原理图和供电箱电气原理图上显示，温控器未通过任何断路器便直接与变压器输出端连接，即无法单独切断温控器电源从而对其进行检修，或无法对温控器单独形成过载保护，这是明显的不合理设计。根据上述图纸，断路器QF10下接线端子并联连接了一个插座和一个调节阀，为了克服上述明显不合理的设计，现场安装调试人员完全有可能将温控器连接至断路器QF10下，即与图纸设计中的插座相并联，从而使温控器通过断路器QF10连接至电源，这便能与现场勘验试验结果一致。再如，关于第二处不一致，在控制箱电气原理图上，断路器QF16下接线端子并联连接了两个用电器件，即第一可编程逻辑控制器和开关电源，这也是不合理设计。这两个用电器件之间存在主从关系，第一可编程逻辑控制器是整个设备的中枢控制器件，轻易不能失电，否则容易引起气调保鲜装置发生整体紧急停机进而引发的机械故障。而根据该图纸显示，开关电源仅是给采气泵电源和触摸屏供电，单独切断上述开关电源不会对整机造成重大影响。因此，现场安装调试人员完全有可能针对上述问题，为今后安全方便维护设备而作出合理调整，即将可编程逻辑控制器单独另用一个断路器与之相连，而将断路器 QF16 下仅连接开关电源。这种调整与勘验试验结果能够对应：当勘验人员切断断路器 QF16 后，可编程逻辑控制器指示灯并未熄灭，说明其并未与断路器 QF16 连接；现场发出嘀嘀报警声，这有可能是开关电源被断路器 QF16 切断电源后，受开关电源供电的采气泵或者触摸屏亦失去电源，可编程逻辑控制器检测到上述两元器件失去电源后，通过报警声提示工作人员设备发生故障。以上两处调整既不会对被控侵权产品的功能和效果产生任何不利影响，又是本领域技术人员为解决图纸中的两处不合理设计所容易想到的调整方案。

综上，恒兴达公司提交的图纸与被控侵权产品相比，两者在元器件类型、数量方面完全一致；在元器件之间的连接关系上，除了两点不一致外，两次勘验中已查明的元器件之间的连接关系均与图纸中对应元器件之间的连接关系相一致。而图纸与被控侵权产品的两点不一致，并不导致图纸记载的技术信息的全部不可采信，且恒兴达公司也不能证明被控侵权产品在其交付之后被改动过。对于图纸与勘验结果不一致的地方，法院以现场勘验的结果来确定其技术特征。

（三）从专利侵权诉讼中的举证责任承担和证据认证角度来看，海联公司已经完成其举证义务，恒兴达公司提交的用于证明其不构成侵权的图纸，可作为一审法院两次现场勘验结果的重要补充，用以共同确定被控侵权产品的技术特征。

在通常情况下，专利权人对其主张的被控侵权产品落入其专利权利要求的保护范围的诉请承担举证责任。这就要求专利权人应当向人民法院提交充分证据，用以证明被控侵权产品包含有与专利权利要求的每一个技术特征相同或等同的技术特征。对于小型、结构简单、技术集成度低的被控侵权产品而言，专利权人只需通过向人民法院提交这些被控侵权产品的实物，并通过对实物直接观察和简单测量就能获得被控侵权产品的所有技术特征，进而与专利权利要求的相应技术特征进行比对。在这种情况下，由专利权人承担证明被控侵权产品包含有与专利权利要求的每一个技术特征相同或等同的技术特征的义务较为合理。但如果被控侵权产品是一些大型、结构复杂、不易搬动、购买成本过高的固定设备、生产设施等，如果要求专利权人承担如上的严格的举证责任，则专利权人几乎都不可能完成举证义务，无法获得应有的保护，专利制度也会失去其价值和意义。对此，法律特别规定了证据保全和现场勘验制度，以弥补专利权人的举证能力不足的问题。

本案中，一审法院依法对被控侵权产品进行了两次现场勘验，查明了组成被控侵权产品的元器件的类型、数量，以及部分元器件之间的连接关系。虽然两次现场勘验并未查明全部元器件之间的连接关系，但基于本案的特殊情形，法院认为：根据现有证据，已经可以查明全部技术事实，故无需再进行第三次补充现场勘验。这主要基于以下三方面的考虑：（1）被控侵权产品的元器件之间的连接多为远程连接，除元器件之间是通过贴有序号标签的电缆连接从而可确定该连接关系之外，其他连接关系无法直接观察到，需要通过特殊检验器材并且可能需要在气调保鲜装置停机状态下才能检测出，需要耗费相当的人力、财力和时间。（2）被控侵权产品安装在东海救 101 舰救助船上，该船为全天候远洋救助船，隶属于我国交通运输部东海救助局，主要用于执行海上遇难人员的搜救，船舶救助、拖带、灭火等抢险救灾任务。该舰船常年在外执行任务，即便因补给维护返港停泊，也处于随时待命出发状态。如法院决定对其再次进行现场勘验，通过专业技术手段完全检测出被控侵权产品元器件间的连接关系，虽具可行性，但有可能会妨碍该船的正常出航执行任务，从而影响社会公共利益。（3）在专利侵权诉讼中，技术事实的查明并非只能拘泥于某种单一方式，如对被控侵权产品实物的现场勘验或者是技术鉴定。本案中的被控侵权产品就不适宜单靠勘验方式确定其全部技术特征，而对其进行技术鉴定又十分不经济。法院认为，在已经查明被控侵权产品具有多项技术特征与专利权利要求的技术特征构成相同，对其余的技术特征需要特殊技术手段才能确定，而进一步勘验或技术鉴定将导致花费较高、十分不经济的情况下，可采取结合被证实真实的被控侵权产品的完工图、技术资料等，据以查明被控侵权产品的其余技术特征。基于上述理由，在恒兴达公司已经提交了与被控侵权产品具有高度一致性的技术图纸的前提下，法院认为可以采取勘验结果与图纸相结合的方式，完成对被控侵权产品的技术事实的查明。

恒兴达公司在诉讼中提交了三份电气原理图用于证明被控侵权产品不构成侵权，并提出被控侵权产品与图纸之间存在前述两处不同，除此之外未提出其他不一致的意见。法院据此认定，恒兴达公司关于被控侵权产品与其所提交的三份图纸相比，除了前述提到的两处不同之外，对两者的其他技术特征具有一致性的事实构成自认。由于图纸上更清晰地反映被控侵权产品的技术特征，为技术比对方便，法院在确定侵权比对对象时，将以恒兴达公司构成自认事实范围内、记载于被控侵权产品图纸上的技术特征为基本比对对象，对于技术比对所涉及的图纸与现场勘验结果两处不一致的地方，则以现场勘验所查明的被控侵权产品的技术特征为准。

二、根据恒兴达公司提交的三份图纸上所反映的技术信息并结合一审法院两次现场勘验结果，可以确定被控侵权产品的技术特征落入涉案专利权利要求的保护范围

人民法院判定被控侵权产品技术方案是否落入专利权保护范围，应当审查权利人主张的权利要求所记载的全部技术特征。被控侵权产品技术方案包含与权利要求记载全部技术特征相同或者等同的技术特征的，人民法院应认定其落入专利权保护范围；相反，缺少权利要求记载的一个以上技术特征，或者有一个以上技术特征不相同也不等同的，人民法院应当认定没有落入专利权的保护范围。在二审中，恒兴达公司认为被控侵权产品的技术方案与涉案专利相比存在六处不同，对其余技术特征落入涉案专利的保护范围不持异议，本院仅就上述有争议的六项技术特征进行侵权比对。

（一）被控侵权产品具有与涉案专利对应的第一、第二、第三可编程逻辑控制器，且功能、效果均相同。

被控侵权产品共有 6 个 PLC 模块，在控制箱电气原理图上分别标注为

“CUP226 可编程逻辑控制器 PLC1 6ES7 216 - 2BD23 - OXB8 ”“6ES7 222 - 1HF22 - OXA8 PLC2”“EM222 开关量输出模块 PLC3”“EM222 开关量输出模块 PLC4” “EM231 6ES7 231 - OHC22 - OXA8 模拟量输入模块 PLC5”“EM231 RTD 6ES7 231 - 7PB22 - OXA8 PLC6”。其中，PLC1 的输入端口与触摸屏（输入终端）、流量计（检测元件）、库房求救按钮、库房急停按钮、一体机增氧按钮等相连，输出端口与增氧电动阀 KA5、排气电动阀 KA6、空压机继电器 KA1、加热器接触器 KM2 等受控设备、报警指示灯等相连，PLC1 通过带状总线（IO 电缆）与 PLC2 ~ PLC6 连接从而进行 PLC 各模块之间的信息传送。因此，被控侵权产品的 PLC1 为整个被控侵权产品的控制运算核心单元，其功能为在接受来自用户通过触摸屏预设参数、手动按钮输入信号以及 PLC5、PLC6 采集到的传感器的检测信号的基础上，对上述数据信息进行比较、分析、运算和决策，最后将控制指令发送给各个受控设备，达到对气调保鲜设备的运行状态的自动监控。被控侵权产品的 PLC1 与涉案专利的第一可编程逻辑控制器相对应，两者在结构、功能和效果上均相同。由于受控设备较多，而 PLC1 仅能提供 16 个输出端口，因此需要对其输出端口进行扩展以满足控制需求。PLC2、PLC3、PLC4 为同型号西门子 EM222 系列开关量输出模块，其输出端分别连接富氧排放阀 F3、氮气采集阀 F10、送抽风机控制 KM6 等受控设备，该 3 个 PLC 模块作为一组，为 PLC1 的输出扩展模块，对应于涉案专利的第二可编程逻辑控制器，两者在结构上无实质性差别，在功能和效果上均相同。PCL5 输入端口连接 CO_2、O_2 传感器，PLC6 输入端口连接冷干机出口温度传感器，该 2 个 PLC 模块作为一组，为 PLC1 的输入扩展模块，对应于涉案专利的第三可编程逻辑控制器，两者在结构上无实质性差别，在功能和效果上完全相同。

综上，被控侵权产品上的 PLC1 相当于涉案专利的第一可编程逻辑控制器，PLC2 ~ PLC4 组合作为开关量输出模块，相当于涉案专利的第二可编程逻辑控制器，PLC5、PLC6 组合作为模拟量输入模块，相当于涉案专利的第三可编程逻辑控制器，两者在结构上实质相同、在功能和效果上均相同，故一审法院关于可编程逻辑控制器的技术特征比对认定事实清楚，恒兴达公司关于被控侵权产品的PLC与涉案专利相比在数量、功能和作用不相同的上诉理由不能成立，法院不予支持。

（二）被控侵权产品的触摸屏借助通讯接口与第一可编程逻辑控制器相连，与涉案专利的“触摸屏借助通讯接口和电缆与三个可编程逻辑控制器相连”相同。

根据上述分析可知，PLC2～PLC4组合是PLC1的开关量输出扩展模块，PLC5、PLC6组合是PLC1的模拟量输入扩展模块，被控侵权产品的6个PLC模块之间通过带状总线（IO电缆）实现通讯互联，因此，触摸屏通过PLC1的通讯接口与PLC1相连，也即实现与PLC2～PLC6的通讯连接。因此被控侵权产品亦具有涉案专利的“触摸屏借助通讯接口和电缆与三个可编程逻辑控制器相连”的技术特征，两者相同。

（三）被控侵权产品的加热器与可编程逻辑控制器相连，并受其控制，与涉案专利“第一可编程逻辑控制器和第二可编程逻辑控制器的一侧输入端借助导线分别与受控设备相连”的技术特征相同。

首先，关于涉案专利“其中的两个可编程逻辑控制器的一侧输出端借助导线分别与受控设备相连”这一技术特征的理解。涉案专利的受控设备包括：空压机、冷干机、制氮机、加热器、送抽风机等设备，亦包括控制和显示上述设备启闭的继电器、接触器、指示器、电动阀门等。“相连”是指上述继电器、接触器、指示器、电动阀门等通过导线与可编程逻辑控制器的输出端相连，从而实现如下功能：可编程逻辑控制器根据二氧化碳传感器、氧气传感器、温度传感器等采集到的数据，经过计算分析后作出决策（即需要开启哪些受控设备，需要关闭哪些受控设备），然后将上述决策以电信号的形式，通过导线发送给与之相连的继电器、接触器、指示器、电动阀门等元件，由这些元件来实现打开或关闭受控设备，并显示其启闭状态的功能。

其次，被控侵权产品的加热器与可编程逻辑控制器的连接方式与涉案专利要求保护的连接方式相同。根据供电箱电气原理图记载的内容，接触器 KM2 控制加热器的启闭，根据控制箱电气原理图记载的内容，接触器 KM2 的控制线圈端子通过导线与可编程逻辑控制器 PLC1 的“05”输出端口相连。而除了加热器之外，送抽风机等其他受控设备亦是通过同样方式与可编程逻辑控制器相连。因此，被控侵权产品具有与涉案专利的“其中的两个可编程逻辑控制器的一侧输出端借助导线分别与受控设备相连”相同的技术特征。

（四）被控侵权产品的传感器变送盒分别连接可编程逻辑控制器和检测元件，与涉案专利“传感器变送盒通过导线分别与开关电源和第一检测元件相连”的技术特征等同。

根据控制箱电气原理图记载的内容，被控侵权产品共有 3 个传感器变送盒：一个二氧化碳传感器变送盒、两个氧气传感器变送盒（库房和缓冲间各一个），上述变送盒各自连接对应的二氧化碳传感器和氧气传感器，并由可编程逻辑控制器（PLC1）的“M”“24v +”输出端口为之供电，即关于该技术特征，被控侵权产品与涉案专利相比区别仅在于传感器变送盒的供电方式不同。

二氧化碳传感器变送盒、氧气传感器变送盒均是工业上常用的标准化的检测仪器，其对供电电源的输出电压、电流、功率、稳压精度等参数要求均有相关的国家、行业标准予以规定，故只要能满足上述参数的电源，均可用于给涉案传感器变送盒供电。而自带输出电源功能的可编程逻辑控制器是常见工业产品，因此，被控侵权产品与涉案专利在传感器变送盒供电方式的差异对本领域技术人员来说，属于惯用手段的简单替换。再者，无论是可编程逻辑控制器供电，还是开关电源供电，都能使得传感器变送盒正常工作，达到有效检测二氧化碳和氧气的浓度的效果。因此，被控侵权产品的传感器变送盒由可编程逻辑控制器供电的技术特征，与涉案专利的传感器变送盒由开关电源供电的技术特征，属于以基本相同的技术手段，实现相同的功能，达到相同的效果，为等同技术特征。

（五）被控侵权产品中的断路器 QF1 即对应于涉案专利的断路器 2，两者构成相同的技术特征。

根据涉案专利权利要求书、说明书及其附图，断路器 2 是涉案发明——舰船气调保鲜用自动控制系统的电源总开关，其上接线端子连接外部电源，下接线端子并联连接断路器 3~6，涉案专利中的受控设备、可编程逻辑控制器、温控器、开关电源均最终通过断路器 2 从外部电源获得电源。根据被控侵权产品的供电箱电气原理图，控制箱电气原理图和加热器电气原理图，被控侵权产品的断路器 QF1 为系统的总开关，其上接线端子连接外部电源，下接线端子连接各断路器，被控侵权产品的受控设备、可编程逻辑控制器、温控器、开关电源均最终通过断路器 QF1 从外部电源获得电源，因此被控侵权产品的 QF1 即对应涉案专利权利要求中的断路器 2，两者在各自的电气系统中的接入位置相同，在实现控制箱电源总开关的功能上完全相同，达到切断控制箱总电源的效果上亦完全相同，故两者属于相同的技术特征。

（六）从现场勘验的结果看，被控侵权产品的温控器至少是先通过断路器 QF10，再与被控侵权产品的总断路器 QF1 与外部电源相连接的，与涉案专利“温控器通过断路器 5、断路器 2 与外部电源相连”的技术特征相同。

根据现场勘验结果，当切断断路器 QF10 后，温控器失电，再次合上断路器 QF10，温控器又得电，说明被控侵权产品的温控器是与 QF10 相连接的，其对应于专利中的断路器 5。而断路器 QF10 是被控侵权产品的总断路器 QF1（前文中已认定相当于专利中的断路器 2）的下级断路器，两者之间属于总闸和分闸的关系，故被控侵权产品的温控器通过断路器 QF10、QF1 与外部电源相连，对应于涉案专利“温控器通过断路器 5、断路器 2 与外部电源相连”的技术特征，两者相同。

综上，被控侵权产品包含有与涉案专利权利要求记载的全部技术特征相同或等同的技术特征，落入涉案专利权的保护范围，恒兴达公司制造、销售被控侵权产品的行为构成侵权。

三、一审判决的赔偿数额适当

《中华人民共和国专利法》第六十五条规定：侵犯专利权的赔偿数额

按照权利人因被侵权所受到的实际损失确定；实际损失难以确定的，可以按照侵权人因侵权所获得的利益确定。权利人的损失或者侵权人获得的利益难以确定的，参照该专利许可使用费的倍数合理确定。权利人的损失、侵权人获得的利益和专利许可使用费均难以确定的，人民法院可以根据专利权的类型、侵权行为的性质和情节等因素，确定给予 1 万元以上 100 万元以下的赔偿。本案中，恒兴达公司未经海联公司许可，制造被控侵权产品并销售，侵犯了海联公司涉案专利的独占实施许可权，应当承担停止制造、销售被控侵权产品的行为，并承担相应赔偿损失的责任。因权利人因侵权受到的损失及侵权人因侵权行为获得的利益，双方当事人均未能举证证明，一审法院根据涉案专利权的类型、涉案侵权行为的性质、侵权产品的价格等因素，酌定 50 万元的赔偿数额并无不当，恒兴达公司认为一审判决确定的赔偿数额过高的上诉理由不能成立，法院不予支持。

综上，恒兴达公司的上诉理由均不能成立，其上诉请求法院不予支持。一审判决结果正确，应予维持。依照《中华人民共和国民事诉讼法》第一百七十条第一款第（一）项之规定，判决如下：

驳回上诉，维持原判决。

二审案件受理费人民币 8800 元，由恒兴达公司负担。

本判决为终审判决。

审　判　长　施国伟

代理审判员　张长琦

代理审判员　张晓阳

二〇一四年十月十七日

书　记　员　刘　燕

附图1：涉案专利说明书附图

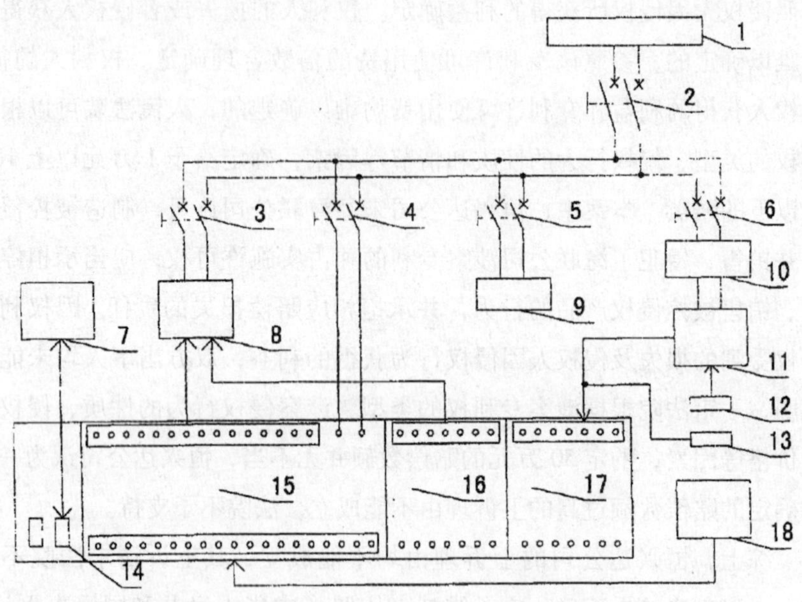

附图2：恒兴达公司主张被控侵权产品与涉案专利相比存在的六处不同之处

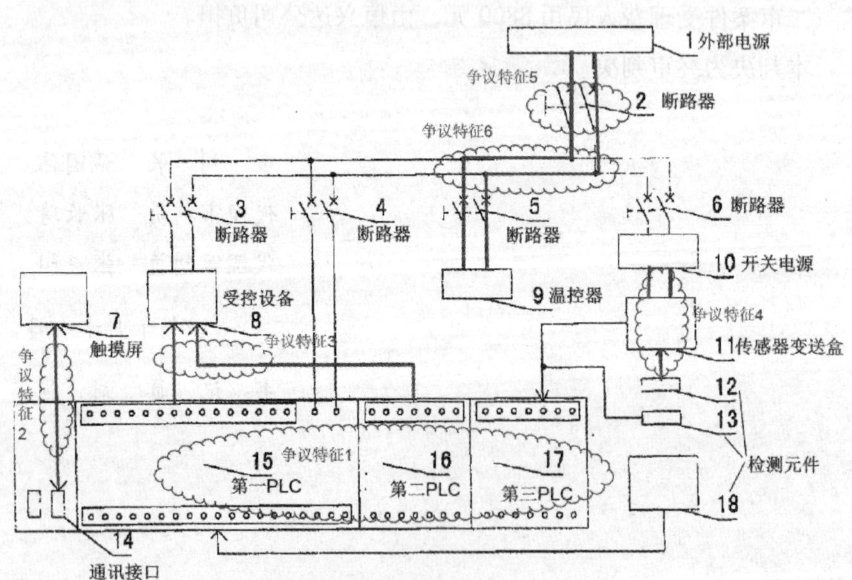

57. 株式会社岛野与宁波市日骋工贸有限公司专利侵权案*

▶ 不能仅仅因为专利申请文件中“非发明点”的修改超出原说明书和权利要求书记载的范围而无视整个发明创造对现有技术的贡献

【裁判摘要】

已经写入权利要求的使用环境特征属于必要技术特征，对于权利要求的保护范围具有限定作用，使用环境特征对于权利要求保护范围的限定程度需要根据个案情况具体确定，一般情况下应该理解为要求被保护的主题对象可以使用于该种使用环境即可，不要求被保护的主题对象必须用于该种使用环境，但是本领域普通技术人员在阅读专利权利要求书、说明书以及专利审查档案后可以明确而合理地得知被保护对象必须用于该种使用环境的除外。

最高人民法院
民事判决书

(2012) 民提字第1号

申请再审人（一审原告、二审上诉人、原申请再审

---

* 摘自《最高人民法院公报》2014年第1期。

人）：株式会社岛野。住所地：日本国大阪府堺市堺区老松町三丁77番地。

法定代表人：岛野容三，董事长。

委托代理人：董巍，北京市磐华律师事务所律师。

委托代理人：王莹，北京市磐华律师事务所实习律师。

被申请人（一审被告、二审被上诉人、原被申请人）：宁波市日骋工贸有限公司。住所地：中华人民共和国浙江省慈溪市胜山镇工业开发区。

法定代表人：徐明强，总经理。

委托代理人：郁纪坤，宁波市日骋工贸有限公司副总经理。

委托代理人：戴晓翔，浙江晓翔律师事务所律师。

申请再审人株式会社岛野与被申请人宁波市日骋工贸有限公司（以下简称日骋公司）侵犯发明专利权纠纷一案，申请再审人株式会社岛野不服中华人民共和国浙江省高级人民法院（2009）浙民再字第135号民事判决，向本院申请再审。本院于2011年12月9日作出（2011）民监字第151号民事裁定，决定提审本案。本院依法组成合议庭，于2012年3月6日公开开庭审理了本案。株式会社岛野委托代理人董巍、王莹，日骋公司委托代理人郁纪坤、戴晓翔到庭参加了诉讼，本案现已审理终结。

株式会社岛野于2004年8月27日起诉至中华人民共和国浙江省宁波市中级人民法院称，其是ZL94102612.4号发明专利的专利权人。自2003年起，在中国内地市场上发现日骋公司生产销售的RD－HG－30A、RD－HG－40A型自行车后拨链器侵犯了株式会社岛野的上述专利权，请求人民法院判令：（1）日骋公司立即停止制造和销售侵权产品；（2）日骋公司立即销毁所有剩余侵权产品、侵权产品宣传资料以及制造侵权产品的专用模具，并删除互联网上有关侵权产品的广告；（3）赔偿株式会社岛野经济损失30万元。

日骋公司辩称：株式会社岛野在专利审批程序中为获得专利权多次应专利局的要求修改了权利要求书，其中最明确的在于增加了技术特征“自行车车架后叉端延伸部的连接结构”，该增加的技术特征表明株式会社岛野发明专利技术方案中自行车车架后叉端必须设有延伸部，延伸部上必须设有专门的连接结构、该连接结构用于安装换挡器。因此，该专利所保护的是改进的车架后叉端、后拨链器及其装配方案。被诉侵权产品根本不涉及自行车车架，其可以装配在各种形式和结构的常规自行车上，故被诉侵权产品未落入该专利权的保护范围。

一审法院审理查明：株式会社岛野是专利号为 ZL94102612.4、发明名称为“后换挡器支架”的中国发明专利（以下简称本案专利）的专利权人，专利申请日为 1994 年 2 月 3 日，授权公告日为 2002 年 12 月 11 日，目前处于有效状态，依法受法律保护。本案专利授权文本的权利要求书记载：(1) 一种用于将后换挡器（100）连接到自行车车架（50）上的自行车后换挡器支架，所述后换挡器具有支架件（5）、用于支撑链条导向装置（3）的支撑件（4），以及一对用于连接所述支撑件（4）和所述支架件（5）的连接件（6、7），所述自行车车架具有形成在自行车车架的后叉端（51）的换挡器安装延伸部（14）上的连接结构（14a），所述后换挡器支架包括：一由大致 L 形板构成的支架体（8）；设在所述支架体（8）一端近旁，用于将所述后换挡器（100）的所述支架件（5）连接到所述支架体（8）上、可绕第一轴线（91）枢转的第一连接结构（8a）；设在所述支架体（8）另一端近旁，用于将所述支架体（8）连接到所述自行车车架（50）的所述连接结构（14a）上的第二连接结构（8b）；以及用于与所述换挡器安装延伸部（14）接触从而使所述后换挡器（100）相对于所述后叉端（51）以一种预定的姿势定位的定位结构（8c）；其特征在于：所述第一连接结构（8a）和所述第二连接结构（8b）的布置应使当所述支架体（8）安装在所述后叉端（51）上时，所述的第一连接结构（8a）提供的连接点是在所述第二连接结构（8b）提供的连接点的下方和后方。(2) 根据权利要求 1 所述的自行车后换挡器支架，其特征在于，所述的第二连接结构（8b）的形式是一大致圆形孔。(3) 根据权利要求 2 所述的自行车后换挡器支架，其特征在于，具有一连接螺栓（16），穿过所述大致圆形孔并被拧紧，以将所述支架体和所述后换挡器安装延伸部（14）互相连接。(4) 根据权利要求 1 所述的自行车后换挡器支架，其特征在于，所述的定位结构（8c）的位置邻近所述第二连接结构（8b）。(5) 根据权利要求 2

所述的自行车后换挡器支架，其特征在于，所述的定位结构（8c）是从所述板的表面上延伸的一个凸台。（6）根据权利要求5所述的自行车后换挡器支架，其特征在于，所述的定位结构（8c）是通过压制形成的。

在本案专利申请的审批过程中，株式会社岛野提交的原始文本的权利要求1的内容为："1. 一种在自行车车架的后叉端的供安装换挡器的延伸部上形成的连接结构将后换挡器连接到自行车车架上的后换挡器支架，该后换挡器支架包括：一个支架体；设在该支架体一端近旁，用于将所述后换挡器连接到该支架体上的第一连接结构；设在该支架体另一端近旁，用于将该支架体连接到所述自行车车架的所述连接结构上的第二连接结构；和用于与所述供安装换挡器的延伸部接触从而使后换挡器相对于所述后叉端以一种预定的姿势定位的定位结构。"中华人民共和国国家专利局（后更名为国家知识产权局）在其发出的第一次审查意见通知书中，认为现有技术已公开了一种将自行车后拨链器安装于自行车后叉端的自行车后拨链器安装支架，权利要求1限定的技术方案相对于对比文件公开的已有技术不具备新颖性。后株式会社岛野将本案专利的权利要求1修改为如下内容："1. 一种用于将后换挡器（100）连接到自行车车架（50）上的后换挡器支架，所述自行车车架具有形成在自行车车架的后叉端（51）的换挡器安装延伸部（14）上的连接结构（14a），所述后换挡器支架包括：一个支架体（8）；设在所述支架体（8）一端近旁，用于将所述后换挡器（100）连接到所述支架体（8）上的第一连接结构（8a）；设在所述支架体（8）另一端近旁，用于将所述支架体（8）连接到所述自行车车架（50）的所述连接结构（14a）上的第二连接结构（8b）；以及用于与所述换挡器安装延伸部（14）接触从而使所述后换挡器（100）相对于所述后叉端（51）以一种预定的姿势定位的定位结构（8c）；其特征在于：所述第一连接结构（8a）和所述第二连接结构（8b）的布置应使当所述支架体（8）安装在所述后叉端（51）上时，所述的第一连接结构（8a）提供的连接点从所述后叉端（51）看是在第二连接结构（8b）提供的连接点的下方和后方。"株式会社岛野在该次专利说明书上称："本发明提供一种支架，当被连接到安装换挡器的延伸部上时，该支架为将要安装在自行车车架上的换挡器

提供一个适当的连接位置，这样，被连接到该支架上的换挡器就易于呈现一个适当的安装姿势。”国家知识产权局在其发出的第二次审查意见通知书中，认为现有技术已公开了一种用于将换挡器连接到自行车车架上的连接结构，权利要求1限定的技术方案相对于对比文件公开的已有技术不具备新颖性。株式会社岛野针对国家知识产权局的第二次审查意见，作了如下陈述：“申请人对新权利要求1作了进一步限定，更清楚地描述本发明与已有对比文件的自行车换挡器的安装方式是不同的特征；对比文件公开的换挡器是直接安装在自行车车架后叉端的换挡器安装延伸部上，而本发明是将上述后换挡器的上述支架件（5）连接到上述支架的支架体（8）的一端，然后再将上述支架体（8）的另一端连接至自行车车架后叉端（51）的换挡器安装延伸部（14）上。”根据国家知识产权局的第二次审查意见，株式会社岛野将本案专利权利要求1再一次作了修改，将其修改成授权文本的权利要求1。

日骋公司在其企业产品样本中许诺销售被诉侵权产品RD－HG－30A、RD－HG－40A型自行车后拨链器。上海市黄浦区第一公证处应上海市华诚律师事务所申请，对上海市华诚律师事务所人员于2003年1月15日在日骋公司处向日骋公司购买被诉侵权产品RD－HG－30A、RD－HG－40A型自行车后拨链器的过程进行了证据保全公证，并对所购被诉侵权产品进行了封存。因该被诉侵权产品尚未被安装在自行车上，因此没有本案专利权利要求1中的“所述自行车车架具有形成在自行车车架的后叉端（51）的换挡器安装延伸部（14）上的连接结构（14a）”这一技术特征，也无法看出被诉侵权产品安装在自行车上的具体安装方法。株式会社岛野认为被诉侵权产品在使用过程中只能借助本案专利提供的安装方法被安装在如本案专利权利要求1所述的自行车车架上，否则就不能使用。日骋公司则认为被诉侵权产品因缺乏本案专利权利要求1中所述的自行车车架及其对应于车架的有关必要技术特征，因此不构成侵权。2004年9月9日一审法院应株式会社岛野的申请，赴日骋公司生产经营场所进行证据保全。经查看，未发现被诉侵权产品RD－HG－30A、RD－HG－40A型自行车后拨链器及制造被诉侵权产品的专用模具。株式会社岛野为本案已聘请律师调查、取证及诉讼，但株式会社岛野为本案所支付的律师费因提供的证据尚有欠缺，尚不能认定，除此之外，株式会社岛野为本案已支出的合理费用共计3592.85元。

一审法院认为：株式会社岛野是本案专利的专利权人，本案专利处于有效状态，受法律保护。关于被诉侵权产品RD－HG－30A、RD－HG－40A型自行车后拨链器实物是否系日骋公司制造的问题，因被诉侵权产品系上海市华诚律师事务所人员到日骋公司生产经营场所购买，购买过程有上海市黄浦区第一公证处公证证明，该被诉侵权产品上有日骋公司的“SUNRUN”商标，因此被诉侵权产品可以认定系日骋公司制造。因株式会社岛野提供的被诉侵权产品尚未被安装在自行车上，因此自然不具备权利要求1中的“所述自行车车架具有形成在自行车车架的后叉端（51）的换挡器安装延伸部（14）上的连接结构（14a）”的技术特征，也不清楚具体的安装方式。株式会社岛野认为被诉侵权产品在实际使用过程中必然要具备本案专利所述的所有必要技术特征，而日骋公司对此表示否定，因此本案焦点在于被诉侵权产品在使用中是否必然要具备本案专利所述的所有必要技术特征。比较本案专利的授权文本与原始公开文本中权利要求1的内容，可以清楚地看出株式会社岛野为获得本案专利授权在保护内容和范围上所作的明显缩小的修改。株式会社岛野第一次公开的原始文本的权利要求1对后换挡器支架所安装的自行车车架结构及具体安装方式并没有作限定，修改后的第二次公开的原始文本的权利要求1对后换挡器支架所安装的自行车车架结构作了限定，即“所述自行车车架具有形成在自行车车架的后叉端（51）的换挡器安装延伸部（14）上的连接结构（14a）”，也即该后换挡器支架一定要安装在专利所述结构的自行车车架上才能构成侵权，该特定的自行车车架结构构成了专利的必要技术特征之一，最后的授权文本除对上述自行车车架结构作同样的限定外，对具体的安装方式也作了限定，在此前提下株式会社岛野才获得了本案专利的授权。因此，本案专利权利要求1所述的特定的自行车车架结构及特定的安装方式是本案专利的两个必要技术特征。按株式会社岛野所述，即认为被诉侵权产品在实际使用过程中必然要具备本案专利所述的所有必要技术特征，那么株式会

社岛野在第一次撰写专利权利要求书时就会将所有的必要技术特征全部撰写清楚，否则就变成了无法实施的专利，而事实并非如此。在株式会社岛野未对特定的自行车车架结构及特定的安装方法限定前，国家知识产权局认为该“后换挡器支架”属已有技术，缺乏新颖性，不能授予专利。这一方面说明了该“后换挡器支架”可以安装在其他结构的自行车车架上，否则就谈不上属已有技术；另一方面，也说明了株式会社岛野原来希望该“后换挡器支架”安装的自行车车架范围广，只因无法获得专利授权，所以才对该“后换挡器支架”安装的自行车车架结构及安装方法作了限定。由此可见，株式会社岛野认为被诉侵权产品在使用过程中只能借助本案专利提供的安装方法被安装在如权利要求1中所述结构的自行车车架上，否则就不能使用的观点与事实不符，也与株式会社岛野在专利申请过程中的情况不符，该观点不予采信。专利的权利要求是由发明的技术特征组成的完整的技术方案，发明专利权的保护范围以其权利要求的内容为准，法院确定专利权保护范围必须严格依照权利要求，不能任意减少权利要求里的技术特征，扩大专利保护范围，也不能允许专利权人在申请专利时为了获得专利权而缩小保护范围，获得专利权后又作出相反的解释。既然本案专利后换挡器支架可以安装在其他结构的自行车车架上，而被诉侵权产品因尚未被安装在自行车上，对其安装后是否会具备“所述自行车车架具有形成在自行车车架的后叉端（51）的换挡器安装延伸部（14）上的连接结构（14a）”这一必要技术特征及安装方式是否如本案专利权利要求所述并不清楚，因此该被诉侵权产品是否构成侵权的比对条件尚不具备，株式会社岛野认为被诉侵权产品已构成侵权的诉请不成立，不予支持。依照《中华人民共和国民事诉讼法》第六十四条第一款、《中华人民共和国专利法》第五十六条第一款的规定，浙江省宁波市中级人民法院于2005年3月15日作出（2004）甬民二初字第240号民事判决，驳回株式会社岛野的诉讼请求。案件受理费7010元，证据保全费1000元，合计8010元，由株式会社岛野负担。

株式会社岛野不服一审判决，向中华人民共和国浙江省高级人民法院提出上诉。二审法院重点对如下证据进行了审查：（1）一审期间，株式会社岛野提供了《中华人民共和国行业标准—自行车工业标准—自行车车架》（QB1880－93），欲证明根据行业标准生产的自行车车架应当具有本案专利所述的延伸部，被诉侵权产品安装在自行车上必须借助该安装延伸部，由此该技术特征必然落入本案专利保护范围。经一审庭审质证，日骋公司认为，该行业标准不是本案专利说明书的组成部分，不能用于对专利权利要求的范围进行解释，与本案没有关联性。该行业标准提供了车架技术规范，不仅包括具有延伸部的车架，也包括了不具有延伸部的车架，即行业标准并不要求所有的自行车架必须具有延伸部，该标准也不能得出将被诉侵权产品安装在自行车上必然落入专利的保护范围，更不能用于解释本案专利的保护范围。据此，一审法院认为该证据与本案没有关联性，并无不当。（2）一审庭审中，日骋公司认为其生产的产品可以安装在没有延伸部的自行车车架上，并当庭进行了演示。株式会社岛野认为日骋公司将其产品直接安装在没有延伸部的自行车上，增加了一个垫圈，属增加了技术特征，不能视为没有落入专利保护范围，并对取消垫圈后的安装效果进行演示。对该节庭审事实，一审法院没有在判决书中予以判定，存在不妥之处。二审法院认为，根据一审庭审的演示，被诉侵权产品可以通过增加垫圈的方式直接安装在没有支架延伸部的自行车上。以增加垫圈的方式进行安装是一种公开的、常规的机械安装技术，不能视为被诉侵权产品安装在没有支架延伸部的自行车上就不能正常使用。由此，一审判决认定被诉侵权产品可以安装在其他结构的自行车车架上，并无不当。（3）二审庭审中株式会社岛野提供了两份证据保全公证文书：一是2005年5月9日上海市黄浦区第一公证处出具的公证书。载明：2005年5月6日上海市华诚律师事务所人员与公证人员一起到上海新国际博览中心举行的第十五届中国国际自行车展览会上，取得了杭州骏骐车业有限公司自行车上使用的日骋公司生产的被诉侵权产品的安装状态实例。欲以证明被诉侵权产品只能安装在特定的自行车车架上。二是2005年6月13日杭州市拱墅区公证处出具的公证书。载明：2005年5月23日浙江天册律师事务所人员与公证人员一起到浙江自行车市场内，取得了杭州江凯五金交电化工有限公司出售的由深圳喜德胜自行车有限公司生产的山地自行车侵害了本案专利的状态

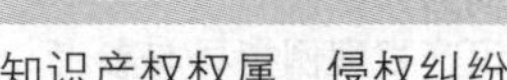

实例。欲以证明日骋公司生产的被诉侵权产品只能以实例表示的特定方式安装在该特定的自行车车架上。经庭审质证，日骋公司认为：关于公证书一，杭州骏骐车业有限公司与日骋公司无关，其展示的自行车也与日骋公司无关联；从公证取证的照片中，不能反映后拨链器的结构，与专利技术无法对比；公证取证的自行车车架不是日骋公司生产，日骋公司也没有在其车架上安装后拨链器的行为。关于公证书二，不能反映深圳喜德胜自行车有限公司与日骋公司之间有关联；取证的照片不能看出后拨链器与车架的结构，车架也不是日骋公司生产，安装后拨链器的行为也不是日骋公司进行。二审法院认为，上述公证文书的真实性在日骋公司不能提供充分证据推翻的情况下予以认定；但两份公证文书的内容不能证明两个自行车生产厂商与日骋公司之间存在法律上的关联，也不能证明后拨链器与车架之间的安装行为系由日骋公司完成；从安装方式看，最多证明有两个自行车生产厂家将被诉侵权产品通过某一相同的方式将后换挡器连接安装在自行车后车架的延伸部，不能证明所有被诉侵权产品要与自行车后车架连接必须采取该方法。故该两个证据尚不能证明日骋公司存在侵犯本案专利权的行为。（4）株式会社岛野在上诉时提出取证申请，要求二审法院到杭州骏骐车业有限公司对自行车整车的装配情况进行调查，查清被诉侵权产品的真实使用状态。二审法院经审查认为，株式会社岛野在二审庭审中已经通过公证取证的方式提供了该方面的证据，且该申请不符合《最高人民法院关于民事诉讼证据的若干规定》第十五条和第十七条的规定，故不予准许。

二审法院认为：根据本案专利权利要求书的记载，本案专利的主要技术特征包括结构特征和安装特征两部分。对此株式会社岛野表示认同。将被诉侵权产品与本案专利的结构特征相比，两者相同，双方当事人对此亦无异议。本案的争议焦点是被诉侵权产品是否具有本案专利的安装特征。一审法院结合权利人在专利审批中为确保其专利具有新颖性，对专利权利要求的保护范围作了限制承诺的书面声明，对本案专利的安装特征进行了界定，并无不当。根据独立权利要求 1 及专利权人在专利审批时的书面声明，本案专利的安装特征是：所述自行车车架具有形成在自行车车架的后叉端（51）的换挡器安装延伸部（14）上的连接结构（14a）；所述第一连接结构（8a）和所述第二连接结构（8b）的布置应使当所述支架体（8）安装在所述后叉端（51）上时，所述的第一连接结构（8a）提供的连接点是在所述第二连接结构（8b）提供的连接点的下方和后方。即至少具备以下两个安装特征：（1）具有后叉端的自行车车架；（2）安装在车架后叉端的延伸部上。而日骋公司生产的被诉侵权产品仅具备专利权利要求中的结构特征，日骋公司没有进行安装行为，被诉侵权产品不具有专利权利要求中的安装特征，没有落入本案专利保护范围，不构成专利侵权。株式会社岛野在二审庭审中进一步提出，虽然日骋公司自己没有进行安装，但他人要使用被诉侵权产品必然要按照本案专利安装特征表述的方式进行安装，至少构成间接侵权。对此，二审法院认为，我国专利法律、法规尚没有关于专利间接侵权的规定，司法实践中认定构成专利间接侵权，要以存在专利直接侵权为前提。本案中不存在直接侵权，故不能认定日骋公司构成间接侵权。据上，本案专利包括结构特征和安装特征两部分，但被诉侵权产品仅具备本案专利的结构特征，日骋公司没有进行安装行为，该被诉侵权产品也可以按本案专利限定外的其他方式进行安装，故日骋公司的行为不构成专利侵权。一审判决认定事实清楚，适用法律正确。根据《中华人民共和国民事诉讼法》第一百五十三条第一款第（一）项的规定，浙江省高级人民法院于2005年10月28日作出（2005）浙民三终字第145号民事判决，判决如下：驳回上诉，维持原判。二审案件受理费7010元，由株式会社岛野负担。

株式会社岛野不服二审判决，向本院申请再审。本院于2009年10月20日作出（2008）民监字第197号民事裁定，指令浙江省高级人民法院再审。再审阶段，双方当事人均未提供新证据。

浙江省高级人民法院再审认为：本案争议焦点为被诉侵权产品是否落入本案专利保护范围。首先，关于株式会社岛野提出的原审判决对本案专利权利要求1的技术特征的划分及认定被诉侵权产品未落入专利保护范围是否妥当的问题。本案专利权利要求1为：（1）前序部分。一种用于将后换挡器（100）连接到自行车车架（50）上的自行车后换挡器支架，所述

后换挡器具有支架件（5）、用于支撑链条导向装置（3）的支撑件（4），以及一对用于连接所述支撑件（4）和所述支架件（5）的连接件（6、7），所述自行车车架具有形成在自行车车架的后叉端（51）的换挡器安装延伸部（14）上的连接结构（14a），所述后换挡器支架包括：一个由大致L形板构成的支架体（8）；设在所述支架体（8）一端近旁，用于将所述后换挡器（100）的所述支架件（5）连接到所述支架体（8）上、可绕第一轴线（91）枢转的第一连接结构（8a）；设在所述支架体（8）另一端近旁，用于将所述支架体（8）连接到所述自行车车架（50）的所述连接结构（14a）上的第二连接结构（8b）；以及用于与所述换挡器安装延伸部（14）接触从而使所述后换挡器（100）相对于所述后叉端（51）以一种预定的姿势定位的定位结构（8c）。（2）特征部分。其特征在于：所述第一连接结构（8a）和所述第二连接结构（8b）的布置应使当所述支架体（8）安装在所述后叉端（51）上时，所述的第一连接结构（8a）提供的连接点是在所述第二连接结构（8b）提供的连接点的下方和后方。根据上述权利要求的表述，其主要技术特征应包括结构特征和安装特征两部分，其中体现安装特征的表述为："所述自行车车架具有形成在自行车车架的后叉端（51）的换挡器安装延伸部（14）上的连接结构（14a）；所述第一连接结构（8a）和所述第二连接结构（8b）的布置应使当所述支架体（8）安装在所述后叉端（51）上时，所述的第一连接结构（8a）提供的连接点是在所述第二连接结构（8b）提供的连接点的下方和后方。"即，本案专利至少具备两个安装特征：（1）具有后叉端的自行车车架；（2）支架体安装在自行车后叉端上。株式会社岛野在再审阶段对上述本案专利技术特征的划分予以否认，既不符合专利权利要求的表述，也与其在二审过程中认同这一划分的看法及申请专利时的明确陈述（"本发明与对比文件3的自行车换挡器的安装方式是不同的特征"）自相矛盾。虽然被诉侵权产品结构特征与本案专利产品相同，但由于本案专利权利要求包括了具体的安装特征，而被诉侵权产品尚未被安装在自行车上，安装后是否必然具备专利权利要求所述安装特征尚不明确。申请再审人认为被诉侵权产品实际使用中必然会具备本案专利所述的所有必要技术特征。但是，一方面，在株式会社岛野对特定的自行车车架结构及安装方法作出明确限定前，国家知识产权局认为后换挡器支架属已有技术，缺乏新颖性，说明该“后换挡器支架”不仅能安装在具有后叉端的自行车车架上，也可以安装在其他结构的自行车车架上。另一方面，日骋公司在一审法庭上演示了通过增加垫圈方式将被诉侵权产品直接安装在设有支架延伸部的自行车上，说明常规的机械安装技术即可避免该被诉侵权产品落入专利保护范围，故株式会社岛野的上述推论依据并不充分。株式会社岛野尚无法证明日骋公司的行为构成侵犯本案专利权。其次，关于株式会社岛野所称原审判决对两份重要证据或者不予采信或者未进行质证的问题。就株式会社岛野提交的《中华人民共和国行业标准—自行车工业标准—自行车车架》（QB1880－93）而言，该行业标准并不要求所有的自行车架必须具有延伸部，不能用于解释本案专利的保护范围，更无法证明被诉侵权产品落入专利保护范围，原审判决对该证据不予采信并无不妥。一审期间，当事人各自当庭演示了被诉侵权产品在自行车上的安装效果情况，一审判决未对该情况予以表述，但二审判决作了相应纠正。故株式会社岛野的相关申请再审理由亦不能成立。综上，本案专利的主要技术特征包括结构特征和安装特征，虽然被诉侵权产品具备了专利的结构特征，但由于日骋公司未实施安装行为，而株式会社岛野无法证明被诉侵权产品必然具备专利权利要求所述的安装特征，故日骋公司的被诉行为不构成侵权。株式会社岛野的申请再审理由不能成立，不予支持。原审判决认定事实及适用法律并无不当，应予维持。依照《中华人民共和国民事诉讼法》第一百八十六条第一款、第一百五十三条第一款第（一）项之规定，浙江省高级人民法院于2010年8月26日作出（2009）浙民再字第135号民事判决，维持该院（2005）浙民三终字第145号民事判决。

株式会社岛野不服再审判决，向本院申请再审。其主要理由如下：（1）再审判决关于本案专利保护范围的确定以及侵权判定适用法律错误。①确定专利权保护范围的依据是权利要求书中明确记载的必要技术特征，而非权利要求书中的所有文字。权利要求中出现的说明性、用途性、描述性的文字和语句，能够起到帮助理解权利要求的作用，但不影响权利要求

的保护范围。本案专利的主题是后换挡器支架，而不是自行车或后换挡器，关于自行车后换挡器支架的技术特征是本案专利的必要技术特征，而与其他产品有关的技术特征很明显并不构成本案专利的必要技术特征。技术特征“所述后换挡器具有支架件（5）、用于支撑链条导向装置（3）的支撑件（4），以及一对用于连接所述支撑件（4）和所述支架件（5）的连接件（6、7）”“所述自行车车架具有形成在自行车车架后叉端（51）的换挡器安装延伸部（14）上的连接结构（14a）”的作用在于对后换挡器及自行车车架作出定义性的描述，从而明确二者的具体应用领域和使用范围，与本案专利的技术主题无关。上述两个技术特征并没有限定后换挡器支架的部件或特征，只是限定了后换挡器支架的用途。只要被诉侵权产品覆盖了所有必要技术特征，并可以被用于将后换挡器连接到自行车车架上，即落入本案专利保护范围，并不需要被诉侵权产品实际安装在特定的自行车上。②本案专利权利要求1为一项产品权利要求，对于一项包含有用途及功能特征的产品权利要求，其保护主题仍然是产品，而不是这一产品的使用、安装行为。再审判决错误地将权利要求1的技术特征划分为结构特征和安装特征两类，并进一步认定专利权利要求1至少具备两个安装特征：具有后叉端的自行车车架；支架体安装在自行车后叉端上。而所谓安装特征是指行为人的安装行为。这一划分与认定明显于法无据、缺乏逻辑，违背了技术特征的基本含义。③本案专利权利要求1中的技术特征“所述第一连接结构（8a）和所述第二连接结构（8b）的布置应使当所述支架体（8）安装在所述后叉端（51）上时，所述的第一连接结构（8a）提供的连接点是在所述第二连接结构（8b）提供的连接点的下方和后方”是对后换挡器支架的一种功能性描述，只要具备本案专利权利要求1所限定的结构特征的后换挡器支架能够被安装在本案权利要求1限定的自行车车架上，其第一连接结构和第二连接结构的位置关系即呈现为该技术特征所描述的状态。④被诉侵权产品 RD－HG－40A 的结构图与本案专利说明书附图1、附图5几乎完全相同，构成对本案专利的字面侵权。再审判决将本案专利的技术特征划分为结构特征和安装特征两类，从而导致对权利要求保护范围的错误理解。再审判决将行为人是否实施安装行为作为判定侵权的依据，明显违反专利法的规定。事实上，将本案专利权利要求1所限定的自行车配件安装于自行车，是行为人使用专利产品的行为。(2) 再审判决关于被诉侵权产品不仅可以安装在具有后叉端的自行车车架上，也可以安装在其他结构的自行车车架上的事实认定缺乏依据。①被诉侵权产品也可以安装在其他结构的自行车车架上，是日骋公司的一家之言，没有任何事先存在的业已安装的实际产品，也没有相应的文献、第三方的证言等可以支持。②日骋公司在一审庭审时演示了通过添加垫圈的方式将被诉侵权产品直接安装在没有后叉端换挡器安装延伸部的自行车上。但是，这种安装并非工业化/产业化安装，只是暂时将被控侵权产品安装在这样的自行车上。被诉侵权产品出售时并无垫圈，相反却有螺栓M10和定位结构8c。日骋公司采用垫圈恰恰是为了补偿被诉侵权产品上定位结构8c留出的空隙，加垫圈的安装方式无法准确定位后换挡器在车架上的位置，也不符合工业化生产的要求。(3) 再审判决关于本案专利审查档案对专利保护范围有所限制的认定缺乏事实依据。①本案专利在审查的过程中，第一次修改加入了附图标记并调整了描述方式，第二次修改将与该技术主题的用途相关的“后换挡器”进行了说明，这种用途限定并未对产品本身的结构产生影响。本案专利的后换挡器支架在整体上被审查后认定具备新颖性和创造性，并未对权利要求的保护范围进行任何限制性修改或承诺。②本案专利与现有技术的区别在于将后换挡器通过一个支架体8连接（安装）于具有后叉端换挡器安装延伸部的自行车车架上。应该说，后换挡器和具有后叉端换挡器安装延伸部的自行车车架都是本案专利申请日之前已经有的，而权利要求1中描述的后换挡器支架是本发明为了改进后换挡器换挡性能的具有专利性的技术方案。国家知识产权局在审查本案专利申请时从未做出过“后换挡器支架属已有技术”的结论。(4) 再审判决关于证据的认定存在错误。①本案专利涉及一种自行车工业生产的零部件，必须遵循一定的产业标准，否则无法安装匹配。《中华人民共和国行业标准—自行车工业标准—自行车车架》(QB1880－93) 能够证明自行车车架可以具有延伸部，被诉侵权产品可以安装在这种自行车上。同时，该标准可以证明日骋公司加垫圈安装的行为没有产业标准依据。再审判决对于该份证据未予认定，存在错误。②本案一审及二审庭审过程中，株式会社岛野当庭演示了将被诉侵权产品组配在自行车上，该证据恰恰能证明被诉侵权产品能够实现本案专利权利要求1所限定的后换挡器支架的用途，能够安装于被本案专利权利要求所限定的自行车车架上，该产品具备权利要求1的全部技术特征。再审法院对此未进行认定，存在错误。综上，株式会社岛野根据《中华人民共和国民事诉讼法》第一百七十九条第一款第（二）项、第（六）项和第（十二）项的规定，请求撤销（2009）浙民再字第135号再审判决、（2005）浙民三终字第145号民事判决以及（2004）甬民二初字第240号民事判决；改判支持其全部诉讼请求，诉讼费用由日骋公司承担。

日骋公司提交意见认为：（1）专利权保护范围由记载在权利要求中的全部技术特征限定，凡是写入独立权利要求的技术特征，都是必要技术特征，均不应当被忽略。本案专利权利要求1记载的用途功能特征或者使用条件特征，因为明确写入独立权利要求，均属于必要技术特征，在对比时均应纳入考虑之列。本案专利的保护对象不是后换挡器支架本身，也不是装配有支架体的后换挡器，而是后换挡器通过支架体安装于车架延伸部的装配方案。（2）被诉侵权产品缺乏本案专利多项必要技术特征，不落入专利权保护范围。被诉侵权产品不具有车架，没有形成支架体与车架的安装连接关系，没有体现后换挡器安装于车架后必然具有“所述的第一连接结构（8a）提供的连接点是在所述第二连接结构（8b）提供的连接点的下方和后方”这一预定姿势，因此不构成侵权。（3）被诉侵权产品缺少的多项必要技术特征正是株式会社岛野在专利授权程序中修改的技术特征，这些强调和增加的技术特征对专利保护范围具有实质性影响，限制了专利权利要求1的保护范围。根据本案专利审查档案的记载，株式会社岛野在本案专利实审过程中作了如下修改：①将专利公开文本中权利要求1“后换挡器支架”名称前的定语内容调整修改为对车架结构予以明确限定的特征，以强调“后叉端的换挡器安装延伸部”与实审中引用的对比文件1的车架12的“垂直下降组件”是对应特征，从而使本案专利的“支架体8”不同于对比文件1的“悬挂构件18”。②将“支架体8”划入前序部分作为与现有技术共有的特征，并将“支架体8”装配到车架上体现的“后方和下方”的预定姿态位置关系作为唯一的特征部分。其修改的理由是对权利要求1作进一步限定，更清楚地描述本发明与对比文件的自行车换挡器的安装方式是不同的特征。这表明，专利权人强调和确定“不同的安装方式”是本案专利的唯一区别特征。③将专利公开文本中权利要求1记载的换挡器限定为“由支架件5、导向装置3、支撑件4、连接件6和7构成”，使“支架体8”区别于对比文件3的“基座件1”。这一修改表明，后换挡器及其支架体是现有技术，其本身不具有专利授权条件，只有将后换挡器利用支架体与特定的自行车车架装配，才符合授权条件。(4) 株式会社岛野以本案专利为母案申请了另一后换挡器分案专利，该分案专利由于在修改过程中删除自行车车架等有关技术特征被国家知识产权局专利复审委员会(以下简称专利复审委员会)以修改超范围为由宣告全部无效。因此，本案不应忽视自行车车架及安装结构特征。(5) 本案被诉侵权产品是通用的支架体，并非只能用于具有后换挡器安装延伸部的车架后叉端。(6) 本案专利存在多项可能被宣告无效的理由，本案应中止审理。日骋公司已经向专利复审委员会提交了针对本案专利的无效宣告请求并被受理。

法院审理查明：原一、二审判决及再审判决查明的事实属实。

法院另查明：在原一、二审及再审过程中，株式会社岛野一直以本案专利权利要求1为依据主张权利。

为证明被诉侵权产品只能安装在本案专利限定的具有换挡器安装延伸部连接结构的自行车车架后叉端上，株式会社岛野在原一、二审过程中提交了如下证据：本案被诉侵权产品RD－HG－30A、RD－HG－40A型自行车后换挡器及其支架实物（一审证据6)；《中华人民共和国行业标准—自行车工业标准—自行车车架》（QB1880－93）（一审证据18)；株式会社岛野当庭演示了将被诉侵权产品组配在具有换挡器安装延伸部连接结构的自行车车架后叉端上；(2005) 沪黄一证经字第5137号公证书和 (2005) 杭拱证经字第475号公证书（二审补充证据)。

本案被诉侵权产品是一个大致呈L形的板，两端各有一个圆形的螺栓孔，其一端与自行车后换挡器连接，在远离后换挡器的螺栓孔位置附近有一个凸起部位，该凸起部位从板的表面向上延伸出来。可见，被诉侵权产

品具有专利权利要求1关于支架体的结构特征，即一个由大致L形板构成的支架体；设在所述支架体一端近旁，用于将所述后换挡器的所述支架件连接到所述支架体上、可绕第一轴线枢转的第一连接结构；设在所述支架体另一端近旁，用于将所述支架体连接到所述自行车车架的所述连接结构上的第二连接结构；以及用于与所述换挡器安装延伸部接触从而使所述后换挡器相对于所述后叉端以一种预定的姿势定位的定位结构。同时，与被诉侵权产品连接的后换挡器具有本案专利权利要求1中所述的特征，即该后换挡器具有支架件、用于支撑链条导向装置的支撑件以及一对用于连接所述支撑件和所述支架件的连接件。《中华人民共和国行业标准—自行车工业标准—自行车车架》（QB1880－93）是我国原轻工业部发布的具有强制性的行业标准，该标准第7页图10显示了两种类型的自行车车架平插接片，其中一种具有后叉端延伸部，另一种没有后叉端延伸部。根据（2005）沪黄一证经字第5137号公证书的记载，2005年5月6日上海市华诚律师事务所人员与公证人员一起到上海新国际博览中心举行的第十五届中国国际自行车展览会会场，上海市华诚律师事务所人员杭州骏骐车业有限公司的展位上取得该公司产品说明书一份，并在会展现场拍摄照片17张。该公证书所附照片显示，杭州骏骐车业有限公司生产的自行车的后叉端具有换挡器安装延伸部，被诉侵权产品连同后换挡器安装在该自行车后叉端上，与被诉侵权产品连接的后换挡器上标有日骋公司的“SUNRUN”商标。根据（2005）杭拱证经字第475号公证书的记载，2005年5月23日浙江天册律师事务所委托代理人杨磊与公证人员一起到浙江自行车市场内杭州江凯五金交电化工有限公司摊位，杨磊以普通消费者身份购买了深圳喜德胜自行车有限公司生产的山地自行车一辆，并对该自行车进行了拍照。该公证书所附照片显示，该山地自行车后叉端具有换挡器安装延伸部，被诉侵权产品连同后换挡器安装在该山地自行车后叉端上，与被诉侵权产品连接的后换挡器上标有日骋公司的“SUNRUN”商标。

为证明本案被诉侵权产品可以安装在不具有后换挡器安装延伸部的自行车车架后叉端上，日骋公司在原审庭审中进行了实际安装演示。在演示时，日骋公司通过在被诉侵权产品与车架后叉端之间增加一个垫圈的方式，弥补被诉侵权产品凸起部造成的间隙，从而将被诉侵权产品直接安装在没有后换挡器安装延伸部的自行车后叉端上。株式会社岛野认为，需要通过垫圈弥补被诉侵权产品凸起部造成的间隙，恰恰说明该凸起部的对应部位是本专利限定的后叉端；加入垫圈不是正常的工业化生产方式，且不牢靠，并对取消垫圈后的安装效果进行演示。在本案再审审查和审理过程中，本院要求日骋公司提交有关将被诉侵权产品安装在不具有后叉端延伸部上且在市场上已经商业流通的自行车的证据，日骋公司始终未能提供。

关于本案专利文件的修改过程，本院另查明如下事实：株式会社岛野提交的原始公开文本的权利要求书记载："1. 一种在自行车车架的后叉端的供安装换挡器的延伸部上形成的连接结构将后换挡器连接到自行车车架上的后换挡器支架，该后换挡器支架包括：一个支架体；设在该支架体一端近旁，用于将所述后换挡器连接到该支架体上的第一连接结构；设在该支架体另一端近旁，用于将该支架体连接到所述自行车车架的所述连接结构上的第二连接结构；和用于与所述供安装换挡器的延伸部接触从而使后换挡器相对于所述后叉端以一种预定的姿势定位的定位结构。2. 如权利要求1所述的后换挡器支架，其中所述支架体为一块大致呈L形的板，所述的第一连接结构和第二连接结构为基本上圆的螺栓孔，而所述的定位结构的位置邻近所述的第二连接结构。3. 如权利要求2所述的后换挡器支架，其中所述的定位结构是从所述板的表面上基本上垂直地延伸的一个凸出部。4. 如权利要求1所述的后换挡器支架，其中所述的第一连接结构和第二连接结构的布置应使当所述支架体安装在所述后叉端上时，所述的第二连接结构提供的连接点从所述后叉端看是在第一连接结构提供的连接点的下方和后方。"1997年5月22日，原国家专利局向株式会社岛野发出第一次审查意见通知书。该通知书引用本案专利优先权日前的US5082303号美国专利（对比文件1）和EP0013136欧洲专利（对比文件2），认为本案专利权利要求1不符合新颖性的要求，权利要求2和3不符合创造性的要求，权利要求4不符合《中华人民共和国专利法》第二十六条第四款的规定，因此该专利申请将被驳回。该通知书正文记载了如下内容："2. 权利要求4进一步限定了权利要求1的技术方案。但是，该权利要求因不符合《中

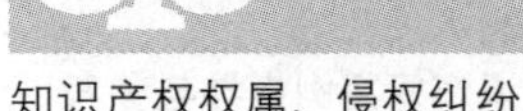

华人民共和国专利法》第二十六条第四款是不能被接受的。也就是讲，该权利要求由于得不到说明书的支持是不能被接受的。具体地讲，从其说明书实施例（例如图1）可以清楚地了解到，其第二连接结构提供的连结点从后叉端看时显然是位于第一连接结构提供的连结点的上方和后方，而并非是其下方和后方。因此，该权利要求由于得不到说明书的支持是不能被接受的。需要特别说明的是，即使申请人根据说明书的内容将其修改为‘……上方和后方’使其符合《中华人民共和国专利法》第二十六条第四款之规定，则这样的技术方案也将由于不符合《中华人民共和国专利法》第二十二条第三款有关创造性之规定，是不能被接受的。这是因为，根据实际需要设计两连接点的相对位置对于本领域普通技术人员是容易做到的。而且，对比文件2公开的后拨链器安装支架的两连接点即符合上述相对位置关系——参见对比文件1的图10。同时，采用这种结构也并未产生任何新的意外效果。”针对上述意见通知书，株式会社岛野对权利要求书进行了修改，并提交了意见陈述书。本次修改主要是将原权利要求1和4合并为新的权利要求1，对前序部分作文字修改，使权利要求1的主体更加明确，并对原权利要求2和3作个别文字修改。本次修改后权利要求书记载了如下内容：“1. 一种用于将后换挡器（100）连接到自行车车架（50）上的后换挡器支架，所述自行车车架具有形成在自行车车架的后叉端（51）的换挡器安装延伸部（14）上的连接结构（14a），所述后换挡器支架包括：一个支架体（8）；设在所述支架体（8）一端近旁，用于将所述后换挡器（100）连接到所述支架体（8）上的第一连接结构（8a）；设在所述支架体（8）另一端近旁，用于将所述支架体（8）连接到所述自行车车架（50）的所述连接结构（14a）上的第二连接结构（8b）；以及用于与所述换挡器安装延伸部（14）接触从而使所述后换挡器（100）相对于所述后叉端（51）以一种预定的姿势定位的定位结构（8c）；其特征在于：所述第一连接结构（8a）和所述第二连接结构（8b）的布置应使当所述支架体（8）安装在所述后叉端（51）上时，所述的第一连接结构（8a）提供的连接点从所述后叉端（51）看是在第二连接结构（8b）提供的连接点的下方和后方。2. 如权利要求1所述的后换挡器支架，其特征在于，所述支架体（8）是由一块大致呈L形的板构成的，所述的第一连接结构（8a）和第二连接结构（8b）的形式为基本上圆的螺栓孔，而所述的定位结构（8c）的位置邻近所述的第二连接结构（8b）。3. 如权利要求2所述的后换挡器支架，其特征在于，所述的定位结构（8c）是从所述板的表面上延伸的一个凸出部。”株式会社岛野还在该次意见陈述书中陈述了如下意见：“（一）申请人现参照对比文件1来描述现有技术。对比文件1中所述的悬挂构件（18）是垂直下降组件的一个可更换部分。由于下述的原因，该对比文件1并没有建议或公开如本发明申请中记载的支架体（8）：1）该对比文件1的发明名称是‘可更换的下降组件’，因此其只涉及垂直下降组件，其并不涉及本发明申请所述的支架构件（8）。2）该对比文件1的权利要求1中记载了‘一种垂直下降组件’，其包括：一垂直下降构件（16）；一悬挂构件（18）；一用于将悬挂构件连接至下降构件上的装置；……，这说明在该对比文件1中的悬挂构件（18）是垂直下降组件的一部分。……4）对比文件1的图2中所示的垂直下降组件的设计，与本申请中所述的带后拨链器安装延伸部（14）的后叉端（51）的设计相同，本申请的图5中已最清楚地显示了带后拨链器安装延伸部（14）的后叉端（51）的结构。5）对比文件1的图1中所示的后拨链器是直接装配型，其中，拨链器（50）被直接安装到垂直下降组件中，而没有使用如本申请所述的支架体（8）。6）在对比文件1中没有提到或者公开用于将后拨链器（50）连接到悬挂构件（18）上的如本申请中所述的支架体（8）。7）过去，一直将垂直下降组件应用于直接装配型后拨链器，迄今尚未有将带有支架体的后拨链器连接至垂直下降组件上。本发明申请所述的支架体使得将后拨链器连接至垂直下降组件上成为可能。8）对比文件1的图3中所示的垂直下降构件（16），并没有公开出或提到将直接装配型后拨链器连接至其上。相反，所示出的是将拨链器安装至悬挂构件（18）上。这就附加指出了，该垂直下降构件（16）并不是被配置成用来安装拨链器，并且该悬挂构件（18）需要被考虑作为有时要进行拆卸的下降构件（16）的一部分，而不是考虑作为一个支架。……（二）关于对比文件2（EP0013136），该对比文件2中所述的叉端是一个水平方向开槽的下降组件。对比文件2并没有公开或者提出本发明申请的特征。特别是，支架体没有被连接至垂直下降（组件）或者L形板上。（三）关于本发明，在新修改的权利要求1的前序部分中提到：'一种用于将后换挡器（100）连接到自行车车架（50）上的后换挡器支架，所述自行车车架具有形成在自行车车架的后叉端（51）的换挡器安装延伸部（14）上的连接结构（14a）。'可见本发明公开的支架体（8）是连接至垂直下降（组件）上的。因此，本发明关于支架体（8）的主体及特征是清楚的，具有新颖性和创造性。……本申请权利要求2中限定了'支架体（8）是由一块大致呈L形的板构成的'特征。这是一项重要的特征，使支架体（8）能够连接至下降组件（悬挂构件18）上而同时保持后拨链器处于如说明书中所述的适当姿势。申请人相信，该附加特征也是具有新颖性和创造性的……"针对株式会社岛野的上述意见陈述书，国家知识产权局发出了第二次审查意见通知书，该通知书引用US4690663号美国专利作为对比文件3，认为本专利申请修改后权利要求1不具备新颖性，权利要求2不具备创造性。该意见陈述书正文记载了如下内容："1. 独立权利要求1请求保护一种将后换挡器连接到自行车车架上的后换挡器支架，对比文件3公开了一种用于将后换挡器连接到自行车车架上的连接机构，其中具体披露了以下技术内容：基座件1（相当于本申请中的支架件8）的一端通过水平轴6和通孔11（相当于本申请中的第二连接结构8b）连接到自行车车架的后叉端的换挡连接器安装延伸部上的螺纹孔101b（相当于本申请中的连接结构14a）上，另一端通过销20、21及相应的销孔（相当于本申请中的第一连接结构8a）连接后换挡器，调整螺钉40（相当于本申请中的定位结构8c）的端部紧靠换挡器安装延伸部上的制动部101a从而使后换挡器相对于后叉端定位，并且从附图4上可以看出，销20、21及相应的销孔的位置是在通孔11的下方和后方。由此可知，对比文件3已经公开了权利要求1的全部技术特征，并且它们属于相同的技术领域。因此，权利要求1请求保护的技术方案相对于对比文件公开的现有技术不是新的，不符合《中华人民共和国专利法》第二十二条第二款有关新颖性的规定。"针对第二次审查意见通知书，株式会社岛野对权利要求书进行了进一步修改，并提交了第二次意见陈述书。本次修改主要是对新权利要求1作了进一步限定，更清楚地描述本发明与对比文件3的自行车换挡器的安装方式是不同的特征，将权利要求2做文字修改并分拆出新从属权利要求4，补充了新从属权利要求3和6。株式会社岛野在第二次意见陈述书中陈述了如下意见："该对比文件3是本申请的同一申请人的一份美国在先专利，其公开了一种自行车后换挡器，其中也并没有公开如本申请中所记载的支架体（8）。该对比文件3中提到的'基座件1'实际上是换挡器四连杆机构之中的一个组成构件，其一端通过水平轴6和通孔11连接到自行车车架后叉端的换挡器安装延伸部上的螺纹孔101b。因此，该'基座件1'并不相当于本申请中的'支架体8'，可以说，该对比文件3公开的换挡器是直接安装在自行车车架后叉端的换挡器安装延伸部上。与此不同，本发明公开的是一种将后换挡器（100）连接到自行车车架（50）上的自行车后换挡器支架，具体地说，所述后换挡器具有支架件（5）、用于支撑链条导向装置（3）的支撑件（4）以及一对用于连接所述支撑件（4）和所述支架件（5）的连接件（6，7），而本发明是将上述后换挡器的上述支架件（5）连接到上述支架的支架体（8）的一端，然后再将上述支架体（8）的另一端连接至自行车车架后叉端（51）的换挡器安装延伸部（14）上。"本次修改后该专利申请获得授权，其提交的二次修改后的权利要求书与授权文本中权利要求书一致。

本院再审审理过程中，株式会社岛野提交了两份新证据：国家知识产权局专利收费收据（2012年1月19日）（证据1）和（2011）京中信内经证字第6943号公证书（证据2）。证据1用以证明本案专利仍处于有效状态；证据2用以证明被诉侵权产品图片出现在日骋公司于2011年在中国北方国际自行车电动车展览会上散发的产品宣传册中，日骋公司仍在实施侵犯本案专利的行为，并请求在确定损害赔偿时考虑该情节。日骋公司对上述两份证据的真实性均无异议，但对证据2的证明目的有异议，认为该证据不能实现株式会社岛野的证明目的，日骋公司仅仅是许诺销售被诉侵权产品，并不能证明存在实际的制造和销售行为。对于上述两份证据，本院认证如下：关于证据1，株式会社岛野提供了该证据的原件，日骋公司对

该证据的真实性没有异议，本院予以采信；关于证据2，该证据是公证机关制作的公证书，日骋公司对该证据的真实性无异议，且与本案有关联，本院予以采信。结合上述两份证据，本院查明如下事实：2011年3月31日，北京市磐华律师事务所委托代理人梁晨祺、王雪飞来到位于天津市西青区友谊南路与外环线交口西北角的天津梅江会展中心，在第十一届中国北方国际自行车电动车展览会日骋公司5B36号展位前，由王雪飞以普通参观者身份对该展位进行了拍照，并从该展位处领取了标有“SUNRUN INDUSTRY&TRADE”字样的宣传册一本。北京市中信公证处的公证人员对上述过程进行了公证，并出具了（2011）京中信内经证字第6943号公证书。该公证书所附的日骋公司宣传册第32页和第33页分别载有本案被诉侵权产品RD－HG－30A、RD－HG－40A型自行车后拨链器图片。截至目前，本案专利仍处于有效状态。

本院再审审理过程中，日骋公司提出中止本案诉讼的申请，并提交了国家知识产权局无效宣告请求受理通知书、专利权无效宣告请求书及相关对比文件作为证据。经查，日骋公司已于2012年1月9日向专利复审委员会提出宣告本案专利权无效的请求，并已被受理。在无效宣告程序中，日骋公司提交了US4690663号美国专利说明书（对比文件1）、EP0013136号欧洲专利公开说明书（对比文件2）和US4612004号美国专利说明书（对比文件3）三份对比文件，其主要的无效理由在于：本案专利独立权利要求1及引用权利要求1的权利要求2、3、4、5和6均缺乏必要技术特征，不符合《中华人民共和国专利法实施细则》第二十一条第二款的规定；本案专利不符合《中华人民共和国专利法》第三十三条规定，存在修改超范围的问题；本案专利不符合《中华人民共和国专利法》第二十六条第四款的规定，权利要求书没有以说明书为依据；本案专利权利要求1是现有技术公开的技术特征的简单拼凑，不符合《中华人民共和国专利法》第二十二条第三款的规定，缺乏创造性，权利要求2、3、4、5和6亦均缺乏创造性。

日骋公司在本院审理过程中还提出了现有技术抗辩，主张其被诉侵权产品利用的是现有技术。日骋公司主张的现有技术包括两种类型：一是其在无效宣告程序中提交的对比文件1（US4690663号美国专利）结合公知常识；二是《中华人民共和国轻工业行业标准—自行车拨链器》（QB/T 1895－1993）图2、图6、图10与《中华人民共和国行业标准—自行车工业标准—自行车车架》（QB1880－93）图10的组合。

本院认为，本案侵权行为发生在2008年修正的《中华人民共和国专利法》施行之前，应适用2000年修正的《中华人民共和国专利法》。结合本案当事人的申请再审理由、被申请人的答辩及本案事实，本案当事人争议的焦点问题在于：本案专利权利要求1中的使用环境特征对权利要求保护范围是否具有限定作用及其限定程度；本案被诉侵权产品是否必然用于本案专利权利要求1限定的自行车车架；本案被诉侵权产品是否落入本案专利保护范围；本案是否应中止诉讼；被申请人的现有技术抗辩是否成立；本案民事责任的承担。

（一）关于本案专利权利要求1中的使用环境特征对权利要求保护范围是否具有限定作用及其限定程度

使用环境特征是指权利要求中用来描述发明所使用的背景或者条件的技术特征。关于使用环境特征对权利要求保护范围的限定作用及其程度，本院分析如下：

首先，关于使用环境特征对于保护范围的限定作用。凡是写入权利要求的技术特征，均应理解为专利技术方案不可缺少的必要技术特征，对专利保护范围具有限定作用，在确定专利保护范围时必须加以考虑。已经写入权利要求的使用环境特征属于权利要求的必要技术特征，对于权利要求的保护范围具有限定作用。本案专利的保护主题是“自行车后换挡器支架”，但是权利要求1在描述该后换挡器支架的结构特征的同时，也限定了该后换挡器支架所用以连接的后换挡器以及自行车车架的具体结构。这些关于后换挡器支架所连接的后换挡器及自行车车架的特征实际上限定了后换挡器支架所使用的背景和条件，属于使用环境特征，对于权利要求1所保护的后换挡器支架具有限定作用。权利要求1所保护的后换挡器支架所使用的自行车车架的特征是：“所述自行车车架具有形成在自行车车架的后叉端（51）的换挡器安装延伸部（14）上的连接结构（14a）”（以下简称使用环境特征 1）。权利要求 1 所保护的后换挡器支架所使用的后换挡器的特征是：“所述后换挡器具有支架件（5）、用于支撑链条导向装置（3）的支撑件（4），以及一对用于连接所述支撑件（4）和所述支架件（5）的连接件（6、7）”（以下简称使用环境特征 2）。它们与权利要求 1 的其他特征一起，组成一个完整的技术方案，共同限定了权利要求 1 的保护范围。

其次，关于使用环境特征对于保护范围的限定程度。此处的限定程度是指使用环境特征对权利要求的限定作用的大小，具体地说是指该种使用环境特征限定的被保护的主题对象必须用于该种使用环境还是可以用于该种使用环境即可。使用环境特征对于保护范围的限定程度需要根据个案情况具体确定。一般情况下，使用环境特征应该理解为要求被保护的主题对象可以使用于该种使用环境即可，不要求被保护的主题对象必须用于该种使用环境。但是，如果本领域普通技术人员在阅读专利权利要求书、说明书以及专利审查档案后可以明确而合理地得知被保护对象必须用于该种使用环境，那么该使用环境特征应被理解为要求被保护对象必须使用于该特定环境。本案专利权利要求 1 对所保护的后换挡器支架限定了两个使用环境特征，对此分别分析如下：

第一，关于使用环境特征 1（即自行车车架的结构特征）。本案专利申请在实质审查过程中经过了多次修改。针对国家知识产权局第一次审查意见通知书所提到的对比文件 1（US5082303 号美国专利），为了将本专利申请所要求保护的后换挡器支架与该对比文件公开的悬挂构件（18）相区别，株式会社岛野在意见陈述书中明确指出，对比文件 1 中所述的悬挂构件（18）是垂直下降组件一部分，由垂直下降构件（16）、悬挂构件（18）以及用于将悬挂构件（18）连接至下降构件上的装置（16）等组合起来才相当于本案专利申请中的带后拨链器安装延伸部（14）的后叉端（51）的结构。根据株式会社岛野所述，本案专利所保护的后换挡器支架只能与带后拨链器安装延伸部的后叉端相连接，而不能成为自行车车架后叉端垂直下降组件的构成部分。针对国家知识产权局第一次审查意见通知书所提到的对比文件2（EP0013136号欧洲专利），为了将本专利申请所要求保护的后换挡器支架与该对比文件公开的下降组件相区别，株式会社岛野在意见陈述书中明确指出，该对比文件所述的叉端是一个水平方向开槽的下降组件，该对比文件并没有公开或者提出本发明申请的特征，特别是支架体没有被连接至垂直下降组件或L形板上。这一意见表明，本专利所保护的后换挡器支架必须安装在具有换挡器安装延伸部的自行车车架后叉端上，而不能安装在具有水平方向开槽的下降组件的自行车车架后叉端上。因此，对于使用环境特征1，应该理解为本案专利所保护的自行车后换挡器支架必须使用在具有使用环境特征1的自行车车架后叉端上。

第二，关于使用环境特征2（即后换挡器的结构特征）。针对国家知识产权局第二次审查意见通知书所提到的对比文件3（US4690663号美国专利），为了将本专利申请所要求保护的后换挡器支架与该对比文件公开的基座件1相区别，株式会社岛野再次修改了权利要求1，增加了关于后换挡器的结构特征。株式会社岛野在意见陈述书中明确指出，该对比文件提到的基座件1实际上是换挡器四连杆机构之中的一个组成构件，其一端通过水平轴6和通孔11连接到自行车车架后叉端的换挡器安装延伸部上的螺纹孔101b，故该基座件1并不相当于本申请中的支架体8。株式会社岛野还进一步指出，该对比文件3公开的换挡器是直接安装在自行车车架后叉端的换挡器安装延伸部上，与此不同，本发明公开的是一种将后换挡器（100）连接到自行车车架（50）上的自行车后换挡器支架，后换挡器具有支架件（5）、用于支撑链条导向装置（3）的支撑件（4）以及一对用于连接所述支撑件（4）和所述支架件（5）的连接件（6，7），而本发明是将上述后换挡器的上述支架件（5）连接到上述支架的支架体（8）的一端，然后再将上述支架体（8）的另一端连接至自行车车架后叉端（51）的换挡器安装延伸部（14）上。根据株式会社岛野所述，本专利所保护的后换挡器支架必须与后换挡器的支架件（5）相连接，而不能成为后换挡器自身的组成部分。可见，本专利所保护的后换挡器支架必须用于权利要求1所述的具有支架件（5）、用于支撑链条导向装置（3）的支撑件（4）以及一对用于连接所述支撑件（4）和所述支架件（5）的连接件（6，7）

的后换挡器上。因此，对于使用环境特征2，应该理解为本案专利所保护的自行车后换挡器支架必须用于具有使用环境特征2的后换挡器上。

综上，本案专利的使用环境特征对于保护范围具有限定作用，本案专利所保护的自行车后换挡器支架必须用于该使用环境。株式会社岛野关于本案专利权利要求中出现的使用环境特征不构成本案专利的必要技术特征，不影响权利要求的保护范围的申请再审理由不能成立，不予支持。

（二）关于本案被诉侵权产品是否必然用于本案专利权利要求1限定的自行车车架

本案被诉侵权产品具有权利要求1关于支架体的结构特征和关于后换挡器的使用环境特征，双方当事人并无争议。同时，株式会社岛野提供的（2005）沪黄一证经字第5137号公证书、（2005）杭拱证经字第475号公证书等证据能够证明，被诉侵权产品也实际被应用在具有专利权利要求1所限定的自行车车架上。双方当事人对此亦无争议。双方争议的问题在于，本案被诉侵权产品是否必然用于本案专利权利要求1限定的自行车车架，或者说被诉侵权产品是否可以被应用于不具有本案专利权利要求1所述特征的自行车车架上。对此分析如下：

首先，本案被诉侵权产品的特定结构决定了其与权利要求所述的自行车车架的特定匹配关系。根据本院查明的事实，被诉侵权产品在远离后换挡器的螺栓孔位置附近有一个从板的表面向上延伸出来的凸起部位。该凸起部位客观上需要与自行车车架后叉端的特定位置相配合，才能实现定位作用。

其次，本案当事人在原审庭审中的实际演示可以辅助说明被诉侵权产品的实际安装状态。为证明本案被诉侵权产品可以安装在不具有后叉端延伸部的自行车车架上，日骋公司通过在被诉侵权产品与车架后叉端之间增加一个垫圈的方式，弥补被诉侵权产品凸起部造成的间隙，从而将被诉侵权产品直接安装在没有后叉端延伸部的自行车车架上。但是，日骋公司对外销售被诉侵权产品时并没有附带垫圈，这种安装方式不是通常的工业化生产方式，且会影响定位效果。同时，针对本院关于提交有关将被诉侵权产品安装在不具有后叉端延伸部上且在市场上已经商业流通的自行车证据，日骋公司始终未能提供。

最后，关于自行车车架的有关行业标准可以辅助证明被诉侵权产品的实际安装状态。《中华人民共和国行业标准—自行车工业标准—自行车车架》（QB1880－93）是我国原轻工业部发布的具有强制性的行业标准，其公开了两种类型的自行车车架平插接片，其中一种具有后叉端延伸部，另一种没有后叉端延伸部。该具有后叉端延伸部的自行车车架具备专利权利要求1关于车架的限定特征。由于将被诉侵权产品安装在没有后叉端延伸部的自行车车架上并非通常的工业化生产方式，且影响定位效果，故将被诉侵权产品安装在具有后叉端延伸部的车架上几乎成为必然选择。

由此可见，将被诉侵权产品安装在具有后叉端延伸部的自行车车架上，是被诉侵权产品唯一合理的商业用途，在日骋公司未能提交进一步的有效反证的情况下，可以认为本案被诉侵权产品在商业上必然用于本案专利权利要求1限定的自行车车架。

（三）关于本案被诉侵权产品是否落入本案专利保护范围

首先，需要明确本案专利权利要求1的保护范围。根据本案专利权利要求1的记载，其保护范围由以下必要技术特征所限定：（1）使用环境特征：一种用于将后换挡器连接到自行车车架上的自行车后换挡器支架，所述后换挡器具有支架件、用于支撑链条导向装置的支撑件以及一对用于连接所述支撑件和所述支架件的连接件，所述自行车车架具有形成在自行车车架的后叉端的换挡器安装延伸部上的连接结构。（2）后换挡器支架结构特征：一由大致L形板构成的支架体；设在所述支架体一端近旁，用于将所述后换挡器的所述支架件连接到所述支架体上、可绕第一轴线枢转的第一连接结构；设在所述支架体另一端近旁，用于将所述支架体连接到所述自行车车架的所述连接结构上的第二连接结构；以及用于与所述换挡器安装延伸部接触从而使所述后换挡器相对于所述后叉端以一种预定的姿势定位的定位结构。（3）后换挡器支架安装后的位置特征：所述第一连接结构和所述第二连接结构的布置应使当所述支架体安装在所述后叉端上时，所述的第一连接结构提供的连接点是在所述第二连接结构提供的连接点的下方和后方。

其次，关于技术特征的对比。根据前述，本案被诉侵权产品在商业上必然用于本案专利权利要求1限定的自行车车架，因此被诉侵权产品具备权利要求1关于自行车车架的环境特征。同时，被诉侵权产品具有权利要求1关于支架体的结构特征和关于后换挡器的使用环境特征。因此，被诉侵权产品具备了权利要求1除后换挡器支架安装后的位置特征之外的全部特征。

最后，关于后换挡器支架安装后的位置特征。被诉侵权产品在远离后换挡器的螺栓孔位置附近有一个从板的表面向上延伸出来的凸起部位。由于本案被诉侵权产品在商业上必然用于本案专利权利要求1限定的自行车车架，当本案被诉侵权产品的凸起部位与权利要求所述的自行车车架安装匹配时，必然呈现出第一连接结构提供的连接点在所述第二连接结构提供的连接点的下方和后方这一位置关系特征。

因此，被诉侵权产品具备本案专利权利要求1的全部技术特征，落入本案专利权利要求1的保护范围。株式会社岛野的相应申请再审理由成立，应予支持。

（四）关于被申请人的现有技术抗辩是否成立

日骋公司主张的现有技术包括两种类型：一是其在无效宣告程序中提交的对比文件1（US4690663号美国专利）所公开的悬挂构件结合公知常识；二是《中华人民共和国轻工业行业标准—自行车拨链器》（QB/T 1895－1993）图2、图6、图10与《中华人民共和国行业标准—自行车工业标准—自行车车架》（QB1880－93）图10的组合。

关于第一种现有技术抗辩。由于US4690663号美国专利所述的悬挂构件是垂直下降组件一部分，由垂直下降构件、悬挂构件以及用于将悬挂构件连接至下降构件上的装置等组合起来相当于本案专利申请中的带后拨链器安装延伸部的后叉端的结构，因此该悬挂构件与本案专利所保护的后换挡器支架不具有对应性。同时，即使认定该悬挂构件与本案专利所保护的后换挡器支架具有对应性，该专利也没有公开关于支架体呈L形等技术特征，日骋公司提交的证据也不能证明在本专利申请日前将支架体设计为L形属于本领域普通技术人员公知常识。因此，该现有技术抗辩不能成立。

关于第二种现有技术抗辩。《中华人民共和国轻工业行业标准—自行车拨链器》（QB/T 1895－1993）图2、图6和图10公开了一款安装在不具有后叉端延伸部上的换挡器接片，该接片与本案专利限定的使用环境不同，且没有公开本案专利有关后换挡器支架呈L形以及支架上的定位结构的特征。《中华人民共和国行业标准—自行车工业标准—自行车车架》（QB1880－93）图10公开了一款具有后叉端延伸部的自行车车架。因此，即使把两者结合起来，仍然没有公开本案专利关于后换挡器支架呈L形以及支架上的定位结构的特征。该现有技术抗辩亦不能成立。

（五）关于本案是否应中止诉讼

日骋公司在本院再审过程中请求中止本案审理。本案专利是发明专利，根据《最高人民法院关于审理专利纠纷案件适用法律问题的若干规定》第十一条的规定，人民法院可以不中止诉讼。同时，经过审理，本院已经查明了本案的事实和法律问题，可以作出结论，不需要以无效程序的结论作为本案依据，人民法院可以不中止诉讼。因此，对于日骋公司的上述主张，本院不予支持。

（六）关于本案民事责任的承担

由于本案被诉侵权产品落入本案专利保护范围，日骋公司生产和销售被诉侵权产品的行为构成侵犯本案专利权，应当承担停止侵害、消除危险、赔偿损失的民事责任。

关于具体民事责任的承担方式，结合株式会社岛野的诉讼请求，本院分析评判如下：第一，本案证据表明，日骋公司制造和销售了本案侵权产品，且该制造和销售行为仍在继续，停止制造和销售侵权产品是停止侵害的必要措施之一，对于株式会社岛野关于判令日骋公司立即停止制造和销售侵权产品的诉讼请求，本院予以支持；第二，销毁尚未售出的剩余侵权

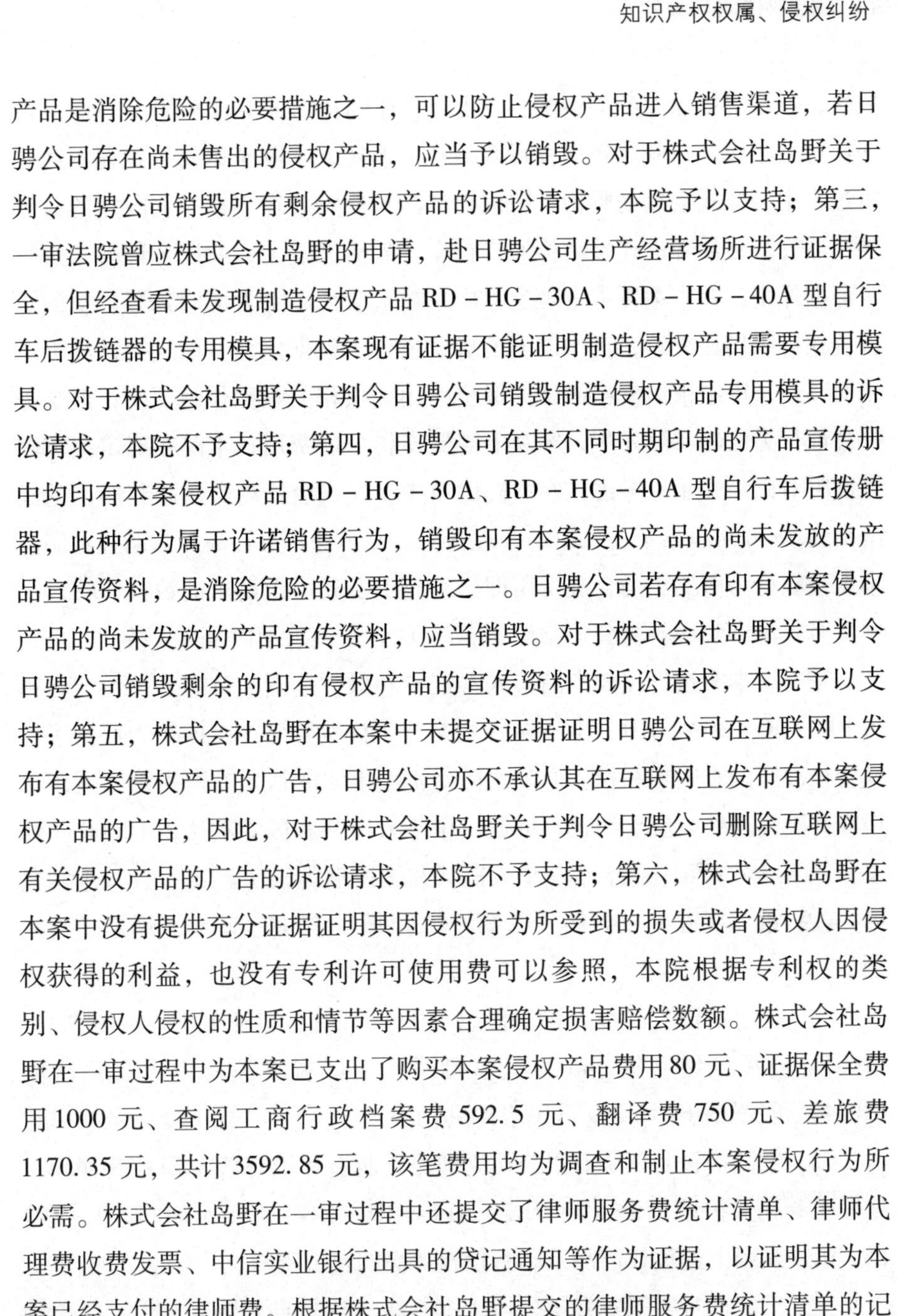

产品是消除危险的必要措施之一，可以防止侵权产品进入销售渠道，若日骋公司存在尚未售出的侵权产品，应当予以销毁。对于株式会社岛野关于判令日骋公司销毁所有剩余侵权产品的诉讼请求，本院予以支持；第三，一审法院曾应株式会社岛野的申请，赴日骋公司生产经营场所进行证据保全，但经查看未发现制造侵权产品 RD－HG－30A、RD－HG－40A 型自行车后拨链器的专用模具，本案现有证据不能证明制造侵权产品需要专用模具。对于株式会社岛野关于判令日骋公司销毁制造侵权产品专用模具的诉讼请求，本院不予支持；第四，日骋公司在其不同时期印制的产品宣传册中均印有本案侵权产品 RD－HG－30A、RD－HG－40A 型自行车后拨链器，此种行为属于许诺销售行为，销毁印有本案侵权产品的尚未发放的产品宣传资料，是消除危险的必要措施之一。日骋公司若存有印有本案侵权产品的尚未发放的产品宣传资料，应当销毁。对于株式会社岛野关于判令日骋公司销毁剩余的印有侵权产品的宣传资料的诉讼请求，本院予以支持；第五，株式会社岛野在本案中未提交证据证明日骋公司在互联网上发布有本案侵权产品的广告，日骋公司亦不承认其在互联网上发布有本案侵权产品的广告，因此，对于株式会社岛野关于判令日骋公司删除互联网上有关侵权产品的广告的诉讼请求，本院不予支持；第六，株式会社岛野在本案中没有提供充分证据证明其因侵权行为所受到的损失或者侵权人因侵权获得的利益，也没有专利许可使用费可以参照，本院根据专利权的类别、侵权人侵权的性质和情节等因素合理确定损害赔偿数额。株式会社岛野在一审过程中为本案已支出了购买本案侵权产品费用 80 元、证据保全费用 1000 元、查阅工商行政档案费 592.5 元、翻译费 750 元、差旅费 1170.35 元，共计 3592.85 元，该笔费用均为调查和制止本案侵权行为所必需。株式会社岛野在一审过程中还提交了律师服务费统计清单、律师代理费收费发票、中信实业银行出具的贷记通知等作为证据，以证明其为本案已经支付的律师费。根据株式会社岛野提交的律师服务费统计清单的记载，按照每位律师每小时 3000 元计收，截止至 2004 年 7 月，合计律师费共计 442500 元。该笔费用的数额与律师代理费收费发票、中信实业银行出具的贷记通知相符，可以相互印证。日骋公司虽对上述律师费的数额提出质疑，但并未提出充分的事实和理由，且律师费以每小时3000元计收并不违反有关法律、行政法规以及行政规章的规定，本院予以支持。在本案二审过程中，株式会社岛野为证明侵权产品只能安装在本案专利限定的具有换挡器安装延伸部的连接结构的自行车车架后叉端上，又以公证形式进行了证据保全。在本案再审审理过程中，株式会社岛野为证明日骋公司的被诉侵权行为仍在继续，再次以公证形式进行了证据保全。株式会社岛野虽未对其在一审结束后支出的证据保全费用提供相关票据作为证明，但是委托公证行为已经实际发生，客观上需要支付公证费用，本院在确定损害赔偿额时对此一并予以考虑。在本院庭审中，株式会社岛野主张其所谓的经济损失30万元包括了所支出的合理费用。鉴于株式会社岛野为调查和制止本案侵权行为所支出的合理费用即已经超出了其诉讼请求的数额30万元，本院对其请求判令日骋公司赔偿30万元的诉讼请求予以全额支持。

综上，本案被诉侵权产品落入本案专利保护范围，日骋公司生产和销售RD－HG－30A、RD－HG－40A型自行车后拨链器产品的行为侵犯了株式会社岛野的本案专利权。原审法院对本案事实的认定有所失误，适用法律亦有不当之处，应予纠正。依据《中华人民共和国专利法》（2000年修正）第五十六条第一款，《中华人民共和国民事诉讼法》第一百八十六条第一款、第一百五十三条第一款第（二）项、第（三）项之规定，判决如下：

一、撤销浙江省高级人民法院（2009）浙民再字第135号民事判决、（2005）浙民三终字第145号民事判决和浙江省宁波市中级人民法院（2004）甬民二初字第240号民事判决；

二、宁波市日骋工贸有限公司立即停止制造和销售落入ZL94102612.4号发明专利保护范围的RD－HG－30A、RD－HG－40A型自行车后拨链器，销毁剩余上述侵权产品及印有侵权产品的宣传资料；

三、宁波市日骋工贸有限公司于本判决送达之日起十五日内，赔偿株式会社岛野因本案侵权行为造成的损失以及为调查、制止本案侵权行为所支付的合理开支共计30万元；

四、驳回株式会社岛野的其他诉讼请求。

如果未按本判决指定的期间履行给付金钱义务，应当依照《中华人民共和国民事诉讼法》第二百二十九条之规定，加倍支付迟延履行期间的债务利息。

一审案件受理费7010元，证据保全费1000元，合计8010元，二审案件受理费7010元，均由宁波市日骋工贸有限公司负担。

本判决为终审判决。

审　判　长　金克胜
代理审判员　罗　霞
代理审判员　朱　理

二〇一二年十二月十一日

书　记　员　张　博

（二）侵害实用新型专利权纠纷

58. 柏万清诉成都难寻物品营销服务中心等侵害实用新型专利权纠纷案*

（最高人民法院审判委员会讨论通过　2015年11月19日发布）

▶ 权利要求书存在明显瑕疵导致保护范围不清而无法进行侵权比对的，被诉侵权技术方案不能被认定为侵权

【关键词】

民事　侵害实用新型专利权　保护范围　技术术语　侵权对比

【裁判要点】

专利权的保护范围应当清楚，如果实用新型专利权的权利要求书的表述存在明显瑕疵，结合涉案专利说明书、附图、本领域的公知常识及相关现有技术等，不能确定权利要求中技术术语的具体含义而导致专利权的保护范围明显不清，则因无法将其与被诉侵权技术方案进行有实质意义的侵权对比，从而不能认定被诉侵权技术方案构成侵权。

---

* 摘自2015年11月19日最高人民法院发布的第十一批指导性案例（指导案例55号）。

相关法条

《中华人民共和国专利法》第二十六条第四款、第五十九条第一款

基本案情

原告柏万清系专利号200420091540.7，名称为“防电磁污染服”实用新型专利（以下简称涉案专利）的专利权人。涉案专利权利要求1的技术特征为：A. 一种防电磁污染服，包括上装和下装；B. 服装的面料里设有起屏蔽作用的金属网或膜；C. 起屏蔽作用的金属网或膜由导磁率高而无剩磁的金属细丝或者金属粉末构成。该专利说明书载明，该专利的目的是提供一种成本低、保护范围宽和效果好的防电磁污染服。其特征在于所述服装在面料里设有由导磁率高而无剩磁的金属细丝或者金属粉末构成的起屏蔽保护作用的金属网或膜。所述金属细丝可用市售5到8丝的铜丝等，所述金属粉末可用如软铁粉末等。附图1、2表明，防护服是在不改变已有服装样式和面料功能的基础上，通过在面料里织进导电金属细丝或者以喷、涂、扩散、浸泡和印染等任一方式的加工方法将导电金属粉末与面料复合，构成带网眼的网状结构即可。

2010年5月28日，成都难寻物品营销服务中心销售了由上海添香实业有限公司生产的添香牌防辐射服上装，该产品售价490元，其技术特征是：(1) 一种防电磁污染服上装；(2) 服装的面料里设有起屏蔽作用的金属防护网；(3) 起屏蔽作用的金属防护网由不锈钢金属纤维构成。7月19日，柏万清以成都难寻物品营销服务中心销售、上海添香实业有限公司生产的添香牌防辐射服上装（以下简称被诉侵权产品）侵犯涉案专利权为由，向四川省成都市中级人民法院提起民事诉讼，请求判令成都难寻物品营销服务中心立即停止销售被控侵权产品；上海添香实业有限公司停止生产、销售被控侵权产品，并赔偿经济损失100万元。

裁判结果

四川省成都市中级人民法院于2011年2月18日作出（2010）成民初

字第597号民事判决，驳回柏万清的诉讼请求。宣判后，柏万清提起上诉。四川省高级人民法院于2011年10月24日作出（2011）川民终字第391号民事判决驳回柏万清上诉，维持原判。柏万清不服，向最高人民法院申请再审，最高人民法院于2012年12月28日裁定驳回其再审申请。

裁判理由

法院生效裁判认为：本案争议焦点是上海添香实业有限公司生产、成都难寻物品营销服务中心销售的被控侵权产品是否侵犯柏万清的“防电磁污染服”实用新型专利权。《中华人民共和国专利法》第二十六条第四款规定：“权利要求书应当以说明书为依据，清楚、简要地限定要求专利保护的范围。”第五十九条第一款规定：“发明或者实用新型专利权的保护范围以其权利要求的内容为准，说明书及附图可以用于解释权利要求的内容。”可见，准确界定专利权的保护范围，是认定被诉侵权技术方案是否构成侵权的前提条件。如果权利要求书的撰写存在明显瑕疵，结合涉案专利说明书、附图、本领域的公知常识以及相关现有技术等，仍然不能确定权利要求中技术术语的具体含义，无法准确确定专利权的保护范围的，则无法将被诉侵权技术方案与之进行有意义的侵权对比。因此，对于保护范围明显不清楚的专利权，不能认定被诉侵权技术方案构成侵权。

本案中，涉案专利权利要求1的技术特征C中的“导磁率高”的具体范围难以确定。首先，根据柏万清提供的证据，虽然磁导率有时也被称为导磁率，但磁导率有绝对磁导率与相对磁导率之分，根据具体条件的不同还涉及起始磁导率μi、最大磁导率μm等概念。不同概念的含义不同，计算方式也不尽相同。磁导率并非常数，磁场强度H发生变化时，即可观察到磁导率的变化。但是在涉案专利说明书中，既没有记载导磁率在涉案专利技术方案中是指相对磁导率还是绝对磁导率或者其他概念，又没有记载导磁率高的具体范围，也没有记载包括磁场强度H等在内的计算导磁率的客观条件。本领域技术人员根据涉案专利说明书，难以确定涉案专利中所称的导磁率高的具体含义。其次，从柏万清提交的相关证据来看，虽能证明有些现有技术中确实采用了高磁导率、高导磁率等表述，但根据技术领

域以及磁场强度的不同，所谓高导磁率的含义十分宽泛，从 80 Gs/Oe 至 83.5×104 Gs/Oe 均被柏万清称为高导磁率。柏万清提供的证据并不能证明在涉案专利所属技术领域中，本领域技术人员对于高导磁率的含义或者范围有着相对统一的认识。最后，柏万清主张根据具体使用环境的不同，本领域技术人员可以确定具体的安全下限，从而确定所需的导磁率。该主张实际上是将能够实现防辐射目的的所有情形均纳入涉案专利权的保护范围，保护范围过于宽泛，亦缺乏事实和法律依据。

综上所述，根据涉案专利说明书以及柏万清提供的有关证据，本领域技术人员难以确定权利要求 1 技术特征 C 中“导磁率高”的具体范围或者具体含义，不能准确确定权利要求 1 的保护范围，无法将被诉侵权产品与之进行有实质意义的侵权对比。因此，二审判决认定柏万清未能举证证明被诉侵权产品落入涉案专利权的保护范围，并无不当。

理解与参照

《柏万清诉成都难寻物品营销中心等侵害实用新型专利权纠纷案》的理解与参照*

2015 年 11 月 19 日，最高人民法院发布了指导案例 55 号《柏万清诉成都难寻物品营销中心等侵害实用新型专利权纠纷案》。为了正确理解和准确参照适用该指导性案例，现对其推选经过、裁判要点、需要说明问题等情况予以解释、论证和说明。

---

* 摘自《司法文件选解读》2017 年第 6 辑总第 54 辑，人民法院出版社 2017 年版，第 13～21 页。

一、推选过程及指导意义

柏万清诉成都难寻物品营销中心等侵害实用新型专利权纠纷案，由四川省成都市中级人民法院一审，四川省高级人民法院二审，最高人民法院民三庭驳回再审申请。民三庭认为，该案例适用法律正确，对审理同类案件具有较强的指导作用，向案例指导工作办公室推荐。案例指导工作办公室和研究室室务会同意将该案例作为指导性案例报院领导提请审委会讨论。2015 年 10 月 20 日，最高人民法院审委会经讨论认为，该案例符合《最高人民法院关于案例指导工作的规定》第二条的有关规定，同意将该案例确定为指导性案例。2015 年 11 月 19 日，最高人民法院以法〔2015〕320 号文件将该案例作为第 11 批指导性案例予以发布。

该指导案例旨在明确对于保护范围明显不清楚的专利权，因无法将其与被诉侵权技术方案进行有实质意义的侵权对比，不应认定被诉侵权技术方案构成侵权。这就确定了“不保护不应保护或者无法保护的专利权”的原则，有利于提高专利侵权案件的审判效率，有利于推动科学技术的应用，促进经济社会发展。

二、裁判要点的理解与说明

该指导案例的裁判要点确认：专利权的保护范围应当清楚，如果实用新型专利权的权利要求书的表述存在明显瑕疵，结合涉案专利说明书、附图、本领域的公知常识及相关现有技术等，不能确定权利要求中技术术语的具体含义而导致专利权的保护范围明显不清，则因无法将其与被诉侵权技术方案进行有实质意义的侵权对比，从而不能认定被诉侵权技术方案构成侵权。以下围绕与该裁判要点相关的问题逐一说明。

（一）权利要求保护范围清楚是侵权判断的基础

专利权保护的是抽象的技术方案，其权利范围（边界）系权利人通过撰写权利要求加以确定。对此，《中华人民共和国专利法》（2000 年修正）第五十六条第一款规定：“发明或者实用新型专利权的保护范围以其权利

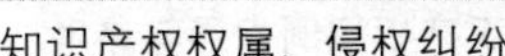

要求的内容为准，说明书及附图可以用于解释权利要求。”[①]在专利侵权诉讼中，通常情况下按照以下思路进行审理：（1）解释权利要求，确定专利权保护范围；（2）根据权利要求，确定被诉侵权技术方案的相应技术特征；（3）将被诉侵权技术方案的相应技术特征与权利要求中的技术特征进行比对，确定是否构成相同侵权或者等同侵权，是否落入专利权的保护范围。因此，正确解释权利要求中各项措辞、术语乃至标点符号的含义，准确界定专利权的保护范围，是进行专利侵权判断的逻辑基础。如果权利要求书的撰写存在明显错误或者瑕疵，不能确定权利要求中技术术语的具体含义，无法准确确定专利权的保护范围的，则无法将被诉侵权技术方案与之进行有实质意义的侵权对比。

（二）权利要求存在不清楚的缺陷的处理

知识产权民事保护应当与权利的授权状况相协调，无法保护的知识产权不具有可诉性。对于因授权原因导致的权利缺陷，在民事司法中应当注意克服，尤其是不具有可保护性的权利，就不应当给予民事保护。[②] 权利要求能否清楚地界定专利权人请求保护的技术方案、限定专利权的保护范围，直接关系到社会公众能否以合理的确定性了解专利权的边界，从而有意识地避免专利侵权行为。权利要求是公示专利权利范围的“路标”，也是整个专利制度的基石。

关于权利要求清楚，《中华人民共和国专利法实施细则》（2000年修订）第二十条第一款规定：“权利要求书应当说明发明或者实用新型的技术特征，清楚、简要地表述请求保护的范围。”2008年《中华人民共和国专利法》第三次修改后，有关权利要求清楚的规定被纳入《中华人民共和国专利法》第二十六条第四款，表述为：“权利要求书应当以说明书为依据，清楚、简要地限定要求专利保护的范围。”权利要求是否清楚，是实用新型专利申请初步审查、发明专利申请实质审查的重要内容。权利要求

---

① 《中华人民共和国专利法》（2008年修正）第五十九条第一款规定：“发明或者实用新型专利权的保护范围以其权利要求的内容为准，说明书及附图可以用于解释权利要求的内容。”

② 《以创新的思路保护创新》，载《人民司法》2013年第9期。

不清楚，既是专利申请的驳回理由，也是专利权授权后的无效理由。[①] 对于发明专利而言，由于在授权前经过了实质审查，授权后其仍然存在权利要求不清楚的缺陷的可能性相对较小。但不排除由于审查疏漏、法律适用错误等各种原因，仍然有部分发明专利在授权后仍然存在权利要求不清楚的缺陷。对于实用新型专利申请而言，由于仅作初步审查程序而不进行实质审查，而且在初步审查中审查员对权利要求是否清楚仅作“明显实质性缺陷审查”，即仅在实用新型专利申请中存在明显不符合《中华人民共和国专利法》第二十六条第四款的规定的情形的，审查员才会发出审查意见通知书。[②] 因此，对于获得授权的实用新型专利，难以避免地仍然会存在权利要求不清楚的情形。

在侵权诉讼中，人民法院经审理认为权利要求存在不清楚的缺陷时，可以考虑采取两种处理方式。一种是通过行使释明权，引导被诉侵权人以权利要求不清楚为由，向专利复审委员会提起无效行政程序。这种方式的优点是，由于权利要求不清楚的认定具有较强的技术性，往往需要结合个案事实，基于本领域技术人员的知识水平和认知能力加以确定。而在对技术问题的认识和把握上，行政机关具有一定的优势；行政决定中的有关认定也能够帮助人民法院正确认定权利要求的保护范围。但这种方式的缺点也是明显的，一旦当事人启动无效程序，则需要中止案件审理，导致案件审理程序大大延长，严重影响审判效率。另一种可行的方式是：由人民法院在民事诉讼中对权利要求是否清楚进行认定，如果权利要求明显存在不清楚的缺陷，导致无法进行有意义的侵权对比的，则可以以侵权主张不能成立为由驳回权利人的诉讼请求。采取这种方式，优点在于能够提高审判效率，而且人民法院通过对权利要求是否清楚进行实质性判断，有助于整体上把握专利技术方案，对准确确定专利权利要求的保护范围和侵权判断均有所助益。但此种做法，有可能导致民事判决与无效行政决定的冲突；并且对于缺乏技术背景，对《中华人民共和国专利法》第二十六条第四款

① 相关规定参见《中华人民共和国专利法实施细则》（2008 年修正）第四十四条第（二）项、第五十三条第（二）项、第六十五条第二款。

② 《专利审查指南》(2010 年) 第一部分第二章 7.4 权利要求书。

的法律适用目前还不甚熟悉的法官而言，亦容易导致司法判决的不确定性。一旦滥用会对现有专利授权、无效制度带来较大冲击。因此，人民法院在民事诉讼中对于权利要求是否清楚的认定应当慎重，应在权利要求确实存在明显不清楚的缺陷，对侵权对比产生了难以克服的实质性影响的情形下，才考虑予以认定。如果权利要求仅仅是存在轻微瑕疵，对侵权判断没有实质性影响，或者通过权利要求解释能够确定权利要求的保护范围的，则不宜认定权利要求不清楚。

（三）权利要求不清楚的认定

在认定权利要求是否清楚时，应当着重把握以下两个方面：

首先，正确解释权利要求是判断权利要求清楚与否的前提。权利要求是权利人以文字、符号等方式，对请求保护的新的技术方案所作的高度抽象概括。技术方案的抽象性、文字表述的不周延性和相对滞后性，以及权利要求的概括性，都难免会导致对权利要求的理解存在一定程度的不确定性，容易引起争议。因此，在专利侵权诉讼中，人民法院往往需要对权利要求进行解释，才能确定权利要求限定的保护范围是否清楚。人民法院应当根据权利要求的记载，结合本领域普通技术人员阅读说明书及附图后对权利要求的理解，确定《中华人民共和国专利法》第五十九条第一款规定的权利要求的内容。人民法院对于权利要求，可以运用说明书及附图、权利要求书中的相关权利要求、专利审查档案进行解释。说明书对权利要求用语有特别界定的，从其特别界定。采用上述方法仍不能明确权利要求含义的，可以结合工具书、教科书等公知文献以及本领域普通技术人员的通常理解进行解释。[①] 对于权利要求中字面含义模糊的技术术语或者措辞，通过权利要求解释能够确定其技术含义的，不宜认定权利要求不清楚。

其次，应当以本领域普通技术人员作为权利要求清楚的判断主体。权利要求清楚与否是一个法律概念，应当在专利法的整体法律框架下加以理

---

① 《最高人民法院关于审理侵犯专利权纠纷案件应用法律若干问题的解释》第二条、第三条。

解。在我国专利法中，尽管仅有一处出现了本领域技术人员的概念，[①] 但其作为专利法中的基础性概念，不仅应作为“充分公开”的判断主体，在认定“权利要求清楚”“权利要求得到说明书支持”“创造性”或者其他专利授权确权实体法律问题时，也同样应当坚持以本领域技术人员作为判断主体。[②]

通常情形下，权利要求中如果使用了含义不确定的技术术语，例如“高”“薄”“强”“弱”等，往往会导致权利要求限定的权利边界模糊，权利要求保护范围不清楚。但是，如果对于本领域技术人员而言，从形式上看含义不确定的技术术语，实质上在本技术领域中具有普遍认可的技术含义或者范围的，则应当以本技术领域中的通常理解或者普遍理解为准，不宜认定其导致权利要求的保护范围不清楚。例如，放大器中的“高频”，无线电领域的“短波段”“长波段”等，均在其所属技术领域中具有普遍认可的范围。对于相关事实，可以重点围绕当事人提交的技术手册、技术词典、国家或者行业标准等本领域的公知常识性证据加以认定。

在本案例中，为了证明“导磁率高”在本技术领域中具有普遍认可的通常含义，柏万清申请再审时提交了以下证据：(1)《现代汉语词典》。(2)《中国大百科全书（物理学)》。(3)《静噪声滤波器用高导磁率铁粉KIPMG207H的磁性能》，发表于《上海钢研》2000年第1期。(4)《高磁通密度、高导磁率的新软磁材料》，发表于《电子技术》1991年第12期。(5)《特宽恒导磁材料的研制》，发表于《上海钢研》1979年第2期。(6)《用在静止气氛中冷却制造高导磁率含铜硅钢的工艺》，发表于《钢铁研究》1980年Z1期。(7)《特高初导磁率极低损耗非晶态合金的研制》，发

① 我国《专利法》第二十六条第三款规定：“说明书应当对发明或者实用新型做出清楚、完整的说明，以所属技术领域的技术人员能够实现为准；……”其中，“所属技术领域的技术人员”即指本文所称的“本领域技术人员”；《欧洲专利公约》第56条中，也有类似的概念（“an invention shall be considered as involving an inventive step if, having regard to the state of the art, it is not obvious to a person skilled in the art.”）；美国《专利法》中，使用“PHOSITA”的缩写，即“person having ordinary skill in the art”。而我国台湾地区使用“一般技艺人士”的概念。

② 刘臻：《专利法第三十三条理解与适用中的若干法律问题思考》，载《中国专利与商标》2013年第1期。

表于《仪表材料》1985年第16卷第3期。(8)《人体防电磁辐射的安全限值》，发表于《环境技术》1999年第6期。(9)《批量生产的高磁导率铁氧体材料与磁芯》，发表于《磁性材料与器件》2002年第4期。最高人民法院对上述证据审查后认为：根据柏万清提供的证据，虽然磁导率有时也被称为导磁率，但磁导率有绝对磁导率与相对磁导率之分，根据具体条件的不同还涉及起始磁导率μi、最大磁导率μm等概念。不同概念的含义不同，计算方式也不尽相同。磁导率并非常数，磁场强度H发生变化时，即可观察到磁导率的变化。但是在涉案专利说明书中，既没有记载导磁率在涉案专利技术方案中是指相对磁导率还是绝对磁导率或者其他概念，又没有记载导磁率高的具体范围，也没有记载包括磁场强度H等在内的计算导磁率的客观条件。本领域技术人员根据涉案专利说明书，难以确定涉案专利中所称的导磁率高的具体含义。同时，从柏万清提交的相关证据来看，虽能证明有些现有技术中确实采用了高磁导率、高磁导率等表述，但根据技术领域以及磁场强度的不同，所谓高导磁率的含义十分宽泛，从80 Gs/Oe至83.5×104 Gs/Oe均被柏万清称为高导磁率。即使是综合考虑了涉案专利说明书和附图、技术词典等相关的公知常识性证据、柏万清提交的有关科技文献等证据，仍然无法认定本领域技术人员对于权利要求1中的“高导磁率”的含义或者范围有着相对统一的认识，不能准确确定权利要求1的保护范围，从而无法将被诉侵权产品与之进行有实质意义的侵权对比。因此，不能认定被诉侵权产品落入涉案专利权的保护范围。

三、其他需要说明的问题

权利要求限定的保护范围不清楚，既可能导致人民法院在专利侵权诉讼中认定不构成侵权，又是宣告专利权无效的法定理由之一。《中华人民共和国专利法》第四十五条规定：“自国务院专利行政部门公告授予专利权之日起，任何单位或者个人认为该专利权的授予不符合本法有关规定的，可以请求专利复审委员会宣告该专利权无效。”在审理专利侵权诉讼的过程中，人民法院不能对专利权的法律效力直接进行审查，宣告专利权无效。当事人主张专利权应当被宣告无效的，应当依法向专利复审委员会提出无效宣告请求。因此，本案中对于权利要求保护范围不清楚的认定，是从专利侵权判定的角度来进行个案认定，旨在解决个案中的侵权纠纷，本案判决并未对相关权利要求是否应当宣告无效作出认定。

需要注意的是，在本案中，被诉侵权人没有对涉案专利提出无效宣告请求，故不存在侵权案件民事判决与专利复审委员会无效决定的认定结论是否矛盾的问题。但是在有些案件中，可能出现当事人在侵权诉讼中主张权利要求保护范围不清楚，并且以此为由向专利复审委员会提出无效宣告请求的问题。为了避免人民法院与专利复审委员会对于权利要求是否清楚的认定不一致，人民法院可以根据《最高人民法院关于审理专利纠纷案件适用法律问题的若干规定》第八条、第九条的规定，裁定中止案件的审理。

（执笔人：吴光侠、周翔、杜微科）

59. 中誉电子（上海）有限公司与上海九鹰电子科技有限公司侵犯实用新型专利权纠纷案*

▶

专利权从属权利要求中的附加技术特征未被独立权利要求所概括，专利权人的自我放弃不能推定该附加技术特征之外的技术方案已被全部放弃

【裁判摘要】

禁止反悔原则适用于导致专利权保护范围缩小的修改或者陈述。亦即由此所放弃的技术方案不应再被纳入专利权的保护范围。该放弃，通常是专利权人通过修改或意见陈述进行的自我放弃。但是，若独立权利要求被宣告无效而在其从属权利要求的基础上维持专利权有效，且专利权人未曾作上述自我放弃，则应充分注意专利权人未自我放弃的情形，严格把握放弃的认定条件。若该从属权利要求中的附加技术特征未被该独立权利要求所概括，则因该附加技术特征没有原始的参照，故不能推定该附加技术特征之外的技术方案已被全部放弃。

---

* 摘自《最高人民法院公报》2012 年第 10 期。

最高人民法院民事判决书

（2011）民提字第306号

申请再审人（一审原告、二审上诉人）：中誉电子（上海）有限公司。

法定代表人：田瑜，该公司总经理。

委托代理人：薛琦，上海智岳信文律师事务所律师。

委托代理人：谢兵，上海智岳信文律师事务所律师。

被申请人（一审被告、二审被上诉人）：上海九鹰电子科技有限公司。

法定代表人：黄国川，该公司董事长。

委托代理人：丁华，上海市锦天城律师事务所律师。

委托代理人：赵国虹。

申请再审人中誉电子（上海）有限公司（以下简称中誉公司）因与被申请人上海九鹰电子科技有限公司（以下简称九鹰公司）侵犯实用新型专利权纠纷一案，不服上海市高级人民法院（2010）沪高民三（知）终字第53号民事判决，向本院申请再审。本院于2011年8月1日作出（2011）民申字第397号民事裁定，提审本案。本院依法组成合议庭，于2011年10月26日公开开庭审理了本案。中誉公司的委托代理人薛琦、谢兵，九鹰公司的委托代理人丁华、赵国虹到庭参加诉讼。本案现已审理终结。

2009年8月，中誉公司向上海市第二中级人民法院提起诉讼称：专利权人田瑜、江文彦于2008年2月13日就“一种舵机”获得国家知识产权局实用新型专利的授权，专利号为ZL200720069025.2。2009年2月10日，中誉公司与专利权人签订《专利实施许可合同》，合同约定：中誉公司经专利权人授权享有独占使用该实用新型专利的权利，独占许可有效期至2017年4月17日止。2009年2月，中誉公司在德国纽伦堡国际春季玩具展览会上发现九鹰公司正在该展会上宣传一种型号为“Free Spirit Micro NE

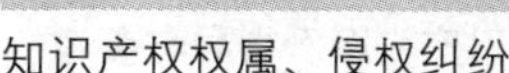

R/C 210A”的航模，该航模中所用舵机落入专利权保护范围。中誉公司委托律师发函给九鹰公司要求其立即停止侵权行为，九鹰公司置之不理。2009年6月，中誉公司发现九鹰公司在第六届上海航模展会上展出专利侵权产品，并以远低于专利产品成本的价格批量销售该产品。此外，九鹰公司还通过其公司网站、产品目录等多种途径对侵权产品进行宣传推广。九鹰公司未经权利人许可，擅自使用该实用新型专利并低价销售侵权产品，对侵权产品长时间的持续宣传，严重损害了中誉公司的合法利益。故请求法院判令九鹰公司：（1）立即停止销售侵权产品，回收全部侵权产品并予以销毁；（2）销毁全部侵权产品的模具、书面宣传材料并删除网站中侵权产品的信息；（3）赔偿中誉公司包括合理费用在内的经济损失500万元（合理费用包括律师费10万元，鉴定费2万元，公证费3000元，工商调查费95元）。

九鹰公司辩称：其产品所使用的技术与现有技术和公知常识相同或无实质性差异，不构成对“一种舵机”实用新型专利的侵犯。请求法院驳回中誉公司的诉讼请求。

上海市第二中级人民法院一审查明：田瑜、江文彦是名称为“一种舵机”的实用新型专利权（以下简称涉案专利）的专利权人，专利号为ZL200720069025.2，申请日是2007年4月17日，授权公告日是2008年2月13日。涉案专利授权公告的权利要求1-3为：“1. 一种模型舵机，其特征在于，包括支架、电机、丝杆和滑块，所述支架包括电机座和滑块座，所述电机设置于所述电机座内，在所述电机的一端设置有一主动齿轮，所述丝杆纵向穿过所述滑块座，在所述丝杆的一端设置有一从动齿轮，所述主动齿轮和所述从动齿轮相互啮合，所述滑块穿在所述丝杆上，并且所述滑块伸出所述滑块，在所述滑块底面设置有一电刷。2. 如权利要求1所述的舵机，其特征在于，在所述支架上，设置有固定到一舵机驱动电路板上的固定孔。3. 如权利要求2所述的舵机，其特征在于，在所述舵机驱动电路板上，印制有一条形的碳膜和银膜，所述支架通过其上的固定孔固定到所述舵机驱动电路板上，且所述滑块底面上的电刷与该碳膜和银膜相接触。”

2009年2月10日，田瑜、江文彦与中誉公司签订《专利实施许可合同》，授予中誉公司涉案专利在中国境内的独占实施许可权，该许可合同于2009年3月24日在国家知识产权局备案。九鹰公司于2009年4月20日就涉案专利向国家知识产权局专利复审委员会（以下简称专利复审委员会）提出无效宣告请求。专利复审委员会于2009年7月22日作出第13717号无效宣告请求审查决定（以下简称第13717号无效决定），宣告涉案专利的权利要求1~2，4~6无效，在权利要求3的基础上维持涉案专利权有效。专利权人田瑜、江文彦不服该决定，向北京市第一中级人民法院提起行政诉讼，该院于2010年3月10日作出（2009）一中知行初字第2726号行政判决，维持第13717号无效决定。

2009年6月6日，中誉公司的代理人在公证人员的监督下在上海展览中心的九鹰公司展台处购买飞机模型一架，取得收据一张、名片三张、宣传资料两份，并对展台及所购模型拍摄了照片。上海市黄浦公证处根据中誉公司申请对上述证据保全过程进行了公证，并出具（2009）沪黄证经字第4855号公证书。2009年9月1日，中誉公司的代理人在公证人员的监督下登录九鹰公司的网站（网址为www.nineeagle.com)，对该网站中公司简介、产品介绍、销售网络等有关中英文网页及链接图片进行保存和打印。上海市东方公证处根据中誉公司的申请对上述证据保全过程进行了公证，并出具（2009）沪东证经字第9766号公证书。2009年9月8日，田瑜、江文彦委托上海市知识产权司法鉴定中心就九鹰公司制造、销售的电子遥控飞机中的航模舵机与涉案专利的技术特征是否相同或者等同进行鉴定。鉴定结论为：九鹰公司制造、销售的电子遥控飞机中的航模舵机与涉案专利的技术特征等同。

此外，根据九鹰公司的申请，一审法院于2009年11月11日委托科学技术部知识产权事务中心（以下简称知产事务中心）就九鹰公司生产、销售的航模舵机的技术特征与涉案专利的权利要求3的技术特征是否相同或等同，以及九鹰公司生产、销售的航模舵机的技术特征是否属于现有技术进行鉴定。知产事务中心于2010年3月16日出具的国科知鉴字〔2010〕09号《司法鉴定意见书》认为：（1）被诉侵权产品的技术特征a~f与涉

案专利权利要求3所记载的技术特征A～F相同，被诉侵权产品的技术特征g与涉案专利权利要求3所记载的技术特征G等同。(2) 被诉侵权产品技术特征a与现有技术方案（德国WES－Technik生产的LS系列比例控制舵机）的技术特征A′相同，均为“包括支架、电机、丝杆、滑块和含有舵机驱动电路的电路板”；现有技术方案技术特征B′仅能看出所述支架包括滑块座，未发现明显的电机座构造，也未发现所述含有舵机驱动电路的电路板上设置有固定孔，但这种支架在电路板上设置方式的区别属于所属技术领域惯用手段的直接置换，即被诉侵权产品技术特征b与现有技术方案的技术特征B′无实质性差异；被诉侵权产品技术特征c中，所述电机通过电机座设置在电路板上，而现有技术方案的技术特征C′中，所述电机直接设置在电路板上，这种电机设置方式的区别属于所属技术领域惯用手段的直接置换，即被诉侵权产品技术特征c与现有技术方案的技术特征C′无实质性差异；被诉侵权产品技术特征d与现有技术方案的技术特征D′相同，均为“所述丝杆纵向穿过所述滑块座，在所述丝杆的一端设置有一从动齿轮”；被诉侵权产品技术特征e与现有技术方案的技术特征E′相同，均为“所述主动齿轮和所述从动齿轮相互啮合”；被诉侵权产品的技术特征f包含“在所述滑块底面设置有一电刷”，而现有技术方案的技术特征F′虽未直接披露，但所属领域技术人员根据现有技术文件直接记载的内容和公知常识，可以很容易联想到，现有技术方案隐含了“在所述滑块底面设置有一电刷”的特征，因此，被诉侵权产品技术特征f与现有技术方案的技术特征F′无实质性差异；被诉侵权产品技术特征g为“在所述含有舵机驱动电路的电路板上，印制有一条形的碳膜和镀金铜条，且所述滑块底面上的电刷与该碳膜和镀金铜条相接触”，而现有技术文件未直接记载该项技术特征，但隐含包含了直线型电位器，而这种直线型电位器的具体结构属于公知常识，因此，被诉侵权产品技术特征g与公知常识无实质性差异，所属领域技术人员无需经过创造性劳动，就能够在现有技术方案隐含包含的直线型电位器中采用与公知常识无实质性差异的特定具体结构。

上海市第二中级人民法院一审认为：本案的争议焦点是九鹰公司的现有技术抗辩是否成立。首先，确定九鹰公司提供的现有技术是否属于相对于涉案专利的现有技术，即涉案专利申请日以前在国内外出版物上公开发表、在国内公开使用过或者以其他方式为公众所知的技术。九鹰公司提供的德国 WES – Technik 生产的 LS 系列比例控制舵机在 2005 年第 4 期《航空模型》上已公开发表，早于涉案专利申请日期 2007 年 4 月 17 日，故九鹰公司可以据此进行现有技术抗辩。其次，对被诉侵权产品的技术特征与现有技术进行比较，应限于一项现有技术方案，可以结合所属领域技术人员公知的技术常识。根据知产事务中心《司法鉴定意见书》，被诉侵权产品的技术特征 a、d、e 分别与现有技术方案的技术特征 A′、D′、E′相同，被诉侵权产品的技术特征 b、c、f 分别与现有技术方案的技术特征 B′、C′、F′ 无实质性差异，被诉侵权产品的技术特征 g 与公知常识无实质性差异。一审法院认为：中誉公司关于知产事务中心鉴定程序违法、鉴定方法错误和鉴定结论含混的主张没有事实和法律依据，不予认可，对该《司法鉴定意见书》依法予以确认。被诉侵权产品的技术方案是一项现有技术与公知常识的简单组合，九鹰公司的现有技术抗辩成立，被诉侵权产品不构成对涉案专利权的侵权。依照《中华人民共和国专利法》（2000 年修正）第五十六条第一款的规定判决：驳回中誉公司的诉讼请求。一审案件受理费 46800 元，诉讼保全费 5000 元，司法鉴定费 6 万元，三项费用共计 111800 元，由中誉公司负担。

中誉公司不服该一审判决，向上海市高级人民法院提起上诉。

上海市高级人民法院二审查明：一审判决认定的事实基本属实。另查明：北京市高级人民法院于 2010 年 7 月 23 日作出（2010）高行终字第 705 号行政判决，驳回上诉，维持原判。

上海市高级人民法院二审认为：涉案专利权利要求 1、2 被宣告无效，在权利要求 3 的基础上专利权被维持有效。从属权利要求 3 的保护范围由权利要求 3 附加的技术特征“在所述舵机驱动电路板上，印制有一条形的碳膜和银膜，所述支架通过其上的固定孔固定到所述舵机驱动电路板上，且所述滑块底面上的电刷与该碳膜和银膜相接触”、权利要求 3 所从属的权利要求 2 附加的技术特征“在所述支架上，设置有固定到一舵机驱动电路板上的固定孔”以及权利要求 2 所从属的权利要求 1 记载的全部技术特

征共同限定。从属权利要求3被维持有效的原因在于在权利要求1中增加了从属权利要求2以及从属权利要求3记载的附加技术特征，这实质上是修改权利要求1，在权利要求1记载的技术方案中增加了从属权利要求2和3记载的附加技术特征。因此，在界定权利要求3保护范围的技术特征中，“在所述支架上，设置有固定到一舵机驱动电路板上的固定孔”与“在所述舵机驱动电路板上，印制有一条形的碳膜和银膜，所述支架通过其上的固定孔固定到所述舵机驱动电路板上，且所述滑块底面上的电刷与该碳膜和银膜相接触”，属于为维持专利权有效限制性修改权利要求而增加的技术特征。由此，可以认定权利要求3中技术特征G（在所述舵机驱动电路板上，印制有一条形的碳膜和银膜，且所述滑块底面上的电刷与该碳膜和银膜相接触）属于为维持专利权有效限制性修改权利要求而增加的技术特征。根据《最高人民法院关于审理侵犯专利权纠纷案件应用法律若干问题的解释》第六条的规定，专利权人在无效宣告程序中，通过对权利要求的修改而放弃的技术方案，权利人在侵犯专利权纠纷案件中又将其纳入专利权保护范围的，人民法院不予支持。本案中，涉案专利的技术特征G将舵机驱动电路板上作为直线型电位器的导流条明确限定为“银膜”，该具体的限定应视为专利权人放弃了除“银膜”外以其他导电材料作为导流条的技术方案。被诉侵权产品的技术特征g为“在所述含有舵机驱动电路的电路板上，印制有一条形碳膜和镀金铜条，且所述滑块底面上的电刷与该碳膜和镀金铜条相接触”，根据知产事务中心的鉴定意见，被诉侵权产品的技术特征g与涉案专利的技术特征G等同，知产事务中心的该项认定双方当事人均予认可，且无足以推翻该项认定的事实与理由，应予采信。尽管技术特征g与技术特征G等同，但依据禁止反悔原则，由于除“银膜”外以其他导电材料作为导流条的技术方案被视为是专利权人放弃了的技术方案，因此，以技术特征g与技术特征G等同为由，认为被诉侵权产品构成等同侵权的结论不能成立。一审法院关于本案等同侵权成立的结论有误，应予纠正。

现有技术抗辩是比较被诉侵权产品技术方案与现有技术方案。是否能够确定2005年第4期《航空模型》杂志所刊载的“LS系列舵机”与涉案专利结构的一致性，并不是现有技术抗辩所要关注的问题，九鹰公司在一审提供的舵机样机也并非是本案一审认定现有技术抗辩成立所依据的现有技术，故中誉公司的此点上诉理由不能成立。

一份现有技术文件所披露的技术内容应以所属技术领域的技术人员从相应技术文件中能够获知的技术内容为准，该技术内容不仅包括技术文件明确记载的技术内容，而且包括可以从该技术文件中直接地、毫无疑问地确定的技术内容，这也就是知产事务中心《司法鉴定意见书》所说的现有技术文件“隐含”公开的技术内容。尽管从 2005 年第 4 期《航空模型》公开舵机的照片及相应文字描述中不能直接看到舵机滑块底面设置有一电刷，但知产事务中心的鉴定专家依据所属领域技术人员的知识与经验（包括所属领域技术人员的公知常识），认为所属领域技术人员依据《航空模型》公开舵机的照片及相应文字描述，可以获知《航空模型》公开了舵机中舵机滑块底面设置有一电刷，亦即《航空模型》公开的技术方案隐含有“在所述滑块底面设置有一电刷”的技术特征，从而进一步认定被诉侵权产品技术特征 f 与现有技术特征 F′无实质性差异，并无不当。同样，尽管从《航空模型》公开舵机的照片及相应文字描述中不能直接看到舵机驱动电路板上构成直线型电位器所需的导流条与电阻条，但知产事务中心的鉴定专家依据所属领域技术人员的知识与经验（包括所属领域技术人员的公知常识），认为所属领域技术人员依据《航空模型》公开舵机的照片及相应文字描述，可以获知《航空模型》公开的舵机中有一个直线型电位器，从而在事实上认定《航空模型》公开的舵机中，其驱动电路板上存在作为构成直线型电位器所需的导流条与电阻条，且滑块底面上的电刷与该电阻条和导流条相接触，亦即《航空模型》公开的技术方案隐含有“在所述含有舵机驱动电路的电路板上，印制有一条形电阻条和导流条，且所述滑块底面上的电刷与该电阻条和导流条相接触”的技术特征，并进一步认定被诉侵权产品的技术特征 g 与现有技术特征 G′无实质性差异，并无不当。中誉公司关于知产事务中心鉴定方法不尊重事实，不能以“隐含”推论为依据的相应上诉理由不能成立。

在知产事务中心《司法鉴定意见书》中，鉴定专家从所属领域技术人

员的角度，依据2005年第4期《航空模型》公开舵机的照片及相应文字描述所披露的技术方案（包括不能直接看到，但所属领域技术人员根据其包括公知常识在内的知识与经验可以从照片及相应文字描述中直接地、毫无疑问地确定的技术内容），认定本案现有技术抗辩成立，但一审法院认为该《司法鉴定意见书》依据2005年第4期《航空模型》公开舵机的照片及相应文字描述所披露的技术方案与所属领域公知常识的简单组合，认定现有技术抗辩成立，这与《司法鉴定意见书》的实际认定理由不一致，应予纠正。

综上所述，中誉公司上诉请求与理由没有事实和法律依据，应予驳回。况且，即使中誉公司关于现有技术抗辩不成立的上诉理由能够成立，本案也因禁止反悔原则的适用，而不构成等同侵权，中誉公司关于本案被诉侵权产品构成专利侵权的主张，也不能成立，中誉公司的上诉请求，也应予以驳回。依照《最高人民法院关于审理侵犯专利权纠纷案件应用法律若干问题的解释》第六条、第十四条第一款，《中华人民共和国民事诉讼法》第一百五十三条第一款第（一）项、第一百五十八条的规定判决：驳回上诉，维持原判。二审案件受理费46 800元，由中誉公司负担。

中誉公司不服该二审判决，向本院申请再审称：（1）二审法院根据禁止反悔原则认定九鹰公司不构成等同侵权属于适用法律错误。专利权人没有通过修改专利权利要求书放弃技术方案，也没有通过意见陈述放弃技术方案，且专利权人也没有在任何专利申请文件中表述过“在所述舵机驱动电路板上，只能用碳膜和银膜”。因此，中誉公司主张九鹰公司专利侵权，并未违反禁止反悔原则。退一步来说，即使专利权人曾放弃技术方案的话，也是仅仅放弃了除“碳膜和银膜直接印制在所述舵机驱动电路板上”以外的技术方案，并没有放弃涉案专利权利要求3所限定的技术方案以及与“银膜”等同的“镀金铜条”所限定的技术方案。（2）第13717号无效决定与知产事务中心《司法鉴定意见书》所依据的证据材料实质相同，唯一的区别是，前者所引证据包括《电位器基础及其应用》，而后者所引证据是《电位器基础及其应用》的英文版本《THE POTENTIOMETER HANDBOOK》，二者之间是一一对应的翻译关系。因此，第13717号无效决定涉案专利权利要求3有效，并被此后的行政判决维持。这证明涉案专利权利要求3相对于现有技术具备了新颖性和创造性；而原审法院却依据知产事务中心的鉴定结论认定与涉案专利权利要求3等同的被诉侵权技术方案构成现有技术，这即导致对同一法律事实存在两个相互矛盾的认定。九鹰公司在无效宣告程序中无法证明权利要求3无效的情况下，再用同样的证据来佐证现有技术抗辩，明显不能成立。中誉公司请求本院判令：（1）撤销原判；（2）九鹰公司停止生产、销售侵权产品，回收全部侵权产品并销毁；（3）九鹰公司赔偿中誉公司损失500万元；（4）九鹰公司承担本案一、二审诉讼费用。

被申请人九鹰公司辩称：（1）中誉公司已经在涉案专利无效宣告程序中通过意见陈述的方式将舵机驱动电路板上作为直线型电位器的倒流条明确限定为“银膜”，专利复审委员会据此认为权利要求3具有创造性而作出了维持涉案专利权利要求3有效的决定，即涉案专利权人已经通过实质修改权利要求从而放弃了除“银膜”外以其他导电材料作为导流条的技术方案。此外，专利权人已经在说明书中明确将直线型电位器的导流条限定为“银膜”，从而使得涉案专利权利要求3获得授权，这一限定性表述与其在无效宣告程序中的表述一致，构成了涉案专利权利要求3具有创造性的基础。（2）涉案专利的无效宣告程序与本案二审法院作出的民事判决属不同的法律事实或法律关系，且依据的证据材料不同。二审法院认定九鹰公司现有技术抗辩成立，并无错误。知产事务中心的《司法鉴定意见书》鉴定程序合法，鉴定结论正确，应予采信。“隐含推论”的鉴定方法符合相关法律法规的规定。九鹰公司请求本院驳回中誉公司的再审申请。

本院经审理查明：原一、二审法院查明的事实基本属实。

本院提审认为：本案当事人争议的焦点问题有：（1）专利复审委员会决定在权利要求3的基础上维持涉案专利权有效，是否导致禁止反悔原则的适用。（2）九鹰公司的现有技术抗辩是否成立。

关于第一个焦点问题。首先，禁止反悔原则的法理基础。诚实信用原则作为民法基本原则之一，要求民事主体信守承诺，不得损害善意第三人对其的合理信赖或正当期待，以衡平权利自由行使所可能带来的失衡。在

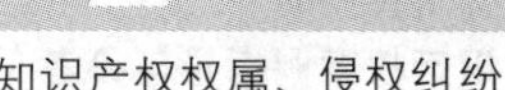

专利授权实践中，专利申请人往往通过对权利要求或说明书的限缩以便快速获得授权，但在侵权诉讼中又试图通过等同侵权将已放弃的技术方案重新纳入专利权的保护范围。为确保专利权保护范围的安定性，维护社会公众的信赖利益，专利制度通过禁止反悔原则防止专利权人上述“两头得利”情形的发生。故此，专利权人在专利授权或者无效宣告程序中，通过对权利要求、说明书的修改或者意见陈述而放弃的技术方案，权利人在侵犯专利权纠纷案件中又将其纳入专利权保护范围的，人民法院不应支持。

其次，禁止反悔原则的适用条件。一般情况下，只有权利要求、说明书修改或者意见陈述两种形式，才有可能产生技术方案的放弃，进而导致禁止反悔原则的适用。本案中，独立权利要求 1 及其从属权利要求 2 均被宣告无效，在权利要求 2 的从属权利要求 3 的基础上维持涉案专利有效。问题是权利要求 3 是否仅仅因此构成对其所从属的权利要求 1 ~ 2 的限制性修改。独立权利要求被宣告无效，在其从属权利要求的基础上维持专利权有效，该从属权利要求即实际取代了原独立权利要求的地位。但是，该从属权利要求的内容或者所确定的保护范围并没有因为原独立权利要求的无效而改变。因为，每一项权利要求都是单独的、完整的技术方案，每一项权利要求都应准确、完整地概括申请人在原始申请中各自要求的保护范围，而不论其是否以独立权利要求的形式出现。正基于此，每一项权利要求可以被单独地维持有效或宣告无效。每一项权利要求的效力应当被推定为独立于其他权利要求项的效力。即使从属权利要求所从属的权利要求被宣告无效，该从属权利要求并不能因此被认为无效。所以，不应当以从属权利要求所从属的权利要求被无效而简单地认为该从属权利要求所确定的保护范围即受到限制。本案原二审判决认为：从属权利要求 3 被维持有效的原因在于，在权利要求 1 中增加了从属权利要求 2 以及从属权利要求 3 记载的附加技术特征，这实质上就是修改权利要求 1，该认定有所不当。

再次，放弃的认定标准。专利权保护范围是由权利要求包含的技术特征所限定的，故专利权保护范围的变化，亦体现为权利要求中技术特征的变化。在专利授权或无效宣告程序中，专利权人主动或应审查员的要求，可以通过增加技术特征对某权利要求所确定的保护范围进行限制，也可以通过意见陈述对某权利要求进行限缩性解释。禁止反悔原则适用于导致专利权保护范围缩小的修改或者陈述。亦即，由此所放弃的技术方案。该放弃，通常是专利权人通过修改或意见陈述进行的自我放弃。但是，若专利复审委员会认定独立权利要求无效、在其从属权利要求的基础上维持专利权有效，且专利权人未曾作上述自我放弃，则在判断是否构成禁止反悔原则中的“放弃”时，应充分注意专利权人未自我放弃的情形，严格把握放弃的认定条件。如果该从属权利要求中的附加技术特征未被该独立权利要求所概括，则因该附加技术特征没有原始的参照，故不能推定该附加技术特征之外的技术方案已被全部放弃。本案中，九鹰公司称，因为权利要求1~2被宣告无效，而权利要求3是对其进一步限定，故权利要求1~2与权利要求3之间的“领地”被推定已放弃。本院认为，权利要求3中的“银膜”并没有被权利要求1~2所提及，而且，中誉公司在专利授权和无效宣告程序中没有修改权利要求和说明书，在意见陈述中也没有放弃除“银膜”外其他导电材料作为导流条的技术方案。因此，不应当基于权利要求1~2被宣告无效，而认为权利要求3的附加技术特征“银膜”不能再适用等同原则。

综上，专利复审委员会宣告涉案专利权利要求1~2、4~6无效，在权利要求3的基础上维持专利权有效，二审法院认为涉案专利权利要求3中的技术特征G实质是修改权利要求而增加的技术特征，该技术特征将导流条明确限定为银膜，应视为专利权人放弃了除“银膜”外其他导电材料作为导流条的技术方案，从而认定被诉侵权产品不构成等同侵权，存在错误，应予纠正。

关于第二个焦点问题。将被诉侵权技术方案与2005年第4期《航空模型》杂志所刊载的“LS系列比例控制舵机”技术方案相比对，其区别在于:（1）所述支架包括电机座；（2）所述电机设置于所述电机座内；（3）所述滑块底面设置有一电刷；（4）在所述含有舵机驱动电路的电路板上，印制有一条形碳膜和镀金铜条，且所述滑块底面上的电刷与该碳膜和镀金铜条相接触。对于区别技术特征（1）和（2），虽然从现有技术中未看出电机座，但使用电机座来固定电机是本领域的惯用手段，该两项技术特征

与被诉侵权技术没有实质性差异。对于区别技术特征（3），现有技术虽然没有披露该技术特征，但是在舵机的结构中，一般在滑块底部安装一个电刷作为电位器的滑动触点是本领域的惯用手段，且在《电位器基础及其应用》一书中也记载了一种具有电刷的电位器。因此，该项技术特征与被诉侵权技术没有实质性差异。对于区别技术特征（4），现有技术没有公开这一具体电路板结构，虽然《电位器基础及其应用》一书的图2－7（a）公开了一种电位器结构，包括导流条、条形电阻元件、陶瓷基体，但从图片来看，导流条不能对应被诉侵权技术方案中的镀金铜条，且其电阻元件和导流条是固定在陶瓷基体上的。然而被诉侵权产品没有独立的电位器，而是将碳膜和镀金铜条直接印制在驱动电路板上，其作用是提高舵机的集成度，简化舵机结构，从而减轻舵机重量，实现模型飞机的小型化。由此可见，该技术特征没有被对比技术公开，也不是本领域的普通技术人员基于公知常识能够从现有技术中直接或者毫无疑义得出的技术特征。因此，被诉侵权技术方案与现有技术方案具有实质性的不同，原二审判决依据知产事务中心的鉴定意见认定九鹰公司的现有技术抗辩成立，存在错误，应予纠正。

由于对被诉侵权技术方案与涉案专利的区别技术特征 g 与 G，双方当事人均认可属于等同的技术特征，且本案不适用禁止反悔原则，故被诉侵权技术方案已落入专利权的保护范围。又因九鹰公司的现有技术抗辩不能成立，故九鹰公司构成对涉案专利的侵犯，依法应当承担停止侵权的民事责任。因中誉公司未举证证明其所受损失以及九鹰公司因侵权所获利益，亦无专利许可费可以参照，故本院在综合考虑涉案专利系实用新型专利权、侵权行为持续时间有限、涉案专利在产品中的作用以及中誉公司为调查、制止侵权所支付的合理费用等因素的基础上，酌定本案的赔偿数额为20万元。因中誉公司未举证证明被诉侵权产品的库存、生产专用模具以及书面、网站宣传材料等情况，故对其相关诉讼请求，不予支持。

综上所述，原二审判决认定九鹰公司不构成对涉案专利权的侵犯，适用法律错误，应予纠正。依照2000年修正的《中华人民共和国专利法》第十一条第一款、《最高人民法院关于审理专利纠纷案件适用法律问题的若干规定》第二十一条、第二十二条以及《中华人民共和国民事诉讼法》第一百八十六条第一款、第一百五十三条第一款第（二）项的规定，判决如下：

一、撤销上海市高级人民法院（2010）沪高民三（知）终字第53号民事判决和上海市第二中级人民法院（2009）沪二中民五（知）初字第167号民事判决；

二、上海九鹰电子科技有限公司于本判决送达之日起15日内赔偿中誉电子（上海）有限公司经济损失20万元；

三、驳回中誉电子（上海）有限公司的其他诉讼请求。

如果未按本判决指定的期间履行给付金钱义务，应当依照《中华人民共和国民事诉讼法》第二百二十九条之规定，加倍支付迟延履行期间的债务利息。

一审案件受理费46800元，诉讼保全费5000元，司法鉴定费6万元，二审案件受理费人民币46800元，均由上海九鹰电子科技有限公司负担。

本判决为终审判决。

审　判　长　王永昌
代理审判员　李　剑
代理审判员　宋淑华

二〇一二年四月十二日

书　记　员　周睿隽

60. 中山市隆成日用制品有限公司与湖北童霸儿童用品有限公司侵害实用新型专利权纠纷案*

侵权人与权利人在前案调解协议中就再次侵权的赔偿数额作出约定后再次侵权的，人民法院可直接适用该约定确定侵权赔偿数额

【裁判摘要】

一、权利人与侵权人就侵权损害赔偿数额作出的事先约定，不构成权利人与侵权人之间的交易合同，故侵权人应承担的民事责任仅为侵权责任，不属于《中华人民共和国合同法》第一百二十二条规定的侵权责任与违约责任竞合的情形。

二、权利人与侵权人就侵权损害赔偿数额作出的事先约定，是双方就未来发生侵权时权利人因被侵权所受到的损失或者侵权人因侵权所获得的利益所预先达成的一种计算方法。在无法律规定无效等情形下，人民法院可直接以权利人与侵权人的事先约定作为确定侵权损害赔偿数额的依据。

---

* 摘自《最高人民法院公报》2015 年第 1 期。

最高人民法院民事判决书

（2013）民提字第116号

再审申请人（一审原告、二审上诉人）：中山市隆成日用制品有限公司。

法定代表人：黄英源，该公司董事长。

委托代理人：邓清征，广东金剑时空律师事务所律师。

被申请人（一审被告、二审上诉人）：湖北童霸儿童用品有限公司。住所地：湖北省汉川市城东开发区。

法定代表人：吴家文，该公司董事长。

委托代理人：陈建华，该公司工作人员。

委托代理人：孙才华，北京盈科（武汉）律师事务所律师。

再审申请人中山市隆成日用制品有限公司（以下简称隆成公司）因与被申请人湖北童霸儿童用品有限公司（以下简称童霸公司）侵害实用新型专利权纠纷一案，不服湖北省高级人民法院（2012）鄂民三终字第86号民事判决，向本院申请再审。本院于2013年4月2日作出（2013）民申字第12号民事裁定，提审本案。本院依法组成合议庭，于2013年10月17日公开开庭审理了本案。隆成公司的委托代理人邓清征，童霸公司的委托代理人陈建华、孙才华到庭参加诉讼。本案现已审理终结。

2011年5月，隆成公司向武汉市中级人民法院提起诉讼称：其是专利号为ZL 01242571.0，名称为“前轮定位装置”实用新型专利（以下简称涉案专利）的权利人。2008年4月，隆成公司曾以童霸公司侵犯涉案专利为由向武汉市中级人民法院提起诉讼，法院以（2008）武知初字第144号民事判决书判决童霸公司停止侵权并赔偿损失。童霸公司不服上述判决而提起上诉。二审期间，经法院主持调解，双方达成调解协议并由湖北省高级人民法院制作了（2009）鄂民三终字第42号民事调解书，其主要内容

为：童霸公司保证不再侵犯隆成公司的专利权，如发现一起侵犯隆成公司实用新型专利权的行为，自愿赔偿隆成公司人民币100万元。但童霸公司仍继续大规模地从事侵犯隆成公司涉案专利权的行为。（2009）中证内字第5846号公证书、（2010）中证内字第938号公证书，可证明童霸公司通过网络继续许诺销售，并实际生产、销售侵权产品。2009年10月23日至25日，童霸公司参加中国进出口商品交易会，展出侵权产品并大量派发载有侵权产品图片的产品宣传册。2010年3月，隆成公司通过湖北省汉川市公证处办理了相关侵权产品的购买公证。综上，隆成公司请求法院判令童霸公司赔偿隆成公司100万元并承担本案的诉讼费用。

童霸公司辩称：（2009）鄂民三终字第42号案件经湖北省高级人民法院调解结案后，隆成公司利用不正当手段到童霸公司取证。2011年3月，隆成公司派外商连同公证人员到童霸公司购买被控侵权产品。童霸公司的业务员告知对方，没有被控侵权产品，与隆成公司存在侵权纠纷，需等隆成公司的专利失效后再进行生产。但对方坚持订货，称先拿几个样品回去，等专利失效后再大批量订货生产。因此，童霸公司的业务员就向对方提供了几个样品。此外，隆成公司请求赔偿100万元没有法律依据。

武汉市中级人民法院一审查明：

（一）涉案专利权概况

涉案专利的申请日为2001年7月10日，授权日为2002年5月15日，年费缴纳至2011年7月10日。涉案专利的原权利人为中山隆顺日用制品有限公司，2004年7月30日，权利人变更为隆成公司。涉案专利权利要求书记载：（1）一种前轮定位装置，装设于婴儿车之前脚管末端，其特征在于，包括：垂直转轴，下端与前轮之轮轴结合，上端与该前脚管末端枢接并保持同轴转动的连接状态；及一控制前轮是否能够转向的卡掣机构，设置于前述垂直转轴上端与该前脚管末端之间。（2）如权利要求第1项所述之前轮定位装置，其特征在于：该前脚管末端具有一供该卡掣机构卡入后定位的定位孔。（3）如权利要求第1项所述之前轮定位装置，其特征在于：该卡掣机构包括：固定销及控制该固定销之升降或移动的升降机构。（4）如权利要求第3项所述之前轮定位装置，其特征在于；该升降机构为一对转盘，该转盘之间有一旋斜面，该转盘之一端与该固定销连接。(5)如权利要求第4项所述之前轮定位装置，其特征在于：该转盘之一侧设有便于旋转该转盘的把手。2008年8月11日，国家知识产权局专利复审委员会作出第12067号《无效宣告请求审查决定》，宣告涉案专利权利要求1~3项无效，在权利要求4、5的基础上维持涉案专利权继续有效。

(二) 指控侵权情况

2009年10月16日，隆成公司的委托代理人徐畅在广东省中山市公证处，由公证员蔡国华、陈剑波监督，从互联网进入阿里巴巴网站（http：//china. alibaba. com）页面，在该页面经搜索进入童霸公司网站（http：//chen980412. cn. alibaba. com/）并对该网站相关页面进行截屏，页面内容包括童霸公司简介和多种型号婴儿推车照片。广东省中山市公证处对上述过程出具了（2009）中证内字第5846号公证书。2010年2月24日，隆成公司委托代理人林雁英在广东省中山市公证处，由公证员蔡国华监督，从互联网进入童霸公司网站（http：//www. tongba888. cn），浏览童霸公司简介及多种型号婴儿推车照片，并进行截屏。广东省中山市公证处对上述过程出具（2010）中证内字第938号公证书。上述两公证书对童霸公司网站网页所作截屏，没有涉案被控侵权产品的内容。

2010年3月10日，湖北省汉川市公证处出具（2010）川证字第125号公证书，该公证书记载：公民林雁英称因工作需要，在童霸公司处购买了一箱童车，为防止争议，于2010年3月9日向湖北省汉川市公证处申请，对其从被告处取出童车的过程及箱内的童车拍照进行保全证据。当日，该公证处公证员蔡俊萍和公证工作人员徐娟与林雁英一起到童霸公司门前，林雁英从童霸公司处取出包装箱型号为TBT86－670#的童车一箱，该包装箱运至湖北省汉川市公证处开箱、拍照后封存。2010年3月9日，童霸公司向隆成公司出具由开票人陈利华签名的销售结算单一份，该结算单写明所售产品型号为TB86。

质证及庭审中，合议庭对湖北省汉川市公证处（2010）川证字第125号公证书封存的被控侵权童车进行了拆封，双方当事人对封存情况无异议。被控侵权童车的包装箱上显示型号为TBT85－670#，启封后包装箱内

没有被控侵权童车的说明书或合格证等任何资料，童霸公司当庭表示童车型号以包装箱内童车实物为准。启封后，隆成公司经比对认为被控侵权产品完全落入了涉案专利权的保护范围，童霸公司认可隆成公司的比对意见。

（三）相关案件处理情况

2008 年 4 月 2 日，隆成公司以童霸公司侵害其涉案专利权为由，向武汉市中级人民法院提起民事诉讼。2009 年 6 月 16 日，武汉市中级人民法院作出（2008）武知初字第 144 号民事判决书，判决：一、童霸公司立即停止制造、许诺销售、销售侵犯隆成公司“前轮定位装置”实用新型专利权的 B858C－B 型手推车产品，并清除童霸公司网站与产品宣传册上关于该型号手推车产品的宣传内容；二、童霸公司赔偿隆成公司 8 万元；三、驳回隆成公司其他诉讼请求。童霸公司不服该判决，提起上诉。2009 年 9 月 2 日，湖北省高级人民法院以（2009）鄂民三终字第 42 号民事调解书调解结案，调解协议的内容为：（1）童霸公司于调解协议签字之日起立即停止制造、许诺销售、销售 B858C－B 型号童车产品，清除童霸公司网站上关于该型号童车产品的图片及产品宣传册中关于该型号童车产品的文字与图片介绍，并保证不再侵犯隆成公司的专利权。如发现一起侵犯隆成公司外观设计专利权的行为，童霸公司自愿赔偿人民币 50 万元，如发现一起侵犯隆成公司实用新型专利权的行为，童霸公司自愿赔偿人民币 100 万元；（2）童霸公司于调解协议签字之日起 10 日内赔偿隆成公司经济损失 55000 元，并支付隆成公司垫付的一审案件受理费 3300 元、证据保全费 30 元；（3）双方均放弃基于本案事实的其他诉讼请求。

（四）其他事实

一审庭审中，隆成公司明确本案依据专利侵权诉讼起诉，不选择合同违约之诉，但侵权赔偿数额请求按双方约定的违约金标准计算。

武汉市中级人民法院一审认为：本案争议焦点为：隆成公司是否享有涉案专利的专利权；童霸公司是否实施了侵权行为；如何确定童霸公司的民事责任。

（一）隆成公司是否享有涉案专利的专利权

“前轮定位装置”（专利号为 ZL01242571.0）实用新型专利的专利权人原系中山隆顺日用制品有限公司，2004 年 7 月 30 日变更为隆成公司。2008 年 8 月 11 日，国家知识产权局专利复审委员会作出第 12067 号《无效宣告请求审查决定》，宣告涉案专利权利要求 1～3 项无效，在权利要求 4、5 的基础上维持涉案专利权继续有效。涉案专利申请日是 2001 年 7 月 10 日，年费缴纳至 2011 年 7 月 10 日，本案公证证明的侵权时间为 2010 年 3 月 9 日，在涉案专利有效期内。因此，涉案专利的第 4、5 项权利要求在本案中受法律保护。

（二）童霸公司是否实施了侵权行为

湖北省汉川市公证处出具（2010）川证字第 125 号公证书证明，2010 年 3 月 9 日公民林雁英从童霸公司处取出包装箱型号为 TBT85－670#的童车一箱，当日童霸公司出具销售结算单一份，且质证及庭审中童霸公司称隆成公司曾带外商来购买被控侵权童车，承认隆成公司所指控的侵权童车由童霸公司销售。鉴于童霸公司的生产经营性质、生产能力，及对产品的宣传介绍，结合本案其他证据，一审法院认定童霸公司存在生产、销售被控侵权产品的行为。关于隆成公司指控侵权产品的型号，（2010）川证字第 125 号公证书证明，林雁英从童霸公司处取出童车的包装箱型号为 TBT85－670#，但童霸公司出具的销售结算单上写明型号为 TB86，双方当事人为童车型号发生分歧。一审庭审中，启封勘验公证封存的被控侵权童车，包装箱内没有说明书或合格证等能够说明童车型号的资料，童霸公司当庭表示童车的型号以包装箱内的童车实物为准，一审法院将童车实物与童霸公司的产品宣传册比对，童车实物与宣传册上的 TBT86 型号产品一致，故认定侵权公证封存的童车型号为 TBT86。

庭审中将涉案专利权利要求与被控侵权 TBT86 型号童车进行比对，TBT86 型号童车的技术方案体现了涉案专利权利要求第 4、5 项所记载的全部必要技术特征，且童霸公司对被控侵权产品落入涉案专利保护范围没有异议，也未提交证据证明其有法定的免责事由，因此，童霸公司生产、销售的 TBT86 型号童车侵害了隆成公司享有的涉案专利权，应依法承担相应民事责任。

关于隆成公司指控童霸公司许诺销售问题，隆成公司提交（2009）中证内字第 5846 号公证书、（2010）中证内字第 938 号公证书及光盘、中国进出口商品交易会《参展商名录》《产品宣传册》，用以证明童霸公司有许诺销售行为。经审查，上述两份公证书所作童霸公司网站网页截屏及《参展商目录》没有被控侵权童车内容，仅《产品宣传册》上有若干童车照片及简要文字介绍，无法对童车的形状、构造及其结合方式等技术特征与涉案专利的权利要求进行比对，因此，隆成公司关于童霸公司许诺销售被控侵权产品的主张，证据不足，不予支持。

（三）如何确定童霸公司的民事责任

隆成公司当庭明确本案系侵权之诉，要求童霸公司承担侵权赔偿责任，赔偿标准以双方在（2009）鄂民三终字第 42 号民事调解书中的约定为准。一审法院认为，侵权民事责任与违约民事责任的事实基础和法律基础不同，产生于不同的法律关系。《中华人民共和国合同法》第一百二十二条规定，因当事人一方的违约行为，侵害对方人身、财产权益的，受损害方有权选择依照合同法要求其承担违约责任或者依照其他法律要求其承担侵权责任。本案中隆成公司既然明确选择对被控侵权行为提起侵权之诉，就应根据侵权责任法确定赔偿数额。隆成公司关于本案为侵权之诉，赔偿标准以（2009）鄂民三终字第 42 号民事调解书的约定为准，与《中华人民共和国合同法》的上述规定相冲突，不予支持。本案中因隆成公司主张侵权之诉，导致童霸公司不能就违约之诉的违约事实及违约金是否过高提出抗辩，违约之诉也无法纳入法庭调查和辩论的范围。法院出具的调解书是对当事人已发生的行为所产生的责任的约定，并不具有对将来未发生行为的责任进行预判及强制执行的效力，如发生调解书中当事人约定的于将来发生的违约情形，该违约条款仍需当事人按《中华人民共和国合同法》的相关规定另行诉讼，并经人民法院确定违约的事实及区分违约情节后判定违约责任。本案中，在隆成公司未主张违约之诉的情况下，法院无须就当事人双方是否有违约行为及违约责任作出判断，故不宜简单适用当事人约定的违约赔偿金，本案赔偿数额仍应根据童霸公司侵权行为的性质，依据《中华人民共和国专利法》关于法定赔偿的规定加以确定。童霸公司关于隆成公司主张赔偿100万元依据不足的抗辩理由成立。

隆成公司在本案中没有提交证据证明其实际损失或童霸公司的侵权获利，一审法院依法适用法定赔偿。考虑涉案专利权现已到期，前轮定位装置在被控侵权童车整车中属辅助部件之一，整车售价不高，销售数量无法确定，且隆成公司亦认可在国内市场无法购买到被控侵权童车等因素，同时结合童霸公司系再次侵权，一审法院确定在前案判赔数额的基础上适当加重对童霸公司的赔偿处罚力度。

综上，一审法院判决：一、童霸公司赔偿隆成公司14万元；二、驳回隆成公司的其他诉讼请求。案件受理费13800元，财产保全费5000元，共计18800元，由童霸公司负担。

隆成公司不服一审判决，向湖北省高级人民法院提起上诉，请求撤销一审判决，并依法改判。理由为：（1）一审法院未认定童霸公司的许诺销售行为，属于事实认定错误；（2）一审法院未适用（2009）鄂民三终字第42号民事调解书中双方约定的赔偿标准，属于适用法律错误。

童霸公司亦不服一审判决，向湖北省高级人民法院提起上诉，请求撤销一审判决，并依法改判。理由为：（1）一审法院关于童霸公司生产、销售被控侵权产品的事实认定，没有依据；（2）一审法院将产品宣传册上载明的TBT86型号的童车与公证购买的童车实物相比较，以此认定公证购买的童车就是TBT86型号，该认定不当；（3）一审法院判赔14万元不符合《中华人民共和国专利法》规定。（4）一审法院判决童霸公司承担全部案件受理费有失公平。

湖北省高级人民法院二审查明：一审查明的事实属实，依法予以确认。另查明，2010年3月9日，隆成公司为购买涉案TBT86型号童车产品支付260元。

湖北省高级人民法院二审认为：结合双方当事人上诉请求、理由，本案二审争议焦点为：童霸公司与隆成公司签订调解协议后是否实施了涉案侵权行为；如何确定童霸公司的民事责任。

（一）童霸公司与隆成公司签订调解协议后是否实施了涉案侵权行为

2009 年 9 月 2 日，涉案双方签订调解协议。调解协议签订后，隆成公司指控童霸公司存在的侵权事实或行为包括三个方面：一是 2009 年 10 月 23 日至 25 日，在中国进出口产品交易会上展出侵权产品并派发相关产品宣传册；二是通过网络许诺销售侵权产品；三是 2010 年 3 月再次对侵权行为进行调查取证，并通过公证处办理了被控侵权产品的实物公证。

隆成公司在一审中提交了 4 份证据用于证明童霸公司存在许诺销售行为，即（2009）中证内字第 5846 号公证书、（2010）中证内字第 938 号公证书、《参展商名录》《产品宣传册》。经查，上述两份公证书所作网页截屏没有被控侵权童车内容，且提交的网页图片本身不够清晰；《参展商名录》仅有童霸公司名称；《产品宣传册》仅有 TBT86 童车的一幅照片及简要文字介绍，且其来源不明、印刷时间不详。故一审对隆成公司指控的许诺销售行为不予认定，具有事实依据。

隆成公司在一审中提交的证据（2010）川证字第 125 号公证书及销售结算单，用于证明童霸公司存在生产、销售被控侵权产品行为。经查：（2010）川证字第 125 号公证书载明“取出童车一箱”，其包装箱外侧部显示“ITEMNO. TBT85 – 670#”，外包装箱上未标明具体生产日期。同时，销售结算单上标明的一款品名为“TB86”，另一款则不清晰。一审将公证购买的童车与童霸公司产品宣传册的相关产品型号比对，实际与“TBT86”型号产品一致。据此，至少可以认定童霸公司在 2010 年 3 月 9 日提供给隆成公司的童车型号中有一款型号系 TBT86，但该款产品的具体生产时间并不明确。由于双方当事人达成调解协议的时间为 2009 年 9 月 2 日，故隆成公司提交的现有证据并不能证明童霸公司在签订调解协议之后实施了生产侵权行为。

虽然隆成公司公证购买的 TBT86 型号童车产品的具体生产时间并不明确，但隆成公司为此支付了 260 元的对价，且童霸公司出具了相应的销售结算单。同时，基于童霸公司之前在调解协议中的自愿保证，其对自身涉案行为应有较为明确的认知，故可认定童霸公司存在销售被控侵权产品的行为。

综上，童霸公司存在销售被控侵权产品的行为，但无证据证明其存在生产、许诺销售行为。一审法院认定公证封存的被控侵权童车型号为TBT86，将其与涉案专利进行比对，并判定其落入涉案专利权保护范围，具有事实和法律依据。

（二）如何确定童霸公司的民事责任

双方当事人曾因专利侵权纠纷在人民法院的主持下达成调解协议，协议约定赔偿经济损失的条件是童霸公司存在新的侵权行为。因此，侵权行为成立与否是本案双方当事人权利义务关系的基础，而不能直接以调解协议的内容作为双方权利义务关系的基础。

2009 年 9 月 2 日，童霸公司与隆成公司在涉案专利侵权的前案中达成调解协议，该案的被控侵权童车产品型号为 B858C - B，协议约定："如发现一起侵犯隆成公司外观设计专利权的行为，童霸公司自愿赔偿人民币 50 万元，如发现一起侵犯隆成公司实用新型专利权的行为，童霸公司自愿赔偿人民币 100 万元。"就该协议内容而言，由于其具体针对的被控侵权产品型号为 B858C - B，而非本案被控侵权产品 TBT86，故在被控侵权产品型号不相同的情况下，前述调解协议中约定的赔偿数额不能适用于本案。并且，现有证据仅表明童霸公司存在销售侵权行为，因此，专利侵权赔偿数额的确定不能忽略本案的实际情况，特别是涉案专利部分在整车中的价值份额，以及被控侵权产品本身并未进入市场销售，不管是国内市场还是国外市场；而且，并无任何直接证据显示童霸公司存在隆成公司诉称的"仍然大规模、不间断地从事侵犯涉案专利权的行为"。故一审法院依据《中华人民共和国专利法》第六十五条的规定酌定童霸公司赔偿隆成公司经济损失 14 万元，符合本案实际。隆成公司要求直接按照调解书的约定确定赔偿数额，其事实和法律依据不足，法院不予支持。

关于一审案件受理费的负担问题。《诉讼费用交纳办法》第二十九条规定，诉讼费用由败诉方负担，胜诉方自愿承担的除外。部分胜诉、部分败诉的，人民法院根据案件的具体情况决定当事人各自负担的诉讼费用数额。一审法院根据本案的具体情况，在认定童霸公司侵权事实成立的情况

下，决定由童霸公司负担本案全部案件受理费，具有事实和法律依据。童霸公司关于一审法院判决其承担全部案件受理费有失公平的上诉理由不能成立。

综上，隆成公司的上诉请求及理由均不能成立，依法予以驳回。童霸公司关于其未在调解协议签订后再生产被控侵权产品的理由成立，一审法院对此认定有误，依法予以纠正；童霸公司的其他上诉请求及理由不能成立，依法予以驳回。一审判决认定事实清楚，适用法律正确，实体处理并无不当，依法应予维持。二审法院判决：驳回上诉，维持原判。二审案件受理费13800元，由隆成公司负担11040元，童霸公司负担2760元。

隆成公司不服二审判决，向本院申请再审称：（1）二审法院认定事实错误。①童霸公司没有否认被控侵权产品系其生产的事实，二审法院对此认定错误。②童霸公司许诺销售被控侵权产品的事实清楚，二审法院对此认定错误。（2）二审法院适用法律错误。①二审法院未适用（2009）鄂民三终字第42号民事调解书约定的赔偿标准，属于适用法律错误。本案作为专利侵权纠纷，一审法院在认定民事赔偿责任的承担时，引用《中华人民共和国合同法》第一百二十二条的规定，并认为按照（2009）鄂民三终字第42号民事调解书的约定来确定本案赔偿数额，与合同法的规定相冲突，因此不予支持。二审法院亦没有纠正一审法院的该项错误。《中华人民共和国专利法》第六十五条规定的前三种赔偿数额确定方式，均依赖于诉讼中当事人单方提供的证据，而本案中的民事调解书是双方意思表示一致的司法确认。本案适用民事调解书确定赔偿责任，不会与专利法、合同法的规定发生冲突。②二审法院以本案被控侵权产品型号“TBT86”与调解书中所涉侵权产品型号“B858C－B”不同为由，否定调解书约定赔偿标准的适用，属于明显错误。相对于前案，只要有证据证明童霸公司再次实施了侵权行为，调解书约定赔偿的条件就已成就。隆成公司依据《中华人民共和国民事诉讼法》第二百条第二项、第六项的规定申请再审，请求本院依法撤销一审、二审判决，改判支持其一审提出的诉讼请求，并判决童霸公司承担本案诉讼费用。

童霸公司提交意见称：（1）二审法院认定事实清楚。①二审法院认定童霸公司没有实施生产被控侵权产品的行为，认定事实清楚。②二审法院认定童霸公司没有实施许诺销售被控侵权产品的行为，认定事实清楚。（2）二审法院适用法律正确。①人民法院有权依据合同法第一百二十二条规定的责任竞合的处理原则，判断本案应否采纳调解书确定的赔偿计算方法，二审法院适用法律正确。本案是隆成公司提起的侵权诉讼，应依侵权法规定的赔偿方式确定赔偿数额。当侵权责任与违约责任竞合时，隆成公司可选择侵权之诉或违约之诉进行维权，但其选择侵权之诉后，就不能再依据调解书提出违约赔偿请求。隆成公司要求按照调解书约定的赔偿数额计算方法确定本案赔偿责任，其实质就是在侵权诉讼中主张违约责任，违反了民事责任竞合的处理原则。②专利法没有就事先约定赔偿作出规定，一审、二审法院依据《中华人民共和国专利法》第六十五条规定的法定赔偿方式确定赔偿数额，同时，在适用法定赔偿时考虑了童霸公司再次侵权的主观过错等因素，适当加重了对童霸公司的赔偿制裁力度，判决确定的赔偿数额合理适当，适用法律正确。（3）二审法院因本案被控侵权产品型号与调解书所涉侵权产品型号不同，进而认定调解书中约定的赔偿数额不能适用于本案，认定事实清楚，适用法律正确。

本院审理查明，原一、二审法院查明的事实基本属实，本院予以确认。

本院另查明：

（一）在先案件与民事调解书的情况

2008 年 4 月，隆成公司以童霸公司生产、销售的婴儿车侵犯隆成公司的专利权为由，向武汉市中级人民法院提起三个诉讼。

隆成公司诉童霸公司侵犯“婴儿车收合关节”外观设计（专利号为 ZL 02322197.6）一案，涉案侵权产品为 D900 型号婴儿车，武汉市中级人民法院作出（2008）武知初字第 143 号民事判决，认定侵权成立，判决童霸公司停止侵权并承担赔偿责任。宣判后，双方当事人均未上诉。

隆成公司诉童霸公司侵犯“婴儿车可单手收合结构”实用新型专利（专利号为 ZL 00228933.4）一案，涉案侵权产品为 D900 型号婴儿车，武汉市中级人民法院作出（2008）武知初字第 142 号民事判决：认定侵权成立，判决童霸公司停止侵权并承担赔偿责任。童霸公司不服一审判决，向

湖北省高级人民法院提起上诉。二审期间，当事人自愿达成调解协议，其主要内容为:（1）童霸公司于调解协议签字之日起立即停止制造、许诺销售、销售 D900 型号婴儿车产品，清除童霸公司网站上该型号婴儿车产品的图片及产品宣传册中对该型号产品的介绍，并保证不再侵犯隆成公司的专利权，如发现一起侵犯隆成公司外观设计专利权的行为，童霸公司自愿赔偿人民币 50 万元，如发现一起侵犯隆成公司实用新型专利权的行为，童霸公司自愿赔偿人民币 100 万元；（2）童霸公司于调解协议签字之日起 10 日内赔偿隆成公司经济损失 55000 元，并支付隆成公司垫付的一审案件受理费 3300 元、证据保全费 30 元；（3）双方均放弃基于本案事实的其他诉讼请求。湖北省高级人民法院对该调解协议进行审查确认后，于 2009 年 9 月 2 日制作（2009）鄂民三终字第 41 号民事调解书。

隆成公司诉童霸公司侵犯“前轮定位装置”实用新型专利（专利号为 ZL 01242571.0）一案，涉案侵权产品为 B858C－B 型号婴儿车，武汉市中级人民法院作出（2008）武知初字第 144 号民事判决：认定侵权成立，判决童霸公司停止侵权并承担赔偿责任。童霸公司不服一审判决，向湖北省高级人民法院提起上诉。二审期间，当事人自愿达成调解协议，除涉及的侵权婴儿车产品型号由 D900 变化为 B858C－B 外，其内容与（2009）鄂民三终字第 41 号民事调解书确认的调解协议的内容一致。湖北省高级人民法院对该调解协议进行审查确认后，于 2009 年 9 月 2 日制作（2009）鄂民三终字第 42 号民事调解书。

（二）调解协议解释的有关情况

就调解协议“如发现一起侵犯隆成公司实用新型专利权的行为，童霸公司自愿赔偿人民币 100 万元”这一约定，隆成公司在本院庭审中主张，“一起侵犯隆成公司实用新型专利权的行为”是指侵犯隆成公司一项实用新型专利权的行为，既不限于前案中特定型号的侵权产品，也不限于前案中所涉的实用新型专利权，若侵犯“几项”实用新型专利权，就构成“几起”侵权行为；童霸公司在提交给本院的书面答辩意见中主张，“一起侵犯隆成公司实用新型专利权的行为”，是针对前案特定型号侵权产品的有关侵权行为，后在本院庭审中主张，按调解协议的字面理解，有关侵权行为应不限于前案特定型号的侵权产品，案外其他产品如构成侵犯实用新型专利权，同样满足调解协议约定的条件。

本院认为：结合本案再审申请人的申请再审理由和被申请人的答辩意见，本案的争议焦点在于：童霸公司在调解协议签订后是否实施了制造、许诺销售被控侵权产品的行为；如何确定童霸公司的赔偿责任。

（一）童霸公司在调解协议签订后是否实施了制造被控侵权产品的行为

在一审程序中，隆成公司为证明童霸公司再次实施了制造被控侵权产品的行为，向法院提交了（2010）川证字第125号公证书、童霸公司出具的销售结算单以及公证封存的被控侵权产品。由于（2010）川证字第125号公证书与销售结算单仅能证明童霸公司销售被控侵权产品的时间为2010年3月9日，无法证明童霸公司制造被控侵权产品的时间，而一审庭审勘验结果亦不能证明童霸公司在调解协议签订之后实施了制造被控侵权产品的行为，故依据《中华人民共和国民事诉讼法》第六十四条第一款以及《最高人民法院关于民事诉讼证据的若干规定》第二条第一款、第二款的规定，二审法院关于无证据证明童霸公司在调解协议签订后实施制造被控侵权产品行为的认定，并无不当。隆成公司该项申请再审理由不能成立，本院不予支持。

（二）童霸公司在调解协议签订后是否实施了许诺销售被控侵权产品的行为

在一审程序中，隆成公司为证明童霸公司再次实施了许诺销售被控侵权产品的行为，向法院提交了（2009）中证内字第5846号公证书、（2010）中证内字第938号公证书、《中国进出口商品交易会参展商名录》以及童霸公司的《产品宣传册》。

由于（2009）中证内字第5846号公证书、（2010）中证内字第938号公证书所作网页截屏没有本案被控侵权产品TBT86婴儿车的相关内容，《中国进出口商品交易会参展商名录》上仅列有童霸公司的名称、地址与联系方式，并无产品信息，故上述证据不能证明童霸公司实施了许诺销售

被控侵权产品的行为。

关于证据《产品宣传册》，童霸公司在一审质证程序中对该份证据的真实性、合法性、关联性均无异议。据此，一审法院在庭审中将公证封存的婴儿车实物与《产品宣传册》上的婴儿车图片进行比对，从而确定了本案被控侵权产品为TBT86；但另一方面，一审法院又认为，“《产品宣传册》上仅有若干童车照片及简要文字介绍，无法对童车的形状、构造及其结合方式等技术特征与涉案专利的权利要求进行比对”，进而对童霸公司的许诺销售侵权行为不予认定，前后说理存在自相矛盾之处。就此问题，二审法院认为，“《产品宣传册》来源不明、印刷时间不详”，故对童霸公司的许诺销售侵权行为不予认定。本院认为：第一，由于一审法院已在庭审中将公证封存的婴儿车实物与《产品宣传册》上的婴儿车图片进行比对，并据此确定本案被控侵权产品为TBT86，故可以认定《产品宣传册》包含有被控侵权产品的销售推广信息；第二，童霸公司对《产品宣传册》的质证意见显示，其对《产品宣传册》的真实性、合法性、关联性均无异议，故“来源不明”的判理不能成立；第三，《产品宣传册》的印刷时间，对于本案认定童霸公司是否在调解协议签订后实施许诺销售被控侵权产品的行为，不具有法律意义，即使印刷时间在调解协议签订前，也不影响将调解协议签订后传播、散发《产品宣传册》的行为认定为许诺销售。因此，结合一审法院庭审中的勘验比对情况与童霸公司对《产品宣传册》的质证意见，可以认定童霸公司在调解协议签订后实施了许诺销售被控侵权产品的行为。隆成公司该项申请再审理由成立，应予支持。二审法院对此认定错误，本院予以纠正。

（三）如何确定童霸公司的赔偿责任

1. 关于双方在前案中达成的调解协议的效力

由于调解协议系双方自愿达成，其内容仅涉及私权处分，不涉及社会公共利益、第三人利益，也不存在法律规定的其他无效情形，且湖北省高级人民法院对调解协议进行审查确认后制作了民事调解书，故双方在前案中达成的调解协议合法有效。

2. 关于本案能否适用双方在调解协议中约定的赔偿数额确定方法

首先，本院认为，本案中童霸公司应承担的民事责任，不属于侵权责任与违约责任竞合之情形。《中华人民共和国合同法》第一百二十二条所规定的侵权与违约责任的竞合，其法律要件是“因当事人一方的违约行为，侵害对方人身、财产权益”。就该规定来看，违约责任与侵权责任发生竞合的前提是当事人双方之间存在一种基础的交易合同关系。基于该交易合同关系，一方当事人违反合同约定的义务，该违约行为侵害了对方权益而产生侵权责任。因此，该规定中的违约行为应当是指对基础交易合同约定义务的违反，且该违约行为同时侵害了对方权益，而不是指对侵权行为发生之后当事人就如何承担赔偿责任所作约定的违反。《中华人民共和国合同法》第一百二十二条中的违约行为与侵权行为是同一法律行为，而一方的侵权行为与侵权行为发生后双方对赔偿责任计算方式和数额的约定则是两个法律行为。就调解协议的内容来看，该协议并非隆成公司与童霸公司之间的基础交易合同，而是对侵权行为发生后如何承担侵权赔偿责任（包括计算方法和数额）的约定。因此，本案中童霸公司应承担的民事责任，不属于《中华人民共和国合同法》第一百二十二条规定的侵权责任与违约责任竞合的情形。

其次，应当明确，本案中童霸公司应承担的民事责任系侵权责任。一方面，前已述及隆成公司与童霸公司之间并不存在基础合同关系；另一方面，调解协议的法律意义与效果，不在于对童霸公司的合同交易义务作出约定，而在于对侵权责任如何承担作出约定。即使没有调解协议，童霸公司基于法律规定也同样负有不侵权的义务。当事人双方将童霸公司将来侵权行为发生后的具体赔偿方法和数额写进调解协议，只是为了便于进一步约定当童霸公司再次侵权时其侵权责任应如何承担。

最后，《中华人民共和国侵权责任法》《中华人民共和国专利法》等法律，并未禁止被侵权人与侵权人就侵权责任的方式、侵权赔偿数额等预先作出约定；这种约定的法律属性，可认定为双方就未来发生侵权时权利人因被侵权所受到的损失或者侵权人因侵权所获得的利益，预先达成的一种简便的计算和确定方法。本院认为，基于举证困难、诉讼耗时费力不经济等因素的考虑，双方当事人在私法自治的范畴内完全可以对侵权赔偿数额作出约定，这种约定既包括侵权行为发生后的事后约定，也包括侵权行为

发生前的事先约定。因此，本案适用调解协议中双方约定的赔偿数额确定方法，与《中华人民共和国专利法》第六十五条的有关规定并不冲突。值得注意的是，《最高人民法院关于审理著作权民事纠纷案件适用法律若干问题的解释》第二十五条第三款规定，双方当事人基于权利人的实际损失或者侵权人的违法所得，就赔偿数额达成协议的，法院应当准许。该规定即为法院对当事人就涉案侵权责任赔偿数额作出的“事后约定”的认可。

综上，本案可以适用隆成公司与童霸公司在调解协议中约定的赔偿数额确定方法。

3. 关于本案如何适用双方在调解协议中约定的赔偿数额确定方法

本案具体如何适用调解协议中约定的赔偿数额确定方法，取决于对调解协议中“如发现一起侵犯隆成公司实用新型专利权的行为，童霸公司自愿赔偿人民币 100 万元”这一约定内容的解释。根据本院查明的事实，(2009) 鄂民三终字第 41 号民事调解书与（2009）鄂民三终字第 42 号民事调解书所涉案件均为侵害实用新型专利权案，但在调解协议中却同时包含童霸公司不得再侵害隆成公司外观设计与实用新型专利权的内容，结合隆成公司与童霸公司之间曾发生多起侵害专利权纠纷案件，以及本院庭审中双方当事人就这一问题发表的意见等相关情况，可以认定调解协议中关于童霸公司不得再实施侵权行为以及相应赔偿数额的约定为一揽子约定，即：第一，上述约定中的“一起侵权行为”，不限于前案中所涉特定型号的侵权婴儿车；第二，上述约定中的“一起侵权行为”，不限于前案中所涉的专利权；第三，上述约定中的“一起侵权行为”，是指侵害隆成公司一项专利权的行为。因此，童霸公司在本案中应当赔偿隆成公司 100 万元。隆成公司该项申请再审理由成立，应予支持。二审法院就童霸公司的赔偿责任如何确定这一问题适用法律错误，应予纠正。

综上所述，本院认为：二审判决认定童霸公司在调解协议签订后未实施许诺销售侵权行为，认定事实错误，应予纠正；二审判决酌定童霸公司赔偿隆成公司 14 万元，适用法律错误，应予纠正。依据《中华人民共和国专利法》第六十五条第一款、《中华人民共和国民事诉讼法》第二百零七条第一款、第一百七十条第一款第二项的规定，判决如下：

一、撤销湖北省高级人民法院（2012）鄂民三终字第 86 号民事判决和湖北省武汉市中级人民法院（2011）武知初字第467号民事判决；

二、湖北童霸儿童用品有限公司于本判决送达之日起15日内赔偿中山市隆成日用制品有限公司经济损失100万元。

如果未按本判决指定的期间履行给付金钱义务，应当依照《中华人民共和国民事诉讼法》第二百五十三条之规定，加倍支付迟延履行期间的债务利息。

一审案件受理费13800元及财产保全费5000元，二审案件受理费13800元，均由湖北童霸儿童用品有限公司负担。

本判决为终审判决。

审　判　长　王　闯
代理审判员　朱　理
代理审判员　何　鹏

二〇一三年十二月七日

书　记　员　刘海珠

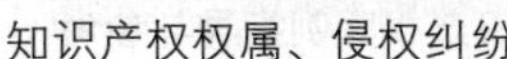

61. 谢奇与株洲市芦淞区土地开发公司等侵犯实用新型专利权纠纷案*

▶ 专利侵权诉讼中被告提出宣告专利无效的法院应视情况决定是否中止审理

【案情简介】

上诉人：谢奇

上诉人：胡壮

上诉人：株洲芙蓉建设集团富安建筑工程有限公司（以下简称富安建筑公司）

被上诉人：株洲市芦淞区土地开发公司（以下简称土地开发公司）

湖南省株洲市中级人民法院一审审理查明：谢奇2001年9月18日向国家知识产权局申请了名为“彩色艺术围栏”的实用新型专利，该专利于2002年5月29日获得授权，专利号为ZL01249714.2，该专利至今仍处于有效状态。该专利权利要求1记载的内容为：一种彩色艺术围栏，它用钢筋混凝土制成基座、艺术栅栏柱、栅栏杆，其特征是基座为长方形条状，栅栏杆为葫芦瓶杆状，基座上设有若干个与栅栏柱、葫芦栅栏杆相对称的固定洞孔，艺术栅栏柱、葫芦栅栏杆固设在上面，在栅栏柱、葫芦栅栏杆上端中间设有连接孔，靠连杆与之串接。

2008年11月19日，土地开发公司与富安建筑公司

---

* 摘自《知识产权审判与指导》2012年第1辑（总第19辑），人民法院出版社2012年版，第171～175页。

签订《枫溪苑生态环保艺术栅栏施工合同》，土地开发公司将其开发的位于株洲市芦淞区枫溪苑生态住宅项目的环保艺术围栏工程发包给富安建筑公司施工。工程承包方式为：以包工包料方式按335元/米大包干（含税金）。次日，富安建筑公司与胡壮投资的株洲鼎力艺术构件厂（个人独资企业）签订《购销合同》，就枫溪苑小区外围围栏生产及安装约定如下：富安建筑公司以115元/米的价格购买株洲鼎力艺术构件厂生产的围栏构件，株洲鼎力艺术构件厂负责将围栏构件运输至工地并完成安装施工。合同签订后，被诉侵权围栏的施工由株洲市鼎力艺术构件厂完成围栏构件的生产与安装，富安建筑公司负责基座部分的施工，被诉侵权围栏经验收长度为420米。

2010年1月21日，谢奇向株洲市国信公证处申请证据保全公证，对土地开发公司的围栏现有状况进行拍照，根据株洲市国信公证处（2010）株证内字第00330号公证书所附照片，被诉侵权围栏具有以下技术特征：(1)围栏有钢筋混凝土制成的基座、栅栏柱、栅栏杆；（2）基座为长条形，栅栏杆为不规则起伏状；（3）栅栏柱、栅栏杆设在基座上；（4）栅栏柱、栅栏杆中间设有连接孔、靠连杆与之串接。原告谢奇为制止侵权行为支付了公证费1100元、查询服务费40元，共计1140元。

在本案审理过程中，胡壮于2010年7月22日对本案涉案专利向专利复审委员会提出无效宣告请求，已被受理。之后，胡壮以此为由向一审法院申请中止诉讼，一审法院以“被告在答辩期届满后请求宣告专利权无效的，人民法院不应当中止诉讼”为由，于同年8月2日驳回其申请。

湖南省高级人民法院二审审理期间，国家知识产权局专利复审委员会于2010年12月8日以第15706号《无效宣告请求审查决定书》宣告谢奇的第01249714.2号彩色艺术围栏实用新型专利权全部无效。

【法院裁判】

湖南省株洲市中级人民法院一审审理认为：富安建筑公司、胡壮未经专利权人许可，实施谢奇专利，侵犯其实用新型专利权，应当承担停止侵权、赔偿损失的民事责任。一审判决：一、株洲芙蓉建设集团富安建筑工程

有限公司、胡壮立即停止继续制造侵犯谢奇第ZL01249714.2号实用新型专利权的艺术围栏；二、株洲芙蓉建设集团富安建筑工程有限公司、胡壮在本判决书生效后10日内连带赔偿谢奇经济损失（含制止侵权的合理开支）6万元；三、驳回谢奇的其他诉讼请求。

湖南省高级人民法院二审审理认为：根据《中华人民共和国专利法》第四十七条的规定，宣告无效的专利权视为自始即不存在，谢奇在本案中据以主张权利的是其第01249714.2号彩色艺术围栏实用新型专利，现该专利权被依法宣告无效，谢奇据以提起诉讼的权利基础丧失，对其起诉应依法予以驳回。依照《中华人民共和国民事诉讼法》第一百零八条、第一百四十条第（三）项、《最高人民法院关于适用〈中华人民共和国民事诉讼法〉若干问题的意见》第一百八十六条的规定，二审裁定：一、撤销一审民事判决；二、驳回谢奇的起诉。本案案件受理费按照国务院《诉讼费用交纳办法》第八条第二款的规定不予收取，谢奇等预交的一、二审案件受理费予以退还。

【法官评述】

本案涉及在司法实践中如何处理专利侵权与专利确权的关系问题。在一审审理过程中，胡壮对本案涉案专利向专利复审委员会提出无效宣告请求，并以此为由向一审法院申请中止诉讼，一审法院以“被告在答辩期届满后请求宣告专利权无效的，人民法院不应当中止诉讼”为由驳回其申请；二审审理期间，专利复审委员会宣告谢奇涉案实用新型专利权全部无效，二审法院以“谢奇据以提起诉讼的权利基础丧失”为由裁定驳回起诉，其处理是恰当的。

根据最高人民法院相关负责人2011年11月28日在全国法院知识产权审判工作座谈会上的讲话，在司法实践中处理专利侵权与专利确权的关系要兼顾公平和效率，既要依法保障专利权人的民事权益，又要注意提高民事侵权案件审理效率，尽快明确当事人之间的法律关系状态，积极促进市场活动的顺畅和安全。具体而言，司法实践中处理专利侵权与专利确权应根据专利确权的行政审查进程分阶段处理，具体可分为提出无效宣告请求阶段和作出宣告专利无效决定阶段，下面分别就每阶段的具体操作进行简要阐述：

一、在专利侵权诉讼中，被告在答辩期内对原告的专利权提出无效宣告请求的，应考虑涉案专利权的稳定性程度及案件具体情况等因素，决定是否应当中止审理

（一）实用新型和外观设计专利一般应当中止审理

1. 法律依据：《最高人民法院关于审理专利纠纷案件适用法律问题的若干规定》（以下简称《若干规定》）第九条第一款规定："人民法院受理的侵犯实用新型、外观设计专利权纠纷案件，被告在答辩期间内请求宣告该项专利权无效的，人民法院应当中止诉讼。"

2. 从专利的稳定性程度而言，实用新型和外观设计专利审查程序和授予专利权条件较之发明专利均较为宽松，其被无效宣告的可能性也较大，而该结果直接影响侵权与否的判定；从实用新型和外观设计专利无效审查期限来看，因其专利技术相对简单，其审理周期相对较短，亦不会导致侵权诉讼的拖延。因此，司法实践中适格申请人在法定期间提出无效宣告请求的，一般应当中止审理。

3.《若干规定》第八条第二款规定："侵犯实用新型、外观设计专利权纠纷案件的被告请求中止诉讼的，应当在答辩期内对原告的专利权提出宣告无效的请求。"该法条将无效宣告的申请人限定为被告、将提出无效宣告的时间限定为一审答辩期内，司法实践中一般应当按此把握。但《若干规定》第十条亦规定："人民法院受理的侵犯实用新型、外观设计专利权纠纷案件，被告在答辩期间届满后请求宣告该项专利权无效的，人民法院不应当中止诉讼，但经审查认为有必要中止诉讼的除外。"该法条的"但书"规定授予法官自由裁量的权利，司法实践中，应根据案件的具体情况决定案件是否应当中止诉讼。如，湘北威尔曼制药股份有限公司与苏州二叶制药有限公司等侵犯专利权纠纷案，案外人对涉案专利提出无效宣告请求，法院综合考虑该案各方当事人争议大、涉案专利系涉及药品成分等内

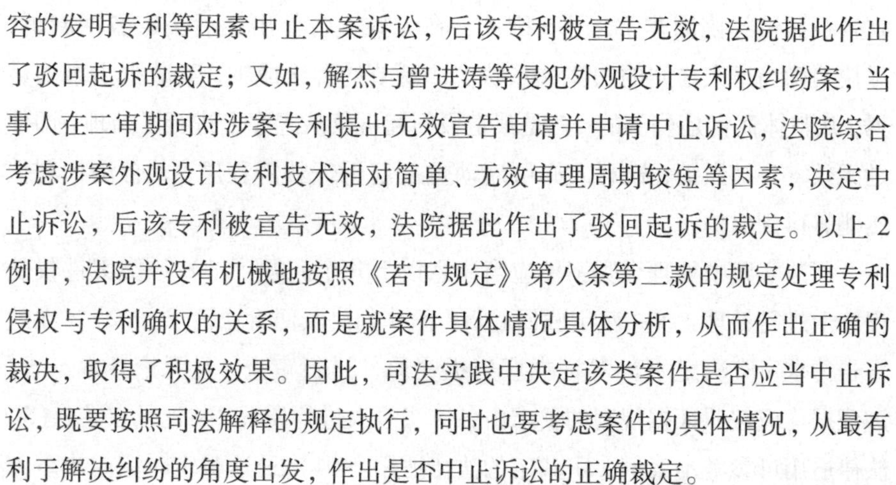

容的发明专利等因素中止本案诉讼，后该专利被宣告无效，法院据此作出了驳回起诉的裁定；又如，解杰与曾进涛等侵犯外观设计专利权纠纷案，当事人在二审期间对涉案专利提出无效宣告申请并申请中止诉讼，法院综合考虑涉案外观设计专利技术相对简单、无效审理周期较短等因素，决定中止诉讼，后该专利被宣告无效，法院据此作出了驳回起诉的裁定。以上2例中，法院并没有机械地按照《若干规定》第八条第二款的规定处理专利侵权与专利确权的关系，而是就案件具体情况具体分析，从而作出正确的裁决，取得了积极效果。因此，司法实践中决定该类案件是否应当中止诉讼，既要按照司法解释的规定执行，同时也要考虑案件的具体情况，从最有利于解决纠纷的角度出发，作出是否中止诉讼的正确裁定。

（二）发明专利一般不应当中止诉讼

1. 法律依据：《若干规定》第十一条规定："人民法院受理的侵犯发明专利权纠纷案件，被告在答辩期内请求宣告该项专利权无效的，人民法院可以不中止诉讼。"

2. 同上理，相对于实用新型和外观设计专利而言，发明专利稳定性较强，无效审理周期较长，全部无效比例较小，司法实践中一般也不宜中止诉讼。如，邱则有等侵犯发明专利权纠纷系列案，当事人在案件审理期间对涉案专利均提出了无效宣告申请，并以此为由申请中止诉讼，法院依照《若干规定》第十一条规定的相关内容，并综合考虑涉案专利权利要求内容多、技术含量较为复杂等因素，均驳回了中止诉讼的申请。

二、民事裁判作出前，专利复审委员会作出宣告涉案专利无效的决定的，可以根据案件具体情况裁定驳回专利权人的起诉

在之前的司法实践中处理此类案件做法不一，有的法院判决驳回诉讼请求，有的法院裁定驳回起诉，进入行政诉讼程序的法院一般还会中止诉讼，现在将该类案件统一裁定驳回起诉，笔者愚见认为是基于以下三个方面的考虑：一是宣告无效的专利权视为自始即不存在，权利人据以提起诉讼的权利基础丧失，对其起诉应依法予以驳回；二是进入行政诉讼的无效

宣告被撤销的比例非常之小，因此，在无效宣告作出之后裁定驳回起诉，尽快明确当事人之间的法律关系状态，既节约诉讼成本，又减少当事人诉累，从整体而言是公平的；三是裁定驳回起诉仅从程序上进行了处理，即使是无效宣告被撤销，权利人亦可启动重新起诉等救济程序，其合法权利依然能够得到保护。

司法实践中处理该类案件应当注意以下几个问题：(1) 该类案件仅从程序上进行处理，统一裁定驳回起诉，而非判决驳回诉讼请求。(2)《无效宣告请求审查决定书》等证据应当提交原件进行审查，且无论开庭与否，该证据均应按照证据规则的要求由各方当事人进行质证，并记录在卷。(3) 法律适用可参考本案例二审裁定的法律适用。(4) 送达裁定时应向当事人释明：宣告专利权无效的决定在随后的行政诉讼程序中被判决撤销的，专利权人可以在判决生效后重新起诉。

（唐小妹）

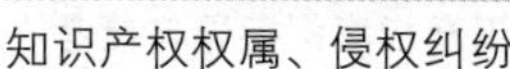

62. 上海摩的露可锁具制造厂与上海固坚锁业有限公司侵害实用新型专利权纠纷案*

▶ 专利申请人在使用自行创设的技术术语时，有义务在权利要求书或者专利说明书中对该技术术语进行清楚、准确地定义、解释或者说明，以使得本领域技术人员能够清楚地理解该技术术语在专利技术方案中的含义

最高人民法院民事判决书

（2013）民提字第113号

再审申请人（一审被告、二审被上诉人）：上海摩的露可锁具制造厂。

投资人：马翔，该厂厂长。

委托代理人：郭瑞霞，上海汇茂律师事务所律师。

委托代理人：熊曼娟，上海汇茂律师事务所律师。

被申请人（一审原告、二审上诉人）：上海固坚锁业有限公司。

法定代表人：沈其衡，该公司总经理。

委托代理人：孙建华，该公司职员。

再审申请人上海摩的露可锁具制造厂（以下简称摩的露可厂）因与被申请人上海固坚锁业有限公司（以下简称固坚公司）侵害实用新型专利权纠纷一案，不服上

* 摘自《知识产权审判与指导》2013年第2辑（总第22辑），人民法院出版社2014年版，第221~229页。

海市高级人民法院（2012）沪高民三（知）终字第33号民事判决，向本院申请再审。本院于2013年5月23日作出（2013）民申字第367号民事裁定，提审本案。本院依法组成合议庭，于2013年8月20日公开开庭审理了本案，摩的露可厂的投资人马翔及其委托代理人郭瑞霞、熊曼娟，固坚公司法定代表人沈其衡及其委托代理人孙建华到庭参加诉讼，本案现已审理终结。

2011年7月26日，固坚公司向上海市第一中级人民法院起诉称：固坚公司享有专利号为200820155495.5，名称为“一种空转锁的装置”的实用新型专利（以下简称涉案专利）的独占使用权。摩的露可厂未经许可实施涉案专利技术，生产、销售了大量侵权产品，请求判令摩的露可厂立即停止侵权行为，赔偿经济损失10万元，支付固坚公司的合理支出3840元。

上海市第一中级人民法院审理查明：2008年11月18日，孙建华、沈其衡向国家知识产权局申请涉案专利，2009年11月18日获得授权。涉案专利共包括7项权利要求，其中独立权利要求1为：“一种空转锁的装置：包含钥匙（1）、锁芯（4）、锁体（8），其特征是，所述锁芯（4）的一端供钥匙（1）插入，另一端设有旋转推进器（5），伸缩联动器（6）一端与旋转推进器（5）相邻，另一端设有伸缩杆，锁体（8）一端或锁体（8）外圆设有供伸缩联动器（6）向外伸出的通道（11），锁体（8）的外圆与外壳（2）的内圆之间装有阻尼弹簧（9）和定位钢球（10）或阻尼弹片（12）和定位凸台（13）。”从属权利要求6为：“根据权利要求1所述的一种空转锁的装置，其特征是，所述旋转推进器（5）设有凸轮轴，伸缩联动器（6）为圆柱形或多边形柱体。”

2009年12月1日，两专利权人与固坚公司签订《专利实施许可合同》，许可固坚公司独占实施涉案专利。

2010年6月25日，沈其衡从摩的露可厂购买了150U型轮胎锁、190U型锁、80厘米链条锁各一把（以下统称被诉侵权产品），并获得产品说明和《摩的牌特种汽车方向盘锁》《摩的锁》宣传资料各一份。上海市徐汇区公证处对上述过程公证并出具（2010）沪徐证字第3339号公证书。上述150U型轮胎锁、190U型锁、80厘米链条锁具有相同的技术特征。

案外人上海南裕商贸有限公司盛凌车行（以下简称盛凌车行）于2008年3月开始销售摩的露可厂提供的与190U型锁结构相同的车锁。案外人上海怡荣工贸有限公司（以下简称怡荣公司）于2008年3月初开始销售摩的露可厂提供的与100厘米链条锁结构相同的车锁。

上海市第一中级人民法院一审认为：被诉侵权产品是一种空转锁，尽管摩的露可厂否认其中有“伸缩杆”及“伸缩联动器向外伸出的通道”，但其中确实存在与旋转推进器配合的部件，而且这一部件也有其伸缩的运行空间，故被诉侵权产品的技术特征与涉案专利必要技术特征相同。在涉案专利申请日之前，摩的露可厂已经实际制造、销售了相同车锁，故其有权在原有范围内继续制造车锁。据此判决驳回固坚公司的全部诉讼请求，一审案件受理费2377元，由固坚公司负担。

固坚公司不服一审判决，向上海市高级人民法院提起上诉。

上海市高级人民法院二审审理查明：一审判决有关盛凌车行、怡荣公司销售的由摩的露可厂提供的车锁的结构，分别与190U型锁和100厘米链条锁结构相同的认定缺乏事实依据。一审判决查明的其余事实属实。

上海市高级人民法院认为：现有证据不能证明摩的露可厂享有先用权。摩的露可厂制造的被诉侵权产品落入涉案专利权的保护范围，应承担停止侵权、赔偿损失的民事责任。据此判决：撤销一审判决。摩的露可厂立即停止侵害固坚公司享有的涉案专利独占实施权。摩的露可厂赔偿固坚公司经济损失及合理费用35000元。对固坚公司的其余诉讼请求不予支持。一审案件受理费2377元，由固坚公司承担788.5元，摩的露可厂承担1588.5元；二审案件受理费2377元，由固坚公司承担788.5元，摩的露可厂承担1588.5元。

摩的露可厂不服二审判决，向本院申请再审称：（1）被诉侵权产品中的锁舌与涉案专利中的伸缩联动器不同，被诉侵权产品中不具有伸缩联动器或者伸缩杆。①伸缩联动器是涉案专利中自行创设的技术术语，并非本领域普遍使用、用以指明锁具中某个通用部件的技术术语。关于伸缩联动器的含义，应当根据涉案专利说明书和权利要求书确定。根据涉案专利说明书的记载，涉案专利空转锁的开闭锁功能的实现，是通过旋转推进器的运动使伸缩联动器伸出通道，伸缩联动器推动锁舌运动使锁的闭锁结构被打开。因此，伸缩联动器的功能是连接旋转推进器与锁舌，起到的是中华人民共和国轻工业行业标准 QB/T3835－1999（锁具名词术语，以下简称QB/T3835－1999 标准）中“锁舌拨动件”的作用。涉案专利说明书中，也一直将伸缩联动器与锁舌分开表述，始终在说明伸缩联动器与锁舌两个部件相互配合以达到开闭锁的目的。因此，被诉侵权产品中锁舌的定义、特征与功能均不同于涉案专利中的伸缩联动器。②根据中华人民共和国轻工业行业标准 QB/T3835－1999 中对锁舌的定义，锁舌是指“锁具中直接起闭锁作用的部件。按其形状不同分为方舌、斜舌、原舌、钩子舌等（零件或部件）”。被诉侵权产品中具有伸缩功能，能伸入槽中与闭锁结构相连的部件为锁舌，符合前述行业标准中有关锁舌的定义。③所有锁都具有旋转推进器，但与旋转推进器配合的并非只有伸缩联动器或伸缩杆，还有可能是锁舌或钢珠。涉案专利需要伸缩联动器、伸缩杆与锁舌配合，才能达到开锁、闭锁、空转防盗目的。被诉侵权产品通过旋转推进器与锁舌的直接配合达到相同目的，并不具备伸缩联动器以及伸缩杆。④被诉侵权产品中只有供锁舌进出的锁舌槽，锁舌槽与涉案专利中供伸缩联动器向外伸出的通道不同，被诉侵权产品没有供伸缩联动器向外伸出的通道。⑤固坚公司提供的专利产品实物与涉案专利不同，二审法院依据该实物进行侵权比对错误。（2）说明书与附图对侵权判断具有重要参考意义，可以用来说明专利产品的结构及其工作原理。二审法院未参考涉案专利说明书和附图，不符合法律规定。（3）二审法院有关摩的露可厂不享有先用权的认定错误。摩的露可厂请求撤销一、二审判决，驳回固坚公司的诉讼请求，由固坚公司承担本案诉讼费用。

固坚公司提交意见认为：（1）一、二审判决认定被诉侵权产品落入涉案专利权的保护范围正确。①被诉侵权产品中，与旋转推进器配合的只有一个伸缩运动部件，并不存在所谓的锁舌部件。涉案专利中的伸缩联动器是可以伸缩运动的部件，除了带动锁舌外，也可以直接卡入锁杆的缺口中将锁杆卡住，具有锁舌功能。被诉侵权产品中的锁舌和涉案专利中的伸缩联动器都能在旋转推进器的带动下，完成相同的功能，两者实质上相同。②被诉侵权产品中的锁舌槽与涉案专利中供伸缩联动器向外伸出的通道的功能和原理完全相同，都是供伸缩联动器伸缩运动。③被诉侵权产品具备涉案专利的全部必要技术特征，即使单独增加一个锁舌，也同样构成侵权。(2) 专利法保护产品的形状、构造及其结合方法，并不保护说明书中某个具体实施方式的运动方式和工作原理。侵权判定应当以权利要求记载的特征为准，而不能仅用具体实施方式的内容来解释权利要求。如果权利要求的含义本身是明确的，则无需借助其他手段进行解释。(3) 摩的露可厂有关其享有先用权的主张不能成立。

本院再审期间，摩的露可厂提交了如下证据：

1. QB/T3835－1999 标准，该标准于 1999 年 4 月 21 日发布实施，用以证明本领域中锁舌、锁舌拨动件的含义。其中 3.2.2 部分载明："锁舌 (bolt)，锁具中直接起闭锁作用的部件。按其形状不同分为方舌、斜舌、原舌、钩子舌等（零件或部件）。" 3.2.3 部分载明："锁舌拨动件（follower)，直接起拨动锁舌作用的零件。"

2. 上海共飞自行车公司出具的证明、增值税发票及其营业执照，用以证明其在涉案专利申请日前已经销售被诉侵权产品。

3. 上海增值税普通发票、价格对比表，用以证明摩的露可厂在涉案专利申请日前已经销售被诉侵权产品。

针对上述证据 1，固坚公司未提出异议。针对上述证据 2、3，固坚公司未对其真实性提出异议，但认为证据 2、3 中增值税发票上写的"80 厘米链条锁"只是一种尺寸规格，并非产品型号，其对应的锁体不是被诉侵权产品。

本院审查查明：二审法院审理查明的事实属实。

本院另查明以下事实：涉案专利说明书记载，涉案专利的发明内容为："本实用新型的目的是克服现有技术的不足，而提供一种结构简单、加工容易、刚性好、故障率低的空转锁装置，并可将各种类型的锁芯改造成空转锁。”涉案专利的技术效果为：“1. 结构简单、零部件少、故障率低；2. 普通零件、加工容易成本低；3. 不改变现有锁具的弹子或叶片的形状，空间部署合理，刚性强，使用寿命长；4. 正常开启时，省去锁芯内部的径向运动，直接由轴向运动转为旋转运动去操作锁舌开启，省略径向运动环节，既有空转防撬功能，又有普通锁具故障率低的优点。”

涉案专利说明书具体实施方式及说明书附图中记载了 6 项实施例。6 项实施例的区别在于旋转推进器、伸缩联动器的配合方式不同。说明书具体实施方式中详细描述了附图 1 所示实施例 1 的空转锁结构、开闭锁过程及其空转防盗原理，具体如下：（1）空转锁开启时的动作原理为：“将原配钥匙插入锁芯 4……伸缩联动器 6 的三角凹形在回位弹簧 7 的压力下紧贴旋转推动器 5 的三角凸形，……所以，旋转钥匙 1 使凸形对凹形产生了相对运动，……与凹形是一个整体的伸缩杆被推动后伸出通道 11 并嵌入锁舌或锁栓上的槽或孔中并可带动其转动。”“锁芯 4 直接带动锁体 8 克服……阻力后在外壳 2 腔内转动，伸缩联动器 6 上的伸缩杆则开始带动锁舌或锁栓转动，通过锁舌或锁栓的直接动作或间接传递动作使锁具的闭锁机构被打开，达到正常开启锁具的目的。”（2）空转锁闭锁的动作原理为：“旋转钥匙 1 带动锁芯 4 使旋转推动器转动 90 度，……伸缩联动器 6 上的伸缩杆则从通道 11 缩回并脱离锁舌或锁栓上的槽或孔，脱离伸缩联动器 6 控制的锁舌或锁栓在其拉簧、扭簧等弹簧作用下将锁具闭锁。”（3）空转防盗的动作原理为：“用非原配钥匙或技术性开启工具或扭撬工具插入锁芯 4 之后，只要稍微用一点点力，锁芯 4 就立即带动锁体 8 空转，……此时伸缩联动器 6 未受到旋转推进器 5 的推动，伸缩杆不能向通道 11 外面移动去带动锁舌或锁栓转动。”“正常开启时，伸缩联动器 6 上的伸缩杆伸出通道 11 去带动锁舌或锁栓动作；非正常开启时，伸缩联动器上的伸缩杆没有伸出通道 11 而无法带动锁舌或锁栓的动作。”涉案专利说明书中未记载不通过锁舌，由伸缩联动器本身直接起闭锁作用的技术方案。

被诉侵权产品的开闭锁、空转防盗工作原理为：在正常开闭锁过程

中，锁体不发生转动，旋转推进器直接推动锁舌运动从而开闭锁。在空转防盗时，锁体发生转动，因锁舌伸出锁体外圆的通道并被卡在锁舌槽中，所以锁舌并不随锁体一起转动；因锁体转动，导致锁体外圆上供锁舌伸出的通道相对于锁舌发生转动，故锁舌无法通过该通道回复到锁体中，从而实现空转防盗功能。

本院认为，本案争议焦点在于：(1) 如何理解涉案专利权利要求1中技术特征伸缩联动器的含义。(2) 被诉侵权产品是否落入涉案专利权的保护范围。

（一）关于如何理解涉案专利权利要求1中伸缩联动器的含义

关于被诉侵权产品是否落入涉案专利权的保护范围，双方主要争议在于被诉侵权产品中是否具有涉案专利权利要求1中的伸缩联动器、伸缩联动器一端设置的伸缩杆以及供伸缩联动器向外伸出的通道，这些争议均涉及到对伸缩联动器含义的理解。

摩的露可厂认为：伸缩联动器在涉案专利中起到的是QB/T3835－1999标准中“锁舌拨动件”的功能，故被诉侵权产品中的锁舌与伸缩联动器不同，被诉侵权产品中不具有伸缩联动器。固坚公司则认为，伸缩联动器除了可以带动锁舌工作外，其本身也可以具有锁舌功能，伸缩联动器与被诉侵权产品中的锁舌相同。双方当事人对于伸缩联动器的含义的争议，实质上源于各自对伸缩联动器在涉案专利技术方案中的工作方式、功能、效果的理解不同。因此，判断被诉侵权产品是否落入涉案专利权的保护范围的前提，在于正确理解伸缩联动器在涉案专利整体技术方案中的含义。

伸缩联动器并非涉案专利申请日前本领域中已有的技术术语，是专利申请人自行创设的技术术语。一方面，根据《中华人民共和国专利法》（2008年修正）第二条第二款的规定：“发明，是指对产品、方法或者其改进所提出的新的技术方案。”由于人类语言相对于客观世界具有滞后性，其总是随着客观世界的发展、进步而不断丰富。对于一项申请日之前未曾出现过的新的技术方案而言，仅仅使用申请日之前已有的技术术语，专利申请人可能难以准确、客观地描述该技术方案相对于现有技术所作出的改进。因此，为了满足描述新的专利技术方案的客观需要，应当允许专利申请人在撰写专利申请文件时使用自行创设的技术术语。另一方面，由于自行创设的技术术语的含义并不为本领域普通技术人员所知悉，故专利申请人在使用自行创设的技术术语时，亦有义务在权利要求书或者专利说明书中对该技术术语进行清楚、准确地定义、解释或者说明，以使得本领域技术人员能够清楚地理解该技术术语在专利技术方案中的含义。

在确定自行创设的技术术语的含义时，应当综合考虑权利要求书、说明书、附图中记载的与该技术术语相关的技术内容。权利要求书、说明书中对该技术术语进行了清楚、明确的定义或者解释的，一般可依据该定义或者解释来确定其含义。权利要求书、说明书中未能对该技术术语进行清楚、明确的定义或者解释的，则应当结合说明书、附图中记载的与该技术术语有关的背景技术、技术问题、发明目的、技术方案、技术效果等内容，查明该技术术语相关的工作方式、功能、效果，以确定其在涉案专利整体技术方案中的含义。

涉案专利中，专利申请人在权利要求书与说明书中均没有对伸缩联动器进行定义或者解释，因此，需要综合考虑说明书、附图中记载的与该技术术语相关的技术内容来确定其含义。首先，根据涉案专利的背景技术、发明内容以及技术效果，涉案专利的发明目的是提供一种空转防盗锁装置。利用该装置，可以直接将各种类型的锁芯改造成空转锁，使普通锁具备空转防盗功能。涉案专利既不涉及对普通锁中的锁舌或者锁栓本身进行改进，也不涉及以伸缩联动器直接替代锁舌或者锁栓的方式，对普通锁进行改造。

其次，根据涉案专利具体实施方式，伸缩联动器系以下述方式实现其功能：在正常开闭锁时，伸缩联动器的一端在旋转推进器的推动下发生伸缩运动，伸缩联动器的另一端设置有伸缩杆，伸缩杆带动锁舌或者锁栓运动使锁开闭。在空转防盗过程中，伸缩联动器随锁体一起转动，其与旋转

推进器之间不发生相对运动，旋转推进器无法推动伸缩联动器发生伸缩运动，伸缩联动器无法带动锁舌或者锁栓运动，从而实现锁具空转防盗的目的。因此，涉案专利必须通过伸缩联动器与旋转推进器配合方式的变化，使得伸缩联动器与锁舌或者锁栓的配合方式发生变化，从而实现开闭锁或者空转防盗的目的。伸缩联动器是设置在旋转推进器与锁舌或者锁栓之间，用以推动锁舌或者锁栓运动的中间部件。伸缩联动器与锁舌或者锁栓各自独立，并非同一部件。涉案专利中也没有记载以伸缩联动器直接替代锁舌或者锁栓，由伸缩联动器本身直接起闭锁作用的技术内容。

再次，摩的露可厂提供的 QB/T3835 - 1999 标准是有关锁具名词术语的国家行业标准，可以证明涉案专利申请日之前本领域中与锁具有关的技术术语的含义，帮助本领域技术人员理解涉案专利中伸缩联动器的含义。QB/T3835 - 1999 标准 3. 2. 2 部分记载“锁舌（bolt），锁具中直接起闭锁作用的部件”，3. 2. 3 部分记载“锁舌拨动件（follower），直接起拨动锁舌作用的零件”。由于伸缩联动是用于推动锁舌或者锁栓运动的部件，伸缩联动器本身不能直接起到闭锁作用。因此，伸缩联动器不符合上述标准中有关“锁舌”的定义，其实质上属于标准中的“锁舌拨动件”。

综上所述，根据涉案专利说明书的背景技术、发明内容、技术方案、技术效果以及 QB/T3835 - 1999 标准，涉案专利中的伸缩联动器系用于推动锁舌或者锁栓运动的中间部件，伸缩联动器与锁舌或者锁栓各自独立，相互配合，方能实现涉案专利技术方案的发明目的和技术效果。固坚公司有关伸缩联动器也具有锁舌功能的主张，缺乏事实依据，本院不予支持。

（二）关于被诉侵权产品是否落入涉案专利权的保护范围

被诉侵权产品中的锁舌不同于伸缩联动器。首先，被诉侵权产品中的锁舌直接起闭锁作用，符合 QB/T3835 - 1999 标准中有关锁舌的定义。而伸缩联动器用于推动锁舌或者锁栓运动，其本身不能起闭锁作用。其次，虽然被诉侵权产品中的锁舌也可以伸缩运动，但是锁舌是由旋转推进器直接推动，二者之间没有设置伸缩联动器或其他中间部件。而涉案专利中旋转推进器与锁舌或者锁栓之间设置有伸缩联动器，旋转推动器不能直接推动锁舌或者锁栓，而是通过伸缩联动器推动锁舌或者锁栓。再次，在空转防盗时，被诉侵权产品由于锁舌通道随锁体转动，使得锁舌无法通过通道回复到锁体中，从而实现空转防盗功能。而涉案专利则是由于旋转推进器无法推动伸缩联动器，继而无法推动锁舌或者锁栓，从而实现空转防盗的功能。因此，被诉侵权产品中的锁舌与伸缩联动器的工作方式、功能、效果均不相同，被诉侵权产品既不具备涉案专利权利要求1、6中的伸缩联动器，也不具备伸缩联动器一端设置的伸缩杆。

被诉侵权产品中的锁舌槽用于容纳锁舌，供锁舌伸缩运动，而非供伸缩联动器伸缩运动。锁舌槽与涉案专利中供伸缩联动器向外伸出的通道的工作方式、功能、效果均不相同。由于被诉侵权产品中不具备伸缩联动器，自然也无需设置供伸缩联动器向外伸出的通道。因此，被诉侵权产品不具有涉案专利权利要求1、6中的技术特征供伸缩联动器向外伸出的通道。

综上所述，被诉侵权产品不具有涉案专利权利要求1、6中的伸缩联动器、伸缩联动器一端设置的伸缩杆以及供伸缩联动器向外伸出的通道，未落入涉案专利权的保护范围。一审判决以“车锁中确实存在着与旋转推进器配合的部件，而且这一部件也有其伸缩的运行空间”为由，未能从整体上理解伸缩联动器在涉案专利技术方案中的含义，以致错误认定被诉侵权产品落入涉案专利权的保护范围。二审判决未能纠正一审判决，认定事实、适用法律亦有错误，本院予以纠正。

鉴于被诉侵权产品未落入涉案专利权的保护范围，故对于摩的露可厂有关其享有先用权的主张及其提交的证据2、3，本院不再进行评述。

综上，二审判决认定事实和适用法律均有错误，应予纠正。依照《中华人民共和国专利法》（2008年修正）第十一条、第五十九条第一款，《中华人民共和国民事诉讼法》（2012年修正）第二百零七条第一款、第一百七十条第一款第（二）项之规定，判决如下：

一、撤销上海市高级人民法院（2012）沪高民三（知）终字第33号民事判决和上海市第一中级人民法院第（2011）沪一中民五（知）初字第150号民事判决；

二、驳回上海固坚锁业有限公司的诉讼请求。

一审案件受理费2377元，二审案件受理费2377元，由上海固坚锁业有限公司负担。

本判决为终审判决。

审 判 长 周 翔

代理审判员 杜微科

代理审判员 周云川

二〇一四年一月二十六日

书 记 员 张 博

63. 刘鸿彬与北京京联发数控科技有限公司、天威四川硅业有限责任公司侵害实用新型专利权纠纷案*

实用新型专利权人对于他人在实用新型专利授权公告日前实施该专利的行为，不享有请求他人停止实施的权利

【裁判摘要】

实用新型专利权人对于他人在实用新型专利授权公告日前实施该专利的行为，并不享有请求他人停止实施的权利。他人在实用新型专利授权公告日前实施该专利，包括制造、使用、销售、许诺销售和进口实用新型专利产品，并不为专利法所禁止，相关实用新型专利产品不构成侵权产品。在此情况下，对于实用新型专利授权公告日前已经售出的产品的后续行为，包括使用、许诺销售和销售，应当得到允许。

最高人民法院民事裁定书

（2015）民申字第1070号

再审申请人（一审原告、二审被上诉人）：刘鸿彬。

委托代理人：张新。

* 摘自《最高人民法院公报》2016年第8期。

被申请人（一审被告、二审上诉人）：北京京联发数控科技有限公司。

法定代表人：秦建国，该公司总经理。

委托代理人：潘光钊，北京市亚东律师事务所律师。

被申请人（一审被告）：天威四川硅业有限责任公司。

法定代表人：刘淑娟，该公司董事长。

再审申请人刘鸿彬因与被申请人北京京联发数控科技有限公司（以下简称京联发公司）、天威四川硅业有限责任公司（以下简称天威公司）侵害实用新型专利权纠纷一案，不服四川省高级人民法院（2014）川知民终字第29号民事判决，向本院申请再审。本院依法组成合议庭对本案进行了审查，现已审查终结。

刘鸿彬申请再审称：二审法院认定事实错误，适用法律错误，二审判决超出当事人上诉请求范围，本案符合《中华人民共和国民事诉讼法》第二百条第（二）项、第（六）项和第（十一）项的规定，请求撤销二审判决，维持一审判决，本案一、二审诉讼费用由京联发公司和天威公司承担。其主要理由为：（1）二审判决超出当事人的上诉请求。上诉案件的审理范围受上诉请求范围的限制，第二审法院只能对上诉请求的有关事实和适用法律进行审查。本案一审法院判决天威公司立即停止使用侵犯ZL200820223950.0号“硅棒锥度或外圆数控磨床”实用新型专利权（以下简称本案专利）的产品的行为，天威公司对此并未提起上诉。在此情况下，二审法院径行改判，违反法定程序，应当予以纠正。（2）二审判决认定事实错误。京联发公司的销售行为在本案专利授权公告日前并未完成。京联发公司与天威公司于2009年4月10日签署《购销合同》，约定了支付完成的条件、设备的保证期、保证期内设备的更换、修理责任等。根据合同关于产品的质保期为交货验收合格后一年，天威公司在保证期满后1个月内支付给京联发公司合同总价10%的质保金的约定，该合同的实际履行完成日应为2010年4月9日。销售行为可以有一个持续过程，应该以标的物所有权转移或价款支付作为销售行为完成的时间节点。本案应当按照《中华人民共和国专利法》第十一条的规定及交易习惯等确定销售行为的完成时间。因此，本案销售行为的完成之日应该是《购销合同》履行完成之日即2010年4月9日。二审法院关于销售行为只是买卖行为的一部分，是出卖人的单方行为，不能以标的物所有权是否转移或价款是否支付来确定销售时间的认定是错误的。（3）二审判决法律适用错误。二审法院认为，由于京联发公司向天威公司销售被诉侵权产品的行为不构成侵权，故天威公司通过合法途径购买并使用被诉侵权产品的行为亦不构成侵权，这一认定的逻辑与前提错误，缺乏法律依据。产品的使用行为与产品的制造、销售行为是可以分离的不同行为，不存在必然的逻辑关系。产品的来源合法，不等于使用侵权行为不成立。京联发公司的销售行为即使不侵权，天威公司在本案专利授权公告日之后继续使用侵权产品的行为也构成侵权行为。况且，京联发公司在本案专利授权公告日之后仍在持续侵权。

京联发公司答辩称：二审判决认定事实清楚，适用法律正确，审判程序合法，刘鸿彬的申请再审理由不能成立，应予驳回。其主要理由为：（1）京联发公司生产、销售被诉侵权产品的行为发生在本案专利授权公告日前。销售行为的完成应以合同成立或者合同生效为标准，而不能以标的物所有权转移或者价款支付为标准。（2）实用新型专利权自公告之日起生效，并非自申请之日起生效。专利申请日以后至授权公告日前，他人生产、销售与专利申请相同的产品不构成侵权。（3）由于京联发公司向天威公司销售被诉侵权产品的行为不构成侵权，天威公司通过合法途径向京联发公司购买并使用被诉侵权产品的行为当然亦不构成侵权。尽管天威公司未对一审判决提起上诉，二审法院在京联发公司上诉后撤销一审判决是正确的。

在本院询问过程中，刘鸿彬还主张，二审法院开庭当日，京联发公司在其官方网站上还在继续对外进行侵权产品的宣传且有型号、产品实物照片。二审法院当时要求刘鸿彬以公证形式保存证据，但是当日中午登录该网站时已经没有上述宣传行为。

本院认为：综合再审申请人的申请再审理由、被申请人答辩及本案案情，本案在再审审查阶段的争议焦点为：二审判决认定被诉销售行为在本案专利授权公告日前已经完成是否正确；二审判决认定天威公司的使用行为不构成侵犯本案专利权是否正确；二审判决是否超出当事人的上诉请求。

（一）二审判决认定被诉销售行为在本案专利授权公告日前已经完成是否正确

专利法意义上销售行为的认定，需要考虑《中华人民共和国专利法》第十一条的立法目的，正确厘定销售行为与许诺销售行为之间的关系，充分保护专利权人利益。《中华人民共和国专利法》第十一条规定："发明和实用新型专利权被授予后，除本法另有规定的以外，任何单位或者个人未经专利权人许可，都不得实施其专利，即不得为生产经营目的制造、使用、许诺销售、销售、进口其专利产品，或者使用其专利方法以及使用、许诺销售、销售、进口依照该专利方法直接获得的产品。外观设计专利权被授予后，任何单位或者个人未经专利权人许可，都不得实施其专利，即不得为生产经营目的制造、许诺销售、销售、进口其外观设计专利产品。"该条规定的立法目的在于清晰界定专利权的权利范围，划定专利权人与社会公众的权利界限，充分保护专利权人的利益。该条从行为类型入手，规定发明和实用新型专利的权利人拥有制造、使用、许诺销售、销售和进口等五项权能，外观设计专利的权利人拥有制造、许诺销售、销售和进口等四项权能。上述权能同时构成专利权人禁止权的范围，是认定侵权行为的重要尺度。为确保专利权权利范围的清晰性，增强可预见性并预防纠纷发生，销售权能或者说销售侵权行为的认定标准必须清晰明确、简单易行、可操作性强。同时，为充分保护专利权人的利益，销售行为的认定标准还应当尽可能实现许诺销售行为与销售行为之间的无缝衔接，以便覆盖对专利权人利益产生较大影响的有关交易环节和过程，从而更有效地制止销售侵权行为。关于销售行为是否完成，京联发公司主张应以合同成立或者生效为标准，刘鸿彬则主张以标的物所有权转移或者合同价款支付为标准。因此，对于销售行为的认定标准，至少存在四种选择：合同成立标准、合同生效标准、合同价款支付完成标准、标的物交付或者所有权转移标准。如果采用标的物交付或者所有权转移标准，则被诉侵权人自合同成立到标的物交付或者所有权转移之前的行为将不构成销售，此段行为将脱离专利权人的权利范围，过分缩小了专利权人的权利空间；而且，标的物交付或者所有权转移必须结合合同具体内容以及履行过程来判断，不仅使得认定标准复杂化，还大大增加了专利权人维权时的取证成本和证明难度。如果采用价款支付完成标准，则被诉侵权人自合同订立到合同价款支付完成之前的行为同样无法构成销售，脱离专利权人的权利范围，缩小了权利人的权利空间；而且，合同价款支付涉及合同履行过程，当事人在实践中可能采取分期支付、抵销、债务让与等多种方式履行合同，同样会导致认定标准复杂化，增加专利权人维权时的取证成本和证明难度。如果采用合同生效标准，则自合同成立到生效之前的行为同样无法构成销售，脱离专利权人的权利范围，缩小了权利人的权利空间；而且，合同生效是法律对合同效力评价的结果，合同是否发生效力并非完全取决于当事人的意愿，将其作为认定销售行为尤其是销售侵权的标准，与作为侵权责任基础的意志自由原则相背。如果采用合同成立作为认定销售行为的判断标准，由于合同成立之前当事人以广告、商品展示等方式作出的销售商品的单方意思表示属于许诺销售行为，双方就销售商品的意思表示达成合意属于销售行为，则销售行为与许诺销售行为可以实现密切衔接，使得销售行为与许诺销售行为之间不存在专利权无法覆盖的空间，有利于充分保护专利权人的利益。同时，合同成立是双方当事人就销售商品的意思表示达成合意的事实状态，往往通过书面合同等材料体现出来，不需要进一步考察合同的具体条款和履行过程，专利权人获取证据和证明销售行为成立更为容易，取证成本和认定成本均较低。因此，销售行为的认定，一般应当以销售合同成立为标准。本案中，天威公司与京联发公司之间的《购销合同》签订于2009年4月10日，专利法意义上的销售行为在该日已经实施，早于本案专利授权公告日（2009年10月21日）。二审法院认定京联发公司的被诉销售行为在本案专利授权公告日前已经完成，结论正确。刘鸿彬的相应申请再审理由不能成立，不予支持。

（二）二审判决认定天威公司的使用行为不构成侵犯本案专利权是否正确

对于侵犯实用新型专利权行为的认定，应当全面综合考虑专利法的相关规定，合理平衡实用新型专利权人与社会公众之间的利益。根据《中华人民共和国专利法》第十一条的规定，实用新型专利被授予后，专利权人

才能取得制止他人未经许可实施其专利的权利，即他人不得为生产经营目的制造、使用、许诺销售、销售、进口实用新型专利权人的专利产品。同时，根据《中华人民共和国专利法》第四十条的规定，实用新型专利权和外观设计专利权自公告之日起生效。由此可见，专利权人对于他人在实用新型专利授权公告日前实施该专利的行为，并不享有请求他人停止实施的权利。他人在实用新型专利授权公告日前实施该发明，包括制造、使用、销售、许诺销售和进口实用新型专利产品，并不为专利法所禁止，相关实用新型专利产品不构成侵权产品。在此情况下，对于实用新型专利授权公告日前已经售出的产品的后续行为，包括使用、许诺销售和销售，也应得到允许。如果实用新型专利权人在授权公告日后可以禁止该专利授权公告日前已经售出的产品的后续行为，则相当于实用新型专利权的效力可以在授权公告日后延伸到授权公告日前的合法行为，不适当地扩大了专利法授予实用新型专利权人的权利范围，损害了社会公众应有的利益。本案中，京联发公司销售被诉侵权产品的行为在本案专利授权公告日前已经完成，该行为不为专利法所禁止。在此情况下，天威公司使用所购买的被诉侵权产品的行为也应得到允许。因此，天威公司后续的使用行为不侵犯本案实用新型专利权。刘鸿彬关于天威公司在本案专利授权公告日之后继续使用侵权产品的行为构成侵权行为的主张不能成立，不予支持。

（三）二审判决是否超出当事人的上诉请求

《中华人民共和国民事诉讼法》第一百六十八条规定，第二审人民法院应当对上诉请求的有关事实和适用法律进行审查。据此，二审法院在审理上诉案件时，应当围绕当事人的上诉请求进行审理；当事人没有提出请求，不予审理，但是一审判决违反法律禁止性规定，或者损害国家利益、社会公共利益、他人合法权益的除外。本案中，京联发公司针对一审判决提出了上诉，其上诉请求为撤销一审判决，驳回刘鸿彬的全部诉讼请求。二审法院围绕这一请求，对本案专利授权公告日之前京联发公司销售被诉侵权产品的行为是否已经完结，京联发公司生产、销售被诉侵权产品的行为是否构成侵权等事实和法律问题进行了审理。虽然天威公司并未对一审判决提出上诉，但是京联发公司与天威公司在诉讼利益上存在一致性，京联发公司的上诉请求必然涉及天威公司的利益。二审法院经过审理认为，京联发公司生产、销售被诉侵权产品的行为发生在本案专利的授权公告日之前，京联发公司生产、销售被诉侵权产品的行为不构成侵权，天威公司通过合法途径购买并使用被诉侵权产品的行为亦不构成侵权，京联发公司的上诉请求成立。由于京联发公司与天威公司在诉讼利益上存在一致性，且京联发公司的上诉请求事实上涉及了天威公司的利益，二审判决在认定京联发公司和天威公司的行为均不构成侵犯本案专利权的基础上，判决撤销一审判决，驳回刘鸿彬的诉讼请求，并未超出京联发公司的上诉请求。刘鸿彬关于二审法院超出当事人的上诉请求的申请再审理由不能成立，不予支持。

此外，关于刘鸿彬所称京联发公司在二审诉讼期间仍然继续实施侵害本案专利权的行为的问题，鉴于刘鸿彬对此并未提供充分证据，且其在取得相关证据的情况下可另行提起诉讼，本院对该问题不再予以审查。

综上，刘鸿彬的再审申请不符合《中华人民共和国民事诉讼法》第二百条第（二）项、第（六）项和第（十一）项规定的情形。依照《中华人民共和国民事诉讼法》第二百零四条第一款之规定，裁定如下：

驳回刘鸿彬的再审申请。

审 判 长 周 翔
代理审判员 朱 理
代理审判员 吴 蓉

二〇一五年八月二十八日

书 记 员 胡 凯

64. 慈溪市博生塑料制品有限公司与陈剑侵害实用新型专利权纠纷案*

▶ 审查抵触申请抗辩或现有技术抗辩时，如涉案专利说明书著录项目中包含了优先权信息，应当查明涉案专利是否能够享有优先权

（2015）民申字第188号

再审申请人（一审被告、二审被上诉人）：慈溪市博生塑料制品有限公司。住所地：浙江省慈溪市龙山镇达蓬村。

法定代表人：黄春亚，该公司总经理。

委托代理人：严晓，杭州浙科专利事务所专利代理人。

委托代理人：王琦，浙江京衡律师事务所律师。

被申请人（一审原告、二审上诉人）：陈剑，男，×年×月×日出生，汉族，住浙江省永康市×镇×村×路×号。

委托代理人：邢志，上海市一平律师事务所律师。

再审申请人慈溪市博生塑料制品有限公司（以下简称博生公司）因与被申请人陈剑侵害实用新型专利权纠纷一案，不服浙江省高级人民法院（2014）浙知终字第26号民事判决，向本院申请再审。本院依法组成合议庭对本案进行审查。现已审查终结。

博生公司不服，向本院申请再审称：（1）二审判决

* 摘自《知识产权审判与指导》2016年第2辑（总第28辑），人民法院出版社2017年版，第203～212页。

认定被诉侵权产品落入专利号为201120233442.2、名称为“清洁工具”实用新型专利（以下简称涉案专利）的保护范围，认定事实错误，适用法律错误。①涉案专利中的变速驱动机构包括驱动机构和控制机构，驱动机构和控制机构均完整参与脱水和清洗两个工况。被诉侵权产品在脱水时，带动拖把头旋转的是“驱动机构”而不是“变速驱动机构”，与涉案专利不同（以下简称区别点），未落入涉案专利权的保护范围。②“驱动机构”“控制机构”“变速驱动机构”是三个相互独立的概念，不能相互替换。在清洗时，被诉侵权产品中的“控制机构”和“驱动机构”是不可分割的整体，共同组成“变速驱动机构”。在脱水时，拖把杆从清洗桶中取出，在脱水篮中进行操作，“驱动机构”已经从“变速驱动机构”中拆分出来，作为独立设备带动拖把头旋转。“驱动机构”和“控制机构”分别发生作用，不能以“变速驱动机构”作为统称或者替代。二审判决认定“驱动机构”或“控制机构”可以用“变速驱动机构”统一指代，认定区别点不能成立，均有错误。（2）二审法院参照涉案专利说明书及附图，对权利要求1进行解释，适用法律错误。①只有对于权利要求书中非通用、难以理解，或者含义不确定的技术用语，才可以在不扩大或者缩小专利权保护范围的前提下进行解释。涉案专利权利要求1表述清楚、明确，根据其内容即可确定被诉侵权产品未落入涉案专利权的保护范围，无需参照说明书及附图进行解释。②即使根据涉案专利的说明书和附图，也不能认定被诉侵权产品在脱水时落入权利要求1的保护范围。③涉案专利说明书实施例2的技术方案未被权利要求1所覆盖，根据《最高人民法院关于审理侵犯专利权纠纷案件应用法律若干问题的解释》（以下简称《侵犯专利司法解释》）第五条规定：“对于仅在说明书或者附图中描述而在权利要求中未记载的技术方案，权利人在侵犯专利权纠纷案件中将其纳入专利权保护范围的，人民法院不予支持”，不应将实施例2纳入涉案专利权的保护范围。二审法院以实施例2为依据解释权利要求1，扩大了权利要求1的保护范围，适用法律错误。（3）二审判决对再审申请人提出的抵触申请抗辩不予支持错误。①申请号为201120157568.6、名称为“用于手压式旋转拖的拖把底盘和脱水桶”实用新型专利（以下简称568专利）的申请日在涉案专利申请日之前，公开日在涉案专利申请日之后，构成涉案专利的抵触申请。涉案专利与568专利相比，除增加了拖把杆的具体结构外，其他技术特征完全相同。②568专利中明确提及专利文献CN201755206U（以下简称206专利），206专利中的拖把杆结构应视为已被568专利公开。③再审申请人向二审法院提交了17份中国专利，足以证明涉案专利中的拖把杆结构是本领域的公知常识，涉案专利属于公知常识和抵触申请的结合。④抵触申请能够损害涉案专利的新颖性，并导致涉案专利不能获得授权，与现有技术性质相同。因此，再审申请人实施抵触申请的，不构成侵犯涉案专利权。二审法院应当参照适用现有技术抗辩的相关法律规定进行审理。博生公司请求本院：撤销二审判决，改判驳回被申请人的全部诉讼请求。

被申请人陈剑提交意见答辩称：（1）再审申请人主张的区别点不存在，二审判决认定被诉侵权产品落入涉案专利权的保护范围正确。涉案专利中的变速驱动机构是一个整体概念，包括驱动机构和控制机构，二者分别有多种设置方式。涉案专利在脱水时，变速驱动机构中的驱动机构工作，而减速机构不工作。而且，涉案专利未限定变速驱动机构的全部组件在脱水、清洗工况下均参与工作。因此，被诉侵权产品与涉案专利实施例2结构一致，落入涉案专利权的保护范围。（2）再审申请人有关抵触申请抗辩的主张不能成立。①568专利中虽然提及206专利，但没有对其内容作任何记载，206专利中的拖把杆结构不能被视为在568专利中公开。②即使206专利中的拖把杆结构视为在568专利中公开，被诉侵权产品与568、206专利的结合仍有较大区别。涉案专利权利要求1中限定“拖把杆包括内杆和外杆，内杆下端与拖把头相连；内、外杆间相互套接”，被诉侵权产品的拖把杆也是内、外杆套接，落入涉案专利权的保护范围。但206专利中的拖把杆不是“内、外杆结构”，也不是“套接”关系。因此，被诉侵权产品的拖把杆结构与206专利中的拖把杆结构不同。③再审申请人提交的17份专利文件公开的拖把杆结构各不相同，不能证明涉案专利中的拖把杆结构属于公知常识。④抵触申请抗辩应当以被诉侵权技术方案与抵触申请严格相同作为认定标准，不包括被诉侵权产品与抵触申请实质相同的情形。⑤关于被诉侵权人提出抵触申请抗辩的时机。首先，由于再审申请人在一审时没有提出抵触申请抗辩，故一审法院依据权利要求1确定涉案专利权的保护范围。再审申请人在二审提交相关证据并提出抵触申请抗辩，超过了举证期限，相关证据也不属于《中华人民共和国民事诉讼法》规定的“新证据”，不应予以考虑。其次，由于被申请人在二审中提出抵触申请抗辩，导致了一系列对再审申请人不利的后果。其一，关于抵触申请抗辩的争议未经一审法院审理，导致审级损失。其二，导致一审判决认定侵权所依据的权利要求可能发生变化，对侵权判定问题要重新审理。其三，导致二审程序拖延，权利人的合法权益不能得到及时维护。综上，在专利侵权诉讼中，对于被诉侵权人提出抵触申请抗辩的时机以及举证应当予以严格限制。

本院审查查明以下事实：

（一）与涉案专利优先权日有关的事实

涉案专利的申请日为2011年6月24日，其著录项目中记载的本国优先权日分别为2011年3月1日、2011年5月9日，涉及的两项在先申请分别为201120058332.7（以下简称332专利）、201120149125.2（以下简称125专利）。

为查明涉案专利能否享有本国优先权，经本院释明，被申请人向本院提交了332专利、206专利的副本。经本院审查，332专利、206专利的副本中没有记载涉案专利权利要求1的技术方案，被申请人对此没有异议。

（二）与568专利有关的事实

568专利的名称为“用于手压式旋转拖把的拖把底盘和脱水桶”，其申请日为2011年5月17日，授权公告日为2011年12月7日。其说明书背景技术中记载：“为达到旋转的目的，常采用的驱动方式分为两种：……另一种采用中国专利文献206专利公开的手压式旋转拖。”说明书具体实施方式中还记载：“拖把杆13具有206专利公开的结构。”

（三）与206专利有关的事实

206专利的名称为“手压式旋转拖把”，其说明书中公开了以下技术内容：上拖把杆2、下拖把杆19以及连接杆9，连接杆9内的上端通过固定件6固定有旋转螺纹条8。旋转螺纹条8上设有内棘齿15，内棘齿15外套

设有棘齿套16，棘齿套16固定在下拖把杆19上。连接杆9套设在上拖把杆2上，护套5套设在上拖把杆2与连接杆9的连接处。

（四）与再审申请人在二审中提出抵触申请抗辩有关的事实

根据二审笔录记载，再审申请人在二审第一次庭审时当庭提出抵触申请抗辩的主张，并提交了568专利作为证据。

本院认为，本案争议焦点为：（1）被诉侵权产品是否落入涉案专利权的保护范围。（2）被申请人有关抵触申请抗辩的主张能否成立。该项争议焦点具体涉及以下五个方面的问题：①568专利是否构成涉案专利的抵触申请。②涉案专利能否享有本国优先权。③如何认定568专利中公开的技术内容。④如何理解抵触申请抗辩的法律适用标准。⑤被诉侵权技术方案是否已被568专利公开。

（一）被诉侵权产品是否落入涉案专利权的保护范围

首先，准确认定专利权的保护范围是进行专利侵权判断的前提。《中华人民共和国专利法》第五十九条第一款规定："发明或者实用新型专利权的保护范围以其权利要求的内容为准，说明书及附图可以用于解释权利要求的内容。"本案中，双方当事人对于权利要求1中的"变速驱动机构""控制机构""驱动机构"的含义及相互关系有一定争议。在此情形下，二审法院结合涉案专利说明书、附图以及第20016号无效宣告请求审查决定（以下简称第20016号决定）的有关认定，对权利要求1中"变速驱动机构""控制机构""驱动机构"的含义进行解释，并无不当。再审申请人有关"涉案专利权利要求1表述清楚、明确，无需参照说明书及附图进行解释"的申请再审理由不能成立。

其次，根据涉案专利说明书、附图以及相关权利要求，涉案专利权利要求1中的"变速驱动机构"包括驱动机构和控制机构，是对二者的统称。第20016号决定亦认定："权利要求1中的所述的'驱动机构是变速驱动机构'，即'驱动机构是变速驱动机构的一部分，驱动机构和控制机构共同构成变速驱动机构'。"因此，再审申请人有关二审判决将"驱动机构"和"控制机构"统称为"变速驱动机构"错误的申请再审理由不能成立。

再次，权利要求1中明确限定了在变速驱动机构的带动下，“拖把头在脱水时的第一旋转速度要大于清洗时的第二旋转速度”。权利要求1中并没有限定在脱水时，驱动机构与控制机构都要参与动作。因此，再审申请人有关被诉侵权产品在脱水时仅有驱动机构动作，控制机构不参与动作，被诉侵权产品具有区别点，没有落入权利要求1保护范围的申请再审理由不能成立。

最后，《侵犯专利司法解释》第五条规定：“对于仅在说明书或者附图中描述而在权利要求中未记载的技术方案，权利人在侵犯专利权纠纷案件中将其纳入专利权保护范围的，人民法院不予支持。”上述规定中所称的“仅在说明书或者附图中描述而在权利要求中未记载的技术方案”，是指该技术方案仅仅记载在说明书或者附图中，但是没有被权利要求限定的保护范围所覆盖的情形。由于说明书、附图中记载有该技术方案，表明权利人在涉案专利申请日前已明知该技术方案存在。但在撰写权利要求时，权利人未将该技术方案主动纳入其撰写的权利要求限定的保护范围内，则通常意味着权利人无意通过涉案专利权对该技术方案予以保护。因此，对于专利权人在侵权诉讼中再行主张该技术方案落入涉案专利权的保护范围的，人民法院可不予支持。本案中，涉案专利说明书实施例2中的控制机构既包括拖把头上的卡台，也包括清洗头安装座中的卡座和减速装置等，其在清洗时可以使拖把头减速旋转，且旋转速度低于脱水时的旋转速度。因此，实施例2的技术方案实质上已被权利要求1的保护范围所覆盖，不属于侵犯专利司法解释第五条规定的情形。因此，对于再审申请人有关“实施例2的技术方案未在权利要求1中记载，不应将其纳入涉案专利权的保护范围”的申请再审理由，本院亦不予支持。

（二）再审申请人有关抵触申请抗辩的主张能否成立

该项争议焦点具体涉及以下五个方面的问题：（1）568专利是否构成涉案专利的抵触申请。（2）涉案专利能否享有本国优先权。（3）如何认定568专利中公开的技术内容。（4）如何理解抵触申请抗辩的法律适用标准。（5）被诉侵权技术方案是否已被568专利公开。

1. 关于568专利是否构成涉案专利的抵触申请

《中华人民共和国专利法》第二十二条第二款规定："新颖性，是指该发明或者实用新型不属于现有技术；也没有任何单位或者个人就同样的发明或者实用新型在申请日以前向国务院专利行政部门提出过申请，并记载在申请日以后公布的专利申请文件或者公告的专利文件中。"上述规定中所称的"在申请日以前向国务院专利行政部门提出过申请，……申请日以后公布的专利申请文件或者公告的专利文件"，通常被简称为"抵触申请"。

根据《中华人民共和国专利法》第二十二条第二款的上述规定，在认定一项专利是否构成涉案专利抵触申请时，应当将该专利的申请日、公布日或者授权公告日与涉案专利的申请日进行比较。如果该专利的申请日在涉案专利的申请日之前，公布日或者授权公告日在涉案专利的申请日之后，则该专利可以构成涉案专利的抵触申请。本案中，568专利的申请日2011年5月17日在涉案专利的申请日之前，授权公告日2011年12月7日在涉案专利的申请日之后，依法可以构成涉案专利的抵触申请。

2. 关于涉案专利能否享有本国优先权

首先，涉案专利说明书著录项目中记载有本国优先权日2011年3月1日、2011年5月9日，以及与之对应的在先申请125专利、332专利，表明涉案专利在申请时要求了本国优先权。

其次，关于本国优先权以及优先权日的法律效力，《中华人民共和国专利法》第二十九条第二款规定，申请人自发明或者实用新型在中国第一次提出专利申请之日起十二个月内，又向国务院专利行政部门就相同主题提出专利申请的，可以享有优先权。《中华人民共和国专利法实施细则(2010年修订)》（以下简称《实施细则》）第十一条规定："除专利法第二十八条和第四十二条规定的情形外，专利法所称申请日，有优先权的，指优先权日。"本案中，虽然被申请人未在诉讼中主张本国优先权，但根据前述法律、法规的规定，涉案专利能否享有本国优先权对于568专利能否构成涉案专利的抵触申请具有实质性影响，因此，本院经向当事人释明后，对涉案专利能否享有本国优先权进行审查。

再次，涉案专利属于实用新型专利，关于实用新型专利及其本国优先权的审查，《中华人民共和国专利法》第四十条规定："实用新型和外观设计专利申请经初步审查没有发现驳回理由的，由国务院专利行政部门作出授予实用新型专利权或者外观设计专利权的决定……"审查指南第一部分第一章6.2.2"本国优先权"规定："初步审查中，审查员只审查在后申请与在先申请的主题是否明显不相关，不审查在后申请与在先申请的实质内容是否一致。当其申请的主题明显不相关时，审查员应当发出视为未要求优先权通知书。"根据专利法及审查指南的上述规定，对于涉案专利能否享有优先权，国务院专利行政部门在授权前并未做实质审查，而是仅仅在初步审查中审查涉案专利是否与332专利、125专利的主题"明显不相关"。因此，本案应当由权利人就涉案专利享有本国优先权承担举证责任和说明义务。权利人未能提交与本国优先权有关的在先申请副本，或者未能证明涉案专利与在先申请属于相同主题的发明创造的，涉案专利不能享有本国优先权，不得以优先权日作为涉案专利的申请日。本案中，虽然专利权人向本院提交了在先申请332专利、125专利的副本，但其中没有记载与涉案专利属于相同主题的技术方案，专利权人对此亦无异议。因此，涉案专利不能享有本国优先权，568专利可以构成涉案专利的抵触申请。

3. 关于206专利中的拖把杆结构是否应视为在568专利中公开

本案中，568专利的说明书中先后两次引证了206专利。其一是在说明书背景技术中记载："为达到旋转的目的，常采用的驱动方式分为两种：……另一种采用中国专利文献206专利公开的手压式旋转拖。"其二是在说明书具体实施方式中记载："'拖把杆13'具有206专利公开的结构。"关于在专利说明书中引证其他文件，实施细则第十七条规定："发明或者实用新型专利申请的说明书……应当包括下列内容：……（二）背景技术：写明对发明或者实用新型的理解、检索、审查有用的背景技术；有可能的，并引证反映这些背景技术的文件。"568专利说明书中对206专利的引证，符合上述规定。

关于被引证文件206专利中相关内容是否应视为被568专利公开，本院认为，如果被引证文件本身构成涉案专利的现有技术，并且通过引证，

被引证文件的相关内容构成引证其的专利技术方案的组成部分，则被引证文件的相关内容应视为已在引证其的专利中公开。本案中，206 专利的授权公告日早于涉案专利的申请日，构成涉案专利的现有技术。而且，568 专利不仅在说明书背景技术中引证了 206 专利，用于说明 206 专利公开的手压式旋转拖属于本领域“常采用的驱动方式”。568 专利还在其说明书具体实施方式中明确记载：“拖把杆 13 具有 206 专利公开的结构”。因此，568 专利实质上采取的就是 206 专利中公开的拖把杆结构，206 专利中的拖把杆结构属于 568 专利技术方案的组成部分，应视为已被 568 专利公开，可以作为认定抵触申请抗辩的依据。二审判决认定“568 专利仅描述了‘一种用于手压式旋转拖的脱水桶’，并未涉及拖把杆的具体技术结构和特征”“涉案专利中有关拖把杆部分的技术特征显然未能在 568 专利中公开，故 568 专利并不能构成陈剑涉案专利权利要求 1 的抵触申请”，认定事实与适用法律具有不当，本院予以纠正。

4. 关于抵触申请抗辩的审查判断标准。

关于被诉侵权人能否以其实施的技术属于抵触申请为由，主张不构成侵犯专利权，《中华人民共和国专利法》及相关司法解释中并未明确规定。与之相关，《中华人民共和国专利法》第六十二条规定：“在专利侵权纠纷中，被控侵权人有证据证明其实施的技术或者设计属于现有技术或者现有设计的，不构成侵犯专利权。”《侵犯专利司法解释》第十四条规定：“被诉落入专利权保护范围的全部技术特征，与一项现有技术方案中的相应技术特征相同或者无实质性差异的，人民法院应当认定被诉侵权人实施的技术属于专利法第六十二条规定的现有技术。”本院认为，《中华人民共和国专利法》第六十二条规定现有技术抗辩的主要理由，在于专利权的保护范围不应覆盖现有技术，既包括被诉侵权技术方案与现有技术相同的情形，也包括被诉侵权技术方案相对于现有技术无实质性差异的情形。在这两种情形下，被诉侵权技术方案相对于现有技术不具有新颖性或者创造性，不应被授予专利权，自然也不应被纳入涉案专利权的保护范围。由于抵触申请与现有技术均可以用于评价涉案专利的新颖性，因此如果被诉侵权技术方案已被抵触申请公开，则相较于抵触申请亦不应被授予专利权，相应地也不应被纳入涉案专利权的保护范围。因此，被诉侵权人以其实施的技术属于抵触申请为由，主张未侵犯涉案专利权的，人民法院可以参照适用《中华人民共和国专利法》第六十二条、《侵犯专利司法解释》第十四条等有关现有技术抗辩的规定，对抵触申请抗辩进行认定。

需要指出的是，由于抵触申请与现有技术的含义和性质存在一定差异，故抵触申请抗辩的审查判断标准应与抵触申请的性质相适应，与现有技术抗辩的审查判断标准存在一定差异。根据《中华人民共和国专利法》第二十二条第二款的规定，抵触申请的公开时间在涉案专利的申请日之后，不构成涉案专利的现有技术，故仅可以与涉案专利单独对比，评价其新颖性。与之不同的是，根据《中华人民共和国专利法》第二十二条第二、三款的规定，现有技术既可以评价涉案专利权的新颖性，也可以与其他现有技术或者公知常识结合，评价涉案专利权的创造性。综上，抵触申请仅仅可以被用来单独评价涉案专利权的新颖性，既不可以与现有技术或者公知常识结合，更不可以用于评价涉案专利权的创造性。因此，只有在被诉侵权技术方案的各项技术特征均已被抵触申请单独、完整地公开，相对于抵触申请不具有新颖性时，才可以认定抵触申请抗辩成立。如果被诉侵权的技术方案相较于抵触申请存在差异并具有新颖性，或者被诉侵权人主张将抵触申请与现有技术或者公知常识结合后进行抗辩的，抵触申请抗辩均不能成立。

5. 关于被诉侵权产品的相应技术特征是否被568专利公开

将被诉侵权产品中的各项技术特征与568专利，以及视为在568专利中公开的206专利中的拖把杆结构（以下统称为568专利公开的技术内容）进行对比，其中没有公开被诉侵权产品中的技术特征“拖把杆包括内杆和外杆”“内外杆间相互套接”。因此，被诉侵权产品的技术方案并未被抵触申请单独、完整地公开，相对于抵触申请具有新颖性。因此，再审申请人的抵触申请抗辩主张不能成立。

再审申请人还主张，其提交的17份专利文件可以证明涉案专利中的拖把杆结构为本领域的公知常识，可结合568专利进行抵触申请抗辩。本院认为，再审申请人提交的17份专利文件本身并非公知常识，所述文件不足

以证明涉案专利中的拖把杆结构为公知常识。再审申请人有关将568专利与公知常识结合后进行抵触申请抗辩的主张，与抵触申请的性质明显相悖，缺乏法律依据，故本院亦不予以支持。

综上，二审判决中有关568专利“未涉及拖把杆的具体技术结构和特征”“568专利并不能构成陈剑涉案专利权利要求1的抵触申请”的认定有误，本院予以纠正。二审判决有关被诉侵权产品落入涉案专利权保护范围的结论正确，应予维持。因再审申请人有关抵触申请抗辩的主张不能成立，故对于被申请人有关被诉侵权人提出抵触申请抗辩的时机应受到限制的相关主张，本院不再予以评述。博生公司的再审申请不符合《中华人民共和国民事诉讼法》第二百条的规定。依照《中华人民共和国民事诉讼法》第二百零四条第一款之规定，本院裁定如下：

驳回慈溪市博生塑料制品有限公司的再审申请。

审　判　长　王艳芳
代理审判员　杜微科
代理审判员　佟　姝

二〇一五年十二月二十七日

书　记　员　孙思逸

（三）侵害外观设计专利权纠纷

65. 高仪股份公司诉浙江健龙卫浴有限公司侵害外观设计专利权纠纷案*

▶ 设计特征部分相似，未包含授权设计区别与现有设计的全部特征的，不构成侵犯外观设计专利权

（最高人民法院审判委员会讨论通过　2017年3月6日发布）

【关键词】

民事　侵害外观设计专利　设计特征　功能性特征　整体视觉效果

【裁判要点】

1. 授权外观设计的设计特征体现了其不同于现有设计的创新内容，也体现了设计人对现有设计的创造性贡献。如果被诉侵权设计未包含授权外观设计区别于现有设计的全部设计特征，一般可以推定被诉侵权设计与授权外观设计不近似。

2. 对设计特征的认定，应当由专利权人对其所主张的设计特征进行举证。人民法院在听取各方当事人质证意见基础上，对证据进行充分审查，依法确定授权外观设计的设计特征。

* 摘自2017年3月6日最高人民法院发布的第十六批指导性案例（指导案例85号）。

3. 对功能性设计特征的认定，取决于外观设计产品的一般消费者来看该设计是否仅仅由特定功能所决定，而不需要考虑该设计是否具有美感。功能性设计特征对于外观设计的整体视觉效果不具有显著影响。功能性与装饰性兼具的设计特征对整体视觉效果的影响需要考虑其装饰性的强弱，装饰性越强，对整体视觉效果的影响越大，反之则越小。

相关法条

《中华人民共和国专利法》第五十九条第二款

基本案情

高仪股份公司（以下简称高仪公司）为“手持淋浴喷头（No. A4284410X2）”外观设计专利的权利人，该外观设计专利现合法有效。2012 年 11 月，高仪公司以浙江健龙卫浴有限公司（以下简称健龙公司）生产、销售和许诺销售的丽雅系列等卫浴产品侵害其“手持淋浴喷头”外观设计专利权为由提起诉讼，请求法院判令健龙公司立即停止被诉侵权行为，销毁库存的侵权产品及专用于生产侵权产品的模具，并赔偿高仪公司经济损失 20 万元。经一审庭审比对，健龙公司被诉侵权产品与高仪公司涉案外观设计专利的相同之处为：二者属于同类产品，从整体上看，二者均是由喷头头部和手柄两个部分组成，被诉侵权产品头部出水面的形状与涉案专利相同，均表现为出水孔呈放射状分布在两端圆、中间长方形的区域内，边缘呈圆弧状。两者的不同之处为：（1）被诉侵权产品的喷头头部四周为斜面，从背面向出水口倾斜，而涉案专利主视图及左视图中显示其喷头头部四周为圆弧面；（2）被诉侵权产品头部的出水面与面板间仅由一根线条分隔，涉案专利头部的出水面与面板间由两条线条构成的带状分隔；（3）被诉侵权产品头部出水面的出水孔分布方式与涉案专利略有不同；（4）涉案专利的手柄上有长椭圆形的开关设计，被诉侵权产品没有；（5）涉案专利中头部与手柄的连接虽然有一定的斜角，但角度很小，几乎为直线形连接，被诉侵权产品头部与手柄的连接产生的斜角角度较大；（6）从涉案专利的仰视图看，手柄底部为圆形，被诉侵权产品仰视的底部为曲面扇形，涉案专利手柄下端为圆柱体，向与头部连接处方向逐步收缩压扁呈扁椭圆体，被诉侵权产品的手柄下端为扇面柱体，且向与喷头连接处过渡均为扇面柱体，过渡中的手柄中段有弧度的突起；（7）被诉侵权产品的手柄底端有一条弧形的装饰线，将手柄底端与产品的背面连成一体，涉案专利的手柄底端没有这样的设计；（8）涉案专利头部和手柄的长度比例与被诉侵权产品有所差别，两者的头部与手柄的连接处弧面亦有差别。

裁判结果

浙江省台州市中级人民法院于2013年3月5日作出（2012）浙台知民初字第573号民事判决，驳回高仪公司诉讼请求。高仪公司不服，提起上诉。浙江省高级人民法院于2013年9月27日作出（2013）浙知终字第255号民事判决：一、撤销浙江省台州市中级人民法院（2012）浙台知民初字第573号民事判决；二、健龙公司立即停止制造、许诺销售、销售侵害高仪公司“手持淋浴喷头”外观设计专利权的产品的行为，销毁库存的侵权产品；三、健龙公司赔偿高仪公司经济损失（含高仪公司为制止侵权行为所支出的合理费用）人民币10万元；四、驳回高仪公司的其他诉讼请求。健龙公司不服，提起再审申请。最高人民法院于2015年8月11日作出（2015）民提字第23号民事判决：一、撤销二审判决；二、维持一审判决。

裁判理由

法院生效裁判认为：本案的争议焦点在于被诉侵权产品外观设计是否落入涉案外观设计专利权的保护范围。

《中华人民共和国专利法》第五十九条第二款规定：“外观设计专利权的保护范围以表示在图片或者照片中的该产品的外观设计为准，简要说明可以用于解释图片或者照片所表示的该产品的外观设计。”《最高人民法院关于审理侵犯专利权纠纷案件应用法律若干问题的解释》（以下简称《侵犯专利权纠纷案件解释》）第八条规定：“在与外观设计专利产品相同或者相近种类产品上，采用与授权外观设计相同或者近似的外观设计的，人民法院应当认定被诉侵权设计落入专利法第五十九条第二款规定的外观设计专利权的保护范围”；第十条规定：“人民法院应当以外观设计专利产品的一般消费者的知识水平和认知能力，判断外观设计是否相同或者近似。”本案中，被诉侵权产品与涉案外观设计专利产品相同，均为淋浴喷头类产品，因此，本案的关键问题是对于一般消费者而言，被诉侵权产品外观设计与涉案授权外观设计是否相同或者近似，具体涉及以下四个问题：

一、关于涉案授权外观设计的设计特征

外观设计专利制度的立法目的在于保护具有美感的创新性工业设计方案，一项外观设计应当具有区别于现有设计的可识别性创新设计才能获得专利授权，该创新设计即是授权外观设计的设计特征。通常情况下，外观设计的设计人都是以现有设计为基础进行创新。对于已有产品，获得专利权的外观设计一般会具有现有设计的部分内容，同时具有与现有设计不相同也不近似的设计内容，正是这部分设计内容使得该授权外观设计具有创新性，从而满足《中华人民共和国专利法》第二十三条所规定的实质性授权条件：不属于现有设计也不存在抵触申请，并且与现有设计或者现有设计特征的组合相比具有明显区别。对于该部分设计内容的描述即构成授权外观设计的设计特征，其体现了授权外观设计不同于现有设计的创新内容，也体现了设计人对现有设计的创造性贡献。由于设计特征的存在，般消费者容易将授权外观设计区别于现有设计，因此，其对外观设计产品的整体视觉效果具有显著影响，如果被诉侵权设计未包含授权外观设计区别于现有设计的全部设计特征，一般可以推定被诉侵权设计与授权外观设计不近似。

对于设计特征的认定，一般来说，专利权人可能将设计特征记载在简要说明中，也可能会在专利授权确权或者侵权程序中对设计特征作出相应

陈述。根据“谁主张、谁举证”的证据规则，专利权人应当对其所主张的设计特征进行举证。另外，授权确权程序的目的在于对外观设计是否具有专利性进行审查，因此，该过程中有关审查文档的相关记载对确定设计特征有着重要的参考意义。理想状态下，对外观设计专利的授权确权，应当是在对整个现有设计检索后的基础上确定对比设计来评判其专利性，但是，由于检索数据库的限制、无效宣告请求人检索能力的局限等原因，授权确权程序中有关审查文档所确定的设计特征可能不是在穷尽整个现有设计的检索基础上得出的，因此，无论是专利权人举证证明的设计特征，还是通过授权确权有关审查文档记载确定的设计特征，如果第三人提出异议，都应当允许其提供反证予以推翻。人民法院在听取各方当事人质证意见的基础上，对证据进行充分审查，依法确定授权外观设计的设计特征。

本案中，专利权人高仪公司主张跑道状的出水面为涉案授权外观设计的设计特征，健龙公司对此不予认可。对此，法院生效裁判认为：首先，涉案授权外观设计没有简要说明记载其设计特征，高仪公司在二审诉讼中提交了12份淋浴喷头产品的外观设计专利文件，其中7份记载的公告日早于涉案专利的申请日，其所附图片表示的外观设计均未采用跑道状的出水面。在针对涉案授权外观设计的无效宣告请求审查程序中，专利复审委员会作出第17086号决定，认定涉案授权外观设计与最接近的对比设计证据1相比：“从整体形状上看，与在先公开的设计相比，本专利喷头及其各面过渡的形状、喷头正面出水区域的设计以及喷头宽度与手柄直径的比例具有较大差别，上述差别均是一般消费者容易关注的设计内容”，即该决定认定喷头出水面形状的设计为涉案授权外观设计的设计特征之一。其次，健龙公司虽然不认可跑道状的出水面为涉案授权外观设计的设计特征，但是在本案一、二审诉讼中其均未提交相应证据证明跑道状的出水面为现有设计。本案再审审查阶段，健龙公司提交200630113512.5号淋浴喷头外观设计专利视图拟证明跑道状的出水面已被现有设计所公开，经审查，该外观设计专利公告日早于涉案授权外观设计申请日，可以作为涉案授权外观设计的现有设计，但是其主视图和使用状态参考图所显示的出水面两端呈矩形而非呈圆弧形，其出水面并非跑道状。因此，对于健龙公司关于跑道

状出水面不是涉案授权外观设计的设计特征的再审申请理由，本院不予支持。

二、关于涉案授权外观设计产品正常使用时容易被直接观察到的部位

认定授权外观设计产品正常使用时容易被直接观察到的部位，应当以一般消费者的视角，根据产品用途，综合考虑产品的各种使用状态得出。本案中，首先，涉案授权外观设计是淋浴喷头产品外观设计，淋浴喷头产品由喷头、手柄构成，二者在整个产品结构中所占空间比例相差不大。淋浴喷头产品可以手持，也可以挂于墙上使用，在其正常使用状态下，对于一般消费者而言，喷头、手柄及其连接处均是容易被直接观察到的部位。其次，第 17086 号决定认定在先申请的设计证据 2 与涉案授权外观设计采用了同样的跑道状出水面，但是基于涉案授权外观设计的“喷头与手柄成一体，喷头及其与手柄连接的各面均为弧面且喷头前倾，此与在先申请的设计相比具有较大的差别，上述差别均是一般消费者容易关注的设计内容”，认定二者属于不相同且不相近似的外观设计。可见，淋浴喷头产品容易被直接观察到的部位并不仅限于其喷头头部出水面，在对淋浴喷头产品外观设计的整体视觉效果进行综合判断时，其喷头、手柄及其连接处均应作为容易被直接观察到的部位予以考虑。

三、关于涉案授权外观设计手柄上的推钮是否为功能性设计特征

外观设计的功能性设计特征是指那些在外观设计产品的一般消费者看来，由产品所要实现的特定功能唯一决定而不考虑美学因素的特征。通常情况下，设计人在进行产品外观设计时，会同时考虑功能因素和美学因素。在实现产品功能的前提下，遵循人文规律和法则对产品外观进行改进，即产品必须首先实现其功能，其次，还要在视觉上具有美感。具体到一项外观设计的某一特征，大多数情况下均兼具功能性和装饰性，设计者会在能够实现特定功能的多种设计中选择一种其认为最具美感的设计，而

仅由特定功能唯一决定的设计只有在少数特殊情况下存在。因此，外观设计的功能性设计特征包括两种：一是实现特定功能的唯一设计；二是实现特定功能的多种设计之一，但是该设计仅由所要实现的特定功能决定而与美学因素的考虑无关。对功能性设计特征的认定，不在于该设计是否因功能或技术条件的限制而不具有可选择性，而在于外观设计产品的一般消费者看来该设计是否仅仅由特定功能所决定，而不需要考虑该设计是否具有美感。一般而言，功能性设计特征对于外观设计的整体视觉效果不具有显著影响；而功能性与装饰性兼具的设计特征对整体视觉效果的影响需要考虑其装饰性的强弱，装饰性越强，对整体视觉效果的影响相对较大，反之则相对较小。

本案中，涉案授权外观设计与被诉侵权产品外观设计的区别之一在于后者缺乏前者在手柄位置上具有的一类跑道状推钮设计。推钮的功能是控制水流开关，是否设置推钮这一部件是由是否需要在淋浴喷头产品上实现控制水流开关的功能所决定的，但是，只要在淋浴喷头手柄位置设置推钮，该推钮的形状就可以有多种设计。当一般消费者看到淋浴喷头手柄上的推钮时，自然会关注其装饰性，考虑该推钮设计是否美观，而不是仅仅考虑该推钮是否能实现控制水流开关的功能。涉案授权外观设计的设计者选择将手柄位置的推钮设计为类跑道状，其目的也在于与其跑道状的出水面相协调，增加产品整体上的美感。因此，二审判决认定涉案授权外观设计中的推钮为功能性设计特征，适用法律错误，本院予以纠正。

四、关于被诉侵权产品外观设计与涉案授权外观设计是否构成相同或者近似

《侵犯专利权纠纷案件解释》第十一条规定，认定外观设计是否相同或者近似时，应当根据授权外观设计、被诉侵权设计的设计特征，以外观设计的整体视觉效果进行综合判断；对于主要由技术功能决定的设计特征，应当不予考虑。产品正常使用时容易被直接观察到的部位相对于其他部位、授权外观设计区别于现有设计的设计特征相对于授权外观设计的其他设计特征，通常对外观设计的整体视觉效果更具有影响。

本案中，被诉侵权产品外观设计与涉案授权外观设计相比，其出水孔分布在喷头正面跑道状的区域内，虽然出水孔的数量及其在出水面两端的分布与涉案授权外观设计存在些许差别，但是总体上，被诉侵权产品采用了与涉案授权外观设计高度近似的跑道状出水面设计。关于两者的区别设计特征，一审法院归纳了 8 个方面，对此双方当事人均无异议。对于这些区别设计特征，首先，如前所述，第 17086 号决定认定涉案外观设计专利的设计特征有三点：一是喷头及其各面过渡的形状，二是喷头出水面形状，三是喷头宽度与手柄直径的比例。除喷头出水面形状这一设计特征之外，喷头及其各面过渡的形状、喷头宽度与手柄直径的比例等设计特征也对产品整体视觉效果产生显著影响。虽然被诉侵权产品外观设计采用了与涉案授权外观设计高度近似的跑道状出水面，但是，在喷头及其各面过渡的形状这一设计特征上，涉案授权外观设计的喷头、手柄及其连接各面均呈圆弧过渡，而被诉侵权产品外观设计的喷头、手柄及其连接各面均为斜面过渡，从而使得二者在整体设计风格上呈现明显差异。另外，对于非设计特征之外的被诉侵权产品外观设计与涉案授权外观设计相比的区别设计特征，只要其足以使两者在整体视觉效果上产生明显差异，也应予以考虑。其次，淋浴喷头产品的喷头、手柄及其连接处均为其正常使用时容易被直接观察到的部位，在对整体视觉效果进行综合判断时，在上述部位上的设计均应予以重点考查。具体而言，涉案授权外观设计的手柄上设置有一类跑道状推钮，而被诉侵权产品无此设计，因该推钮并非功能性设计特征，推钮的有无这一区别设计特征会对产品的整体视觉效果产生影响；涉案授权外观设计的喷头与手柄连接产生的斜角角度较小，而被诉侵权产品的喷头与手柄连接产生的斜角角度较大，从而使得两者在左视图上呈现明显差异。正是由于被诉侵权产品外观设计未包含涉案授权外观设计的全部设计特征，以及被诉侵权产品外观设计与涉案授权外观设计在手柄、喷头与手柄连接处的设计等区别设计特征，使得两者在整体视觉效果上呈现明显差异，两者既不相同也不近似，被诉侵权产品外观设计未落入涉案外观设计专利权的保护范围。二审判决仅重点考虑了涉案授权外观设计跑道状出水面的设计特征，而对于涉案授权外观设计的其他设计特征，以及淋浴喷头产品正常使用时其他容易被直接观察到的部位上被诉侵权产品外观设计与涉案授权外观设计专利的区别设计特征未予考虑，认定两者构成近似，适用法律错误，本院予以纠正。

综上，健龙公司生产、许诺销售、销售的被诉侵权产品外观设计与高仪公司所有的涉案授权外观设计既不相同也不近似，未落入涉案外观设计专利权保护范围，健龙公司生产、许诺销售、销售被诉侵权产品的行为不构成对高仪公司涉案专利权的侵害。二审判决适用法律错误，本院依法应予纠正。

（生效裁判审判人员：周翔、吴蓉、宋淑华）

66. 马培德公司与阳江市邦立贸易有限公司、阳江市伊利达刀剪有限公司侵害外观设计专利权纠纷案*

▶

被控侵权产品在产品正常使用时容易被直接观察到的部分上有区别于授权外观设计的彩色图案，因此，侵权外观设计与授权外观设计在整体视觉效果存在实质性差异

【裁判摘要】

在确定外观设计专利权的保护范围以及侵权判断时，应当以图片或者照片中的形状、图案、色彩设计要素为基本依据。

在与外观设计专利产品相同或者相近种类产品上，采用与外观设计专利相同或者近似的外观设计的，人民法院应当认定被诉侵权产品落入外观设计专利权的保护范围。被诉侵权产品在采用与外观设计专利相同或者近似的外观设计之余，还附加有其他图案、色彩设计要素的，如果这些附加的设计要素属于额外增加的设计要素，则对侵权判断一般不具有实质性影响。

* 摘自《最高人民法院公报》2014 年第 12 期。

最高人民法院民事裁定书

(2013) 民申字第29号

再审申请人(一审原告、二审上诉人):马培德公司(MAPED)。

法定代表人:雅克·拉科卢瓦,该公司董事长。

委托代理人:陈晓玲,北京市万慧达律师事务所律师。

委托代理人:张涵,北京市万慧达律师事务所律师。

被申请人(一审被告、二审被上诉人):阳江市邦立贸易有限公司。

法定代表人:黄昌西,该公司总经理。

被申请人(一审被告、二审被上诉人):阳江市伊利达刀剪有限公司。

法定代表人:黄昌西,该公司总经理。

再审申请人马培德公司因与被申请人阳江市邦立贸易有限公司(以下简称邦立公司)、阳江市伊利达刀剪有限公司(以下简称伊利达公司)侵害外观设计专利权纠纷一案,不服广东省高级人民法院(2011)粤高法民三终字第164号民事判决,向本院申请再审。本院依法组成合议庭对本案进行审查,现已审查终结。

马培德公司向本院申请再审称:(1)单纯形状类型的外观设计专利权应当得到充分有效的法律保护,二审判决认定被诉侵权产品与涉案专利既不相同也不近似,不符合《中华人民共和国专利法》第五十九条第二款的规定及其立法宗旨。①二审判决认定“在剪刀片上设计有彩色图案,通常对外观设计的整体视觉效果更具有影响。以一般消费者的知识水平和认知能力来判断,侵权外观设计与授权外观设计在剪刀片上的上述差异已经构成整体视觉效果的实质性差异,故两者既不相同也不近似”,认定事实错误,适用法律不当。②在确定单纯形状类型的外观设计专利权的保护范围，判断被诉侵权产品是否侵权时，应当参照适用《专利审查指南》第四部分第五章5.2.3的规定，无需考虑图案、色彩要素。被诉侵权产品外表上增添的图案、色彩要素应当不予考虑。③涉案专利权属于单纯形状类型的外观设计，是对产品外观的基础性创新，创新难度更大，应获得更宽的保护范围，得到更为充分的法律保护。因此，只要被诉侵权产品采用了与涉案专利相同或者近似的产品外形，即应当认定其落入涉案专利权的保护范围。④被诉侵权产品在抄袭涉案专利的产品形状的同时，有意在产品外表上添加了图案，既利用涉案专利权人的创新成果，又逃避侵权责任。(2) 被诉侵权产品与涉案专利构成相同或近似的设计，落入涉案专利权保护范围。①被诉侵权产品除了铆钉尺寸略大以外，其他形状要素与涉案专利相同。按照整体观察，综合判断的方法，铆钉尺寸的变化属于局部细微变化，涉案专利与被诉侵权产品属于相同或近似产品。②从产品正常使用时容易观察到的部位分析，被诉侵权设计落入涉案专利保护范围。(3) 被申请人在生产、销售带有图案、色彩的被诉侵权产品的同时，还生产、销售、许诺销售未带有图案、色彩，与涉案专利完全一致的SC0306型号产品。邦立公司印刷、发行的《2008年度阳江邦立产品手册 YangjiangBonly Industries LTD PROFESSIONAL SCISSORS FACTORY》第36页记载，SC0306剪刀的剪刀刀片部分为无色金属。马培德公司在一、二审中指控的被诉侵权产品包括无图案、色彩的产品。一审法院对此未予审查和认定，认定事实错误。(4) 邦立公司与伊利达公司共同实施侵权行为，应当共同承担停止侵权、赔偿损失的法律责任。马培德公司为制止侵权行为所支付的合理支出，应当由伊利达公司负担。综上，马培德公司根据《中华人民共和国民事诉讼法》(2007年修正) 第一百七十九条第一款第（二）、(六) 项的规定，向本院申请再审。请求本院：(1) 撤销一、二审判决。(2) 判令邦立公司、伊利达公司停止侵犯涉案专利权的行为，赔偿经济损失10万元。

阳江公司、伊利达公司未提交答辩意见。

本院认为：本案焦点在于：(1) 一审法院是否遗漏无图案、色彩的被诉侵权产品。(2) 被诉侵权产品是否落入涉案外观设计专利权的保护范围。(3) 被诉侵权产品刀片上的彩色图案对侵权判断具有何种影响。

一、关于一审法院是否遗漏无图案、色彩的被诉侵权产品

本院审查查明：马培德公司在一审中并未主张阳江公司、伊利达公司生产、销售刀片上未带有花纹、图案的被诉侵权产品。根据一审庭审笔录以及马培德公司提交的书面意见，马培德公司在进行侵权比对时明确主张："两者不同点仅有铆钉的大小不同以及被诉侵权产品刀片上印有图案、颜色。……被诉侵权产品与涉案专利构成相近似。"因此，马培德公司有关一审法院遗漏被诉侵权产品的主张，缺乏事实依据，本院不予支持。

二、关于被诉侵权产品是否落入涉案外观设计专利权的保护范围

将被诉侵权产品与涉案外观设计专利相比较，二者均包括手柄、刀片以及设置于剪刀中部的铆钉三个主要部分。二者的共同点为：手柄、刀片的形状基本相同，手柄包括内、外两个明暗不同的同心圆环，并且在手柄中部均设置水滴状通孔。二者的主要区别在于：(1) 被诉侵权产品的铆钉为分别设置于剪刀两侧的两个圆台状凸起，体积明显较大，其中心线上还设置有波浪状条纹；涉案专利的铆钉为金属铆钉，体积明显较小，且仅在一侧中部设置有直线槽（以下简称区别特征 1）。(2) 被诉侵权产品的剪刀片上还设置有彩色图案（以下简称区别特征 2）。

关于区别特征 1。对于涉案外观设计专利而言，刀片、铆钉的设计均为剪刀类产品中的常规设计，其设计特点主要体现于手柄之上，创新高度相对有限。虽然被诉侵权产品采用了与其基本相同的手柄设计，但由于二者铆钉的形状、大小差异明显，并且铆钉设置于产品中部，区别特征 1 容易被一般消费者观察到，足以导致二者的整体视觉效果产生明显差异。

关于区别特征 2。首先，正确界定外观设计专利权的保护范围，是进行外观设计专利侵权判断的基础。根据《中华人民共和国专利法》（2000

年修正）第五十六条第二款的规定，“外观设计专利权的保护范围以表示在图片或者照片中的该外观设计专利产品为准”。形状、图案、色彩是构成产品外观设计的三项基本设计要素，因此，在确定外观设计专利权的保护范围以及侵权判断时，应当以图片或者照片中的形状、图案、色彩设计要素为基本依据。其次，色彩要素不能脱离形状、图案单独存在，必须依附于产品形状、图案存在，色彩变化本身也可形成图案。根据《中华人民共和国专利法实施细则》（2002 年修订）第二十八条第二款的规定，“外观设计的简要说明应当写明使用该外观设计的产品的设计要点、请求保护色彩、省略视图等情况……”因此，简要说明中未明确请求保护色彩的，不应以图片、照片中的色彩限定外观设计专利权的保护范围，在侵权对比时应当不予考虑。但产品上明暗、深浅变化形成图案的，应当视为图案设计要素，不应将其归入色彩设计要素，涉案专利手柄上明暗不同的同心圆环属于图案设计要素，马培德公司有关涉案专利属于单纯形状的外观设计的主张，与事实不符。最后，在与外观设计专利产品相同或者相近种类产品上，采用与外观设计专利相同或者近似的外观设计的，人民法院应当认定被诉侵权产品落入《中华人民共和国专利法》第五十九条第二款规定的外观设计专利权的保护范围。被诉侵权产品在采用与外观设计专利相同或者相近似的外观设计之余，还附加有其他图案、色彩设计要素的，如果这些附加的设计要素属于额外增加的设计要素，则对侵权判断一般不具有实质性影响。否则，他人即可通过在外观设计专利上简单增加图案、色彩等方式，轻易规避专利侵权。这无疑有悖于专利法鼓励发明创造，促进科技进步和创新的立法本意。涉案专利并未要求保护色彩，刀片上亦无图案设计，区别特征 2 属于被诉侵权产品上额外增加的设计要素，不应对侵权判断产生实质性影响。

综上所述，区别特征 1 对整体视觉效果具有显著影响，被诉侵权产品与涉案外观设计专利既不相同也不近似。二审判决以“在剪刀片上设计有彩色图案，通常对外观设计的整体视觉效果更具有影响”等为由，认定二者整体视觉效果具有实质性差异，适用法律错误，应予纠正。鉴于二审判决结论正确，故本院予以维持。

综上，马培德公司的再审申请不符合《中华人民共和国民事诉讼法》第二百条的规定。依照《中华人民共和国民事诉讼法》第二百零四条第一款之规定，裁定如下：

驳回马培德公司的再审申请。

审　判　长　周　翔
代理审判员　杜微科
代理审判员　罗　霞

二〇一三年九月二十二日

书　记　员　张　博

67. 中山市君豪家具有限公司与中山市南区佳艺工艺家具厂侵犯外观设计专利权纠纷案*

▶ 外观设计专利区别于现有设计的设计特征相较于其他设计特征对于外观设计的整体视觉效果更具有显著影响

最高人民法院民事裁定书

(2011) 民申字第1406号

申请再审人(一审被告、二审被上诉人):中山市君豪家具有限公司。

法定代表人:高文氢,该公司总经理。

委托代表人:魏永才,广东中亿律师事务所律师。

被申请人(一审原告、二审上诉人):中山市南区佳艺工艺家具厂。

投资人:曾广英。

申请再审人中山市君豪家具有限公司因与被申请人中山市南区佳艺工艺家具厂(以下简称佳艺家具厂)侵犯外观设计专利权纠纷一案,不服广东省高级人民法院

---

* 摘自《知识产权审判与指导》2012年第1辑(总第19辑),人民法院出版社2012年版,第196~198页。

（2011）粤高法民三终字第229号民事判决，向本院申请再审。本院依法组成合议庭对本案进行了审查，现已审查终结。

君豪公司申请再审称：（1）根据《中华人民共和国专利法》第二条第四款和第五十九条第二款的规定，外观设计中形状、图案、色彩均是外观设计的保护要素，从本案专利视图可以看出其外观设计包括形状、图案两个要素。若被诉侵权产品侵权，则与涉案专利产品的形状和图案均应相近似，才构成侵权。产品图案的对比主要从图案的题材、构图方法、表现方式及花样大小等方面观察，色彩的不同也可能使图案不同。如果题材相同，但其构图方法、表现方式、花样大小不相同，则对比的图案之间不相同也不相近似。（2）外观设计中产品的形状和图案对外观的保护同等重要，在侵权判断中具有相同的作用。从《中华人民共和国专利法》第二条关于外观设计的定义可知，外观设计的形状、图案、色彩三要素间没有等级效力的差别，每一种设计要素均对产品外观设计有同等重要的作用，因此在外观设计的保护中，每一种设计要素均应该同等保护，不能侧重于保护某一个单独的要素，这样就可能扩大或者缩小外观设计专利权的保护范围，违背法律规定。涉案专利设计由形状和图案构成，二者对涉案专利权的保护范围具有同等重要的作用，不能偏废任何一个要素，而二审法院主观的为当事人确定一个要素为显著的设计特征，在产品外观上占有更大比例的图案被认为是局部的、细微的差异，这种观点直接违背了专利法规定的基本原则和申请原则，损害公共利益，对被诉侵权人不利。（3）被诉侵权产品与涉案外观设计专利的外观明显不同，具有不同的美感和表达方式，其中图案要素在产品外观中所占面积比例较大并且比对图案明显不同，一般消费者不会混淆，因此二者不相同也不相近似，被诉侵权设计没有侵犯涉案外观设计专利权。综上，君豪公司依据《中华人民共和国民事诉讼法》第一百七十九条第一款第（二）项的规定申请再审，请求本院撤销二审判决，驳回佳艺家具厂的全部诉讼请求，并由其承担全部诉讼和保全费用。

佳艺家具厂提交意见认为：被诉侵权产品与涉案专利产品在整体形

状、柜体各组成部分的形状以及布局方式等方面基本相同，只是在装饰图案上有差异，而产品的形状是本专利最显著的设计特征，对整体视觉效果影响较大，图案的差异仅是局部的、细微的，所以应当认定二者构成近似。二审判决认定事实清楚、适用法律正确，请求驳回君豪公司的再审申请。

本院认为：本案的争议焦点是：被诉侵权设计是否落入涉案专利权的保护范围。被诉侵权产品与涉案外观设计专利产品均为蛋形三抽柜，二者为同类产品。将被诉侵权设计与涉案专利设计相比对，二者在柜顶、柜体和柜脚部分的外观形状基本相同，主要的不同之处是装饰图案不同，除前者柜顶无装饰，后者柜顶有百合花装饰外，其余后者以一支飘逸、匀称遍布状百合花装饰的部分，前者均以一团簇状牡丹花装饰。涉案外观设计专利产品名称是“三抽柜（蛋形）”，从其产品名称和外观设计照片来看，四方形三抽柜和八边形装饰框与蛋形柜体的组合和布局是涉案专利设计区别于现有设计的设计特征。因此，被诉侵权产品和涉案专利产品的外观设计在柜体的整体形状、柜体各组成部分的形状以及布局方式上的基本相同相比其他设计特征对于外观设计的整体视觉效果更具有影响。

被诉侵权设计与涉案专利设计虽然在装饰图案上存在差异，但二者均为花卉图案，图案的题材相同，在柜体的装饰布局上也基本相同。因此，被诉侵权设计以牡丹花图案替换涉案专利设计的百合花图案的做法，实质是采用了涉案专利设计的设计方案，这种简单替换所导致的差异对于整体视觉效果的影响是局部的、细微的，以一般消费者的知识水平和认知能力来判断，该差异不足以将被诉侵权设计和涉案专利设计区分开来，故不属于实质性差异，对于判断被诉侵权设计与涉案专利设计在整体视觉效果上构成近似无实质性影响。

综上，被诉侵权设计与涉案专利设计相近似，落入了涉案专利权的保护范围。君豪公司制造、销售被诉侵权产品的行为侵犯了涉案专利权，应承担停止侵权、赔偿损失等法律责任。二审法院据此判决君豪公司停止侵权，并赔偿佳艺家具厂经济损失 6 万元是正确的，应予维持。君豪公司的再审申请没有事实根据，不符合《中华人民共和国民事诉讼法》第一百七十九条第一款第（二）项之规定，依照《中华人民共和国民事诉讼法》第一百八十一条第一款之规定，裁定如下：

驳回中山市君豪家具有限公司的再审申请。

审　判　长　王永昌
代理审判员　宋淑华
代理审判员　秦元明

二〇一一年十一月二十二日

书　记　员　周睿隽

68. 张大勇与白山市江源区宏成瓦业有限公司等侵害外观设计专利权纠纷案*

▶被诉侵权产品与涉案专利产品虽名称不同，但两者在用途、功能、市场销售以及实际使用的情况等方面均相同，二者为相同种类产品

最高人民法院民事判决书

（2012）民提字第171号

再审申请人（一审原告、二审上诉人）：张大勇，黑龙江省穆棱市兴源北山建材有限公司经理。

委托代理人：王军，北京市悦道律师事务所律师。

被申请人（一审被告、二审上诉人）：白山市江源区宏成瓦业有限公司（原江源县石人宏成瓦业有限公司）。

法定代表人：王玉起，该公司经理。

委托代理人：张前程，该公司工作人员。

委托代理人：肖军，北京市炜衡律师事务所律师。

一审被告：高红梅。

再审申请人张大勇因与被申请人白山市江源区宏成瓦业有限公司（以下简称宏成瓦业公司）及一审被告高

---

* 摘自《知识产权审判与指导》2013年第2辑（总第22辑），人民法院出版社2014年版，第210～220页。

红梅侵害外观设计专利权纠纷一案，不服黑龙江省高级人民法院（2011）黑知终字第 5 号民事判决，向本院申请再审。本院于 2012 年 8 月 13 日作出（2012）民申字第 301 号民事裁定，提审本案。本院依法组成合议庭，于 2013 年 2 月 28 日公开开庭审理了本案。张大勇及其委托代理人王军，宏成瓦业公司委托代理人张前程到庭参加诉讼。本案现已审理终结。

2009 年 8 月，张大勇向哈尔滨市中级人民法院提起诉讼称：张大勇的蓄热板外观设计专利（专利号为 ZL20063002××××.7，以下简称涉案专利）处于有效保护期内，宏成瓦业公司未经许可擅自生产与涉案专利相同的蓄热板，高红梅擅自销售该产品，侵犯了张大勇就涉案专利享有的外观设计专利权。故请求法院判决：宏成瓦业公司与高红梅立即停止侵权行为；宏成瓦业公司赔偿张大勇经济损失 50 万元，其中高红梅承担 1 万元；宏成瓦业公司与高红梅赔偿张大勇为本案诉讼所发生的差旅费、打字复印费共计 3 万元；本案受理费由宏成瓦业公司与高红梅负担。

高红梅辩称：作为双城市天祥日杂商店的业主，其很难辨别所售商品是否为侵犯他人专利权的产品。依照专利法的有关规定，销售不知道是未经专利权人许可而制造的侵权产品，能证明产品合法来源的，不承担赔偿责任。高红梅销售的蓄热板，是宏成瓦业公司生产的产品，全部赔偿责任应由宏成瓦业公司承担。

宏成瓦业公司辩称：（1）宏成瓦业公司已就涉案专利向国家知识产权局专利复审委员会（以下简称专利复审委员会）提出无效宣告请求，本案诉讼应中止审理；（2）宏成瓦业公司生产的产品与涉案专利在颜色图案、外观设计、尺寸大小、内外部结构等多方面存在明显差异，宏成瓦业公司不构成侵权。

哈尔滨市中级人民法院一审查明：

（一）涉案专利权利状况与许可使用情况

张大勇是名称为“蓄热板”的外观设计的专利权人，专利号为 ZL20063002××××.7，申请日是 2006 年 6 月 14 日，授权公告日是 2007 年 3 月 21 日。该外观设计专利的主视图、后视图为长方体；左视图、右视

图上，在长方体的两端有 3 个通透的长方形通孔；俯视图、仰视图为对应的弧形，一端向外凸，另一端向内凹。2010 年 3 月 15 日，张大勇交纳专利年费 240 元。国家知识产权局于 2009 年 8 月 10 日出具检索报告，检索结论：未检索到与被检索产品具有相同或相近似的外观设计产品。

2007 年 12 月 24 日，专利复审委员会根据案外人穆棱市兴源建材有限公司的申请，作出第 10818 号审查决定，宣告涉案专利全部无效。2008 年 7 月 22 日，北京市第一中级人民法院作出（2008）一中行初字第 406 号行政判决书，撤销第 10818 号审查决定。2009 年 2 月 11 日，北京市高级人民法院作出（2008）高行终字第 673 号行政判决书，驳回上诉，维持一审判决。

2007 年 3 月 30 日，张大勇与黑龙江省穆棱市兴源北山建材有限公司签订《准许实施专利协议书》，准许黑龙江省穆棱市兴源北山建材有限公司在全国范围内使用包括涉案专利在内的五项专利，准许使用费 50 万元，期限自 2007 年 3 月 21 日起 10 年。2007 年 5 月 21 日，张大勇收取专利使用费 50 万元。

（二）指控侵权等相关情况

双城市天祥日杂商店于 2009 年 8 月 2 日出具《收据》，内容为：炕面板 8 块 ×3.50 =28 元。双城市天祥日杂商店于 2009 年 8 月 12 日出具《收据》，内容为：炕面板 1 块 ×4.50 =4.50 元。其销售的产品为长方体，两端有 4 个通透的长方形通孔，两边为对应的弧形，一端向外凸，另一端向内凹，产品的正面有 3 个浅沟槽，并刻有“页岩保温炕面板专利号 200830081365.70439 - 3781113 吉林省白山市江源区宏成瓦业有限公司制造”等字样，背面是平面，没有沟槽和文字。

宏成瓦业公司向法院举示其生产的产品实物，其形状为：产品为长方体，两端有 4 个通透的长方形通孔，两边为对应的弧形，一端向外凸，另一端向内凹，产品的正面有 3 个浅沟槽，并刻有“0439 - 3781113 吉林省白山市江源区宏成瓦业有限公司制造”等字样，背面也有 3 个浅沟槽，没有文字。

2008年5月30日，国家知识产权局受理宏成瓦业公司原法定代表人王君龙名称为“炕面板（保温）”的外观设计申请，申请号是200830081365.7。

哈尔滨市中级人民法院一审认为：本案的争议焦点是宏成瓦业公司和高红梅是否侵犯了涉案专利权，以及侵权责任如何确定。

（一）关于侵权是否成立

涉案专利已经过国家知识产权局的检索，并在宣告无效的在先行政诉讼中经二审终审判决确认其权利为有效，故宏成瓦业公司关于涉案专利效力未确定，本案应中止诉讼的主张不成立。

双城市天祥日杂商店于2009年8月2日和8月12日出具销售炕面板的《收据》，并有相应的被诉侵权产品为证，可认定其业主高红梅销售了被诉侵权产品。该被诉侵权产品刻有“页岩保温炕面板专利号200830081365.70439－3781113吉林省白山市江源区宏成瓦业有限公司制造”等字样，其上显示的专利号与宏成瓦业公司原法定代表人王君龙申请的“炕面板（保温）”的外观设计专利号200830081365.7相同，其上显示的联系方式、制造单位与宏成瓦业公司举示其生产的产品实物上的联系方式、制造单位相同，故可认定该被诉侵权产品是宏成瓦业公司所生产，并由高红梅对外销售。

由于被诉侵权行为发生在2009年10月1日之前，故本案应适用2000年修正的《中华人民共和国专利法》。2000年修正的《中华人民共和国专利法》第五十六条第二款规定，外观设计专利权的保护范围以表示在图片或者照片中的该产品的外观设计为准。本案被诉侵权产品与涉案专利产品的用途和功能相同；外观设计上，二者形状均呈长方体，两端均有通透的长方形通孔，两边均为对应的弧形，且一端向外凸，另一端向内凹。不同点是：被诉侵权产品有4个通透的长方形通孔，且表面有3个浅沟槽；而涉案专利为3个通透的长方形通孔，表面没有浅沟槽。通过整体观察，被诉侵权产品的设计包含了涉案专利的全部设计要素，所增加的1个通透长方形通孔与表面的3个浅沟槽，在整体视觉效果上无实质性差异，属于近

似外观设计，落入涉案专利权的保护范围。宏成瓦业公司所称被诉侵权产品与涉案专利在颜色、尺寸等方面的差异，不影响判定构成侵权；其关于被诉侵权产品与涉案专利产品是完全不同的两种产品，以及二者在外观设计、内部外部、两边弧形形状、位置等有明显差异等抗辩主张不能成立。

（二）关于侵权责任如何确定

张大勇是黑龙江省穆棱市兴源北山建材有限公司的法定代表人，故双方签订的《准许实施专利协议书》和使用费入账凭证，其证据的可靠性和证明力均存疑。本案因侵权造成张大勇的损失以及宏成瓦业公司的获利均难以确定，且张大勇主张的专利许可使用费不予采信，故根据涉案专利权的类别、宏成瓦业公司侵权产品的数量较大、时间较长、利润较高等侵权的性质和情节等因素，酌情确定宏成瓦业公司赔偿张大勇经济损失的数额。高红梅销售宏成瓦业公司生产的侵权产品，应立即停止销售，但基于合法来源抗辩，可不承担赔偿责任。

综上所述，哈尔滨市中级人民法院一审判决：一、宏成瓦业公司、高红梅停止侵犯涉案专利权的行为；二、宏成瓦业公司赔偿张大勇经济损失45万元；三、驳回张大勇的其他诉讼请求。案件受理费8800元，由宏成瓦业公司、高红梅负担1000元，宏成瓦业公司负担7050元，张大勇负担750元。

张大勇与宏成瓦业公司均不服一审判决，向黑龙江省高级人民法院提起上诉。

张大勇上诉并对宏成瓦业公司的上诉理由答辩称：张大勇在法定期限内向一审法院提出了追加赔偿额至100万元的诉讼请求，并补缴了诉讼费，而一审法院仍按法定最高赔偿额50万元的90%判决赔偿，显失公平；宏成瓦业公司于2007年就开始实施侵权行为，侵权时间较长，获利较高，且被诉侵权行为虽发生在2009年10月1日以前，但持续到2009年10月1日以后，应适用2008年修正的《中华人民共和国专利法》，法定赔偿额以100万元为上限。故张大勇请求撤销一审判决，改判宏成瓦业公司赔偿90万元并承担案件受理费。

宏成瓦业公司上诉并对张大勇的上诉理由答辩称：专利复审委员会已受理宏成瓦业公司对涉案专利提出的无效宣告请求，在此情况下，一审法院仍判决侵权成立违反法定程序；宏成瓦业公司生产的产品与涉案专利产品是两种完全不同的产品，不构成侵权；宏成瓦业公司生产的产品已取得外观设计专利证书，没有侵犯他人权利。宏成瓦业公司请求撤销一审判决，改判驳回张大勇的全部诉讼请求。

黑龙江省高级人民法院二审查明：一审判决认定的事实属实。另查明，王君龙于2008年5月30日申请的名称为"炕面板（保温）"的外观设计，于2009年12月16日获得授权，专利号为ZL20083008××××.7，专利证书号为第1083827号。

黑龙江省高级人民法院二审认为：涉案专利权合法有效，应依法受到保护。专利复审委员会第10818号无效宣告请求审查决定已被法院的行政判决撤销，一审法院未中止审理本案并无不当。宏成瓦业公司关于一审法院违反法定程序的上诉主张，法院不予支持。

2008年修正《中华人民共和国专利法》自2009年10月1日起施行，本案宏成瓦业公司的被诉侵权行为发生在2009年8月，张大勇未提供证据证明宏成瓦业公司持续生产至2009年10月1日以后，故一审法院适用2000年修正《中华人民共和国专利法》正确。张大勇关于本案应适用2008年修正《中华人民共和国专利法》的主张没有事实及法律依据，法院不予支持。

一审判决认定被诉侵权产品由宏成瓦业公司生产，张大勇及宏成瓦业公司对此均无异议，二审法院予以确认。被诉侵权产品与涉案专利产品的名称虽不同，但两者的功能、用途相同，市场销售中消费者的认知亦相同，故应属相同产品。经比对，被诉侵权设计与本案授权外观设计均为长方体，但被诉侵权设计在长方体内增加了1个通透的长方形通孔，且授权外观设计的板面均为平面，而被诉侵权设计的一侧板面上增加了3条沟槽，容易被消费者直接观察到。在整体视觉效果上，上述区别已构成被诉侵权设计与授权外观设计的实质性差异，足以引起一般消费者的注意而不易混淆，故应认定宏成瓦业公司生产的被诉侵权产品未落入涉案专利权的保护

范围。宏成瓦业公司关于被诉侵权产品外观设计与涉案专利外观设计存在明显差异，不构成侵权的主张成立；张大勇主张宏成瓦业公司赔偿其90万元经济损失于法无据，不予支持。一审判决关于被诉侵权产品外观设计与涉案外观设计近似的认定不当，应予纠正。

综上所述，黑龙江省高级人民法院二审判决：一、撤销一审判决；二、驳回张大勇的诉讼请求。一审案件受理费8800元，二审案件受理费16850元，合计25650元，由张大勇负担。

张大勇不服二审判决，向本院申请再审称：（1）二审法院避开被诉侵权产品的整体视觉和要部，单凭其增加的一个通透的通孔和三个浅沟槽这一局部的细微变化，机械地将其视为“要部”，并认定被诉侵权产品与涉案专利有“实质性差异”，该认定错误。（2）被诉侵权产品表面的浅沟槽与产品的用途和功能无任何联系，不具备“要部”应有的条件，更不会引起一般消费者的注意。（3）被诉侵权产品不属于现有设计。（4）依据《最高人民法院关于审理侵犯专利权纠纷案件应用法律若干问题的解释》第十三条，本案被诉侵权产品属于依照专利权人的专利方法而制作，构成侵权。（5）张大勇分别申报了两个专利，第一个专利（ZL20063002××××.7）为三个通透的通孔，而第二个专利（ZL200630157291.1）有四个通透的通孔，且先于被诉侵权产品的制造，故被诉侵权产品落入了张大勇第二个专利的保护范围。综上，张大勇依据《中华人民共和国民事诉讼法》第二百条第（二）项、第（六）项的规定申请再审，请求本院依法撤销二审判决，维持一审判决。

宏成瓦业公司提交意见称：（1）张大勇在再审程序中提交的外观设计专利证书ZL200630157291.1已过举证时限，不属于新证据，法院对该证据应不予采信。（2）张大勇在再审程序中提交的专利复审委员会第15922号无效宣告请求审查决定书，不属于新证据，且与本案无关。（3）张大勇主张保护的涉案专利名称为“蓄热板”，而宏成瓦业公司依法使用自己的外观设计专利（ZL20083008××××.7），名称为“炕面板（保温）”，两者名称不同、用途不同，是完全不同的产品，不构成侵权。（4）宏成瓦业公司生产的被诉侵权产品与涉案专利在颜色图案、外观设计、内外部结构等诸多方面均有明显差异。其一，被诉侵权产品表面有明显的沟槽，而涉案专利是光滑面。沟槽不仅能够在视觉上引起一般消费者的注意，而且可以起到固定、黏合作用，在用途和功能上也明显区别于涉案专利，应属于比对的“要部”。其二，两者在接榫处采取明显不一样的结构。被诉侵权产品的接榫处为半圆弧凹凸结构，而涉案专利为S型凹凸结构，差异明显，足以引起一般消费者的注意。其三，被诉侵权产品有四个通透的长方形通孔，而涉案专利只有三个通透的长方形通孔。其四，被诉侵权产品采用环保材料页岩土烧制而成，与涉案专利产品采用的水泥板不同，具有结构坚硬、热得快、保温时间长等特点。（5）宏成瓦业公司使用自己的外观设计专利（ZL20083008××××.7），其专利产品上有条纹，颜色为红色，而涉案专利产品表面光滑，颜色为黄色。（6）被诉侵权产品不是高科技产品，生产者多，市场竞争激烈，利润极低，并且，自张大勇起诉后宏成瓦业公司没有再生产该产品，因此，法院不应支持张大勇主张的赔偿数额。

本院审理查明，原一、二审法院查明的事实基本属实。

本院另查明：

（一）诉讼主体变化情况

本案再审期间，被申请人江源县石人宏成瓦业有限公司更名为白山市江源区宏成瓦业有限公司，法定代表人由王君龙更换为王玉起。

（二）张大勇追加赔偿金额的补充诉请情况

2013年1月6日，张大勇向我院提交“追加赔偿金额补充诉状”，主张宏成瓦业公司持续侵权达三年之久，应赔偿经济损失300万元。

2013年2月28日，在本院开庭审理本案过程中，张大勇重新确定本案主张的赔偿数额为100万元，与一审诉请的赔偿数额相同。

（三）张大勇补充提交证据情况

本案再审期间，张大勇补充提交了两份证据：证据一，专利权人为张大勇、名称为“蓄热砖（方孔1）”、申请号为200630157291.1的外观设计

专利文件，用以证明具有4个通孔的被诉侵权产品，落入了同样为4个通孔的该专利保护范围，宏成瓦业公司侵害了张大勇的外观设计专利权；证据二，专利复审委员会第15922号无效宣告请求审查决定书，用以证明涉案专利权有效。

关于证据一，由于该证据所涉专利的申请日为2006年9月1日，公告日为2007年6月20日，而本案二审庭审时间为2011年1月14日，故依据《最高人民法院关于民事诉讼证据的若干规定》第四十四条的规定，该证据不属于“原审庭审结束后新发现的证据”，不构成再审程序中“新的证据”；并且，该证据与本案处理没有任何关联，被诉侵权产品是否落入该证据所涉专利的保护范围，与被诉侵权产品是否落入涉案专利保护范围，是两个彼此独立的判断。张大勇关于被诉侵权产品落入其“蓄热砖（方孔1）”外观设计专利权保护范围的主张，超出本案审理范围。

关于证据二，宏成瓦业公司在本案诉讼过程中为否定张大勇的权利基础，就涉案专利向专利复审委员会提出无效宣告请求，基于该请求，专利复审委员会才作出第15922号审查决定书，故该证据并非张大勇早就持有而故意不向法院提供，不属于因超过举证时限而失效的情形。此外，第15922号审查决定若宣告涉案专利权无效，张大勇在本案中主张权利自然失去了基础，第15922号审查决定若维持涉案专利权有效，张大勇的权利基础则得到了国家有关机关的进一步认可，故该证据属于张大勇主张权利的补强性证据。经查，该决定书记载：2010年3月29日，宏成瓦业公司就涉案专利向专利复审委员会提出无效宣告请求；2010年12月10日，专利复审委员会作出审查决定，维持专利权有效。另，该决定书在“决定的理由”部分就涉案专利与现有设计记载有如下比对意见：（1）将本专利与在先设计1比较，两者相同之处在于产品整体形状均为长方体，内部设计有3个通孔；主要不同之处在于：①产品两端形状不同，本专利为曲面，在先设计1为直面；②通孔的形状不同，本专利为长方形，在先设计1为近似正方形。（2）将本专利与在先设计2比较，两者相同之处在于产品整体形状均为长方体，产品内部设计有长方形通孔。主要不同之处在于：①产品两端形状不同，本专利为曲面，在先设计2为直面；②长方形通孔的设计方向不同，本专利为沿长边方向，在先设计2为沿短边方向；③长方形通孔数量不同，本专利为3个，在先设计2为10个。

（四）被诉侵权设计与本案授权外观设计的比对情况

经查，被诉侵权设计与本案授权外观设计的相同点为：两者的整体形状均是长方体，且在长方体内均设有若干等距排列的长方形通孔。被诉侵权设计与本案授权外观设计的不同点在于：（1）前者在长方体内有4个长方形通孔，而后者为3个长方形通孔；（2）前者在长方体的一侧外表面上有3条沿短边方向均布、沿长边方向贯穿延伸的浅沟槽，而后者的长方体外表面为平面；（3）前者在长方体两端接榫处为弧形曲面，一端向外微凸，另一端向内微凹，而后者在长方体两端接榫处为类“S”形曲面，一端向外微凸，其“S”的拐点位于接榫处的下部，另一端向内微凹，其“S”的拐点位于接榫处的上部。二审法院对此事实认定不清，本院予以纠正。

本院认为：结合本案再审申请人的申请再审理由、被申请人的答辩意见，本案的争议焦点为：被诉侵权产品与涉案专利产品是否为相同或相近种类产品；被诉侵权设计与授权外观设计是否为相同或近似外观设计；宏成瓦业公司是否构成侵权，如构成侵权，如何确定其民事责任。

（一）被诉侵权产品与涉案专利产品是否为相同或相近种类产品

《最高人民法院关于审理侵犯专利权纠纷案件应用法律若干问题的解释》第九条规定：“人民法院应当根据外观设计产品的用途，认定产品种类是否相同或者相近。确定产品的用途，可以参考外观设计的简要说明、国际外观设计分类表、产品的功能以及产品销售、实际使用的情况等因素。”一审查明：双城市天祥日杂商店就被诉侵权产品出具的销售收据上记载，被诉侵权产品的指称为“炕面板”；另外，被诉侵权产品上刻有“页岩保温炕面板”字样。据此，可以认定被诉侵权产品的名称为“炕面板”，涉案专利产品的名称为“蓄热板”。从用途来看，“炕面板”与“蓄

热板”均为具有保温功能的拼装式板状建材；从市场销售来看，双城市天祥日杂商店既销售过宏成瓦业公司制造的被诉侵权产品“炕面板”，也销售过张大勇所在的穆棱市兴源北山建材有限公司制造的“蓄热板”，故二者销售渠道相同；从实际使用情况来看，消费者购买“炕面板”或“蓄热板”均是用于搭建炕床。因此，被诉侵权产品与涉案专利产品虽名称不同，但两者在用途、功能、市场销售以及实际使用的情况等方面均相同，为相同种类产品。宏成瓦业公司关于被诉侵权产品与涉案专利产品是完全不同产品的抗辩主张，本院不予支持。

（二）被诉侵权设计与授权外观设计是否为相同或近似外观设计

本案被诉侵权行为发生在2009年10月1日之前，应适用2000年修正《中华人民共和国专利法》。2000年修正《中华人民共和国专利法》第五十六条第二款规定：“外观设计专利权的保护范围以表示在图片或者照片中的该外观设计专利产品为准。”由于涉案专利的图片并不涉及产品的颜色、材料等内容，故本案被诉侵权产品是否落入涉案专利保护范围，被诉侵权设计与授权外观设计是否为相同或近似外观设计，与产品的颜色、材料等因素无关。宏成瓦业公司关于被诉侵权产品与涉案专利产品因产品颜色、材料不同故不构成侵权的抗辩主张，本院不予支持。此外，判断被诉侵权设计与授权外观设计是否为相同或近似外观设计，应当直接比对被诉侵权产品的外观设计与涉案专利外观设计。宏成瓦业公司在其答辩意见中多次将专利号为ZL20083008××××.7的外观设计专利与涉案专利进行比对，在指出两者差异的基础上抗辩称不构成侵权，对此本院不予支持。

依据《最高人民法院关于审理侵犯专利权纠纷案件应用法律若干问题的解释》第十一条第一款的有关规定，人民法院认定外观设计是否相同或者近似时，应当根据授权外观设计、被诉侵权设计的设计特征，以外观设计的整体视觉效果进行综合判断。根据本院查明的事实，被诉侵权设计与授权外观设计整体形状均为长方体，且在长方体内设有若干等距排列的长方形通孔，但两者存在三点区别：一是长方体内通孔数量不同；二是被诉侵权设计的长方体外表面有3条浅沟槽，授权外观设计的长方体外表面为平面；三是长方体两端接榫处形状结构不同。就第一点区别来看，长方体内通孔的数量无论是3个还是4个，都属于多数孔，对消费者而言，在整体视觉效果上无实质性差异；并且，在产品正常使用时，长方体内的通孔也不易被消费者直接观察到，故第一点区别不会在被诉侵权设计与授权外观设计之间产生整体视觉效果上的实质性差异。就第二点区别来看，被诉侵权设计在长方体的一侧外表面上有3条沿短边方向均布、沿长边方向贯穿延伸的浅沟槽，由于该3条浅沟槽处于产品的外表面，容易被消费者直接观察到，并且，该3条浅沟槽沿长方体的长边方向贯穿延伸，覆盖了产品表面较大面积，故与授权外观设计的“平面”相比，被诉侵权设计的“3条浅沟槽”对整体视觉效果产生显著影响，被诉侵权设计与授权外观设计在整体视觉效果上具有实质性差异。张大勇关于“3条浅沟槽为局部细微变化”，以及“浅沟槽与产品的用途和功能无任何联系，不会引起一般消费者的注意”的主张，本院不予支持。第三点区别，涉及长方体两端接榫处的形状结构。根据本院查明的事实，第15922号无效宣告请求审查决定记载，涉案专利无论是与现有设计1比对，还是与现有设计2比对，均有一个共同的区别点，即涉案专利的产品两端为曲面，现有设计1与现有设计2的产品两端为直面。依据《最高人民法院关于审理侵犯专利权纠纷案件应用法律若干问题的解释》第十一条第二款第（二）项的有关规定，授权外观设计区别于现有设计的设计特征相对于授权外观设计的其他设计特征，通常对外观设计的整体视觉效果更具有影响。具体到本案，长方体两端接榫处的设计特征，即为上述规定所指的“对外观设计的整体视觉效果更具有影响”的设计特征。由于本案授权外观设计在长方体两端接榫处为类“S”形曲面，而被诉侵权设计在长方体两端接榫处为纯弧形曲面，故两者于此点上的差别亦对整体视觉效果产生显著影响，被诉侵权设计与授权外观设计在整体视觉效果上具有实质性差异。因此，被诉侵权设计与授权外观设计不构成相同或近似外观设计，宏成瓦业公司制造、销售被诉侵权产品的行为不构成侵权。

张大勇在其申请再审意见中还主张，被诉侵权产品不属于现有设计，

故构成侵权。本院认为：现有设计抗辩只是外观设计专利不侵权抗辩的途径之一，而不是唯一途径，故基于“不属于现有设计”这一点并不能得出侵权成立的结论。张大勇在其申请再审意见中另主张，依据《最高人民法院关于审理侵犯专利权纠纷案件应用法律若干问题的解释》第十三条之规定，本案被诉侵权产品属于依照专利权人的专利方法制作而成，构成侵权。本院认为：涉案专利为外观设计专利，不是方法专利，本案被诉侵权产品无论以何方法加工制作而成，均不会侵害涉案外观设计专利权。

综上所述，二审判决就被诉侵权设计与本案授权外观设计的比对这一案件事实部分认定有误，本院予以纠正；二审判决就本案的实体处理并无不当，本院予以维持。依据《中华人民共和国专利法》（2000 年修正）第五十六条第二款、《中华人民共和国民事诉讼法》第二百零七条第一款、第一百七十条第一款第（一）项的规定，判决如下：

驳回张大勇的再审申请，维持原判决。

一审案件受理费 8800 元，二审案件受理费 16850 元，合计 25650 元，由张大勇负担。

本判决为终审判决。

审 判 长 周 翔

代理审判员 杜微科

代理审判员 何 鹏

二〇一四年一月二日

书 记 员 张 博

四、植物新品种权权属、侵权纠纷

侵害植物新品种权纠纷

69. 天津天隆种业科技有限公司与江苏徐农种业科技有限公司侵害植物新品种权纠纷案*

（最高人民法院审判委员会讨论通过　2017年3月6日发布）

▶ 当事人分别持有植物新品种父本与母本，不能达成相互授权许可协议且互诉侵权的，法院可直接判令双方互授许可并免除许可费

【关键词】

民事　侵害植物新品种权　相互授权许可

【裁判要点】

分别持有植物新品种父本与母本的双方当事人，因不能达成相互授权许可协议，导致植物新品种不能继续生产，损害双方各自利益，也不符合合作育种的目的。为维护社会公共利益，保障国家粮食安全，促进植物新品种转化实施，确保已广为种植的新品种继续生产，在衡量父本与母本对植物新品种生产具有基本相同价值基础上，人民法院可以直接判令双方当事人相互授权许可并相互免除相应的许可费。

* 摘自2017年3月6日最高人民法院发布的第十六批指导性案例（指导案例86号）。

相关法条

《中华人民共和国合同法》第五条

《中华人民共和国植物新品种保护条例》第二条、第六条、第三十九条

基本案情

天津天隆种业科技有限公司（以下简称天隆公司）与江苏徐农种业科技有限公司（以下简称徐农公司）相互以对方为被告，分别向法院提起两起植物新品种侵权诉讼。

北方杂交粳稻工程技术中心（与辽宁省稻作研究所为一套机构两块牌子）、徐州农科所共同培育成功的三系杂交粳稻 9 优 418 水稻品种，于 2000 年 11 月 10 日通过国家农作物品种审定。9 优 418 水稻品种来源于母本 9201A、父本 C418。2003 年 12 月 30 日，辽宁省稻作研究所向国家农业部提出 C418 水稻品种植物新品种权申请，于 2007 年 5 月 1 日获得授权，并许可天隆公司独占实施 C418 植物新品种权。2003 年 9 月 25 日，徐州农科所就其选育的徐 9201A 水稻品种向国家农业部申请植物新品种权保护，于 2007 年 1 月 1 日获得授权。2008 年 1 月 3 日，徐州农科所许可徐农公司独占实施徐 9201A 植物新品种权。经审理查明，徐农公司和天隆公司生产 9 优 418 使用的配组完全相同，都使用父本 C418 和母本徐 9201A。

2010 年 11 月 14 日，一审法院根据天隆公司申请，委托农业部合肥测试中心对天隆公司公证保全的被控侵权品种与授权品种 C418 是否存在亲子关系进行 DNA 鉴定。检验结论：利用国家标准 GB/T20396 - 2006 中的 48 个水稻 SSR 标记，对 9 优 418 和 C418 的 DNA 进行标记分析，结果显示，在测试的所有标记中，9 优 418 完全继承了 C418 的带型，可以认定 9 优 418 与 C418 存在亲子关系。

2010 年 8 月 5 日，一审法院根据徐农公司申请，委托农业部合肥测试中心对徐农公司公证保全的被控侵权品种与 C418 和徐 9201A 是否存在亲子关系进行鉴定。检验结论：利用国家标准 GB/T20396 - 2006 中的 48 个水稻 SSR 标记，对被控侵权品种与 C418 和徐 9201A 的 DNA 进行标记分析，结果显示：在测试的所有标记中，被控侵权品种完全继承了 C418 和徐 9201A 的带型，可以认定被控侵权品种与 C418 和徐 9201A 存在亲子关系。

根据天隆公司提交的 C418 品种权申请请求书，其说明书内容包括：C418 是北方杂粳中心国际首创“籼粳架桥”制恢技术，和利用籼粳中间材料构建籼粳有利基因集团培育出形态倾籼且有特异亲和力的粳型恢复系。C418 具有较好的特异亲和性，这是通过“籼粳架桥”方法培育出来的恢复系所具有的一种性能，体现在杂种一代更好的协调籼粳两大基因组生态差异和遗传差异，因而，较好地解决了通常籼粳杂种存在的结实率偏低，籽粒充实度差，对温度敏感、早衰等障碍。C418 具有籼粳综合优良性状，所配制的杂交组合一般都表现较高的结实率和一定的耐寒性。

根据徐农公司和徐州农科所共同致函天津市种子管理站，称其自主选育的中粳不育系徐 9201A 于 1996 年通过，在审定之前命名为“9201A”，简称“9A”，审定时命名为“徐 9201A”。以徐 9201A 为母本先后选配出 9 优 138、9 优 418、9 优 24 等三系杂交粳稻组合。在 2000 年填报全国农作物品种审定申请书时关于亲本的内容仍延用 1995 年配组时的品种来源 9201A×C418。徐 9201A 于 2003 年 7 月申请农业部新品种权保护，在品种权申请请求书的品种说明中已注明徐 9201A 配组育成了 9 优 138、9 优 418、9 优 24、9 优 686、9 优 88 等杂交组合。徐 9201A 与 9201A 是同一个中粳稻不育系。天隆公司侵权使用 9201A 就是侵权使用徐 9201A。

裁判结果

就天隆公司诉徐农公司一案，江苏省南京市中级人民法院于 2011 年 8 月 31 日作出（2009）宁民三初字第 63 号民事判决：一、徐农公司立即停止销售 9 优 418 杂交粳稻种子，未经权利人许可不得将植物新品种 C418 种子重复使用于生产 9 优 418 杂交粳稻种子；二、徐农公司于判决生效之日起 15 日内赔偿天隆公司经济损失 50 万元；三、驳回天隆公司的其他诉讼请求。一审案件受理费 15294 元，由徐农公司负担。

就徐农公司诉天隆公司一案，江苏省南京市中级人民法院于2011年9月8日作出（2010）宁知民初字第069号民事判决：一、天隆公司于判决生效之日起立即停止对徐农公司涉案徐9201A植物新品种权之独占实施权的侵害；二、天隆公司于判决生效之日起10日内赔偿徐农公司经济损失200万元；三、驳回徐农公司的其他诉讼请求。

徐农公司、天隆公司不服一审判决，就上述两案分别提起上诉。江苏省高级人民法院于2013年12月29日合并作出（2011）苏知民终字第0194号、（2012）苏知民终字第0055号民事判决：一、撤销江苏省南京市中级人民法院（2009）宁民三初字第63号、（2010）宁知民初字第069号民事判决。二、天隆公司于本判决生效之日起15日内补偿徐农公司50万元整。三、驳回天隆公司、徐农公司的其他诉讼请求。

裁判理由

法院生效裁判认为：在通常情况下，植物新品种权作为一种重要的知识产权应当受到尊重和保护。《中华人民共和国植物新品种保护条例》第六条明确规定："完成育种的单位或者个人对其授权品种，享有排他的独占权。任何单位或者个人未经品种权所有人许可，不得为商业目的生产或者销售该授权品种的繁殖材料，不得为商业目的将该授权品种的繁殖材料重复使用于生产另一品种的繁殖材料……"，但需要指出的是，该规定并不适用于本案情形。首先，9优418的合作培育源于20世纪90年代国内杂交水稻科研大合作，本身系无偿配组。9优418品种性状优良，在江苏、安徽、河南等地广泛种植，受到广大种植农户的普遍欢迎，已成为中粳杂交水稻的当家品种，而双方当事人相互指控对方侵权，本身也足以表明9优418品种具有较高的经济价值和市场前景，涉及到辽宁稻作所与徐州农科所合作双方以及本案双方当事人的重大经济利益。在二审期间，法院做了大量调解工作，希望双方当事人能够相互授权许可，使9优418这一优良品种能够继续获得生产，双方当事人也均同意就涉案品种权相互授权许可，但仅因一审判令天隆公司赔偿徐农公司200万元，徐农公司赔偿天隆公司50万元，就其中的150万元赔偿差额双方当事人不能达成妥协，故调解不成。天隆公司与徐农公司不能达成妥协，致使9优418品种不能继续生产，不能认为仅关涉双方的利益，实际上已经损害了国家粮食安全战略的实施，有损公共利益，且不符合当初辽宁稻作所与徐州农科所合作育种的根本目的，也不符合促进植物新品种转化实施的根本要求。从表面上看，双方当事人的行为系维护各自的知识产权，但实际结果是损害知识产权的运用和科技成果的转化。鉴于该两案已关涉国家粮食生产安全等公共利益，影响9优418这一优良品种的推广，双方当事人在行使涉案植物新品种独占实施许可权时均应当受到限制，即在生产9优418水稻品种时，均应当允许对方使用己方的亲本繁殖材料，这一结果显然有利于辽宁稻作所与徐州农科所合作双方及本案双方当事人的共同利益，也有利于广大种植农户的利益，故一审判令该两案双方当事人相互停止侵权并赔偿对方损失不当，应予纠正。其次，9优418是三系杂交组合，综合双亲优良性状，杂种优势显著，其中母本不育系作用重要，而父本C418的选育也成功解决了三系杂交粳稻配套的重大问题，在9优418配组中父本与母本具有相同的地位及作用。法院判决，9优418水稻品种的合作双方徐州农科所和辽宁省稻作研究所及其本案当事人徐农公司和天隆公司均有权使用对方获得授权的亲本繁殖材料，且应当相互免除许可使用费，但仅限于生产和销售9优418这一水稻品种，不得用于其他商业目的。因徐农公司为推广9优418品种付出了许多商业努力并进行种植技术攻关，而天隆公司是在9优418品种已获得市场广泛认可的情况下进入该生产领域，其明显减少了推广该品种的市场成本，为体现公平合理，法院同时判令天隆公司给予徐农公司50万元的经济补偿。最后，鉴于双方当事人各自生产9优418，事实上存在着一定的市场竞争和利益冲突，法院告诫双方当事人应当遵守《中华人民共和国反不正当竞争法》的相关规定，诚实经营，有序竞争，确保质量，尤其应当清晰标注各自的商业标识，防止发生新的争议和纠纷，共同维护好9优418品种的良好声誉。

70. 山东登海先锋种业有限公司与陕西农丰种业有限责任公司、山西大丰种业有限公司侵害植物新品种权纠纷案*

判断被诉侵权繁殖材料的特征特性与授权品种的特征特性相同是认定构成侵害植物新品种权的前提

【裁判摘要】

判断被诉侵权繁殖材料的特征特性与授权品种的特征特性相同是认定构成侵害植物新品种权的前提。当DNA指纹检测结论为两者相同或相近似，而通过田间种植的DUS测试确定两者具有明显且可重现的差异，其特异性结论与DNA指纹检测结论不同时，应当以田间种植的DUS测试结论认定不构成侵害植物新品种权。

最高人民法院民事裁定书

（2015）民申字第2633号

再审申请人（一审原告、二审上诉人）：山东登海

* 摘自《最高人民法院公报》2016年第8期。

先锋种业有限公司。住所地：山东省莱州市三山岛特别工业区。

法定代表人：吴树科，该公司董事长。

委托代理人：丁峰，北京市广渡律师事务所律师。

委托代理人：刘少辉，北京市广渡律师事务所律师。

被申请人（一审被告、二审被上诉人）：陕西农丰种业有限责任公司。住所地：陕西省西安市未央区北二环西段陕西农用物资市场 B138－139 号。

法定代表人：赵永强，该公司总经理。

委托代理人：郑学义，北京市博人律师事务所律师。

被申请人（一审被告、二审被上诉人）：山西大丰种业有限公司。住所地：山西省太原市小店区郇城南路 49 号。

法定代理人：钮笑晓，该公司董事长。

委托代理人：郑学义，北京市博人律师事务所律师。

再审申请人山东登海先锋种业有限公司（以下简称登海公司）因与被申请人陕西农丰种业有限责任公司（以下简称农丰种业）、山西大丰种业有限公司（以下简称大丰公司）侵害植物新品种权纠纷一案，不服陕西省高级人民法院（2015）陕民三终字第 1 号民事判决，向本院申请再审。本院依法组成合议庭对本案进行了审查，现已审查终结。

登海公司申请再审称：（1）根据《国家玉米品种试验 DNA 指纹鉴定管理办法》第二条有关 DNA 指纹鉴定检测结果作为试验品种的淘汰、继续试验和推荐审定的规定以及第九条“发现实验品种与已知品种在遗传上差异微小，即相同或高度近似（差异位点数≤1）的停止试验”的规定。“大丰 30”品种在 2011 年审定时已经有北京市农林科学院玉米研究中心出具的 DNA 指纹鉴定报告，“大丰 30”与已知品种“先玉 335”DNA 指纹比对 40 个位点 0 个位点差异，“大丰 30”此时就应当从试验品种中淘汰出局，退出品种审定试验，没有资格再进入 DUS 测试继续进行品种试验。后来所谓的《植物新品种测试报告》（以下简称涉案 DUS 测试报告）根本就不应该产生，更不应当被采信。大丰公司提供的涉案 DUS 测试报告不具有合法性。（2）一、二审法院认为 DUS 测试就是田间种植测试，定性错误，二者在适用范围、判定标准和具体涵盖的内容方面均存在巨大差异。DUS

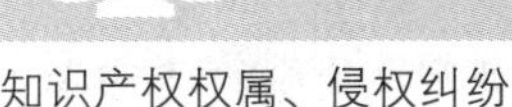

测试解决的是品种能否得到授权获得植物新品种权保护的问题，而田间种植测试解决的是相关品种是否具有真实性的问题。DUS 测试的是品种的特异性，而田间种植测试的是品种的真实性，两者的判定标准存在巨大差异。DUS 测试中的特异性测试的只是品种全部性状中的部分性状，田间种植测试则针对的是品种全部性状。一、二审法院认为涉案 DUS 测试报告就是判定是否构成植物新品种侵权的田间种植测试，没有法律依据，属于定性错误。（3）判断生物的真实性是通过分析生物的基因型，而非简单的通过表型去判断。“大丰 30”与“先玉 335”DNA 指纹一致，一、二审法院仅依据单一的表型机械地进行判断，不符合客观实际。依据涉案 DUS 测试报告作出不侵权判决，是完全错误的。（4）“大丰 30”并非大丰公司合法自育品种。大丰公司提交的《玉米品种大丰 30、先玉 335 及其亲本材料 DNA 指纹鉴定报告》记载的检测材料为：A311（大丰 30 母本），PH6WC（先玉 335 母本），PH4CV（大丰 30 和先玉 335 共用父本），大丰 30（F1 杂交种），先玉 335（F1 杂交种）。可见，大丰公司生产“大丰 30”所使用的父本就是“先玉 335”的父本 PH4CV。农业部“大丰 30”植物新品种权的申请公告记载：本申请品种（大丰 30）是以自选 A311 为母本，PH4CV 为父本杂交组配而成，母本 A311 是由 Mo17 与 PH6WC 杂交后与 PH6WC 回交两代再经 2 代自交选育而成。根据相关文献记载，Mo17 是 20 世纪美国育成的自交系，1971 年中国农林代表团访问加拿大时引进，北京农林科学院的代表于 1976 年在北方春玉米试验材料交流大会上向与会者赠送了 Mo17 自交系种子。依据遗传理论，“大丰 30”母本是通过对 PH6WC 连续回交转育的方式改造后所获得，品种的性状基本上体现的就是 PH6WC 的性状，几乎没有 Mo17 的性状。因此，从遗传育种学的角度来说，大丰公司获得了“先玉 335”的父本和母本，就等于获得了“先玉 335”杂交种子。大丰公司生产、农丰种业销售“大丰 30”的行为构成对“先玉 335”植物新品种权的侵害。请求本院撤销一、二审判决，对本案进行再审，判令大丰公司、农丰种业立即停止侵害“先玉 335”植物新品种权的行为；赔偿登海公司经济损失 30 万元。

农丰种业提交书面意见认为：（1）登海公司提交的 DNA 检验报告中的检测样品和取样程序违反农作物种子检验规程的规定，该样品作为检验依据不具有合法性。(2)大丰公司提交的DUS测试报告等证据证明,"大丰30"与"先玉335"比对具有特异性,"大丰30"是大丰公司具有自主品种权的玉米新品种,并获得了品种审定委员会的审定。在品种权人许可下销售"大丰30"为合法的经营行为,不侵害第三方的权益。(3)登海公司没有证据证明本案被控侵权产品外包装为"大丰30"玉米种子而实际为"先玉335"的事实。登海公司在一审审理中对涉案扣押的种子是否为"大丰30"明确表示不申请司法鉴定。二审审理中,由于被扣押的种子已经不存在,无法进行司法鉴定,该举证不能之责应当由登海公司承担。请求本院驳回登海公司再审申请请求。

大丰公司提交书面意见与农丰种业的意见相同,同时补充认为:(1)在品种审定时对"大丰30"所做的DUS测试,程序合法合规。一、二审对大丰公司认定涉案DUS测试报告正确。(2)"大丰30"与"先玉335"是两个不同的杂交种。"大丰30"的母本A311的选育方法以及亲本的使用并不违反法律规定。请求本院驳回登海公司申请再审请求。

本院经审查查明:登海公司于2014年3月16日向陕西省西安市中级人民法院提起本案诉讼,指控2013年大丰公司生产、农丰种业销售的外包装为"大丰30"的玉米种子侵害"先玉335"的植物新品种权。北京玉米种子检测中心于2013年6月9日对送检的被控侵权种子进行了检验,依据NY/T1432-2007玉米品种鉴定DNA指纹方法,使用3730XL型遗传分析仪,384孔PCR仪,检验结果为,待测样品编号YA2196与对照样品编号BGG253"先玉335"比较位点数40,差异位点数0,结论为相同或极近似。

登海公司对涉案被扣押的种子是否为"大丰30",在一审中明确表示不申请司法鉴定。

"大丰30"玉米种子于2012年2月通过山西省、陕西省农作物品种审定委员会的审定,为审定推广品种。"大丰30"的品种来源为A311×PH4CV。

山西省农业种子总站于2014年4月25日出具的《"大丰30"玉米品种试验审定情况说明》记载:"大丰30"作为大丰公司2011年申请审定的品种,由于北京市农林科学院玉米研究中心所作的DNA指纹鉴定认为

"大丰30"与"先玉335"的40个比较位点均无差异，判定结论为两个品种无明显差异，当年未通过审定。大丰公司提出异议，为此该站于2011年委托农业部植物新品种测试中心对"大丰30"进行DUS测试，与"先玉335"进行了比较，结论是"大丰30"具有特异性、一致性、稳定性，与"先玉335"为不同品种。

涉案DUS测试报告加盖有农业部植物新品种测试（杨凌）分中心和农业部植物新品种测试中心的印鉴，盖章时间分别为2011年12月8日和2011年12月26日，所记载的相关内容如下：材料来源"农业部植物新品种测试中心提供，邮政特快专递，2011年3月10日收到种子"，测试编号为鉴2011-001A，品种名称为大丰30。测试地点为陕西杨凌西北农林科技大学农作三站——杨凌分中心测试基地。测试时期"第一个生长周期，2011年4月25日~8月29日"，在试验设计中记载："2011年4月25日播种，开沟点播。申请品种和近似品种相邻排列，设2次重复，小区面积16.4平方米，行长4.9米，行距0.67米，株距0.35米，每行定苗15株，4行区，每小区60株，标准品种种2行共30株，无重复"；特异性一栏记载："近似品种名称：鉴2011-001B先玉335，有差异性状：41*果穗：穗轴颖片青甙显色强度，申请品种描述：8强到极强，近似品种描述：5中"。所附数据结果表记载，鉴2011-001A与鉴2011-001B的测试结果除"41*果穗"外，差别还在"9雄穗：花药花青甙显色强度"，分别为"6中到强、7强""24.2*植株：高度"，分别为"5中""7高""27.2*果穗：长度"分别为"5中""3短"。涉案DUS测试报告结论为，"大丰30"具备特异性、一致性、稳定性。该报告依据的测试标准为《植物新品种DUS测试指南—玉米》（2010）报批稿。

二审法院审理中，大丰公司提交了作出时间为2014年1月23日的《农业植物新品种DUS测试报告》，加盖有农业部植物新品种测试（杨凌）分中心和农业部植物新品种保护办公室的印鉴。该报告依据的测试标准为《植物新品种特异性、一致性和稳定性测试指南玉米》2012版。该测试报告记载，测试编号为2011-0819A，测试时期为两个生长周期"2012年4月~8月、2013年4月~8月"。材料来源为农业部植物新品种测试中心提供，近似品种为先玉335。该报告记载的差异性状为："11. 雄穗：花药花青甙显色强度，申请品种为7. 强，近似品种为6. 中到强”“41. 籽粒：形状，申请品种为5. 楔形，近似品种为4. 近楔形”“42. 果穗：穗轴颖片花青甙显色强度，申请品种为9. 极强，近似品种为6. 中到强”。测试结论为具备特异性、一致性、稳定性。《农业植物新品种 DUS 审查报告》记载，申请号 20110059. 3，品种名称大丰 30 ，测试编号 2011 - 0819A ，测试单位农业部植物新品种测试（杨凌）分中心，结论具备特异性、一致性、稳定性，审核时间 2014 年 4 月 28 日”

“A311” 玉米品种于 2015 年 9 月 1 日被授予植物新品种权，申请日为 2011 年 1 月 21 日，保护期限自授权之日起 15 年，大丰公司为品种权人。大丰公司于 2011 年 1 月 21 日申请“大丰 30” 植物新品种保护，申请号为 20110059. 3，公告日 2011 年 7 月 1 日，公告号为 CNA007603E。

本院认为：本案的争议焦点为：一、二审判决认定大丰公司生产、农丰种业销售的被控侵权玉米种子“大丰 30” 不侵害“先玉 335” 植物新品种权是否存在错误。

关于登海公司申请再审主张大丰公司提供的涉案 DUS 测试报告是否具有合法性的问题。《中华人民共和国种子法》（2013 年修正）第十八条规定：“审定未通过的农作物品种和林木品种，申请人有异议的，可以向原审定委员会或者上一级审定委员会申请复审”；《主要农作物品种审定办法》第三十四条也规定：“申请者对审定结果有异议的，可以向原审定委员会申请复审。品种审定委员会办公室认为有必要的，可以在复审前安排一个生产周期的品种试验。” 品种试验包括区域试验、生产试验和 DUS 测试，大丰公司对“大丰 30” 在品种审定中的 DNA 检测结论提出异议后，山西省农业种子总站委托农业部植物新品种测试中心进行 DUS 测试，并不违反上述法律法规的规定。涉案 DUS 测试报告由农业部植物新品种测试中心按照《主要农作物品种审定办法》第十六条规定的“DUS 测试由农业部植物新品种测试中心组织实施”，指定相应的测试机构，根据测试任务验收测试材料进行田间种植。测试人员进行了田间试验设计与测试，并依据相关测试指南整理测试数据，进行性状描述，编制的测试报告由测试机构负责人审核、签字、盖章后提交到了测试中心。该测试报告真实、合法，与争议的待证事实具有关联性，登海公司申请再审主张涉案 DUS 测试报告

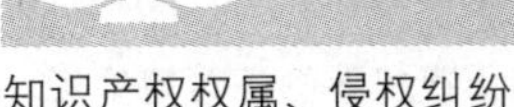

不具有合法性缺乏事实和法律依据，本院不予支持。本院注意到，《植物新品种特异性、一致性和稳定性测试指南玉米》规定测试周期至少为两个独立的生长周期，涉案测试报告显示的测试时期“2011年4月25日~8月29日”为一个生长周期。鉴于大丰公司在二审中提交的作出时间为2014年1月23日的《农业植物新品种DUS测试报告》中，测试品种有两个生长周期，且有三个性状与近似品种“先玉335”存在明显且可重现的差异，符合NY/T2232-2012《植物新品种特异性、一致性和稳定性测试指南玉米》关于“当申请品种至少在一个性状与近似品种具有明显且可重现的差异时，即可判定申请品种具备特异性”的规定。因此，可以依据涉案测试报告认定“大丰30”具有特异性。

关于登海公司申请再审主张涉案DUS测试报告不是田间种植检测的相关理由，本院认为：对主要农作物进行品种审定时，要求申请审定品种必须与已审定通过或本级品种审定委员会已受理的其他品种具有明显区别。“大丰30”在2011年的申请品种审定中，由于经DNA指纹检测，认定与“先玉335”无差异，被视为同一品种而未能通过当年的品种审定。大丰公司对该DNA指纹检测提出异议，申请进行田间种植检测的主要理由就是两个品种在性状上有明显的差异，为不同品种。涉案DUS测试报告是通过田间种植鉴定“大丰30”与“先玉335”是否存在差异，通过田间种植表现出的特征特性核实两个品种是否具有差异。尽管所进行的DUS测试并非为了判断能否授予植物新品种权，但测试内容仍涉及试测品种“大丰30”与近似品种“先玉335”是否具有特异性。测试任务和测试对象的不同并未影响其依据同一测试标准进行的育种评价。登海公司申请再审关于一、二审法院认为DUS测试就是田间种植测试，定性错误的主张，概念含糊不清，其主张涉案DUS测试报告不具有证明力的理由，本院不予支持。

关于登海公司申请再审主张DNA指纹鉴定结论认定存在侵权行为的理由。本院认为，《中华人民共和国种子法》《中华人民共和国植物新品种保护条例》均规定，繁殖材料是指可繁殖植物的种子和植物体的其他部分，包括籽粒、果实和根、茎、苗、芽叶等，同时将繁殖材料必须具备新颖性、特异性、一致性和稳定性作为植物新品种权的授权要件。品种权的审批机关对申请品种的特异性、一致性和稳定性进行实质审查所依据的是田间种植DUS测试。在主要农作物品种审定时，也是以申请审定品种的选育报告、比较试验报告等为基础，进行品种试验，针对品种在田间种植表现出的性状进行测试并作出分析和评价。因此，作为活体的繁殖材料，其特征特性应当依据田间种植进行DUS测试所确定的性状特征为准。DNA指纹技术作为在室内进行基因型身份鉴定的方法，经济便捷，不受环境影响，测试周期短，有利于及时保护权利人的利益，同时能够提高筛选近似品种提高特异性评价效率，实践中多用来检测品种的真实性、一致性，并基于分子标记技术构建了相关品种的指纹库。由于DNA检测所采取的核心引物（位点）与DUS测试的性状特征之间并不一定具有对应性，而植物新品种授权所依据的是田间种植的DUS测试，因此，当DNA鉴定结论为相同或高度近似时，可直接进行田间成对DUS测试比较，通过田间表型确定身份。当被诉侵权一方主张以田间种植DUS测试确定的特异性结论推翻DNA指纹检测结论时，应当由其提交证据予以证明。由于大丰公司提交的涉案DUS测试报告证明，通过田间种植，“大丰30”与“先玉335”相比，具有特异性。根据认定侵害植物新品种权行为，以“被控侵权物的特征特性与授权品种的特征特性相同，或者特征特性不同是因为非遗传变异所导致”的判定规则。“大丰30”与“先玉335”的特征特性并不相同，不存在侵害植物新品种权的行为。登海公司申请再审关于应当依据涉案DNA鉴定结论认定“大丰30”与“先玉335”不具有特异性的主张，本院不予支持。本案中，扣押的被控侵权产品外包装为“大丰30”，是否存在内容物为“先玉335”而以“大丰30”进行套牌经销的事实，登海公司并未申请进行司法鉴定，一、二审法院依据涉案DUS测试报告认定大丰公司生产、农丰种业销售的“大丰30”并未侵害“先玉335”的植物新品种权，并无不当，但二审法院在判决主文中依据《最高人民法院关于对〈最高人民法院关于审理侵犯植物新品种权纠纷案件具体应用法律问题的若干规定〉理解与适用》，对本案进行审查认定，法律适用有所不当，本院予以纠正。

登海公司申请再审主张：“大丰30”的父本使用的是“先玉335”的父本PH4CV，母本A311是“先玉335”的母本PH6WC加上公共自交系Mo17经过细微改造而来，“大丰30”构成对“先玉335”植物新品种权的侵害。本院认为，根据《中华人民共和国植物新品种保护条例》第六条以及《最高人民法院关于审理侵犯植物新品种权纠纷案件具体应用法律问题的若干规定》第二条的规定，未经品种权人的许可，为商业目的生产销售授权品种的繁殖材料或者为商业目的将授权品种的繁殖材料重复使用于另一品种的繁殖材料的，应当认定为侵害植物新品种权。大丰公司生产“大丰30”所使用的父本PH4CV与“先玉335”的父本相同，但登海公司并未提交证据证明PH4CV为授权保护的植物新品种，使用该父本与其他自交系进行配伍培育杂交种并不存在侵害植物新品种权的行为。即便如登海公司所述，“大丰30”的母本A311是由“先玉335”的母本PH6WC与赠送获得的公共自交系Mo17培育的，但A311已不同于PH6WC自交系，已授权获得了植物新品种的保护，作为A311植物新品种的品种权人，大丰公司不仅享有该品种的生产和销售权，还享有将A311与另一亲本配伍选育另一品种，或者与其他品种生产另一品种的重复生产权。大丰公司以其授权保护的自交系A311作为母本与公共自交系父本PH4CV培育“大丰30”，并不存在侵害“先玉335”植物新品种权的行为。登海公司关于大丰公司通过对以回交转育的方式改造母本后，再按原组合方式组配属于侵害植物新品种权的行为的主张，本院不予支持。

综上，登海公司的再审申请不符合《中华人民共和国民事诉讼法》第二百条规定的情形。依照《中华人民共和国民事诉讼法》第二百零四条第一款的规定，裁定如下：

驳回山东登海先锋种业有限公司的再审申请。

审 判 长 周 翔

审 判 员 钱小红

代理审判员 罗 霞

二〇一五年十二月十一日

书 记 员 张 博

五、集成电路布图设计专有权权属、侵权纠纷

侵害集成电路布图设计专有权纠纷

71. 钜泉光电科技（上海）股份有限公司与深圳市锐能微科技有限公司、上海雅创电子零件有限公司侵害集成电路布图设计专有权纠纷案*

▶ 未经权利人许可，复制权利人受保护的布图设计的任何具有独创性的部分均构成侵权

【裁判要点】

由于《集成电路布图设计保护条例》的规定比较原则，相关的司法实践又极少，同时集成电路布图设计又具有很强的专业性，因此，司法实践中对于集成电路布图设计专有权侵权判定的标准一直难以把握。本案是一起非常典型的集成电路布图设计专有权侵权纠纷案件，通过该案的审理，法院对集成电路布图设计侵权判定标准中的难点问题进行了比较深入的探索，并尝试通过详细的说理勾勒出集成电路布图设计专有权侵权标准的具体框架和步骤，对今后侵犯集成电路布图设计专有权纠纷案件的审理具有一定的借鉴和指导作用。

* 摘自《知识产权审判与指导》2014 年第 2 辑（总第 24 辑），人民法院出版社 2015 年版，第 103 ~ 112 页。

【案情简介】

原告：钜泉光电科技（上海）股份有限公司（以下简称钜泉公司）

被告：深圳市锐能微科技有限公司（以下简称锐能微公司）

被告：上海雅创电子零件有限公司钜泉公司（以下简称雅创公司）

原告钜泉公司诉称：原告完成了名称为“ATT7021AU”的集成电路布图设计，并获得布图设计登记证书。原告发现在未经其许可情况下，被告锐能微公司复制其受保护的前述布图设计，并与被告雅创公司为商业目的销售含有该布图设计的集成电路即RN8209G芯片和RN8209芯片。原告认为两被告的行为侵犯其集成电路布图设计专有权，遂诉至法院，请求判令两被告：（1）立即停止侵犯集成电路布图设计专有权的行为；（2）立即销毁侵权产品及涉及原告集成电路布图设计产品的宣传资料；（3）在《环球表计》或《国际电子商情》的显著位置公开向原告赔礼道歉，并保证今后不再侵犯原告的集成电路布图设计专有权；（4）赔偿原告经济损失人民币（以下币种相同）1500万元，包括原告为制止侵权行为的合理开支。

锐能微公司辩称：被控芯片的布图设计系锐能微公司自主开发，并获得了登记证书，同时还获得实用新型专利权；该芯片的布图设计与钜泉公司的布图设计不同，锐能微公司通过自身的独创性实现芯片功能的提升；钜泉公司的布图设计不具有独创性，属于常规设计。综上，其行为不构成侵权，请求驳回钜泉公司诉讼请求。

被告雅创公司辩称，同意锐能微公司的答辩意见。

上海市第一中级人民法院经审理查明：2008年3月1日，钜泉公司完成了名称为“ATT7021AU”的布图设计创作，同年进行布图设计登记。该集成电路布图设计登记的图样共有16层，登记文件中的“ATT7021AU集成电路布图设计结构、技术、功能简要说明”记载：（1）达成业界相同芯片（单相电能计量）功能/性能最优化面积的版图设计诉求；（2）数模混合高抗干扰/高静电保护芯片版图设计；（3）采用电路设计技术和金属层、扩散层、信号流合理布局等版图技术实现灵敏信号噪声屏蔽，大小信号干扰隔离。

一审过程中，国家知识产权局专利复审委员会经审查，未发现钜泉公司涉案布图设计专有权存在不符合《集成电路布图设计保护条例》规定可以被撤销的缺陷，故终止了锐能微公司提出的撤销程序。

北京紫图知识产权司法鉴定中心（以下简称紫图鉴定中心）接受一审法院委托进行司法鉴定。紫图鉴定中心委托北京芯愿景软件技术有限公司对RN8209G芯片和RN8209芯片分别进行剖析，经比对，两个芯片的剖析报告相同。钜泉公司主张其ATT7021AU集成电路布图设计中具有独创性的共有十个部分。紫图鉴定中心出具的意见鉴定结论为：（1）RN8209、RN8209G与原告主张的独创点5（数字地轨与模拟地轨衔接的布图）相同；（2）RN8209、RN8209G与原告主张的独创点7（模拟数字转换电路的布图）中第二区段独立升压器电路的布图相同；（3）依据现有证据应认定上述1、2点具有独创性，不是常规设计。

锐能微公司网站中显示：……2010年9月RN8209销售量突破1，000万片。从锐能微公司查封的部分增值税专用发票显示销售RN8209G芯片共计1120片，单价大多在5.50元至4.80元之间，有1张发票显示单价约为2元；销售RN8209芯片共计6610片，单价在4.80元至4.20元之间。

2003年3月21日，珠海炬力集成电路设计有限公司（以下简称炬力公司）与杨建明签订劳动合同，杨建明的工作岗位是炬力公司研发设计部工程师，双方劳动关系于2007年3月31日终止。后杨建明到被告锐能微公司担任技术顾问。2006年5月，原告与炬力公司签订技术转让合同及补充协议，约定炬力公司将电能计量系列芯片的专有技术转让给原告，合同总价款为1200万元。原告受让该专有技术后进行后续研发，并将研发完成的布图设计到国家知识产权局申请登记，即涉案ATT7021AU布图设计。2006年，原告分别与陈强、赵琮签订劳动合同，原告聘用陈强为销售经理，聘用赵琮在研发部门从事IC设计工作，合同期限自2006年至2009年。原告还与陈强、赵琮签订了保密合同，约定其对原告的相关技术信息和经营信息负有保密义务。后陈强至锐能微公司担任总经理，赵琮亦至锐

能微公司任职。

【法院裁判】

上海市第一中级人民法院认为：(1) 钜泉公司对涉案集成电路布图设计享有专有权，即享有复制权和投入商业利用的权利。(2) 经技术比对鉴定，锐能微公司 RN8209、RN8209G 芯片的布图设计与钜泉公司 ATT7021AU 芯片的布图设计中的“数字地轨与模拟地轨衔接的布图”和“模拟数字转换电路的布图中第二区段独立升压器电路的布图”相同。(3) 由于钜泉公司的布图设计是其在受让案外人电能计量芯片专有技术基础上进一步研发而完成创作，故该布图设计包含了其智力劳动成果。且，锐能微公司用于常规设计抗辩的证据均尚不足以证明原告“数字地轨和模拟地轨的衔接布图”和“独立升压器电路的布图”属于公认的常规设计。故钜泉公司 ATT7021AU 芯片中“数字地轨和模拟地轨的衔接布图”和“独立升压器电路的布图”不属于常规设计，具有独创性。(4) 两被告制造、销售的 RN8209、RN8209G 芯片中包含了原告享有布图设计专有权的“数字地轨和模拟地轨的衔接布图”和“独立升压器电路的布图”，且锐能微公司的个别员工原先在原告处从事研发等工作，有接触原告集成电路布图设计的可能和机会，因此，被告锐能微公司未经原告许可，复制原告 ATT7021AU 芯片中具有独创性的“数字地轨和模拟地轨的衔接布图”和“独立升压器电路布图”用于制造 RN8209、RN8209G 芯片并进行销售，其行为侵犯了原告 ATT7021AU 布图设计专有权，依法应承担停止侵权、赔偿损失等民事责任。雅创公司销售的涉案芯片系锐能微公司制造，在钜泉公司未能举证两者系共同侵权的前提下，雅创公司不知道也没有合理理由应当知道涉案芯片中含有非法复制的布图设计，故其行为不应视为侵权。

关于赔礼道歉，因侵害布图设计专有权纠纷系财产权纠纷，被告的行为并没有对原告的商誉造成损害，故原告的该项诉请法院不予支持。关于原告销毁侵权产品等诉讼请求，由于原告对该主张未进行举证，况且判决被告承担停止侵权、赔偿损失民事责任后，原告的相关权利已经得到了充分保护，故对原告的该项诉请亦不予支持。一审法院结合原、被告关于赔偿责任的诉辩主张，综合考虑本案的实际情况酌情确定被告锐能微公司应当赔偿原告的数额。据此，上海市第一中级人民法院依照《集成电路布图设计保护条例》第二条、第三条第一款、第四条、第七条、第三十条、第三十三条第一款的规定，判决：一、被告锐能微公司立即停止侵害原告钜泉公司享有的 ATT7021AU（登记号为 BS. 08500145. 7）集成电路布图设计专有权；二、被告锐能微公司于判决生效之日起十日内赔偿原告钜泉公司经济损失以及为制止侵权行为所支付的合理开支共计人民币 320 万元；三、驳回原告钜泉公司的其余诉讼请求。

钜泉公司、锐能微公司均不服原审判决，向上海市高级人民法院提起上诉。

钜泉公司请求改判锐能微公司赔偿包括合理费用在内的损失 1500 万元。其主要上诉理由为：原审法院判决锐能微公司赔偿钜泉公司 320 万元属于适用法律不当，认定事实错误。（1）锐能微公司持有被控侵权产品生产、销售的财务资料，但无正当理由拒绝提供，锐能微公司应当承担举证不力的责任。原审法院应当依法推定钜泉公司关于被控侵权产品的销售价格为 5 元、利润为 50% 的主张成立。（2）一审判决关于“涉案‘数字地轨与模拟地轨衔接的布图’和‘独立升压器电路布图’在涉案芯片中所占的布图面积较小，它们的功能和作用在涉案芯片中也并非主要和核心”的认定，属认定事实错误。

锐能微公司请求撤销一审判决第一项、第二项，驳回钜泉公司的全部诉讼请求。其主要上诉理由为：（1）紫图鉴定中心出具的《鉴定意见书》存在鉴定程序违法、鉴定结论依据明显不足的问题，不应作为本案的定案依据。（2）锐能微公司的布图设计与钜泉公司布图设计中的“数字地轨与模拟地轨衔接的布图”“独立升压器电路布图”存在明显不同。（3）钜泉公司布图设计中“数字地轨与模拟地轨衔接的布图”和“独立升压器电路布图”是常规设计，不具有独创性。（4）锐能微公司的行为符合《集成电路布图设计保护条例》第二十三条第（二）项规定的情形，锐能微公司不

构成对钜泉公司布图设计专有权的侵犯。（5）一审判决对于侵权赔偿数额的认定缺乏依据。

上海市高级人民法院经审理查明：一审法院查明的基本事实属实。另查明：锐能微公司的设计总监赵琮在二审庭审中陈述称：在钜泉公司看到过钜泉公司的 ATT7021AU 集成电路布图设计。锐能微公司没有对钜泉公司 ATT7021AU 芯片进行反向工程。

上海市高级人民法院认为：第一，紫图鉴定中心根据原审法院委托展开鉴定，原审法院严格执行了鉴定专家回避程序，鉴定人员具有鉴定资格，专家组通过委托第三方进行芯片剖析、双方当事人提交证据、召开技术听证会等程序，采用科学合理方法进行鉴定，鉴定结论依据充分，应当作为本案的定案证据。第二，由于集成电路布图设计的创新空间有限，因此在布图设计侵权判定中对于两个布图设计构成相同或者实质性相似的认定应当采用较为严格的标准。本案中，即使按照较为严格的判定标准，锐能微公司涉案 RN8209、RN8209G 芯片的相应布图设计也与钜泉公司 ATT7021AU 集成电路布图设计中的“数字地轨与模拟地轨衔接的布图”和“独立升压器电路布图”构成实质性相似。第三，根据《集成电路布图设计保护条例》第四条的规定，布图设计具有独创性是指，该布图设计是创作者自己的智力劳动成果，并且在其创作时该布图设计在布图设计创作者和集成电路制造者中不是公认的常规设计。并且，钜泉公司应当对其主张保护的集成电路布图设计具有独创性承担举证责任，但是钜泉公司并无必要也不可能穷尽所有的相关常规布图设计来证明其主张保护的布图设计属于非常规设计。只要钜泉公司提供的证据以及所作的说明可以证明其主张保护的布图设计不属于常规设计的，则应当认为钜泉公司已经完成了初步的举证责任。在此情况下，锐能微公司主张相关布图设计是常规设计的，则锐能微公司只要能够提供一份相同或者实质性相似的常规布图设计，即足以推翻钜泉公司关于非常规设计的主张。本案中，钜泉公司对于 ATT7021AU 集成电路布图设计中的“数字地轨与模拟地轨衔接的布图”和“独立升压器电路布图”具有独创性的主张，已经完成了初步的举证责任。而锐能微公司提交的证据材料尚不足以证明钜泉公司 ATT7021AU 集成电路布图设计中的“数字地轨与模拟地轨衔接的布图”和“独立升压器电路布图”是常规设计。第四，锐能微公司生产、销售涉案 RN8209、RN8209G 芯片的行为侵犯钜泉公司享有的 ATT7021AU 集成电路布图设计专有权。首先，布图设计独创性的标准与芯片实现的功能并没有直接关系，完全有可能存在由常规设计组成的布图设计实现一个崭新的芯片功能的情况，也可能存在通过自主设计出非常规设计的布图来实现与其他芯片完全相同功能的情形；其次，根据《集成电路布图设计保护条例》第三十条的规定，复制受保护的布图设计的全部或者其中任何具有独创性的部分的行为均构成侵权。由此可见，受保护的布图设计中任何具有独创性的部分均受法律保护，而不论其在整个布图设计中的大小或者所起的作用；再者，根据《集成电路布图设计保护条例》第二十三条第（二）项之规定，法律并不禁止对他人芯片的布图设计进行摄片进而分析其电路原理的这种反向工程的行为。因此企业可以通过直接获得布图设计权利人的许可而复制其布图设计；亦可以在反向工程的基础上重新设计出具有独创性的布图设计这方法从而达到模仿他人芯片而不构成侵权。但本案中，锐能微公司之所以对钜泉公司 ATT7021AU 集成电路布图设计进行部分复制，既不是为个人目的，亦不是单纯为评价、分析、研究、教学等目的，而是为了研制新的集成电路以进行商业利用；锐能微公司认可其接触了钜泉公司 ATT7021AU 集成电路布图设计，而非通过反向工程获得，无论锐能微公司涉案 RN8209、RN8209G 芯片的布图设计是否具有独创性，其行为均不适用《集成电路布图设计保护条例》第二十三条第（二）项的规定。综上，根据《集成电路布图设计保护条例》第三十条之规定，锐能微公司的行为已经侵犯了钜泉公司 ATT7021AU 集成电路布图设计专有权，应当承担相应的民事责任。第五，原审法院已经将钜泉公司主张的锐能微公司在其网站页面显示的 1000 万片的销售数量作为本案赔偿数额的计算依据，即锐能微公司已经依法承担了举证不能的不利后果；本案中，双方均未提交证据证明被控侵权产品的销售利润；紫图鉴定中心的鉴定报告明确钜泉公司主张的其余独创性部分双方并不相同或实质性相似，故钜泉公司以其余模块双方亦存在相同部分为由要求锐能微公司以全部获利进行赔偿的主张，缺乏依据；“数字地轨与模拟地轨衔接的布图”和“独立升压器电路布图”在被控侵权芯片中所起的作用确非核心和主要作用且所占的布图面积确实较小；通过直接复制钜泉公司的“数字地轨与模拟地轨衔接的布图”和“独立升压器电路布图”，锐能微公司节约了自行研发的投入，缩短了芯片研发时间，并据此获得了市场竞争优势，因此，也不能完全按照该两项布图在芯片中所占的比例来确定赔偿数额。综上，原审法院根据本案实际情况判决锐能微公司赔偿钜泉公司包括合理支出在内的经济损失人民币320万元，并无不当。据此，上海市高级人民法院依照《中华人民共和国民事诉讼法》第一百七十条第一款第（一）项之规定，判决：驳回上诉，维持原判。

【法官评述】

由于《集成电路布图设计保护条例》的规定比较原则，相关的司法实践又极少，同时集成电路布图设计又具有很强的专业性，因此司法实践中对于集成电路布图设计专有权侵权判定的标准一直难以把握。集成电路布图设计侵权判定的难点主要在于：如何理解《集成电路布图设计保护条例》第三十条的规定，如何确定布图设计“实质性相似”的认定标准，如何把握“独创性”的证明标准和认定依据。本案的审理处处体现了二审法院在法律规定的基础上，从产业实际与促进产业发展的角度出发，平衡各方利益，试图把握侵权判定标准的合理尺度。二审法院通过本案的审理，设计出在严格根据《集成电路布图设计保护条例》规定的“任意独创性部分被复制即侵权”的基础上，通过谨慎判定“实质性相似”和“独创性”来把握集成电路布图设计侵权判定的标准，从而通过审理思路框架的搭建来平衡产业所涉及的各方利益。本案是一起非常典型的集成电路布图设计专有权侵权纠纷案件，通过该案的审理，法院对上述三方面进行了比较深入的探索，并尝试勾勒出集成电路布图设计专有权侵权判定标准的具体框架和步骤，对今后侵犯集成电路布图设计专有权纠纷案件的审理具有一定的借鉴和指导作用。

一、如何理解《集成电路布图设计保护条例》第三十条规定的“任何”两字

根据《集成电路布图设计保护条例》第三十条的规定，除条例另有规定的外，未经布图设计权利人许可，有下列行为之一的，行为人必须立即停止侵权行为，并承担赔偿责任：(1) 复制受保护的布图设计的全部或者其中任何具有独创性的部分的；(2) 为商业目的进口、销售或者以其他方式提供受保护的布图设计、含有该布图设计的集成电路或者含有该集成电路的物品的。在司法实践中如何理解该条款，尤其对于“任何”应当如何进行解读和把握，是考虑全部复制才构成侵权还是部分复制也构成侵权？倘若部分复制构成侵权，那是否有比例限制或者重要性限制？以上问题的答案将会左右集成电路布图设计专有权侵权判定标准的界定门槛，从而影响相关产业中各个群体的利益平衡，也将成为今后指导国内业界人士界定侵权与否的重要原则。

首先，由于电子元件的特性以及设计成本材料的限制，集成电路中的任一部分布图设计均运行着特定设计功能，如果强行去掉一部分布图将会导致电路的核心设计功能无法实现或者必要的辅助功能缺失，最终会削弱集成电路产品的市场竞争力。其次，如果具有独创性的部分布图设计仅因为其在整个布图设计中所占比例很低或者并非核心部分而无法获得保护，那么对于这些部分的复制将会肆意而为，进而将无法鼓励对布图设计非核心部分的创新，《集成电路布图设计保护条例》鼓励集成电路技术的创新也将成为空谈，最终将无法通过有效竞争来促进整个集成电路行业的设计创新。因此，法院在本案中采用了更为严格的标准，认为占整个集成电路布图设计比例很小的非核心部分布图设计的独创性也应得到法律保护。

二、关于“实质性相似”的认定标准

考虑到集成电路布图设计创新空间的有限性，对于两项集成电路布图

设计是否构成实质性相似应当采用较为严格的标准来认定，即只有在被控侵权集成电路与受保护集成电路中的全部或者部分布图设计存在“极为相似”的情形下，才认定构成“实质性相似”，从而存在侵权的可能。由于任一部分的布图设计如果达到实质性相似的标准就可能被判定为侵权，因此，采用严格标准来判定实质性相似也旨在平衡专有权人和被控侵权人之间的利益，既能保护权利人的合法利益鼓励创作，也不至于让后来者束手束脚不敢利用前人的产品再创新。

法院在具体判断何为严格的“极为相似”布图设计时所采取的思路是：以电子元件、互连线路形成的三维配置为基准，重点考虑电子元件之间三维位置关系，也就是说除了考虑互连线路的三维配置外，互连线路连接着的元件所呈现的组合在三维空间的配置在判断布图设计是否“极为相似”时更为重要。如本案中，锐能微公司提出在 M2 层上两者的“数字地轨与模拟地轨衔接的布图”存在差异。结合鉴定专家的解释，法院认为：在考虑 M2 层后，虽然双方布图设计中一条布线的走向会有区别，但是布线与互连的元件之间组合的三维配置并未实质性改变，因此，双方“数字地轨与模拟地轨衔接的布图”在 M2 层上的差异属于细微差异，不足以影响双方的该部分布图设计实质性相似的判断。同理，在双方争议较大的 ST 层，由于四个电容的排列方式是元件之间的布图，双方布图设计都是四个电容田字形排布因此两者在元件组合部分相同，至于用几个阱放置电容并不属于元件或互连线路的组合，而是属于工艺而非布图，所以阱是呈现口字形还是田字形的区别不影响布图相同与否的判断，法院最终认定双方“独立升压器电路布图”亦相同。

三、关于“独创性”的认定标准

（一）“独创性”的证明标准和证明责任

根据“谁主张，谁举证”的原则，钜泉公司应当对其主张保护的集成电路布图设计具有独创性承担举证责任。

对于原告来说，证明是自己创作出的智力劳动成果比较容易，但是如何证明创作成果是非常规设计则比较困难。要求原告穷尽所有相关的常规布图设计来进行比对，不仅实际操作上无法实现，而且将导致原告维权成本过高，因此，是没有必要也不可能的。相反，被告只要能够提供一份相同或者实质性相似的常规布图设计，就足以推翻原告关于非常规设计的主张。因此，本案中法院通过合理分配举证责任来平衡双方当事人的利益并调控双方的维权成本。法院在审理中要求原告提供的证据以及所作的说明可以初步证明其主张保护的布图设计具有独创性，即认定原告已经完成相应的举证责任。其后，法院将反驳原告布图设计具有独创性的举证责任转移给被告，此时只要被告能够提供一份实质性相似的常规布图设计，即足以推翻原告关于其布图设计具有独创性、是非常规设计的主张。这样既减轻了原告过重的举证责任，又提供给被告一个比较容易证明自己主张的机会，因为双方都是集成电路布图设计者，作为该领域的专业人士，应该有能力知晓相关布图设计的存在。

（二）“独创性”的认定标准

被告提供的作为反驳证据的对比常规设计到底要与原告的布图设计达到何种程度的相似，才算完成了对于常规设计的证伪？

首先，被告需提供一个常规设计的证据来证明能寻找到与原告设计相似的常规设计，因此该“独创性”的认定依据，只能是实际证据，而不是理论推测。因为在集成电路布图设计领域，作为设计思想存在的电路原理并不被法律所保护，如果垄断了电路原理就如同钳制了思想一样，这与《集成电路布图设计保护条例》所追求的鼓励创新相悖。本案中，被告提供的反驳证据中有关 ESD 电路的原理及电原理图亦或是二极管的制造工艺等，均非布图设计，即使本案相应布图设计的设计理念与这些电路原理类似或者就是出自这些理论，也无法证明在这些原理基础上通过自身智力创新设计出的布图设计就是常规设计。虽然这些设计的基础原理是常规的，但是之后赋予的智力创新可能就使得这些布图设计成为非常规设计。

其次，至于被告“独创性”的证据如何被认定与案件相关的布图设计有关，如果证据认定过于严格，那么赋予被告这个提供证伪的机会就会变得多余。因此，法院在审理被告反驳原告独创性证据时采取了比较宽松的判定标准，如果两者的特征点大抵相似就可认为两者相似，法院将采纳被告提供的反驳证据判定原告被复制的布图设计不具有独创性，从而不支持其侵权指控。但是在本案中，被告提供的参照布图设计的各特征点与原告相应布图设计的特征点并不能吻合，无法让法院确信两者之间相同或实质性相似；且被告委托的专家到庭作证，亦认可在电子计量表领域内没有找到二极管田字形布图，也无法提供与“数字地轨和模拟地轨的衔接布图”和“独立升压器电路布图”中相同或相似的其他案外布图设计。因此，从现有证据材料来说，法院只能认定原告的布图设计具有独创性。

（马剑峰）

六、因申请知识产权临时措施损害责任纠纷

（一）因申请诉前停止侵害专利权损害责任纠纷

72. 雅培贸易（上海）有限公司申请台州市黄岩亿隆塑业有限公司、北京溢炀杰商贸有限公司诉前停止侵害专利权案*

审查侵害专利权行为诉前行为保全，应考虑申请人身份、侵权可能性、损失情况及担保等情况

【案情简介】

（一）首部

裁定书字号：北京市第三中级人民法院（2013）三中民保字第01933号民事裁定书。

申请人：雅培贸易（上海）有限公司。住所地：上海市外高桥保税区美盛路。

法定代表人：Roger Merrill Bird，雅培贸易（上海）有限公司总经理。

委托代理人：朱德强，中国国家贸易促进委员会专利商标事务所专利代理人。

委托代理人：刘志强，中国国家贸易促进委员会专利商标事务所专利代理人。

* 摘自《知识产权审判与指导》2014年第1辑（总第23辑），人民法院出版社2014年版，第161～169页。

被申请人：台州市黄岩亿隆塑业有限公司。住所地：浙江省台州市黄岩新前开发区人和路。

被申请人：北京溢炀杰商贸有限公司。住所地：北京市朝阳区南沙滩。

审级：一审。

审判机关：北京市第三中级人民法院。

合议庭组成人员：审判长：蒋利玮；代理审判员：宋晖、张玲玲。

审结时间：2013 年 12 月 2 日。

（二）申请人主张

申请人雅培贸易（上海）有限公司（以下简称雅培贸易公司）称：雅培制药有限公司（以下简称雅培制药公司）是 ZL200730158176.0 号名称为“容器”的外观设计专利权（以下简称涉案专利权）人。我公司系涉案专利权的被许可人，并获得涉案专利权人雅培制药公司的授权以自己的名义对侵犯涉案专利权的侵权人提起诉讼。台州市黄岩亿隆塑业有限公司（以下简称亿隆公司）未经许可生产、销售、许诺销售了侵害涉案专利权的“YL－650A”“YL－750A”“YL－1000A”等型号的可密封塑料容器（以下简称被控侵权产品）。北京溢炀杰商贸有限公司（以下简称溢炀杰公司）未经许可销售了被控侵权产品。二被申请人的侵权行为如不立即停止，将会导致我公司难以弥补的损害。因此，请求法院责令亿隆公司立即停止生产、销售和许诺销售侵犯涉案专利权的产品，责令溢炀杰公司立即停止销售侵犯涉案专利权的产品。

（三）事实和证据

北京市第三中级人民法院经审理查明：涉案专利权系 ZL200730158176.0 号名称为“容器”的外观设计专利权，分类号为 09－03，申请人为艾博特公司，申请日为 2007 年 6 月 27 日，优先权日为 2006 年 12 月 27 日，授权公告日为 2009 年 5 月 20 日。2010 年 2 月 3 日，涉案专利权人变更为雅培制药公司。该专利年费缴纳至 2014 年 6 月 26 日。

2013年6月20日，国家知识产权局专利检索咨询中心针对涉案专利权出具外观设计检索报告称，未检索到与涉案专利相同或者相近似的外观设计。

2013年10月29日，雅培制药公司与雅培贸易公司签订专利许可协议，约定：雅培制药公司授予雅培贸易公司涉案专利权的普通许可，并授权雅培贸易公司以自己的名义对任何侵犯涉案专利的侵权人单独提起诉讼，包括但不限于申请证据保全措施、申请临时或永久禁令以及任何其他适用的救济方式，雅培贸易公司有权针对所有侵权者要求全部赔偿数额，雅培制药公司不作为诉讼主体且不参与诉讼。

2013年9月4日，北京博维瑞通科技有限公司的委托代理人吕凤祥与北京市长安公证处的公证员和公证员助理来到位于北京市朝阳区南沙滩的“北京溢炀杰商贸有限公司”处，见到一名自称为“张华”的男士，取得名片一张，吕凤祥现场与对方签订销售合同一份，当场支付了货款104580元，对方为吕凤祥开具了编号为“4278605”的收据一张。随后吕凤祥来到北京鑫荣发物流有限公司处，办理了提货手续，取得名片一张、仓储费收据一张、送货单两张、台州市黄岩亿隆塑业有限公司奶粉罐出厂检验报告一份，随后接受了相关货物，取得交货单一份，在货物中获取了一个未开封的信封，其中有亿隆公司产品手册一份。吕凤祥现场提取了15箱货物，型号为“YL－650A”的罐体货物2箱、型号为“YL－750A”的罐体货物4箱（2箱标记有“金黄色”字样）、型号为“YL－1000A”的罐体货物2箱以及“桃红色”“大红色”“深绿色”的罐体上盖货物各2箱、“金黄色”的罐体上盖货物1箱，并从现场提取的每个型号的货物中均取出2个罐体及罐体上盖作为样品。公证人员对上述购买和提货过程进行了公证，对购货提货地点、货物外观等进行了拍照，对获取的名片、合同、收据、产品手册、货物等进行了封存，并出具了（2013）京长安内经证字第17981号公证书（以下简称第17981号公证书）。销售合同中的价格载明“YL－650A”罐为6.5元/套、“YL－750A”罐为6.8元/套、“YL－1000A”罐为7.5元/套，收据上注明为奶粉罐货款。

2013年10月31日，中国国际贸易促进委员会专利商标事务所的代理

人与北京市长安公证处的公证员和公证员助理在北京市长安公证处，使用公证处计算机，启动计算机后，链接网络，访问“http://www.nfbz.com.cn”，所得页面显示“台州市黄岩亿隆塑业有限公司坐落于浙江省台州市黄岩区新前开发区内，是中国最具实力的奶粉罐生产企业，生产各种高品质的奶粉罐、罐盖、勺子等”“页面版权所有：台州市黄岩亿隆塑业有限公司 浙ICP备12008217号”；点击所得页面的“产品展示”，进入新页面显示“YL－650A玫红色”“YL－650A黄色”“YL－650A绿色”“YL－650AAJT”“YL－750A黄色”“YL－750A桃红色”型号奶粉罐，均附有图片；点击该页面右下角中的“下一页”，进入下一页面显示“YL－750A”型号奶粉罐；四次点击该页面右下角的“下一页”，显示进入第6页，页面显示“YL－1000A奶粉罐”；点击上述页面中的型号，均可获得较大图片；点击该页面中的“联系我们”，显示“地址：浙江省台州市黄岩区新前开发区人和路15号”“电话：86－576－84353708 86－576－84360855”，公证员对上述上网浏览过程及所得网页进行了公证，并出具了（2013）京长安内经证字22316号公证书（以下简称第22316号公证书）。

以上事实，有专利权证书、专利检索报告、专利许可协议、第17981号公证书、第22316号公证书等证据在案佐证。

【法院裁判】

北京市第三中级人民法院根据上述事实及证据认为：审查是否应当责令停止侵害专利权行为，应当考虑以下因素：申请人是否是专利权人或利害关系人；被申请人行为构成侵害专利权的可能性；不采取有关措施，是否会给申请人合法权益造成难以弥补的损害；不责令被申请人停止有关行为对申请人造成的损害是否大于责令被申请人停止有关行为对被申请人造成的损害；责令被申请人停止有关行为是否损害社会公共利益；申请人是否提供了相应的担保。

一、关于申请人是否是利害关系人

本案中，雅培贸易公司是涉案专利权的被许可人，经涉案专利权人雅培制药公司的授权，有权以自己的名义提起诉讼，申请临时或永久禁令，并有权要求全部赔偿数额。因此，雅培贸易公司属于《中华人民共和国专利法》第六十六条第一款、《中华人民共和国民事诉讼法》第一百零一条第一款规定的利害关系人，有权提出本案申请。

二、关于被申请人行为构成侵害专利权的可能性

涉案专利为包装容器上的外观设计专利，被控侵权产品为“YL－650A”“YL－750A”“YL－1000A”奶粉罐，属于相同种类的产品。将第17981号公证书中公证购买的被控侵权产品照片、第22316号公证书中经公证的“YL－650A”“YL－750A”“YL－1000A”奶粉罐图片与涉案专利的外观分别对比：从主视图看，罐体和罐盖基本相同，罐体左部有一向内倾斜的耳形轮廓，内有一圆形凹陷，在后视图相对应的位置也有对应的形状；罐盖基本相同，其区别仅在于涉案专利外观的罐盖扣手处有三个小圆形凸起，扣手两侧分别有一个小圆形凸起，被控侵权产品则无圆形凸起；部分被控侵权产品的高度与宽度之间的比例与涉案专利外观相比略有不同；从仰视图看，被控侵权产品罐体底部与涉案专利外观有所不同。罐体底部在正常使用过程中不容易被观察到，涉案专利外观扣手处的圆形凸起、高度与宽度之间的比例对整体视觉效果影响较小。综上，被控侵权产品的设计落入涉案专利的保护范围可能性较大。亿隆公司未经许可生产、销售、许诺销售被控侵权产品，溢炀杰公司未经许可销售被控侵权产品侵犯雅培贸易公司涉案专利权的可能性较大。

三、不采取有关措施，是否会给申请人合法权益造成难以弥补的损害

本案中，被控侵权产品系奶粉罐，可以预计的是亿隆公司和溢炀杰公司主要向奶粉生产企业批发销售被控侵权产品，被控侵权产品将与奶粉一

并销售给最终用户，每一个销售环节都很有可能构成对涉案专利权的侵权。而每增加一个销售环节，都会造成损失扩大，侵权行为人增多，雅培贸易公司维权成本增加，维权难度加大。如果不责令亿隆公司和溢炀杰公司立即停止被控侵权行为，即便通过诉讼最终法院支持雅培贸易公司的请求，也很难制止奶粉生产企业、奶粉销售商对于被控侵权产品的销售，由此造成的损失难以计算。同时，涉案专利权系容器的外观设计专利，有效期仅 10 年，容器的外观设计更新换代快，如不责令亿隆公司和溢炀杰公司立即停止被控侵权行为，将会极大地影响雅培贸易公司对涉案专利权的行使。因此，如不责令亿隆公司和溢炀杰公司立即停止被控侵权行为，将会对雅培贸易公司的合法权益造成难以弥补的损失。

四、不责令被申请人停止有关行为对申请人造成的损害是否大于责令被申请人停止有关行为对被申请人造成的损害

责令亿隆公司和溢炀杰公司停止被控侵权行为对其造成的损害在于其无法通过被控侵权行为谋取利益，损失数额是可以预见的。不责令亿隆公司和溢炀杰公司停止被控侵权行为，被控侵权产品一旦流入市场，对雅培贸易公司造成的损失难以计算，维权成本过高，雅培贸易公司也难以在涉案专利权有效期内正常行使权利。因此，不责令亿隆公司和溢炀杰公司停止被控侵权行为对雅培贸易公司造成的损害大于责令亿隆公司和溢炀杰公司停止被控侵权行为对其造成的损害。

五、责令被申请人停止有关行为是否损害社会公共利益以及申请人是否提供了相应的担保

责令亿隆公司和溢炀杰公司停止被控侵权行为仅涉及亿隆公司和溢炀杰公司的经济利益，没有证据证明将会损害社会公共利益。雅培贸易公司已经提供了 400 万元的现金担保。结合被控侵权产品的价格、该行业的平均利润率等情节，应当认为雅培贸易公司提供的担保金额大于或者等于责令亿隆公司和溢炀杰公司停止被控侵权行为可能给亿隆公司和溢炀杰公司造成的损失。同时，根据《最高人民法院关于对诉前停止侵犯专利权行为

适用法律问题的若干规定》第七条的规定，在执行本裁定的过程中，如有证据证明亿隆公司和溢炀杰公司因停止被控侵权行为造成更大损失的，将责令雅培贸易公司追加相应的担保。雅培贸易公司不追加担保的，将解除有关停止措施。

综上，雅培贸易公司的申请符合法律规定。

北京市第三中级人民法院依照《中华人民共和国专利法》第十一条第二款、第五十九条第二款、第六十六条第一款、《最高人民法院关于审理侵犯专利权纠纷案件应用法律若干问题的解释》第八条、第十一条、《最高人民法院关于对诉前停止侵犯专利权行为适用法律问题的若干规定》第一条、第四条、第七条、第九条、民事诉讼法第一百零一条、第一百零八条之规定，裁定如下：（1）台州市黄岩亿隆塑业有限公司立即停止生产、销售、许诺销售侵犯 ZL200730158176.0 号名称为“容器”的外观设计专利权的产品；（2）北京溢炀杰商贸有限公司立即停止销售侵犯 ZL200730158176.0 号名称为“容器”的外观设计专利权的产品。雅培贸易（上海）有限公司应当在本裁定送达之日起 30 日内起诉，逾期不起诉的，将解除本裁定采取的措施。

【法官评述】

《与贸易有关的知识产权协定》第 50 条第 2 款规定，如果认为适当，司法当局应有权在开庭前依照一方当事人请求，采取临时措施，尤其是在一旦有任何迟误则很可能给权利持有人造成不可弥补的损害的情况下。为履行“入世”承诺，我国在 2000 年修改的《中华人民共和国专利法》和 2001 年修改的《中华人民共和国商标法》和《中华人民共和国著作权法》以及发布的《集成电路布图设计保护条例》《计算机软件保护条例》中确立了诉前行为保全制度，规定专利权、商标权、著作权的权利人或者利害关系人有证据证明他人正在实施或者即将实施侵犯其权利的行为，如不及时制止将会使其合法权益受到难以弥补的损害的，可以在起诉前向人民法院申请采取责令停止有关行为的措施。随后，最高人民法院于 2001 年、2002 年相继出台了相关司法解释，进一步细化完善了上述制度，并将其扩

充至诉中行为保全。2012年修改的《中华人民共和国民事诉讼法》则统一规定了行为保全制度，不再局限于专利、商标、著作权等部分知识产权案件类型，而是扩充至整个民事领域。

本案主要涉及以下问题：

一、适用诉前行为保全应当具备何种要件

《最高人民法院关于对诉前停止侵犯专利权行为适用法律问题的若干规定》第十一条规定："人民法院对当事人提出的复议申请应当从以下方面进行审查：（一）被申请人正在实施或即将实施的行为是否构成侵犯专利权；（二）不采取有关措施，是否会给申请人合法权益造成难以弥补的损害；（三）申请人提供担保的情况；（四）责令被申请人停止有关行为是否损害社会公共利益。"学理上通常认为该规定虽然是对复议申请的审查，但是显然也适用于诉前行为保全申请的审查，其不足之处在于第（一）项判断是否构成侵犯专利权不妥，因为此时尚未经过完整的诉讼程序，应考虑侵犯专利权的可能性，同时应当停止或不停止侵权行为对双方造成困难进行权衡。①

结合司法解释和相关学理解释，本案中法院在作出诉前行为保全裁定时，考虑了以下因素：（1）申请人是否是权利人或利害关系人；（2）被申请人行为构成侵权的可能性；（3）不采取保全措施，是否会给申请人合法权益造成难以弥补的损害；（4）不采取保全措施对申请人造成的损害是否大于采取保全措施对被申请人造成的损害；（5）采取保全措施是否损害社会公共利益；（6）申请人是否提供了相应的担保。

二、如何认定申请诉前行为保全利害关系人的范围

《最高人民法院关于对诉前停止侵犯专利权行为适用法律问题的若干规定》第一条第二款规定："提出申请的利害关系人，包括专利实施许可

---

① 崔国斌：《专利法：原理与案例》，北京大学出版社2012年版，第703~728页。《〈中华人民共和国民事诉讼法〉修改条文理解与适用》，人民法院出版社2012年版，第225~226页。

合同的被许可人、专利财产权利的合法继承人等。专利实施许可合同被许可人中，独占实施许可合同的被许可人可以单独向人民法院提出申请；排他实施许可合同的被许可人在专利权人不申请的情况下，可以提出申请。”该规定并未明确普通许可合同中的被许可人能否申请诉前行为保全。但是《最高人民法院关于审理商标民事纠纷案件适用法律若干问题的解释》第四条第二款规定：“……普通使用许可合同的被许可人经商标注册人明确授权，可以提起诉讼。”“这主要是考虑，一些商标注册人特别是国外的一些在中国注册的商标权人，在国内一般只授权普通许可，遇到侵权行为，国外的商标权人采取法律措施会有比较多的手续，会发生某种延误，这样就有可能损害这些被许可人的合法权益，应当为他们提供司法救济手段。……这已经与专利法利害关系人的起诉规定不同，无疑对注册商标权和相关的注册人、利害关系人合法权益加大了保护，便于商标使用被许可人运用司法手段制止侵犯商标权行为。”①

为了加大对专利权的保护力度，保持申请诉前行为保全与提起侵权诉讼主体的一致性，本案中雅培贸易公司虽然是普通许可合同中的被许可人，但考虑到其已经得到专利权人雅培制药公司的明确授权，法院仍允许雅培贸易公司以自己的名义申请诉前行为保全。

三、如何认定难以弥补的损害

在判断是否属于难以弥补的损害时，可以考虑以下情形：（1）侵权行为是否造成难以用金钱弥补的损失，例如侵犯著作权人身权，或者造成商誉损失；（2）不制止侵权行为，是否会扩大侵犯范围和损害后果，增加维权成本和维权难度；（3）侵权行为是否直接削弱申请人的竞争优势，严重抢占其市场份额，事后停止侵权也很难挽回市场份额，严重影响申请人的合法权益；（4）侵权行为造成的损害后果是否明显超过被申请人的赔偿能力。

---

① 蒋志培：《〈最高人民法院关于审理商标民事纠纷案件适用法律若干问题的解释〉的理解与适用》，载《最高人民法院知识产权司法解释理解与适用》，中国法制出版社2012年版，第110页。

本案中，在判断是否属于难以弥补的损害主要考虑了三个因素：一是申请人的损失：被控侵权奶粉罐通常销售给奶粉生产商，最终与奶粉一并销售给消费者，每一个销售环节都很有可能构成专利侵权，每增加一个销售环节都会造成损失扩大。二是申请人的维权成本：每增加一个销售环节，侵权行为人增多，雅培贸易公司维权成本增加，维权难度加大，被控侵权奶粉罐一旦流入市场，事后很难制止奶粉生产企业和奶粉销售商对奶粉罐的销售。三是申请人自身对权利的行使：涉案专利权系容器的外观设计专利，有效期仅10年，容器的外观设计更新换代快，如不责令立即停止被控侵权行为，将会极大地影响雅培贸易公司对涉案专利权的行使。该案即属于不制止侵权行为，会扩大侵权范围和损害后果，同时将削弱申请人的市场竞争优势，抢占申请人的市场份额。

四、作出诉前行为保全后申请人起诉的期限

《中华人民共和国专利法》第六十七条第四款规定：“申请人自人民法院采取保全措施之日起十五日内不起诉的，人民法院应当解除该措施。”《中华人民共和国民事诉讼法》第一百零一条第三款规定：“申请人在人民法院采取保全措施后三十日内不依法提起诉讼或者申请仲裁的，人民法院应当解除保全。”本案在合议过程中，一种意见认为，专利法中关于起诉期限的规定与民事诉讼法的规定，是特别法与一般法的规定，应当适用专利法关于15日起诉期限的规定；另一种意见认为，民事诉讼法是关于诉讼程序的基本法律，既然已经对起诉期限作了从宽的规定，从有利于保护权利人的角度出发，应当适用民事诉讼法关于30日起诉期限的规定。最后，合议庭采纳了后一种意见。

本案作出诉前行为保全后，经法院多次与双方当事人沟通，化解矛盾，最终双方以达成调解协议的方式解决纠纷。

（蒋利玮）

（二）不正当竞争纠纷

73. 法国卡斯特兄弟股份有限公司与中华人民共和国国家工商行政管理总局商标评审委员会、李道之商标撤销复审行政纠纷案*

▶ 只要在商业活动中公开、真实地使用了注册商标，且使用行为没有违反商标法律规定，则注册商标权利人已经尽到法律规定的使用义务

最高人民法院行政裁定书

（2010）知行字第55号

申请再审人（一审原告、二审上诉人）：法国卡斯特兄弟股份有限公司。住所地：法国布朗克福市乔治古内梅街24号（24 Rue Georges Guynemer 33290 Blanquefort France）。

法定代表人：阿兰·卡斯特（Mr. Alain Castel），该公司董事总经理。

委托代理人：董箫，北京市兰台律师事务所律师。

委托代理人：陈明涛，北京市兰台律师事务所律师。

被申请人（一审被告、二审被上诉人）：中华人民

---

* 摘自《知识产权审判与指导》2012年第2辑（总第20辑），人民法院出版社2013年版，第208～214页。

共和国国家工商行政管理总局商标评审委员会。住所地：中华人民共和国北京市西城区三里河东路8号。

法定代表人：何训班，该委员会主任。

委托代理人：张世莉，该委员会审查员。

被申请人（一审第三人、二审被上诉人）：李道之。

委托代理人：王国强，北京市京泽律师事务所律师。

委托代理人：刘东海，北京市京泽律师事务所律师。

法国卡斯特兄弟股份有限公司（以下简称卡斯特公司）与中华人民共和国国家工商行政管理总局商标评审委员会（以下简称商标评审委员会）、李道之商标撤销复审行政纠纷一案，北京市高级人民法院于2008年11月14日作出（2008）高行终字第509号行政判决（以下简称二审判决），已经发生法律效力。2010年10月26日，卡斯特公司向本院申请再审。本院于2010年11月18日立案后，依法组成合议庭对本案进行了审查，并于2010年12月16日组织双方当事人进行听证。现已审查完毕。

卡斯特公司申请再审称：（1）“3年不使用”中的商标使用不是指“形式上使用”，而是指“实际使用”。商标注册人应当具有真实的使用意图，并且商标实际使用具有标识来源的功能。本案中，李道之仅仅提供了上海班提酒业有限公司（以下简称班提公司）进口“卡斯特”葡萄酒的两张发票和商标许可使用合同。仅凭以上证据，无法证明其销售事实的真实性，也无法证明其具有使用争议商标的真实意图，相反，属于为了规避其商标因“连续3年不使用”被撤销故意而为的象征性使用行为。李道之和班提酒业不仅抢注了大量有关卡斯特葡萄酒商标，而且试图向卡斯特公司索要高额转让费，具有明显的抢注恶意，并没有使用“卡斯特”商标的真实意图。李道之对“卡斯特”的使用是一种商品名称的使用，不是作为商标的使用，也不具有标明来源的功能。（2）“3年不使用”中的商标使用仅指“合法使用”，而不包括“违法使用”。《中华人民共和国进出口商品检验法》等对进口、销售葡萄酒产品作了强制性、禁止性规定。根据这些规定，班提公司如果要在国内进口并销售葡萄酒，必须经过必要的检验和审核程序，并取得相关证书。李道之并未提供任何证据证明班提公司具有合法进口及销售的资格，并未提供任何证据证明其进口的葡萄酒取得了上海市相关行政部门出具的批发和零售许可证，并未提供任何证据证明其销售的葡萄酒的质量合格。非法销售过程中产生的发票显然不能作为争议商标合法使用的证据。综上，一、二审法院不仅将商标使用限定为形式意义上使用，更是将合法要件的要求排除在商标使用认定范围之外，法律适用错误。因此，卡斯特公司请求撤销一、二审判决和商标评审委员会作出的商评字〔2007〕第8357号《关于第1372099号“卡斯特”商标撤销复审决定》（以下简称第8357号决定），判令商标评审委员会重新作出复审决定。

商标评审委员会答辩称：（1）本案中李道之提供了被许可方班提公司在2002年12月9日和2004年2月9日的两张销售葡萄酒的发票，上面明确标明了“卡斯特”商标，上述发票经过公证，虽然证据不多，但这证据可以证明商标所有人面向公众在商业交易中使用了“卡斯特”商标。从证据形式和内容上已足以证明被许可人在指定的时间内结合核定的商品公开使用注册商标的事实，注册商标应予以维持。（2）由于《中华人民共和国商标法》第四十四条第（四）项的规定是对当事人物权的处置，且一旦违反即“立即死亡”，因此对其适用应该慎之又慎。如果争议商标的使用确有瑕疵，相关职能部门可依相关的法律法规或者部门规章对其进行相应处罚，而不至于使得注册商标面临“立即死亡”的严重法律后果。商标评审委员会只有权依据商标法及其配套法规对商标是否进行了商标法意义上的“合法使用”进行审查，至于商标使用人在有关生产许可证、卫生许可证、进出口许可证等方面的瑕疵，与商标使用是不同的法律关系，应适用不同的法律规定，由不同的部门管理和认定，商标评审委员会无职权在“商标撤销及复审”案件中对其直接予以认定和制裁。因此，商标评审委员会请求维持一、二审判决和第8357号决定。

李道之答辩称：（1）卡斯特公司与行政程序中的商标撤销申请人不是同一主体，无权行使诉讼权利。行政程序中的商标撤销申请人是卡斯代尔·弗雷尔股份有限公司，组织形式为股份有限公司，1959年11月14日设立，2007年3月26日注销。而本案一、二审的当事人和再审申请人卡

斯特公司2005年5月19日设立，2006年10月4日开始经营，组织形式为简化股份有限公司。两家公司是完全不同的民事主体，卡斯特公司无权行使诉讼权利。（2）卡斯特公司主张争议商标“非法使用”没有法律依据。首先“非法”中的“法”仅限于法律和行政法规。卡斯特公司引用的部门规章等与本案无关。其次，争议商标的使用行为完全符合法律规定。再次，撤销注册商标涉及对已取得的权利的剥夺，应当慎重，即使商标使用存在不规范，也应当有相关行政执法机关加以管理，并不必然导致商标使用行为自始不存在。第四，班提公司对争议商标的使用完全是一种公开、合法的商业使用。（3）李道之自1998年开始，就持续使用争议商标，目前争议商标具有较高知名度。李道之在此类案件中仅承担证明“使用”的义务，即只需要证明已经使用已经足够，而没有证明使用“多少”，如何大量使用的义务。为了证明真实的使用意图和使用事实，李道之又提交了2001年~2005年销售“卡斯特”葡萄酒、涉及多个月份的发票34张。李道之还大力宣传争议商标。目前，加盟“卡斯特”的经销商已达100家。（4）卡斯特公司意图抢夺李道之争议商标，逃避侵权责任。因此，卡斯特公司的再审申请没有事实和法律依据，应予驳回。

北京市第一中级人民法院查明：争议商标“卡斯特”原系温州五金交电化工（集团）公司酒类分公司于1998年9月7日申请、2000年3月7日被核准注册，指定使用在第33类“果酒（含酒精）”等商品上，商标注册号为1372099。2002年4月25日经核准转让给李道之。

2005年7月，卡斯代尔·弗雷尔股份有限公司以连续3年停止使用为由，向商标局申请撤销争议商标。商标局以李道之未在法定期间内提交其使用争议商标的证据材料为由，决定撤销争议商标。李道之不服商标局决定，向商标评审委员会申请复审，请求维持争议商标，并提交证据，其中包括：李道之与班提公司于2002年6月1日签订的商标使用许可合同，该合同授权班提公司在中国境内在第33类葡萄酒产品上使用争议商标，授权使用时间自2002年6月1日至2008年12月31日止；班提公司于2002年12月9日、2004年2月9日销售卡斯特干红葡萄酒的增值税发票等。商标评审委员会经审查认为，根据李道之提交的证据，李道之自2002年6月1

日起许可班提公司在葡萄酒商品上使用“卡斯特”商标，许可期限至2008年12月31日止。2002年12月9日及2004年2月9日，班提公司分别在其销售葡萄酒的增值税专用发票上使用了争议商标。用以证明以上事实的《商标使用许可合同》及两份发票均已经过公证，卡斯特公司虽对其真实性提出异议，但无相反证据予以佐证。卡斯特公司关于班提公司系将“卡斯特”作为商品名称（而非商标）使用的理由亦不成立。争议商标的前述使用事实符合《中华人民共和国商标法实施条例》第三条及第三十九条第三款关于商标使用的规定，未构成《中华人民共和国商标法》第四十四条所指的连续三年停止使用应予撤销的情形。因此，商标评审委员会作出了撤销商标局决定、争议商标予以维持的第8357号决定。

卡斯特公司不服第8357号决定，向北京市第一中级人民法院提起行政诉讼。北京市第一中级人民法院一审认为：李道之向商标评审委员会提交的证据，已经证明李道之自2002年6月1日起许可班提公司在葡萄酒商品上使用争议商标，许可期限至2008年12月31日止。2002年12月9日及2004年2月9日，班提公司分别在其销售的葡萄酒的增值税发票上使用了争议商标。班提公司对争议商标的使用事实，符合上述法律、法规及其他商标规范性文件的规定，争议商标未构成《中华人民共和国商标法》第四十四条所指的连续三年停止使用应予撤销的情形。《中华人民共和国商标法》设置撤销三年不使用商标规范的立法目的是鼓励商标的正当使用，在促进市场主体之间公平竞争的同时，清除“商标注册薄”中确实闲置不用的“死亡商标”，防止“商标囤积”“商标抢注”等现象，为具有真实善意使用商标意图的市场主体依法申请注册和使用商标扫清障碍。由于撤销注册商标，是对当事人已依法取得的权利的处置，所以，在《中华人民共和国商标法》第六章商标使用的管理中关于“三年不使用”问题的第四十四条第（四）项与该章其他意在规范商标使用行为的条款的功能不同，第四十四条第（四）项所要解决的根本问题是商标“是否在使用”，而不是“如何使用”。如果商标使用人在生产许可、卫生许可、进口许可等方面存在问题，则应适用不同的法律规范，由其他执法机关管理和查处。商标评审委员会无权在审查争议商标是否“三年不使用”的过程中，适用其他行

政管理领域的规范性文件对班提公司销售卡斯特葡萄酒的行为是否违法违规直接予以认定并加以制裁。综上，一审法院判决维持被诉决定。

卡斯特公司不服一审判决，向北京市高级人民法院提起上诉。北京市高级人民法院二审认为：李道之在商标复审程序中提交了《商标使用许可合同》及增值税发票，也提交了有关部门在此期间为班提公司核发的“卡斯特”干红葡萄酒中文标签的证书，均可证明班提公司在上述期间内在葡萄酒销售活动中使用了争议商标。故，商标评审委员会认定争议商标的前述使用的事实符合《中华人民共和国商标法实施条例》第三条、第三十九条第三款的规定事实依据充分。由于本案的争议商标为注册商标，故对其使用的审查应以《中华人民共和国商标法实施条例》第三条的规定为法律依据，商标的使用符合该条规定的，应视为商标法意义上的使用。卡斯特公司提出的班提公司销售“卡斯特”干红葡萄酒时尚未取得《进出口食品标签审核证书》的问题，属对进口商品销售管理的问题，与商标的使用及合法使用无关，应由进口商品管理的相关法律、法规给予调整。综上，二审法院判决驳回上诉，维持一审判决。

本院审查查明，原审法院认定的事实属实。另查明：2005 年 7 月向商标局申请撤销争议商标的申请人为卡斯代尔·弗雷尔股份有限公司，注册日期为 1959 年 11 月 14 日，对应的企业名称为 CASTEL FRERES SA，注册号为 459202875。CONFRERIE DES RECOLTANTS 成立于 2005 年 5 月 19 日，注册号为 482283694。2006 年 9 月 14 日，根据股东大会批准的资产入股合同，注册号为 459202875 的 CASTEL FRERES SA 将其葡萄酒和烈酒业务，包括其旗下的商标等转移到注册号为 651621013 的 SOCIETE DES VINS DE FRANCE（以下简称 SVF）。同日，SVF 又将上述权利和义务转移给注册号为 482283694 的 CONFRERIE DES RECOLTANTS。2006 年 12 月 18 日股东大会决定，CASTEL FRERES SA 在与注册号为 402468763 的 AQUITAINE 合并后进行清算解散。同日，CONFRERIE DES RECOLTANTS 根据股东大会的决议，改名为 CASTEL FRERES SAS。

在本案再审审查过程中，李道之提交了班提公司 2001 年至 2005 年销售卡斯特葡萄酒的发票 30 余张，这些发票上大多在品名处标明卡斯特干红。李道之还提交了温州进出口食品卫生监督检验局颁发的卫生证书复印件，该证书载明日期是1998年8月28日，收货人为深圳班提贸易公司，货物名称为卡斯特干红葡萄酒，数量为17.808T，结论为该批西班牙产卡斯特干红葡萄酒经卫生监督检验，符合中华人民共和国食品卫生标准，贴上卫检防伪标志后同意销售。2008年3月温州市出入境检验检疫局确认了该卫生证书复印件与原件一致。2010年12月15日，温州市出入境检验检疫局函复李道之，认可了上述证书所载事实的真实性，并说明《进出口食品标签管理办法》2000年4月1日起施行，此前检验检疫部门未办理进出口食品标签审核证书业务。

本院认为：根据《中华人民共和国行政诉讼法》的规定，有权提起诉讼的法人或者其他组织终止，承受其权利的法人或者其他组织可以提起诉讼。根据查明的事实，提起撤销申请和参加复审程序的CASTEL FRERES SA已经清算解散，在之前将其葡萄酒和烈酒业务，包括其旗下的商标等转移到SVF，SVF又将上述权利和义务转移给CONFRERIE DES RECOLTANTS，该公司后又更名为CASTEL FRERES SAS，即本案申请再审人。商标评审委员会作出第8357号决定后，作为承继CASTEL FRERES SA葡萄酒和烈酒业务，包括其旗下的商标等相关权利和义务的CASTEL FRERES SAS，提起一审诉讼、提出上诉和申请再审符合法律规定。李道之关于卡斯特公司与行政程序中的商标撤销申请人不是同一主体，无权行使诉讼权利的主张不能成立。

注册商标长期搁置不用，该商标不仅不会发挥商标功能和作用，而且还会妨碍他人注册、使用，从而影响商标制度的良好运转。因此，《中华人民共和国商标法》第四十四条第（四）项规定，注册商标连续3年停止使用的，由商标局责令限期改正或者撤销其注册商标。应当注意的是，该条款的立法目的在于激活商标资源，清理闲置商标，撤销只是手段，而不是目的。因此，只要在商业活动中公开、真实地使用了注册商标，且注册商标的使用行为本身没有违反商标法律规定，则注册商标权利人已经尽到法律规定的使用义务，不宜认定注册商标违反该项规定。本案中，李道之在评审程序中提交了李道之许可班提公司使用争议商标的合同和班提公司

销售卡斯特干红葡萄酒的增值税发票，在申请再审审查期间又补充提交了30余张销售发票和进口卡斯特干红葡萄酒的相关材料。综合上述证据，可以证明班提公司在商业活动中对争议商标进行公开、真实的使用，争议商标不属于《中华人民共和国商标法》第四十四条第（四）项规定连续3年停止使用、应由商标局责令限期改正或者撤销的情形。至于班提公司使用争议商标有关的其他经营活动中是否违反进口、销售等方面的法律规定，并非《中华人民共和国商标法》第四十四条第（四）项所要规范和调整的问题。卡斯特公司关于班提公司违反了《中华人民共和国进出口商品检验法》等法律规定，由此争议商标违反《中华人民共和国商标法》第四十四条第（四）项规定，应予以撤销的主张没有法律依据。

综上，卡斯特公司的再审申请不符合《中华人民共和国行政诉讼法》第六十三条第二款和《最高人民法院关于执行〈中华人民共和国行政诉讼法〉若干问题的解释》第七十二条规定的再审条件。依照《最高人民法院关于执行〈中华人民共和国行政诉讼法〉若干问题的解释》第七十四条之规定，裁定如下：

驳回法国卡斯特兄弟股份有限公司的再审申请。

审 判 长 夏君丽
审 判 员 殷少平
代理审判员 周云川

二〇一一年十二月十七日

书 记 员 曹佳音

74. 中电电气集团有限公司与中电变压器股份有限公司不正当竞争纠纷案*

同行业竞争者不当占用他人用于宣传的智力劳动成果并造成误认的，属于虚假宣传行为

【案例要旨】

作为同业竞争者，在经营中，不当占用了他人为宣传企业及其产品已付出的智力劳动成果，事实上已经使相关公众对两者之间的关系产生混淆和误认的行为，属于引人误解的虚假宣传行为，构成不正当竞争行为。

【案情简介】

原告（被上诉人）：中电电气集团有限公司（以下简称中电电气公司）。

被告（上诉人）：中电变压器股份有限公司（以下简称中电变压器公司）。

镇江市中级人民法院查明：2003 年 12 月 23 日，中电电气有限公司在扬中市设立，住所地为江苏省扬中市中电大道。2003 年 12 月 26 日更名为中电电气公司，并

* 摘自《知识产权审判与指导》2012 年第 2 辑，人民法院出版社 2013 年版，第 141 ~ 149 页。

将住所地迁到江苏省南京市江宁现住所地，公司法定代表人为陆廷秀，注册资本6188万元，经营范围为输配电设备、微波仪器、绝缘材料制造、销售、设计、安装及相关技术服务。该公司投资设立了关联企业江苏中电变压器制造有限公司、江苏中电输配电设备有限公司、江苏中电设备有限公司等，主要生产变压器等系列产品，其中江苏中电输配电设备有限公司、江苏中电设备有限公司厂址均在扬中市中电大道。

2004年8月28日，中电电气公司经受让取得第1217174号（图略）图形注册商标专用权（原注册商标名义人为江苏中电设备制造公司，1998年10月21日被核准注册），核定使用商品为第9类的变压器等；2006年4月14日中电电气公司申请注册了第3880915号（图略）文字商标，核定使用商品为第9类变压器、母线槽、高低压开关柜、配电箱、接线盒、电线圈等。在长期生产经营中，涉案两件商标的显著性不断增强。2004年（图略）牌系列变压器曾被评为“中国著名品牌”，2008年（图略）图形注册商标被国家工商总局商标局认定为驰名商标，2009年（图略）注册商标被评为“江苏省著名商标”；与此同时，中电电气公司的企业形象和变压器等产品的知名度、美誉度也得到提升，在全国同行业中具有很高的声誉。2005年5月中电电气公司开发的YBZ型智能化预装式变电站、SRN（F）耐高温液浸式电力变压器被列入“国家火炬计划重点项目”；2006年中电电气公司被评为“自主创新能力十强企业”；2010年中电电气公司被评为中国民营企业500强（位列第143位）等多项荣誉。

2008年12月，陆昌荣、贾明祥、王笃诚（均为扬中市人）在江苏徐州申请注册设立了“江苏中电电气有限公司”，注册资本518万元，经营范围为输配电设备、绝缘材料、电线电缆、仪器仪表、化工产品、建筑材料、五金交电销售等。在公司申请注册登记过程中冒用了中电电气公司的名义。中电电气公司发现后与其交涉，该公司的股东、股权结构等作了变动。2009年8月25日，陆昌荣、贾明祥、王中朝、王雪云（王中朝、王雪云亦为扬中市人）在江苏徐州又投资设立了中电变压器公司，法定代表人贾明祥，注册资本5000万元，实收资本1000万元。经营范围为变压器、高低压开关柜、母线槽、电缆桥架、绝缘制品、微波测量仪器开发、制造、销售及技术服务等。

2009年11月，中电变压器公司与湖南力科自动化技术有限公司签订干式变压器买卖合同一份，中电变压器公司为合同供方，合同金额336000元。

在合同中中电变压器公司将厂址标注为扬中市中电大道，邮编为212200。合同签订后，中电变压器公司履行了交货义务。2009年12月1日、7日湖南力科自动化技术有限公司分别向中电变压器公司支付货款100800元、235200元，合计336000元。2009年12月10日，中电变压器公司向该公司开具了金额为336000元的增值税发票一份。2010年1月4日，中电变压器公司与大全集团签订干式变压器采购合同一份，由中电变压器公司向大全集团提供干式变压器，合同金额378000元。2010年4月12日，中电变压器公司与深圳新城市电器材料有限公司签订4台干式变压器买卖合同（编号0001263）一份，中电变压器公司为供方，总货款为414400元。2010年4月13日深圳新城市电器材料有限公司向中电变压器公司付款245200元，次日中电变压器公司发出2台干式变压器并向该公司开具了等值的增值税发票，与开具给湖南力科自动化技术有限公司的增值税发票相同，发票上标明其地址均为江苏省扬中市中电大道。深圳新城市电器材料有限公司收货后，因产品的质量问题，且发现该产品并非中电电气公司生产，遂与中电变压器公司交涉要求退货，未果而向中电电气公司投诉。就中电变压器公司在与大全集团业务过程中是否对中电电气公司实施了不正当竞争的行为一事，中电电气公司进行了私力救济，单独向大全集团做了相关调查。2010年1月28日大全集团向中电电气公司出具商务函："……合同中供方经办人的手机号码是13605211752，声称是中电电气的销售员，同时中电变压器股份有限公司告知我司，其是中电电气集团有限公司的关联公司，我司基于对中电电气集团有限公司的中电品牌和产品的信任而订立的合同。"同时，中电电气公司在诉讼过程中书面申请法院依职权调查。2010年7月1日，法院调取了中电变压器公司2009年9月17日至2010年2月9日的银行对账单一份，以证明中电变压器公司在此期间经营所获利益的情况。2011年1月13日，深圳新城市电器材料有限

公司出具了情况说明，其负责人在调查笔录中陈述，中电变压器公司与该公司洽谈交易时，中电变压器公司的销售员介绍中电变压器公司是中电电气公司的下属公司，地址在扬中市中电大道，其变压器产品的质量有保证，所有维修服务都是由中电电气公司负责处理，并在向客户发货时随货物发送了中电电气公司的宣传画册及附随宣传材料。同日，一审法院依法对中电变压器公司发至使用单位爱得威（集团）有限公司的干式变压器拍照取证，该变压器的铭牌上标注有与中电电气公司（图略）图形注册商标近似的“（图略）”标识。

在一审答辩期间，中电变压器公司登录互联网利用百度搜索引擎对“中电”两文字及“中电电气”四文字进行搜索，得出搜索结果分别为180万个、220万个。结合江苏省内外包含“中电”字号企业名称的商事主体众多的事实，中电变压器公司认为中电电气公司请求判令其停止使用“中电”字号的依据不足，请求驳回。

另查明，截止本案诉讼前，中电变压器公司没有自己的注册商标亦未申请注册商标。案件审理中，2011年2月20日中电变压器公司向国家工商行政管理总局商标局提出申请，请求撤销中电电气公司的“中电”注册商标，并请求法院中止审理，法院未予准许。

【法院裁判】

镇江市中级人民法院审理后认为：

1. 关于被告的涉案行为是否对原告构成了不正当竞争，以及是否应判令其停止使用包含“中电”字样的企业名称的问题。法院认为，不正当竞争行为是指经营者在市场竞争中，违背诚实信用的原则，采取非法的或者有悖于公认的商业道德的手段和方式与其他经营者相竞争的行为。其中，混淆行为和虚假宣传行为均为《中华人民共和国反不正当竞争法》所规制的不正当竞争行为。混淆行为是指经营者在市场经营过程中，对自己的产品或者服务作虚假表示、说明或者承诺，或不当利用他人的智力劳动成果推销自己的商品或者服务，使消费者对商品的来源产生误解，扰乱社会经济秩序，损害同业竞争者或者消费者利益的行为。本案中，原告从2003年被核准使用以“中电”文字作为字号的企业名称，在2006年又经核准为其注册商标，经过长期使用已经具有很强的显著性，原告的名称及其变压器等系列产品已经成为区分该相关商品生产者的重要标志，反映了原告在此领域的商业信誉和商品声誉。原告在此上的合法权益应该受到法律保护。被告的股东均为扬中市人，明知原告的字号“中电”具有很强的显著性，中电系列变压器产品构成知名商品，仍在江苏徐州以“中电”为字号注册了自己的企业名称，在没有注册商标的情况下，在发给深圳新城市电器材料有限公司的产品上标注与原告注册商标近似的标识，假冒原告注册商标，其意图明显是引人误以为是原告产品，使相关公众对涉案产品的来源产生混淆，此行为对原告构成了不正当竞争；被告在对外业务经营中虚构为原告的关联企业、散发原告的产品宣传册、标注厂址在扬中市中电大道、标注扬中市的邮编等引人误解的宣传亦属于不正当竞争行为，也对原告构成了不正当竞争。

在目前法制环境下，拥有名称权在先权利的企业认为他人的企业名称构成对其注册商标权的损害，或者构成不正当竞争而请求人民法院要求侵权人对企业名称停止使用的一般原则至少应包括的前提条件是：在先权利人和侵权人的产品销售（服务）区域可能或现实重合，且由于被控侵权人使用该名称足以使相关公众对在先权利人的商品（服务）的来源产生混淆。本案中，原告名称和被告名称均没有冠以行政区划名，两者字号相同，同时原告的注册商标亦为“中电”，原告的名称中行业名称为“电气”，包括了变压器等产品范畴，销售区域亦现实重合，因此，两者名称足以使相关公众误解被告与原告存在法律上、组织上、经济上的关联，从而对被告产品的来源产生误认。因此，被告企业名称侵犯了原告的注册商标专用权；被告假冒原告注册商标、虚假宣传又构成了对原告的不正当竞争，尤其在本案中，被告恶意攀附故意十分明显，已使相关公众事实上对两商品的来源已经产生混淆和误认，不判令被告停止使用诉争字号即无法对原告的企业名称权利进行有效保护。

由于企业名称登记仅在工商部门主管辖区内进行相同名称的检索局限，使得与原告字号相同的企业众多。但是在排除对原告构成不正当竞争、不足以引起相关公众对原告产品来源产生混淆的情形下，这些相关企业并非不可以使用与原告相同的名称（字号），且在先权利人即使没有履行行政登记（注册）手续，相对于已合法登记（注册）企业名称，在先权利人亦有权在原有的范围、以原有方式生产经营。当两者产品（服务）区域可能或已经出现重合时，双方应本着诚实信用原则采取一方停止使用相关名称（标识）或附加标识等方式使相关公众足以对两者产品（服务）相区别；在互联网上输入“中电”“中电电气”字样出现海量搜索结果，虽然属实，但由于这些企业对原告并不构成不正当竞争的行为，也不会使得相关公众对原告产品来源产生混淆。

原告现在扬中市中电大道生产经营，后迁至南京市江宁区且目前在扬中市中电大道仍有关联公司进行生产经营，因此，原告在江苏大学的合同中标注厂址在扬中市中电大道是有根据的，也是合理的。

2. 关于赔偿经济损失的确定问题。由于原告无法提供因被告侵权所受损失或被告因侵权所获利益的具体数额，本院对被告银行账目往来审核亦不能确认被告因侵权所获得的利益，原告请求法院适用定额赔偿，本院予以准许。本院将综合考虑变压器产品的行业利润率、被告履行销售合同的情况、侵权行为的性质、后果、侵权的时间、范围，以及原告企业名称及其涉案注册商标的知名度、商业价值，以及原告为制止被告侵权行为而支出的合理费用等确定赔偿数额。

镇江市中级人民法院判决：一、被告中电变压器股份有限公司立即停止使用含有“中电”字样的企业名称；二、被告中电变压器股份有限公司在本判决生效后10日内，向工商登记主管机关申请更改其企业名称，名称中不得包含“中电”字样。逾期不履行，由本院强制执行，所需费用由被告负担；三、被告中电变压器股份有限公司在本判决生效之日起10日内赔偿原告中电电气集团有限公司经济损失20万元；四、驳回原告中电电气集团有限公司的其他诉讼请求。中电变压器公司不服判决，提起上诉。

江苏省高级人民法院判决驳回上诉，维持原判决。

【法官评析】

本案的案由是不正当竞争纠纷。原告的诉讼请求是在明确被告行为对自己构成不正当竞争的同时，判令其不得使用包含“中电”字样的企业名称。因此，本判决很好地解决了两个任务：一是确认被告被控行为对原告构成了不正当竞争；二是论证确定被告承担停止使用、规范使用涉诉名称的法理依据和基本条件。如上述的裁判要旨所述。更深层次的前提条件可以表述为：如果不正当地将他人具有较高知名度的在先注册商标中的文字或者相同字号注册登记为企业名称，明显具有攀附他人商誉的故意，注册使用企业名称本身即是违法，不论是否突出使用均难以避免产生市场混淆的，可以判决停止使用或者变更企业名称。

一、关于被告的虚假宣传行为的认定问题

《中华人民共和国反不正当竞争法》第九条第一款规定：“经营者不得利用广告或者其他方法，对商品的质量、制作成分、性能、用途、生产者、有效期限、产地等作引人误解的虚假宣传。”作为变压器行业的同业竞争者，在经营中，被告中电变压器公司将原告中电电气公司的宣传手册向客户发放宣传，该公司在江苏省徐州市登记设立，在销售合同中却在地址栏中标注和中电电气公司一样的地址，故意将地址标注为“江苏省扬中市中电大道”，易使人误认为其单位地址为扬中市中电大道，从而使他人将其与中电电气公司产生误认或者误以为二者存在某种特定联系。中电变压器公司不当占用了中电电气公司为宣传企业及其产品已付出的智力劳动成果，事实上已经使相关公众对两者之间的关系产生混淆和误认，使消费者将其产品误认为是中电电气公司的产品，从而使中电变压器公司已经获得或可能继续获得潜在的商业利益，同时亦会对作为竞争对手的中电电气公司产生排斥竞争的不利后果，亦属于引人误解的虚假宣传行为，构成不正当竞争行为。

二、关于侵犯注册商标专用权和不正当竞争行为的竞合问题的处理

《中华人民共和国反不正当竞争法》第五条第（一）项规定，经营者不得采用假冒他人的注册商标的不正当手段从事市场交易，损害竞争对手。根据该立法精神，未经商标注册人的许可，在同一种商品或者类似商品上使用与其注册商标相同或者近似的商标的行为属于假冒注册商标的行为。上述规定是为了规制商标侵权中的不正当竞争行为，与商标法中规定的假冒注册商标属于两种侵权行为的竞合，两者之间并不存在立法精神的冲突。中电变压器公司销售的干式变压器铭牌上标注有与中电电气公司图形注册商标近似的标识（图略），易使消费者误认为其商品是中电电气公司的产品，其行为既侵犯了中电电气公司注册商标专用权，同时亦属于《中华人民共和国反不正当竞争法》所规制的假冒注册商标的不正当竞争行为。因中电变压器公司的上述行为属于侵犯注册商标专用权行为与反不正当竞争行为竞合，由于中电电气公司有权选择主张商标侵权或者主张反不正当竞争，亦可两项请求同时主张，而中电电气公司在本案中仅主张中电变压器公司构成不正当竞争，法院根据当事人的主张适用《中华人民共和国反不正当竞争法》并无不当。

三、关于判令被告中电变压器公司停止使用“中电”作为企业字号的法理依据和司法实践中应该把握的前提条件

《中华人民共和国反不正当竞争法》第二条第一款规定：“经营者在市场交易中，应当遵循自愿、平等、公平、诚实信用的原则，遵守公认的商业道德。”注册商标和企业名称均是依照相应的法律程序获得的标志权利，分属不同的标志序列，依照相应法律受到相应的保护。对于注册商标与企业名称之间的权利冲突纠纷，在司法实践中如果是不规范使用企业名称，在相同或者类似商品上突出使用与他人注册商标相同或者相近的企业的字号，容易使相关公众产生误认的，属于给他人注册商标专用权造成其他损害的行为；如果注册使用企业名称本身具有不正当性，即使不突出使用字

号，足以使消费者对商品或者服务的来源以及不同经营者之间具有关联关系产生混淆误认的，属于借助合法形式侵害他人商誉的行为，违反了诚实信用原则，应当属于违反《中华人民共和国反不正当竞争法》第二条的不正当竞争行为而予以制止。

中电电气公司的第1217174号（图略）图形商标、第3880915号（图略）文字商标分别注册于2004、2006年，注册时间远早于中电变压器公司成立时间2009年8月，中电电气公司登记注册时间远早于中电变压器公司的登记时间，并在之前具有了较高的知名度。2004年（图略）牌系列变压器被评为“中国著名品牌”，2008年（图略）图形注册商标被国家工商总局商标局认定为驰名商标，2009年（图略）注册商标被评为“江苏省著名商标”，由此可见，经过多年的市场推广和品牌培育，在中电变压器公司成立之前，涉案两个商标已经具有了较高的知名度，其商标承载着较高的商誉。此外，《中华人民共和国反不正当竞争法》第五条第（三）项规定，擅自使用他人的企业名称或姓名，引人误认为是他人的商品，从而损害竞争对手的行为属于不正当竞争行为。《最高人民法院关于审理不正当竞争民事案件应用法律若干问题的解释》第六条规定具有一定市场知名度、为相关公众所知悉的企业名称中的字号，可以认定为《中华人民共和国反不正当竞争法》第五条第（三）项规定的企业名称。中电电气公司的字号为“中电”，随着涉案两商标知名度的提高，其企业的知名度及商誉亦同时提升。中电变压器公司和中电电气公司属于同业经营者，均从事变压器行业生产和销售，且中电变压器公司的个人股东均为扬中市人，其成立时应当知道中电电气公司的涉案商标知名度及“中电”企业字号的知名度。作为市场经营者，在注册企业名称时，从遵守诚实信用原则及公认的商业道德出发，理应负有对在先知名商标与字号予以避让的义务，但中电变压器公司在申请登记注册企业名称时，却仍将“中电”作为其企业名称中识别不同市场主体核心标识的企业字号，且无法提供其在企业名称中使用“中电”字样的合理依据，其主观上明显具有攀附中电电气公司商誉的故意，客观上使相关公众对中电变压器公司和中电电气公司二者产生混淆或造成错误联想，诱导相关公众误认为二者之间存在某种联系。被告中电

变压器公司在企业名称中注册使用与中电电气公司注册商标相同文字的行为对原告构成不正当竞争。

《最高人民法院关于审理注册商标、企业名称与在先权利冲突的民事纠纷案件若干问题的规定》第四条规定："被诉企业名称侵犯注册商标专用权或者构成不正当竞争的，人民法院可以根据原告的诉讼请求和案件具体情况，确定被告承担停止使用、规范使用等民事责任。"我们认为确定被告承担停止使用、规范使用涉诉企业名称的前提条件是侵权人与被侵权人的商品销售（服务）区域可能或者现实重合，且不论侵权人是否突出使用涉诉企业名称都不能排除相关公众对两商品（服务）的混淆。出于知识产权侵权一般为无过错归责原则，侵权人的主观过错不应成为条件之一。

在司法实践中，根据该司法解释的精神，如果企业名称的注册使用并不违法，只是突出使用其中的字号而侵犯注册商标专用权的，判决规范使用企业名称、停止突出使用行为即足以制止侵权行为，可以不判决停止使用或者变更企业名称；如果不正当地将他人具有较高知名度的在先注册商标中的文字或者相同字号注册登记为企业名称，明显具有攀附他人商誉的故意的，注册使用企业名称本身即是违法，不论是否突出使用均难以避免产生市场混淆的，可以判决停止使用或者变更企业名称。中电变压器公司使用中电电气公司的注册商标"中电"作为自己的字号，生产与中电电气公司相同的商品，由于处于同一地域内，容易引人误认，具有明显的搭便车恶意，构成不正当竞争，满足了上述前提和条件，不判令中电变压器公司停止使用涉诉企业名称即不能对原告的企业名称权进行有效保护。

75. 张锠、张宏岳、北京泥人张艺术开发有限责任公司诉张铁成、北京泥人张博古陶艺厂、北京泥人张艺术品有限公司不正当竞争纠纷案*

▶ 对“行业（或商品）+姓氏”的称谓是否属于通用称谓的认定

【裁判要点】

具有很高知名度的指代特定人群以及该特定人群的技艺和作品的特定称谓，承载的商业价值极大，应当依法给予保护。

在判断公开出版物记载内容的真实性时，要考虑出版物本身对真实性的要求、记载内容来源相同的不同出版物的相关内容是否一致、有无其他证据支持或者推翻相关记载内容等。

在判断“行业（或商品）+姓氏”的称谓是否属于通用称谓时，应当考虑该称谓是否属于仅有的称谓方法、该称谓所指的人物或者商品的来源是否特定、该称谓是否使用了文学上的比较手法等。

---

* 摘自《知识产权审判与指导》2013年第1辑（总第21辑），人民法院出版社2014年版，第99～126页。

【案号】

一审：北京市第二中级人民法院（2006）二中民初字第1017号

二审：北京市高级人民法院（2007）高民终字第540号

再审：最高人民法院（2010）民提字第113号

【案情与裁判】

原告（二审被上诉人、申请再审人）：张锠。

原告（二审被上诉人、申请再审人）：张宏岳，系张锠之子。

原告（二审被上诉人、申请再审人）：北京泥人张艺术开发有限责任公司（以下简称泥人张艺术开发公司）。

被告（二审上诉人、被申请人）：张铁成。

被告（二审上诉人、被申请人）：北京泥人张博古陶艺厂。

被告（二审上诉人、被申请人）：北京泥人张艺术品有限公司（以下简称泥人张艺术品公司）。

一、起诉与答辩

北京市第二中级人民法院于2005年12月26日受理原告张锠、张宏岳、泥人张艺术开发公司诉被告张铁成、北京泥人张博古陶艺厂、泥人张艺术品公司侵犯名称权及不正当竞争纠纷一案。原告诉称："泥人张"最早是指清末道光年间著名的民间泥塑艺人张明山，张锠是"泥人张"第四代传人之一，张宏岳是"泥人张"第五代传人之一，泥人张艺术品公司在其网站简介中宣传所谓"北京泥人张"的历史以及张铁成以"北京泥人张"第四代传人自居，侵犯了原告"泥人张"名称的专有权。北京泥人张博古陶艺厂及泥人张艺术品公司擅自将"泥人张"作为自己企业名称来使用，构成侵权。泥人张艺术品公司用"泥人张"的汉语拼音"nirenzhang"作为其网站的域名，构成不正当竞争。综上，请求判令被告停止侵权、赔礼道歉并由北京泥人张博古陶艺厂、泥人张艺术品公司赔偿泥人张艺术开发公司经济损失110万元等。

被告辩称：张铁成没有编造虚假历史。双方产品不存在市场竞争，且被告在宣传中一直使用“北京泥人张”字样，用以区别于天津泥人张。张锠对被告使用“北京泥人张”名称的情况，早已知悉并已认可。被告的发展规模已远远胜过原告。

二、一审审理查明

北京市第二中级人民法院经审理查明：天津市高级人民法院生效判决认定，“泥人张”最初系指张明山（清朝）。“泥人张”经过长期创作积累和宣传而形成“知名彩塑艺术品的特有名称”。“泥人张”从张氏家族彩塑创作人员的使用扩大到天津泥人张彩塑工作室的使用，双方均为“泥人张”这一无形资产的发展壮大作出了贡献。故张氏家族中从事彩塑创作的人员与天津泥人张彩塑工作室应共同享有“泥人张”这一知名彩塑艺术品特有名称的专有权。

张锠为张明山之曾孙，系“泥人张”第四代传人之一。张宏岳为张锠之子，系“泥人张”第五代传人之一。泥人张艺术开发公司成立于1997年8月14日，张宏岳为该公司的法定代表人。

张铁成并非张明山后代传人。在本案中张铁成称：其曾祖父名叫张延庆，出生于清道光年间。张延庆曾采用特殊的泥土制作手工艺品——高档蛐蛐罐，在当时京城买家中备受欢迎，被尊为“泥人张”，为“北京泥人张”创始人。张延庆之子张寿亭在清末及民国初期制作的仿古玩制品及烟具作品十分有名，为“北京泥人张”第二代传人。张寿亭之子张桂山在艺术风格上又有所创新，备受社会各界及外国友人的欢迎，为“北京泥人张”第三代传人。本案被告张铁成为张桂山之子，是“北京泥人张”第四代传人。对该段历史经历，三被告以1988年12月出版的《北京工商史话》、1989年出版的《创业之歌》等书作为证据，并称关于“北京泥人张”的原始资料在“文革”中均被查抄，至今查无下落。

1982年11月26日，北京泥人张博古陶艺厂注册成立。1994年7月4日，中外合资的泥人张艺术品公司成立，两企业的法定代表人均是张铁成。

在泥人张艺术品公司的网站（该网站的域名为：www. nirenzhang. com）上登载的公司简介中有关于“北京泥人张”始于清末道光年间和张铁成系“北京泥人张”的第四代传人等宣传内容。

北京泥人张博古陶艺厂及其制作的产品在1987年、1988年、1989年、1990年、2003年多次获奖。自1987年至2003年，报刊、杂志等媒体对“北京泥人张”多有报道。

三、一审判理和结果

北京市第二中级人民法院认为：“泥人张”最初系指张明山。经过长期使用，“泥人张”已成为知名彩塑艺术品的特有名称。三原告有权将“泥人张”作为艺术品名称及企业名称使用，是“泥人张”名称的专有权人之一。

三被告应对“北京泥人张”产生于清末年间并代代传承，至张铁成已是“北京泥人张”第四代传人的主张承担举证责任。三被告所举证据不能证明其主张，所谓“北京泥人张”创始于张延庆、至今已传承四代的事实，依据不足。

“泥人张”作为知名彩塑艺术品的特有名称，已有百余年的使用历史，享有较高的社会知名度。三被告将“北京泥人张”作为产品名称、企业名称、域名使用和宣传的行为足以造成公众对“泥人张”彩塑艺术品的来源和制作人的混淆。三被告关于“北京泥人张”历史延承的宣传，也足以造成公众对张明山后代传人的身份和天津泥人张彩塑工作室创立和发展多年的“泥人张”品牌的误认。三被告也曾有单独使用“泥人张”或突出使用“泥人张”的行为。三被告的行为是对张明山后代传人（包括本案三原告）及天津泥人张彩塑工作室对“泥人张”名称所享有的专有权的侵犯。三被告使用“北京泥人张”名称，或直接使用“泥人张”“nirenzhang”名称，或突出使用“泥人张”名称，客观上借助了“泥人张”百余年来形成的声誉，为自己争取了更多的交易机会，在主观上也有过错，其行为已经构成不正当竞争，应承担相应的民事责任。

关于三被告具体应承担何种民事责任的问题，考虑到三被告所获得的经济利益和市场效益，是与其自身的积极经营分不开的，而非单纯地靠使用“泥人张”名称所产生；三原告对三被告使用“北京泥人张”名称的情况早就知晓，但一直未提出异议，其过于懈怠行使自己的权利。原告对其所提遭受经济损失的情况也未提交证据加以证实。在此情况下，对三原告提出的经济损失赔偿的请求不予支持，但对三原告提出的其为诉讼支出的合理费用，可予适当支持。

综上，依据《中华人民共和国反不正当竞争法》第二条第一款、第二款之规定，北京市第二中级人民法院于2006年12月20日作出（2006）二中民初字第1017号民事判决（以下简称一审判决），判决三被告停止关于“北京泥人张”及张铁成为“北京泥人张”第四代传人的宣传，停止使用带有“泥人张”文字的产品名称、企业名称和在企业宣传中使用“泥人张”专有名称等涉案侵权行为，停止使用并注销“www. nirenzhang. com”互联网域名，北京泥人张博古陶艺厂和泥人张艺术品公司赔偿泥人张艺术开发公司为本案诉讼支出的合理费用1万元，驳回三原告的其他诉讼请求。

四、二审审理情况

三被告均不服一审判决，提起上诉。三原告服从一审判决。

北京市高级人民法院经审理另查明的主要事实有：张铝先后创作了彩塑《白毛女》组塑等众多作品。1988年，张铝设计并指导制作的以《西游记》为题材的“泥人张”作品14000余件第一次出口日本。张宏岳先后创作了彩塑《扁鹊》等作品。

本案证据中有关“北京泥人张”的报道最早见于1979年7月13日的《北京日报》。1980年7月12日，《中国青年报》以《名师传艺记》为题，报道了“78岁的泥塑老艺人张桂山”在宣武区广内雕塑厂给青年人传授技艺的事迹。爱新觉罗·溥杰曾为张铁成、北京泥人张博古陶艺厂题写了“泥人张”牌匾。2005年6月15日，张铁成被北京市工业促进局授予三级民间工艺大师称号。

1992年1月20日出版的新加坡《联合早报》在报道“北京泥人张”时，所配插图是“泥人张”第三代传人张景祜的代表作品。

诉讼中，三上诉人称，“北京泥人张”仿古陶艺制品与“泥人张”彩塑艺术品的制作工艺不同，并提交证据证明其产品出口海外，与“泥人张”彩塑艺术品的销售渠道、客户群体不同。

在本案二审开庭审理时，三上诉人的六位证人出庭作证，主要证明张桂山早已被称为“北京泥人张”，其使用“北京泥人张”系善意使用。三被上诉人的四位证人出庭作证，主要证明“泥人张”传承有序的历史、各代“泥人张”的代表作、知名度等事实。

2007 年 6 月 29 日，以北京京城百工坊艺术品有限公司作为申报单位申报的“泥人张”彩塑（北京支）被列入“北京市第二批市级非物质文化遗产名录”予以公布。

泥人张艺术开发公司为本案诉讼支出了 1000 元公证费、3 万元律师费。

五、二审判理和结果

北京市高级人民法院认为：“泥人张”经过张氏家族几代人及天津泥人张彩塑工作室的长期创作积累和宣传，已经成为“知名彩塑艺术品的特有名称”。本案争议的“泥人张”名称并非《中华人民共和国民法通则》中所规定的公民的姓名或者法人的名称，而是《中华人民共和国反不正当竞争法》所称的知名商品的特有名称，属于《中华人民共和国反不正当竞争法》调整的范围，故本案案由应确定为不正当竞争纠纷。

本案中，由于泥人张艺术开发公司成立于 1997 年，晚于北京泥人张博古陶艺厂和泥人张艺术品公司，故其不能以其在后的权利对抗成立在先的北京泥人张博古陶艺厂、泥人张艺术品公司的企业名称和商品名称，故泥人张艺术开发公司关于三上诉人使用“北京泥人张”第四代传人、“北京泥人张”企业名称、商品名称对其构成侵权和不正当竞争的主张不能成立。

北京泥人张博古陶艺厂成立之前，在一定范围内，已有公众将张桂山称为“北京泥人张”，故作为“北京泥人张”张桂山之子的张铁成于 1982 年 11 月注册成立北京泥人张博古陶艺厂时，在其企业名称、产品名称中使用“北京泥人张”字样有其合理依据。泥人张艺术品公司在其企业名称中使用投资方北京泥人张博古陶艺厂的企业名称中的“北京泥人张”部分文字，亦无不妥。上述两企业已分别成立20余年和10余年，其产品远销海外，已在相关公众中产生一定影响，“北京泥人张”仿古陶艺制品还多次获得各种奖励、荣誉，并连续多年参加广交会，张铁成还被评为工艺美术师、民间工艺大师，显然，“北京泥人张”仿古陶艺制品已经具有了较高的知名度和市场影响。“北京泥人张”仿古泥陶制品与“泥人张”知名彩塑艺术品在产品种类、产品特点、制造工艺、销售渠道、消费群体上存在一定差异。同时，张锠、张宏岳在使用“泥人张”知名彩塑艺术品的特有名称时，必须与其个人姓名同时使用，以表明其作品或者产品的来源。故相关公众可以将“北京泥人张”仿古陶艺制品与“泥人张”知名彩塑艺术品加以区分，不致产生市场混淆、误认。三上诉人使用“北京泥人张”作为其企业名称、产品名称的部分内容，不构成不正当竞争。

由于上述原因，泥人张艺术品公司网站上的宣传内容尚不会使相关公众对“北京泥人张”仿古陶艺制品的来源与“泥人张”知名彩塑艺术品产生混淆、误认，不构成对知名彩塑艺术品特有名称“泥人张”专用权的侵犯，不构成不正当竞争。但是，北京泥人张博古陶艺厂、泥人张艺术品公司应依据公平、诚实信用的原则，规范使用其企业名称及产品名称，以使其“北京泥人张”仿古陶艺制品与“泥人张”知名彩塑艺术品予以区分。

“nirenzhang”是泥人张艺术品公司的企业名称、产品名称中的一部分，而注册域名的通常习惯是将易于称呼、易于记忆的文字注册为域名，故依据“先申请先注册”原则，其将“nirenzhang”注册为域名，不构成不正当竞争。但是，由于“北京泥人张”是泥人张艺术品公司企业名称、产品名称中起区别、识别作用的部分，为使其网站域名与知名彩塑艺术品特有名称“泥人张”相区分，泥人张艺术品公司理应予以合理避让，应在“nirenzhang ”网站域名前附加区别标识后，再使用其域名。

由于泥人张艺术品公司所注册、使用的网站域名有不妥之处，并应附加区别标识方可继续使用，故三被上诉人的诉讼请求有一定理由，一审判决酌情确定由北京泥人张博古陶艺厂及泥人张艺术品公司赔偿泥人张艺术

开发公司为本案诉讼支出的合理费用 1 万元并无不妥，予以维持。

本案中对“泥人张”作为知名商品特有名称的保护与“泥人张”作为非物质文化遗产的保护是不同的，故“泥人张”是否被列入非物质文化遗产名录与本案无关。

综上，一审判决认定事实不清、适用法律错误，依法予以改判。依照《中华人民共和国反不正当竞争法》第二条、第五条第（二）项、第二十条第一款等规定，北京市高级人民法院于 2007 年 9 月 20 日作出（2007）高民终字第 540 号民事判决（以下简称二审判决），判决维持一审判决关于赔偿合理费用 1 万元的判项，撤销一审判决其他具有执行内容的判项，加判泥人张艺术品公司在其“nirenzhang”域名前附加区别性标识，驳回三被上诉人的其他诉讼请求。

六、申请再审理由与答辩

申请再审人张锠、张宏岳、泥人张艺术开发公司向最高人民法院申请再审，请求撤销二审判决，维持一审判决对本案的原则性认定。其主要理由如下：（1）二审判决将一审判决认定的侵犯名称权及不正当竞争纠纷的案由改为不正当竞争纠纷案由错误，缩小了“泥人张”名称权的内涵，应当保护“泥人张”的专用名称权。（2）1979 年 7 月 13 日《北京日报》报道是错误报道。（3）被申请人不能证明“北京泥人张”的历史及四代清晰的传承史，有假冒“泥人张”的故意，不具有“北京泥人张”的合法使用权，而“泥人张”的传承历史代代清晰并且有据可查。（4）二审法院关于被申请人将“nirenzhang”注册为域名不构成不正当竞争、“泥人张”是否被列入北京市非物质文化遗产名录与本案无关、泥人张艺术开发公司不能以其在后的权利对抗成立在先的北京泥人张博古陶艺厂和泥人张艺术品公司的企业名称和商品名称、被申请人对“北京泥人张”的使用不会产生市场混淆、误认的认定错误。

被申请人张铁成、北京泥人张博古陶艺厂、泥人张艺术品公司共同答辩请求维持二审判决，其在申请再审审查程序中所持主要理由是：（1）申请再审人只占天津市高级人民法院生效判决确认的“泥人张”知名彩塑艺术品特有名称权主体的三十四分之一，无权主张整体权利。(2) 被申请人并非自取其名，自立名号，张铁成和其父亲被同时代的人称为"北京泥人张"，还被很多媒体报道为"北京泥人张"，北京泥人张博古陶艺厂和泥人张艺术品公司也是由相关政府批准的。被申请人将"泥人张"作为名称使用，不能因在后成立的申请再审人公司而被回溯取消。

最高人民法院于2010年6月3日作出（2009）民申字第962号民事裁定，提审本案。三被申请人在再审审理程序中又共同答辩并陈述意见称，申请再审人的诉讼请求依法完全不能成立，申请再审人侵犯了被申请人北京泥人张博古陶艺厂、泥人张艺术品公司的专有名称、知名商品的特有名称，构成不正当竞争，申请再审人依法应赔偿被申请人各项损失共计73494200元人民币。其主要理由是：(1)"商品+姓氏"自古是北京人对民间手艺人、商品经营者的通用称谓，"泥人+姓氏"是对民间泥塑艺人的习惯性称谓，"泥人张"是对民间张姓泥塑艺人的通用称谓，没有唯一性和专属性。(2) 被申请人家族在先使用"泥人张"，使"泥人张"成为知名商品的特有名称的是被申请人家族和天津泥人张彩塑工作室，与张明山几代人无关。(3) 北京泥人张博古陶艺厂于1982年成立，实质上是一个百年老字号企业的恢复，其过去历史没有记载，主要是因为解放前泥塑艺人没有社会地位，作品都不留名。(4) 申请再审人称张明山是"泥人张"的创始人、"泥人张"是张明山的艺名、"泥人张"专指张明山、"泥人张"具有唯一性的说法没有史料记载，而是20世纪90年代后在"泥人张"已经成为知名商品的特有名称的情况下，张锠等人在理论界逐渐演绎而形成的。(5) 双方产品艺术风格完全不同，且北京"泥人张"产品工艺发展水平远远早于，高于天津"泥人张"。(6) 被申请人已拥有合法有效的"泥人张"商标权。(7) 申请再审人属于天津地区的非物质文化遗产，不属于北京地区的非物质文化遗产，其申请为北京市非物质文化遗产应予以撤销。

七、再审查明事实

最高人民法院再审进一步查明以下事实：

（一）关于公开出版物对申请再审人及其家族的记载

1884 年（清光绪十年）出版的《津门杂记》有关于张明山以捏塑世其家等内容的记载。成文出版社有限公司 1931 年出版的《天津志略》，张映雪编著，天津人民出版社 1956 年出版的《泥人张的生平及其艺术》，张光福编著，知识出版社 1982 年出版的《中国美术史》，田自秉著，知识出版社 1985 年出版的《中国工艺美术史》等出版物有张明山被称为"泥人张""泥人张"泥塑世代相传等内容的记载。上海辞书出版社 2000 年第 1 版《辞海》载有："泥人张：泛指天津张姓一家祖孙相传的泥塑名手，张长林（字明山）是泥人张第一代，清张焘《津门杂记》曾记其事。第二、第三、第四代传人分别是张玉亭、张景祜、张铭。"

（二）关于申请再审人及其家族对"泥人张"的传承、使用

1995 年，张锠等 17 位张明山后代传人与天津泥人张彩塑工作室、天津市泥人张工艺品经营部、天津泥人张塑像艺术公司因"泥人张"名称专有权的归属等纠纷，向原天津市中级人民法院提起诉讼。天津市高级人民法院于 1998 年 10 月 29 日对该案作出（1996）高知终字第 2 号民事判决。该判决查明如下有关事实：张明山，被人们称为"泥人张"。张明山之子张玉亭、张华棠为泥人张第二代传人。张明山之孙张景禧、张景福、张景祜为泥人张第三代传人。张景禧、张景福、张景祜之子张铭、张钺、张镇、张锠等，为泥人张第四代传人。张玉亭于 1914 年获东京大正博览会奖状，1915 年获巴拿马赛会奖状。在张景禧、张景祜及其后代从事艺术活动的一段时期内，正值中国连年战争，失去了从事艺术创作的客观条件。张景禧、张景祜、张铭等仅以制作民间传统作品或大学教具等维持基本生活，张景禧曾一度改行经商。1950 年至 1955 年张景禧开办泥人张社，制作泥人或给大学制作模型教具。为对"泥人张"彩塑进行挽救、研究和发展，1958 年天津市政府在市文化局领导的建议下，决定成立由张明山后代张景禧、张铭、张镇等共同参加的天津泥人张彩塑工作室，其间培养了张氏新一代及非张氏泥人张彩塑艺术传人。天津泥人张彩塑工作室自成立以

来数十年间，国家进行了大量的投入，初期主要以制作彩塑作品参展为主，并将部分彩塑作品进行销售，在“文革”期间，该工作室也受到一定影响。张明山家族后代中从事彩塑艺术的人员使用“泥人张”的方式为在其创作的彩塑作品上标明“泥人张第×代张××”。彩塑工作室使用“泥人张”的方式为在其作品和宣传品上标明“泥人张彩塑”“天津泥人张彩塑”。后经有关部门批准，彩塑工作室分别于1988年9月和1996年10月将“泥人张”“天津泥人张彩塑”作为商标、服务标记使用。该判决认定：“泥人张”经过长期创作积累和宣传而形成为知名彩塑艺术品的特有名称，张氏家族中从事彩塑创作的人员与天津泥人张彩塑工作室应共同享有“泥人张”这一知名彩塑艺术品特有名称的专有权。天津市高级人民法院最终判决如下：张明山后代中从事彩塑创作的人员和天津泥人张彩塑工作室有权在其创作的艺术品上使用“泥人张”名称，但必须与个人姓名或单位名称同时使用；张明山后代从事彩塑创作的人员和天津泥人张彩塑工作室经有关部门核准均有权将“泥人张”名称作为企业或机构名称的部分内容使用；天津泥人张彩塑工作室已注册的“泥人张”商标和“天津泥人张彩塑”服务标记于本判决送达之日起30日内由其自行向有关部门申请撤销，在双方未就此达成协议之前，任何一方不得单独注册以“泥人张”为全部或者部分内容的商标；张明山后代从事彩塑创作的人员和天津泥人张彩塑工作室未经协商一致，不得将“泥人张”名称转让和许可他人使用等。

另查明：1956年11月1日，中央工艺美术学院在北京马神庙白堆子正式举行建院典礼，该学院下设张景祜泥塑工作室。

天津泥人张彩塑工作室于1988年10月27日向商标局提出第360924号“泥人张及图”商标的注册申请，指定使用于第20类泥人彩塑商品上。经商标局审查于1989年9月10日获准注册，经续展，有效期至2019年9月9日。

（三）关于公开出版物对被申请人及其家族的记载

1979年7月13日《北京日报》有一图文报道称“宣武区广内雕塑厂老艺人‘泥人张’，认真给广内办事处安置工作的知识青年传授泥塑技

术”。该报道同时配有一老艺人（为张铁成的父亲张桂山）正在给年轻人传授技术的照片及一首小诗：“皓眉银须‘泥人张’，绝技盛誉满四方。而今倾心育新秀，指头刀尖传奇香。”该报道为被申请人主张的有关“北京泥人张”的最早文字记载。1980年7月12日《中国青年报》第一版刊登的《名师传艺记》、1988年中国商业出版社出版的《北京工商史话》收录的吴国洋著《北京的“泥人张”》、中国城市经济社会出版社1989年出版的《创业之歌》收录的潇湘著《北京“泥人张”》、2003年4月10日《中国贸易报》题为《成就传统艺术辉煌——访北京泥人张第四代传人张铁成》的文章、2003年10月28日《广交会通讯》题为《“泥人张”在广交会》的文章等对被申请人及其家族进行了报道。

（四）关于被申请人对“泥人张”使用和申请注册商标的情况

北京泥人张博古陶艺和泥人张艺术品公司分别于1982年和1994年成立；溥杰为被申请人题字为“泥人张”；被申请人注册域名为www. nirenzhang. com；被申请人泥人张艺术品公司在其网站上宣传了其主张的“北京泥人张”的历史；被申请人在其有些买卖合同的生产厂家处填写为“泥人张”；前述关于被申请人的媒体报道也反映出其对“泥人张”的部分使用情况。

泥人张艺术品公司于2001年12月7日就第3033647号“泥人张 Clay Figure Zhang”商标向商标局提出注册申请，指定使用于第21类瓷器装饰品等商品上，经商标局初步审定并公告，张锠在公告期内提出异议。在本案再审期间，因上述诉争商标引发的商标异议行政案件正在二审程序中。

（五）关于被申请人对“北京泥人张”历史的主张和证明

2005年10月8日，在泥人张艺术品公司的网站（域名为：www. nirenzhang. com）上登载的公司简介中称：“‘北京泥人张’始于清末道光年间，至今已有近160年的历史，泥人张艺术品公司下属北京泥人张博古陶艺厂，是制作‘北京泥人张’传统仿古泥陶艺术品的专业厂家，厂长张铁成系'北京泥人张'的第四代传人，深得其艺术真传，现任该厂的法人代表。"

二审中，被申请人的6位证人出庭作证，在出庭作证前均向法院提供了书面证人证言。从出庭作证情况看，上述证人均不能证明"北京泥人张"始于清朝道光年间。

被申请人在一审中提交的第三组证据之35《北京泥人张四代传人概况》载有："北京泥人张第一代传人——张延庆/清同治五年1866～1917。"经查，1866年确为清朝同治五年。这与被申请人曾对外宣传所谓的"北京泥人张"始于清朝道光年间的说法相矛盾。

在再审审理程序中，被申请人的五位证人出庭作证，用于证明"泥人张"是通用称谓，被申请人是北京地区的"泥人张"传人。

（六）关于申请再审人针对被申请人行为主张权利情况

根据申请再审人提供的证据和日常生活经验，可以认定申请再审人关于其自1979年以来持续向有关部门反映被申请人的行为以寻求解决双方纠纷的主张基本属实。

（七）关于申请再审人获得的非物质文化遗产保护

2006年6月，"泥塑（天津泥人张）"入选第一批国家级非物质文化遗产名录。2007年3月，"泥人张彩塑（张锠）"入选北京市崇文区首批非物质文化遗产名录。2007年6月，北京京城百工坊艺术品有限公司申报的"'泥人张'彩塑（北京支）"入选北京市第二批市级非物质文化遗产名录。

八、再审判理和结果

最高人民法院认为：本案涉及的主要问题有：申请再审人对"泥人张"享有何种权益；被申请人使用"泥人张"或者"北京泥人张"有无合法合理依据；被申请人使用"泥人张"或者"北京泥人张"是否构成不正当竞争等。

（一）关于申请再审人对“泥人张”享有何种权益

本案中，双方当事人为证明自己的主张，包括各自家族对“泥人张”的使用及由此而形成的权利，均提交了报刊、图书等形式的公开出版物，并以相关公开出版物记载的内容证明自己的主张。因此，首先需要判断公开出版物记载内容的真实性。对此，一般可以从以下方面进行审查判断：首先，要考虑出版物本身对真实性的要求。一般来说，出版物本身及其刊登文章的目的、性质不同，其对内容真实性的要求也不同。新闻报道类文章本身要求真实客观，但现实中由于种种原因也会存在虚假失实的新闻报道。人物宣传类的文章容易受到被宣传人物的影响，一般不宜单独以该文章作为认定事实的依据。地方志类图书，作为全面系统地记述本地区自然、政治、经济、文化和社会的历史与现状的资料性文献，其编纂本身要求存真求实、全面客观、确保质量，其记载的内容可信度较高。专业学科历史类图书作为对过去事实的反映，其记载的内容可信度也较高。其次，要注意记载内容来源相同的不同出版物，相关内容是否前后一致。如，同一接受采访者对同一事物的描述前后不一，则相关描述内容就缺乏可信度。再次，要看有无其他证据支持或者推翻出版物记载的相关内容。

本案中，申请再审人和被申请人均提供了其家族被称为“泥人张”或者“北京泥人张”的出版物证据，但被申请人的出版物证据的形成时间普遍晚于申请再审人，主要包括报纸中的新闻报道类文章和一般图书中的宣传类文章，且有关记载内容多表明其受到了被宣传人物的影响；而申请再审人的出版物证据多为地方志或者专业学科历史类图书，其记载内容的可信度显然高于被申请人的出版物证据。根据上述审查判断方法，在被申请人未提供相反证据足以推翻的情况下，最高人民法院对申请再审人提供的旨在证明其家族对“泥人张”的使用及由此而形成的权利的相关公开出版物记载内容的真实性予以认可。此外，申请再审人还提供了天津市高级人民法院（1996）高知终字第2号民事判决以证明其家族对“泥人张”的传承、使用，在被申请人未提供相反证据足以推翻该判决有关认定的情况下，最高人民法院对该判决认定的有关事实予以确认。

根据1884年出版的《津门杂记》的记载，张明山世家捏塑，远近驰名。根据1931年出版的《天津志略》的记载，张明山“有泥人张之称，誉驰南北，现其后人，仍世其业”。该两图书均出版于申请再审人张锠出生之前，其对有关历史事实的记载，相对客观可信，被申请人关于张锠杜撰了“泥人张”指张明山的说法的主张并不成立。根据天津市高级人民法院（1996）高知终字第2号民事判决查明的事实，张景禧在1950年至1955年取得营业执照开办泥人张社，因此，被申请人关于张明山及其后几代人在20世纪90年代之前没有以“泥人张”作为店铺字号使用的历史的主张也不能成立。“泥人张”作为名称，虽然最初专指张明山，但由于其后代继承了祖业，“泥人张”逐渐成为对张明山家族中祖孙相传的泥塑名手的称谓，知识出版社1985年1月出版的《中国工艺美术史》和上海辞书出版社2000年第1版《辞海》关于“泥人张”这一名词的解释明确证实了这一点。知识出版社1982年出版的《中国美术史》中记载的“北京‘泥人张’”，根据其上下文来看，显然是指张明山及其后几代人，被申请人以此记载支持其是北京地区“泥人张”的主张亦不能成立。

1931年出版的《天津志略》是本案中张明山被称为“泥人张”的最早文字记载。综合考虑1931年出版的《天津志略》、1884年出版的《津门杂记》、1956年出版的《泥人张的生平及其艺术》和其他相关公开出版物记载的相关内容以及天津市高级人民法院（1996）高知终字第2号民事判决查明的事实，可以认定张明山在世时就因精于捏塑被群众称为“泥人张”，其后代继承和发展了家族的泥塑艺术，并在经营活动中包括在解放后的经营活动中长期使用“泥人张”作为商业标识。如1950年至1955年张景禧取得营业执照在天津开办泥人张社；1958年决定成立由张明山后代张景禧、张铭、张镇等共同参加的天津泥人张彩塑工作室；1966年“文革”开始后，该工作室被迫摘掉了“泥人张彩塑工作室”的牌子，1974年更名为天津彩塑工作室，1983年12月又恢复原来的天津泥人张彩塑工作室的名称；1985年12月12日成立天津古文化街泥人张工艺品经营部，并悬挂“泥人张”牌匾；1988年10月27日天津泥人张彩塑工作室将“泥人张”申请注册商标，1993年12月29日天津古文化街泥人张工艺品经营

部变更为天津市泥人张工艺品经营部。而本案中被申请人家族被称作“泥人张”的最早文字记载是1979年的《北京日报》，申请再审人家族对“泥人张”的使用显然远远早于被申请人，且属于持续性使用。

从对“泥人张”的使用历史和现状看，“泥人张”具有多种含义和用途，承载多种民事权益。就本案而言，首先，“泥人张”作为对张明山及其后代中泥塑艺人包括本案申请再审人张锠、张宏岳这一特定人群的称谓，具有很高的知名度，是张明山及其后几代人通过自己的劳动创造形成的。同时，该称谓还承载着极大的商业价值，用“泥人张”标识泥塑作品，明确了作品的来源或者作品与张明山及其后几代人的特定联系，不仅便于消费者准确识别相关商品来源，而且显然会增强使用者的市场竞争力和获利能力。因此，“泥人张”作为张明山及其后代中泥塑艺人的特定称谓，应当受到法律保护。其次，“泥人张”这一称谓在使用过程中，已经从对特定人群的称谓发展到对该特定人群所传承的特定泥塑技艺和创作、生产的作品的一种特定称谓，在将其用作商品名称时则属于反不正当竞争法意义上的知名商品（包括服务）的特有名称，同样也应当受到法律保护。因此，申请再审人张锠、张宏岳作为张明山后代中从事彩塑创作的人员，申请再审人泥人张艺术开发公司作为由张宏岳成立并任法定代表人且经张锠等“泥人张”权利人授权使用“泥人张”的公司，有权就他人未经许可以各种形式对“泥人张”进行商业使用的行为主张权利。此外，从本案查明的事实来看，张明山及其后代最早生活在天津，张明山的后代张景祜最晚在1956年即到北京发展；张明山及其后代被全国范围内的报纸、史料使用“泥人张”的称谓进行报道和记载，其作品广为多国博物馆收藏。因此，“泥人张”的知名度非常高，其所承载的商业价值极大，申请再审人张锠、张宏岳等对“泥人张”享有多项民事权益，应当依法给予保护。

（二）关于被申请人使用“泥人张”或者“北京泥人张”有无合法合理依据

被申请人在本案申请再审审查程序中称，“北京泥人张”是社会公众和媒体对其的称谓，其并非自立名号，其对“北京泥人张”的使用有历史渊源。被申请人在再审审理程序中又称，张铁成家族几代人在解放前最先使“泥人张”成为知名商品的特有名称，解放前北京“泥人张”的艺术成就和市场影响力远远高于天津“泥人张”。被申请人的上述主张不能成立。

首先，被申请人提供的有关报道和文章记载内容的真实性难以确认。1979 年 7 月 13 日《北京日报》对张桂山的报道为被申请人主张的“北京泥人张”的最早文字记载，但该报道本身是对张桂山的采访报道；同时，结合 1987 年 10 月 4 日《中国文化报》刊登的《真假“泥人张”调查》一文和日常生活经验，不能仅依《北京日报》的上述一篇报道就认定具有商业标识意义并由被申请人家族创立和使用的“北京泥人张”这一称号的产生。1980 年 7 月 12 日《中国青年报》刊登的《名师传艺记》、1988 年出版的《北京工商史话》收录的《北京的“泥人张”》、1989 年出版的《创业之歌》收录的《北京“泥人张”》，属于较早的对被申请人的报道和记载。其中，《名师传艺记》一文是作者在访问张桂山的基础上完成的，从文中内容来看，从张桂山开始才有人称其为所谓的“北京泥人张”；而 1988 年出版的《北京工商史话》收录的《北京的“泥人张”》一文则称，笔者经常与张铁成交往，积累了一些“泥人张”四代的材料，张延庆后来被老北京人追认为第一代“泥人张”；1989 年出版的《创业之歌》收录的《北京“泥人张”》一文则称，张延庆后被老北京人称为第一代“泥人张”，该文有些内容显然是使用了 1988 年出版的《北京工商史话》收录的《北京的“泥人张”》一文中的表达，甚至共同使用了“烟头张”这一错误表述。此外，2003 年 4 月 10 日《中国贸易报》刊登的《成就传统艺术辉煌——访北京泥人张第四代传人张铁成》一文也是在访问张铁成的基础上完成的。因此，上述 1980 年到 2003 年的报道和记载，都反映出报道内容受到了被报道者的影响，不足以证实“泥人张”或者“北京泥人张”是社会公众对张桂山的称谓。

其次，从被申请人在二审和再审审理程序中提供的证人出庭作证情况来看，均不能证明被申请人在网络上和报纸上宣传的或者其主张的“北京泥人张”始于清朝道光年间或者同治年间这一内容，充其量只能证明曾有人将张桂山称为“泥人张”，但根本不能证明已经在具有法律意义的相关

公众的范围内将张桂山称为“泥人张”。值得注意的是，被申请人在再审审理程序中提供的证人张某某反而称其于1969年认识张铁成时并不知道张铁成就是“北京泥人张”，这在一定程度上也可以说明被申请人所谓的“北京泥人张”并不具有普遍的知名度，而是受到与张铁成交往的影响才形成了张铁成是“北京泥人张”的认识。

再次，被申请人关于“北京泥人张”历史渊源和师承关系的宣传和主张有前后不一、自相矛盾之处。一是被申请人在一审中提交的“北京泥人张四代传人概况”中称张延庆出生于清朝同治五年，但在此之前却一直宣传“北京泥人张”始于清朝道光年间。二是被申请人的证据中，《名师传艺记》与《北京工商史话》对于张桂山徒弟的数字表述相同，但人名表述明显不同。《名师传艺记》提及“张桂山收过五个弟子”，提到张桂山“大徒弟吉惠哲”“最小的徒弟李靖”和李靖的师姐“刘玉琦”；《北京工商史话》提到的五个徒弟是李延军、卢保田、王玉宝、齐永江和张林。此外，李某某作为被申请人的证人在二审庭审时出庭作证，其自称是张桂山的大徒弟，但其姓名与上述记载也有出入。

复次，被申请人有关其家族几代人在解放前最先使“泥人张”成为知名商品的特有名称，且解放前北京“泥人张”的艺术成就和市场影响力远远高于天津“泥人张”的主张，缺乏证据支持。一方面，被申请人未能提供任何当时形成的文字记载等客观证据材料。被申请人在再审审理程序中主张，由于解放前泥塑艺人没有社会地位，故其家族没有史料记载，其自己保存的史料又因“文革”抄家而全部被毁。这种说法既违背常理，也有推诿责任之嫌。很难想象，一个具有社会知名度的商业称谓，有关的历史记载均保存于一人一家之手，会毁于一旦。事实上，申请再审人家族也经历过“文革”，但张明山及其后代中的泥塑艺人被称为“泥人张”却有充分史料记载。当事人不能以曾经有过“文革”之类的所谓不可抗力而回避其相应的举证责任，被申请人的相关主张显然不足以采信；另一方面，被申请人提供的证人均非待证的久远历史的亲历者，其或与被申请人有利害关系，或受到被申请人自身言行的影响，而且有关证言或为只言片语、语焉不详，或为道听途说、传闻无据，既不完整，也不能相互印证，更无其他证据加以佐证，难以令人信服。

最后，要特别强调，一个对人或者事物的称谓，要想成为具有商业意义的标识从而受到法律保护，必须在相关市场上为公众所知悉，具有商业标识意义，而非在极有限的时空范围内为少数人所知所用。本案中如果退一步说，即使可以认定被申请人出版物证据所记载内容和有关证人证言的真实性，充其量也只能说在北京市广安门内一带或者与被申请人及其先人有交往的一些人中将被申请人称为“泥人张”或“北京泥人张”，这尚不足以认定其具有构成民事权益的商业标识意义。况且，这些人的认知既不排除本身将被申请人与源自天津的“泥人张”相混淆，如1992年新加坡《联合早报》刊登的《四代泥人张，代代出状元》一文就将源自天津的“泥人张”作品与被申请人家族相混淆，2003年4月10日，《中国贸易报》刊登的《成就传统艺术辉煌——访北京泥人张第四代传人张铁成》一文和2003年10月28日《广交会通讯》刊登的《“泥人张”在广交会》一文，也显然是将被申请人与源于清朝道光年间的天津的“泥人张”混为一谈；也不排除是对被申请人作为张姓泥塑艺人的艺术比拟或者文学夸张的称谓，如1979年7月13日《北京日报》对张桂山的报道、1980年7月12日《中国青年报》刊登的《名师传艺记》一文、1988年《北京工商史话》收录的《北京的“泥人张”》一文、1989年《创业之歌》收录的《北京“泥人张”》一文，均或多或少有此意味。

综上，本案尚不足以认定被申请人及其家族已被相关公众称为“泥人张”或者“北京泥人张”。

被申请人还主张，“商品+姓氏”是对民间手艺人、商品经营者的通用称谓，“泥人+姓氏”是对民间泥塑艺人的习惯性称谓，“泥人张”是对民间张姓泥塑艺人的通用称谓，没有唯一性和专属性，在全国范围内可用地域加以区分。最高人民法院对被申请人的上述主张不予认可。

所谓通用称谓即通用名称，是指在一定范围内普遍使用的名称，其本身不具有识别特定商品来源即商品提供者的功能。通用名称包括法定的或者约定俗成的两种情况。法定的通用名称是指法律规定或者国家标准、行业标准等规范性文件确定的通用名称。约定俗成的通用名称是指相关公众

普遍认可和使用的通用名称。这里的相关公众一般是指全国范围内的相关公众，但如果被指称的行业或者商品由于历史传统、风土人情或者自然条件、法律限制等原因而被局限在特定地域市场或者其他相关市场内，则以该相关市场的公众作为判断标准。

本案中的“泥人张”显然并非法定的通用名称。判断其是否为约定俗成的通用名称时，应当以全国范围内的相关公众的通常认识为标准，因为泥塑行业和商品在全国范围内均有分布。被申请人提供的第1组证据中的互联网下载打印件基本为网络转载报道，这些证据本身形式的真实性难以确认。当然，从日常生活经验出发，“行业+姓氏”或者“商品+姓氏”确实是社会大众特别是北京人对民间艺人的一种称谓方法。但是，这种方法并不是仅有的一种称谓方法，而且，这也不意味着根据这种方法产生的称谓就必然是相关商品的通用名称，是人人可以自由使用的称谓。被申请人主张的依上述方法产生的“面人郎”“风筝哈”“毛猴曹”等名称，以及被申请人所称全国各地的“泥人李”“泥人常”“泥人韩”“泥人于”“泥人王”“泥人曹”“泥人仇”等名称，如果确实存在，显然所指的人物或者商品的来源也应当是特定的，并不是对特定姓氏艺人的通用称谓。被申请人提供的第2组证据中有13篇材料是关于全国各地“泥人张”的报道，其本身形式的真实性亦难以确认。即使认可其真实性，其中1篇材料时间不详，其余12篇材料发表时间均在2005年以后，本身在时间因素上即不能证明在较长历史范围内社会公众已将“泥人张”用作通用称谓。此外，“泥人张”作为对张明山及其后几代人中泥塑艺人的称谓，历史悠久、声誉较高。媒体或者特定范围内的人称其他做泥人的艺人为“泥人张”，通常是一种文学上的比较手法，体现了对该艺人技艺的艺术性肯定或者夸张。被申请人提供的第2组证据中，材料21之《吉林“泥人张”博览会献艺》中报道的泥塑艺人是指王秀川，材料25之《“朝阳泥人张”捏出30多个“本山”》中报道的泥塑艺人是朝阳人孙玉恩，这两篇材料报道的泥塑艺人并不姓张，但媒体在报道时仍然使用“泥人张”的称谓，这充分说明媒体是使用“泥人张”的称谓以艺术性地肯定或者夸张被报道人物的技艺。对于其他有关全国各地“泥人张”的报道，虽然报道的泥塑艺人也姓张，但也不能仅以此说明“泥人张”是对张姓泥塑艺人的通用称谓，所有张姓泥塑艺人均可以在商业经营中使用“泥人张”这一名称。也就是说，媒体报道对于“泥人张”的使用并不能当然赋予被报道的张姓泥塑艺人亦可以在商业活动中使用“泥人张”这一称谓的权利。相反，根据上海辞书出版社2000年第1版《辞海》对“泥人张”这一名词的解释，真正的“泥人张”显然是特指张明山及其后几代人中的泥塑艺人。另外，根据被申请人提供的第6组证据，虽然有的媒体和公众以“天津泥人张”称呼申请再审人，但这只是在强调“泥人张”源自天津，并不能否定“泥人张”这一称谓是申请再审人家族首先使用并使之具有很高的社会知名度的事实及申请再审人等权利人对“泥人张”所享有的权利。

总之，很显然，“泥人+姓氏”并非是对泥塑艺人的通用称谓，被申请人提供的证据不能证明全国范围内的张姓泥塑艺人均被普遍称为“泥人张”。

被申请人又主张，北京泥人张博古陶艺厂于1982年11月就注册成立，且于2010年7月在第21类商品上取得“泥人张”注册商标，而申请再审人对“泥人张”始终没有合法有效的商标权，无权限制被申请人将“泥人张”用于企业名称、服务商标和第21类商品商标。最高人民法院对此主张亦不认同。

从法律规定和法理来说，企业名称（商号）权在性质上亦属于知识产权。北京泥人张博古陶艺厂登记时实施的《工商企业登记管理条例》（1982年8月9日国务院发布）第三条规定：“工商企业登记主管机关，在中央是国家工商行政管理局，在地方是省、自治区、直辖市和市、县工商行政管理局。工商企业除全国性公司外，一律在所在市、县工商行政管理局办理登记。”第六条规定：“工商企业只准登记和使用一个名称。在同一市、县境内，不得使用已登记的同行业工商企业的名称。”上述规定以及后来我国企业名称登记管理方面的法律规定和实践操作，均实行企业名称由工商行政管理机关分级管理的做法，在同一行政辖区内，同行业企业不得重名。也就是说，一个企业名称只要在同一行政辖区内与同行业其他企业不重名一般就可以获得登记，工商行政管理机关办理登记并进行审查

时，一般不会考虑该企业名称的登记和使用是否会侵犯他人的合法权益。因此，一个企业名称的登记取得并不意味着该企业名称的取得和使用就是当然合法的，权利人并不因此而享有对该企业名称的绝对权利。

本案中，北京泥人张博古陶艺厂于1982年11月26日成立。虽然申请再审人在此之前没有将“泥人张”申请为注册商标或者登记为企业名称，但根据本案中1884年出版的《津门杂记》、1931年出版的《天津志略》、1956年出版的《泥人张的生平及其艺术》、1981年第9期《北京艺术》、1982年11月出版的《中国美术史》等证据，同时结合天津市高级人民法院（1996）高知终字第2号民事判决的认定，“泥人张”这一名称早在清朝时期就存在并产生了较高的知名度，远早于且由申请再审人家族世代传承和持续使用至北京泥人张博古陶艺厂的成立前后；“泥人张”作为对申请再审人家族中泥塑艺人及其技艺、作品等的特定称谓，历史悠久且目前仍具有很高的知名度，其知名范围并不限于天津，甚至不限于中国境内，在国际上也享有知名度。北京泥人张博古陶艺厂和泥人张艺术品公司在没有合法合理依据的情况下将“泥人张”作为企业字号予以登记，具有明显的攀附故意。

此外，泥人张艺术品公司虽然申请注册第3033647号商标，商标评审委员会也裁定核准注册该商标，但张锠不服该裁定，针对该裁定提起的有关行政诉讼案件目前尚在二审审理程序中，该裁定尚未发生法律效力。况且，更为关键的是，该商标申请注册在后，不能以此来反推被申请人此前使用“泥人张”具有合法合理依据。

（三）关于被申请人使用“泥人张”或者“北京泥人张”是否构成不正当竞争

我国于1993年12月1日起施行的《中华人民共和国反不正当竞争法》第二条规定：“经营者在市场交易中，应当遵循自愿、平等、公平、诚实信用的原则，遵守公认的商业道德。本法所称的不正当竞争，是指经营者违反本法规定，损害其他经营者的合法权益，扰乱社会经济秩序的行为……”该条规定的有关精神也符合该法施行前乃至1987年《中华人民共和国民法通则》施行前的有关民事政策，可以作为处理本案的法律和法理依据。在本案中判断被申请人对“泥人张”或者“北京泥人张”的使用是否构成不正当竞争，关键在于两点：一是被申请人对“泥人张”或者“北京泥人张”的商业使用是否有合法合理依据，以及是否违反了诚实信用的原则和公认的商业道德；二是被申请人对“泥人张”或者“北京泥人张”的使用是否会导致消费者产生混淆、误认，即认为被申请人的商品或者服务出自“泥人张”权利人或者与权利人有特定联系，是否损害了“泥人张”经营者的合法权益，扰乱了社会经济秩序。

第一，如前所述，被申请人使用“泥人张”或者“北京泥人张”并无合法合理依据。

第二，被申请人张铁成、北京泥人张博古陶艺厂、泥人张艺术品公司对“泥人张”或者“北京泥人张”的使用显然违反了诚实信用的原则和公认的商业道德。主要表现在：(1) 源自天津的“泥人张”具有很久、很高的社会知名度，作为同行业的经营者，被申请人在开始其涉案经营活动之时，不可能不知道源自天津的“泥人张”的存在及其知名度。因此，被申请人在开始有关“泥人张”或者“北京泥人张”的经营时应当已知源自天津的“泥人张”的存在及其知名度。事实上，被申请人在本案一审中还承认申请再审人“泥人张”的历史传承，但在再审审理程序中又主张是申请再审人张锠杜撰了“泥人张”是张明山的艺名，“泥人张”专指张明山这一说法。(2) 被申请人关于“北京泥人张”历史渊源的宣传与申请再审人“泥人张”的历史传承极为相似，均是始于清朝道光年间，至今有近160年的历史，已经发展到第四代传人，但被申请人却无法提供证据证明其关于“北京泥人张”创始于清朝道光年间的张延庆、至今已经传承四代的主张。而且，被申请人在其关于“北京泥人张”历史渊源的宣传和主张中有如前所述起源年代的矛盾之处。这也进一步表明，被申请人有故意攀附或者主观臆造之意。(3) 被申请人在一审中还辩称其在宣传中一直使用“北京泥人张”字样，用以区别于天津泥人张，且双方产品具有较大差别，但从最高法院查明的事实来看，被申请人在商业经营和宣传中也显然直接使用了“泥人张”。被申请人直接使用“泥人张”的行为至少包括：①使用

溥杰题字的“泥人张”，且该题字并非溥杰主动确定的内容，而实际是受被申请人的请托事先确定的题字内容。②注册和使用“www. nirenzhang. com”域名。③在买卖合同中直接使用“泥人张”指代其产品来源。④1988 年《北京工商史话》中的《北京的“泥人张”》一文正文内容中基本上使用了“泥人张”，虽然该文为他人撰写，但据该文称，作者因工作关系，经常与“泥人张”第四代传人张铁成交往，耳濡目染，积累了张家四代的一些材料。如前所述，该文对北京“泥人张”的宣传明显受到了被宣传者的影响，或者说宣传内容基本上来自于被宣传者，即被申请人本人。

第三，关于双方当事人的产品是否属于相类似及被申请人使用“泥人张”或者“北京泥人张”是否造成了相关公众的混淆、误认的问题。申请再审人的产品为彩塑艺术品，被申请人的产品为仿古陶艺制品。被申请人据此主张双方产品并不相类似。但是，根据涉案证据《中国工美报告——全国工艺美术行业普查报告书》和《陶瓷艺术与工艺》对彩塑与泥陶产品的原料、工艺的介绍，双方产品均属于雕塑工艺品，用材、工艺流程、功能用途均相似；同时，根据申请再审人在再审审理程序中提供的证据 7 和证据 18，两种产品均在被申请人开办的“北京泥人张古今艺术品服务部”出售。由于“泥人张”具有很高的知名度，对未经权利人许可作各种形式的商业使用，一般均足以导致相关公众的混淆、误认。如前所述，1992 年 1 月 20 日新加坡《联合早报》在报道被申请人家族时，所配插图是源自天津的“泥人张”第三代传人张景祜的代表作品，不论受访人是否是张铁成，这本身就已经说明相关公众对双方产生了混淆、误认。

第四，关于申请再审人是否存在经营及何时开始经营的问题。被申请人主张，申请再审人几代人解放前没有在北京地区生活和经营过，甚至在 1997 年之前在北京地区也没有经营历史，直至现在也没有“泥人张”品牌产品的使用情况。被申请人的上述主张显然是错误理解了《中华人民共和国反不正当竞争法》上的经营者的概念。《中华人民共和国反不正当竞争法》第一条规定：“为保障社会主义市场经济健康发展，鼓励和保护公平竞争，制止不正当竞争行为，保护经营者和消费者的合法权益，制定本法。”《中华人民共和国反不正当竞争法》第二条第三款规定：“本法所称的经营者，是指从事商品经营或者营利性服务（以下所称商品包括服务）的法人、其他经济组织和个人。”对于《中华人民共和国反不正当竞争法》第二条第三款规定的经营者应结合该法第一条的立法目的进行理解。《中华人民共和国反不正当竞争法》的立法目的，在于维护公平的市场竞争秩序，因此，凡是市场竞争主体，都属于反不正当竞争法所调整的经营者。《中华人民共和国反不正当竞争法》第二条第三款没有将经营者限定在传统市场中的商品经营者或者营利性服务提供者，更没有限定在具有营业执照的经营者。工艺美术家或者工艺美术从业者在文化市场中能以自己的行为影响文化市场的竞争结果，是文化市场中的商品经营者，属于《中华人民共和国反不正当竞争法》调整的主体。本案中，申请再审人泥人张艺术开发公司虽然于1997年方才成立，但张铝、张宏岳此前即从事泥塑工艺，二人均有彩塑或者其他雕塑作品；1981年第9期《北京艺术》刊登的《沧桑代代“泥人张”》一文和1982年5月3日《北京晚报》刊登的《访第四代“泥人张”》一文均报道了张铝从事彩塑艺术，而且本案还有证据表明张铝于1988年就设计并指导制作作品1.4万余件出口日本。这些事实，不仅表明张铝、张宏岳作为工艺美术家或者工艺美术从业者属于反不正当竞争法意义上的经营者，而且也表明其实际上在北京地区也有直接的创作、生产等经营行为。退一步讲，假设申请再审人及其家族确无在北京的直接创作、生产等经营行为，但由于“泥人张”品牌在全国乃至世界上的知名度及相关产品实际上也必然会存在于北京地区的事实，也决定了包括申请再审人在内的“泥人张”权利人在相关市场上都是反不正当竞争法意义上的经营者，均有权就“泥人张”主张权利。此外，“泥人张”权利人对“泥人张”这一称谓的使用，并不必然只有在产品上明确标注“泥人张”字样这一种方式，任何足以使包括消费者在内的相关公众识别出有关产品源于“泥人张”传人或者权利人的方式，都可以构成权利人对“泥人张”这一称谓的使用。

综上，“泥人张”作为对张明山及其后几代人中泥塑艺人的特定称谓和他们所传承的特定技艺以及创作、生产作品的特定名称，已有百余年的

使用历史，已经成为享有很高社会知名度的一种商业标识。被申请人在明知“泥人张”知名度的情况下，使用“泥人张”或者“北京泥人张”作为其企业名称中的字号和在经营活动中作为其商业标识，但又不能提供充分证据证明其使用“泥人张”或者“北京泥人张”的合法合理依据，显然具有借助他人商誉的主观故意，客观上也足以造成公众的混淆、误认，其行为违反诚实信用原则，违背公认的商业道德，构成不正当竞争。

（四）关于其他问题

被申请人提出，申请再审人无权主张“泥人张”整体权利。对此，根据天津市高级人民法院（1996）民终字第2号民事判决和最高人民法院的前述认定，申请再审人有权独立使用“泥人张”。被申请人使用“泥人张”的行为如果构成不正当竞争，就会侵犯包括申请再审人在内的所有“泥人张”权利人的权利。考虑到申请再审人在本案中是维护而不是放弃对“泥人张”享有的权利，且其他权利人不参加诉讼也可以查清本案事实并据之确定本案双方当事人之间的权利义务关系，因此，本案不属于必须由“泥人张”的其他权利人共同参加诉讼的情形，申请再审人有权单独主张权利。

关于申请再审人能否针对二审判决确定的案由申请再审的问题。案由是民事诉讼中双方当事人争议的实体法律关系的性质。案由的确定在民事诉讼中主要有三方面的意义：一是便于确定案件的管辖；二是便于确定案件在法院内部的审理分工；三是为进一步查明事实、确定具体法律依据等法律适用活动奠定基础。案由的确定本身属于法律适用活动，法律适用属于行使审判权的范畴。因此，确定案由属于法院行使审判权的内容。本案一审法院确定的案由是“侵犯名称权及不正当竞争纠纷”，二审法院确定的案由是“不正当竞争纠纷”，分别反映了一、二审法院对双方当事人争议的实体法律关系的性质的认定。本案中，申请再审人对二审法院关于案由的确定这一法律适用问题不服，认为二审法院缩小了“泥人张”名称权的内涵，其有权就此申请再审，被申请人关于申请再审应忠实于二审判决确定的案由的相关抗辩不能成立。但是，本案中申请再审人对“泥人张”

所享有的权益通过适用反不正当竞争法即可得到保护，二审法院确定本案案由为“不正当竞争纠纷”并无明显不当，申请再审人有关本案案由确定的申请再审理由，最高人民法院不予支持。

被申请人主张，申请再审人在本案中主张权利已经超过诉讼时效。对此，最高人民法院不予支持。首先，本案“泥人张”这一商业标识的形成和发展有其特殊而久远的历史背景，包括申请再审人在内的“泥人张”权利人对“泥人张”享有的权利是持续的，不存在抛弃或者终止的情形。其次，被申请人明知申请再审人“泥人张”的历史传承却于1982年注册成立北京泥人张博古陶艺厂，又于1994年注册成立泥人张艺术品公司，均使用“泥人张”作为字号并以此作为商业标识开展经营，显然属于恶意申请登记和使用，而且被申请人在此期间一直持续使用“泥人张”或者“北京泥人张”，在法律上属于持续侵权行为。再次，申请再审人在被申请人使用“泥人张”或“北京泥人张”从事经营期间曾通过各种途径向有关部门持续反映情况以解决问题，双方当事人之间有关被申请人使用“泥人张”的争议实际上由来已久；申请再审人对通过诉讼方式解决其与被申请人之间的纠纷虽然启动程序较晚，但这既有申请再审人对法律认识的原因，也与当时的政策规定和法律规范不完善、不明确有关，而且“泥人张”的权利人也是直到天津市高级人民法院于1998年10月29日作出（1996）高知终字第2号民事判决后才得以在法律上予以确认。综合考虑以上因素，对本案的诉讼时效问题应当客观公平、合理妥善地加以认定，不宜认定申请再审人提起本案诉讼已超过诉讼时效。

申请再审人还提到了非物质文化遗产保护与本案的关系问题。对此，毫无疑问，非物质文化遗产应当受到法律保护，我国为此还于2011年2月颁布了非物质文化遗产法。由于非物质文化遗产与知识产权和反不正当竞争法律保护的客体有所重叠，因此，两种保护会有交叉之处，但二者各有侧重。对非物质文化遗产的保护，并非作为一种私权的保护，其强调政府主管部门、遗产项目保护单位、遗产项目代表性传承人等从非物质文化遗产的角度进行的保护。而知识产权法和反不正当竞争法则是从保护私权出发，强调的是私权的保护。本案中，“泥人张”被纳入国家和地方非物质

文化遗产项目名录，并非其应受到知识产权法和反不正当竞争法保护的必要条件。“泥人张”作为非物质文化遗产受到保护，与其受知识产权法和反不正当竞争法保护并不矛盾，相反，在一定程度和意义上，“泥人张”被纳入非物质文化遗产项目名录，也反过来更加证明了其具有长久而广泛的知名度和私权保护的价值。

最后，关于本案的民事责任承担和案件受理费的确定。本案被申请人在构成不正当竞争的情形下，依法应当承担停止有关不正当竞争行为的责任。但对于本案的损失赔偿责任，综合考虑到北京泥人张博古陶艺厂自1982年就注册成立，被申请人使用“泥人张”时间较长，其制作的泥陶工艺品也多次获奖，其所获得的利益并非均因侵权行为所致；申请再审人虽然一直通过各种途径向有关部门反映有关“北京泥人张”的问题，但直到2005年才提起诉讼，在行使权利方面存在一定的懈怠情形，且对其遭受经济损失的情况也未提交证据加以证明，其再审请求也仅在于维持一审判决，因此，最高人民法院对本案一审法院确定的民事责任承担方式不予变动。另外，对于案件受理费的负担，虽然其数额确定应当考虑诉讼请求金额，但不宜仅以此标准计算，本案总体上申请再审人的主要诉讼请求应予支持，故最高人民法院决定对原审确定的案件受理费负担比例予以适当变更。

综上，二审判决在认定事实和适用法律方面均存在错误，应予纠正；一审判决并无不当，应予维持。依照《中华人民共和国反不正当竞争法》第二条和《中华人民共和国民事诉讼法》相关规定，判决如下：一、撤销二审判决；二、维持一审判决。

【评析】

本案原告请求保护的是入选第一批国家级非物质文化遗产名录的老字号“泥人张”。本案因双方当事人主张的家族传承历史的久远性、涉及法律关系的复杂性以及判决结果对于双方当事人影响的重大性，受到了社会的广泛关注，加上所涉证据繁多、事实庞杂、法律问题疑难，裁判难度较大。最高法院对本案进行了深入研究，再审判决书长达54000多字，在充分披露证据和事实的同时，围绕争议焦点全面深入地论述了裁判的理由，对被申请人的辩称主张一一进行了反驳。充分披露事实是为了让社会公众对裁判结果自有判断，正所谓“事实胜于雄辩”；而全面说理更反映了法官在形成裁判结果过程中的深入思考。本案社会影响较大，结案后很多媒体站在肯定立场的角度对判决进行了报道。本案再审判决书已经在互联网向社会公开，为便于读者理解，在此简要介绍一下再审判决书的特色：(1) 对数量繁多、内容庞杂证据的处理。在本案再审开庭过程中，申请再审人向法院提交了33份补充证据，在再审开庭后又提交了19份补充证据。被申请人向法院提交了11组补充证据，共包括230多份不同材料。双方当事人提交的上述证据材料，很多并非新的证据，为稳妥处理本案，最高人民法院对除申请再审人在再审开庭之后提交的补充证据34~52和被申请人提交的用于支持其反诉主张的第9组证据以外的上述证据经开庭质证，予以全面审查，并结合双方当事人在一审、二审程序中提供的所有证据认定本案事实。鉴于本案证据数量繁多、内容庞杂且存在证明事项重复的情况，再审判决书未逐一对每份证据予以认证，而是根据双方当事人的主张与本案的关联程度，对据以支持相关主张的证据进行综合审查认定。对与本案无关的主张和证据、显然不能支持当事人主张的相关证据、当事人无争议的主张和证据，不作过多的分析，或者直接作出认定；对当事人争议较大的主张和证据、影响本案实体判决结果的证据，作重点分析、论证。为避免重复和阐述上的方便，根据需要在事实认定或者裁判理由中分别进行分析、论证。(2) 对发生变化的被申请人前后辩称理由的处理。在保留被申请人一、二审理由的基础上，又分别列明了被申请人在申请再审审查程序和再审审理程序中的辩称理由，客观反映了被申请人在不同审级中的陈述内容，以反映被申请人诉讼策略的变化，同时也便于从“当事人陈述”这一证据种类的内容本身分析当事人主张的真实性。(3) 对繁杂事实的处理和表述。再审判决书将案件事实分八个部分进行了详细阐述，保证事实叙述的全面完整客观和层次清楚。(4) 对争议焦点和疑难法律问题的分析和论证。从当事人诉辩称来看，本案涉及很多事实认定和法律适用问题。再审判决书围绕三大问题进行了分析。三大问题以下又包括一些具体

问题，在这三个问题之外还有一些其他问题，再审判决书也均作了回应。可以说，再审判决书在说理上采用层层剥茧的方式，一一反驳了被申请人的主张。

本案再审判决书代表了最高人民法院对于本案的意见。在再审判决书之外，笔者围绕若干法律问题介绍一下个人的思考和体会：

一、关于申请再审人对“泥人张”享有何种权益

对于申请再审人对“泥人张”这一称呼享有何种具体的权利，笔者认为，应当是理论研究中的真实人物形象的商品化权，即个人对其形象（包括名称）的商业使用进行控制的权利。[①] 我国立法没有明确规定这种权利，但适用《中华人民共和国反不正当竞争法》第二条规定可以实现对真实人物形象的商品化权的法律保护。结合本案，对于真实人物形象的商品化权的保护需要明确以下几点：

1. 从权利主体来看，真实人物形象商品化权的权利主体往往是知名人物。[②] 保护真实人物形象的商品化权的基础在于真实人物形象承载着的商业价值，该权利本质上属于财产利益。从理论上讲，真实人物形象商品化权的主体不限于知名人物。但是，人物越知名，其形象承载的商业价值就越大，对消费者的吸引力越大，因形象的使用而转化为财产利益的可能性就越大，其形象就越有可能为他人擅自使用即“搭便车”，现实生活中因真实人物形象的使用产生的纠纷涉及的往往是知名人物形象，因此，市场本身要求真实人物形象商品化权的主体为知名人物。真实人物形象商品化

---

① 商品化权所保护的形象分为“虚构角色”形象和“真实人物”形象两种，在法律上有不同的权利形态。本文仅分析真实人物形象商品化权。本案再审判决书没有使用“商品化权”这个概念，合议庭的考虑是立法没有对商品化权作出明确规定。《知识产权法律适用的基本问题》一书中评价本案再审判决时（第434页）指出：“囿于在裁判中创设新权利的顾虑，我们对于直接使用‘商品化权之类的明确称谓一般很审慎，通常不轻易使用’。”笔者在此就本案引发自己关于商品化权的思考谈些体会，也是为了促进法学理论研究与司法实践的互动。

② 郭晓红：《知名形象商品化法律问题研究》，载《法律适用》2007年第7期；张丹丹、马哲：《商品化权的正当性论析——基于财产权劳动学说的思考》，载《当代法学》2009年第3期。

权对于大多数的普通人物来说也就成为应然假设。[①] 需要强调的是，真实人物形象商品化权的权利主体并不限于单个的个人。本案中，“泥人张”作为申请再审人家族几代人的名称，目前仍然具有巨大的商业价值，应当受到法律保护。

2. 从权利主体对形象的使用来看，由于商品化权制度的直接目的是为了防止有关形象被他人擅自利用、以维护公平的竞争秩序和社会生活秩序，因此，真实人物形象的商品化权并非来自事前的显著性，而是来自人格符号的第二含义，是事后获得的显著性，它不同于注册商标的保护，不以注册或者履行法定登记手续为前提，并且人物形象的标识方式具有多样性，并不局限于某种事先确定的样态；同时，真实人物形象的商品化权也并非来自权利人对形象的自行经营性使用，即并不要求权利人在经营中使用了该形象。[②] 基于以上理由，申请再审人是否使用“泥人张”及怎样使用“泥人张”这一标识对其控制“泥人张”这一名称使用的权利并无影响，被申请人关于申请再审人未使用“泥人张”标识的抗辩理由不能成立。况且，申请再审人显然在长期经营中使用了“泥人张”。

3. 从真实人物形象商品化权的保护方式和救济措施来说，其设权宗旨在于避免有关形象被他人擅自利用，以维护公平的竞争秩序，其保护重点在于规范人们获得和使用形象的手段和方式，其救济应当在个案中给予事后的、被动的救济和相应的保护水平。真实人物形象承载的商业价值会随着真实人物的状况而发生变化，因此，商品化权不同于注册商标专用权、人身权等法定权利，并不是一成不变的。由此也决定了对真实人物形象商品化权无法存在事先的认定机构，也不容易事先明确其具体内容、保护范围和行使方式，对其保护通常是在纠纷已经发生、权利人利益已经受损的情况下，对他人能否使用真实人物形象作出裁判。只有在具体纠纷中，才能动态地评估真实人物形象的市场价值，才能处理好双方当事人之间的利益平衡。同样，在个案中对商品化权的保护，也并不意味着该权利具有溯

---

① 谢晓尧：《商品化权：人格符号的利益扩张与衡平》，载《法商研究》2005 年第 3 期。
② 张丹丹、张帆：《商品化权性质的理论之争及反思》，载《当代法学》2007 年第 5 期。

及未来的普适性效力。在未来是否能够为该真实人物形象提供商品化权保护，尚需要在个案中进行具体判断。[①]

4. 判断真实人物形象是否被他人擅自使用，即真实人物形象商品化权是否受到侵犯，关键在于两点：一是他人对该形象的商业使用是否有合法合理依据，是否违反了自愿、平等、公平、诚实信用的原则和公认的商业道德；二是他人的使用是否会导致消费者产生混淆和误认，即认为他人的商品或者服务出自该形象所指称的真实人物或者与其有特定联系，是否损害了其他经营者的合法权益，扰乱了社会经济秩序。

5. 对商品化权需要有合理的限制，如，将知名度较高的真实人物的姓名作为自己的姓名使用，而不是进行商业性使用，这种合理使用应当受到法律保护；再如，知名人物的姓名有其他含义的，他人将该姓名作为商业标识使用，不会造成消费者误认或者混淆的，也不亦认定为构成不正当竞争。如，将著名影星黎明的姓名作为商标使用，不构成不正当竞争。

从商品化权的角度考虑本案，有两个问题值得注意：一是本案与理论界所讨论的一般商品化权案件有所不同，一般商品化权案件中主张以商品化权加以保护的名称都是针对一个人的，而本案中的“泥人张”这一名称是针对张明山及后代中的泥塑艺人的，针对的是一个群体。二是有人认为如果权利人已经商业使用其名称，就不能再主张商品化权了。但笔者尚未见到有支持该主张的理论研究。

二、关于本案适用的实体法依据

本案一审判决适用的实体法是《中华人民共和国反不正当竞争法》第二条第一款、第二款，二审判决适用的实体法是《中华人民共和国反不正当竞争法》第二条、第五条第（二）项和其他条文，再审判决适用的是《中华人民共和国反不正当竞争法》第二条，也就是《中华人民共和国反不正当竞争法》的原则条款。对于本案究竟应当适用《中华人民共和国反不正当竞争法》第二条，还是第五条第（二）项关于保护知名商品特有名

① 谢晓尧：《商品化权：人格符号的利益扩张与衡平》，载《法商研究》2005 年第 3 期。

称的规定，是存在争议的。再审判决之所以没有适用《中华人民共和国反不正当竞争法》第五条第（二）项，主要考虑到以下理由：首先，将“泥人张”作为知名商品的特有名称来保护有一个前提，即申请再审人已经在商品或者商品的包装上将“泥人张”作为商品名称在使用。虽然天津市高级人民法院的判决认定“泥人张”权利人有权在其创作的艺术品上使用“泥人张”名称，但本案中申请再审人没有证据证明其这么使用了，申请再审人提交的《中国民间泥彩塑集成泥人张卷》中的作品均没有标作“泥人张”，被申请人提交的文章还证明张乃英的作品标识是“张氏泥人”。被申请人张铁成一方在其辩称意见也对此提出了具体的反对理由，即“张明山及其后几代人知名商品的特有名称是‘张氏泥人’，其老字号是‘塑古斋’，解放前的服务标识是‘同升号’，张景祜、张铝、张宏岳的作品署名均是其本人姓名，均不是‘泥人张’，其所称国内外获奖作品并没有以‘泥人张’为商标……根本谈不到知名商品的特有名称。”其次，“泥人张”这一特定称谓承载了多种民事权益，其所指称的对象不限于知名商品，正如再审判决中所指出的，“泥人张”作为特定人群的称谓和知名商品（包括服务）的特有名称，均应当受到保护。加上“泥人张”在社会上的知名度非常高，远远超过了知名商品的特有名称保护的范围和强度。所以，再审判决最终还是选择适用《中华人民共和国反不正当竞争法》第二条。

（郎贵梅）

76. 江苏建华管桩有限公司与上海中技桩业股份有限公司虚假宣传纠纷案*

▶

不正当竞争行为是指行为人违反我国反不正当竞争法的规定，损害其他经营者合法权益的行为

一、基本案情

上诉人（一审原告）：江苏建华管桩有限公司。

被上诉人（一审被告）：上海中技桩业股份有限公司。

江苏省镇江市中级人民法院一审查明：方桩和管桩是桩基行业的两种桩型，主要应用于民用、工业、公路、铁路、机场、桥梁、港口、水利、市政等公共基础设施的桩基建设。在产品的生产工艺上，离心方桩和管桩均属于预制混凝土桩行业的产品，整体上采用的生产技术工艺基本相同，均为：布料→合模→张拉→离心→蒸养→脱模→蒸压→成品堆放。但在关键技术上，方桩与管桩有各自的专利技术，并有生产工艺上的商业秘密。因管桩和方桩产品在很多场合相互可以替代，原、被告生产的管桩和方桩在市场上处于竞争地位。

建华管桩集团有限公司设立于1993年2月，是建筑基础材料——预应力混凝土管桩生产的专业厂家，该公

---

* 摘自《知识产权审判与指导》2013年第1辑（总第21辑），人民法院出版社2014年版，第165～182页。

司在桩基行业的市场占有率达36%左右。原告江苏建华公司设立于2002年10月8日，系建华管桩集团有限公司的子公司，注册资本1620万美元，经营范围：生产预应力混凝土管桩和其他混凝土产品，并提供相应售后技术服务，销售公司自产产品。江苏建华公司是目前全国规模最大的管桩生产基地。

被告上海中技公司成立于2005年11月11日，注册资本人民币2亿8千万元，经营范围：混凝土预制构件专业承包，销售预应力空心方桩、建筑材料、新型桩型专业领域内的“四校”服务、商务咨询、生产预应力空心方桩、建筑材料。该公司自成立以来获得多项荣誉，拥有多项涉及方桩的技术专利，其中，2008年住房和城乡建设部将上海中技公司自行研发的离心方桩列入《2007年建设行业科技成果推广项目》，2010年被住房和城乡建设部及科学技术部列入《村镇宜居型住宅技术推广目录》在全国推广应用，2011年该公司被评为上海市民营企业100强，2012年1月“离心法预应力混凝土空心方桩自动化生产线及产品研发”项目被中国建筑材料联合会、中国硅酸盐学会评为建筑材料科学技术二等奖（科学进步类），该公司系上海市高新技术企业，节能减排先进企业，并通过了ISO9001：2000质量管理体系认证。截至2011年12月31日，公司已经拥有专利共84项，其中发明专利5项、实用新型专利48项、外观设计专利31项。目前均处于有效状态。

2011年1月10日，被告申请上市，根据中国证监会《首次公开发行股票并上市管理办法》（第32号）的规定，在中国证监会网站公开了索引号为40000895X2011－00070的《上海中技桩业股份有限公司招股说明书（申报稿）》，因未通过证监会审核后撤回。2012年4月19日，被告再次在中国证监会的网站上公开发布了索引号为40000895X/2012－02197的《上海中技桩业股份有限公司首次公开发行股票招股说明书（申报稿）》。上述两份涉案招股说明书同期在被告公司网站上予以公开。

原告认为被告两份涉案招股说明书有13处为引人误解的虚假宣传，对其构成不正当竞争，遂申请证据保全公证。2012年3月1日、2012年3月13日，江苏建华公司的委托代理人两次向江苏省句容公证处申请证据保

全，通过搜狗、百度搜索“上海中技招股说明书”，分别从上海中技公司网站和中国证监会网站打印涉案招股说明书申报稿及搜索网页共计 33 页、34 页，并将上述内容下载并分别录入光盘。上述行为均经句容公证处现场公证。据此，句容公证处出具（2012）镇句证民内字第 173 号、第 205 号公证书，证实了下载内容和过程。涉案两份招股说明书申报稿中 13 处被控侵权内容如下：（1）涉案招股说明书第 91 页倒数第 15 行至倒数第 13 行中称：“同预应力管桩相比，离心方桩不仅具有管桩的优点，而且在综合性能上具有相对优势，离心方桩能够降低建筑成本，降低能耗，符合国家节能减排政策，因此，离心方桩的市场份额将不断扩大，成为预制桩行业的主流产品之一。”（2）涉案招股说明书第 91 页倒数第 11 行至第 92 页倒数第 21 行中称“主要性能一致时离心方桩比管桩更节约材料”“在实体形状的横截面积相同时，圆的周长最小，方形周长最大，即方形的侧面积更大。反之，在相同侧面积下，方形的体积相对圆形要小，因而在性能一致时离心方桩用材低于管桩，具有较高的性价比”“根据《预应力混凝土空心方桩》（国标 08SG360）、《预应力混凝土管桩》（国标 GB13476）、《先张法预应力混凝土空心方桩》（上海 2009 沪 G/T－502）所列标准进行测算，与管桩相比，基础承载力基本一致情况下，公司生产的……由此可见，耗材的节约有效地降低了公司生产离心方桩的成本，增强了离心方桩在市场竞争中的优势”“在实践应用中，离心方桩能够大大节减过程造价，以上海松江区大学城某小高层住宅楼、上海浦东新区高行镇某多层住宅、上海三林 01 街坊二期多层住宅为例，建筑造价平均可节约 13.9%（见《住宅科技》2007 年第 9 期）”。（3）涉案招股说明书第 92 页倒数第 20 行至第 92 页倒数第 14 行中称“用材相同时离心方桩性能比管桩更优”和“由于离心方桩的性能更好，并在抗震设计方面具有比管桩更强的优势，提高了建筑物的安全性”。（4）涉案招股说明书第 92 页倒数第 13 行至第 92 页倒数第 5 行中“施工方便”的对比结论。（5）涉案招股说明书第 92 页倒数第 4 行至 92 页倒数 1 行中“用作建筑物上部结构预制件、配件，大大延伸了桩的使用范围”的结论。（6）涉案招股说明书第 93 页第 1 行至第 93 页第 4 行中“易于堆放和运输，大大减少安全隐患”的对比结论。

（7）涉案招股说明书第93页第5行至第93页第8行中“挤土效应更低”“在满足相同技术性能情况下离心方桩桩径小，减少了挤土量”的对比结论。（8）涉案招股说明书第93页第9行至第93页第10行中的“综上，同管桩相比，离心方桩更加节能、节材、抗震性能好、施工方便、易于堆放和运输、挤土效应低、用途更广，具有一定的性价比”的结论。（9）涉案招股说明书第93页中的“中技股份离心方桩同相应管桩节材指标对比”表格中内容的对比。（10）涉案招股说明书第93页至94页中的“中技股份离心方桩同相应管桩抗震指标对比”表格中内容的对比。（11）涉案招股说明书第104页中“管桩行业自主研发、整体技术水平落后国际市场”“然而我国预应力混凝土管桩市场工艺和装备基本仍停留在国外80年代的技术水平。行业内自主研发能力比较差，产品和技术创新缓慢，整体技术水平落后于国际市场”的陈述。（12）涉案新招股说明书第99页在“各类型预制混凝土桩的基本情况”对比表中用途陈述中称管桩“适用主要考虑承受竖向荷载的低承台桩基工程。铁路、公路、桥梁、港口、水利、市政等可参照使用”。（13）涉案新招股说明书第101页在“离心方桩与管桩对比”表中关于基础承载力、挤土效应、承台造价、施工便捷性、堆放和运输方面的对比。

原告列举了中华人民共和国国家标准《先张法预应力混凝土管桩》GB13476－2009、中华人民共和国建筑工业行业标准《预应力混凝土空心方桩》JG197－2006、国家建筑标准设计图集《预应力混凝土管桩》10G409、国家建筑标准设计图集《预应力混凝土空心方桩》08SG360、江苏省工程建设标准《预应力混凝土基础技术规程》DGJ32/TJ109－2010、江苏省住房和城乡建设厅《预应力混凝土管桩基础技术规程》《常熟市住房和城乡建设局会议纪要》2012年第1期等证据，证明被告招股说明书中存在虚假、片面性陈述，在混凝土的有效预应力、混凝土的保护层、竖向承载力、抗弯承载力、抗裂承载力、抗剪承载力上管桩不比方桩差。

被告列举了“03SG409”“10SG409”《预应力混凝土管桩》图集、“08SG360”《预应力混凝土空心方桩》图集、JG197－2006《预应力混凝土空心方桩》标准、GB13476－2009《先张法预应力混凝土管桩》标准，

JGJ94－2008《建筑桩基技术规范》标准、GB50010－2010《混凝土结构设计规范》标准、2009 沪 G/T－502《HKFZ/KFZ 先张法预应力混凝土空心方桩》图集、刊载于《住宅科技》的《预应力钢筋混凝土空心方桩的应用》、东南大学《基于预应力混凝土空心方桩的装配式屋架可行性研究报告》、证人王重的《预制混凝土桩行业发展五大问题与建议》《中国管桩企业的明天——细节决定成败》两篇文章、中国混凝土与水泥制品协会《预应力钢筋混凝土空心方桩设计与应用技术专家座谈会纪要》等证据，证明招股说明书中对比陈述的科学性及依据。

2010 年中国预制混凝土桩分会副理事长、高级工程师王重针对管桩行业发表《中国管桩企业的明天——细节决定成败》，该文重点分析了中国管桩企业的现状、面临的问题、今后的发展方向。该文认为，管桩的技术更新和质量在过去的 25 年来没有提高，在企业管理上、新技术开发应用上与日本还有很大差距，呼吁管桩企业加强技术革新，保证质量，提高生产效率。2011 年 4 月，在中国混凝土与水泥制品协会预制混凝土分会成立大会上，王重发表《预制混凝土桩行业发展五大问题与建议》。该文提出企业要做自动化生产线以应对“用工荒”，加快技术进步和企业自律等。文中谈及了过去 20 年里，只有产量提高了，产品质量并没有提高；与国内相比，日本的一些管桩厂早在 20 年前就基本上做到半自动化了，现在基本已经全自动化，我国这么多管桩厂，已建成的全自动厂还没有等等。

2011 年 9 月 30 日，镇江新区城乡建设局作出镇新建〔2011〕161 号《关于推广先张法预应力混凝土空心方桩和先张法 U 形预应力混凝土板桩的通知》。该文要求：（1）目前已进入施工图设计尚未开工的政府性工程请各责任主体调整、完善施工图设计和审核，确保对离心方桩予以利用。（2）今后政府性工程原则上必须使用离心方桩；非政府性工程也应予以推广使用。投资服务中心和招商部门应做好相关引导工作，建设管理部门商请市相关审图单位予以支持。同年 12 月 6 日，该局作出镇新建〔2011〕223 号《关于停止〈推广先张法预应力混凝土板桩的通知〉的通知》，该通知载明：根据《镇江市行政执法主体资格公告》和《镇江市人民政府关于印发〈镇江市政府规范性文件制定程序规定〉的通知》文件精神，决定停止《关于推广先张法预应力混凝土空心方桩和先张法U形预应力混凝土板桩的通知》镇新建〔2011〕161号，自发文之日起生效。

2012年初，江苏省常熟市住房和城乡建设局形成2012年第1期会议纪要——《二○一二年度第一次工程管理例会会议纪要》。其中第五条规定了关于砼空心方桩的使用问题。该纪要认为，江苏省住房和城乡建设厅发布的《预应力混凝土管桩基础技术规程》已于2011年1月正式施行，而现有砼空心方桩图集不符合《规程》之规定。根据常熟市实际，经研究，在江苏省有权部门出台规定前，原则上不得使用砼空心方桩，特别是商品住宅坚决禁止使用砼空心方桩，公共建筑、工业厂房等工程如确需使用砼空心方桩的，必须经专家论证同意。因江苏中技桩业有限公司、上海中技桩业股份有限公司苏州分公司提出异议，2012年4月13日，常熟市住房和城乡建设局出具了《关于我局2012年第1期会议纪要第五条的说明》。说明如下：（1）常熟市住房和城乡建设局《二○一二年度第一次工程管理例会会议纪要》（以下简称《纪要》）第五条中关于空心方桩的要求，是指砼空心方桩应符合江苏省住房和城乡建设厅发布的《预应力混凝土管桩基础技术规程》（DGJ32/TJ109－2010）（以下简称《规程》）第1.0.2条。（2）预应力砼空心方桩应当符合《规程》第1.0.2条及国家和省对空心方桩的有关规定，对符合上述规定的砼空心方桩均可使用。（3）根据上级要求，为进一步规范预应力砼桩的使用，常熟市住房和城乡建设局又于4月5日对《纪要》第五条作出修改完善明确如下：关于预应力砼桩的使用，局有关部门应严格按照《规程》执行。（4）《纪要》仅适用于常熟市行政区域范围。

2012年4月1日，中国混凝土与水泥制品协会在北京组织召开了预应力混凝土空心方桩设计与应用技术座谈会。浙江华展工程研究设计院、南京华东设计有限公司、中国建筑第二工程局有限公司深圳分公司、上海申城建筑设计有限公司和中国铁道科学研究院的有关专家学者应邀出席了会议并座谈，会后形成了座谈会纪要。同月6日，该协会发布了《预应力钢筋混凝土空心方桩设计与应用技术专家座谈会纪要》的附件，附件共8条。主要结论为“在软土基础中以侧摩阻和发挥竖向承载为主的桩基础

中，空心方桩是一种节能节材性价比较高的预制混凝土桩基础材料。空心方桩的使用，能够降低建筑成本，降低能耗，符合国家节能减排政策。此外，由于外形和可灵活配筋等特点，在基抗围护、结构梁等结构工程中正在拓展使用范围”。2012 年 4 月 20 日江苏建华公司向中国混凝土与水泥制品协会发出《关于对〈预应力钢筋混凝土空心方桩设计与应用技术专家座谈会纪要〉的咨询函》，要求澄清有关事实。2012 年 4 月 23 日该协会复函称：“近年来，作为桩基材料之一的预应力钢筋混凝土空心方桩在建筑工程中得到较广泛的应用，引起了业界的广泛关注。为进一步完善和提高空心方桩的工程应用水平，我会于 2012 年 4 月 1 日在北京组织召开了预应力钢筋混凝土空心方桩设计与应用技术座谈会。会议纪要为与会人员的综合意见，不代表我会的观点。”因江苏建华公司向中国建筑第二工程局有限公司深圳分公司提出询问，2012 年 4 月 25 日，中国建筑第二工程局有限公司深圳分公司作出《关于对〈预应力钢筋混凝土空心方桩设计与应用技术专家座谈会纪要〉的声明》，声明称：“2012 年 4 月 1 日，中国混凝土与水泥制品协会在北京组织召开了‘预应力钢筋混凝土空心方桩设计与应用技术专家座谈会’，会后印发的座谈会纪要显示中建二局深圳分公司参加了会议，并对预应力钢筋混凝土空心方桩作出了相关论证。但我司未以公司名义亦未授权任何人出席该座谈会，该座谈会纪要中所阐述的观点和结论，我司并不知情，亦未通过我司的确定和验证。因此，《预应力钢筋混凝土空心方桩设计与应用技术专家座谈会纪要》中的结论，不代表我司的观点。”

另查明，原告以上海中技公司的新招股说明书第 209 页中记载的被告 2010 年的净利润 8897 万元、2011 年的净利润 17265 万元，增加利润 8368 万元为依据，要求被告赔偿原告经济损失。原告在庭中主张律师费、复印费等共计 5 万元，但至法庭辩论终结前原告亦未向法庭提交相关票据。

【法院裁判】

江苏省镇江市中级人民法院一审认为：不正当竞争行为是指从事商品经营或者营利性活动的个人、法人和其他组织违反《中华人民共和国反不正当竞争法》的规定，违反自愿、平等、公平、诚实信用原则或公认的商业道德，损害其他经营者的合法权益，扰乱社会经济秩序的行为。认定引人误解的虚假宣传行为应当根据日常生活经验、相关公众一般注意力、发生误解的事实和被宣传对象的实际情况等因素。本案的原被告均为从事桩基行业的生产经营者，构成了同业竞争者的关系。原告认为被告公开发布的涉案招股说明书中存在虚假宣传构成对管桩行业经营者的不正当竞争，以此为请求权基础提起本案诉讼符合法律规定。

一、关于涉案招股说明书是否属于《中华人民共和国反不正当竞争法》第九条第一款规定的“广告或者其他方法”问题

一审法院认为：广告一般是指商品经营者或者服务提供者承担费用，通过一定的媒介和形式直接或者间接地介绍自己所推销的商品或者所提供的服务的商业广告。广告一般具有商业性质，是经营者主动实施的行为。涉案招股说明书是被告依据证监会《首次公开发行股票并上市管理办法》（第32号）的规定履行义务予以公开披露公司股东、组织机构、股权分布、生产、经营、管理、技术、公司治理、募集资金的投向等全面信息的文件，目的在于向潜在的投资者介绍公司的股权结构、经营现状、公司治理、产品竞争优劣势、发展前景，以便于潜在的投资者了解后作出投资与否的决定。因此，涉案招股说明书虽带有披露其产品的质量、制作成分、性能、用途等的说明，但从其针对的对象、用途、包含的内容来说不能完全等同于单纯的商业广告，或至少说与之有区别。至于《中华人民共和国反不正当竞争法》第九条第一款中规定的与广告并列的“其他方法”是否包括招股说明书，一审法院认为，《中华人民共和国反不正当竞争法》及相关司法解释并未对“其他方法”作出规定，对此处的“其他方法”一般认为相关信息通过一定的介质或者传播形式，向不特定的公众公开，使之能感受或者了解到该信息的方法均属于“其他方法”。《江苏省实施〈中华人民共和国反不正当竞争法〉办法》第八条对“其他方法”作了规定：雇佣或者伙同他人进行欺骗性的销售诱导；现场演示和说明；张贴、散布或者邮寄商品说明书和其他宣传资料；利用信息载体或者集会发布信息；利

用大众传播媒介作宣传报道。江西省、河北省、云南省人民代表大会立法制定的《中华人民共和国反不正当竞争条例》中均规定了上述方法构成了“其他方法”。由此可见，立法机关对“其他方法”的解释是宽泛的，认定是从宽的，目的是为了防止相关市场经营主体假借非广告的方法行使不正当竞争行为。因此，就本案而言，如前所述，涉案招股说明书具有原告披露的产品、经营管理等方面的信息，亦通过公开网站向不特定的公众公开，使之可以感受或者了解该信息。因此，涉案招股说明书符合“其他方法”的形式和构成要件，可以认定为《中华人民共和国反不正当竞争法》第九条第一款中规定的“其他方法”。被告抗辩涉案招股说明书不属于反不正当竞争法第九条规定的“广告或者其他方法”的意见，依据不足，一审法院不予以采纳。

二、关于被告的涉案招股说明书第六节“业务与技术”中的13处陈述是否构成需要以《中华人民共和国反不正当竞争法》进行规制的虚假宣传行为问题

（一）一审法院对原告指控被告在涉案招股说明书中的13处陈述和结论是否构成引人误解的虚假宣传行为进行评判

1. 关于原告指控的第1～8处陈述。涉案招股说明书在此部分主要是对其产品离心方桩的优点进行介绍。原告认为被告在涉案招股说明书中以方桩与管桩比较时仅突出方桩的某些性能上的优点，而没有对方桩和管桩性能作全面比较，因而是片面的，不科学的。原告诉称的涉案招股说明书第1、8处是建立在第2～7处之上的总结性陈述或者结论。为此，一审法院对涉案被控侵权的2～7处评价如下：

（1）关于“主要性能一致时离心方桩比管桩更节约材料”的陈述。一审法院认为，桩的主要性能为竖向承载力，而竖向承载力是由侧摩阻力决定的。在软土土基中，侧摩阻力是由侧面积决定的，即侧面积越大，侧摩阻力越大。在相同的侧面积下，方桩体积要小于管桩，所以更节材。因此，可以得出上述结论。（2）关于“用材相同时离心方桩性能比管桩更优”。一审法院认为，根据力学的基本原理，在同样的混凝土与主筋情况

下，根据《先张法预应力混凝土管桩》（GB13476－2009）、《预应力混凝土空心方桩》（JB197－2006）计算，得出的结论与用材相同的管桩性能相比，离心方桩侧摩阻力更大，其抗震性能（抗裂弯矩和刚度）要好于管桩。侧摩阻力是决定竖向承载力的因素。因此，上述的表述是有依据的，并不过分。（3）关于“施工方便”。一审法院认为，被告在涉案招股说明书中表述方桩施工方便的特点，主要是针对减少施工的破损率从而减少因抱压等方法损坏桩身导致拔桩、重复布桩，提高有效焊接强度从而提高施工速度。此表述无可厚非。（4）关于“用作建筑物上部结构预制构、配件，大大延伸了桩的使用范围”。一审法院认为，桩主要用于建筑物的承载，被告的方桩已用作配电站的下弦梁是对方桩应用范围的扩展，并没有限缩管桩的使用范围。但涉案表述“大大延伸了桩的使用范围”有夸大之嫌，不够严谨。（5）关于“易于堆放和运输，大大减少安全隐患”。一审法院认为，在没有设备固定的情况下，根据圆形与地面接触面小易于滚动，方形与地面接触面大不易滚动的特点，方桩具有稳定性，更有利于堆放、运输，该陈述符合科学规律和日常生活经验。（6）关于“挤土效应更低”。一审法院认为，桩的挤土量是由桩的体积决定的。如上所述，在竖向承载力一致的情况下，方桩用材比管桩少，因此，体积小，导致挤土效应更低。综上，原告诉称招股说明书中1～8的陈述，有科学的计算依据和引用的来源，符合混凝土预制件的力学原理或者日常生活经验，不存在虚构事实的情况。

2. 关于原告诉称涉案招股说明书中第9处“中技股份离心方桩同相应管桩节材指标对比”。原告认为，被告用边长300（内径160）毫米方桩与直径400（壁厚95）毫米管桩、边长400（内径250）毫米方桩与直径500（壁厚100）毫米管桩、边长450（内径250）毫米方桩与直径600（壁厚110）毫米管桩相比，来确定方桩的混凝土用量、钢材用量、承台面积上都比管桩节材（这三组数据的比对，所有方桩的边长都比管桩小），这种比较具有片面性，应该对两种桩的综合性能进行比较。一审法院认为，该比较是被告选取侧面积相差最小（5%以内）的桩型进行的同组比较，并且将管桩指标标准化为1，离心方桩的计算数据是以管桩指标为1的相对

数据，该对比数据来源于《预应力混凝土空心方桩》（国标 08SG360）、《预应力混凝土管桩》（国标 03SG409）等，虽然原告认为两种桩型适用的是不同的标准，不能进行这样的比较，但从比较设定的前提条件侧面积相差最小（5%以内）的桩型看，有科学的计算依据。

3. 关于涉案招股说明书中被控侵权的第 10 处“中技股份离心方桩同相应管桩抗震性能指标对比”。原告认为，被告招股说明书用边长 300 毫米的方桩比直径 300（壁厚 70）毫米管桩、边长 400 毫米的方桩比直径 400（壁厚 95）毫米管桩、边长 500 毫米方桩比直径 500（壁厚 100）毫米管桩，通过三种桩型的对比，得出方桩在侧摩擦阻力、抗裂弯矩、刚度上比管桩强。原告认为该方桩和管桩适用的不是同一标准，不具有可比性，该对比突出方桩的优点，同样没有进行综合性能的对比，诋毁了管桩行业。一审法院认为，此对比选取了工程中常用的同型号的桩型，离心方桩根据同组的管桩混凝土和钢材用量计算而得，相同组别离心方桩和管桩混凝土和钢材用量相同，并且是将管桩指标标准化为 1 的前提下，离心方桩指标数据为相对而言数据，对比的结论是依据管桩和方桩标准及 JGJ94－2008《建筑桩基技术规范》、GB50010－2010《混凝土结构设计规范》标准计算而得。虽然被告在该列表中没有标明方桩的内径，但在已经固定边长的情况下，根据该表中管桩的相关数据是可以计算出方桩的内径的。因此，这种设定相同组别离心方桩和管桩混凝土和钢材用量相同前提条件下的对比结论亦具有科学的计算依据。

4. 关于原告诉称的第 11 处“管桩行业自研发、整体技术水平落后国际市场”。原告认为，被告的陈述中引用了没有科学定论的结论，有意诋毁我国管桩行业。一审法院认为，被告在招股说明书的“自主研发、整体技术水平落后国际市场”一节中的有关混凝土管桩的陈述引自于证人王重的文章，是基于一个专业学者对管桩行业的整体看法，但涉案招股说明书在引用时应当注明引用的出处。事实上，我国管桩研发和生产工艺等与国外先进水平比较仍有相当差距，原告的专利证书也不能完全证明管桩行业在研发和技术上并不落后于国际水平。

5. 关于涉案新招股说明书第 99 页中被控侵权的第 12 处“各类型预制

混凝土桩的基本情况”对比。原告认为，被告在新招股说明书中对预应力混凝土管桩用途介绍为“适用主要考虑承受竖向荷载的低承台桩基工程。铁路、公路、桥梁、港口、水利、市政等可参照使用”。对预应力混凝土空心方桩的用途介绍为“适用于各类工业和民用建筑的低承台桩基础工程。铁路、公路、桥梁、港口、水利、市政建筑物等桩基工程”。被告增加“主要考虑承受竖向荷载的”限定词的目的是让他人误以为承受竖向荷载是管桩适用主要考虑的因素。被告故意在方桩产品适用范围前增加“各类”这个修饰词，其目的是让他人误以为离心方桩比管桩的适用范围更广。对此，一审法院认为，方桩和管桩的最终选用应根据工程地质条件、客户需要等决定。被告在涉案新招股说明书中对管桩用途介绍中增加“主要考虑承受竖向荷载的”用词，虽然字面上限定了管桩的选用应主要考虑竖向承载力，但无论是管桩还是方桩，竖向承载力都是主要考虑的性能，此表述涉案招股说明书中也注明引自《预应力混凝土管桩》（图集号：10G409－2.2）：PHC 桩 PC 桩主要适用于承压桩，两者表述意思相同。对离心方桩用途介绍中增加“各类”用词，意在表述方桩适用范围广泛，但并没有因此使管桩的适用范围受到限制。此表述虽有自我标榜之嫌但尚在可以接受的范围内。

6. 关于原告诉称的第 13 处，即新招股说明书第 101 页在“离心方桩与管桩对比”表中关于基础承载力、挤土效应、承台造价、施工便捷性、堆放和运输方面的对比。原告认为，被告在主要考虑竖向荷载的条件下，用离心方桩和管桩进行对比，而根据国家标准，各类混凝土桩制品除了要考虑竖向荷载外，有效预压应力、抗弯承载力、抗裂承载力、抗剪承载力以及混凝土保护层厚度等指标都是强制性标准，都必须满足。被告在强调离心方桩的性能高于管桩时，却不说明离心方桩比管桩更耗材、耗能。在强调离心方桩比管桩节材、节能时，却不说明离心方桩的各项强制性标准指标低于管桩。因此，是片面的，不科学的。一审法院认为，上述的列表比较，主要是考虑竖向荷载相同的条件下，是选定某项技术指标条件下的对比，并不违反行业技术比对的习惯。

综上，涉诉 1～13 处陈述及其结论虽然不存在虚构事实、片面宣传的情况，但比较时存在没有说明前提或前后前提不一及少许夸大用途的情况，有欠妥、偏颇之处。

（二）原告指控的涉案招股说明书13处陈述是否会“引人误解”

《中华人民共和国反不正当竞争法》第九条第一款对构成虚假宣传的行为作出了定义，其中的充分必要条件之一是“引人误解”，包括经营者主动利用广告或者其他方法，对商品的质量、制作成分、性能、用途、生产者、有效期限、产地等进行宣传故意引人误解，也包括受众对所宣传内容被动误解。由于本案所涉及商品的特殊性，它不同于生活中的一般低值易耗品，与主体工程的配套性强、投资金额大，所涉及的“人”一般应该包括从事桩基设计和施工的人员和相关业主。

对于桩型的选择，被告在涉案招股说明书中作了详细说明，主要有以下六个因素：工程地质和水文地质条件；工程项目的特点、荷载性质与大小；施工对周围环境的影响；施工场地和设备的制约；施工安全；造价与工期。同时被告在涉案招股说明书中也载明了选择桩型的一般步骤为：弄清地质条件和结构类→查明基础荷载→是否采用桩基→从技术上考虑各种桩型，地质条件、荷载条件、环境因素、场地与设备的制约、安全→列出技术上可行的桩型，并按其技术适宜程度排出名次→对适宜的桩型分别估算其工期，并按工期长短排出名次→按照技术、造价、工期综合考虑，对各桩型分别作出全面评价，排出名次→向业主提出各桩型的单项排名和综合排名表，提出最合适桩型的建议。据此，一审法院认为，被告在涉案招股说明书中就桩型的选择对相关公众已经尽到了基本、合理的提示义务，可以排除其存在主动、故意引人误解的动机。由于桩型的选择存在上述复杂而专业的过程，前述中的第一类“人”，由于具备了桩基的专业知识，误解的可能性不存在或者说很小，即使开始存在误解的情形亦可以在桩型选择的步骤中逐步得以消除；同理，第二类“人”一般也会经过专业人员的咨询、对相关因素评估、计算后，依据自己的资金、需求等情况作出选择决定，不会仅凭被告涉案招股说明书中的相关陈述和对比结论即作出选择决定。

从另外一个角度看，如果把待发行的股票作为特殊的商品，涉案招股说明书的被控侵权陈述和结论还针对潜在的投资者，其存在因为误解而购买被告的股票进行投资的可能。对此，一审法院认为，按照中国证监会的要求，被告在涉案招股说明书申报稿的显要位置声明：本公司的发行申请尚未得到中国证监会核准。本招股说明书（申报稿）不具有据以发行股票的法律效力，仅供预先披露之用。投资者应当以正式公告的招股说明书全文作为作出投资决定的依据。同时，发行人即本案被告也在涉案招股说明书中作出声明：根据证券法的规定，股票依法发行后，发行人经营与收益的变化，由发行人自行负责，由此变化引致的投资风险，由投资者自行负责。投资者若对本招股说明书及其摘要存在任何疑问，应咨询自己的股票经纪人、律师、会计师或其他专业顾问。因此，被告也在此环节上尽到了基本、合理的注意义务，警示投资者谨慎投资。正常、理性的投资者一般不会仅凭被控侵权的陈述和结论决定买卖被告股票。且即使存在这种情形，投资者可以虚假陈述构成侵权造成自己经济损失为由，通过《最高人民法院关于审理证券市场因虚假陈述引发的民事赔偿案件的若干规定》等相关法律及司法解释获得救济，而非以被告行为构成虚假宣传为请求权基础以反不正当竞争法来进行规制。

因此，认定涉案招股说明书第六节中的相关陈述和结论会引人误解，依据不足，于情不合，一审法院不予支持。

（三）涉案招股说明书中的 13 处被控引人误解的陈述和结论是否具有法律上的苛责性

一审法院认为：如前所述，涉案招股说明书是被告按照中国证监会的要求履行披露有关信息义务的行为，其主要目的在于向潜在的投资者披露公司的股东、股权结构、组织机构、经营管理、竞争优劣势、发展前景等情况，以便投资者对公司的价值作出判断从而决定是否投资。

首先，被告编制涉案招股说明书并公之于众是履行证券行业管理机关信息披露义务的行为。在涉案招股说明书中，被告较为全面地介绍了桩基行业的历史沿革、现状和发展，虽然突出宣传了方桩的特点和技术优势，也肯定了管桩的优点，并非一味单纯扬己抑他。因此，很难认定被告存在宣传方桩产品的各个特点时故意引人误解的主观心态。

其次，《中华人民共和国证券法》第二十四条规定，国务院证券管理机构或者国务院授权的部门应当自受理证券发行申请文件之日起三个月内，依照法定条件和法定程序作出予以核准或者不予以核准的决定，发行人根据要求补充、修改发行申请文件的时间不计算在内。据此，具体到本案，被告可以根据要求对涉案招股说明书进行修改、补充，使之符合相关规定。此举说明证券主管部门对招股说明书申报稿有纠错的机制，意在加强行业监督和社会监督，防止发行人因为疏忽大意而导致的错误和遗漏，也说明被告引人误解的主观故意较小。事实上，被告的涉案新招股说明书即是在原告提起本案诉讼后对涉案招股说明书作了调整，缩删了被控侵权部分内容，增加了列表式的对比，将对比产品扩展到实心方桩、传统空心方桩。

最后，如前所述，被告的涉案被控侵权行为显然有别于经营者单纯地利用广告或者其他方法对商品的质量、制作成分、性能、用途等作引人误解的虚假宣传行为，也有别于一种直接的市场竞争行为。由于现代技术的日益复杂和精细，前沿技术发展的背景更趋于多种技术交叉、模糊，对其风险提示或阐明来源的注意义务的程度要求可以界定在其是否符合行业内一般的、合理的惯例，对于没有明显夸大、歪曲事实、片面的陈述、结论和对比，缺乏科学定论的观点，歧义性的语言等，没有达到足以造成相关公众误解程度的，在没有损害其他经营者的合法权益、扰乱社会经济秩序的前提下，法律应予容忍。

应该承认被告在涉案招股说明书被控侵权部分的相关陈述中有表述不规范、各项性能对比时前后前提条件不一致的情形。如对挤土效应、抗震动性能、节材性能的比较，对产品用途上进行对比，在自己产品前加上“各类”用词等等，可以理解被告是出于一个市场经济人趋利避害的动机，从经济伦理、商业道德层面考虑，此举应予反对。尤其是在介绍方桩优点时，应该明确前提条件，就方桩和管桩的整体性能作出客观、全面、公正的介绍，使相关公众可以根据两种桩型的特点和相关的其他条件决定桩型的选用，以避免同业竞争者的误解。如前所论述，被告的被控侵权行为因尚没有达到足以引人误解的程度，一审法院认为不具有《中华人民共和国

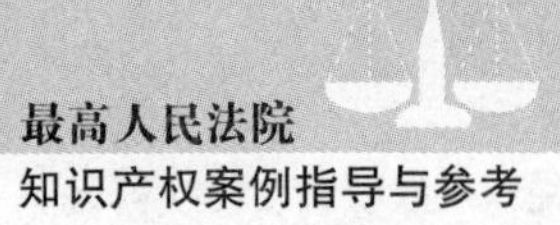

反不正当竞争法》的苛责性。

（四）被告在涉案招股说明书中的13处涉诉被控侵权陈述是否对原告造成了损害

原告认为，受涉案招股说明书13处虚假宣传的影响，镇江经济开发区城乡建设局发文要求镇江新区政府性的工程要使用方桩以及被告因不正当竞争的行为获利8368万元，造成了原告的实际损失1148万元。

对此，一审法院认为：在目前市场环境下，企业在生产经营过程中寻求政府、行业协会的政策性支持和帮助是可以理解的。在本案中，镇江经济开发区人民政府和常熟市人民政府的相关职能部门分别对原被告作出了对其各自有利的政策，中国混凝土与水泥制品协会对空心方桩的设计与应用先后作出了两份函件，对原被告也各有利弊。一审法院对其正当性不作评判。镇江经济开发区城乡建设局出台文件要求镇江新区政府性的工程使用方桩，主要系镇江经济开发区人民政府招商引资需要，虽然没有证据证明排除被告涉案被控侵权行为的作用，但文件的出台与撤销都是基于其行政职权而为，将文件出台全部归结于涉案招股说明书影响，一审法院难以支持；被告2010~2011年之间的利润增长8000余万元，系宏观经济刺激政策、产品质量、技术进步、营销策略等因素的共同结果，不能归结于或者说不能完全归结于涉案招股说明书的被控侵权行为的影响。因此，一审法院难以认定原告所主张的经济损失和被告被控侵权行为之间存在直接或者间接的因果关系。至于原告为本案支付的其他费用，由于其诉讼主张一审法院不予支持，同时原告亦未提供相关证据，故不再审查认定。

值得指出的是原、被告作为我国桩基行业的两大企业，在方桩和管桩产品的生产、管理、研发上都有各自的优势，应遵循诚实信用原则，遵守公认的商业道德，参与市场竞争，共同营造一个公平、有序、高效的经济秩序。在向不特定公众披露与其他市场竞争者有关的信息时，应遵守经济伦理，慎言慎行，多使用注解注释，公开尽量多的相关信息和背景资料，指引受众正确理解。如被告在涉案招股说明书中，可多使用注解或者后附计算公式、施工数据、理论依据等说明出处，设置专人热线、开通网络进行答疑等。

综上，涉案的招股说明书中的13处陈述不存在虚构事实，片面性的对比宣传的陈述，陈述内容亦不足以造成相关公众的误解，原告的诉讼请求缺乏足够的事实依据和法律依据，一审法院不予支持。依据《中华人民共和国反不正当竞争法》第九条第一款，《最高人民法院关于审理不正当竞争民事案件应用法律若干问题的解释》第八条第（三）项以及《中华人民共和国民事诉讼法》第六十四条第一款、第一百二十八条之规定，判决驳回原告江苏建华管桩有限公司诉讼请求。

江苏建华公司不服一审判决，向江苏省高级人民法院提起上诉称：(1）一审判决对上海中技公司提交的证据认定错误。①上海中技公司对比时采用的有关离心方桩的生产、使用标准不是该公司的企业标准，即对比所指的离心方桩是按普通标准生产出来的普通离心方桩，而不是上海中技公司荣获相关证书生产出来的特殊离心方桩，因此上海中技公司一审提供的其方桩产品和企业历年来取得的荣誉及技术专利与本案争议的方桩产品无关联性，不能起到证明作用。②上海中技公司提交的中国混凝土与水泥制品协会出具的《座谈会纪要》涉嫌伪造与会单位，不能起到证明作用，一审法院未对该证据是否涉嫌伪造和该证据的真实性、合法性进行评判和认定。③上海中技公司副总裁兼总工程师朱建舟的文章观点不具有科学性，一审法院对该证据的证明效力未进行评判。④上海中技公司一审提交的声称是东南大学出具的《可行性研究报告》，实际是江苏省电力公司的一个技术报告，一审法院对此未作认定和说明。(2）一审判决对上海中技公司在涉案《招股说明书（申报稿)》中13处陈述和结论是否构成引人误解的虚假宣传行为的事实认定错误。一审法院在没有经过权威专业部门进行司法鉴定的前提下，直接对上海中技公司涉嫌侵权的内容所作评价是错误、片面的。如果上海中技公司在《招股说明书（申报稿)》中的陈述被认定是片面、虚假的陈述，其结果必然会导致引人误解，也应当具有法律上的苛责性。

上海中技公司答辩称：(1）江苏建华公司对上海中技公司一审提供证据提出的质疑不能成立。(2)《招股说明书（申报稿)》不符合虚假宣传不正当竞争行为的构成要件。一是《招股说明书（申报稿)》的内容不足以造成相关公众误解；二是江苏建华公司未能举证证明《招股说明书（申报稿）》的内容对其造成直接损害。(3)《招股说明书（申报稿）》即使存在虚假陈述，也不构成不正当竞争行为，不应受《中华人民共和国反不正当竞争法》的规制。故请求驳回上诉，维持原判。

江苏省高级人民法院二审认为：上海中技公司在《招股说明书（申报稿）》中13处被控侵权陈述的内容具有一定程度的扩大及片面宣传的成分。从《招股说明书（申报稿）》对桩型选择的介绍来看，建筑行业中如何选择桩型，是一个非常专业及复杂的过程。对离心方桩与管桩的优劣进行比较，只有在同一个建筑工程中，针对基本相同的条件，才具有可比性。如果脱离具体建筑工程项目的实际情况，基于特定的前提条件，仅从单一或个别数据出发，比较离心方桩与管桩在某些方面性能的孰优孰劣并无实际意义，而由此得出的结论显然不够全面、严谨。因此，虽然上海中技公司一、二审提供了大量的证据证明其所作对比具有相应依据，但由于这种对比本身的前提条件缺乏科学严谨性，故比对的内容及得出的结论也必然存在片面和夸大的成分，且其为此提供的证据缺乏相应的证明力，部分证据亦不充分。

据此，二审法院认为上海中技公司在《招股说明书（申报稿）》中的陈述虽有不实、片面的成分，但尚不足以引起《中华人民共和国反不正当竞争法》的规制，不构成对江苏建华公司的不正当竞争。但上海中技公司应当对涉案《招股说明书（申报稿）》中的不实及片面的内容进行修改、调整，使其符合证券市场管理的相关规定。遂判决驳回上诉，维持原判。

【评析】

本案的案由是虚假宣传，原告认为被告的招股说明书申报稿中有虚假宣传的行为，对原告构成了不正当竞争行为，以至成诉。因此，案件主要解决两个方面的问题：一是招股说明书是否构成《中华人民共和国反不正当竞争法》第九条规定的“广告或者其他方法”；二是原告的招股说明书是否构成了虚假宣传行为，是否达到用《中华人民共和国反不正当竞争法》进行规制的程度。审理法院认为：招股说明书属于《中华人民共和国反不正当竞争法》第九条规定“其他方法”。并确立了对引人误解的虚假宣传行为的判断方法，即应按照市场交易观念，对能够成为购买及决定购买某商品（服务）的相关公众，应根据商品（服务）的不同类型划定相应的范围。对于普通的商品（服务），应以普通消费者的一般注意力进行判断；对于专业性商品（服务），则应根据专业人士的一般注意力进行判断。对招股说明书中涉及的具有片面的、夸大的宣传行为是否构成不正当竞争行为，应以“足以引起相关公众误解的”作为判定标准。

一、招股说明书属于《中华人民共和国反不正当竞争法》第九条第一款规定的“其他方法”

《中华人民共和国反不正当竞争法》第九条第一款规定：“经营者不得利用广告或者其他方法，对商品的质量、制作成分、性能、用途、生产者、有效期限、产地等作引人误解的虚假宣传。”

反不正当竞争法司法解释对引人误解的“其他方法”没有作细化解释。招股说明书是否属于《中华人民共和国反不正当竞争法》第九条第一款规定的“其他方法”呢？合议庭将“其他方法”定义为“相关信息通过一定的介质或者传播形式，向不特定的公众公开，使之能感受或者了解到该信息的介质”。判断招股说明书是否属于“其他方法”，可以从招股说明书的性质、表现形式、功能、用途、目的等方面来判断。招股说明书是依据证监会《首次公开发行股票并上市管理办法》（第32号）的规定履行义务予以公开披露公司股东、组织机构、股权分布、生产、经营、管理、技术、公司治理、募集资金的投向等全面信息的文件，目的在于向潜在的投资者介绍公司的股权结构、经营现状、公司治理、产品竞争优劣势、发展前景，以便于潜在的投资者了解后作出投资与否的决定。招股说明书带有披露其产品的质量、制作成分、性能、用途等的说明。因此，招股说明书符合“其他方法”的形式和实质构成要件，应当认定为《中华人民共和国反不正当竞争法》第九条第一款中规定的“其他方法”。

二、招股说明书中的虚假宣传行为，应当以达到“足以引人误解”的程度才受反不正当竞争法的规制

《最高人民法院关于审理不正当竞争民事案件应用法律若干问题的解释》第八条规定：“经营者具有下列行为之一，足以造成相关公众误解的，可以认定为《中华人民共和国反不正当竞争法》第九条第一款规定的引人误解的虚假宣传行为：（一）对商品作片面的宣传或者对比的；（二）将科学上未定论的观点、现象等当作定论的事实用于商品宣传的；（三）以歧义性语言或者其他引人误解的方式进行商品宣传的。以明显的夸张方式宣传商品，不足以造成相关公众误解的，不属于引人误解的虚假宣传行为。人民法院应当根据日常生活经验、相关公众的一般注意力、发生误解的事实和被宣传对象的实际情况等因素，对引人误解的虚假宣传行为进行认定。”

判断招股说明书的陈述内容是否构成虚假宣传行为，应当依据上述司法解释的精神进行判断。如果其行为没有合法、合理、科学的依据，对自己的商品与他人的商品作片面的、夸大事实的对比，有意损害竞争对手，达到足以引人误解的程度，就应以《中华人民共和国反不正当竞争法》进行规制。

现代经济社会商品名目繁多，用途广泛。对于专用的商品与一般生活中的商品，“相关公众”的范围应当有所区别。我们通过这起案件的审理，确立了一种判断的方法，即按照市场经济的一般交易经验，能够成为购买及有购买某商品或服务意向的相关公众，应根据商品或服务的不同划定相应的范围。对于非专业的商品或服务，应以普通消费者的一般注意力进行判断；反之，则应根据专业人士的一般注意力进行判断。该方法对司法实践中判定是否足以引人误解具有积极的指导意义。

本案中的施工桩，无论是管桩还是方桩都是针对建筑施工桩基商品市场，桩基不属于普通的日常消费品，作为专业性很强的特殊商品，消费该商品的相关公众应当是指购买或有意购买桩基的建筑工程相关业主和从事桩基工程有关的专业技术人员。桩基工程有关的专业技术人员一般不会也

不可能仅凭招股说明书中的相关陈述即作出选择桩型的决定。同理，作为建筑工程的业主一般也不会仅仅凭《招股说明书》中对两种桩基的比对陈述就轻易作出选择决定。招股说明书中虽然有夸大和片面的陈述，但不足引起桩基商品所涉相关公众的误解或者引起的误解有限。根据《首次公开发行股票并上市管理办法》第六十条的规定，《招股说明书》（申报稿）不是发行人发行股票的正式文件，因发行申请尚未得到证监会的核准，作为预先披露之用，其并不具有据以发行股票的法律效力。投资者是以正式公告的招股说明书全文作为作出投资决定的依据。《招股说明书》（申报稿）仅是对公司重要内容的全面披露，亦不足造成证券市场中潜在投资者及股民的误解。因此，被告的涉案被控侵权行为不足以引人误解，亦未达到以《中华人民共和国反不正当竞争法》进行规制的程度。

值得指出的是，审判法官在判决书的制作上也下了工夫。整篇判决书格式规范，要素齐全，结构严谨，重点突出。尤其在说理部分，论据充分，论点鲜明。判决最后部分类似“法官按语”更显得整个判决立意高远，大有苦口婆心、振聋发聩之效，使我们看到了整个法官群体为达到“辨法析理，胜败皆服”所作出的努力。

（易小辉　谢荣根）

77. 姚明与武汉云鹤大鲨鱼体育用品有限公司侵犯人格权及不正当竞争纠纷案*

▶ 侵权人应承担擅自将名人人格标识进行商业性使用行为的赔偿责任

湖北省高级人民法院民事判决书

（2012）鄂民三终字第137号

上诉人（原审原告）：姚明，男，汉族，住上海市徐家汇区肇家浜路×弄×号。

委托代理人：张宏，北京市正理律师事务所律师。

委托代理人：徐进，北京市正理律师事务所律师。

被上诉人（原审被告）：武汉云鹤大鲨鱼体育用品有限公司。住所地湖北省武汉市武昌区石洞街三三零三工厂内。

法定代表人：张恒山，该公司董事长。

委托代理人：徐骏，湖北忠三律师事务所律师。

上诉人姚明因与被上诉人武汉云鹤大鲨鱼体育用品有限公司（以下简称武汉云鹤公司）侵犯人格权及不正当竞争纠纷一案，不服湖北省武汉市中级人民法院（2011）武民商初字第66号民事判决，向本院提出上

* 摘自《知识产权审判与指导》2013年第1辑（总第21辑），人民法院出版社2014年版，第239～250页。

诉。本院受理后依法组成合议庭，于 2012 年 5 月 14 日公开开庭进行了审理。上诉人姚明的委托代理人张宏、徐进，武汉云鹤公司委托代理人徐骏到庭参加诉讼。本案现已审理终结。

姚明原审诉称：姓名权、肖像权是公民依法享有的权利。武汉云鹤公司擅自使用姚明的姓名、肖像，利用虚构事实进行宣传，引人误认，使普通消费者认为武汉云鹤公司的商品来源与姚明存在特定关联而误认误买。武汉云鹤公司在产品上擅自将姚明的姓名、肖像及包含姚明姓名的“姚明一代”作为商业标识进行使用的行为也侵害了姚明的合法权益，构成民事侵权和不正当竞争，依法应当承担相应的法律责任。请求判令武汉云鹤公司：(1) 立即停止不正当竞争行为；(2) 立即停止侵害姚明姓名权的行为，不得在其经营活动中使用“姚明”或者任何包含“姚明”字样的商业标识；(3) 立即停止侵害姚明肖像权的行为，不得在经营活动中以任何方式使用姚明的肖像；(4) 在《中国工商报》《中国体育报》《解放军报》《楚天都市报》上刊载声明向姚明赔礼道歉、消除影响；(5) 赔偿经济损失 1000 万元（以下未特别标明外，均为人民币）。

原审查明：姚明为世界范围内知名职业男子篮球运动员，因其在职业篮球运动领域内的突出表现及对社会公益和慈善事业的贡献，曾获得政府及媒体评选的多项荣誉，树立了良好的社会形象且享有很高知名度，是多个国际知名品牌的形象代言人。2010 年 11 月 3 日，姚明的代理人徐进在北京市国信公证处的公证人员的现场监督之下，将武汉云鹤公司网站的相关页面打开并进行打印及刻录。武汉云鹤公司网页中显示：“香港姚明企业股份有限公司是在上海东方篮球俱乐部的宏观指导下，以姚明一代为主导形象而创立的专业体育用品企业，武汉云鹤公司、香港姚明企业股份有限公司强强联手，实现战略合作，将共谋姚明品牌的发展”；2010 年 1 月 11 日的新闻中以“热烈祝贺姚明品牌登陆湖南”为标题进行“姚明一代”的宣传；在“姚明一代”的品牌释义中说明“‘姚明一代’的品牌标识由‘1’与‘三’+‘奔跑的人’变形组合而成。其中‘1’代表姚明作为 NBA 第一中锋，同时也体现了姚明对篮球运动的热情，他的梦想就是成为篮球界的第一”。

2010 年 11 月 8 日，徐进向湖北省武汉市公证处申请证据保全公证。

次日，该公证处的公证员及徐进到武汉市多福路国体武汉商城×楼×号，购买“姚明一代”的运动鞋两双，并索要了销售小票两张和号码为04634764的发票一张，该店工作人员还提供名片一张及宣传册。随后，公证员与徐进一起到国体武汉商城一楼大门口进行拍照，获取以姚明的肖像及签名作为背景的“姚明一代”产品的巨型广告牌照片三张。购买行为结束后，徐进在该公证处对所购物品的票据进行了复印，并对所购物品进行了拍照。徐进的购物、拍照及复印过程均由两公证员现场监督，所购的商品及宣传册进行签封后交由徐进保管。对上述公证购买过程，由（2010）武证民字第5901号公证书进行了详载。经当庭拆封（2010）武证民字第5901号公证书封存的实物，里面有标有货号为YM－A09007的男板鞋和货号为90123024的男滑板鞋各1双，货号为YM－A09007的男板鞋的鞋外侧印有姚明图像，货号为90123024的男滑板鞋的脚跟外侧印有姚明的签名。一同封存的2010“姚明一代”春夏新品的宣传册36～37页的图片左边使用了姚明的肖像，作为“姚明一代”专卖店的橱窗背景。

2010年11月16日，徐进向北京市国信公证处申请证据保全公证。该公证处公证员及徐进对“http://www.net.cn”“南京兄弟商贸有限公司姚明一代江苏总代理”及通过www.baidu.com搜索相关信息，对搜索的过程及结果进行保全公证。在多份打印网页上均有姚明的肖像，且在企业简介中载明“南京兄弟商贸有限公司是姚明一代运动服饰江苏区域的省级代理商，姚明一代品牌隶属于武汉云鹤公司”；在店铺展示一栏中，姚明一代终端新形象（门头效果图）上清晰的标有姚明一代的图形商标和姚明的姓名；在“姚明一代”安徽分公司及山东分公司的招商网页的宣传资料中，都使用了在NBA打球的姚明的姓名对公众进行宣传。上述公证上网及打印过程，由（2010）京国信内民证字第05375号公证书进行了详载。

2010年11月29日，徐进向江苏省南京市钟山公证处申请证据保全公证。公证员随徐进到南京市秦淮区节制闸苏尧大厦负一层门口贴有“姚明一代上海大鲨鱼体育用品有限公司江苏总代理”字样的房间，以164元价格购买一件男士外套，并取得一张盖有“南京兄弟商贸有限公司合同专用章”的《姚明一代销售单》及名片一张。购买行为结束后，徐进到南京市钟山公证处，公证员随后对所购物品、标签、包装物、名片等进行拍照。

对上述公证购买过程，由（2010）宁钟证民内字第 2952 号公证书进行了详载。经当庭拆封（2010）宁钟证民内字第 2952 号公证书封存的实物，里面有货号为 111546 加大黑色男棉衣 1 件；上海大鲨鱼体育用品有限公司江苏公司总经理赵宝东名片一张，名片背面印有“姚明”的签名；“一代之窗”的宣传资料两份，印有姚明肖像的“姚明一代”2010 春夏新品发布会的宣传光盘和印有姚明背影的“姚明一代”广告片。

另查明，2010 年 10 月 18 日，上海大鲨鱼体育用品有限公司向国家商标局申请注册“姚明一代 YAOMING ERA”商标。2003 年 10 月 7 日，国家商标局发布了商标初步审定公告。2008 年 4 月 22 日，国家商标局核准商标转让，允许上海大鲨鱼体育用品有限公司将“姚明一代 YAOMING ERA”转让给姚明企业股份有限公司。2009 年 8 月 3 日，姚明企业股份有限公司向国家商标局申请注册“姚明一代”商标，国家商标局受理该注册申请。2009 年 3 月 10 日，姚明企业股份有限公司将“姚明一代”商标注册号 2007209、注册类别 25 类商标授权给武汉云鹤公司使用，授权期限为 2009 年 2 月 6 日至 2014 年 1 月 6 日止。

2010 年 3 月 11 日，姚明通过新浪体育发布声明，称：“本人姚明，系中国国家男子篮球队队员，现效力于美国 NBA 休斯顿火箭队。截止本声明发布之日，除本人的赞助商 Reebok 公司外，本人从未授权给国内外其他任何运动服装、鞋类企业或个人将本人的姓名、肖像、签名以及其他任何含有本人个性特征的标识使用在包括篮球、运动鞋在内的体育、休闲服装等用品以及其他商品上，也未授权任何企业或个人以‘姚明’的名义成立公司、售卖商品或从事特许经营或其他商业经营活动。目前市场上出现标有‘姚明’‘姚明一代’‘姚明一族’‘姚明 - OBC’‘姚明世家’‘姚明正大’‘姚明正义’‘姚 YAO’等文字或类似图案的篮球、运动鞋、服装及其他产品，均非本人之授权产品：任何以本人姓名‘姚明’作为企业字号在境内外成立公司，如‘姚明企业公司’‘姚明集团股份有限公司’‘姚明体育用品（国际）有限公司’，并以该类公司名义进行商标许可、特许经营及其他商业经营行为，均与本人无关。本人在此严正声明：未经本人书面授权，任何企业或个人，不得擅自将本人姓名、肖像、签名及与本人相关的各类标识进行任何商业性使用。对于未经本人授权许可，擅自使用本人姓名、肖像、签名及与本人相关各类标识行为，本人均将适时采取法律措施予以追究”。该声明发表至本案诉讼时，武汉云鹤公司仍在将姚明的姓名及肖像用于企业产品的宣传及销售中。

还查明，2010 年 5 月，北京一中院受理姚明企业股份有限公司不服国家工商行政管理总局商标评审委员会作出的商评字〔2010〕第 05183 号《关于第 2007209 号“姚明一代 YAOMING ERA”商标异议复审裁定书》提起的行政诉讼，该案将姚明列为第三人参加诉讼。2011 年 3 月 7 日，北京一中院作出（2010）一中知行初字第 1870 号行政判决书，维持中华人民共和国国家工商行政管理总局商标评审委员会作出的商评字〔2010〕第 05183 号《关于第 2007209 号“姚明一代 YAOMING ERA”商标异议复审裁定书》，即被异议的商标“姚明一代 YAOMING ERA”不予核准注册。姚明企业股份有限公司不服该判决于 2011 年 3 月 28 日上诉于北京市高级人民法院，现该案仍在审理中。

原审认为：

（一）关于武汉云鹤公司的行为是否构成不正当竞争的问题

姚明认为其作为从事盈利性服务的个人，属于《中华人民共和国反不正当竞争法》中规范的经营者，合法权益应依法受保护；武汉云鹤公司在经营活动中擅自使用“姚明”“姚明一代”的行为构成不正当竞争；武汉云鹤公司在其商业活动中进行了引人误解的宣传，构成不正当竞争。武汉云鹤公司认为姚明不具备不正当竞争诉请的主体资格且适用法律明显错误，武汉云鹤公司也不存在不正当竞争的行为。原审法院认为武汉云鹤公司的行为已经构成不正当竞争。理由有两点：（1）姚明作为自然人可以成为《中华人民共和国反不正当竞争法》调整的主体。《中华人民共和国反不正当竞争法》第二条第二、三款规定：“本法所称的不正当竞争，是指经营者违反本法规定，损害其他经营者的合法权益，扰乱社会经济秩序的行为。本法所称的经营者是指从事商品经营或者营利性服务（以下所称商品包括服务）的法人、其他经济组织和个人。”对于该法条的理解应结合该法的立法目的进行。该法第一条开宗明义“为保障社会主义市场经济健康发展，鼓励和保护公平竞争，制止不正当竞争行为，保护经营者和消费

者的合法权益，制定本法。”因此，现行法律并未将经营者的范畴限定在传统意义上的商品经营者或营利性服务提供者上，《中华人民共和国反不正当竞争法》的立法目的在于维护竞争秩序，即存在竞争的商业化市场都是该法调整范畴。现阶段，我国除了传统的商品流通市场外，还形成了文化市场、技术市场、广告市场等新兴市场。在这些市场关系中，竞争仍是市场自我调整的基本方式，这些市场主体的行为符合市场经营的一般条件，应当适用《中华人民共和国反不正当竞争法》调整其竞争关系。对明星这一群体而言，个人姓名及肖像是可以帮助商品树立产品形象，让人们通过对明星知名度、职业、形象、个性、品行的联想产生对某种品牌美好印象。将商品与明星联系起来的作用是引起品牌形象联想、体现品牌个性、造成品牌识别、增加品牌权益的广告宣传方式之一。明星通过对商品进行品牌代言服务，将自己的肖像、姓名授权给特定商品生产者作为商品广告宣传使用，将自身的形象与产品形成一定的联系，以自身的形象对消费者的心理产生影响，从而引导消费。明星的这种行为就是对其形象的经营，此时其个人的形象及影响力就是商品，明星形象的经济利益即产生于这种交换之中。作为广告市场的商品经营者，明星符合《中华人民共和国反不正当竞争法》对竞争主体的要求。本案中，姚明是知名男子篮球运动员，为商品进行代言也是其获取经济收益方式之一，武汉云鹤公司是专门从事生产销售运动服装、鞋类及球类产品的企业。上述主体在广告宣传市场中，能以自己的行为影响广告宣传市场的竞争结果，属于《中华人民共和国反不正当竞争法》调整的主体。（2）武汉云鹤公司的行为构成不正当竞争。消费者面临商品的选择时，商品品牌形象也是其考虑的因素之一。作为广告宣传市场的经营者，姚明通过将自身姓名、肖像与商品品牌相联系，以自身形象在消费者心理上的影响力指引其作出消费选择。姚明的姓名、肖像是具有商品广告宣传作用的，故其有权要求禁止他人实施上述不正当竞争的行为。本案中，姚明是中国男子篮球国家队队员，2002 年参加美国 NBA 选秀以首轮第一位被休斯顿火箭队选中，成为 NBA 联盟历史中首位外籍状元，此后一直效力于休斯顿火箭队，连续 7 年入选 NBA 全明星首发阵容。2000、2004、2008 年作为中国男篮国家队成员参加奥运会，连续两届担任奥运会中国代表团旗手并取得多项社会荣誉，在世界范围内享有较高的知名度，拥有良好的社会形象。姚明因其在篮球方面取得的成就及良好的社会影响力，与其相联系的运动型产品也因此容易被消费者接受，有益于提高新产品新品牌的市场认同度。姚明的姓名及肖像的商业标识作用应予认可。武汉云鹤公司在其生产的产品上标明商标为“姚明一代”，同时，在公司网页中对品牌释义、加盟店宣传等事项都以明确表述与姚明联系起来，或是在其生产的产品上直接标明姚明的姓名使用其肖像，使消费者将该公司生产的产品与姚明联系起来，误认为是姚明授权生产的产品或进行代言的商品，并利用姚明已经存在于消费者中的影响力，引导消费者进行购买。武汉云鹤公司在2010年3月11日姚明发表公开声明后，仍坚持使用姚明的姓名及肖像为其产品进行宣传，存在不正当竞争的故意。依据《中华人民共和国反不正当竞争法》第五条“经营者不得采取下列不正当手段从事市场交易，损害竞争对手：……（三）擅自使用他人的企业名称或者姓名，引人误认为是他人的商品……”的规定，武汉云鹤公司的行为违反诚实信用原则，构成对姚明的不正当竞争。

（二）武汉云鹤公司的行为是否侵害了姚明的姓名权、肖像权

姚明认为武汉云鹤公司未经授权在其商品标识上及相关产品的宣传，甚至产品上擅自使用姚明姓名和肖像违反了法律规定，已经构成对姚明姓名、肖像权的侵权。武汉云鹤公司认为该公司没有任何侵犯姚明的姓名及肖像权的行为。原审法院认为，武汉云鹤公司的行为已经构成对姚明姓名权及肖像权的侵害。理由如下：（1）武汉云鹤公司未经姚明的授权擅自使用姚明的姓名及肖像。本案审理过程中，武汉云鹤公司一直未能提供具有姚明有效授权的证据，证明其使用姚明的姓名和肖像是曾经获得许可的；同时姚明于2010年3月11日通过媒体发表声明，表明其除授权给“Reebok”公司外从未授权给其他人使用其姓名、肖像等带有个人特性的标志。（2）武汉云鹤公司以营利为目的使用姚明的姓名及肖像已经对姚明造成了损害。武汉云鹤公司在其品牌及产品宣传中多次明确使用姚明的姓名及肖像，并在文字及图片中对消费者及加盟商进行宣传和有意引导，将姚明的形象与武汉云鹤公司生产的商品相联系，导致加盟商及消费者均产生误

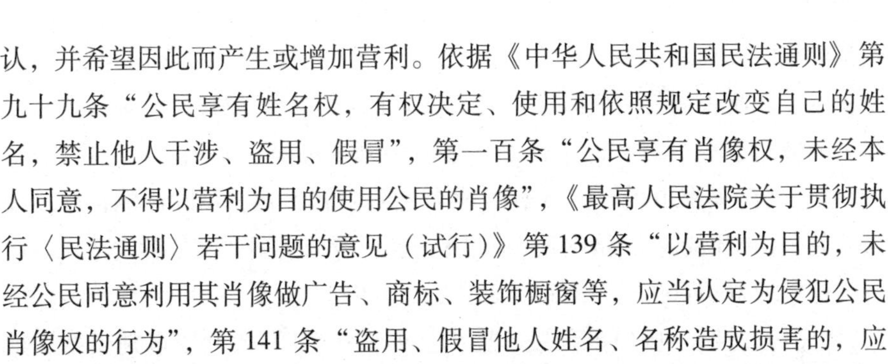

认，并希望因此而产生或增加营利。依据《中华人民共和国民法通则》第九十九条“公民享有姓名权，有权决定、使用和依照规定改变自己的姓名，禁止他人干涉、盗用、假冒”，第一百条“公民享有肖像权，未经本人同意，不得以营利为目的使用公民的肖像”，《最高人民法院关于贯彻执行〈民法通则〉若干问题的意见（试行）》第139条“以营利为目的，未经公民同意利用其肖像做广告、商标、装饰橱窗等，应当认定为侵犯公民肖像权的行为”，第141条“盗用、假冒他人姓名、名称造成损害的，应当认定为侵犯姓名权、名称权的行为”的规定，本案武汉云鹤公司称其行为未侵害姚明姓名权和肖像权的答辩理由不能成立。

综上，姚明因其自身的努力，凭借其在男子职业篮球领域取得的成就及其良好的社会形象，在广大消费者中的影响力而产生的相关权益受法律保护。武汉云鹤公司虽答辩称其公司使用的姚明与上诉人姚明不是同一人，但其在商品销售的宣传过程中，多次使用本案姚明的肖像及姓名，将其生产和销售的运动型产品与姚明相联系，借鉴姚明良好的社会形象及在消费者中具有的影响力，对其生产和销售的产品进行引人误解的宣传，使消费者对商品的来源产生混淆，违背了诚实信用原则，既侵害了姚明的姓名权及肖像权，也构成了不正当竞争，其行为应予制止，行为人亦应对此承担相应的民事责任。对于姚明姓名权、肖像权受到的侵害，姚明有权要求停止侵害，恢复名誉，消除影响，赔礼道歉，并可以要求赔偿损失。对姚明要求武汉云鹤公司在其经营活动中不得使用任何包含“姚明”字样的商业标识的请求，因授权武汉云鹤公司使用“姚明一代”商标的姚明企业股份有限公司与国家工商行政管理总局商标评审委员会及姚明的商标异议复审一案正在北京市高级人民法院进行诉讼，目前尚没有生效判决，故本案尚不宜对姚明的这一诉讼请求作出处置。姚明要求武汉云鹤公司赔偿1000万元经济损失的诉讼请求，因其证据不足以证实由于武汉云鹤公司的侵权行为造成了1000万元的经济损失，综合本案中武汉云鹤公司的侵权事实及姚明的维权支出情况，酌情由武汉云鹤公司赔偿姚明经济损失30万元（含本案诉讼费用）。根据《中华人民共和国民法通则》第九十九条第一款、第一百条、第一百二十条第一款，《中华人民共和国反不正当竞争法》第二条、第五条第（三）项，《中华人民共和国民事诉讼法》第一百二十八条的规定，判决：一、武汉云鹤公司立即停止对姚明的不正当竞争行为；二、武汉云鹤公司立即停止侵害姚明姓名权和肖像权的行为；三、武汉云鹤公司于本判决生效后15日内在《中国工商报》《中国体育报》《解放军报》《楚天都市报》上刊载声明向姚明赔礼道歉、消除影响；四、武汉云鹤公司赔偿姚明经济损失30万元；五、驳回姚明的其他诉讼请求。本案案件受理费91600元，由武汉云鹤公司负担。

上诉人姚明不服原审判决，提出上诉称：（1）改判原审判决第四项为：武汉云鹤公司赔偿经济损失1000万元；（2）武汉云鹤公司承担二审诉讼费及维权合理费用。事实与理由：（1）武汉云鹤公司的行为给姚明造成了巨大的经济损失。被上诉人在商业活动将姚明姓名、肖像进行了商业性使用，依法应当付出相应的对价。姚明作为具有极高商业价值和市场号召力的公众人物，进行商业广告获得商业利益，系其主要收入来源。姚明在本案一审程序中，向一审法院递交了大量代言合同，用以证明因被上诉人侵权行为而造成的经济损失。对本案具有参考价值的是，姚明与国际知名服装品牌Reebok公司之间签订的广告代言合同，该公司每年向姚明支付的基本广告费为700万美元。被上诉人作为运动休闲服饰的生产者和销售者，从2009年开始在经营活动中使用姚明姓名、肖像至今已经超过2年，但从未支付任何费用。参照姚明给运动服饰企业的代言费用，被上诉人的侵权行为已经给姚明造成了至少9000万元的经济损失。在被上诉人给姚明造成巨额损失的情况下，1000万元的经济损害赔偿远低于因被上诉人侵权行为造成的经济损失。即便是参照姚明同国内其他企业签署的代言费，如同中国联通、中国人寿、广东汤臣倍健等企业签署的代言费，也都超过了1000万元。（2）武汉云鹤公司通过侵权行为获得了巨额非法收益。被上诉人在其网页、宣传册等公开出版物中，多次以喜报的方式自认其侵权获利额巨大，如被上诉人某经销商仅2011年元旦当天的销售额就高达10万元。按1年360天计算，被上诉人单一经销商一年的销售额都超出了3600万元；而被上诉人在其宣传中自称其销售网络已经遍布全国大部分地区，并以极高的速度在进一步扩张，如该公司仅半年时间就在郑州发展了5家专卖店。（3）武汉云鹤公司应当承担全面赔偿责任。①本案属于严重恶意侵权，依法应当加大赔偿力度。如上所述，姚明作为知名篮球运动员和国家

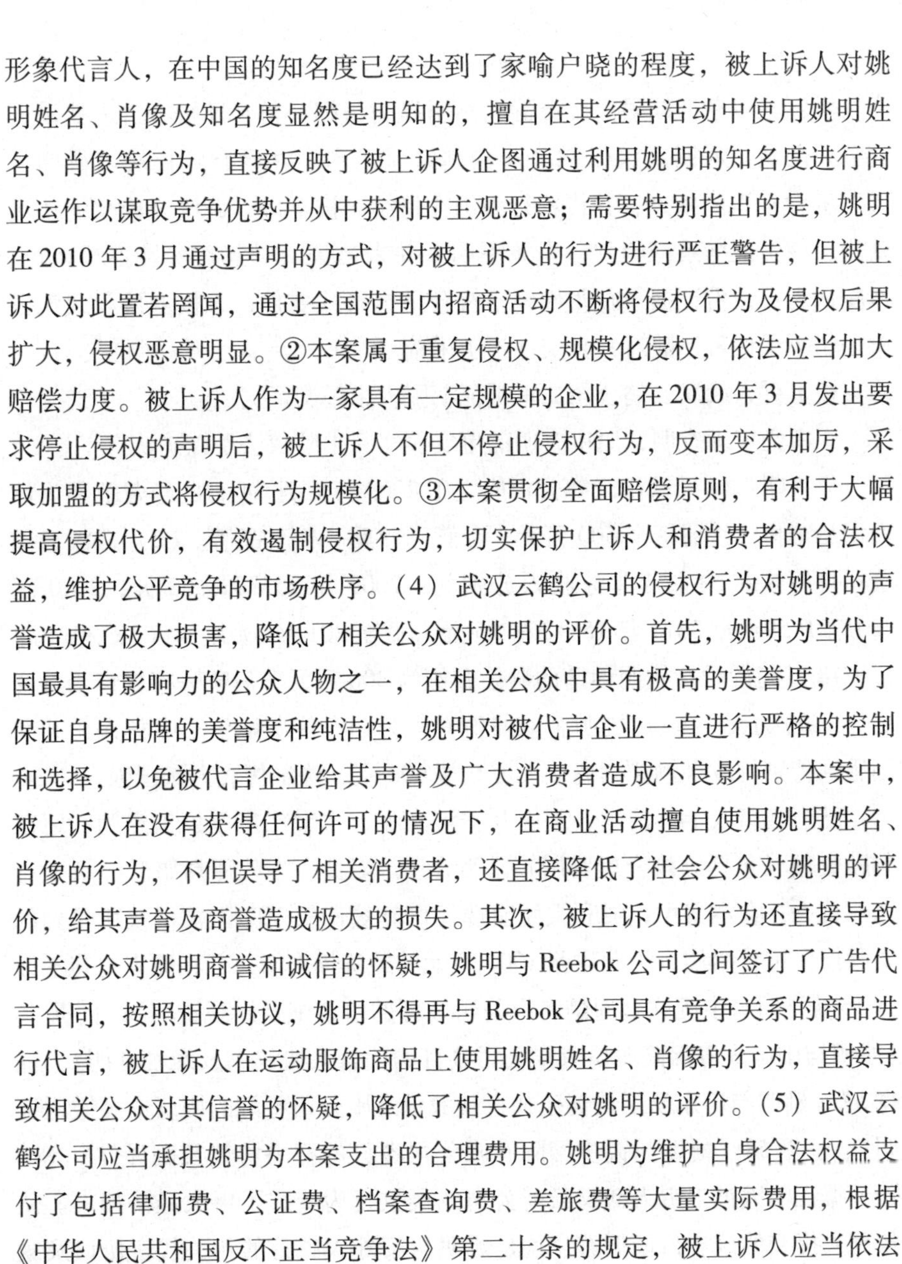

形象代言人，在中国的知名度已经达到了家喻户晓的程度，被上诉人对姚明姓名、肖像及知名度显然是明知的，擅自在其经营活动中使用姚明姓名、肖像等行为，直接反映了被上诉人企图通过利用姚明的知名度进行商业运作以谋取竞争优势并从中获利的主观恶意；需要特别指出的是，姚明在2010年3月通过声明的方式，对被上诉人的行为进行严正警告，但被上诉人对此置若罔闻，通过全国范围内招商活动不断将侵权行为及侵权后果扩大，侵权恶意明显。②本案属于重复侵权、规模化侵权，依法应当加大赔偿力度。被上诉人作为一家具有一定规模的企业，在2010年3月发出要求停止侵权的声明后，被上诉人不但不停止侵权行为，反而变本加厉，采取加盟的方式将侵权行为规模化。③本案贯彻全面赔偿原则，有利于大幅提高侵权代价，有效遏制侵权行为，切实保护上诉人和消费者的合法权益，维护公平竞争的市场秩序。（4）武汉云鹤公司的侵权行为对姚明的声誉造成了极大损害，降低了相关公众对姚明的评价。首先，姚明为当代中国最具有影响力的公众人物之一，在相关公众中具有极高的美誉度，为了保证自身品牌的美誉度和纯洁性，姚明对被代言企业一直进行严格的控制和选择，以免被代言企业给其声誉及广大消费者造成不良影响。本案中，被上诉人在没有获得任何许可的情况下，在商业活动擅自使用姚明姓名、肖像的行为，不但误导了相关消费者，还直接降低了社会公众对姚明的评价，给其声誉及商誉造成极大的损失。其次，被上诉人的行为还直接导致相关公众对姚明商誉和诚信的怀疑，姚明与Reebok公司之间签订了广告代言合同，按照相关协议，姚明不得再与Reebok公司具有竞争关系的商品进行代言，被上诉人在运动服饰商品上使用姚明姓名、肖像的行为，直接导致相关公众对其信誉的怀疑，降低了相关公众对姚明的评价。（5）武汉云鹤公司应当承担姚明为本案支出的合理费用。姚明为维护自身合法权益支付了包括律师费、公证费、档案查询费、差旅费等大量实际费用，根据《中华人民共和国反不正当竞争法》第二十条的规定，被上诉人应当依法承担维权费用。

被上诉人武汉云鹤公司答辩称：原审判决根据本案的具体情况，已对上诉人姚明的权利进行了充分保护，赔偿金额合理。上诉人的上诉请求远远超过合理赔偿范围，且存在重复主张，请求驳回上诉人的全部上诉请求。

本案二审举证期限内，上诉人姚明提交证据一份，即被上诉人武汉云鹤公司网站，证明武汉云鹤公司在其经营活动中并没有停止对“姚明一代”商业标识的使用，其侵权行为仍在持续。被上诉人武汉云鹤公司质证认为：该份证据系打印件，来源不明，并未公证，对其真实性不予认可。本院认为：该份证据系打印件，不符合证据形式要件，且被上诉人武汉云鹤公司不予认可，故对其真实性不予采信。

被上诉人武汉云鹤公司二审举证期限内未提交证据。

二审经审理查明，原审查明的事实属实，本院依法予以确认。

另查明：（1）武汉云鹤公司成立于2009年6月24日，经营范围为体育用品销售，注册资金500万元，专营“姚明一代”品牌。（2）武汉云鹤公司自行申报的主营业务收入分别为：2009年2533808.58元，2010年2201721.59元，2011年1551369.55元（截至2011年7月）。（3）2011年3月18日起诉时，姚明诉请的赔偿金额为300万元，后于一审庭审当日变更为1000万元。（4）姚明企业股份有限公司，住所地位于中华人民共和国香港特别行政区铜锣湾商业大厦6楼602室，法定代表人张国强。

结合当事人上诉请求、理由及答辩意见，本案二审争议焦点为：原审判赔数额（包括维权合理费用）是否合理。对此，本院评判如下：

首先，在本案中，权利人姚明选择按其被侵权期间因被侵权所受到的实际损失进行赔偿，为此主张1000万元的经济损失额，并在原审提交了证据55《姚明与中国联合通信有限公司签订的协议书及缴税证明》、证据56《姚明与中国人寿保险股份有限公司签订的代言人协议书及缴税证明》、证据57《姚明与广东汤臣倍健生物科技股份有限公司签订的协议书及缴税证明》、证据58《姚明与锐步国际有限公司签订的背书协议及翻译件》等4份证据证明因被上诉人武汉云鹤公司的侵权行为造成了巨大经济损失。从权利人提交的该4份证据看，均是姚明与案外人签订的相关代言协议及缴税证明。广告代言费虽是名人一定时期的收入来源甚至主要收入来源，但并不是唯一来源，更不能将其直接作为计算因他人侵权行为所受实际损失的参考标准。民事损害赔偿，要求损害结果与侵权行为之间存在一定的因果关系，不能完全根据权利人因其他商业机会所获收益来直接确定本案发

生的实际损害赔偿金额。同时，本案审理不能不注意这一事实，即：姚明提交的证据及其庭审、代理词中都认可姚明代言了 Reebok 公司即锐步国际有限公司生产的体育用品。正因为如此，才能理解为什么姚明在国内代言的都是非竞争类的保险、通信等行业，而没有代言竞争类的体育品牌。所以在此情形下，其实际损失就更不能参照其相关代言费用进行计算。据此，在并未提供因涉案侵权行为造成其直接损失依据及其计算方式的情况下，姚明上诉要求直接参照相关代言费赔偿其实际损失的事实和法律依据并不充分，故对其该部分上诉请求不予支持。

其次，原审查明的事实表明：武汉云鹤公司自 2009 年 3 月 10 日取得涉案争议商标“姚明一代”授权之后，不仅迅速在各地纷纷设立有关“姚明一代”的经销或代理商，以营利为目的擅自将姚明本人的姓名、肖像及签名用于其生产、经销的运动鞋、服装等体育用品，还在网站及商业广告中大肆使用姚明本人的姓名、肖像和签名进行宣传，误导社会公众，严重违背公认的商业道德。在发现市场上存在未经许可擅自使用其姓名、肖像、签名及相关标识行为之后，姚明于 2010 年 3 月 11 日通过新浪体育发布了正式声明。武汉云鹤公司在对此明知的情况下，并未立即停止其涉案侵权行为，而是继续侵权并放任侵权，其侵权故意明显，其行为不仅侵害姚明的姓名权、肖像权，而且构成不正当竞争，这是其一。其二，本案二审查明的事实进一步表明，武汉云鹤公司作为专营体育用品销售的公司，自 2009 年 6 月成立后，当年自行申报的主营业务收入为 2533808.58 元，2010 年为 2201721.59 元，2011 年截至当年 7 月份为 1551369.55 元。可见，武汉云鹤公司自成立到本案一审诉讼时止，在不到两年的时间内其主营业务收入高达 500 多万元，其侵权后果严重。其三，作为篮球运动员，姚明本身的市场知名度不言而喻，其商业价值、品牌影响力不容否认。武汉云鹤公司对姚明提交的其与案外人之间签订的相关代言协议的真实性虽提出质疑，但无法否认姚明品牌价值及其市场影响力。同时，姚明作为社会公众人物，一直具有良好的社会形象。在此情形下，受《中华人民共和国反不正当竞争法》保护的自然人姓名，不同于一般意义上的人身权，是区别不同市场主体的商业标识。未经权利人授权或许可，任何企业或个人不得擅自将他人姓名、肖像、签名及其相关标识进行商业性使用。武汉云鹤公司作为市场经营者，违反公认的商业道德，违背诚实信用原则，其行为不仅严重损害权利人的合法权益，也严重损害消费者的合法权益，严重扰乱社会经济秩序，应予立即和严厉制止。原审在酌定赔偿经济损失时并未充分考虑武汉云鹤公司侵权行为的性质、后果、持续时间等因素，以及2010年3月姚明发布正式声明之后，武汉云鹤公司继续侵权并放任侵权的主观过错程度。为此，综合以上因素和考虑，在被侵权人因被侵权所受损失或者侵权人因侵权所得利益难以确定的情况下，依照武汉云鹤公司侵权行为的性质、后果、持续时间及其主观过错等因素，根据《最高人民法院关于贯彻执行〈民法通则〉若干问题的意见（试行）》第150条、《中华人民共和国侵权责任法》第二十条、以及《中华人民共和国反不正当竞争法》第二十条、《最高人民法院关于审理不正当竞争民事案件应用法律若干问题的解释》第十七条的规定，确定由武汉云鹤公司赔偿姚明包括维权合理费用在内的经济损失共计100万元。据此，姚明上诉认为原审判赔数额畸低，不足以弥补上诉人因侵权所受损害的理由部分成立，对其该部分上诉请求相应予以支持。

同时，上诉人姚明在原审时提交了证据41《姚明维权支出差旅费、公证费及购买侵权产品等各项单据》、证据59《姚明补充的律师代理费支付凭证》，证明其因维权而支付的合理费用，包括公证费、差旅费、律师费、购买涉案侵权产品等费用。但上诉人姚明提交的有关维权合理费用方面的证据，并未充分证明其与本案存在直接的关联性，原审在此情形下未将涉案实际发生的合理维权成本另行计算，而是将该部分维权合理费用一并在赔偿数额中予以相应酌定的方式，并无不当。另外，案件受理费是人民法院根据所受理案件的金额依法确定，并由人民法院依法收取。故原审在“本院认为”部分将一审案件受理费91600元一并包括在赔偿经济损失金额内而在判决主文部分未予相应明确，法律依据不足且存在不当，本院对此依法予以纠正。

综上，姚明上诉要求直接参照相关代言费赔偿其实际损失的事实和法律依据并不充分，对其该部分上诉请求不予支持；但其认为原审判赔数额畸低，不足以弥补上诉人因侵权所受损害的理由部分成立，对其该部分上诉请求相应予以支持。原审认定事实清楚，适用法律正确，但实体处理明

显不当，依法应予改判。本案经合议庭评议，依照《最高人民法院关于贯彻执行〈民法通则〉若干问题的意见（试行）》第150条、《中华人民共和国侵权责任法》第二十条、《中华人民共和国反不正当竞争法》第二十条、《最高人民法院关于审理不正当竞争民事案件应用法律若干问题的解释》第十七条、《中华人民共和国民事诉讼法》第一百五十三条第一款第（三）项之规定，判决如下：

一、维持湖北省武汉市中级人民法院（2011）武民商初字第66号民事判决主文第一、二、三项；

二、撤销湖北省武汉市中级人民法院（2011）武民商初字第66号民事判决主文第五项；

三、变更湖北省武汉市中级人民法院（2011）武民商初字第66号民事判决主文第四项为：武汉云鹤大鲨鱼体育用品有限公司于本判决生效之日起10日内赔偿姚明包括维权合理费用在内的经济损失共计人民币100万元；

四、驳回姚明的其他诉讼请求。

如武汉云鹤大鲨鱼体育用品有限公司未按本判决指定的期限履行上述给付义务，应当依照《中华人民共和国民事诉讼法》第二百二十九条之规定，加倍支付迟延履行期间的债务利息。

本案一、二审案件受理费各人民币91600元，均由武汉云鹤大鲨鱼体育用品有限公司负担。

本判决为终审判决。

审　判　长　刘建新
代理审判员　陈　辉
代理审判员　童海超

二〇一二年九月十三日

书　记　员　李高雅

78. 西门子（深圳）磁共振有限公司诉余兴恩等不正当竞争纠纷案*

——违反竞业限制义务与不正当竞争的关系

员工违反竞业限制义务，排除了商业秘密侵权和其他不正当竞争行为后，应通过合同争议处理

【裁判要点】

竞业限制协议所要保护的是一种来自于合同约定的利益，在排除了商业秘密侵权和其他不正当竞争行为后，即使一方存在违反竞业限制义务行为的可能性，这种利益之争也应当通过合同争议的途径解决。《中华人民共和国反不正当竞争法》第二条是个原则性条款，其适用具有一定的条件，本案讼争的行为不构成该条规定的不正当竞争侵权行为的认定条件。

【案情简介】

原告：西门子（深圳）磁共振有限公司。

被告：余兴恩。

被告：上海派遣人才有限公司。

被告：上海联影医疗科技有限公司。

原告成立于1998年9月，经营范围为核磁共振成像系统等的开发、制造等。被告余兴恩于2005年7月进入

* 摘自《知识产权审判与指导》2014年第1辑（总第23辑），人民法院出版社2014年版，第170~175页。

原告公司工作，岗位为磁体线圈部的研发工程师。余兴恩与原告签订的《员工保密信息和发明转让协议》约定：余兴恩在雇佣期间及离职2年内，未经公司书面同意，不直接或间接从事与在公司曾参与的行业或商业活动有竞争性的任何行业或商业活动；余兴恩在收到竞争者雇佣要约及自己进行竞争性创业时有通知公司的义务；公司将给余兴恩一次性补偿金作为遵守该义务的对价，金额相当于其在雇佣期结束前财政年度所有收入的三分之二。2010年10月28日，余兴恩从原告处离职。后原告每月向余兴恩支付款项，2011年2月至2012年7月期间共支付人民币213721.56元。被告上海派遣人才有限公司（以下简称派遣公司）系从事人才派遣等业务的企业法人。2010年12月，其与余兴恩签订《派遣员工劳动合同》，将余兴恩派往上海中科高等研究院任高端医学影像技术研究中心CT实验室高级工程师，期限为一年，余兴恩的养老保险金由派遣公司缴纳。被告上海联影医疗科技有限公司（以下简称联影公司）成立于2011年3月，经营范围包括医疗设备领域内的技术开发、医用磁共振设备、医用X射线设备等医疗器械的生产等。联影公司董事会的三名成员均是原告的前员工，但与原告均未签订竞业限制协议。联影公司与中国科学院上海高等研究院存在业务合作关系。

原告诉称：三被告明知余兴恩对原告负有竞业限制义务，且联影公司与原告存在直接竞争关系，仍经共谋，由派遣公司将余兴恩派遣至与联影公司有密切关系的上海中科高等研究院工作，事实上余兴恩系与联影公司建立实际用工关系。三被告的行为违反了《中华人民共和国反不正当竞争法》第二条的规定，共同构成对原告的不正当竞争。故请求：确认三被告构成对原告的不正当竞争；判令余兴恩继续履行竞业限制义务；判令派遣公司结束对余兴恩派遣、联影公司结束与余兴恩的用工关系；判令余兴恩返还竞业限制补偿金；判令三被告连带赔偿本案调查取证费用106267元及原告经济损失904408.64元。

被告余兴恩辩称：涉案竞业限制条款不具有法律效力；其不是被派遣至联影公司处工作；余兴恩在案外人处从事的岗位与在原告处从事的岗位

不同，不构成对原告的不正当竞争；原告主张的损失也无事实和法律依据。

被告派遣公司辩称：竞业限制条款不具有法律效力；三被告不存在共同侵权的故意；违反竞业限制义务和不正当竞争之间没有必然的因果关系。

被告联影公司辩称：竞业限制条款不具有法律效力；即便该条款有效，对第三方也没有约束力，且约定的是岗位竞业限制而非单位竞业限制；原告以联影公司三名高管是原告的前员工而推论其必然知晓存在竞业限制协议没有事实根据；联影公司与余兴恩之间不存在实际用工关系；即便联影公司明知仍实际招聘余兴恩，也不存在破坏“公认的商业道德或商业秩序”，如果没有商业秘密侵权，单纯的竞业限制纠纷应当通过劳动争议程序解决，不符合《中华人民共和国反不正当竞争法》第二条规定的条件；原告主张的经济损失没有任何事实和法律依据。故三被告均请求法院驳回原告的全部诉讼请求。

【法院裁判】

上海市浦东新区人民法院经审理认为：原告要求确认三被告的行为构成《中华人民共和国反不正当竞争法》第二条第二款规定的不正当竞争，但该条款是《中华人民共和国反不正当竞争法》的原则性条款，一般不直接适用。适用该条款应当同时具备以下条件：一是被诉行为未在《中华人民共和国反不正当竞争法》第二章中具体列举，也无其他法律规范可以援引；二是其他经营者的合法权益确因该行为而受到了实际损害；三是该行为因确属违反诚实信用原则和公认的商业道德而具有不正当性。关于原告是否受到实际损害问题。原告主张其受到的损害是余兴恩掌握的商业秘密及其专业技能的竞争优势。但原告并未主张具体的商业秘密内容，且商业秘密侵权不属于适用《中华人民共和国反不正当竞争法》第二条的范围。而专业技能积累是员工人格的一部分，在不存在商业秘密侵权的前提下，员工支配与使用这些技能积累，并不损害原公司利益。至于行为是否正当

问题，判断的原则是是否违反诚实信用原则和公认的商业道德，具体应结合案件情况综合判断。只要不侵犯其他企业的商业秘密或采取其他不正当手段，员工离职后使用其积累的技能和知识，企业招录有职业积累的员工，不能简单地认定为违反诚实信用原则和公认的商业道德。另外，原告通过设定竞业限制义务的方式使自己在员工技能培养方面的权益得到保护，则另有他途救济，故也不属于无其他法律规定可援引的情形。因此，原告指控三被告构成《中华人民共和国反不正当竞争法》第二条规定的不正当竞争侵权的理由不足。依照《中华人民共和国反不正当竞争法》第二条第一款、第二款，《中华人民共和国民事诉讼法》第六十四条第一款的规定，于2012年12月5日判决：驳回原告的全部诉讼请求。[①]

一审判决后，原告不服，提起上诉，认为原审法院对本案核心事实即三被告是否违反竞业限制义务未予审理属认定事实不清；本案是联影公司系统性、大规模挖人行为的组成部分，原审认为不构成不正当竞争，属适用法律严重错误；原审法院对于《中华人民共和国反不正当竞争法》第二条适用三要件的论述存在严重错误。原告是起诉三被告的共同不正当竞争行为，并非仅针对余兴恩起诉，按《最高人民法院关于审理劳动争议案件适用法律若干问题的解释》，可以对劳动者和新用工单位提起共同诉讼，故原审认为本案可通过竞业限制途径救济而不支持本案请求，系对劳动争议范围的错误认识。

上海市第一中级人民法院经审理，认定原审法院确认的事实属实，并认为：原审并不存在对与被控不正当竞争行为是否成立有关的核心事实未予审理的情形。关于三被告的被控行为是否构成不正当竞争问题，应根据《中华人民共和国反不正当竞争法》第二条规定来审查判断。原告主张受损的权益实质是一种竞争优势，现有证据不足以证明原告失去了这种竞争优势。即使余兴恩确实违反了竞业限制义务，在原告未主张商业秘密的情

---

① 一审：上海市浦东新区人民法院（2012）浦民三（知）初字第193号民事判决书。一审判决时间：2012年12月5日。

况下，余兴恩并不构成不正当竞争侵权。当然，原告可另案追究其违反义务的民事责任。三被告的行为不构成不正当竞争。据此，于2013年4月24日判决：驳回上诉，维持原判。[①]

【法官评述】

本案争议的实质是违反竞业限制义务与不正当竞争的关系问题，涉及以下几个方面的问题：

一、员工违反竞业限制约定可能引发的纠纷类型

本案是因竞业限制合同的履行问题引发的纠纷。一般情况下，原公司与原员工及新公司之间围绕竞业限制义务问题发生的纠纷，可能存在以下几种情况：（1）原员工违反竞业限制义务到新公司就职，而新公司不知道该员工有竞业限制义务。（2）前述情况新公司明知或应知而仍然聘用。（3）原员工违反竞业限制义务，到新公司就职，并违反商业秘密保密义务，新公司不知道该员工负有上述义务。（4）前述情况新公司明知或应知而仍然聘用。从法律关系特征看，前两种情况应是原员工违反协议引发的竞业限制合同之诉，若原员工违约，原员工承担违约责任，新公司则根据其行为和主观心理状态的不同，确定其是否承担责任。后两种情况是因原员工违约并侵害商业秘密而引发的不正当竞争侵权之诉，原员工和新公司承担责任的基础主要是侵害商业秘密。根据行为人的行为特征以及主观心理状态的不同，侵权责任承担人可能是原员工，也可能是原员工与新公司承担共同侵权责任。

二、违反竞业限制约定与保护商业秘密的关系

保护商业秘密是竞业限制的主要目的，竞业限制也是保护商业秘密的

① 二审：上海市第一中级人民法院（2013）沪一中民五（知）终字第12号民事判决书。二审判决时间：2013年4月24日。

一个重要手段。

从实体上看，两者的关系至少有两个问题值得注意：一是竞业限制协议的效力是否必须以商业秘密的存在为前提。司法实践中对此有不同的看法。有的认为，如果不存在商业秘密，竞业限制协议应该是无效的。有的认为，按照《中华人民共和国劳动合同法》第二十三条规定，用人单位与劳动者可以在劳动合同中约定保守用人单位的商业秘密和与知识产权相关的保密事项。因此，竞业限制不仅基于商业秘密保护的需要，还基于与知识产权相关的保密事项的需要，故竞业限制协议的效力不以存在商业秘密为前提。笔者赞同后一种观点，即使商业秘密不存在或不构成商业秘密侵权，都不影响当事人之间竞业限制协议的效力。二是企业违反竞业限制协议或协议无效，可否免除劳动者对商业秘密的保密义务。企业不履行竞业限制协议构成竞业限制违约行为，劳动者可以通过请求合同履行保护其合同权益，但不能免除对商业秘密的保密义务；竞业限制协议无效也不当然导致保密协议无效。因为商业秘密是企业的另一项财产性权利，它是基于商业秘密保护的法律规定产生的，故保密协议具有独立于竞业限制协议的法律效力。

从程序上看，竞业限制和保护商业秘密的关系问题实际上是纠纷性质和类别的问题。与这两者有关的纠纷可能呈现三类情况：一是单纯的竞业限制纠纷（即上文提到的前两种情况）；二是单纯的侵害商业秘密纠纷；三是既涉及违反竞业限制义务又涉及侵害商业秘密的纠纷（即上文提到的后两种情况）。第一，二类纠纷在性质区分上比较简单，第一类归入劳动争议合同纠纷，第二类归入侵害商业秘密纠纷，第三类案件则要根据案件本身的具体情况来判断。若存在商业秘密侵权的情况，应作为侵害商业秘密纠纷处理；若商业秘密不存在或者不构成商业秘密侵权，则是竞业限制纠纷，应属于第一类纠纷而归入劳动争议合同纠纷范围。这可以通过最高人民法院关于竞业限制案由规定的演变来进一步理解和印证这一观点。在最高人民法院 2008 年制定实施的《民事案件案由规定》中，第 156 类“侵害商业秘密纠纷”项下设有“侵犯商业秘密竞业限制纠纷”的四级案由，而在第163类“劳动合同纠纷”中并没有单独的竞业限制纠纷的案由。《民事案件案由规定》在2011年修改以后，“竞业限制纠纷”案由独立出来，并归到第169类“劳动合同纠纷”项下，而在第160类“侵害商业秘密纠纷”项下已不再涉及竞业限制的内容，只有侵害商业技术秘密和经营秘密纠纷这两个四级案由。

三、本案被告是否构成不正当竞争及本案争议行为的性质

本案原告既不起诉商业秘密侵权纠纷，也不起诉竞业限制合同纠纷，而以不正当竞争为由起诉，要求适用《中华人民共和国反不正当竞争法》第二条规定追究三被告不正当竞争侵权责任。该条是反不正当竞争法的原则性条款，一般不直接适用，但市场竞争的开放性和激烈性导致市场竞争行为方式具有多样性和可变性，成文立法的滞后性特点决定了人民法院可以在司法实践中根据需要予以适用，同时，为避免不适当干预和阻碍市场自由竞争，应严格把握适用条件。具体而言，适用该条款应当同时具备以下条件：一是被诉行为未在《中华人民共和国反不正当竞争法》第二章中具体列举，也无其他法律规范可以援引；二是其他经营者的合法权益确因该行为而受到了实际损害；三是该行为因确属违反诚实信用原则和公认的商业道德而具有不正当性。本案原告指控的三被告的行为不符合这些条件，原告的其他诉讼请求由此也缺乏成立的基础。

原告主张不正当竞争侵权虽然不成立，但原告与员工订立竞业限制合同的相关权益，可以通过合同诉讼予以救济。因为，反不正当竞争法保护的是法律规定应受保护的利益，而竞业限制协议保护的是当事人约定保护的利益，利益来源不同，救济途径也不同。原告自己也还援引《最高人民法院关于审理劳动争议案件适用法律若干问题的解释》第十一条规定，即原用人单位以新的用人单位和劳动者共同侵权为由向人民法院起诉的，新的用人单位和劳动者列为共同被告。只是其错误理解了该解释的含义。该解释本身是一个关于劳动争议纠纷案件审理的司法解释，所以，它所说的可以对“新的用人单位和劳动者”提起共同诉讼，该诉讼即是劳动争议诉

讼，而非不正当竞争诉讼。

综上，原告在不主张商业秘密侵权又不能证明被告方存在其他不正当行为的情况下，很难从不正当竞争侵权的角度追究其责任；在被告方存在违约可能的情况下，通过合同诉讼可以救济。但案件性质是劳动争议合同纠纷，所涉法律关系是竞业限制合同关系。而作为劳动争议纠纷，在包括受理条件、管辖规定在内的诉讼程序以及实体法的适用上都与不正当竞争侵权纠纷的诉讼有明显区别，不应混为一谈。

（陈惠珍）

其　他

一、专利行政管理

79. 北京双鹤药业股份有限公司与湘北威尔曼制药股份有限公司、国家知识产权局专利复审委员会发明专利权无效行政纠纷案*

▶ 具有创造性的发明创造才能获得专利权的保护

最高人民法院行政判决书

（2011）行提字第8号

申请再审人（一审第三人）：北京双鹤药业股份有限公司。

法定代表人：卫华诚，该公司董事长。

委托代理人：唐伟杰。

委托代理人：陈昕。

被申请人（一审原告、二审上诉人）：湘北威尔曼制药股份有限公司。住所地：湖南省浏阳市洞阳乡（生物医药园内）。

法定代表人：孙明杰，该公司董事长。

委托代理人：戴锦良，广东胜伦律师事务所律师。

---

* 摘自《知识产权审判与指导》2012年第2辑（总第20辑），人民法院出版社2013年版，第150～170页。

委托代理人：杨立新。

一审被告、二审被上诉人：国家知识产权局专利复审委员会。住所地：北京市海淀区北四环西路9号银谷大厦10~12层。

法定代表人：张茂于，该委员会副主任。

委托代理人：毛琎，该委员会审查员。

委托代理人：刘新蕾，该委员会审查员。

申请再审人北京双鹤药业股份有限公司（以下简称双鹤公司）因与被申请人湘北威尔曼制药股份有限公司（以下简称湘北威尔曼公司），一审被告、二审被上诉人国家知识产权局专利复审委员会（以下简称专利复审委员会）发明专利权无效行政纠纷一案，不服北京市高级人民法院（2007）高行终字第146号行政判决，向本院申请再审。本院于2011年3月1日作出（2010）知行字第46号行政裁定，提审本案。本院依法组成合议庭，于2011年6月14日公开开庭审理了本案，双鹤公司的委托代理人唐伟杰、陈昕，湘北威尔曼公司的委托代理人戴锦良、汪军，专利复审委员会的委托代理人程强、刘新蕾到庭参加诉讼。2011年11月15日，本院再次询问了当事人，湘北威尔曼公司的原委托代理人汪军变更为杨立新，专利复审委员会原委托代理人程强变更为毛琎。双鹤公司的委托代理人唐伟杰、陈昕，湘北威尔曼公司的法定代表人孙明杰，委托代理人戴锦良、杨立新，专利复审委员会的委托代理人毛琎、刘新蕾到庭参加询问。本案现已审理终结。

一、二审法院审理查明：本案涉及专利号为97108942.6、名称为“抗β-内酰胺酶抗菌素复合物”的发明专利（以下简称涉案专利）。其申请日为1997年6月11日，授权公告日为2000年12月6日，授权公告的专利权人为广州威尔曼药业有限公司（以下简称广州威尔曼公司）。授权公告的权利要求1为：“一种抗β-内酰胺酶抗菌素复合物，其特征在于它由舒巴坦与氧哌嗪青霉素或头孢氨噻肟所组成，舒巴坦与氧哌嗪青霉素或头孢氨噻肟以0.5-2∶0.5-2的比例混合制成复方制剂。”

针对涉案专利权，双鹤公司于2002年12月3日向专利复审委员会提出无效宣告请求，理由为涉案专利不具有新颖性和创造性，不符合《中华人民共和国专利法》（2000 年修订）第二十二条第二款、第三款的规定。为支持其主张，双鹤公司向专利复审委员会提交了证据 1：发表于“International Journal of Antimicrobial Agents 1996（6）”的“Sulbactam in combination with mezlocillin, piperacillin or cefotaxime: clinical and bacteriological findings in the treatment of serious bacterial infections”及其中文译文（以下简称对比文件）。

2003 年 8 月 27 日，专利复审委员会作出第 8113 号无效宣告请求审查决定（以下简称第 8113 号决定），以涉案专利不具有创造性为由，宣告涉案专利权全部无效。决定认为：（1）对比文件虽然公开了舒巴坦与哌拉西林或者头孢氨噻肟可以联用，但并未公开舒巴坦与哌拉西林或者头孢氨噻肟混合形成的具体药物组合。因此，权利要求 1 相对于对比文件具有新颖性，符合专利法第二十二条第二款的规定。（2）根据涉案专利说明书的记载，权利要求 1 的技术方案是为了解决细菌对氧哌嗪青霉素和头孢氨噻肟等的耐药问题，而细菌产生耐药的机理以产生抗 β－内酰胺酶为主。针对该技术问题，其采用的技术方案是以舒巴坦与氧哌嗪青霉素或者头孢氨噻肟以 0.5－2∶0.5－2 的比例组成复合物，达到的技术效果是使抗生素的抗菌活性增强，扩大抗菌谱，解决细菌的耐药性问题。对比文件也是为了解决细菌的耐药性问题，其“序言”指出：“产生 β－内酰胺酶是细菌对 β－内酰胺类抗生素耐药的最重要的机制。”对比文件公开了舒巴坦可以与哌拉西林以 0.5∶2，或者与头孢氨噻肟以 1∶2 的比例联合使用的技术方案，该技术方案也能达到提高抗生素的抗菌性，扩大抗菌谱，解决细菌的耐药性的效果。在对比文件公开的技术方案的基础上，结合其中给出的“本研究中的所有的微生物体均对被琼脂扩散试验证明的 15μg 舒巴坦和 30μg 抗生素组成的复合制剂敏感”的技术启示，本领域技术人员无需花费创造性的劳动，就可以将舒巴坦与氧哌嗪青霉素或者头孢氨噻肟混和制成复合物，得到权利要求 1 的技术方案，并获得所述技术效果。因此，权利要求 1 相对于对比文件不具有创造性，不符合《中华人民共和国专利法》第二十二条第三款的规定。对于广州威尔曼公司声称的涉案专利具有其它技术效果，如副作用减少、药效过程等同以及高生物有效性等，由于涉案专利说明书中并没有记载，因此不能说明权利要求1具有创造性。

广州威尔曼公司不服第8113号决定，向北京市第一中级人民法院提起行政诉讼。

北京市第一中级人民法院一审认为：权利要求1与对比文件公开的技术方案相比，区别在于权利要求1的技术方案为舒巴坦与氧哌嗪青霉素或者头孢氨噻肟组成，舒巴坦与氧哌嗪青霉素或者头孢氨噻肟以0.5－2：0.5－2的比例混合制成复方制剂的复合物。对比文件虽然公开了舒巴坦与哌拉西林或者头孢氨噻肟可以联用，但并未公开舒巴坦与哌拉西林或者头孢氨噻肟混合形成的复方制剂。在对比文件公开的利用不同药品联合治疗某种疾病，可以产生良好疗效的基础上，本领域技术人员容易想到采用常规技术将舒巴坦与哌拉西林或者头孢氨噻肟混合制成复合物，从而得到权利要求1的技术方案，并获得所述技术效果。因此，权利要求1相对于对比文件不具有创造性，不符合《中华人民共和国专利法》第二十二条第三款的规定。据此判决：维持第8113号决定。一审案件受理费1000元，由广州威尔曼公司负担。

广州威尔曼公司不服该一审判决，向北京市高级人民法院提起上诉。二审过程中，涉案专利的专利权人由广州威尔曼公司变更为湘北威尔曼公司。

北京市高级人民法院二审认为：权利要求1与对比文件的区别技术特征在于，前者是舒巴坦与哌拉西林或者头孢氨噻肟混合制成复方制剂，后者为输注前将舒巴坦与哌拉西林或者头孢氨噻肟配制为混合液。虽然对比文件公开了舒巴坦与哌拉西林或者头孢氨噻肟可以在输注前配制为混合液，但是，对比文件并没有公开将舒巴坦与哌拉西林或者头孢氨噻肟混合制成复方制剂。第8113号决定没有就有关“将舒巴坦与哌拉西林或者头孢氨噻肟混合制成复方制剂是本领域技术人员容易想到的”的认定提供相关的依据，其作出的认定理由不充分。一审判决的有关认定缺乏依据。湘北威尔曼公司有关对比文件公开的联合用药与涉案专利中的复方制剂系完全不同的概念，二者具有本质区别，并非本领域技术人员显而易见的上诉理由成立，予以支持。据此判决：撤销北京市第一中级人民法院（2006）

一中行初字第786号行政判决；撤销第8113号决定；判令专利复审委员会就涉案专利重新作出无效宣告请求审查决定。

双鹤公司不服该二审判决，于2010年9月向本院申请再审称：（1）对比文件以及双鹤公司申请再审时提交的证据10分别公开了权利要求1的技术方案，因此，权利要求1不具有新颖性。（2）权利要求1不具有创造性，具体理由如下：①联合用药表述的是给药方式，而复方制剂是联合用药的具体手段，二者是目的与实现方式的关系，并不具有本质区别。首先，涉案专利说明书中没有记载从联合用药到复方制剂之间存在任何技术障碍，也没有记载任何需要克服的技术难题或者需要采取任何特定技术手段。其次，涉案专利仅仅是通过简单混合制成常规粉针剂或者冻干粉针剂，专利说明书中没有记载在制备复方制剂时需要采用特定的技术手段，并因此实现了意想不到的技术效果。再次，涉案专利说明书中记载的技术效果包括五个方面，其中第1~4项技术效果已经被对比文件公开。关于第5项技术效果“可用于工业生产”，专利说明书中没有记载任何需要解决的工业生产难题，也没有记载涉案专利为解决工业生产难题而采取了任何特定的技术手段。最后，联合用药包括不同药物同时服用和将不同药物制成复方制剂服用两个方面，将不同药物制成复方制剂是实现联合用药的常规技术手段。在制备复方制剂方面，并无证据证明现有技术中存在无法克服的技术问题，也没有证据证明涉案专利具有意想不到的技术效果。②对比文件公开了权利要求1的技术方案、技术效果和解决的技术问题。③众多教科书以及工具书中反复教导了舒巴坦与β-内酰胺类抗生素、氧哌嗪青霉素和头孢氨噻肟的联合运用，以及将二者制成复方制剂。本领域技术人员在公知利用不同药物联合治疗某种疾病并且可以产生良好疗效的情况下，能够很容易地想到采用常规技术手段将舒巴坦与哌拉西林或者头孢氨噻肟混合制成复方制剂。因此，权利要求1不具有创造性。基于上述理由，双鹤公司认为二审判决认定事实错误，适用法律错误。请求本院：（1）撤销北京市高级人民法院（2007）高行终字第146号行政判决；维持专利复审委员会第8113号决定以及北京市第一中级人民法院（2006）一中行初字第786号行政判决，宣告涉案专利权无效。（2）一、二审以及再审诉讼费用由湘北威尔曼公司负担。

湘北威尔曼公司答辩称：权利要求1相对于对比文件具有新颖性和创造性，具体理由如下：（1）对比文件公开的联合用药与涉案专利中的复方制剂具有本质区别。①联合用药是指在临床上医生根据患者的具体情况，通过处方将不同的单一药品配伍使用，共同作用于人体的治疗手段，属于临床医学的范畴。而复方制剂是相对于单方制剂而言的，是指两种或者两种以上的药物或者化合物，由药品生产者依照药品注册管理办法，经过临床前和临床研究，通过药品行政管理部门的技术评审和行政审批并获得新药证书和生产批件后，获准生产的药物制剂，其属于药学的范畴，二者的技术领域和本质属性均有不同。②联合用药属于方法，是一种临床治疗方案，会因为不同患者或者同一患者不同阶段的病情而变化，具有随机性、临时性、动态性和不确定性的特点。复方制剂属于产品，以其被制成时的形态长期存在，具有固定性、稳定性和长期性的特点。③联合用药的过程中，联合使用的药物均为二种或者二种以上单独存在的单体药品，各种单体药品均具有特定的理化性质、药理（药效学+药动学）、适应症、不良反应、配伍禁忌等。复方制剂本身属于单一制剂，具有新的特点，并且这些新的特点并非各单体药品相应特点的简单相加。即使联合用药具有积极效果，并不意味着联合使用的不同药物可以被制成复方制剂，并且仍然具有联合使用时的积极效果，不产生其他毒副作用。④从联合用药到复方制剂，创新点不仅仅在于以何种工艺生产复方制剂，更在于被联合使用的不同药物是否适合被制成复方制剂，尤其是制成复方制剂后其作用和效果是否更加优化，不会产生无效、拮抗等毒副作用。（2）复方制剂是直接作用于人体的人用药物，必须符合药物所必须具备的安全性、有效性、稳定性。①为掌握复方制剂的安全性、有效性和稳定性，必须进行理化性质及纯度、剂型选择、组方筛选、制备工艺、检验方法、质量指标、稳定性、药理、毒理、动物药代动力学等一系列研究。本领域技术人员仅仅依据联合用药的经验和信息，或者参照联合使用的各单体药品的安全性、有效性和稳定性，均无法得到与复方制剂安全性、有效性和稳定性有关的信息。即使联合用药具有良好疗效，也不能证明复方制剂具有安全性、有效性和稳定性。②根据国家食品药品监督管理局发布的《关于印发β－内酰胺酶抑制剂抗生素复方制剂技术评价原则的通知》《关于加强药品组合包装管理的通知》中的相应规定，将β－内酰胺酶抑制剂与β－内酰胺类抗生素制为复方制剂，必须进行药效学试验、毒理试验等一系列研究和试验，以验证并解决复方制剂的安全性、有效性和稳定性。因此，未经研究和试验，不能显而易见地得知可以将β－内酰胺酶抑制剂与β－内酰胺类抗生素制为复方制剂。（3）权利要求1与对比文件具有实质性的区别。①权利要求1是封闭式权利要求，虽然权利要求1没有限定复方制剂的剂型，但是本领域技术人员可以显而易见地得出，也只能得出该复方制剂的剂型就是（冻干）粉针剂。并且涉案专利说明书亦明确指出该复方制剂是（冻干）粉针剂，可以用来解释权利要求。②对比文件虽然公开了抗生素、舒巴坦、无菌水的联合使用过程及其产生的有益效果，但并没有公开这三者可以被制成复方制剂，也没有指出制成复方制剂后仍然具有协同增效的积极效果，更没有指出该复方制剂是否安全、稳定。③为获得涉案专利技术方案，实际上已经进行了包括但不限于下列试验和研究：复方制剂为对象的体外试验和体内动物试验、长期毒性试验、急性毒性试验、药理毒理研究资料、一般药理研究试验、体外抗菌作用研究、局部毒性和其他安全性研究试验。涉案专利说明书的撰写符合其专利申请日施行的《审查指南》中的相关规定，上述试验和研究并不需要全部记载于涉案专利说明书中。④涉案专利中的复方制剂必须符合所有药物都必须具备的安全性、有效性和稳定性。无论说明书如何撰写，都不能否定涉案专利在安全性、有效性、稳定性三个方面所完成的研究和试验工作。虽然对专利说明书的要求和对药品注册的要求不同，但药品专利毕竟在药品行业中，药品注册的部分要求总是隐含在药品的工艺、药学、药效等研究中。（4）涉案专利具有安全、有效、质量可控、疗效显著等有益效果，取得了商业上的成功，具有创造性。（5）在涉案专利申请日之前，医药领域普遍存在三代头孢、哌拉西林耐酶的技术偏见，本领域技术人员不会想到通过复方制剂来解决细菌耐药性问题。涉案专利克服了该技术偏见，具有创造性。

专利复审委员会答辩称：虽然联合用药和复方制剂是不同的概念，但是二者密切相关。联合用药是一种给药方式，包含以复方制剂的方式，二者并不具有本质区别。权利要求1具有新颖性，但不具有创造性。第8113号决定认定事实清楚、适用法律正确。

双鹤公司向本院申请再审时，提交了下列证据：（1）化学工业出版社1992年7月印刷的《化工词典》。（2）发表于《广东药学院学报》1996年12（4）的《发展复方制剂、开发药物新品种》。（3）人民卫生出版社1986年11月出版的《药剂学》。（4）人民卫生出版社1986年11月出版的《药物化学》。（5）世界图书出版公司1994年5月出版的《医用药理学基础》。（6）科学出版社1996年6月出版的《医学药理学》。（7）中国医药科技出版社1996年12月出版的《医药商品学》。（8）1995年10月出版的《简明实用药物手册》。（9）人民卫生出版社1992年9月出版的《药理学》。（10）发表于Journal of Hospital Infection（1995）29的“Infection after colorectal surgery：a randomized trial of prophylaxis with piperacillin versus sulbactam/piperacillin”及其中文译文。（11）国家知识产权局专利检索中心出具的《检索报告》。（12）韩国90－006981号专利、美国US4234579号专利及其中文译文。（13）人民卫生出版社1980年5月出版的《药剂学》。（14）人民卫生出版社1986年10月出版的《药理学》。

针对双鹤公司提交的上述证据，湘北威尔曼公司质证认为：（1）上述证据并非本案行政程序以及一、二审程序中的证据，也不属于再审程序中的新证据，应当不予采信。（2）针对涉案专利权，双鹤公司已经依据证据1～4另行提出无效宣告请求，在未经专利复审委员会先行审查并作出审查结论之前，所述证据不能作为本案认定事实的依据。（3）湘北威尔曼公司对证据1、2、11、13、14的真实性和关联性予以认可，对证据3～9的真实性不予认可，对证据10、12的真实性、合法性、关联性不予认可。

专利复审委员会对双鹤公司提交的证据1～14的真实性予以认可。

本院再审期间，湘北威尔曼公司向本院提交了下列证据：反证1：专利复审委员会4W100684号无效宣告请求案的请求书以及受理文件。反证2：专利复审委员会4W100352号无效宣告请求案的请求书以及受理文件。反证3：专利复审委员会4W100285号无效宣告请求案的请求书以及受理文

件。反证4：专利复审委员会4W100369号无效宣告请求案的请求书以及受理文件。反证5：专利复审委员会W402711号无效宣告请求案的请求书以及受理文件。反证6：双鹤公司提交的证据12的中文译文。反证7：化学工业出版社1995年11月印刷的《药典－临床用药须知》。反证8：上海科技出版社2004年7月出版的《抗生素的合理应用》。反证9－11：1998年至2011年期间国内相关学术期刊上发表的有关学术论文。反证12：国家食品药品监督管理局于2004年3月发布的《关于加强药品组合包装管理的通知》。反证13：国家食品药品监督管理局于2006年2月发布的《关于印发β－内酰胺酶抑制剂抗生素复方制剂技术评价原则的通知》。反证14：注射用哌拉西林钠舒巴坦钠、注射用哌拉西林钠配舒巴坦钠、注射用哌拉西林钠以及注射用舒巴坦钠的产品包装以及说明书。反证16：国家经济贸易委员会1998年出版的《国家级化学医药新产品开发指南》。反证17－28：2002年至2010年期间国内相关学术期刊上发表的有关学术论文。反证29：广州威尔曼公司与案外人上海新先锋药业有限公司、哈尔滨智诚医药科技研究院就涉案专利签订专利实施许可合同的备案证明。反证30：中国国际经济贸易仲裁委员会〔2010〕中国贸仲京裁字第0250号裁决。反证31：案外人苏州二叶制药有限公司向湖南省长沙市中级人民法院提交的复议申请书及其附件《注射用哌拉西林舒巴坦（2：1）销售计划，利润及销售收入分析》。反证32：北京双鹤药业有限公司一君销售收入损失预测表。反证33：四川制药制剂有限公司注射用哌拉西林钠舒巴坦钠（4：1）销售出库表。反证34：（2010）粤穗广证内经字第71763号《公证书》。反证35：涉案专利的产品市场和商业价值分析。反证36：其他类似复方制剂专利的专利说明书。反证37：注射用头孢噻肟钠舒巴坦钠长期毒性试验资料。反证38：注射用头孢噻肟钠舒巴坦钠急性毒性试验资料。反证39：注射用头孢噻肟钠舒巴坦钠一般药理研究的试验资料。反证40：不同配比的头孢噻肟钠与舒巴坦钠体外抗菌作用研究。反证41：注射用头孢噻肟钠舒巴坦钠过敏性、溶血性和局部刺激性等主要局部、全身给药相关的特殊安全性试验研究。反证42：注射用头孢噻肟钠舒巴坦钠临床研究计划及研究方案。反证43：注射用头孢噻肟钠舒巴坦钠临床研究者手册。反证44：广东省版权局第 19 - 2011 - A - 00227 号《作品著作权登记证》。反证 45:《哌拉西林钠舒巴坦钠试验、研究资料汇编》。除上述证据外，湘北威尔曼公司还向本院提交了广东省版权局第 19 - 2011 - A - 00226 号《作品著作权登记证》及其作品登记样本《注射用头孢噻肟钠舒巴坦钠研究资料汇编》，用于证明反证 37 - 43 的真实性。

针对湘北威尔曼公司提交的上述反证，双鹤公司质证认为：(1) 湘北威尔曼公司提交上述证据的时间超过举证期限，所述证据应当不予认可。(2) 对反证 1、2 的真实性予以认可；对反证 3 的第 1 页，反证 4 的第 1、3、5 页，反证 5 的第 1 - 3 页的真实性予以认可，对反证 3 - 5 其余部分的真实性不予认可；对反证 3 - 5 的关联性不予认可。(3) 对反证 6 的真实性、合法性、关联性不予认可。(4) 对反证 7 的真实性予以认可，对其关联性不予认可。(5) 反证 8 的公开时间在涉案专利申请日之后，对其真实性予以认可，但对其关联性、合法性不予认可。(6) 反证 9 ~ 14、16、17、19 ~ 28、36 的公开时间均在涉案专利申请日之后，对其真实性、合法性、关联性不予认可。(7) 湘北威尔曼公司未提交反证 18 的原件，对其真实性不予认可。(8) 对反证 29、31 的真实性予以认可，对其合法性、关联性不予认可。(9) 对反证 30、32、33、37 ~ 45 的真实性、合法性、关联性不予认可。(10) 对反证 34 的真实性予以认可，对其关联性不予认可。(11) 反证 35 的形成和来源不明，湘北威尔曼公司未提交该证据的原件，对其真实性不予认可。

针对湘北威尔曼公司提交的上述证据，专利复审委员会质证认为：(1) 对反证 1 ~ 5、12、13、29 ~ 31、34 的真实性、合法性予以认可，对其关联性不予认可。(2) 对反证 6、44 ~ 45 的真实性不予认可。(3) 对反证 7 的真实性、合法性、关联性予以认可。(4) 对反证 8 ~ 11、16 ~ 17、19 ~ 28 的真实性予以认可，对其关联性不予认可。(5) 对反证 14、37 ~ 43 的真实性、关联性不予认可。(6) 反证 18 的公开日在涉案专利申请日之后，对其真实性、关联性不予认可。(7) 对反证 32、33、35、36 的真实性、合法性、关联性不予认可。

对于双鹤公司与湘北威尔曼公司向本院提交的有关证据，结合各方当事人的质证意见，本院认证如下：

（一）关于双鹤公司提交的证据

证据1、3～9、13、14分别为涉案专利申请日之前公开的技术词典、教科书、技术手册等公知常识性证据。湘北威尔曼公司、专利复审委员会对证据1、13、14的真实性未提出异议，本院对所述证据的真实性予以认可。双鹤公司提交了加盖有国家图书馆科技查新中心骑缝章的证据3～9的复印件，以证明证据3～9的真实性。湘北威尔曼公司虽对证据3～9的真实性提出异议，但并未提供相反的证据，亦未能就所述证据的真实性提出合理质疑，故本院对所述证据的真实性予以认可。证据1、3～9、13、14虽然并非专利复审委员会作出第8113号决定的依据，但根据所述证据，能够更为客观、准确地确定本领域技术人员在涉案专利申请日之前应当具有的知识水平和认知能力，准确界定本案中涉及的相关技术术语的含义，有助于本院对权利要求1的创造性以及第8113号决定的合法性进行审查。故对所述证据，本院予以采信。

证据2为涉案专利申请日前相关学术刊物上发表的论文，其对复方制剂的前景、动态、创制途径等进行了一般性介绍。虽然该论文本身不属于公知常识性证据，不能直接用于证明涉案专利申请日之前本领域技术人员应当具有的知识水平和认知能力，但对本院认定相关事实，亦有一定的参考、借鉴作用，与本案具有关联性。

证据10～12既不属于专利复审委员会作出第8113号决定的依据，亦不能用于证明涉案专利申请日之前本领域技术人员应当具有的知识水平和认知能力，与本案不具有关联性，本院不予采信。

应当指出的是：双鹤公司以及其他案外人是否已依据本案中的有关证据向专利复审委员会另行提出专利无效宣告请求，与本院对本案中相关证据的审查、认定并无必然关联。并且在本案中，本院系依据各方当事人提交的有关证据，对第8113号决定的事实认定以及法律适用进行合法性审查，而非就有关证据是否影响涉案专利的创造性直接予以认定。因此，对于湘北威尔曼公司有关未经专利复审委员会先行审查并作出审查决定之前，在本案中不能以双鹤公司提交的有关证据作为认定案件事实的依据的主张，本院不予支持。

（二）关于湘北威尔曼公司提交的反证

反证1～5系涉及涉案专利的其他无效宣告请求案件的相关材料，与本案不具有关联性，本院不予采信。

反证6系双鹤公司提交的证据12的中文译文。因证据12与本案不具有关联性，故反证6与本案亦不具有关联性，本院不予采信。

反证7为涉案专利申请日之前公开的技术手册，该证据可以用于证明涉案专利申请日之前本领域技术人员应当具有的知识水平和认知能力，双鹤公司、专利复审委员会对该证据的真实性亦未提出异议，本院予以采信。

反证8～11、16～28分别为涉案专利申请日之后公开的学术专著、技术手册、学术论文等，所述证据既不属于专利复审委员会作出第8113号决定的依据，亦不能证明涉案专利申请日之前本领域技术人员应当具有的知识水平和认知能力，与本案不具有关联性，本院不予采信。

反证12为国家食品药品监督管理局下发的《关于加强药品组合包装管理的通知》，与本案不具有关联性，本院不予采信。

反证13为国家食品药品监督管理局下发的《关于印发β－内酰胺酶抑制剂抗生素复方制剂技术评价原则的通知》，该证据来源于国家食品药品监督管理局的官方网站，且与本案具有关联性，本院予以采信。

湘北威尔曼公司以反证29～31证明涉案专利取得了商业上的成功，并提交了所述证据的原件。所述证据与本案具有关联性，本院予以采信。

反证34仅能用于证明与案外人哈尔滨誉衡药业有限公司首次公开发行股票相关的事实，与本案不具有关联性，本院不予采信。

湘北威尔曼公司未能向本院提交反证14、32、33、35、36的原件，所述证据的形成和来源不明，真实性无法核实；并且反证14、36与本案亦不具有关联性，故本院对反证14、32、33、35、36不予采信。

反证37～43系有关注射用头孢噻肟钠舒巴坦钠的试验、研究资料，所

述证据仅能用于证明湘北威尔曼公司与案外人中国药科大学、威尔曼国际新药研发中心为研发注射用头孢噻肟钠舒巴坦钠，开展了相关试验、研究工作。反证44～45系有关注射用哌拉西林钠舒巴坦钠的试验、研究资料及《作品著作权登记证》，所述证据仅能用于证明试验者吕华冲、孙明杰以及中国药科大学为研发注射用哌拉西林钠舒巴坦钠，开展了相关试验、研究工作。上述证据中的有关内容均未记载于涉案专利说明书中，不能作为认定权利要求1的创造性的依据，与本案不具有关联性，本院不予采信。对于湘北威尔曼公司有关为了获得涉案专利，必须进行一系列科学研究和试验，不经过创造性劳动无法解决涉案专利复方制剂的安全性、有效性和稳定性的主张，本院将在下文有关创造性的认定中予以详细评述。

本院审查查明，一、二审法院认定的事实属实。

结合双鹤公司、湘北威尔曼公司提交的有关证据，本院另查明以下事实：

（一）涉案专利说明书中记载的有关内容

涉案专利说明书中记载："细菌耐药是导致氧哌嗪青霉素和头孢氨噻肟近年临床疗效下降的重要原因。……细菌产生耐药的机理以细菌产生抗β－内酰胺酶为主。""针对产β－内酰胺酶细菌的耐药性，临床上采取将β－内酰胺酶抑制剂与抗生素配伍使用的策略，取得了良好的效果，两者制成的复方，不仅使抗生素的抗菌活性增强，同时还扩大了抗菌谱。目前已上市的产品有……舒巴坦分别与氨苄青霉素及头孢哌酮的复方制剂，优立新和舒乐哌酮。""目前尚未有将舒巴坦与氧哌嗪青霉素或头孢氨噻肟制成复方制剂在临床使用的报道。"

"本发明是这样实现的，……按已知的粉针剂或冻干粉针剂制备工艺程序操作进行。即制备出对产β－内酰胺酶细菌敏感的复方氧哌嗪青霉素制剂或复方头孢氨噻肟制剂。"

"本发明具有如下优点：（1）舒巴坦与氧哌嗪青霉素和头孢氨噻肟具有协同抗菌作用，可明显增强两者的抗菌活性。（2）舒巴坦与氧哌嗪青霉素和头孢氨噻肟合用能显著增强两者的抗菌谱，扩展临床应用范围。（3）

舒巴坦与氧哌嗪青霉素和头孢氨噻肟合用，可有效地解决细菌耐药问题，增强临床疗效。（4）用本发明取代目前使用的氧哌嗪青霉素和头孢氨噻肟，临床疗效进一步加强，应用更为广泛。（5）本发明可用于工业生产。”

（二）对比文件中记载的有关内容

对比文件系中文名称为《舒巴坦分别与美洛西林、哌拉西林和头孢氨噻肟联合使用：在治疗严重细菌感染过程中临床和细菌学方面的研究发现》的学术论文。对比文件“摘要”记载：“在德国12家医院采用公开的多中心研究方法，对舒巴坦分别与美洛西林、哌拉西林和头孢氨噻肟联合用于严重细菌感染时的功效和耐受性进行了研究。一共155位患者参与此项研究。”

对比文件“序言”记载：“产生β－内酰胺酶是细菌对β－内酰胺类抗生素耐药的最重要的机制。……舒巴坦对β－内酰胺酶产生的不可逆的灭活作用对广谱β－内酰胺酶同样有效。由此可知，舒巴坦除了与头孢哌酮、头孢羧噻肟、头孢曲松合用外，也可与美洛西林、哌拉西林和头孢氨噻肟合用。”

对比文件“临床和细菌学评价”记载：“病人每天汇报发生于自己身上的任何不良反应。所有的不良反应以一种特定调查表的形式记录下来，包括不良反应的性质、发生的时间、持续的时间和任何用于对付不良反应的措施。”

对比文件“研究方案”记载：“美洛西林和哌拉西林给药量为4g，一天给药三次：头孢氨噻肟给药量为2g，一天给药三次。在每次给予上述抗生素的同时，给予舒巴坦1g。给药途径为快速静脉输注，20分钟给药完毕。混合方法为舒巴坦溶于大约10ml无菌水中，然后与准备好的抗生素输液混合。由于舒巴坦与本研究中的抗生素可以配伍使用，不会降低它们的疗效，所以，这种混合方法是可行的。”

对比文件“结果”记载以下内容：“开始治疗前106（68.4%）位患者体内的病原微生物得到确认，一共分离了192株。……本研究中所有的微生物体均对被琼脂扩散实验证明的由15μg舒巴坦和30μg抗生素组成的复合制剂敏感。”“细菌学方面的研究发现（表4）巩固了有关临床疗效的研究发现。”

对比文件“讨论”中记载：“本研究的目的在于从功效和耐受性方面调查加入舒巴坦后对抗生素的影响，并对不同部位、不同器官感染严重的患者进行体外临床研究时得出的结论加以巩固，尤其是要调查细菌学数据与临床结果的直接相关性。”“舒巴坦与美洛西林、哌拉西林或头孢氨噻肟联合使用耐受性很好。只有 5 例发现不良反应，1 例因不良反应中止治疗。”“研究结果表明，β－内酰胺酶抑制剂舒巴坦可以与上述 β－内酰胺类抗生素有利地组合并广泛用于临床。β－内酰胺抗生素与舒巴坦组合可以充分发挥它们的功效，对付能产生 β－内酰胺酶的致病微生物，扩大它们的抗菌谱。……用舒巴坦与不同的抗生素组合，开辟了一条可行而划算的治疗途径，对解决细菌的耐药性问题起到了实质性的作用。”

除上述内容外，对比文件中的表1～4 还分别公开了研究中涉及的患者疾病诊断情况、治疗前分离的微生物体分布情况、临床功效、细菌学方面的功效等具体试验数据。

对比文件中公开的哌拉西林，即为涉案专利权利要求 1 中的氧哌嗪青霉素。

（三）涉案专利申请日之前公开的相关公知常识性证据中记载的有关内容

1. 人民卫生出版社 1986 年 11 月出版的《药剂学》中记载的有关内容

“药剂配伍使用的目的”中记载：“在制剂生产中往往用二种或二种以上药物配成复方制剂，其目的是为了服用方便，提高疗效和减少不良反应。……在临床治疗上也经常采用合并用药的方式来提高药物的疗效或降低药物的毒副作用。”“在临床上合并使用二种以上药物时，若能出现预期治疗目的的称为合理配伍用药；若合并用药后，增加药物的毒副作用或降低疗效等不符合临床治疗需要，则称为不合理配伍用药；若引起新的疾病（亦称药源性疾病）者，则属于配伍禁忌。”“目前，在制剂配制过程中发生的配伍困难和配伍禁忌的情况比较少，但在门诊处方，住院医嘱和注射室中发生的不合理配伍用药和配伍禁忌等情况较多，因此，医药人员必须密切配合，共同开展合理用药工作，为合理解决配伍用药问题而努力。”

2. 人民卫生出版社1980年5月出版的《药剂学》中记载的有关内容

“药剂学的概念”中记载：“将药物用于临床使用时，不能直接使用原料药，必须制备成具有一定形状和性质的剂型。……各种剂型中的具体药品称为药物制剂，简称制剂。”“药剂学的宗旨是制备安全、有效、稳定、使用方便的药物制剂。”

3.《药理学》中记载的有关内容

“联合用药”中记载：“两种或两种以上的药物同时或前后使用称为联合用药或配伍用药。药物联合使用其药理作用加强者称为协同作用。……药物联合使用其药理作用减弱者称为对抗作用或拮抗作用。”“联合用药的目的是为了提高疗效、克服不良反应及防止某些病原体耐药性的产生，这在临床医疗中具有重要使用价值；但是不合理的联合用药，不但难以提高疗效，还可能降低疗效或出现不良反应。这是由于两种药物在吸收、分布、生物转化、排泄或药理作用等方面的相互干扰所造成的，这种相互影响称为药物的相互作用。”

4.《医用药理学基础》《医用药理学》中记载的有关内容

《医用药理学基础》“38. 1. 4β－内酰胺酶抑制剂”，以及《医用药理学》“36. 4β－内酰胺酶抑制剂”中均记载：“克拉维酸和舒巴克坦（sulbactam）是目前已用于临床的两种β－内酰胺酶抑制剂。它们本身的抗菌力很弱，其主要作用是通过抑制多种β－内酰胺酶而保护了不耐酶的β－内酰胺类抗生素，从而扩大并加强了后者的抗菌作用，其中舒巴克坦的抑酶能力稍弱。此两种酶抑制剂均已分别制成与β－内酰胺类抗生素的复方制剂供临床试用。”“如……舒他西林是舒巴克坦与氨苄青霉素的复方制剂。舒巴克坦和头孢哌酮的复合注射剂也已试制成功。”

《医用药理学基础》《医用药理学》中公开的舒巴克坦，即为涉案专利权利要求1中的舒巴坦。

5.《医药商品学》中记载的有关内容

“氨苄西林－舒巴坦”中记载：“舒巴坦（本身几乎不具有任何抗菌效

力）为不可逆性竞争型β－内酰胺酶抑制剂。”“β－内酰胺酶所造成的临床耐药菌感染目前已成为世界性的问题。……目前含β－内酰胺酶抑制剂的复方制剂在世界抗生素领域中占有重要的地位。”

6.《药典－临床用药须知》中记载的有关内容

《药典－临床用药须知》中记载了哌拉西林钠（氧哌嗪青霉素钠）、舒巴坦钠、头孢噻肟钠的适应症、药理、药物相互作用、给药说明等。其中舒巴坦钠的“适应症”记载：“舒巴坦与氨苄西林或头孢哌酮联合治疗敏感细菌所致的呼吸道、尿路、妇产科、腹腔内、眼耳鼻喉科和骨关节感染以及败血症、脑膜炎等。”舒巴坦钠的“药理”记载：“舒巴坦为不可逆的竞争性β－内酰胺酶抑制剂，……青霉素类和头孢菌素类抗生素与舒巴坦合用时能出现协同现象。”舒巴坦钠的“不良反应”中记载：“舒巴坦与氨苄西林联合应用能很好地为患者所耐受。”舒巴坦钠的“给药说明”记载：“目前中国生产的舒巴坦产品主要为供静脉或肌内注射用的氨苄西林/舒巴坦钠联合制剂。……头孢哌酮/舒巴坦为增强头孢哌酮抗菌活性的制剂。”舒巴坦钠的“用法与用量”中记载：“舒巴坦/氨苄西林不能口服给药，其复方制剂（舒巴坦：氨苄西林＝1∶2）可用于静脉注射、静脉滴注或肌肉注射。”

《药典－临床用药须知》中记载的舒巴坦钠，即为涉案专利权利要求1中的舒巴坦的钠盐。

（四）《关于印发β－内酰胺酶抑制剂抗生素复方制剂技术评价原则的通知》中记载的有关内容

国家食品药品监督管理局于2006年2月发布的《β－内酰胺酶抑制剂抗生素复方制剂技术评价原则》中记载：“对于含β－内酰胺酶抑制剂的抗生素复方，评价的重点是其立题依据及组方和配比的合理性。相关评价原则包括：（1）对于首次将某抗生素与某酶抑制剂组成的新组方品种。①应有充分的立题依据。1）拟组方的抗生素已广泛地在临床上出现严重耐药，且耐药主要是由于细菌产生β－内酰胺酶而引起；2）拟组方的抗生素在临床治疗上具有不可替代性；3）拟组方的抗生素与酶抑制剂的药代动力学特征应基本吻合。②应有充分的临床前有效性和安全性试验依据提示组方和配比的合理性。"1）药效学试验应能充分提示复方对近期从多地区临床分离的耐药菌株的有效性，并且为合理配比；2）毒理学试验应能充分提示复方与单药相比毒性未显著增加。③应通过规范的合理设计的临床试验证明立题的合理性。"其"具体技术要求"中，就首次将某抗生素与某酶抑制剂组成的新组方品种的抑酶试验、体外抗菌试验、体内抗菌试验、毒理试验、临床试验进行了规定。

（五）《发展复方制剂、开发药物新品种》中记载的有关内容

《发展复方制剂、开发药物新品种》系发表于《广东药学院学报》1996年第4期的学术论文，其对复方制剂的前景、动态、创制途径等进行了一般性介绍。其中"复方制剂的前景"记载："复方制剂中的化学原料药并不是新药，但在两种药物组合后变成了一个新的药物，复方制剂相对于组成复方的单味药而言，或者毒副作用降低，或者临床疗效较优，或者作用范围更广。""某些领域的复方制剂动态"中记载："对待日趋严重的细菌耐药，医药界采取的方法有：（1）发展新的抗菌药物；（2）联合用药，包括两种药物同时服用或制成复方制剂服用两个方面。""临床经验方是创制复方制剂的好途径"中记载："创制复方制剂的关键是处方的组方依据必须充足，……创制有特色的复方制剂的另一重要途径是从临床中来，到临床中去。……临床医药卫生工作者积累了大量的资料，这些联合用药的资料即为创制新药的'源头'。""近年来，临床药学发展迅速，检测技术不断提高。临床药物比较研究和临床联合用药的研究受到医药卫生工作者的高度重视，这些研究结果积累的资料为开创有特色的复方制剂提供了依据。以临床联合用药积累的资料作为复方制剂设计的导向，不仅克服了盲目性，且提高了复方制剂创制的成功率。""复方制剂……处方组成源于临床，有较好的临床基础，不失为研制新药的好途径。"

本院认为：本案焦点在于：（1）如何确定权利要求1的保护范围；（2）权利要求1相对于对比文件是否具有新颖性；（3）权利要求1相对于对比文件是否具有创造性。

（一）关于如何确定权利要求1的保护范围

参照涉案专利申请日施行的《审查指南》（1993年版）第二部分第十章“关于化学领域发明专利申请审查的若干规定”的规定，组合物权利要求有开放式和封闭式两种表达方式。权利要求1中记载的“由舒巴坦与氧哌嗪青霉素或头孢氨噻肟所组成”，属于《审查指南》（1993年版）规定的封闭式权利要求的典型撰写方式。因此，对于湘北威尔曼公司有关权利要求1属于封闭式权利要求的主张，本院予以支持。

根据《中华人民共和国专利法》第五十六条第一款的规定，发明专利权的保护范围以权利要求的内容为准，说明书和附图可以用于解释权利要求。从权利要求1中记载的全部技术特征来看，其仅仅限定了将舒巴坦与氧哌嗪青霉素或者头孢氨噻肟以特定比例混合制成复方制剂，并没有限定复方制剂的具体剂型。复方制剂是本领域中具有确定含义的上位概念，其范围涵盖了包括（冻干）粉针剂在内的各种具体剂型。湘北威尔曼公司根据权利要求1的封闭式撰写方式以及涉案专利说明书，只能将权利要求1中的复方制剂解释为（冻干）粉针剂的主张，实质上是将权利要求中具有确定含义的上位概念，限制为仅在说明书中记载的具体下位概念，是对权利要求进行事实上的修改，而不是解释权利要求。因此，对于湘北威尔曼公司有关权利要求1中的复方制剂是指（冻干）粉针剂的主张，本院不予支持。

（二）关于权利要求1相对于对比文件是否具有新颖性

权利要求1中明确限定了将舒巴坦与氧哌嗪青霉素或者头孢氨噻肟以特定比例混合制成复方制剂。根据人民卫生出版社分别于1980年5月、1986年11月出版的《药剂学》中记载的有关内容，亦可确定权利要求1中的复方制剂是属于药物生产、制备技术领域的技术术语。复方制剂的性质不同于临床上或者医学试验中为了治疗、试验等目的，将不同药物临时配置而形成的联合用药或者药物组合。因此，虽然对比文件“研究方案”中公开了将舒巴坦溶于大约10ml无菌水中，然后与准备好的抗生素输液混合；“结果”中公开了由15μg舒巴坦和30μg抗生素组成复合制剂以应用于琼脂扩散实验，但所述药物组合以及复合制剂均属于为了治疗、试验目的而配置的药物，具有临时性、动态性的特点，其性质与权利要求1中的复方制剂有所差异。因此，对于双鹤公司有关权利要求1相对于对比文件不具有新颖性的主张，本院不予支持。

《中华人民共和国行政诉讼法》第五条规定：“人民法院审理行政案件，对具体行政行为是否合法进行审查。”双鹤公司在行政程序中并未向专利复审委员会提交证据10，亦未提出权利要求1相对于证据10不具有新颖性的无效理由。双鹤公司有关权利要求1相对于证据10不具有新颖性的申请再审理由，已超出本院对第8113号决定进行合法性审查的范围。因此，对于双鹤公司的该项主张，本院不予支持。

（三）关于权利要求1相对于对比文件是否具有创造性

权利要求1请求保护一种抗β-内酰胺酶抗菌素复合物，特征在于它由舒巴坦与氧哌嗪青霉素或头孢氨噻肟所组成，舒巴坦与氧哌嗪青霉素或头孢氨噻肟以0.5-2∶0.5-2的比例混合制成复方制剂。将其与对比文件相比，对比文件虽然公开了在临床上可以将舒巴坦与哌拉西林或者头孢氨噻肟分别以特定的比例联合用药，以克服细菌的耐药性问题，扩大抗菌谱；但并未公开将舒巴坦与氧哌嗪青霉素、头孢氨噻肟组成的复合物制备为复方制剂。因此，关于权利要求1与对比文件的区别技术特征，第8113号决定以及一、二审判决中的有关认定并无不当。

从本院查明的相关事实来看，临床联合用药与复方制剂虽属于不同的技术领域，性质有所不同，但亦具有十分紧密的联系，并非湘北威尔曼公司所主张的具有本质区别。首先，从人民卫生出版社1986年11月出版的《药剂学》中记载的有关内容来看，在制剂生产中将二种或二种以上药物配成复方制剂，以方便服用、提高疗效和减少不良反应；以及在临床治疗上采用合并用药，以提高药物疗效或降低药物的毒副作用，是药剂配伍使用的两种具体方式。二者均面临配伍变化、配伍是否合理等问题，需要医药人员密切配合，共同开展合理用药工作，为合理解决配伍用药问题而努

力。其次，从《药理学》中记载的有关内容来看。联合用药既包括二种或二种以上药物同时使用，也包括二种或二种以上药物前后使用。而为了方便服用，将需要同时使用的二种或二种以上药物制备为复方制剂，是实现联合用药的具体方式之一。再次，从国家食品药品监督管理局下发的《关于印发β-内酰胺酶抑制剂抗生素复方制剂技术评价原则的通知》中记载的有关内容来看，对于首次将某抗生素与某酶抑制剂组成的新组方品种，该通知明确要求“应有充分的临床前有效性和安全性试验依据，提示组方和配比的合理性”“应通过规范的合理设计的临床试验证明立题的合理性”，亦表明临床医学实践与β-内酰胺酶抑制剂抗生素复方制剂的研制具有十分密切的关系。复次，从《药典-临床用药须知》《医药商品学》以及《医用药理学基础》中记载的有关“舒巴坦钠”“舒巴坦”的相关内容来看，舒巴坦为β-内酰胺酶抑制剂，由于其本身的抗菌力很弱，故将舒巴坦与氨苄西林、头孢哌酮等β-内酰胺类抗生素合用，或者制为复方制剂，是涉案专利申请日前抗生素领域中使用舒巴坦的典型方式。将舒巴坦与氨苄西林制为复方制剂，即为临床上实现二者合用的具体给药方式。最后，即使是从涉案专利说明书本身来看，其中亦明确记载：“临床上采取将β-内酰胺酶抑制剂与抗生素配伍使用的策略，取得了良好的效果，两者制成的复方，不仅使抗生素的抗菌活性增强，同时还扩大了抗菌谱。目前已上市的产品有……舒巴坦分别与氨苄青霉素及头孢哌酮的复方制剂，优立新和舒乐哌酮。”这表明具有良好效果的临床配伍使用与制备复方制剂之间存在密切联系。申请涉案专利的技术背景仅仅在于“目前尚未有将舒巴坦与氧哌嗪青霉素或头孢氨噻肟制成复方制剂在临床使用的报道”。

基于前述分析，可以得出如下结论：包括联合用药在内的临床医学实践，是研发以及验证β-内酰胺酶抑制剂抗生素复方制剂的重要基础和源泉；而将联合用药的多种药物制备为复方制剂，则是实现β-内酰胺酶抑制剂与抗生素联合用药的具体方式。二者之间的密切关系，也正是俗语“医药不分家”在该技术领域中的具体体现。在临床联合用药公开了足够的技术信息的情况下，本领域技术人员能够从中获得相应的技术启示。事实上，对比文件并非仅仅公开舒巴坦与哌拉西林或者头孢氨噻肟可以以特定比例联合用药。其在德国12家医院采用公开的多中心研究方法，由155位患有不同疾病的患者参与，对舒巴坦分别与美洛西林、哌拉西林和头孢氨噻肟联合用于严重细菌感染时的功效和耐受性进行了较为系统、全面的研究。除公开联合用药的具体药物组成以及比例外，对比文件还明确披露了舒巴坦与哌拉西林、头孢氨噻肟合用以解决细菌耐药性问题的机理；合用药物具有良好的临床疗效和耐受性；以琼脂扩散实验检验合用药物的细菌学效应；以及临床结果与细菌学结果有很好的相关性。并明确给出了以下结论："舒巴坦与美洛西林、哌拉西林或头孢氨噻肟联合使用耐受性很好，β-内酰胺抗生素与舒巴坦组合可以充分发挥它们的功效，对付能产生β-内酰胺酶的致病微生物，扩大它们的抗菌谱""用舒巴坦与不同的抗生素组合，……对解决细菌的耐药性问题起到了实质性的作用"。在对比文件公开了如此丰富、详实的技术内容的基础上，本领域技术人员已能获得足够的启示并有足够的动机，想到采用常规工艺将舒巴坦与哌拉西林或者头孢氨噻肟制为复方制剂，以便于联合用药的用药方便。从舒巴坦与哌拉西林、头孢氨噻肟的本身性质来看，亦不存在不宜将其制为复方制剂的反面教导或者明显障碍。湘北威尔曼公司亦未提供任何证据，证明在制备涉案专利复方制剂的过程中需要克服何种技术难题。因此，第8113号决定认定权利要求1相对于对比文件不具有创造性，并无不当。相反，二审判决片面强调联合用药与复方制剂的区别，忽视了二者之间的密切联系；对对比文件中公开的技术内容亦未能全面、准确地加以认定和考量，以致错误认定权利要求1相对于对比文件具有创造性，认定事实和适用法律均有错误，应予纠正。

由于药品质量与人民群众的生命健康和医疗用药安全息息相关，故相关法律法规中对药品的研制、生产规定了严格的标准和条件。与之相比，专利法保护的是以技术方案为具体对象的智力成果，专利法中有关新颖性、创造性等专利授权确权标准的规定，均是为了实现保护发明创造专利权，鼓励发明创造，有利于发明创造的推广应用，促进科学技术进步和创新的立法目的。二者的立法目的、规范对象以及具体标准均有实质性的区别。对于涉及药品的发明创造而言，在其符合专利法中规定的授权条件的情况下，即可授予专利权，无需另行考虑该药品是否符合其他法律法规中有关药品研制、生产的相关规定。因此，对于湘北威尔曼公司有关复方制剂作为人用药物，必须具有安全性、有效性、稳定性，未经一系列研究和试验，不能显而易见地得知可以将β－内酰胺酶抑制剂与β－内酰类抗生素制为复方制剂的主张，本院不予支持。

专利权是一种法定的独占权，专利权人向社会公众公开其发明创造，通过国务院专利行政部门的专利审查，方能获得专利法的保护。专利申请人在其申请专利时提交的专利说明书中公开的技术内容，是国务院专利行政部门审查专利的基础，亦是社会公众了解、传播和利用专利技术的基础。因此，专利申请人未能在专利说明书中公开的技术方案、技术效果等，一般不得作为评价专利权是否符合法定授权确权标准的依据，否则会与专利法规定的先申请原则相抵触，背离专利权以公开换保护的本质属性。在涉案专利申请日施行的《审查指南》（1993 年版）第二部分第十章“关于化学领域发明专利申请审查的若干规定”规定：“新的药物化合物或药物组合物，应当公开其具体医药用途、药理功效、有效量及使用方法；应当有实验室试验、动物试验、或者临床试验的定性或定量数据；有效量和使用方法或制剂方法等应当公开至该领域的技术人员能实施的程度。”上述内容系有关专利说明书应当对新的药物化合物或者药物组合物予以充分公开的规定。专利说明书的撰写符合上述规定的要求，并不代表该专利亦能符合专利法规定的其他法定授权确权标准。应当指出的是，专利法中有关专利说明书应当对发明创造予以充分公开的规定，实为对专利说明书的最低限度要求。在满足充分公开的前提下，专利申请人有权利决定其在专利说明书中公开的技术内容的具体范围，适当保留其技术要点，但也应当承担由此可能带来的不利后果。本案中，湘北威尔曼公司主张其为了解决涉案专利的安全性、有效性、稳定性，还进行了长期毒性试验、急性毒性试验、一般药理研究试验等一系列试验和研究，但由于相关技术内容并未记载于涉案专利说明书中，则不能体现出涉案专利在安全性、有效性、稳定性等方面对现有技术作出了创新性的改进与贡献。因此，这些试验和研究不能作为本院认定权利要求 1 的创造性的依据。对于湘北威尔曼公司有关涉案专利说明书的撰写符合《审查指南》中的规定，专利说明书中无须记载其为了获得涉案专利而完成的其他试验和研究工作的主张，本院亦不予支持。

湘北威尔曼公司提交的反证29~30仅能证明其就涉案专利与案外人上海新先锋药业有限公司、哈尔滨智诚医药科技研究院签订专利实施许可合同并发生合同纠纷；反证31仅能证明其就涉案专利与案外人苏州二叶制药有限公司发生专利侵权纠纷。所述证据均不能证明湘北威尔曼公司实施涉案专利并取得了商业上的成功。此外，对比文件中明确披露了舒巴坦与哌拉西林、头孢氨噻肟合用的机理以及所述药物合用可有效解决细菌的耐药性问题、扩大抗菌谱。因此，对于湘北威尔曼公司有关涉案专利取得了商业上的成功，克服了本领域中普遍存在的三代头孢、哌拉西林耐酶的技术偏见，具有创造性的主张，本院不予支持。

综上，二审判决认定涉案专利权利要求1具有创造性，从而撤销一审判决以及第8113号决定，认定事实与适用法律均有错误，依法应予撤销。依据《中华人民共和国行政诉讼法》第五十四条第（一）项和《最高人民法院关于执行〈中华人民共和国行政诉讼法〉若干问题的解释》第七十六条第一款、第七十八条之规定，判决如下：

一、撤销北京市高级人民法院（2007）高行终字第146号行政判决；

二、维持北京市第一中级人民法院（2006）一中行初字第786号行政判决和国家知识产权局专利复审委员会第8113号无效宣告请求审查决定。

本案一审案件受理费和二审案件受理费各1000元，均由湘北威尔曼制药股份有限公司负担。

本判决为终审判决。

审　判　长　金克胜

代理审判员　杜微科

代理审判员　朱　理

二〇一一年十二月十七日

书　记　员　张　博

▶ 严格限制无效宣告过程中权利要求的修改范围

80. 国家知识产权局专利复审委员会与江苏先声药物研究有限公司、南京先声药物研究有限公司、李平专利无效行政纠纷案*

最高人民法院行政裁定书

（2011）知行字第17号

申诉人（一审被告、二审被上诉人）：国家知识产权局专利复审委员会，住所地北京市海淀区北四环西路9号银谷大厦10～12层。

法定代表人：张茂于，该委员会副主任。

委托代理人：潘骏，该委员会审查员。

委托代理人：毛琎，该委员会审查员。

被申诉人（二审上诉人之诉讼权利义务承继人）：江苏先声药物研究有限公司，住所地江苏省南京市玄武大道699号－18。

法定代表人：任晋生，该公司董事长。

委托代理人：唐铁军，北京北翔知识产权代理有限

* 摘自《知识产权审判与指导》2012年第2辑（总第20辑），人民法院出版社2013年版，第199～207页。

公司专利代理人。

委托代理人：徐阳，江苏先声药物研究有限公司知识产权部主任。

被申诉人（二审上诉人之诉讼权利义务承继人）：南京先声药物研究有限公司，住所地江苏省南京市浦口经济开发区兴隆路8号。

法定代表人：任晋生，该公司董事长。

委托代理人：唐铁军，北京北翔知识产权代理有限公司专利代理人。

委托代理人：吴晓萍，北京北翔知识产权代理有限公司专利代理人。

第三人：李平，中国国际贸易促进委员会专利商标事务所职员。

委托代理人：李华英，中国国际贸易促进委员会专利商标事务所专利代理人。

委托代理人：袁志明，中国国际贸易促进委员会专利商标事务所专利代理人。

申诉人国家知识产权局专利复审委员会（以下简称专利复审委员会）因与江苏先声药物研究有限公司（以下简称江苏先声公司）、南京先声药物研究有限公司（以下简称南京先声公司）、李平专利无效行政纠纷一案，不服北京市高级人民法院于2010年12月20日作出的（2010）高行终字第1022号行政判决，向本院申请再审。本院依法组成合议庭对本案进行了审查，并于2011年3月21日进行了听证，专利复审委员会的代理人潘骏、毛琎，江苏先声公司的代理人唐铁军、徐阳，南京先声公司的代理人唐铁军、吴晓萍，李平的代理人李华英、袁志明到庭参加，本案现已审查终结。

专利复审委员会申请再审称：（1）二审判决错误适用《中华人民共和国专利法实施细则》第六十八条及《专利审查指南》关于修改原则的规定。《专利审查指南》规定无效宣告程序中对权利要求书的修改不得超出原说明书和权利要求书记载的范围，比较对象应是原申请文本，而非原授权文本。本专利申请时的原始文本记载的比值范围为“1∶10－50”，授权文本中的“1∶10－30”本身就是超范围的。二审法院直接将授权文本作为比较对象是错误的。（2）二审法院错误适用《专利审查指南》关于修改

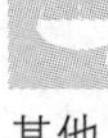

方式的规定。本专利授权文本中“1∶10－30”是一个技术方案，并非“并列的两种以上技术方案”，在无效阶段将其修改为“1∶30”不符合无效程序中修改方式的规定。综上，请求撤销二审判决，维持专利复审委员会第14275号无效宣告请求审查决定。

江苏先声公司、南京先声公司答辩称：（1）二审判决适用的修改原则正确。二审判决并未将原授权文本等同为“原说明书和权利要求书”。本专利原说明书明确有“氨氯地平1mg/kg与厄贝沙坦30mg/kg的组方因降压效果稳定持久，用药量较小，推荐为最佳剂量组合”的记载，本专利授权文本将“1∶10－50”修改为“1∶10－30”符合《中华人民共和国专利法》及《专利审查指南》的规定，未超出原说明书和权利要求书记载的范围，且该问题在无效决定及原审中从未提及，不属于本案审理范围。无效过程中将“1∶10－30”再次修改为“1∶30”同样未超出原说明书和权利要求书的范围。（2）二审判决适用的修改方式正确。对于连续数值范围的权利要求而言，至少包括了与两个端点对应的两个并列的技术方案，本专利进行的修改属于“从同一权利要求中并列的两种以上技术方案中删除一种”的修改方式，符合《专利审查指南》对于修改方式的要求。专利复审委员会将专利权人在原始申请文件中作为实施例具体说明，并明确指出其效果最佳，且明确包含在授权权利要求范围内的技术方案以不符合修改方式而拒绝给予保护，对权利人显失公平，亦有违专利法“保护专利权人合法权益”“鼓励发明创造”这一立法宗旨。综上，二审判决程序合法，认定事实清楚、适用法律正确，请求维持二审判决。

李平提交答辩意见称：（1）关于原专利权人上海家化医药科技有限公司（以下简称家化公司）的上诉权问题。因本专利已于一审判决作出之日转让给江苏先声公司和南京先声公司，家化公司已经丧失了作为上诉人的合法资格，其上诉请求是无效的。（2）关于无效程序中权利要求修改是否超出原说明书和权利要求记载的范围问题。本专利授权文本中记载的比值范围为“1∶10－30”，但实际上，在原始提交的权利要求书和说明书中，从未具体公开过这一重量比，也从未记载任何剂量下的1∶30这一具体比值。根据说明书实施例中具体公开的“氨氯地平 1mg/kg 与厄贝沙坦 30mg/kg”的技术内容并不能概括出两者重量比为“1∶30”，这样的概括可能会包含一些未曾公开的技术方案，使得这种修改超出原始权利要求书和说明书的记载，不符合《中华人民共和国专利法》第三十三条的规定。专利复审委员会及一审法院对此问题的认定正确，二审判决适用法律不当，请求予以纠正。

经审理查明：本案涉及家化公司于 2003 年 9 月 19 日向国家知识产权局申请的名称为“氨氯地平、厄贝沙坦复方制剂”的发明专利权（即本专利）。本专利于 2006 年 8 月 23 日被授权公告，授权公告号为 03150996.7。

本专利授权公告的权利要求书如下：

“1. 一种复方制剂，其特征在于该制剂是以重量比组成为 1∶10 –30 的氨氯地平或氨氯地平生理上可接受的盐和厄贝沙坦为活性成份组成的药物组合物。

2. 根据权利要求 1 所述的复方制剂，其特征在于其中所述的药物组合物为各种医学上可接受的口服制剂。

3. 根据权利要求 1 所述的复方制剂在制备治疗轻、中度高血压药物中的应用。

4. 根据权利要求 3 所述的应用，其特征在于其中所述的药物适用于伴有心血管重构的高血压患者，肾性高血压、高血压伴肾功能损害或伴糖尿病肾功能损害的患者的治疗。”

另查，本专利原始权利要求书为：“……2、根据权利要求 1 所述的复方制剂，其特征在于其中活性成分氨氯地平和厄贝沙坦优选的重量比组成为 1∶10 –50。”

针对本专利权，李平于 2009 年 6 月 19 日向专利复审委员会提出无效宣告请求，理由包括本专利权利要求 1 ~ 4 不符合《中华人民共和国专利法》第二十六条第四款的规定。

2009 年 9 月 29 日，专利复审委员会进行口头审理，家化公司当庭提交了权利要求书的修改文本，其中将本专利权利要求 1 中的比例“1∶10 –

30”修改为“1∶30”。专利复审委员会当庭告知该修改文本不符合《专利审查指南》第四部分第三章第4.6节的规定，不予接受。

2009年12月14日，专利复审委员会作出第14275号无效宣告请求审查决定（简称第14275号决定）。该决定认为：

（一）依据的文本

家化公司曾于口头审理时提交了经修改的权利要求书，其中将本专利权利要求1中的比例“1∶10－30”修改为“1∶30”。该修改从连续的比例范围中选择了一个特定的比例请求保护，而原权利要求书和说明书中均未明确记载过该比例关系，也没有教导要在原有的比例范围之中进行这样的选择，尽管本专利的说明书中记载了氨氯地平1mg/kg与厄贝沙坦30mg/kg的组合，但这仅表示药物具体剂量的组合，不能反映整个比例关系，此外，本专利说明书第10页曾对药物具体剂量作出明确限定“本发明可应用的氨氯地平与厄贝沙坦复方剂量范围为：氨氯地平：厄贝沙坦＝2－10mg：50－300mg”，故无法确定是否任意满足1∶30这个比例的组合均能达到与该组合相同的效果。因此，修改后的技术方案超出原权利要求书和说明书记载的范围，也不能从原权利要求书和说明书中毫无疑义地确定，并且对该反映比例关系的技术特征进行修改也不属于无效宣告程序中允许的修改方式。

故专利复审委员会对该修改文本不予接受。本无效宣告请求审查决定依据的文本为本专利的授权公告文本。

（二）关于《中华人民共和国专利法》第二十六条第四款

本案中，权利要求1请求保护一种复方制剂，其中氨氯地平或氨氯地平生理上可接受的盐和厄贝沙坦的重量比为1∶10－30。根据本专利说明书的记载及专利权人在口头审理时所述，其技术方案具有降压效果显著，降压疗效稳定持久的作用。因而满足氨氯地平与厄贝沙坦重量比为1∶10－30的复方制剂及其应用均应具有上述作用。但是，本专利说明书在具体的实验例中记载了“用药后除 A_1I_{10} 组合降压作用不明显，A_2I_{10} 组合和 A_1I_{20} 组合物降压作用维持不足 12 小时外，其余 6 种……” “氨氯地平 1mg/kg 与不同剂量的厄贝沙坦组合，仅在厄贝沙坦为 30mg/kg 时才呈现稳定持续的降压效应”（说明书第 7 页倒数 3～11 行）。该实验结果显示：氨氯地平 1mg/kg 与厄贝沙坦 10mg/kg 的组合降压效果不明显，氨氯地平 1mg/kg 与不同剂量的厄贝沙坦组合时，仅厄贝沙坦为 30mg/kg 时才具有稳定持续的降压效果。因而，氨氯地平 1mg/kg 与厄贝沙坦 10mg/kg 的组合不仅降压效果不明显，而且不具有稳定持续的降压效果。由此可见，说明书记载的技术方案落在 1：10－30 的范围内，但却不能具有本专利技术方案所要起到的技术效果。因此，本领域技术人员不能从说明书的内容中得到或概括得出权利要求 1 的技术方案，本专利权利要求 1 不符合《中华人民共和国专利法》第二十六条第四款的规定。

本专利权利要求 2 请求保护的复方制剂和权利要求 3～4 请求保护的制药用途均以权利要求 1 所述的复方制剂为基础，其中同样包括了前述降压效果不明显、不具有稳定持续的降压效果的技术方案，因此，本专利权利要求 2～4 同样得不到说明书的支持。总之，本专利权利要求 1～4 的技术方案中包括了不能实现发明目的的技术方案，且本领域技术人员根据说明书记载的内容不能合理地将权利要求的可实现发明目的的技术方案与不能实现发明目的的技术方案区分开，故本专利不符合《中华人民共和国专利法》第二十六条第四款的规定，应予以无效。在此基础上，专利复审委员会对本无效宣告请求案涉及的其它无效理由不再予以评述。

综上，专利复审委员会决定：宣告本专利权全部无效。

家化公司不服，向北京市第一中级人民法院提起行政诉讼。

北京市第一中级人民法院认为：家化公司将原授权权利要求 1 中的比例“1：10－30”修改为“1：30”，而该“1：30”的比例关系在原始权利要求书和说明书中均未明确记载（原始权利要求的范围为 1：10－50）。尽管本专利的说明书中记载了氨氯地平 1mg/kg 与厄贝沙坦 30mg/kg 的组合，但这仅表示药物具体剂量的组合，而不能反映整个比例关系，无法确定是

否任意满足1∶30这个比例关系的组合均能达到与该组合相同的效果。因此，家化公司将原权利要求1中的比例“1∶10－50”仅保留一个点值1∶30，且该点值1∶30并未记载在原权利要求书和说明书中，故家化公司对该反映比例关系的技术特征进行修改，超出了原权利要求书和说明书记载的范围，也不能从原权利要求书和说明书中毫无疑义地确定。专利复审委员会第14275号决定对此所作认定并无不妥之处，应予维持。在此基础上，专利复审委员会认定本专利权利要求1～4得不到说明书的支持、不符合《中华人民共和国专利法》第二十六条第四款的规定是正确的。北京市第一中级人民法院依照《中华人民共和国行政诉讼法》第五十四条第（一）项之规定，判决：维持第14275号决定。

一审判决作出当日（2010年6月18日），本专利由家化公司转让给江苏先声公司和南京先声公司，著录项目变更于该日生效。

2010年7月15日，家化公司向北京市高级人民法院提起上诉，请求撤销一审判决，撤销第14275号决定。二审诉讼中，江苏先声公司和南京先声公司声明：家化公司在本案中的所有诉讼权利和义务均由江苏先声公司和南京先声公司承继；家化公司在本案中原已进行的所有诉讼行为继续有效，其法律后果由江苏先声公司和南京先声公司承受。

北京市高级人民法院认为：家化公司在无效宣告程序的口头审理中曾提交本专利权利要求的修改文本，将本专利权利要求1中的“1∶10－30”修改为“1∶30”。这种修改没有扩大本专利的保护范围，也没有超出原权利要求书记载的范围，更没有增加未包含在本专利授权的权利要求中的技术特征。专利复审委员会和一审法院关于原说明书中没有记载所有符合“1∶30”比例关系的氨氯地平和厄贝沙坦的组合都能达到相同的技术效果的认定，属于修改后的权利要求能否得到说明书支持的问题，即是否符合《中华人民共和国专利法》第二十六条第四款的问题，而非家化公司关于本专利权利要求的修改是否扩大原专利的保护范围的问题，因此专利复审委员会第14275号决定和一审判决对家化公司关于本专利权利要求的修改不予接受的认定，缺乏依据，专利复审委员会应当根据家化公司在口头审理中所提出的本专利修改文本对李平所提宣告本专利权无效的相应理由予以审查。综上，判决撤销一审判决及第14275号决定，并判决专利复审委员会就本专利重新作出无效宣告请求审查决定。

本院另查明，本专利说明书中有如下相关内容：说明书第三部分“试验结果”表5（第9页）：“9种剂量组合及相应的剂量比”中有 A_1I_{30}（1∶30）的内容。该部分“复方对血压的影响”中有如下描述：“9种组合……用药后除 A_1I_{10} 组合降压作用不明显，A_2I_{20} 和 A_1I_{20} 组合降压作用维持不足12小时外，其余6种组合均有显著降压作用，且降压作用维持24小时以上。……氨氯地平1mg/kg与不同剂量的厄贝沙坦组合，仅在厄贝沙坦为30mg/kg时才呈现稳定持续的降压效应。”说明书第四部分“分析与结论”（第10页）中有“氨氯地平1mg/kg与厄贝沙坦30mg/kg的组方因降压效果稳定持久，用药剂量较小，故推荐为最佳剂量组合”以及“本发明可应用的氨氯地平与厄贝沙坦复方剂量范围为：氨氯地平：厄贝沙坦 = 2－10mg：50－300mg”的内容。第10页及第11页片剂制备实施例1和实施例2分别公开了氨氯地平2.500mg与厄贝沙坦75.000mg的组合以及氨氯地平5.000mg与厄贝沙坦150.000mg的组合。

本院经审查认为：根据当事人申诉及答辩的事由，本案争议焦点在于家化公司在无效程序中修改的权利要求是否应被接受，即该修改是否符合《中华人民共和国专利法实施细则》及《专利审查指南》的相关规定。

《中华人民共和国专利法实施细则》第六十八条第一款规定，在无效宣告请求的审查过程中，发明或者实用新型的专利权人可以修改其权利要求书，但是不得扩大原专利的保护范围。《专利审查指南》第四部分第三章第4.6节“关于无效宣告程序中专利文件的修改”中规定，发明或者实用新型专利文件的修改仅限于权利要求书，其修改原则是：（1）不得改变原权利要求的主题名称。（2）与授权的权利要求相比，不得扩大原专利的保护范围。（3）不得超出原说明书和权利要求书记载的范围。（4）一般不得增加未包含在授权的权利要求中的技术特征。在满足上述修改原则的前提下，修改权利要求书的具体方式一般限于权利要求的删除、合并和技术

方案的删除。其中技术方案的删除是指，从同一权利要求中并列的两种以上技术方案中删除一种或者一种以上技术方案。可见，对于无效程序中权利要求的修改，在《中华人民共和国专利法实施细则》规定基础上进行了进一步的细化，从修改原则和修改方式两个层面进行了限制。根据本案争议焦点，本案涉及以下问题：

一、关于修改原则

《专利审查指南》规定无效宣告程序中对权利要求书的修改不得超出原说明书和权利要求书记载的范围。专利复审委员会称，二审法院错误地将比较对象认定为原授权文本，而非原申请文本。二审判决中并未出现上述陈述，关于比较对象的问题并无争议。本专利申请时的原始文本记载的比值范围为1：10－50，授权文本为1：10－30，无效程序中再次修改为1：30，所涉及的问题均是1：30的比值是否在原说明书中有记载，这样的修改是否超出了原说明书和权利要求书记载的范围。根据查明的事实可知，本专利说明书中明确公开了氨氯地平1mg与厄贝沙坦30mg的组合，并将氨氯地平1mg/kg与厄贝沙坦30mg/kg作为最佳剂量比，在片剂制备实施例中也有相应符合1：30比例关系的组合，可见1：30的比值在说明书中已经公开。对于比值关系的权利要求而言，说明书中具体实施例只能记载具体的数值，而无法公开一个抽象的比值关系，而且本专利说明书中披露的是在大鼠身上进行试验所得到的结果，本专利说明书明确记载可应用的剂量范围是氨氯地平2－10mg，厄贝沙坦50－300mg，如果认定其披露的最佳组方仅为1mg：30mg这一具体剂量而非比值，则该最佳组方根本不包含在上述可应用的范围内，显然不符合常理。对于本领域普通技术人员来说，1mg/kg和30mg/kg表明的是两种成分的比值而非一个固定的剂量，故本案中应认为1：30的比值关系在说明书已有记载，该修改没有超出原说明书和权利要求书的范围。另外，对于是否符合该比值关系的所有技术方案均能够实现本专利发明目的，是属于权利要求是否能得到说明书的支持，即专利法第二十六条第四款的问题，不宜以该理由认定修改是否超出范围。

二、关于修改方式

《专利审查指南》规定无效过程中权利要求的修改方式限于三种：权利要求的删除、合并和技术方案的删除。专利复审委员会认为，即使认定本案中对权利要求的修改符合上述修改原则，但其仍然因不符合《专利审查指南》对修改方式的要求而不能被接受。本案中，尽管原权利要求中1∶10－30的技术方案不属于典型的并列技术方案，但鉴于1∶30这一具体比值在原说明书中有明确记载，且是其推荐的最佳剂量比，本领域普通技术人员在阅读原说明书后会得出本专利包含1∶30的技术方案这一结论，且本专利权利要求仅有该一个变量，此种修改使本专利保护范围更加明确，不会造成其他诸如有若干变量的情况下修改可能造成的保护范围模糊不清等不利后果，允许其进行修改更加公平。《中华人民共和国专利法实施细则》及《专利审查指南》对无效过程中权利要求的修改进行限制，其原因一方面在于维护专利保护范围的稳定性，保证专利权利要求的公示作用；另一方面在于防止专利权人通过事后修改的方式把申请日时尚未发现、至少从说明书中无法体现的技术方案纳入到本专利的权利要求中，从而为在后发明抢占一个在先的申请日。本案中显然不存在上述情况，1∶30的比值是专利权人在原说明书中明确推荐的最佳剂量比，将权利要求修改为1∶30既未超出原说明书和权利要求书记载的范围，更未扩大原专利的保护范围，不属于相关法律对于修改进行限制所考虑的要避免的情况。如果按照专利复审委员会的观点，仅以不符合修改方式的要求而不允许此种修改，使得在本案中对修改的限制纯粹成为对专利权人权利要求撰写不当的惩罚，缺乏合理性。况且，《专利审查指南》规定在满足修改原则的前提下，修改方式一般情况下限于前述三种，并未绝对排除其他修改方式。故本院认为，本案中，二审判决认定修改符合《专利审查指南》的规定并无不当，专利复审委员会对《专利审查指南》中关于无效过程中修改的要求解释过于严格，其申诉理由不予支持。

另外，关于第三人李平所提出的家化公司上诉资格的问题。家化公司作为一审的当事人，其当然有权就一审判决提起上诉，本专利在一审判决作出之日权利发生转移这一事实并不导致其丧失上诉权。而在二审期间，江苏先声公司和南京先声公司作为当时的专利权人，与本案有直接的利害关系，其声明承继家化公司的诉讼地位，并认可家化公司之前的诉讼行为，从而取代家化公司成为本案的当事人。上述过程无违反法律规定之处，应予认可。

综上，本院认为，专利复审委员会的再审申请不符合《中华人民共和国行政诉讼法》第六十三条第二款和《最高人民法院关于执行〈中华人民共和国行政诉讼法〉若干问题的解释》第七十二条规定的再审条件。依照《最高人民法院关于执行〈中华人民共和国行政诉讼法〉若干问题的解释》第七十四条之规定，裁定如下：

驳回国家知识产权局专利复审委员会的再审申请。

审　判　长　夏君丽

审　判　员　殷少平

代理审判员　周云川

二〇一一年十月八日

书　记　员　曹佳音

81. 赵东红、张如一及第三人邹继豪与国家知识产权局专利复审委员会专利无效行政纠纷案*

▶

发明专利和实用新型专利应当设立不同的创造性判断标准

【裁判摘要】

《中华人民共和国专利法》第二十二条第一款规定："授予专利权的发明和实用新型，应当具备新颖性、创造性和实用性。"对于发明或者实用新型专利而言，需要设立合理的创造性判断标准。发明专利和实用新型专利的创造性标准不同，因此，技术比对时所考虑的现有技术领域也应当有所不同。考虑到实用新型专利创造性标准要求较低，因此，在评价其创造性时所考虑的现有技术领域范围应当较窄，一般应当着重比对实用新型专利所属技术领域的现有技术。但是在现有技术已经给出明确的技术启示，促使本领域技术人员到相近或者相关的技术领域寻找有关技术手段的情形下，也可以考虑相近或者相关技术领域的现有技术。

* 摘自《最高人民法院公报》2012 年第 10 期。

最高人民法院行政裁定书

（2011）知行字第19号

申请再审人（一审被告、二审被上诉人）：国家知识产权局专利复审委员会。住所地：北京市海淀区北四环西路9号银谷大厦。

法定代表人：张茂于，该委员会副主任。

委托代理人：刘亚斌，该委员会审查员。

委托代理人：王婧，该委员会审查员。

被申请人（一审原告、二审上诉人）：赵东红，住北京市丰台区丰台镇西安街×号×栋×门×号，系北京鑫东华腾体育器械有限公司总经理。

被申请人（一审原告、二审上诉人）：张如一，住北京市海淀区×××公寓×号，系清华大学退休教师。

一审第三人、二审被上诉人：邹继豪，住辽宁省大连市甘井子区×路×号，系大连理工大学体科所退休教师。

申请再审人国家知识产权局专利复审委员会（以下简称专利复审委员会）因与被申请人赵东红、张如一，一审第三人、二审被上诉人邹继豪专利无效行政纠纷一案，不服北京市高级人民法院（2010）高行终字第811号行政判决，向本院申请再审。本院依法组成合议庭对本案进行了审查，现已审查终结。

2008年11月6日，专利复审委员会作出第12613号无效宣告请求审查决定（以下简称被诉决定），认定名称为“握力计”的第97216613.0号实用新型专利权不符合《中华人民共和国专利法》第二十二条第三款规定，宣告涉案专利全部无效。赵东红、张如一不服被诉决定，向北京市第一中级人民法院提起行政诉讼。

一审法院经审理认为：被诉决定认定事实清楚，适用法律正确，审理程序合法，应予维持；赵东红、张如一的诉讼主张均不成立，其要求撤销被诉决定的诉讼请求不予支持。据此，依照《中华人民共和国行政诉讼法》第五十四条第（一）项的规定，判决维持被诉决定。

赵东红、张如一不服一审判决，向北京市高级人民法院（以下简称二审法院）提起上诉称：（1）专利复审委员会在邹继豪没有申请的情况下自行调查取证并剥夺上诉人对调取证据的申辩权，构成对行政听证原则的违反。（2）被诉决定认定授权公告日为1996年9月4日、授权公告号为CN2234609Y的中国实用新型专利（即被诉决定中的证据2）与涉案专利属于相同技术领域并以此为据认定涉案专利不具有创造性缺乏事实依据。因此，被诉决定认定事实不清，行政程序违法，一审法院判决维持错误，请求二审法院撤销一审判决和被诉决定。

专利复审委员会辩称：被诉决定认定正确，程序合法，一审判决维持被诉决定事实清楚，适用法律正确，请求二审法院驳回上诉，维持一审判决。

邹继豪陈述认为被诉决定事实清楚，一审法院判决维持正确，请求二审法院驳回上诉，维持一审判决。

二审法院确认如下事实：1997年5月28日，赵东红、张如一向国家知识产权局提出名称为“握力计”的实用新型专利申请。1998年9月23日，国家知识产权局授予其专利权，即涉案专利。涉案专利授权公告的权利要求书如下：

1. 一种握力计具有：外握柄，安装于外握柄内的内握柄，与内握柄连接的测力传感器以及装于外壳内的检测显示装置，其特征是上述的测力传感器具有多个凸台的弹性体梁，上述的测力传感器通过握距调整装置与上述内握柄连接。

2. 根据权利要求1所述的握力计，其特征是上述弹性体梁具有3个凸台，且两端凸台比中部的凸台伸出高。

3. 根据权利要求1或2所述的握力计，其特征是上述弹性体梁的凸台侧设有承力板。

4. 根据权利要求3所述的握力计，其特征是上述弹性体梁与承力板是形成一个整体的框架结构。

5. 根据权利要求 1、2 或 4 任一项所述的握力计，其特征是上述握距调整装置是具有调距手轮的力杆，上述力杆穿过外握柄，连接内握柄与测力传感器。

6. 根据权利要求 3 所述的握力计，其特征是上述内握柄的两侧边框的外侧设有定位凸台，上述定位凸台安装在外握柄的滑动槽内。

2008 年 4 月 28 日，邹继豪以涉案专利不符合《中华人民共和国专利法》第二十二条第三款、第二十六条第三款以及《中华人民共和国专利法实施细则》第二十条第一款、第二十一条第二款的规定为由，向专利复审委员会提出无效宣告请求，并提交了 6 份证据：

证据 1：实开平 4 - 131217 号日本公开实用新案公报，其公开日为 1992 年 12 月 2 日；

证据 2：授权公告号为 CN2234609Y 的中国实用新型专利说明书，其授权公告日为 1996 年 9 月 4 日；

证据 3：公开号为 CN1076779A 的中国发明专利申请公开说明书，其公开日为 1993 年 9 月 29 日；

证据 4：《传感器技术手册》一书的版权页和第 247、260、275、279 页的复印件共 5 页，袁希光主编，国防工业出版社 1986 年 12 月第 1 版，1989 年 1 月第 2 次印刷；

证据 5：涉案专利授权公告文本；

证据 6：平 4 - 10816 号日本特许公报，其公告日期为 1992 年 2 月 26 日。

专利复审委员会受理该申请后，将有关文件转送赵东红、张如一，并要求其在 1 个月内对该无效宣告请求陈述意见。赵东红、张如一在指定期限内未答复。

2008 年 5 月 27 日，邹继豪提交了意见陈述，并补充提交了证据 1、6 的中文译文以及昭 60 - 207640 号日本公开特许公报及其中文译文（以下简称证据 7）、公开日为 1985 年 10 月 12 日的昭 60 - 153104 号日本公开实用新案公报及其中文译文（以下简称证据 8）。

专利复审委员会将邹继豪提交的上述文件进行了转文。2008 年 8 月 5 日，赵东红、张如一提交了意见陈述书。

2008 年 9 月 16 日，邹继豪再次提交了意见陈述书，同时还提交了证据 4 的第 200～201 页的复印件以及王洪业编著，国防科技大学出版社出版、1997 年 4 月第 1 版第 1 次印刷的《传感器工程》一书的版权页和第 73、83 页的复印件共 3 页（以下简称证据 9）、公告日为 1988 年 8 月 10 日的公告号为 CN87212699U 的中国实用新型专利说明书（以下简称证据 10）、公告日为 1989 年 10 月 4 日的公告号为 CN2045270U 的中国实用新型专利申请说明书（以下简称证据 11）。

2008 年 9 月 25 日，专利复审委员会举行了口头审理。赵东红、张如一及邹继豪均委托代理人参加了口头审理。在口头审理中，邹继豪明确表示放弃使用证据 8，并表示证据 9～11 和补充提交的证据 4 第 200～201 页用于证明公知常识。同时，邹继豪明确用于评价本专利创造性的证据组合方式，即分别使用证据 6 与证据 2 结合、证据 1 与证据 2 结合、证据 1 结合公知常识、证据 2 与证据 7 结合来评述涉案专利权利要求 1 的创造性，证据 4、证据 9、证据 2 均公开了从属权利要求 2～4 的附加特征，证据 1、证据 6 均公开了从属权利要求 5、6 的附加特征，证据 7 也公开了从属权利要求 5 的附加特征，从属权利要求 6 的附加特征也属于公知常识，证据 3 用于证明凸台是公知常识。专利复审委员会告知双方由于邹继豪提交的证据 10、11 超出了举证期限且不属于公知常识性证据，故对证据 10、11 不予考虑。赵东红、张如一对证据 2～5、9 的真实性无异议，对证据 1、6、7 的真实性和译文准确性有异议。专利复审委员会告知赵东红、张如一可以于口头审理结束后 15 日内提交对于证据 1、6、7 的真实性和译文准确性的书面意见陈述，逾期未提交的，视为无异议。

口头审理结束后，赵东红、张如一于 2008 年 10 月 7 日提交了意见陈述书，认为在日本特许厅网站的数据库中并未查询到邹继豪提交的日本专利文件。且邹继豪提交的日本专利文件是在日本形成的证据，但邹继豪未提交公证认证的证明手续，也未提交从专利局获得的专利文件，故请求不予考虑该证据。

针对邹继豪提交的证据，专利复审委员会经审查认为：证据2是一份公告日在本专利申请日之前的中国实用新型专利说明书，证据5是本专利的授权公告文本，赵东红、张如一对证据2和证据5的真实性没有异议。经审查，专利复审委员会认为证据2和证据5真实可信，可以作为本案的证据使用，且证据2中记载的内容构成本专利的现有技术，证据5作为本次无效宣告请求审查的基础。证据7是一份日本公开特许公报，邹继豪提交了该证据的中文译文。证据7是在本专利申请日之前公开的日本专利文件，任何人在我国国内通过因特网查询日本特许厅的官方网站都可以获得该文件，因此，专利复审委员会认为证据7属于《专利审查指南》第四部分第八章第2.2.2节中的第（1）种情形，不需办理相关的证明手续。专利复审委员会经核实，从日本特许厅的官方网站上能够查询到证据7的全文文本与邹继豪提交的文本一致，故对证据7的真实性予以认可。针对赵东红、张如一提出证据7字迹模糊难以辨认的问题，专利复审委员会认为，邹继豪提交的证据7字迹清晰可辨，不存在难以辨认之处，且赵东红、张如一也未具体指出证据7中哪些部分难以辨认，由于赵东红、张如一在规定期限内未对证据7的中文译文提出具体异议。因此，视为赵东红、张如一对证据7的中文译文的准确性无异议，故专利复审委员会认为，证据7可以作为本案的证据使用，其上记载的内容构成涉案专利的现有技术，其文字部分的内容以邹继豪提交的中文译文为准。

《中华人民共和国专利法》第二十二条第三款规定：创造性，是指同申请日以前已有的技术相比，该发明有突出的实质性特点和显著的进步，该实用新型有实质性特点和进步。

如果 项权利要求的技术方案与一份证据披露的现有技术相比存在区别技术特征，而该区别技术特征被属于相同技术领域的另一份证据披露的现有技术公开，且该特征在该另一份证据中所起的作用与本专利中的作用相同，则该权利要求不具备创造性。

具体到本案，涉案专利权利要求1要求保护一种握力计，其所要解决的技术问题是提供一种检测准确、结构简单、操作方便的握力计。该权利要求1的技术方案为：一种握力计，具有：外握柄，安装于外握柄内的内握柄，与内握柄连接的测力传感器以及装于外壳内的检测显示装置，其特征是上述的测力传感器是具有多个凸台的弹性体梁，上述的测力传感器通过握距调整装置与上述内握柄连接。

证据7公开了一种体力测定器，具体公开如下内容：该体力测定器包括：外握部（对应于涉案专利的外握柄），安装于外握柄内的中握部（对应于涉案专利的内握柄），压缩螺杆（对应于涉案专利中的握距调整装置）的一端通过调节手轮与中握部连接并可以自由转动，另一端螺插于在压缩弹簧的压缩板的基端处设置的圆筒体内，压缩板和齿条以齿条杆为媒介连接成一体，齿条与固定在回转式编码器的回转轴上的小齿轮啮合（压缩弹簧、压缩板、圆筒体、齿条杆、齿条、回转式编码器、小齿轮构成的整体对应于本专利的测力传感器）；测定时，被测定人握紧中握部和外握部后，弹簧通过压缩板被压缩下降的同时，契合在压缩板上的齿条杆就产生移动，与之连动的齿条也随之下降，与齿条啮合的小齿轮在回转式编码器的回转轴上回转，该回转角度与握力成比例增加，由此在回转式编码器中产生与角度成比例的方形波脉冲，该方形波脉冲被传送到对肌力测定进行数字显示的装置（对应于涉案专利的检测显示装置）中，从而完成测定握力。

由上可知，涉案专利权利要求1的技术方案与证据7公开的内容相比，其区别在于：（1）涉案专利权利要求1中的测力传感器是具有多个凸台的弹性体梁，而证据7中是利用由压缩弹簧、压缩板、齿条杆、齿条、回转式编码器、小齿轮构成的整体来实现测力传感器的功能；（2）涉案专利权利要求1中的检测显示装置安装于外壳内，而证据7中没有明确记载显示装置的安装位置。

证据2公开了一种手提式数字显示电子秤，其中具体公开了该电子秤包括称重挂钩、挂环、外壳、称重传感器，称重传感器是由金属弹性体加工的重心在中间的M型传感器，由附图4可知，该M型传感器具有竖直向下伸出的三个腿状结构（相当于涉案专利所述测力传感器具有的多个凸台），其中两侧的腿状结构与一底板形成为一体，中间的腿状结构较短且不与底板接触，该M型传感器表面还贴有4片电阻应变片，该外壳上设有显示屏，用于被外壳内的多个电器元件驱动而显示被称重物的重量。

由此可见，证据2中已经公开了具有竖直向下伸出的三个腿状结构的M型传感器，且该M型传感器由金属弹性体加工而成，其必然是具有弹性的，因此，这就相当于公开了涉案专利所述的测力传感器是具有多个凸台的弹性体梁；而证据2中的显示屏和驱动该显示屏的电路元件就相当于公开了涉案专利所述的装于外壳内的检测显示装置，从而上述区别技术特征（1）和（2）均已被证据2公开；并且证据2与涉案专利、证据7同属于测力装置技术领域，证据2中测重力与涉案专利、证据7中测握力的不同仅在于重力是由被称重的物体施加而握力是由被测人的手施加，但该施加的重力和握力的方向均是垂直向下，也就是说证据2中的重力与涉案专利、证据7中的握力仅仅是施力对象不同，而施力对象的不同不会对该重力和握力的测量造成实质性影响，即该重力和握力的测量原理是基本相同的；此外，在对测力装置的实际设计中，测重力装置和测握力装置均是采用测力领域中常用的压力传感器或拉力传感器来实现的，而对本领域技术人员来说，用测重力装置中的压力传感器来替换测握力装置中的传感器结构是不需要付出创造性劳动的。因此，本领域技术人员在证据7的基础上，很容易想到用证据2中的M型传感器替换证据7中用于实现传感器功能的多个部件并将显示装置安装于外壳内，从而得到涉案专利权利要求1的技术方案，即把证据7与证据2相结合来得到本专利权利要求1的技术方案对于本领域技术人员来说是显而易见的。因此，涉案专利权利要求1相对于证据7和证据2的结合不具备创造性，不符合《中华人民共和国专利法》第二十二条第三款的规定。

赵东红、张如一认为，证据2与涉案专利不是同一技术领域，是用来称重的，没有结合的启示，证据2的附图4只有一个凸台，证据7中没有描述握距，因此，本专利权利要求1具备创造性。

对此，专利复审委员会认为：如前所述，证据2与涉案专利、证据7同属于测力装置技术领域，证据2中的重力与涉案专利、证据7中的握力仅仅是施力对象不同，而施力对象的不同不会对该重力和握力的测量造成实质性影响，即该重力和握力的测量原理并没有实质性不同，因此，本领域技术人员有动机将证据2与证据7结合；证据2中的M型传感器的竖直向下伸出的三个腿状结构就相当于本专利所述的多个凸台；证据7中虽然没有明确记载压缩螺杆是用于调整握距的，但是根据证据7说明书中对于压缩螺杆和调节手轮的描述并结合附图1可以确定，通过转动调节手轮使得压缩螺杆转动，进而带动内握柄上升或下降就可以调节内握柄与外握柄之间的握距，因此，证据7中的压缩螺杆就相当于公开了涉案专利的握距调整装置。综上所述，赵东红、张如一的主张不能成立。

权利要求2是引用了权利要求1的从属权利要求，其附加技术特征是“上述弹性体梁具有三个凸台，且两端凸台比中部的凸台伸出高”，从证据2的附图4中可以看出，该M型传感器两侧的腿状结构比中间的腿状结构长，从而使该中间的腿状结构悬空，因此，该特征也已被证据2所公开，且其在证据2中所起的作用也与本申请权利要求2中相同，在权利要求1不具备创造性的情况下，其从属权利要求2相对于证据7和证据2的结合也不具备《中华人民共和国专利法》第二十二条第三款规定的创造性。

权利要求3是引用了权利要求1或2的从属权利要求，其附加技术特征是“上述弹性体梁的凸台侧设有承力板”，从证据2的附图4中可以看出，该M型传感器的腿状结构底部有一与M型传感器两侧的腿状结构承接的底板（相当于权利要求3所述的承力板），因此，该特征也已被证据2所公开，在权利要求1或2不具备创造性的情况下，其从属权利要求3相对于证据7和证据2的结合也不具备《中华人民共和国专利法》第二十二条第三款规定的创造性。

权利要求4是引用了权利要求3的从属权利要求，其附加技术特征是“上述弹性体梁与承力板是形成一个整体的框架结构”，从证据2的附图4中可以看出，该M型传感器的腿状结构与底板形成为一体，因此，该特征也已被证据2所公开，在权利要求3不具备创造性的情况下，其从属权利要求4相对于证据7和证据2的结合也不具备《中华人民共和国专利法》第二十二条第三款规定的创造性。

权利要求5是引用了权利要求1、2或4中任一项的从属权利要求，其附加技术特征是“上述握距调整装置是具有调距手轮的力杆，上述力杆穿

过外握柄，连接内握柄与测力传感器”，而证据7中公开了压缩螺杆（相当于权利要求5所述的力杆）和设置在压缩螺杆前端的调节手轮（相当于权利要求5所述的调距手轮），该压缩螺杆穿过外握部，连接中握部和压缩板上设置的圆筒体（由前面对于权利要求1的评述可知，压缩板和其上的圆筒体是证据7中用于实现传感器功能的一部分部件，从而相当于公开了权利要求5所述的连接关系），因此，上述附加技术特征也已被证据7公开，在权利要求1、2或4不具备创造性的情况下，其从属权利要求5相对于证据7和证据2的结合也不具备《中华人民共和国专利法》第二十二条第三款规定的创造性。

权利要求6是引用了权利要求3的从属权利要求，其附加技术特征是“上述内握柄的两侧边框的外侧设有定位凸台，上述定位凸台安装在外握柄的滑动槽内”，上述附加技术特征所起的作用是通过定位凸台与滑动槽的卡合来使得内握柄只能在滑动槽的方向上移动，而本领域技术人员为了使内握柄在受力时沿着与外握柄在同一平面内的方向向外握柄下端移动，而不发生偏斜以避免产生测量误差，能够想到采用在外握柄上设置滑动槽并在内握柄两侧边框上设置定位凸台的措施，从而使得内握柄卡合在外握柄的滑动槽上而不会发生偏斜运动，这是本领域的常用技术手段，因此，在权利要求3不具备创造性的情况下，其从属权利要求6相对于证据7、证据2和公知常识的结合也不具备《中华人民共和国专利法》第二十二条第三款规定的创造性。

综上所述，涉案专利权利要求1~6不具备创造性，不符合《中华人民共和国专利法》第二十二条第三款的规定。由于已经得出了涉案专利全部权利要求不具备创造性的结论，因此，专利复审委员会未再对邹继豪提交的其他证据和理由进行评述。

基于上述理由，专利复审委员会于2008年11月6日作出被诉决定，宣告涉案专利权全部无效。

另查，2008年3月3日，专利复审委员会针对深圳市好家庭实业有限公司的无效审查请求，作出第11088号决定，认定涉案专利与授权公告日为1996年9月4日，授权公告号为CN2234609Y的中国实用新型专利说明书（即被诉决定中的证据2）“属于不同的技术领域，且两者的发明目的以及传感器受力方向均存在差异，本领域技术人员不能轻易想到将其他技术领域中的传感器运用到本领域”。

二审法院认为：对专利复审委员会的审查职责，当事人无异议，经审查予以确认。鉴于被诉决定所依据的证据均在口头审理时进行了质证，专利复审委员会根据上诉人的质证意见对证据进行的审查核实并不违背《专利审查指南》的相关规定，二审法院经审查对被诉决定作出程序的合法性予以确认。本案的争议焦点在于被诉决定对于涉案专利与证据2属于相同技术领域并据此否定涉案专利创造性的认定是否正确。

判断实用新型专利权是否具有创造性，一般着重于考虑该实用新型专利所属的技术领域。本案中，涉案专利要求保护的是一种握力计，所要解决的技术问题是提供一种检测精确、结构简单、操作方便的握力计，而证据2公开的是一种手提式数字显示电子秤，是一种测重力的装置，二者的发明目的以及传感器受力方向均存在差异，属于不同技术领域，本领域技术人员不能轻易想到将其他技术领域中的传感器运用到本领域。而且，专利复审委员会作出的第11088号决定亦已明确认定本专利与证据2“属于不同的技术领域”，在第11088号决定的效力未经任何法定程序被否定的情况下，专利复审委员会针对同样的情况作出不同的判断，有悖不得反复无常的依法行政原则。因而，被诉决定以证据7和与涉案专利不属于同一技术领域的证据2的结合否定本专利的创造性，属认定事实错误。一审判决认定本专利与证据2属于相同技术领域并在此基础上判决维持被诉决定错误。

二审法院依据《中华人民共和国行政诉讼法》第六十一条第（三）项、第五十四条第（二）项第1目的规定，判决如下：一、撤销北京市第一中级人民法院（2009）一中行初字第466号行政判决；二、撤销国家知识产权局专利复审委员会于2008年11月6日作出的第12613号无效宣告请求审查决定；三、国家知识产权局专利复审委员会对本案重新作出无效宣告请求审查决定。一、二审案件受理费各100元，均由国家知识产权局专利复审委员会负担。

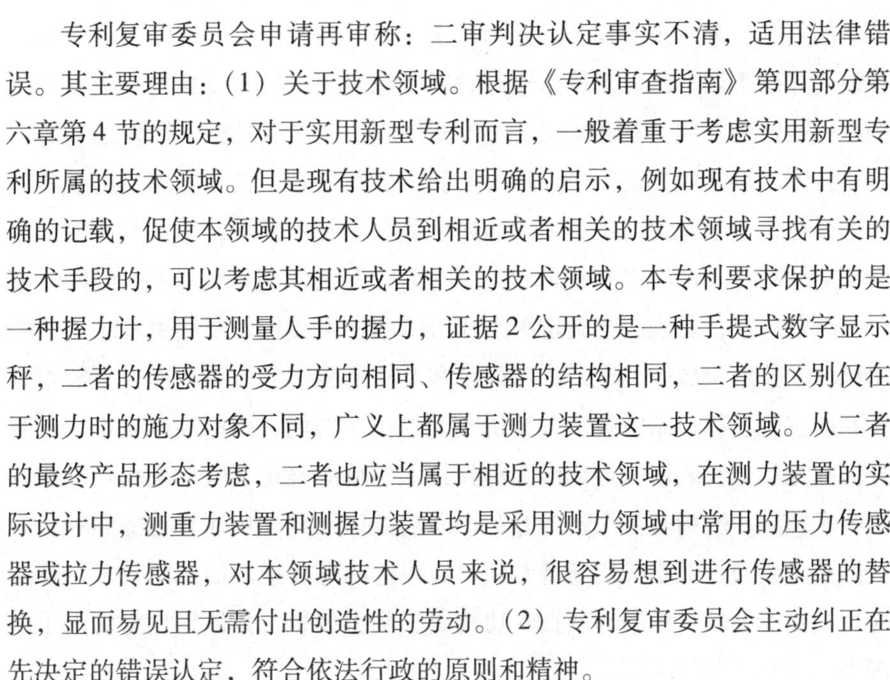

专利复审委员会申请再审称：二审判决认定事实不清，适用法律错误。其主要理由：（1）关于技术领域。根据《专利审查指南》第四部分第六章第4节的规定，对于实用新型专利而言，一般着重于考虑实用新型专利所属的技术领域。但是现有技术给出明确的启示，例如现有技术中有明确的记载，促使本领域的技术人员到相近或者相关的技术领域寻找有关的技术手段的，可以考虑其相近或者相关的技术领域。本专利要求保护的是一种握力计，用于测量人手的握力，证据2公开的是一种手提式数字显示秤，二者的传感器的受力方向相同、传感器的结构相同，二者的区别仅在于测力时的施力对象不同，广义上都属于测力装置这一技术领域。从二者的最终产品形态考虑，二者也应当属于相近的技术领域，在测力装置的实际设计中，测重力装置和测握力装置均是采用测力领域中常用的压力传感器或拉力传感器，对本领域技术人员来说，很容易想到进行传感器的替换，显而易见且无需付出创造性的劳动。（2）专利复审委员会主动纠正在先决定的错误认定，符合依法行政的原则和精神。

本院认为：《中华人民共和国专利法》的立法宗旨是为了保护专利权人的合法权益，鼓励发明创造，推动发明创造的应用，提高创新能力，促进科学技术进步和经济社会发展。可见，专利制度不仅要维护专利权人的合法权益，还要充分考虑社会公众的合法权益，进而实现两者之间的平衡。为了实现上述平衡，就需要设置合理的专利授权标准。对于发明或者实用新型专利而言，需要设立合理的创造性判断标准。如果创造性标准设置得太低，就会导致创新程度不高的专利申请较容易获得授权或者很难被宣告无效，势必会限制技术的传播和利用，不利于科技进步和社会发展，损害社会公众利益。如果创造性标准设置得太高，专利申请获得授权的难度就会大大提高，将会减损专利法对技术创新的激励作用。《中华人民共和国专利法》第二十二条规定，发明的创造性，是指与现有技术相比，该发明具有突出的实质性特点和显著的进步；实用新型的创造性，是指该实用新型具有实质性特点和进步。《中华人民共和国专利法》规定的实用新型专利的创造性标准低于发明专利的创造性标准。判断发明创造是否具有创造性，应当基于所属技术领域的技术人员的知识和能力，并通过将发明创造的技术方案与现有技术进行比对来判断。发明专利和实用新型专利的创造性标准不同，因此，技术比对时所考虑的现有技术领域也应当有所不同，这是体现发明专利和实用新型专利创造性标准差别的一个重要方面。

技术领域，应当是要求保护的发明或者实用新型技术方案所属或者应用的具体技术领域，而不是上位的或者相邻的技术领域，也不是发明或者实用新型本身。涉案专利是名称为“握力计”的实用新型专利，判断其是否具有创造性，首先应当确定握力计所属的技术领域以及相关和相近的技术领域。技术领域的确定，应当以权利要求所限定的内容为准，一般根据专利的主题名称，结合技术方案所实现的技术功能、用途加以确定。专利在国际专利分类表中的最低位置对其技术领域的确定具有参考作用。相近的技术领域一般指与实用新型专利产品功能以及具体用途相近的领域，相关的技术领域一般指实用新型专利与最接近的现有技术的区别技术特征所应用的功能领域。涉案专利技术功能属于测力装置，具体用途为测人手的握力。

由于技术领域范围的划分与专利创造性要求的高低密切相关，考虑到实用新型专利创造性标准要求较低，因此在评价其创造性时所考虑的现有技术领域范围应当较窄，一般应当着重比对实用新型专利所属技术领域的现有技术。但是在现有技术已经给出明确的技术启示，促使本领域技术人员到相近或者相关的技术领域寻找有关技术手段的情形下，也可以考虑相近或者相关技术领域的现有技术。所谓明确的技术启示是指明确记载在现有技术中的技术启示或者本领域技术人员能够从现有技术直接、毫无疑义地确定的技术启示。

本案中，涉案专利权利要求 1 的技术方案与最接近的现有技术证据 7（一种体力测定器）公开的内容相比，区别技术特征在于测力传感器不同，测力传感装置为涉案专利的相关技术领域。为了评价测力传感器的创造性，专利复审委员会考虑了证据 2（手提式数字显示电子秤，用于测重力），将其测力传感器与涉案专利的传感器进行比对。虽然握力计和电子秤都是测力装置，但二者分别具有不同的特定用途。同时，重力和人手的握力相比较，施力对象不同，施力方向也不同，重力单纯向下，人手的握

力不是单纯向下而是从四周向中心，所以二者不属于相同技术领域。但涉案专利与手提式数字显示电子秤功能相同，用途相近，二者测力传感器的测力原理基本相同，可以将手提式数字显示电子秤视为涉案专利的相近技术领域。但是，由于现有技术并未给出明确的技术启示，专利复审委员会在评价涉案专利的创造性时考虑手提式电子秤的测力传感器属于适用法律错误。

综上，专利复审委员会的再审申请不符合《中华人民共和国行政诉讼法》第六十三条第二款、《最高人民法院关于执行〈中华人民共和国行政诉讼法〉若干问题的解释》第七十二条规定的条件，依据《最高人民法院关于执行〈中华人民共和国行政诉讼法〉若干问题的解释》第七十四条之规定，裁定如下：

驳回国家知识产权局专利复审委员会的再审申请。

审　判　长　王永昌
代理审判员　秦元明
代理审判员　李　剑

二〇一二年一月十九日

书　记　员　周睿隽

82. 张迪军与国家知识产权局专利复审委员会、慈溪市鑫隆电子有限公司外观设计专利无效行政案*

功能性设计特征对于外观设计的整体视觉效果通常不具有显著影响

【裁判摘要】

任何产品的外观设计通常都需要考虑功能因素和美学因素两个基本要素，产品的设计特征的功能性或者装饰性通常是相对而言的，因此，至少存在三种不同类型的设计特征：功能性设计特征、装饰性设计特征以及功能性与装饰性兼具的设计特征。

功能性设计特征是指那些在该外观设计产品的一般消费者看来，由所要实现的特定功能所唯一决定而并不考虑美学因素的设计特征。功能性设计特征的判断标准并不在于该设计特征是否因功能或技术条件的限制而不具有可选择性，而在于在一般消费者看来，该设计特征是否仅仅由特定功能所决定，从而不需要考虑该设计特征是否具有美感。功能性设计特征对于外观设计的整体视觉效果通常不具有显著影响。

* 摘自《最高人民法院公报》2013年第10期。

最高人民法院行政判决书

（2012）行提字第14号

申请再审人（一审被告、二审上诉人）：国家知识产权局专利复审委员会。住所地：北京市海淀区北四环西路9号银谷大厦10～12层。

法定代表人：张茂于，该委员会副主任。

委托代理人：钱亦俊，该委员会审查员。

委托代理人：毛琎，该委员会审查员。

被申请人（一审原告、二审被上诉人）：张迪军。

委托代理人：王卫东。

一审第三人、二审上诉人：慈溪市鑫隆电子有限公司。住所地：浙江省慈溪市长河镇大路头工业区。

法定代表人：童鑫祥，该公司经理。

委托代理人：葛红斌，浙江维知律师事务所律师。

申请再审人国家知识产权局专利复审委员会（以下简称专利复审委员会）与被申请人张迪军、原审第三人慈溪市鑫隆电子有限公司（以下简称鑫隆公司）外观设计专利权无效行政纠纷一案，专利复审委员会不服北京市高级人民法院于2011年3月17日作出的（2010）高行终字第1459号行政判决，向本院申请再审。本院于2011年11月29日作出（2011）知行字第81号行政裁定，决定提审本案。本院依法组成合议庭，于2012年3月27日公开开庭审理了本案。申请再审人专利复审委员会委托代理人钱亦俊、毛琎，被申请人张迪军委托代理人王卫东，一审第三人鑫隆公司委托代理人葛红斌到庭参加了诉讼，本案现已审理终结。

张迪军不服专利复审委员会于2009年9月15日作出的第13912号专

利无效宣告请求审查决定（以下简称第 13912 号决定），于 2009 年 12 月 21 日向北京市第一中级人民法院提起行政诉讼。张迪军诉称：其是名称为“逻辑编程开关（SR14）”外观设计专利（以下简称本专利）的专利权人，专利复审委员会第 13912 号决定宣告本专利权无效是错误的，本专利与在先设计既不相同，也不相近似。本专利是逻辑编程开关的外观设计，在先设计是家电制品的旋转式开关的外观设计。对于该两类产品而言，引脚的数量和位置分布直接影响到该产品是否能够与相应电子产品的 PCB 板相适配，引脚的数量和位置分布的区别对于该类产品的整体视觉效果具有显著影响。本专利与在先设计虽然都有五只引脚，但本专利的引脚均设置在底座的一个侧面上，在先设计只有三只引脚设置在底座的一个侧面上，另外两只引脚设置在底座的另一个相对的侧面上，一般消费者会注意到二者引脚位置分布的不同，不会发生混淆误认。

专利复审委员会辩称：本专利与在先设计是相近似的外观设计，第 13912 号决定认定事实清楚，适用法律适当，程序合法，原告的诉讼理由不能成立，请求维持第 13912 号决定。

鑫隆公司提交意见称：主要由技术功能决定的设计特征及对整体视觉效果不产生影响的材料、内部结构等特征，不应作为认定整体视觉效果是否近似的考虑因素。第 13912 号决定正确，请求予以维持，驳回原告的诉讼请求。

北京市第一中级人民法院审理查明：本专利系名称为“逻辑编程开关（SR14）”、专利号为 200630128900.0 的外观设计，其申请日为 2006 年 8 月 4 日，授权公告日为 2007 年 6 月 6 日，专利权人是张迪军。本专利授权公告的六幅视图包括：主视图、左、右视图、俯、仰视图和后视图，其上部基本形状为上细下粗的近似阶梯状圆柱体，细柱上部一侧剖切；下部为近似扁方柱体，两对侧各有两只卡脚，另两对侧中一侧有五只引脚，一侧无引脚。

2009 年 5 月 31 日，鑫隆公司以本专利不符合 2000 年修订的《中华人民共和国专利法》第二十三条的规定为由，向专利复审委员会提出无效宣

告请求，并提交了9份证据。其中证据7系授权公告日为2000年10月25日的第00302321.4号中国外观设计专利。附件7公开了一款旋转式开关的外观设计，其上部基本形状为上细下粗的近似阶梯状圆柱体，细柱上部一侧剖切，粗柱一侧有矩形凹槽；下部为近似扁方柱体，两对侧各有两只卡脚，另两对侧分别有三只引脚和两只引脚（即在先设计）。

2009年9月2日，专利复审委员会就鑫隆公司的无效宣告请求进行了口头审理。在口头审理过程中，张迪军认可附件7的真实性。专利复审委员会经审查认为，本专利与在先设计均为开关的外观设计，用途相同，属于相同类别的产品，具有可比性。二者的主要不同点为：在先设计上部的粗柱多了矩形凹槽设计，且二者下部的引脚位置不同。由于本专利较在先设计简化的凹槽设计相对于整体形状而言仅属于局部的细微变化，且二者引脚位置的差别属于由连接功能所限定的局部位置变化，均对二者的整体外观设计不具有显著影响。同时，二者其他更为细微的差别也明显不足以对整体视觉效果产生显著的影响。两者主要形状构成的具体设计及其结合方式均是相同或者相近似的，属于相近似的外观设计。由于在本专利申请日以前已有与其相近似的外观设计在出版物上公开发表过，本专利不符合《中华人民共和国专利法》第二十三条的规定。2009年9月15日，专利复审委员会作出第13912号决定，宣告本专利全部无效。

在一审庭审中，张迪军认可专利复审委员会认定的在先设计的上部粗柱有矩形凹槽，本专利没有；两者下部的引脚位置不同，并提出本专利与在先设计虽然都设有五只引脚，但本专利的五只引脚均设置在底座的一个侧面上，在先设计只有三只引脚设置在底座的一个侧面上，另外两只引脚设置在底座的另一个相对的侧面上。专利复审委员会认可张迪军提出的其他区别，但认为该区别是细微的，同时引脚的不同是由功能性决定的，在张迪军没有提交证据的情况下，不能从设计空间的角度予以考虑。

一审法院认为：判断外观设计是否构成相同或近似，相关领域的判断主体对判断结论的客观认定具有重要作用。本专利与在先设计均系电器设备元件，其相关消费者应为电器产品专业生产和采购人员。本专利与在先设计相比较，在先设计的上部粗柱有矩形凹槽，本专利没有；两者下部的引脚位置不同，本专利5只引脚均在底座的一个侧面上，在先设计只有3只引脚设置在底座的一个侧面上，另外两只引脚设置在底座的另一个相对的侧面上。本领域的相关消费者在选择此类产品时，会施以较大注意力关注该产品的上述部位。因此，上述部位的差别对整体视觉效果产生了显著的影响，不会造成对两者的混淆误认。第13912号决定的主要证据不足，依法应予撤销。北京市第一中级人民法院依照《中华人民共和国行政诉讼法》第五十四条第（二）项第1目之规定，作出（2010）一中知行初字第533号行政判决：一、撤销专利复审委员会于2009年12月21日作出的第13912号无效宣告请求审查决定；二、专利复审委员会就鑫隆公司针对“逻辑编程开关（SR14）”的外观设计专利提出的无效宣告请求重新作出审查决定。案件受理费100元，由专利复审委员会负担。

专利复审委员会与鑫隆公司均不服一审判决，向北京市高级人民法院提出上诉。专利复审委员会请求撤销一审判决并维持第13912号决定，其主要上诉理由为：一审判决对判断主体及本专利与在先设计的差别判断有误，本专利与在先设计在引脚方面的差异属于由连接功能限定的局部位置变化。鑫隆公司请求撤销一审判决，改判驳回张迪军全部诉讼请求，其主要上诉理由为：本专利与在先设计的差别属于细微差别，两者在引脚方面的差异属于技术性设置，容易导致一般消费者的混淆，本专利与在先设计已构成相似设计。

二审法院经审理查明，一审查明的事实属实。

北京市高级人民法院二审认为：在判断外观设计是否相近似时，首先要确定判断主体。不同的判断主体，由于对被比设计产品的知识水平和认知能力存在差异，在判断两项外观设计是否相近似时，可能得出不同的结论。根据《专利审查指南》的规定，在判断外观设计是否相近似时，应当基于被比设计产品的一般消费者的知识水平和认知能力进行评价。所述的“一般消费者”是具体的，不同类别的被比设计产品具有不同的消费者群体。本案在先设计的公开日早于本专利的申请日，且二者属于同一类别产

品，可以用于评判本专利是否符合《中华人民共和国专利法》第二十三条的规定。本专利与在先设计均系电器设备元件，相关产品的生产和采购人员对此类电器元件产品具有一定的认知能力，客观上熟知此类产品外观功能，一审法院将其作为该类产品的“一般消费者”并无不当。专利复审委员会有关原审法院确定“一般消费者”的判定主体错误的上诉理由不能成立，不予支持。将本专利与在先设计进行比较，在先设计的上部粗柱有矩形凹槽，本专利没有；本专利五只引脚均在底座的一个侧面上，在先设计只有三只引脚设置在底座的一个侧面上，另外两只引脚设置在底座的另一个相对的侧面上。在一般消费者看来，本专利与在先设计的上述差别能够对二者的整体视觉效果产生显著影响，一般消费者在选择此类产品时也会施以较大注意力关注该产品的上述部位，通常不会造成一般消费者对二者的混淆误认。一审法院有关二者不构成相同或类似外观设计的认定并无不当，专利复审委员会及鑫隆公司的上诉理由不能成立，其上诉请求均不予支持。一审判决认定事实基本清楚，适用法律正确，依法应予维持。依据《中华人民共和国行政诉讼法》第六十一条第（一）项之规定，北京市高级人民法院于2011年3月17日作出（2010）高行终字第1459号行政判决：驳回上诉，维持原判。一审案件受理费100元，由专利复审委员会负担；二审案件受理费100元，由专利复审委员会与鑫隆公司各负担50元。

专利复审委员会向本院申请再审称：原二审判决对本专利和在先设计是否相同相近似的认定方法不当，结论错误，本专利和在先设计应当属于相近似的外观设计，请求撤销二审判决，维持专利复审委员会第13912号决定。其主要理由为：（1）原二审判决关于判断方法的适用存在错误。原二审判决并非基于整体观察、综合判断的方法作出结论，而是仅观察了不同点对整体带来的视觉效果，对相同点对整体视觉效果的影响视而不见。（2）本专利产品的“一般消费者”应当是电子元器件的采购者和使用者，应当了解这类产品各部分的功能、使用环境，能够分辨哪些设计是受功能限定的特定形状。相对于惯常设计，只有可变内容和对整体视觉效果具有显著影响的设计内容才为一般消费者所关注。从一般消费者的角度，本专利与在先设计的区别均为功能性和技术性的，对整体视觉效果不具有显著的影响，两者的整体视觉效果相近似。①本专利和在先技术的区别是技术性的。一般而言，当某一区别的作用是基于对产品功能、性能、经济性、便利性、安全性等方面的技术性要求而设计，则该区别应该被认定为功能性的；当某一区别的作用是为了使产品达到视觉效果美观、特别、引人注目，则该区别应该被认为是装饰性的。本专利和在先设计的引脚都是插入电路板中，与其他电子元件相连，引脚的不同设置方式是基于电路板上不同的电路布局需要，也是基于对产品功能、便利性的要求而设定。本专利不具有在先设计中部环形轴的缺口，是单轴结构，只有上部具有缺口的圆柱形轴可旋转，调节信号输出；而在先设计是双轴结构，上部和中间轴都可以进行旋转，进行信号输出。两者只是信号控制方式不同，本专利只能通过上部轴对脉冲相位进行控制，在先设计既能通过上部轴对脉冲相位进行控制，又能通过中部轴对脉冲幅值进行调节，这是基于产品功能和性能的不同需要而设计的。②本专利和在先设计的区别所达到的效果是客观的。技术性特征实现的效果是技术性的，可以通过实验、推理等客观手段进行验证或预测；装饰性特征实现的效果是审美的，不同主体因不同的审美取向、社会文化等因素得到不同的主观感受。本专利与在先设计不同的引脚布置方式，其实现的效果是为不同的电路提供线路布局，满足电子配件的标准化应用；是否在中间环形轴上设置缺口，是为了实现不同的信号控制功能。上述区别实现的效果都是客观的，不受主体的审美取向、社会文化感受的影响。③从设计特征的可选择性看，本专利和在先设计的可选择性被功能或技术所限定。装饰性特征不受功能或技术的制约，由于审美的不确定性而具有可选择性；功能性设计则受到产品功能或技术条件的限制，不具有可选择性或者选择性受到功能需求或技术规格的限定。作为标准化生产的电子配件，本专利和在先设计的引脚设置方式是由技术规格限定的，中部环形柱上的凹槽是为了和开关的驱动装置啮合，凹槽的形状和大小也由技术规格所限定。(3) 外观设计专利保护的客体是装饰性（即富有美感）的设计，排除了对功能性、技术性特征的保护。对于电子元器件

等在产品最终使用中不可见的零部件的形状设计均出于配合关系的考虑，而非出于美感的考虑，不应受到外观设计专利的保护。如果一项功能性的设计不符合发明或者实用新型专利授权标准，而获得了外观设计专利保护，则权利人实质上是通过外观设计专利制度实现了对没有创新性的功能性形状的垄断，偏离了专利保护的立法宗旨。

张迪军提交意见认为：原二审判决判断方法正确，关于一般消费者认知水平的认定正确。专利复审委员会关于本专利和在先技术的区别属于功能性、技术性的考虑缺乏依据。本专利产品的设计空间很小，现有技术均将引脚设置在底座相对的两侧，本专利将引脚全部设置在底座的一侧，起到了显著改变产品整体视觉效果的作用。对于中部环形柱上的凹槽，有的产品有，有的产品没有，说明凹槽不是由产品的功能所唯一限定的，不能将其视为由产品功能所决定。由于在先设计的凹槽占据了中部环形柱体的四分之三左右，不能将本专利中部环形柱上缺乏凹槽视为微小变化。

鑫隆公司提交意见认为：认可专利复审委员会的再审请求和理由。原二审判决认定事实和适用法律均有错误，本专利和在先技术的区别属于局部的细微差别，并且明显属于功能性设计。

本院审理查明：原审法院查明的事实属实。

再审过程中，专利复审委员会提交了鑫隆公司在专利无效宣告过程中提交的日本 ALPS 公司的《2006 开关/编码器》产品样本图册以及名称为“一种双轴编码器”、专利号为 200920220081.0 的中国实用新型专利的权利要求书、说明书及附图，供法庭参考但不作为本案证据使用。专利复审委员会主张，参考上述文件可知，在先设计所涉产品是一种双轴可旋转的逻辑编程开关，其上部粗柱的矩形凹槽的功能在于方便与外部电器连接。日本 ALPS 公司《2006 开关/编码器》产品样本图册封底右下方标注印刷时间为 2006 年 1 月。该图册第 171 页至 235 页载有多种类型的编码器图片，其中多种编码器上部粗柱上无矩形凹槽，少数编码器上部粗柱上有矩形凹槽。张迪军对日本 ALPS 公司的《2006 开关/编码器》产品样本图册的来源、真实性和出版时间提出质疑。名称为“一种双轴编码器”的中国实用新型专利的申请日是2009年10月23日，授权公告日是2010年8月4日，其权利要求书中的权利要求6记载："根据权利要求1所述的一种双轴编码器，其特征在于：所述的外轴芯（2）的尾端开设有便于与外部电器连接安装的槽（21）。"张迪军认为：上述专利的申请日晚于本专利申请日，同时本案在先设计专利文件本身没有对凹槽的功能作出描述，因此，本案现有证据不能证明在先设计中凹槽的作用和功能。

再审庭审中，专利复审委员会、张迪军和鑫隆公司均认可本专利是一种通过旋转实现编码输出功能的编码开关，用于电饭锅、电烤箱等需要调节输出信号的场合。在使用中，编码开关端部套有与之啮合的旋钮；编码开关的引脚数量是特定的，其分布需要与电路板节点相适配。

本院认为：本专利申请日在2009年10月1日前，应该适用2000年修订的《中华人民共和国专利法》及《中华人民共和国专利法实施细则》的规定。结合申请再审人的再审申请、被申请人的答辩以及庭审情况，本案的争议焦点在于：原二审判决是否违背了整体观察、综合判断的判断方法；技术性设计特征和装饰性设计特征是否可分及其区分条件和作用；本专利与在先设计的区别设计特征是否属于功能性设计特征；本专利与在先设计是否相同或者相近似。

（一）关于原二审判决是否违背了整体观察、综合判断的判断方法

所谓整体观察、综合判断的方法，是指在判断外观设计专利与在先设计是否相同或者相近似时，应该从外观设计专利产品的一般消费者的知识水平和认知能力出发，综合评估两者的相同点和区别点对整体视觉效果的影响，在此基础上对两者的整体视觉效果是否相同或者相近似作出判断。在这个过程中，既要注意二者的相同点对整体视觉效果的影响，又要注意二者的区别点对整体视觉效果的影响。实际上，只要把外观设计专利与在先设计是否相同或者相近似的判断落脚到二者整体视觉形象的相同或者相近似上，就必然需要对两者的相同点和不同点对整体视觉形象的影响程度

进行综合考量。本案中，原二审判决在对比本专利与在先设计的基础上，认定了二者存在两点设计区别，并进而认定上述区别能够对二者的整体视觉效果产生显著影响。可见，虽然原二审判决将重点放在了两者的区别对整体视觉效果的影响上，但是并非没有注意二者的相同点对整体视觉效果的影响。专利复审委员会主张，原二审判决仅观察了不同点对整体带来的视觉效果，而对相同点对整体视觉效果的影响却视而不见。这一主张不能成立，本院不予支持。

（二）关于技术性设计特征和装饰性设计特征是否可分及其区分标准和作用

专利复审委员会认为：设计特征可以区分为功能性特征和装饰性特征。功能性特征基于对产品功能、性能、经济性、便利性、安全性等方面的技术性要求而设计；装饰性特征则基于产品的视觉效果美观而设计。功能性特征所达到的效果是客观的，不受主体的审美取向、社会文化感受影响；装饰性特征实现的效果是审美的，不同主体因不同的审美取向、社会文化等因素得到不同的主观感受。功能性特征则受到产品功能或技术条件的限制，不具有可选择性或者选择性受到功能需求或技术规格的限定；装饰性特征不受功能或技术的制约，由于审美的不确定性而具有可选择性。这就涉及功能性设计特征和装饰性设计特征是否可分及其区分标准和意义等问题。对此，本院评述如下：

首先，关于功能性设计特征与装饰性设计特征的区分。任何产品的外观设计通常都需要考虑两个基本要素：功能因素和美学因素。即，产品必须首先要实现其功能，其次还要在视觉上具有美感。可以说，大多数产品都是功能性和装饰性的结合。就某一外观设计产品的具体某一设计特征而言，同样需要考虑功能性和美感的双重需求，是技术性与装饰性妥协和平衡的产物。因此，产品的设计特征的功能性或者装饰性通常是相对而言的，绝对地区分功能性设计特征和装饰性设计特征在大多数情况下是不现实的。只有在特殊的情形下，某种产品的某项设计特征才可能完全由装饰性或者功能性所决定。因此，至少存在三种不同类型的设计特征：功能性设计特征、装饰性设计特征以及功能性与装饰性兼具的设计特征。

其次，关于功能性设计特征的区分标准。功能性设计特征是指那些在该外观设计产品的一般消费者看来，由所要实现的特定功能所唯一决定而并不考虑美学因素的设计特征。功能性设计特征与该设计特征的可选择性存在一定的关联性。如果某种设计特征是由某种特定功能所决定的唯一设计，则该种设计特征不存在考虑美学因素的空间，显然属于功能性设计特征。如果某种设计特征是实现特定功能的有限的设计方式之一，则这一事实是证明该设计特征属于功能性特征的有力证据。不过，即使某种设计特征仅仅是实现某种特定功能的多种设计方式之一，只要该设计特征仅仅由所要实现的特定功能所决定而与美学因素的考虑无关，仍可认定其属于功能性设计特征。如果把功能性设计特征仅仅理解为实现某种功能的唯一设计，则会过分限制功能性设计特征的范围，把具有两种或者两种以上替代设计的设计特征排除在外，进而使得外观设计申请人可以通过对有限的替代设计分别申请外观设计专利的方式实现对特定功能的垄断，不符合外观设计专利保护具有美感的创新性设计方案的立法目的。从这个角度而言，功能性设计特征的判断标准并不在于该设计特征是否因功能或技术条件的限制而不具有可选择性，而在于一般消费者看来，该设计特征是否仅仅由特定功能所决定，从而不需要考虑该设计特征是否具有美感。

最后，关于区分不同类型设计特征的意义。不同类型设计特征对于外观设计产品整体视觉效果的影响存在差异。功能性设计特征对于外观设计的整体视觉效果通常不具有显著影响；装饰性特征对于外观设计的整体视觉效果一般具有影响；功能性与装饰性兼具的设计特征对整体视觉效果的影响则需要考虑其装饰性的强弱，其装饰性越强，对于对整体视觉效果的影响可能相对较大一些，反之则相对较小。当然，以上所述仅仅是一般原则，一种设计特征对于外观设计产品整体视觉效果的影响最终需要结合案件具体情况进行综合评判。

（三）关于本专利与在先设计的区别设计特征是否属于功能性设计特征

第13912号决定和原一、二审判决均认定，本专利与在先设计相比，存在两点区别：在先设计的上部粗柱有矩形凹槽，本专利没有（区别特征一）；两者下部的引脚位置不同，本专利5只引脚均在底座的一个侧面上，在先设计只有3只引脚设置在底座的一个侧面上，另外2只引脚设置在底座的另一个相对的侧面上（区别特征二）。本案各方当事人对上述区别无异议，本院对此予以确认。

关于区别特征一，本专利上部粗柱无矩形凹槽，而在先设计的上部粗柱存在矩形凹槽。首先，由于在先设计的专利文件本身并未对专利产品是单轴还是双轴结构、是否能够双轴旋转、矩形凹槽具有何种作用等进行任何说明，在此情况下，难以判断在先设计专利产品的结构以及矩形凹槽的功能。其次，第13912号决定本身并未认定在先设计的上部粗柱的矩形凹槽属于功能性设计，专利复审委员会仅仅在本案申请再审阶段才提出该矩形凹槽属于功能性设计的主张。对此，专利复审委员会应该提供充分的证据予以证明。最后，专利复审委员会提交本院作为参考的、名称为“一种双轴编码器”的中国实用新型专利的申请日晚于本专利，且其权利要求6记载的外轴芯上的槽的功能系便于与外部电器连接安装，与专利复审委员会的主张不尽一致，难以据此判断在先设计上部粗柱上的矩形凹槽的功能。因此，基于本案现有证据，无法确定在先设计产品是双轴可旋转的编程开关，亦无法确定其矩形凹槽用于与旋钮配合实现调节信号输出。专利复审委员会关于在先设计在中间环形轴上设置缺口是为了实现不同的信号控制功能，区别特征一是功能性设计特征的主张依据不足，本院不予支持。

关于区别特征二，本专利和在先设计两者下部的引脚位置不同。本案各方当事人均确认，本专利产品涉及的编码开关的引脚数量是特定的，其分布需要与电路板节点相适配。可见，引脚的数量与位置分布是由与之相配合的电路板所决定的，以便实现与不同电路板上节点相适配。在本专利产品的一般消费者看来，无论引脚的位置是分布在底座的一个侧面上还是分布在两个相对的侧面上，都是基于与之相配合的电路板布局的需要，以便实现两者的适配与连接，其中并不涉及对美学因素的考虑。因此，区别特征二是功能性设计特征，其对本专利产品的整体视觉效果并不产生显著影响。专利复审委员会关于区别特征二是功能性设计特征的申请再审理由成立，本院予以支持。

（四）关于本专利与在先设计是否相同或者相近似

前已述及，本专利与在先设计相比，存在两项区别特征。其中区别特征二是功能性设计特征，对于本专利与在先设计的整体视觉效果不具有显著影响。对于区别特征一而言，现有证据不能充分证明在先设计上部粗柱具有矩形凹槽属于功能性设计特征。同时，该矩形凹槽比较明显，与整体设计相比并不属于细微变化。尽管如此，结合本院查明的事实，编码开关上部粗柱无矩形凹槽是一种普通的、常见的设计。日本 ALPS 公司《2006 开关/编码器》产品样本图册第 171 页至 194 页的编码器图片也辅助印证了这一点。作为一种普通的、常见的设计，本专利上部粗柱无矩形凹槽对于整体视觉效果不具有显著影响，不足以导致本专利与在先设计在整体视觉效果上出现明确差异。在两项区别设计特征对于本专利的整体视觉效果均无显著影响的情况下，本专利与在先设计的相同之处对于整体视觉效果的影响更大，二者构成相近似的外观设计。原一、二审判决认定二者不构成相同或相近似外观设计，适用法律错误，应予纠正。专利复审委员会的相应申请再审理由成立，应予支持。专利复审委员会第 13912 号决定认为本专利与在先设计的区别特征一相对于整体形状而言属于局部的细微变化，认定事实虽有所失当，但关于本专利与在先设计构成相近似的外观设计的结论正确，应予维持。

综上，原一、二审判决认定本专利与在先设计不相同亦不相近似，适用法律错误，依法应予撤销。专利复审委员会第 13912 号决定适用法律、法规正确，程序合法，应予维持。依据 2000 年修订的《中华人民共和国专利法》第二十三条，《中华人民共和国行政诉讼法》第五十四条第（一）项、第六十三条第二款和《最高人民法院关于执行〈中华人民共和国行政诉讼法〉若干问题的解释》第七十六条第一款、第七十八条之规定，判决如下：

一、撤销北京市高级人民法院（2010）高行终字第 1459 号行政判决和北京市第一中级人民法院（2010）一中知行初字第 533 号行政判决；

二、维持国家知识产权局专利复审委员会第 13912 号无效宣告请求审查决定。

本案一审案件受理费和二审案件受理费各 100 元，均由张迪军负担。

本判决为终审判决。

审 判 长　金克胜
代理审判员　朱　理
代理审判员　杜微科

二〇一二年六月二十九日

书 记 员　张　博

83. LG电子株式会社与中华人民共和国国家知识产权局专利复审委员会、宁波奥克斯空调有限公司外观设计专利权行政纠纷案*

对外观设计专利产品的设计风格进行相近似判断时应以“整体观察、综合判断”为基本原则

【裁判要点】

如果一般消费者经过对被比设计与在先设计的整体观察可以看出，二者的差别对于产品外观设计的整体视觉效果不具有显著影响，则被比设计与在先设计相近似。存在局部细微变化时，相同的设计风格更显著地影响到一般消费者对该外观设计产生的整体视觉效果，从而降低了个别部位的细微差异对整体视觉效果所带来的影响。在判断区别点是否对产品外观设计的整体视觉产生显著的影响时，不能脱离“整体观察、综合判断”的基本原则。

* 摘自《知识产权审判与指导》2012年第2辑（总第20辑），人民法院出版社2013年版，第122～129页。

【案情简介】

原告（二审被上诉人，再审被申请人）：LG 电子株式会社

被告（二审上诉人，再审申请人）：中华人民共和国国家知识产权局专利复审委员会

第三人：宁波奥克斯空调有限公司

LG 电子株式会社是 200430120532.6 号“空气调节器”外观设计专利权的专利权人。针对本专利，宁波奥克斯空调有限公司于 2009 年 3 月提起无效宣告请求，提交的对比设计 1 是 200430003591.5 号外观设计专利著录项目及图片复印件。其请求的主要理由是：对比设计 1 与本专利属于相同类别的产品，二者属于相近似的外观设计，本专利不符合《中华人民共和国专利法》第二十三条的规定。随后，专利复审委员会作出第 13639 号无效宣告请求审查决定，认为本专利与对比设计 1 相比较，二者的相同点在于：（1）产品整体均为近似长方体的立式结构，长宽高的比例基本相同；（2）产品的前面板均为长方形，稍向外凸出，其上中部均设置一小长方形显示屏；（3）前面板下部的相同位置均设置进风口；（4）产品顶部相同位置均设置一长方形出风口；（5）前面板与左右侧壁均通过一过渡板连接，前面板与右侧壁之间的过渡连接板处设置出风口。两者不同之处在于：（1）对比设计 1 的前面板上设置了四个很小的圆形，本专利没有；（2）对比设计 1 前面板的侧边略窄、中部没有腰线，本专利前面板的侧边略宽，中部各有一条腰线；（3）对比设计 1 的底座侧面后部有一横向进风口，本专利没有。由于前面板设置的四个小圆形在整个产品中所占的比例非常微小，前面板侧边和腰线的不同属于局部细微的变化，产品的底座侧后部属于使用时不常见的部位，上述不同之处均不足以引起一般消费者的注意，不会对整体视觉效果产生显著影响。由于在本专利申请日以前已有与其相近似的外观设计在出版物上公开发表过，本专利权的授予不符合《中华人民共和国专利法》第二十三条的规定，据此宣告本专利权全部无效。LG 电子株式会社不服该无效宣告请求审查决定提起行政诉讼。

LG 电子株式会社提起行政诉讼称：（1）宣告本专利权全部无效的第

13639 号无效决定对本专利与对比设计 1 外观设计专利之间的区别没有进行客观、全面的审查，特别是没有被考虑的区别是位于产品最容易观察到的部位，对整体视觉效果具有显著的影响。（2）第 13639 号无效决定在认定事实时没有分析空调柜机产品的特点，忽视了空调柜机产品的设计空间相对有限、空调柜机产品机身的正面以及左右两侧面的设计对整体视觉效果更具有显著影响。（3）第 13639 号无效决定认定事实不清、违反《审查指南》基本要求，必然导致错误适用《中华人民共和国专利法》（2000 年修正）第二十三条的规定，得出本专利与对比设计 1 相近似的错误结论。（4）第 13639 号无效决定未进行口头审理，该决定的形成过于草率。综上，LG 电子株式会社认为，专利复审委员会在第 13639 号无效决定中认定事实不清、适用法律不当。请求依法撤销该决定，判令专利复审委员会承担本案诉讼费用。

专利复审委员会辩称：（1）第 13639 号无效决定认定本专利与对比设计 1 相比较，属于相近似的外观设计，并无不当。（2）第 13639 号无效决定的合议组根据案情没有安排口头审理，但已将双方意见以转文的形式告知对方，给予对方当事人听证机会，没有违反《专利审查指南》的相关审理程序。故，第 13639 号无效决定认定事实清楚、适用法律正确、审查程序合法，请求法院依法予以维持该决定。

【法院裁判】

一审法院认为：对比设计 1 与本专利的区别使得两者在整体上差别明显，并非属于细微变化。专利复审委员会作出第 13639 号无效决定的主要证据不足。依照《中华人民共和国专利法》第二十三条、《中华人民共和国行政诉讼法》第五十四条第（二）项第 1 目的规定，判决撤销专利复审委员会作出的第 13639 号无效决定；专利复审委员会针对宁波奥克斯空调有限公司对 LG 电子株式会社的专利号为 200430120532.6，名称为“空气调节器”的外观设计专利所提无效宣告请求重新作出审查决定。一审案件受理费 100 元，由专利复审委员会负担。专利复审委员会不服该判决，向北京市高级人民法院提起上诉。

二审法院认为：对于本专利及对比设计1所示的空调产品来说，在考虑本领域现有设计状况后，可以认定上述区别非属细微变化，其使得二者在整体上差别明显，在此基础上，一审法院认定本专利与对比设计1属于既不相同也不相似的外观设计并无不当，专利复审委员会有关本专利与对比设计1已构成相似设计的上诉理由依据不足，不予支持。依照《中华人民共和国行政诉讼法》第六十一条第（一）项的规定，判决驳回上诉，维持原判。一、二审案件受理费各100元，由专利复审委员会负担。

专利复审委员会不服上述一、二审判决，向最高人民法院申请再审称，一、二审法院关于对比设计1与本专利既不相同也不相似的认定错误。请求依法再审本案并撤销一、二审行政判决，维持第13639号决定。

被申请人LG电子株式会社辩称：（1）第13639号无效决定对本专利与对比设计1的区别没有进行客观、全面的审查。（2）对于本专利与对比设计1所示的空调产品来说，所谓的正面实际上是面板和与面板连接部分的组合，而非平面的图。（3）在考虑本领域现有设计状况后，二者存在的区别不属于细微变化，二者整体上差别明显，二审判决应予维持。请求驳回申请再审人的再审申请。

最高人民法院再审认为：本专利与对比设计1均涉及立式空调柜的外观设计，柜体均呈近似长方体结构，长宽高的比例基本相同；柜体前面板均为长方形，稍向外凸出，且在上中部均设置一小长方形显示屏；进风口均在前面板下部设置，且占很小的一部分；出风口设置在前面板与侧板之间的过渡侧面板处。由于本专利与对比设计1均采用柜体前面板为矩形，通过一过渡的侧面板与侧板连接，且前面板上中部设置长方形小显示屏，这种设计布局使得占视觉范围比例最大的前面板显得整洁大方。前面板及其与侧面板设计的变化相对于不容易看到的空调柜的底面、顶部、背面设计的变化，对整体视觉效果更具有显著的影响。本专利与对比设计1区别在于：本专利的前面板较窄，侧面板稍宽，对比设计1的前面板较宽，侧面板较窄；本专利前面板上的小显示屏下方没有四个小圆形，对比设计1在相应位置有四个小圆形；本专利前面板与侧面板之间的连接为钝角过渡，对比设计1则为弧形过渡；本专利前面板的侧边中部有一腰线，前面板上方与空调机顶部之间有一横条，对比设计 1 在相应位置无此设计；本专利在底座侧面后部没有横向进风口，对比设计 1 则有进风口；本专利与对比设计 1 在底座正面进风口以及侧连接板上的线条数量不同。因为实现空气循环作用的进风口、出风口是立式空调柜机关键的部位，其中进风口与出风口的排布通常会引起空调机整体外观的变化，给一般消费者留下更显著的视觉印象。本专利与对比设计 1 在最容易引起视觉关注的前面板采取的相同的设计，相对于底座侧面后部是否有一横向进风口的设计变化，更具有显著的影响。本专利与对比设计 1 在显示屏下方存在有无四个小圆形的区别，由于该圆形在整个立式空调柜体上仅为一个局部细微的设计，在整体设计中所占比例很小，其变化不足以对整体视觉效果产生显著影响。此外，一般消费者在底座进风口已经存在格栅的情况下，不会注意到格栅数量上产生的微小差异。而且，在空调柜整体呈近似长方体，长宽高的比例基本相同的情况下，一般消费者也不会注意到前面板宽度的细微变化。在综合考虑各种因素的情况下，侧面板是否存在腰线设计、前面板与侧面板之间的连接是弧线圆滑过渡还是钝角凹凸过渡的区别点仅属于局部的细微变化，其对整体视觉效果亦不足以产生显著影响。本专利与对比设计 1 均选用将进风口设置于前面板下部，并占较小面积，将出风口设置于产品的顶部和侧面，使前面板上基本没有进风口和出风口，进而整体产品表现出了整洁、大方、简约的视觉印象，该设计风格更显著地影响到一般消费者对该外观设计产生的整体视觉效果，从而降低了个别部位的细微差异对整体视觉效果所带来的影响。因此，本专利与对比设计 1 存在的多处区别均属于局部细微的变化，不会对整体视觉效果产生显著影响。专利复审委员会的申请再审理由成立，第 13639 号无效决定认定的本专利与对比设计 1 属于相近似的外观设计，并无不当。综上，原一、二审判决认定本专利与对比设计 1 不相同亦不相近似，适用法律错误，依法应予撤销。依据《中华人民共和国行政诉讼法》第五十四条第（一）项、第六十一条第（二）项、第六十三条第二款和《最高人民法院关于执行〈中华人民共和国行政诉讼法〉若干问题的解释》第七十六条第一款、第七十八条的规定，判决撤销一、二审行政判决、维持第 13639 号无效宣告请求审查决定。

一审案件受理费和二审案件受理费各100元，均由LG电子株式会社负担。

【法官评述】

在判断两项外观设计是否相同或相近似时，首先是以一般消费者的角度，对外观设计专利与对比设计进行比较以确定二者之间的区别，然后通过整体观察将所述区别对于产品外观设计的整体视觉效果是否具有显著的影响进行综合判断。如果一般消费者经过对被比设计与在先设计的整体观察可以看出，二者的差别对于产品外观设计的整体视觉效果不具有显著影响，则被比设计与在先设计相近似。相近似判断是外观设计专利行政案件审理中最为常见，也是争议最多的问题之一。外观设计专利“整体观察”“综合判断”的原则和方法不但是专利无效宣告程序中遵循的准则，在法院审理外观设计专利确权判定中也起到重要的参考作用。由于该判断的主观性较强，加之判断方法在把握时易出现问题，一些案件中，专利复审委员会与法院在对本专利与对比文件公开的现有设计的共同点和区别点认定一致的前提下，得出是否相近似的结论却截然不同。连续几年，在最高人民法院提审改判的案件，至少有一件外观设计专利行政纠纷涉及到相近似的判断问题。实务中，裁判者在“局部细微差别”“惯常设计”认定方面有较大分歧。

一、判断区别点是否对产品外观设计的整体视觉产生显著的影响不能脱离“整体观察、综合判断”

在确定是否具有显著影响时，使用时容易看到部位的设计变化相对于不容易看到或者看不到部位的设计变化，通常对整体视觉效果更具有显著影响。本案中，立式空调柜使用时通常背靠墙面或放置在墙角，产品的底部、顶部和背面属于使用时不容易看到的部位，产品的正面和侧面属于更加能够引起一般消费者关注的部位。前面板及其与侧面板设计的变化相对于不容易看到的空调柜的底面、顶部、背面设计的变化，对整体视觉效果更具有显著的影响。但需要注意有证据表明产品不容易看到的部位的特定设计对于一般消费者能够产生引人瞩目的视觉效果的情形。如电视机的背面和底面在使用过程中不被一般消费者关注，因而使用者在使用过程中容易看到部位设计的变化相对于不容易看到的背面和看不到的底面设计的变化，对整体视觉效果通常更具有显著的影响。但是，如果电视机的背面和底面以透明材质做成，将不可见变为可见，并附之以具有美感的装饰，则不能轻易得出底面和背面的局部变化对整体视觉效果不具有显著影响的结论。因为对于外表使用透明材料的产品而言，通过人的视觉能观察到的其透明部分以内的形状、图案和色彩，应视为该产品的外观设计的一部分。

二、设计风格对相近似判断的影响

在具体判断相近似时，对整体视觉效果影响明显强烈的部位给整体视觉效果带来的影响要合理考虑。由于本专利与对比设计 1 均涉及立式空调柜的外观设计，均采用柜体前面板为矩形，通过一过渡的侧面板与侧板连接，且前面板上中部设置长方形小显示屏，进风口均在前面板下部设置，且占很小的一部分；出风口设置在前面板与侧板之间的过渡侧面板处。本专利与对比设计 1 这种设计布局使得占视觉范围比例最大的前面板显得整洁大方。本专利与对比设计 1 在最容易引起视觉关注的前面板采取的相同的设计，相对于底座侧面后部是否有一横向进风口的设计变化，更具有显著的影响。至于对比设计 1 在前面板的显示屏下方的四个圆形，由于该圆形在整个立式空调柜体上仅为一个局部细微的设计，在整体设计中所占比例很小，其变化不足以对整体视觉效果产生显著影响。此外，一般消费者在底座进风口已经存在格栅的情况下，不会注意到格栅数量上产生的微小差异。而且，在空调柜整体呈近似长方体，长宽高的比例基本相同的情况下，一般消费者也不会注意到前面板宽度的细微变化。在综合考虑各种因素的情况下，侧面板是否存在腰线设计、前面板与侧面板之间的连接是弧线圆滑过渡还是钝角凹凸过渡的区别点仅属于局部的细微变化，其对整体视觉效果亦不足以产生显著影响。因此，本专利与对比设计 1 存在的多处不同均属于局部细微的变化，不会对整体视觉效果产生显著影响。实现空气循环作用的进风口、出风口是立式空调柜机关键的部位，其中进风口与出风口的排布通常会引起空调机整体外观的变化，给一般消费者留下更显

著的视觉印象。作为空调柜机产品，柜体面板存在多种形状，面板上图案和线条的布局存在很大差异，在满足空气循环的功能要求下，进风口、出风口可以位于空调柜体的任何位置，而随着进风口、出风口设置在不同的位置，产品的外观可以呈现出多种不同的设计风格。本专利与对比设计 1 均选用将进风口设置于前面板下部，并占较小面积，将出风口设置于产品的顶部和侧面，使前面板上基本没有进风口和出风口，进而整体产品表现出了整洁、大方、简约的视觉印象，该设计风格更显著地影响到一般消费者对该外观设计产生的整体视觉效果，从而降低了个别部位的细微差异对整体视觉效果所带来的影响。

三、实践中易出现的争议——存在惯用设计或局部细微变化时，如何考虑是否具有显著影响

实务中有的裁判者以《专利审查指南》规定的“当产品上某些设计被证明是该类产品公认的惯常设计时，则其余设计的变化通常对整体视觉效果更具有显著的影响”进行简单推理，以“惯常设计”之外的部分代替外观设计整体进行判断。常见的错误做法是，因本专利的某部分设计是惯常设计，直接得出其他部位的设计变化对整体视觉效果具有显著的影响，两者不相近似，符合《中华人民共和国专利法》第二十三条的结论。

根据国家知识产权局 2009 年 9 月 29 日公布的《施行修改后的专利法的过渡办法》和 2010 年 1 月 21 日公布的《施行修改后的专利法实施细则的过渡办法》的规定，2009 年 10 月 1 日以及 2010 年 2 月 1 日前提出的专利申请以及根据该专利申请授予的专利权还要使用修改前的专利法和专利法实施细则，因而也就适用 2006 年的《专利审查指南》。目前我们仍需审理大量的 2009 年 10 月 1 日之前申请的外观设计专利行政案件，有必要对 2006 的《专利审查指南》规定的外观设计相近似的判断方法进行分析，以便统一认识，减少纠纷。在本案中，与传统的在前面板上设置进气口和出风口不同，诉争专利采用了与对比设计 1 一样的，在前面板上不设置进出风口的设计，使得产品具有一体化简约的设计风格。该案正是本专利某部分与被比外观设计的对应部分相同但不属于惯常设计时，在整体观察、综

合判断后，认为其他部分的变化不足以对整体视觉效果产生显著的影响，进而认为两者相近似，不符合《中华人民共和国专利法》第二十三条规定宣告无效的。但如果前面板一体化简约设计风格为惯常设计时，以“惯常设计”之外的其他部分代替外观设计整体进行简单推理分析，则在本案中可能会出现如下情况，以“惯常设计”之外的其他部分是否存在变化来代替外观设计整体进行判断，则会出现完全忽略前面板的设计影响，得出其他部位存在的区别点对整体视觉效果具有显著性影响，两者不近似符合《中华人民共和国专利法》第二十三条规定应当授予专利权的结论。如果持此标准，对于已经授权的产品，可以对产品的整体形状、结构和设计布局不变化的情况下，通过对面板尺寸略作调整、简单增减、变化线条或增设功能性按钮来得以授权、规避侵权。这对外观设计专利制度的发展将产生负面影响。

事实上，《专利审查指南》表述的“当产品上某些设计被证明是该类产品公认的惯常设计时，则其余设计的变化通常对整体视觉效果更具有显著的影响”的本意应当是，当产品上某些设计被证明是该类产品的惯常设计时，该部位对整体视觉效果不具有显著的影响，一般消费者会更关注其余部位的变化。至于其余部位的变化是否足以造成显著的影响，则仍需根据具体情况进行判断。本案中，当前面板的一体化简约风格是惯常设计时，则该设计对整体视觉效果不具有显著的影响，一般消费者会更关注其他的变化，至于其他部位如侧面板是否有腰线、前面板与侧面板之间的连接为直角过渡还是圆弧过渡等区别点是否属于“局部细微变化”，则需要在审查现有设计整体状态的基础上再分析，才能得出是否相近似的判断结论。

（罗　霞）

84. 郑亚俐与精工爱普生株式会社、国家知识产权局专利复审委员会、佛山凯德利办公用品有限公司、深圳市易彩实业发展有限公司专利无效行政诉讼案*

专利授权程序中申请人可修改专利申请文件，但这种修改不得超出原说明书和权利要求书记载的范围

【裁判摘要】

《中华人民共和国专利法》第三十三条所称的"原说明书和权利要求书记载的范围"应该包括原说明书及其附图和权利要求书以文字或者图形等明确表达的内容以及所属领域普通技术人员通过综合原说明书及其附图和权利要求书可以直接、明确推导出的内容。只要所推导出的内容对于所属领域普通技术人员是显而易见的，就可认定该内容属于原说明书和权利要求书记载的范围；与上述内容相比，如果修改后的专利申请文件未引入新的技术内容，则可认定对该专利申请文件的修改未超出原说明书和权利要求书记载的范围。

* 摘自《最高人民法院公报》2014年第7期。

专利申请文件的修改限制与专利保护范围之间既存在一定的联系，又具有明显差异；在无效宣告请求的审查过程中，发明或者实用新型专利的专利权人修改其权利要求书时要受原专利的保护范围的限制，不得扩大原专利的保护范围；发明专利申请人在提出实质审查请求时以及在收到国务院专利行政部门发出的发明专利申请进入实质审查阶段通知书之日起3个月内进行主动修改时，只要不超出原说明书和权利要求书记载的范围，在修改原权利要求书时既可以扩大也可以缩小其请求保护的范围。

禁止反悔原则在专利授权确权程序中应予适用，但是其要受到自身适用条件的限制以及与之相关的其他原则和法律规定的限制；在专利授权程序中，相关法律已经赋予了申请人修改专利申请文件的权利，只要这种修改不超出原说明书和权利要求书记载的范围，禁止反悔原则在该修改范围内应无适用余地。

最高人民法院行政裁定书

（2010）知行字第53号

申请再审人（原审第三人）：郑亚俐。

委托代理人：陈俊由。

被申请人（一审原告、二审上诉人）：精工爱普生株式会社。

法定代表人：碓井稔，董事长。

委托代理人：蒋洪义，北京市联德律师事务所律师。

委托代理人：刘永全，北京市联德律师事务所律师。

被申请人（一审被告、二审被上诉人）：中华人民共和国国家知识产权局专利复审委员会。住所地：中华人民共和国北京市海淀区北四环西路9号银谷大厦10~12层。

法定代表人：张茂于，副主任。

委托代理人：张鹏，该委员会审查员。

委托代理人：郭鹏鹏，该委员会审查员。

被申请人（原审第三人）：佛山凯德利办公用品有限公司。住所地：中华人民共和国广东省佛山市高明区河江开发区跃华路北。

法定代表人：赵锡彪，总经理。

被申请人（原审第三人）：深圳市易彩实业发展有限公司。住所地：中华人民共和国广东省深圳市罗湖区南湖路国贸商业大厦21楼H单位。

法定代表人：王子峰，董事长。

申请再审人郑亚俐因与精工爱普生株式会社（以下简称精工爱普生）、中华人民共和国国家知识产权局专利复审委员会（以下简称专利复审委员会）、佛山凯德利办公用品有限公司（以下简称凯德利公司）、深圳市易彩实业发展有限公司（以下简称易彩公司）专利无效行政诉讼一案，不服中华人民共和国北京市高级人民法院（2009）高行终字第327号行政判决，向本院申请再审。本院依法组成合议庭对本案进行了审查，现已审查终结。

精工爱普生不服专利复审委员会第11291号无效宣告请求审查决定（以下简称第11291号决定），在法定期限内向中华人民共和国北京市第一中级人民法院起诉称：第11291号决定在审查程序和认定事实上存在严重错误，请求人民法院依法予以撤销。其主要理由是：（1）第11291号决定违反正当程序。（2）第11291号决定中相关认定背离客观事实。原告在实质审查阶段答复第一次审查意见通知书时已经将“存储装置”解释为“7（b）所示的‘半导体存储装置61’”，将“记忆装置”解释为“指说明书及附图中记载的电路板及设置在其上的半导体存储装置”。（3）第11291号决定对“存储装置”的解释观点与北京市高级人民法院相关判例中对功能性限定特征的解释标准相违背。(4)从属权利要求4、34中相关附加技术特征以及权利要求8的技术方案，均未超出原说明书公开的范围。

专利复审委员会答辩称：(1)关于审查程序。本案的审查程序符合《专利审查指南》第四部分第三章4.5节关于案件合并审理的规定。(2)关于《中华人民共和国专利法》(2000年修正)第三十三条。①应当以“原说明书和权利要求书记载的范围”作为认定申请人的修改是否符合专利法第三十三条规定的基础，申请人在意见陈述书中对权利要求所作的解释不能作为认定事实的依据；②《专利审查指南》第二部分第二章3.2.1节明确规定，“对于权利要求中所包含的功能性限定的技术特征，应当理解为覆盖了所有能够实现所述功能的实施方式”；③关于有关权利要求的具体意见，坚持决定中的相关意见。综上，第11291号决定认定事实清楚，适用法律法规正确，审理程序合法，请求人民法院维持该决定。

北京市第一中级人民法院一审查明：第11291号决定针对的专利是中华人民共和国国家知识产权局于2004年6月23日授权公告的、名称为“墨盒”的00131800.4号发明专利(以下简称本专利)。本专利是99800780.3号发明专利申请的分案申请，其申请日为1999年5月18日，最早的优先权日为1998年5月18日，专利权人为精工爱普生。本专利授权公告的权利要求书包括42项权利要求。

针对本专利权，凯德利公司于2006年1月17日向专利复审委员会提出了无效宣告请求，其理由是本专利不符合《中华人民共和国专利法》第二十二条第二、三款的规定，请求宣告本专利全部无效。

针对上述无效宣告请求，精工爱普生于2006年3月1日和20日两次提交了内容相同的意见陈述书，并对本专利权利要求书进行了修改，修改后的权利要求书如下：

“1. 一种装于喷墨打印设备的托架上的墨盒，用于通过一供墨针向喷墨打印设备的打印头供应墨水，该墨盒包括：多个外壁；一供墨口，用于接纳所述供墨针，形成于多个壁的第一个上；一存储装置，由所述墨盒支承，存储关于墨水的信息；一电路板，安装在与所述多个壁中的第一壁交叉的所述第二壁上，所述电路板位于所述供墨口的中线上；和多个接触点，形成在所述电路板的外露表面上，用于将所述存储装置连接到喷墨打印设备，所述触点形成多个列。

2. 根据权利要求 1 的墨盒，其中所述电路板位于所述供墨口附近设置于所述壳体的所述第二壁上。

3. 根据权利要求 1 的墨盒，其中所述电路板设置于与所述壳体的所述第一壁垂直的所述第二壁上。

4. 根据权利要求 1 的墨盒，其中所述电路板基本上为矩形，且所述电路板设置于基本上垂直于所述第一壁的所述第二壁上，所述第二壁的宽度比所述壳体的其他壁窄。

5. 根据权利要求 1 的墨盒，其中所述电路板设置成基本平行于垂直于所述壳体的所述第一壁的所述第二壁。

6. 根据权利要求 1 的墨盒，其中所述触点位于墨盒装于打印设备上或从其上拆下时的支点的相对位置。

7. 根据权利要求 1 的墨盒，其中所述电路板基本上为矩形并沿垂直方向对准。

8. 一种装于喷墨打印设备的托架上的墨盒，用于通过一供墨针向喷墨打印设备的打印头供应墨水，该墨盒包括：多个外壁；一供墨口，用于接纳所述供墨针，形成于多个壁的其中一个上；一记忆装置，由所述墨盒支承，存储关于墨水的信息；多个触点，用于将所述记忆装置连接到喷墨打印设备，所述触点形成多个列，所述列的其中之一比另外的列更靠近所述供墨口，最靠近所述供墨口的触点列比离所述供墨口最远的触点列长。

9. 根据权利要求 8 的墨盒，其中所述记忆设置于所述壳体上并位于所述供墨口的中线上。

10. 根据权利要求 8 的墨盒，其中所述记忆装置设置于其上的所述壁位于所述供墨口的附近。

11. 根据权利要求 10 的墨盒，其中所述记忆装置位于所述记忆装置设于其上的所述壳体的所述壁的中线上。

12. 一种具有一打印头的喷墨打印设备的墨盒，将墨水滴喷射于记录介质上，该墨盒包括：一含墨水的壳体；一供墨口，形成在所述壳体的一个壁上，用于将所述壳体内的墨水导向打印头；一设置于所述壳体上的记忆装置，存储墨水的信息；多个设于所述壳体上的端子，当墨盒安装于打印设备上时，至少其中之一个端子将所述记忆装置电连接到所述喷墨打印设备并且其中之一个端子电连接到打印设备的两个触点元件上；其中所述接触打印设备的两触点元件的端子是表示安装在打印设备上的墨盒的存在的检测端子，且其中所述接触打印设备的两触点元件的端子位于所述供墨口的中线。

13. 根据权利要求12的墨盒，其中所述记忆装置包括一个基片，在所述基片的一个表面上设置有一个存储装置，在所述基片的另外面上设置有多个端子。

14. 根据权利要求12的墨盒，其中所述记忆装置包括一个基片，在所述基片的一个面上设置有一个存储装置，在与所述存储装置所在的面相同的面上设置所述多个端子。

15. 根据权利要求12的墨盒，其中所述存储装置由抗墨水材料模铸而成。

16. 根据权利要求12的墨盒，其中所述多个端子分组成至少一第一组和第二组。

17. 根据权利要求12的墨盒，其中所述接触打印设备的至少两触点元件的端子基本上位于墨盒宽度方向的中央。

18. 根据权利要求12的墨盒，其中所述接触打印设备的两触点元件的端子具有比其它端子大的面积。

19. 根据权利要求12的墨盒，其中所述接触打印设备的两触点元件的端子是接地电极。

20. 根据权利要求12的墨盒，其中当墨盒安装在打印设备上时所述多个端子以一个时间间隔与外部控制装置形成接合。

21. 根据权利要求16的墨盒，其中所述第一组和第二组端子沿墨盒装在打印设备上的方向以一个间隔设置。

22. 根据权利要求16的墨盒，其中所述第一组和第二组端子相对墨盒装在打印设备上的方向具有不同的高度。

23. 根据权利要求 12 的墨盒，其中所属记忆装置包括各具有不同功能的六个端子。

24. 根据权利要求 16 的墨盒，其中所述记忆装置还包括当墨水穿过两组端子附着时将所述第一组端子连接到第二组端子的导体元件。

25. 根据权利要求 12 的墨盒，其中所述多个端子的至少其中之一沿墨盒装在打印设备上的方向是垂直地呈矩形。

26. 根据权利要求 12 的墨盒，其中所述记忆装置包括一个接地垫元件，用于检查所述记忆装置的内容。

27. 根据权利要求 12 的墨盒，其中所述多个端子与所述记忆装置的边缘隔开。

28. 根据权利要求 12 的墨盒，其中所述记忆装置包括至少一个物理接触打印设备的一接触元件的端子。

29. 一种具有一打印头的喷墨打印设备的墨盒，该打印头向一记录介质上喷射墨水滴，该打印头具有一供墨针，并装在一活动托架上，该墨盒包括：一壳体，其内含有墨水并构造成可拆下地装于打印头上，所述壳体具有一第一壁和一第二壁，该第二壁具有一第一上角和一第二上角；一供墨口，形成在所述第一壁上用于接纳打印头的供墨针并从所述壳体向该打印头供应墨水；一记忆装置，设置在所述壳体的一个壁上，存储墨水信息；至少两个电触点，用于将记忆装置连接到喷墨打印设备上，各电触点距离供墨口一预定距离；至少一个悬垂件，延伸超过所述记忆装置设置于那里的所述壳体的壁的一个平面，悬垂件位于第一上角和第二上角之间。

30. 根据权利要求 29 的墨盒，其中所述记忆装置设置于其上的所述壁垂直于所述供墨口形成于那里的所述壳体的一个壁。

31. 根据权利要求 29 的墨盒，其中所述记忆装置位于供墨口的中线上。

32. 根据权利要求 29 的墨盒，其中所述记忆装置基本上在沿所述壁的宽度的一个中央位置设置在所述供墨口附近的一个壁上。

33. 根据权利要求 29 的墨盒，其中所述记忆装置设置于所述壳体的一个侧壁上。

34. 根据权利要求 29 的墨盒，其中所述壳体基本上为矩形，所述记忆装置设置于所述壳体的一个侧壁上，该侧壁的宽度比所述壳体的其他侧壁窄。

35. 根据权利要求 29 的墨盒，其中所述记忆装置位于墨盒装于打印设备上或从其上拆下时的支点的相对位置上。

36. 根据权利要求 29 的墨盒，其中所述悬垂件形成在所述记忆装置的上部位置。

37. 根据权利要求 29 的墨盒，其中所述悬垂件沿垂直于所述记忆装置的一个平面方向延伸超过壳体。

38. 根据权利要求 29 的墨盒，其中所述记忆装置、所述供墨口和所述悬垂件位于墨盒的同侧。

39. 根据权利要求 29 的墨盒，其中所述壳体的内部分成至少两个分开的室，所述悬垂件包括两个分开的凸起，该两凸起延伸超过沿所述记忆装置设置于其上的所述壁的宽度方向的两端部。

40. 一种装于喷墨打印设备的托架上的墨盒，用于通过一供墨针向喷墨打印设备的打印头供应墨水，该墨盒包括：多个外壁；一个供墨口，用于接纳所述供墨针，形成于多个壁的第一个上；一存储装置，由所述墨盒支承，存储关于墨水的信息；多个触点，形成在与所述多个壁中的第一壁交叉的所述多个壁的第二壁上，用于将所述存储装置连接到喷墨打印设备，所述触点形成多个列，并且位于所述多个列之一的中心的所述触点中的一个触点（60 -2）位于供墨口的中线上。"

专利复审委员会于 2006 年 4 月 27 日针对上述无效宣告请求举行了口头审理。

针对本专利权，郑亚俐于 2007 年 6 月 15 日向专利复审委员会提出了无效宣告请求，其理由是本专利不符合《中华人民共和国专利法》第三十三条和第二十六条第四款的规定，请求宣告本专利全部无效，并提交了本专利的分案原申请 99800780. 3 的公开说明书作为证据。2007 年 7 月 3 日，郑亚俐向专利复审委员会提交了意见陈述书，认为本专利授权权利要求还不具备《中华人民共和国专利法》第二十二条第二、三款规定的新颖性和

创造性，同时提交了相关证据。

针对本专利权，易彩公司于 2007 年 10 月 31 日以与凯德利公司完全相同的理由和证据向专利复审委员会提出了无效宣告请求。

针对上述无效宣告请求，精工爱普生于 2007 年 9 月 18 日提交了意见陈述书和权利要求书修改替换页，上述修改的权利要求书与其于 2006 年 3 月 1 日提交的权利要求书内容相同。针对郑亚俐的无效宣告请求，精工爱普生还提交了在本专利实质审查阶段答复第一次审查意见通知书时所提交的意见陈述书，以证明本专利在实质审查阶段所作的修改未超出原始公开的范围，符合《中华人民共和国专利法》第三十三条的规定。

2008 年 3 月 25 日，专利复审委员会举行了口头审理。

专利复审委员会认为：（1）本专利是 99800780.3 号发明专利申请的分案申请，而 99800780.3 号发明专利申请是进入中国国家阶段的国际申请（PCT/JP99/02579），即 99800780.3 号发明专利申请的申请文件相当于是 PCT/JP99/02579 号国际申请的中文翻译件。本专利权利要求 1 和 40 中的"存储装置"以及权利要求 8、12 和 29 中的"记忆装置"均由实质审查阶段修改而来。在申请日提交的 PCT/JP99/02579 号国际申请文件及 99800780.3 号发明专利申请的说明书和权利要求书中并没有"存储装置"和"记忆装置"的文字记载，而仅有"半导体存储装置"的文字记载。"存储装置"是用于保存信息数据的装置，除半导体存储装置外，其还包括磁泡存储装置、铁电存储装置等多种不同的类型。本专利原说明书和权利要求书中针对的是半导体存储装置，不涉及其他类型的存储装置，也不能直接且毫无疑义地得出墨盒装有其他类型的存储装置。因此，本领域技术人员并不能从原说明书和权利要求书记载的"半导体存储装置"直接且毫无疑义地确定出"存储装置"。同理，"记忆装置"也不能从原说明书和权利要求书记载的"半导体存储装置"直接且毫无疑义地确定，致使独立权利要求 1、8、12、29 和 40 及相应的从属权利要求不符合《中华人民共和国专利法》第三十三条的规定。原说明书的"这是因为，打印设备必需带到厂家，并且记录控制数据的存储装置必须更换"及"其中在一个墨盒上设置了半导体存储装置和连接到存储装置的一个电极"两部分内容均记载在背景技术部分中，且“这是因为，打印设备必需带到厂家，并且记录控制数据的存储装置必须更换”针对的是现有技术中的打印设备，“其中在一个墨盒上设置了半导体存储装置和连接到存储装置的一个电极”中的“存储装置”应当是“半导体存储装置”的简称，并非是指另外的技术特征。本专利是针对安装有半导体存储装置的墨盒作出的改进，针对的是“半导体存储装置”，而非“存储装置”和除“半导体存储装置”以外的其他存储装置。“记忆装置”本身并无“半导体存储装置”与“电路板”的组合这一含义。而且，根据本专利的权利要求 13 和 14 对“记忆装置”所作的限定可知，“记忆装置”并非像精工爱普生所声称的那样是指“‘半导体存储装置’与‘电路板’的组合”。（2）从属权利要求 4 的附加技术特征“所述第二壁的宽度比所述壳体的其他壁窄”和从属权利要求 34 的附加技术特征“该侧壁的宽度比所述壳体的其他侧壁窄”既没有记载在原说明书和权利要求书中，也不能从原说明书和权利要求书中直接且毫无疑义地确定，也超出了原说明书和权利要求书记载的范围。（3）包含技术特征“最靠近所述供墨口的触点列比离所述供墨口最远的触点列长”的本专利权利要求 8 的整体技术方案同样也未记载在原说明书和权利要求书中。附图 6 和 7 所示的实施例针对的是电路板设置在与供墨口所在底壁相垂直的侧壁上的墨盒，而本专利权利要求 8 还包括电路板、触点与供墨口位于同一壁等情况的墨盒，但后者并未记载在原说明书和权利要求书中，也不能从原说明书和权利要求书中直接且毫无疑义地确定。因此，本专利权利要求 8 的修改也超出了原说明书和权利要求书记载的范围。（4）鉴于本专利已不符合《中华人民共和国专利法》第三十三条之规定，故对其他的无效理由及证据不再进行评述。据此，专利复审委员会于 2008 年 4 月 15 日作出第 11291 号决定，宣告本专利全部无效。

北京市第一中级人民法院一审认为：（1）关于本专利权利要求 1、8、12、29、40 的修改是否符合《中华人民共和国专利法》第三十三条的规定。本专利权利要求中修改而来的“存储装置”和“记忆装置”是清楚的术语，本领域技术人员公知“存储装置”不限于“半导体存储装置”“记忆装置”也不等同于“电路板及设置在其上的半导体存储装置”。专利申

请人在实质审查阶段将“半导体存储装置”修改为“存储装置”将保护范围扩大到所有类型的存储装置。“记忆装置”在原说明书和权利要求书并未记载，本领域技术人员不能从原说明书和权利要求书中直接明确认定“记忆装置”为“电路板及设置在其上的半导体存储装置”。据此，第11291号决定认定本专利权利要求1、8、12、29、40不符合《中华人民共和国专利法》第三十三条的规定并无不当。（2）关于本专利权利要求4、8、34的修改是否符合《中华人民共和国专利法》第三十三条的规定。对于本专利权利要求4、34，附图6、26并不能直接地、毫无疑义地确定设置电路板、半导体存储装置的侧壁比其他壁都窄。对于本专利权利要求8，意见陈述书的解释用以限定权利要求于法无据，且附图6、7仅反映电路板、触点与供墨口位于不同壁的情形，对于电路板、触点和供墨口位于同一壁的墨盒并没有体现，也不能直接地、毫无疑义地确定这种结构的墨盒其触点列的长短布置。据此，第11291号决定对权利要求4、8、34不符合《中华人民共和国专利法》第三十三条的规定的认定并无不当。依据《中华人民共和国行政诉讼法》第五十四条第（一）项之规定，北京市第一中级人民法院于2008年12月20日作出（2008）一中行初字第1030号行政判决：维持专利复审委员会第11291号决定。一审案件受理费100元，由精工爱普生承担。

精工爱普生不服一审判决，向北京市高级人民法院提起上诉称：（1）根据专利权利要求解释中公认的“禁止反悔原则”，本案应当根据上诉人在实质审查阶段为了获得授权而对技术术语的解释来确定其含义，即“存储装置”解释为“图7（b）中所示的‘半导体存储装置61’”，将“记忆装置”解释为“指说明书及附图中记载的电路板及设置在其上的半导体存储装置”。（2）第11291号决定对“存储装置”的解释观点与北京市高级人民法院相关判例中对功能性限定特征的解释标准相违背。（3）从属权利要求4、34中相关附加技术特征在原说明书附图6（a）、附图26等图中均有反映，并未超出原始公开的范围。对于权利要求8的技术方案，上诉人在答复第一次审查意见通知书时也进行了解释，因此，本专利符合《中华人民共和国专利法》第三十三条的规定。专利复审委员会、凯德利公司、郑亚俐、易彩公司服从一审判决。

北京市高级人民法院经审理查明的事实与一审法院一致。另查明：2002年11月8日，国家知识产权局就本专利申请发出第一次审查意见通知书。针对该通知书，精工爱普生于2003年5月9日提交了意见陈述书，对原权利要求作出修改，将原权利要求23修改为新权利要求1。针对审查员提出的“修改超范围”问题，精工爱普生在意见陈述书中第2.2项指出：“权利要求23涉及附图6和附图7，申请人解释，‘存储装置’是指图7（b）所示的‘半导体存储装置61’”；在意见陈述书第3.1项指出：“申请人首先希望解释，该权利要求及其后的权利要求中所述的‘记忆装置’是指说明书及附图中记载的电路板及设置在其上的半导体存储装置”。

北京市高级人民法院认为：确定修改是否超范围的标准在于该修改是否“超出原说明书和权利要求书记载的范围”以及是否“超出原申请公开的范围”，即本领域普通技术人员在阅读了原说明书和权利要求书后，是否能够从该文件记载的内容中毫无疑义地确定所修改的内容。在判断修改是否超范围时，还要关注修改后的技术方案是否构成新的技术方案。此外，申请人在专利授权过程中的意见陈述可以作为其修改是否超范围的参考，但该意见陈述不能作为修改是否超范围唯一的判断依据。

（一）关于本专利权利要求1、40中“存储装置”的修改是否违反《中华人民共和国专利法》第三十三条规定的问题

技术术语及特征的理解应当以本领域技术人员的角度，考虑该技术术语或特征所使用的特定语境。本案中，本专利权利要求1、40中“存储装置”和权利要求8、12、29中“记忆装置”均由实质审查阶段修改而来。本专利原始公开文本中相关权利要求记载有“半导体存储装置”及“存储装置”的内容。本专利原说明书已经载明本专利所解决的技术问题在于“打印设备必需带到厂家，并且记录控制数据的存储装置必须更换”，而且背景技术也记载了“其中在一个墨盒上设置了半导体存储装置和连接到存储装置的一个电极”。此外，原说明书其他部分均使用“半导体存储装置”。本领域技术人员通过阅读原权利要求书及说明书是可以毫无疑义地确定本专利申请人在说明书中是在“半导体存储装置”意义上使用“存储

装置”的。另外，无论是修改前还是修改后的技术方案，“存储装置”实际上是在“半导体存储装置”意义上使用，并未形成新的技术方案，本领域技术人员也不会将其理解为新的技术方案。本专利权利人在实质审查阶段答复通知书的意见陈述书中对“存储装置”做出明确限定，即对于“存储装置”，意见陈述书记载“申请人解释，‘存储装置’是指图7（b）所示的‘半导体存储装置61’”，且原说明书第1页倒数第2段记载“其中在一个墨盒上设置了半导体存储装置和连接到存储装置的一个电板”，表明“存储装置”为“半导体存储装置”的简称。

判断修改是否超范围的主体是本领域技术人员，他应当是具备专业知识背景的普通技术人员，能够理解所属领域的技术内容。“存储装置”虽然有其普遍的含义，不仅包括半导体存储装置，还包括磁泡存储装置、铁电存储装置等多种不同类型，但在本专利所属特定的打印机墨盒领域，在背景技术中已经明确其所指的为“半导体存储装置”的前提下，本领域技术人员不会将其理解为作为上位概念的“存储装置”。一审判决及第11291号决定关于“存储装置”的理解有误，予以纠正。精工爱普生关于“存储装置”的修改符合《中华人民共和国专利法》第三十三条的规定的上诉主张有事实和法律依据，应予支持，专利复审委员会应当就此重新作出审查决定。

（二）关于本专利权利要求8、12、29中“记忆装置”的修改是否违反《中华人民共和国专利法》第三十三条规定的问题

本专利“记忆装置”的修改虽然也是由实质审查阶段修改而来，但其不同于“存储装置”的修改。本专利原权利要求书及说明书中从未有“记忆装置”的记载，该术语系专利申请人新增加的内容。没有记载而新增加的内容不符合《中华人民共和国专利法》第三十三条的规定。此外，虽然专利申请人在实质审查阶段答复通知书的意见陈述书中对“记忆装置”作出明确限定，但如上述认定，仅仅在意见陈述中作出说明不能作为允许修改的依据。据此，一审判决及第11291号决定关于“记忆装置”在原说明书和权利要求书并未记载，本领域技术人员不能从原说明书和权利要求书中明确认定“记忆装置”为“电路板及设置在其上的半导体存储装置”的

认定正确。精工爱普生关于“记忆装置”的修改符合《中华人民共和国专利法》第三十三条的上诉主张不能成立，予以驳回。

鉴于认定本专利权利要求8、12、29不符合《中华人民共和国专利法》第三十三条的规定，上述权利要求所从属的权利要求也未克服上述缺陷，故本专利权利要求8、12、29及上述权利要求所从属的权利要求均不符合《中华人民共和国专利法》第三十三条之规定。专利复审委员会第11291号决定关于本专利权利要求8、12、29均不符合《中华人民共和国专利法》第三十三条规定的认定是正确的，应予维持。

（三）关于本专利权利要求4中“所述第二壁的宽度比所述壳体的其他壁窄”是否符合《中华人民共和国专利法》第三十三条规定的问题

本专利权利要求4中“所述第二壁的宽度比所述壳体的其他壁窄”，既没有记载在原权利要求书及说明书中，也不能由原权利要求书及说明书毫无疑义地得出，不符合《中华人民共和国专利法》第三十三条的规定。说明书附图用于表示产品的形状、结构及位置关系，对于其他技术领域，说明书附图可以是电路图、化学结构式或反应方法过程的流程图。本案中，本专利说明书附图并非标准的机械制图，其所体现的仅仅是本专利技术方案的结构及位置关系，该附图并不能毫无疑义地确定“所述第二壁的宽度比所述壳体的其他壁窄”。专利复审委员会第11291号决定中关于本专利权利要求4不符合《中华人民共和国专利法》第三十三条规定的认定是正确的。精工爱普生关于本专利说明书附图6能够反映本专利权利要求4中“所述第二壁的宽度比所述壳体的其他壁窄”的技术特征，故符合《中华人民共和国专利法》第三十三条规定的上诉主张不能成立。

综上所述，一审判决及第11291号决定部分事实认定错误，适用法律不当，应予撤销。北京市高级人民法院于2009年10月13日作出（2009）高行终字第327号行政判决，判决如下：一、撤销北京市第一中级人民法院（2008）一中行初字第1030号行政判决；二、撤销专利复审委员会第11291号决定；三、专利复审委员会重新就名称为“墨盒”、专利号为00131800.4的发明专利权作出无效宣告请求审查决定。一审案件受理费100元，由专利复审委员会负担；二审案件受理费100元，由专利复审委

员会负担。

郑亚俐不服上述二审判决，向本院申请再审称：二审判决认定事实不清，适用法律错误，请求依法撤销二审判决，维持一审判决。其主要理由是：（1）二审判决关于本专利的原始公开文本（99800780.3号发明专利申请公开说明书）是在“半导体存储装置”意义上使用“存储装置”的事实认定错误。本专利原始公开文本的75项权利要求中没有提及墨盒上有“存储装置”，其说明书第1页第24~27行中出现了两次“存储装置”，均出现在对现有技术介绍部分中。第一个“存储装置”（说明书第1页第24行）理应指打印装置上的存储装置，究竟是何种存储装置并无说明，但其与本专利安装在墨盒上的“半导体存储装置”没有任何关联。第二个“存储装置”（说明书第1页第27行）可以理解为对说明书第1页第26行中的“半导体存储装置”的简称。这是在一句话中出现的先全称后简称情况，这种形式的简称只能在该句话中适用，不能仅据此将简称的范围扩大。（2）本专利的修改因扩大了保护范围应予无效，二审判决将本专利的保护范围进行限缩解释是错误的。①二审判决关于《中华人民共和国专利法》第五十六条的适用错误。该条有关“发明或者实用新型专利权的保护范围以其权利要求的内容为准”的规定，不仅指出权利要求的内容才构成专利保护的范围，也告知申请人应对申请保护的内容进行选择，清楚地写入权利要求。“为准”的另一层含义是，如果权利要求的概念与说明书中的相应概念在理解上有冲突时，应以权利要求中的概念内容为准。因为对权利要求中每一个术语概念的内涵和外延理解不同，会致使整体保护范围发生变化，故必须优先认定权利要求中的概念才能体现“为准”。该条有关“说明书及附图可以用于解释权利要求”的含义是指，说明书及附图的地位只是为便于理解权利要求方案而给出的例子和说明。本专利独立权利要求1和40中的“存储装置”概念无须解释、非常清楚，是涵盖了声、光、磁、电的作为上位概念的存储装置。要将这种清楚的上位概念理解为具体下位概念的条件是，说明书中必须有明确定义，定义其为半导体存储装置。在说明书中没有给出明确定义的情况下，将其理解为上位概念是正确的，是维护权利要求严肃性的合法做法。二审判决将说明书中清楚的术语概念解释为与权利要求中此术语概念的上位概念相同，违反了《中华人民共和国专利法》第五十六条的规定。②在专利权无效行政纠纷案件中，不能用专利权人在授权确权程序中的意见陈述对权利要求概念的含义进行解释。专利授权文本是向公众公开的，而专利审查过程中的意见陈述并没有出现在公开文本中。公众得到专利授权文本的公开信息后，公开的权利要求范围会对其要进行的后续行为产生影响。公众对权利要求的理解是基于权利要求中的文字意义，如果这种文字的真正意义要参照公众看不到的意见陈述，对公众是不公平的，反而会产生说明书对公众进行误导的严重问题。因此，用专利审查意见陈述书的内容对专利授权公开文本的权利要求中的明确概念进行解释的做法不可取。

精工爱普生答辩称：二审判决认定本专利独立权利要求 1 和 40 及其从属权利要求中记载的“存储装置”的技术特征，不存在修改超范围的情形，符合事实，于法有据，申请再审人的再审请求及其理由缺乏事实和法律依据，依法应予驳回。其主要理由是：（1）本专利授权文本中记载的“存储装置”应解释为半导体存储装置。本专利原始公开文本的权利要求 2 和说明书的现有技术部分所记载的“存储装置”术语，均系半导体存储装置的简称，根据同一术语在同一专利中应当具有相同含义的解释原则，“存储装置”在本专利中应仅指半导体存储装置。本领域的普通技术人员根据本发明所要解决的技术问题和发明目的，也可以毫无疑义地将本专利权利要求中的“存储装置”理解为半导体存储装置。根据本专利的专利审查档案，也应当认定本专利权利要求中的“存储装置”就是指半导体存储装置。第 11291 号决定仅从相关术语的字面含义出发，将本专利权利要求书记载的“存储装置”解释为具有信息数据存储功能的各种存储装置，是不符合本专利的客观事实的，也违反了正确的权利要求解释方法。（2）专利侵权程序中适用的权利要求解释标准与专利确权程序中适用的权利要求解释标准应该保持统一。基于专利权的确定性原则，就同一项专利权而言，无论在侵权程序还是在确权程序中，对其权利要求的解释标准均应保持统一，以使其保护范围保持一致。如果在侵权程序和确权程序中分别适用不同的权利要求解释标准，并对同一项专利权解释出不同的保护范围，将会对公众或者专利权人造成不公平的法律后果。(3) 专利审查档案应该作为解释本专利权利要求 1 和 40 中记载的“存储装置”的依据。①根据《最高人民法院关于审理侵犯专利权纠纷案件应用法律若干问题的解释》第三条的规定，专利审查档案不仅可以用作解释权利要求的依据，具有与说明书及附图、权利要求书中的相关权利要求同等的解释效力，而且具有优先于“工具书、教科书等公知文献以及本领域普通技术人员的通常理解”的解释效力。本案中，对于该“存储装置”术语，不仅原说明书的背景技术部分及原权利要求 2 已在“半导体存储装置”的意义上记载过该术语，而且专利审查档案亦已明确将该术语在本专利中的技术含义限定为“半导体存储装置”。在此情况下，应将“存储装置”解释为“半导体存储装置”。由于运用专利审查档案已能明确本专利权利要求书中记载的“存储装置”技术特征的含义，本案不应再结合工具书、教科书等公知文献以及本领域普通技术人员的通常理解来对“存储装置”术语的含义进行字面解释。第 11291 号决定违反了有关解释依据的效力顺序，依法应予纠正。②由于专利审查档案对于“存储装置”所作的限定性解释在专利侵权程序中对于解释权利要求具有当然的约束力，故在本案的专利确权程序中，如果排除专利审查档案的解释作用，将会对专利权人造成极不公平的法律结果。如果发生涉及本专利的侵权程序，则在该程序中对权利要求书中记载的“存储装置”进行解释时，无论依据前述司法解释第三条关于权利要求解释依据的规定，还是依据该司法解释第六条关于禁止反悔的规定，人民法院都会将“存储装置”在本专利中具有的技术含义解释为“半导体存储装置”。在专利侵权程序中，爱普生不可能将除了半导体存储装置以外的其他存储装置解释进本专利的保护范围，或者说本专利在侵权程序中不可能保护到使用其他存储装置的墨盒。因此，如果在本案确权程序中采取相反的权利要求解释方法，将其解释为包括半导体存储装置在内的各种存储装置，并因此认定本专利存在修改超范围情形，将其宣告全部无效，这种做法实质上就是将本专利在侵权程序中不可能获得保护的技术方案强行“塞进”本专利的保护范围。这种做法及其结果对于专利权人显失公平。③不能以专利审查档案的公示作用弱于权利要求书和说明书为由否定其对权利要求书所具有的解释作用。专利审查档案也是向公众开放的，也具有公示作用，故在相关司法解释已经明确将其列为权利要求解释依据的情况下，不能以公示作用的强弱来否定其解释效力。④专利申请人通过主动修改行为对其权利要求所作出的限缩性解释，对于确定该权利要求的保护范围亦具有约束力，应当依据该限缩性解释来确定该权利要求的保护范围。本案中，尽管精工爱普生在本专利的实质审查阶段对“存储装置”技术特征的修改系一种主动修改行为，但其在专利审查档案中针对该项主动修改特征所作出的限缩性解释已被审查员接受并成为本专利的授权基础，本案不宜以“存储装置”的修改属于主动修改为由，否定专利审查档案中所记载的“存储装置”的限缩性解释对于解释本专利的权利要求所具有的法律约束力。(4) 按照《中华人民共和国专利法》第三十三条的立法本意，修改超范围所导致的无效，应当是超出原始公开范围的那部分修改方案的无效，不应当导致未超出原始公开范围的原有技术方案也一并被无效。本案中，在按照法定的、正确的权利要求解释方法能够将本专利中的“存储装置”解释为未超出原始公开范围的“半导体存储装置”的情况下，第11291号决定将“存储装置”解释为超出原始公开范围的各种存储装置，并以此宣告本专利全部无效，这种做法已完全背离了《中华人民共和国专利法》第三十三条的立法本意。

专利复审委员会陈述意见称：二审判决事实认定不清，法律适用不当，应予撤销，专利复审委员会第11291号决定应予维持。其主要理由为：(1) 二审判决对“半导体存储装置”与“存储装置”的含义的事实认定错误。根据专利复审委员会提交的证据的记载，存储器包括半导体存储器、磁芯存储器、光电存储器等。根据所属领域技术人员的理解，“半导体存储装置”与“存储装置”含义不同，“半导体存储装置”仅为“存储装置”之一种。本专利原始公开文本对于技术方案的描述全部使用“半导体存储装置”，“存储装置”这一术语仅出现在“背景技术”中，共两处。①关于第一处“存储装置”，从背景技术部分的整体内在逻辑而言，恰恰可以证明本专利仅针对“半导体存储装置”。本专利原始公开文本的背景技术从喷墨打印设备存在的打印头分辨率和油墨特性影响打印质量这一技

术问题出发，提出设置存储装置的技术构思；然而存储装置必须更换，所以日本第2594912号专利提出采用半导体存储装置和打印设备主体上的电极配合的技术构思；本专利申请恰恰是针对日本第2594912号专利中所公开的“在墨盒上设置半导体存储装置、在打印设备设置一组电极”的喷墨打印设备所存在的接触不好、数据丢失的技术问题，提出在墨盒侧壁安装电路板，电路板外面设置触点，触点可以连接到外部控制装置，从而实现外部控制装置通过触点访问半导体存储装置的技术效果。因此，本专利技术方案系针对带有半导体存储装置的打印设备及墨盒做出的。二审判决脱离本专利原始公开文本中涉及日本在先专利的部分，认为本专利是在“半导体存储装置”意义上使用“存储装置”的，这一观点显然与事实不符。②关于第二处“存储装置”，根据本专利申请的国际申请公开文本，可以证明其系“半导体存储装置”的误译。根据PCT国际公开文本的记载，应当理解为“在一个墨盒上设置了半导体存储装置和连接到该半导体存储装置的一个电极”。此处的“存储装置”是对于前文“半导体存储装置”的指代。（2）二审判决对于《中华人民共和国专利法》第三十三条的立法本意理解有误。该条的立法本意在于保障先申请原则。鉴于以申请日区分现有技术的规定的存在，专利申请人不能在确定申请日之后再将申请文件所载明的技术方案内容作出变化。专利申请文件修改的情形，根据修改时机可以区分主动修改和被动修改，根据修改内容区分澄清性修改和调整性修改。被动修改可以体现为澄清性修改和调整性修改，而主动修改仅体现为调整性修改。针对调整性修改，需要结合修改时机和修改内容的判断考虑禁止反悔，避免采用权利要求保护范围解释的方式使得当事人“两头获利”，损害专利权的公示作用。就本专利申请的修改情况而言，专利申请人将原始申请文件中的“半导体存储装置”修改为“存储装置”，是在提交分案申请时主动进行的修改，并非在实质审查过程中根据审查员的要求所进行的澄清性修改。本专利申请的第一次审查意见通知书并未涉及“半导体存储装置”。而且，含有“半导体存储装置”这一技术特征的技术方案，在本专利的原申请中已经得以授权。专利申请人将“半导体存储装置”主动修改为“存储装置”，体现了其具有“半导体存储装置”和“存储装置”二者含义不同的意思表示，否则上述修改缺乏实际意义。然而专利权人在无效程序中又主张“半导体存储装置”与“存储装置”保护范围一致，可见修改的过程反映出反悔的存在，那么应当认定将“半导体存储装置”修改为“存储装置”的情形属于反悔。在这种情况下，不应再通过权利要求的解释而认定其符合《中华人民共和国专利法》第三十三条的规定。（3）二审判决在权利要求保护范围解释的时机和方法方面均存在错误。①关于权利要求保护范围解释的时机。权利要求书作为一份确定专利权保护范围的法律文件，应当尽可能做到不依赖其他文件即可根据其自身的表述清楚、明确地限定出具有确定性的保护范围。出于保护专利权的公示作用，通常不应当对于权利要求保护范围加以解释。只有在权利要求的术语存在说明书中明确解释的特定含义、说明书明确放弃某些技术方案、权利要求所包含的某些技术方案无法实现、或者权利要求的术语存在多种含义等情况下，对于权利要求加以解释。本案中，“存储装置”对于所属领域技术人员存在明确的含义，并且在说明书中并未加以特定解释。在这种情况下，二审判决对该权利要求的解释不符合对权利要求保护范围加以解释的时机要求。②关于权利要求保护范围的解释方法。参照《最高人民法院关于审理侵犯专利权纠纷案件应用法律若干问题的解释》第三条的规定，对于权利要求保护范围解释而言，说明书及附图、权利要求书中的相关权利要求、专利审查档案等作为内部证据，是相对优先的权利要求解释依据。就当事人意见陈述和本领域惯常理解而言，在说明书没有明确界定的情况下，需要将本领域的惯常理解作为优先考虑因素。从权利要求保护范围解释所涉及的两大基本价值取向而言，上述观点旨在保障专利权的公示作用，同时兼顾专利权人合法利益的保障。如果根据说明书中没有记载的当事人意见陈述，对权利要求保护范围作出与本领域惯常理解不同的解释限定，那么显然有损专利权的公示作用。就本案而言，说明书中的表述对“存储装置”和“半导体存储装置”加以区分，结合该分案申请所属母案的情况以及当事人主动修改的情况，客观上应当认定为“存储装置”和“半导体存储装置”含义不同。二审判决将“存储装置”解释为“半导体存储装置”的简称，这一解释在说明书中没有任何依据，也与本领域技术

人员的普遍理解不同，显然损害了专利权的公示作用，使得社会公众对于专利权的保护范围缺乏预期。

本院审查查明：原审法院查明的事实基本属实。另查明：本专利是99800780.3号发明专利申请的分案申请，而99800780.3号发明专利申请是进入中国国家阶段的国际申请（PCT/JP99/02579），即99800780.3号发明专利申请的申请文件相当于是PCT/JP99/02579号国际申请的中文翻译件。99800780.3号发明专利申请公开文本的权利要求书中并未出现独立使用的“存储装置”用语，而是使用了“半导体存储装置”或者指代“半导体存储装置”的“所述外部存储装置”的概念。例如，权利要求1记载：“一种喷墨打印设备，包括：一个往复移动的托架，在托架上形成一个供墨针、一个墨盒支架和一个与所述供墨针连通的用于喷出墨滴的打印头；一个墨盒，它安装在所述供墨针上，具有存储油墨信息的半导体存储装置，其中，所述供墨针安装在沿垂直于所述托架往复移动方向的一侧的端部附件；一个电路板安装在所述墨盒的一个壁上，在形成所述供墨口的一侧的附近；在所述电路板的外露表面上形成用于连接到外部控制装置的多个触点；从所述外部控制装置经所述触点访问所述半导体存储装置。”权利要求2记载：“权利要求1的喷墨打印设备，其中：所述多个触点在装、拆所述墨盒的过程中在不同的时间连接到所述外部存储装置。”该发明专利申请公开文本的说明书曾出现过一次独立使用的“存储装置”用语，即第1页第19~24行记载：“当不仅改善油墨特性而是既改善油墨特性又改善打印头的驱动方法时，就可以提高打印设备的打印质量。虽然这样一种技术开发成果可以应用到新制造的喷墨打印设备上，但当考虑到成本、劳动力和其他因素时，这个成果应用到从厂家运输的打印设备上实际上是不可能的。这是因为，打印设备必须带到厂家，并且记录控制数据的存储装置必须更换。”该说明书第1页第25~28行记载：“为了处理这个问题，例如，如在日本专利公开出版物第2594912中所公开的，提出了一种打印设备，其中在一个墨盒上设置了半导体存储装置和连接到存储装置的一个电极，在打印设备的主体上还设置了一组电极，读出存储在半导体存储装置中的数据，并且按照这些数据控制记录操作。”第29~32行记载："然而，存在的问题是，因为用户装、拆墨盒的粗糙操作，或因为在托架和墨盒之间存在间隙，经常使半导体存储装置的接触不好；因为信号可能在不适当的时刻充电或施加，所以经常发生禁止数据读出，并且在最坏的情况下，数据丢失并且禁止记录操作。"该说明书第2页第1~4行关于本专利的发明目的记载："鉴于这样一个问题提出本发明，本发明的一个目的是提供一种喷墨打印设备，其中可防止存储在半导体装置中的数据丢失，而与装、拆墨盒的不适当操作无关。本发明的另一个目的是提供一种适于上述打印设备的墨盒。"

PCT/JP99/02579号国际专利申请原文为日文，作为其中文翻译件的99800780.3号发明专利申请公开文本的说明书第1页第25~28行中文译文"其中在一个墨盒上设置了半导体存储装置和连接到存储装置的一个电极"不确切，应翻译为"其中在一个墨盒上设置了半导体存储装置和连接到它的一个电极"。

精工爱普生对99800780.3号发明专利申请提出分案申请，并分别于2000年12月26日和2002年1月28日提交了修改文件。2002年1月28日提交的权利要求书中未再出现"半导体存储装置"的记载，同时该权利要求书的权利要求19、21、36、37、38中出现了"存储装置"或者"所述存储装置"的记载。针对精工爱普生于2000年12月26日提交的说明书第1~10页、2002年1月28日提交的权利要求书第1~7页以及申请日提交的说明书摘要和摘要附图，国家知识产权局于2002年11月8日向精工爱普生发出第一次审查意见通知书。该审查意见通知书正文指出，精工爱普生新提交的权利要求书中的部分内容超出了原说明书和权利要求书记载的范围，不符合《中华人民共和国专利法》第三十三条的规定。但是，该审查意见通知书并未涉及关于"存储装置"的修改是否符合《中华人民共和国专利法》第三十三条的问题。2003年5月9日，精工爱普生针对第一次审查意见通知书提交了意见陈述书，对原权利要求作出修改，将原权利要求23修改为新权利要求1。该意见陈述书第2页第2.1项记载："对于权利要求23，申请人将其中的特征'一记忆装置，由所述托架支承，……各所述列对中于所述供墨口的中线上'修改为'一存储装置，由所述墨盒支承，存储关于墨水的信息；一电路板，安装在与所述多个壁中的第一壁交叉的所述第二壁上，所述电路板位于所述供墨口的中线上；多个触点，形成在所述电路板的外露表面上，用于将所述存储装置连接到喷墨打印设备，所述触点形成多个列'。"可见，本专利授权文本权利要求1中的"存储装置"一词系精工爱普生在提交分案申请时主动修改而来，并非在实质审查过程中根据审查员的要求所进行的修改。

在本专利原始公开文本的权利要求书中，权利要求1、7、8、17、28、29、41、42、53、61、62、73、74中均使用了"半导体存储装置"的用语，共计14次。在分案申请时提交的新权利要求书中，未再出现"半导体存储装置"的用语，而在新权利要求19、21、36、37、38中使用了"存储装置"的用语，共计6次。在精工爱普生针对第一次审查意见通知书提交的意见陈述书所附的新权利要求书中，同样未出现"半导体存储装置"的用语，而在新权利要求1、13、14、15和42中，使用了"存储装置"的用语，共计8次。

专利复审委员会在本院审查过程中提交了《计算机组成和结构》（王爱英主编，清华大学出版社1995年第二版）一书。该书为清华大学计算机系列教科书之一，其第231页第7.1.1节"存储器分类"部分记载了如下内容："按构成存储器的器件和存储介质主要可分为：磁芯存储器、半导体存储器、光电存储器、磁膜、磁泡和其他磁表面存储器以及光盘存储器等。"

在无效宣告审查程序中，本案申请再审人郑亚俐作为第二请求人向专利复审委员会提交了公开号为EP0812693A1、公开日为1997年12月17日的欧洲专利申请说明书复印件及其中文译文（即无效宣告请求审查程序中的证据2-1）。该欧洲专利申请的申请人为本案被申请人精工爱普生，其权利要求书中文译文的权利要求11有如下记载："根据权利要求9的墨盒，其中所述油墨特征数据存贮单元包括电子存储单元、导电图、光学图样、机械图案和磁性图案中的任意一种。"该欧洲专利申请说明书中文译文第5页第27行以下直至第6页第2行记载，"在如图7（a）所示的油墨特征数据存贮单元的实施方案中，布置有电器存贮单元72，如磁泡存储元件或非易失性半导体存储器元件和一系列触点73”“图7（b）所示的存贮单元的实施方案包括代码模式74（例如条形码），其通过光学油墨、磁性油墨等形成。光检测器、磁头等均可用于数据读取单元”。

本院审查认为：针对本专利的无效宣告请求提起于2006年，应当适用2000年修正后的《中华人民共和国专利法》以及《中华人民共和国专利法实施细则》的规定。结合申请再审人的申请再审理由、被申请人的答辩和意见陈述及本案听证情况，本案的争议焦点集中在本专利权利要求1和40中关于“存储装置”的修改是否符合《中华人民共和国专利法》第三十三条的规定。对这一问题，可以分解如下：二审判决对于本专利原始公开说明书中使用的“存储装置”含义的解释是否正确；本专利权利要求1和40中关于“存储装置”的修改是否违反《中华人民共和国专利法》第三十三条的规定；专利申请文件的修改限制与专利保护范围的关系；专利申请文件的修改限制与禁止反悔原则的关系。

（一）二审判决对于本专利原始公开说明书中使用的“存储装置”含义的解释是否正确

二审判决认定本专利原始公开说明书中是在“半导体存储装置”意义上使用“存储装置”“存储装置”为“半导体存储装置”的简称。根据本院查明的事实，本专利原始公开文本涉及“存储装置”的部分有三处：一是权利要求书的权利要求2中“所述多个触点在装、拆所述墨盒的过程中在不同的时间连接到所述外部存储装置”；二是说明书第1页第23～24行中“打印设备必须带到厂家，并且记录控制数据的存储装置必须更换”；三是说明书第1页第26～27行中的“其中在一个墨盒上设置了半导体存储装置和连接到存储装置的一个电极”。此外，在精工爱普生针对国家知识产权局第一次审查意见通知书提交的意见陈述书中，第2.2项记载有“权利要求23涉及附图6和附图7，申请人解释，‘存储装置’是指图7（b）所示的‘半导体存储装置61’”。关于本专利原始公开说明书中使用的“存储装置”含义的解释，本院分析评判如下：

第一，关于本专利原始公开说明书中第一处和第三处“存储装置”用

语的字面含义。首先，关于第一处“存储装置”。权利要求2中并未出现独立的“存储装置”用语，而是使用了“所述外部存储装置”的称谓。结合权利要求1所提及的“从所述外部控制装置经所述触点访问所述半导体存储装置”的表述，显然权利要求2中的“所述外部存储装置”是权利要求1中提及的“所述半导体存储装置”的代称。其次，关于第三处“存储装置”。根据本院查明的事实，说明书第1页第26~27行中“其中在一个墨盒上设置了半导体存储装置和连接到存储装置的一个电极”这一中文译文不确切，应该翻译为“其中在一个墨盒上设置了半导体存储装置和连接到它的一个电极”。因此，此处所谓的“存储装置”一词实际上系误译所致，在本专利的原国际申请文件中并不存在。

第二，关于本专利原始公开说明书中第二处“存储装置”用语的字面含义。首先，关于“存储装置”的字面含义。对于所属领域普通技术人员而言，“存储装置”是用于保存信息数据的装置，是包含磁芯存储器、半导体存储器、光电存储器、磁膜、磁泡和其他磁表面存储器以及光盘存储器等的上位概念。这一含义是清楚、明确的。其次，关于此处“存储装置”的上下文。说明书第1页第23~24行中“打印设备必须带到厂家，并且记录控制数据的存储装置必须更换”是说明书中第一次出现独立使用的“存储装置”用语。在使用这一用语之前，说明书介绍了现有技术，指出“既改善油墨特性又改善打印头的驱动方法时，就可以提高打印设备的打印质量”，但是在应用这一技术成果时，“考虑到成本、劳动力和其他因素时，这个成果应用到已经从厂家运输的打印设备实际上是不可能的”，并没有涉及存储装置的类型。在第一次使用独立的“存储装置”用语之后，说明书才以示例的方式提出日本第2594912号专利采用了半导体存储装置。可见，此处说明书的上下文没有明确或者隐含排除其他类型的存储装置，也未对“存储装置”给出不同于通常理解的特殊限定。最后，说明书发明目的部分的内容对“存储装置”含义的影响。说明书对发明目的的介绍较为简单，虽然在发明目的部分明确提及了半导体存储装置的数据丢失等问题，但是在说明书的上下文没有明确或者隐含排除其他类型的存储装置，也未对“存储装置”给出不同于通常理解的特殊限定的情况下，仅凭这一点尚不足以认定此处的“存储装置”是指“半导体存储装置”。因此，对于所属领域普通技术人员而言，此处的“存储装置”用语应该理解为作为通常含义的泛指而非特指半导体存储装置。

第三，关于精工爱普生在意见陈述书中对“存储装置”的解释应该如何理解。精工爱普生在答复国家知识产权局第一次审查意见通知书的意见陈述书中指出，“权利要求23涉及附图6和附图7，申请人解释，‘存储装置’是指图7（b）所示的‘半导体存储装置61’”。首先，关于意见陈述书的作用。通常情况下，申请人在审查档案中的意见陈述可以作为理解说明书以及权利要求书含义的参考，其参考价值的大小则取决于该意见陈述的具体内容及其与说明书和权利要求书的关系。其次，精工爱普生在意见陈述书中对“存储装置”作出的解释的特点。从该解释的内容看，精工爱普生结合附图，将“存储装置”这一上位概念解释为“半导体存储装置”这一下位概念。当将某一上位概念解释为被该上位概念所包含的下位概念时，可能存在两种理解：一是这种解释仅仅是一种示例，即表示该下位概念属于该上位概念；二是这种解释是一种特指，即该上位概念等同于该下位概念。因此，精工爱普生在意见陈述书中对“存储装置”作出的解释究竟具有何种含义，尚需结合解释的缘由、修改过程、本专利原始公开说明书等综合判断。再次，精工爱普生在意见陈述书中对“存储装置”作出解释的缘由。在意见陈述书中，精工爱普生将原权利要求23修改为新的权利要求1。原权利要求23中并未有“存储装置”这一特征，而是本次修改时引入新的权利要求1的，精工爱普生需要对此作出解释，以说明其由来。从这个角度而言，精工爱普生通过意见陈述对“存储装置”一词作出特指性定义的可能性不大。又次，精工爱普生对“存储装置”一词的修改过程。在本专利原始公开文件中，除了说明书中出现过一次独立使用的“存储装置”用语外，在权利要求书和说明书的其他部分通篇使用的都是半导体存储装置的用语。其中，原始公开文件的权利要求书中使用“半导体存储装置”的地方多达10余处。而在修改后的新权利要求书中，则相应地修改为“存储装置”，且使用多达8次。显然，这种有意修改表明精工爱普生本身认为“存储装置”与“半导体存储装置”具有不同含义。最后，本专利原始公开说明书对“存储装置”一词的使用。前已述及，本专利原始公开说明书中存在将“存储装置”作为泛指性的上位概念的用法。仅仅根据精工爱普生在意见陈述中的解释即将“存储装置”理解为特指半导体存储装置，说服力不足。因此，精工爱普生在意见陈述书中对“存储装置”的解释应理解为包含半导体存储装置的上位概念而不是特指性的半导体存储装置。

综上，本专利原始公开说明书所提及的第一处“存储装置”是“所述半导体存储装置”的代称，第二处“存储装置”是包含半导体存储装置的上位概念，第三处“存储装置”实际上系误译所致，精工爱普生在意见陈述书中对“存储装置”的解释并非特指半导体存储装置。二审判决认定本专利原始公开说明书是在“半导体存储装置”意义上使用“存储装置”，“存储装置”为“半导体存储装置”的简称，认定事实不妥，本院对此予以纠正。申请再审人关于二审判决对于“存储装置”含义的认定错误的申请再审理由成立。

（二）本专利权利要求 1 和 40 中关于“存储装置”的修改是否违反《中华人民共和国专利法》第三十三条的规定

《中华人民共和国专利法》第三十三条规定：“申请人可以对其专利申请文件进行修改，但是，对发明和实用新型专利申请文件的修改不得超出原说明书和权利要求书记载的范围，对外观设计专利申请文件的修改不得超出原图片或者照片表示的范围。”判断本专利权利要求 1 和 40 中关于“存储装置”的修改是否违反《中华人民共和国专利法》第三十三条的规定，需要正确理解《中华人民共和国专利法》第三十三条的含义。

第一，关于《中华人民共和国专利法》第三十三条的立法目的。正确理解《中华人民共和国专利法》第三十三条的含义，需要结合该条的立法目的。《中华人民共和国专利法》第三十三条包括两层含义：一是允许申请人对专利申请文件进行修改，二是对专利申请文件的修改进行限制。之所以允许申请人对专利申请文件进行修改，其主要理由在于：一是申请人的表达和认知能力的局限性。申请人将自己抽象的技术构思形诸于语言文字，体现为具体的技术方案时，由于语言表达的局限，往往有词不达意或者言不尽意之处。同时，申请人在撰写专利申请文件时，由于对现有技术以及发明创造等的认知局限，可能错误理解发明创造。在专利申请过程中，随着对现有技术和发明创造等的理解程度的提高，特别是审查员发出审查意见通知书之后，申请人往往需要根据对发明创造和现有技术的新的理解对权利要求书和说明书进行修正。二是提高专利申请文件质量的要求。专利申请文件是向公众传递专利信息的重要载体，为了便于公众理解和运用发明创造，促进发明创造成果的运用和传播，客观上需要通过修改提高专利申请文件的准确性。在允许申请人对专利申请文件进行修改的同时，《中华人民共和国专利法》第三十三条也对专利申请文件的修改进行了限制，即发明和实用新型专利申请文件的修改不得超出原说明书和权利要求书记载的范围。这一限制的理由在于：一是通过将修改限制在原说明书和权利要求书记载的范围之内，促使申请人在申请阶段充分公开其发明，保证授权程序顺利开展。二是防止申请人将申请时未完成的发明内容随后补入专利申请文件中，从而就该部分发明内容不正当地取得先申请的利益，保证先申请原则的实现。三是保障社会公众对专利信息的信赖，避免给信赖原申请文件并以此开展行动的第三人造成不必要的损害。可见，《中华人民共和国专利法》第三十三条的立法目的在于实现专利申请人的利益与社会公众利益之间的平衡，一方面使申请人拥有修改和补正专利申请文件的机会，尽可能保证真正有创造性的发明创造能够取得授权和获得保护，另一方面又防止申请人对其在申请日时未公开的发明内容获得不正当利益，损害社会公众对原专利申请文件的信赖。对《中华人民共和国专利法》第三十三条含义的理解，必须符合这一立法目的。

第二，关于“修改不得超出原说明书和权利要求书记载的范围”的理解。基于前述立法目的，对于“原说明书和权利要求书记载的范围”，应该从所属领域普通技术人员角度出发，以原说明书和权利要求书所公开的技术内容来确定。凡是原说明书和权利要求书已经披露的技术内容，都应理解为属于原说明书和权利要求书记载的范围。既要防止对记载的范围作过宽解释，乃至涵盖了申请人在原说明书和权利要求书中未公开的技术内

容，又要防止对记载的范围作过窄解释，对申请人在原说明书和权利要求书中已披露的技术内容置之不顾。从这一角度出发，原说明书和权利要求书记载的范围应该包括如下内容：一是原说明书及其附图和权利要求书以文字或者图形等明确表达的内容；二是所属领域普通技术人员通过综合原说明书及其附图和权利要求书可以直接、明确推导出的内容。只要所推导出的内容对于所属领域普通技术人员是显而易见的，就可认定该内容属于原说明书和权利要求书记载的范围。与上述内容相比，如果修改后的专利申请文件未引入新的技术内容，则可认定对该专利申请文件的修改未超出原说明书和权利要求书记载的范围。由此可见，判断对专利申请文件的修改是否超出原说明书和权利要求书记载的范围，不仅应考虑原说明书及其附图和权利要求书以文字或者图形表达的内容，还应考虑所属领域普通技术人员综合上述内容后显而易见的内容。在这个过程中，不能仅仅注重前者，对修改前后的文字进行字面对比即轻易得出结论；也不能对后者作机械理解，将所属领域普通技术人员可以直接、明确推导出的内容理解为数理逻辑上唯一确定的内容。

第三，关于本案"存储装置"的修改是否违反《中华人民共和国专利法》第三十三条的规定的具体判断。《中华人民共和国专利法》第三十三条所称的原说明书和权利要求书是指申请日提交的说明书和权利要求书；对于分案申请，是指申请日提交的原申请的说明书和权利要求书；对于国际申请，是指原始提交的国际申请的说明书、权利要求书及附图。由于本专利是99800780.3号发明专利申请的分案申请，99800780.3号发明专利申请是进入中国国家阶段的国际申请（PCT/JP99/02579），判断本案"存储装置"的修改是否违反《中华人民共和国专利法》第三十三条的规定，应以PCT/JP99/02579号国际申请记载的内容为准。根据PCT/JP99/02579号国际申请及其中文翻译件（99800780.3号发明专利申请公开说明书）的记载，既改善油墨特性又改善打印头的驱动方法可以提高打印设备的打印质量，但是这个成果难以应用到从厂家运输的打印设备上，因为打印设备必须带到厂家，而且记录控制数据的存储装置必须更换。为此，现有技术提出了在墨盒上设置半导体存储装置和连接到它的一个电极，同时在打印设备的主体上设置一组电极，读出存储在半导体存储装置中的数据，并且按照这些数据控制记录操作的技术方案。由于该打印设备存在接触不好、数据丢失等技术问题，本专利申请提出在墨盒侧壁安装电路板，电路板外面设置触点，触点可以连接到外部控制装置，从而实现外部控制装置通过触点访问半导体存储装置的技术效果。对所属领域普通技术人员而言，通过综合该原始专利申请公开说明书、权利要求书和附图，很容易联想到可以用其他存储装置替换半导体存储装置，并推导出该技术方案同样可以应用于使用非半导体存储装置的墨盒。精工爱普生在提出分案申请时主动将原权利要求书中的“半导体存储装置”修改为“存储装置”。修改后，新的独立权利要求 1 和 40 与所属领域普通技术人员综合该原始专利申请公开说明书、权利要求书和附图的记载能够直接、明确推导出的内容相比，并未引入新的技术内容。因此，关于本专利独立权利要求1 和40 中“存储装置”的修改并未超出原专利申请文件记载的范围，符合《中华人民共和国专利法》第三十三条的规定。

（三）专利申请文件的修改限制与专利保护范围的关系

申请再审人认为，本专利的修改因扩大了保护范围应予无效。这涉及专利申请文件的修改限制与专利保护范围的关系。

《中华人民共和国专利法实施细则》第五十一条第一、二款规定，发明专利申请人在提出实质审查请求时以及在收到国务院专利行政部门发出的发明专利申请进入实质审查阶段通知书之日起的 3 个月内，可以对发明专利申请主动提出修改。实用新型或者外观设计专利申请人自申请日起 2 个月内，可以对实用新型或者外观设计专利申请主动提出修改。申请人在收到国务院专利行政部门发出的审查意见通知书后对专利申请文件进行修改的，应当按照通知书的要求进行修改。《中华人民共和国专利法实施细则》第六十条第一款规定，请求人在提出复审请求或者在对专利复审委员会的复审通知书作出答复时，可以修改专利申请文件；但是，修改应当仅限于消除驳回决定或者复审通知书指出的缺陷。第六十八条规定，在无效宣告请求的审查过程中，发明或者实用新型专利的专利权人可以修改其权

利要求书，但是不得扩大原专利的保护范围。发明或者实用新型专利的专利权人不得修改专利说明书和附图，外观设计专利的专利权人不得修改图片、照片和简要说明。《中华人民共和国专利法》第五十六条第一款规定，发明或者实用新型专利权的保护范围以其权利要求的内容为准，说明书及附图可以用于解释权利要求。根据上述规定，结合《中华人民共和国专利法》第三十三条的规定，可知专利申请文件的修改限制与专利保护范围之间既存在一定的联系，又具有明显差异。其主要差异在于，专利申请文件的修改以原说明书和权利要求书记载的范围为界，其记载的范围越广，披露的技术内容越多，允许的修改范围就越大，而发明或者实用新型专利权的保护范围以其权利要求的内容为准，说明书及附图可以用于解释权利要求，其权利要求记载的技术特征越多，其保护范围就越小。同时，专利申请人根据《中华人民共和国专利法实施细则》第五十一条的规定进行主动修改时，只要不超出原说明书和权利要求书记载的范围，在修改原权利要求书时既可以扩大其请求保护的范围，也可以缩小其请求保护的范围。专利申请文件的修改限制与专利保护范围的联系在于，根据《中华人民共和国专利法实施细则》第六十八条的规定，在无效宣告请求的审查过程中，发明或者实用新型专利的专利权人修改其权利要求书时要受原专利的保护范围的限制，不得扩大原专利的保护范围。本案中，精工爱普生对原权利要求书中的“半导体存储装置”的修改发生于提出分案申请之时，并非无效宣告请求审查之时，相应的修改是否合法与原专利申请文件请求保护的范围没有关联性。申请再审人有关本专利的修改因扩大了保护范围应予无效的申请再审理由不能成立，不予支持。

（四）专利申请文件的修改限制与禁止反悔原则的关系

在专利授权确权程序中，专利申请人需要遵循诚实信用原则，信守诺言，诚实不欺，不得出尔反尔，损害第三人对其行为的信赖。作为诚实信用原则的体现和要求，禁止反悔原则在专利授权确权程序中应予适用。但是，禁止反悔原则在专利授权确权程序中的适用并非是无条件的，其要受到自身适用条件的限制以及与之相关的其他原则或者法律规定的限制。禁止反悔原则的适用应以行为人出尔反尔的行为损害第三人对其行为的信赖和预期为必要条件。同时，法律的明确规定以及其他同等重要的原则也限制着禁止反悔原则的适用。在专利授权确权程序中适用禁止反悔原则必须综合考虑上述因素。

根据《中华人民共和国专利法》第三十三条以及《中华人民共和国专利法实施细则》第六十八条的规定，在专利授权程序中，申请人可以对其专利申请文件进行修改，但是对发明和实用新型专利申请文件的修改不得超出原说明书和权利要求书记载的范围；在专利确权程序中，专利权人可以修改其权利要求书，但是不得扩大原专利的保护范围。因此，在专利授权程序中，相关法律已经赋予了申请人修改专利申请文件的权利，只要这种修改不超出原说明书和权利要求书记载的范围即可。对于社会公众而言，基于《中华人民共和国专利法》第三十三条规定，其应该预见到申请人可能对专利申请文件进行修改，其信赖的内容应该是原说明书和权利要求书记载的范围，即原说明书及其附图和权利要求书以文字或者图形等明确表达的内容和所属领域普通技术人员通过综合原说明书及其附图和权利要求书可以直接、明确推导出的内容，而不是仅信赖原权利要求书记载的保护范围。因此，如果申请人对专利申请文件的修改符合《中华人民共和国专利法》第三十三条的规定，禁止反悔原则在该修改范围内应无适用余地。

就本案而言，由于所属领域普通技术人员综合原始专利申请公开说明书及其附图和权利要求书的记载，可以推导出该专利申请的技术方案同样可以应用于使用非半导体存储装置的墨盒，精工爱普生在提出分案申请时主动将原权利要求书中的“半导体存储装置”修改为“存储装置”，并未超出原说明书和权利要求书记载的范围，这种修改对于公众而言是可以预见的。社会公众不会因为该修改而导致信赖利益受损。因此，精工爱普生在本案中有关“存储装置”的修改不存在适用禁止反悔原则的问题。

专利复审委员会称，精工爱普生在专利申请过程中实际上认为“半导体存储装置”和“存储装置”二者含义不同，而在无效程序中又主张两者含义相同，修改的过程反映出反悔的存在，应当认为将“半导体存储装置”修改为“存储装置”属于反悔，应予禁止。这一主张混淆了《中华人民共和国专利法》第三十三条和禁止反悔原则的关系。如前一再述及，根据《中华人民共和国专利法》第三十三条的规定，专利申请文件的修改是否超范围，应以原说明书和权利要求书记载的范围为界，在此范围内并无禁止反悔原则的适用余地。专利复审委员会的上述主张实际上是以申请人在修改完成后的无效程序中的解释为准来判断专利申请文件的修改是否超范围，本质上是以禁止反悔原则取代《中华人民共和国专利法》第三十三条，对此，本院不予支持。

综上，虽然二审判决对于“存储装置”含义的认定不妥，申请再审人的部分申请再审理由成立，但是二审判决关于精工爱普生对“存储装置”修改符合《中华人民共和国专利法》第三十三条的裁判结果是正确的，应予维持。郑亚俐的再审申请不符合《中华人民共和国行政诉讼法》第六十三条第二款、《最高人民法院关于执行〈中华人民共和国行政诉讼法〉若干问题的解释》第七十二条规定的再审条件，依据《最高人民法院关于执行〈中华人民共和国行政诉讼法〉若干问题的解释》第七十四条的规定，裁定如下：

驳回郑亚俐的再审申请。

审 判 长 郃中林

代理审判员 朱 理

代理审判员 秦元明

二〇一一年十二月二十五日

书 记 员 张 博

85. 曹忠泉与国家知识产权局专利复审委员会、上海精凯服务机械有限公司实用新型专利权无效行政纠纷案*

▶

人民法院在审查专利复审委员会作出的无效宣告请求审查决定时，视具体情况确定是否判决其重新作出决定

【裁判摘要】

一、技术领域是要求保护的发明、实用新型所属或者应用的具体技术领域，既不是上位的或者相邻的技术领域，也不是发明或者实用新型本身。确定发明或者实用新型所属的技术领域，应当以权利要求所限定的内容为准，一般根据专利的主题名称，结合技术方案所实现的技术功能、用途加以确定。

二、人民法院在判决撤销或者部分撤销被诉具体行政行为时，可以判决被告重新作出具体行政行为，但是否判决被告重新作出具体行政行为要视案件的具体情况而定。

三、人民法院在审查专利复审委员会作出的无效宣告请求审查决定时，对于专利复审委员会认为专利权有效而人民法院认为专利权无效的情况，在判决撤销被诉决定的同时，应一并判决专利复审委员会重新作出决定；对于专利复审委员会认为专利权无效的情况，人民法院在判决撤销被诉决定时，是否一并判决

* 摘自《最高人民法院公报》2014年第9期。

专利复审委员会重新作出决定，要区分两种情况：专利复审委员会针对无效宣告请求人所提出的无效理由和证据全部作出评述而人民法院认为专利权有效的，不必再判决专利复审委员会重新作出决定；专利复审委员会未对无效宣告请求人所提出的无效理由和证据全部作出评述而依据部分理由及相应证据作出的无效决定不能成立的，人民法院应一并判决专利复审委员会针对无效宣告请求人所提出的其他无效理由和证据重新作出决定。

最高人民法院行政判决书

（2012）行提字第7号

申请再审人（一审原告、二审上诉人）：曹忠泉。

委托代理人：蔡正保。

被申请人（一审被告、二审被上诉人）：国家知识产权局专利复审委员会。住所地：北京市海淀区北四环西路9号银谷大厦10～12层。

法定代表人：张茂于，该委员会副主任。

委托代理人：邢文飞，该委员会审查员。

委托代理人：毛琎，该委员会审查员。

一审第三人：上海精凯服装机械有限公司。住所地：上海市嘉定区安亭镇墨玉路185号。

法定代表人：阮剑光，该公司总经理。

委托代理人：叶万东。

申请再审人曹忠泉因与被申请人国家知识产权局专利复审委员会（以

下简称专利复审委员会)、一审第三人上海精凯服装机械有限公司(以下简称精凯公司)实用新型专利权无效行政纠纷一案,不服北京市高级人民法院(2010)高行终字第634号行政判决,向本院申请再审。本院于2011年12月21日作出(2011)知行字第18号行政裁定,提审本案。本院依法组成合议庭,于2012年3月5日公开开庭审理了本案。曹忠泉的委托代理人蔡正保,专利复审委员会的委托代理人邢文飞、毛琎,精凯公司的委托代理人叶万东到庭参加诉讼。本案现已审理终结。

北京市第一中级人民法院经审理查明:本专利系国家知识产权局于2006年10月4日授权公告的名称为“裁剪机磨刀机构中斜齿轮组的保油装置”的实用新型专利,专利号为200520014575.5,申请日为2005年9月1日,专利权人为曹忠泉,权利要求是:“1. 一种裁剪机磨刀机构中斜齿轮组的保油装置,其特征在于在斜齿轮位置(2)和中间齿轮位置(3)的周围位置设有档油围壁(4)。2. 根据权利要求1所述的保油装置,其特征在于围壁(4)上留有供其内的中间齿轮与其外的传动齿轮啮合的缺口。3. 根据权利要求2所述的保油装置,其特征在于围壁(4)与斜齿轮机匣(8)或磨刀机匣(1)制成一体。4. 根据权利要求1所述的保油装置,其特征在于围壁(6)外的传动齿轮位置(5)上设置弧形盖板(7)。”

精凯公司于2008年11月27日对本专利提出无效宣告请求,并提交附件1、2作为证据。专利复审委员会受理了上述无效宣告请求,并于2008年11月27日向曹忠泉和精凯公司发出无效宣告请求受理通知书,同时将精凯公司提交的无效宣告请求书及其附件清单中所列附件副本转给曹忠泉,要求其在指定期限内陈述意见。曹忠泉于2008年12月19日提交了意见陈述书。精凯公司于2008年12月26日提交了意见陈述书并提交了附件4-1至附件5-9作为证据,其中附件5-1为US3672586号专利说明书复印件8页及中文译文7页,授权公告日为1972年6月27日。精凯公司认为从附件5-1附图3、5、6中可以清楚地看到200B、200、200C构成了档油围壁,把3个齿轮包裹在其中,200B上顶点和200C的上顶点之间构成了本专利中的缺口,使齿轮和传动螺杆联结,墙体202B、212一起罩住传动螺杆144使其上的油不至于甩出,齿轮146相当于本专利中的“中间

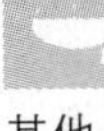

齿轮”，齿轮160相当于本专利中的“斜齿轮”，护罩200正前部200A、圆柱部200B、后圆弧部200C共同构成本专利中的“档油围壁”，用以防止从油槽162中蘸取的润滑油飞溅四处，后圆弧部200C顶部和圆柱部200B的顶部之间构成了本专利中的“缺口”，用以提供齿轮和螺杆之间的啮合连接，在螺杆144外围添加一个弧面罩将螺杆罩住以防止其上的润滑油随着螺杆旋转而甩出是公知常识，因此，附件5－1否定了本专利权利要求1、2、4的新颖性和创造性。专利复审委员会于2008年12月29日再次收到精凯公司提交的意见陈述书。曹忠泉于2009年1月4日向专利复审委员会提交了专利代理委托书、意见陈述书和权利要求书修改替换页。曹忠泉的具体修改方式是：删除了授权公告文本中的权利要求1，将授权公告文本中的权利要求2上升为新的权利要求1，同时将授权公告文本中权利要求3和4的限定部分作为对新的独立权利要求1作出进一步限定的从属权利要求2和3的限定部分。专利复审委员会于2009年1月12日发出转送文件通知书，将曹忠泉分别于2008年12月19日、2009年1月4日提交的意见陈述书及其附件转送给精凯公司，将其分别于2008年12月26日、2008年12月29日收到的精凯公司提交的意见陈述书及其附件转送给曹忠泉。精凯公司于2009年2月9日再次提交了意见陈述书及附件6、7作为证据，明确表示由于曹忠泉合并了权利要求1和2，故增加理由和证据附件6、7。专利复审委员会于2009年2月16日发出转送文件通知书，将曹忠泉于2009年2月6日提交的意见陈述书及其附件转送给精凯公司，将精凯公司于2009年2月9日提交的意见陈述书及其附件转送给曹忠泉。

专利复审委员会于2009年2月25日进行了口头审理。精凯公司对于曹忠泉对权利要求书所作修改无异议。此次口头审理在曹忠泉于2009年1月4日提出的修改文本基础上进行审查。精凯公司当庭提交了附件4－1至附件4－15以及附件5－1至附件5－9的原件，曹忠泉对附件4、5的真实性没有异议，对译文的准确性没有异议。精凯公司明确表示放弃附件1、2作为证据使用，并明确了具体的无效理由。曹忠泉于2009年2月27日提交了意见陈述书以及修改的权利要求书1页，经核实，权利要求书的修改方式与口头审理当庭陈述的方式一致。经修改的权利要求书内容为：“1.

一种裁剪机磨刀机构中斜齿轮组的保油装置，其特征在于在斜齿轮位置（2）和中间齿轮位置（3）的周围位置设有档油围壁（4），围壁（4）上留有供其内的中间齿轮与其外的传动齿轮啮合的缺口。2. 根据权利要求1所述的保油装置，其特征在于围壁（4）与斜齿轮机闸（8）或磨刀机闸（1）制成一体。3. 根据权利要求1所述的保油装置，其特征在于围壁（4）外的传动齿轮位置（5）上设置弧形盖板（7）。”

2009年4月14日，专利复审委员会作出第13216号无效宣告请求审查决定（以下简称第13216号决定），宣告本专利权全部无效。该决定认为，附件5-1在本专利的申请日前公开，曹忠泉对该附件的真实性及中文译文的准确性均无异议，因此，附件5-1可以作为评价本专利权利要求新颖性或创造性的现有技术使用。本专利权利要求1请求保护一种裁剪机磨刀机构中斜齿轮组的保油装置，包括如下技术特征：（1）在斜齿轮位置（2）和中间齿轮位置（3）的周围位置设有档油围壁（4）；（2）围壁（4）上留有供其内的中间齿轮与其外的传动齿轮啮合的缺口。附件5-1公开了绕线机中的齿轮润滑部分，其中具体披露了如下技术内容：抛油环160通过与齿轮146匹配驱动，并且通过护罩200（图3至6）封闭，其限定了从机油箱162获得的润滑剂并且反映了润滑剂旋转式喷洒齿轮146及150，并且因此向上移动。更特别的是，该护罩200适宜且严格地与基架支撑物198（图4）固定起来，并且沿着抛油环160有直接向前部分200A扩展至机油箱162中，该抛油环带有圆柱形部件200B，从部件200A向上伸展，并且从齿轮150封闭隔开。护罩200也有一通用的圆柱形向后的圆弧片200C，可从抛油环160向外扩展，并且接近齿轮146空隙。抛油环160，齿轮146及150，以及扩罩200提供了操作工具，从由机油箱162供应源中获得润滑油，并且以喷雾状态喷出润滑剂，或者注入抛油环或通过第一输送管202发出喷雾润滑剂（参见附件5-1中文译文第6页第2段，附图3至6）。附件5-1中护罩200的正前部200A、圆柱部200B、后圆弧部200C共同包裹其内的齿轮组，防止齿轮上的润滑油飞溅四散，就相当于权利要求1中的“档油围壁”；齿轮146就相当于权利要求1中的“中间齿轮”；齿轮160就相当于权利要求1中的“斜齿轮”；圆柱部200B的上顶

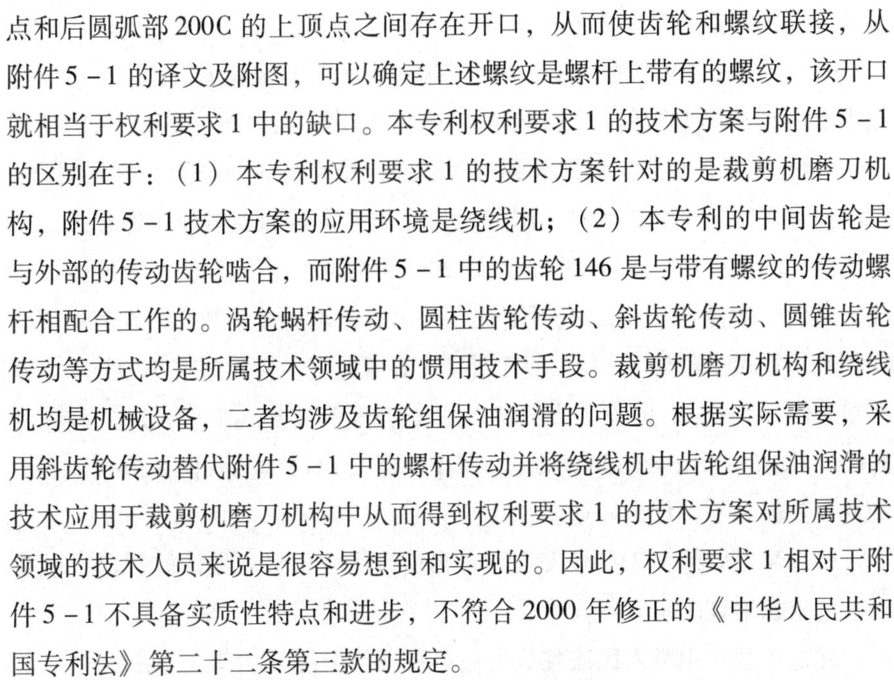

点和后圆弧部200C的上顶点之间存在开口，从而使齿轮和螺纹联接，从附件5－1的译文及附图，可以确定上述螺纹是螺杆上带有的螺纹，该开口就相当于权利要求1中的缺口。本专利权利要求1的技术方案与附件5－1的区别在于：（1）本专利权利要求1的技术方案针对的是裁剪机磨刀机构，附件5－1技术方案的应用环境是绕线机；（2）本专利的中间齿轮是与外部的传动齿轮啮合，而附件5－1中的齿轮146是与带有螺纹的传动螺杆相配合工作的。涡轮蜗杆传动、圆柱齿轮传动、斜齿轮传动、圆锥齿轮传动等方式均是所属技术领域中的惯用技术手段。裁剪机磨刀机构和绕线机均是机械设备，二者均涉及齿轮组保油润滑的问题。根据实际需要，采用斜齿轮传动替代附件5－1中的螺杆传动并将绕线机中齿轮组保油润滑的技术应用于裁剪机磨刀机构中从而得到权利要求1的技术方案对所属技术领域的技术人员来说是很容易想到和实现的。因此，权利要求1相对于附件5－1不具备实质性特点和进步，不符合2000年修正的《中华人民共和国专利法》第二十二条第三款的规定。

本专利权利要求2的附加技术特征具体限定了围壁（4）与斜齿轮机闸（8）或磨刀机闸（1）制成一体。附件5－1已经公开了将护罩200适宜且严格地与基架支撑物198固定起来的技术内容，即已经给出了将相当于围壁的护罩与支撑物相固定的启示，制成一体技术属于所属技术领域的公知常识，结合所属技术领域中上述公知常识将围壁（4）与斜齿轮机闸（8）或磨刀机闸（1）制成一体从而得到权利要求2的技术方案对所属技术领域的技术人员来说是显而易见的，权利要求2的技术方案相对于附件5－1不具备实质性特点和进步，不符合《中华人民共和国专利法》第二十二条第三款的规定。

本专利权利要求3的附加技术特征进一步限定了围壁外的传动齿轮位置上设置弧形盖板。附件5－1还公开了以下技术内容：由于润滑剂向上经过第一输送管202，经过挡板206中的出入口204（图4），该挡板形成了第二个或底部输送管210接收部分208的底壁。在第二个输送管210内部，润滑剂滴在挡板206上，挡板206降至前侧壁202A并且移向挡板之间的第一通道214。通道214也降至前侧壁202A。通过焊接，挡板及通道以任意合理方式固定在顶壁 212 上（参见附件 5－1 中文译文第 6 页第 3 段，附图 3 至 6）。附件 5－1 中的挡板 206 位于齿轮组和带有螺纹的螺杆上方，其与相当于“档油围壁”的护罩 200 的正前部 200A、圆柱部 200B、后圆弧部 200C 相互配合，客观上可以起到将润滑油保持在齿轮的周围，权利要求 3 中的弧形盖板的主要作用是与围壁相互配合将飞溅的润滑油保留在斜齿轮的周围，因此，附件 5－1 中的挡板 206 就相当于权利要求 3 中的弧形盖板。从而，附件 5－1 已经公开了权利要求 3 的附加技术特征，在其引用的权利要求相对于附件 5－1 不具备创造性的情况下，权利要求 3 的技术方案相对于附件 5－1 不具备实质性特点和进步，不符合《中华人民共和国专利法》第二十二条第三款的规定。对于精凯公司提出的其他无效理由，专利复审委员会不再作出评述。

曹忠泉不服第 13216 号决定，向北京市第一中级人民法院提起行政诉讼，请求撤销该决定。

北京市第一中级人民法院认为：本专利与附件 5－1 均是机械设备，均涉及齿轮组保油润滑问题，因此，属于相同或相近的技术领域。曹忠泉在专利复审委员会进行的口头审理中已表示对附件 5－1 的真实性及中文译文的准确性无异议，专利复审委员会以附件 5－1 专利说明书及其中文译文作为评价本专利创造性的现有技术使用并无不当。本专利权利要求 1 的技术方案并未具体限定档油围壁的形状和结构，其主要作用就是将润滑油保持在齿轮组周围，使斜齿轮组润滑良好，降低噪音，减少磨损，并且同时明确了该围壁上留有缺口；附件 5－1 中护罩 200 的直接向前部分 200A、圆柱形部件 200B、后圆弧片 200C 共同包裹其内的齿轮组，其作用也是防止齿轮上由机油箱获得的润滑油飞溅四散，将润滑油保持在齿轮组周围，同时为了给齿轮组提供润滑油，也需要提供润滑油的进出途径。因此，附件 5－1 中护罩 200 就相当于本专利权利要求 1 中的“档油围壁”；附件 5－1 中的齿轮 146 就相当于本专利权利要求 1 中“档油围壁”内的“中间齿轮”；齿轮 160 就相当于权利要求 1 中“档油围壁”内的“斜齿轮”。根据本专利权利要求 1 的记载，其缺口的作用是提供中间齿轮与传动齿轮啮合的空间；附件 5－1 圆柱形部件 200B 的上顶点和后圆弧片 200C 的上顶点之间存在开口，从而使齿轮和螺杆上带有的螺纹联接，也可以实现联接作用，就相当于本专利权利要求 1 中的缺口。本专利权利要求 1 的技术方案与附件 5－1 的主要区别在于：前者针对裁剪机磨刀机构，后者的应用环境是绕线机；前者中间齿轮是与外部的传动齿轮啮合，后者齿轮 146 与带有螺纹的传动螺杆相配合。在传动方式上采用齿轮替代附件 5－1 中的螺杆，且将绕线机中齿轮组保油润滑的技术应用于裁剪机磨刀机构中，从而得到权利要求 1 的技术方案对所属领域的技术人员来说是很容易想到和实现的。因此，本专利权利要求 1 不具备创造性。附件 5－1 中的挡板 206 位于齿轮组和带有螺纹的螺杆上方，其与相当于“档油围壁”的护罩 200 的直接向前部分 200A、圆柱形部件 200B、后圆弧片 200C 相互配合，客观上可以起到将润滑油保持在齿轮周围的作用。而本专利权利要求 3 中弧形盖板的主要作用也是与围壁相互配合，将飞溅的润滑油保留在斜齿轮周围。因此，附件 5－1 中的挡板 206 就相当于本专利权利要求 3 的弧形盖板。在本专利权利要求 1 相对于附件 5－1 不具备创造性的情况下，本专利权利要求 3 的技术方案相对于附件 5－1 不具备实质性特点和进步。曹忠泉虽主张本专利在商业上的巨大成功从侧面证明了本专利具有创造性，但鉴于其并未提交相应证据，故对其主张不予支持。此外，曹忠泉已经认可如果本专利权利要求 1 不具备创造性，则权利要求 2 作为从属权利要求也不具备创造性。综上，专利复审委员会作出的第 13216 号决定认定事实清楚，适用法律正确，程序合法，一审法院据此作出（2009）一中行初字第 1326 号行政判决，维持专利复审委员会作出的第 13216 号决定。一审案件受理费 100 元，由曹忠泉负担。

曹忠泉不服一审判决，向北京市高级人民法院提起上诉，请求撤销一审判决及专利复审委员会第 13216 号决定。

北京市高级人民法院经审查认定：在一审中，曹忠泉对于第 13216 号决定中关于修改后的权利要求 2 不具备创造性的认定没有提出异议。

北京市高级人民法院认为：请求人在提出无效宣告请求之日起一个月后增加无效宣告理由的，专利复审委员会一般不予考虑，但是针对专利权人以合并方式修改的权利要求，请求人可以在专利复审委员会指定期限内增加无效宣告理由并进行具体的说明。曹忠泉在无效宣告程序中以合并方式修改了权利要求，精凯公司提出使用附件5－1评价修改后的权利要求2的创造性属于在专利复审委员会规定期限内增加的无效理由，且在口头审理中曹忠泉针对该项无效理由充分陈述了意见并表示不再补充书面意见。因此，专利复审委员会在程序上和实体上充分保障了专利权人与无效请求人双方的权利，并无违法之处。虽然本专利与附件5－1应用的机械设备不同，但均涉及机械设备中齿轮组保油润滑问题，属于相同的技术领域。专利复审委员会及一审法院认定附件5－1中护罩200就相当于本专利权利要求1中的“档油围壁”是正确的。附件5－1的齿轮146就相当于本专利权利要求1中“档油围壁”内的“中间齿轮”；齿轮160就相当于权利要求1中“档油围壁”内的“斜齿轮”；附件5－1圆柱形部件200B的上顶点和后圆弧片200C的上顶点之间存在的开口就相当于本专利权利要求1中的缺口。本专利权利要求1的技术方案与附件5－1在齿轮传动方式上存在不同，但二者的齿轮传动方式均是所属技术领域中的惯用技术手段。因此，将附件5－1绕线机中齿轮组保油润滑的技术应用于裁剪机磨刀机构中从而得到本专利权利要求1的技术方案，对所属领域的技术人员来说是容易想到的。本专利权利要求1相对于附件5－1不具备创造性。本专利权利要求2进一步限定了围壁（4）与斜齿轮机闸（8）或磨刀机闸（1）制成一体。附件5－1公开了将护罩200适宜且严格地与基架支撑物198固定起来的内容，给出了将相当于围壁的护罩与支撑物相固定的技术启示，而制成一体技术属于本领域的公知常识，所属领域技术人员将二者相结合，容易得到本专利权利要求2的技术方案。因此，在本专利权利要求1不具备创造性的基础上，本专利权利要求2也不具备创造性。本专利权利要求3的附加技术特征进一步限定了围壁外的传动齿轮位置上设置弧形盖板，主要作用是与围壁相互配合，将飞溅的润滑油保留在斜齿轮周围。附件5－1的挡板206位于齿轮组和带有螺纹的螺杆上方，其与相当于“档油围壁”的护罩200相互配合同样也可以起到将润滑油保持在齿轮周围的作用。因此，附件5－1已经公开了本专利权利要求3的附加技术特征，在本专利权利要求1不具备创造性的基础上，本专利权利要求3也不具备创造性。综

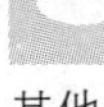

上，曹忠泉的上诉理由缺乏事实和法律依据，一审判决认定事实清楚，适用法律正确。据此判决：驳回上诉，维持原判。一、二审案件受理费各100元，由曹忠泉负担。

曹忠泉申请再审称：（1）精凯公司于2009年2月25日口头审理时当庭提交了意见陈述书，并声明撤回于2009年2月9日寄出的意见陈述书。附件5-1等作为2月9日意见陈述书不可分割的组成部分，应视为一并撤回，由此附件5-1应为口头审理日当庭提交，已经超出了法律规定的举证期限。（2）精凯公司于2008年12月29日提交的附件5-1的译本为12页，而专利复审委员会采用的是7页译本，该译本有多处修改，尤其将原译文“护罩200也有一通用的圆柱形后方象限器200C”改为“护罩200也有一通用的圆柱形向后的圆弧片200C”，这种翻译不准确，却被第13216号决定和一、二审判决书所认定。（3）《专利审查指南》关于创造性判断方法的技术启示要求对比文件披露的技术手段与区别特征所起的作用相同，否则不能认为具有技术启示。本专利权利要求1的特征部分是：“在斜齿轮位置（2）和中间齿轮位置（3）的周围位置设有档油围壁（4）”，其作用是将润滑油保持在斜齿轮组的周围，防止裁剪的布料被污染。附件5-1中具有上下敞开的护罩200，将润滑油自底部的机油箱162喷洒到护罩200外的上方，起“送”的作用，而不是将润滑油保留在护罩200内部。因此，二者的作用正好相反。本专利修改后的权利要求3的特征部分是“围壁（6）外的传动齿轮位置（5）上设置弧形盖板（7）”，其作用是将润滑油直接保持在传动齿轮周围；附件5-1中挡板206的作用是接收自下而上喷洒上来的润滑油并输送到其他需要润滑的部件，起“接收”的作用，二者的作用也正好相反，故不能认定具有技术启示。专利复审委员会在第13216号决定中所认定的本专利与附件5-1的两点区别特征是错误的，这两点区别特征在无效程序中均未提及，也没有进行听证。本专利和附件5-1与解决技术问题紧密相关的区别特征是，权利要求1中将齿轮组包围的“围壁”和附件5-1中在齿轮组两侧设置的“护罩200A、200B和200C”。第13216号决定认定本专利与对比文件“二者均涉及齿轮组保油润滑的问题”和“将润滑油保持在齿轮组周围的作用，就相当于权利要求

1 中的档油围壁”，显然与事实不符，附件 5－1 中的“护罩 200”与本专利的“围壁”不同，“挡板 206”也不同于本专利的“弧形盖板”。附件 5－1 国际分类号是 B65H，而本专利的国际分类号是 D06H 和 F16N，二者显然不是相近或相关的技术领域。但专利复审委员会不顾是否存在技术启示，仅强调两者“均是机械设备”就予以认定，显然有违于《审查指南》的有关规定以及《中华人民共和国专利法》第二十二条第三款关于实用新型专利创造性标准应当低于发明专利创造性标准的立法本意。综上，曹忠泉请求撤销一、二审判决和第 13216 号决定。

被申请人专利复审委员会辩称：曹忠泉对附件 5－1 的真实性以及中文译文的准确性均无异议，因此该附件可以作为评价本专利权利要求新颖性或创造性的现有技术使用。将本专利权利要求 1 与附件 5－1 进行对比分析可知，权利要求 1 相对于附件 5－1 不具备实质性特点和进步，不符合《中华人民共和国专利法》第二十二条第三款的规定。第 13216 号决定对于“档油围壁”和“弧形盖板”的认定是客观的。虽然本专利与附件 5－1 的分类号不同，但二者均是机械设备，均涉及齿轮组保油润滑问题，二者解决的技术问题是相同的，故属于相同的技术领域。对曹忠泉在再审申请书中指出的问题，专利复审委员会不予认同，并坚持第 13216 号决定中的观点。

一审第三人精凯公司称：其提交的证据没有超出规定的期限，同意专利复审委员会的答辩意见。

本院再审查明：一审和二审法院查明的事实属实。另查明，精凯公司于 2008 年 12 月 26 日提交了意见陈述书并提交包括附件 5－1 在内的证据。精凯公司在 2009 年 2 月 9 日的意见陈述书中明确将之前提交的附件 5－1 作为对比文件。2009 年 2 月 25 日口头审理时，精凯公司当庭提交了意见陈述书，在该意见陈述书中，精凯公司声明撤回其于 2009 年 2 月 9 日提交的意见陈述书，但没有撤回附件 5－1。专利复审委员会提交的口头审理记录表记载，曹忠泉在口头审理时的发言中提到附件 5－1 中文译文第 6 页倒数第 2 段第 6 行相关内容，该内容与附件 5－1 的 7 页中文译本相符。

本专利说明书在“发明内容”中载明：“本实用新型由于在斜齿轮组

的周围设置了围壁，将飞溅的润滑油保留在斜齿轮的周围，使斜齿轮组保持了良好的润滑，磨刀噪音明显降低，同时降低了能源损耗，延长斜齿轮的使用寿命，还可防止被裁剪的布料被污染。”在“具体实施方式”中载明：“为了防止传动杆齿轮将围壁内的润滑油甩出，在该齿轮位置5处上方设置一弧面盖板7”。

本院再审认为：本案争议的焦点问题是：精凯公司提交附件5－1是否超出法律规定的举证期限；附件5－1的译本提交问题；本专利与附件5－1相比是否具有创造性。对此，分析如下：

（一）关于精凯公司提交附件5－1是否超出法律规定的举证期限

根据2002年修订的《中华人民共和国专利法实施细则》（以下简称《专利法实施细则》）第六十六条的规定，在专利复审委员会受理无效宣告请求后，请求人可以在提出无效宣告请求之日起1个月内增加理由或者补充证据。逾期增加理由或者补充证据的，专利复审委员会可不予考虑。本案中，精凯公司在专利复审委员会受理无效宣告请求后1个月内补充提交了附件5－1，符合法律规定。虽然精凯公司在口头审理时提交的意见陈述书中声明撤回其于2009年2月9日提交的意见陈述书，但该声明仅表示其撤回相关的意见陈述，并不代表作为该意见陈述对比文件的附件5－1也一并撤回，精凯公司也没有必要在口头审理当庭撤回又重新提交附件5－1，而且精凯公司一直将附件5－1作为对比文件，曹忠泉也针对该对比文件多次陈述了意见。因此，曹忠泉关于附件5－1应视为与意见陈述书一并撤回，精凯公司在口头审理时当庭提交附件5－1已经超出法律规定的举证期限的主张，没有事实和法律依据，本院不予支持。

（二）关于附件5－1译本的提交问题

曹忠泉主张精凯公司于2008年12月29日提交的附件5－1的译本为12页，而专利复审委员会采用的是被修改的7页译本，该译本有多处修改且不准确。本院认为，本案的对比文件是附件5－1而非其译文，对于附件

5－1的真实性曹忠泉并无异议。因此，附件5－1公开的内容是客观存在的，并不因译文的改变而改变。曹忠泉所指出的两译本差异之处仅为用语不同，对于实质内容并无影响；且专利复审委员会口头审理记录记载，双方当事人在口头审理时所使用的附件5－1的译本即为7页译本，曹忠泉明确表示对该译文的准确性没有异议，并针对7页译本进行了发言。因此，专利复审委员会在7页译本基础上描述附件5－1公开的内容，并无不妥。

（三）关于本专利的创造性

创造性是发明创造的本质特性，是对发明创造相较于现有技术的创新高度要求。我国专利法对实用新型创造性的要求是同申请日以前已有的技术相比，具有实质性特点和进步。在评价发明创造是否具备创造性时，不仅要考虑发明创造的技术方案本身，还要考虑发明创造所属的技术领域、所解决的技术问题和所产生的技术效果，将其作为一个整体看待，即应从发明创造的技术原理、技术构思、技术效果等方面综合认定。

1. 关于技术领域。曹忠泉主张本专利与附件5－1的国际分类号不同，二者既不是相同的技术领域，也不是相近或相关的技术领域，因此附件5－1不能作为评判本专利创造性的对比文件使用。本院认为，技术领域是要求保护的发明或者实用新型所属或者应用的具体技术领域，不是上位的或者相邻的技术领域，也不是发明或者实用新型本身。确定发明或者实用新型所属的技术领域，应当以权利要求所限定的内容为准，一般根据专利的主题名称，结合技术方案所实现的技术功能、用途加以确定。附件5－1公开的技术内容涉及绕线机润滑系统的润滑问题，本专利的技术方案是要解决裁剪机斜齿轮组的保油润滑问题。虽然绕线机属于纺织机械，裁剪机属于服装机械，二者在应用环境上有区别，但本专利和对比文件的技术方案均涉及机械系统的润滑问题，属于相同的技术领域。因此，专利复审委员会将附件5－1作为判断本专利创造性的对比文件，并无不妥。

2. 关于技术特征。本专利为一种裁剪机磨刀机构中斜齿轮组的保油装置，根据本专利权利要求书和说明书，为了实现其发明目的，本专利在斜齿轮位置和中间齿轮位置的周围设置了档油围壁，将飞溅的润滑油保留在斜齿轮的周围；在围壁外的传动齿轮位置上设置了弧形盖板，防止围壁内的润滑油甩出。从附件 5－1 所公开的润滑系统的技术特征来看，其与本专利实际要解决的技术问题和所产生的技术效果并不相同。附件 5－1 中由抛油环 160，齿轮 146、150，护罩 200 以及挡板 206 等构成的润滑系统的主要作用是从机油箱 162 获取润滑油，并将润滑油输送到需要润滑的部件，设置护罩 200 的直接向前部分 200A、圆柱形部件 200B、后圆弧片 200C 以及挡板 206 的主要目的就是为上述技术功能服务的。为此，护罩 200 设置了进油口，以从机油箱获取润滑油，挡板 206 设置了出入口 204，以接收润滑油。由于本专利与附件 5－1 所要解决的技术问题并不相同，因此所达到的技术效果也不同，本专利的技术特征所达到的技术效果是将润滑油保持在齿轮周围不外漏，实现齿轮的良好润滑和防止润滑油污染布料；护罩 200 和挡板 206 所起到的技术效果是将润滑油输送出去，而不是保持在齿轮周围不外漏。

3. 关于技术启示。附件 5－1 公开的润滑系统的技术方案所要解决的主要技术问题是有效输送润滑油，以实现对绕线机的内部构件进行润滑，而不是防止润滑油飞溅污染布料。对于本领域技术人员来讲，在看到附件 5－1 所公开的技术方案基础上，无动机将其润滑系统中的护罩 200 和挡板 206 的技术特征加以改进后，应用到裁剪机磨刀机构中，以解决本专利所要解决的防止润滑油飞溅，将润滑油保持在斜齿轮周围的技术问题。因此，附件 5－1 对于本领域技术人员来讲，不存在促使其获得本专利所请求保护的技术方案和技术效果的技术启示。

综上，本专利权利要求 1 请求保护的技术方案相对于对比文件附件5－1 是非显而易见的，具有实质性特点和进步，具备《中华人民共和国专利法》第二十二条第三款规定的创造性。由于本专利权利要求 1 具备创造性，其从属权利要求 2、3 亦具备创造性。原一、二审判决认定本专利相对于附件 5－1 没有创造性，从而维持专利复审委员会第 13216 号决定，适用法律错误，应予纠正。

根据《中华人民共和国行政诉讼法》第五十四条第（二）项的规定，人民法院在判决撤销或者部分撤销被诉具体行政行为时，可以判决被告重新作出具体行政行为，但是否判决被告重新作出具体行政行为要视案件的具体情况而定。人民法院在审查专利复审委员会作出的无效宣告请求审查决定时，对于专利复审委员会认为专利权有效，而人民法院认为专利权无效的情况，在判决撤销被诉决定的同时，应一并判决专利复审委员会重新作出决定；对于专利复审委员会认为专利权无效的，人民法院在判决撤销被诉决定时，是否一并判决专利复审委员会重新作出决定，要区分如下两种情况：专利复审委员会针对无效宣告请求人所提出的无效理由和证据全部作出评述，而人民法院认为专利权有效的，不必再判决专利复审委员会重新作出决定；专利复审委员会没有对无效宣告请求人所提出的无效理由和证据全部作出评述，而依据部分理由及相应证据作出的无效决定不能成立的，人民法院应一并判决专利复审委员会针对无效宣告请求人所提出的其他无效理由和证据重新作出决定。本案中，精凯公司针对本专利向专利复审委员会提出的无效理由是，本专利权利要求1、2、3不符合《中华人民共和国专利法》第二十二条第二款、第三款，第二十六条第三款、第四款，《专利法实施细则》第二十条第一款的规定；权利要求3不符合《专利法实施细则》第二十一条第三款的规定。精凯公司还提交了包括附件5－1在内的多份对比文件来评价本专利权利要求的新颖性和创造性。专利复审委员会在作出第13216号决定时，是依据附件5－1对本专利权利要求作出没有创造性的评价，并据此宣告本专利权全部无效的，对于精凯公司提出的其他无效理由和证据没有作出评述。有鉴于此，在本院判决撤销专利复审委员会作出的第13216号决定后，专利复审委员会应针对精凯公司提出的其他无效理由和证据重新作出决定。故此，依照《中华人民共和国行政诉讼法》第五十四条第（二）项、《最高人民法院关于执行〈中华人民共和国行政诉讼法〉若干问题的解释》第七十六条第一款、第七十八条的规定，判决如下：

一、撤销北京市高级人民法院（2010）高行终字第634号行政判决、北京市第一中级人民法院（2009）一中行初字第1326号行政判决；

二、撤销国家知识产权局专利复审委员会第13216号无效宣告请求审查决定；

三、国家知识产权局专利复审委员会针对上海精凯服装机械有限公司对曹忠泉第200520014575.5号实用新型专利提出的其他无效理由和证据重新作出决定。

原一、二审案件受理费各100元，共计200元，由国家知识产权局专利复审委员会负担（于本判决生效后7日内交纳）。

本判决为终审判决。

审　判　长　王永昌

代理审判员　宋淑华

代理审判员　李　剑

二〇一二年五月三日

书　记　员　周睿隽

86. 李晓乐与国家知识产权局专利复审委员会、郭伟、沈阳天正输变电设备制造有限责任公司发明专利权无效行政纠纷案*

▶ 专利授权确权程序中，应对权利要求的解释采取最大合理解释原则

最高人民法院行政判决书

（2014）行提字第17号

再审申请人（一审原告、二审上诉人）：李晓乐，住湖南省岳阳市岳阳楼区学院路。

委托代理人：李辉，北京市金杜律师事务所专利代理人。

委托代理人：毛琎，北京市金杜律师事务所实习律师。

被申请人（一审被告、二审被上诉人）：国家知识产权局专利复审委员会。住所地：北京市海淀区北四环西路。

法定代表人：葛树，该委员会副主任。

委托代理人：周瞻瞻，该委员会审查员。

---

* 摘自《知识产权审判与指导》2015年第2辑（总第26辑），人民法院出版社2016年版，第180～198页。

委托代理人：高桂莲，该委员会审查员。

一审第三人、二审上诉人：郭伟，住北京市海淀区中关村。

委托代理人：涂萧恺，北京五月天专利商标代理有限公司专利代理人。

一审第三人、二审上诉人：沈阳天正输变电设备制造有限责任公司。住所地：辽宁省沈阳市铁西区北二中路。

法定代表人：孙国亮，该公司总经理。

委托代理人：涂萧恺，北京五月天专利商标代理有限公司专利代理人。

再审申请人李晓乐因与被申请人国家知识产权局专利复审委员会（以下简称专利复审委员会）以及一审第三人、二审上诉人郭伟、沈阳天正输变电设备制造有限责任公司（以下简称沈阳天正公司）发明专利权无效行政纠纷一案，不服北京市高级人民法院（2011）高行终字第1106号行政判决，向本院申请再审。本院于2013年12月11日作出（2013）知行字第36号行政裁定，提审本案。提审后，本院依法组成合议庭，于2015年4月30日公开开庭审理本案，李晓乐的委托代理人李辉、毛琎，专利复审委员会的委托代理人周瞻瞻、高桂莲，郭伟，沈阳天正公司法定代表人孙国亮，郭伟与沈阳天正公司共同的委托代理人涂萧恺到庭参加诉讼。本案现已审理终结。

一审法院审理查明：本专利系国家知识产权局于2006年4月19日授权公告的名称为“反射式萨格奈克干涉仪型全光纤电流互感器”的发明专利，申请日是2003年4月24日，专利号是03123304. X，专利权人为郭伟和沈阳天正公司，发明人为郭伟。

本专利授权公告时的权利要求书的具体内容如下：

“1. 一种反射式萨格奈克干涉仪型全光纤电流互感器，其特征在于：它至少由光电单元和光纤电流感应单元连接构成；其中，光电单元用于产生用于检测的光信号，光纤电流感应单元利用该光信号检测流过其光纤绕组缠绕的母线中的电流，并返回该光电单元将检测光信号输出；所述的光电单元至少由光源、单模光纤耦合器、保偏光纤消偏器、光纤偏振器、光相位调制器、振荡源、保偏光纤延迟线以及光电检测器连接构成；光源输出的光信号经过单模光纤耦合器正向传输给保偏光纤消偏器；离开保偏光纤消偏器的光信号进入光纤偏振器；光纤偏振器将该光信号等分为两个正交的线偏振光分别送给光相位调制器；该光相位调制器根据来自振荡源的调制信号对两个正交的线偏振光进行同步调制，然后经过保偏光纤延迟线输出给光纤电流感应单元；从光纤电流感应单元返回的光信号到达光纤偏振器产生萨格奈克干涉，该干涉光经过单模光纤耦合器反向传输给光电检测器；光电检测器将检测信号输出。

2. 根据权利要求1所述的反射式萨格奈克干涉仪型全光纤电流互感器，其特征在于：所述的振荡源产生的调制信号的振荡频率遵守如下的计算公式：

$$f=1/4\tau$$

其中，τ为保偏光纤延迟线的延迟时间。

3. 根据权利要求1所述的反射式萨格奈克干涉仪型全光纤电流互感器，其特征在于：所述的光纤偏振器和光相位调制器之间设有消偏头，该消偏头由保偏光纤构成，用于抑制交叉偏振耦合。

4. 根据权利要求1所述的反射式萨格奈克干涉仪型全光纤电流互感器，其特征在于：所述的光电单元还进一步设有由数字解调器、反馈控制电路和光相位调制器组成的闭环光相位调制电路，用于提高电流互感器信噪比和稳定性；其中，光电检测器连接数字解调器，用于经过该数字解调器输出检测结果，同时通过反馈控制电路将反馈控制信号传送给光相位调制器。

5. 根据权利要求1或4所述的反射式萨格奈克干涉仪型全光纤电流互感器，其特征在于：光电检测器依据如下的公式将检测的光强转换为电信号：

$$I=\frac{\arccos\left(\frac{2I_d}{kI_s}-1\right)}{4VN}-\varphi(t)$$

其中，I_d为检测光强，I_s为光源给出的光强，k 为整个光路的损耗，$\varphi(t)=\varphi_m\cos(\omega_m t)$ 为光相位调制器的调制信号，V 为光纤的费尔德常数，N 为感应光纤线圈的匝数。

6. 根据权利要求 1 或 4 所述的反射式萨格奈克干涉仪型全光纤电流互感器，其特征在于：所述的数字解调器将光电检测信号解调后得到的信号电压满足如下的公式：

$$v_{dm}\approx J_1(\varphi_m)(4VNI)$$

其中，V_{dm}为信号电压，J_1为一阶贝塞尔函数，V 为光纤的费尔德常数，N 为感应光纤线圈的匝数，I 为高压电流母线中的电流。

7. 根据权利要求 4 所述的反射式萨格奈克干涉仪型全光纤电流互感器，其特征在于：所述的数字解调器进一步连接有用于交流检测时滤除高频干扰的滤波器，且该滤波器为通频带为 1Hz－10kHz 的带通滤波器。

8. 根据权利要求 4 所述的反射式萨格奈克干涉仪型全光纤电流互感器，其特征在于：所述的数字解调器进一步连接有用于直流检测的滤波器，且该滤波器为通频带为 0－10kHz 的低通滤波器。

9. 根据权利要求 7 或 8 所述的反射式萨格奈克干涉仪型全光纤电流互感器，其特征在于：所述的滤波器还进一步连接有对检测到的电流进行放大、校正，并输出准确的电流测量值的处理器。

10. 根据权利要求 1 所述的反射式萨格奈克干涉仪型全光纤电流互感器，其特征在于：所述的光纤电流感应单元设在电流互感器的高压区，至少由 λ/4 波片，其中 λ 为光纤中传递的光信号的波长、感应光纤线圈和感应光纤线圈端面镀反射膜组成；其中，λ/4 波片用于将来自保偏光纤延迟线的线偏振光转换为两个圆偏振光，该两个圆偏振光经过感应光纤线圈到达端面的反射膜，该反射膜将该两个圆偏振光信号全反射，并沿着感应光纤线圈反向传播。

11. 根据权利要求 10 所述的反射式萨格奈克干涉仪型全光纤电流互感器，其特征在于：所述的 λ/4 波片为宽带光纤波片。

12. 根据权利要求 10 所述的反射式萨格奈克干涉仪型全光纤电流互感

器，其特征在于：所述的感应光纤线圈为超低双折射光纤或普通低双折射单模光纤或圆偏振保持光纤，该光纤围绕高压电流母线至少缠绕一匝。”

2009 年 9 月 27 日，李晓乐以本专利不符合《中华人民共和国专利法》第二十二条第二款、第三款，《中华人民共和国专利法》第二十六条第三款、第四款及《中华人民共和国专利法实施细则》（以下简称《专利法实施细则》）第二十条第一款的规定为由向专利复审委员会提出无效宣告请求，并提交了如下 5 份证据：

证据 1：由 J. Blake 等人在 IEEE Transactions on Power Delivery 上发表的“In – Line Sagnac Interferometer Current Sensor”，第 11 卷，第 1 期，第 116 – 121 页，1996 年 1 月，共 6 页复印件，及其中文译文；

证据 2：WO02/075249A2 号 PCT 国际申请文件，其公开日为 2002 年 9 月 26 日，及其中文译文；

证据 3：李尔宁等人著，“光纤电流互感器的信号处理系统分析”，《仪器仪表学报》，第 17 卷，第 4 期，第 433 ~ 436 页，1996 年 8 月，共 4 页复印件；

证据 4：公开号为 CN1383008A 的中国发明专利申请公开说明书，其公开日为 2002 年 12 月 4 日；

证据 5：杨春等人著，“一种光纤表面化学镀膜方法的研究”，《仪器仪表学报》，第 20 卷，第 4 期，第 408 ~ 410 页，1999 年 8 月，共 3 页复印件。

李晓乐认为本专利权利要求 1 ~ 3 以及引用权利要求 1 的从属权利要求 5 和 6 的技术方案在证据 1 中全部公开，其相对于证据 1 不具备《中华人民共和国专利法》第二十二条第二款规定的新颖性；权利要求 1 ~ 3 相对于证据 1 不具备《中华人民共和国专利法》第二十二条第三款规定的创造性，权利要求 4 的附加技术特征是本领域技术人员的公知常识，权利要求 4 的附加技术特征也在证据 2 中公开；权利要求 5、6 的附加技术特征在证据 1 中公开；权利要求 7 ~ 9 的附加技术特征是本领域技术人员的公知常识，权利要求 7 ~ 9 的附加技术特征也在证据 3 中公开；权利要求 10 的附

加技术特征中传感线圈端面镀反射膜是本领域惯用技术手段，并且该特征也被证据5公开，除此之外的附加技术特征都在证据1中公开；权利要求11的附加技术特征是本领域的惯用设计，此外也在证据4中公开；权利要求12的附加技术特征在证据1中公开，此外也是本领域的公知常识，因此所述权利要求4~12也不具备《中华人民共和国专利法》第二十二条第三款规定的创造性；权利要求4、9的技术方案得不到说明书的支持，不符合《中华人民共和国专利法》第二十六条第四款的规定；权利要求4、5、9的附加技术特征描述不清楚，导致其技术方案不清楚，不符合《专利法实施细则》第二十条第一款的规定，而且权利要求4、5、9涉及的技术方案相应地在说明书中公开不充分，不符合《中华人民共和国专利法》第二十六条第三款的规定。

2010年1月6日，专利复审委员会进行了口头审理。在口头审理中，关于无效宣告请求的范围、证据和理由，李晓乐坚持其提出无效宣告请求时的意见。

2010年4月22日，专利复审委员会作出第14794号无效宣告请求审查决定（以下简称第14794号决定），维持本专利权有效。其中认定：

（一）关于请求人的主体资格

根据请求人李晓乐的身份证原件可以核实和确认其具有合法的主体资格。

（二）关于证据

证据1~5的公开日期均在本专利的申请日之前，因此其上记载的内容构成本专利的现有技术。证据1的英文第117页右侧栏第三行第四个单词“mirror”应译为“镜子”而非“镜面”，但证据1此处的内容是表示在传感区域端部实现了镜面反射，因此证据1和2的相关内容，应以请求人提交的译文内容为准。

（三）关于新颖性和创造性

1. 关于权利要求1的新颖性和创造性

本专利权利要求1请求保护一种反射式萨格奈克干涉仪型全光纤电流

互感器，证据1公开了一种串联式萨格奈克干涉仪电流互感器，两者技术领域相同。证据1具体公开了如下内容：光源LED、50∶50单模耦合器、保偏光纤消偏器、光纤偏振器、消偏头、保偏光纤延迟线、调制器、振荡源（f=1/4τ）、光电检测器（PD）以及锁相放大器构成了光电部分；而λ/4波片、单模光纤传感线圈和镜子构成了光纤电流感应部分，并且从图2中可以看出光电部分和光纤电流感应部分连接。根据图2结合相应文字部分的说明可以看出：光源输出的光信号经过单模光纤耦合器正向传输给保偏光纤消偏器；离开保偏光纤消偏器的光信号进入光纤偏振器；光纤偏振器将该光信号分为X轴和Y轴两个偏振光分别送给光相位调制器；该光相位调制器根据来自振荡源的调制信号对两个偏振光进行不同的调制，然后经过保偏光纤延迟线输出给光纤电流感应单元，光纤电流感应单元中的单模光纤传感线圈缠绕着载流导体，其端部连接有镜子，以镜面反射来反射光信号；从光纤电流感应单元返回的光信号到达光纤偏振器产生萨格奈克干涉，该干涉光经过单模光纤耦合器反向传输给光电检测器；光电检测器将检测信号输出。

将权利要求1请求保护的技术方案与证据1公开的内容相比，其区别在于：（1）本专利权利要求1中限定了电流互感器是全光纤的，而证据1中没有相应的文字表述；（2）本专利权利要求1中的光相位调制器对两个正交的线偏振光进行同步调制，而证据1中表述为“两个偏振态不同地被调制”。

关于区别特征（1），本专利说明书第7页第17至18行记载了“光纤电流感应单元设在电流互感器的高压区，由宽带光纤波片、感应光纤线圈和感应光纤线圈端面镀反射膜组成”，说明书第7页第24行至第8页第1行记载了“本发明采用光纤端面镀反射膜作为反射面，该反射膜通过将光纤端面进行研磨后再镀上反射膜，相比于传统的光纤端面研磨后与反射镜粘接所构成的反射体，本发明的反射膜具有抗热胀冷缩以及震动的特点并且其结构易于安装，可降低制造成本”，从本专利说明书的上述内容可以看出，本专利正是针对现有技术中使用与光纤端面粘接的反射镜作为反射

体这种技术方案的缺陷进行的改进，因此应当认为本专利的技术方案明确排除了使用反射镜作为反射体的情况，本专利权利要求 1 中的“全光纤”应当是在光纤电流感应单元中由光纤端面镀反射膜作为反射体而构成的全光纤结构，而证据 1 的相应部分是由光纤端部的镜子作为反射体，与本专利中所限定的上述全光纤结构并不相同，证据 1 中作为非光纤部件的镜子需要和光纤粘接在一起，当发生机械振动时镜子与粘结剂的机械应力是不同的，再入射会受到扰动影响，而本专利在萨格奈克干涉仪的光纤端面镀膜作反射面比光纤端面粘结镜子构成反射体，具有抗热胀冷缩以及震动的特点，并且其结构易于安装，可降低制造成本。关于区别特征（2），虽然请求人坚持认为证据 1 中的不同的调制是指分别被调制，而在调制时间上，X 轴线偏振光和 Y 轴线偏振光是同步的，但是由于 X 轴线偏振光和 Y 轴线偏振光的传播速度是不同的，而且证据 1 的其他部分内容也并没有表明 X 轴线偏振光和 Y 轴线偏振光会同步地在光纤中传输，因此，根据证据 1 中公开的内容不能认定这两个正交的线偏振光是同步调制的。

由于本专利权利要求 1 请求保护的技术方案与证据 1 相比具有上述区别特征（1）和（2），而尚无证据表明上述区别特征为所属技术领域的惯用手段的直接置换，因此该权利要求 1 相对于证据 1 具备新颖性，符合专利法第二十二条第二款的规定。此外，在没有证据表明上述区别特征为本领域的公知常识的基础上，该权利要求 1 的技术方案相对于证据 1 来说并不是显而易见的，具有突出的实质性特点和显著的进步，符合专利法第二十二条第三款有关创造性的规定。

2. 关于从属权利要求 2、3、5、6 的新颖性和权利要求 2 ~ 12 的创造性。

从属权利要求 2 ~ 12 均直接或间接引用权利要求 1，而请求人所用的其他证据 2 ~ 5 均是用于评价从属权利要求的附加技术特征，在独立权利要求 1 具备新颖性和创造性的基础上，无论其从属权利要求的附加技术特征是否被证据 1 ~ 5 公开或是否为公知常识，在其作为引用基础的独立权利要求 1 具备新颖性和创造性的前提下，从属权利要求 2、3、5、6 具备新颖性，从属权利要求 2～12 分别相对于请求人主张的上述证据具备创造性。

（四）关于《中华人民共和国专利法》第二十六条第三款、第四款和《专利法实施细则》第二十条第一款的问题

1. 关于权利要求 4 涉及的《中华人民共和国专利法》第二十六条第三、四款和《专利法实施细则》第二十条第一款的问题

关于权利要求 4 附加技术特征部分限定的内容在本专利说明书文字部分的第 7 页第 6～16 行以及说明书第 10 页第 1～2 行具体记载了闭环光相位调制电路的组成部件以及由其带来的技术效果、各部件的连接关系和处理信号的过程，对本领域技术人员来说，组成该闭环光相位调制电路的数字解调器、反馈控制电路和光相位调制器都是本领域的常用部件，在说明书给出了所述部件之间的连接关系以及处理信号的过程后，结合附图 1 的显示可以明确该闭环光相位调制电路中的数字解调器既负责输出检测结果，还负责将一部分反馈用的控制信号通过反馈控制电路传送给光相位调制器，通过补偿作用提高电流互感器的信噪比和稳定性，因此说明书中对于权利要求 4 涉及的这部分内容的描述是清楚的，符合《中华人民共和国专利法》第二十六条第三款的规定。由于请求人主张权利要求 4 不符合《中华人民共和国专利法》第二十六条第四款和《专利法实施细则》第二十条第一款的具体事实和主张权利要求 4 在说明书中相应部分内容不清楚的事实相同，因此在上述评价的基础上可知，请求人主张的权利要求 4 涉及《中华人民共和国专利法》第二十六条第四款和《专利法实施细则》第二十条第一款的理由也不成立，专利复审委员会不予支持。

2. 关于权利要求 5 涉及的《中华人民共和国专利法》第二十六条第三款和《专利法实施细则》第二十条第一款的问题

由证据 1 公开的公式Ⅱ通过数学变换可得到 $I=\frac{\arccos\left(\frac{2I_d}{(loss)\ I_s}-1\right)}{4VN}-\frac{\Phi(t)}{4VN}$（以下简称为公式Ⅱ′），将公式Ⅰ和公式Ⅱ′进行比较可知，二者不同之处在于公式Ⅰ中的 k 和公式Ⅱ′中的（loss）以及二者的最后一项 φ

(t) 和$\frac{\Phi(t)}{4VN}$，由于φ (t) 和Φ (t) 为不同的变量函数，本领域技术人员可以将$\frac{\Phi(t)}{4VN}$定义为φ (t)，也可以将 (loss) 定义为常数k，在没有其他证据证明的前提下，并不能根据公式Ⅱ′就判定公式Ⅰ错误，因此对请求人的上述主张不予支持。基于上述理由，本专利的权利要求5符合《专利法实施细则》第二十条第一款的规定，说明书中涉及权利要求5的技术方案是清楚的，符合《中华人民共和国专利法》第二十六条第三款的规定。

3. 关于权利要求9涉及的《中华人民共和国专利法》第二十六条第三、四款和《专利法实施细则》第二十条第一款的问题

对本领域技术人员来说，在检测到电流信号之后，对检测的信号通过处理器进行相应的校正、放大等处理过程是常用的技术手段，因此说明书中对于权利要求9涉及的这部分内容的描述是清楚的，符合《中华人民共和国专利法》第二十六条第三款的规定，由于请求人主张权利要求9不符合《中华人民共和国专利法》第二十六条第四款和《专利法实施细则》第二十条第一款的具体事实和主张权利要求9在说明书中相应部分内容不清楚的事实相同，因此在上述评价的基础上可知，请求人主张的权利要求9涉及《中华人民共和国专利法》第二十六条第四款和《专利法实施细则》第二十条第一款的理由也不成立，应不予支持。

综上，专利复审委员会作出第14794号决定，维持本专利权有效。

李晓乐不服第14794号决定，在法定期限内向北京市第一中级人民法院（以下简称一审法院）提起行政诉讼，请求撤销第14794号决定，并责令专利复审委员会重新作出决定。

一审法院另查明：本专利说明书第7页第6～9行记载“上述光电单元还进一步设有由数字解调器、反馈控制电路和光相位调制器组成的闭环光相位调制电路，用于提高电流互感器信噪比和稳定性；其中，光电检测器连接数字解调器，用于经过该数字解调器输出检测结果，同时通过反馈控制电路将反馈控制信号传送给光相位调制器”。说明书第7页第10～12行记载了上述闭环光相位调制电路中的数字解调器解调后信号的电压形式，

说明书第10页第1~2行亦同样描述了“数字解调器15、反馈控制电路14和光相位调制器7组成了闭环光相位调制电路，使电流互感器具有更好的信噪比和稳定性”。

如下的专业文献1~3中出现了关于“全光纤电流互感器”的解释以及作为一种典型的全光纤电流互感器而被描述的如证据1所示的串联式萨格奈克干涉仪型电流互感器：

文献1：尚秋峰等著，《光学电流互感器及其在电力系统中的应用》，载《华北电力大学学报》，第28卷第2期，2001年4月。

文献2：刘晔等著，《光纤电流互感器传感头的结构与原理》，载《传感器技术》，2002年第11期；

文献3：李庆波等著，《全光纤及其他光学电流传感技术发展现状》，载《传感器技术》，2002年第21卷第7期。

一审法院认为：本案适用原《中华人民共和国专利法》和原《专利法实施细则》，一审判决中所引用的条款均为原《中华人民共和国专利法》和原《专利法实施细则》的条款。

（一）本专利权利要求1是否具备《中华人民共和国专利法》第二十二条第二、三款规定的新颖性和创造性

第14794号决定在评判本专利新颖性时，认定本专利的权利要求1与证据1公开的内容相比，存在两个区别技术特征：（1）本专利权利要求1中限定了电流互感器是全光纤的，而证据1中没有相应的文字表述；（2）本专利权利要求1中的光相位调制器对两个正交的线偏振光进行同步调制，而证据1中表述为“两个偏振态不同地被调制”。

对于区别技术特征（1），本专利权利要求1中的“全光纤电流互感器”，虽然目前还没有统一规范的定义，但也并不属于自定义的技术术语，其在光电技术领域具有通常的含义，即光传输部分以及感应部分均使用光纤或者采用光纤作为敏感元件。本专利权利要求1以及说明书中均没有明确本专利的“全光纤电流互感器”具有特定的含义，第14794号决定中引用的说明书的相关内容仅能说明本专利在对应于从属权利要求10的进一步

的优选实施例中，采用了光纤端面镀反射膜的方式，并不是指明本专利中的“全光纤电流互感器”具有此处描述的特定含义。对于本专利权利要求1中涉及的“全光纤电流互感器”应该根据本领域具有的通常的含义来理解。根据上述的含义解释，可以理解，“全光纤电流互感器”并不要求电流互感器中的所有器件都是由光纤材料制成，关键要看电流敏感元件是否采用光纤。端面粘接镜子与光纤端面镀膜均起到的是镜面反射的作用，光纤端面粘结镜子虽然相比端面镀膜光传输的稳定性变差，但光仍然是在光纤中传输，不会导致电流互感器“全光纤”性质的改变。另外，一审法院查明的专业文献1～3中对于证据1所示的串联式萨格奈克干涉仪型电流互感器也是作为一种典型的全光纤电流互感器而被介绍的。证据1也并没有明确其中实现镜面反射的镜子一定就是粘结的镜子，本领域光纤端面的反射镜采用镀膜形式也是一种常用的手段，且没有任何证据表明只要光纤端面粘接镜子即会导致相应的电流互感器变为非“全光纤”。本领域技术人员根据证据1公开的内容可以直接地、毫无疑义地确定其所公开的光纤电流互感器也是全光纤电流互感器。据此，专利复审委员会对于上述区别技术特征（1）的认定存在错误，予以纠正。

对于区别技术特征（2），证据1仅提到“两路偏振光不同的被调制”，也即两路偏振光分别被调制，证据1没有明确具体的调制方式，可能是同步调制，也可能是异步调制。根据证据1公开的内容，本领域技术人员不能直接地、毫无疑义地确定证据1公开的技术方案必然就是采用了同步调制，也即不能认为证据1隐含公开了“同步调制”的特征。另外，李晓乐提交的证据并不能证明本专利权利要求1的技术方案与证据1的传感器结构和工作原理完全相同，即使本专利与证据1的框图相同，也不能表明两者工作原理必然相同，且证据1能不能实现对XY轴同步调制与证据1是不是必然采用了同步调制是不同的概念。据此，李晓乐的上述诉讼理由缺乏事实依据，不予支持。

综上，本专利权利要求1相对于证据1具有区别技术特征（2），且没有证据表明该区别技术特征为本领域的公知常识，因此，本专利权利要求

1 具备新颖性和创造性。

（二）本专利从属权利要求 2、3、5、6 是否具备《中华人民共和国专利法》第二十二条第二款规定的新颖性，权利要求 2－12 是否具备《中华人民共和国专利法》第二十二条第三款规定的创造性

在独立权利要求 1 具备新颖性和创造性的前提下，从属权利要求 2－12 自然也具备新颖性和创造性。因此，李晓乐的诉讼理由无事实和法律依据，不予支持。

（三）本专利说明书是否符合《中华人民共和国专利法》第二十六条第三款的规定，权利要求 4 是否符合《中华人民共和国专利法》第二十六条第四款以及《专利法实施细则》第二十条第一款的规定

关于说明书中描述的“数字解调器输出检测结果，同时通过反馈控制电路将反馈控制信号传送给光相位调制器”本身即属于对闭环光相位调制电路中的信号处理过程的描述，因此对李晓乐认为专利复审委员会事实认定不清楚的诉讼主张不予认可。另外，对本领域技术人员来说，组成闭环光相位调制电路的数字解调器、反馈控制电路和光相位调制器均为本领域的常用部件，本领域技术人员对这些部件的功能和作用以及对闭环反馈控制电路的原理均是熟知的，其结合说明书附图 1 给出的框图、说明书公开的内容，能够很清楚地理解并实现本专利的闭环光相位调制电路。对于本领域技术人员公知的电路部件，本专利说明书可不对其具体的构成及对信号的具体处理细节进行详细描述。另外，本专利说明书中并没有明确说明要提供一种不同的闭环光相位调制电路，结合说明书的记载，本领域技术人员难以确定对应于权利要求 4 的闭环光相位调制电路一定是不同于现有技术的闭环光相位调制电路，在对应独立权利要求 1 的技术方案具备新颖性和创造性的基础上，从属权利要求 4 进一步限定的内容即使是现有技术的内容也是允许的。综上，说明书中对于权利要求 4 限定部分对应内容的描述是清楚的，符合《中华人民共和国专利法》第二十六条第三款关于说明书应公开充分的规定，相应的权利要求 4 也是清楚的，并能够得到说明书的支持，符合《中华人民共和国专利法》第二十六条第四款以及专利法

实施细则第二十条第一款的规定。

综上，一审法院判决：维持专利复审委员会第 14794 号决定。

李晓乐、郭伟、沈阳天正公司均不服一审判决，向北京市高级人民法院（以下简称二审法院）提起上诉。

二审法院查明事实与一审法院查明事实一致。

二审诉讼中，李晓乐为证明本专利权利要求中的技术特征“全光纤”和“同步调制”方式已经被证据 1 公开，补充提交了 3 份证据：（1）司法鉴定意见书；（2）《高级光纤传感技术》一书第 226～230 页；（3）Reciprocal reflection interferometer for a fiber－optic Faraday Current sensor（1994 年 9 月发表于《应用光学》第 33 卷第 25 号的“用于光纤法拉第电流传感器的互译反射干涉仪”）一文及其第 1 和第 2 部分中文翻译复印件。

二审法院另查明：本专利说明书第 7 页第 17～18 行记载：“光纤电流感应单元设在电流互感器的高压区，由宽带光纤波片、感应光纤线圈和感应光纤线圈端面镀反射膜组成。”第 7 页第 24 行至第 8 页第 1 行记载：“本发明采用光纤端面镀反射膜作为反射面，该反射膜通过光纤端面进行研磨后再镀上反射膜，相比于传统的光纤端面研磨后与反射镜粘接所构成的反射体，本发明的反射膜具有抗热胀冷缩以及震动的特点并且其结构易于安装，可降低制造成本。”

一审判决事实查明部分提到的文献 1“光学电流互感器及其在电力系统中的应用”、文献 2“光纤电流互感器传感头的结构与原理”、文献 3“全光纤及其他光学电流传感技术发展现状”未在一审庭审中进行质证。

李晓乐认可其曾经提出“全光纤”是指“在光线电流互感器中，光传输部分以及感应部分均使用光纤，即光始终在从光源开始到光电检测器结束的光纤中进行，而并非是指传感器中的所有器件都是由光纤材料制成的”的观点，并提出不存在所谓的“同步调制”。

二审法院认为：一审法院在事实查明部分列举的 3 份文献未经庭审质证，不应作为定案依据。但一审法院却将上述 3 份文献作为认定证据 1 中的串联式萨格奈克干涉仪型电流互感器是否是全光纤电流互感器的依据，对此予以纠正。

李晓乐在二审诉讼中补充提交的证据，不是专利复审委员会作出第14794号决定的依据，且其未能说明没有向专利复审委员会、一审法院提供的合理理由，故对李晓乐在二审诉讼中补充提交的证据不予采信。

本专利是全光纤电流互感器，其中的“全光纤”，根据李晓乐曾经的陈述可知，其也认可“全光纤”指光从光源开始到光电检测器结束始终在光纤中进行。证据1采用镜子作为反射原件，必然导致光从光源开始到光电检测器结束的过程中在通过镜子反射时没有在光纤中的情形。该情形不符合李晓乐上述有关“全光纤”的陈述。而且，根据本专利说明书的记载可知，本专利相比于现有技术的改进即在于不再使用反射镜作为反射体。因此，虽然权利要求1没有记载由光纤端面镀反射膜作为反射体这一技术特征，而是在权利要求10中记载了该特征，但权利要求1所记载的技术特征应不包含使用镜子作为反射体的内容，即权利要求1中的全光纤应当是使用镜子以外的其他反射体进行反射的全光纤结构。由此可见，本专利权利要求1所限定的“全光纤”与证据1的结构并不相同。一审法院在结合未经质证的3份文献的基础上就此所作认定有误，予以纠正。专利复审委员会对此所作认定正确，应予维持。郭伟和沈阳天正公司有关的上诉理由成立，予以支持。

就证据1是否公开了本专利中“同步调制”这一技术特征，证据1在文字上并没有明确表述调制器所做的调制是“同步调制”，李晓乐对此也予以认可。而证据1的附图2与本专利附图1相比，在调制信号上存在明显区别，不能证明李晓乐有关二者在工作过程、调制器结构、调制信号等方面相同的主张。由于证据1并未公开“同步调制”这一技术特征，且无证据证明该区别技术特征系公知常识或被其他相关现有技术文件所公开，因此李晓乐有关即便存在该区别技术特征，对于本领域技术人员而言也是显而易见的上诉理由不能成立。专利复审委员会和一审法院就此所作认定正确，李晓乐有关的上诉主张，依据不足，不予支持。

由于权利要求1具有新颖性和创造性，故李晓乐所提一审法院有关权

利要求 1 的论断错误导致从属权利要求 2～12 不具有新颖性、创造性的上诉理由，亦不予支持。

本专利权利要求 4 的附加技术特征中记载了“闭环光相位调制电路”，说明书第 7 页、第 10 页以及说明书附图均记载或表明了闭环光相位调制电路的部件、连接关系及其处理信号的过程。而且，由于组成闭环光相位调制电路的各部件均为本领域的常用部件，在说明书及附图给出了各部件及其连接关系、处理信号过程的基础上，本领域技术人员能够清楚地知晓并实现本专利中的闭环光相位调制电路。因此，本专利说明书对于权利要求 4 所限定的“闭环光相位调制电路”的描述是清楚的，符合《中华人民共和国专利法》第二十六条第三款的规定，相应的权利要求 4 也是清楚的，并能够得到说明书的支持，符合《中华人民共和国专利法》第二十六条第四款以及《专利法实施细则》第二十条第一款的规定。

《中华人民共和国专利法》第二十二条第三款中规定的创造性的判断，所涉及的是本领域技术人员对于现有技术中技术启示的理解和运用。而《中华人民共和国专利法》第二十六条第三款、第四款及《专利法实施细则》第二十条第一款的规定，所涉及的是本领域技术人员结合权利要求书、说明书对发明或实用新型所要求保护的技术方案的理解和实施。二者虽然均以本领域技术人员作为判断的主体，但前者是对与发明要解决的技术问题密切相关的特征相较于现有技术的显而易见性进行的判断，而后者是对权利要求、说明书内容的可实施性进行的判断，判断的对象和标准均不同。因此，李晓乐所称的专利复审委员会和一审法院对本领域普通技术人员认知水平及在公知常识的举证方面采取不同标准的上诉理由，于法无据，亦不予支持。

综上，二审法院在纠正一审判决有关证据和事实认定错误的情况下，判决：驳回上诉，维持原判。

李晓乐不服二审判决，向本院申请再审称：（1）二审法院对李晓乐在诉讼程序中补充的证据的处理方式，违反了《最高人民法院关于行政诉讼证据若干问题的规定》的相关规定。①李晓乐在诉讼程序中提供的证据，并非二审法院认定的“不是专利复审委员会作出第 14794 号决定的依据”，二审法院不应不予接受。②二审法院对于一审程序中未质证的技术常识性证据的处理方式错误。（2）一审法院结合技术常识性证据，对权利要求 1 中“全光纤电流互感器”的认定是正确的，二审法院不予考虑技术常识证据，错误认定了“全光纤电流互感器”这一技术特征的含义。（3）被诉决定以及二审判决对于“同步调制”的技术事实认定是错误的。据此，请求本院撤销专利复审委员会作出的第 14794 号决定，判令专利复审委员会承担本案全部诉讼费用。

专利复审委员会提交意见认为：（1）一审判决中涉及的李晓乐提交的 3 份补充证据并非公知常识性证据，其提交日期超出了举证期限，因此在被诉决定中对上述证据不予考虑。（2）关于权利要求 1 中认定的区别点：①“全光纤电流互感器”并非所属领域中有确定含义的技术词语，采用说明书的解释并无不妥。专利权人在说明书中认定光纤端面粘接反射镜的互感器是现有技术，因此光纤电流互感器并不能等同于涉案专利的全光纤电流互感器。②“不同的被调制”不能认定为同步调制。

郭伟、沈阳天正公司提交意见认为：（1）二审法院关于李晓乐在诉讼程序中补充新证据的处理方式，完全符合《最高人民法院关于行政诉讼证据若干问题的规定》。（2）对于涉案专利“全光纤电流互感器”的解释，被诉决定和二审判决完全正确。（3）对于“同步调制”的认定，被诉决定和二审判决完全正确。“同步调制”的定义是用两路或多路同步信号调制载波。

本院经审理查明，一、二审法院查明事实属实。

本院再审期间，李晓乐向本院提交了以下证据：

1.《PWM 变频调速及软开关电力变换技术》第 24～25 页复印件，机械工业出版社，2001 年 4 月出版；

2.《光电技术》第 141～142 页复印件，机械工业出版社，1992 年 5 月出版；

3.《集成电光调制理论与技术》第 30～33、40～45 页复印件，国防工业出版社，1995 年 5 月出版；

4.《光电子技术》第 46 页复印件，电子工业出版社，2002 年 5 月出版；

5.《光纤传感技术与应用》第 56 ~ 57、66 ~ 67 页复印件，国防工业出版社，2001 年 4 月出版；

6.《光电子技术》第 103 页复印件，重庆大学出版社，2000 年 7 月出版；

7.《现代传感技术》第 160 ~ 161 页复印件，东北大学出版社，2001 年 4 月出版；

8. 本专利申请的审查记录复印件。

其中，证据 1 ~ 7 拟证明本专利权利要求中“同步调制”的含义，以及第 14794 号决定中证据 1 图 2 所示技术方案中调制器调制方式与之相同。证据 8 拟证明本领域技术人员可以直接地并且毫无疑义地确定第 14794 号决定中证据 1 图 2 所示技术方案的光纤电流传感器是全光纤电流传感器。

经质证，专利复审委员会认为李晓乐提交的证据 1 ~ 7 均为公知常识性证据；认可证据 1、4、5、6、8 的真实性；不认可证据 2、3、7 的真实性，认为证据 2 的封面有手写的“TN201/17”文字标记而其原件没有，证据 3、7 与其原件的条形码不相符，但是认可证据 2、3、7 与其原件记载内容一致。郭伟和沈阳天正公司认为李晓乐所提交的证据超出举证期限，不应予以采信，故不予质证。郭伟认为证据 1、2、4、6 为公知常识性证据，沈阳天正公司对上述证据的真实性意见与专利复审委员会一致。

本院经审查认为：李晓乐提交的证据 1、4、5、6，经与原件核对无误，本院对其真实性予以确认；证据 2、3、7 封面手写标记、条形码与原件不符，对此，李晓乐当庭解释为原件复印完成后已归还图书馆，提供给法庭核对的原件为后来向从图书馆借出的。经核对，证据 2、3、7 的内容与李晓乐当庭提交的原件内容一致，本院对其真实性予以确认；专利复审委员会和沈阳天正公司对证据 8 的真实性予以认可，本院对证据 8 的真实性予以确认。至于上述证据是否可以采信，本院将在判理部分予以评述。

另外，李晓乐向本院提交了其在本案一审诉讼中提交的证据。庭审中，各方当事人均认可上述证据在一审诉讼中未经庭审质证，专利复审委员会、郭伟、沈阳天正公司对李晓乐再次提交上述证据不予认可。

本院认为：本案争议的焦点在于对李晓乐在行政诉讼中所提交证据的认定以及对权利要求 1 中“全光纤电流互感器”和“同步调制”两个技术特征的解释。

（一）关于李晓乐在行政诉讼中提交的证据是否可以采信

本案再审期间，李晓乐向本院提交了 8 份证据，其中证据 1 ~ 7 均为本专利申请日之前公开出版的教科书，可以作为本专利的公知常识性证据，对此，专利复审委员会亦予以认可。证据 1 ~ 7 不是专利复审委员会作出第 14794 号决定的依据，但是根据其所载内容，可以更为客观、准确地确定本领域技术人员在涉案专利申请日之前应当具有的知识水平和认知能力，准确界定本案中涉及的相关技术术语的含义，因此，对于证据 1 ~ 7，本院予以采信。证据 8 是本专利授权阶段的相关审查文档，对于准确认定本专利技术方案具有重要意义，与本案具有关联性，本院予以采信。

一审判决事实查明部分列举的 3 份文献均为本专利申请日之前相关学术刊物上公开发表的文章，其中对“全光纤电流互感器”的结构、原理和应用等进行了一般性介绍。上述文献本身不属于公知常识性证据，不能直接用于证明本专利申请日之前本领域技术人员应当具有的知识水平和认知能力，但是其对于准确认定本专利所涉技术事实具有一定的参考和借鉴作用，与本案具有关联性。经庭审质证并查证属实后，一审法院认定本案相关技术事实可以参考上述文献，但是其未经庭审质证即将上述文献作为定案依据，明显不当，应予纠正。

（二）关于权利要求 1 中“全光纤电流互感器”的技术特征

第 14794 号决定认定权利要求 1 与对比文件证据 1 的区别技术特征有二，其一为“权利要求 1 中限定的电流互感器是全光纤的，而证据 1 中没有相应的文字描述”，各方当事人对此均无异议。对于该区别技术特征，第 14794 号决定认为本专利说明书中记载了本专利以光纤端面镀反射膜为

反射面，其相比于在光纤端面粘接反射镜的技术方案具有多种优点，据此认定“从本专利说明书的上述内容可以看出，本专利正是针对现有技术中使用与光纤端面粘接的反射镜作为反射体这种技术方案的缺陷进行的改进，因此，应当认为本专利的技术方案明确排除了使用反射镜作为反射体的情况，本专利权利要求 1 中的‘全光纤’应当是在光纤电流感应单元中由光纤端面镀反射膜作为反射体而构成的全光纤结构，而证据 1 的相应部分是由光纤端部的镜子作为反射体，与本专利中所限定的上述全光纤结构并不相同”，即第 14794 号决定用说明书中关于“反射膜”的内容对权利要求 1 中“全光纤电流互感器”的含义进行解释。对此，本院认为，专利授权确权程序中，权利要求解释的目的在于通过明确权利要求的含义及其保护范围，对权利要求是否符合专利授权条件或者其效力如何作出判断。基于此目的，在解释权利要求用语的含义时，必须顾及专利法关于说明书应该充分公开发明的技术方案、权利要求书应当得到说明书支持、专利申请文件的修改不得超出原说明书和权利要求书记载的范围等法定要求。通常情况下，在专利授权确权程序中，对权利要求的解释采取最大合理解释原则，即基于权利要求的文字记载，结合对说明书的理解，对权利要求作出最广义的合理解释。如果说明书未对权利要求用语的含义作出特别界定，原则上应采取本领域普通技术人员在阅读权利要求书、说明书和附图之后对该术语所能理解的通常含义，尽量避免利用说明书或者审查档案对该术语作不适当的限制，以便对权利要求是否符合授权条件和效力问题作出更清晰的结论，从而促使申请人修改和完善专利申请文件，提高专利授权确权质量。本案中，本专利权利要求 1 中记载全光纤电流互感器至少由光电单元和光纤电流感应单元连接构成，并没有记载“反射膜”的技术特征，“反射膜”的技术特征出现在权利要求 1 的从属权利要求 10 的附加技术特征中。说明书中既没有将具有“反射膜”的技术方案作为背景技术描述，也没有用“反射膜”这一技术特征对权利要求 1 所述的“全光纤电流互感器”作出特别界定，说明书中的相关内容仅能说明本专利在对应于从属权利要求 10 的进一步的优选实施例中，采用了光纤端面镀反射膜的方式，并不是指本专利权利要求1中的“全光纤电流互感器”具有此处描述的特定含义。第14794号决定在对权利要求1中的“全光纤电流互感器”进行界定时，引入其从属权利要求的附加技术特征和说明书的内容对其进行限缩性解释，适用法律错误，本院予以纠正。

（三）关于权利要求1中“同步调制”的技术特征

第14794号决定认定权利要求1与对比文件证据1的区别技术特征二为“权利要求1中的光相位调制器对两个正交的线偏振光进行同步调制，而证据1中表述为‘两个偏振态不同地被调制’”，各方当事人对此亦无异议。对于该区别技术特征，第14794号决定认为“虽然请求人坚持认为证据1中的不同的调制是指分别被调制，而在调制时间上，X轴线偏振光和Y轴线偏振光是同步的，但是由于X轴线偏振光和Y轴线偏振光的传播速度是不同的，而且证据1的其他部分内容也并没有表明X轴线偏振光和Y轴线偏振光会同步地在光纤中传输，因此，根据证据1中公开的内容不能认定这两个正交的线偏振光是同步调制的”。对此，本院认为，本专利权利要求1记载“光纤偏振器将该光信号等分为两个正交的线偏振光分别送给光相位调制器；该光相位调制器根据来自振荡源的调制信号对两个正交的线偏振光进行同步调制”，此处所述“两个正交的线偏振光”即对比文件证据1中的X轴线偏振光和Y轴线偏振光。上述两个正交的线偏振光传播速度也是不同的，庭审中专利复审委员会对此予以认可。这两个传播速度不同的正交的线偏振光从光纤偏振器出来后送给光相位调制器，由来自振荡源的调制信号对其进行同步调制。而第14794号决定却以对比文件证据1中的X轴和Y轴线偏振光的传播速度不同为由认定该X轴和Y轴线偏振光“不同地被调制”并非本专利权利要求1所述的“同步调制”，明显不当，本院予以纠正。专利权人在本院再审阶段将本专利权利要求1中的“同步调制”解释为两路调制信号对X、Y光同时进行调制，而其所称的产生另一路调制信号的反馈控制电路在权利要求1中并无记载，而是作为权利要求1的从属权利要求4中的附加技术特征记载的，权利要求1中仅记载了一路来自振荡源的调制信号对两个正交的线偏振光进行同步调制。

专利权人对“同步调制”的上述解释与权利要求 1 的记载明显不符，本院不予支持。

综上，专利复审委员会作出的第 14794 号决定关于区别技术特征（1）、（2）的相关认定错误，本院依法予以纠正。一、二审判决对第 14794 号决定予以维持错误，依法应予撤销。依据《中华人民共和国行政诉讼法》第七十条第（二）项、第八十九条第一款第（二）项、第三款，《最高人民法院关于执行〈中华人民共和国行政诉讼法〉若干问题的解释》第七十六条第一款、第七十八条之规定，判决如下：

一、撤销北京市高级人民法院（2011）高行终字第 1106 号行政判决和北京市第一中级人民法院（2010）一中行初字第 3093 号行政判决；

二、撤销国家知识产权局专利复审委员会第 14794 号无效宣告请求审查决定；

三、国家知识产权局专利复审委员会就李晓乐针对名称为“反射式萨格奈克干涉仪型全光纤电流互感器”的 03123304. X 号发明专利提出的无效宣告请求，重新作出无效宣告请求审查决定。

本案一、二审案件受理费各 100 元，均由国家知识产权局专利复审委员会负担。

本判决为终审判决。

审 判 长 周 翔

代理审判员 吴 蓉

代理审判员 宋淑华

二〇一五年八月十一日

书 记 员 周睿隽

87. 白象食品股份有限公司与国家知识产权局专利复审委员会及第三人陈朝晖外观设计专利权无效行政纠纷案*

基于商标在先申请取得商标申请权的，并不违反请求权原则

【裁判摘要】

在审理外观设计专利权授权确权行政纠纷案件中，适用《中华人民共和国专利法》第二十三条第三款判断注册商标专用权是否构成合法在先权利时，只要商标申请日在专利申请日之前，且在提起专利无效宣告请求时商标已被核准注册并仍然有效，在先申请的注册商标专用权就可以对抗在后申请的外观设计专利权，用于判断外观设计专利权是否与之相冲突。

最高人民法院行政裁定书

（2014）知行字第4号

再审申请人（一审被告、二审上诉人）：国家知识

---

* 摘自《最高人民法院公报》2016年第1期。

产权局专利复审委员会。住所地：北京海淀区北四环西路9号银谷大厦。

法定代表人：张茂于，该委员会副主任。

委托代理人：杨加黎，该委员会审查员。

委托代理人：万琦，该委员会审查员。

被申请人（一审原告、二审被上诉人）：白象食品股份有限公司（原河南省正龙食品有限公司）。住所地：河南省新郑市薛店镇工贸开发区。

法定代表人：姚忠良，该公司董事长。

委托代理人：温彪飞，男，汉族，太原科卫专利事务所专利代理人，住山西省太原市。

委托代理人：朱永杰，该公司职工。

一审第三人：陈朝晖，男，汉族，四川白家食品有限公司董事长，住四川省成都市。

再审申请人国家知识产权局专利复审委员会（以下简称专利复审委员会）因与被申请人白象食品股份有限公司（原河南省正龙食品有限公司，以下简称白象公司）、一审第三人陈朝晖外观设计专利权无效行政纠纷一案，不服北京市高级人民法院（2011）高行终字第1733号行政判决，向本院申请再审。本院依法组成合议庭对本案进行了审查，现已审查终结。

专利复审委员会申请再审称：（1）二审判决关于白象公司主张的在先权利是基于商标在先申请而享有的商标申请权的认定，违反了请求原则。根据请求原则，专利复审委员会通常情况下仅针对无效请求人提出的无效宣告请求、理由和证据进行审查，不承担全面审查专利有效性的义务。本案中，白象公司在无效程序中从未提出本专利与其在先取得的商标申请权相冲突的无效理由，而是以商标专用权作为在先权利，在二审答辩时才主张商标申请权。二审判决以被诉决定未审查本专利与商标申请权是否相冲突为由撤销被诉决定，缺乏事实和法律依据。（2）二审判决认为商标申请权属于2000年修正的《中华人民共和国专利法》第二十三条规定的在先权利，适用法律错误。在先权利应当是合法权利，具有法律依据，否则专利实施行为就不可能构成侵权行为，也不会产生权利冲突。根据《中华人民共和国商标法》的规定，并不存在商标申请权；商标申请权也不属于

《商标评审规则》规定的“与商标评审有关的权利”。（3）即使将商标申请权当作一项合法权利，外观设计专利权也不会与之相冲突。2000年《中华人民共和国专利法》第二十三条所规定的权利冲突，是指未经在先权利人许可，外观设计专利使用了在先合法权利的客体，从而导致专利权的实施将会损害在先权利人的相关合法权利或者权益。无论将商标申请权理解为请求权还是财产权利，其核心仍在于获得注册商标专用权的资格。根据《中华人民共和国商标法》的规定，外观设计专利的实施并不会妨碍商标申请权的行使，包括申请人对商标申请的处分，也就不会损害商标申请人在其后依法获得注册商标专用权。换言之，商标申请人获得商标专用权的权益并未遭受损害，不具备构成侵权的要件。事实上，外观设计专利的实施会导致消费者将使用该外观设计的商品误认为是来源于另一厂家，其实际上侵犯的还是注册商标专用权，而非商标申请权。商标申请权不可能成为被外观设计专利实施行为侵犯的对象。综上，一、二审判决认定事实不清、适用法律错误，请求撤销一、二审判决，维持第14261号无效宣告请求审查决定（以下简称第14261号决定）。

白象公司提交意见称：专利复审委员会的再审申请缺乏事实与法律依据，请求予以驳回。

本院审查查明：针对本次无效宣告请求，专利复审委员会2009年11月18日的口头审理记录第4页记载：“合议组组长：请求人，在先取得以哪个时间为界限？请求人：商标权是97年12月12日申请的。以商标的申请日作为在先取得的时间，这个时间在本专利申请日前，所以属于与他人在先取得的合法权利相冲突。”

白象公司持有的第1506193号商标的申请日为1997年12月12日，初步审定公告日为2000年10月14日，核准注册日为2001年1月14日。产品名称为“食品包装袋”的第00333252.7号外观设计专利（即本专利）由陈朝晖于2000年10月16日提出申请，于2001年5月2日被授权公告。

河南省正龙食品有限公司于2012年6月28日经核准名称变更为白象食品股份有限公司。

本院认为：本案的争议焦点是：二审判决认为白象公司主张的在先权

利为商标申请权是否违反了请求原则；本专利是否会与在先的商标申请权相冲突。

（一）二审判决认为白象公司主张的在先权利为商标申请权是否违反了请求原则

首先，根据第14261号决定，白象公司在提出无效宣告请求时理由为本专利不符合2000年《中华人民共和国专利法》第二十三条的规定，在其补充的意见陈述中也提到“本专利构图的重要部分，与请求人在先取得的合法权利相冲突，应宣告无效”。可见，白象公司在无效宣告请求审查程序中提出了本专利与在先取得的合法权利相冲突的无效宣告请求理由。其次，根据本次无效宣告请求审查程序中的口头审理记录记载，白象公司在口头审理中已经明确主张以商标的申请日作为在先合法权利取得的时间，这个时间在本专利申请日之前，所以本专利与其在先取得的合法权利相冲突。白象公司已经明确其合法权利在先取得的时间节点为商标申请日，专利复审委员会和一审法院均认为2000年《中华人民共和国专利法》第二十三条所称的在先权利应为注册商标专用权，没有支持白象公司的此项主张，所以白象公司在二审答辩时才进一步明确提出商标申请权的概念。二审法院综合考虑上述事实，认定白象公司主张的在先权利为基于商标在先申请取得的商标申请权，并不违反请求原则。

（二）本专利是否会与在先的商标申请权相冲突

2000年《中华人民共和国专利法》第二十三条规定：“授予专利权的外观设计，应当同申请日以前在国内外出版物上公开发表过或者国内公开使用过的外观设计不相同和不相近似，并不得与他人在先取得的合法权利相冲突。”外观设计经形式审查并被授权后，其实施可能会与在申请日之前他人已经合法取得的权利相冲突，损害在先权利人的合法权利。处理权利冲突，首先要明确在先取得的合法权利的具体内容。《最高人民法院关于审理专利纠纷案件适用法律问题的若干规定》第十六条规定：“专利法第二十三条所称的在先取得的合法权利包括：商标权、著作权、企业名称权、肖像权、知名商品特有包装或者装潢使用权等。”根据该规定，注册商标专用权是2000年《中华人民共和国专利法》第二十三条所称的在先取得的合法权利之一。如果在同一种商品或类似商品的外观设计中采用了与他人的注册商标相同或者近似的标识，外观设计专利权的实施可能会使相关公众误认为商品来自于商标权人，进而损害商标权人的合法权利，造成外观设计专利权与注册商标专用权的冲突。这种冲突的判断标准实质上是审查外观设计专利权的实施是否会侵犯到注册商标专用权。本案中，第1506193号商标核准注册日在本专利申请日之后，注册商标专用权不是在先取得，仅是商标申请日早于本专利申请日。白象公司主张的在先权利也是基于商标在先申请享有的商标申请权。对此，本院认为，在商标申请日早于外观设计专利申请日的情况下，外观设计专利权不会与商标申请权构成权利冲突，商标申请权不能作为2000年《中华人民共和国专利法》第二十三条规定的在先取得的合法权利，但基于商标申请权本身的性质、作用和保护在先权利原则，只要商标申请日在专利申请日之前，且在提起专利无效宣告请求时商标已被核准注册并仍然有效，在先申请的注册商标专用权就可以对抗在后申请的外观设计专利权，用于判断外观设计专利权是否与之相冲突。理由如下：

1. 关于商标申请权的法律性质。首先，根据《中华人民共和国商标法》关于商标申请在先原则的相关规定，两个或两个以上的申请人，在同一种商品或者类似商品上，以相同或者近似的商标申请注册的，商标局受理最先提出的商标注册申请。换言之，一旦申请人提交了商标注册申请，从申请日起就享有了排斥其他人在同一种商品或者类似商品上以相同或者近似的商标申请注册的权利。其次，根据《中华人民共和国商标法实施条例》的相关规定，申请人可以转让其商标注册申请，即申请人可以根据自己的意志对商标申请权作为一种民事权益进行处分。最后，商标申请最终的目标即商标申请权的实现是商标获得注册，从这个角度讲，商标申请权是一种期待权，是对未来取得注册商标专用权的一种期待，自商标申请之日起存在，至商标被核准注册之日最终实现。综上，商标申请权本身是现实存在的合法权益，其在性质上是对注册商标专用权的一种期待权，应当受到法律的保护。

2. 关于商标申请权在判断权利冲突中的作用。商标申请权是一项合法权益，在商标申请日早于外观设计专利申请日的情况下，外观设计专利权的实施不会影响到商标最终是否被核准注册，不会存在外观设计专利权与商标申请权的冲突问题，因此商标申请权并不能作为2000年《中华人民共和国专利法》第二十三条所称的在先取得的合法权利。二审法院认为白象公司主张的在先取得的合法权利为商标申请权，第14261号决定应当对本专利是否与商标申请权相冲突进行判断，适用法律错误，本院予以纠正。商标申请权不能作为2000年《中华人民共和国专利法》第二十三条规定的在先权利用于判断外观设计专利权是否与之相冲突，但商标申请权对于判断外观设计专利权和注册商标专用权的权利冲突具有重要意义，体现在：商标申请权作为一种期待权，最终期待的完整权利是注册商标专用权，只有商标获得注册，商标申请的最终权益才得以实现，此时，应当溯及既往地对商标申请权进行保护，确认商标申请日对于注册商标专用权的法律意义。只要商标申请日在外观设计专利申请日之前，在先申请的注册商标专用权就可以对抗在后申请的外观设计专利权。

3. 关于保护在先权利原则。本案中，第1506193号商标获得注册后，本专利的实施客观上可能会与该商标构成权利冲突，而该商标是在先申请的，本专利相对于该商标而言并非在先权利，这种冲突的解决只能按照保护在先权利的原则，认定白象公司在先申请的注册商标专用权可以用于对抗陈朝晖的外观设计专利权。况且，第1506193号商标初步审定公告日也在本专利申请日之前。对于已经初步审定公告的商标，商标局已经对商标申请进行了初步审查并认为符合商标法的有关规定。商标经过公告，目的是征求相关经营者和社会公众的意见，在公告期内相关人员可以向商标局提出异议。本专利申请日在第1506193号商标初步审定公告日之后，客观上存在外观设计专利申请人模仿、复制在先申请的商标的可能，这种情况也是《中华人民共和国专利法》第二十三条立法予以防范的主要对象。

本案中，白象公司的第1506193号商标的申请日在本专利申请日之前，且第1506193号商标被核准注册后在白象公司提起本次专利无效宣告请求时仍然有效，第 1506193 号注册商标专用权可以对抗本专利，用于判断本专利是否与之相冲突。专利复审委员会仅以第 1506193 号商标核准注册日在本专利申请日之后，认为 1506193 号注册商标专用权不能用于判断本专利是否与之相冲突，适用法律错误；二审法院判决专利复审委员会重新作出无效审查决定，结论正确。至于本专利是否会与第 1506193 号注册商标专用权产生冲突，应当由专利复审委员会在重新作出的无效审查决定中具体认定。

综上，专利复审委员会的再审申请不符合《中华人民共和国行政诉讼法》第六十三条第二款、《最高人民法院关于执行〈中华人民共和国行政诉讼法〉若干问题的解释》第七十二条规定的条件，依据《最高人民法院关于执行〈中华人民共和国行政诉讼法〉若干问题的解释》第七十四条之规定，裁定如下：

驳回国家知识产权局专利复审委员会的再审申请。

审　判　长　周　翔
代理审判员　罗　霞
代理审判员　周云川

二〇一四年十月十一日

书　记　员　张　博

88. 沃尼尔·朗伯有限责任公司与中华人民共和国国家知识产权局专利复审委员会等发明专利权无效行政纠纷案*

申请日后提交的用于证明化学领域产品发明的专利说明书充分公开的实验性证据并非绝对不予接受

【案例要旨】

一、化学领域产品发明的专利说明书中应当记载化学产品的确认、制备和用途。

二、化学领域产品发明技术方案的再现与是否解决了技术问题、产生了技术效果的评价之间，存在着先后顺序上的逻辑关系，应首先确认本领域技术人员根据说明书公开的内容是否能够实现该技术方案，然后再确认是否解决了技术问题、产生了技术效果。

三、在申请日后提交的用于证明说明书充分公开的实验性证据，如果可以证明以本领域技术人员在申请日前的知识水平和认知能力，通过说明书公开的内容可以实现该发明，那么该实验性证据应当予以考虑，不能仅仅因为该证据是申请日后提交而不予接受。

* 摘自《最高人民法院公报》2017 年第 5 期。

最高人民法院行政判决书

（2014）行提字第8号

再审申请人（一审被告、二审被上诉人）中华人民共和国国家知识产权局专利复审委员会。住所地：中华人民共和国北京市海淀区北四环西路9号银谷大厦10~12层。

法定代表人：葛树，该委员会副主任。

委托代理人：王晓东，该委员会审查员。

委托代理人：潘骏，该委员会审查员。

再审申请人（一审第三人）北京嘉林药业股份有限公司。住所地：中华人民共和国北京市朝阳区东直门外大山子酒仙桥路2号。

法定代表人：张湧，该公司董事长。

委托代理人：黄泽雄。

委托代理人：樊耀峰。

被申请人（一审原告、二审上诉人）：沃尼尔·朗伯有限责任公司（WARNER－LAMBERT COMPANY LLC）。住所地：美利坚合众国纽约州纽约东42街235号（235E. 42nd ST，New York，NY 10017，U. S. A.）。

法定代表人：J·迈克尔·迪克森，该公司法律顾问。

委托代理人：龙传红。

委托代理人：林森。

一审第三人：张楚。

委托代理人：缪仁康，北京市大嘉律师事务所律师。

再审申请人中华人民共和国国家知识产权局专利复审委员会（以下简称专利复审委员会）、北京嘉林药业股份有限公司（以下简称嘉林公司）因与被申请人沃尼尔·朗伯有限责任公司（以下简称沃尼尔·朗伯公司）、

一审第三人张楚发明专利权无效行政纠纷一案，不服北京市高级人民法院作出的（2010）高行终字第1489号行政判决，向本院申请再审。本院于2013年12月11日作出（2013）知行字第16号行政裁定，提审本案。本院依法组成合议庭，于2014年10月20日公开开庭审理了本案。专利复审委员会的委托代理人王晓东、潘骏，嘉林公司的委托代理人黄泽雄、樊耀峰，沃尼尔·朗伯公司的委托代理人龙传红、林森，张楚的委托代理人缪仁康到庭参加诉讼。本案现已审理终结。

北京市第一中级人民法院一审查明：1996年7月8日，沃尼尔·朗伯公司申请了名称为“结晶［R－（R＊，R＊）］－2－（4－氟苯基）－β，δ－二羟基－5－（1－甲基乙基）－3－苯基－4－［（苯氨基）羰基］－1H－吡咯－1－庚酸半钙盐”发明专利（即本专利），2002年7月10日获得授权，专利号为96195564.3，本专利优先权日为1995年7月17日。

本专利权利要求为：（1）含1～8摩尔水的Ⅰ型结晶阿托伐他汀水合物，其特征在于，有以下研磨2分钟后测量的根据2θ、d－面间距和大于20%的相对强度表示的X－射线粉末衍射图，使用Cuka射线测量：

2θd 研磨2分钟样品的相对强度（>20%）

9.150	9.6565	42.60
9.470	9.3311	41.94
10.266	8.6098	55.67
10.560	8.3705	29.33
11.853	7.4601	41.74
12.195	7.2518	24.62
17.075	5.1887	60.12
19.485	4.5520	73.59

21. 626	4. 1059	100. 00
21. 960	4. 0442	49. 44
22. 748	3. 9059	45. 85
23. 335	3. 8088	44. 72
23. 734	3. 7457	63. 04
24. 438	3. 6394	21. 10
28. 915	3. 0853	23. 42
29. 234	3. 0524	23. 36

（2）权利要求1的Ⅰ型结晶阿托伐他汀水合物，其特征在于，有以下固态13C核磁共振谱，其中化学位移以ppm表示：

规定（7KHz）	化学位移
C12或C25	182.8
C12或C25	178.4
C16	166.7（宽）和159.3

芳族碳

C2－C5，C13－C18，C19－C24，C27－C32　137.0

134.9

131.1

129.5

127.6

123.5

120.9

118.2

113.8

C8，C10　73.1

70.5

68.1

64.9

亚甲基碳

C6，C7，C9，C11　47.4

41.9

40.2

C33　26.4

25.2

C34　21.3

---

(3) 根据权利要求1的Ⅰ型结晶阿托伐他汀水合物，其中Ⅰ型结晶阿托伐他汀水合物为三水合物。(4) 一种片剂形式的药物组合物，它含有与至少一种药物上可以接受的赋形剂、稀释剂或载体混合的权利要求1-3任一要求的Ⅰ型结晶阿托伐他汀水合物。(5) 一种胶囊形式的药物组合物，它含有与至少一种药物上可以接受的赋形剂、稀释剂或载体混合的权利要求1-3任一要求的Ⅰ型结晶阿托伐他汀水合物。(6) 一种粉剂形式的药物组合物，它含有与至少一种药物上可以接受的赋形剂、稀释剂或载体混合的权利要求1-3任一要求的Ⅰ型结晶阿托伐他汀水合物。(7) 一种锭

剂形式的药物组合物，它含有与至少一种药物上可以接受的赋形剂、稀释剂或载体混合的权利要求1－3任一要求的Ⅰ型结晶阿托伐他汀水合物。(8) 一种栓剂形式的药物组合物，它含有与至少一种药物上可以接受的赋形剂、稀释剂或载体混合的权利要求1－3任一要求的Ⅰ型结晶阿托伐他汀水合物。(9) 一种滞留灌肠剂形式的药物组合物，它含有与至少一种药物上可以接受的赋形剂、稀释剂或载体混合的权利要求1－3任一要求的Ⅰ型结晶阿托伐他汀水合物。(10) 一种制备含1－8摩尔水的Ⅰ型结晶阿托伐他汀水合物的方法，该法包括：步骤（a）用钙盐处理［R－（R＊，R＊）］－2－（4－氟苯基）－β，6－二羟基－5－（1－甲基乙基）－3－苯基－4－［（苯氨基）羰基］－1H－吡咯－1－庚酸的碱性盐水溶液；以及步骤（b）分离Ⅰ型结晶阿托伐他汀水合物。(11) 根据权利要求10的方法，其中步骤（a）将Ⅰ型结晶阿托伐他汀的晶种在用钙盐处理［R－（R＊，R＊）］－2－（4－氟苯基）－β，δ－二羟基－5－（1－甲基乙基）－3－苯基－4－［（苯氨基）羰基］－1H－吡咯－1－庚酸的碱性盐水溶液过程中或过程后加入。(12) 根据权利要求10的方法，其中步骤（a）水溶液含有羟基共溶剂和甲基叔丁基醚。(13) 根据权利要求12的方法，其中步骤（a）羟基共溶剂为甲醇。(14) 根据权利要求10的方法，其中步骤（a）钙盐为乙酸钙。(15) 根据权利要求10的方法，其中步骤（b）Ⅰ型结晶阿托伐他汀水合物进一步干燥。(16) 根据权利要求15的方法，其中步骤（b）Ⅰ型结晶阿托伐他汀水合物在减压下进一步干燥。(17) 根据权利要求10的方法，其中步骤（a）碱性盐选自碱金属盐、铵盐和胺盐。(18) 根据权利要求17的方法，其中步骤（a）碱性盐为钠盐。(19) 根据权利要求10的方法，其中使用2摩尔碱性盐比1摩尔钙盐。(20) 一种制备1－8摩尔水的Ⅰ型结晶阿托伐他汀水合物的方法，该法包括：步骤（a）将无定形阿托伐他汀和Ⅰ型结晶阿托伐他汀的混合物悬浮在含有共溶剂的水中；以及步骤（b）分离Ⅰ型结晶阿托伐他汀水合物。(21) 根据权利要求20的方法，其中步骤（a）共溶剂选自甲醇、乙醇、2－丙醇和丙酮。(22) 根据权利要求21的方法，其中步骤（a）共溶剂为甲醇。(23) 根据权利要求20的方法，其中步骤（b）Ⅰ型结晶阿托伐他

汀水合物进一步干燥。（24）根据权利要求23的方法，其中步骤（b）Ⅰ型结晶阿托伐他汀水合物在减压下进一步干燥。

本专利说明书第15页载明："本发明的Ⅰ型、Ⅱ型、Ⅳ型结晶阿托伐他汀可以无水形式以及水合形式存在。通常，水合形式与非水合形式是等价的，包括在本发明的范围内。Ⅰ型结晶阿托伐他汀含有约1至8摩尔水。优选的是，Ⅰ型结晶阿托伐他汀含有3摩尔水。""本发明提供了制备Ⅰ型结晶阿托伐他汀水合物的方法，该方法包括一种制备Ⅰ型结晶阿托伐他汀水合物的方法，该法包括：步骤（a)，用钙盐处理结晶［R－（R＊，R＊）］－2－（4－氟苯基）－β，δ－二羟基－5－（1－甲基乙基）－3－苯基－4－［（苯氨基）羰基］－1H－吡咯－1－庚酸的碱性盐水溶液；步骤（b)，分离Ⅰ型结晶阿托伐他汀水合物。"

本专利说明书第17页载明："例如，当原料为Ⅰ型结晶阿托伐他汀时，可通过将固体溶于甲醇中，随后使Ⅳ型结晶沉淀来制得所需的Ⅳ型结晶阿托伐他汀。"

本专利说明书第19页至20页载明："实施例1，［R－（R＊，R＊）］－2－（4－氟 苯基）－β，δ－二羟基－5－（1－甲基乙基）－3－苯基－4－［（苯氨基）羰基］－1H－吡咯－1－庚酸半钙盐（Ⅰ型阿托伐他汀)。方法A，在48－58℃下，将（2R－反）－5－（4－氟苯基）－2－（1－甲基乙基）－N，4－二苯基－1－［2－（四氢－4－羟基－6－氧代－2H－吡喃－2－基）乙基］－1H－吡咯－3－羧酰胺（阿托伐他汀内脂）（US 5273995）（75公斤）、甲基叔丁基醚（MT－BE）（308公斤）和甲醇（190升）的混合物与氢氧化钠水溶液（5.72公斤氢氧化钠在950升水中）反应40～60分钟，生成开环的钠盐。冷却到25～35℃后，废弃有机层，用MTBE（230公斤）再次萃取水层。废弃有机层，并将MTBE饱和的钠盐水溶液加热到47～52℃。将乙酸钙半水合物（11.94公斤）溶于水（410升）的溶液在至少30分钟内加到该溶液中，在加入乙酸钙溶液后不久，用Ⅰ型结晶阿托伐他汀的浆液（1.1公斤阿托伐他汀在11升水和5升甲醇中）给混合物加晶种。然后将混合物在51～57℃下加热至少10分钟，再冷却到15～40℃。过滤混合物，用水（300升）和甲醇（150升）的溶液，然后用水（450升）洗涤。将固体在60～70%、真空下干燥3～4天，得到Ⅰ型结晶阿托伐他汀（72.2公斤）。方法B，将无定形阿托伐他汀（9克）和Ⅰ型结晶阿托伐他汀（1克）在约40℃下，在水（170毫升）和甲醇（30毫升）的混合物中搅拌17小时。过滤混合物，用水洗涤，在70℃、减压下干燥，得到Ⅰ型结晶阿托伐他汀（9.7克）。”

本专利说明书第20页至第21页载明：“实施例3，［R－（R＊，R＊）］－2－（4－氟苯基）－β，δ－二羟基－5－（1－甲基乙基）－3－苯基－4－［（苯氨基）羰基］－1H－吡咯－1－庚酸半钙盐（Ⅳ型阿托伐他汀）在50～55℃下，将（2R－反）－5－（4－氟苯基）－2－（1－甲基乙基）－N，4－二苯基－1－［2－（四氢－4－羟基－6－氧代－2H－吡喃－2－基）乙基］－1H－吡咯－3－羧酰胺（阿托伐他汀内酯）（US 5273995）（12公斤）、MTBE（50公斤）和甲醇（30升）的混合物与氢氧化钠水溶液（1.83公斤氢氧化钠于150升水中）反应30～45分钟，生成开环的钠盐。冷至20～25℃后，废弃有机层，并用MTBE（37公斤）再次萃取水层。废弃水层，并将钠盐的水溶液加热到70～80℃，并用蒸馏法除去残留的MTBE。然后将溶液冷至60～70℃。将乙酸钙半水合物（1.91公斤）溶于水/甲醇（72升水＋16升甲醇）中的溶液加到该溶液中。在乙酸钙溶液加入后不久，用Ⅰ型结晶阿托伐他汀（180克）给混合物加晶种。将混合物在65～75℃下加热至少5分钟，然后冷至50～55℃。过滤混合物，并在55～65℃下浆化在甲醇（约200升）中，然后冷至25～30℃并过滤。将固体在66～70℃、真空下干燥，得到Ⅳ型结晶阿托伐他汀（分离出约3公斤）。”

嘉林公司作为无效请求人之一，就本专利权效力向专利复审委员会提起无效请求，其中包括如下理由：（1）本专利权利要求保护含1－8摩尔水的Ⅰ型结晶阿托伐他汀水合物，其中包括8种Ⅰ型结晶，但是说明书没有验证这8种Ⅰ型结晶阿托伐他汀水合物具有相同的XPRD和13CNMR；（2）无论基于说明书的一般性公开还是基于实施例的公开，本领域技术人员都难以制备得到含1－8摩尔水的Ⅰ型结晶阿托伐他汀水合物。

2009年6月17日，专利复审委员会针对嘉林公司对本专利所提出的

无效宣告请求，作出第 13582 号无效宣告请求审查决定（以下简称第 13582 号决定），其中认定如下：《中华人民共和国专利法》第二十六条第三款规定：说明书应当对发明作出清楚、完整的说明，以所属技术领域的技术人员能够实现为准。对于化学产品发明而言，本领域技术人员能够实现是指，本领域技术人员根据说明书中公开的内容就能够确认并制备得到所述化学产品，同时能实现其一种或多种用途和/或达到相应的使用效果。具体而言，当所述化学产品为化合物晶体时，一方面，说明书中不仅应当说明所述化合物晶体的物质组成和晶体结构，而且应当记载能够证明所述晶体的物质组成和微观结构的相应的物理化学参数（如定性或定量数据和谱图）；另一方面，说明书中还应当记载所述化合物晶体的至少一种制备方法，使本领域技术人员能够实施。反之，若本领域技术人员根据说明书公开的制备方法不能确认所述化合物晶体的物质组成或者微观结构，或者依据说明书公开的制备方法不能确信是否能够得到所述化合物晶体，则说明书对于所述化合物晶体的公开未达到本领域技术人员能够实现的程度。

就本案而言，权利要求 1～3 要求保护一种含 1～8 摩尔水的 I 型结晶阿托伐他汀水合物，其通过两种表征方式对所述结晶水合物进行了定义：一是组成，即，含 1～8 摩尔（或 3 摩尔）水的阿托伐他汀水合物；二是表征其微观结构的 XPRD 和 13CNMR 数据。嘉林公司认为，说明书中未充分公开本专利权利要求中含 1～8 摩尔水的 I 型结晶阿托伐他汀水合物。理由在于：权利要求保护含 1～8 摩尔水的 I 型结晶阿托伐他汀水合物，其中包括 8 种 I 型结晶，但说明书没有验证这 8 种 I 型结晶水合物具有相同的 XPRD 和 13CNMR 数据；无论基于说明书的一般性公开还是基于实施例公开，本领域技术人员都难以制备得到含有 1～8 摩尔水的 I 型结晶阿托伐他汀水合物。对此，沃尼尔·朗伯公司认为，说明书公开了本专利含 1～8 摩尔水的 I 型结晶阿托伐他汀水合物的结构及其解析数据，也公开了其制备方法、制备实施例及其有益效果。反证 9，1982 年的公开出版物证明，水合物晶体中的水可以以结晶水的形式存在，也可以不以结晶水的形式存在。本专利属于后者，因此，本专利符合《中华人民共和国专利法》第二十六条第三款的规定。

双方当事人主要争议点在于：一是含有不同摩尔水的同一化合物的水合物，其 XPRD 和 13CNMR 是否相同。二是根据本专利说明书公开的内容是否能够确认并制备得到所述含 1 ~ 8 摩尔水的Ⅰ型结晶阿托伐他汀水合物。关于争议点一，嘉林公司认为，含有不同结晶水的结晶水合物必然具有不同的 XPRD，而沃尼尔·朗伯公司以反证 9 为据，主张水合物中，水可以以结晶水存在，也可以不以结晶水形式存在。专利复审委员会查明，反证 9 中译文第 1 ~ 3 行公开了以下内容："与咖啡因、茶叶碱和巯基嘌呤的行为不同，溶剂化与非溶剂化的晶体形式的头孢来星（15）和头孢氨苄（16）的 X 射线粉末衍射图几乎是完全相同的（Pfeiffer 等人，1970 年）。"也就是说，反证 9 证实，对于头孢来星、头孢氨苄而言，溶剂化与非溶剂化的晶体会具有几乎完全相同的 XPRD，但对于咖啡因、茶叶碱和巯基嘌呤来说并非如此。由此可见，一方面，本领域中，并非所有物质的水合物中的水都会在晶胞中占位而产生不同的 XPRD；另一方面，对于某种物质来说，其水合物中的水到底会不会占位，水的存在或者含水量的多少是否会影响其 XPRD，在本领域中并没有统一的教导。关于争议点二，专利复审委员会查明，对于本专利保护的 1 ~ 8 摩尔水的Ⅰ型结晶阿托伐他汀水合物，说明书公开了如下相关内容：说明书第 2 页最后一段至第 4 页第 8 行、第 9 页表 1、第 12 页表 4 公开了Ⅰ型结晶阿托伐他汀水合物 XPRD 和 13CNMR 数据。说明书第 15 页第 15 ~ 19 行提到：本专利的Ⅰ型结晶阿托伐他汀可以以无水形式以及水合形式存在。通常，水合形式与非水合形式是等价的，包括在本专利的范围内。Ⅰ型结晶阿托伐他汀含有约 1 至 8 摩尔水，优选 3 摩尔水。说明书第 15 页第 20 行至第 16 页给出了制备Ⅰ型结晶阿托伐他汀水合物的一般性方法，说明书第 19 ~ 20 页实施例 1 的方法 A 描述了以钠盐水溶液为原料，通过加入乙酸钙水溶液和Ⅰ型结晶的晶种进行处理制备Ⅰ型结晶的方法。方法 B 描述了以无定形溶液和Ⅰ型结晶阿托伐他汀混合物为原料制备Ⅰ型结晶的方法。以上可知：（1）沃尼尔·朗伯公司关于阿托伐他汀水合形式与非水合形式等价问题仅限于其陈述。也即，其主张了水的存在不会影响到晶体的 XPRD，却没有提供任何证据加以证明。根据前述查明情况，对于某种物质来说，其水合物的水到底会不会占位，水的存在或者含水量的多寡是否会影响其 XPRD，在本领域中没有统一教导。本领域技术人员根据其常识无法预期到阿托伐他汀到底属于“水不占位，不影响晶体的 XPRD”的物质，还是属于“水会占位，会影响晶体的 XPRD”的物质。在此情况下，说明书中应当提供充分的证据证明对于含有不同摩尔数水的阿托伐他汀水合物来说其是否具有相同的 XPRD。在说明书中仅有声称型的结论，没有相应证据的情况下，本领域技术人员无法确信含 1 ~8 摩尔水的阿托伐他汀水合物具有相同的 XPRD。(2) 权利要求 1 ~3 保护的结晶产品是通过其组成（阿托伐他汀，水含量）和微观结构（XPRD 和 13CNMR）共同定义的，水含量是其产品组成中必不可少的一部分，但是，说明书中仅声称其水含量为 1 ~8 摩尔，优选 3 摩尔，但没有提供任何定性或定量的数据证明其得到的Ⅰ型结晶阿托伐他汀水合物中确实包含 1 ~8 摩尔（优选 3 摩尔）水，即使是最具体的实施例 1 也没有对产品中的水含量进行测定；而且，从其制备方法的步骤，以及用于表征产品晶型的 XPRD 和 13CNMR 数据及谱图中也无法确切地推知其产品中必然含有水，更无法推知其中的水含量为 1 ~8 摩尔（或 3 摩尔）。因此，本领域技术人员根据说明书公开的内容无法确认权利要求中保护的产品。(3) 就含 1 ~8 摩尔水的阿托伐他汀水合物的制备而言，说明书公开了其一般性的制备方法，即，包括步骤（a)，用钙盐处理结晶［R－（R＊，R＊）］－2－（4－氟苯基）－β，δ－二羟基－5－（1－甲基乙基）－3－苯基－4－［（苯氨基）羰基］－1H－吡咯－1－庚酸的碱性盐水溶液；步骤（b)，分离Ⅰ型结晶阿托伐他汀水合物。然而，比较本专利实施例 1 的方法 A 和实施例 3 可见，二者均包含步骤（a）和（b)，但是，前者得到含有 1 ~8 摩尔水的Ⅰ型结晶，而后者却得到Ⅳ型结晶，因此，仅由该一般方法无法确切地得到含 1 ~8 摩尔水的阿托伐他汀水合物。说明书第 16 页对所述一般性方法进行了细化，并在实施例 1 的方法 A 中给出了具体的方案，但是，由于实施例 1 中仅声称其得到了Ⅰ型结晶阿托伐他汀，未检测其产品的水含量，因此，由该实施例 1 无法确信所述方法是否必然会得到含 1 ~8 摩尔水的阿托伐他汀水合物。因此，本领域技术人员无论是根据说明书给出的一般性方法，还是根据具体实施例，均无法确信如何才能受控地制备得到本专利保护的含1～8摩尔水（优选3摩尔）的Ⅰ型结晶阿托伐他汀水合物。综上，专利复审委员会认为，说明书对权利要求1～3中保护的结晶产品的公开，未达到本领域技术人员能够实现的程度，不符合《中华人民共和国专利法》第二十六条第三款的规定。在此基础上，保护包含权利要求1～3所含1～8摩尔水的Ⅰ型结晶阿托伐他汀水合物的药物组合物的权利要求4～9、保护权利要求1～3所述含1～8摩尔水的Ⅰ型结晶阿托伐他汀水合物的制备方法的权利要求10～24也不符合《中华人民共和国专利法》第二十六条第三款的规定。

沃尼尔·朗伯公司认为通常实施例是优选实施方案，因此，实施例1的方法A中得到的产品水含量应为3摩尔。对此，专利复审委员会认为此仍为沃尼尔·朗伯公司缺少证据证明的主张。

综上，专利复审委员会宣告本专利全部无效。

沃尼尔·朗伯公司不服该决定，向北京市第一中级人民法院提起诉讼，请求撤销专利复审委员会作出的第13582号决定。

北京市第一中级人民法院认为本案争议问题在于：

1. 本专利含有不同摩尔水的Ⅰ型结晶阿托伐他汀水合物，其XPRD是否相同。

沃尼尔·朗伯公司认可对于某种物质来说，其水合物中的水到底会不会占位，水的存在或者含水量的多少是否会影响其XPRD，在本领域中并没有统一的教导。沃尼尔·朗伯公司提出本专利说明书第15页载明，本专利的Ⅰ型、Ⅱ型、Ⅳ型结晶阿托伐他汀可以无水形式以及水合形式存在。通常，水合形式与非水合形式是等价的。该记载表明本专利的结晶水不会影响晶体的XPRD。专利复审委员会认为说明书该记载仅为声称，缺乏证据来证明该结论，因此本领域技术人员无法确信含1～8摩尔水的阿托伐他汀水合物具有相同的XPRD。嘉林公司认为说明书中“通常，水合形式与非水合形式是等价的”缺乏证据的证明。嘉林公司及张楚均与专利复审委员会意见相同。

2. 根据本专利说明书公开的内容是否能够确认得到的Ⅰ型结晶阿托伐他汀水合物中含有1～8摩尔水。

沃尼尔·朗伯公司认可说明书中未测定得到的Ⅰ型结晶阿托伐他汀含有多少水，也认可通过说明书公开的图谱本身不能确定对应的化合物水的含量。但沃尼尔·朗伯公司提出，确认产品中含水的摩尔数是容易的。因为测定化合物含水的方法是本领域公知常识，例如费休氏水分测定法。专利复审委员会认为即使测定水分的方法本身是公知的，但由于其测定的样品是不确定的，因此其主张的公知常识理由与本案无关。嘉林公司认为费休氏水分测定法只能测定总水分含量并不能测定水合物中结晶水量，即无法通过该方法确定实施例1中得到的Ⅰ型结晶阿托伐他汀的含水量。

3. 根据本专利说明书公开的内容是否能够制备含有1~8摩尔水的Ⅰ型结晶阿托伐他汀水合物。

沃尼尔·朗伯公司提出：本专利说明书公开了一个制备本专利Ⅰ型结晶阿托伐他汀水合物的实施例，即实施例1方法A。虽然实施例1方法A没有明确其所得到的产品中含有3摩尔水，但说明书第15页载明“Ⅰ型结晶阿托伐他汀含有约1~8摩尔水。优选的是，Ⅰ型结晶阿托伐他汀含有3摩尔水。”即优选方案为含有3摩尔水的Ⅰ型结晶阿托伐他汀，本专利在1996年申请时适用的是1993年版《中华人民共和国专利法实施细则》（以下简称《专利法实施细则》），该细则第18条第1款第8项规定“详细描述申请人认为实现发明或者实用新型的最好方式，在适当的情况下，应当举例说明；有附图的，应当对照附图。”其中“应当举例说明”，属于强制性规范，由此推知本专利说明书中实施例1方法A系对应于说明书第15页记载的含3摩尔水的优选方案，也即是否含水，含几个水的方案已被实质性公开。专利复审委员会予以反对，其认为，首先，本案应适用2001年版专利法实施细则。其次，“应当举例说明”一语并非强制性规范，而是倡导性规范，原因在于即使未按该规定书写说明书，其专利也不会因此被驳回，或被宣告无效。所以不存在实施例1定对应于优选方案的逻辑，也不能由此确定本专利说明书实施例1方法A中得到的产品就是优选方案中所称的含3摩尔水的产品。

沃尼尔·朗伯公司还提出：说明书第17页中已经明确说明“当原料为Ⅰ型结晶阿托伐他汀时，可通过将固体溶于甲醇中，随后使Ⅳ型结晶沉淀来制得所需的Ⅳ型结晶阿托伐他汀”。说明书的实施例 3 中，先通过与实施例 1 相同的方法获得了Ⅰ型结晶阿托伐他汀，随后用甲醇进行晶型转换，最后得到Ⅳ型结晶。因此第 13582 号决定中认定的“所属技术领域技术人员无论根据说明书给出的一般性方法，还是根据具体实施例，均无法确信如何才能受控地制备得到本专利保护的含 1～8 摩尔水（优选 3 摩尔）的Ⅰ型结晶阿托伐他汀水合物”的事实没有依据。专利复审委员会坚持第 13582 号决定的第 25 页最后一段至第 26 页第一段的意见。

北京市第一中级人民法院一审认为：本专利权利要求 1～3 保护含 1～8 摩尔水的Ⅰ型结晶阿托伐他汀水合物，该水合物通过水的组成和微观结构共同定义。首先，就水合物的微观结构方面，含 1～8 摩尔水的Ⅰ型结晶阿托伐他汀水合物是否具有相同的 XPRD，由于现有技术并无统一教导，而说明书中又仅有声称性结论“通常，水合形式与非水合形式是等价的”，缺乏实验予以证实。因此就目前的证据而言，不能认为含 1～8 摩尔水的Ⅰ型结晶阿托伐他汀水合物具有相同的 XPRD。其次，根据说明书的记述情况，所述Ⅰ型结晶阿托伐他汀是否含水并不确定，用“费休氏水测定法”测定得到“总含量水”，包括可能是结晶水和/或多种形式的非结晶水之和，无法确定确系与化合物分子结合的比较稳定的结晶水，Ⅰ型结晶阿托伐他汀是否含有 1～8 摩尔水仍不得而知。同时，就化合物确认方面而言，说明书未对得到的化学产品的组成之一水的含量进行确认，无论测定化合物含水量的方法是否在申请日前已经公知，都不能改变说明书应当公开而未予公开的事实。最后，关于化合物制备方面，可从具体实施例和一般性方法两个方面看。其一，从实施例 1 方法 A 看，属于与权利要求 1～3 对应的唯一具体制备方法，该方法中未检测其产品含水量，即无法确信实施该方法能够制备得到含 1～8 摩尔水的Ⅰ型结晶阿托伐他汀水合物。同时无论是 1993 年版还是 2001 年版《专利法实施细则》，其第 18 条的规定均属于倡导性规范，而非强制性规范，即使未按该项规定撰写说明书并不因此导致本专利被驳回或被宣告无效，该项规定不是用以判定一项专利是否应予驳回或被宣告无效的法律依据。沃尼尔·朗伯公司关于设定优选方案必定对应于其实施例 1 方法 A，并推导得出含有 3 摩尔水的技术方案已被公开的主张不能成立，其理由是：（1）该设定与推论缺乏事实依据和法律依据，不能令人信服。（2）该设定与推论违背逻辑常理，根据说明书的记述情况，以实施例1方法A获得的Ⅰ型结晶阿托伐他汀没有明确是否含水，以及含几摩尔水等问题，该问题尚处于不确定状态，由此不能唯一导出用实施例1方法A获得的就是优选含有3摩尔水的Ⅰ型结晶阿托伐他汀的结论。（3）上述主张的提出者系沃尼尔·朗伯公司，且对沃尼尔·朗伯公司有利，理当由沃尼尔·朗伯公司承担举证证明责任。沃尼尔·朗伯公司提出应由专利复审委员会举证证明不含3摩尔水的事实违背证明规则。其二，沃尼尔·朗伯公司主张的“实施例3中的Ⅳ型结晶阿托伐他汀是先用与实施例1方法A相同的方法得到Ⅰ型结晶，随后通过将这一Ⅰ型结晶于甲醇中进行晶型转变，获得了Ⅳ型结晶”缺乏事实依据。

综上所述，本专利说明书既未对得到的化合物的含水量进行确认，也未对含1~8摩尔水的Ⅰ型结晶阿托伐他汀水合物具有相同的XPRD进行实验验证，因此说明书对权利要求1-3中保护的结晶产品的公开，未达到本领域技术人员能够实现的程度，不符合《中华人民共和国专利法》第二十六条第三款的规定。在此基础上，保护包含权利要求1~3所含1~8摩尔水的Ⅰ型结晶阿托伐他汀水合物的药物组合物的权利要求4~9、保护权利要求1~3所述含1~8摩尔水的Ⅰ型结晶阿托伐他汀水合物的制备方法的权利要求10~24也不符合《中华人民共和国专利法》第二十六条第三款的规定。北京市第一中级人民法院依照《中华人民共和国行政诉讼法》第五十四条第（一）项之规定，判决：维持第13582号决定。

沃尼尔·朗伯公司不服一审判决，向北京市高级人民法院提起上诉称：（1）二审提交的由天津大学化工学院龚俊波副教授完成的《阿托伐他汀钙结晶的制备与鉴定实验报告》，可以证明能制备得到权利要求3保护的Ⅰ型结晶阿托伐他汀三水合物。（2）一审判决及第13582号决定在判断公开充分时，均没有从本发明要解决的技术问题出发，造成认定事实错误。①审查指南第二部分第十章第3.1节规定：要求保护的发明为化学产品本身的，说明书应当记载化学产品的确认、化学产品的制备以及化学产品的用途；对于化合物发明，说明书中应当说明该化合物的化学名称及结构式或者分子式……并应当记载与发明要解决的技术问题相关的化学、物理性能参数，使要求保护的化合物能被清楚地确认。因此，只要说明书提供了“与发明要解决的技术问题相关”的化学、物理性能参数，即满足了化学领域的公开充分。②本专利说明书明确指出本发明要解决的技术问题是：本发明涉及新型的结晶形式阿托伐他汀。本专利权利要求3保护的是具有权利要求1所述XPBD的Ⅰ型结晶阿托伐他汀三水合物。作为本领域技术人员应当理解权利要求3所保护的Ⅰ型结晶阿托伐他汀中所含的水分（3摩尔水），不是发明人在制备Ⅰ型结晶之前预先设想的，而是在制备得到该Ⅰ型结晶后通过分析测试才确定的。换言之，无论制备得到的该Ⅰ型结晶阿托伐他汀中是否含有水分或其他溶剂，都不会影响发明人制备得到要解决的技术问题的技术方案Ⅰ型结晶阿托伐他汀的结果。因此，一审判决和第13582号决定都错误的、不适当地考虑了结晶阿托伐他汀的含水量，并得出了本发明公开不充分的错误结论。（3）关于权利要求3保护的Ⅰ型结晶阿托伐他汀三水合物的确认。①专利复审委员会在第13582号决定中对“化合物产品的确认”提出了比审查指南更苛刻的要求。审查指南并没有提出“化学产品发明的结构和组成都必须借助试验数据来证明”，为实现本发明的有利于“大规模生产中的过滤和干燥”的目的，发明人只需要制备结晶就可以了。专利复审委员会要求说明书必须以数据、图谱或根据制备步骤严格证明发明人所得到的Ⅰ型结晶阿托伐他汀是含3摩尔水的三水化合物超出审查指南对化合物确认的要求。②本专利说明书对权利要求3保护的Ⅰ型结晶阿托伐他汀三水合物的公开满足了审查指南对化合物产品确认的要求。（4）关于权利要求3保护的Ⅰ型结晶阿托伐他汀三水合物的制备。①专利复审委员会第13582号决定及一审判决没有认定实施例1的方法A和实施例3之间的实质性区别，导致事实认定错误。②专利复审委员会第13582号决定对“化合物产品的制备”提出了比审查指南的规定更苛刻的要求。③本专利说明书对于权利要求3保护的Ⅰ型结晶阿托伐他汀三水合物的公开满足了审查指南关于化合物产品制备的规定。（5）专利复审委员会第13582号决定把“说明书中应当提供证据证明对于含有1～8摩尔水的结晶阿托伐他汀水合物都具有相同的XPRD”作为满足《中华人

民共和国专利法》第二十六条第三款充分公开的要求在法律上适用是错误的。

专利复审委员会、嘉林公司及张楚服从一审判决。

北京市高级人民法院二审查明：一审法院查明事实清楚，对此予以确认。在二审法院审理过程中，沃尼尔·朗伯公司提交了天津大学完成的《阿托伐他汀钙结晶的制备与鉴定实验报告》（以下简称天津大学实验报告），用以说明本领域技术人员可以根据说明书的记载实现本发明。该报告的完成人为龚俊波副教授，完成时间为2011年10月20日，完成单位为天津大学化工学院。龚俊波副教授出庭接受了询问。龚俊波副教授在接受询问时称：通过重复本专利实施例1的方法A制备出Ⅰ型结晶阿托伐他汀，从全谱对照可以表明其是什么晶型；本实验未对Ⅰ型结晶阿托伐他汀的含水量进行测定；该实验大概含有3.3摩尔水，但对其具体存在形式还需要进一步的实验等。

二审法院另查明：本专利说明书第1页载明：本发明涉及新型的结晶形式阿托伐他汀。第2页载明：上述美国专利中的方法公开了无定型阿托伐他汀，它不适合大规模生产中的过滤和干燥；我们现在吃惊地和意想不到地发现，阿托伐他汀可以结晶形式来制备，因此，本发明提供称为Ⅰ型新型结晶形式的阿托伐他汀。Ⅰ型阿托伐他汀由比以前的无定型的产品更小的颗粒和更均匀的粒度分布的阿托伐他汀组成，它具有更有利于过滤和干燥的特性。此外，Ⅰ型阿托伐他汀比无定型产品更纯和更稳定。

针对本专利，张楚于2007年8月8日向专利复审委员会提出无效宣告请求，其理由是本专利权利要求1~3、10~24不具备新颖性，权利要求1~9不具备创造性。专利复审委员会受理了张楚提出的无效宣告请求，并与嘉林公司提出的无效宣告请求合并进行审理。

北京市高级人民法院二审认为：根据《中华人民共和国专利法》第二十六条第三款、审查指南第二部分第二章第2.1节、第二部分第十章第3.1节、第二部分第二章2.2.4节以及第二部分第四章3.2.1.1节的相关规定，判断一项发明是否满足关于公开充分的要求，应包括确定该发明要解决的技术问题。本案中，本专利说明书载明：本发明涉及新型的结晶形式阿托伐他汀；在公开的美国专利中公开了无定形阿托伐他汀不适合大规模生产中的过滤和干燥；本发明提供称为Ⅰ型新型结晶形式的阿托伐他汀，Ⅰ型阿托伐他汀由比以前的无定型的产品更小的颗粒和更均匀的粒度分布的阿托伐他汀组成，它具有更有利于过滤和干燥的特性。Ⅰ型阿托伐他汀比无定型产品更纯和更稳定。因此，本发明要解决的技术问题是要获得阿托伐他汀的结晶形式，具体是Ⅰ型结晶阿托伐他汀，用以克服“无定形阿托伐他汀不适合大规模生产中的过滤和干燥”的技术问题。

专利复审委员会在第13582号决定中认为“水含量是其产品组成中必不可少的一部分”并以说明书中没有提供任何定性或定量的数据证明得到的Ⅰ型结晶确实包含1～8摩尔（优选3摩尔）水为由，得出专利说明书没有满足充分公开要求的结论。但是，由于专利复审委员会并没有确定本发明要解决的技术问题，也没有明确哪些参数是“与要解决的技术问题相关的化学物理性能参数”。因此，专利复审委员会在未对本发明要解决的技术问题进行整体考虑的情况下，作出本专利公开不充分、本专利权利要求3不符合《中华人民共和国专利法》第二十六条第三款规定的相关认定显属不当。沃尼尔·朗伯公司的相关上诉理由成立，对此予以支持。

综上，一审法院关于本专利权利要求3不符合《中华人民共和国专利法》第二十六条第三款规定的相关认定有误，二审法院予以纠正。依据《中华人民共和国行政诉讼法》第六十一条第（三）项，《最高人民法院关于执行〈中华人民共和国行政诉讼法〉若干问题的解释》第七十条之规定，二审法院判决：一、撤销（2009）一中知行初字第2710号行政判决；二、撤销第13582号决定；三、由专利复审委员会重新就涉案专利作出无效审查决定。一、二审案件受理费各人民币100元，均由专利复审委员会负担。

专利复审委员会不服上述二审判决，向本院申请再审称：

1. 二审判决对于《中华人民共和国专利法》第二十六条第三款的理解与判断方式有误，导致结论错误。（1）对《中华人民共和国专利法》第二十六条第三款所称“发明”的理解有误，导致判断客体的认识错误。首先，根据《中华人民共和国专利法》第二条的规定，专利法第二十六条第

三款指向的客体，应当是作为公示其权利范围的权利要求的技术方案。二审判决在分析本专利是否符合《中华人民共和国专利法》第二十六条第三款规定时，并没有分析本专利权利要求的技术方案是什么。其次，二审判决实际是以“Ⅰ型结晶阿托伐他汀”作为本案所述的发明客体，而这与本专利权利要求1～3中“含1～8摩尔（优选3摩尔）水的Ⅰ型结晶阿托伐他汀水合物”存在显著差异。（2）二审判决对《中华人民共和国专利法》第二十六条第三款所称“清楚、完整”的理解有误。本专利权利要求1～3的文字部分已经清楚地表明了其保护的主题为含有特定量水的Ⅰ型结晶阿托伐他汀水合物，其中水含量的确认对于明确理解和实现本专利而言是不可缺少的技术内容之一。本领域技术人员并不能从现有技术中直接得到权利要求1～3所定义的水含量范围内的产品均会具有如其所定义的XPRD数据的结论，专利权人负有在说明书中对其进行清楚、完整说明的义务。此外，化合物充分公开的首要条件应当是本领域技术人员在说明书公开内容的基础上能够明晰其结构，并确认该结构产品的存在，这是《中华人民共和国专利法》第二十六条第三款所述清楚、完整规定在化合物发明中的直接要求。然而，本专利仅于说明书中声称“Ⅰ型结晶阿托伐他汀含有约1～8摩尔水，优选的是，Ⅰ型阿托伐他汀含有3摩尔水”，除此之外并未测定并记载实施例所获产品的水含量。因此，本领域技术人员据此并不能确认本专利在申请日之前确实已经获得了权利要求所保护的具有特定水含量的产品。（3）二审判决对审查指南所述“解决其技术问题”的理解有误，导致判断逻辑和方法错误。实现发明或者实用新型的技术方案，解决其技术问题，并且产生预期的技术效果三者是存在严密的内在逻辑的。首先，讨论某技术方案能否解决其技术问题，必然以确定该技术方案是什么为前提。其次，某发明是否解决了其技术问题固然跟该发明技术方案采用的技术手段所能达到的客观效果相关，但通过技术方案来解决发明声称要解决的技术问题，其隐含的前提必须是确实已经获得并且能够实现这样的技术方案。可以说，化学产品的确认和制备是“解决其技术问题”的最低层次要求。在制备和确认层面不满足充分公开要求的情形下，第13582号决定也无需进一步讨论效果层面的技术问题是否得以解决。综上，二审判决在有关《中华人民共和国专利法》第二十六条第三款的理解，以及判断的客体、逻辑顺序和方式方法方面存在错误，导致得出错误的结论。

2. 关于含水量测定数据的地位。(1) 含水量并不是直接表征权利要求1~3产品性质与功能的性能参数，作为水合物中的产品要素，其是产品的组成和结构特征。因此含水量测定数据作为证明产品实际存在状态的证据，属于产品确认中必不可少的重要内容。(2) 权利要求1~3定义的结晶水合物在不同的水含量下显示相同的XPRD，说明书声称，对于阿托伐他汀而言，水合形式与非水合形式等价，即水的存在不影响晶体的XPRD。然而，本领域对于特定化合物的水合物而言，其中水属于进入晶格的占位水还是不进入晶格的通道水并没有统一的教导。因此，对于阿托伐他汀这种特定的化合物，以及对于Ⅰ型结晶这种特定的晶型而言，在没有现有技术可以参考，且说明书也未给出任何合乎逻辑的理论分析进行阐释的情形下，其水合物属于哪种类型，本领域技术人员根本无从判断，即本领域技术人员无法确认权利要求1~3的技术方案是否实际存在并且能够实现。专利权人既然在说明书中提出了水合形式与非水合形式等价的主张并且在权利要求中要求保护水含量可在特定的1~8摩尔范围内变化但产品XPRD数据不变的技术方案，则应当对其主张承担相应的举证责任，并承担举证不能的不利后果。(3) 确认权利要求1~3产品中的结合水属于占位水还是通道水，以及具体的水含量，对于分析和确定发明效果层面的技术问题是否能够得以解决也是至关重要的。本领域技术人员知晓，对于目的在于制药用途的某种活性成分的特定形式而言，若其本身不满足最终制成药品的定量及稳定性要求而难以在药物制剂中运用，那么讨论该形式在制备过程中是否利于过滤和干燥是没有意义的。具体到本专利，对于结晶水合物中水的存在形式，进入晶格的占位水，由于晶格本身的稳定性，应当是相对稳定的。然而，通道水合物对于制备过程中可能变化的环境条件耐受程度较低，从而影响到药物制剂制备过程中活性成分的准确定量。因此，在本专利说明书未证明权利要求1~3产品所属类型，且未对其是否真正能够最终用于制备药物作出清楚、完整说明的情形下，本领域技术人员无法判断权利要求1~3的产品是否能够实现用于制备药物制剂这一根本目的。

3. 关于本案的社会影响。本专利在欧洲、日本和美国都有同族专利，这些同族专利在授权之后一直纷争不断。其中，欧洲和日本的同族专利已经被撤销或无效。此外，本案结论涉及重大国家经济利益和公共健康，并对我国目前有关医药领域《中华人民共和国专利法》第二十六条第三款的审查标准的把握与运用具有很强的指导意义，案件辐射效应巨大。

综上，专利复审委员会请求本院依法再审并撤销二审判决，维持第13582号决定。

嘉林公司不服上述二审判决，向本院申请再审称：

1. 二审判决认定事实和适用法律存在错误。（1）在判断发明是否能够解决技术问题之前，必须要考虑说明书是否清楚完整地说明了发明是什么、在技术上是否能够实现的问题。本案各方当事人的争议焦点在于本专利权利要求所限定的产品的确认及其可获得性，而二审判决根本未对这一问题发表任何意见，而径直要求专利复审委员会分析哪些“化学物理性能参数”与解决“过滤和干燥”的技术问题相关，再从权利要求限定的多个必要技术特征中仅挑选出满足“过滤和干燥”需要的那些化学物理性能参数，并进而判断这些所需的化学物理性能参数是否得到清楚、完整的说明，其作法明显不当。（2）二审判决对“发明”的认定错误。本专利权利要求1所限定产品中的水是其必要组成成分，而X射线粉末衍射数据特征则从另一角度表征了该产品的晶型结构，两者都是权利要求的必要技术特征，都需要在说明书中给予清楚、完整的说明。（3）二审判决对“要解决的技术问题”认定错误。就本专利权利要求1～3所限定的产品发明而言，结合说明书的内容，满足严格药物要求和规格配方、具有更好制造和存储稳定性属于其首要且必须要解决的技术问题，而不仅限于获取一般意义上晶体相对于无定形而言具有的普遍共性——便于过滤及干燥。（4）对于晶型发明而言，其必然要解决的技术问题是发明产物水含量稳定和储存稳定，以便于配药定量，满足药物制剂对规格配方的严格要求。因此，含水量及其存在形式不仅仅是在字面上属于本专利权利要求1～3技术方案的技术特征，而且还是与其技术方案要解决的技术问题直接、必然相关的不可忽略的必要技术特征之一。所以，从发明所要解决的技术问题的角度，在确定发明是什么，以及发明所要解决的技术问题的过程中，也不应忽略水含量及其形态特征。

2. 本专利说明书公开不充分，不符合《中华人民共和国专利法》第二十六条第三款的规定。（1）本专利说明书未公开能够用于确认产品中含水量及稳定存在形式的测定数据或图谱。含水量及稳定存在形式是本专利权利要求1~3定义的Ⅰ型结晶阿托伐他汀水合物中与发明所要解决的技术问题直接相关的必要技术特征，它是产品的组成和晶体结构要素之一。因此，提供含水量及稳定存在形式测定数据属于产品确认中必不可少的重要内容，是与权利要求1~3所主张的保护范围相适应的、专利权人所应尽的基本公开义务。本领域技术人员在本专利说明书所公开内容的基础上，并不能清楚地确认本专利实际获得了权利要求1~3所保护的、具有特定水含量和存在形式的晶体产品，更无法进一步确定其中所述的水是否会对技术问题的解决造成影响，以及造成多大的影响。此外，在现有技术没有教导，且说明书也未给出任何合乎逻辑的理论分析的情形下，本领域技术人员根本无法确认权利要求1~3记载的同一套衍射特征是否真实地代表了有不同水含量的Ⅰ型结晶阿托伐他汀的衍射特征。（2）本领域技术人员在说明书公开内容的基础上，并不能制备得到权利要求1~3所保护的产品。首先，本领域技术人员无法实施本专利说明书实施例1的内容。实施例1中，无论方法A还是方法B中都使用了Ⅰ型结晶阿托伐他汀晶种，但本专利说明书并未提供获得所述晶种的实施方式，也未说明所述晶种的来源。因此在无法获得晶种的情形下，本领域技术人员并不能重现实施例1的操作方案。其次，根据本专利说明书的一般性描述，本领域技术人员无法确认在不加晶种的情形下必然能够获得权利要求1~3所限定的产品。

综上，嘉林公司请求本院依法再审本案，并判决撤销二审判决，维持第13582号决定。

沃尼尔·朗伯公司提交意见称：（1）关于本发明要解决的技术问题和说明书充分公开的关系。判断一件化合物专利是否满足《中华人民共和国专利法》第二十六条第三款关于公开充分的要求，确定发明要解决的技术问题是基础和关键，首先应当从现有技术出发了解发明希望解决的技术问题是什么，然后才能判断对于发明要解决的技术问题而言，哪些信息是必不可少的，是说明书应当充分公开的，而哪些信息与发明要解决的技术问题无关，因此不必在说明书中详细描述。本发明要解决的技术问题是“获得Ⅰ型结晶形式的阿托伐他汀”，用以克服“无定形阿托伐他汀不适合大规模生产中的过滤和干燥”的不利性质。第13582号决定中没有考虑“本发明解决的技术问题”这一基础和关键问题，也没有考虑哪些参数是“与要解决的技术问题相关的化学物理性能参数”，错误地考虑和讨论Ⅰ型结晶阿托伐他汀的水含量，最终得出了本发明公开不充分的错误结论。二审判决对复审委的上述错误进行纠正，认定事实清楚，适用法律正确，应当予以维持。（2）本专利说明书对权利要求1~3的技术方案的公开满足了专利法和审查指南规定的“能够实现”的要求。本领域技术人员根据本专利说明书的教导，并结合其掌握的本领域一般知识和技能，能够很容易地从说明书实施例公开的反应条件范围内选择具体的反应条件，至多经过少许尝试和对这些条件的合理调整，就可以获得含有1~8摩尔水（优选3摩尔水）的Ⅰ型结晶阿托伐他汀水合物。（3）关于Ⅰ型结晶阿托伐他汀水合物中水含量的确认。首先，本专利说明书的公开满足了审查指南关于化合物确认的两个层次的要求，专利复审委员会要求本专利说明书必须以实验数据证明晶体的水含量，并且以原始实验数据、图谱或根据制备步骤严格证明发明人所得到的Ⅰ型结晶阿托伐他汀含有1~8摩尔水，优选含有3摩尔水，这些要求超出了审查指南的规定，缺乏依据。其次，虽然本专利说明书实施例中没有记载所获得的Ⅰ型结晶阿托伐他汀的水含量，但是本领域技术人员在阅读本专利权利要求书和说明书的整体内容之后，能够理解并相信专利权人在申请日前已经制备得到了Ⅰ型结晶阿托伐他汀三水合物。对于说明书第15页倒数第4段中明确记载的“Ⅰ型阿托伐他汀含有约1~8摩尔水。优选的是，Ⅰ型阿托伐他汀含有3摩尔水”，本领域技术人员会理解，水含量并非是在制备得到结晶形式的阿托伐他汀之前预先设想的，而必然是在制备得到该Ⅰ型结晶后才测量得到的，即发明人对所获得的Ⅰ型结晶阿托伐他汀进行了水含量测定，而这里记载的水含量就是根据实验数据概括得出的结果。（4）本专利权利要求限定的“Ⅰ型结晶阿托伐他汀水合物”中的“水”应被理解为广义的结晶水，可以包括占位水和通道水。在本专利的优先权日之前，本领域技术人员就熟知通道水合物具有在获得或失去一定量的水的同时保持相同的晶体结构的性质。由于本专利说明书中已经明确记载了Ⅰ型结晶阿托伐他汀的特征：即其具有区别于无定形阿托伐他汀和本专利中的其他阿托伐他汀晶型的标志性XPRD特征峰并且含有约1至8摩尔水，且优选3摩尔水，本领域技术人员据此能够意识到，本专利这种被称为“Ⅰ型结晶”的新型晶体应该是一种通道水合物，即其中的水含量可在一定范围内变化而不导致该晶体的XPRD特征峰发生改变。此外，含有1-8摩尔水的Ⅰ型结晶阿托伐他汀水合物是否都具有相同的XPRD，不属于说明书充分公开的问题，而属于权利要求是否得到说明书支持的问题。（5）关于本案的社会影响。本案虽然涉及销量全球领先的药品，但是药品的销量和本专利说明书是否满足充分公开的要求无关，专利复审委员会在再审程序中强调这个理由缺乏法律依据。综上，沃尼尔·朗伯公司认为二审判决认定事实清楚、适用法律正确，请求本院依法驳回两再审申请人的再审申请。

第三人张楚陈述意见称：同意本案两再审申请人的意见。

沃尼尔·朗伯公司在二审程序中提交了天津大学实验报告，该报告涉及两项实验：（1）根据本专利实施例1方法A制备阿托伐他汀钙Ⅰ型结晶三水合物；（2）根据本专利说明书第16页第6到14行的记载未使用晶种的情况下制备阿托伐他汀钙Ⅰ型结晶三水合物。两项实验的结论均制备出了阿托伐他汀钙Ⅰ型结晶三水合物。嘉林公司在再审开庭时认为沃尼尔·朗伯公司在二审开庭时才提交该证据，在毫无准备的情况下，其未对报告完成人龚俊波副教授进行充分的质询。为进一步查清事实，经当事人同意，本院安排嘉林公司对龚俊波副教授进行了书面质询，龚俊波副教授进行了书面回复。专利复审委员会和嘉林公司对该份证据的主要质证意见为：（1）报告完成单位天津大学化工学院和完成人龚俊波副教授不具有技术和法律同一性鉴定的主体资格。（2）该证据属于行政诉讼程序不应考虑的新证据。（3）该证据实验1部分采用加入晶种的方案，而本专利并未披露晶种来源及其获得方法；该份证据实验中对于结晶关键步骤的操作条件

的选择已经远远超出本专利说明书给予本领域技术人员的教导。涉案专利实施例1方法A在加入晶种之后，记载为“将混合物在51～57℃下加热至少10分钟，再冷却到15～40℃”。天津大学实验报告实验1相应的加热时间为“17小时”，与“至少10分钟”根本不在同一数量级。并且，本专利并没有说明从51～57℃冷却到15～40℃需要特别的控制，按照本领域技术人员的一般理解，即应当为静置冷却或自然冷却。然而，天津大学实验报告实验1从53℃左右冷却到室温却用了长达10个小时，这显然是采用了特别控制手段的特殊冷却方式，时间也大大地延长。天津大学实验报告实验2中将混合物在52～57℃“搅拌过夜”（一般理解为12～17小时），浆液从52～57℃冷却到室温用了长达10小时。如上所述，这与本专利说明书实施例1方法A中记载的“至少10分钟”和“冷却”同样相去甚远。（4）该份证据的实验2部分不能证明其获得了本专利权利要求3所限定的Ⅰ型结晶阿托伐他汀钙三水合物。

在本院再审审查的过程中，嘉林公司提交了北京国威知识产权司法鉴定中心出具的《司法鉴定意见书》（北京国威［2013］知司鉴字第11号，以下简称司法鉴定意见书），以证明本专利公开不充分，按照本专利说明书公开的反应结晶实验方案不能得到含1～8摩尔水的Ⅰ型结晶阿托伐他汀水合物；沃尼尔·朗伯公司二审提交的天津大学实验报告中实验2的方案超出了本专利说明书公开的范围，且实验2的产物与本专利所述的含1～8摩尔水的Ⅰ型结晶阿托伐他汀水合物不同。在本院再审申请审查的听证程序中，鉴定人员和检测人员均出庭发表意见并接受了各方当事人的质询。沃尼尔·朗伯公司对该份司法鉴定意见书的主要质证意见为：（1）司法鉴定意见书不满足行政诉讼法及相关司法解释对提交证据的相关规定，不应当予以考虑。（2）司法鉴定意见书的鉴定事项在第13582号决定中并不涉及，与本案没有关联性，不应当予以、考虑。（3）司法鉴定意见书的鉴定实验方案设计违背本领域技术人员常识，不应被采信。①鉴定事项中反应结晶实验方案的设计违背本领域的常识。对于反应结晶的时间，司法鉴定意见书仅仅参考本专利说明书实施例1的方法A中的“加热至少10分钟”的内容，就断定“根据常识可以认定加热时间为大于10分钟，一般不超过1小时，因此，确定加热时间为15分钟~60分钟”；对于冷却方式，司法鉴定意见书为“采用自然冷却法给混合物降温”，理由是“说明书对于冷却没有特别指明，本领域技术人员默认为是自然冷却”。但是，鉴定人在此并没有站在本领域技术人员的角度，忽略了本专利说明书实施例1的方法A是一个反应物总量超过1300升的大规模的工业方法，而鉴定人进行的是在以上工业规模的基础上缩小1万倍以后的反应物总量约125毫升的小规模试验这一重要的区别。由于规模的区别，即使两个实验都采用“自然冷却”的降温方式，本领域技术人员也能想到其降温速度会相差巨大。而对于从溶液中结晶制备化合物晶体的方法而言，降温速度是能否成功制备化合物结晶的一个重要因素。此外，根据本专利说明书第16页第2段第7行对反应结晶法的一般性教导，本领域技术人员能够知道，反应结晶法的晶化步骤优选在升温下进行，如约45~60℃，优选47~52℃下进行。按照鉴定人设计的实验方案，反应物在40℃以上的高温，仅维持了不到1小时的时间，这样短的时间显然不足以完成晶体的成核和生长。根据公知常识，本领域技术人员都知道，为了从溶液中制备形成晶体，通常要对溶液体系进行缓慢冷却和长时间的等待。可见，鉴定人设计的实验方案，根本没有模拟本专利实施例1方法A的温度曲线，其反应物体系的冷却速度过快、晶体形成过程过短。这样的操作方法，没有尊重晶体形成的客观规律，因此不能得到Ⅰ型结晶阿托伐他汀是很自然的事情。②司法鉴定意见书认为天津大学实验报告实验2的实验产物与本专利权利要求1所限定的含1~8摩尔水的Ⅰ型结晶阿托伐他汀水合物不同，该结论不应予以采信。专利复审委员会和张楚对该司法鉴定意见书没有异议。

嘉林公司在本院再审申请审查程序中还提交了以下证据：证据1：《中华人民共和国药典》节选，国家药典委员会编，2010年版；证据2：《中国药品检验标准操作规范》节选，中国医药科技出版社，2010年版；证据3：《化工商品检验手册》节选，化学工业出版社，1996年版；证据4：《化工辞典》节选，化学工业出版社，2000年版；证据5：《实用药学辞典》节选，天津科学技术出版社，1991年版；证据6：《化学辞典》节选，化学工业出版社，2004年版。上述证据均涉及公知常识，证据1-3用于证明卡尔-费休法不是用于测定结晶水的专属方法，其不能区分结晶水还是吸附水，区分结晶水和吸附水，本领域通常使用热重分析法；证据4到6用于证明三水合物是指含有三个结晶水的物质。经质证，专利复审委员会、沃尼尔·朗伯公司及张楚对上述证据的真实性均无异议。沃尼尔·朗伯公司认为上述证据1到3出版日期均在本专利优先权日之后，不能用于证明本专利优先权日之前本领域的公知常识。对证据4到6，沃尼尔·朗伯公司认为可以作为公知常识性证据使用，并认可证据4和6中对结晶水和水合物的定义，即结晶水是指晶体水合物组成中的水。以分子形式存在于晶体结构中；水合物是指一种化合物或单质和水分子结合组成的固体物质，水分子的组成一定或在一个范围内变动。

在本院再审申请审查及再审程序中，沃尼尔·朗伯公司提交下列证据：证据1为二审补充上诉理由；证据2和3为二审庭审笔录；证据4为一审中已提交的《中华人民共和国药典1990年版二部药典注释》，化学工业出版社，1993年2月。上述四份证据不属于新证据，本院不再组织质证；证据5为《化学工程手册》第2卷，9-108和9-109页，化学工业出版社，1989年10月；证据6为J. W. Mullin著，《Crystallization》，Fourth Edition，392-393页，2001年版，2004年重印。证据5~6用于证明本领域技术人员公知在结晶过程中，尤其是在不使用晶种的情况下，为了控制最终结晶的颗粒大小，结晶的冷却过程应该是缓慢的和受控的，不可能是自然冷却。证据7为麻省理工学院Allan S. Myerson教授证言及其附件与中文译文；证据8为Karen S. Gushurst证言及实验报告与中文译文。证据7和8通过聘请第三方专家Karen S. Gushurst等进行的补充实验和Allan S. Myerson教授的解读，证明本领域技术人员通过涉案专利说明书记载的内容能够制备得到本专利权利要求保护的产品，本专利说明书符合《中华人民共和国专利法》第二十六条第三款的规定。证据9为《化工百科全书》第8卷节选，化学工业出版社，1994年9月，用于证明嘉林公司司法鉴定意见书中鉴定人设计的实验方案违背本领域的公知常识，没有模拟本专利实施例1方法A的降温曲线；证据10为美国药典USP23 NF18，1995年；证据11为美国药典USP24 NF19，2000年；证据12为Harry

G. Brittain, X - ray Diffraction III: Pharmaceutical Applications of X - ray Powder Diffraction, Spectroscopy, 第16卷第7期, 第14 - 16、18页, 2001年7月。证据10和11通过美国药典1995版到2000版的变化说明衍射峰的相对强度对于晶型的鉴别并不重要；证据12解释证据10和11的美国药典变化的原因；证据13为Dana W. Mayo等著, 《Microscale Techniques for the Organic Laboratory》, 132 ~ 133页, John Wiley & Sons, 1991年；证据14为Avery Adrian Moaon著, 《Laboratory Technique In Organic Chemistry》, 154 ~ 155页, McGraw - Hill Book Company, 1938年；证据15为Arnold Weissberger编, 《Technique of Organic Chemistry》, Volume III, Second Edition, Part I, Separation and Purification, 395 ~ 397、478 ~ 485和520 ~ 521页, Interscience Publishers, 1956年。证据13 ~ 15证明了结晶过程通常是一个缓慢的过程，需要耐心和坚持；缓慢冷却、加晶种和在结晶容器的内壁刮、擦都能诱发结晶，这些手段属于制备结晶化合物的常规试验技能；证据16为PCT/US96/11368号国际申请的国际公开文本，公开号WO 97/03959，为本专利的国际公开文本；证据17为Stephen R. Byrn著, 《Solid - State Chemistry of Drugs》, 169 ~ 171和186 ~ 188页, Academic Press, 1982年；证据18为Stephen R. Byrn著, 《Solid - State Chemistry of Drugs》, 6 ~ 11页, Academic Press, 1982年；证据19为Ralph R. Pfeiffer等, Crystal Pseudopolymorphism of Cephaloglycin and Cephalexin, Journal of Pharmaceutical Sciences, 第59卷第12期, 1809 ~ 1814页, 1970年12月。证据17 ~ 19说明本领域公知，存在被称为“晶体假多形”（即通道水合物）的现象，其中的水含量可在一定范围内变化而不导致该晶体的XPRD图谱发生改变。证据20为Anthony R · West著, 《Solid State Chemistry and its Applications》, 166 ~ 167和178 ~ 179页, John Wiley & Sons, 1984年, 1990年9月重印，说明在本专利的优先权日之前，本领域技术人员就已经普遍了解XPRD衍射峰的相对强度对于晶型的判断并不起任何关键作用；证据21为George H. Stout等著, 《X - ray structure Determination - A Practical Guide》, Second Edition, 74 ~ 75页, John Wiley & Sons, 1989年，说明嘉林公司司法鉴定意见书的实验设计不符合本领域的常识；证据22为吕扬主

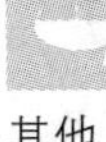

编，《晶型药物》，94～98 和 104～106 页，人民卫生出版社，2009 年 10 月，在该书中介绍了同一化合物的不同水合物晶体具有几乎相同的 XPRD 图谱的现象；证据 23 为周公度著，《晶体结构测定》，237～239 页，科学出版社，1981 年 1 月，用于证明由于 XPRD 的强度误差变化太大，不能作为鉴定晶体结构的主要依据。

对上述沃尼尔·朗伯公司提交的证据，专利复审委员会对部分证据质证认为：证据 11、12 公开日晚于本专利申请日和最早优先权日，在判断本申请是否公开充分时不应考虑。证据 7、8 是外籍人士的证人证言及其附件，证人没有出庭接受质证，是单方委托进行的实验，不能单独作为定案的依据。对照本专利说明书，证据 7、8 的实验充实了很多的技术细节，无法证明本领域技术人员可以在不使用品种的情况下获得结晶。对证据 9，认可真实性，但无法证明通道水不会影响结晶结构，反而可以证明结晶过程的影响因素众多。对证据 10～12，认可真实性，但不能证明衍射峰强度对晶体结构的确认不重要。对证据 13 到 15，认可真实性，但无法证明本领域技术人员通过简单的刮和擦等步骤即可以在不使用品种的情况下获得晶体。证据 16 是本专利的国际公开文本，认可其真实性。

对上述沃尼尔·朗伯公司提交的证据，嘉林公司质证认为：对证据 5 的真实性认可；证据 6 为 2001 年版，在涉案专利申请日之后。证据 5 和 6 内容与本案没有关联性，无法证明本领域技术人员根据本专利说明书所述“冷却”会自然理解为是受控冷却。证据 7～22 不属于行政诉讼法意义上的“新的证据”。证据 7、8 为证人证言和实验报告，由于没有出具报告日期，也没有居民身份证复印件等证明证人身份的文件，更没有证明其相关学术背景的证明文件，证人和实验完成人没有出庭接受质询，Aptuit/SSCI 不具有中华人民共和国认可的司法鉴定资质，公证认证手续文件存在缺陷，对证据 7 和 8 的真实性不予认可。证据 7 关于“同一晶型的衍射峰相对强度可以显著不同”的推论是错误的。证据 7 关于“无定形固体在浆液中冷却或保持于最终温度的过程可以转化为结晶固体”的推论是错误的。证据 8 的实验 A 并非重复实施例 1 方法 B，而是与实施例 1 方法 B 存在诸多不同。证据 8 的实验 B 并非重复专利说明书第 16 页第 22～25 行的无定形阿托伐他汀的工艺，而是与上述内容存在诸多不同。证据8的实验C是基于不同溶剂体积的冷却速率实验，并不能证明实施例1方法A需要10小时以上自然冷却。证据8的实验D是1000L反应容器RV104的冷却实验，并不能证明实施例1方法A需要自然冷却10小时以上。证据8的实验E并非重复实施例1方法A，并且与实施例1方法A存在诸多不同。证据9、13~15并不能证明本领域技术人员不需要付出创造性劳动就可以获得加热搅拌时间以及冷却条件这两个对本专利的结晶过程非常重要的操作参数；也不能证明本领域技术人员不需要付出创造性劳动就可以获得本专利的Ⅰ型结晶阿托伐他汀的品种。证据10~12仅仅表明美国药典删除了关于XPRD衍射峰的相对强度变化至多为20%的规定，并不能证明对于鉴别晶体种类不需要考虑XPRD衍射峰的相对强度。证据18复印件中并没有显示国家图书馆的馆藏证明，不认可其真实性。证据17、18、19提及的“晶体的假多形现象导致脱溶剂化物与溶剂化物具有相似的X射线粉末衍射图”仅仅是针对特定化合物一头孢氨苄、头孢氨星而言得出的推论，该推论并不适用于阿托伐他汀钙。证据20已经表明，X射线粉末衍射图的衍射峰强度可以半定量地测量，只是最多允许有20%以内的变化。对于同一化合物的不同水合物晶体，这些衍射峰强度的变化是判断待测样品究竟属于几水合物晶体的重要依据，这也是申请人自己把衍射峰相对强度作为必要的技术特征记载在权利要求1中的原因。证据21并没有清楚地描述普通尺寸的实验室容器究竟是多大。通常的实验室容器的体积从几毫升到几升都是有的。如果不限定具体尺寸，证据21的表述根本没有参考价值。证据22是吕扬教授主编的书籍，其中存在这样的描述：磷酸氯喹的一水合物和二水合物的理论粉末衍射图谱相似。该描述针对的是特定的化合物——磷酸氯喹，不能适用于与磷酸氯喹的化学结构相差很大的阿托伐他汀钙。证据23不满足对证据真实性和关联性的要求，请求不予采信。

对上述嘉林公司提交的司法鉴定意见书和证据1到6及沃尼尔·朗伯公司提交的天津大学实验报告和证据5到23，本院综合认证如下：

1. 关于实验性证据。《中华人民共和国专利法》第二十六条第三款要求本领域技术人员在专利申请日之前就可以根据说明书充分公开的内容实现发明，而在申请日后补充的实验性证据一般以事后验证的方式来证明说明书达到了上述要求。本院认为，在专利申请日后提交的用于证明说明书充分公开的实验性证据，如果可以证明以本领域技术人员在申请日前的知识水平和认知能力，通过说明书公开的内容可以实现该发明，那么该实验性证据应当予以考虑，不宜仅仅因为该证据是申请日后提交而不予接受。在考虑实验性证据是否采纳的时候应严格审查时间和主体两个条件。首先，实验性证据涉及的实验条件、方法等在时间上应该是申请日或优先权日前本领域技术人员通过阅读说明书直接得到或容易想到的；其次，在主体上，应立足于本领域技术人员的知识水平和认知能力。本案中，沃尼尔·朗伯公司和嘉林公司均提交了这方面的证据，其中天津大学实验报告为沃尼尔·朗伯公司单方委托进行的实验，在二审开庭时提交给法庭。为反驳该证据，嘉林公司在申请再审时单方委托北京国威知识产权司法鉴定中心出具司法鉴定书，对天津大学实验报告的实验条件和结果提出质疑。沃尼尔.朗伯公司在再审程序中又提交证据7和8，进一步证明本领域技术人员根据本专利说明书公开的内容可以实现本发明。对于上述几份证据能否证明根据本专利说明书公开的内容可以或不可以制备出本专利请求保护的Ⅰ型结晶阿托伐他汀水合物，本院具体分析如下：

首先，关于天津大学实验报告和司法鉴定意见书，双方争议在于实验条件和方法是否与专利文件相符，主要涉及加热时间和冷却方式。关于加热时间，本专利实施例1方法A在加入晶种之后，记载为“将混合物在51～57℃下加热至少10分钟，再冷却到15～40℃”。天津大学实验报告实验？1相应的加热时间为“17小时”，实验2为在52～57℃“搅拌过夜”；司法鉴定意见书鉴定事项中加热时间为15分钟～60分钟。天津大学实验报告中实验1选择加热17小时，已经远远超出了本专利说明书中加热至少10分钟的数量级；实验2为搅拌过夜，首先时间不确定，其次按照一般理解，过夜也应该至少为8小时，同样和本专利说明书记载的加热至少10分钟相距甚远。沃尼尔·朗伯公司对此的解释主要是：由于实验规模的不同，本专利说明书方法A属于大规模的工业方法，反应物超过1300升，虽然只是加热至少10分钟，但本领域技术人员会想到，在停止加热后进行自然冷却时，温度下降会非常缓慢，反应体系将在40℃以上维持相当长的时间；本专利说明书中存在晶化步骤优选在升温下进行的教导。基于以上信息，本领域技术人员会想到使反应物在较高的温度下保持较长的时间，以便更好地完成结晶。对此，本院认为：确实实验规模的不同可能会影响到降温速度，基于本专利说明书的教导，本领域技术人员也会想到升温有助于完成结晶，但从说明书中的大规模缩小到实验室规模后，要延长加热多长时间才能得到本专利请求保护？Ⅰ型结晶阿托伐他汀水合物，并不是本领域技术人员在本专利优先权日之前从说明书中容易想到的。关于冷却方式的问题，本专利说明书中只是说冷却到15~40℃，天津大学实验报告中从53℃左右冷却到室温是10个小时，显然该过程是受控冷却，司法鉴定意见书中采用自然冷却法降温，理由是本专利说明书对于冷却没有特别指明，本领域技术人员默认为是自然冷却。沃尼尔·朗伯公司认为根据本领域教科书的记载，结晶工艺中为了得到颗粒度好的晶体，通常不会选择自然冷却，而是要受控冷却。对此，本院认为：根据沃尼尔·朗伯公司提供的证据5、9、13、15和21，可以证明为了更好地获得结晶，冷却应该是受控的，但具体针对于Ⅰ型结晶阿托伐他汀如何具体控制降温速度，冷却到室温需要多长时间才能制备出Ⅰ型结晶阿托伐他汀水合物，并不是本领域技术人员在本专利优先权日之前从说明书中容易想到的。而且，上述加热和冷却时间均涉及到从本专利说明书中的大规模缩小到实验室规模后如何具体确定实验条件的问题，这也从侧面证明结晶需要受到多种因素的影响，规模大小的变化也会导致结晶条件的相应变化，从大规模缩小到实验室规模无疑进一步加大了本领域技术人员从本专利说明书中获取实验信息以选择具体实验条件的难度，从本案现有证据看仍不足以证明天津大学实验报告中选择的加热和冷却时间是本领域技术人员在本专利优先权日之前从说明书中容易想到的。此外，天津大学实验报告的实验1是加晶种的方案，本专利说明书并没有披露晶种的来源和获得方法，本领域技术人员据此无法制备得到权利要求所保护的产品。综上，天津大学实验报告不能用于证明本领域技术人员根据本专利说明书公开的内容是否可以实现本发明，本院对该证据不予采纳。鉴于此，双方的另一个焦点问题，即天津大

学实验报告实验2部分是否获得了符合本专利权利要求所限定的Ⅰ型结晶阿托伐他汀三水合物及与此相关的沃尼尔·朗伯公司提交的证据10～12、20和23，本院不再予以评述。

其次，对于沃尼尔·朗伯公司提交的证据7和8。证据7为专家证言，证据8为实验完成人证言和实验报告，两者共同用于证明本领域技术人员根据本专利说明书公开的内容可以实现本发明。本院认为：首先，证据7、8中出具证言的专家和实验完成人为外国人，证据8中实验报告为在国外进行的实验，此两份证据都需要履行相应的公证认证手续。而沃尼尔·朗伯公司提交的公证认证文件并没有对专家和实验完成人的资质和实验的过程进行公证认证，而证人资质和实验过程的真实性、合法性直接决定着实验结论能否被采纳。其次，证据7为本领域专家的证言，不能证明本领域技术人员的认知；证据8的相关实验中有些具体的实验条件和细节在本专利说明书中并不存在，沃尼尔·朗伯公司并没有充分的证据证明本领域技术人员在本专利优先权日之前运用其当时的知识能力和水平根据说明书公开的内容就可以实现本发明，制备得到权利要求保护的产品。综上，本院对沃尼尔·朗伯公司提交的证据7和8不予采纳。

2. 关于公知常识性证据。除了上述实验性证据之外，各方当事人提交的其他证据为公知常识性证据，对于可以证明本专利优先权日之前本领域公知常识的证据，本院予以考虑。关于嘉林公司提交的证据1到6，均为公知常识性证据。其中证据1到3公开日期在本专利优先权日之后，不能用于证明本专利优先权日之前的公知常识，因此对证据1到3本院不予采纳。对于证据4到6，由于沃尼尔·朗伯公司认可，其他当事人也没有不同意见，本院对证据4到6予以采纳，其可以证明本专利Ⅰ型结晶阿托伐他汀水合物中所含水的性质应为结晶水，不是吸附水。对于沃尼尔·朗伯公司提交的有关公知常识证据。其中证据5、9、13、21，本院在前一部分论述冷却方式时已经予以考虑。证据6为2001年版，在本专利优先权日之后，本院不予采纳。证据10到12、20和23涉及天津大学实验报告实验2部分是否获得了符合本专利权利要求所限定的Ⅰ型结晶阿托伐他汀三水合物，本院不再评述。证据14、15无法证明本领域技术人员通过简单的刮和擦等步骤即可以在不使用晶种的情况下获得晶体，本院不予采纳。证据16为本专利国际公开文本，本院予以确认。证据17到19和22用于证明本领域公知，存在被称为“晶体假多形”（即通道水合物）的现象，其中的水含量可在一定范围内变化而不导致该晶体的XPRD图谱发生改变。本院认为，证据17~19和22并不能证明本专利要求保护的Ⅰ型结晶阿托伐他汀水合物存在“晶体假多形”现象，本案中也没有证据证明阿托伐他汀水合物中的水是通道水，本领域技术人员根据本专利说明书公开的内容，结合证据17到19和22，仍然无法确认含有1到8摩尔水的Ⅰ型结晶阿托伐他汀水合物具有完全相同的XPRD，故本院对证据17到19和22不予采纳。

本院审理查明：一、二审法院查明的事实属实，本院予以确认。本院另查明：本专利说明书第2页有如下表述：“钙盐是希望的，因为它能使阿托伐他汀很容易配制成如口服用的片剂、胶囊、锭剂、粉剂等。此外，仍有需要制备纯的和结晶形式的阿托伐他汀，以便能制备满足严格的药物要求和规格的配方。此外，生产阿托伐他汀的方法需要是一种适合于大规模生产的方法。另外，希望产物为易于过滤和干燥的形式。最后，在经济上希望产品是长期稳定的，从而不需要特殊的贮存条件。在上述美国专利中的方法公开了无定形阿托伐他汀，它不适合大规模生产中的过滤和干燥，还必须使它免受热、光、氧和水汽的作用。……Ⅰ型阿托伐他汀由比以前的无定形产品更小的颗粒和更均匀的粒度分布的阿托伐他汀组成，它具有更有利过滤和干燥的特性。此外，Ⅰ型阿托伐他汀比无定形产品更纯和更稳定。”

本院认为：本案的争议焦点问题是：关于确定发明所要解决的技术问题与《中华人民共和国专利法》第二十六条第三款的判断之间的关系；关于本专利是否符合《中华人民共和国专利法》第二十六条第三款规定的问题。

一、关于确定发明所要解决的技术问题与《中华人民共和国专利法》第二十六条第三款的判断之间的关系

本专利优先权日为1995年7月17日，因此，本案应适用1992年修正

的《中华人民共和国专利法》，该法第二十六条第三款规定："说明书应当对发明或者实用新型作出清楚、完整的说明，以所属技术领域的技术人员能够实现为准……"根据该条规定，"作出清楚、完整的说明"和"能够实现"的对象是发明或实用新型，因此应该首先明确发明或实用新型是什么，然后看说明书是否对该发明或实用新型作出了清楚、完整的说明，所属技术领域的技术人员根据说明书的内容是否能够实现该发明或实用新型。根据本专利授权公告的权利要求书的内容，本专利请求保护的主题是"含1~8摩尔水的Ⅰ型结晶阿托伐他汀水合物"。本领域技术人员可以理解，对于以某种形式的水合物作为发明主题的化学产品发明而言，其中的水含量应当是该产品发明的组成部分和结构特征。具体而言，本专利权利要求1到3对本发明从两方面进行了限定：一是组成，即含1~8摩尔水（优选3摩尔）的Ⅰ型结晶阿托伐他汀水合物；二是从微观结构而言，该水合物具有权利要求所定义的XPRD和133CNMR数据。本专利说明书应对上述权利要求所限定的发明内容进行清楚、完整的说明，以本领域技术人员根据说明书公开的内容能够实现为准。而"能够实现"，参照审查指南的规定，是指本领域技术人员根据说明书公开的内容，能够实现发明的技术方案，解决其技术问题，并且产生预期的技术效果。也就是说，必须是能够实现技术方案，解决技术问题，产生预期效果三者同时满足，才符合《中华人民共和国专利法》第二十六条第三款的规定。可见，在判断是否符合《中华人民共和国专利法》第二十六条第三款的规定时，需要考虑发明解决的技术问题，如果说明书给出了技术手段，但本领域技术人员采用该手段不能解决发明所要解决的技术问题，同样不符合《中华人民共和国专利法》第二十六条第三款的规定。但需要考虑发明解决的技术问题不意味着首先且必须考虑发明解决的技术问题，如果一个发明的技术方案本身都无法实现，显然已经不符合《中华人民共和国专利法》第二十六条第三款的规定，这时候再考虑发明要解决的技术问题已经没有实际意义。因此，技术方案的再现和是否解决了技术问题、产生了技术效果的评价之间，存在着先后顺序上的逻辑关系，应首先确认本领域技术人员根据说明书公开的内容是否能够实现该技术方案，然后再确认是否解决了技术问题、产生了技术效果，在不对技术方案本身是否可以实现作出确认的前提下，其与现有技术相比是否能够解决相应的技术问题，并实现有益的技术效果均无从谈起。本案中，二审法院实际并没有考虑本专利权利要求限定的技术方案的可实现性，而是首先考虑发明要解决的技术问题，进而考虑与要解决的技术问题相关的化学物理性能参数，该审理思路不当，本院予以纠正。

二、关于本专利是否符合《中华人民共和国专利法》第二十六条第三款规定的问题

本发明涉及Ⅰ型结晶阿托伐他汀及其水合物，为典型的化学领域产品发明，而化学领域发明专利相比于其他领域有一些特殊性，化学领域属于实验性科学领域，影响发明结果的因素是多方面、相互交叉且错综复杂的。比如在多数情况下，化学领域发明能否实施往往难以预测，需要加以验证才能够确认，还有的化学产品发明需要借助一些定性或者定量的数据和谱图才能够清楚地确认。由于化学领域发明专利的这些特性，化学产品发明的专利说明书中应当记载化学产品的确认、制备和用途。具体而言，当发明是一种化合物时，说明书中应当说明该化合物的化学结构及与发明要解决的技术问题相关的化学、物理性能参数，使本领域技术人员能确认该化合物。同时，说明书中还应当至少公开一种制备方法，使本领域技术人员能够实施。本专利权利要求是通过描述产品的组成，即含1~8摩尔（优选3摩尔）水的Ⅰ型结晶阿托伐他汀水合物，以及产品的微观结构，即该水合物具有权利要求所定义的XPRD和13CNMR数据，这两方面内容对请求保护的Ⅰ型结晶阿托伐他汀水合物进行了限定。各方当事人争议在于：一是含有不同摩尔水的同一化合物的水合物，其XPRD是否相同。二是根据本专利说明书公开的内容是否能够确认并制备得到所述含1~8摩尔水的Ⅰ型结晶阿托伐他汀水合物。本院逐一分析如下：

1. 关于含有不同摩尔水的Ⅰ型结晶阿托伐他汀水合物，其XPRD是否相同的问题。沃尼尔·朗伯公司主张本专利请求保护的Ⅰ型结晶阿托伐他汀水合物中水的性质为通道水，在特定的1~8摩尔范围内变化，不会对

XPRD 产生影响。对此，本院认为，现有证据表明本领域对于某种物质的水合物中的水到底会不会占位，水的存在或含水量的多寡是否会影响到其 XPRD 并不存在统一的教导，沃尼尔·朗伯公司应对其上述主张提供证据予以证明。本专利说明书中仅是声称本专利中无水形式和水合形式是等价的，但Ⅰ型结晶阿托伐他汀水合物中的水到底属于“水不占位，不影响晶体的 XPRD”的物质，还是属于“水会占位，会影响晶体的 XPRD”的物质，沃尼尔·朗伯公司并没有证据证明。退一步而言，即使如沃尼尔·朗伯公司主张的通道水在水合物中不占位，不影响晶体的 XPRD，沃尼尔·朗伯公司也没有证据证明本专利权利要求所限定的Ⅰ型结晶阿托伐他汀水合物中的水属于通道水。在此前提下，本领域技术人员并不能从本专利说明书中确认含有不同摩尔水的Ⅰ型结晶阿托伐他汀水合物具有相同的 XPRD。关于这一问题的性质是否属于《中华人民共和国专利法》第二十六条第三款的问题，本院认为，《中华人民共和国专利法》第二十六条第三款是对说明书提出的要求，说明书要对发明作出清楚、完整的说明，使本领域技术人员可以实现。本发明限定了含有 1 到 8 摩尔水的Ⅰ型结晶阿托伐他汀水合物具有相同的 XPRD，本专利说明书中对此应该充分公开，使本领域技术人员可以确认。故这一问题属于《中华人民共和国专利法》第二十六条第三款的适用范围。

2. 关于化学产品的确认。本专利请求保护的是Ⅰ型结晶阿托伐他汀水合物，本专利说明书已经公开了该水合物的 XPRD 和 13CNMR 数据，各方当事人的主要争议在于该水合物中水含量的确认应该如何理解。对此，本院认为，首先，化学产品的确认是指本领域技术人员应能够根据说明书中公开的内容清楚地确认权利要求所保护的化学产品。本专利请求保护的Ⅰ型结晶阿托伐他汀水合物中的水含量是该产品发明的组成部分和结构特征，说明书中应该有定性或者定量的数据使本领域技术人员相信本专利请求保护的Ⅰ型结晶阿托伐他汀水合物中确实含有 1 到 8 摩尔水，优选 3 摩尔水。也就是说含水量的确认作为证明本专利产品实际存在状态的证据，属于本专利产品确认中必不可少的重要内容。沃尼尔·朗伯公司认可本专利说明书中未测定得到的Ⅰ型结晶阿托伐他汀含有多少水，也认可通过本专利说明书公开的图谱本身不能确定对应的化合物中水的含量，在说明书仅有声称性结论的情况下，本领域技术人员无法确认本专利请求保护的Ⅰ型结晶阿托伐他汀水合物确实含有1到8摩尔水，优选3摩尔水。其次，根据上述嘉林公司提交的证据4和6中对结晶水和水合物的定义，本专利请求保护的Ⅰ型结晶阿托伐他汀水合物中所含水的性质应为结晶水，不是吸附水。但结晶水中还包括了通道水和进入晶格的占位水等，这些不同存在形式的水与晶体结合的紧密程度是不同的，直接决定着这些水分子在晶体中存在的稳定性。根据本院查明的本专利说明书的相关记载，满足严格药物要求和规格、具有更好的存储稳定性同样属于本发明必须要解决的技术问题，而水合物中含水量和水的存在形式直接影响到上述技术问题的解决。目前没有证据证明本专利请求保护的Ⅰ型结晶阿托伐他汀水合物中水的具体存在形式，本领域技术人员根据本专利说明书的内容无法确认本专利请求保护的Ⅰ型结晶阿托伐他汀水合物是否可以解决上述技术问题。综上，水含量的确认对于确认本专利产品而言是必不可少的，与本发明要解决的技术问题也密切相关，由于本专利说明书并未对此进行清楚和完整的说明，故不符合《中华人民共和国专利法》第二十六条第三款的规定。

3. 关于化学产品的制备。由于本专利说明书中没有对本专利请求保护的Ⅰ型结晶阿托伐他汀水合物中的水进行清楚、完整的说明，本领域技术人员无论是根据本专利说明书中的一般性记载，还是根据其中具体的实施例，均无法确信可以受控地制备得到本专利请求保护的含1~8摩尔水（优选3摩尔）的Ⅰ型结晶阿托伐他汀水合物。从化学产品制备的角度，本专利说明书亦不符合《中华人民共和国专利法》第二十六条第三款的规定。

沃尼尔·朗伯公司在二审中提交天津大学实验报告和在再审中提交证据7、8均用于证明本领域技术人员根据本专利说明书公开的内容能够制备得到本专利请求保护的产品。但如上所述，本专利说明书没有对Ⅰ型结晶阿托伐他汀水合物中的水进行清楚、完整的说明，说明书从根本上已经不符合《中华人民共和国专利法》第二十六条第三款的规定，即使沃尼尔·朗伯公司提交的上述实验性证据中最终得到的产品经测量确实为Ⅰ型结晶

阿托伐他汀三水合物，也不能改变本专利不符合《中华人民共和国专利法》第二十六条第三款的规定的客观事实。换言之，对于化学产品发明，说明书中没有记载化学产品的确认的，不属于已达到清楚、完整说明的要求，不符合《中华人民共和国专利法》第二十六条第三款的规定。上述实验性证据只能证明化学产品能否制备得到，不能用于证明化学产品的确认，沃尼尔·朗伯公司在二审中提交的天津大学实验报告和在再审中提交的证据7、8，在这个意义上也应该不予以采纳。

综上，本专利说明书不符合《中华人民共和国专利法》第二十六条第三款的规定，二审判决撤销专利复审委员会第13582号决定，适用法律错误，依法应予撤销。依据《中华人民共和国行政诉讼法》第五十四条第（一）项、第六十一条第（二）项和《最高人民法院关于执行〈中华人民共和国行政诉讼法〉若干问题的解释》第七十六条第一款、第七十八条之规定，判决如下：

一、撤销中华人民共和国北京市高级人民法院（2010）高行终字第1489号行政判决。

二、维持中华人民共和国北京市第一中级人民法院（2009）一中知行初字第2710号行政判决。

本案一审案件受理费和二审案件受理费各100元，均由沃尼尔·朗伯有限责任公司负担。

本判决为终审判决。

审 判 长 周 翔

代理审判员 罗 霞

代理审判员 周云川

二〇一五年四月十六日

书 记 员 张 博

二、商标行政管理

89. 泰山石膏股份有限公司与山东万佳建材有限公司、国家工商行政管理总局商标评审委员会商标争议行政纠纷案*

▶ 具有宗教含义的标志通常不得作为商标使用

【案例要旨】

《中华人民共和国商标法》第十条第一款第（八）项规定，有害于社会主义道德风尚或者其他不良影响的标志不得作为商标使用。判断有关标志是否具有其他不良影响的情形时，应当考虑该标志或者其构成要素是否可能对我国政治、经济、文化、宗教、民族等社会公共利益和公共秩序产生消极、负面影响。如果某标志具有宗教含义，则无论相关公众是否能够普遍认知、该标志是否已经使用并具有一定知名度，即通常可以认为该标志的注册有害于宗教感情、宗教信仰或者民间信仰，具有不良影响。

* 摘自《最高人民法院公报》2017 年第 1 期。

最高人民法院行政判决书

（2016）最高法行再21号

再审申请人（一审第三人）：泰山石膏股份有限公司。住所地：山东省泰安市岱岳区大汶口。

法定代表人：贾同春，该公司董事长。

委托代理人：王华，北京恒都（天津）律师事务所律师。

被申请人（一审原告、二审上诉人）：山东万佳建材有限公司。住所地：山东省临沂市平邑县保太镇万庄村。

法定代表人：管国磊，该公司经理。

委托代理人：杨凯，北京市柳沈律师事务所律师。

委托代理人：郑鹏，北京市柳沈律师事务所实习律师。

一审被告、二审被上诉人：国家工商行政管理总局商标评审委员会。住所地：北京市西城区茶马南街1号。

法定代表人：何训班，该委员会主任。

委托代理人：张娜娜，该委员会审查员。

再审申请人泰山石膏股份有限公司（以下简称泰山石膏公司）因与被申请人山东万佳建材有限公司（以下简称万佳公司）、一审被告、二审被上诉人国家工商行政管理总局商标评审委员会（以下简称商标评审委员会）商标争议行政纠纷一案，不服北京市高级人民法院（2014）高行（知）终字第3390号行政判决，向本院申请再审。本院经审查，于2015年12月8日作出（2015）知行字第62号行政裁定，决定提审本案。本院依法组成合议庭对本案进行了审理，现已审理终结。

北京市第一中级人民法院经审理查明：第3011175号“泰山大帝”商标（即争议商标）由泰安泰山元帅纸面石膏板厂于2001年11月5日申请

注册，2003 年 3 月 21 日核准注册，核定使用在第 19 类石膏板商品上。2008 年 7 月 2 日，该商标经核准转让予山东北新建材有限公司。2010 年 4 月 14 日，该商标经核准转让予万佳公司。

泰山石膏公司于 2013 年 5 月 17 日向商标评审委员会提出争议申请，其主要理由为：争议商标有害于宗教信仰、宗教感情或者民间信仰，容易使公众对商品的质量等特点或者提供者的资质产生误认，加之万佳公司具有极强的主观恶意，万佳公司的行为严重扰乱我国正常的商标管理秩序和市场经济秩序，并损害相关公众的合法利益。根据 2001 年修正的《中华人民共和国商标法》第十条第一款第（八）项的规定，争议商标应予以撤销。

泰山石膏公司向商标评审委员会提交了如下主要证据：泰安市民族与宗教事务局出具的说明、关于泰山大帝的网络报道、万佳公司恶意申请的商标、企业国有产权进场交易书、“泰山及图”驰名商标的证据等。

万佳公司答辩称：争议商标依法使用，不构成对宗教信仰、宗教感情或者民间信仰的危害。请求商标评审委员会维持争议商标注册。

万佳公司向商标评审委员会提交了如下主要证据：“泰山大帝”“东岳大帝”的网络搜索、撤销“泰山大帝”争议材料、万佳公司荣誉证书、争议裁定书、商标使用证据等。

2014 年 4 月 14 日，商标评审委员会作出商评字［2014］第 051795 号《关于第 3011175 号“泰山大帝”商标争议裁定书》（以下简称第 051795 号裁定）。

该裁定认定：泰山石膏公司提交的证据证明，“泰山大帝”也被称为“东岳泰山大帝”“泰山神”，全称为“东岳泰山天齐仁圣大帝”，为道教众神之一，是道教山东泰山地区独有的神灵名称，作为商标使用，容易伤害宗教人士的感情，从而产生不良影响。且万佳公司也位于山东境内，应当知晓“泰山大帝”的宗教意义以及其注册为商标易产生的不良社会影响，故争议商标已构成《中华人民共和国商标法》第十条第一款第（八）项规定的情形。据此，商标评审委员会依据《中华人民共和国商标法》第十条第一款第（八）项、第四十三条的规定，裁定撤销争议商标的注册。

万佳公司不服第051795号裁定，向北京市第一中级人民法院起诉称：争议商标依法使用，并不构成对宗教信仰、宗教感情或者民间信仰的危害。商标评审委员会仅仅根据泰安市民族与宗教事务局出具的证明，就认定“泰山大帝”作为商标使用容易伤害宗教人士感情，产生不良社会影响，明显不符合客观事实和法律规定。争议商标已经注册使用十多年，没有伤害过宗教感情或者产生不良社会影响，相反取得了良好的社会效益和公众的积极评价。请求法院依法撤销第051795号裁定。

一审诉讼过程中，万佳公司提交了其在商标评审中未提交的关于道教的书籍资料以及“泰山大帝”商标注册信息。泰山石膏公司提交了其在商标评审中未提交的中国知网上的文章和论文、商标转让公告、万佳公司及山东北新建材有限公司的工商档案查询。

北京市第一中级人民法院认为：

一、关于本案的法律适用

2013年8月30日修正的《中华人民共和国商标法》已于2014年5月1日施行，鉴于本案第051795号裁定的作出时间处于2001年商标法施行期间，因此，依据《中华人民共和国立法法》（2001年施行）第八十四条的规定，本案应适用2001年《中华人民共和国商标法》进行审理。

二、争议商标是否违反《中华人民共和国商标法》第十条第一款第（八）项的规定

《中华人民共和国商标法》第十条第一款第（八）项规定，有害于社会主义道德风尚或者有其他不良影响的标志，不得作为商标使用。该条款涉及的标志是指对我国社会公共利益或者公共秩序产生消极、负面影响的标志，而判断争议商标是否能够注册应具体考量我国的历史文化传统及社会背景等因素。

本案中，由在案证据可知，五岳大帝是指东岳泰山大帝、南岳衡山大帝、西岳华山大帝、北岳恒山大帝和中岳嵩山大帝。其信仰源于中国古代的山川崇拜，表现了人们对于高俊雄伟、神秘莫测的山峦的恐惧和敬畏。

其中，“东岳泰山大帝”又称为“泰山大帝”，为道教众神之一，其不但被历代帝王封禅或诏封，同时在民间百姓和道教信众中长期受到供奉和膜拜，具有极高的宗教地位。万佳公司及争议商标原申请注册人均位于山东，应当知晓“泰山大帝”的宗教意义，其将“泰山大帝”申请注册为商标并进行使用，容易伤害宗教人士、道教信众的宗教感情，从而产生不良影响。因此，争议商标已构成《中华人民共和国商标法》第十条第一款第（八）项规定的情形。商标评审委员会据此裁定争议商标予以撤销的结论正确，应予支持。对于万佳公司认为争议商标已经注册多年，通过长期宣传和使用未造成不良影响的诉讼主张，一审法院认为，《中华人民共和国商标法》第十条第一款第（八）项的规定为绝对禁止条款，其并未规定具有不良影响的商标通过使用能够获得注册的除外情形，因此，万佳公司的上述诉讼主张缺乏法律依据。

北京市第一中级人民法院依照修正前的《中华人民共和国行政诉讼法》第五十四条第（一）项之规定，判决维持第051795号裁定。一审案件受理费100元，由万佳公司负担（已交纳）。

万佳公司不服一审判决，向北京市高级人民法院提起上诉，请求撤销一审判决及第051795号裁定，判令商标评审委员会重新作出裁定。其主要理由为：（1）争议商标并非宗教名词，道教中的神为“东岳大帝”或者“泰山神”，没有证据证明“泰山大帝”即为“东岳大帝”，商标评审委员会及一审法院相关认定错误。（2）争议商标的使用并未产生不良影响，争议商标已经注册使用十多年，没有伤害宗教感情或者产生不良社会影响，相反，争议商标经使用已经建立较高的市场声誉，取得了良好的社会效益和社会公众的积极评价。（3）泰山石膏公司曾以争议商标与“泰山及图”商标构成近似商标为由提起过争议申请，该申请未得到商标评审委员会的支持，泰山石膏公司又借用商标法的公共利益条款为自己谋私利，借机打击市场上的竞争对手，明显具有恶意。

商标评审委员会、泰山石膏公司服从一审判决。

北京市高级人民法院二审查明的事实与一审查明的事实基本一致。

二审诉讼过程中，万佳公司提交了《泰安市志》《泰安地区志》《中国神怪大辞典》《泰山信仰与中国社会》《泰山岱庙考》《道家文化》等刊物书籍的摘页，用以证明在泰安市官方记载及与宗教有关的书籍中，均未出现“泰山大帝”的宗教神灵称谓，争议商标的注册和使用并未产生不良影响。泰山石膏公司对上述证据的真实性认可，但认为与本案缺乏关联性。

另查明，泰山石膏公司于2008年12月8日以争议商标的注册违反《中华人民共和国商标法》第十三条第二款、第二十八条为由，向商标评审委员会提出撤销注册申请，商标评审委员会作出商评字［2010］第10872号争议裁定书，裁定对争议商标予以撤销。万佳公司不服，提起行政诉讼。在诉讼期间，商标评审委员会向北京市第一中级人民法院提交了裁定错误的说明，万佳公司申请撤回起诉，北京市第一中级人民法院裁定准许。2011年9月5日，商标评审委员会作出商评字［2011］第20788号争议裁定书，以泰山石膏公司提出撤销申请超过五年期限且相关争议理由缺乏依据为由，裁定对争议商标予以维持注册。该裁定已生效。

北京市高级人民法院认为：

本案适用2001年修正的商标法进行审理。根据当事人的诉辩主张，本案焦点问题为争议商标的注册是否属于《中华人民共和国商标法》第十条第一款第（八）项规定的“不良影响”情形。

《中华人民共和国商标法》第十条第一款第（八）项规定，有害于社会主义道德风尚或者有其他不良影响的标志，不得作为商标使用。其中，“有其他不良影响”的标志是指商标的文字、图形或者其他构成要素对我国政治、经济、文化、宗教、民族等社会公共利益和公共秩序产生消极、负面的影响。

有害于宗教信仰、宗教情感或者民间信仰的标志一般不得作为商标使用。判断上述标志是否有害，应考虑该标志是否真实、确定地在宗教领域为信仰者或崇拜者使用或直接关联，客观上对宗教信仰、宗教情感或者民间信仰等社会公共利益产生影响。根据查明的事实，在山东省当地宗教信仰中确有“东岳大帝”或“泰山神”称谓，并无正式确定将“泰山大帝”作为神灵称谓的国家官方记载。泰山石膏公司提交的说明、网络报道等证据缺乏历史考证，且上述报道主要系文学杜撰，无其他证据印证。同时，万佳公司提交了泰山石膏公司真实性认可的《泰安市志》《泰安地区志》等涉宗教书籍，在对“东岳大帝”或“泰山神”记载介绍中，均未提及“泰山大帝”，至少可以证明“泰山大帝”与上述神灵称谓并非唯一对应或客观存在。综合考虑在案证据，尚不足以证明“泰山大帝”真实、确定地在宗教领域为信仰者或崇拜者使用或直接关联。一审法院及商标评审委员会认定“泰山大帝”即为道教山东泰山地区独有的神灵名称，缺乏依据，应予纠正。

泰山石膏公司曾在2008年12月8日以争议商标的注册违反《中华人民共和国商标法》第十三条第二款、第二十八条规定为由，提出撤销注册申请，商标评审委员会作出裁定，维持了争议商标的注册。该申请及已生效裁定并未提及商标法规定的“不良影响”事由。在此情况下，泰山石膏公司又以《中华人民共和国商标法》规定的“不良影响”为依据提起争议申请，意图通过维护社会公共利益实现对其特定民事权益的保护。万佳公司提交的证据可以证明争议商标经使用已产生较高的知名度，取得了良好的社会效益和积极评价。为维护已经形成和稳定的市场秩序，结合上述对争议商标标志本身的认定，应当认定争议商标的注册未违反《中华人民共和国商标法》第十条第一款第（八）项的规定，一审法院及商标评审委员会对此认定错误，予以纠正。万佳公司的相关上诉主张成立，予以支持。

北京市高级人民法院依照修正前的《中华人民共和国行政诉讼法》第六十一条第（三）项、《最高人民法院关于执行若干问题的解释》第七十条之规定，判决撤销一审判决及第051795号裁定，商标评审委员会针对争议商标重新作出裁定。

泰山石膏公司申请再审称：（1）争议商标的注册违反《中华人民共和国商标法》第十条第一款第（八）项的规定。二审判决认定事实和适用法律均有错误，应予撤销。①二审判决对于“有害宗教信仰、宗教感情或者民间信仰的标志”的法律理解与适用并未形成对应性。一方面，二审判决认为，判断是否构成“有害宗教信仰、宗教感情或者民间信仰的标志”的公众群体为“宗教领域的信仰者或崇拜者”，表现形式为“使用”或会有

“直接关联”。另一方面，二审判决认为“泰山大帝”未正式被“国家官方记载”，另外认为《泰安市志》《泰安地区志》未提及“泰山大帝”，进而否认了“泰山大帝”是神灵称谓的事实。这些认定所涉及的群体并非“宗教领域的信仰者或崇拜者”。对于“使用”的论证，其所提交的证据已证明“泰山大帝”是神灵称谓，二审法院认为缺乏历史考证故未予采信。但依据前述理解，“使用行为”能否成立的标准是“使用行为”是否客观存在，无需“历史考证”。②“泰山大帝”是否是神灵的“唯一称谓”不是判断“不良影响”的要件，不能仅仅依据并非唯一对应的称谓而否定这一称谓的存在。且关于“其他不良影响”，相关法律规定中亦未要求标识与宗教标志必须唯一对应。③“泰山大帝”是道教神灵称谓。首先，从称谓的文字含义看，“东岳”与“泰山”具有唯一对应性。通过百度以“东岳大帝”作为关键字进行搜索，搜索结果包含大量“泰山大帝”。其次，从泰山地区的官方机构认知上看，“泰山大帝”是日常使用的道教神灵称谓。泰安市民族与宗教事务局、泰安市泰山风景名胜区管理委员会均出具函件，证明“泰山大帝”是宗教偶像信俗，是人们顶礼膜拜的对象。第三，从社会学者、相关专家、普通公众认知来看，“泰山大帝”均被认知为道教神灵的称谓。《人民日报》等报刊上，均记载“泰山大帝”系道教神灵称谓，与“泰山神”“东岳大帝”“天齐仁圣大帝”并称。除山东省外，江苏、福建、山西、浙江、北京、广东、陕西、辽宁等地均使用“泰山大帝”指代山东泰山独有的道教众神之一。第四，万佳公司亦认可“泰山大帝”系道教神灵称谓的事实。在第 9044267 号“泰山大帝”商标异议复审答辩书中，万佳公司认可“泰山大帝”是道教神灵的称谓。第五，“大帝”一词起源于道教，词语本身即与道教相关联。（2）二审法院对于其提起争议的意图及法律适用解读错误。①二审判决认为其“意图通过维护社会公共利益实现对其特定民事权益的保护”，并将该事项作为争议商标注册未违反“不良影响”规定的理由，属于适用法律错误。②从争议商标的注册渊源上看，争议商标存在损害正常的注册秩序以及泰山石膏公司权益的多重法律后果，是明显的不正当注册行为。除本案争议商标外，万佳公司还申请了“泰山北新”“泰山帝”“东岳泰山”“泰山佳美”“五岳之尊泰山”“北新之星泰山”等一系列与石膏板行业驰名的“泰山”“北新”商标高度近似的商标；同时，还申请了“普陀山”“黄浦江”“外滩”“花果山”等与知名景点相同的商标。万佳公司大量的申请行为显然不是基于企业的生产经营需要。③在第9044267号“泰山大帝”商标异议复审行政纠纷案件中，已经认定“泰山大帝”与泰山石膏公司的“泰山”等商标构成类似商品上的近似商标，本案争议商标与第9044267号商标标识相同，亦属对其权利的侵害，从实体权益上考虑，亦应撤销注册。（3）在本案评审、一审、二审程序中，万佳公司均未能提供相应证据证明其使用情况，二审判决认定“争议商标经使用已产生较高知名度”属认定事实错误。此外，《中华人民共和国商标法》第十条第一款第（八）项作为一项绝对禁止注册的条款，适用时不应当也不需要考虑商标的实际使用情况。请求本院依法撤销二审判决，维持第051795号裁定和一审判决，由万佳公司承担本案诉讼费用。

商标评审委员会提交意见称：泰山石膏公司提交的证据证明，“泰山大帝”也被称为“东岳泰山大帝”“泰山神”，全称为“东岳泰山天齐仁圣大帝”，为道教众神之一，是道教山东泰山地区独有的神灵名称，作为商标使用，容易伤害宗教人士的感情，从而产生不良影响。且万佳公司也位于山东境内，应当知晓“泰山大帝”的宗教意义以及其注册为商标易产生的不良社会影响，故争议商标已构成《中华人民共和国商标法》第十条第一款第（八）项规定的情形。第051795号裁定依据充分，认定事实清楚，适用法律正确，符合法定程序，请求本院依法撤销二审判决，维持第051795号裁定和一审判决。

万佳公司提交意见称：（1）“泰山大帝”并非道教神灵的称谓，二审判决认定事实清楚。①道教中确实存在泰山地区独有的神灵，但对于该神灵的官方称谓，从古至今均称呼为“东岳大帝”“泰山神”，或称呼其全称为“东岳泰山天齐仁圣大帝”。其在二审中提交的书籍和地方志，包括《泰安市志》《泰安地区志》《中国神怪大辞典》《泰山信仰与中国社会》《泰山岱庙考》《道教文化》等，均将泰山的神灵称为“东岳大帝”“泰山神”，无一处使用“泰山大帝”。这些出版物均为正式出版物，可信度极

高。同时，在中国道教协会以及各地道教协会（包括北京、山东地区）的官方网站上，使用的也均是“东岳大帝”而非“泰山大帝”的称谓。衡量某词汇是否是宗教词汇，最根本的标准是宗教界人士以及信徒的认知，而各地道教协会及东岳庙均未使用“泰山大帝”，可见“泰山大帝”本身并非宗教词汇。“泰山大帝”是其臆造的词汇，与道教中的“东岳大帝”不是唯一指代的关系。②泰山石膏公司提交的证据不足以证明“泰山大帝”是道教神灵的称谓。泰山石膏公司以“泰山”和“东岳”具有唯一性而认为“泰山大帝”等同于“东岳大帝”依据不足。宗教对于神灵的称谓是极为神圣的，“东岳大帝”已经成为千百年来道教信徒信奉的神灵，该称谓已经固定化，仅仅因为泰山是东岳，就把“东岳大帝”称为“泰山大帝”不妥。(2) 争议商标经过长期宣传和使用，已经形成稳定的市场秩序，并未产生不良影响。如果撤销争议商标，对万佳公司极为不公平，也不利于保护广大消费者的利益。“东岳大帝”是早已固定的道教神灵的称谓，普通消费者看到“泰山大帝”一词，并不会将其与“东岳大帝”联系起来从而产生宗教上的联想，不会造成对宗教感情的影响。此外，商标是否具有不良影响也与其注册的商品有密切联系，争议商标注册使用在石膏等建筑材料上，不会使“泰山大帝”产生玷污、丑化的后果，不会损害相关公众宗教感情。(3) 泰山石膏公司提起商标争议，实属借公共利益之名而行打击竞争对手之实。泰山石膏公司曾以“泰山及图”与争议商标构成相同或者类似商品上的近似商标为由提起商标争议申请，未得到商标评审委员会的支持，才转而以“不良影响”理由提起商标争议，表明其申请争议的意图不正当，同时也反映其也不认为“泰山大帝”有损宗教感情和民间信仰，产生不良影响。(4) 泰山石膏公司所谓的“争议商标系不当注册”，与本案事实和法律适用无关。其注册争议商标是否属于抢注、争议商标是否与“泰山及图”商标构成近似商标以及其申请注册一系列商标均不属于本案审理范围。综上，二审判决认定事实清楚、适用法律正确，请求本院依法予以维持。

本院再审审查中，泰山石膏公司提交了以下证据：(1) 第一组证据，包括泰安市泰山风景名胜区管理委员会出具的《关于泰山景区民俗宗教信仰活动的说明》、百度网上关于泰山的解释、国家图书馆检索报告、百度网上关于五岳大帝、东岳泰山天奇仁圣大帝以及大帝网上的解释，旨在证明“泰山大帝”为宗教偶像称谓。(2) 第二组证据，第9044267号“泰山大帝”商标异议复审答辩书，旨在证明万佳公司亦明知“泰山大帝”系道教神灵的称谓。(3) 第三组证据，包括有关法院判决书、劳动争议仲裁委员会裁决书、处理决定、调查报告等，旨在证明万佳公司具有不正当注册行为。后又补充提交了二十八份证据，包括泰安市道教协会出具的《关于“泰山大帝”信仰情况的说明》、泰安市人民政府出具的《关于“泰山大帝”民俗和信仰情况的说明》、山东人民出版社出版的《泰山文化谱新篇》、上海人民出版社出版的《道教常识问答》、中国道教协会网站、河北省道教协会网站、龙虎山道教协会网站、中国道学论坛、中国民族宗教网、中国妈祖网等网站和报纸对五岳大帝的介绍，旨在证明“泰山大帝”系日常使用的道教神灵称谓。

万佳公司对上述证据发表意见认为：泰安市泰山风景名胜区管理委员会的说明以及国家图书馆的检索报告，证据证明力较弱。泰安市泰山风景名胜区管理委员会非宗教管理部门，其对于宗教词汇的认知不如宗教人士和信徒，难免出现偏差，且该委员会与泰山石膏公司位于泰安市，该份说明的真实性、合法性和关联性存疑。国家图书馆关于“泰山大帝”的检索报道，共包括34篇报纸、期刊文章，这些文章中绝大部分是关于社会、民俗、旅游方面的新闻报道，甚至是理财文章，专业性不强，作者大多并非宗教人士或文史专家，对于“泰山大帝”与“东岳大帝”称谓之间的区别并无太多了解，存在误以为“泰山大帝”是“东岳大帝”别称的可能。更何况，检索文献的时间从1991年到2014年，长达20年时间，包含“泰山大帝”的文章只有34篇。因此，从检索报道看，使用“泰山大帝”一词的群体大多并非宗教界人士或信徒、使用的数量较少、覆盖程度也不广，即使现实中存在使用“泰山大帝”指代道教神灵的情形，也只能证明是少部分人的行为，不足以证明“泰山大帝”称谓已经为道教教徒广泛接受、已经成为道教神灵的称谓。泰安市道教协会出具的说明，属于证人证言，证人应当出庭，在缺乏当事人出庭作证的情形下其证明力较弱。而且该说明仅仅陈述了“泰山大帝”信仰情况，并未说明将“泰山大帝”作为商标使用有何不良影响。泰安市人民政府出具的情况说明，多次将“泰山大帝”和“东岳大帝”并列使用，在具体描述中使用的主要仍然是“泰山神”“东岳大帝”。且列入国家级非物质文化遗产名录和列入山东省人民政府公布的第三批世界非物质文化遗产名录中的名称是“东岳庙会”“东岳大帝”，而没有使用“泰山大帝”，足以证明即使存在“泰山大帝”称谓，也并非神灵的正式称谓。其中6份证据虽然提到“泰山大帝”称谓，但仅能说明现实中存在部分将“东岳泰山大帝”或“东岳大帝”简称为“泰山大帝”的情形，不足以证明“泰山大帝”已经为道教教徒广泛接受、已经成为道教神灵的称谓。其中20份证据都使用“东岳泰山大帝”和“东岳大帝”，而没有单独使用“泰山大帝”。“东岳泰山大帝”是固定化的神灵称谓，不宜简略为“泰山大帝”，亦不能证明“泰山大帝”是道教神灵称谓，更不能证明其作为商标申请和使用具有不良影响。

商标评审委员会同意泰山石膏公司的意见。

万佳公司提交了四份证据，包括中国道教协会、各地道教协会以及东岳庙网站的网页打印件、泰安市民族与宗教事务局网页部分打印件、两份行政判决书，旨在证明“泰山大帝”非道教神灵称谓，以及仅涉及损害特定民事权益的，不宜认定为《中华人民共和国商标法》第十条第一款第（八）项规定的情形。

泰山石膏公司对上述证据发表质证意见认为，万佳公司提交的证据具有片面性，道教协会的网站中也出现“泰山大帝”，“泰山大帝”是道教神灵称谓。《中华人民共和国商标法》第十条第一款第（八）项规定的“不良影响”，只要求可能造成不良影响，而不是实际造成不良影响。

商标评审委员会同意泰山石膏公司的意见。

本院认为：根据泰山石膏公司的申请再审事由、万佳公司和商标评审委员会的答辩意见以及查明的事实，本案争议焦点为：争议商标的注册是否属于《中华人民共和国商标法》第十条第一款第（八）项规定的“其他不良影响”的情形。

《中华人民共和国商标法》第十条第一款第（八）项规定，有害于社会主义道德风尚或者其他不良影响的标志不得作为商标使用。判断有关标志是否构成具有其他不良影响的情形时，应当考虑该标志或者其构成要素是否可能对我国政治、经济、文化、宗教、民族等社会公共利益和公共秩序产生消极、负面影响。如果某标志具有宗教含义，不论相关公众是否能够普遍认知，该标志是否已经使用并具有一定知名度，通常可以认为该标志的注册有害于宗教感情、宗教信仰或者民间信仰，具有不良影响。本案中，万佳公司提交的《泰安市志》《泰安地区志》《中国神怪大辞典》等书籍及中国道家协会网站等网站中记载：东岳泰山大帝为道教众神之一，又有“东岳大帝”“泰山神”“东岳仁圣天齐王”“泰山府君”等称谓，是道教的山神、阴间的统治者，其不但被历代帝王封禅，同时在民间百姓和道教信众中长期受到供奉和膜拜，具有极高的宗教地位。在有关“东岳大帝”或“泰山神”的介绍中，均未提及“泰山大帝”。泰山石膏公司提交的《泰山文化谱新篇》《道教常识问答》等较少书籍以及新闻报道和论文中，提及了“泰山大帝”是道教神灵的称谓。本院认为，判断“泰山大帝”是否系道教神灵的称谓，是否具有宗教含义，不仅需考量本案当事人所提交的相关证据，也需考量相关宗教机构人士的认知以及道教在中国民间信众广泛的历史渊源和社会现实。首先，虽然当事人提交的大部分证据，也即二审法院认定的官方记载未记载“东岳大帝”或“泰山神”称为“泰山大帝”，但有部分书籍、新闻报道和论文中提及“东岳大帝”或“泰山神”称为“泰山大帝”。其次，泰安市民族与宗教事务局、泰安市道教协会也出具说明证明“泰山大帝”系道教神灵的称谓，他们的认知本身即是相关宗教机构人士的认知。第三，道教是我国具有悠久历史传统的一种宗教，在漫长的历史过程中，道教信众广泛，有关记载道教的书籍、杂志、报道众多，因此，关于道教神灵的称谓也难言仅限于国家官方记载。故，即便二审认定的官方记载未记载“泰山大帝”为“泰山神”或“东岳大帝”，“泰山大帝”不是“东岳大帝”或“泰山神”称谓的唯一对应，但相关证据和宗教界机构人士的认知表明，“泰山大帝”均指向“泰山神”或“东岳大帝”，而不是指向其他道教神灵，“泰山大帝”的称谓系客观存在，具有宗教含义。万佳公司以及争议商标原申请注册人将“泰山大帝”

作为商标加以注册和使用，可能对宗教信仰、宗教感情或者民间信仰造成伤害，从而造成不良影响。因此，争议商标的注册属于《中华人民共和国商标法》第十条第一款第（八）项规定的情形，应予撤销。

综上，商标评审委员会第 051795 号裁定和一审判决正确，应予维持。二审判决认定事实基本清楚，但适用法律错误，应予撤销。依据 2001 年修正的《中华人民共和国商标法》第十条第一款第（八）项、《中华人民共和国行政诉讼法》第八十九条第一款第二项、第三款、《最高人民法院关于执行〈中华人民共和国行政诉讼法〉若干问题的解释》第七十六条第一款，判决如下：

一、撤销北京市高级人民法院（2014）高行（知）终字第 3390 号行政判决；

二、维持北京市第一中级人民法院（2014）一中知行初字第 6325 号行政判决。

本案一审案件受理费 100 元、二审案件受理费 100 元，共计 200 元，由山东万佳建材有限公司负担。

本判决为终审判决。

审　判　长　王艳芳
审　判　员　钱小红
代理审判员　杜微科

二〇一六年五月十一日

书　记　员　胡　凯

90. 杭州啄木鸟鞋业有限公司与中华人民共和国国家工商行政管理总局商标评审委员会、七好（集团）有限公司商标争议行政纠纷案*

▶
在类似商品上使用的具有较大关联性的商标构成近似商标

【裁判摘要】

根据《中华人民共和国商标法》第四十条第一款的规定，已经注册的商标，违反该法第十条、第十一条、第十二条规定的，或者是以欺骗手段或者其他不正当手段取得注册的，由商标局撤销该注册商标；其他单位或者个人可以请求商标评审委员会裁定撤销该注册商标。上述规定中的“不正当手段”是指属于欺骗手段以外的扰乱商标注册秩序、损害公共利益、不正当占用公共资源或者以其他方式谋取不正当利益的手段。注册商标仅损害特定民事权益的，不适用上述规定，应依据该法第四十一条第二款、第三款及其他相应规定进行审查。

人民法院在审理商标授权确权案件时，不应将相关商品物理属性的比较作为单一判断商品是否类似的标准，而应当从商品的功能、用途、生产部门、销售渠道、消费群体等是否相同或者具有较大的关联性，

* 摘自《最高人民法院公报》2012年第12期。

两个商标共存是否容易使相关公众认为商品或者服务是同一主体提供的或者其提供者之间存在特定联系等各方面进行审查，全面合理地判断相关商品是否类似。

最高人民法院
驳回再审申请通知书

（2011）知行字第37号

杭州啄木鸟鞋业有限公司：

你公司因与中华人民共和国国家工商行政管理总局商标评审委员会（以下简称商标评审委员会）、七好（集团）有限公司（以下简称七好公司）商标争议行政纠纷一案，不服北京市高级人民法院于2010年12月2日作出的（2010）高行终字第743号行政判决（以下简称二审判决），向本院申请再审。本院于2011年3月29日立案后，依法组成合议庭对本案进行了审查，并于2011年5月19日组织各方当事人进行听证。现已审查完毕。

你公司申请再审称：（1）二审判决认定第1609312号图形商标（简称争议商标）违反《中华人民共和国商标法》第二十八条之规定，认定事实和适用法律错误。首先，《中华人民共和国商标法》第二十八条适用的前提是商品类似，但二审判决并没有对争议商标和引证商标核定使用的“鞋”“靴”商品和“服装”“领带”“皮包”商品是否类似进行认定，而是以核定使用商品均为穿戴类商品，是所谓的“关联商品”为由，认定争议商标与引证商标构成近似商标，进而认定争议商标违反《中华人民共和国商标法》第二十八条之规定，适用法律错误。其次，服装等商品和鞋等商品在功能、用途、生产部门、销售渠道等方面均存在较大差异，不属于类似商品。对此，（2005）高行终字第27号判决书已经有明确的结论。而且在《类似商品和服务区分表》（以下简称《区分表》）中，鞋、靴和服装等商品被划分为非类似商品。《区分表》是我国商标管理机关进行商标管理的依据，也是广大生产服务提供者申请注册商标的规范类指引，应当保持其适用的稳定性和统一性。因此，在没有充分证据证明鞋、靴和服装等商品在原料、生产、销售、消费习惯等方面已具有普遍为相关公众接受的密切联系以及国际惯例尚未改变情况下，不应突破《区分表》对上述商品之间的非类似关系的认定。再次，争议商标的图形和引证商标的图形在构图细节、设计风格上有明显的不同，争议商标主要采取的是涂抹、夸张并着色的绘画手法，不同于引证商标的以线条勾勒为主的绘画手法。最后，争议商标经多年使用，已为广大消费者所熟知，不会造成相关公众的误认。综上，争议商标和引证商标并无令相关公众产生混淆、误认的可能，不构成类似商品上的近似商标，二审判决在此问题上认定事实和适用法律确有错误。（2）二审判决认定争议商标违反《中华人民共和国商标法》第四十一条第一款之规定，事实认定和法律适用明显错误。首先，二审判决认定在争议商标申请日前，引证商标有一定知名度缺乏证据支持。在商标评审程序中，七好公司并未能提交引证商标在争议商标申请日前在国内宣传、使用的证据资料。二审判决认定你公司对引证商标应当知晓纯属主观臆断，毫无事实和法律依据。同时，二审判决认定争议商标存在对引证商标的抄袭、模仿缺乏证据支持。其次，七好公司在商标评审程序中并未就争议商标违反《中华人民共和国商标法》第四十一条第一款提出评审请求，商标评审委员会也未就此进行评审，二审判决直接适用此条款，超越了商标评审委员会的审理范围，剥夺了你公司的合法抗辩权利。再次，根据《最高人民法院关于审理商标授权确权行政案件若干问题的意见》（以下简称《意见》）的规定，《中华人民共和国商标法》第四十一条第一款仅适用于绝对事由，不适用于相对事由。因此，即使假定二审判决所谓的抄袭、模仿行为存在，也并不属于“其他不正当手段”，二审判决适用法律错误。（3）你公司自注册争议商标以来，一直致力于“啄木鸟”皮鞋的品牌建设，对该品牌投入了大量的广告宣传、打假维权费用。经过你公司的大力推动，啄木鸟皮鞋已经成为国内的著名品牌。根据《意见》第一条的政策精神，对于争议商标这样注册使用时间长达10年，已经建立较高市场声誉、形成自身的相关公众群体、并已经驰名的商标，人民法院应当尊重相关公众已在客观上将相关商标区别开来的市场实际，慎重撤销，以促进品牌培养，避免社会资源的浪费。二审判决却以似是而非的理由撤销争议商标，明显违背相关政策精神。综上，请求撤销二审判决，维持北京市第一中级人民法院（2009）一中行初字第1068号判决（以下简称一审判决）和商评字（2009）第2577号《关于第1609312号图形商标争议裁定书》（以下简称第2577号裁定）。

七好公司答辩称：（1）二审法院以"鞋"与"衣服"构成关联商品，适用《中华人民共和国商标法》第二十八条，认定争议商标与引证商标构成近似商标是正确的。（2）七好公司提出撤销申请的理由包括抄袭引证商标构成不正当竞争，因此二审判决适用《中华人民共和国商标法》第四十一条第一款并无不妥。另外，因为争议商标违反《中华人民共和国商标法》第二十八条的规定，是否适用《中华人民共和国商标法》第四十一条第一款不足以影响最终结果。（3）你公司提供的证据不足以证明争议商标的知名度，你公司经营规模很小，主要靠傍名牌进行经营，不宜给予保护。

商标评审委员会陈述意见称：（1）《区分表》是我国商标主管机关以世界知识产权组织提供的《商标注册用商品和服务国际分类》为基础，总结我国长期的商标审查实践并结合我国国情而形成的判断商品和服务类似与否的专业规范文件，具有公开性、一致性和稳定性的特点。该表对类似商品的划分本身就是在综合考虑了商品的功能、用途、生产部门、销售渠道、销售对象等因素的基础上得出的。商标确权程序中需要维护类似商品判断标准的一致性。诚然，由于商品和服务的项目更新和市场交易情况变化，类似商品和服务的类似关系不会一成不变，但对《区分表》的修正应当通过一定的程序统一进行并予以公布，以确保判断标准的相对稳定和商标审查的公平有序，避免商标申请人在申请注册时无所适从，保证注册商标的权利稳定。就本案而言，争议商标指定使用的鞋、靴与引证商标核定使用的服装、领带等商品在制作材料、生产工艺、功能用途、销售渠道等方面有明显区别，未构成类似商品。因此，争议商标和引证商标并未构成使用在同一种或者类似商品上的近似商标。（2）七好公司在行政程序中并未就争议商标违反《中华人民共和国商标法》第四十一条第一款的规定提出评审请求，二审判决直接适用该条款并以此撤销第2577号裁定，超越了本案的审理范围。因此，请求撤销二审判决，维持第2577号裁定。

本院经审查查明：本案争议商标系你公司于2000年5月26日向中华人民共和国国家工商行政管理总局商标局（以下简称商标局）申请注册，指定使用在第25类2507群的鞋、靴商品，指定使用颜色为啄木鸟通体为黑色，嘴的下部为绿色。商标局于2001年8月7日核准该商标注册，注册号为1609312。

引证商标一为七好公司于1993年1月3日向商标局申请在第25类服装商品上注册的“鸟图形+TUCANO”商标。商标局于1994年3月7日予以核准注册，注册号为680928。经续展，专用期限至2014年。

引证商标二系七好公司于1999年9月13日在第25类服装商品上向商标局申请注册的“鸟图形”商标。商标局于2000年12月21日核准注册，注册号为1493162。

引证商标三系七好公司于1999年10月21日在第25类2501群、2509~2512群的领带、围巾、皮带（服装用）等商品上申请注册的“鸟图形+TUCANO”商标。商标局于2001年3月21日核准注册，注册号为1541673。

引证商标四系七好公司于1997年3月5日在第18类的皮包、旅行袋、公文包等商品上申请注册的“鸟图形”商标。商标局于1998年4月21日核准注册，注册号为1168550。

2004年2月3日，七好公司向商标评审委员会提出了撤销争议商标注册申请。七好公司认为，该公司在第25类、18类商品注册了“鸟图形+TUCANO”及“鸟图形”等商标。经过使用，该商标已成为世界服装知名品牌，且曾经司法确认为驰名商标。争议商标属于抢注他人驰名商标的行为，侵害了七好公司的合法权益；争议商标与引证商标构成使用在类似商

品上的近似商标，也侵犯七好公司的著作权。综上，请求撤销争议商标。在评审期间，七好公司提交2001年~2003年引证商标因被侵权，安徽、浙江、成都等地工商机关进行处罚的决定书等证据。

在评审期间，你公司提交了于2001年8月就“啄木鸟鞋业”签订的电视广告合同，就“啄木鸟”鞋商标被假冒于2002年11月15日在《安徽消费者报》发布的声明，2001年~2004年在浙江省内因“啄木鸟鞋业”被侵权，当地工商机关出具的处罚决定等，2002年10月~12月《江淮晨报》《安徽市场报》《福建经济快报》等媒体关于“啄木鸟鞋业”被侵权的报道，湖南省湘西土家族苗族自治州中级人民法院（2007）州民三初字第32号民事判决书及该判决书的生效证明，该判决书确认你公司的第1609312号“啄木鸟图形”商标（即争议商标）、第1525486号“啄木鸟”商标为中国驰名商标。

商标评审委员会经审查认为：争议商标指定使用的鞋、靴商品与各引证商标指定使用的服装、领带、皮包等商品所属的范围和领域不同，消费者获取上述商品的渠道有所区别，在《区分表》中亦不属同一类似群组，不属于类似商品。争议商标与引证商标未构成使用在同一种或类似商品上的近似商标。七好公司提交的证据不足以证明引证商标在争议商标申请注册前已驰名，因而争议商标的注册未构成《中华人民共和国商标法》第十三条第二款所指之情形。七好公司的“鸟图形”商标为一常见的啄木鸟图案，独特性并非很强，而争议商标与引证商标的鸟图形在构图细节、设计风格上有一定差异，因而，并无充分理由认定争议商标的注册构成侵犯他人著作权之情形。因此，商标评审委员会于2009年2月23日作出第2577号裁定，维持争议商标注册。

七好公司不服第2577号裁定，于法定期限内向北京市第一中级人民法院提起行政诉讼。北京市第一中级人民法院一审认为：争议商标指定使用的鞋、靴商品与引证商标指定使用的服装、领带、皮包等商品不属于类似商品，争议商标与引证商标使用在非类似商品上，不会导致普通消费者对商品来源的混淆误认。七好公司提交的证据不足以证明引证商标在争议商标申请日之前已成为驰名商标。争议商标与引证商标中的鸟图形在设计手法、表现形式上有所不同，争议商标未侵犯鸟图形的著作权。因此，一审法院于 2009 年 12 月 31 日作出一审判决，维持第 2577 号裁定。

七好公司不服一审判决，向北京市高级人民法院上诉。七好公司向二审法院补充提交了以下证据：（1）该公司于 1996 年 5 月 1 日与浙江来去来有限公司（以下简称来去来公司）签订的合同，约定“授权来去来公司为啄木鸟品牌服饰的中国境内独家代理，授予啄木鸟品牌男仕服饰生产权及鉴定权，可自行生产制作，而且允许使用啄木鸟注册商标的产品有恤衫、毛衣等”；（2）来去来公司于 1996 年 9 月与浙江华盟股份有限公司签订的共同组建“浙江啄木鸟服饰有限公司”的合同书、营业执照内容、公司名称变更手续；（3）中央电视台 1997 年春节联欢晚会节目单，其中广告插页之一为啄木鸟（中国）服饰有限公司对其啄木鸟系列服饰的广告宣传及该公司就啄木鸟服饰的宣传画册的复印件；（4）你公司的注册登记信息、七好公司使用啄木鸟图形的商品；（5）各类媒体就“啄木鸟”被摹仿和使用的报道、评论；（6）近年各地工商机关就七好公司“鸟图形”等商标被侵权的调查函件。二审法院认为由于七好公司在提交上述证据时未申明其在评审阶段和一审期间未能提交的正当理由，故对上述证据不予接纳。

北京市高级人民法院二审认为：七好公司在行政程序和诉讼程序虽提出该公司旗下的“鸟图形”“啄木鸟”汉字、“鸟图形 + TUCANO”商标曾于 2005 年经司法确认为驰名商标，但该确认系争议商标申请日之后作出的，不能证明上述商标在争议商标申请日前已为驰名商标。但七好公司提交的相关证据，能够证明该公司旗下的引证商标经其在中国大陆的使用和宣传，在争议商标申请日前具有一定的知名度。由于引证商标的“鸟图形”是源于啄木鸟的固有图形，且引证商标的“鸟图形”系经转让取得，七好公司并非最初的设计者，七好公司没有提交证据证明其对引证商标的“鸟图形”享有著作权。故同意商标评审委员会及一审法院就此事由的确认。虽争议商标的“啄木鸟图形”与引证商标的“鸟图形”在局部设计上略有差异，但整体造型基本相同，因此，在隔离比对的情况下，商标标识的整体外观近似。同时，争议商标与引证商标两者指定使用商品虽不为同一类似群组，但均为穿戴类商品，商品及生产商品的企业关联性极强，因此，二者指定使用的商品应为关联商品；其在市场上的共同使用易使消费者对其商品来源产生混淆、误认。故争议商标与引证商标构成近似商标。由于争议商标申请注册前，七好公司的引证商标已有一定知名度，加之两公司均为服装、鞋帽类商品的生产企业，两企业之间具有较强的关联性，故你公司对七好公司的引证商标应当知晓，由于七好公司的引证商标“鸟图形”使用在先，争议商标标识的设计与引证商标近似，存在对引证商标的抄袭、摹仿，属于《中华人民共和国商标法》第四十一条第一款规定的采用不正当手段注册的情况。综上，第2577号裁定和一审判决关于上述事实的确认不符合《中华人民共和国商标法》第二十八条和第四十一条第一款的规定，应予撤销。因此，二审法院判决撤销一审判决和第2577号裁定。

另查明：根据你公司提交的证据可以看出，你公司在鞋类商品上不仅注册了争议商标等“鸟图形”商标，而且还于2000年和2001年分别注册了“TUCANO”和“啄木鸟”商标，使用时常将“鸟图形”“TUCANO”和“啄木鸟”并列使用。通过经营，你公司产品和商标具有一定知名度。七好公司提交的证据证明引证商标经其在中国大陆的授权许可使用和广告宣传，在争议商标申请日前具有一定的知名度。之后，引证商标的使用规模进一步扩大，目前具有较高知名度。

再查，七好公司向商标评审委员会提出撤销争议商标申请时，主张争议商标系对引证商标鸟图形的抄袭摹仿侵犯了其著作权，还主张你公司以“啄木鸟”为字号，会引起进一步的混淆，属于不正当的竞争行为，但并未明确主张争议商标违反《中华人民共和国商标法》第四十一条第一款的规定。七好公司不服第2577号裁定提起一审诉讼时也未主张商标评审委员会漏审或就此问题提出相关异议。

本院经审查认为：

一、关于《中华人民共和国商标法》第四十一条第一款的适用

首先，商标争议为依请求启动的程序，争议理由一般限于当事人主张。与之相应的诉讼也仅限于行政裁决的审查，一般不能引入新的事由对

商标注册合法性进行审查判断。从查明的事实看，七好公司在对争议商标提出撤销申请时，并未主张争议商标的注册违反《中华人民共和国商标法》第四十一条第一款的规定，商标评审委员会也并未就此进行审理，七好公司提出一审诉讼和二审上诉时也并未就此提出异议。在申请人未主张，商标评审委员会未进行评审的情况下，二审法院直接认定争议商标存在对引证商标的抄袭、摹仿，进而认定争议商标属于《中华人民共和国商标法》第四十一条第一款规定的采用不正当手段注册，缺乏法律依据。其次，《中华人民共和国商标法》第四十一条第一款所规定的“不正当手段”属于欺骗手段以外的扰乱商标注册秩序、损害公共利益、不正当占用公共资源或者以其他方式谋取不正当利益的手段。对于只是损害特定民事权益的情形，则要适用《中华人民共和国商标法》第四十一条第二款、第三款及《中华人民共和国商标法》的其他相应规定进行审查判断。本案中，即使如二审法院认定，争议商标抄袭、摹仿引证商标，损害的也是七好公司的民事权益，并不属于扰乱商标注册秩序、损害公共利益、不正当占用公共资源或者以其他方式谋取不正当利益的行为，不构成《中华人民共和国商标法》第四十一条第一款所规定的“不正当手段”。综上，二审法院认定争议商标违反《中华人民共和国商标法》第四十一条第一款错误，本院予以纠正。

二、关于争议商标和引证商标是否构成类似商品上的近似商标

根据《中华人民共和国商标法》规定，申请注册的商标同他人在同一种商品或者类似商品上已经注册的或者初步审定的商标相同或者近似的，由商标局驳回申请，不予公告。如果先申请注册的商标注册人认为他人在后申请注册的商标与其在同一种或者类似商品上的注册商标相同或者近似，可以自在后申请注册的商标核准注册之日起 5 年内，向商标评审委员会申请裁定。

商标的主要功能在于标识商品或者服务的来源，因此，商标必须同具体的商品或者服务相结合。《中华人民共和国商标法》设置商品类似关系，

是因为商标主要是按商品类别进行注册、管理和保护。在商标授权确权和侵权判定过程中，进行商标法意义上相关商品是否类似的判断，并非作相关商品物理属性的比较，而主要考虑商标能否共存或者决定商标保护范围的大小。避免来源混淆是商品类似关系判断时要坚持的一项基本原则。因此，人民法院在审理商标授权确权案件时，审查判断相关商品是否类似，应当考虑商品的功能、用途、生产部门、销售渠道、消费群体等是否相同或者具有较大的关联性，两个商标共存是否容易使相关公众认为商品或者服务是同一主体提供的，或者其提供者之间存在特定联系。

本案中，争议商标指定使用的商品为鞋和靴，引证商标核定使用的商品是服装等。虽然两者在具体的原料、用途等方面具有一些差别，但是两者的消费对象是相同的，而且在目前的商业环境下，一个厂商同时生产服装和鞋类产品，服装和鞋通过同一渠道销售，比如同一专卖店、专柜销售的情形较为多见。同时，争议商标与引证商标中的“鸟图形”虽然在细部上略有差异，但两者基本形态相同，且根据查明的事实，引证商标通过使用具有较高的知名度。在这种情况下，如果两商标在服装和鞋类商品上共存，容易使相关公众认为两商品是同一主体提供的，或者其提供者之间存在特定联系。因此，争议商标与引证商标构成类似商品上的近似商标。你公司关于争议商标与引证商标不近似，两者指定使用的商品不属于类似商品的主张不能成立。

《区分表》是我国商标主管机关以世界知识产权组织提供的《商标注册用商品和服务国际分类》为基础，总结我国长期的商标审查实践并结合我国国情而形成的判断商品和服务类似与否的规范性文件。该表对类似商品的划分就是在综合考虑了商品的功能、用途、生产部门、销售渠道、销售对象等因素的基础上确定的。因此，《区分表》可以作为判断类似商品或者服务的参考。尤其商标注册申请审查，强调标准的客观性、一致性和易于操作性，为了保证执法的统一性和效率，商标行政主管机关以《区分表》为准进行类似商品划分并以此为基础进行商标注册和管理，是符合商标注册审查的内在规律的。但是，商品和服务的项目更新和市场交易情况不断变化，类似商品和服务的类似关系不是一成不变的，而商标异议、争议是有别于商标注册申请审查的制度设置，承载不同的制度功能和价值取向，更多涉及特定民事权益的保护，强调个案性和实际情况，尤其是进入诉讼程序的案件，更强调司法对个案的救济性。在这些环节中，如果还立足于维护一致性和稳定性，而不考虑实际情况和个案因素，则背离了制度设置的目的和功能。因此，在商标异议、争议和后续诉讼以及侵权诉讼中进行商品类似关系判断时，不能机械、简单地以《区分表》为依据或标准，而应当考虑更多实际要素，结合个案的情况进行认定。《区分表》的修订有其自身的规则和程序，无法解决滞后性，也无法考虑个案情况。把个案中要求的准确认定商品类似关系寄托在《区分表》的修订是不现实和不符合逻辑的，相反个案的认定和突破才能及时反映商品关系变化，必要时也可促进《区分表》的修正。因此，对《区分表》的修正应当通过一定的程序统一进行并予以公布，否则不能突破的观点不能成立。事实上，商标评审委员会在一些评审案件中已经在考虑相关案情的基础上，在《区分表》类似商品判断划分外作出符合实际的裁决。因此，你公司关于鞋和服装在《区分表》中被划分为非类似商品，不应突破的观点缺乏法律依据，本院不予支持。

需要强调的是，由于在商品类似判断时考虑了个案情况，相关商品是否类似并非绝对和一成不变的，基于不同的案情可能得出不同的结论。因此，（2005）高行终字第 27 号判决中认定服装和鞋不属于类似商品并不意味着两者在特定案情下必然不构成类似，本案的认定与之并不矛盾。同时，由于具体案件中关于商品类似关系的认定考虑了个案情况，具有个案性，因此，个案认定结论并不意味商标注册管理上的商品类似关系发生变化，也不必然影响《区分表》中对商品类似关系的确定和划分，商标申请人在申请注册时仍可以《区分表》为准进行申请。同样的，个案的认定一般也不会影响到已经注册商标的权利稳定性。

此外，关联商品往往是针对《区分表》中被划定为非类似，但实际上具有较强的关联性，相关商标共存容易导致混淆误认的商品而言的。对于这些商品，仍需置于类似商品框架下进行审查判断，只要容易使相关公众认为商品或者服务是同一主体提供的，或者其提供者之间存在特定联系，

在法律上即构成类似商品。本案中，二审判决认定服装和鞋为关联商品，并进而认定争议商标违反《中华人民共和国商标法》第二十八条的规定，这种表述容易使人误解为在类似商品之外又创设另一种商品关系划分，为此，本院予以纠正。

三、关于实际使用与商标应否撤销之间的关系

商标的真正价值在于实际使用，保护通过实际使用建立的商标市场声誉是《中华人民共和国商标法》的重要立法精神。因此，实际使用情况是商标授权确权案件中决定商标应否撤销的重要考虑因素之一。对于使用时间较长、已建立较高市场声誉和形成相关公众群体的商标，应当准确把握《中华人民共和国商标法》有关保护在先商业标志权益与维护市场秩序相协调的立法精神，充分尊重相关公众已在客观上将相关商业标志区别开来的市场实际，注重维护已经形成和稳定的市场秩序。但是，商标授权确权程序的总体原则仍是遏制搭车抢注，保护他人在先商标，尽可能消除商业标志混淆的可能性。本案中，根据该公司提交的证据可以看出，该公司除了注册争议商标等与七好公司引证商标近似的系列“鸟图形”商标外，还在鞋类商品上注册了“TUCANO”和“啄木鸟”等商标，并且在实际经营过程中，还常常将“鸟图形”与“TUCANO”“啄木鸟”等共同使用，而“TUCANO”是引证商标一的组成部分，“啄木鸟”恰好也是七好公司在服装等商品上在先注册和在先实际使用并具有一定知名度的商标。这样的情况说明该公司从商标注册到实际使用均具有搭车摹仿的主观意图。虽然通过该公司的经营和对争议商标的实际使用，该公司的产品和商标也具有较高的知名度，但是由于该公司与七好公司在经营活动中均使用差别不大的“鸟图形”以及相同的“TUCANO”“啄木鸟”等商标，显然对于不了解内情的相关公众而言，会认为两者提供主体同一，或者存在特定联系，容易造成来源混淆，因此，本案客观上并未形成已将相关商业标志区别开来的市场实际。同时，虽然本案中引证商标权利人七好公司在《区分表》将服装与鞋划分为非类似商品的情况下，没有及时在鞋类商品上申请注册商标，在造成目前冲突的局面中也存在一定过失，但是，考虑到遏制搭车、

避免混淆的基本原则以及该公司的主观意图和容易混淆误认的客观现实，加之该公司除争议商标外，还拥有其他实际使用的商标，撤销争议商标的注册并不会对该公司的经营造成实质性影响，该公司可以通过适当的方式延续多年经营所形成的商誉，并以此为契机创立自有品牌，尽量消除与七好公司商业标识的混淆可能性，故本院认为二审判决撤销争议商标的结论正确，应予维持。该公司关于争议商标已经大量使用，不应撤销的主张本院不予支持。

综上，本院认为：二审判决虽然在部分法律适用上存在不当之处，但结论正确，该公司的再审申请不符合《中华人民共和国行政诉讼法》第六十三条第二款和《最高人民法院关于执行〈中华人民共和国行政诉讼法〉若干问题的解释》第七十二条规定的再审条件。依照《最高人民法院关于执行〈中华人民共和国行政诉讼法〉若干问题的解释》第七十四条的规定，予以驳回。

特此通知。

91. 山西杏花村汾酒厂股份有限公司与国家工商行政管理总局商标评审委员会商标行政纠纷案*

▶ 文字商标含义易使公众对商品质量产生误认的，不予核准注册

【案情简介】

2001年5月28日，安徽省黄公酒垆餐饮娱乐有限公司（后更名为安徽省杏花村文化旅游发展有限公司，以下简称杏花村旅游公司）申请注册第1960307号“杏花村及图”商标（即被异议商标），指定使用在第39类的“旅行社（不包括预定旅馆）；旅行安排；观光旅游；旅行预订”服务上。2002年9月14日，被异议商标获得初步审定并公告。现该商标注册人为杏花村旅游公司。

被异议商标

在法定期限内，山西杏花村汾酒厂股份有限公司

* 摘自《知识产权审判与指导》2012年第1辑（总第19辑），人民法院出版社2012年版，第176～185页。

（以下简称杏花村汾酒公司）向国家工商行政管理总局商标局（以下简称商标局）提出异议申请。商标局作出（2006）商标异字第02795号裁定（以下简称第02795号裁定），核准被异议商标的注册。

2006年9月29日，杏花村汾酒公司向国家工商行政管理总局商标评审委员会（以下简称商标评审委员会）提出商标异议复审申请，请求商标评审委员会依据《中华人民共和国商标法》第十三条第二款的规定对被异议商标不予核准注册。杏花村汾酒公司主张其第147571号“杏花村 杏花村牌及图”商标（即引证商标一）构成驰名商标，该商标于1980年12月15日由杏花村汾酒厂申请注册，指定使用在第33类的“白酒”商品上。1983年3月1日，引证商标一获准注册。经续展，该商标专用权期限至2013年2月28日。杏花村汾酒厂注册人名义几经变更，变更为现在的杏花村汾酒公司。

引证商标一

杏花村汾酒公司为证明引证商标一为驰名商标，在商标异议复审阶段提交了相应证据，其中产生于被异议商标申请日之前的证据如下：

1. 1997年4月9日，引证商标一在酒类商品上被商标局认定为驰名商标的驰名商标证书。

2. 1995年4月1日的《山西日报》，其中有《山西十佳旅游景点评出》的报道。该十佳旅游景点中包括“酒都杏花村”。

3. 杏花村汾酒公司在其他类别上在我国的商标注册证。

4. 杏花村汾酒公司在其他国家及地区获得的“杏花村”商标注册证。

杏花村旅游公司答辩称：“杏花村”是池州重要的人文景观，被异议商标内含历史文化丰富，是杏花村旅游公司的独特创意，与杏花村汾酒公司的“杏花村”商标的构成要素、整体外观明显不同，“答辩人（杏花村旅游公司）没有复制、摹仿商标异议复审申请人（杏花村汾酒公司）注册的驰名商标”，且被异议商标与引证商标指定使用的商品或服务在使用范围、使用方式等方面完全不相同，不会导致混淆误认。因此，请求商标评审委员会准予被异议商标核准注册。杏花村旅游公司向商标评审委员会提交了两组证据：第一组证据为有关“杏花村”的史料，该组证据共 25 份，用以证明杜牧《清明》诗中“杏花村”实指池州一处，是杏花村旅游公司注册商标中文字“杏花村”的来源。第二组证据为有关黄公古井的史料，用以证明杜牧作《清明》诗时，池州杏花村即有黄公酿酒泉源之古井，是杏花村旅游公司注册商标中“井”形图案的创意寓意之源。

除杏花村汾酒公司注册的引证商标一外，商标评审委员会经审理还查明，杏花村汾酒公司在被异议商标申请注册前，于 1996 年 7 月 15 日注册了第 1083776 号“杏花村”商标（即引证商标二），指定使用在第 33 类的“含酒精的饮料（啤酒除外）”商品上。1997 年 8 月 21 日，引证商标二获准注册，经续展，该商标专用权期限至 2017 年 8 月 20 日。

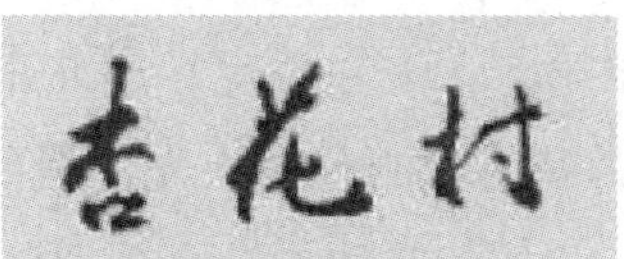

引证商标二

2009 年 11 月 23 日，商标评审委员会作出商评字〔2009〕第 32351 号《关于第 1960307 号“杏花村及图”商标异议复审裁定书》（以下简称第 32351 号裁定）。商标评审委员会在该裁定中认定：《中华人民共和国商标法》第十三条第二款规定，就不相同或者不相类似的商品申请注册的商标是复制、摹仿或者翻译他人已经在中国注册的驰名商标，误导公众，致使该驰名商标注册人的利益可能受到损害的，不予注册并禁止使用。杏花村汾酒公司注册并使用在酒商品上的“杏花村”商标经过长期使用和宣传，在被异议商标申请注册之前，已具有较高的知名度。被异议商标的主要认读部分为“杏花村”，与杏花村汾酒公司的引证商标一的主要认读部分、引证商标二文字相同，属于近似的标识。故本案的焦点问题在于非类似商品上提出注册申请的被异议商标是否会误导公众，致使杏花村汾酒公司商标权益可能受到损害。对于混淆、误导可能性的判定，应当综合考虑引证商标的知名度、独创性以及被异议商标与引证商标各自使用的商品的关联程度。杏花村汾酒公司“杏花村”商标核定使用的第 33 类白酒、含酒精饮料（啤酒除外）商品与被异议商标指定使用的第 39 类旅行社（不包括预定旅馆）、旅行安排等服务在生产方式、销售渠道、服务对象等方面区别较大。加之“杏花村”一词并非杏花村汾酒公司所独创，尚难以认定被异议商标在旅行社（不包括预定旅馆）、旅行安排等服务上的注册和使用，误导公众，损害杏花村汾酒公司的利益。另外，杏花村汾酒公司提交的上述证据不足以证明其已在先在旅行安排、观光旅游等服务项目上使用“杏花村”商标并具有一定知名度。被异议商标的注册，不致导致相关公众混淆误认，损害杏花村汾酒公司的利益。综上，依据《中华人民共和国商标法》第三十三条、第三十四条的规定，商标评审委员会裁定：对被异议商标予以核准注册。

杏花村汾酒公司不服第 32351 号裁定，向北京市第一中级人民法院提起诉讼，其诉称：（1）杏花村汾酒公司在先注册的引证商标一，经过多年使用已具有很高知名度，此外，杏花村汾酒公司已于 2000 年 5 月成立杏花村酒都旅行社，该旅行社与第三人经营范围一致，且亦具有较高知名度，被异议商标已构成对引证商标的复制、摹仿，该商标的注册会使杏花村汾酒公司的利益受到损害。据此，被异议商标的注册不符合《中华人民共和国商标法》第十三条第二款的规定，不应予以注册。（2）被异议商标中“杏花村”的使用系对地名的使用，不具有显著性，不符合《中华人民共和国商标法》第十一条的规定，不应予以注册。综上，第 32351 号裁定认定错误，请求法院依法予以撤销。

【法院裁判】

北京市第一中级人民法院一审认为：根据《中华人民共和国商标法》第十三条第二款的规定，在同时符合下列要件的情况下，在先驰名商标注册人有权在与核定使用商品或服务不同的类别上禁止在后商标的注册及使用：

1. 在先注册商标在中国境内为其核定使用的商品或服务的相关公众所广为知晓，构成驰名商标。

2. 在后申请注册的商标是对在先已注册驰名商标的复制、摹仿或者翻译。

3. 在后商标的注册及使用会产生“误导公众，致使该驰名商标注册人的利益可能受到损害”的后果。

鉴于此，应首先对引证商标一是否符合“在先注册商标在中国境内为其核定使用的商品或服务的相关公众所广为知晓，构成驰名商标”这一要件予以评述。

本案中，杏花村汾酒公司提交了商标局作出的认定驰名商标的证书，但鉴于作为驰名商标受保护的记录仅是商标法第十四条认定商标是否驰名所考虑的因素之一，而第三人并未对引证商标为驰名商标表示明确认可，且该证书的作出时间系 1997 年，距被异议商标申请日 2001 年有四年的时间间隔，故本案中杏花村汾酒公司仍须举证证明引证商标在中国境内为相关公众广为知晓。除上述驰名商标认定证书外，杏花村汾酒公司在商标异议复审程序中，用以证明引证商标在被异议商标申请注册日之前知名度的证据分别是《山西日报》中的《山西十佳旅游景点评出》的报道以及杏花村汾酒公司在中国及其他国家或地区的商标注册证。鉴于《山西日报》仅涉及到旅游景点“酒都杏花村”的报道，并不涉及引证商标的使用情况，中国及其他国家或地区的商标注册证亦仅涉及到杏花村汾酒公司其他注册商标的注册情况，并不涉及引证商标的使用情况，故上述证据并不足以证明引证商标在被异议商标申请日之前在中国境内已为相关公众广为知晓。杏花村汾酒公司认为引证商标为驰名商标的主张不能成立。在引证商标一未构成驰名商标的情况下，被异议商标的注册并不违反《中华人民共和国商标法》第十三条第二款的规定，应予注册。

此外，杏花村汾酒公司还主张因被异议商标不具有显著性，故其注册不符合《中华人民共和国商标法》第十一条规定。鉴于杏花村汾酒公司在商标异议复审阶段并未提出该复审理由，故该理由并非本案审理范围，对此不予评述。

综上，北京市第一中级人民法院判决：维持商标评审委员会作出的第32351号裁定。

杏花村汾酒公司不服一审判决，向北京市高级人民法院提起上诉，请求撤销一审判决及第32351号裁定。

商标评审委员会和杏花村旅游公司均服从一审判决。

北京市高级人民法院二审认为：本案二审期间的争议焦点为引证商标一在被异议商标申请日前是否构成驰名商标并应获得在被异议商标指定使用商品类别上的保护，以及被异议商标是否缺乏显著特征而不应予以注册。

一、引证商标一在被异议商标申请日前是否构成驰名商标

根据有关法律和司法解释的规定，曾被人民法院或者国务院工商行政管理部门认定驰名的商标，当事人对该商标驰名的事实不持异议的，人民法院应当予以认定。而人民法院审理行政案件，系对具体行政行为是否合法进行审查。因此，当事人对商标驰名的事实是否持有异议，应以具体行政行为作出时即本案中的商标异议复审裁定作出时的意思表示为准。

从第32351号裁定的内容看，该裁定不仅引用了《中华人民共和国商标法》第十三条第二款，而且在对争议焦点进行归纳时，也将本案争议问题总结为在被异议商标申请注册之前，在引证商标一“已具有较高的知名度”的前提下，“在非类似商品上提出注册申请的被异议商标是否会误导公众，致使杏花村汾酒公司商标权益可能受到损害”的问题上。显然，第32351号裁定是从《中华人民共和国商标法》第十三条第二款驰名商标保护的角度论述被异议商标是否应当获准注册的，而《中华人民共和国商标

法》第十三条第二款适用的逻辑前提恰恰是驰名商标的存在。因此，第32351号裁定实际上确认了引证商标一在被异议商标申请注册前已经是在中国注册的驰名商标的事实。

一审判决对引证商标一在被异议商标申请日之前系驰名商标的事实未予认定，属于事实认定错误，本院予以纠正。杏花村汾酒公司的该项上诉主张成立，本院予以支持。

二、引证商标一是否应获得在被异议商标指定使用商品类别上的保护

《中华人民共和国商标法》第十三条第二款规定："就不相同或者不相类似商品申请注册的商标是复制、摹仿或者翻译他人已经在中国注册的驰名商标，误导公众，致使该驰名商标注册人的利益可能受到损害的，不予注册并禁止使用。"

本案中，被异议商标与引证商标一属于在不相同或者不相类似商品上申请注册的近似商标。因此，第二个焦点问题的关键在于被异议商标的注册是否会误导公众，损害杏花村汾酒公司的利益。

根据《最高人民法院关于审理涉及驰名商标保护的民事纠纷案件应用法律若干问题的解释》（以下简称《驰名商标保护应用法律解释》）第九条，"误导公众，致使该驰名商标注册人的利益可能受到损害"，是指"足以使相关公众认为被诉商标与驰名商标具有相当程度的联系，而减弱驰名商标的显著性、贬损驰名商标的市场声誉，或者不当利用驰名商标的市场声誉"的情形，这种相当程度的联系，不能是程度不高的"联想"。"杏花村"与酒的联系，并非始自杏花村汾酒公司对引证商标的使用、宣传。杜牧的著名诗句早已使人们将"杏花村"与酒商品联系在一起，杏花村汾酒公司利用这种早已存在的联系建立引证商标一在酒类商品尤其是汾酒商品上的知名度并使之成为驰名商标，但由此对引证商标一的保护也不应不适当地扩大，尤其是不应当禁止他人同样地从杜牧诗句这一公众资源中获取、选择并建立自己的品牌，只要不会造成对引证商标一及杏花村汾酒公司利益的损害即可。杏花村旅游公司在商标异议复审阶段提交的证据证

明，数量众多的史料、文献认为杜牧《清明》诗中的“杏花村”在安徽池州，作为住所地在安徽省池州市杏花村大道、从事古杏花村遗址复建开发的杏花村旅游公司，在旅行社等服务上申请注册被异议商标，理由正当，不会导致相关公众误认为该商标与引证商标一存在相当程度的联系，从而减弱引证商标一的显著性或不当利用引证商标一的市场声誉。上诉人杏花村汾酒公司关于被异议商标的申请注册违反《中华人民共和国商标法》第十三条第二款的上诉理由不能成立，本院不予支持。

三、被异议商标是否缺乏显著特征而不应予以注册

人民法院审理行政案件，系对具体行政行为是否合法进行审查。杏花村汾酒公司在商标异议复审阶段并未提出被异议商标系地名商标、缺乏显著特征而不应注册的主张，该主张不在第 32351 号裁定审查范围内，一审法院对这一具体行政行为未涉及的主张不予审理并无不妥。

综上，一审判决虽然在事实认定方面存在错误，但结论正确。杏花村汾酒公司的上诉请求缺乏事实和法律依据，因此，北京市高级人民法院判决：驳回上诉，维持原判。

【法官评述】

本案二审法院虽然维持了一审判决的裁判结果，但是，却提出了与一审法院观点不同的商标授权确权行政案件中驰名商标认定的标准，并就妥善处理保护驰名商标与维护公共利益这一难点问题进行了权衡，具有一定的参考价值。

一、商标授权确权行政案件中驰名商标的认定

现行《中华人民共和国商标法》第十四条规定了认定驰名商标应当考虑的因素，但未对驰名商标的认定主体作出明确规定，《最高人民法院关于审理商标民事纠纷案件适用法律若干问题的解释》（以下简称《商标民事案件适用法律解释》）第二十二条第一款规定：“人民法院在审理商标纠纷案件中，根据当事人的请求和案件的具体情况，可以对涉及的注册商标

是否驰名依法作出认定。”因此，在商标案件审理过程中，法院有权根据需要对驰名商标作出认定是毫无异议的。但是，一方面，由于上述司法解释是针对商标民事纠纷案件适用法律问题而作出的，对于在商标授权确权行政案件中，法院如何认定驰名商标缺乏明确的规定；另一方面，由于在驰名商标司法认定的实践中也出现了一些问题，社会上出现了对司法认定驰名商标加以规制的声音①，因此，目前，无论是在商标民事案件中，还是在商标授权确权行政案件中，法院对驰名商标的认定都是十分慎重的，个案认定原则、被动认定原则、按需认定原则等已成为普遍接受的驰名商标司法认定的基本原则②。《最高人民法院关于涉及驰名商标认定的民事纠纷案件管辖问题的通知》（法〔2009〕1号）还将驰名商标的司法认定范围集中至省、自治区人民政府所在地的市、计划单列市中级人民法院以及直辖市辖区内的中级人民法院，其他中级人民法院管辖此类民事纠纷案件，需报经最高人民法院批准，未经批准的中级人民法院不再受理此类案件。但是，实践中也出现了一种倾向，比如本案中一审法院的做法，凡是案件中涉及驰名商标认定的问题，均要根据《中华人民共和国商标法》第十四条的规定进行一番认定。如此一来，无疑是给驰名商标的权利人增加了诉讼上的负担，使驰名商标权利人在每次的商标授权确权行政程序和诉讼程序中都要提供数量十分庞大的证据资料。由此就会带来进一步的问题，一方面，是有人通过虚假诉讼制造所谓的驰名商标，影响驰名商标保护制度初衷的实现，而另一方面，真正的驰名商标权利人又会在维权方面遇到极大的不便，对驰名商标保护制度的作用失去信心和兴趣，驰名商标保护制度将走入一个十分尴尬的境地。

实际上，驰名商标司法认定的出发点和立足点是为了加强驰名商标的保护，认定标准的把握以及司法政策和司法解释的规定，都应当有利于和

---

① 例如：孙璐：《法院认定驰名商标的规制》，载《中华商标》2005年第6期；杨成梅：《驰名商标司法认定虚假诉讼的法律规制》，载《荆楚理工学院学报》2010年第3期。

② 参见徐清霜：《驰名商标司法认定的若干问题》，载《山东审判》2006年第3期；北京市第一中级人民法院知识产权庭编：《商标确权行政审判疑难问题研究》，知识产权出版社2008年版，第38~43页；《商标与不正当竞争法——原理和判例》，法律出版社2009年版，第390~398页。

便利于驰名商标的认定和保护，尽可能为驰名商标的司法保护提供实体和程序上的便利，而不是设定不应有的障碍。[①] 最高人民法院也明确指出："对于驰名程度确属众所周知的商标，可以适当减轻当事人的举证责任。"[②]

驰名商标的认定，首先，是一个事实认定的问题，认定驰名商标并不必须以满足《中华人民共和国商标法》第十四条列举的全部要求为前提，《驰名商标保护应用法律解释》第四条规定："人民法院认定商标是否驰名，应当以证明其驰名的事实为依据，综合考虑商标法第十四条规定的各项因素，但是根据案件具体情况无需考虑该条规定的全部因素即足以认定商标驰名的情形除外。"只要在案证据足以证明涉案商标达到了驰名的程度，就可以认定驰名商标。其次，个案认定的驰名商标作为案件事实的一部分，当然主要是在个案中有效力，但是，并不意味着对于其他案件没有影响。[③]《商标民事案件适用法律解释》第二十二条第三款规定："当事人对曾经被行政主管机关或者人民法院认定的驰名商标请求保护的，对方当事人对涉及商标驰名不持异议，人民法院则不再审查；提出异议的，人民法院依照商标法第十四条进行审查。"《驰名商标保护应用法律解释》第七条第一款再次确认了该原则。当然，鉴于驰名商标在市场中的变动性和不稳定性，以及驰名商标跨类保护所产生的广泛影响，对于驰名商标的认定，不能适用民事诉讼证据的自认规则。但可以明确的是，只要有行政主管机关或者人民法院的认定记录，加上当事人在此基础上的自认，则是可以对驰名商标作出认定的。[③]而考虑到行政审判是对具体行政行为合法性、合理性的审查，在时间节点上，当事人对商标驰名的事实是否持有异议，应以具体行政行为作出时即本案中的商标异议复审裁定作出时的意思表示为准。本案中，杏花村旅游公司在一审诉讼程序之前始终没有否认引证商标一系驰名商标，甚至在其提交给商标评审委员会的答辩中还明确表示其

---

① 《商标与不正当竞争法——原理和判例》，法律出版社2009年版，第446页。

② 时任最高人民法院副院长曹建明：《全面加强知识产权审判工作 为建设创新型国家和构建和谐社会提供强有力的司法保障——在全国法院知识产权审判工作座谈会上的讲话》，2007年1月18日。

③③ 《商标与不正当竞争法——原理和判例》，法律出版社2009年版，第391页。

“没有复制、摹仿商标异议复审申请人注册的驰名商标”，而商标评审委员会在被诉裁定中也将《中华人民共和国商标法》第十三条第二款作为其逻辑论证的前提，因此，无论是杏花村旅游公司还是商标评审委员会，在商标异议复审裁定作出时都未对杏花村汾酒公司的引证商标一系驰名商标提出异议，人民法院应当结合杏花村汾酒公司提交的商标局颁发的驰名商标证书，认定引证商标一系驰名商标。二审法院纠正了一审法院在驰名商标认定上的机械做法，保护了驰名商标权利人的合法权利。

二、驰名商标保护与公共利益维护的衡平

《中华人民共和国商标法》第十三条第二款规定：“就不相同或者不相类似商品申请注册的商标是复制、摹仿或者翻译他人已经在中国注册的驰名商标，误导公众，致使该驰名商标注册人的利益可能受到损害的，不予注册并禁止使用。”但是，对驰名商标的保护是适度的跨类保护而非全类保护，而且，其跨类保护也是需要具备一定的条件的，“并非只有将驰名商标用于不相同也不相类似商品上的行为均构成商标侵权，是否误导公众是其中判定侵权与否的重要要件”。[①] 就我国驰名商标的保护而言，在构成“误导”和“损害”的限度内给予驰名商标跨类保护，是维护公平竞争的需要；不考虑或者过于宽松地掌握“误导”和“损害”的要求，给予驰名商标过宽的跨类保护，必将损害他人的自由竞争。司法实践中，我们应当以《中华人民共和国商标法》规定的“误导”和“损害”为调节器，以公平竞争与自由竞争的平衡为调节目标，妥善地确定驰名商标跨类保护的范围。[②] 毕竟，“对达到驰名度的商标认定为驰名商标只是依法给予特别保护的前提事实，属于案件事实认定范畴”[③]，是否给予特别的跨类保护，必须结合案件的事实，对驰名商标保护与公共利益维护两种不同的价值追求

① 山东省青岛市中级人民法院（2003）青民三初字第1095号民事判决书。

② 《商标与不正当竞争法——原理和判例》，法律出版社2009年版，第457页。

③ 时任最高人民法院副院长曹建明：《全面加强知识产权审判工作 为建设创新型国家和构建和谐社会提供强有力的司法保障——在全国法院知识产权审判工作座谈会上的讲话》，2007年1月18日。

进行衡平，将《中华人民共和国商标法》和驰名商标保护制度的根本宗旨落到实处。最高人民法院对此态度也十分明确："合理确定驰名商标的保护范围。对驰名商标跨类保护的范围，应当根据具体案件情况，考虑其知名度、显著性和被控侵权行为的误导性后果等因素在个案中合理确定，不能变成无原则的全类保护。"①

而在本案中，虽然引证商标一在酒类商品上有着悠久的历史，为社会相关公众所普遍知晓，但是，一方面，由于其出处源自杜牧的名篇《清明》，与该诗作有着密切的联系，而该诗经过千百年来的传诵已成为中国文化不可或缺的一部分，引证商标一本身的显著性即受到了影响；另一方面，数量众多的史料、文献认为杜牧《清明》诗中的"杏花村"在安徽池州，作为住所地在安徽省池州市杏花村大道、从事古杏花村遗址复建开发的杏花村旅游公司，在旅行社等服务上申请注册被异议商标，理由正当，不会导致相关公众误认为该商标与引证商标一存在相当程度的联系，从而减弱引证商标一的显著性或不当利用引证商标一的市场声誉。因此，杏花村汾酒公司主张根据《中华人民共和国商标法》第十三条第二款的规定进行跨类保护的主张，缺乏事实和法律依据，当然不能得到法院的支持。

（周　波）

① 时任最高人民法院副院长曹建明：《全面加强知识产权审判工作 为建设创新型国家和构建和谐社会提供强有力的司法保障——在全国法院知识产权审判工作座谈会上的讲话》，2007年1月18日。

92. 太原大宁堂药业有限公司与国家工商行政管理总局商标评审委员会、山西省药材公司商标争议行政纠纷案*

非驰名商标的保护范围仅在同类或近似产品

最高人民法院行政裁定书

（2013）知行字第62号

再审申请人（一审原告、二审上诉人）：太原大宁堂药业有限公司。住所地：山西省太原市经济技术开发区医药园区。

法定代表人：马里贵，该公司董事长。

委托代理人：乔利刚，山西决疑律师事务所律师。

被申请人（一审被告、二审被上诉人）：国家工商行政管理总局商标评审委员会。住所地：北京市西城区茶马南街。

法定代表人：何训班，该委员会主任。

委托代理人：杨磊，该委员会审查员。

第三人：山西省药材公司。住所地：山西省太原市

* 摘自《知识产权审判与指导》2013年第2辑（总第22辑），人民法院出版社2014年版，第243~246页。

双塔东街。

法定代表人：贺李，该公司总经理。

委托代理人：苏慧春，该公司法务部部长。

委托代理人：王冬青，山西黄河律师事务所律师。

再审申请人太原大宁堂药业有限公司（以下简称大宁堂公司）因与被申请人国家工商行政管理总局商标评审委员会（以下简称商标评审委员会）、第三人山西省药材公司商标争议行政纠纷一案，不服北京市高级人民法院（2011）高行终字第339号行政判决，向本院申请再审。本院依法组成合议庭进行了审查，本案现已审查终结。

大宁堂公司申请再审称：原审法院对大宁堂公司提交的足以证明客观事实的证据及本案事实未予审查，仅仅简单地依据山西省高级人民法院和最高人民法院关于其他民事案件的错误裁判进行判断，导致判决严重违背事实。(1) 大宁堂公司在先使用“大宁堂”字号，并依照法定程序获准注册了本案争议的第4570166号“大宁堂1644及图”商标（以下简称争议商标），理应得到法律保护；大宁堂公司1999年4月经有关部门批准成立，在先使用了“大宁堂”字号，此时的“大宁堂”字号无任何其他单位使用，也没有任何商誉。山西省药材公司对“大宁堂”没有在先权利，2000年该公司恶意将“大宁堂”抢注为第35类商标，核定服务项目为“推销（替他人）”，该服务项目不包括商品的批发、零售，因此，该公司注册的第35类商标与生产销售企业使用“大宁堂”字号没有必然联系。山西省药材公司2005年10月曾以大宁堂公司使用“大宁堂”字号侵犯其商标权以及不正当竞争为由提起民事诉讼，山西省高级人民法院对该案作出的（2006）晋民终字第00331号民事判决（以下简称第331号民事判决）错误判令大宁堂公司停止使用“大宁堂”商业标志和字号。大宁堂公司不服该判决，向最高人民法院申请再审，并提交了在诉讼过程中获准注册第4570166号商标的注册证，用来证明其有权使用大宁堂字号，最高人民法院作出的（2009）民申字第1491号民事裁定（以下简称第1491号裁定）对该新证据根本没有提及，对一些基本事实没有查证，就裁定驳回再审申请，是错误的。上述两个错误的判决和裁定，不应该作为本案的定案依

据，商标评审委员会、原审法院却将此作为认定事实的主要依据，认定事实及适用法律错误。（2）在本案一审期间，大宁堂公司提交了新证据证明传统大宁堂字号根本不存在任何商誉、大宁堂老字号不复存在，而且与第三人山西省药材公司没有任何关系。原审法院置这些新证据于不顾，没有独立行使审判权，仅仅依据第1491号裁定，简单机械地对本案商标权之间的冲突纠纷作出裁判，违背客观事实，违反了法律规定。（3）山西省药材公司注册第1455748号商标属于恶意抢注行为，侵犯了大宁堂公司的字号权、商标权，且其该商标一直未使用，依照商标法的规定应当予以注销，而不应撤销大宁堂公司注册的争议商标。综上，原审判决认定事实及适用法律错误，请求对本案进行再审。

山西省药材公司答辩称：（1）山西省高级人民法院第331号民事判决及最高人民法院第1491号裁定已经明确认定我公司是传统“大宁堂”字号商誉的拥有者，享有该老字号的相关权益。原审法院根据查明的事实及上述民事判决、裁定认定的事实，判决维持商标评审委员会撤销争议商标的裁定，认定事实及适用法律正确。（2）我公司在双塔寺街的办公楼一层的大宁堂药店一直在正常经营，我公司还设有大宁堂分公司使用“大宁堂”字号和商标经营药品批发零售业务，大宁堂公司主张我公司不再使用“大宁堂”字号或商标，与客观事实不符。大宁堂公司申请再审没有事实和法律依据，请求驳回其再审申请。

商标评审委员会未提交答辩意见。

本院认为：根据山西省高级人民法院第331号判决及最高人民法院第1491号裁定查明的事实，山西省药材公司下属的“太原大宁堂药店”1994年4月就已经被当时的国内贸易部认证为“中华老字号”。大宁堂公司成立时间在1999年4月，成立时登记的名称为“太原市大宁堂药业有限责任公司”，由于山西省药材公司对其使用“大宁堂”字号提出了异议，大宁堂公司于1999年7月15日更名为“山西泰源药业有限公司”。2005年3月10日，大宁堂公司再次更名为“太原市大宁堂药业有限责任公司”。2005年10月，山西省药材公司以该公司使用“大宁堂”字号侵犯其商标权以及不正当竞争为由提起民事诉讼，山西省高级人民法院第331号判决判令大宁堂公司停止使用“大宁堂”商业标志和字号。最高人民法院第1491号裁定也认定山西省药材公司是传统“大宁堂”字号商誉的拥有者，“大宁堂”老字号的相关权益应归该公司享有，裁定驳回大宁堂公司的再审申请。因此，大宁堂公司主张其对“大宁堂”字号享有在先权利、山西省药材公司注册第1455748号商标属于恶意抢注行为，没有事实和法律依据。原审判决根据查明的事实及前述生效的民事判决、裁定认定的事实，判决维持商标评审委员会撤销争议商标的裁定，认定事实及适用法律并无不当。

虽然大宁堂公司在原审程序中提交的证据能够证明山西省药材公司所属的部分使用大宁堂字号的药店因为没有年检被吊销营业执照，但是鉴于山西省药材公司提交了其仍在使用“大宁堂”字号和商标的相反证据，因此，大宁堂公司提交的证据并不能充分证明其关于山西省药材公司不再使用“大宁堂”字号或商标的主张。原审法院未采信大宁堂公司的新证据，不属于认定事实错误。

综上所述，大宁堂公司的再审申请不符合《中华人民共和国行政诉讼法》第六十三条第二款、《最高人民法院关于执行〈中华人民共和国行政诉讼法〉若干问题的解释》第七十二条规定的再审条件，依据《最高人民法院关于执行〈中华人民共和国行政诉讼法〉若干问题的解释》第七十四条的规定，裁定如下：

驳回太原大宁堂药业有限公司的再审申请。

审　判　长　夏君丽
审　判　员　殷少平
代理审判员　董晓敏

二〇一四年二月二十七日

书　记　员　曹佳音

▶ 申请商标不得损害他人现有的企业名称权

93. 帕克无形资产有限责任公司与中华人民共和国国家工商行政管理总局商标评审委员会、戴均欢商标异议复审行政纠纷案*

最高人民法院行政判决书

（2014）行提字第9号

再审申请人（一审原告、二审上诉人）：帕克无形资产有限责任公司。住所地：美利坚合众国俄亥俄州克利夫兰市帕克兰大道。

法定代表人：托马斯·A·毕莱诺，该公司副总裁兼秘书。

委托代理人：傅凤喜，北京市永新智财律师事务所律师。

委托代理人：王红欣，永新专利商标代理有限公司商标代理人，住中华人民共和国北京市海淀区田村永金里小区。

被申请人（一审被告、二审被上诉人）：中华人民

* 摘自《知识产权审判与指导》2014年第1辑（总第23辑），人民法院出版社2014年版，第191～202页。

共和国国家工商行政管理总局商标评审委员会。住所地：中华人民共和国北京市西城区茶马南街。

法定代表人：何训班，该委员会主任。

委托代理人：吴冬，该委员会审查员。

原审第三人：戴均欢，住中华人民共和国浙江省天台县洪畴镇里麻村，系江苏省昆山市浦江胶管公司总经理。

委托代理人：叶怀静，上海四维乐马（昆山）律师事务所律师。

再审申请人帕克无形资产有限责任公司（以下简称帕克公司）因与被申请人中华人民共和国国家工商行政管理总局商标评审委员会（以下简称商标评审委员会）、原审第三人戴均欢商标异议复审行政纠纷一案，不服中华人民共和国北京市高级人民法院（2012）高行终字第1920号行政判决，向本院申请再审。本院于2013年11月29日作出（2013）知行字第63号行政裁定，提审本案。本院依法组成合议庭，公开开庭审理了本案。帕克公司的委托代理人傅凤喜、王红欣，戴均欢及其委托代理人叶怀静到庭参加了诉讼，被申请人商标评审委员会经本院合法传唤，未到庭参加诉讼，本案现已审理终结。

北京市第一中级人民法院一审查明：2004年9月8日，戴均欢向中华人民共和国工商行政管理总局商标局（以下简称商标局）申请注册第4259661号“派克汉尼汾 PARKERHANNIFIN”商标（以下简称被异议商标），指定使用商品为第17类：密封环、PVC软管、农用塑料膜、排水软管、非金属软管、消防水龙带、液压软管、橡胶软管、石棉石板、绝缘材料。被异议商标经商标局初步审定并公告后，帕克公司向商标局提出异议。商标局于2010年7月18日作出（2010）商标异字第14917号商标异议裁定，以帕克公司的证据不足为由，裁定被异议商标予以核准注册。

帕克公司不服该裁定，向商标评审委员会提出异议复审申请，并提交如下主要证据：（1）派克汉尼汾流体传动产品（上海）有限公司等三个公司的企业法人营业执照及 Parker Hannifin Corporation 香港登记资料；（2）帕克公司网站网页及名片、工作服照片等资料；（3）中国液压气动密封件工业协会网站网页；（4）获奖证明及资质证明；（5）参加展览会的相关资

料；（6）相关媒体的报道资料；（7）销售合同及增值税发票；（8）派克汉尼汾公司官方网站域名注册信息。

商标评审委员会于2011年12月1日作出商评字〔2011〕第31393号《关于第4259661号“派克汉尼汾PARKERHANNIFIN”商标异议复审裁定书》（以下简称第31393号裁定）认定：帕克公司依据2013年修正前的《中华人民共和国商标法》第三十一条，主张被异议商标侵犯派克汉尼汾公司及该公司在中国大陆的子公司的商号权，侵犯派克汉尼汾公司的域名权，并构成对其在先使用并有一定影响的“派克汉尼汾”“PARKERHANNIFIN”商标的抢注。对此该委员会认为，帕克公司提交的证据1、8与知名度无关；证据2为其自制资料，证明力较弱；证据5涉及的展会展出时间晚于被异议商标申请日；证据3、4、6、7有些不能辨别时间，有些发生在被异议商标申请日之后。本案有效在案证据不足以证明派克汉尼汾公司及其在中国大陆的子公司的商号、域名在被异议商标申请注册之前，经过宣传使用在与被异议商标指定使用商品相同或类似的行业内已具有一定知名度，被异议商标的注册未构成《中华人民共和国商标法》第三十一条所指损害他人在先权利的情形。另外，本案证据7涉及的商品为液压元件、流体连接件，且仅有部分销售发票在被异议商标申请注册之前，亦未显示商标，故在案证据不足以证明帕克公司“派克汉尼汾”“PARKERHANNIFIN”商标在排水软管、消防水龙带等相同或类似商品上在先使用并具有一定影响。综上，帕克公司上述理由证据不足，不能成立。帕克公司认为被异议商标属于《中华人民共和国商标法》第四十一条第一款所指以其他不正当手段取得注册的情形，但本案证据并不能支持其主张。据此，商标评审委员会裁定被异议商标予以核准注册。

帕克公司不服该裁定而向北京市第一中级人民法院起诉称：第31393号裁定认定事实不清，证据不足，应予撤销。（1）帕克公司提交的证据可以充分证明，其关联公司对“派克汉尼汾”“PARKER HANNIFIN”拥有在先企业名称权和域名权，被异议商标侵犯该在先权利，应予撤销。①帕克公司的母公司于1983年就在中国成立合资公司，并至少从1996年起就在中国成立多家以“派克汉尼汾”“PARKER HANNIFIN”为商号的合资公司。在进入中国市场的30年间，帕克公司的关联公司在中国大量生产和销售产品，并积极参加各种品牌推广活动，得到了中国专业人士和相关媒体的高度关注和认可，其商号也在中国相关领域享有极高的知名度和市场号召力。帕克公司在评审期间提交了大量证据，对于这些证据，商标评审委员会并没有认真分析和审查就简单地予以否定，该做法不合常理且违反法律规定，应该予以纠正。②帕克公司的母公司派克汉尼汾公司于1996年2月25日注册了www. parkerhannifin. com作为其官方网站的域名，被异议商标与该域名完全相同，该商标的使用会使消费者误认为该商标来自帕克公司，或与帕克公司及其关联公司有关。（2）第三人是在明知帕克公司的商标的情况下，违反诚实信用原则，为牟取非法利益的目的以不正当手段申请注册被异议商标的，依照《中华人民共和国商标法》第四十一条规定，不应核准注册。综上，请求法院依法撤销被诉裁定。

商标评审委员会答辩时坚持其在被诉裁定中的意见，请求法院维持被诉裁定。

第三人戴均欢述称：（1）帕克公司关联公司的商号所在之商业领域，与被异议商标指定使用商品不同。（2）帕克公司的关联公司不具有知名度。（3）我方不存在以不正当手段申请注册商标的事实。（4）帕克公司对法律条款和词语进行过分扩张的解释，以追求对其权利的过分保护。（5）被异议商标与帕克公司关联公司所使用的标识存在明显差异，不足以引起混淆。请求维持被诉裁定。

帕克公司向一审法院补充提交了如下证据：（1）帕克公司运营协议；（2）派克汉尼汾香港有限公司商业登记信息；（3）派克汉尼汾流体传动产品（上海）有限公司、派克汉尼汾液压系统（上海）有限公司工商档案；（4）昆山市浦江胶管有限公司工商档案；（5）派克汉尼汾公司在中国设立的办事处、分公司的工商登记信息；（6）上海海菁橡胶制品有限公司（以下简称上海海菁公司）的工商登记信息，上述证据未在评审期间提交。

帕克公司在庭审中明确其主要起诉理由为：被异议商标的注册申请违反《中华人民共和国商标法》第三十一条的规定，损害了帕克公司的在先商号权和在先域名权，以及违反《中华人民共和国商标法》第四十一条第一款规定。帕克公司明确其主张的在先商号是派克汉尼汾公司、派克汉尼汾公司在上海设立的两家子公司、香港派克汉尼汾公司的商号，主张的在先域名是1996年注册于美国的www. parkerhannifin. com域名。

北京市第一中级人民法院经审理认为：（1）本案的争议焦点是关于被异议商标是否违反了《中华人民共和国商标法》第三十一条的规定，损害在先商号权和在先域名权。本案中，帕克公司主张的在先权利为商号权。该法律条文的适用要件为：①商号的登记、使用日应当早于系争商标注册申请日；②该商号在中国相关公众中具有一定的知名度；③系争商标的注册与使用容易导致相关公众产生混淆，致使在先商号权人的利益可能受到损害。帕克公司在本案中主张享有在先商号权的是派克汉尼汾公司、派克汉尼汾公司在上海设立的两家子公司、香港派克汉尼汾公司。经查，上述公司的成立时间均在被异议商标申请注册之前。帕克公司为证明其在先商号权提交的证据中，评审期间提交的证据2、3为网站网页打印件，其证明力较弱，且无法证明形成时间在被异议商标申请日之前；证据4获奖证书无法证明形成时间在被异议商标申请日之前；证据5涉及的展会展出时间晚于被异议商标申请日；证据6相关媒体的报道资料出处不明，且帕克公司无法证明该部分证据中的绝大部分系形成于被异议商标申请日之前；证据7销售合同及增值税发票部分发生在被异议商标申请注册之后，部分证据可以证明在被异议商标申请日前派克汉尼汾流体传动产品（上海）有限公司曾经在液压元件、气动元件、流体连接件、密封件、仪表等商品上出售过产品。由于上述商品均为第7类商品（密封件0750），而被异议商标指定使用商品为第17类商品，被异议商标注册使用在非类似商品上，一般不易导致相关公众产生混淆，致使在先商号权人的利益可能受到损害。帕克公司在诉讼中提交的证据亦不足以证明被异议商标的申请注册损害了其在先商号权。综上，本案在案证据不足以证明帕克公司及其关联公司的商号在被异议商标申请注册之前，也不能证明经过宣传使用在与被异议商标指定使用商品相同或相类似的行业内已具有一定知名度，被异议商标的申请注册未构成《中华人民共和国商标法》第三十一条所指损害他人在先商号权的情形。帕克公司在本案中还主张在先域名权，并明确其主张构成在先域名权的域名1996年注册于美国。帕克公司用以证明该域名享有较高知名度的证据为评审期间提交的证据2、8。上述证据均为网站网页打印件，属于自证性质，无法证明该域名在中国相关公众中享有较高知名度，故被异议商标的申请注册未构成《中华人民共和国商标法》第三十一条所指损害他人在先域名权的情形。(2)《中华人民共和国商标法》第四十一条第一款规定：已经注册的商标，如果是以欺骗或者其他不正当手段取得注册的，应当予以撤销。该条款是针对已注册商标的撤销程序作出的规范，而本案被异议商标尚未被核准注册；该条款所指的"以欺骗手段或者其他不正当手段取得注册"，涉及的是撤销商标注册的绝对事由，而被异议商标的申请注册并不属于上述情形。综上，一审法院判决维持商标评审委员会第31393号裁定。

帕克公司不服该一审判决，向北京市高级人民法院提起上诉称：(1)帕克公司在商标评审阶段提交的证据1、2、4、6、7以及一审中提交的证据5足以证明帕克公司关联公司在先商号的知名度，被异议商标违反《中华人民共和国商标法》第三十一条。(2)被异议商标侵犯帕克公司关联公司在先域名权。(3)被异议商标系以不正当手段申请注册，违反《中华人民共和国商标法》第四十一条第一款的规定。

北京市高级人民法院另查明：帕克公司系派克汉尼汾公司的全资子公司。1985年12月6日，派克汉尼汾公司在香港设立COMMERCIAL FILTERS INTERNATIONAL LIMITED公司，1989年3月7日，该公司更名为PARKER - HANNIFIN HONG KONG，LIMITED（派克汉尼汾香港有限公司）。派克汉尼汾流体传动产品（上海）有限公司成立于1996年12月11日，派克汉尼汾液压系统（上海）有限公司成立于1999年10月22日，上述企业均为台港澳法人独资，股东均系派克汉尼汾香港有限公司。二审诉讼中，帕克公司为证明相关商号在动力传动及液压领域有较高知名度，补充提交了派克汉尼汾香港有限公司在中国大陆设立的各子公司营业执照副本。戴均欢认为上述证据与本案缺乏关联性，不能证明帕克公司相关商号在中国的知名度。商标评审委员会对上述证据未发表质证意见。二审法院认为，公司营业执照与企业商号知名度无直接联系，故上述证据不予采信。

北京市高级人民法院经审理认为：《中华人民共和国商标法》第三十一条规定，申请商标注册，不得损害他人现有的在先权利。该条规定的在先权利是指在先取得的，包括商号权、域名权在内的除商标权以外的其他民事权益。帕克公司主张在先商号的公司成立时间均在被异议商标申请注册之前，在先域名的注册时间亦在被异议商标申请注册之前，但从帕克公司在商标评审阶段提交的证据1、2、4、6、7以及在一审提交的证据5来看，证据1、5均为企业登记资料，与企业知名度没有直接联系；证据2为帕克公司网站网页及名片、工作服照片等资料，系帕克公司自制资料，证明力较弱；证据4为获奖证书，无法证明形成时间在被异议商标申请日之前；证据6为相关媒体的报道资料，大部分形成于被异议商标申请注册日之后；证据7为销售合同及增值税发票，仅有部分销售发票在被异议商标申请注册之前，但未显示商标。所以，在案证据不足以证明派克汉尼汾公司及其在中国大陆子公司的商号、域名在被异议商标申请注册之前，经过宣传使用在与被异议商标指定使用商品相同或相类似的行业内已具有一定知名度。一审法院和商标评审委员会认定被异议商标的注册未构成《中华人民共和国商标法》第三十一条所指损害他人在先权利的情形并无不当。一审法院和商标评审委员会认定被异议商标的注册未构成《中华人民共和国商标法》第四十一条第一款规定的情形并无不当。据此，二审法院判决驳回上诉，维持一审判决。

帕克公司申请再审称：（1）一审、二审法院未考虑第三人的主观恶意，适用法律错误。诚实信用原则是民法的基本原则，商标申请人是否违反诚实信用原则、是否有主观恶意是适用《中华人民共和国商标法》第三十一条时应考虑的因素之一。第三人戴均欢在申请注册被异议商标时是否有主观恶意，与在先商号知名度这两个要素具有紧密的关联性，在商标申请人主观恶意明显的情况下，应当降低对在先商号知名度的要求以实现平衡。原审法院没有考虑该因素，适用法律错误。（2）一审、二审法院认定事实有误。①戴均欢申请注册被异议商标具有明显的主观恶意，原审法院未查明该事实，认定事实错误。如下几点可以看出戴均欢有主观恶意：1）

"Parker Hannifin"是两个人名的组合，这种组合的产生是由于帕克公司的母公司在发展过程中出现了并购，并购后的新公司以两家公司创始人的名义命名。这种人名组合有其特别的历史背景，作为商号标记具有极强的显著性。戴均欢如果不是抄袭，难以想象他为何要使用这么少见的组合作为自己的商标。2）"派克汉尼汾"是帕克公司的母公司为其英文商号选择的中文译文。根据音译原理，"Parker"还可以翻译为"帕克""Hannifin"可以翻译为"汉尼芬"（这两个翻译出现在众多翻译工具中，如金山词霸）。戴均欢给"Parker Hannifin"英文组合选取中文名字时，没有使用更容易查找到的中文名字"帕克汉尼芬"，这一事实恰恰也证明其申请注册被异议商标是对在先使用的知名商号的抄袭。3）在被异议商标2004年9月8日申请注册前，帕克公司的关联公司派克汉尼汾香港有限公司早在1995年9月11日起就在北京设立了办事处，1995年该公司投资4661.39万美元设立了派克汉尼汾动力传动产品（无锡）有限公司，1996年该公司投资设立了派克汉尼汾流体传动产品（上海）有限公司，1997年该公司投资350万美元设立了派克汉尼汾空调制冷设备（无锡）有限公司，1998年该公司投资设立了派克汉尼汾液压系统（上海）有限公司，2001年投资900万美元设立了派克汉尼汾过滤系统（上海）有限公司。戴均欢申请注册被异议商标前，长期居住在上海，担任上海海菁公司的副经理职务，其申请注册被异议商标时使用的联系地址也是上海的地址。上海海菁公司的营业范围是"橡塑制品、五金交电、机电设备、胶带、管道配件、水暖器材、电线电缆、一般劳防用品、标准件、电动工具批发、零售"。这些产品中橡塑制品、胶带、管道配件、水暖器材等正是帕克公司的关联公司在中国生产和经营的产品。由此可见戴均欢不可能不知道帕克公司在上海和无锡的公司。4）更值得一提的是，戴均欢还在2003年8月28日设立了昆山市浦江胶管有限公司，该公司经营的产品是"橡胶板、管、带"，与帕克公司的关联公司经营的产品相同。这一事实进一步证实其对帕克公司的关联公司在先注册和使用的商号不可能不了解。从其抢注与这些商号完全相同的商标也可反推出他是明知的。一审、二审法院未考虑戴均欢的主观恶意，一味苛求帕克公司提供证明在先商号知名度的证据。②帕克公司提

交的证据足以证明在先使用的商号在中国市场具有一定的知名度，应该受到保护。在被异议商标申请日前，“派克汉尼汾”和“PARKERHANNIFIN”作为帕克公司的关联公司的中英文商号已经在中国长期使用和宣传，具有很高的知名度，帕克公司在复审阶段提交了718页证据，向一审法院提交了11页新证据，向二审法院提交了8页新证据。商标评审委员会及原审法院都没有认真审核这些证据的内容，就轻率地认定证据不足。③原审法院未对帕克公司的关联公司生产的商品与被异议商标指定使用商品之间的关联性予以确认。商标评审委员会在第31393号裁定中对帕克公司的关联公司生产的商品与被异议商标指定使用商品之间具有关联性这一问题未提出质疑，仅仅是认为证明在先商号权的证据不足。在诉讼阶段，戴均欢提出帕克公司的关联公司生产的商品与被异议商标指定使用商品不属于同一类，不构成类似商品。帕克公司提供了大量证据证明其关联公司所提供的商品与被异议商标指定使用商品是相同或者是类似商品，具有关联性。但一审、二审法院均未予采纳，明显错误。本案再审的关键理由是在先使用并且具有一定知名度的商号权应该得到《中华人民共和国商标法》第三十一条的保护。综上，商标评审委员会的第31393号裁定和一审、二审法院的判决认定事实不清，适用法律错误，请求对本案进行再审，撤销一审、二审判决及商标评审委员会的第31393号裁定，判令商标评审委员会重新做出复审裁定。

商标评审委员会答辩称：（1）帕克公司的证据不足以证明在被异议商标申请日之前，帕克公司的关联公司使用的字号系在先使用并有一定知名度的字号，故被异议商标未构成《中华人民共和国商标法》第三十一条所指损害他人在先权利的情形。（2）在案证据不足以证明帕克公司的关联公司的“派克汉尼汾”“PARKER HANNIFIN”商标在排水软管、消防水龙带等相同或类似商品上在先使用并具有一定影响。综上，帕克公司申请再审的理由证据不足，不能成立。

原审第三人戴均欢答辩称：（1）本案是行政案件，审理的范围是被诉行政行为的合法性，帕克公司在诉讼阶段提交的证据不能作为被诉行政行为做出的依据，不应该被采信。（2）帕克公司的证据不足以证明在被异议商标申请日之前，其关联公司使用的字号系在先使用并有一定知名度。（3）被异议商标核定使用的商品与帕克公司的关联公司生产的产品不构成类似商品。一审、二审判决认定事实清楚，适用法律正确，应当予以维持。

本院再审审理期间，为证明“派克汉尼汾”字号由来及在中国大陆地区的使用情况，帕克公司向本院提交了派克汉尼汾公司的《历史手册》及其在商标评审程序及一审、二审诉讼程序中提交的全部证据。

本院经审理查明：一审、二审法院认定的事实基本属实，本院予以确认。另查明：1918年，工程师、企业家亚瑟·派克创建了派克公司（Parker Appliance Company），生产气动、液压元件。1954年，派克公司收购了汉尼汾公司（Hannifin Company）。汉尼汾公司以生产气缸和阀类产品闻名美国。收购完成后，新公司命名为Parker Hannifin Corporation。派克汉尼汾公司及其香港子公司派克汉尼汾香港有限公司于1996年12月11日成立了派克汉尼汾流体传动产品（上海）有限公司，1997年11月20日成立了派克汉尼汾空调制冷设备（无锡）有限公司，1999年10月22日成立了派克汉尼汾液压系统（上海）有限公司。派克汉尼汾液压系统（上海）有限公司被评为2004年全国外商投资双优企业。《润滑与密封》（2001年第1期）刊登的《专业化 科技化 优质化 规模化——派克汉尼芬密封集团圣地亚哥垫片O形圈部考察见闻及其他》一文记载：中国液压气动密封件工业协会……于2000年4月9日至23日对美国的液压、密封件的生产企业进行以技术和产品开发为主的综合考察。先后考察了……和派克汉尼芬（Parker Hannifin）两大公司总部和所属的9间生产工厂。派克汉尼芬公司总部设在美国俄亥俄州克利夫兰市，有遍及世界104个分部，世界工厂总数235个，共有员工44000人，产品有液压、气动系统用件、仪器仪表、电机、过滤、制冷设备、密封件、管路接管等共10万个品种。主要产品是液压件，并在世界产量排名第一。在全世界拥有1000个以上市场、7500个分销商、35万个用户，1999年销售收入55亿美元，产品使用于各行各业。《流体机械》（1996年4月）刊登的《国际动力传动与控制技术发展》一文记载：第三届中国国际动力传动与控制技术展览会（'95 PTC CHINA）

于1995年9月4日至8日在北京国际贸易中心举行。……本届展览会精品荟萃。美国派克汉尼芬公司……展示了各种新型高压液压柱塞泵、控制阀……《橡塑技术与装备》（2005年第10期）刊登的《外资橡胶制品企业在中国的群聚发展》一文记载：美国派克－汉尼芬为世界最著名的密封制品生产厂家，尤以○形圈的独特生产技术闻名全球，……早在1990年，当时的派克公司即在武汉建立了合资的武汉派克密封件有限公司，现在重新改组为派克－汉尼芬之后实力又进一步加强。2002年，进而收购了意大利的埃迪亚塞亚公司，同时，将其与沈阳第四橡胶厂合资生产高压胶管的企业——埃迪亚塞亚（沈阳）橡胶有限公司也纳入账下，成为派克－汉尼芬在华的一个合资企业。在此基础上，又成立派克（沈阳）橡胶有限公司生产橡胶密封件。2004年派克－汉尼芬的全球销售额已增至17.75亿美元。……派克－汉尼芬在世界上排名第8位，在华生产的高压胶管、密封件深受市场欢迎。

本院认为：根据当事人再审申请理由及答辩意见，本案争议焦点是："派克汉尼汾"中英文名称是否是派克汉尼汾公司及其子公司在先使用并且具有一定知名度的字号，被异议商标的注册是否违反了《中华人民共和国商标法》第三十一条的规定。

《中华人民共和国商标法》第三十一条规定，申请商标不得损害他人现有的在先权利。《最高人民法院关于审理不正当竞争民事案件应用法律若干问题的解释》第六条规定，具有一定的市场知名度，为相关公众所知悉的企业名称中的字号，可以认定为反不正当竞争法第五条第（三）项规定的"企业名称"。因此，在中国境内具有一定市场知名度、为相关公众所知悉的企业名称中的字号，可以作为企业名称权的一种特殊情况对待，作为商标法第三十一条所规定的"在先权利"受到保护。《最高人民法院关于审理商标授权确权行政案件若干问题的意见》第十七条第二款规定，人民法院审查判断诉争商标是否损害他人现有的在先权利，一般以诉争商标申请日为准。本案中，"Parker Hannifin"是两个名称的组合，其中"Parker"是派克公司的创始人的名字，"Hannifin"是其合并公司的名称，这种因为公司并购后以两家公司名称组合的字号有其特别的历史背景，作为商业标记具有较强的显著性。"派克汉尼汾"是其惯用音译，通过派克汉尼汾公司及其关联公司的使用及相关宣传报道，已成为"Parker Hannifin"对应音译。"PARKER HANNIFIN""派克汉尼汾"作为派克汉尼汾公司及其子公司或关联公司的字号，在被异议商标申请日之前在中国已经使用多年，且在相关新闻报道及报纸杂志文章中，亦清晰地显示了派克汉尼汾公司及其关联公司的企业名称及其相关排名、销售额及相关市场情况。鉴此，本院认为，在被异议商标申请日即2004年9月8日前，通过派克汉尼汾公司及其关联公司的使用，"派克汉尼汾"已经成为在中国大陆地区具有一定市场知名度的字号，可以作为《中华人民共和国商标法》第三十一条所称的"在先权利"予以保护。

此外，帕克公司提交的证据证明，派克汉尼汾公司及其关联公司所生产经营的商品包括各种流体连接件、橡胶和热塑软管、O型密封圈、密封件、液压和气动接头等60个大类的产品，其在评审程序中提交的证据7销售合同及增值税发票可以证明派克汉尼汾流体传动产品（上海）有限公司在液压元件、气动元件、流体连接件、密封件、仪表等商品上出售过产品。由于被异议商标指定使用商品为分类表第17类中的"密封环、PVC软管、农用塑料膜、排水软管、非金属软管、消防水龙带、液压软管、橡胶软管、石棉石板、绝缘材料"商品，其指定使用商品中的密封环、PVC软管、排水软管、非金属软管、消防水龙带、液压软管、橡胶软管、绝缘材料，与派克汉尼汾公司及其关联公司在中国生产和经营的部分产品明显具有类似性，或者有较强的关联性。

本案中，被异议商标为"派克汉尼汾 PARKERHANNIFIN"，与派克汉尼汾公司及其关联公司中英文字号完全相同，指定使用在与派克汉尼汾公司及其关联公司生产的产品类似产品上。由于戴均欢所从事的行业与派克汉尼汾公司及其关联公司生产经营的产品有密切关系，其应当知道派克汉尼汾字号的知名度情况，仍将与该中英文字号完全相同的文字申请注册为商标，难以认定巧合，具有明显的攀附派克汉尼汾公司及其关联公司字号商誉的恶意，侵犯了该公司的在先字号权，不应予以核准注册。其在庭审中关于"PARKERHANNIFIN"系其合伙人英文名字的答辩意见不具有合理性，本院不予采信。一审、二审法院关于被异议商标的注册未构成《中华人民共和国商标法》第三十一条禁止的情形的认定，缺乏事实和法律依据，本院予以纠正。

综上，本院认为：被异议商标侵犯了派克汉尼汾公司及其关联公司对“派克汉尼汾”“PARKERHANNIFIN”享有的在先商号权，违反了《中华人民共和国商标法》第三十一条的规定，不应予以核准注册。帕克公司申请再审的理由部分成立，第31393号裁定、一审、二审判决适用法律错误，应予撤销，商标评审委员会应当重新作出异议复审裁定。本院依据《中华人民共和国商标法》第三十一条，《中华人民共和国行政诉讼法》第五十四条第（二）项、第六十一条第（二）项、第六十三条第二款，《最高人民法院关于执行〈中华人民共和国行政诉讼法〉若干问题的解释》第七十六条第一款、第七十八条之规定，判决如下：

一、撤销北京市高级人民法院（2012）高行终字第1920号行政判决及北京市第一中级人民法院（2012）一中知行初字第1769号行政判决；

二、撤销中华人民共和国国家工商行政管理总局商标评审委员会〔2011〕第31393号《关于第4259661号“派克汉尼汾PARKERHANNIFIN”商标异议复审裁定》；

三、中华人民共和国国家工商行政管理总局商标评审委员会就第4259661号“派克汉尼汾PARKERHANNIFIN”商标重新作出异议复审裁定。

一审案件受理费100元、二审案件受理费100元，共200元，由中华人民共和国国家工商行政管理总局商标评审委员会负担。

本判决为终审判决。

审　判　长　王艳芳

代理审判员　朱　理

代理审判员　佟　姝

二〇一四年八月十三日

书　记　员　刘海珠

94. 香港雷博有限公司与中华人民共和国国家工商行政管理总局商标评审委员会、家园有限公司商标争议行政纠纷案*

▶ 被代理人或被代表人有使用意图但尚未投入商业使用的争议商标，可认定为“被代理人或者被代表人的商标”

最高人民法院行政判决书

（2014）行提字第4号

再审申请人（一审原告、二审上诉人）：香港雷博有限公司（LehmanBrown Limited）。住所地：中华人民共和国香港特别行政区铜锣湾勿地臣街1号时代广场二期36楼。

法定代表人：拉塞尔·博杨（RUSSEL BROWN），该公司董事会主席。

委托代理人：朱玉子，北京市浩天信和律师事务所律师。

委托代理人：王安忆，北京市浩天信和律师事务所律师。

被申请人（一审被告、二审被上诉人）：中华人民

* 摘自《知识产权审判与指导》2014年第2辑（总第24辑），人民法院出版社2015年版，第204～227页。

共和国国家工商行政管理总局商标评审委员会。住所地：中华人民共和国北京市西城区茶马南街1号。

法定代表人：何训班，该委员会主任。

委托代理人：孙明娟，该委员会审查员。

被申请人（一审第三人）：家园有限公司。住所地：英属维尔京群岛托托拉岛罗德城3321号信箱。

法定代表人：卡罗琳娜·西卡（KAROLINA SIEREK）。

委托代理人：王海燕，上海雷曼（北京）律师事务所律师。

委托代理人：李冬云，上海雷曼（北京）律师事务所律师。

再审申请人香港雷博有限公司（LehmanBrown Limited）（以下简称雷博公司）因与被申请人中华人民共和国国家工商行政管理总局商标评审委员会（以下简称商标评审委员会）、家园有限公司（以下简称家园公司）商标争议行政纠纷一案，不服中华人民共和国北京市高级人民法院（以下简称北京市高级人民法院）（2012）高行终字第686号行政判决，向本院申请再审。本院于2013年12月7日作出（2013）知行字第65号行政裁定，裁定提审本案。本院依法组成合议庭，于2014年2月26日公开开庭审理了本案。再审申请人雷博公司委托代理人朱玉子、王安忆，被申请人家园公司委托代理人王海燕、李冬云到庭参加了诉讼。被申请人商标评审委员会提交了书面意见。本案现已审理终结。

雷博公司向中华人民共和国北京市第一中级人民法院（以下简称北京市第一中级人民法院）起诉称：第3013121号“LehmanBrown”商标（即争议商标）是雷博公司的两位创始人爱德华·雷门（Edward E Lehman）和博杨（Russell Brown）姓氏的组合。两位创始人曾就创办雷博公司进行过磋商，在争议商标注册申请日前就已经确定将“LehmanBrown”作为雷博公司商标和商号使用。但爱德华·雷门却单方抢先注册了争议商标，违反了《中华人民共和国商标法》第十五条的规定。此外，爱德华·雷门单方注册争议商标的行为违反诚实信用原则，属于《中华人民共和国商标法》第四十一条第一款的不当注册情形。商标评审委员会商评字〔2010〕第04598号《关于第3013121号“LehmanBrown”商标争议裁定》（以下简称第04598号裁定）认定事实和适用法律均有错误，请求法院撤销第04598号裁定。

商标评审委员会辩称：雷博公司在商标评审过程中并未主张在先商号权，我委坚持在第04598号裁定中的意见。该裁定认定事实清楚、适用法律正确，雷博公司的诉讼理由和请求不能成立，请求法院维持第04598号裁定。

第三人家园公司称：商标评审委员会第04598号裁定认定事实清楚，适用法律正确，请求法院予以维持。

北京市第一中级人民法院一审查明：2001年11月7日，爱德华·雷门向中华人民共和国国家工商行政管理总局商标局（以下简称商标局）提出第3013121号“LehmanBrown”争议商标的注册申请，申请注册的商品类别为第42类：法律服务、知识产权咨询等服务。2003年4月10日，该商标转让给家园公司，注册商标专用权期限经续展至2013年1月27日。

2001年8月，爱德华·雷门和博杨曾就创办新公司进行过磋商。双方曾谈到公司名称使用“LehmanBrown”，以及公司业务开展、成本费用等问题。2001年11月16日，爱德华·雷门致函美凯投资有限公司称：“我，爱德华·雷门用我自己的名义去申请了‘LehmanBrown’商标，该商标目前仍未被核准注册。本人同意，一旦上述商标获得注册，本人会将该商标转让给美凯投资有限公司或其指定的当事人，该承诺为不可撤回之承诺。”

雷博公司没有提交在本案争议商标注册申请日前曾在争议商标核定使用的相同或类似服务上使用争议商标开展商业服务的证据。

针对争议商标，雷博公司向商标评审委员会提出撤销注册申请。商标评审委员会于2010年3月1日作出第04598号裁定。该裁定认定如下：爱德华·雷门是否违反承诺不当转让了争议商标的纠纷不属于本案的审理范围，雷博公司应另行提出民事诉讼。因此，对雷博公司提交的与上述事实相关的证据，不予评述。本案的焦点应为争议商标的注册是否构成商标法第十五条所指的代表人未经授权擅自注册被代表人商标之情形。根据雷博公司提交的证据2、5和7可知，爱德华·雷门曾经是雷博公司的创建者和决策者之一，因此，本案关键问题在于爱德华·雷门是否未经授权擅自注

册了本属于雷博公司的商标。首先，从雷博公司提交的证据 7 可知，爱德华·雷门与雷博公司另一创始人博杨曾就雷博公司名称、业务等问题进行过讨论，但并未达成一致意见。同时，根据雷博公司提交的证据 6 显示，爱德华·雷门签署转让承诺函的时间为 2001 年 11 月 16 日（晚于争议商标注册申请日），在该承诺函中雷博公司的名称仍然是美凯投资有限公司（Max Hope Investments Limited）。因此，雷博公司提交的证据不能证明在争议商标注册申请日前，“LehmanBrown”已经是雷博公司的商标。其次，雷博公司在质证意见中称爱德华·雷门之所以签署转让承诺函是因为其不端行为被发现，但这一主张缺乏证据支持，从而不能认定爱德华·雷门的注册行为存在不当。综上，雷博公司提交的证据不足以证明争议商标的注册违反了《中华人民共和国商标法》第十五条的规定。此外，雷博公司认为争议商标的注册违反了商标法第四十一条第一款的规定，但其提交的证据不足以证明该主张。综上，雷博公司的撤销理由不成立。依据《中华人民共和国商标法》第四十三条的规定，裁定争议商标的注册予以维持。

雷博公司在一审诉讼程序中补充提交了 17 份证据，用以证明爱德华·雷门和博杨曾就创办雷博公司进行过磋商，在争议商标注册申请日前就已经确定将“LehmanBrown”作为雷博公司商标和商号使用。爱德华·雷门单方注册争议商标的行为违反诚实信用原则。

北京市第一中级人民法院一审认为：基于查明的事实，雷博公司提交的证据不能证明在本案争议商标注册申请日之前，该公司已经实际商业使用了与争议商标相同或近似的标志，且使用范围与争议商标核定使用服务相同或者类似。此外，即便爱德华·雷门和博杨曾就创办新公司进行过磋商，双方曾谈到公司名称使用“LehmanBrown”，但雷博公司并没有提交双方就新公司成立达成协议的进一步证据。因此，不能证明双方已经确立了商标代理、代表、经销或代销法律关系。争议商标的注册并未违反《中华人民共和国商标法》第十五条的规定。本案双方当事人的争议仅限于为新公司成立而磋商的过程中，其中一方是否有权单独注册争议商标的问题，并不涉及扰乱商标注册秩序、损害社会公共利益的情形。因此，争议商标的注册并不违反《中华人民共和国商标法》第四十一条第一款的规定。综上，依照《中华人民共和国行政诉讼法》第五十四条第（一）项之规定，一审法院判决：维持商标评审委员会作出的第04598号裁定。案件受理费100元，由雷博公司负担（已交纳）。

雷博公司不服一审判决，向北京市高级人民法院提出上诉，请求撤销一审判决及第04598号裁定，并判令商标评审委员会重新作出裁定。其主要上诉理由为：雷博公司以充分证据向一审法院证明了爱德华·雷门违反诚实信用原则注册争议商标的基本事实，一审判决忽略该事实属于认定事实严重不清，爱德华·雷门的行为已经明显违反《中华人民共和国商标法》第四十一条之规定，依法应予撤销；爱德华·雷门曾经是雷博公司的创建者和决策者之一，其在申请注册争议商标时，并没有取得雷博公司的任何授权或许可，擅自注册了本属于雷博公司的商标，而且还采用了欺骗的手段，故争议商标的注册同时违反了《中华人民共和国商标法》第十五条的规定，依法应予撤销。

商标评审委员会、家园公司服从一审判决。

北京市高级人民法院二审认为：根据雷博公司在商标评审阶段提交的证据，美凯投资有限公司于2001年12月28日变更名称为LEHMAN-BR0WN LIMITED，该日期在争议商标注册申请日之后。虽然根据雷博公司提交的证据表明，爱德华·雷门和博杨曾就创办新公司进行过磋商，双方谈到公司名称使用“LehmanBrown”，但雷博公司的证据尚不足以证明在本案争议商标注册申请日之前，该公司已经实际商业使用了与争议商标相同或近似的标志，且使用范围与争议商标核定使用服务相同或者类似，因此，雷博公司不能证明对争议商标享有任何在先权利。爱德华·雷门承诺争议商标获得注册后转让给雷博公司，应视为雷博公司对其申请行为的认可。爱德华·雷门未履行转让承诺的行为属于违约行为，不存在恶意抢注情形。因此，雷博公司主张争议商标的注册违反了《中华人民共和国商标法》第十五条的规定缺乏事实和法律依据，一审判决及第04598号裁定认定争议商标的注册并未违反《中华人民共和国商标法》第十五条的规定是正确的，予以支持。此外，《中华人民共和国商标法》第四十一条第一款规定，已经注册的商标，违反本法第十条、第十一条、第十二条规定的，

或者是以欺骗手段或者其他不正当手段取得注册的，由商标局撤销该注册商标，其他单位或者个人可以请求商标评审委员会裁定撤销该注册商标。该款涉及的行为应当是指申请人妨碍商标局行使职权、扰乱商标注册秩序或者损害公共利益的情形。本案的争议仅限于双方当事人之间的商标权归属问题，并不涉及扰乱商标注册秩序、损害社会公共利益的情形。因此，一审判决及第04598号裁定认定争议商标的注册不违反《中华人民共和国商标法》第四十一条第一款的规定是正确的，予以支持。综上所述，雷博公司的上诉理由缺乏事实和法律依据，不能成立，其上诉请求不予支持。一审判决及商标评审委员会第04598号裁定认定事实清楚，适用法律正确，程序合法，应予维持。依照《中华人民共和国行政诉讼法》第六十一条第（一）项之规定，判决：驳回上诉，维持原判。一、二审案件受理费各100元，均由雷博公司负担（均已交纳）。

雷博公司不服二审判决，向本院申请再审称：商标评审委员会第04598号裁定及一、二审判决认定事实不清、证据不足，适用法律不当，违反法定程序，且有新证据足以推翻一、二审判决。其主要理由为：（1）争议商标申请人爱德华·雷门是雷博公司的创建者和决策者之一，一度是雷博公司的实际股东，其申请本案争议商标时，是雷博公司的代表人和代理人。①爱德华·雷门与雷博公司构成代表关系。爱德华·雷门作为雷博公司的创始人、实际发起人和实际股东，其与雷博公司构成商标法意义上的代表关系。②爱德华·雷门与雷博公司构成商标代理关系。爱德华·雷门在中国从事多年商标代理事务，雷博公司及博杨基于对爱德华·雷门专业背景的信任，委托爱德华·雷门控制的“Lehman，Lee & Xu”事务所（以下简称LLX事务所）申请商标，爱德华·雷门与雷博公司同时构成商标法意义上的代理关系。一审判决认定雷博公司提交的证据不能证明其与爱德华·雷门已经确立了商标代理、代表等法律关系，认定事实错误。二审判决对上述事实认定错误未予纠正。（2）“LehmanBrown”是雷博公司的商标。①第04598号裁定及原审判决将在先实际商业使用作为适用《中华人民共和国商标法》第十五条的前提条件，适用法律错误。②雷博公司提交的证据可以证明，在争议商标注册申请日前，“LehmanBrown”是雷博公司的商标。在争议商标注册申请日前，雷博公司发起人及雷博公司已将争议商标从公有领域选取出来，并为使用该标志作了各项商业准备，事实上也在先使用了该标志。（3）爱德华·雷门未经授权在相同、类似服务上注册了争议商标，具有明显恶意，应予禁止。①争议商标与雷博公司的商标相同，其指定使用的第42类“法律服务（与税务有关）等服务项目与雷博公司的经营范围以及服务项目在服务的目的、内容、方式对象等方面相同或者具有较大的关联性。②爱德华·雷门违反了诚实信用原则，实施了《中华人民共和国商标法》第十五条所禁止的恶意抢注行为。原审判决认定爱德华·雷门不存在恶意抢注情形，认定事实不清。③家园公司的唯一股东系爱德华·雷门的妻子，家园公司与爱德华·雷门恶意串通转让商标，具有共同故意。（4）二审法院认定爱德华·雷门于2001年11月16日作出的承诺函是雷博公司对爱德华·雷门申请注册商标行为的认可，认定事实错误。（5）雷博公司在一审和二审程序中提交的证据，部分是补强在行政程序中提交的证据，部分是新发现的证据，上述证据对于认定爱德华·雷门与雷博公司的代表及代理关系具有重要意义，应作为认定事实的依据。一、二审法院对上述证据未予评述，也未作为认定本案事实的依据，违反法律规定，导致认定事实不清。（6）爱德华·雷门的行为违反诚实信用原则，采用欺骗手段及其他不正当手段取得注册，应依据《中华人民共和国商标法》第四十一条第一款的规定予以撤销。综上，请求法院依法撤销一、二审判决及第04598号裁定，判令商标评审委员会重新作出裁定。

商标评审委员会提交意见认为：（1）在争议商标注册申请日前，雷博公司并未确定将“LehmanBrown”作为自己的商标，且其亦未提交证据证明其在相关服务上已在先使用了该商标，故雷博公司对该标志不享有任何权利，不存在抢注的基础。（2）雷博公司称曾委托LLX事务所在中国大陆申请注册“LehmanBrown”商标缺乏证据支持。（3）争议商标是否不当转让不属于本案的审理范围。（4）本案仅涉及特定相对人的利益，不符合《中华人民共和国商标法》第四十一条第一款的适用条件。（5）雷博公司在诉讼阶段提交的大量证据并非第04598号裁定作出的依据。综上，请求法院驳回雷博公司的再审申请。

家园公司答辩称：(1) 争议商标的注册不违反《中华人民共和国商标法》第十五条的规定。①爱德华·雷门不是商标法意义上的代表人或者代理人，其与雷博公司不构成代表或者代理关系。爱德华·雷门与博杨之间并未就申请注册争议商标达成合意，博杨在得知爱德华·雷门以自己的名义注册争议商标后，在长达7年多的时间里没有提出任何反对或者异议。②争议商标不是雷博公司的商标。申请争议商标注册时，雷博公司尚不存在。雷博公司是通过博杨购买美凯投资有限公司而成立的，购买行为和更名行为均发生在争议商标注册申请日之后。争议商标是文字商标，字体设计十分简单，不具有独创性和可识别性，不能仅凭字体设计图来确定商标归属。③《中华人民共和国商标法》第十五条的适用以在先使用争议商标为条件，在争议商标注册申请日前，雷博公司及其美凯投资有限公司均未使用过争议商标。④2001年11月16日的承诺函不具有真实性和证明力。该承诺函仅反映了关于商标转让的意向，不涉及商标的权属关系，不能视为双方对商标权属问题的认定，也不能作为推断爱德华·雷门申请商标注册行为时具有恶意的依据。(2) 本案不属于《中华人民共和国商标法》第四十一条规定的“以欺骗手段或者其他不正当手段取得注册的”情形。争议商标的关键部分“Lehman”是爱德华·雷门的家族姓氏，爱德华·雷门已经在先将其使用于商业用途，并已经产生了一定的商誉和价值。爱德华·雷门申请、持有及转让争议商标均具有正当性，不存在恶意。(3) 一、二审判决对雷博公司所谓新证据的评述和采信均不存在不当或者违法之处。(4) 争议商标由爱德华·雷门和博杨两人的姓氏组合而成，且爱德华·雷门的姓氏“Lehman”在前。爱德华·雷门拥有系列含有“Lehman”字样的商标，“Lehman”这一商标或者商号在服务市场已经获得了广泛的知名度。争议商标的价值在于“Lehman”部分，如果雷博公司拥有争议商标，会造成消费者误认为雷博公司及在大陆的子公司与其它含有“Lehman”字号的服务提供者存在关联关系。鉴于双方之间的合作已经结束，雷博继续使用包含“Lehman”字号的商标、商号，缺乏合理基础。综上，雷博公司的申请再审理由不能成立，请求法院驳回雷博公司的全部诉讼请求，维持一、二审判决及第04598号裁定。

本案中，再审申请人雷博公司提交了如下证据：（1）2001年8月21日和8月22日博杨与爱德华·雷门之间的邮件［北京市方圆公证处（2008）京方圆港（澳）证字第0372号公证书］，用以证明爱德华·雷门与博杨商讨并将争议商标作为雷博公司名称和商号使用。（2）北京市方圆公证处（2011）京方圆内经证字第01521号公证书，用以证明雷博公司最早使用“LehmanBrown”商标的时间。（3）2001年10月至11月期间，雷博公司执行董事博杨与LLX事务所代理人等的往来邮件［北京市方圆公证处（2011）京方圆内经证字第01519号公证书］。（4）2010年3月30日爱德华·雷门发给博杨的邮件［北京市方圆公证处（2011）京方圆内经证字第28938号公证书］。该两份证据用以证明：①雷博公司在争议商标注册申请日前就已确定使用争议商标，并开始使用；②雷博公司指示LLX事务所申请争议商标，雷博公司与爱德华·雷门构成代理关系；③争议商标被爱德华·雷门抢注；④爱德华·雷门承认其为雷博公司股东的身份，并承认其为雷博公司利益注册并持有争议商标。（5）2001年11月16日爱德华·雷门的承诺函［北京市方圆公证处（2008）京方圆内经证字第22667号公证书］。（6）2004年3月30日邮件［北京市方圆公证处（2012）京方圆内民证字第9800号公证书］。该两份证据用以证明爱德华·雷门未经雷博公司同意擅自申请注册争议商标，并同意在争议商标注册后返还雷博公司。（7）博杨与LLX事务所代理人于2003年6月3日和11月11日的往来邮件［北京市方圆公证处（2011）京方圆内经证字第01520号公证书］，用以证明博杨一直追问争议商标注册进展情况，要求将争议商标尽快返还雷博公司，而爱德华·雷门却隐瞒情况，借故拖延。（8）爱德华·雷门在香港特别行政区高等法院的宣誓书。（9）LLX事务所官方网站介绍打印页。该两份证据用以证明爱德华·雷门系雷博公司股东，具有中国知识产权法的专业优势，且承认争议商标是雷博公司商标。（10）香港特别行政区高等法院HCCW 377/2010和HCCW 383/2010号案件判决书及其中文译文。（11）香港特别行政区上诉法庭CACV 272/2011号案件判决书及其中文译文。（12）香港特别行政区终审法院FAMV36/2013号案件终审裁定及中文译文。上述三份证据用以证明爱德华·雷门是雷博公司股东，与

公司构成代理、代表关系，爱德华·雷门挪用、侵犯雷博公司的本案争议商标，家园公司由爱德华·雷门之妻设立。（13）2008 年 7 月 10 日爱德华·雷门要求召开股东会的函件及快递信封，用以补充证明 2001 年 11 月 16 日爱德华·雷门承诺函的真实性。同时，雷博公司申请证人周晗出庭作证，周晗对 2001 年 11 月 16 日爱德华·雷门承诺函以及 2008 年 7 月 10 日爱德华·雷门要求召开股东会的函件的签署和取得过程作了说明。周晗作证称："2008 年 7 月 10 日爱德华·雷门要求召开股东会的函件是我亲自签收的，由 LLX 事务所通过敦豪快递（DHL）送过来。2001 年 11 月 16 日爱德华·雷门承诺函是博杨交给我的，博杨说爱德华·雷门申请下来商标之后才能转让，所以签署了这个承诺函。"上述证据中，证据 1、5、13 系雷博公司在商标评审阶段提交，其中证据 1 在商标评审阶段提交了打印件和摘译，一审中又补充提交了公证件及翻译件，证据 13 中的快递信封系本案再审阶段提交；证据 3、7、8 系雷博公司在一审时提交，其中证据 7 中的公证书系二审提交，证据 8 的部分内容系二审时补充提交；证据 2、4、6、9、10 系二审提交；证据 11、12 系在本院再审审查及再审阶段提交。

本案再审庭审结束后，雷博公司又补充提交了两份证据：（1）博杨对 2001 年 11 月 16 日爱德华·雷门承诺函出具过程的说明及其中文译文，用以证明该承诺函的真实性。（2）博杨的护照，用以证明博杨于 2001 年 9 月 29 日进入中国大陆境内，于 2001 年 12 月 16 日出境。

对于雷博公司提交的上述证据及周晗的证言，家园公司发表了如下质证意见：认可证据 1 和证据 7 的真实性，但认为其不能实现雷博公司的证明目的。不认可证据 2 和证据 5 的真实性，并认为其不能实现雷博公司的证明目的。对证据 3 和证据 4 的真实性未表示异议，但认为其不能实现雷博公司的证明目的。对证据 6 的真实性未表示异议，但认为该证据未进行公证，形式上不合法，且其不能实现雷博公司的证明目的。对证据 8 的真实性未表示异议，但认为该证据未履行相关证明手续，形式上不合法，且其不能实现雷博公司的证明目的。对证据 9 的真实性未表示异议，但认为爱德华·雷门是否具有中国知识产权法的专业优势与其是否属于争议商标的代表人或者代理人之间不存在必然联系。对证据 10－12 的真实性未提出异议，但认为证据12是雷博公司当庭提交的，超出举证期限，不应采纳；同时香港各级法院的判决书不能直接在中国大陆获得承认和执行，且雷博公司没有全面提交相关的所有判决书。证据13系雷博公司当庭提交，超出举证期限，不应采纳。对证人周晗证言的真实性不予认可。对于雷博公司庭后提交的补充证据，家园公司认为两份证据超出举证期限，且博杨本人并未出庭，不应采纳。

被申请人家园公司提交了如下证据：（1）争议商标注册证，用以证明争议商标属于文字商标，字体没有特别设计，争议商标核定使用的服务与雷博公司的经营范围不一致，不属于相同或者类似的服务，家园公司是争议商标的合法所有人。（2）争议商标转让申请书。（3）争议商标档案信息。（4）争议商标转让核准证明。上述三份证据用以证明争议商标转让申请的提交日为2003年1月10日，该转让基于家园公司的内部管理需要，不存在所谓恶意转让。（5）147个“Lehman”系列商标信息列表及部分商标注册档案信息。（6）“Lehman”系列商标注册证、转让申请书。上述两份证据用以证明Lehman系列商标申请注册日在本案争议商标注册申请日之前，该系列商标于2003年1月10日转让给家园公司，本案争议商标转让不存在恶意。（7）2000年7月和8月LLX事务所发给客户的4封电子邮件［北京市长安公证处（2014）京长安内经证字第2170号公证书］，用以证明在先使用“Lehman”系列商标，并产生了一定的商誉。（8）爱德华·雷门的护照，用以证明爱德华·雷门于2001年11月16日离开中国大陆。（9）爱德华·雷门于2010年3月19日致博杨的函件（北京市长安公证处（2014）京长安内经证字第2172号公证书），用以证明爱德华·雷门与博杨初识背景。（10）“Accuruitment”“LuHua”“律华LuHua”等商标注册信息，用以证明爱德华·雷门申请注册争议商标不存在恶意。（11）2002年8月30日博杨发给Jenny Lee（Jennifer）的电子邮件［北京市长安公证处（2014）京长安内经证字第2171号公证书］，用以证明博杨以其控制的公司的名义注册了“Effiscient”商标，且没有告知爱德华·雷门，说明双方各持一个商标是公平的。（12）雷博公司网站页面打印件［北京市长安公证处（2014）京长安内经证字第2164号公证书］，证明Dickson Leung（梁德信）是雷博公司高级合伙人。（13）2008年的新闻［北京市长安公证处（2014）京长安内经证字第2682号公证书］，用以证明争议商标的商业价值在于“Lehman”部分。（14）国家工商行政管理总局颁布的《关于外国企业常驻代表机构登记管理暂行办法》《关于外国（地区）企业在中国境内从事生产经营活动登记管理办法》《关于加强对会证师事务所登记和监督管理的通知》以及司法部颁布的《律师事务所管理办法》，用以证明雷博公司不可能在中国大陆从事法律、会计服务。（15）雷博公司北京代表处工商登记信息。（16）雷博财务管理咨询（北京）有限公司的工商登记信息。上述两份证据用以证明雷博公司不可能在争议商标注册申请日前在中国大陆从事法律、会计服务。（17）香港特别行政区高等法院上诉法庭CACV 272/2011号案件法院命令，用以证明香港法院并未对争议商标的权利归属进行判定。同时，家园公司申请证人爱德华·雷门出庭作证，爱德华·雷门就其与博杨的相识过程、争议商标的申请过程、承诺函上其签名和印章的真实性等问题作了说明。爱德华·雷门作证称：“我从未向雷博公司或者美凯投资有限公司签署过关于转让争议商标的承诺函。我在2001年8月时认识博杨先生，并开始与其讨论在中国大陆合作成立会计师事务所的事。博杨先生来到我工作的律师事务所，谈及向中国的会计部门出售会计软件的想法，但我提出成立会计师事务所，并提到了在多个城市成立公司的可能性。博杨先生说由于他没有资金、客户、经验，所以提出持有30%的股份，但我为了合作成功，提出他持有50%的股份。我们就成立的公司名称进行讨论。认识博杨先生之前，我已在自己的业务中使用我的家庭姓氏‘Lehman’，并凭借这一品牌积累了很多客户。博杨先生也知道我在大陆的业务开展良好，并拥有一定的市场占有率。我想继承利用我的姓氏的商业信誉与客户资源，因此提出利用‘LehmanBrown’作为会计师事务所的名称。博杨先生更倾向于使用另外的名称Efficient，因为这个名称个人色彩不太浓厚。我们没有就采用哪个商标达成一致性的意见，也没有讨论谁是商标的所有人。在2001年11月7日申请商标之前，我已告诉博杨先生我将以个人名义申请注册商标。博杨先生从未要求过我或委托我进行商标注册业务。我这样做是为了保护我的家庭姓氏，也为了将其许可给我们的会计师事务所使用。我以个人名义申请商标一事，博杨先生完全知情，在2008年之前，他从未对此提出任何异议。在与博杨先生的合作中，我支付了启动资金、员工的薪水，并将客户介绍给我们的合作业务。博杨先生则控制公司的财务、业务活动及合作业务的管理工作。我控制我们业务的唯一途径是持有商标的所有权。2001年11月16日的承诺函，我不能确定真实性，因为我不记得签署过该份文件。这封函件是写给'Max Hope Investments Limited'公司的主席，据我所知，香港没有这家公司。而且，这份文件不是母语为英语的人写的，存在多处文字和标点使用错误。同时，该份文件的落款包含我的中间名'Eugene'，我通常不是这样使用，最多用中间名的首字母'E'。2001年11月16日我在珠海，然后到澳门，后来又回到珠海，第二天去了香港。我从未与博杨或周晗女士到过澳门或珠海。2008年文件的签名与我的真实签名相似，但我不能确认其真实性。我记得在2008年时，我好像不使用印章。"

本案再审庭审结束后，家园公司又补充提交三份证据：（1）韩筱青（Helen Han）出具的情况说明。（2）杨惠娟（Lilian Yang）出具的情况说明。（3）杨惠娟（Lilian Yang）向周晗报告工作的4封邮件及中文译文。上述证据用以证明周晗在2002年下半年至2004年期间管理LLX事务所的所有财务和主要行政工作，韩筱青和樊双庆（Annie Fan）均为LLX事务所商标部的职员，因职务原因可以接触到包括商标证书在内的全部文件。

对于家园公司提交的上述证据及爱德华·雷门的证言，雷博公司发表了如下质证意见：对证据1~4的真实性、合法性无异议，但认为上述证据不能证明家园公司是合法的商标权人，却能够证明家园公司恶意获得商标权。对证据5~6的真实性、合法性有异议，认为该两份证据来源不明，家园公司亦未提交原件核对，真实性难以确定，且与本案不具有关联性。对证据7的真实性和合法性无异议，但对其与本案的关联性有异议，认为其不能证明爱德华·雷门在先使用过"Lehman"系列商标。对于证据8的真实性和合法性没有异议，但对其与本案的关联性有异议，认为尽管该证据显示爱德华·雷门于2001年11月16日离开珠海，但是签署承诺函不需要一整天的时间，该证据不能证明爱德华·雷门没有签署承诺函。对证据9

的真实性和合法性有异议，认为该证据原文为英文，没有经过法院认可的翻译公司的翻译，不具有真实性和合法性，且与本案不具有关联性。对证据10～12的真实性和合法性没有异议，但对其关联性有异议，认为其不能实现家园公司的证明目的。对于证据13的合法性有异议，认为该证据的原文为英文，没有经过法院认可的翻译公司的翻译，对其合法性不予认可，且其不能实现家园公司的证明目的。对证据14～16的真实性、合法性没有异议，但认为其不能实现家园公司的证明目的。对证据17的真实性、合法性有异议，认为雷博公司从未收到该份法庭命令，且该份法庭命令与雷博公司已经提交的香港特别行政区高等法院上诉法庭CACV 272/2011号案件的判决不同；即使认可其真实性和合法性，该份证据与本案亦不具有关联性。关于爱德华·雷门的证言，雷博公司对爱德华·雷门证言中有关承诺函部分的真实性不予认可，并认为雷博公司已经补充提交了2008年7月10日爱德华·雷门要求召开股东会的函件，该函件的签名与印章与承诺函一致，已经证明了承诺函的真实性；对爱德华·雷门证言中关于其与博杨没有就采用哪个商标达成一致意见、没有确定谁是商标所有人、博杨对爱德华·雷门以个人名义申请商标一事完全知情却未提出异议等证言部分的真实性不予认可。对于家园公司庭后提交的补充证据，雷博公司认为，补充证据在举证期限届满后提交，不应采纳；同时，补充证据1和2属于证人证言，证人未出庭作证，不具备真实性和合法性；补充证据3的来源不明，不具备真实性和合法性，且不能实现家园公司的证明目的。

本院对上述证据审查认定如下：（1）关于雷博公司提交的证据及证人周晗的证言。证据1和证据7均经公证机关以公证方式取得和固定，当事人对其真实性无异议，且与本案有关联，本院予以采纳。证据2亦经公证机关以公证方式取得和固定，虽然家园公司对其真实性提出异议，但是并未提供充分的理由及证据否定其真实性，其真实性可予确认，且该证据与本案有关联，予以采纳。证据3、4、6均经公证机关以公证方式取得和固定，当事人对其真实性未提出异议，其真实性可以确认，且与本案有关联，予以采纳。证据8系爱德华·雷门在香港特别行政区高等法院原诉法庭的宣誓书，该证据虽系在香港特别行政区境内形成的证据，原则上需办理公证认证手续，但是办理公证认证手续的目的主要在于便利对证据真实性的审查认定，并不排斥以其他方式认定相关证据的真实性。在有原件可供核对且当事人对证据8的真实性未提出异议的情况下，未办理公证认证手续本身并不必然影响其证据效力。由于该证据原件的真实性可以确认，且没有相反证据足以推翻其真实性，并与本案有关联，予以采纳。证据9系LLX事务所官方网站介绍打印页，当事人对其真实性未提出异议，该证据可以反映爱德华·雷门与LLX事务所的关系，予以采纳。证据10－12系香港特别行政区有关法院对雷博公司清盘案的相关判决，该判决认定的事实和判决结果反映了爱德华·雷门和博杨以及各自控制的公司之间就雷博公司清盘案的争议过程，与本案具有关联性，且系新证据，予以采纳。补充证据1系博杨对2001年11月16日爱德华·雷门承诺函的签署过程的说明，本质上属于证人证言，因博杨本人无正当理由未出庭作证，本院不予采纳。补充证据2系博杨的护照信息，与本案不具有直接关联性，不予采纳。由于证据5、13以及证人周晗和爱德华·雷门的证言相互关联，本院将在分析各方当事人提交的其他证据后对之进行综合分析判断。（2）关于家园公司提交的证据及证人爱德华·雷门的证言。证据1～4系关于争议商标的注册、转让等信息，与本案具有关联性，且当事人对其真实性无异议，予以采纳。证据5～6系“Lehman”系列商标的注册、转让等信息，与本案不具有直接关联性，不予采纳。证据7系LLX事务所发给客户的电子邮件，当事人虽对其真实性和合法性均无异议，但其与本案不具有直接关联性，不予采纳。证据8系爱德华·雷门的护照，当事人对其真实性和合法性无异议，且与雷博公司提交的证据5具有一定关联性，予以采纳。证据9系爱德华·雷门发给博杨的电子邮件，该证据与本案争议商标无直接关联性，不予采纳。证据10系与本案争议商标无关的其他商标的注册信息，与本案不具有关联性，不予采纳。证据11系博杨发给他人的电子邮件，其中涉及博杨与爱德华·雷门商谈合作时提及的“Effiscient”商标，且当事人对其真实性无异议，予以采纳。证据12和13分别为雷博公司网站打印页及2008年的相关新闻，其内容与本案无直接关联性，不予采纳。证据14系国家工商行政管理总局和司法部颁布的有关行政规章和通知，上

述证据与本案不具有直接关联性，不予采纳。证据15～16系雷博公司及雷博财务管理咨询（北京）有限公司的工商登记信息，与雷博公司的经营范围有一定关联性，当事人对其真实性无异议，予以采纳。证据17系香港特别行政区有关法院对雷博公司清盘案的相关法庭命令，该证据与雷博公司提交的相关裁判文书相互印证，且系新证据，予以采纳。家园公司提交的补充证据1－2实际上是证人证言，因证人无正当理由未出庭作证，不予采纳。补充证据3系杨惠娟与周晗之间的往来邮件，与本案不具有直接关联性，不予采纳。（3）关于雷博公司提交的证据5、13以及证人周晗和爱德华·雷门的证言。①关于证据13的真实性与证明力。首先，是否应允许雷博公司超出举证期限提交证据13。该证据系用于补强证明证据5的真实性。在当事人对于特定证据的真实性与证明力发生争议的情况下，一方当事人为进一步佐证该证据的真实性和证明力，补充提交相关证据，具有正当性。当然，对于补充提交的证据，应给予对方当事人相应的质证和答辩期间。本案中，证据13系雷博公司当庭提交的原件，且系补充证明其在举证期限内已提交证据的真实性与证明力，本院予以准许。同时，本院在庭审结束后也给予了家园公司以充分的时间提交质证和答辩意见。因此，对于雷博公司在举证期限届满后当庭补充提交该证据，予以准许。其次，关于证据13的真实性与证明力的认定。证据13由爱德华·雷门要求召开股东会的函件及快递信封组成，均有原件可供核对。快递信封显示，该份函件系LLX事务所通过敦豪快递（DHL）寄给雷博公司的博杨，收件人于2008年7月14日签收。证人周晗关于该函件收到过程的证言与快递信封显示信息吻合，相互佐证，予以采信。爱德华·雷门要求召开股东会的函件上有爱德华·雷门的签名与印章，结合该函件的寄送过程，可以确认其真实性。爱德华·雷门认可该函件上的签名与其真实签名相似，但陈述其不能确认该函件的真实性，且提出其在2008年时不使用印章。对此，本院认为，该份函件由LLX事务所通过敦豪快递（DHL）寄给雷博公司的博杨，其来源清晰，证明力较强，爱德华·雷门关于其在2008年时不使用印章等陈述缺乏相应证据佐证，且与函件本身存在矛盾。对爱德华·雷门关于证据13的证言，不予采信。②关于证据5的真实性和证明力。首先，雷博公司提交了证据5的原件，该证据上爱德华·雷门的签名及印章清晰可辨，与证据13上爱德华·雷门的签名及印章几乎完全相同。其次，本院注意到，该承诺函上爱德华·雷门的签名与其在本院庭审笔录上的签名几乎完全一致。最后，关于爱德华·雷门的陈述及家园公司的质证意见。爱德华·雷门陈述其未签署过该承诺函，该承诺函上存在错误以及不符合英文表达习惯之处，且其在2001年11月16日当天从珠海去澳门，后又返回珠海，当天没有与博杨或者周晗见过面。家园公司亦以上述理由质疑证据5的真实性。对此，本院认为，由于证据5与证据13上爱德华·雷门的签名及印章几乎完全相同，加之证据5上的爱德华·雷门的签名与其在本院庭审笔录上的签名几乎完全一致，证据5上爱德华·雷门的签名及印章的真实性已经高度可信。证据5上除爱德华·雷门的签名及印章外，其余文字系打印形成，不排除由他人起草的可能性且打印文字的拼写错误不影响其表达的含义。因此，证据5的承诺函上存在打印错误以及不符合英文表达习惯之处不足以否定该函的真实性。同时，考虑到签署该函不需要一整天的时间，爱德华·雷门的护照显示的信息亦不足以否定该函的真实性。因此，对于爱德华·雷门关于其不记得签署过证据5等证言，不予采信。

结合上述证据，本院另查明如下事实：

（一）关于爱德华·雷门与博杨商议成立雷博公司及争议商标注册与转让的事实

雷博公司在商标评审阶段提交了爱德华·雷门与博杨之间在2001年8月期间的往来邮件。上述邮件显示：2001年8月21日，博杨发给爱德华·雷门一封主题为“会计公司”的邮件，其中提及如下内容：“昨天我们之间的商讨该如何合作的会谈令人十分愉快。我对你的提议非常感兴趣，并且我已经产生了很多使这些提议付诸实际的想法。……我的目标是组建一家与众不同的会计公司，这家公司不再具有通常的会计形象，而是动力十足、潜力无限，可以同时充当财务人员与管理人员。该公司将会提供通常的会计服务，还会新增一些填补市场缺口的其他服务，那些属于会计事务所和管理咨询事务所之间缺口的服务，以及属于五大会计事务所和

一些地方会计事务所之间缺口的服务。这些服务会特别定制，目的是使信息的产生和传递以及商业服务更加高效。……因此，商标名称需要凝结所有这些，同时要吸引眼球，令人难忘，朗朗上口且全球适用。我个人还认为这个商标不能仅局限于个人。'Effiscient'的名称正是基于该理念构思，'Effi'意味着'高效''Scient'是希腊语中的'知识'——即'知识的高效运用'。我不反对使用'Lehman & Brown'这样的名称，这个看起来也还不错，问题在于我们想要如何在市场中展现和定位公司，而哪一个名称能更好地实现这一点。我们可以用其中一个公司名主要针对低端业务，而用另一个代表高端服务。……另外，您是否能给我一份有关于'Effiscient'商标注册的授权委托书呢?”2001 年 8 月 22 日，爱德华·雷门回复上述邮件称：“我认为我们可以在统筹兼顾我们双方利益的基础上开展此项工作。可以采取拆分为两种品牌经营的方式。LehmanBrown & Co China Chartered Accountants 主要负责所有种类（低端）的工作，而 Effiscient 主要负责（高端）会计系统的咨询公司。也可能采用两个法律实体的模式。我们会将这些品牌注册为可进行交叉销售的商标，我们会向多个城市进军（北京、上海），并可与律师事务所共用办公地点。”

雷博公司在一审阶段提交了博杨与他人在 2001 年 10－11 月期间的往来邮件。上述邮件显示：2001 年 10 月 16 日，LLX 事务所的 Christine Hu 律师给博杨先生发送邮件，其中提到：“依据上周我们关于组建一家香港公司的讨论，请参看由我方秘书服务提供的报价单。……请比对你方得到的报价，如果你方认为这份报价较妥当，那么请通知我，以便我依据此报价展开工作。”该邮件抄送爱德华·雷门。2001 年 10 月 25 日，博杨发送邮件给 Wendy Tsang，其中提到：“经过周二的讨论以后，我们希望组建的公司如下：名称（Name）：LehmanBrown Limited；商标（Trading as）：LehmanBrown。起初，我们商量重新建立一家全新的公司，但是我有一个想法，就是购买一个现成的公司并更改其名称，因为我认为这样会快很多。如果您能告诉我您拥有的公司，我们就可以从中选择一个，最好是有一年以上历史的，因为这能加快我们在北京的代表处许可证的获批程序。'Effiscient Limited'将会成为占 50% 股份的股东，剩余的 50% 股份由另一家公司持有。我已将这份邮件抄送 Christine Hu，她将会告诉您详细信息。”2001 年 11 月 8 日，博杨发送邮件给 Christine Hu，主题为“商标注册”，内容为：“想确认下申请是否已经提交，请告知。”2001 年 11 月 12 日，Christine Hu 向博杨回复邮件称：“我肯定我公司的商标代理已根据雷门先生的指示以雷门先生为申请人进行商标申请。”

雷博公司二审期间提交的（2011）京方圆内经证字第 1521 号公证书显示，2001 年 9 月，博杨在标题为“LehmanBrown – questions for accounting firms”的文件下记载了如下内容：“与 LehmanBrown 的关系。LehmanBrown 注册英文名，当地公司使用的中国名字以及 LehmanBrown 中文名字的更名。LehmanBrown 的经营范围，例如对内地公司的审计及相关行业等。LehmanBrown 向当地公司提供商务咨询工作。LehmanBrown 向当地公司提供培训和教育，当地公司和 LehmanBrown 能够相互提供中国会计立法变化及美国现行会计准则。”2001 年 9 月和 10 月，博杨在标题为“LehmanBrown letterhead design”和“LehmanBrown logo design”的文件中完成了 LEHMANBROWN标志样式及信头纸的设计。在关于标志样式的文件中，对该标志的格式、风格、颜色、线条、高度和宽度等均作了规定。

雷博公司注册文件显示，该公司于 2000 年 10 月 20 日在香港成立，成立时名称为美凯投资有限公司（MAXHOPE INVESTMENT LIMITED），于 2001 年 12 月 28 日更改为现名称。

家园公司注册文件显示，该公司成立于 1997 年 2 月 20 日，其法定代表人及唯一董事为卡罗琳娜·西卡（KAROLINA SIEREK）。家园公司提交的证据显示：2003 年 1 月 10 日，爱德华·雷门提出争议商标转让申请，受让人为家园公司；2003 年 1 月 28 日，争议商标获得注册；2003 年 5 月 21 日，商标局出具了核准转让争议商标的证明。

（二）关于博杨与爱德华·雷门就争议商标进行交涉的事实

雷博公司向商标评审委员会提交了 2001 年 11 月 16 日爱德华·雷门出具的承诺函，内容为：“致：主席（Chairman）；美凯投资有限公司（Max Hope Investments Limited）；香港。关于 LehmanBrown 商标：我，爱德华·

雷门，以自己的名义申请了‘LehmanBrown’商标，该申请目前仍未被核准注册。本人不可撤回地同意，一旦上述商标获得注册，本人会将该商标转让给美凯投资有限公司或其指定的当事人。”该承诺函上有“Edward E·Lehman”字样的签字并加盖有“雷门之印”的名章。

雷博公司一审期间补充提交的证据证明了如下事实：2003年6月3日，博杨向LLX事务所Jenny Lee发送邮件，其中提及如下内容：“请您告知一下我方有关以下商标注册情况：LehmanBrown、Effiscient、Lu Hua、Accruitment。”Jenny Lee当日回复邮件称：“这些商标还在审核当中，没有任何新的进展。”2003年11月11日，博杨先生发送邮件给Hellen Han（hhan@leimingip.com），其中提及如下内容：“您能否告诉我，我们是否已经收到一些有关下列商标的情况呢：LehmanBrown、Lu Hua、Effiscient、Accruitment、Lei Bo。”Hellen Han当日回复称：“我们发现除了最后一个商标——‘Lei Bo’，其他所有的商标都已申请注册，然而，至今为止，还没有一个商标获批。……商标LehmanBrown的申请人为爱德华·雷门先生，而其余三个商标是以LehmanBrown的名义申请的。”该邮件抄送afan@leimingip.com。博杨先生再次回复邮件称：“我们一旦收到LehmanBrown的商标，就要立即转让给香港雷博公司。”

雷博公司二审期间提交的证据证明了如下事实：2004年3月30日，雷博公司的周晗发送邮件给afan@lehmanlaw.com，其中提及如下内容：“我已收到两份‘LehmanBrown’商标注册证书，多谢。请你告诉我将所有权变更到雷博公司，我们需要准备哪些文件？”该邮件抄送博杨。2010年3月30日，爱德华·雷门发送邮件给博杨，其中提及如下内容：“关于商标一事，是的，我们已在中国商标局备案，我方持有商标。在LehmanBrown能够被以公司利益为重而非贪图私利的客观、专业的管理者领导之前，我们将负责保管该商标。我们从未滥用过商标，也从未就商标登记备案获得过补偿。……我们允许LB（雷博）使用此商标，从未对其采取行动，因为我们希望和平解决该问题。我们只能采用此类制衡机制，确保在公司中拥有一定的话语权。”LLX事务所网站显示爱德华·雷门系该事务所外籍专家顾问。

（三）关于雷博公司香港清盘案的相关事实

雷博公司在商标评审阶段提交了爱德华·雷门给博杨的关于召开董事会的信函。该信函提及如下内容："关于另行召开董事会的请求：……作为雷博公司享有50%股份的股东之一，我请求另行召开一次董事会……"该承诺函上有"Edward E Lehman"字样的签字并加盖有"雷门之印"的名章。雷博公司在再审阶段提交了快递公司寄送上述信函的快递信封。该快递信封显示，该份函件系LLX事务所通过敦豪快递（DHL）寄给雷博公司的博杨，收件人于2008年7月14日签收。

LEHMAN & CO. MANAGEMENT LIMITED（以下简称雷曼管理公司）与Effiscient Limited以及雷博公司之间在香港特别行政区就雷博公司清盘案展开诉讼。雷博公司在一审阶段提交了爱德华·雷门向香港特别行政区高等法院原诉法庭所作的宣誓书。该宣誓书由爱德华·雷门于2010年10月8日作出。爱德华·雷门在该宣誓书中称："雷曼管理公司是持有雷博公司50%股份的股东。本人之妻Karolina Maria Lehman系雷曼管理公司的受益所有人。……雷博公司由博杨先生和本人于2001年创立，因此，取名LehmanBrown Limited。创建该公司主要是为在香港及中国大陆开展税务、会计和咨询服务。2001年11月前后，我本人在中国大陆申请注册'LehmanBrown'商标（以及商标'Effiscient'以及许多其他商标和服务标志），旨在保护公司的服务商标。……尽管我有意将该商标转让给公司，但我本人与博杨之间未就商标归公司所有一事达成一致。……我在提起保护商标时，我本人和博杨都不确定公司是否会采用'LehmanBrown'商标。"

雷博公司在二审阶段提交了香港特别行政区高等法院原诉法庭关于雷博公司清盘案件的判决书。该判决书显示，2011年11月15日，香港特别行政区高等法院原诉法庭作出2010年第377号以及第383号判决。夏利士（Harris）法官在判决书中提及如下内容："本诉讼涉及雷博公司。雷博公司在香港成立，在内地开展业务。公司是一家全方位服务的会计师事务所，提供审计服务和企业咨询服务。雷博公司有两个股东，各拥有公司50%股份。股东之一是Effiscient Limited（以下简称Effiscient公司），由博杨先生和他的妻子拥有，另一股东为雷曼管理公司，由卡罗丽娜·雷门实益拥有，但是，他的丈夫雷门先生行使对其事务的实际控制权，至少在涉及公司的事务中是这样。……雷门先生是内地一家名为 LLX 的律师事务所的创始合伙人。……他（爱德华·雷门）不熟悉证据，而是给出他认为对他的案子有利的答案而不是进行诚实的回答……。在我看来，雷门先生显然不是诚实的证人。……博杨先生给雷门先生的免责书‘意于在 2001 年任命 Mllion Strong 作为呈请人，存在固有的缺陷’。……免责书由雷门签署，加盖了印章，姓名正确。该文件的唯一明智的解释是，标题中和页面底部打印的名称中有一个印刷错误。”该原诉法庭判决雷曼管理公司应将其在雷博公司中的 50% 股权出售给 Effiscient 公司，价格待法院确定，并应向 Effiscient 公司支付损害赔偿金，金额待法院评定。

雷博公司在申请再审和再审阶段提交了香港特别行政区高等法院上诉法庭和香港特别行政区终审法院关于雷博公司清盘案的裁判文书，家园公司提交了香港特别行政区高等法院上诉法庭关于雷博公司清盘案的一份法庭命令。上述裁判文书证明了如下事实：2013 年 3 月 13 日，香港特别行政区高等法院上诉法庭就原诉法庭 2010 年第 377 号以及第 383 号公司清盘案件的上诉案件作出 CACV 272/2011 号判决。该判决以原诉法庭不具有管辖权为由撤销了原诉法庭判决中关于损害赔偿的部分。雷曼管理公司向香港特别行政区终审法院提出上诉申请。2014 年 1 月 28 日，该院作出 FAMV36/2013 号终审裁定，驳回了雷曼管理公司的上诉申请。

（四）关于争议商标核定使用的服务以及雷博公司的经营范围

争议商标核定使用的服务项目为第 42 类的“法律服务（与税务有关）；非贸易业务专业咨询；法律服务；知识产权咨询”等。家园公司提交了雷博公司北京代表处以及雷博公司的全资子公司雷博财务管理咨询（北京）有限公司的工商登记信息。上述信息显示：雷博公司北京代表处的驻在时间为 2002 年 6 月 25 日至 2005 年 6 月 18 日，2005 年 10 月 28 日注销，许可经营项目为：有关企业管理及商务咨询方面的市场调研和业务联络。雷博财务管理咨询（北京）有限公司自 2003 年 9 月 2 日成立，经营项目为：财务管理咨询；投资咨询；管理信息和技术咨询、市场策划；企业管理咨询；国际会计和国际税务咨询；代理记账。

本院认为，结合当事人的申请再审事由、答辩及本案案情，本案在再审阶段的争议焦点为：爱德华·雷门以个人名义注册争议商标是否违反《中华人民共和国商标法》第十五条的规定；争议商标的注册是否违反《中华人民共和国商标法》第四十一条第一款的规定；一、二审判决对雷博公司在行政诉讼阶段补充提交的证据未予评述是否正确。

（一）爱德华·雷门以个人名义注册争议商标是否违反《中华人民共和国商标法》第十五条的规定

《中华人民共和国商标法》第十五条规定："未经授权，代理人或者代表人以自己的名义将被代理人或者被代表人的商标进行注册，被代理人或者被代表人提出异议的，不予注册并禁止使用。"根据上述规定，本院认为，适用该条需要具备如下条件：商标申请人与异议人之间构成代表或者代理关系；争议商标系被代理人或者被代表人的商标；争议商标核定使用的商品或者服务与被代理人或者被代表人提供的商品或者服务类似；代表人或者代理人违反诚信原则，未经授权擅自以自己名义将争议商标进行注册。根据上述要件，结合本案事实，分析如下：

第一，爱德华·雷门是否为雷博公司的代表人。本案证据表明，爱德华·雷门曾经是雷博公司的创建者和决策者之一，其与博杨共同创建了雷博公司。爱德华·雷门与博杨分别通过雷曼管理公司和 Effiscient 公司分别持有雷博公司 50% 的股份，爱德华·雷门曾有以股东身份要求召开董事会等行为，其是雷博公司事实上的股东。在争议商标注册申请日前的 2001 年 8 月至 10 月期间，爱德华·雷门与博杨已经就共同创建未来的公司达成了基本一致的意见，只是对未来公司的部分细节问题没有形成明确的一致意见。作为仅有的两名创建者和股东之一，爱德华·雷门为未来公司所实施的行为均应认为是代表公司所为的行为。因此，应该认为在爱德华·雷门与博杨就共同创建未来的公司达成基本一致后，在为未来公司利益所实施的行为方面，爱德华·雷门系正在创建中的雷博公司的代表人。

第二，争议商标“LehmanBrown”是否属于雷博公司的商标。本案中，判断争议商标“LehmanBrown”是否属于雷博公司的商标，应当结合案件全部证据进行综合分析。首先，尽管爱德华·雷门和博杨在2001年8月期间的往来邮件中确实提到“Effiscient”和“LehmanBrown”两个名称，并且有划分高端和低端业务的设想，但是该往来邮件已经明确形成了未来公司主要面向中国大陆开展会计、咨询等业务，以及要将公司品牌申请注册为商标的共识。其次，结合博杨与他人在2001年10月至11月间的往来邮件以及博杨在2001年9月至10月期间形成的电脑文档，可以确认爱德华·雷门和博杨已经就未来公司的名称（LehmanBrown Limited）以及商号（LehmanBrown）达成一致。为此，博杨还专门设计了LEHMANBROWN标志样式及含有该标志的信头纸。再次，2001年11月期间博杨与Christine Hu的往来邮件进一步印证了爱德华·雷门和博杨之间存在将相关标志申请商标注册的共识。复次，由2001年10月25日博杨发送给Wendy Tsang的邮件可知，筹建中的公司将采取购买现成公司并改名的方式。最后，雷博公司在爱德华·雷门和博杨的合意下很快成立并确实以“LehmanBrown”为商标和商号从事相关的经营活动。综合考量上述事实和证据，可以合理推知，在争议商标注册申请日前，爱德华·雷门和博杨已经就正在创建中的雷博公司使用“LehmanBrown”名称和商号达成一致，并有将该标志作为筹建中的雷博公司申请商标的共识。可见，虽然在争议商标注册申请日前，雷博公司尚处于筹建之中，但是两名创建人已经就该公司的未来名称、商号以及将公司品牌申请商标的事宜达成一致。因此，应当认为在争议商标注册申请日前，争议商标“LehmanBrown”已经是正在筹建中的雷博公司的商标。

第三，争议商标核定使用的商品或者服务与雷博公司提供的商品或者服务是否构成类似。根据本院查明的事实，雷博公司在香港和大陆面向企业提供税务、审计和企业咨询服务，其北京代表处提供有关企业管理及商务咨询方面的市场调研和业务联络服务，其全资子公司提供财务管理咨询、投资咨询、管理信息和技术咨询、市场策划、企业管理咨询、国际会计和国际税务咨询、代理记账等服务。争议商标核准注册的服务类别为

“法律服务（与税务有关）、非贸易业务专业咨询”等。争议商标核定使用的服务与雷博公司提供的服务在服务内容、服务方式、服务对象等方面存在较强的关联性，应认定属于类似服务。

第四，爱德华·雷门是否违反诚信原则，未经授权擅自以自己名义将争议商标进行注册。首先，关于《中华人民共和国商标法》第十五条的立法目的。代理或者代表关系是一种具有信赖性的特殊法律关系。基于这种特殊的法律关系，代理人或者代表人对于被代理人或者被代表人负有特殊的忠诚和勤勉义务，必须恪尽职守，秉承最大限度有利于被代理人或者被代表人的利益之原则行事。《中华人民共和国商标法》第十五条系针对代理或者代表关系这种特殊法律关系，基于诚实信用原则而设立的对被代理人或者被代表人的商标予以特殊保护的制度，并不一概要求该商标已经在先使用。只要特定商标应归于被代理人或者被代表人，代理人或者代表人即应善尽忠诚和勤勉义务，不得擅自以自己名义进行注册。被代理人或者被代表人是否已经将该商标投入商业使用，并非《中华人民共和国商标法》第十五条的适用条件。其次，爱德华·雷门的行为是否违反代表人的诚信义务。作为正在创建中的雷博公司的代表人，爱德华·雷门对雷博公司负有善尽忠诚和勤勉义务，应该最大限度地维护雷博公司的利益。爱德华·雷门在其与博杨就筹建中的雷博公司的名称、商号以及将公司品牌申请商标等事宜已经达成一致，雷博公司将使用“LehmanBrown”作为名称和商号的情况下，依然将争议商标以个人名义进行注册，违反了代表人的忠诚和勤勉义务，损害了正在筹建中的雷博公司的利益。再次，爱德华·雷门与博杨关于争议商标的交涉情况可以进一步印证爱德华·雷门违反诚信义务。从双方就争议商标的交涉情况看，爱德华·雷门于2001年11月7日提出争议商标注册申请，博杨于次日即发邮件询问LLX事务所的相关人员关于争议商标的注册情况，并于11月12日得知爱德华·雷门以其本人名义申请的事实，爱德华·雷门于11月16日即承诺争议商标获得注册后将转让给美凯投资有限公司或者其指定的当事人。2003年期间，博杨继续询问商标注册的进展情况，再次强调一旦争议商标获准注册就要转让给雷博公司。争议商标于2003年1月获得注册，在此之前已被转让给爱德华

·雷门的妻子作为法定代表人的家园公司。而博杨于当年6月、11月期间询问商标注册进展情况时，得到的答复却是争议商标没有获准注册。2004年3月，雷博公司从LLX事务所收到争议商标的注册证时，仍在询问相关人员将争议商标所有权变更为雷博公司需要准备的材料。可见，爱德华·雷门在此过程中一直存在隐瞒事实的行为，且争议商标的转让进一步增大了危及雷博公司利益的可能性。

第五，二审法院关于2001年11月16日爱德华·雷门出具的承诺函的认定是否正确。该承诺函的主要内容为：爱德华·雷门不可撤回地同意，一旦上述商标获得注册，其会将该商标转让给美凯投资有限公司或其指定的当事人。该承诺函系爱德华·雷门针对雷博公司的前身美凯投资有限公司单方作出，与雷博公司是否认可爱德华·雷门申请注册争议商标的行为并无关联性。二审法院认为爱德华·雷门承诺争议商标获得注册后转让给雷博公司，应视为雷博公司对其申请行为的认可，认定事实错误，本院予以纠正。

综上，商标评审委员会以争议商标注册申请日时爱德华·雷门和博杨尚未就公司名称达成一致意见，且雷博公司尚未成立为由，认定不能证明争议商标“LehmanBrown”是雷博公司的商标，与事实不符。一、二审法院以相同理由肯定商标评审委员会的上述认定，认定事实错误。一、二审法院关于《中华人民共和国商标法》第十五条的适用应以被代理人或者被代表人在先使用与争议商标相同或近似的标志为条件的认定，适用法律错误。雷博公司的相应申请再审理由成立，本院予以支持。

（二）争议商标的注册是否违反《中华人民共和国商标法》第四十一条第一款的规定

《中华人民共和国商标法》第四十一条第一款规定：“已经注册的商标，违反本法第十条、第十一条、第十二条规定的，或者是以欺骗手段或者其他不正当手段取得注册的，由商标局撤销该注册商标；其他单位或者个人可以请求商标评审委员会裁定撤销该注册商标。”该条第二款规定：“已经注册的商标，违反本法第十三条、第十五条、第十六条、第三十一条规定的，自商标注册之日起五年内，商标所有人或者利害关系人可以请求商标评审委员会裁定撤销该注册商标。”关于本案争议商标的注册是否违反《中华人民共和国商标法》第四十一条第一款的规定，分析如下：首先，《中华人民共和国商标法》第四十一条第一款所规范的行为通常是扰乱商标注册秩序、损害公共利益、不正当占用公共资源或者以不正当手段取得注册等行为。本案系作为被代表人的雷博公司与作为代表人的爱德华·雷门之间就爱德华·雷门以个人名义注册争议商标产生的争议，不属于扰乱商标注册秩序、损害社会公共利益的情形。其次，关于代理人或者代表人以个人名义注册被代理人或者被代表人商标的情形，《中华人民共和国商标法》第四十一条第二款已经有明确规定。因此，商标评审委员会及一、二审法院认定争议商标注册不违反《中华人民共和国商标法》第四十一条第一款的规定，并无不当。雷博公司的相应申请再审理由不能成立，本院不予支持。

（三）一、二审判决对雷博公司在行政诉讼阶段补充提交的证据未予评述是否正确

根据《最高人民法院关于行政诉讼证据若干问题的规定》第二条的规定，原告可以提出其在行政程序中没有提出过的反驳理由或者证据。该司法解释第五十九条规定：“被告在行政程序中依照法定程序要求原告提供证据，原告依法应当提供而拒不提供，在诉讼程序中提供的证据，人民法院一般不予采纳。”据此，人民法院对在行政诉讼中提交的新证据不予采纳的限定条件是原告依法应当提供而拒不提供，不提供的后果是人民法院一般不予采纳，并非一概不予采纳。在行政诉讼程序中，对于当事人提交的新的证据，应当在考虑当事人未在行政程序中提交该证据的原因及过错程度、该证据对双方当事人合法权益的影响以及行政诉讼的救济价值基础上，进行综合审查评判。本案中，雷博公司为证明其主张，在一审及二审阶段均提交了部分在商标评审阶段未曾提交过的证据。例如，本案中的证据3、7、8系雷博公司在一审时提交，其中证据7中的公证书系二审提交，证据8的部分内容系二审时补充提交；证据2、4、6、9、10系二审时提

交。在上述证据中，证据3系进一步补充证明博杨与爱德华·雷门之间关于筹建雷博公司及公司使用名称等事实；证据7系进一步补充证明博杨与爱德华·雷门之间关于争议商标的交涉情况；证据8系商标评审阶段结束后新形成的证据，并可进一步补充证明博杨与爱德华·雷门之间关于筹建雷博公司及公司使用名称等事实；证据2、4、6、9、10亦系进一步补充证明博杨与爱德华·雷门之间关于筹建雷博公司及争议商标交涉情况等事实。可见，雷博公司在本案行政诉讼阶段提交的证据大多是补强证据及新形成的证据，并非有意迟延提交的证据，且上述证据可以进一步补充证明与本案有关的重要事实，应根据实际情况予以采纳。一、二审判决对于上述相关证据未予评述，有所不当。雷博公司的相应申请再审理由成立，本院予以支持。应予说明的是，因雷博公司补充提交的上述证据并非商标评审委员会第04598号裁定的作出依据，且对本案诉讼结果有实质影响，故应负担本案一、二审诉讼费用。

综上，本院认为：商标评审委员会及一、二审法院认定雷博公司不能证明争议商标“LehmanBrown”系该公司的商标，认定事实有误；一、二审判决关于《中华人民共和国商标法》第十五条的适用应以被代理人或者被代表人在先使用与争议商标相同或近似的标志为条件的认定，适用法律错误；一、二审判决对雷博公司补充提交的证据未予评述，有所不当。雷博公司的相应申请再审理由成立，本院予以支持。依照《中华人民共和国行政诉讼法》第五十四条第（二）项、第六十一条第（三）项，《最高人民法院关于执行〈中华人民共和国行政诉讼法〉若干问题的解释》第七十六条第一款、第七十八条之规定，判决如下：

一、撤销中华人民共和国北京市高级人民法院（2012）高行终字第686号行政判决和中华人民共和国北京市第一中级人民法院（2011）一中知行初字第366号行政判决；

二、撤销中华人民共和国国家工商行政管理总局商标评审委员会商评字〔2010〕第04598号《关于第3013121号“LehmanBrown”商标争议裁定》；

三、中华人民共和国国家工商行政管理总局商标评审委员会就香港雷博有限公司提出的关于第3013121号“LehmanBrown”商标的撤销注册申请重新作出裁定。

本案一、二审案件受理费各100元，由香港雷博有限公司负担。

本判决为终审判决。

审 判 长 王艳芳
代理审判员 朱 理
代理审判员 佟 姝

二〇一四年九月十六日

书 记 员 刘海珠

95. 北京福联升鞋业有限公司与国家工商行政管理总局商标评审委员会、北京内联升鞋业有限公司商标异议复审行政纠纷案*

▶ 图文组合的被异议商标中的汉字系其主要认读和识别部分，且主要识别汉字为引证商标公司所独创，应认定为二者具有一定的近似性

最高人民法院行政裁定书

（2015）知行字第116号

再审申请人（二审被上诉人、一审原告）：北京福联升鞋业有限公司。住所地：北京市密云县隆源大厦A座3单元201。

法定代表人：王敬欣，该公司总经理。

委托代理人：吴新华，北京市炜衡律师事务所律师。

委托代理人：张帆，北京市炜衡律师事务所律师。

被申请人（一审被告、二审上诉人）：国家工商总局商标评审委员会。住所地：北京市西城区茶马南街1号。

法定代表人：何训班，该委员会主任。

* 摘自《知识产权审判与指导》2015年第2辑（总第26辑），人民法院出版社2016年版，第173～179页。

委托代理人：孙莎，该委员会审查员。

被申请人（一审第三人、二审上诉人）：北京内联升鞋业有限公司。住所地：北京市西城区大栅栏街34号。

法定代表人：程来祥，该公司董事长。

委托代理人：商家泉，北京高文律师事务所律师。

再审申请人北京福联升鞋业有限公司（以下简称福联升公司）因与被申请人国家工商行政管理总局商标评审委员会（以下简称商标评审委员会）、北京内联升鞋业有限公司（以下简称内联升公司）商标异议复审行政纠纷一案，不服北京市高级人民法院于2014年12月8日作出的（2014）高行（知）终字第3252号行政判决，向本院申请再审。本院依法组成合议庭对本案进行审查。现已审查终结。

福联升公司申请再审称：（1）二审判决认定事实、适用法律错误。①二审判决认定被异议商标与引证商标构成近似商标，认定事实错误。被异议商标与引证商标在构成要素、整体外观上有明显区别，被异议商标为图文组合商标，由图形、汉语拼音“FULIANSHENG”及汉字“福联升”组合而成。其中，图形居于上部，视觉效果突出，显著性很强，汉字“福联升”居于下部，为美术字体。引证商标则为纯文字商标，“内联升”文字为书法字体，“联”“升”二字还是繁体字。二审判决仅将两商标的文字部分进行比较，进而得出片面、错误的结论。②在文字商标中，首个文字往往在呼叫、视觉、含义上起主要作用。如果首字或首字母不同，通常不认为是近似商标。本案中，被异议商标文字为“福联升”，引证商标文字为“内联升”，呼叫、含义明显不同，根据审查惯例，两商标不应被认定为近似商标。③二审判决称“‘联升’并非固定的词语组合，而是内联升公司所独创”，与事实不符。首先，“联升”文字并非北京内联升公司所独创，清朝乾隆年间就有一位名叫“联升”的人，其生卒年月远早于“内联升”的诞生时间。其次，在很多商品或服务类别上，很多行业里，均有使用“联升”文字作为商标、字号进行登记注册的情形。④二审判决未对再审申请人在评审及诉讼阶段提交的有关使用、宣传被异议商标的证据进行评述，导致得出错误结论。再审申请人成立于2006年9月13日，主要经营

鞋帽、衣服和箱包等产品。再审申请人在成立之时就开始使用“福联升”作为字号、商标，取寓意为“福气联发升腾”。此后，又请专人设计公司VI视觉识别系统，聘请著名演员牛莉担任品牌形象代言人，并投入大量广告宣传费用，致力于推广老北京布鞋文化，创立拥有自主知识产权的知名品牌。截至目前，再审申请人已在全国30多个省份开设了1000多家加盟店，产品畅销全国，广受消费者认可。二审判决在判断被异议商标与引证商标是否近似时，未对被异议商标的使用、宣传证据进行任何评述，进而得出片面、错误结论。（2）被异议商标经过再审申请人长期广泛的宣传和使用，已经具有了较高的知名度，并得到了广大消费者的普遍认可。由于再审申请人与被申请人在商标标识、门脸招牌、店面装潢、产品种类、市场定位、销售区域等方面均存在明显差异，被异议商标与引证商标共存于市场，从未导致相关公众的混淆误认。被异议商标使用时间较长，已建立起较高市场声誉和形成相关公众群体，根据《最高人民法院关于审理商标授权确权行政案件若干问题的意见》的规定，应当准确把握商标法有关保护在先商业标志权益与维护市场秩序相协调的立法精神，充分尊重相关公众已在客观上将相关商业标志区别开来的市场实际，注重维护已经形成和稳定的市场秩序，被异议商标理应获准注册。如果不予注册，将给再审申请人及其加盟商造成重大损失，从而产生不良社会影响，不利于社会稳定。

商标评审委员会提交答辩意见称服从二审判决。

内联升公司提交答辩意见称：（1）被异议商标与引证商标构成相同类别商品上的近似商标。避免来源混淆是商标近似判断时需要考虑的基本原则，应当以诚实信用原则具体把握是否构成近似问题。考虑到物理对比、知名度、固有显著性、再审申请人选用“联升”的意图等因素，应认定二者构成近似，具体理由如下：①两商标仅“福”及“内”不同。②从“内联升”的固有显著性看，在被申请人使用“联升”二字前，没有证据证明“联升”和“鞋”或“布鞋”之间存在指代关系或其他联系，再审申请人对于使用“福联升”没有合理解释。③从二者知名度差别看，引证商标系中国驰名商标、中华老字号、国家非物质文化遗产，荣获“中国布鞋第一家”称号，从党和国家领导人到明星再到普通公众，都熟知引证商标。而再审申请人注册、使用被异议商标的时间较短，没有知名度。④“内联升”之所以被核准注册，并非仅因为其所使用的美术字体，故不能以被异议商标未使用引证商标的美术字体而认为二者不近似。相关公众亦不会因字体的不同，而将两个商标相区分。在市场环境下，相关公众极易对使用两商标的布鞋产品的来源产生误认，认为它们是同一厂家生产、销售，或认为二者存在某种联系。⑤两商标存在“混淆、误认”的可能性。两商标构成近似，使用商品相同，销售渠道相同，消费者群体相同，被申请人商标的固有显著性及知名度较高。⑥在考察再审申请人使用“联升”二字的意图时，应特别注意到以下事实：首先，再审申请人为石家庄企业，并实际在石家庄生产、经营，却在北京注册“北京福联升鞋业有限公司”，且在产品宣传上使用“老北京布鞋”字样。其次，其注册的“福联祥”商标，系将两个老字号“内联升”“瑞蚨祥”各取一个字，属于违反诚实信用、搭便车的行为。再次，“福联升”是将被申请人的引证商标“内联升”与第4730603号“福履”商标组合，注册“福联升”。而且，再审申请人还将被申请人的“内联升”与老字号企业驰名商标“瑞蚨祥”组合，注册了第8467083号“祥联升”商标，其攀附商誉的不正当竞争意图明显。（2）再审申请人违反诚实信用原则，侵犯被申请人的在先字号权益和在先商标权。①在被异议商标注册前，被申请人商品在市场上获得了商誉和声誉，并以一些显著特征而知名。②再审申请人有意或无意地错误表达了与被申请人存在联系，并造成了消费者混淆、误认。③被申请人受到了损害，或可能具有受到损害的危险，如客户流失、商誉减损、商标显著性淡化等。（3）再审申请人使用被异议商标的时间不长，本案并非历史因素导致商标并存，而是因不正当竞争行为导致的市场共存，基于保护在先权利及消费者利益，不应核准注册被异议商标。（4）对于任何侵犯在先合法权利（权益）的使用行为，不能创设任何在后的合法权益。再审申请人无视引证商标的存在，在相同商品上注册及使用被异议商标，不能因此获得法律上的合法权利。再审申请人应认识到继续使用与“内联升”文字有关的商标可能导致的侵权责任或注册不能的后果，并停止使用相关商标。

但再审申请人此后仍然继续注册、使用、宣传相关商标，由此造成的后果，应自行承担。(5)“福联升”具有虚假宣传行为。其宣传“福联升”为乾隆四十一年春开业，由纪晓岚赐名，并编排了一段与纪晓岚有关的故事。此宣传极易误导消费者，使消费者误认为该公司是中华老字号，具有悠久的历史，与其2006年成立的事实严重不符。

再审申请人向本院提交了6份证据，具体如下：(1)证据1、2、6为其在全国部分加盟店的营业执照、合同以及相关照片，其加盟店分布在28个省、自治区、直辖市，用于证明被异议商标经过长期、广泛的使用，建立了较高的市场声誉。相关加盟店的照片显示，其招牌标注“老北京布鞋”或“北京布鞋”“福联升”等字样，并标注有被异议商标图形部分。相关加盟合同书上记载的协议签约地点均为“石家庄市广安大街美东国际C座2305”。相关联系电话均为0311开头，但地址为“北京市密云开发区168号”。(2)证据3为“联升”百度词条，用于证明清代即有名为“联升”的自然人，引证商标中的“联升”不具有独创性。(3)证据4为含有“联升”文字的143项商标查询结果，用于证明“联升”不具有独创性，且普遍使用在各个商品及服务类别上。该证据显示，除被异议商标外，再审申请人还在鞋类等商品上申请了“祥联升”“步联升”“鑫联升”“尚品福联升”“爱尚福联升”等十余项包含“联升”文字的商标。(4)证据5为企业详细查询结果，用于证明通过企业信息查询，可查询到使用“联升”作为字号的企业55个(不完全统计)。对于上述证据能否实现再审申请人的证明目的，本院将在下文中结合本案焦点问题予以评述。

本院认为：本案焦点为被异议商标与引证商标是否构成近似商标，是否符合2001年修订的《中华人民共和国商标法》第二十八条的规定。

《中华人民共和国商标法》第二十八条规定，申请注册的商标同他人在同一种或者类似商品上已经注册的商标相同或者近似的，不应予以核准注册。关于商标民事纠纷案件中商标相同或者近似的认定，《最高人民法院关于审理商标民事纠纷案件适用法律若干问题的解释》第十条规定：“人民法院依据商标法第五十二条第(一)项的规定，认定商标相同或者近似按照以下原则进行：(一)以相关公众的一般注意力为标准；(二)既要进行对商标的整体比对，又要进行对商标主要部分的比对，比对应当在比对对象隔离的状态下分别进行；（三）判断商标是否近似，应当考虑请求保护注册商标的显著性和知名度。”根据《中华人民共和国商标法》第二十八条的规定并参照上述司法解释的规定，本院认为被异议商标与引证商标近似，不符合《中华人民共和国商标法》第二十八条的规定，具体理由如下：

首先，从两商标的音、形、义看，虽然被异议商标兼具文字和图形，但其文字部分“福联升”为商标的呼叫部分，起到主要的识别作用。将“福联升”与引证商标相比，二者仅首字不同，其余的“联升”两字完全相同，相关公众对两商标的称呼近似。而且，引证商标中的“联升”并非固定的词语组合。虽然再审申请人提交的证据3表明在清代存在名字中包含“联升”的自然人以及另有其他商标或者企业名称中包含有“联升”，但该自然人并非知名人物，不为相关公众所熟悉。再审申请人也没有提交证据证明在引证商标申请日之前，另有他人在鞋类商品上曾使用“联升”。因此，二审判决认定“‘联升’并非固定的词语组合，而是内联升公司所独创”，并无不当。

其次，从引证商标的显著性和知名度看。根据一、二审判决以及本院审查查明的事实，“内联升”系中国驰名商标，先后被认定为中华老字号、国家非物质文化遗产，荣获“中国布鞋第一家”等荣誉称号，其销售的布鞋产品在相关公众中具有极高的美誉。在引证商标具有如此高的显著性和知名度的情况下，与其构成近似商标的范围较普通商标也应更宽，同业竞争者亦相应地应具有更高的注意和避让义务。

再次，关于被异议商标的知名度和使用情况。再审申请人提交证据1、2、6，用于证明其在全国28个省、自治区、直辖市发展有若干加盟店，形成了一定的知名度。但所述证据仅能证明被异议商标在其各地的加盟店中使用，形成了一定的市场规模，但不足以证明被异议商标具有较高的知名度和显著性。在引证商标具有较高的知名度和显著性，并且被异议商标与引证商标标识近似的情况下，再审申请人提交的证据不足以证明被异议商标与引证商标形成了有效的市场区分。相关公众施以一般注意力，客观上

仍然容易对引证商标和被异议商标的商品来源产生混淆误认，或者误认为被异议商标与引证商标所指代的商品存在特定联系。

最后，《中华人民共和国民法通则》第四条规定："民事活动应当遵循……诚实信用的原则。"本案中再审申请人与被申请人均制造、销售布鞋产品，再审申请人作为同地域的同业竞争者，理应对被申请人及其引证商标的知名度和显著性有相当程度的认识。因此，再审申请人在鞋类商品上注册、使用有关商标时，理应遵守诚实信用原则，注意合理避让而不是恶意攀附被申请人及其引证商标的知名度和良好商誉，造成相关公众混淆误认。然而，本案相关证据表明，再审申请人在注册、使用被异议商标时存在攀附被申请人与引证商标的明显恶意。其一，再审申请人提交的加盟合同书上均记载签约地点为"石家庄市广安大街美东国际C座2305"，相关联系电话的区号亦为0311，表明其实际经营地为河北省石家庄市。但再审申请人却将企业注册在北京市密云县，并将企业名称注册为与被申请人企业名称仅有一字之差的"北京福联升鞋业有限公司"。由此可见，再审申请人从商标、注册地乃至企业名称上，都有意贴近被申请人及其引证商标。其二，如前所述，引证商标中的"联升"系由被申请人首次使用在布鞋类商品上，并且构成引证商标的主要呼叫部分和识别部分。再审申请人主张其使用"联升"的原因，在于取其"联发升腾"之义。但所谓"联发升腾"既非成语，亦非汉语中的既有词汇，故再审申请人有关其选用"联升"的理由明显有悖常理。其三，再审申请人不仅无正当理由注册具有"联升"字样的被异议商标，还围绕"联升"字样，在同类商品及其他类别商品上另行申请注册十余项包含有"联升"文字的其他商标，其主观恶意愈加明显。其四，虽然被异议商标经过一定时间和范围的使用，客观上形成了一定的市场规模，但是，有关被异议商标的使用行为大多是在被异议商标申请日之后，尚未核准注册的情况下发生的。再审申请人在其大规模使用被异议商标之前，理应认识到由于被异议商标与引证商标近似，并且引证商标具有较高的知名度和显著性，故存在被异议商标不被核准注册，乃至因使用被异议商标导致侵犯引证商标注册商标权的法律风险。再审申请人未能尽到合理的注意和避让义务，仍然申请注册并大规模使用被异议商标，由此带来的不利后果理应自行承担。相反，在再审申请人作为同业竞争者明知或者应知引证商标具有较高知名度和显著性，仍然恶意申请注册、使用与之近似的被异议商标的情形下，如果仍然承认再审申请人此种行为所形成的所谓市场秩序或知名度，无异于鼓励同业竞争者违背诚实信用原则，罔顾他人合法在先权利，强行将其恶意申请的商标做大、做强。这样既不利于有效区分市场，亦不利于净化商标注册、使用环境，并终将严重损害在先商标权人的合法权益以及广大消费者的利益，违背诚实信用原则以及商标法“保护商标专用权”“维护商标信誉”“保障消费者和生产、经营者的利益”等立法宗旨。因此，再审申请人有关被异议商标经过使用，已经形成一定的市场知名度，不会导致相关公众混淆的主张，缺乏事实和法律依据，本院不予支持。

综上，福联升公司的再审申请不符合《中华人民共和国行政诉讼法》第九十一条之规定，本院裁定如下：

驳回北京福联升鞋业有限公司的再审申请。

审　判　长　王艳芳
代理审判员　杜微科
代理审判员　佟　姝

二〇一五年十一月十八日

书　记　员　刘海珠